Rauch
•
Arbeitsrecht für Arbeitgeber

Arbeitsrecht für Arbeitgeber

Über 900 Tipps zur Vermeidung kostspieliger Irrtümer
Mit mehr als 80 Mustervorlagen für die betriebliche Praxis

16., aktualisierte und erweiterte Auflage

von

Dr. Thomas Rauch
Wirtschaftskammer Wien

Bibliografische Information der Deutschen Nationalbibliothek

Die Deutsche Nationalbibliothek verzeichnet diese Publikation in der Deutschen Nationalbibliografie; detaillierte bibliografische Daten sind im Internet über http://dnb.d-nb.de abrufbar.

Hervorgegangen aus:
„Über 300 Tipps zur Vermeidung kostspieliger Irrtümer im Arbeitsrecht"
von Dr. Peter Scheuch und Dr. Thomas Rauch

Das Werk ist urheberrechtlich geschützt. Alle Rechte, insbesondere die Rechte der Verbreitung, der Vervielfältigung, der Übersetzung, des Nachdrucks und der Wiedergabe auf fotomechanischem oder ähnlichem Wege, durch Fotokopie, Mikrofilm oder andere elektronische Verfahren sowie der Speicherung in Datenverarbeitungsanlagen, bleiben, auch bei nur auszugsweiser Verwertung, dem Verlag vorbehalten.

ISBN 978-3-7073-3603-0

Es wird darauf verwiesen, dass alle Angaben in diesem Fachbuch trotz sorgfältiger Bearbeitung ohne Gewähr erfolgen und eine Haftung des Autors oder des Verlages ausgeschlossen ist.

© Linde Verlag Ges.m.b.H., Wien 2017
1210 Wien, Scheydgasse 24, Tel.: 01/24 630
www.lindeverlag.at
Druck: Hans Jentzsch & Co GmbH, 1210 Wien, Scheydgasse 31
Dieses Buch wurde in Österreich hergestellt.

PEFC zertifiziert
Dieses Produkt stammt aus nachhaltig bewirtschafteten Wäldern und kontrollierten Quellen
www.pefc.at

Gedruckt nach der Richtlinie „Druckerzeugnisse" des Österreichischen Umweltzeichens, Druckerei Hans Jentzsch & Co GmbH, UW Nr. 790

Vorwort

Im Februar 1996 wurde das Fachbuch „Über 300 Tipps zur Vermeidung kostspieliger Irrtümer im Arbeitsrecht" von *Dr. Peter Scheuch* und *Dr. Thomas Rauch* veröffentlicht. Das auf einer Initiative meines damaligen Vorgesetzten, Herrn *Dr. Peter Scheuch*, beruhende Fachbuch war als möglichst praxisorientierte Unterstützung für Arbeitgeber (AG) und alle in ihrem Auftrag tätigen Personen gedacht.

Anlässlich von Vorträgen und Telefonaten wurde ich ca. ab dem Jahre 2000 mehrfach gefragt, ob das zuvor erwähnte Fachbuch neu aufgelegt werde. Auf Grund dieses erfreulichen Interesses habe ich mich entschlossen, eine Überarbeitung vorzunehmen. Wegen zahlreicher neuer arbeitsrechtlicher Problemstellungen, Erfahrungen und der zunehmenden Anfragen zu aktuellen Themen habe ich viele zusätzliche Kapitel in das nunmehr vorliegende Fachbuch aufgenommen, welches mehr als doppelt so umfangreich ist. Um ein weiterführendes Studium zu ermöglichen und jede diesem Buch entnommene Rechtsauffassung möglichst konkret belegen zu können, wurden zahlreiche Geschäftszahlen – insbesondere gerichtlicher Entscheidungen – aufgenommen. Überdies wird auch aus etlichen Entscheidungen unter dem Titel „Einschlägige Judikatur" zitiert.

Für die 16. Auflage wurden insbesondere neue Abschnitte zum Familienzeitbonus („Papa-Monat"), zur Wiedereingliederungsteilzeit, zum Kopftuchverbot und zum islamischen Gesichtsschleier sowie zur Ausbildungspflicht eingearbeitet. Weiters wurde auf Grund des neuen Gesetzes das Kapitel Lohn- und Sozialdumpingbekämpfung zur Gänze neu gefasst. Neuerungen im Bereich der Ausländerbeschäftigung (neue VO zu Fachkräften in Mangelberufen, Erleichterungen bei der Rot-Weiß-Rot-Karte etc.) haben zahlreiche Änderungen im Kapitel 18. erfordert. Wegen etlicher wichtiger neuer Entscheidungen der Höchstgerichte wurden einige Abschnitte überarbeitet bzw. zur Gänze neue formuliert.

Jahrelange praktische Erfahrungen durch die Beantwortung von Anfragen sowie insbesondere auch durch die gerichtliche Vertretung (als Mitarbeiter der Wirtschaftskammer Wien) sind nun in diesem Buch schriftlich festgehalten und zusammengefasst. Damit soll auch vermieden werden, dass wichtige Informationen in nicht mehr überblickbaren Ablagesystemen untergehen.

Immer wieder werden von AG arbeitsrechtliche Fragen spontan „aus dem Bauch" entschieden. Solche emotionalen Vorgangsweisen sind oftmals menschlich verständlich, jedoch rechtlich so mangelhaft, dass durch diese Mängel äußerst nachteilige bzw. kostspielige Folgen für den AG entstehen. Das vorliegende Fachbuch soll nun eine entsprechende Unterstützung für professionelle und rechtlich abgesicherte Verhaltensweisen darstellen, die den AG vor Schäden und folgenreichen Fehlern bewahren. Insbesondere werden hier auch besonders praxisrelevante Themen, die in der Literatur eher wenig Beachtung finden, gesondert (und damit leicht auffindbar) behandelt (z.B. Einstufung nach dem KV, Alkohol am Arbeitsplatz, missbräuchliche Nutzung des PC, über das Verhalten bei arbeitsrechtlichen Konflikten).

Überdies ist es auf AG-Seite ein erheblicher Mangel, dass derzeit in stark überwiegendem Ausmaß von AN-Interessen und Auffassungen der AN-Seite geprägte arbeitsrechtliche Literatur zur Verfügung steht. Dies hat insbesondere auch die für die AG-Seite äußerst nachteilige Folge, dass überwiegend die Auffassungen der AN-Seite in die arbeitsgerichtlichen Urteile Eingang finden. Dieses Werk sowie Veröffentlichungen in der ASoK und anderen Fachzeitschriften sollen auch einen Beitrag zu mehr Ausgewogenheit im Arbeitsrecht liefern.

Da in arbeitsrechtlichen Konfliktsituationen immer wieder Krankenstände eine wesentliche Rolle spielen, habe ich einen „Kommentar zum EFZG und zu den wichtigsten Krankenstandsregelungen des privaten Arbeitsrechts" (Linde Verlag) verfasst und im Jänner 2006 veröffentlicht. Dieses Fachbuch ist insbesondere bei Spezialfragen zum Krankenstand hilfreich.

Fragen zur Lohnverrechnung und alle damit zusammenhängenden arbeits- und sozialrechtlichen Fragen werden in umfassender, fachlich exzellenter und übersichtlicher Weise in dem Standardwerk „Personalverrechnung in der Praxis" (28. Auflage) von *Hannelore* und *Wilfried Ortner*, fortgeführt von *Dr. Irina Prinz* (Linde Verlag) behandelt.

Eine spezielle und detaillierte Zusammenfassung zu den im Rahmen einer krisenhaften Entwicklung empfehlenswerten Vorgangsweisen ist im Fachbuch „Arbeitsrechtliche Maßnahmen in der Krise" (Linde Verlag, Graz/Wien, 2009), welches von Herrn *Univ.-Prof. Dr. Franz Schrank* und mir verfasst wurde, zu finden.

Eine Zusammenfassung der letzten Neuerungen sowie zu aktuellen Themen kann dem ASoK-Sonderheft „Arbeitsrecht 2017", welches von mir im Jänner 2017 veröffentlicht wurde, entnommen werden.

Für die Förderung der 1. Auflage dieses Werkes gebührt der Landesinnung Wien der Denkmal-, Fassaden- und Gebäudereiniger und ihrem damaligen Innungsmeister, Herrn *Kom.Rat Erich Fach*, sowie ihrem Geschäftsführer, Herrn *Mag. Georg Lintner*, ein ganz besonderer Dank.

Im Namen aller Unterstützer und Förderer dieses Fachbuches hoffe ich, einen für die Wirtschaft wertvollen Beitrag zu diesem Spezialbereich geliefert zu haben.

Meinungen, Anregungen etc. senden Sie bitte an thomas.rauch@wkw.at.

Wien, im Juni 2017   Dr. Thomas Rauch

Unter dem Link http://arbeitsrecht-arbeitgeber-2017.lindeverlag.at finden Sie die im Buch vorgestellten Muster zum Download und Ihrer weiteren Verwendung.

Benutzername: Arbeitsrecht

Passwort: rauch2017

Inhaltsverzeichnis

Vorwort 5
Abkürzungsverzeichnis 27

Kapitel I
1. Vorgehen bei Lösung einer arbeitsrechtlichen Frage 27
2. Notwendige und zweckmäßige Schriftform im Arbeitsrecht 27
3. „Schnuppern" vor Beginn des Arbeitsverhältnisses 29
4. Geschlechtsneutrale und diskriminierungsfreie Stellenausschreibung sowie Gleichbehandlung 31
5. Vorstellungskosten 44
6. Personalfragebogen 45
7. Rücktritt vom Arbeitsvertrag 46
8. Abwerbung und Datenmissbrauch 48
9. Welcher KV kommt zur Anwendung? 49
   9.1. Arbeitsrechtliche Regelungen für Betriebe, für die kein KV anwendbar ist 53
   9.2. Auslegung von KV 56
10. Arbeiter- oder Angestelltenstatus? 56
    10.1. Verbliebene Unterschiede 56
    10.2. Definition des Angestellten 57
    10.3. Ehrenangestellte 60
11. Einstufung nach dem jeweiligen KV 62
    11.1. Einstufung nach der tatsächlich auszuübenden Tätigkeit 62
    11.2. Rechtsprechung zu bestimmten Tätigkeitsmerkmalen 63
    11.3. Vordienstzeiten 64
    11.4. Mischverwendung 64
    11.5. Einstufung nach Abschluss der Lehrzeit bei Fehlen einer erfolgreich abgelegten Lehrabschlussprüfung 65
    11.6. Verfall, Strafbarkeit und Schadenersatz bei unrichtiger Einstufung 66
12. Arbeitsvertrag oder Dienstzettel? 67
13. Gesetzlicher Mindestinhalt eines Arbeitsvertrages 69
    13.1. Gesetzlicher Mindestinhalt eines freien Arbeitsvertrages 70
14. Vorschläge zur optimalen Gestaltung des Arbeitsvertrages 71
    14.1. Geeignetes Muster, verständliche Regelungen, deutsche Sprache, zwingende Vorgaben und Rechtsunwirksamkeit 71
    14.2. Vereinbarung einer Probezeit 73
        14.2.1. Angestellte 73

	14.2.2.	Arbeiter	74
	14.2.3.	Lehrlinge	74
	14.2.4.	Allgemeines zur Probezeit	74
14.3.	Befristung des Arbeitsvertrages		78
	14.3.1.	Befristung nach dem MSchG, GlBG und BEinstG	81
	14.3.2.	Kettenverträge und KAPOVAZ	83
	14.3.3.	Vordienstzeitenanrechnung	86
14.4.	Dringend ratsame Vereinbarungen bei befristeten Arbeitsverhältnissen		87
14.5.	Kündigung des Angestellten zum 15. oder Monatsletzten sowie Ausdehnung der Kündigungsfrist		89
	14.5.1.	Kündigung des Angestellten zum 15. oder Monatsletzten	89
	14.5.2.	Ausdehnung der Kündigungsfrist	91
14.6.	Ausbildungskostenrückersatz		92
14.7.	Verfallsvereinbarung		95
14.8.	Vereinbarung der Arbeitszeit		96
	14.8.1.	Arbeitszeit und Mehrfachbeschäftigung	98
	14.8.2.	Teilzeitbeschäftigung	98
		14.8.2.1 Geringfügig Beschäftigte	99
		14.8.2.1.1 Kurzfristige haushaltstypische Dienstleistungen (Dienstleistungsscheck)	100
		14.8.2.2 Altersteilzeit	101
		14.8.2.2.1 Grundsätze	101
		14.8.2.2.2 Beginn der Altersteilzeit zwischen 1.4. und 31.12.2003	103
		14.8.2.2.3 Beginn der Altersteilzeit ab 1.1.2004	104
		14.8.2.2.4 Beginn der Altersteilzeit ab 1.9.2009 und ab 1.1.2011	106
		14.8.2.2.5 Zuerkennung des Altersteilzeitgeldes ab 1.1.2013	107
		14.8.2.2.6 Allgemeines und Rechtsprechung zur Altersteilzeit	108
		14.8.2.3 Fallweise Beschäftigte	112
		14.8.2.4 Ferialpraktikanten	113
14.9.	Überstunden		115
	14.9.1.	Gesetzliche oder kollektivvertragliche Verpflichtung zur Leistung von Überstunden	116
	14.9.2.	Vereinbarung der Leistungsverpflichtung	117

14.9.3.	Beschränkung der Leistungsmöglichkeiten	117
14.9.4.	Vereinbarung der Widerrufbarkeit des Überstundenpauschales	118
14.9.5.	Verfall von Überstundenentgelt	119
14.9.6.	Zeitausgleich und Überstundenentgelt	120
14.9.7.	All-in-Vereinbarung und Deckungsprüfung	122
14.9.8.	Nachforderung von Überstundenentgelt	125
14.10.	Konkurrenzklausel	126
14.10.1.	Konkurrenzklausel und Konkurrenzverbot	126
14.10.2.	Interessenabwägung	128
14.10.3.	Wirksamkeit der Konkurrenzklausel durch bezahlte Karenz	129
14.10.4.	Konventionalstrafe oder Unterlassungsanspruch, richterliches Mäßigungsrecht	130
14.10.5.	Konkurrenzierung und unlauterer Wettbewerb	131
14.10.6.	Vorbereitungshandlungen zur konkurrenzierenden Tätigkeit	132
14.11.	Konventionalstrafe	133
14.12.	Verwendung	135
14.13.	Arbeitsort	135
14.14.	Betriebssperre und Urlaub	137
14.15.	Widerrufs- und Unverbindlichkeitsvorbehalt bei freiwilligen Leistungen	138
14.15.1.	Vereinbarung und regelmäßige Mitteilung des Vorbehalts	138
14.15.2.	Bestehende freiwillige Leistungen und neu eintretende AN	144
14.15.3.	Entfall der freiwilligen Leistungen im letzten Arbeitsjahr	144
14.15.4.	Unkenntnis des AG und irrtümliche Besserstellung	146
14.15.5.	Weitere Grenzen der Entstehung von Rechtsansprüchen (entgeltferne Leistungen, Rauchpausen etc.)	147
14.15.6.	Grenzen des Widerrufs	149
14.16.	Missbräuchliche Nutzung des PC sowie des Zugangs zum Internet und des Telefons	150
14.17.	Telearbeit	153
14.18.	Recht am eigenen Bild	154
14.19.	Geheimhaltungsvereinbarungen	155
14.20.	Bekleidungsregeln bzw. Vorgaben zum äußeren Erscheinungsbild des AN	156

15. Das Scheinarbeitsverhältnis 159
    15.1. Zum Begriff des „Arbeitsverhältnisses" 160
    15.2. Fallgruppen aus der Rechtsprechung zum Scheinarbeitsverhältnis 161
        15.2.1. Gewerberechtlicher Geschäftsführer mit Scheinarbeitsvertrag 161
        15.2.2. Betätigung im Rahmen einer Lebensgemeinschaft bzw. im Familienkreis und Gefälligkeitsdienste 162
    15.3. Fragliche AG-Eigenschaft 166
    15.4. Unterlassene Anmeldung bei der zuständigen GKK 167
16. Arbeitsvertrag – Werkvertrag 168
17. Der freie Arbeitsvertrag 171
    17.1. Allgemeines 171
    17.2. Angleichungen seit 1.1.2008 175
    17.3. Arbeitsrechtliche Ansprüche bei „Umwandlung" in einen Arbeitsvertrag 175
18. Ausländerbeschäftigung 180
    18.1. Vom Geltungsbereich des AuslBG ausgenommene Ausländer 180
        18.1.1. Aufenthaltstitel in Kartenform 188
        18.1.2. Unzulässige Umgehung des AuslBG 189
    18.2. AN-Ähnlichkeit 191
    18.3. Rot-Weiß-Rot-Karte 193
    18.4. Beschäftigungsbewilligung 197
    18.5. Arbeitskräfteüberlassung und Ausländerbeschäftigung 199
    18.6. Arbeitserlaubnis 199
    18.7. Befreiungsschein 200
    18.8. Daueraufenthalt – EU, Niederlassungsbewilligung 200
    18.9. Sicherungsbescheinigung 201
    18.10. Ausländische Schüler, Studenten, Künstler und Aufenthaltsberechtigung plus 201
    18.11. Vorläufige Berechtigung zur Beschäftigungsaufnahme 202
    18.12. Entsendebewilligung und Entsendebestätigung 202
    18.13. Ansprüche des Ausländers bei verbotener Beschäftigung und bei Wegfall der Beschäftigungsbewilligung 204
    18.14. Melde-, Auskunfts- und Bereithaltungspflichten 206
    18.15. Strafbestimmungen und zentrale Verwaltungsstrafevidenz 207
    18.16. Die Haftung des Generalunternehmers 210
    18.17. Bestellung eines verantwortlichen Beauftragten 211
    18.18. EU-Erweiterung und Ausländerbeschäftigung 212
        18.18.1 Freier Dienstleistungsverkehr 213

Kapitel II

19. Drittschuldnererklärung und Lohnpfändung 215
    19.1   Drittschuldnererklärung 215
    19.2   Sonstige Mitteilungspflichten im Lohnpfändungsverfahren 218
    19.3   Kostenersatz für den Drittschuldner 219
    19.4   Berechnungsgrundlage für das Existenzminimum 220
    19.5   Existenzminimum 221
    19.6   Sonderzahlungen und Jubiläumsgelder 222
    19.7   Abfertigung, Vergütung für offenen Resturlaub 223
    19.8   Exekution wegen gesetzlicher Unterhaltsansprüche 223
    19.9   Vorschüsse und Nachzahlungen 224
    19.10 Vormerkpflicht 224
    19.11 Pfändung auf Grund einer Verpfändung bzw. ohne
            Exekutionstitel 225
    19.12 Pfändung einer übertragenen oder verpfändeten Forderung 226
    19.13 Hinweise für die Praxis 226
    19.14 Klage des AN auf gepfändete Forderungen 227
20. Entgeltfortzahlung bei Krankheit, Unglücksfällen und
    Kuraufenthalten 228
    20.1   Begriffserläuterung und Zuschuss zum Krankenentgelt
            für kleinere Unternehmen 228
    20.2   Arbeitsunfähigkeit 230
    20.3   Beachtung ärztlicher Anordnungen bzw. des Schonungs-
            bedarfes 231
    20.4   Kur- und Erholungsaufenthalte 234
    20.5   Erschlichene Krankenstandsbestätigung 235
    20.6   Mitteilungs- und Nachweispflicht 235
    20.7   Krankenstandsbestätigung 238
    20.8   Angekündigter Krankenstand 238
    20.9   Vorsätzlich oder grob fahrlässig herbeigeführte
            Krankheit (Unfall) 239
    20.10 Kosten eines bei entgeltfreiem Krankenstand fortlaufenden
            Arbeitsverhältnisses 241
            20.10.1   Neuer Krankenentgeltanspruch bei Beginn des
                        nächsten Arbeitsjahres 241
            20.10.2   Urlaub und entgeltfreier Krankenstand 242
            20.10.3   Abfertigung und entgeltfreie Arbeitsunfähigkeit 242
            20.10.4   Sonderzahlungen bei langem Krankenstand 242
    20.11 Höhe der Entgeltfortzahlung 243
    20.12 Anwesenheitsprämien 245

Inhaltsverzeichnis

20.13	Krankenstand am Feiertag	246
20.14	Anmerkungen zum missbräuchlichen Krankenstand	247
20.15	Angestellten-Krankenstand	249
20.16	Arbeiter-Krankenstand	254
	20.16.1 Neuerungen nach dem ARÄG 2000	254
20.17	Lehrlings-Krankenstand	255
21. Der Detektiv im Arbeitsrecht		257
21.1	Beobachtungen durch Angestellte eines Detektivbüros oder andere Personen	257
21.2	Ersatz der Detektivkosten	257
21.3	Grenzen des Detektiveinsatzes	258
22. Arbeitsunfall		259
22.1	Definition	259
	22.1.1 Eigenwirtschaftliches Interesse des AN	260
	22.1.2 Fortbildungsveranstaltungen und betriebliche Gemeinschaftsveranstaltungen	262
	22.1.3 Bereits vorhandene Erkrankung	263
	22.1.4 Unvernünftiges Verhalten oder grob fahrlässige oder vorsätzliche Herbeiführung des Arbeitsunfalls	263
22.2	Krankenentgelt beim Arbeitsunfall	265
22.3	Pflichten auf Grund des Arbeitsunfalls	265
22.4	Strafrechtliche Folgen und Schadenersatz	266
	22.4.1 Verwaltungsbehördliches und gerichtliches Strafverfahren	266
	22.4.2 Schadenersatzansprüche gegen den AG	267
23. Rückforderung irrtümlicher Zahlungen des AG		270
23.1	Gutgläubigkeit des AN	270
23.2	Nachzahlung von Lohnsteuer	271
23.3	Verfall und Verjährung des Rückforderungsrechts des AG	272
24. Wichtige in der Person gelegene Dienstverhinderungsgründe		273
24.1	Schneechaos, Hochwasser und andere Elementarereignisse sowie Verkehrsstreiks	277
25. Schwangerschaft, Mutterschutz und Väterkarenz		279
25.1	Mitteilungspflicht der AN und Meldung an das Arbeitsinspektorat durch den AG	279
25.2	Schutzfrist und erweiterte Schutzfrist	281
25.3	Ruhemöglichkeit und Vorsorgeuntersuchungen	283
25.4	Verbotene Arbeiten	283
25.5	Überblick zur Karenz	286
25.6	Überblick zur Elternteilzeit gemäß MSchG bzw. VKG	292
	25.6.1 Allgemeines	292

	25.6.2	Rechtsanspruch auf Elternteilzeit	292
	25.6.3	Vereinbarte Elternteilzeit	293
	25.6.4	Elternteilzeit und Karenz	293
	25.6.5	Meldung und Änderung der gemeldeten Dauer	294
	25.6.6	Voraussetzungen der Elternteilzeit	295
	25.6.7	Verwirklichung des Anspruchs auf Elternteilzeit	295
	25.6.8	Kündigungs- und Entlassungsschutz	303
	25.6.9	Fehlender Rechtsanspruch auf Elternteilzeit	303
	25.6.10	Elternteilzeit und andere Formen der Teilzeitbeschäftigung	305
	25.6.11	Berechnung der Abfertigung alt	307
25.7	Kinderbetreuungsgeld und Familienzeitbonus („Papa-Monat")		307
25.8	Gegenüberstellung Anrechnung Karenzurlaub – Anrechnung Präsenz-, Ausbildungs- bzw. Zivildienst		310
25.9	Teilweise Einbeziehung der freien AN in das MSchG		311
25.10	Öffnung des VKG für „weibliche Väter"		311
26. Arbeitnehmerhaftung			312
26.1	Konstitutives Anerkenntnis		315
26.2	Zahlung an den geschädigten Dritten		316
26.3	Geltendmachung des Ersatzanspruches gegenüber dem AN		317
26.4	Schäden am firmeneigenen und privaten PKW		319
26.5	Ersatzanspruch des AG gegenüber Dritten, die eine Arbeitsunfähigkeit des AN herbeiführen		321
27. Urlaub			321
27.1	Urlaubsvereinbarung in Arbeitstagen		322
27.2	Wartezeit, Urlaubsausmaß und Vordienstzeitenanrechnung		325
27.3	Umstellung vom Arbeitsjahr auf das Kalenderjahr		330
27.4	Urlaubsverjährung		331
27.5	Erkrankung während des Urlaubs und eines Zeitausgleichs		332
27.6	Vergütung des nicht verbrauchten Urlaubs		334
	27.6.1	Ersatzleistung und Rückverrechnung bei Urlaubsvorgriffen	334
	27.6.2	Die Berechnung der Ersatzleistung	336
	27.6.3	Entfall der Ersatzleistung	337
27.7	Die verbotene Urlaubsablöse		338
27.8	Urlaubsentgelt		339
27.9	Aufzeichnungspflicht		341
27.10	Kürzbarkeit des Urlaubsanspruches und unbezahlter Urlaub		343
27.11	Betriebsurlaub		344
27.12	Dienstfreistellung und Urlaub		345
27.13	Verbrauch von Urlaub während der Kündigungsfrist		348

28. Pflegefreistellung			349
29. Versetzung			353
29.1	Versetzung mit bzw. ohne Vertragsänderung		353
29.2	Mitwirkung des Betriebsrates bei Versetzungen		354
29.3	Zum Begriff der „Verschlechterung"		356
29.4	Folgepflicht bei Betriebsverlegung oder Zuweisung eines anderen Arbeitsortes		359
29.5	Begrenztes Aufgriffsrecht bei einer Versetzung		361
30. Arbeitszeitrecht			362
30.1	Rechtsquellen und Ausnahmen für leitende Angestellte		362
30.2	Arbeitszeit und Normalarbeitszeit		367
	30.2.1	Andere Verteilung der Normalarbeitszeit	368
	30.2.2	Gleitende Arbeitszeit	369
	30.2.3	Schichtarbeit	371
30.3	Ruhepausen, Beginn und Ende der Arbeitszeit sowie Reisezeiten		371
	30.3.1	Pausen	371
		30.3.1.1 Rauchpausen	372
	30.3.2	Beginn der Arbeitszeit	373
	30.3.3	Reisezeiten	374
	30.3.4	Flexible Normalarbeitszeit	376
30.4	Höchstausmaß der zulässigen Überstunden		377
	30.4.1	Der Mehrarbeitszuschlag	378
		30.4.1.1 Vermeidung des Mehrarbeitszuschlags	380
		30.4.1.2 Sonstige Regelungen zum Mehrarbeitszuschlag	383
	30.4.2	Informationspflicht gegenüber Teilzeitbeschäftigten	384
30.5	Arbeitsbereitschaft und Rufbereitschaft		385
30.6	Arbeitsruhe		386
30.7	EU-Nachtarbeits-Anpassungsgesetz		390
30.8	Aufzeichnungs- und Aushangpflichten sowie Strafbestimmungen im Arbeitszeitrecht		392
30.9	Sonderbestimmungen für Jugendliche		394
30.10	Kurzarbeit		396
30.11	Krisenmanagement ohne Jobabbau		399
30.12	Verstöße gegen das österreichische Arbeitszeitrecht im Ausland		401
31. Lohn- und Gehaltszahlung			401
31.1	Anspruchsvoraussetzungen, Ort der Entgeltleistung und Lohnabrechnung sowie Ersatz von Kosten des AN		401

31.2	Fälligkeit des Arbeitsentgeltes		404
31.3	Folgen der verspäteten Auszahlung		405
31.4	Auszahlung an Dritte		407
31.5	Vorschuss und Darlehen		408
31.6	Anspruchslohn und Beitragsprüfung		408
31.7	Provisionen		411
31.8	Fortzahlung des Entgelts bei Arbeitsverhinderung aus Gründen, die auf Seiten des AG liegen		413
31.9	Sonderzahlungen		416
	31.9.1	Rechtsgrundlage der Sonderzahlungen	416
	31.9.2	Sonderzahlungen und entgeltfreie Zeiten	417
	31.9.3	Berechnung, Fälligkeit und Rückverrechnung der Sonderzahlungen	419
	31.9.4	Berechnung der Sonderzahlungen bei unterjährigem Wechsel vom Lehrling zum Arbeitnehmer oder Umstellungen der Arbeitszeit	420
	31.9.5	Entfall des Anspruchs auf Sonderzahlungen	422
31.10	Sondervereinbarungen zum Entgelt		422
31.11	Anrechnungsvereinbarung		424
31.12	Abrechnung im Todesfall		424
32. Nachrichtenloses Fernbleiben von der Arbeit			426
33. Arbeitnehmerschutz			431
33.1	Begriffe		431
	33.1.1	Arbeitsstätte	431
	33.1.2	Betrieb	433
33.2	Arbeitsstättenverordnung (AStV)		433
	33.2.1	Sozialeinrichtungen und sanitäre Vorkehrungen	433
	33.2.2	Erste Hilfe und Brandschutz	438
	33.2.3	Allgemeine Bestimmungen für Arbeitsstätten (§§ 2–15 AStV)	441
	33.2.4	Anforderungen an Arbeitsräume	442
	33.2.5	Nichtraucherschutz	444
33.3	Evaluierung		445
	33.3.1	Sonderevaluierungen nach MSchG und KJBG	448
	33.3.2	Beratung und Unterstützung bei der Evaluierung	448
33.4	Präventivdienste		449
	33.4.1	Ausmaß der Präventionszeit	449
	33.4.2	Kostenlose Begehung	451
	33.4.3	Präventivdienste und Evaluierung sowie Haftung	452
33.5	Information und Unterweisung sowie Pflichten der AN		452
	33.5.1	Information und Unterweisung der AN (§ 12 AschG)	452

	33.5.2	Unterweisung (§ 14 ASchG)	452
	33.5.3	Pflichten der AN (§ 15 ASchG, § 3 Abs. 9 PSA-V)	453
33.6	Aufzeichnungs-, Melde- und Aushangpflichten im Arbeitnehmerschutz		453
	33.6.1	Aufzeichnungspflichten	453
	33.6.2	Meldepflichten an die AUVA	454
	33.6.3	Meldepflichten an das Arbeitsinspektorat nach dem ASchG	454
	33.6.4	Aushangpflichten	455
33.7	Sicherheitsvertrauenspersonen (§§ 10, 11 ASchG) und Arbeitsschutzausschuss (§ 88 Abs. 1 ASchG)		456
	33.7.1	Sicherheitsvertrauenspersonen	456
	33.7.2	Arbeitsschutzausschuss	457
33.8	Die Bestellung von verantwortlichen Beauftragten		457
33.9	Die Bildschirmarbeits-Verordnung (BS-V)		459
33.10	Bauarbeitenkoordinationsgesetz (BauKG)		461
	33.10.1	Allgemeines	461
	33.10.2	Koordinationspflichten im geltenden Recht	462
	33.10.3	Die Pflichten des Bauherrn	462
	33.10.4	Der Planungs- und der Baustellenkoordinator	463
	33.10.5	Der Sicherheits- und Gesundheitsschutzplan (§ 7 BauKG)	464
33.11	Überblick zu den Rechtsquellen des Arbeitnehmerschutzes		465
	33.11.1	ASchG	465
	33.11.2	Verordnungen	466
	33.11.3	Rechtsquellen zum Vollzug des Arbeitnehmerschutzrechts	468
		33.11.3.1 Arbeitsinspektionsgesetz (ArbIG) und Pflichten der Arbeitsinspektion – Helfen statt anzeigen	468
		33.11.3.2 Die Aufgaben des Arbeitsinspektorats im Einzelnen	469
		33.11.3.3 Arbeitgeberpflichten im Bereich der Arbeitsinspektion	470
		33.11.3.4 Strafbestimmungen und vorzeitiger Austritt	471
33.12	Anhänge zum Arbeitnehmerschutz (Adressen, Formulare, Telefonnummern etc.)		473
34. Alkohol am Arbeitsplatz			475
34.1	Mögliche Rechtsfolgen		475

34.2		Entlassung wegen Trunkenheit	476
34.3		Vorgangsweise in der Praxis	478
34.4		Führerscheinentzug und Entlassung	479

Kapitel III

35. Arbeitskräfteüberlassung ... 483
    35.1 Begriffsbestimmung und Ausnahmen ... 483
    35.2 Pflichten im Bereich des Überlassers und des Beschäftigers ... 485
    35.3 Vertragliche Vereinbarungen ... 498
    35.4 Haftung des Beschäftigers ... 498
    35.5 Haftpflicht des Überlassers für Schäden, welche die Arbeitskraft verursacht hat ... 499
    35.6 Überlassung von Arbeitskräften aus EU-Staaten nach Österreich ... 500
    35.7 Versicherungspflicht bei grenzüberschreitender Arbeitskräfteüberlassung ... 502
    35.8 Zur Zulässigkeit der Subüberlassung ... 502
36. Arbeitsvertragsrechtsanpassungsgesetz – AVRAG, LSD-BG ... 506
    36.1 Betriebsübergang ... 507
        36.1.1 Rechtslage vor dem 1.7.1993 ... 507
            36.1.1.1 Übernahmevereinbarung außerhalb des Anwendungsbereiches des AVRAG ... 507
        36.1.2 Details zur Eintrittsautomatik ... 508
        36.1.3 Zum Begriff des „Überganges" ... 509
        36.1.4 Hinweise zur Vermeidung der Anwendbarkeit des AVRAG ... 516
        36.1.5 Zeitpunkt und Beweis des Übergangs ... 516
    36.2 Rechtsfolgen des automatischen Vertragseintritts ... 517
        36.2.1 KV und Betriebsübergang ... 517
        36.2.2 Einjährige Verschlechterungssperre ... 519
        36.2.3 Kündigung und einvernehmliche Lösung anlässlich des Übergangs des Unternehmens ... 520
        36.2.4 Widerspruchsrecht und Selbstkündigung ... 523
        36.2.5 Betriebsübergang und betriebliche Pensionszusagen ... 526
    36.3 Haftung bei Betriebsübergang ... 526
        36.3.1 Regressanspruch des Erwerbers ... 528
    36.4 Ansprüche der in Österreich tätigen AN gegen ausländische AG ohne Sitz in Österreich ... 529
        36.4.1 Lohn- und Sozialdumping-Bekämpfung ... 530

36.5 Bildungskarenz und andere Freistellungsformen gemäß
AVRAG 541
36.6 Sonstige Regelungen im AVRAG 550

Kapitel IV

37. Einseitige Willenserklärungen (Kündigung, Entlassung,
vorzeitiger Austritt) 551
    37.1 Zugang einseitiger Willenserklärungen 551
    37.2 Auslegung einseitiger Willenserklärungen 553
    37.3 Formvorschriften bei einseitigen Willenserklärungen 554
38. Zeitliche Aspekte bei der Beendigung des Arbeitsverhältnisses 554
    38.1 Anrechenbare Zeiten für den Abfertigungsanspruch 554
    38.2 Erreichung eines neuen Arbeitsjahres während der
Kündigungsfrist 555
39. Pensionierung und „automatische" Beendigung des Arbeits-
verhältnisses 555
    39.1 Gesuch des AN um Kündigung des AG 557
    39.2 Beendigung des Arbeitsverhältnisses einer Frau wegen
Pensionierung und Diskriminierung nach dem Geschlecht 558
40. Einschränkungen des Kündigungsrechts des AG 560
    40.1 Überblick zum besonderen Kündigungsschutz 560
    40.2 Überblick zum allgemeinen Kündigungsschutz 561
41. Kündigung 563
    41.1 AG- und AN-Kündigung 563
        41.1.1 Verständigung des BR 566
        41.1.2 Kündigung durch den AG während eines Kranken-
standes 572
        41.1.3 Kündigung während des Urlaubes 575
        41.1.4 Freizeit während der Kündigungsfrist 576
        41.1.5 Details zur Kündigungsfrist und Folgen der
Nichteinhaltung 577
        41.1.6 Handlungsunfähigkeit des AN 582
            41.1.6.1 Altersgrenzen 582
            41.1.6.2 Einschränkungen der Handlungsfähigkeit
bei Volljährigen 583
        41.1.7 Teilkündigung 584
    41.2 Verschlechterungsvereinbarung und Änderungskündigung 584
    41.3 Frühwarnsystem 589
    41.4 Auflösungsabgabe 592
    41.5 Eventualkündigung 594
    41.6 Aussetzung und Wiedereinstellungszusage 597

41.7	Der besondere Kündigungsschutz		601
	41.7.1	Kündigungsschutz eines Behinderten	601
		41.7.1.1 Besondere Kündigungsfrist und zustimmungsfreie Kündigung eines Behinderten	605
		41.7.1.2 Vorherige Zustimmung des Behindertenausschusses zur beabsichtigten Kündigung	605
		41.7.1.3 Nachträgliche Zustimmung des Behindertenausschusses zur ausgesprochenen Kündigung	608
		41.7.1.4 Gang des Verfahrens	609
	41.7.2	Kündigungsschutz von Präsenz- und Zivildienern	611
		41.7.2.1 Meldepflicht und Bestandschutz	611
		41.7.2.2 Kündigung mit gerichtlicher Zustimmung	613
		41.7.2.3 Zur Bekanntgabe eines ausländischen nicht geschützten Militärdienstes	614
	41.7.3	Kündigungsschutz nach MSchG und VKG	614
		41.7.3.1 Beginn und Ende des Kündigungsschutzes	615
		41.7.3.2 Gerichtliche Zustimmung zur Kündigung nach dem MSchG und VKG	618
	41.7.4	Kündigungsschutz nach dem ArbVG	620
		41.7.4.1 Geschützter Personenkreis	620
		41.7.4.2 Gründe für die Zustimmung zur Kündigung	622
	41.7.5	Kündigungsschutz nach dem AVRAG (Hospiz-Karenz)	623
41.8	Allgemeiner Kündigungsschutz		625
	41.8.1	Ausnahmen vom allgemeinen Kündigungsschutz	625
	41.8.2	Anfechtungsfrist, Anfechtungsklage und Endabrechnung des Arbeitsverhältnisses	626
	41.8.3	Motivkündigung	628
	41.8.4	Sozialwidrige Kündigung	633
		41.8.4.1 Zum Begriff der „Sozialwidrigkeit"	633
		41.8.4.2 Persönliche Kündigungsgründe	638
		41.8.4.3 Betriebliche Kündigungsgründe	642
		41.8.4.4 Sozialvergleich und soziale Gestaltungspflicht	644
		41.8.4.5 Kündigung von AN, die nach dem vollendeten 50. Lebensjahr eingestellt werden	646

		41.8.4.6 Überblick zur Kündigungsanfechtung wegen Sozialwidrigkeit	647
41.9	Kündigung und Insolvenz		649
42. Entlassung			651
42.1	Allgemeines zur Entlassung		651
	42.1.1	Unverzüglichkeit, Dauertatbestand und Nachschieben von Entlassungsgründen	654
	42.1.2	Begründung, Beweislast und Rücknahme einer Entlassung	659
	42.1.3	Entlassung von Angestellten in gehobener Stellung und Außendienstmitarbeitern	661
	42.1.4	Verwarnung und Ankündigung von Pflichtverletzungen	662
	42.1.5	Außerdienstliches Verhalten als Entlassungsgrund	665
	42.1.6	Selbstkündigung und einvernehmliche Lösung bei Vorliegen von Entlassungsgründen	666
	42.1.7	Wiedereinstellung nach einer gerechtfertigten Entlassung	667
	42.1.8	Mitverschulden an der Entlassung	668
	42.1.9	Entlassung während der Kündigungsfrist	671
42.2	Entlassung eines Angestellten		671
42.3	Entlassung eines Arbeiters		685
42.4	Vorzeitige Auflösung des Lehrverhältnisses durch den Lehrberechtigten		690
	42.4.1	Die Auflösung nach § 15 Abs. 3 BAG (Entlassung)	690
	42.4.2	Die außerordentliche Auflösung von Lehrverhältnissen	693
		42.4.2.1 Voraussetzungen einer rechtswirksamen außerordentlichen Auflösung	693
		42.4.2.2 Mitteilungspflichten nach der außerordentlichen Auflösung (§ 15a Abs. 7 BAG) und Vermittlung eines neuen Ausbildungsplatzes (§ 38e AMSG)	695
		42.4.2.3 Zum rechtlichen Charakter der außerordentlichen Auflösung	696
		42.4.2.4 Außerordentliche Auflösung während eines Krankenstands (§ 17a Abs. 8 BAG)	697
		42.4.2.5 Außerordentliche Auflösung durch den Lehrling	698
42.5	Verschuldete und unverschuldete Entlassung		699
42.6	Allgemeiner Entlassungsschutz		701

42.7		Besonderer Entlassungsschutz	703
	42.7.1	Allgemeines und fehlender Entlassungsschutz bei Behinderten	703
	42.7.2	Präsenz- und Zivildiener	705
	42.7.3	Entlassungsschutz nach dem ArbVG	707
	42.7.4	Entlassungsschutz nach dem MSchG und dem VKG	710
	42.7.5	Entlassungsschutz nach dem AVRAG (Hospiz-Karenz)	712
	42.7.6	Folgen einer ungerechtfertigten Entlassung	713
		42.7.6.1 Allgemeines	713
		42.7.6.2 Kündigungsentschädigung	713
43. Einvernehmliche Beendigung eines Arbeitsverhältnisses			719
43.1		Formvorschriften bei der einvernehmlichen Lösung	722
44. Austritt			724
44.1		Vorzeitiger Austritt des Angestellten	727
44.2		Vorzeitiger Austritt des Arbeiters	735
44.3		Vorzeitiger Austritt des Lehrlings	736
44.4		Der ungerechtfertigte vorzeitige Austritt	737
44.5		Rechtsfolgen eines gerechtfertigten sowie eines ungerechtfertigten vorzeitigen Austritts	739
44.6		Austritt von AN mit besonderem Bestandschutz	739
45. Abfertigung			740
45.1		Anrechnungsbestimmungen	742
45.2		Berechnung der Abfertigung	745
45.3		Fälligkeit der Abfertigung	749
45.4		Abfertigung bei Auflösung des Unternehmens	750
45.5		Abfertigung bei Tod des AN	751
45.6		Abfertigung NEU	752
	45.6.1	Erfasste Personen (§ 1 BMSVG)	752
	45.6.2	Zu den bisherigen Arbeitsverhältnissen (§ 46 Abs. 3 BMSVG)	753
	45.6.3	Beitragsrecht (§§ 6 und 7 BMSVG)	755
	45.6.4	Die Betriebliche Vorsorgekasse (BV-Kasse – §§ 18 ff. BMSVG)	760
	45.6.5	Auswahl der BV-Kasse (§§ 9 und 10 BMSVG)	761
	45.6.6	Der Beitrittsvertrag (§§ 11 ff. BMSVG)	764
	45.6.7	Leistungsrecht (§§ 14 ff. BMSVG)	765
	45.6.8	Übertritt in das neue Abfertigungsrecht (§ 47 BMSVG)	769

	45.6.9	Bestehende, für den AN günstigere Abfertigungsregelungen (§ 48 Abs. 2 BMSVG)	773
	45.6.10	Rechtsstreit um die Abfertigung (§ 50 Abs. 1 Z 7 ASGG)	774
	45.6.11	Steuerrechtliche Regelungen	774
	45.6.12	Hinweise für die betriebliche Praxis	775
	45.6.13	Informationsmöglichkeiten zur Abfertigung „Neu"	776
	45.6.14	Liste der BV-Kassen	776

46. Verzicht und Vergleich 777
47. Verfall 781
48. Ausstellung eines Dienstzeugnisses 788
49. Arbeitsbescheinigung und Lohnzettel 793
50. Über das Verhalten bei arbeitsrechtlichen Konflikten 794
    50.1 Konflikte mit einzelnen AN 794
    50.2 Protestversammlungen und Streik 798
51. Verzugszinsen bei arbeitsrechtlichen Ansprüchen 801
52. Überblick zum BAG 803
53. Überblick zur Betriebsverfassung 809
54. Begünstigte Behinderte 835
    54.1 Ausgleichstaxe 835
        54.1.1 Zum Begriff des AG i.S.d. BEinstG 835
        54.1.2 Zum Begriff des AN i.S.d. BEinstG 836
        54.1.3 Ausnahmen von der Einrechnung in die Pflichtzahl ... 837
        54.1.4 Erfüllung der Beschäftigungspflicht 838

Anhang – Musterformulierungen

Musterverzeichnis 841

Internetadressen 899

Stichwortverzeichnis 901

Abkürzungsverzeichnis

AAV	Allgemeine Arbeitnehmerschutzverordnung
ABGB	Allgemeines bürgerliches Gesetzbuch
AG	Arbeitgeber/Arbeitgeberin
AHGB	Allgemeines Handelsgesetzbuch
AK	Arbeiterkammer
AKG	Arbeiterkammergesetz
AlVG	Arbeitslosenversicherungsgesetz
AMFG	Arbeitsmarktförderungsgesetz
AMPFG	Arbeitsmarktpolitikfinanzierungsgesetz
AMS	Arbeitsmarktservice
AMSG	Arbeitsmarktservicegesetz
AN	Arbeitnehmer/Arbeitnehmerin
AngG	Angestelltengesetz
AO	Ausgleichsordnung
APG	Allgemeines Pensionsgesetz
APSG	Arbeitsplatzsicherungsgesetz
ARÄG	Arbeitsrechtsänderungsgesetz 2000
Arb	Arbeitsrechtliche Entscheidungen (Sammlung arbeitsrechtlicher Entscheidungen)
ArbAbfG	Arbeiterabfertigungsgesetz
ArbIG	Arbeitsinspektionsgesetz
ArbVG	Arbeitsverfassungsgesetz
ARD	Arbeitsrechtlicher Dienst
ARG	Arbeitsruhegesetz
ASchG	ArbeitnehmerInnenschutzgesetz
ASG Wien	Arbeits- und Sozialgericht Wien
ASGG	Arbeits- und Sozialgerichtsgesetz
ASoK	Arbeits- und Sozialrechtliche Kartei
AStV	Arbeitsstättenverordnung
ASVG	Allgemeines Sozialversicherungsgesetz
AuslBG	Ausländerbeschäftigungsgesetz
AuslBVO	Ausländerbeschäftigungsverordnung
AÜG	Arbeitskräfteüberlassungsgesetz
AUVA	Allgemeine Unfallversicherungsanstalt
AVG	Allgemeines Verwaltungsverfahrensgesetz
AVRAG	Arbeitsvertragsrechtsanpassungsgesetz

Abkürzungsverzeichnis

AZG	Arbeitszeitgesetz
BAG	Berufsausbildungsgesetz
BäckAG	Bäckereiarbeitergesetz
BauKG	Bauarbeitenkoordinationsgesetz
BauV	Bauarbeiterschutzverordnung
BEinstG	Behinderteneinstellungsgesetz
BKA	Bundeskanzleramt
BMASK	Bundesministerium für Arbeit, Soziales und Konsumentenschutz
BMf …	Bundesministerium für …
BMSVG	Betriebliches Mitarbeiter- und Selbständigenvorsorgegesetz (seit 1.1.2008)
BMVG	Betriebliches Mitarbeitervorsorgegesetz
BPG	Betriebspensionsgesetz
BR	Betriebsrat
BRGO	Betriebsrats-Geschäftsordnung
BSA	Bundessozialamt (seit 1.6.2014 Sozialministeriumservice)
BS-V	Bildschirmarbeits-Verordnung
BSVG	Bauern-Sozialversicherungsgesetz
BUAG	Bauarbeiter-Urlaubs- und Abfertigungsgesetz
BUAK	Bauarbeiter-Urlaubs- und Abfertigungskasse
BV	Betriebsvereinbarung
BV-Kasse	Betriebliche Vorsorgekasse
BVwG	Bundesverwaltungsgericht
DAG	Dienstgeberabgabegesetz
DHG	Dienstnehmerhaftpflichtgesetz
DLSG	Dienstleistungsscheckgesetz
DRdA	Das Recht der Arbeit
EA	Einigungsamt
EB	Erläuternde Bemerkungen
EFZG	Entgeltfortzahlungsgesetz
EKUG (jetzt VKG)	Elternkarenzurlaubsgesetz
EO	Exekutionsordnung
EPG	Eingetragene Partnerschaft-Gesetz
EStG	Einkommensteuergesetz
EuGH	Europäischer Gerichtshof
EvBl	Evidenzblatt
EVÜ	Europäisches Schuldvertragsübereinkommen
EWR	Europäischer Wirtschaftsraum

FamZeitbG	Familienzeitbonusgesetz
FPG	Fremdenpolizeigesetz
FRG	Feiertagsruhegesetz
FrG	Fremdengesetz
FS	Festschrift
GewO	Gewerbeordnung
GKK	Gebietskrankenkasse
GlBG	Gleichbehandlungsgesetz
GZ	Geschäftszahl
HBeG	Hausbetreuungsgesetz
HVSVT	Hauptverband der Sozialversicherungsträger
HWG 2002	Hochwasseropferentschädigungs- und Wiederaufbaugesetz
i.d.F.	in der Fassung
IESG	Insolvenz-Entgeltsicherungsgesetz
i.S.d.	im Sinne des
i.V.m.	in Verbindung mit
JBl	Juristische Blätter
KA-AZG	Krankenanstalten-Arbeitszeitgesetz
KBGG	Kinderbetreuungsgeldgesetz
KJBG	Kinder- und Jugendlichenbeschäftigungsgesetz
KO	Konkursordnung
KV	Kollektivvertrag
LE-AS	Leitentscheidungen der Höchstgerichte zum Arbeits- und Sozialversicherungsrecht (aufbereitet und kommentiert von Schrank)
LG	Landesgericht
LH	Landeshauptmann
LSDB-G	Lohn- und Sozialdumping-Bekämpfungsgesetz
LVwG	Landesverwaltungsgericht
m.E.	meines Erachtens
MRK	Menschenrechtskonvention
MSchG	Mutterschutzgesetz
MV-Kasse	Mitarbeitervorsorgekasse (seit 1.1.2008 BV-Kasse)
NAG	Niederlassungs- und Aufenthaltsgesetz
NSchG	Nachtschwerarbeitsgesetz
ÖGB	Österreichischer Gewerkschaftsbund
OGH	Oberster Gerichtshof
ÖJZ	Österreichische Juristenzeitung
OLG	Oberlandesgericht

ÖZG	Öffnungszeitengesetz
PSA-V	Verordnung Persönliche Schutzausrüstung
RATG	Rechtsanwaltstarifgesetz
RdW	Recht der Wirtschaft
Rdz	Randziffer
RIS	Rechtsinformationssystem des Bundes
SE	Societas Europaea
SMS	Sozialministeriumservice (siehe auch BSA)
SV	Sozialversicherung
SV-ZG	Sozialversicherungs-Zuordnungsgesetz
SZ	Sammlung Zivilsachen
u.a.	unter anderem
UrlG	Urlaubsgesetz
UWG	Gesetz gegen den unlauteren Wettbewerb
VBG	Vertragsbedienstetengesetz
VfGH	Verfassungsgerichtshof
VKG (früher EK-UG)	Väterkarenzgesetz
VwGH	Verwaltungsgerichtshof
WGKK	Wiener Gebietskrankenkasse
WK	Wirtschaftskammer
WKÖ	Wirtschaftskammer Österreich
Z	Ziffer
ZAS, Jud	Zeitschrift für Arbeits- und Sozialrecht, Judikaturbeilage
ZKO	Zentrale Koordinationsstelle
ZPO	Zivilprozessordnung
ZustG	Zustellgesetz

Kapitel I

1. Vorgehen bei Lösung einer arbeitsrechtlichen Frage

Wenn beispielsweise ein **KV** vorsieht, dass eine AG-Kündigung nur schriftlich ausgesprochen werden kann und ungeachtet dieser Regelung der AG die Kündigung nur mündlich ausspricht, hat dies zur Folge, dass durch die Nichteinhaltung dieser Formvorschrift die Kündigung als rechtsunwirksam anzusehen ist.

Wenn man daher eine arbeitsrechtliche Frage zu lösen hat, wird man zuerst nachlesen

- im anzuwendenden KV (siehe 9.), um festzustellen, ob dieser zu gegenständlichem Problem eine Regelung vorsieht. Ist dies nicht der Fall, wird man prüfen, ob neben dem KV
    - mündliche oder schriftliche Vereinbarungen bestehen (die nicht gegen zwingende Bestimmungen verstoßen dürfen – siehe 14.1) oder ob ein
    - „gewohnheitsrechtlicher" Anspruch (siehe 14.15) entstanden ist.

Ist all dies zu verneinen, ist zu klären, ob ein

- Spezialgesetz die gestellte Frage beantwortet.

Erst wenn auch diese Prüfung ergebnislos bleibt, ist auf das

- ABGB, das als „Keimzelle" aller arbeitsrechtlichen Bestimmungen gilt, zurückzugreifen.

2. Notwendige und zweckmäßige Schriftform im Arbeitsrecht

Im Arbeitsrecht ist die Schriftform u.a. zwingend vorgesehen für:

- die einvernehmliche Auflösung mit einem Präsenz- oder Zivildiener, mit einem Lehrling, mit minderjährigen AN, die dem MSchG oder VKG unterliegen (weiters ist eine Bescheinigung eines ASG oder der AK erforderlich, aus der hervorgeht, dass der AN über die einvernehmliche Auflösung belehrt wurde – zur einvernehmlichen Lösung siehe 43.),
- bei volljährigen AN, die dem MSchG bzw. VKG unterliegen, genügt die Schriftform bei einvernehmlicher Auflösung (siehe 43.),
- die Auflösung eines Lehrverhältnisses durch einseitige Erklärung (Auflösung während der Probezeit, vorzeitiger Austritt, Entlassung, außerordentliche Auflösung nach § 15a BAG – siehe 52.),
- bei Vereinbarungen zum Ausbildungskostenrückersatz (§ 2d Abs. 2 AVRAG, wobei für jede einzelne Ausbildungsmaßnahme eine gesonderte schriftliche Vereinbarung erforderlich ist – siehe 14.6),

- weiters können in einem KV Formvorschriften enthalten sein (z.B. sieht der Art. VI Z 2 des KV für das Güterbeförderungsgewerbe vor, dass das Arbeitsverhältnis nach einmonatiger Betriebszugehörigkeit nur schriftlich aufgelöst werden kann).

Unterschrift im Original erforderlich

Das Gebot der Schriftform erfordert (sowohl für Verträge wie auch für einseitige Erklärungen nach § 886 ABGB) die eigenhändige Unterschrift („Unterschriftlichkeit" – OGH 22.9.2010, 8 Ob A 63/09 m) unter dem Text (dabei genügt der ausgeschriebene Familienname). Ein E-Mail, SMS (OGH 7.2.2008, 9 Ob A 96/07 v), Telefax (OGH 20.8.2008, 9 Ob A 78/08 y) oder per „WhatsApp" übermitteltes Foto eines Kündigungsschreibens (OGH 28.10.2015, 9 Ob A 110/15 i; *Rauch*, Arbeitsrecht 2017, 92) und eine in einer Gerichtsverhandlung ausgesprochene und protokollierte Kündigung (OGH 28.10.2016, 9 Ob A 57/16 x; *Rauch*, Arbeitsrecht 2017, 93) erfüllt daher nicht die „Unterschriftlichkeit", weil damit dem Erklärungsempfänger das Original der erforderlichen Unterschrift nicht zugeht (abgesehen davon führt diese Form der Übermittlung rechtlich relevanter Erklärungen zu Problemen bezüglich des Nachweises der Zustellung, weil der Vertragspartner, dem die schriftliche Erklärung belegbar zugehen müsste, stets behaupten kann, dass er das Empfangsgerät seit längerer Zeit nicht in Betrieb genommen habe, es kaputt sei etc., hingegen ist die Vorlage eines Belegs für die eingeschriebene Übermittlung oder einer handschriftlichen Übernahmebestätigung durch den Erklärungsempfänger im Regelfall ein geeignetes Beweismittel für die Zustellung einer schriftlichen Erklärung – zum Zugang von Erklärungen siehe 37.1).

Rechtsfolgen der Verletzung von Formgeboten

Die Nichteinhaltung von Formvorschriften führt zur Nichtigkeit einer Erklärung oder Vereinbarung, wenn das Formgebot einem besonderen Schutzzweck für die AN dient (bzw. die Nichtigkeit gesetzlich vorgesehen ist). Insbesondere bei Verletzung der gesetzlich oder kollektivvertraglich vorgesehenen Schriftform für Auflösungserklärungen des AG ist die Erklärung nichtig (z.B. eine AG-Kündigung durch ein per „WhatsApp" übermitteltes Foto des Kündigungsschreibens trotz Schriftformgebot des KV – OGH 28.10.2015, 9 Ob A 110/15 i).

Schriftformgebote in Arbeitsverträgen

In Arbeitsverträgen wird oftmals die Schriftform für Änderungen bzw. die Auflösung festgelegt. Nach der Rechtsprechung können die Vertragsparteien von einem Formvorbehalt, insbesondere auch von einem Vorbehalt der Schriftform (§ 884 ABGB) jederzeit einverständlich abgehen, wobei eine solche Vereinbarung über die Abstandnahme der früher vereinbarten Form nicht nur ausdrücklich, sondern auch stillschweigend erfolgen kann (OGH 1.2.2007, 9 Ob A 140/06 p; 7.2.2008, 9 Ob A 179/07 z). Es widerspricht den Grundsätzen des redlichen Verkehrs, wenn ein Vertragsteil dem anderen mündlich bestimmte Zusagen macht und sich hinterher auf eine damit im Widerspruch stehende Klausel der Urkunde beruft (OGH 31.3.1993, 9 Ob A 30/93, ARD 4567/1/94). Abgesehen davon ist von der Rechtswirksamkeit der mündlichen Zusage auch nach dem Günstigkeitsprinzip auszugehen (weitere Details siehe Rauch, Schriftform im Arbeitsrecht, ARD 6486/5/2016).

Schriftlichkeit zwecks Beweisbarkeit

Die Einhaltung der Schriftform ist auch dort zweckmäßig, wo eine mündliche Absprache an sich gültig ist, um die jederzeitige Beweisbarkeit zu gewährleisten. Bei der persönlichen Übergabe von Auflösungserklärungen (z.B. Kündigungserklärung, Entlassungserklärung) oder etwa einer Verwarnung an den AN ist es ratsam, auf dem beim AG verbleibenden Original die Übernahme einer Ausfertigung durch den AN bestätigen zu lassen („Duplikat übernommen am …., Unterschrift des AN …."). Bei Verweigerung der Unterschrift kann die Erklärung des AG im Wege eines eingeschriebenen Briefes übermittelt werden.

Falls die Schriftform nicht geboten ist (sondern nur zwecks Beweissicherung sinnvoll wäre), kann eine Erklärung auch mündlich in Gegenwart von Zeugen abgegeben und der Vorgang schriftlich vermerkt werden.

3. „Schnuppern" vor Beginn des Arbeitsverhältnisses

Unter „Schnuppern" wird in der Praxis ein kurzfristiges entgeltfreies Beobachten und Verrichten einzelner Tätigkeiten in einem Betrieb verstanden, das abklären soll, ob ein Arbeitsvertrag abgeschlossen wird. Je nach den Absprachen vor dem „Schnuppern" und dem Verhalten der „schnuppernden" Person während der „Schnupperzeit" kann jedoch ein Arbeitsverhältnis mit entsprechenden Entgeltpflichten des Unternehmers zu Stande gekommen sein.

> *Dazu ein Beispiel:*
>
> Eine Stammkundin erzählt dem Friseurmeister, dass ihre Tochter überlegt hat, ob sie sich zur Friseurin ausbilden lassen soll. Da sie derzeit noch unschlüssig sei, wäre es vielleicht möglich, in seinem Geschäftslokal für einige Tage unentgeltlich und unverbindlich zu „schnuppern", wobei dieses „Schnuppern" auf das Zuschauen und die Verrichtung einzelner Handgriffe beschränkt sein soll. Der Friseurmeister ist zunächst skeptisch, möchte aber den Wunsch einer Stammkundin nicht ablehnen. Auf Grund einer Absprache erscheint das Mädchen mehrmals im Geschäftslokal und verrichtet auch mehrere Handgriffe. Ein Lehrverhältnis wird jedoch in der Folge nicht abgeschlossen.
>
> Einige Zeit später langt beim Friseurmeister eine Klage ein (in der ein Lehrverhältnis behauptet wird und daraus Entgeltansprüche abgeleitet werden) und in der Folge eine Verständigung, dass gegen ihn mehrere Verwaltungsstrafverfahren bei der zuständigen Bezirksverwaltungsbehörde eingeleitet wurden (Vorwürfe: keine Eintragung des Lehrvertrags bei der zuständigen Lehrlingsstelle, Verstöße gegen die Schulpflicht und Unterlassung der Anmeldung bei der zuständigen Gebietskrankenkasse).

Nach der Rechtsprechung (VwGH 94/02/0225 = ARD 4630/16/95, OLG Wien 7 Ra 49/08 i = ARD 5976/3/2009) kann von Arbeit bzw. einem Arbeits- oder Lehrverhältnis nicht gesprochen werden, wenn sich eine Person nur in Betriebsräumlichkeiten aufhält, um die dort zu verrichtenden Tätigkeiten zu beobachten, wobei dies auch dann gelten würde, wenn er probeweise und um Erfahrung zu sammeln, freiwillig einzelne Handgriffe versucht.

Demnach müsste zur Vermeidung von Zahlungspflichten dem im Beispiel genannten Friseurmeister der Nachweis gelingen, dass

- keine bestimmte Dienstzeit vereinbart wurde, sondern dem Mädchen freigestellt war, ob sie überhaupt im Betrieb erscheint,
- keinerlei Weisungen erteilt wurden
- und das Mädchen überhaupt in keiner wie immer gearteten Weise in den Betrieb bzw. in den Arbeitsprozess eingegliedert wurde sowie lediglich aus freien Stücken probeweise und zwecks Sammlung von Erfahrungen einzelne Handgriffe verrichtet hat.

Der Nachweis dieser Kriterien ist jedoch mit einem erheblichen Aufwand verbunden (Zeugen und der Geschäftsführer müssten sowohl bei Gericht wie auch bei der zuständigen Bezirksverwaltungsbehörde erscheinen) und es besteht überdies die Gefahr, dass die jeweils zuständige Behörde (entgegen der Meinung des Unternehmers) von einem Arbeits- oder Lehrverhältnis ausgeht bzw. der zuvor angesprochene Nachweis misslingt. In diesem Fall müssten der klagenden Person mindestens für die Dauer des „Schnupperns" der kollektivvertragliche Lohn sowie aliquote Sonderzahlungen und eine Vergütung für den nicht verbrauchten Urlaub bezahlt werden. Weiters würden mehrere Verwaltungsstrafen verhängt werden; hier könnten ohne weiteres erhebliche Beträge erreicht werden (die Höhe der Strafe wird unter anderem auch von der Dauer des angenommenen Arbeits- oder Lehrverhältnisses abhängen). Die Gefahr, dass die Behörden von einem Arbeits- oder Lehrverhältnis ausgehen, ist insbesondere dann hoch, wenn das „Schnuppern" länger als wenige Stunden gedauert hat.

Kein Schnuppern, sondern ein entgeltpflichtiges Arbeitsverhältnis liegt auch dann vor, wenn der AG aus der Tätigkeit des AN einen konkreten Nutzen zieht (OGH 8 Ob A 65/05 z). Als Arbeitsverhältnis wurde etwa auch das „Mitfahren" bei einer Auslieferungstour für 6,5 Stunden beurteilt, weil es sich dabei um eine Tätigkeit handelt, die typischerweise Teil eines Probearbeitsverhältnisses ist (VwGH 14.2.2013, 2012/08/0023, *Rauch*, Arbeitsrecht 2014, 30f).

Obwohl ein „Schnuppern" für die Wahl eines bestimmten Arbeitsplatzes oder eines bestimmten Berufes durchaus sinnvoll ist, muss auf Grund der rechtlichen Situation jedem AG dringend abgeraten werden, das „Schnuppern" auf Basis einer rein privaten Absprache in seinem Betrieb zuzulassen, falls es sich nicht um ein sehr kurzfristiges Zusehen oder wenige Handgriffe handeln sollte.

Das „Schnuppern" wird teilweise auch im Rahmen von Schulveranstaltungen angeboten. Auch hierfür fehlt derzeit eine gesetzliche Grundlage. Durch eine Haftpflichtversicherung und die Kontrolle des betreuenden Lehrers ist eine bessere rechtliche Absicherung gewährleistet. Jedoch ist auch hier zu beachten, dass die Schüler nicht in den Arbeitsprozess eingegliedert sein dürfen und nicht AN ersetzen oder wie solche eingesetzt werden sollten (Details und Muster siehe www.biwi.at).

Einschlägige Judikatur

- *Musste dem AG auf Grund des Verhaltens der AN, die mit Wissen des AG bzw. dessen Vertreters eine als normal zu beurteilende Arbeitszeit einhielt, klar sein, dass die AN nicht freiwillige, unentgeltliche Leistungen im Rahmen eines „Schnupperns", sondern bereits Arbeitsleistungen auf Grund eines Arbeitsverhältnisses erbringen wollte, und bekundete die AN auch ihre Arbeitsbereitschaft, ist von einem aufrechten Arbeitsverhältnis auszugehen, sodass eine Auflösungserklärung des AG nach Ablauf der Probezeit bei einer Schwangerschaft der AN ohne Einhaltung der zwingenden Bestimmungen des MSchG das Arbeitsverhältnis nicht beendet (OGH 9 Ob A 30/01 d).*
- *Die Herstellung eines Probewerkstücks nach genauen Anweisungen, die zwei Stunden dauert, kann nicht Teil des Vorstellungsgespräches sein. Auch wenn die korrekte Bearbeitung Bedingung für die Aufnahme des Arbeitsverhältnisses am nächsten Tag ist, beginnt die Versicherungspflicht bereits mit der Bearbeitung des Probewerkstückes (VwGH 2000/08/0180).*
- *Kam und ging eine Person, wie sie wollte (auch wenn das Erscheinen logischerweise an Öffnungszeiten gebunden war) und hatte keine Arbeitspflicht und war nicht in den Betrieb integriert und hat nicht eine andere Arbeitskraft ersetzt und war die Tätigkeit insgesamt nicht von Vorteil für den AG, so überwiegen die Elemente des unentgeltlichen Schnupperns (OLG Wien 7 Ra 49/08 i = ARD 5976/3/2009).*
- *Verletzt sich ein Schüler bei einer Tätigkeit im Betrieb, den er im Rahmen einer individuellen Berufsorientierung (§ 13b Schulunterrichtsgesetz) aufsuchen konnte, so greift die Amtshaftung ein. Der Rechtsweg gegen das Unternehmen ist ausgeschlossen (OGH 18.6.2015, 1 Ob 75/15 h).*

4. Geschlechtsneutrale und diskriminierungsfreie Stellenausschreibung sowie Gleichbehandlung

Das GlBG sieht Diskriminierungsverbote hinsichtlich

- des Geschlechts,
- der ethnischen Zugehörigkeit,
- der Religion,
- der Weltanschauung,
- des Alters und
- der sexuellen Orientierung vor.

Das gesetzliche Gleichbehandlungsgebot bezieht sich auf die Begründung des Arbeitsverhältnisses, Festsetzung des Entgelts, Gewährung freiwilliger Sozialleistungen, Aus- und Weiterbildungsmaßnahmen, Beendigung des Arbeitsverhältnisses, den beruflichen Aufstieg und sonstige Arbeitsbedingungen.

Vor Beginn eines Arbeitsverhältnisses ist das Gebot der geschlechtsneutralen und diskriminierungsfreien Stellenausschreibung zu beachten (§§ 9 und 23 GlbG).

Dem AG sowie einem privaten Arbeitsvermittler ist es verboten, einen Arbeitsplatz öffentlich oder innerhalb des Betriebes bzw. Unternehmens geschlechtsspezifisch oder diskriminierend (i.S.d. vorgenannten Diskriminierungsverbote) auszuschreiben. Es sei denn, es handelt sich beim betreffenden Merkmal um eine sachlich gerechtfertigte und wesentliche sowie entscheidende berufliche Anforderung, sofern es sich um einen rechtmäßigen Zweck und eine angemessene Anforderung handelt bzw ein bestimmtes Geschlecht ist unverzichtbare Voraussetzung für die Ausübung der vorgesehenen Tätigkeit.

AG und Arbeitsvermittler, die gegen diese Bestimmung verstoßen, können von der Bezirksverwaltungsbehörde zu einer Geldstrafe bis zu € 360,– verurteilt werden. Beim ersten Verstoß hat sich die Bezirksverwaltungsbehörde bei AG auf eine Verwarnung zu beschränken. Arbeitsvermittler können daher auch beim ersten Verstoß bestraft werden.

Zum Onlinestellenmarkt siehe *Fellner-Resch/Rauch*, Diskriminierungsfreie Organisation eines Onlinestellenmarktes, ecolex 2010, 275 ff.

Zur Kündigung einer Frau zum Regelpensionsalter und Diskriminierung nach dem Geschlecht siehe 39.2.

Schadenersatzansprüche wegen geschlechtsspezifischer bzw. diskriminierender Stellenausschreibung

Wird ein Arbeitsverhältnis wegen einer vom AG zu vertretenden Verletzung des Gebotes der geschlechtsneutralen und diskriminierungsfreien Stellenausschreibung nicht begründet, so ist der AG gegenüber dem Stellenbewerber zum Schadenersatz im Ausmaß von mindestens zwei Monatsentgelten verpflichtet (§§ 12 und 26 GlbG) bzw. bis € 500,–, wenn der AG nachweisen kann, dass der einem Stellenbewerber durch die Diskriminierung entstandene Schaden nur darin besteht, dass die Berücksichtigung der Bewerbung verweigert wurde.

Demnach kann die bloße Verletzung des Gebots der geschlechtsneutralen bzw. diskriminierungsfreien Stellenausschreibung noch keinen abstrakten Ersatzanspruch begründen. Es bedarf vielmehr (für einen über € 500,– hinausgehenden Schadenersatzanspruch) eines glaubhaft zu machenden konkreten Vorbringens, dass die Verletzung dazu geführt hat, dass mit der geschädigten Person das ausgeschriebene Arbeitsverhältnis nicht begründet wurde (OGH 9 Ob A 318/99 a).

Andererseits hat die Bemerkung „für Sie als Mädchen macht die Bewerbung eher keinen Sinn" zu einem Schadenersatzanspruch geführt, obwohl die Bewerbung berücksichtigt und aus sachlichen Gründen (fehlende Berufserfahrung im Gegensatz zu den anderen Bewerbern) zu keiner Einstellung geführt hat (OGH 23.4.2009, 8 Ob A 11/09 i). Die unrichtige Besetzung der Kommission beim Hearing und die Nichteinhaltung des Frauenförderungsgebotes begründen (für sich genommen) keine Diskriminierung (OGH 26.2.2016, 8 Ob A 5/16 t).

Die Ausschreibung für Personen eines Geschlechts ist dann als sachlich gerechtfertigt anzusehen, wenn beispielsweise ein nachvollziehbares Verkaufskonzept derart vom AG entwickelt wird, dass für dessen Umsetzung nur AN eines bestimmten Geschlechts herangezogen werden können (OGH 9 Ob A 318/99 a; *Rauch*, Zum Schadenersatz nach dem GlBG, ecolex 2000, 441 ff.).

Die Nichteinstellung einer qualifizierten Frau wegen sozialer Unverträglichkeit, die in einem früheren Beschäftigungsverhältnis zum selben Institut festgestellt wurde, ist zulässig (OGH 23.11.2010, 8 Ob A 35/10 w).

Der erwähnte Schadenersatzanspruch ist binnen einem Jahr gerichtlich geltend zu machen. Versäumt der Stellenbewerber die Frist, so ist schon aus diesem Grund die Schadenersatzklage abzuweisen (§§ 15, 26 GlBG).

Klagt ein abgelehnter Stellenbewerber wegen einer Diskriminierung bei der Stellenbesetzung, so hat er die Tatsachen, die eine Diskriminierung vermuten lassen, glaubhaft zu machen. Ist die Glaubhaftmachung gelungen, so hat der AG sachliche Gründe für die Ablehnung zu behaupten und zu beweisen (OGH 9 Ob A 177/07 f; 21.12.2009, 8 Ob A 69/09 v, zum Begriff „Glaubhaftmachung" siehe 41.8.3).

Der Ausschluss von Vertragsärzten, die das 55. Lebensjahr vollendet haben, durch die OÖGKK stellt eine Altersdiskriminierung dar (OGH 18.7.2011, 6 Ob 246/10 k).

Die Ablehnung eines 50-jährigen Bewerbers wegen seines Alters ist eine Diskriminierung, auch wenn in der Folge die ausgeschriebene Stelle gar nicht besetzt wird (OGH 29.1.2013, 9 Ob A 154/12 f). Ein abgelehnter Bewerber hat keinen Rechtsanspruch auf eine Auskunft über die Gründe der Absage (EuGH 19.4.2012, C–415/10 – zur Begründung siehe Abschnitt „Keine Begründungspflicht des AG" im Folgenden).

Die Nichtbeachtung von Vordienstzeiten, die vor Vollendung des 18. Lebensjahres liegen, stellt eine unmittelbare Diskriminierung wegen des Alters dar (OGH 24.9.2012, 9 Ob A 70/12 b).

Abgesehen von geschlechtsneutralen Stellenausschreibungen besteht im Arbeitsrecht keinesfalls eine allgemeine „Genderpflicht" (*Rauch*, Arbeitsrecht 2015, 70 f).

Der Zusatz „m/w" in einer Stellenausschreibung ist ausreichend (LVwG Oberösterreich 31.12.2016, LVwG – 301261/KI/SH, *Rauch*, Arbeitsrecht 2017, 37).

Angabe des Mindestentgelts bei Stellenausschreibung

Der AG oder der private Arbeitsvermittler (§§ 2 ff. AMFG) oder eine mit der Arbeitsvermittlung betraute juristische Person öffentlichen Rechts sind verpflichtet, in der Ausschreibung das „für den ausgeschriebenen Arbeitsplatz geltende kollektivvertragliche oder durch das Gesetz oder andere Normen der kollektiven Rechtsgestaltung (z.b. Satzung oder Mindestlohntarif) geltende Mindestentgelt anzugeben und auf die Bereitschaft zur Überzahlung hinzuweisen, wenn eine solche besteht" (§ 9 Abs. 2, § 23 Abs. 2 GlBG). Auch in Branchen, in denen keine lohngestaltende Vorschrift anzuwenden ist, ist ein Mindestentgelt (Verhandlungsbasis) anzugeben.

Als Stelleninserat ist jede interne oder externe Veröffentlichung anzusehen, in der ein konkreter Arbeitsplatz ausgeschrieben wird. Allgemeine Aufforderungen sich zu bewerben („Wir stellen ein ...") sind kein Stelleninserat, wenn nicht ein konkreter Arbeitsplatz angesprochen wird.

Da nicht vorhersehbar ist, ob bzw. wie viele Berufsjahre bei der Einstufung eines Bewerbers zu berücksichtigen sind, würde es genügen, den Mindestlohn des jeweiligen 1. Berufsgruppenjahres der entsprechenden Berufsgruppe anzuführen. Auch Zulagen, von denen bereits zum Zeitpunkt der Ausschreibung bekannt ist, dass sie jedenfalls anfallen werden, sind bei den Angaben zu berücksichtigen. Dies kann aber m.E. nicht für Aufwandsentschädigungen gelten, weil das Gesetz stets auf das „Mindestentgelt" verweist und Aufwandsentschädigungen kein Entgeltbestandteil sind. Weiters wird nach den Erläuterungen zur Regierungsvorlage (ErläutRV 938 BlgNR 24. GP.) ausgeführt, dass mit diesen Angaben verhindert werden soll, dass die Bewertung eines Arbeitsplatzes im Nachhinein in diskriminierender Weise geändert wird. Insofern wird ein Abweichen von den Angaben in der Stellenausschreibung durch eine arbeitsvertragliche Entgeltvereinbarung problematisch sein (bzw. sollte jederzeit dokumentierbar sein, auf welchen sachlichen Gründen die Abweichung beruht).

Beim ersten Verstoß gegen diese Verpflichtung hat die Bezirksverwaltungsbehörde zu ermahnen und bei weiteren Verstößen mit Geldstrafe bis zu € 360,– zu bestrafen (§ 10 Abs. 3 GlBG). Die Strafbestimmung tritt mit 1.1.2012 in Kraft (§ 63 Abs. 5 GlBG).

Ausnahmebestimmungen

Der § 20 GlBG enthält nähere Bestimmungen zur Frage, wann eine sachlich gerechtfertigte Differenzierung vorliegt. Hinsichtlich des Alters sind etwa Mindestanforderungen an das Lebensalter, die Berufserfahrung oder die Festsetzung eines Höchstalters für die Einstellung auf Grund spezieller Ausbildungsanforderungen als zulässig anzusehen (§ 20 Abs. 3 bis 5 GlBG).

Die Regelung einer erleichterten Kündigung von AN über 60 Jahren, die bereits durch einen Pensionsanspruch abgesichert sind, ist aus beschäftigungspolitischen Gründen berechtigt (OGH 24.7.2013, 9 Ob A 40/13t).

Kirchen und religiöse Organisationen können die Einstellung von Mitarbeitern auf Angehörige der betreffenden Religionsgemeinschaft beschränken.

Schadenersatzansprüche bei sonstigen Diskriminierungen

Werden während des Arbeitsverhältnisses Gleichbehandlungsgebote gemäß GlBG verletzt, so hat der diskriminierte AN Anspruch auf Ersatz des Vermögensschadens (z.B. Nachzahlung der Differenz zum höheren Entgelt) und auf eine Entschädigung für die erlittene persönliche Beeinträchtigung (z.B. § 12 Abs. 3 GlBG).

Die Höhe des Schadenersatzes ist nach den sonst im Schadenersatzrecht angewandten Grundsätzen zu bemessen (OGH 23.2.2006, 8 Ob A 14/06 a; 30.7.2009, 8 Ob A 35/09 v). Die Verjährungsfrist beträgt ein Jahr (§ 29 Abs. 1 GlBG, bei sexueller Belästigung 3 Jahre).

Bei einer diskriminierenden Äußerung des AG („… mit Lügen und Schuldenmachen seid ihr Jugoslawen Spitze …") ca. 1,5 Monate nach dem Ende des Arbeitsverhältnisses kann nicht mehr von einem dadurch bewirkten einschüchternden Umfeld gesprochen werden und es steht daher nach dem GlBG kein Schadenersatz zu (OGH 27.2.2012, 9 Ob A 21/12 x; *Rauch*, Schadenersatz bei Belästigung vor Beginn und nach dem Ende des Arbeitsverhältnisses, ASoK 2012, 172).

Der Schadenersatzanspruch kann sich gegen den AG richten, wenn er die Belästigungshandlungen setzt oder es unterlässt, für Abhilfe zu sorgen oder das belästigende Verhalten des Vertretungsorgans dem AG zuzurechnen ist (z.B. Geschäftsführer einer GmbH – OGH 5.6.2008, 9 Ob A 18/08 z; De-facto-Geschäftsleiter einer KG – OGH 21.12.2011, 9 Ob A 118/11 k).

Die Unterlassung der Anrechnung von Vordienstzeiten, die vor dem vollendeten 18. Lebensjahr erworben wurden, bei der Einstufung stellt eine Altersdiskriminierung dar (OGH 26.2.2015, 8 Ob A 20/13 v). Ebenso wenn alle AN gekündigt werden, sobald sie einen Anspruch auf eine Korridorpension haben, wenn damit ältere „teurere" AN abgebaut werden sollen (OGH 18.8.2016, 9 Ob A 106/15 a; *Rauch*, Arbeitsrecht 2017, 39 ff.).

Belästigung

Das GlBG regelt folgende Tatbestände der Belästigung bzw. Diskriminierung:

- sexuelle Belästigung,
- Belästigung auf Grund des Geschlechtes,
- Belästigung wegen des Alters,
- Belästigung im Zusammenhang mit der ethnischen Zugehörigkeit,
- Belästigung wegen der Religion oder der Weltanschauung und
- Belästigung wegen der sexuellen Orientierung.

Weiters regelt das BEinstG die Belästigung bzw. Diskriminierung im Zusammenhang mit einer Behinderung (§ 7 d BEinstG).

Eine Belästigung liegt vor, wenn bewirkt oder bezweckt wird, dass die Würde der betroffenen Person verletzt und ein einschüchterndes, feindseliges, entwürdigendes, beleidigendes oder demütigendes Umfeld für die betroffene Person geschaffen wird. Die Diskriminierung durch Belästigung liegt auch bei Anweisung zur Belästigung vor.

Der belästigte AN hat Anspruch auf angemessenen Schadenersatz zum Ausgleich der erlittenen persönlichen Beeinträchtigung (wenn der Nachteil nicht nur in einer Vermögenseinbuße besteht) in Höhe von mindestens € 1.000,– (§ 12 Abs 11 GlBG). Der Schadenersatzanspruch kann sich auch gegen andere AN richten, die belästigende Handlungen vornehmen. So wurde einem homosexuellen AN ein Schadenersatz gegen eine Kollegin in der Höhe von € 1.000,– zugesprochen, weil er von dieser wegen seiner sexuellen Orientierung einmal verspottet wurde (OGH 26.11.2013, 9 Ob A 110/13 m).

Der Schadenersatzanspruch ist innerhalb von einem Jahr (bei sexueller Belästigung 3 Jahre) gerichtlich geltend zu machen (§ 29 Abs 1 GlBG).

Abgesehen davon hat der belästigte AN die Möglichkeit einen vorzeitigen Austritt zu erklären (siehe 44.), falls er vom AG belästigt wurde oder diesen vergeblich um Abhilfe ersucht hat (siehe 44.1 zu Z 4). Wird der AG um Abhilfe ersucht, so müsste er zur Vermeidung des vorzeitigen Austritts effiziente Maßnahmen wie eine Verwarnung (siehe 42.1.4) bzw eine Entlassung wegen erheblicher Ehrverletzung (siehe 42.2 zu Z 6) oder allenfalls eine Versetzung des Täters (siehe 29.) durchführen.

Der Schutz vor sexueller Belästigung (siehe 42.2 zu Z 6) besteht auch schon im vorvertraglichen Stadium (OGH 5.7.2008, 9 Ob A 18/08 z).

Der Begriff „Weltanschauung" ist eine Sammelbezeichnung für alle religiösen, ideologischen, politischen und ähnlichen Leitauffassungen vom Leben und von der Welt (OGH 24.2.2009, 9 Ob A 122/07 t – kritische Meinungen zur Asylpraxis sind keine Weltanschauung). Punktuelle Kritik ist keine Weltanschauung (OGH 28.5.2015, 9 Ob A 42/15 i, *Rauch*, Arbeitsrecht 2016, 88 f.).

Der AG ist nicht verpflichtet, Beschwerdeschreiben anderer AN an den AN zu übergeben, auf den sich die Beschwerden beziehen (OGH 29.10.2013, 9 Ob A 65/13 v).

Die Anweisung zur Meldung längerer Abwesenheiten vom Arbeitsplatz stellt keine Belästigung dar (OGH 29.1.2014, 9 Ob A 167/13 v).

Zur Abgrenzung sexueller von der geschlechtsbezogenen Belästigung – siehe OGH 2.9.2008, 8 Ob A 59/08 x.

Kopftuchverbot und islamischer Gesichtsschleier (Niqab)

Zu diesem Thema hat sich der OGH mit einer klagenden ehemaligen Angestellten eines Notars befasst (OGH 25.5.2016, 9 Ob A 117/15 v, *Rauch*, Arbeitsrecht 2017, 27 ff.). Der Notar gestattete ihr das Tragen des islamischen Kopftuches (Hijab) und der Abaya (islamisches Übergewand), obwohl er fürchtete, Klienten zu verlieren. Er erlaubte dennoch der Klägerin weiterhin den uneingeschränkten Klientenkontakt und sie wurde als Testamentszeugin eingesetzt.

4. Geschlechtsneutrale und diskriminierungsfreie Stellenausschreibung

Nach der Karenz wegen Mutterschaft der Klägerin wurden der Klientenkontakt und der Einsatz als Testamentszeugin eingeschränkt. Nach einer schweren Krankheit bestand die Klägerin darauf, in der Arbeit den islamischen Gesichtsschleier (Niqab) zu tragen. Daraufhin wurde sie gekündigt. Die Kündigung wurde nicht angefochten, sondern (nach § 12 Abs. 7 GlBG) eine Entschädigung für die erlittene persönliche Beeinträchtigung in der Höhe von € 7.000,– eingeklagt, weil die Klägerin meinte, sie sei wegen ihrer Weltanschauung und mittelbar wegen ihres Geschlechts (da den Gesichtsschleier nur Frauen tragen) diskriminiert worden (§ 17 Abs. 1 Z 6 und 7 GlBG).

Der OGH hat dazu darauf verwiesen, dass es in Österreich zu den unbestrittenen Grundregeln zwischenmenschlicher Kommunikation gehöre, das Gesicht unverhüllt zu lassen (OGH 27.8.2008, 13 Os 83/08t). Ein verhülltes Gesicht beeinträchtige die Kommunikation zwischen den Kulturen. Abgesehen davon sei die Forderung des AG nach einem dezenten Erscheinungsbild weiblicher und männlicher AN sachlich berechtigt (§ 20 Abs. 1 GlBG). Da lediglich die Einschränkungen nach der Karenz als Diskriminierung anzusehen sei, wurde der Schadenersatz von den begehrten € 7.000,– auf € 1.200,– reduziert (zu Bekleidungsregeln siehe 14.20).

Zum Thema Kopftuchverbot hat der EuGH (C–157/15 Samira Achbita/G4S Secure Solutions) entschieden, dass ein AG das Tragen eines islamischen Kopftuchs am Arbeitsplatz untersagen kann, wenn in dem Unternehmen das Tragen sichtbarer religiöser, politischer und philosophischer Zeichen für AN mit Kundenkontakt allgemein verboten ist. AG können mit einer solchen allgemeinen Neutralitätspflicht das legitime Ziel der religiösen und weltanschaulichen Neutralität verfolgen.

Falls jedoch der AG nur den Wünschen eines Kunden entsprechen will, der seine Leistungen nicht mehr von einer AN (Softwaredesignerin) erbracht haben will, die ein islamisches Kopftuch trägt, kann dies nicht als „wesentliche und entscheidende berufliche Anforderung" (i.S.d. Art 4 Abs. 1 der Gleichbehandlungsrahmen-RL 2000/78/EG) angesehen werden, die das Vorliegen einer Diskriminierung ausschließen könnte (EuGH 14.3.2017, C–188/15, Bougnaoui und ADDH). Die Kündigung der AN, nachdem sich ein Kunde über ihr islamisches Kopftuch beschwert hat und die Bitte des AG um Entfernen von ihr missachtet wurde, hat daher der EuGH als diskriminierend und somit rechtsunwirksam eingestuft.

Anfechtung von Auflösungen des Arbeitsverhältnisses

Der AN kann eine Kündigung, eine Auflösung während der Probezeit und eine Entlassung binnen 14 Tagen (§§ 15 Abs. 1, 29 Abs. 1 GlBG) mittels Klage anfechten, wenn die Auflösung des Arbeitsverhältnisses wegen der nicht offenbar unberechtigten Geltendmachung von Ansprüchen nach dem GlBG (§§ 12 Abs. 7, 13, 26 Abs. 7 und 27 GlBG) oder wegen des Geschlechts, der ethnischen Zugehörigkeit, der Religion oder der Weltanschauung, des Alters oder der sexuellen Orientierung erfolgt ist. Auch einem anderen AN, der als Zeuge oder als Auskunftsperson in einem Verfahren auftritt oder eine Beschwerde eines anderen AN unterstützt, darf als Reaktion auf eine solche Beschwerde oder auf die Einleitung eines solchen Verfahrens zur Durchsetzung des Gleichbehandlungsgebotes vom AG keine Auflösung des Arbeitsverhältnisses ausgesprochen oder der AN anders benachteiligt werden.

Es handelt sich dabei um zusätzliche Tatbestände verpönter Motive bei der Auflösung eines Arbeitsverhältnisses (siehe 41.8.3). Daher können auch hier außerhalb der 14-tägigen Anfechtungsfrist keine zusätzlichen Anfechtungstatbestände geltend gemacht werden (OLG Linz 23.11.2010, 11 Ra 93/10 y, ARD 6119/6/2011).

Wird etwa ein Lehrverhältnis nach Meldung einer Schwangerschaft vom AG während der Probezeit aufgelöst und angemerkt, dass bei Fortführung der Lehre eine „Eiszeit" ausbrechen würde, so liegt eine diskriminierende Auflösung vor (OGH 27.8.2015, 9 Ob A 87/15 g).

Wird ein befristetes Arbeitsverhältnis, welches auf die Umwandlung in ein unbefristetes Arbeitsverhältnis angelegt war, aus den vorerwähnten unsachlichen Motiven nicht verlängert, so kann eine Klage auf Feststellung des aufrechten Bestandes eines unbefristeten Arbeitsverhältnisses eingebracht werden (siehe auch 14.3.1). Klagt die AN auf Feststellung, so kann sie keinen darüber hinausgehenden Schadenersatzanspruch geltend machen. Lässt sie die Auflösung gegen sich gelten, so kann sie hingegen einen Schadenersatz verlangen (Wahlrecht nach § 12 Abs 7 GlBG, OGH 25.3.2014, 9 Ob A 5/14 x). Das unsachliche Motiv muss die klagende AN schlüssig vobringen und glaubhaft machen (OGH 26.5.2014, 8 Ob A 52/13 z, *Rauch*, Arbeitsrecht 2015, 26 und Arbeitsrecht 2016, 47 f.).

Auch eine einvernehmliche Auflösung kann anfechtbar sein, wenn sie das Ergebnis einer unzulässigen Druckausübung durch den AG ist. Ist sie aber Ausdruck einer selbstbestimmten Entscheidung des sich diskriminiert fühlenden AN, so verstößt sie nicht gegen das Benachteiligungsverbot (OGH 25.10.2011, 9 Ob A 113/11 z).

Im Fall eines vorzeitigen Austritts wegen sexueller Belästigung ist kein (weiterer) Schadenersatz nach § 12 Abs 7 GlBG möglich (OGH 17.8.2016, 8 Ob A 47/16v, *Rauch*, Arbeitsrecht 2017, 38 f.).

Diskriminierungs- und Belästigungsschutz für Behinderte

Zum Schutz von Behinderten (siehe 54.) vor Diskriminierungen u.a. auch in der Arbeitswelt wurden insbesondere die §§ 7 a bis 7 j in das BEinstG aufgenommen.

Der Diskriminierungsschutz bezieht sich nicht nur auf begünstigte Behinderte nach § 2 BEinstG, sondern geht von einem weiter definierten Begriff der Behinderung aus (§ 3 BEinstG). Eine Behinderung ist demnach die Auswirkung einer nicht nur vorübergehenden körperlichen, geistigen oder psychischen Funktionsbeeinträch-

4. Geschlechtsneutrale und diskriminierungsfreie Stellenausschreibung

tigung oder Beeinträchtigung der Sinnesfunktionen, die geeignet ist, die Teilhabe am Arbeitsleben zu erschweren. Als nicht nur vorübergehend gilt ein Zeitraum von voraussichtlich mehr als sechs Monaten.

Das gesetzliche Gleichbehandlungsgebot für Behinderte erfasst ebenso wie nach dem GlBG alle wesentlichen Elemente eines Arbeitsverhältnisses von der Begründung bis zur Auflösung (einschließlich der sonstigen Arbeitsbedingungen – § 7b Abs. 1 Z 6 BEinstG).

Die Diskriminierung kann auch mittelbar erfolgen, wenn scheinbar neutrale Vorgaben Behinderte benachteiligen (§ 7c Abs. 2 BEinstG). Eine solche mittelbare Diskriminierung kann auch durch die Unterlassung der barrierefreien Gestaltung von Arbeitsplätzen (grundsätzlich ohne fremde Hilfe und Erschwernis für den Behinderten zugänglich), sofern dies nicht mit unverhältnismäßigen Belastungen verbunden ist, erfolgen.

Die Rechtsfolgen bei Diskriminierungen und die Fristen für die Geltendmachung sind weitgehend analog wie im GlBG geregelt. Ebenso ist ein Schutz vor Belästigungen vorgesehen (§ 7 d BEinstG). Eine Belästigung liegt auch dann vor, wenn eine abfällige Äußerung nicht in einem engen Zusammenhang mit der Behinderung steht („die wird auch immer hässlicher" zu einer blinden AN – OGH 2.4.2009, 8 Ob A 8/09 y).

Hinsichtlich des Kündigungs- und Entlassungsschutzes von Behinderten ist daher folgende Differenzierung zu treffen:

Begünstigte Behinderte i.S.d. § 2 BEinstG genießen einen besonderen Kündigungsschutz (Kündigung nur mit Zustimmung des Behindertenausschusses – Details siehe 41.7.1). Eine Anfechtung einer Kündigung (oder Entlassung) wegen einer Behinderung oder der nicht offenbar unberechtigten Geltendmachung von Ansprüchen nach dem BEinstG (Anfechtung wegen eines verpönten Motivs – siehe 41.8.3) ist daher bei einem begünstigten Behinderten nur bei einer Kündigung (oder Entlassung), für die keine Zustimmung des Behindertenausschusses erforderlich ist, denkbar. Handelt es sich hingegen um einen Behinderten nach § 3 BEinstG, der kein begünstigter Behinderter nach § 2 BEinstG ist, so ist die Anfechtung einer vom AG ausgesprochenen Auflösungserklärung wegen eines verpönten Motivs nach § 7 f BEinstG grundsätzlich immer denkbar, weil kein Zustimmungserfordernis zur Auflösungserklärung des AG gegeben ist. Der Status des begünstigten Behinderten nach § 2 BEinstG setzt die bescheidmäßige Gewährung des Behindertenstatus voraus (Details siehe 41.7.1 und 54.).

Die Anfechtung einer Auflösungserklärung wegen eines verpönten Motivs durch eine Klage setzt voraus, dass ein Schlichtungsverfahren beim SMS ergebnislos geblieben ist (§ 7 k BEinstG). Der Behinderte nach § 3 BEinstG hat daher zunächst die Einleitung eines Schlichtungsverfahrens beim SMS zu beantragen. Dies gilt etwa auch im Fall einer angeblich diskriminierenden Auflösung während der Probezeit wegen einer psychischen Erkrankung – OGH 8 Ob A 62/15 y.

Ist keine Einschränkung der Einsatzfähigkeit und kein Gefährdungspotenzial für sich oder andere gegeben, so muss ein AN seine Behinderung nicht offenlegen. Unrichtige Angaben über das Vorliegen des Behindertenstatus sind diesfalls kein Kündigungsgrund (OGH 26.11.2015, 9 Ob A 107/15 y; *Rauch*, Arbeitsrecht 2017, 53 f.).

Man unterscheidet somit seit der Novelle BGBl. I 2005/82 zwei Arten von Behinderten nach dem BEinstG:

1. Der Behinderte nach § 2 BEinstG, dessen Status mittels Bescheid des BSA festgestellt wird. Er hat, wenn er ab dem 1.1.2011 eingestellt wurde, ab dem fünften Jahr des Arbeitsverhältnisses einen Kündigungsschutz (Kündigung nur mit Zustimmung des Behindertenausschusses – Ausnahmen und Details siehe 41.7.1).

2. Der Behinderte nach § 3 BEinstG, dessen Status nicht bescheidmäßig zuerkannt wird. Der Behinderte nach § 2 BEinstG wird im Regelfall auch ein Behinderter nach § 3 BEinstG sein. Wird daher ein Behinderter nach § 2 BEinstG zulässigerweise ohne Zustimmung des Behindertenausschusses gekündigt (z.B. ein Behinderter, der ab 1.1.2011 eingestellt und im zweiten Jahr des Arbeitsverhältnisses gekündigt wird), so kann er die Kündigung wegen eines verpönten Motivs nach § 7 f BEinstG anfechten. Wird ein Behinderter nach § 3 BEinstG, dem der Status nach § 2 BEinstG nicht mittels Bescheid zugesprochen wurde, beispielsweise nach einem mehrjährigen Arbeitsverhältnis gekündigt, so kann er die Kündigung mit der Begründung anfechten, dass diese wegen seiner Behinderung oder der Geltendmachung von Rechten nach dem BEinstG erfolgt sei. Dazu hat er zunächst einen Antrag beim zuständigen BSA auf Einleitung eines Schlichtungsverfahrens einzubringen (§ 7 k BEinstG). Der AN hat den Antrag binnen 14 Tagen ab Zugang der Kündigung einzubringen. Nach dem Abschluss des Verfahrens bei der Schlichtungsstelle stehen ihm weitere 14 Tage zur Einbringung der Anfechtungsklage zur Verfügung (OGH 28.2.2011, 9 Ob A 1/11 d; *Rauch*, Arbeitsrecht 2012, 44 f). Der AG muss in einem solchen Fall ein sachliches Kündigungsmotiv glaubhaft machen (siehe 41.8.3).

Abgesehen davon können Behinderte nach § 2 bzw. § 3 BEinstG die Auflösung während der Probezeit wegen einer Diskriminierung binnen 14 Tagen anfechten (siehe 14.2.4). Ein entsprechender Schutz gilt auch bei Nichtverlängerung eines befristeten Arbeitsverhältnisses, welches auf ein unbefristetes Arbeitsverhältnis angelegt war und wegen der Behinderung nicht verlängert wird (siehe auch 14.3.1).

Diskriminierungs- und Belästigungsschutz bei einem Naheverhältnis

In Umsetzung der Gleichbehandlungsrahmenrichtlinie der EU und der Rechtsprechung des EuGH wurde im GlBG festgelegt, dass sich der Schutz dieses Gesetzes auch auf jene Personen erstreckt, die in einem Naheverhältnis zu einer Person stehen, die das diskriminierende Merkmal aufweist (§§ 19 Abs. 4, 21 Abs. 4, 44 Abs. 4, 46 Abs. 4, 47 Abs. 4 GlBG, 4 Abs. 2 BEinstG).

4. Geschlechtsneutrale und diskriminierungsfreie Stellenausschreibung

Der Begriff des „Naheverhältnisses" geht über familiäre Beziehungen hinaus und erfasst auch eine auf persönlicher Freundschaft und Schutzbefohlenheit beruhende Nahebeziehung. Nach den EB zur Regierungsvorlage (ErläutRV 938 BlgNR 24. GP.) umfasst dieser Begriff auch allgemein verständliche, soziale und moralische Beistandspflichten (z.B. Angehörige, Lebenspartner, Freunde). Bei Arbeitskollegen ist dann von einem Naheverhältnis auszugehen, wenn eine nähere persönliche Beziehung vorliegt. Flüchtige Bekanntschaften fallen nicht in den Schutzbereich des Gesetzes. In der Praxis sind beispielsweise folgende Anwendungsfälle vorstellbar:

Beispiele:

Ein AN beansprucht (im gesetzlichen Rahmen) immer wieder Pflegefreistellungen, wenn bei seinem behinderten Sohn Phasen eines intensiveren Pflegebedarfs eintreten. Der AG spricht daraufhin eine Kündigung aus. Die Kündigung kann wegen Diskriminierung auf Grund eines Naheverhältnisses angefochten werden.

Eine Frau wird per E-Mail von einem Unternehmen, bei dem sie sich beworben hat, mitgeteilt, dass sie nicht eingestellt werde, weil sie mit einem Schwarzafrikaner verheiratet sei. Die Frau begehrt daraufhin einen Schadenersatz von zwei Monatsentgelten.

Einkommensberichte

Jeder AG, der dauernd mehr als 150 AN beschäftigt, ist verpflichtet, alle zwei Jahre einen Bericht zur Einkommensanalyse zu erstellen (§ 11a GlBG). Dieser Bericht hat Angaben über

- die Anzahl der Frauen und die Anzahl der Männer in den jeweiligen kollektivvertraglichen oder – wenn verfügbar – betrieblichen Verwendungsgruppen,

- die Anzahl der Frauen und die Anzahl der Männer in den – wenn verfügbar – einzelnen Verwendungsgruppenjahren der anzuwendenden Verwendungsgruppen und

- das arbeitszeitbereinigte Durchschnitts- oder Medianeinkommen von Frauen und von Männern in den jeweiligen kollektivvertraglichen oder – wenn verfügbar – betrieblichen Verwendungsgruppen und – wenn verfügbar – Verwendungsgruppenjahren

zu enthalten.

Gibt es kein anzuwendendes kollektivvertragliches oder betriebliches Verwendungsgruppenschema, so sind anstelle von Verwendungsgruppen Funktionsgruppen entsprechend der betrieblichen Tätigkeitsstruktur zu bilden. Der Bericht ist in anonymisierter Form zu erstellen. Daten, die Rückschlüsse auf Einzelpersonen zulassen, sind nicht aufzunehmen.

Der Bericht ist dem zuständigen ZBR oder – wenn kein ZBR besteht – dem Betriebsausschuss und, wenn ein solcher nicht besteht, dem BR im 1. Quartal des auf das jeweilige Berichtsjahr folgenden Kalenderjahres zu übermitteln. Das entsprechende Organ der Arbeitnehmerschaft kann eine Beratung darüber verlangen.

Besteht kein Belegschaftsorgan, ist der Bericht im Betrieb in einem allen AN zugänglichen Raum aufzulegen und darauf in einer Betriebskundmachung hinzuweisen.

Wird der Einkommensbericht vom AG nicht vorgelegt, so kann das Belegschaftsorgan, dem der Bericht hätte vorgelegt werden müssen, bzw. in Betrieben ohne BR jeder AN eine Klage auf Vorlage des Berichts beim zuständigen ASG einbringen. Dabei gilt die dreijährige Verjährungsfrist (§ 1486 ABGB), die mit dem Ablauf des 1. Quartals des auf das Berichtsjahr folgenden Kalenderjahres zu laufen beginnt.

Ein Muster mit Anmerkungen ist unter www.frauen.bka.gv.at (Suche: „Einkommensbericht") abrufbar.

Keine Begründungspflicht des AG

Zur Vermeidung von Diskussionen, ob allenfalls ein Diskriminierungstatbestand vorliegt, sollte der AG missverständliche Begründungen vermeiden.

Es besteht nämlich in der Regel keine Verpflichtung, außerhalb eines gerichtlichen oder verwaltungsrechtlichen Verfahrens konkrete Begründungen für bestimmte Verhaltensweisen oder Maßnahmen gegenüber dritten Personen abzugeben. Auf Begründungen etwa für die Nichtbeachtung einer Stellenbewerbung könnte daher überhaupt verzichtet werden. Falls die Notwendigkeit gesehen wird, eine Maßnahme oder Verhaltensweise zu begründen, so sollte die Begründung im Zweifelsfall mit einem Arbeitsrechtsexperten abgestimmt werden. Falls der AG die Nichtbeachtung einer Stellenbewerbung mit dem Hinweis etwa auf ein bestimmtes Geschlecht begründet, so ist damit zu rechnen, dass ein Verstoß gegen das GlbG behauptet wird.

Zur Begründung von Entlassungen siehe 42.1.2.

Gleichbehandlungskommission

Beim Bundesministerium für Gesundheit und Frauen ist eine Gleichbehandlungskommission eingerichtet (Bundesgesetz über die Gleichbehandlungskommission und die Gleichbehandlungsanwaltschaft – GBK/GAW-Gesetz).

Die Gleichbehandlungskommission ist nunmehr in drei Senate gegliedert. Sie kann Gutachten erstatten, denen jedoch keine Rechtsverbindlichkeit zukommt. Falls Schadenersatzansprüche eingeklagt werden, kann das zuständige Arbeitsgericht zu einem anderen Ergebnis wie die Gleichbehandlungskommission gelangen. Die Gleichbehandlungskommission ist nicht berechtigt, Bescheide zu erlassen (VfGH B 996/09, ARD 6119/5/2011).

Für Verwaltungsstrafen nach dem GlbG ist die Bezirksverwaltungsbehörde zuständig. Die Gerichte sind an Erkenntnisse der Verwaltungsbehörden nicht gebunden (OGH 8 Ob A 70/03 g). Die Gleichbehandlungsanwältin kann im Einzelprüfungsverfahren kein unbefristetes Recht auf Feststellung beanspruchen (unabhängig vom Interesse der AN und deren rechtlicher Möglichkeit, Ansprüche wegen Diskriminierung zu verfolgen – OGH 9 Ob A 44/06 w).

Der arbeitsrechtliche Gleichbehandlungsgrundsatz der Rechtsprechung

Unabhängig vom GlbG besteht ein von der Judikatur entwickelter arbeitsrechtlicher Gleichbehandlungsgrundsatz. Dieser besagt, dass ein AN nicht willkürlich oder aus sachfremden Gründen schlechter gestellt werden darf als die übrigen AN unter denselben Voraussetzungen, d.h. der AG darf dem Einzelnen nicht vorenthalten, was er der Mehrheit zubilligt (OGH 9 Ob A 229/02 w).

Dieser Grundsatz spielt etwa bei freiwilligen Leistungen des AG eine wesentliche Rolle (siehe 14.15); ebenso bei vertraglichen Leistungen, die für Gruppen von AN oder für mehrere in vergleichbarer Position befindliche AN vereinbart werden (OGH 9 Ob A 217/98 x, 9 Ob A 18/04 v). Die Rechtsprechung geht weiters davon aus, dass der Gleichbehandlungsgrundsatz nur verbietet, einzelne AN schlechter zu stellen als die übrigen. Hingegen kann eine sachlich nicht berechtigte Bevorzugung einer Minderheit den Gleichbehandlungsgrundsatz nicht verletzen (OGH 8 Ob A 8/05 t = ARD 5627/6/2005, OGH 8 Ob A 26/06 s = ARD 5715/4/2006).

GlBG-Hopping

In der Praxis musste festgestellt werden, dass etliche Schadenersatzjäger systematisch unter Angabe eines Diskriminierungsmerkmals Bewerbungen aussenden, um bei Ablehnungen mit dem Hinweis auf das Diskriminierungsmerkmal Schadenersatz zu begehren. Eine „schwarze Liste" zu Personen, die wiederholt nach Scheinbewerbungen Schadenersatz begehrt haben, musste leider aus datenschutzrechtlichen Gründen aus dem Netz genommen werden.

Wenn das missbräuchliche Verhalten bewiesen werden kann, so ist die Schadenersatzklage abzuweisen. Der Schadenersatzanspruch setzt eine ernsthafte Bewerbung voraus (EuGH 28.7.2016, C–423/15, *Rauch*, Arbeitsrecht 2017, 33 f.).

Um von derartigen Ansprüchen „verschont" zu bleiben, sollte auf einwandfreie Stellenausschreibungen und unbedenkliche Absagen besonders geachtet werden (*Potz*, GlBG-Hopping? Schadenersatzjäger und das GlBG, RdW 2008, 680, 730).

Einschlägige Judikatur

- *Sind die in einem Inserat gewählten Berufsbezeichnungen nach dem allgemeinen Sprachgebrauch männlichen Geschlechts, wird dem Gebot der geschlechtsneutralen Stellenausschreibung auch dann nicht entsprochen, wenn es sich bei der Stellenbezeichnung (z.B. „Manager") um einen englischsprachigen Begriff handelt, der auf Grund der englischen Grammatik nur als geschlechtsneutraler Begriff existiert. Um dem Gebot der geschlechtsneutralen Stellenausschreibung zu entsprechen, ist der AG keinesfalls gehalten, Wortneuschöpfungen in Bezug auf diese Berufsgruppe zu bilden. Es genügt, dass sich aus dem übrigen Ausschreibungstext ergibt, dass sich die Ausschreibung sowohl an Männer als auch Frauen richtet (VwGH 96/08/0375 = ARD 4979/5/98).*

- *Liegt aber der Behandlung der besser gestellten AN kein erkennbares und generalisierendes Prinzip zu Grunde (OGH 9 Ob A 308/88, 9 Ob A 193/91), ist auch eine Ungleichbehandlung nicht als erwiesen anzusehen (OGH 9 Ob A 112/00 m).*
- *Entgegen der von der Klägerin in ihrer Revision dargestellten Auffassung ist es keinesfalls unsachlich und willkürlich, wenn ein AG ein Verkaufskonzept derart entwickelt hat, dass ein Auslandsvertreter die vertriebenen Bekleidungsmodelle (Herrensakkos) nicht nur durch Kollektion, sondern auch dadurch repräsentiert, dass er diese selbst trägt. Eine Einstellung der Klägerin würde diesem Konzept zweifelsohne zuwiderlaufen. Die Einschränkung auf Personen männlichen Geschlechts erfolgte daher im vorliegenden Fall mit entsprechender sachlicher Rechtfertigung (OGH 9 Ob A 319/99 a = ARD 5137/9/2000).*
- *Es kann aus dem Gleichbehandlungsgrundsatz nicht abgeleitet werden, dass der AG verpflichtet wäre, jedem aus dem Arbeitsverhältnis ausscheidenden AN die gleichen Beträge im Rahmen einer freiwilligen Abfertigung zu bezahlen, weil jeweils verschiedene Interessen des AG bestehen können (OLG Wien 10 Ra 170/04 z = ARD 5631/7/2005).*
- *Eine Kündigung wegen der Schwangerschaft (wenige Tage nach Ablauf des Kündigungsschutzes) ist eine Kündigung wegen des Geschlechts, die nach § 12 Abs 7 GlbG anfechtbar ist (OLG Wien 7 Ra 63/05 v = ARD 5608/7/2005).*
- *Die Berücksichtigung des Dienstalters bei der Entgeltbemessung ist nicht gleichheitswidrig (EuGH C-17/05, Rs Cadman = ARD 5722/4/2006).*
- *Das für die Unkündbarkeit vorgesehene Höchstalter von 40 Jahren bei Begründung des Arbeitsverhältnisses vor dem 1.1.1996 ist keine Diskriminierung aufgrund des Alters (OGH 9 Ob A 48/06 h = ARD 5801/7/2007).*
- *Die öffentliche Äußerung eines AG, er werde keine AN einer bestimmten ethnischen Herkunft einstellen, stellt eine unmittelbare Diskriminierung bei der Einstellung dar, weil durch solche Äußerungen Bewerber davon abgehalten werden könnten, Bewerbungen vorzulegen (EuGH C-54/07, Feryn = ARD 5882/2/2008).*
- *Kneifen in die Nase oder Schulterklopfen sind keine sexuelle Belästigung (OGH 18.8.2010, 8 Ob A 32/10 d).*

5. Vorstellungskosten

Falls der AN zur persönlichen Vorstellung durch den AG aufgefordert wird, so nimmt die Rechtsprechung an, dass sich der AG stillschweigend zum Ersatz der mit der Vorstellung verbundenen Kosten verpflichtet hat (OGH 12.7.1989, 9 Ob A 111/89).

Dazu ein Beispiel:

Ein Wiener AG gibt per Inserat in einer Zeitung bekannt, dass er Außendienstmitarbeiter sucht. Daraufhin meldet sich eine an dieser Tätigkeit interessierte Person, die in Innsbruck wohnt. Die Wiener Firma bittet den Interessenten zu einem Vorstellungsgespräch nach Wien zu kommen. Nachdem der Termin in Wien stattgefunden hat, verlangt der Interessent die Kosten der Fahrten von Innsbruck nach Wien und retour sowie Nächtigungs- und Aufenthaltsspesen. Ist der AG zum Ersatz der Kosten verpflichtet?

Auf Grund der zuvor erwähnten Rechtsprechung muss diese Frage bejaht werden, falls der Ersatz der Vorstellungskosten nicht ausdrücklich ausgeschlossen wurde.

Dabei hat sich der Kostenersatz jedenfalls auf die notwendigen und nützlichen Kosten zu beschränken (§ 1014 ABGB). Nächtigungskosten werden daher nur in Ausnahmefällen zu bezahlen sein.

Der AG sollte daher anlässlich der Aufforderung zu einem Vorstellungsgespräch oder etwa einem Eignungstest ausdrücklich darauf hinweisen, dass allfällige Vorstellungskosten (Kosten der Fahrt zum Betriebssitz, Nächtigung, Verpflegung etc.) nicht vom Unternehmen getragen werden. Insbesondere wird dies dann ratsam sein, wenn der Bewerber zu dem Ort, wo die Vorstellung stattfinden soll, einen längeren Anreiseweg zurücklegen muss.

Zum Rücktritt vom bereits zugesagten Arbeitsvertrag siehe 7.

Muster für den Ausschluss der Übernahme von Vorstellungskosten

Bezugnehmend auf Ihr Bewerbungsschreiben vom .... bitten wir Sie, am .... um .... bei Frau/Herrn .... zwecks Vorstellung vorzusprechen oder einen anderen Termin telefonisch unter .... zu vereinbaren.

Falls Ihnen durch die Vorstellung Kosten erwachsen sollten, können diese nicht von uns übernommen werden.

Einschlägige Judikatur

- *Wird in einem Bewerber ohne Vorbehalte der Eindruck erweckt, dass mit ihm ein Arbeitsvertrag abgeschlossen werde, haftet der vermeintlich zukünftige AG im Falle des Nichtzustandekommens des Arbeitsvertrages auch dann für die Aufwendungen und entgangenen Einnahmen des Bewerbers, wenn in einem letzten Gespräch die Fragen des Gehaltes, des Dienstortes und des Dienstautos offen geblieben sind (OLG Wien 8 Ra 49/00 t = ARD 5233/11/2001).*

6. Personalfragebogen

Falls der AN in einem Personalfragebogen wissentlich falsche Angaben zu rechtlich bedeutsamen Umständen, wie etwa zur Frage nach einer Schwangerschaft oder einer Behinderung, macht, so ist dennoch der Bestandschutz (Kündigungsschutz beim **Behinderten**, Kündigungs- und Entlassungsschutz bei der schwangeren AN) gegeben. Eine Beendigung während der Probezeit wäre allerdings zulässig, aber allenfalls anfechtbar (siehe 14.2.4). Unrichtige Angaben gegenüber dem AG und der Verstoß gegen die Mitteilungspflicht verschlechtern allenfalls die Rechtsposition des behinderten AN in einem späteren Verfahren zur Erteilung der Zustimmung zur Kündigung. Sollte durch die bewusst unrichtige Erklärung, nicht behindert zu sein oder durch das Unterlassen jeglicher Mitteilung eine Förderung entgangen sein, so ist der AN m.E. schadenersatzpflichtig. In der Entscheidung

OGH 9 Ob A 46/07 s wurde allerdings die Meinung vertreten, dass die Meldepflicht eine bloße „Obliegenheit" sei (siehe 41.7.1 und 54.).

Wenn der AG durch die Vorschreibung der Ausgleichstaxe automatisch Kenntnis von den im Betrieb beschäftigten begünstigten Behinderten erlangt (da die Daten über diesen Personenkreis den Bundessozialämtern für die Verrechnung und Vorschreibung der Ausgleichstaxe auf maschinell verwertbaren Datenträgern zur Verfügung gestellt werden [§ 16 Abs. 5 und § 22 Abs. 2 BEinstG]), wird dadurch das Problem der Nichtmeldung der Behinderteneigenschaft insoweit entschärft. Der AG sollte also diesen Vorschreibungen seine Aufmerksamkeit widmen, um so auf die in seinem Betrieb beschäftigten „unbekannten Behinderten" aufmerksam zu werden.

In Personalfragebögen sollten Fragen vermieden werden, deren Beantwortung die Menschenwürde und geschützte Daten berühren (Details aus dem Privatleben, Sexualgewohnheiten etc.). Einerseits ist die wahrheitsgemäße Beantwortung derartiger Fragen nicht überprüfbar und andererseits wird dadurch ein ungünstiges Bild des AG in einem allfälligen Gerichtsverfahren entstehen (abgesehen von der datenschutzrechtlichen Unzulässigkeit).

Fragen nach Vorstrafen sind zulässig und wahrheitsgemäß zu beantworten, soweit es sich um ungetilgte Verurteilungen handelt, die den Bewerber für die vorgesehene Tätigkeit objektiv ungeeignet erscheinen lassen (OGH 26.4.1983, 4 Ob 76/82, Arb 10.245, 15.11.2001, 8 Ob A 123/01 y).

Die Einführung von Personalfragebögen, die nicht bloß allgemeine Angaben zur Person und Angaben über die fachlichen Voraussetzungen für die geplante Verwendung des AN enthalten, bedürfen der Zustimmung des BR (§ 96 Abs. 1 Z 2 ArbVG – Details siehe 53. – **Betriebsvereinbarungen**).

Weigert sich der Stellenbewerber, bestimmte im Personalfragebogen verlangte Angaben zu machen, so bleibt es dem AG unbenommen, keinen Arbeitsvertrag abzuschließen (zum Rücktritt vom bereits zugesagten Abschluss des Arbeitsvertrages siehe 7.). Eine Begründung für den unterlassenen Vertragsabschluss ist nicht erforderlich. Erfolgt eine Begründung zum Nichtabschluss des Arbeitsvertrages und ist aus dieser beispielsweise ein Verstoß gegen das Gebot der Gleichbehandlung der Geschlechter abzuleiten, so ist der AG gegenüber dem Stellenbewerber zum Schadenersatz im Ausmaß von mindestens zwei Monatsentgelten (siehe 4.) verpflichtet. Es ist daher ratsam, unüberlegte Begründungen zu vermeiden.

7. Rücktritt vom Arbeitsvertrag

Dazu sieht u.a. das AngG vor:

§ 30. (1) Ist der Angestellte unter der ausdrücklichen Bedingung aufgenommen, daß er den Dienst genau an einem fest bestimmten Tag anzutreten hat, so kann der Dienstgeber vom Vertrage zurücktreten, wenn der Angestellte, aus welchem Grund immer, den Dienst an dem bestimmten Tage nicht antritt.

(2) Außer diesem Falle kann der Dienstgeber vor Antritt des Dienstes vom Vertrage zurücktreten, wenn der Angestellte, ohne durch ein unabwendbares Hindernis gehindert zu sein, den Dienst an dem vereinbarten Tage nicht antritt oder wenn sich infolge eines unabwendbaren Hindernisses der Dienstantritt um mehr als vierzehn Tage verzögert. Das gleiche gilt, wenn ein Grund vorliegt, der den Dienstgeber zur vorzeitigen Entlassung des Angestellten berechtigt. (...)

§ 31. (1) Ist der Dienstgeber ohne wichtigen Grund vom Vertrage zurückgetreten oder hat er durch sein schuldbares Verhalten dem Angestellten zum Rücktritte begründeten Anlaß gegeben, so hat er dem Angestellten das Entgelt zu ersetzen, das diesem für den Zeitraum gebührt, der bei ordnungsgemäßer Kündigung durch den Dienstgeber vom Tage des Dienstantrittes bis zur Beendigung des Arbeitsverhältnisses hätte verstreichen müssen. Wenn das Arbeitsverhältnis auf bestimmte Zeit eingegangen wurde, hat der Dienstgeber dem Angestellten, falls die vereinbarte Dienstdauer drei Monate nicht übersteigt, das für die ganze Dauer entfallende Entgelt, falls die vereinbarte Dienstdauer dagegen drei Monate übersteigt, den für drei Monate entfallenden Teilbetrag des Entgeltes zu ersetzen. Allfällige weitere Schadenersatzansprüche werden durch die vorstehenden Bestimmungen nicht berührt. (...)

Sofern eine Sonderregelung (wie bei den Angestellten) nicht besteht, ist gemäß § 918 ABGB ein Rücktritt auch bei anderen Arbeitsverträgen zulässig.

Bedingt durch eine bestimmte Arbeitsmarktsituation kann es vorkommen, dass zwei oder mehreren Stellenbewerbern eine rechtsverbindliche Zusage zur Übernahme eines Postens zu einem bestimmten Zeitpunkt erteilt wird. Wenn nun ein späterer Bewerber für den einen zu besetzenden Posten auf Grund seiner besonderen Qualifikation eingestellt wird, muss den übrigen Arbeitsuchenden eine Absage erteilt werden, die aber dann den potentiellen AG aus dem Titel des Schadenersatzes nach § 30 AngG bzw. § 918 ABGB belangen können.

In diesen Fällen empfiehlt sich die Vereinbarung einer **Probezeit** spätestens anlässlich der Zusage, den Dienst an einem bestimmten Tag anzutreten, da in einem solchen Fall auch bei einem unbegründeten Vertragsrücktritt kein Schadenersatz gebührt (zur Probezeit siehe 14.2). Ein Schadenersatz ist binnen sechs Monaten einzuklagen (OGH 8 Ob A 52/05 p = ARD 5714/7/2006).

Einschlägige Judikatur

- *Geht man davon aus, dass zwischen den Parteien eine Probezeit von einem Monat vereinbart war, gebührt auch dann keine Kündigungsentschädigung, wenn die beklagte Firma noch vor Dienstantritt grundlos vom Vertrag zurücktritt (OGH 4 Ob 116/81).*
- *Im Falle der Vereinbarung einer Probezeit ist die Zulässigkeit des Rücktrittes vom Arbeitsvertrag auch außerhalb der Voraussetzungen des § 30 AngG noch vor Dienstantritt zulässig, ohne dass den Zurücktretenden hiedurch eine Schadenersatzpflicht treffen könnte.*

    Eine gegenteilige Ansicht würde zu dem kuriosen und lebensfremden Ergebnis führen, dass zwar eine Sekunde nach Dienstantritt das Probedienstverhältnis ohne Einhaltung einer Frist aufgelöst werden könnte, nicht aber eine Sekunde davor.

    Da während der Probezeit das Arbeitsverhältnis ohne Einhaltung einer Kündigungsfrist jederzeit aufgelöst werden kann, fehlt es an der Möglichkeit, eine Kündigungs-

entschädigung auszumessen, es sei denn, man legt die unmittelbar nach Dienstantritt bestehende Möglichkeit der Auflösung des Probedienstverhältnisses der Berechnung der Kündigungsentschädigung zu Grunde. Dies ergäbe jedoch eine Kündigungsentschädigung in der Größenordnung null (Arb 8.734, 10.872, OGH 9 Ob A 211/02 y, 8 Ob A 1/09 v).

8. Abwerbung und Datenmissbrauch

Ein sittenwidriges Abwerben ist nach dem Generaltatbestand des § 1 des Gesetzes gegen den unlauteren Wettbewerb (UWG) zu beurteilen und liegt beispielsweise dann vor, wenn, um die Vertreterorganisationen eines Mitbewerbers zu zerstören, planmäßig dazu Arbeitskräfte abgeworben werden (OGH 4 Ob 32/06 v), der „fremde" AN zum Vertragsbruch verleitet wird oder getrachtet wird, den Mitbewerber sonst zu schädigen (z.b. Verlust dreier von vier Fachkräften).

Die aus § 1 UWG resultierenden Ansprüche sind u.a. gerichtet auf

- Unterlassung und

- Schadenersatz.

Es empfiehlt sich daher, in dieser Frage die Bestimmungen des UWG zu beachten (siehe auch 14.10).

Ebenso sittenwidrig im Sinne des § 1 UWG ist etwa das Speichern von Adressdateien des AG, um diese nach dem Ausscheiden aus dem Betrieb zu verwerten (OGH 8 Ob A 311/01 w), oder das systematische Abwerben von Kunden, um den Mitbewerber zu schädigen (OLG Wien 9 Ra 18/06 s = ARD 5763/6/2007). In diesen Fällen wird (bei noch aufrechtem Dienstverhältnis) das Vorliegen eines Entlassungsgrundes zu prüfen sein (siehe 42. sowie OLG Wien 9 Ra 349/02 = ARD 5341/32/2002). Die Überspielung von fremden Daten auf einen eigenen Datenträger wird meistens eine Vertrauensunwürdigkeit begründen (zum Betriebsgeheimnis siehe 42.3 zu lit. e). Der Versuch einer Abwerbung zu einem Konkurrenzunternehmen stellt den Entlassungsgrund der Vertrauensunwürdigkeit dar (OLG Wien 10 Ra 174/05 i = ARD 5693/6/2006).

Die Übernahme der Konventionalstrafe aus einer Konkurrenzklausel (siehe 14.10.1) stellt noch keine wettbewerbswidrige Handlung dar. Ein wettbewerbsrechtlich verpöntes Verhalten liegt insbesondere dann vor, wenn das Abwerben unter Irreführung oder mittels aggressiver geschäftlicher Handlungen erfolgt (OGH 17.9.2014, 4 Ob 125/14g).

Einschlägige Judikatur

- *So hat es der OGH in mehreren Entscheidungen (14 Ob A 82/87, Arb 10.699; 9 Ob A 231/90, Arb 10.892, 9 Ob A 1/93, Arb 11.072, etc.) als verwerfliches Ziel angesehen, wenn AN oder sonstige Mitarbeiter eines Konkurrenten planmäßig „ausgespannt" werden. Das planmäßige Herüberziehen wichtiger Arbeitskräfte zu dem Zweck, die Erfahrungen und Leistungen des Mitbewerbers nutzbar zu machen und mit den abgeworbenen Kräften diesem Kunden „abzujagen", stellt einen sittenwidrigen Verstoß gegen § 1 UWG dar (OGH 8 Ob A 114/00 y, so auch 8 Ob A 122/01 a, 4 Ob 233/05 a = ARD 5693/5/2006).*

- *Die Frage, ob eine unbefugte Datenübertragung eines AN den Entlassungsgrund der Vertrauensunwürdigkeit erfüllt, kann nicht generell beantwortet werden, vielmehr ist hier auf die Umstände des Einzelfalls abzustellen, insbesondere auf die Stellung des AN im Betrieb, die Bedeutung des Eingriffs, dessen Umfang und die Begleitumstände, unter denen die Tat erfolgt ist. Schickt ein bereits dienstfrei gestellter AN Daten von 7.000 Kunden in einem E-Mail als Attachment nach Hause, so ist die Entlassung gerechtfertigt (OGH 9 Ob A 91/03 b).*
- *Kopiert ein Amtsleiter 600 teilweise geheime Dokumente auf eine CD, um sie im Falle einer Auseinandersetzung mit dem AG zu verwenden, und bewahrt er die CD zu Hause für seinen Sohn und die Lebensgefährtin zugänglich auf, rechtfertigt dieses Verhalten die Entlassung (OGH 8 Ob A 84/06 w = ARD 5742/1/2007).*

9. Welcher KV kommt zur Anwendung?

Fachgruppenzugehörigkeit bzw. Zugehörigkeit zu einem Arbeitgeberverband

Welchen KV der AG auf die von ihm abgeschlossenen Arbeitsverhältnisse anzuwenden hat, richtet sich nach der Gewerbeberechtigung des AG (bzw. seiner Mitgliedschaft zu jener Vertragspartei, die den KV auf der Seite der AG abgeschlossen hat – § 8 ArbVG). Auf Grund der Gewerbeberechtigung wird der AG nach der Fachorganisationsordnung (eine Verordnung zum Wirtschaftskammergesetz) einer Fachgruppe in der Wirtschaftskammer zugeordnet, die einen für ihn geltenden KV abschließt. Schließt die Fachgruppe keinen KV ab, so kommt auf die von diesem AG abgeschlossenen Arbeitsverhältnisse kein KV zur Anwendung.

Ist der AG kein Mitglied der Wirtschaftskammer, so ist zu prüfen, ob er einem AG-Verband angehört, der einen auf ihn anzuwendenden KV abschließt. Gehört der AG einem solchen Verband nicht an, so kommt kein KV zur Anwendung (siehe 9.1).

AG mit mehreren Gewerbeberechtigungen

Falls der AG mehrere Gewerbeberechtigungen hat, kommt jener KV des Bereiches zur Anwendung, der für den Betrieb die maßgebliche Bedeutung hat (§ 9 Abs. 3 ArbVG – auch wenn es sich um einen gesatzten KV handelt – OGH 26.11.2013, 9 Ob A 91/13t). Diesbezüglich wird insbesondere zu prüfen sein, in welchem Wirtschaftsbereich größere Umsätze erzielt werden. Ist eine solche überwiegende wirtschaftliche Bedeutung eines wirtschaftlichen Bereiches des Betriebes nicht feststellbar, so kommt der KV desjenigen Wirtschaftsbereiches zur Anwendung, der auf Branchenebene mehr AN erfasst (Tarifeinheit im Mischbetrieb – OLG Wien 10 Ra 335/02m = ARD 5390/2/2003). Verlagert sich in einem einheitlichen Produktionsbetrieb die wirtschaftliche Bedeutung auf einen Bereich, für den ein anderer KV zur Anwendung gelangt, so ist auf diesen KV zu wechseln (OLG Wien 9 Ra 175/03a = ARD 5546/8/2004).

Falls organisatorisch und fachlich getrennte Betriebsabteilungen oder Haupt- und Nebenbetriebe vorliegen, so findet für die jeweilige Einheit derjenige KV Anwendung, welcher dieser Abteilung fachlich entspricht (Tarifvielfalt). Diesbezüglich geht die Judikatur davon aus, dass organisatorisch getrennte Abteilungen nicht ausreichen, sofern diese fachlich als Einheit anzusehen sind (OGH 4 Ob 74/77 = Arb 9.597 – zur Produktion und zum Vertrieb von Fleischwaren). Eine Definition zum Begriff der fachlichen und organisatorischen Trennung kann dem Gesetz nicht entnommen werden. Die Rechtsprechung verweist auf die „Verkehrsauffassung" (OGH 9 Ob A 235/98 v, 9 Ob A 234/98 x). Es wird letztlich zu prüfen sein, ob ein abgegrenzter Bereich im Sinne einer Abteilung mit einer eigenen Hierarchie vorhanden ist.

Überwiegender Wirtschaftsbereich ist kollektivvertragsfrei

Ist in einem Mischbetrieb (Betrieb mit mehreren Gewerbeberechtigungen, wobei die Bereiche nicht fachlich und organisatorisch getrennt sind) ein Wirtschaftsbereich von maßgeblicher wirtschaftlicher Bedeutung, so ist für die Frage des anzuwendenden KV dieser Wirtschaftssektor entscheidend (siehe zuvor bzw. § 9 Abs. 3 ArbVG). Falls für diesen Bereich kein KV vorhanden ist, so wäre aus dem Gesetzeswortlaut ableitbar, dass für den gesamten Mischbetrieb kein KV anzuwenden ist. In seiner Entscheidung 9 Ob A 139/05 i vom 25.1.2006 ging der OGH davon aus, dass für die Frage der KV-Anwendung der KV des weniger bedeutsamen Bereiches heranzuziehen ist, wenn für den überwiegenden Bereich kein KV existiert (ebenso VwGH 2006/08/0268 und OGH 27.6.2013, 8 Ob A 35/13 z). Dies soll sogar dann gelten, wenn im wirtschaftlich weniger bedeutenden Bereich überhaupt keine Geschäftstätigkeit entfaltet wird, aber eine aufrechte Gewerbeberechtigung vorhanden ist (OGH 25.3.2014, 9 Ob A 11/14 d). Begründet wurde dies vor allem mit dem sozialen Schutz, der für die AN in entsprechender Weise nur durch die Anwendbarkeit eines KV gegeben sein soll. In diesem Fall handelte es sich um ein Studentenheim (kollektivvertragsfrei und von überwiegender Bedeutung) mit einem Hotelbetrieb (KV für Arbeiter im Hotel- und Gastgewerbe-Bereich von untergeordneter wirtschaftlicher Bedeutung). Der KV für Arbeiter im Hotel- und Gastgewerbe ist daher auch auf die im Sektor Studentenheim tätigen Arbeiter anzuwenden. Zu diesen Entscheidungen ist anzumerken, dass in kollektivvertragsfreien Branchen keinesfalls der soziale Schutz fehlt (siehe 9.1).

Mindestlohntarif, gesatzter KV und Mischbetrieb

Liegt ein Mischbetrieb vor, verdrängt ein für die AN des wirtschaftlich maßgeblichen Betriebsbereichs anzuwendender Mindestlohntarif (siehe 9.1) in analoger Anwendung der Kollisionsregelungen (§ 9 Abs. 3 ArbVG, siehe zuvor) einen für die AN des wirtschaftlich untergeordneten Bereichs geltenden KV (OGH 22.10.2012, 9 Ob A 7/12 p, 19.3.2013, 9 Ob A 8/13 m).

Ebenso verdrängt bei Vorliegen eines Mischbetriebs ein für die AN des wirtschaftlich maßgeblichen Betriebsbereichs anzuwendender gesatzter KV (§§ 18 ff. ArbVG) in analoger Anwendung der Kollisionsregelungen einen für die AN des wirtschaftlich untergeordneten Bereichs geltenden KV.

Fehlende oder unzutreffende Gewerbeberechtigung

Sollte keine Gewerbeberechtigung vorliegen, obwohl eine solche gesetzlich erforderlich wäre, so sind die AN so zu behandeln, als läge eine aufrechte Gewerbeberechtigung vor (§ 2 Abs 13 GewO, OGH 14.5.1997, 9 Ob A 131/97 y, 20.9.2009, 9 Ob A 188/00 p, 22.11.2007, 8 Ob A 62/07 m). Sollte eine Gewerbeberechtigung vorliegen, die nicht dem tatsächlich ausgeführten Gewerbe entspricht, so ist der KV für die gesetzlich vorgesehene Gewerbeberechtigung heranzuziehen (OGH 26.11.2013, 9 Ob A 141/13 w). Falls neben einem angemeldeten Gewerbe unbefugt ein anderes Gewerbe ausgeübt wird, so sind beide gewerbliche Tätigkeiten in die Prüfung einzubeziehen um den konkret anzuwendenden KV nach § 9 ArbVG festzustellen (OGH 19.3.2013, 9 Ob A 8/13 m).

Geltungsbereich des KV

Weiters ist zu beachten, dass für Arbeiter einerseits und Angestellte andererseits jeweils eigene KV vereinbart werden. Einige KV gelten im gesamten Bundesgebiet, andere wiederum etwa nur für ein oder mehrere Bundesländer. Diese Details sind den Bestimmungen über den persönlichen und räumlichen Geltungsbereich im jeweiligen KV zu entnehmen. Die Branche bzw. die Branchen, auf die der KV anzuwenden ist, wird bzw. werden in den Bestimmungen zum fachlichen Geltungsbereich angegeben.

Im persönlichen Geltungsbereich wird angegeben, für welche AN der KV gilt. Manchmal werden leitende Angestellte ausgenommen (siehe 30.1).

Abgrenzung Industrie und Gewerbe

Bisweilen ist auch strittig, welchem Fachverband im Bereich der Wirtschaftskammer ein Betrieb zuzuordnen ist. Die Betriebe haben beispielsweise daran Interesse, einer Innung der Sparte Gewerbe und Handwerk und nicht einem Fachverband der Sparte Industrie zugeordnet zu werden, weil Industrie-KV in der Regel für den AG wesentlich ungünstiger als Gewerbe-KV sind. Nach der Judikatur ist für die Anwendung des KV die Zuordnung des Unternehmens durch die Wirtschaftskammer zu einem bestimmten Fachverband maßgeblich (siehe Einschlägige Judikatur im Anschluss).

Abweichende Vereinbarungen

Vom gesetzlich auf das jeweilige Arbeitsverhältnis anzuwendenden KV können nur dann abweichende Vereinbarungen mit einzelnen AN getroffen werden, wenn sie für den AN günstiger sind (§ 3 Abs. 1 ArbVG). Dabei sind nur jene Bestimmungen zusammenzufassen und gegenüberzustellen, die im rechtlichen und sachlichen Zusammenhang stehen (Gruppenvergleich nach § 3 Abs. 2 ArbVG). Dies ist dann gegeben, wenn Bestimmungen den gleichen Regelungsgegenstand betreffen (OGH 23.1.2002, 9 Ob A 285/01 d). Beispielsweise ist bei der Prüfung der Zulässigkeit einer Kündigungsregelung eine Entgeltregelung nicht in den Gruppenvergleich einzubeziehen (OGH 23.5.2001, 9 Ob A 224/00 g, siehe auch OGH 29.11.2013, 8 Ob A 36/13 x).

Der nach dem Gesetz anzuwendende KV stellt den Mindeststandard dar, welcher nicht unterschritten werden darf. Darüber hinaus kann jedoch die Geltung eines anderen KV als Vertragsschablone vereinbart werden. In einem solchen Fall kommt dem nur auf Grund einer Vereinbarung anzuwendenden KV aber nicht mehr die Funktion zu, dem AN im Rahmen des Arbeitsverhältnisses einen Mindeststandard zu sichern. Daher ist das Günstigkeitsprinzip des § 3 Abs. 1 ArbVG in Ansehung des arbeitsvertraglich vereinbarten KV ohne entsprechende Parteienvereinbarung nicht anwendbar (OGH 29.3.2006, 9 Ob A 70/05t, 11.5.2006, 8 Ob A 30/06d).

Einschlägige Judikatur

- *Es entspricht der ständigen Judikatur, dass für die KV-Angehörigkeit des AG die im § 8 Z 1 ArbVG erwähnte Mitgliedschaft in der Form maßgebend ist, wie sie infolge Zuordnung durch die Kammer zu einem bestimmten Fachverband oder einer Innung faktisch gehandhabt wird (OGH 8.7.1998, 9 Ob A 125/98 f, 27.6.2013, 8 Ob A 35/13 z).*
- *Bei der Ermittlung des persönlichen Geltungsbereiches eines KV ist nicht auf § 36 ArbVG, sondern auf den allgemeinen AN-Begriff des Arbeitsvertragsrechts abzustellen (OGH 9 Ob A 285/01 d = ZAS 2003, 90 f mit Kommentar Rauch, ebenso OGH 9 Ob A 81/03 g).*

Anmerkung: *Daher sind KV (mangels gegenteiliger Regelung) auch auf leitende Angestellte anzuwenden.*

- *Der Wechsel des AG von einer freiwilligen Berufsvereinigung in eine andere führt zu einem Wechsel des anwendbaren KV mit sofortiger Wirkung. Das dem AN aufgrund des bisher geltenden KV gebührende Entgelt darf allerdings nicht geschmälert werden (OGH 9 Ob A 127/04 y, 9 Ob A 128/04 w = ARD 5644/6/2005).*
- *Durch den Austritt aus einer freiwilligen Berufsvereinigung wird die durch diese Vereinigung vermittelte KV-Unterworfenheit grundsätzlich nicht beendet (OGH 8 Ob A 10/08 s).*
- *Kommt es zu einem Wechsel der KV-Angehörigkeit im Zuge eines Betriebsübergangs, so ist von einer gänzlichen Ablöse des Veräußerer- durch den Erwerber-KV auszugehen. Eine Nachwirkung des Veräußerer-KV ist grundsätzlich zu verneinen (OGH 26.1.2010, 9 Ob A 123/09 t).*
- *Der Erwerb der Mitgliedschaft bei einer freien Berufsvereinigung von AG erfolgt durch korrespondierende Willenserklärungen des betroffenen AG und der Vereinigung, allenfalls auch durch bloß einseitige Willenserklärung des AG gemäß der Satzung, somit jedenfalls rechtsgeschäftlich. Es steht fest, dass der AG selbst eine Erklärung des Beitritts zur BAGS (Berufsvereinigung für AG für Gesundheits- und Sozialberufe) nicht abgegeben hat. Ein Generalversammlungsbeschluss der BAGS für die Aufnahme des AG ist unstrittig nicht erfolgt. Der Verein (AG) ist daher nicht Mitglied des BAGS. Der KV ist auf die vom Verein abgeschlossenen Arbeitsverhältnisse nicht anwendbar (OGH 22.4.2010, 8 Ob A 59/09 y).*

9.1 Arbeitsrechtliche Regelungen für Betriebe, für die kein KV anwendbar ist

Für einzelne Betriebe (bzw. Bereiche wie z.B. Arbeitsverhältnisse von Arbeitern bei Steuerberatern) ist kein KV anwendbar. In diesen Fällen sind einerseits jene Gesetze anzuwenden, die ebenso bei Arbeitsverhältnissen zur Anwendung kommen, die von einem KV erfasst sind (UrlG, AZG, MSchG etc.). Die KV enthalten jedoch auch üblicherweise Regelungen (wie etwa zu Sonderzahlungen oder Zulagen), zu denen gesetzliche Grundlagen nicht vorhanden sind. Fehlt eine gesetzliche Verankerung (wie etwa bei den bereits erwähnten Sonderzahlungen – siehe 31.9.1), so kann bei Fehlen eines anwendbaren KV ein Anspruch nur dann gegeben sein, wenn er sich aus einem Arbeitsvertrag, einer BV oder einer betrieblichen Übung ableiten lässt (Details siehe 31.9.1).

Tarifordnungen bei Fotografen und Zahntechnikern

Bei den Fotografen und Zahntechnikern ist zu beachten, dass für die Arbeiter kein KV, jedoch jeweils eine teilweise (insbesondere bezüglich Kündigungsfristen) anwendbare „Tarifordnung" aus der Zeit des Dritten Reiches vorliegt. Der OGH hat bestätigt, dass die Tarifordnung für das Zahntechnikerhandwerk nach wie vor anwendbar ist und die Verfallsregelung des § 10 Abs. 1 der Tarifordnung für Überstundenzuschläge (Geltendmachung zwei Monate nach ihrer Entstehung) nicht sittenwidrig ist (OGH 12.7.2000, 9 Ob A 166/00 b).

Nachwirkung von erloschenen KV

Falls zum Zeitpunkt des Beginns eines Arbeitsverhältnisses ein KV anwendbar war, der in der Folge erloschen ist, so ist dieser erloschene KV auf dieses Arbeitsverhältnis weiterhin anzuwenden (Nachwirkung gemäß § 13 ArbVG).

Probezeit

Fehlt mangels KV eine Regelung zur Probezeit (siehe 14.2), so kann für Arbeiter nach § 1158 Abs. 2 ABGB und für Angestellte nach § 19 AngG für die Dauer eines Monats eine Probezeit vereinbart werden.

Kündigung

Wenn im Arbeitsvertrag keine abweichende Regelung über die Kündigungsfrist vereinbart wurde, ist für Arbeiter eine 14-tägige Kündigungsfrist nach § 77 GewO 1859 einzuhalten. Bei Angestellten richten sich die Kündigungsregelungen nach § 20 AngG. Jedenfalls sollte im Arbeitsvertrag vereinbart werden, dass die Kündigungsfrist am 15. oder am Letzten eines Kalendermonats endet (§ 20 Abs. 3 AngG).

Normalarbeitszeit

Nach § 3 Z. 1 AZG beträgt die tägliche Normalarbeitszeit 8 Stunden und die wöchentliche Arbeitszeit 40 Stunden. Für den 24.12. und 31.12. bestehen keine Sonderregelungen (zu den Feiertagen siehe 30.6). Für Überstunden gebührt nach § 10 Abs. 1 AZG ein Zuschlag von 50 % (ein 100%iger Zuschlag ist gesetzlich nicht vorgesehen).

Arbeitsentgelt, Mindestlohntarif, Sonderzahlungen, Lehrlingsentschädigung und Lohnwucher

Wenn keine Vorgabe eines KV und kein Mindestlohntarif (§§ 22 ff. ArbVG z.B. für Hausangestellte, Hausbetreuer, AN in Betrieben sozialer Dienste – OGH 26.8.2009, 9 Ob A 82/08g) vorhanden ist, kann die Höhe des monatlichen Lohnes mit dem AN frei vereinbart werden, wobei der abgesprochene Lohn jedoch nicht sittenwidrig niedrig sein darf (Lohnwucher – OGH 24.4.2012, 8 Ob A 17/12a).

Bei Fehlen einer Regelung im KV sieht der § 17 Abs. 2 BAG bezüglich der Höhe der Lehrlingsentschädigung vor, dass auf die für gleiche, verwandte oder ähnliche Lehrberufe geltende Lehrlingsentschädigung Bedacht zu nehmen ist. Primär sind die Mindestsätze eines lehrberufsnahen KV heranzuziehen. Bei Fehlen eines solchen ist der Ortsgebrauch maßgeblich (OGH 24.4.2012, 8 Ob A 17/12a). Während der Behaltezeit ist die Grenze des Lohnwuchers zu beachten.

Wie eingangs erwähnt, besteht auf Sonderzahlungen (siehe 31.9) nur dann ein Anspruch, wenn eine entsprechende Vereinbarung getroffen wurde. Sollte eine solche arbeitsvertragliche Regelung vorgenommen werden, so ist es ratsam (ausgenommen Angestellte wegen § 16 AngG), auch entsprechende Entfallstatbestände für die Sonderzahlungen vorzusehen (bei verschuldeter Entlassung oder ungerechtfertigtem vorzeitigem Austritt) und deren Berechnung, Fälligkeit und Rückverrechnung zu regeln (siehe Muster im Folgenden). Zulagen und Zuschläge (z.B. Schmutz-, Erschwernis- und Gefahrenzulagen) sind gesetzlich nicht vorgesehen (ausgenommen der schon erwähnte 50%ige Zuschlag für Überstunden nach § 10 Abs. 1 AZG sowie der 25%ige Zuschlag für Mehrarbeitsstunden von Teilzeitbeschäftigten nach § 19d Abs. 3a AZG).

Verfall

Etliche KV sehen Verfallsfristen für die Geltendmachung von Ansprüchen vor (siehe 47.). Mangels Anwendbarkeit einer Verfallsbestimmung kommt in der Regel die dreijährige Verjährungsfrist zur Anwendung. Um auf eine kürzere Verfallsfrist verweisen zu können, wird empfohlen, im Arbeitsvertrag eine Verfallsregelung zu vereinbaren (mindestens drei Monate ab Fälligkeit des jeweiligen Anspruchs, sonst besteht die Gefahr, dass die Rechtsprechung von einer sittenwidrigen Verfallsregelung ausgeht – siehe 14.7 und 47. sowie Muster im Anhang).

Kilometergeld und Aufwandersatz

Ist eine Vergütung für den dienstlichen Einsatz eines privaten PKW nicht geregelt (weder im Arbeitsvertrag noch in einem KV), so gebührt dem AN ein Aufwandersatz (§ 1014 ABGB), der unter Heranziehung des amtlichen Kilometergeldes festzulegen ist (OLG Wien 21.6.2016, 7 Ra 43/16v, ARD 6518/9/2016).

> ### *Muster zur Vereinbarung eines Anspruchs auf Sonderzahlungen*
>
> *Der AN erhält einen 13. und 14. Lohn pro Kalenderjahr. Bei unterjährigem Beginn bzw. Ende des Arbeitsverhältnisses besteht ein aliquoter Anspruch, sofern nicht eine Entfallsbestimmung zur Anwendung kommt. Der Berechnung des 13. Monatslohnes ist der im November gebührende Monatslohn (Fixum) zu Grunde zu legen. Der Berechnung des 14. Monatslohnes ist der im Mai gebührende Monatslohn (Fixum) zu Grunde zu legen. Bei Erhöhungen oder Reduktionen des Fixums im Laufe des jeweiligen Kalenderjahres ist eine Mischberechnung vorzunehmen.*
>
> *Der 13. Monatslohn wird mit dem Novemberlohn und der 14. Monatslohn mit dem Junilohn fällig.*
>
> *Falls das Arbeitsverhältnis nach Erhalt des 13. oder 14. Lohnes jedoch vor Ablauf des Kalenderjahres endet, so ist der auf das restliche Kalenderjahr entfallende Anteil des 13. oder 14. Lohnes zurückzuzahlen. Falls der AN das Arbeitsverhältnis durch ungerechtfertigten Austritt beendet oder er aus Verschulden entlassen werden musste, hat er den bereits erhaltenen 13. oder 14. Lohn zur Gänze zurückzuzahlen. Entgeltfreie Zeiten vermindern den 13. und 14. Lohn anteilsmäßig.*
>
> *Der Anspruch auf Sonderzahlungen entfällt (im letzten Kalenderjahr des Arbeitsverhältnisses), wenn das Arbeitsverhältnis gelöst wird durch:*
>
> *a) Entlassung aus Verschulden des AN (§ 82 GewO 1859*, § 15 Abs. 3 BAG*)*
>
> *b) Austritt ohne wichtigen Grund*

* Nichtzutreffendes streichen

Einschlägige Judikatur

- Liegen keine lohngestaltenden Vorschriften vor, besteht bei vereinbartem Entgelt kein Anspruch des AN auf Angemessenheit der Höhe dieses Entgeltes. Eine Grenze bildet lediglich die Sittenwidrigkeit (OLG Wien 25.6.2004, 9 Ra 48/04a, ARD 5533/3/2004, OGH 24.4.2012, 8 Ob A 17/12a).
- Es ist zulässig, ein Gehalt zu vereinbaren, welches unter den Mindestsätzen eines vereinbarten KV liegt, sofern nur die Mindestsätze des gesetzlich anzuwendenden KV berücksichtigt werden (falls nicht die Gehaltssätze des günstigeren KV als vereinbart anzusehen sind – OGH 29.3.2006, 9 Ob A 70/05t, ARD 5701/6/2006).

9.2 Auslegung von KV

KV (normativer Teil) sind wie Gesetze nach den §§ 6 und 7 ABGB auszulegen (OGH 8 Ob A 44/06 p, 9 Ob A 9/07 z, 9 Ob A 79/09 x). Wesentlicher Ausgangspunkt ist der Text des KV, wie er sich für den Anwender darstellt. Dies gilt auch für Firmen-KV (OGH 26.6.2003, 8 Ob A 210/02 v). Auszugehen ist daher vom jeweils geltenden Wortlaut des KV und der daraus ableitbaren Absicht der KV-Parteien. Falls somit der Wille der KV-Parteien nicht aus dem Wortlaut hervorgeht, so spielt er bei der Auslegung des KV keine Rolle. Frühere Regelungen sind nur dann heranzuziehen, wenn die am Text des geltenden KV orientierte Auslegung zu keinem eindeutigen Ergebnis führt (OGH 5.9.2001, 9 Ob A 108/01 z, 26.1.2006, 8 Ob A 82/05 z).

Bei der Auslegung ist anzunehmen, dass die KV-Parteien eine vernünftige, zweckentsprechende und praktisch durchführbare Regelung treffen, die einen gerechten Ausgleich der Interessen herbeiführt (OGH 7.6.2001, 9 Ob A 126/01 x, 28.4.2005, 9 Ob A 117/02 z, 8 Ob A 1/05 p) und eine unsachliche Ungleichbehandlung der AN vermeiden soll (OGH 17.2.2005, 8 Ob A 124/04 z, 22.10.2007, 9 Ob A 22/07 m). Dabei ist auch ein „Blick über den KV-Rand" (z.B. ähnliche Regelungen in einem anderen KV) als zusätzliches Auslegungskriterium heranzuziehen (OGH 18.4.2007, 8 Ob S 10/07 i).

Bei der Auslegung von Arbeitsverträgen (siehe 14.1) ist hingegen die Absicht der Parteien zu erforschen und der Vertrag so zu verstehen, wie es der Übung des redlichen Verkehrs entspricht (§ 914 ABGB, OGH 28.11.2001, 9 Ob A 264/01 s).

Eine authentische Interpretation eines KV durch die KV-Parteien ist rechtswirksam (OGH 17.11.2004, 9 Ob A 11/04 i), wenn sie nach § 14 ArbVG kundgemacht wird.

Verändern sich die tatsächlichen Umstände, sodass die Regelungen des KV unzweckmäßig oder unbefriedigend werden, so sind nicht die Gerichte, sondern die KV-Parteien gehalten, den KV zu ändern (OGH 20.8.2008, 9 Ob A 52/07 y).

Der normative Teil einer Betriebsvereinbarung (siehe 53.) ist ebenso wie ein KV nach den §§ 6 und 7 ABGB auszulegen.

10. Arbeiter- oder Angestelltenstatus?

10.1 Verbliebene Unterschiede

Mit dem Arbeitsrechtsänderungsgesetz 2000 wurden einige Regelungen bestimmter arbeitsrechtlicher Gesetze (z.B. UrlG, EFZG, ABGB, AngG etc.) geändert, um **Arbeiter** und **Angestellte** gleichzustellen. Bei den **Kündigungsfristen** und Kündigungsterminen ist jedoch keine gesetzliche Angleichung vorgenommen worden. Diesbezüglich sind daher weiterhin für Angestellte die Fristen und Termine des § 20 AngG und für Arbeiter des jeweiligen KV oder, wenn kein KV zur Anwendung kommt, des § 77 GewO 1859 (14 Tage ohne Termin und unabhängig von der Dauer der Betriebszugehörigkeit) zu beachten. Da überdies etwa auch beim **Krankenstand** und im Entlassungsrecht sowie nach dem jeweiligen Arbeiter- bzw. Angestellten-KV und der Zuordnung zum Zuständigkeitsbereich des Arbeiter- bzw. Angestellten-BR weiterhin wichtige Unterschiede bestehen, ist es von wesentlicher Bedeutung, ob ein AN als Arbeiter oder Angestellter anzusehen ist. Siehe dazu auch *Rauch*, Einheitlicher AN-Begriff, ASoK 2007, 268 ff.

10.2 Definition des Angestellten

Der § 1 Abs. 1 AngG sieht vor:

Die Bestimmungen dieses Gesetzes gelten für das Dienstverhältnis von Personen, die im Geschäftsbetrieb eines Kaufmannes vorwiegend zur Leistung kaufmännischer (Handlungsgehilfen) oder höherer, nicht kaufmännischer Dienste oder zu Kanzleiarbeiten angestellt sind.

Soweit nach dieser Definition kein Angestelltenstatus vorliegt, ist davon auszugehen, dass der AN als Arbeiter anzusehen ist (soweit er nicht etwa ein **Lehrling** nach § 1 BAG ist).

In der Rechtsprechung werden unter kaufmännischen Diensten solche Tätigkeiten, die eine kaufmännische Ausbildung bzw. eine durch das Wesen des Warenumsatzes bedingte Schulung und Fertigkeit erfordern, verstanden.

Höhere nicht kaufmännische Dienste sind durch selbständige Gedankenarbeit gekennzeichnet (Bauleiter, Chirurg etc.). Sie erfordern entsprechende Vorkenntnisse und Schulung, das Vertrautsein mit den Arbeitsaufgaben, Intelligenz, Anordnungsbefugnis und eine gewisse fachliche Durchdringung der Aufgaben. Arbeiten, die rein mechanisch ausgeübt werden oder von einer zufälligen Ersatzkraft geleistet werden können, sind keine höheren Dienstleistungen (OGH 4 Ob 43/66 = Arb 8.300, OGH 9 Ob A 24/04 a). An den Begriff der höheren nicht kaufmännischen Dienste darf kein unverhältnismäßig strengerer Maßstab angelegt werden als an den kaufmännischer Dienste (OGH 9 Ob A 39/08 f).

Kanzleiarbeiten sind Bürotätigkeiten, die mit einer gewissen geistigen Tätigkeit verbunden sind, die etwa über das bloße Abschreiben hinausgeht (OGH 9 Ob A 259/99 z, OLG Wien 9 Ra 55/02b = ARD 5414/9/2003, OLG Wien 8 Ra 116/08 z = ARD 5987/5/2009). Einfache mechanische oder manuelle Tätigkeiten, wie beispielsweise die Ablage von Unterlagen nach einem einfachen Nummernsystem, sind keine Kanzleiarbeiten im Sinne des § 1 Abs. 1 AngG.

Abgrenzungsprobleme treten etwa im Bereich von Verkaufstätigkeiten auf. Wenn eine Verkäuferin im Wesentlichen lediglich Waren über das Verkaufspult reicht und das vereinnahmte Geld in die Kassa legt, so begründet diese Tätigkeit noch keinen Angestelltenstatus. Sollte jedoch darüber hinaus eine fachliche Beratung der Kunden vorgenommen, das Warenlager ergänzt, die Einnahmen abgerechnet werden etc., ist aus diesen Befugnissen ein Angestelltenstatus abzuleiten (Arb 9.749).

Überwachungs- und Weisungszuständigkeiten eines Mitarbeiters bewirken nicht generell einen Angestelltenstatus. Falls die manuelle Arbeit überwiegt (Vorarbeiter, Partieführer – Arb 6.982 – zum Polier siehe Arb 7.862), ist eine Stellung als Arbeiter gegeben. Eine Angestelltentätigkeit ist dann anzunehmen, wenn der AN ausschließlich oder zumindest deutlich überwiegend die Beaufsichtigung durchführt und daher (wenn überhaupt) nur gelegentlich manuell tätig ist (Betriebsaufseher – Arb 8.601; OGH 8 Ob A 200/00 w).

Bei überwiegend manuellen Tätigkeiten ist nur dann von der Angestellteneigenschaft auszugehen, wenn die höher qualifizierten Aufgaben für den AG ausschlaggebend sind (Arb 9.090, 10.044; OGH 9 Ob A 242/93, 8 Ob A 277/95 und 9 Ob A 24/04 a – zur Objektleiterin in der Reinigungsbranche – OGH 8 Ob A 200/00 w). Als Beispiel sei hier der Salonleiter in einem Frisiersalon erwähnt, der zwar zeitlich überwiegend manuell als Friseur arbeitet, dessen Leitungsbefugnisse für den AG und die Höhe des Entgelts jedoch von entscheidender Bedeutung sind.

Ist hingegen ein Zahntechniker zu 75 % seiner Arbeitszeit manuell und zu 25 % kaufmännisch tätig, so ist seine Einstufung als Arbeiter zutreffend, wenn die kaufmännischen Dienste nicht von ausschlaggebender Bedeutung sind (OLG Wien 10 Ra 48/05 k = ARD 5686/7/2006).

Wenn eine AN im Tankstellenshop neben dem Kassieren auch mit Warenbestellung und Wareneingangsprüfung befasst ist, so ist sie als Angestellte einzustufen (OGH 25.9.2014, 9 Ob A 81/14 y).

Die Aufgabe des AG besteht nun darin, auf Grund der gesetzlichen Definition des Angestellten zu klären, ob der AN als Arbeiter oder als Angestellter zu führen ist. Wird dem AN unrichtigerweise etwa der Arbeiterstatus zugeordnet, so kann der AN allfällige Nachteile (Differenzen zu einem höheren Entgelt nach einem Angestellten-KV) einklagen.

Die Prüfung, ob ein Angestelltenstatus vorliegt, hat anhand der tatsächlichen Tätigkeit zu erfolgen. Eine Ausbildung ist nur dann relevant, wenn sie für die Tätigkeit maßgeblich ist (zB OLG Wien 7 Ra 91/04k = ARD 5540/11/2004). Wird ein Jurist als Kraftfahrer eingesetzt, so ist für diese manuelle Tätigkeit die Stellung eines Arbeiters gegeben. Die Ausbildung bewirkt hier keinen Vorteil für den AG und ist daher unerheblich.

Spitzenleistungen führen nicht bereits zum Angestelltenstatus (Berufsfußballer – OGH 8 Ob S 20/03 d – siehe Einschlägige Literatur im Anschluss).

Einschlägige Judikatur

- *Es ist gesicherte Judikatur, dass für die Qualifikation eines AN als Angestellten ausschließlich die Art der geleisteten Dienste ausschlaggebend ist, wobei die Tätigkeit des AN in ihrer Gesamtheit zu beurteilen ist (Arb 7.862, 9.685, 9.749; OGH 9 Ob A 259/99 z, etc.).*
- *Zu den typischen kaufmännischen Diensten gehören insbesondere alle mit dem Ein- und Verkauf zusammenhängenden Tätigkeiten, die eine selbständige Anpassung an eine konkrete (Markt-)Situation zur Hebung des Umsatzes erfordern, wie insbesondere Kun-*

10. Arbeiter- oder Angestelltenstatus?

denwerbung, Kundenberatung, Einfluss auf die Preisbildung, Sorge um die Lagerergänzung, Einkauf und Bestellung; ferner Buchführung, Geldgebarung und Warenprüfung (Arb 9.749 = ZAS 1979/25; Arb 10.045, 10.932; OGH 9 Ob A 98/92).

- *Die Werkstättenleiterin eines Perückengeschäftes, die außerdem mit dem Verkauf der Perücken befasst ist, wobei sie die im Zuge des Verkaufs vorzunehmenden manuellen Tätigkeiten an der zu verkaufenden Perücke zu verrichten hat, leistet besonders durch die Beratungstätigkeit, die sie hierbei entfalten muss und die eine Vorbildung als Friseurin voraussetzt, also Kenntnisse und Fähigkeiten, die durch eine besondere Ausbildung erworben wurden, Angestelltentätigkeit im Sinne des § 1 Abs. 1 AngG (OGH 4 Ob 11/73 = Arb 9.090).*

- *Wird ein AN als Ladner eingestellt und ihm nur vorübergehend eine Filialleitertätigkeit zugewiesen, wird er dadurch noch nicht zum Angestellten (OLG Wien 9 Ra 103/95 = ARD 4726/15/96).*

- *Ein Werkstättenleiter, der unter der Leitung eines verantwortlichen Mitarbeiters über die Arbeitskräfte einer Werkstatt die Aufsicht führt, ist kein Angestellter (OGH 8 Ob A 277/95 = ARD 4736/8/96).*

- *Die Tätigkeit in einem Wettbüro besteht vorrangig in der Entgegennahme von Wettscheinen, der Eingabe der Daten in den Computer, der Auszahlung der vom Computer errechneten Gewinnsummen sowie der gelegentlichen Beratung von Kunden und dem Servieren von Getränken. Für diese Tätigkeit ist keine spezielle, sondern lediglich eine kurze Einschulung erforderlich. Es handelt sich daher um rein manipulative Tätigkeiten, die grundsätzlich von jedermann mit gewöhnlicher Durchschnittsbildung innerhalb kürzester Zeit ausgeübt werden können (OLG Wien 10 Ra 274/02s = ARD 5414/8/2003).*

- *Die Mitwirkung eines Oberkellners insbesondere bei Personalaufnahmen, bei der Personalbereitstellung und bei der Einteilung in untergeordneter Weise – wobei er nur, wenn er selbst betroffen war, Personalbeurteilungsbögen vor Ende der Probezeit zu erstellen hatte –, weiters die Überwachung der ihm unterstellten Service-Crew, deren Einschulung, die Vornahme der Arbeitseinteilung und die Überwachung der Arbeitsweise und -zeiten sowie die Koordination der Urlaube der Mitarbeiter erfordern zwar eine gewisse Qualifikation, die aber im Grunde genommen die beim Lehrberuf Kellner erworbenen Kenntnisse und Fähigkeiten nicht wesentlich überschreitet. Die Erstellung von Weinkarten oder die Bedienung von Kassen und die Unterweisung, wie auch die Kontrolle der Tagesabrechnung, die mit der in der Berufsausbildungsvorschrift enthaltenen Erstellung einer Abrechnung verknüpft ist, gehören zu den Facharbeiterkenntnissen, die lediglich durch eine größere Berufserfahrung gesteigert worden sind (OGH 9 Ob A 17/95 = ARD 4674/25/95).*

- *Die bloße Eigenschaft des Klägers als gewerberechtlicher Geschäftsführer ist keinesfalls ein Indiz für das Verrichten von höheren Diensten, zumal der Kläger im Falle der Abwesenheit des Geschäftsführers der beklagten Partei keine Vollmacht hatte (OGH 8 Ob A 96/98 w – siehe auch 11.1).*

- *Angestelltentätigkeit wird u.a. indiziert durch die über das durchschnittliche Ausmaß wesentlich hinausgehende größere Selbständigkeit, umfassendere Fachkenntnisse, Genauigkeit, Verlässlichkeit, Fähigkeit der Beurteilung der Arbeiten anderer, Aufsichts- und Leitungsbefugnis und Einsicht in den Produktionsprozess. Allerdings bleibt immer die Art der ausgeübten Dienstleistung ausschlaggebend, früher verrichtete Tätigkeiten, besondere schulische oder sonstige Vorbildung allein vermögen kein Qualifikationskriterium darzustellen (Arb 10.932, 11.461; OGH 8 Ob A 36/97 w, 9 Ob A 137/98 g; OLG Wien 7 Ra 300/99 k = ARD 5100/2/2000).*

- *Dass eine Vielzahl von Tätigkeiten auf dem allgemeinen Arbeitsmarkt den Umgang mit Computern erfordern, ist weder ein Argument für noch gegen die Qualifikation der Klägerin als Angestellte, weil dies nur eine Facette der Gesamttätigkeit bildet (OGH 9 Ob A 137/98 g).*
- *Beim Berufsfußballer stellen die manuellen Fähigkeiten einen zentralen Aspekt dar und ist daher keine Angestelltentätigkeit gegeben, obwohl Spitzenleistungen vorliegen (OGH 8 Ob S 20/03 d = ARD 5540/11/2004).*

10.3 Ehrenangestellte

Eine gesetzliche Verpflichtung, einem AN den Angestelltenstatus einzuräumen, ist dann gegeben, wenn die Voraussetzungen des § 1 Abs. 1 AngG vorliegen. In der Praxis kommt es immer wieder vor, dass ein AG bestimmten AN den Angestelltenstatus gewährt, obwohl die vorgenannten Kriterien nicht vorliegen. In diesen Fällen wird daher der Angestelltenstatus freiwillig zugesichert und der AN als **Ehren- oder Vertragsangestellter (Angestellter ex contractu)** bezeichnet.

Dazu ein Beispiel:

In einer Tischlerei sind mehrere Facharbeiter mit manuellen Tätigkeiten beschäftigt. Auf Wunsch der Facharbeiter entschließt sich der AG, die Arbeiter in den Angestelltenstatus zu übernehmen.

Trotz dieser freiwilligen Besserstellung durch den AG meinen immer wieder Ehrenangestellte, dass sie nach der Gehaltsordnung des jeweils anzuwendenden Angestellten-KV zu niedrig eingestuft seien, und begehren daher eine höhere Einstufung. Die Rechtsprechung hat zu dieser Frage entschieden, dass der jeweilige Angestellten-KV auf einen Ehrenangestellten nur dann anzuwenden ist, wenn zwischen dem AG und dem AN bei Übernahme in die Stellung eines Angestellten folgende Vereinbarungen abgeschlossen wurden:

- volle Anwendbarkeit des AngG,
- volle Anwendbarkeit des Angestellten-KV,
- Einstufung in die Gehaltsordnung des Angestellten-KV und
- unwiderrufliche Übernahme in das Angestelltenverhältnis (OGH 9 Ob A 347/93, 9 Ob A 85/94, 8 Ob A 2167/96 a und 8 Ob A 2255/96 t).

Fehlt demnach auch nur eine dieser vorgenannten Vereinbarungen, so bleibt der entsprechende Arbeiter-KV weiterhin anwendbar.

Falls nun ein Ehrenangestellter behauptet, nach dem Angestellten-KV falsch eingestuft zu sein, so ist zunächst zu prüfen, ob der Angestellten-KV überhaupt anzuwenden ist. Meistens stellt sich heraus, dass nicht alle erforderlichen Vereinbarungen getroffen wurden und daher der Arbeiter-KV anzuwenden ist. Daraus folgt aber, dass jedenfalls Differenzbeträge, die aus dem Angestellten-KV abgeleitet werden, nicht eingeklagt werden können. Deckt die Einstufung des Ehrenangestellten die richtige Lohngruppe nach dem Arbeiter-KV, so haben keine Nachzahlungen zu erfolgen. Im Übrigen wären die Verfallsbestimmungen des jeweiligen Arbeiter-KV zu beachten.

Ehrenangestellte verlangen manchmal während des Arbeitsverhältnisses die Ausstellung eines Dienstzettels. Dies erfolgt meistens dann, wenn die AN meinen, sie seien falsch eingestuft. Unüberlegte Angaben im Dienstzettel können dazu führen, dass versucht wird, unmittelbar aus diesen Angaben Ansprüche abzuleiten. In diesen Fällen ist daher besondere Vorsicht geboten.

Es könnte etwa auch vereinbart werden, dass das AngG nicht anzuwenden ist bzw. nur einzelne Bestimmungen des AngG anzuwenden sind (OGH 16.11.2009, 9 Ob A 128/09 b). Wird keine diesbezügliche Vereinbarung abgeschlossen, so ist auf einen Ehrenangestellten das AngG nicht anzuwenden.

Falls einem Arbeiter ein Angestelltenstatus eingeräumt werden soll, ist es ratsam, den Arbeitsvertrag entsprechend zu ergänzen und auf die (weitere) Anwendbarkeit des betreffenden Arbeiter-KV zu verweisen. Diesbezüglich wird auf das folgende Muster hingewiesen:

Muster für die freiwillige Übernahme in den Angestelltenstatus

Wie schon besprochen, schließen wir hiermit die nachfolgende arbeitsvertragliche Vereinbarung mit Ihnen ab:

Sie sind seit .... als Arbeiter bei uns beschäftigt. Auf das Arbeitsverhältnis ist der Arbeiter-KV für das .... anzuwenden.

Entsprechend Ihrem Wunsch wird hiermit mit Ihnen vereinbart, dass Ihnen ab .... der Status eines Angestellten eingeräumt wird. Sie werden jedoch weiterhin die bisherige Tätigkeit verrichten, für die gesetzlich kein Angestelltenstatus zu gewähren ist. Die Stellung eines Angestellten wird Ihnen daher freiwillig zugesagt (Vertragsangestellter). Darüber hinaus werden keine zusätzlichen Vereinbarungen abgeschlossen und daher kommt der Arbeiter-KV für das .... weiterhin zur Anwendung (OGH 9 Ob A 85/94, 8 Ob A 2167/96 a etc.).

Gelesen, verstanden und einverstanden:

Hinsichtlich einer Kündigung ist § 20 AngG anzuwenden, wobei jedoch hiermit ausdrücklich vereinbart wird, dass nach § 20 Abs. 3 AngG der AG zum 15. oder Letzten eines Kalendermonats das Arbeitsverhältnis kündigen kann.

....
AN   *AG*

........................, am ....

Einschlägige Judikatur

- Der OGH hat zum so genannten Angestellten ex contractu mehrfach ausgesprochen, dass die Zuerkennung der Angestellteneigenschaft in arbeitsrechtlicher Sicht lediglich die vertragsmäßige Behandlung als Angestellter unter Zugrundelegung des AngG als Vertragsschablone bewirke. Die Anwendung des KV für Angestellte des Gewerbes in einem einschlägigen Betrieb komme nur dann in Frage, wenn dies sowie die Einstufung in eine bestimmte Verwendungsgruppe unwiderruflich vereinbart worden sei. Für die Einstufung in eine höhere Verwendungsgruppe bedürfe es einer neuerlichen schlüssigen oder ausdrücklichen Vereinbarung (OGH 8 Ob A 2255/96 t, so auch OGH 8 Ob S 4/04 b = ARD 5505/5/2004, OGH 16.11.2009, 9 Ob A 128/09 b).
- Wurde die Anwendung des AngG vereinbart, so ist dessen Kündigungsfrist als gesetzliche Kündigungsfrist anzusehen (OGH 8 Ob S 4/04 b = ARD 5505/5/2004).

11. Einstufung nach dem jeweiligen KV

11.1 Einstufung nach der tatsächlich auszuübenden Tätigkeit

Nach Klärung der Frage, ob der AN als Arbeiter oder Angestellter anzusehen ist, hat weiters die Einstufung in das aktuelle Lohn- bzw. Gehaltsschema des jeweils anzuwendenden KV zu erfolgen, um das kollektivvertragliche Mindestentgelt festzustellen (in das Sachleistungen nicht einbezogen werden dürfen – OGH 27.8.2015, 9 Ob A 92/15 t, *Rauch*, Arbeitsrecht 2016, 28; ebenso eine freiwillige und beitragspflichtige Schmutzzulage ohne Hinweis auf die beabsichtigte Anrechnung – VwGH 99/08/0158 = ARD 5501/9/2004).

Ebenso wie bei der Frage, ob ein Angestellten- oder ein Arbeiterstatus zuzuordnen ist, ist auch hier die vom AN tatsächlich auszuübende Tätigkeit entscheidend (OGH 9 Ob A 9/01 s, 16.12.2016, 8 Ob A 68/16 g), es sei denn, dem AN wurde der Einsatz in einer anderen Funktion arbeitsvertraglich zugesagt. Wurde etwa ein AN laut seinem Arbeitsvertrag als Facharbeiter eingestellt, aber schließlich lediglich tatsächlich als Hilfsarbeiter eingesetzt, so richtet sich die Einstufung diesfalls nicht nach der tatsächlichen Tätigkeit, sondern nach der arbeitsvertraglich vereinbarten Funktion (LG f ZRS Wien 7.7.1958, 44 Cg 137/58, Arb 6903). In manchen KV sind bei den jeweiligen Verwendungsgruppen Berufsbeispiele (z.B. Lohnverrechnerin) ausdrücklich angeführt. Diesen Beispielen kommt jedoch keine entscheidende Bedeutung zu, da die tatsächliche Tätigkeit für die Einstufung ausschlaggebend ist (OGH 9 Ob A 87/00 x, 9 Ob A 124/00 a). Titel und betriebsinterne Bezeichnungen, wie etwa „Abteilungsleiter", „Werkmeister" oder „Führungskraft", sind für die Einstufung allenfalls ein Indiz (OGH 9 Ob A 104/93 = ARD 4530/29/94, OGH 9 Ob A 2129/96 w = ARD 4821/29/97). Daraus ergibt sich weiters, dass auch die Erteilung einer Prokura nicht zwangsläufig die Anwendung der höchsten Verwendungsgruppe zur Folge hat. Auch hier ist zu prüfen, welche Tätigkeiten der **Prokurist** tatsächlich ausübt bzw. welcher Schwierigkeitsgrad und welche Verantwortung diesen Tätigkeiten zukommt (OLG Wien 10 Ra 157/04 p = ARD 5583/9/2005; OGH 29.9.2010, 9 Ob A 18/10 b). Die Bestellung als gewerberechtlicher Geschäftsführer führt trotz der gewerberechtlichen Verantwortung nicht unbedingt zum Status eines Angestellten. Verrichtet der **gewerberechtliche Geschäftsführer** manuelle Tätigkeiten bei einem eingeschränkten Verantwortungsbereich, so ist seine Einstufung als Arbeiter zulässig (OLG Wien 8 Ra 292/97 p = ARD 4908/9/98, OGH 8 Ob A 96/98 w, siehe auch 10.). Ebenso ist eine bloße fachliche Qualifikation nicht bedeutend für die Einstufung. Wenn etwa von einem Industriebetrieb ein Akademiker als Hilfsarbeiter beschäftigt wird und ihm auch keine höhere Funktion vertraglich zugesichert wurde, so besteht lediglich ein Anspruch auf den Hilfsarbeiterlohn.

Lange Krankenstände und die Zugehörigkeit zu einem „Pool" können die Unterlassung einer höheren Einstufung nicht begründen (OGH 25.11.2015, 8 Ob A 79/15 y, *Rauch*, PV-Info 3/16, 14 f.).

Eine falsche Einstufung kann nach den Bestimmungen zum Lohn- und Sozialdumping zu einer Verwaltungsstrafe führen – siehe 36.4.1.

11.2 Rechtsprechung zu bestimmten Tätigkeitsmerkmalen

In den kollektivvertraglichen Verwendungsgruppen wird in der Regel die jeweilige Tätigkeit allgemein beschrieben. Zu manchen Begriffen, die in diesen Beschreibungen häufig verwendet werden, gibt es nunmehr in der Judikatur nähere Erläuterungen. So liegt etwa nach dieser Rechtsprechung eine einfache Tätigkeit nicht mehr vor, wenn eine gewisse selbständige Denk- und Beurteilungsfähigkeit erforderlich ist (OGH 24.7.1962, 4 Ob 74/62, Arb 7.588). Diese Selbständigkeit zeigt sich in der Befugnis des AN, gewisse Entschlüsse zu fassen, ohne diese mit einem Vorgesetzten abstimmen zu müssen. Maßgeblich ist daher die eigenständige Wahlmöglichkeit des AN zwischen verschiedenen Lösungsmöglichkeiten. Falls das erzielte Arbeitsergebnis nur richtig oder falsch (bzw. nicht erreicht) sein kann, so liegt eine einfache Tätigkeit vor. Eine Verkaufstätigkeit, die im Regelfall nicht mit Beratung und Reklamationen verbunden ist, ist auch dann nicht „schwierig", wenn sie allein in einem Geschäft ausgeübt wird (OGH 8 Ob A 189/02 f – Trafikverkäuferin). Das Kriterium „schwierig" ist hingegen erfüllt, wenn eine Verkäuferin überwiegend alleine in einem exklusiven Hochpreis-Modegeschäft einen entsprechend anspruchsvollen Kundenkreis zu betreuen, Reklamationen entgegenzunehmen und in diesem Zusammenhang auch Preisnachlässe zu gewähren hat (OGH 9 Ob A 28/06 t).

Von einer eigenverantwortlichen Tätigkeit kann nur dann gesprochen werden, wenn auch die alleinige Verantwortung für das Ergebnis beim AN selbst liegt (OGH 9 Ob A 262/91 und 9 Ob A 409/97 f). Maßgeblich ist dabei, wer die letzte Verantwortung für den Inhalt der Erledigungen zu tragen hat. Verlässt kein Schriftstück die Abteilung, das nicht zumindest vom Abteilungsleiter abgezeichnet wurde, so fehlt die Eigenverantwortlichkeit des AN, weil nach außen der Abteilungsleiter die Verantwortung für den Inhalt der Erledigung trägt (OGH 9 Ob A 151/98 s, 9 Ob A 216/02 h).

11.3 Vordienstzeiten

Im Angestellten-KV sind die Mindestentgelte der jeweiligen Verwendungsgruppe in der Regel nach Verwendungsgruppenjahren gestaffelt.

Der AN ist verpflichtet, dem AG die nach dem jeweiligen KV anrechenbaren Vordienstzeiten mitzuteilen (OGH 9 Ob A 11/93 = ARD 4464/17/93). Falls jedoch der AN nicht von sich aus Vordienstzeiten angibt, so hat der AG den AN nach Vordienstzeiten zu befragen (OGH 8 Ob A 190/97 t = ARD 4870/3/97, OGH 8 Ob A 19/08i). Unterlässt der AG die Befragung, so kann der AN auch zu einem späteren Zeitpunkt den Nachweis für (weitere) anrechenbare Vordienstzeiten erbringen und damit im Nachhinein eine höhere Einstufung herbeiführen.

Vordienstzeiten, die trotz Anfrage des AG vom AN verschwiegen wurden, können später nicht mehr berücksichtigt werden. Eine derartige nachträgliche Geltendmachung bislang verschwiegener Vordienstzeiten widerspricht Treu und Glauben (OGH 9 Ob A 80, 81/89 und 9 Ob A 220/97 m). Auch ausländische Vordienstzeiten, selbst wenn sie nicht ausdrücklich im KV erwähnt sind, müssen bei der Einstufung angerechnet werden, falls sie bezüglich des Erwerbs von Fähigkeiten und Kenntnissen einer inländischen anzurechnenden Tätigkeit gleichzuhalten sind (OGH 9 Ob A 314, 315/89, 9 Ob A 2106/96 p und 8 Ob A 2105/96 h, EuGH C-371/04 = ARD 5752/7/2007). Der AN ist für die Gleichwertigkeit der ausländischen Vordienstzeiten beweispflichtig. Er hat daher dafür zu sorgen, dass entsprechend verständliche Urkunden vorhanden sind (OGH 9 Ob A 2106/96 p). Da demnach die Beweislast für die ausländischen Vordienstzeiten den AN trifft, muss er für die Kosten der Übersetzung aufkommen.

Sind als Berufsjahre laut dem KV die „Jahre der praktischen Angestelltentätigkeit" anzurechnen, so ist dies unabhängig von der konkreten Branche, in der die Angestelltentätigkeit ausgeübt wurde (OGH 26.2.2014, 9 Ob A 147/13 b).

Zur Vordienstzeitanrechnung siehe auch 14.3.3 sowie 27.2.

Zur Anrechnung von Präsenz- und Zivildienst siehe 25.8.

Zur Einstufung der Kassierer im Selbstbedienungsladen an einer Scannerkasse nach dem Handels-KV siehe *Rauch*, Arbeitsrecht 2012, 62 f.

11.4 Mischverwendung

AN sind hinsichtlich ihrer gesamten Tätigkeit in eine bestimmte Verwendungsgruppe einzuordnen. Dies gilt (mangels einer abweichenden Bestimmung im KV) auch dann, wenn der AN einzelne Tätigkeiten ausübt, die verschiedenen Verwendungsgruppen zuzuordnen sind. Diesfalls hat die Einstufung nach der zeitlich überwiegenden Verwendung zu erfolgen (OGH 16.12.2016, 8 Ob A 68/16 g). Eine zeitlich nicht überwiegende Tätigkeit kann nur dann für die Einstufung maßgeblich sein, wenn diese Tätigkeit wegen der besonderen Bedeutung für den AG dem Arbeitsverhältnis sein Gepräge gibt (OGH 8 Ob A 38/01 y = ARD 5240/1/2001). Eine

Kumulierung von Tätigkeiten, die verschiedenen Verwendungsgruppen zuzuordnen sind, innerhalb einer bestimmten im Arbeitsvertrag (bzw. Dienstzettel) angegebenen Verwendungsgruppe führt nicht zur Einstufung in die höhere Verwendungsgruppe (VwGH 98/08/0308 = ARD 5025/29/99). Zusätzliche Tätigkeiten, die einer höheren Verwendungsgruppe zuzuordnen sind, führen erst dann zu einer höheren Einstufung, wenn sie mindestens 50% der täglichen Tätigkeit betragen (OGH 26.2.2014, 9 Ob A 160/13 i, zum KV-Bewachungsgewerbe).

11.5 Einstufung nach Abschluss der Lehrzeit bei Fehlen einer erfolgreich abgelegten Lehrabschlussprüfung

Einzelne KV (z.B. der KV für das Hafner-, Platten- und Fliesenlegergewerbe) sehen in der Lohntafel für „Facharbeiter" einen bestimmten Lohnsatz vor. Dabei wird der Begriff „Facharbeiter" nicht definiert. Seitens der BUAK wurde dazu die Auffassung vertreten, dass diesfalls ein Arbeiter, der die Lehrzeit abgeschlossen hat, aber die Lehrabschlussprüfung (noch) nicht abgelegt hat, als Facharbeiter einzustufen sei. Der AG war der Meinung, dass die Einstufung als qualifizierter Helfer (eine Stufe unter dem Facharbeiter) ausreichend sei.

Der VwGH (16.3.2011, 2008/08/0096; *Rauch*, Arbeitsrecht 2012, 64 f.) hat dazu folgende Grundsätze festgehalten:

Maßgeblich für die Einstufungsmodelle der KV ist die tatsächliche Tätigkeit des AN. Für die Einstufung kommt es daher in der Regel auf die Tätigkeitsmerkmale, auf den Inhalt der Arbeit und auf die tatsächlich vorwiegend ausgeübte Tätigkeit an. Die KV können aber außer auf die Tätigkeit des AN auch auf die (facheinschlägige) Ausbildung oder auf eine unabhängig vom tatsächlichen Tätigkeitsbereich ausgeübte formale Funktion des AN im Betrieb als Voraussetzung für die Einstufung abstellen. Der Grundsatz, dass sich die Einstufung in eine bestimmte Verwendungsgruppe eines KV nach den tatsächlich geleisteten Arbeiten richtet, gilt nicht, wenn der KV (zumindest auch) formale Voraussetzungen für die Einstufung ausdrücklich festlegt (so auch OGH 18.6.2009, 8 Ob A 20/09 p).

Wenn ein KV keine Definition des Begriffs „Facharbeiter" enthält, ist zu prüfen, wie der Gesetzgeber diesen Begriff versteht. Der Begriff „Facharbeiter" wird vom Gesetzgeber stets an die erfolgreiche Ablegung einer Lehrabschlussprüfung gebunden. So sind nach § 21 Abs. 3 lit. b BAG Personen, die eine Lehrabschlussprüfung erfolgreich abgelegt haben, berechtigt, sich als Facharbeiter oder als Gesellen mit der Berufsbezeichnung des Lehrberufs zu bezeichnen (entsprechende Regelungen enthält z.B. auch der § 7 Abs. 3 des land- und forstwirtschaftlichen Berufsausbildungsgesetzes). Der gesetzliche Begriff des „Facharbeiters" setzt sohin eine erfolgreiche abgelegte Lehrabschlussprüfung (Facharbeiterprüfung) voraus. Eine von einem gesetzlichen Begriff abweichende Bedeutung eines in einem KV verwendeten Wortes muss aber klar und unmissverständlich zum Ausdruck gebracht werden (so auch OGH 8.9.1993, 9 Ob A 216/93). Den jeweiligen KV-Parteien bleibt es unbenommen, etwa zwischen Facharbeitern mit Lehrabschlussprüfung und Facharbeitern ohne Lehrabschlussprüfung zu unterscheiden (so z.B. im KV für das Bauhilfsgewerbe) oder den Begriff „Facharbeiter" in anderer Weise zu definieren. Fehlt jegliche Definition, so ist der verwendete Begriff iSd gesetzlichen Begriffes auszulegen.

Abgesehen davon ist im Fall des fehlenden positiven Abschlusses einer Lehrabschlussprüfung davon auszugehen, dass der AN nicht in der Lage ist, den betreffenden Beruf fachgerecht auszuüben. Der AG kann daher den AN nach Ablauf der Lehrzeit nicht mit der Durchführung von Tätigkeiten betrauen, die typischerweise von einem Facharbeiter ausgeführt werden. Dies insbesondere auch im Hinblick auf schadenersatzrechtliche (Schäden wegen unsachgemäßer Durchführung von Arbeiten) bzw. arbeitnehmerschutzrechtliche Aspekte (z.B. Arbeitsunfall wegen unsachgemäßer Bedienung von Maschinen).

Die eingangs erwähnte Rechtsauffassung der BUAK würde bewirken, dass ein AN einen Facharbeiterlohn erhält, obwohl er einerseits nicht als Facharbeiter beschäftigt werden kann und sich andererseits auch nicht als Facharbeiter bezeichnen darf (§ 21 Abs. 3 lit. b BAG).

11.6 Verfall, Strafbarkeit und Schadenersatz bei unrichtiger Einstufung

Falls ein AN mit dem Hinweis auf eine angeblich unrichtige Einstufung Entgeltdifferenzen für einen längeren Zeitraum fordert, so sollte insbesondere auch geprüft werden, ob eine kollektivvertragliche oder einzelvertragliche Verfallsfrist zur Anwendung kommen kann (siehe 47.). Die Verfallsfrist kommt auch dann zur Anwendung, wenn der AG den AN nicht über die Vorlage von Belegen zu Vordienstzeiten aufklärt (siehe dazu 11.3, OGH 8 Ob A 19/08 i). Falls keine Verfallsfrist anwendbar ist, können die Entgeltdifferenzen im Rahmen der Verjährung nach dem ABGB für die letzten drei Jahre begehrt werden. Pensionsrechtliche Nachteile (Pensionsschaden) aus einer jahrelangen falschen Einstufung können im Wege des Schadenersatzes geltend gemacht werden (OGH 22.2.2006, 9 Ob A 164/05 s; 22.9.2010, 8 Ob A 66/09 b). Die Höhe des Schadens hängt davon ab, welches angemessene Entgelt (§ 1152 ABGB) dem AN im strittigen Zeitraum arbeitsrechtlich zugestanden hätte. Nach dem Grundsatz der Schadensminderung bzw. Abwehrpflicht hat der AN nach Bekanntwerden der SV-Pflicht einen Antrag auf Feststellung der SV-Beiträge einzubringen und die vorgeschriebenen verjährten Pensionsbeiträge nachzuentrichten (OLG Linz 14.9.2011, 12 Ra 43/11 x). Zum Lohnsteuerschaden bei einer Nachzahlung siehe 42.7.6.1. Zur Möglichkeit einer Verwaltungsstrafe bei unterkollektivvertraglicher Entlohnung siehe 36.4.1.

In der Praxis zeigt sich, dass das Begehren eines AN nach der Ausstellung eines **Dienstzettels** meistens dann erfolgt, wenn der AN die Auffassung vertritt, dass er falsch eingestuft sei. In diesen Fällen sollte daher genau überlegt werden, welche Angaben zur Einstufung gemacht werden. Hat das Arbeitsverhältnis bereits bei In-Kraft-Treten des § 2 Abs. 2 AVRAG bestanden (1.1.1994), so ist dem AN der von ihm verlangte Dienstzettel innerhalb von zwei Monaten auszustellen. Eine solche Verpflichtung des AG besteht jedoch nicht, wenn ein früher ausgestellter Dienstzettel oder ein schriftlicher Arbeitsvertrag alle nach § 2 Abs. 2 AVRAG (siehe 12.) erforderlichen Angaben enthält (§ 2 Abs. 7 AVRAG).

Einschlägige Judikatur

- *Auch nach dem KV für Handelsangestellte besteht für den AG eine vorvertragliche Aufklärungspflicht hinsichtlich der Möglichkeiten einer Vordienstzeitenanrechnung (OGH 8 Ob A 190/97 p = ARD 4870/3/97).*
- *Die Notwendigkeit von Genauigkeit und Verlässlichkeit eines „Screeners" auf einem Flughafen sowie die Verantwortung im Zusammenhang mit dem Erkennen gefährlicher Gegenstände schließen die Qualifikation einer an sich einfachen Tätigkeit als „einfach" nicht aus. Gleiches gilt für den Umstand, dass die Firmensprache Englisch ist (siehe dazu auch OGH 8 Ob A 138/99 y = ARD 5078/10/99). Auch die Tatsache, dass der AN für die von ihm zu erfüllenden Aufgaben „überqualifiziert" ist, kann nicht zu einer durch seine Tätigkeit nicht gerechtfertigten Einstufung führen. Die bei der Verwendungsgruppe III des hier relevanten KV beispielsweise angeführten Tätigkeitsbezeichnungen decken ein breites Spektrum ab und ändern nichts an der Notwendigkeit, dass im Einzelfall die allgemeinen Tätigkeitsmerkmale verwirklicht werden müssen (OGH 9 Ob A 87/00 x = ARD 5161/13/2000).*
- *„Praxisjahre" im Sinne des KV für Arbeiter im Holz verarbeitenden Gewerbe bedeuten zwar die Zurücklegung von Dienstzeiten im einschlägigen Lehrberuf als Facharbeiter. Darunter sind aber alle Zeiten zu verstehen, die in einem Arbeitsverhältnis im Holz verarbeitenden Gewerbe zurückgelegt werden, unabhängig davon, ob während der Präsenzdienstzeit eine tatsächliche Praxis im Beruf ausgeübt wurde. Diese Auslegung ist einer vernünftigen, zweckentsprechenden und praxisorientierten kollektivvertraglichen Regelung zu unterstellen, weil ansonsten auch Zeiten der Krankheit oder des Urlaubs bei Einstufung in eine Lohngruppe nicht zu berücksichtigen wären, weil auch in diesen Zeiten keine Praxis geübt wird (OGH 9 Ob A 294/99 x = infas 3/2000; ebenso für den Druck-KV: OGH 9 Ob A 320/98 v = infas 4/99).*
- *Ist die Tätigkeit eines AN als Abfallbeauftragter für einen AG von besonderer Bedeutung, ist dies bei seiner Einstufung auch dann durch die Zuweisung in eine höhere Verwendungsgruppe zu berücksichtigen, wenn 70 % seiner Tätigkeit einer niedrigeren Verwendungsgruppe zuzuordnen sind (OGH 8 Ob A 38/01 y = ARD 5240/1/2001).*
- *Als Berufsjahre für die Einstufung sind als „Jahre der Angestelltentätigkeit" alle Jahre einer praktischen Angestelltentätigkeit heranzuziehen, unabhängig von der konkreten Branche, in der die Angestelltentätigkeit ausgeübt wurde (OGH 26.2.2014, 9 Ob A 147/ 13 b zum KV für kaufmännische Angestellte bei Zeitschriftenverlagen, Punkt A.6. der Gehaltsordnung).*

12. Arbeitsvertrag oder Dienstzettel?

Jeder AG ist verpflichtet, dem AN unverzüglich nach Beginn des Arbeitsverhältnisses eine schriftliche Aufzeichnung über die wesentlichen Rechte und Pflichten aus dem Arbeitsverhältnis auszuhändigen, wenn das Arbeitsverhältnis mehr als einen Monat dauern wird (§ 2 Abs. 1 AVRAG). Weiters sind im Gesetz jene Angaben, welche der Dienstzettel mindestens zu enthalten hat, in 13 Punkten aufgelistet (§ 2 Abs. 2 AVRAG). Demnach hat der AG die im Dienstzettel vorzunehmenden Angaben zu diesen 13 Punkten (sowie eventuell weitere Punkte) mit dem AN zu besprechen bzw. entsprechende Vereinbarungen (etwa bezüglich der Höhe des Entgelts) zu treffen. Falls jedoch ein schriftlicher Arbeitsvertrag abgeschlossen wurde, der die erforderlichen Mindestangaben enthält, so muss kein Dienstzettel ausgestellt werden.

Seit 1.7.2004 besteht die Pflicht zur Ausstellung eines Dienstzettels auch für freie Arbeitsverhältnisse (§ 1164a ABGB – siehe 13.1 und 17.).

Daher stellt sich die Frage, ob ein schriftlicher Arbeitsvertrag abgeschlossen oder ein Dienstzettel errichtet werden soll. Zunächst ist diesbezüglich, wie schon erwähnt, festzuhalten, dass der Dienstzettel mündliche Vereinbarungen wiedergibt und die Rechtsprechung die Auffassung vertritt, dass die Unterschrift des AN am Dienstzettel lediglich die Übernahme des Dienstzettels bestätigt (OGH 14.3.2001, 9 Ob A 27/01 p). Die Unterschrift des AN am Dienstzettel bestätigt daher nicht den Inhalt der mündlichen arbeitsvertraglichen Vereinbarungen bzw. stellt keine Willenserklärung dar. Die Absprache der arbeitsvertraglichen Regelungen am Beginn des Arbeitsverhältnisses gibt dem AG die Gelegenheit, über die 13 Punkte (bzw. sieben Punkte beim freien Arbeitsverhältnis) hinausgehende Bestimmungen, welche zur Inanspruchnahme bestimmter Rechte des AG erforderlich sind, aufzunehmen (z.B. Probezeit, Kündigung des AG zum 15. oder Monatsletzten statt zum Quartal bei Angestellten, Befristung des Arbeitsverhältnisses, Konkurrenzklausel, Verpflichtung, auf Anordnung Überstunden zu leisten, Widerrufbarkeit einer Überstundenpauschale, Konventionalstrafe bei ungerechtfertigtem vorzeitigen Austritt oder bei gerechtfertigter Entlassung, Verfallsklausel bei Fehlen kollektivvertraglicher Verfallsregelungen – siehe 14 ff.).

Falls nun diese zusätzlichen Punkte mündlich besprochen und in der Folge in den Dienstzettel aufgenommen werden und schließlich der Dienstzettel vom AN unterfertigt wird, so fehlt ein schriftlicher Nachweis für die mündliche Vereinbarung der einzelnen vertraglichen Bestimmungen, da die Unterschrift des AN auf dem Dienstzettel lediglich die Übernahme des Dienstzettels bestätigt. Es kommt daher immer wieder vor, dass in arbeitsgerichtlichen Verfahren von AN behauptet wird, dass bestimmte Regelungen, die am Dienstzettel angegeben sind, mündlich nicht besprochen bzw. vereinbart wurden. Dem AG wird damit unterstellt, er hätte in den Dienstzettel einseitig bzw. ohne entsprechende ordnungsgemäße Vereinbarung eine oder mehrere einzelne Bestimmungen aufgenommen.

Um derartigen Behauptungen von Anfang an den Boden zu entziehen, ist es zu empfehlen, anstelle der Ausstellung eines Dienstzettels einen schriftlichen Arbeitsvertrag abzuschließen, der vom AG und vom AN unterfertigt wird. In diesem Fall erklärt der AN sein Einverständnis mit den arbeitsvertraglichen Regelungen.

Der Arbeitsvertrag unterliegt ebenso wie der Dienstzettel keiner Gebührenpflicht (Änderung des Gebührengesetzes durch die Novelle BGBl. 1994/629).

Falls etwa in einem größeren Betrieb seit Jahren ein bestimmtes Dienstzettel-Formular verwendet wird, so wird es meistens genügen, die Überschrift „Dienstzettel" durch die Überschrift „Arbeitsvertrag" zu ersetzen und den Arbeitsvertrag von beiden Vertragsparteien unterfertigen zu lassen (Zusätze über der Unterschrift des AN, wie etwa „zur Kenntnis genommen" oder „Übernahmebestätigung", sind zu streichen).

Einschlägige Judikatur

- *Das Ausfüllen eines Dienstzettels mit Bleistift gibt zu Bedenken Anlass, weil unter Bedachtnahme auf dieses Schreibmittel Verfälschungen jederzeit möglich sind (ASG Wien 10 Cga 167/94 i = ARD 4865/24/97).*
- *Ein AN hat auch nach Beendigung des Arbeitsverhältnisses noch Anspruch auf einen Dienstzettel (OLG Wien 7 Ra 354/96 x = ARD 4865/23/97).*
- *Der Dienstzettel darf aber nicht mit dem Arbeitsvertrag verwechselt werden. Schon der gesetzlichen Definition, wonach der Dienstzettel eine „schriftliche Aufzeichnung über die wesentlichen Rechte und Pflichten aus dem Arbeitsvertrag" darstellt, ist zu ersehen, dass dieser als deklaratorisches Schriftstück dem konstitutiv das Arbeitsverhältnis begründenden Arbeitsvertrag gegenüberzustellen ist. Der Dienstzettel soll also als Beweisurkunde den Inhalt des Arbeitsvertrages wiedergeben. Der Dienstzettel ist damit eine „Wissenserklärung des AG über die Rechtslage", die vom rechtlichen Phänomen des Arbeitsvertrages, der aus übereinstimmenden Willenserklärungen, mit denen Rechtsfolgen herbeigeführt werden sollen, streng zu unterscheiden ist (OGH 16.2.2000, 9 Ob A 250/99 a, ARD 5212/9/2001, OGH 13.12.2001, 8 Ob A 308/01 d, 14.3.2001, 9 Ob A 27/01 p).*

13. Gesetzlicher Mindestinhalt eines Arbeitsvertrages

Der § 2 Abs. 4 AVRAG sieht vor, dass anstelle der Ausstellung des Dienstzettels durch den AG ein Arbeitsvertrag abgeschlossen werden kann. Der den Dienstzettel ersetzende Arbeitsvertrag hat mindestens folgende Angaben zu enthalten (§ 2 Abs. 2 AVRAG):

a) Name und Anschrift des AG

b) Name und Anschrift des AN

c) Beginn des Arbeitsverhältnisses

d) bei Arbeitsverhältnissen auf bestimmte Zeit das Ende des Arbeitsverhältnisses

e) Dauer der Kündigungsfrist, Kündigungstermin

f) gewöhnlicher Arbeits-(Einsatz-)ort, erforderlichenfalls Hinweis auf wechselnde Arbeits-(Einsatz-)orte

g) allfällige Einstufung in ein generelles Schema

h) vorgesehene Verwendung

i) betragsmäßige Höhe des Grundgehalts oder -lohns, weitere Entgeltbestandteile, wie z.B. Sonderzahlungen, Fälligkeit des Entgelts
j) Ausmaß des jährlichen Erholungsurlaubes
k) vereinbarte tägliche oder wöchentliche Normalarbeitszeit des AN
l) Bezeichnung der auf den Arbeitsvertrag allenfalls anzuwendenden Normen der kollektiven Rechtsgestaltung (KV, Satzung, Mindestlohntarif, festgesetzte Lehrlingsentschädigung, Betriebsvereinbarung) und Hinweis auf den Raum im Betrieb, in dem diese zur Einsichtnahme aufliegen
m) Name und Anschrift der BV-Kasse des AN oder für AN, die dem BUAG unterliegen, Name und Anschrift der Bauarbeiter-Urlaubs- und Abfertigungskasse (zum BMSVG siehe 45.6)

Zusätzliche Angaben sind vorgesehen, wenn der AN länger als einen Monat im Ausland tätig zu sein hat (§ 2 Abs. 3 AVRAG). Bezüglich der Angaben in e), f) und i) (ausgenommen die betragsmäßigen Angaben zum Grundgehalt oder -lohn) bis k) kann auch allgemein auf die für das Arbeitsverhältnis geltenden gesetzlichen oder kollektivvertraglichen Bestimmungen verwiesen werden (siehe auch Muster im Anhang).

Soweit Änderungen nicht ohnedies schriftlich durch eine Zusatzvereinbarung zum Arbeitsvertrag erfolgen, müssten diese dem AN unverzüglich, spätestens jedoch einen Monat nach ihrem Wirksamkeitsbeginn schriftlich mitgeteilt werden. Falls sich Änderungen dadurch ergeben, dass Gesetze oder der anzuwendende KV verändert werden, so bedarf es diesbezüglich keiner Mitteilung (ebenso wenn sich die Änderung aus der dienstzeitabhängigen Vorrückung in der selben Verwendungsgruppe der anzuwendenden Norm des KV ergibt). Änderungen des Grundgehalts oder -lohns etwa infolge von Beförderungen sind daher vom AG schriftlich mitzuteilen. Keine Mitteilung ist nötig, wenn sich der Grundlohn etwa nur durch Biennalsprünge erhöht.

13.1 Gesetzlicher Mindestinhalt eines freien Arbeitsvertrages

Mit 1.7.2004 wurde die Pflicht zur Ausstellung eines Dienstzettels auch für freie Arbeitsverhältnisse eingeführt (§ 1164a ABGB).

Aus § 1164a ABGB geht hervor, dass anstelle der Ausstellung des Dienstzettels durch den AG ein freier Arbeitsvertrag abgeschlossen werden kann. Der Dienstzettel bzw. der ihn ersetzende freie Arbeitsvertrag hat folgende Mindestangaben zu enthalten:

a) Name und Anschrift des AG,
b) Name und Anschrift des freien AN,
c) Beginn des freien Arbeitsverhältnisses,
d) bei freien Arbeitsverhältnissen auf bestimmte Zeit das Ende des freien Arbeitsverhältnisses,

e) Dauer der Kündigungsfrist, Kündigungstermin,

f) vorgesehene Tätigkeit und

g) Entgelt sowie Fälligkeit des Entgelts.

Aus den bereits erwähnten Gründen (siehe 12.) wird empfohlen, anstelle der Ausstellung eines Dienstzettels einen freien Arbeitsvertrag abzuschließen (Muster – siehe Anhang – Muster 9).

Zusätzliche Angaben sind vorgesehen, wenn der freie AN länger als einen Monat im Ausland tätig zu sein hat (Details – siehe § 1164a Abs. 2 ABGB).

Aufgrund der Einbeziehung der freien AN (nach §§ 4 Abs. 4, 5 Abs. 2 oder 4 Abs. 1 Z 6 ASVG) in das System der Abfertigung NEU (siehe 45.6) mit 1.1.2008 ist auch die Angabe der BV-Kasse zu empfehlen.

Jede Änderung der Angaben, die in den Punkten a) bis g) angeführt sind, ist dem freien AN unverzüglich, spätestens jedoch einen Monat nach ihrer Wirksamkeit schriftlich mitzuteilen, es sei denn, die Änderung erfolgte durch Änderung von Gesetzen.

Hat das freie Arbeitsverhältnis bereits am 1.7.2004 bestanden, so ist mit dem freien AN auf sein Verlangen binnen zwei Monaten ein freier Arbeitsvertrag abzuschließen, der die vorgenannten Mindestangaben enthält (allenfalls wäre ein entsprechender Dienstzettel auszustellen).

Enthält ein früher ausgestellter Dienstzettel bzw. ein früher abgeschlossener freier Arbeitsvertrag alle nach § 1164a ABGB geforderten Angaben, so entfällt die vorgenannte Verpflichtung des AG!

14. Vorschläge zur optimalen Gestaltung des Arbeitsvertrages

14.1 Geeignetes Muster, verständliche Regelungen, deutsche Sprache, zwingende Vorgaben und Rechtsunwirksamkeit

In der Praxis werden immer wieder Muster verwendet, die aus verschiedenen Gründen ungeeignet sind (veraltet, dem Gesetz oder KV widersprechende Regelungen, branchenspezifische Regelungen, die für die relevante Branche nicht geeignet sind etc. – im Anhang finden Sie ein aktuelles Muster).

Besonders zu beachten ist, dass alle Vertragsbestimmungen möglichst präzise und verständlich formuliert werden. Unklare Regelungen sind nämlich zum Nachteil desjenigen auszulegen, der sie verfasst hat (§ 915 ABGB). In der Regel sind daher schwer verständliche oder unklare Vertragspassagen zum Nachteil des AG auszulegen, wobei diese **Unklarheitenregel** erst dann heranzuziehen ist, wenn die Absicht der Parteien nicht erforschbar ist (OGH 15.12.1994, 8 Ob A 330/94, ARD 4691/10/95, OGH 9 Ob A 113/08 w). Wurde beispielsweise in einer Konkurrenzklausel der Begriff „Bereich Linz" vom AG verfasst, so ist diese unklare Formulierung nach § 915 ABGB auf das Stadtgebiet von Linz zu beschränken und kann keinesfalls Enns einbezogen werden (OLG Linz 30.8.2011, 11 Ra 61/11 m, ARD 6188/8/2011). Ist aus der Parteienabsicht klar erkennbar, dass eine Formulierung auf einem Irrtum beruht, so kann sich der AN nicht auf die irrtümlich falsche Formulierung berufen (OGH 9 Ob A 151/07 g).

Im Privatrecht sind die meisten gesetzlichen Bestimmungen **nachgiebiges Recht**. D.h. die Vertragsparteien können andere Regelungen vertraglich vereinbaren. Das Arbeitsrecht ist jedoch als Schutzrecht zu Gunsten des wirtschaftlich schwächeren AN zu verstehen. Daher haben die arbeitsrechtlichen Vorschriften meistens einen relativ zwingenden Charakter. Demnach sind sie zum Nachteil des AN nicht abänderbar. Besserstellungen des AN sind hingegen zulässig. Beispielsweise wäre eine vertragliche Verkürzung des Abfertigungsanspruchs nach § 23 AngG unzulässig, eine Erhöhung wäre aber unbeschränkt möglich. Arbeitsvertragliche Regelungen dürfen daher sämtlichen höherrangigen Normen (Betriebsvereinbarungen, KV und Gesetz) nicht widersprechen, falls diese nicht ausnahmsweise nachgiebiges Recht darstellen. Die Betriebsvereinbarungen dürfen dem KV und beide den zwingenden gesetzlichen Bestimmungen nicht widersprechen.

Die Amtssprache der Republik Österreich ist deutsch (Art 8 B-VG). Arbeitsverträge sind daher in der deutschen Sprache zu verfassen. Eine andere Sprache bewirkt aber keine Nichtigkeit des Vertrages (EuGH 16.4.2013, Rs C–202/11, Las). Die gesetzliche Verpflichtung zur Ausstellung (§ 2 Abs 4 Z 2 AVRAG) bzw Vorlage von Arbeitsverträgen (§ 8 Abs 1 ArbIG) ist mE nur erfüllt, wenn der (ausgestellte bzw vorgelegte) Arbeitsvertrag in deutscher Sprache verfasst und unterfertigt wurde (Details siehe *Rauch*, Arbeitsrecht 2014, 43). „Gendern" in Arbeitsverträgen ist keinesfalls erforderlich (Details siehe *Rauch*, Arbeitsrecht 2015, 70 f).

Absolut **zwingendes Recht** darf auch nicht zum Vorteil des AN geändert werden. Öffentlich-rechtliche Bestimmungen (z.B. das ASchG) sowie das ArbVG sind absolut zwingendes Recht (z.B. OGH 9 Ob A 31/04 f = ARD 5528/1/2004). Das ArbVG regelt daher alle Rechte des BR, und Erweiterungen dieser Rechte verstoßen demnach gegen den absolut zwingenden Charakter dieses Gesetzes (z.B. ein echtes Zustimmungsrecht des BR zu Kündigungen, OGH 24.2.2000, 8 Ob A 338/99 k, 25.11.2014, 8 Ob A 74/14 m).

Welche gesetzlichen Regelungen zwingenden Charakter haben, bestimmt das jeweilige Gesetz selbst (z.B. § 40 AngG, § 1164 ABGB).

Enthält ein Arbeitsvertrag ungültige Regelungen, stellt sich die Frage, ob seine Regelungen insgesamt rechtsunwirksam sind. Nach der Rechtsprechung ist der Restgültigkeit der Vorzug zu geben. Dabei ist jeweils zu prüfen, ob der Arbeitsvertrag auch ohne die nichtigen Regelungen bestehen könnte (OGH 26.11.1997, 9 Ob A 2264/96 y).

14. Vorschläge zur optimalen Gestaltung des Arbeitsvertrages

Vereinbarungen, die einen Vertragspartner krass benachteiligen, sind sittenwidrig (OGH 29.9.2016, 9 Ob A 93/16 s).

Arbeitsverträge über die Erbringung sexueller Dienstleistungen werden in der Rechtsprechung nicht mehr als nichtig beurteilt (OGH 3 Ob 45/12 g). Verträge über Telefonsex wurden aufgrund des fehlenden persönlichen Kontakts schon bisher nicht als sittenwidrig beurteilt (OGH 8 Ob A 156/02 b, OLG Wien 8 Ra 129/07 k = ARD 5897/6/2008). Zum nichtigen Arbeitsvertrag bei illegaler Ausländerbeschäftigung siehe 18.13.

AG, die im Zusammenhang mit Arbeitsverhältnissen in Vertragsformblättern oder „Allgemeinen Arbeitsbedingungen" gesetzwidrige Klauseln verwenden, können von den in § 29 Konsumentenschutzgesetz genannten Institutionen (AK, ÖGB etc.) nicht auf Unterlassung geklagt werden (Verbandsklage – OGH 18.12.2014, 9 Ob A 113/14 d).

Zur Vereinbarung der Schriftform in Arbeitsverträgen siehe 2.

Einschlägige Judikatur

- *Bei Undeutlichkeit der Formulierung über die Höhe einer vereinbarten Konventionalstrafe ist nach den Grundsätzen der Auslegung von Verträgen gemäß § 914 und erforderlichenfalls § 915 ABGB, 2. Halbsatz, vorzugehen; demnach sind unter Jahresgehalt die Nettobezüge und nicht das Bruttogehalt zu verstehen, wenn die undeutliche Formulierung vom AG stammt (OGH 25.9.1979, 4 Ob 55/79 = ARD 3206/9/80).*
- *Selbst wenn ein Zurückbehaltungsrecht vereinbart ist, vermag dieses die relativ zwingende Fälligkeitsbestimmung des § 1154 Abs. 3 ABGB, wonach bereits verdientes Entgelt mit der Beendigung des Arbeitsverhältnisses fällig wird, nicht zu umgehen (OGH 9 Ob A 325/00 k).*
- *Wurde einem AN zwar ein Kündigungsverzicht bis zum Eintritt des gesetzlichen Pensionsantrittsalters zugesagt, von den Vertragsparteien jedoch keine Regelung für den Fall vorgesehen, dass die österreichische Zweigniederlassung des ausländischen Unternehmens seine Geschäftstätigkeit einstellt, ist danach zu fragen, welche Lösung redliche und vernünftige Parteien unter Berücksichtigung der aus dem Vertrag erkennbaren Parteienabsicht sowie unter Heranziehung des Grundsatzes von Treu und Glauben und der Verkehrssitte für diesen Fall vereinbart hätten (Kündigung zulässig; OGH 9 Ob A 264/01 s).*

Geeignete Muster für Arbeitsverträge finden Sie im Anhang.

14.2 Vereinbarung einer Probezeit

14.2.1 Angestellte

Mit jedem Angestellten kann mit dem Beginn des Arbeitsverhältnisses eine Probezeit von einem Monat vereinbart werden (§ 19 Abs 2 AngG). Die Vereinbarung der Probezeit muss bestimmt und unzweifelhaft erfolgen (OGH 9 Ob A 161/98 n = ARD 5027/29/99). Eine diesbezügliche eindeutige Regelung im Arbeitsvertrag ist daher dringend zu empfehlen (siehe Muster im Anhang). Fehlt eine solche Vereinbarung, so kann eine Beendigung während der Probezeit nur dann erfolgen, wenn der anzuwendende KV dies vorsieht.

14.2.2 Arbeiter

Bei den Arbeitern gibt es öfters kollektivvertragliche Bestimmungen über die Probezeit. Einige Arbeiter-KV sehen eine Probezeit von bestimmter Dauer vor. In diesen Fällen bedarf es keiner gesonderten Vereinbarung einer Probezeit.

Falls jedoch kein KV anwendbar ist oder der KV keine Regelung enthält, so kann auch mit einem Arbeiter eine Probezeit von einem Monat vereinbart werden (§ 1158 Abs. 2 ABGB).

14.2.3 Lehrlinge

Der § 15 Abs. 2 BAG sieht bei Lehrlingen (siehe 52.) eine Probezeit von drei Monaten vor. Falls jedoch der Lehrling während der ersten drei Monate seine Schulpflicht in einer lehrgangsmäßigen Berufsschule erfüllt, dauert die Probezeit sechs Wochen ab der Ausbildung im Lehrbetrieb. Die Auflösung bedarf zur Rechtswirksamkeit der Schriftform und falls sie von Seiten eines minderjährigen Lehrlings erfolgt, überdies der Zustimmung des gesetzlichen Vertreters (dies sind die Eltern).

Der Lehrberechtigte hat daher zu beachten, dass dem Lehrling spätestens am letzten Tag der Probezeit eine Auflösungserklärung zugehen muss (persönliche Übergabe, Telegramm oder Zugang eines Briefes). Der Lehrberechtigte hat die Erklärung auch dann an den Lehrling zu richten, wenn dieser minderjährig ist (OGH 8.10.2003, 9 Ob A 53/03 i).

Einschlägige Judikatur
- *Die Bestimmung des § 15 Abs. 2 BAG über die Probezeit bildet für beide Vertragsparteien unabdingbares Recht und ist daher sowohl hinsichtlich der Zeitspanne wie auch hinsichtlich der Auflösungsmöglichkeit jeglicher Parteiendisposition entzogen (OGH 9 Ob A 193/93 = RdW 1994, 57).*

Anmerkung: Verkürzungen der Probezeit eines Lehrlings in einem KV sind daher rechtsunwirksam (siehe auch Rossmann, Kollektivvertragliche Regelungen zur Probezeit des Lehrlings, ASoK 2001, 142 ff.).

14.2.4 Allgemeines zur Probezeit

Hat ein vereinbarter Probemonat an einem Monatsersten begonnen, endet er am letzten Tag des betreffenden Monates, hat ein Probemonat etwa am 15. eines Monats begonnen, endet er am 14. des darauf folgenden Monats (OGH 4 Ob 49/76). Wenn eine schriftliche Auflösungserklärung einem Angestellten, mit dem ein Probemonat mit Arbeitsverhältnisbeginn am 1.11. vereinbart wurde, noch während des vereinbarten Probemonats am 30.11. zugeht, kann ein zusätzlicher unrichtiger Hinweis, dass das Probeverhältnis am 1.12. enden soll, vom AN nicht dahingehend gedeutet werden, dass das Arbeitsverhältnis noch über den 30.11. hinaus weiterbestehen soll. Dies insbesondere dann, wenn der AN am 1.12. keine Arbeitsleistung erbracht hat (OGH 4 Ob 118/83). Um eine solche unklare rechtliche Situation von vornherein zu vermeiden, wird empfohlen, den Endzeitpunkt des Arbeitsverhältnisses nicht anzugeben, weil auch keine gesetzliche Verpflichtung hierzu besteht.

14. Vorschläge zur optimalen Gestaltung des Arbeitsvertrages

Fällt der letzte Tag der Probezeit auf einen Sonn- oder Feiertag, so tritt der folgende Werktag nicht an dessen Stelle. Die Auflösungserklärung müsste also spätestens am Sonn- oder Feiertag zugehen (OGH 10.11.1994, 8 Ob A 286/94).

Ist eine Probezeit ohne Lösungserklärung abgelaufen und wurde das Arbeitsverhältnis stillschweigend über das Ende der Probezeit hinaus fortgesetzt, ist es in ein solches auf unbestimmte Zeit übergegangen.

Wenn während der Probezeit eine Lösung vorgenommen werden soll, muss die Auflösung dem im Betrieb anwesenden AN spätestens am letzten Tag der Probezeit persönlich mitgeteilt werden. Falls der AN im Betrieb nicht anwesend ist, muss ihm die Auflösungserklärung am letzten Tag der Probezeit zugehen. Die Schriftform (siehe 2.) ist nur bei Lehrlingen gesetzlich vorgesehen (siehe 14.2.3). In allen anderen Fällen genügt eine mündliche Erklärung, falls nicht ein KV eine Formvorschrift vorsieht. Aus Gründen der Beweissicherung wird jedoch immer die Schriftlichkeit empfohlen (mit datierter Empfangsbestätigung durch den AN auf der vom AG einbehaltenen Ausfertigung). Bei Verweigerung der Annahme einer schriftlichen Auflösungserklärung kann die mündliche Auflösung vor Zeugen erfolgen. Überdies könnte eine schriftliche Auflösungserklärung durch eingeschriebenen Brief oder bei zeitlicher Knappheit durch einen Boten übermittelt werden.

Bei einer Auflösung während der Probezeit kommt der Schutz von Spezialgesetzen (APSG, MSchG, BEinstG), der sogenannte „besondere Bestandschutz" nicht zur Anwendung, d.h. dass bei dieser Beendigungsart eine Zustimmung des Arbeitsgerichts bzw. des Behindertenausschusses nicht erforderlich ist. Daher kann auch dann das Arbeitsverhältnis während der Probezeit ohne gerichtliche bzw. behördliche Bewilligung aufgelöst werden, wenn der AN einen Einberufungsbefehl oder einen Zuweisungsbescheid zum Zivildienst, ein Schwangerschaftsattest oder einen Bescheid des Bundessozialamtes über eine Behinderung von mindestens 50 % vorgelegt hat (OGH 4 Ob 18/83 = Arb 10.224, 9 Ob A 141/90, 9 Ob A 188/99 a). Für verschiedene Fälle diskriminierender Auflösungen während der Probezeit wurde vom OGH entschieden (9 Ob A 4/05 m, 9 Ob A 81/05 k), dass auch die Auflösung während der Probezeit wie eine Kündigung angefochten werden kann. Nunmehr wurde gesetzlich festgelegt (GlBG, BEinstG), dass eine diskriminierende Auflösung während der Probezeit ebenso wie eine Kündigung oder Entlassung angefochten werden kann (§ 12 Abs. 7, § 15 Abs. 1 GlBG – siehe 4.). Entsprechendes gilt auch für Probearbeitsverhältnisse von Behinderten nach § 2 oder § 3 BEinstG (siehe 4.).

Wenn man eine über die Probezeit hinausgehende Erprobungszeit wünscht, müsste man etwa bei Angestellten ein auf beispielsweise drei Monate befristetes Arbeitsverhältnis festlegen, wobei jedoch die jederzeitige Auflösbarkeit nur für das erste Monat vereinbart werden kann (OGH 9 Ob A 173/07 t).

Bei Arbeitskräfteüberlassung ist nach § 11 Abs. 2 Z. 4 AÜG zu beachten, dass eine Befristung nur dann vereinbart werden kann, wenn eine sachliche Rechtfertigung hierfür vorliegt (zur Arbeitskräfteüberlassung – siehe 35.).

Eine Begründung für die Auflösung während der Probezeit ist nur dann erforderlich, wenn eine Anfechtung wegen angeblicher Diskriminierung erfolgt. Dabei muss die Begründung erst im Zuge eines vom AN durch Klage eingeleiteten gerichtlichen Verfahrens erfolgen (in Analogie zur Entlassung – siehe 42.1.2).

Das Probearbeitsverhältnis kann nicht im Laufe eines Arbeitsverhältnisses vereinbart werden (OGH 14.5.1957, 4 Ob 39/57, Arb 6.655).

Erkrankt der AN während der Probezeit, so kann der AG das Arbeitsverhältnis ebenfalls jederzeit auflösen (OGH 28.8.1991, 9 Ob A 161/91, 24.1.2004, 9 Ob A 154/03 t). In diesem Fall ist der AG auch nicht verpflichtet, das Krankenentgelt nach dem Ende des Arbeitsverhältnisses fortzuzahlen, wie dies im Falle einer Kündigung des AG im Krankenstand vorzunehmen ist (siehe 41.1.2). Erleidet der AN vor dem ersten Arbeitsantritt einen Unfall, kommt eine Entgeltfortzahlung wegen eines Krankenstandes nicht in Frage (OGH 8 Ob A 4/99 t = ARD 5047/19/99).

> *Muster für die Auflösung während der Probezeit*
>
> *(Arbeiter und Angestellte)*
>
> *Wir teilen Ihnen mit, dass wir hiermit das Arbeitsverhältnis während der Probezeit auflösen.*

Für den Fall des nachrichtenlosen Fernbleibens (siehe 32.) bereits während der Probezeit ist davon auszugehen, dass von einem AN in höherer Position zu erwarten ist, dass er sein Nichterscheinen am Arbeitsplatz mit einem Grund rechtfertigt, der für den AG erkennbar macht, dass das Fernbleiben vom Arbeitsplatz nicht deshalb erfolgt, weil der AN das Probedienstverhältnis – berechtigt – aufzulösen beabsichtigt. Erscheint ein AN etwa (trotz gegenteiliger Ankündigung) nicht zur Arbeit und meldet sich erst nach 16 Tagen, so kann die Auflösung des Probearbeitsverhältnisses angenommen werden (OGH 8 Ob A 51/03 p).

Probezeit und mehrere Arbeitsverhältnisse beim selben AG

Die Vereinbarung einer Probezeit ist auch dann zulässig, wenn zwischen den Parteien bereits ein Arbeitsverhältnis bestanden hat, falls nicht eine Umgehung arbeitsrechtlicher Schutzvorschriften zu befürchten ist. Handelt es sich etwa um eine andere Arbeitsleistung, sind Abfertigungsansprüche nicht berührt oder geht es um die Prüfung der Ernstlichkeit des Entschlusses des AN zu einem Neuanfang, so ist auch im Anschluss an ein früheres Arbeitsverhältnis in einem neuen Arbeitsverhältnis die Vereinbarung einer Probezeit zulässig (OGH 30.7.1963, 4 Ob 59/63, Arb 7.801). Dementsprechend ist es zulässig, wenn sechs Monate nach der Auflösung eines freien Arbeitsverhältnisses ein echtes Arbeitsverhältnis mit einem Probemonat vereinbart wird (OGH 25.1.2011, 8 Ob A 3/11 s, zur Probezeit bei Arbeitskräfteüberlassung – siehe einschlägige Judikatur zu 35.8). Ebenso ist es zulässig, bei einem weiteren Arbeitsverhältnis eine Probezeitvereinbarung abzuschließen, wenn dieses auf Grund einer Wiedereinstellungszusage nach ca. fünf bis sechs Monaten neu begründet wurde (wenn keine Umgehung von Schutzvorschriften erfolgt – OGH 22.8.2012, 9 Ob A 68/12 h, *Rauch*, Arbeitsrecht 2013, 66, OLG Wien 28.9.2015, 10 Ra 52/15 p, ARD 6475/7/2015). Eine neuerliche Probezeit ist auch zulässig, wenn sich die Arbeitsumstände ändern, weil Reinigungsarbeiten statt in einer kleinen Küche einer Schule in einer Großküche (mit Berücksichtigung behinderter Schüler) zu erfolgen haben (OGH 18.3.2016, 9 Ob A 11/16 g, *Rauch*, Arbeitsrecht 2017, 74 f.).

Wird ein Arbeitsvertrag von einem neuen AG übernommen, so ist eine neue Probezeit jedenfalls unzulässig (siehe 36.1.1 – OLG Wien 18.4.2008, 9 Ra 34/08 y, ARD 5873/9/2008).

Gesonderte Vereinbarung einer Probezeit

Manchmal kommt es zu Verzögerungen beim Abschluss eines schriftlichen Arbeitsvertrages, etwa weil Uneinigkeit in wichtigen Punkten besteht oder weil der Geschäftsführer auf einer Dienstreise ist etc. In diesen Fällen sollte jedoch darauf geachtet werden, dass die jederzeitige Lösbarkeit des Arbeitsverhältnisses gesichert ist. Dies kann durch eine gesonderte Vereinbarung der Probezeit geschehen (zur Probezeit und Rücktritt vom Arbeitsverhältnis siehe 7.).

Einschlägige Judikatur

- *Auch wenn die Erklärung der Lösung eines Probedienstverhältnisses verspätet abgegeben wurde, ist damit das Arbeitsverhältnis aufgelöst und der AN ist trotz seines Anspruches auf Fortzahlung des Entgeltes für die Dauer der Kündigungsfrist nicht zur Dienstleistung verpflichtet (Arb 6.866). Eine schriftlich erklärte Auflösung eines 14-tägigen Probearbeitsverhältnisses wird erst mit der Zustellung an den AN wirksam, das heißt, bei einem am 24. März begonnenen Probearbeitsverhältnis hätte die Zustellung der Lösungserklärung am 6. April zukommen müssen, also am 14. Tag. Ein späteres Zugehen der Lösungserklärung bewirkt unter anderem den Anspruch auf Kündigungsentschädigung (Arb 7.533).*

- *Festgestellt wurde, dass zwischen den Parteien ein Probemonat vereinbart war und die Beklagte das Arbeitsverhältnis noch innerhalb des Probemonats aufgelöst hat. Dass die nach Auflösung des Arbeitsverhältnisses ausgestellte Arbeitsbescheinigung den tatsächlichen Sachverhalt nicht richtig wiedergab, ändert daran nichts. Aus dieser unrichtigen Bescheinigung, die von der Beklagten in der Folge richtig gestellt wurde, kann der Kläger keineswegs Anspruch auf Kündigungsentschädigung ableiten (OGH 4 Ob 118/83).*

- *Bei der Lösung während der Probezeit ist es ohne Bedeutung, aus welchem Grund der AG die Lösung herbeiführt, sofern die Rechtsausübung nicht schikanös erfolgt. Im Sinne der neueren Rechtsprechung liegt Schikane dann vor, wenn Schädigungszweck und unlautere Motive so augenscheinlich im Vordergrund stehen, dass andere Ziele der Rechtsausübung völlig in den Hintergrund treten (OGH 8 Ob A 188/99 a).*

> ***Muster für die gesonderte Vereinbarung einer Probezeit vor dem geplanten Abschluss eines Arbeitsvertrages***
>
> *Wie schon mit Ihnen besprochen, sollen die Detailfragen zu dem zwischen Ihnen und uns abgeschlossenen Arbeitsverhältnis in einem schriftlichen Arbeitsvertrag geregelt werden. Da sich der Abschluss des Arbeitsvertrages derzeit verzögert, bitten wir Sie, die nachfolgende Probezeitvereinbarung gegenzuzeichnen. Dadurch wird zunächst lediglich die wechselseitige jederzeitige Auflösung während des Probemonats festgelegt:*

> ***Vereinbarung einer Probezeit***
>
> *Der erste Monat des Arbeitsverhältnisses gilt als Probemonat.*) Es kann daher das Arbeitsverhältnis in der Zeit von .... bis .... vom AG und vom AN jederzeit ohne Angabe von Gründen gelöst werden.*
>
> *...........................   ....*
> *AG   AN*
>
> *........................., am ....*

*) Beachten Sie bitte allfällige abweichende Regelungen bei Arbeitern im jeweiligen KV (siehe dazu 14.2.2).

14.3 Befristung des Arbeitsvertrages

Zum Kettenvertrag siehe 14.3.2.

Zur Befristungsbeschränkung bei Arbeitskräfteüberlassung siehe 35.3.

Dazu sehen unter anderem das ABGB und das AngG vor:

§ 1158 ABGB und § 19 Abs. 1 AngG:

Das Dienstverhältnis endet mit dem Ablaufe der Zeit, für die es eingegangen wurde. (...)

Wird ein Arbeitsverhältnis auf bestimmte Zeit abgeschlossen, so kommt ein sogenanntes „befristetes Arbeitsverhältnis" zustande. Da das befristete Arbeitsverhältnis durch Zeitablauf endet, bedarf es keiner Auflösungserklärung (OGH 27.4.2016, 8 Ob A 30/16 v). Durch die Befristung sind beide Vertragsteile für diese Dauer gebunden. Das Recht auf vorzeitige Lösung des Vertrages aus einem wichtigen Grund (**Entlassungs-** oder **Austrittsgrund**) bleibt ebenso wie eine einvernehmliche Lösung auch bei einem befristeten Arbeitsverhältnis unbenommen.

Bei der Berechnung der Frist ist der Tag des Dienstantritts einzubeziehen. Beginnt etwa eine dreimonatige Frist am 1.3., so endet sie am 30.5. (oder Beginn einer dreimonatigen Frist am 30.10. – Ende am 29.1., Beginn am 27.6. – Ende 26.9. usw.) – ASG Wien 17 Cga 72/01h = ARD 5327/15/2002.

Die zeitliche Dauer der Befristung kann kalendermäßig fixiert sein oder an ein bestimmtes Ereignis anknüpfen, dessen zeitlicher Eintritt zum Zeitpunkt der Vereinbarung feststeht. Voraussetzung ist, dass der Endzeitpunkt objektiv feststellbar und der willkürlichen Beeinflussung durch die Vertragsparteien entzogen ist (OGH 3.4.2008, 8 Ob A 79/07 m).

Im Einzelfall kann daher eine Befristungsvereinbarung auch mit einer auflösenden Bedingung (Resolutivbedingung) verbunden werden (OGH 27.4.2016, 8 Ob A 30/16 v). Wird etwa im Arbeitsvertrag vereinbart, dass das Arbeitsverhältnis „auf die Dauer der Abwesenheit" (Karenz) von Herrn X, längstens jedoch bis 30.9.2013 befristet ist, so handelt es sich um ein befristetes Arbeitsverhältnis, für das erkennbar eine auflösende Bedingung vereinbart wurde. Diese auflösende Bedingung wurde in dem Sinn vereinbart, dass das Motiv für den Abschluss des Arbeitsverhältnisses, nämlich die Karenz des Herrn X, ausdrücklich zum Vertragsinhalt erhoben wurde.

Solche Resolutivbedingungen sind dann zulässig, wenn sie ohne größere Schwierigkeiten durch eine Befristungsabrede ersetzt werden können oder durch sie lediglich das Motiv der Vertragsbeendigung zum Vertragsinhalt erhoben wird. Entscheidend für die Wirksamkeit einer Resolutivbeendigung ist daher, ob sie wie eine plötzliche und unvorhersehbare Auflösung des Arbeitsverhältnisses wirkt oder sich die Parteien vom Beginn auf die Beendigung einstellen konnten (OGH 9 Ob A 156/98 a). Ein Arbeitsverhältnis auf die Dauer der Abwesenheit eines bestimmten erkrankten oder karenzierten AN ist daher als zulässige Befristung anzusehen. Beendet der AN, welcher in Karenz ist, das Arbeitsverhältnis, so endet auch das befristete Arbeitsverhältnis, weil damit jedenfalls ein Ende des zum Vertragsinhalt erhobenen Karenzfalls eingetreten ist (OLG Wien 9 Ra 18/08 w = ARD 5938/7/2009).

Befristung und Bestandschutz, Spezialbestimmung § 10a MSchG

Der Bestandschutz nach dem ArbVG, ArbPlSG, MSchG und BEinstG gilt für befristete Arbeitsverhältnisse nicht, das heißt, es ist bei dieser Beendigungsart nicht erforderlich, zunächst die Zustimmung des Arbeitsgerichts bzw. des Behindertenausschusses einzuholen, weil das Arbeitsverhältnis mit dem Ablauf der vereinbarten Zeit „automatisch" (also ohne eine eigene Erklärung) beendet ist (OGH 27.9.2013, 9 Ob A 60/13 h). Hinsichtlich des MSchG ist allerdings einschränkend dazu zu vermerken, dass der Ablauf eines auf bestimmte Zeit abgeschlossenen Arbeitsverhältnisses von der Meldung der Schwangerschaft bis zum Beginn der Schutzfrist oder eines ausgesprochenen Beschäftigungsverbotes gehemmt wird, es sei denn, dass die Befristung aus sachlich gerechtfertigten Gründen erfolgt oder gesetzlich vorgesehen ist (siehe auch 14.3.1). Eine sachliche Rechtfertigung im Sinne des § 10a MSchG liegt vor, wenn die Befristung im Interesse der AN liegt oder wenn das Arbeitsverhältnis für die Dauer der Vertretung von an der Arbeitsleistung verhinderter AN, zu Ausbildungszwecken, für die Zeit der Saison oder zur Erprobung abgeschlossen wurde oder wenn auf Grund der in der vorhergesehenen Verwendung erforderlichen Qualifikation eine längere Erprobung als für die Dauer der gesetzlichen oder kollektivvertraglichen **Probezeit** notwendig ist. Die im § 10a Abs. 2 MSchG aufgezählten Gründe für die **sachliche Rechtfertigung einer Befristung** sind nach der Rechtsprechung nicht als taxative Aufzählung zu verstehen. Ein sachlicher Grund für die Befristung liegt daher auch dann vor, wenn diese wegen einer genau definierten, zeitlich begrenzten und in ihrem Umfang über die üblichen Produktionsschwankungen hinausgehenden Mehrarbeit erfolgt, obwohl eine solche Auftragsspitze im Gesetz nicht genannt ist. Diese Auftragsspitze ist mit der im Gesetz genannten Saisonarbeit vergleichbar (OGH 18.1.1996, 8 Ob A 288/95).

Der Abschluss eines befristeten Arbeitsverhältnisses zur Erprobung ist sachlich gerechtfertigt, wenn die Zeit der Erprobung in einem ausgewogenen Verhältnis zur Ausbildung und der angestrebten Verwendung steht. Je höher die Qualifikation ist, desto länger kann die Befristung sein. Entscheidend ist dabei auch, ob eine höhere Qualifikation für die Ausübung der konkreten Tätigkeit erforderlich ist (OGH 8.8.2002, 8 Ob 319/01 x – hier Ordinationshilfe bei einem Zahnarzt mit medizinischen Aufgaben). So ist etwa die Befristung von drei Monaten bei einer akademischen Planungsassistentin für Büroeinrichtungen sachlich gerechtfertigt (OGH 8.6.2000, 8 Ob A 316/99 z). Dies gilt aber nicht bei einer Befristung von einem Jahr für eine Feinkostverkäuferin (OGH 9 Ob A 326/00 g) oder eine Verkäuferin für Textilien mit einer Vier-Monatsbefristung (OGH 8 Ob A 51/02 m). Sachlich gerechtfertigt ist die sechsmonatige Befristung bei einer Sachbearbeiterin im Rechnungswesen mit umfangreichen Aufgaben (OGH 8 Ob A 102/04 i). Maßgeblicher Zeitpunkt für die Beurteilung der Berechtigung der Befristung ist der Zeitpunkt des Abschlusses der Befristungsvereinbarung. Es ist daher ohne Bedeutung, wenn die AN vor Ablauf der Befristung dienstfrei gestellt wird (OGH 8.6.2000, 8 Ob A 316/99 z). Wird der AN nicht vermittelt, dass die Fortsetzung des Arbeitsverhältnisses von einer Erprobung abhängt (sondern kann sie annehmen, dass es sich um irgendeine Befristung handelt), so fehlt die sachliche Rechtfertigung der Befristung (OGH 28.7.2010, 9 Ob A 89/09 t).

Übergang der Befristung in ein unbefristetes Arbeitsverhältnis

Das befristete Arbeitsverhältnis geht (ebenso wie ein Probearbeitsverhältnis) grundsätzlich dann automatisch in eines auf unbestimmte Dauer (unbefristetes Arbeitsverhältnis) über, falls es auch nur einen Tag über das Ende der vereinbarten Befristung (bzw. Probezeit) hinaus fortgesetzt wird. Falls dies nicht gewünscht wird, müsste daher der nach Ablauf der Befristung wiederum zum Dienst erscheinende AN umgehend zum Verlassen des Dienstortes aufgefordert werden.

Ein ausdrücklicher Hinweis auf die Nichtverlängerung ist nicht erforderlich, wenn eine klare vertragliche Regelung hinsichtlich des Endes des Arbeitsvertrages vorliegt (OGH 9 Ob A 231/02 i = ARD 5412/3/2003).

Sonderregelungen in KV

Weiters ist zu beachten, dass in manchen KV Sonderbestimmungen zu befristeten Arbeitsverhältnissen enthalten sind. Beispielsweise sieht der Abschnitt 20 lit. b des KV für Arbeiter im Gastgewerbe vor, dass nur dann eine rechtswirksame Befristung vorliegt, wenn sowohl der Beginn als auch das Ende des Arbeitsverhältnisses datumsmäßig festgelegt sind. Wird daher das Ende des Arbeitsverhältnisses mit „Ende der Saison" festgelegt, so liegt für den Anwendungsbereich dieses KV dennoch ein unbefristetes Arbeitsverhältnis vor (ASG Wien 13 Cga 177/98 p = ARD 5145/5/2000).

Benachteiligungsverbot

Nach § 2b AVRAG dürfen AN mit befristeten Arbeitsverhältnissen nicht benachteiligt werden (OGH 29.9.2016, 9 Ob A 112/16 k) und sind über frei werdende Arbeitsverhältnisse auf unbestimmte Zeit zu informieren.

Einschlägige Judikatur

- *Ein befristetes Arbeitsverhältnis liegt auch dann vor, wenn es durch Umstände bestimmt wird, die objektiv feststellbar und von der Willkür des AG unabhängig sind, wie z.B. die Schlägerung einer gewissen Menge Holz, die Aufforstung einer gewissen Anzahl von Jungpflanzen etc. (OLG Innsbruck 5 Ra 14/87).*

14.3.1 Befristung nach dem MSchG, GlBG und BEinstG

§ 10a MSchG sieht Folgendes vor:

(1) Der Ablauf eines auf bestimmte Zeit abgeschlossenen Arbeitsverhältnisses wird von der Meldung der Schwangerschaft bis zum Beginn des Beschäftigungsverbotes nach § 3 Abs. 1 oder dem Beginn eines auf Dauer ausgesprochenen Beschäftigungsverbotes nach § 3 Abs. 3 gehemmt, es sei denn, daß die Befristung aus sachlich gerechtfertigten Gründen erfolgt oder gesetzlich vorgesehen ist.

(2) Eine sachliche Rechtfertigung der Befristung liegt vor, wenn diese im Interesse der Dienstnehmerin liegt, oder wenn das Arbeitsverhältnis für die Dauer der Vertretung an der Arbeitsleistung verhinderter Dienstnehmer, zu Ausbildungszwecken, für die Zeit der Saison oder zur Erprobung abgeschlossen wurde, wenn aufgrund der in der vorgesehenen Verwendung erforderlichen Qualifikation eine längere Erprobung als die gesetzliche oder kollektivvertragliche Probezeit notwendig ist.

(3) Wird der Ablauf des Arbeitsverhältnisses gemäß Abs. 1 gehemmt, so besteht bei einem Beschäftigungsverbot gemäß den §§ 4 oder 6 Anspruch auf Wochengeld gemäß den Bestimmungen des ASVG.

Zu § 10a MSchG siehe auch 14.3.

Durch § 10a MSchG wird der Ablauf einer Befristung eines Arbeitsverhältnisses mit einer schwangeren AN bis zum Beginn der Schutzfrist (siehe 25.2) gehemmt. Diese Bestimmung wurde in das MSchG aufgenommen um zu verhindern, dass eine schwangere AN wegen des Verlustes ihres Arbeitsplatzes infolge Zeitablauf vor der Geburt ihres Kindes wegen Fehlens der erforderlichen Beschäftigungszeiten das Wochen- bzw. Karenzgeld nicht beanspruchen kann. Daher fehlt auch eine analoge Regelung zur Hemmung des Ablaufes befristeter Arbeitsverhältnisse bei Präsenz- und Zivildienern. In der künftigen Judikatur wird zu beachten sein, dass das Karenzgeld für Geburten seit 1.1.2002 durch das Kinderbetreuungsgeld ersetzt wurde und für dieses keine Beschäftigungszeiten erforderlich sind. Das Bedürfnis nach sozialem Schutz bezüglich des Ablaufes eines befristeten Arbeitsverhältnisses ist somit von wesentlich geringerer Bedeutung, daher wird der Begriff der sachlichen Rechtfertigung einer Befristung entsprechend großzügig zu interpretieren sein.

Die Hemmung des Ablaufes der Befristung dauert jedoch nur bis zu jenem Zeitpunkt, mit dem die Schutzfrist der AN beginnt. Mit dem Beginn der Schutzfrist endet daher das bis zu diesem Zeitpunkt in seinem Ablauf gehemmte Arbeitsverhältnis. Für den Fall eines individuellen Beschäftigungsverbotes nach § 3 Abs. 3 MSchG (Gefahr für das Leben oder die Gesundheit der Mutter oder des Kindes – siehe 25.2) erlischt das befristete Arbeitsverhältnis mit der Vorlage des Zeugnisses des Arbeitsinspektions- oder Amtsarztes, wenn das Zeugnis auf die Dauer der Schwangerschaft ausgestellt wurde. Im Fall eines befristeten individuellen Beschäftigungsverbotes wird der Ablauf des befristeten Arbeitsverhältnisses jedoch bis zum Beginn der 8-wöchigen Frist nach § 3 Abs. 1 MSchG gehemmt.

Diese Ablaufhemmung ist jedoch nur dann vorgesehen, wenn kein gesetzlich anerkannter sachlicher Rechtfertigungsgrund für die Befristung des Arbeitsverhältnisses gegeben ist. Liegt also eine sachliche Rechtfertigung für die Befristung des Arbeitsverhältnisses vor, so endet das Arbeitsverhältnis mit dem Ablauf der Frist (wie jedes andere befristete Arbeitsverhältnis). Die im § 10a Abs. 2 MSchG genannten sachlichen Rechtfertigungsgründe (siehe 14.3) sind als beispielsweise Aufzählung anzusehen (OGH 8 Ob A 288/95 = ARD 4740/7/96).

Fällt die schwangere AN unter ein individuelles Beschäftigungsverbot nach § 4 MSchG (z.B. Akkordarbeit) oder aber unter das Verbot der Nachtarbeit nach § 6 MSchG, so kann sie der AG auf den bisherigen Arbeitsplatz nicht mehr einsetzen. Falls nun kein Arbeitsplatz zur Verfügung steht, auf dem die AN in Übereinstimmung mit dem Arbeitsvertrag eingesetzt werden kann, so müsste ihr nach § 1155 ABGB das durchschnittliche Entgelt vom AG weiterhin bezahlt werden (siehe auch 25.2). Bei in ihrem Ablauf gehemmten befristeten Arbeitsverhältnissen ist jedoch diesbezüglich ein Ausnahmefall gegeben: Hier muss nämlich nicht der AG das Entgelt für die nicht erbrachten Arbeitsleistungen bezahlen, sondern erhält die schwangere AN bereits das Wochengeld von der GKK.

Der Abschluss eines befristeten Arbeitskräfteverhältnisses mit einem begünstigten Behinderten (siehe 54.) ist ohne gesetzliche Beschränkungen zulässig (OGH 27.9.2013, 9 Ob A 60/13 h).

Wird ein befristetes Arbeitsverhältnis, welches auf die Umwandlung in ein unbefristetes Arbeitsverhältnis angelegt war, aus diskriminierenden Motiven (siehe 4.)

nicht verlängert, so kann eine Klage auf Feststellung des aufrechten Bestandes eines unbefristeten Arbeitsverhältnisses eingebracht werden. Wird etwa im Fall einer solchen Befristung eines Arbeitsverhältnisses eines Behinderten wegen der Behinderung eine Verlängerung nicht vorgenommen, so kann der Behinderte die vorerwähnte Feststellungsklage einbringen. Sollte dieser Klage stattgegeben werden, so ist das Arbeitsverhältnis als aufrecht anzusehen und für die Zeit ab dem Ende der Befristung nach § 1155 ABGB das Entgelt nachzuzahlen (siehe 31.8).

Einschlägige Judikatur
- *Die Befristung des Dienstverhältnisses einer Planungsassistentin, die in einem Team aus vier Mitarbeitern für die Planung und Einrichtung von Büros am Computer verantwortlich war, nach einem Probemonat auf weitere zwei Monate (also eine Erprobungszeit von insgesamt drei Monaten), ist sachlich gerechtfertigt, sodass es bei Schwangerschaft keinesfalls zu einer Verlängerung des Dienstverhältnisses bis zum Beginn des Beschäftigungsverbots kommt (OGH 8 Ob A 316/99 z = ARD 5145/4/2000 – siehe auch 14.3).*

14.3.2 Kettenverträge und KAPOVAZ

Werden befristete Arbeitsverhältnisse wiederholt aneinander gereiht, um das Entstehen von Rechten des AN zu vermeiden (Kündigungsfrist, Kündigungsschutz etc.), die sich aus einem unbefristeten Arbeitsverhältnisses ergeben würden, so wird von der Rechtsprechung von einem sittenwidrigen Kettenvertrag ausgegangen. Das heißt, die **Befristungen** sind rechtsunwirksam, es ist von einem einheitlichen unbefristeten Arbeitsverhältnis auszugehen (z.B. OGH 28.4.2014, 8 Ob A 13/14 s, 25.6.2014, 9 Ob A 50/14 i).

Obwohl keine allgemeine Norm darüber aufgestellt werden kann, wie oft befristete Arbeitsverhältnisse aneinander gereiht werden dürfen, ohne eine derartige unzulässige Kette zu bilden, kann man sagen, dass solche Kettenverträge dann unzulässig sind und von der Rechtsprechung als Arbeitsverhältnis auf unbestimmte Zeit mit allen damit verbundenen Konsequenzen angesehen werden, wenn für deren Abschluss keine sachlichen Rechtfertigungsgründe vorliegen.

Sind solche Gründe aber vorhanden (z.B. Saisonverträge, Karenzvertretungen oder auf ausdrücklichen Wunsch des AN, übliche Befristungen bei Berufsfußballern, OGH 24.2.1999, 9 Ob A 329/98 t), so wird auch ein wiederholter Abschluss von befristeten Arbeitsverhältnissen zulässig sein. Grundsätzlich besteht die Gefahr eines unzulässigen Kettenvertrages bereits bei der zweiten Befristung.

Unterbrechungen von drei Monaten hindern jedoch nicht die Annahme des Kettendienstvertrages (OGH 9 Ob A 67/94 – AN der Wiener Volksoper, 9 Ob A 136/07 a – Billeteurin im Jugendtheater).

Daher wird bei wiederholten Befristungen zur besonderen Vorsicht geraten. Sollte etwa die neuerliche Befristung darauf beruhen, dass dies auf ausdrücklichen

Wunsch des AN erfolgt, so ist es aus Beweisgründen ratsam, dass der AN diesen Wunsch schriftlich an die Geschäftsleitung richtet.

Die bei Kettenverträgen zu einer engen Betrachtungsweise neigende österreichische Judikatur wird beachten müssen, dass der EuGH am 26.1.2012 entschieden hat, dass auch bei 13 aufeinanderfolgenden befristeten Arbeitsverhältnissen (in cinem Zeitraum von elf Jahren), die jeweils für einen „vorübergehenden Vertretungsbedarf" abgeschlossen wurden (z.b. Karenz nach einer Geburt) von zulässigen Befristungen auszugehen ist (EuGH 26.1.2012, C-585/10/*Kücük*).

Unter KAPOVAZ (kapazitätsorientierte variable Arbeitszeit) versteht man Arbeit auf Abruf. Das heißt, der AN ist jederzeit arbeitsbereit und wird jeweils für ein kurzfristiges befristetes Arbeitsverhältnis eingesetzt. Bezahlt wird daher vom AG lediglich der jeweilige Einsatz des AN im Rahmen des jeweiligen Arbeitsverhältnisses.

Die Rechtsprechung sieht eine derartige Vertragsgestaltung als sittenwidrig an, weil nur der AN einseitig gebunden wird (z.B. OGH 24.7.2013, 9 Ob A 89/13y). Diesfalls wäre von einem durchgehenden Arbeitsverhältnis auszugehen. Wird also ein AN wiederholt für kürzere befristete Arbeitsverhältnisse herangezogen, sollte die Vertragsgestaltung so erfolgen, dass nicht von einer Sittenwidrigkeit wegen einseitiger Bindung des AN ausgegangen werden muss. Insbesondere sollte eine verpflichtende Arbeitsbereitschaft außerhalb der Einsatztage nicht vereinbart werden. Als zulässige Vertragsgestaltung wurde es angesehen, wenn der AN Zeiten angeben darf, in denen er keine Beschäftigung wünscht und sich in den übrigen Zeiten überdies ohne Rücksprache mit dem AG durch eine andere Person aus einem „Pool" von 15 Personen vertreten lassen kann (OGH 6.7.1998, 8 Ob A 15/98 h, ARD 4957/8/98; siehe auch OLG Wien 7 Ra 124/04 p, ARD 5590/7/2005). Kein durchgehendes Arbeitsverhältnis liegt beispielsweise auch dann vor, wenn erhebliche zeitliche Abstände zwischen einzelnen Einsätzen vorliegen und der AN in 16 Jahren nur an 1046 Tagen beschäftigt war und der AN Einsätze ablehnen und Verhinderungszeiten angeben konnte (OGH 30.8.2011, 8 Ob A 87/10 t, ähnlich OGH 28.10.2013, 8 Ob A 50/13 f).

Ergibt sich hingegen aus dem „gelebten" Vertragsverhältnis, dass die Parteien ein durchgehendes Dauerschuldverhältnis anstreben (dies folgt aus der Dichte der Arbeitseinsätze und den nie abgelehnten Arbeitseinsätzen), und wird mit der Mitarbeiterin nie über das Vertretungsrecht gesprochen und ist sie in den Betrieb integriert, so liegt ein Arbeitsverhältnis vor (OGH 9 Ob A 118/07 d – Einlegen von Prospekten in Zeitungen mit einem Mitarbeiterpool).

Einschlägige Judikatur
- *Das lückenlose Aneinanderschließen von kurzfristigen Arbeitsverhältnissen lässt es wahrscheinlich erscheinen, dass der AG den AN für unbestimmte Zeit benötigt, aber mit der Vereinbarung befristeter Arbeitsverhältnisse der Entstehung von Rechten des*

14. Vorschläge zur optimalen Gestaltung des Arbeitsvertrages

AN aus der Dauer des Arbeitsverhältnisses in Bezug auf die Kündigungsfristen, Abfertigung oder in anderer Hinsicht vorbeugen wollte. Solche Arbeitsverhältnisse sind als einheitliches Arbeitsverhältnis aufzufassen und dieses ist so zu beurteilen, als ob es von vornherein auf unbestimmte Zeit geschlossen wäre (Arb 8.003).

- *Die Aneinanderreihung von 15 befristeten Dienstverträgen (jeweils von 1.9. bis 30.6.) in einem Theaterbetrieb (jeweils für Juli und August wegen spielfreier Zeit unterbrochen) ist ein unzulässiger Kettenvertrag, weil wirtschaftliche oder soziale Rechtfertigungsgründe fehlen (OGH 10.4.2008, 9 Ob A 136/07 a – ebenso zu den befristeten Arbeitsverhältnissen von Billeteuren der Wiener Volksoper; OGH 25.5.1994, 9 Ob A 67/94).*

- *Werden mit Lernhilfekursen beauftragte Nachhilfelehrer nahezu im gesamten Unterrichtsjahr als Kursleiter beschäftigt, wobei sie jeweils an die einmal von ihnen festgelegte Kurszeit ebenso gebunden sind, wie sie in die Organisation des Lernhilfekursunternehmens eingegliedert sind und eine Vertretung nur im Einvernehmen möglich ist, liegt kein freier Dienstvertrag, sondern ein unzulässiges Kettendienstverhältnis vor, das als Dienstverhältnis auf unbestimmte Dauer zu qualifizieren ist (OGH 8 Ob A 2158/96 b, ARD 4877/11/97, OGH 24.7.2013, 9 Ob A 89/13y).*

- *Die Arbeitserlaubnis (§ 14a Abs. 4 AuslBG) darf nur befristet erteilt werden und gestattet insoweit ebenfalls den wiederholten Abschluss befristeter Arbeitsverträge (OGH 8 Ob A 275/98 v).*

- *Bei der sachlichen Rechtfertigung von wiederholten Befristungen in Abgrenzung zu als sittenwidrig zu beurteilenden Kettendienstverhältnissen hat eine Interessenabwägung im Sinne des beweglichen Systems zu erfolgen, wobei nicht nur das Ausmaß der Unterbrechungszeiten, sondern auch das Ausmaß der zwischen diesen Unterbrechungszeiten liegenden Beschäftigungszeiten zu berücksichtigen ist. Übersteigt die Dauer der Zeiten der Unterbrechung bei weitem die der Beschäftigung (an 106 überwiegend einzelnen Tagen innerhalb eines Zeitraumes von zwei Jahren), ist schon aus diesem Grund das Vorliegen eines unzulässigen Kettendienstvertrages zu verneinen (OGH 8 Ob A 15/98 h = ARD 4957/8/98 = Sozialpolitik und Arbeitsrecht Nr. 1/1999, 2490; so auch OLG Wien 7 Ra 124/04 p = ARD 5590/7/2005).*

- *Der Umstand, dass zwischen zwei befristeten Arbeitsverträgen ein zeitlicher Abstand liegt, schließt die Beurteilung der aneinandergereihten Verträge als einheitliches Arbeitsverhältnis nicht aus, wenn sich der Sache nach der zweite Vertrag (oder die folgenden Verträge) als Fortsetzung des (der) vorangegangenen erweist/erweisen (Arb 11.199, OGH 22.5.2002, 9 Ob A 89/02 g).*

- *Rahmenarbeitsverträge, bei denen das Ausmaß und die Lage der Arbeitszeit des AN nicht festgelegt, sondern entsprechend dem jeweiligen Bedarf des AG von Fall zu Fall vereinbart werden, ohne dass der AN einen Anspruch auf ein gewisses Mindestbeschäftigungsausmaß hätte, sind gesetzwidrig und daher teilnichtig. Es ist von einem den Umständen angemessenen Ausmaß der Arbeitszeit in jenem Umfang auszugehen, der dem normalen Arbeitsbedarf im Zeitpunkt des Vertragsabschlusses entspricht, sodass sich auch der Entgeltanspruch des AN nach dem bei Vertragsabschluss zu erwartenden „normalen Arbeitsbedarf" richtet, auch wenn der AG dem AN in der Folge weniger Arbeitseinsätze angeboten hat (OGH 22.12.2004, 8 Ob A 116/04 y = ARD 5589/2/2005, ZAS 2006, 78 ff.).*

- *Trägt der in einem Call-Center beschäftigte AN die gewünschte Dienstzeit in einen Dienstplan ein und kommt der Vertragsschluss durch Unterlassung des Widerrufs bin-*

nen 7 Tagen zustande, so liegt kein echtes Arbeitsverhältnis vor (obwohl an einigen Tagen pro Woche gearbeitet wurde). Es handelt sich um eine tageweise Beschäftigung, d.h. auf die Zeit der Beschäftigung beschränkte Versicherungsverhältnisse. Für eine durchgehende Beschäftigung ist nach der VwGH-Rechtsprechung eine im Voraus bestimmte periodische Leistungspflicht Voraussetzung. Die periodisch wiederkehrende Arbeit kann ein Indiz für durchgehende Beschäftigung sein, das jedoch durch die fehlende Vorherbestimmung der Arbeit entkräftet ist (VwGH 2002/08/0215 = ZAS 2006, 74).

14.3.3 Vordienstzeitenanrechnung

Eine Anrechnung von **Vordienstzeiten** (für die verschiedensten Ansprüche wie Urlaub, Vorrückungen, höhere Bezüge, Abfertigung, längere Kündigungsfristen etc.) kann sich entweder aus einer verpflichtenden Regelung im Gesetz oder aus dem anzuwendenden KV ergeben oder im Einzeldienstvertrag auf freiwilliger Basis vereinbart werden. Gesetzlich ist die Anrechnung von Vordienstzeiten beispielsweise gemäß § 3 UrlG für das Ausmaß des Urlaubs (6. Urlaubswoche) vorgesehen. Manche KV regeln eine Anrechnung von Vordienstzeiten bei der Einstufung (siehe 11.).

Im Fall der freiwilligen Anrechnung von Vordienstzeiten ist bei der Formulierung der diesbezüglichen Vereinbarung größte Sorgfalt geboten, um nicht gewollte Anrechnungsverpflichtungen zu vermeiden. So müsste im Arbeitsvertrag zur eindeutigen Klarstellung ein Hinweis aufgenommen werden, dass sich die angerechneten Vordienstzeiten ausschließlich auf die Einstufung beziehen und nicht für andere Ansprüche zu berücksichtigen sind. Im Fall einer allgemeinen Zusage der Vordienstzeitenanrechnung oder einer diesbezüglichen unklaren oder ungenauen Formulierung ist die Vordienstzeitenanrechnung für alle Ansprüche (bei denen Vordienstzeiten relevant sind) vorzunehmen (OGH 8 Ob A 1/03 k).

Einschlägige Judikatur

- *Eine vom AG gebrauchte Wendung, dass vier Jahre Vordienstzeit „in Bezug auf Urlaub etc." angerechnet werden, ist dahin auszulegen, dass dadurch auch eine Anrechnung für den bei Berechnung der Abfertigung maßgebenden Zeitraum stattgefunden hat (OGH 4 Ob 1/63).*
- *Fehlt es an einer allgemeinen Anrechnungsvereinbarung, hat vielmehr der AG die Zusage der Einrechnung von Firmen-Vordienstzeiten ausdrücklich auf „Sozial- und Sonderleistungen" eingeschränkt, so findet eine Anrechnung von Vordienstzeiten für die Bemessung der Abfertigung und die Berechnung der Kündigungsfrist nicht statt (OGH 4 Ob 67/75).*
- *Wird in einer Vereinbarung zwischen dem BR und der Werksleitung nur ganz allgemein von einer Vordienstzeitenanrechnung gesprochen, so ist dies für sämtliche Ansprüche aus dem Arbeitsverhältnis maßgebend. Es ist Sache des AG, einen von dieser durch den allgemeinen Sprachgebrauch gegebenen Bedeutung der Anrechnung abweichenden Inhalt klarzustellen, wenn er dies beabsichtigt (OGH 4 Ob 102–105/76, so auch 4 Ob 92/83).*

- *Das Urlaubsjahr ist in der Regel und auch im Zweifel das Arbeitsjahr, das grundsätzlich mit Beginn des Arbeitsverhältnisses beginnt. Durch Anrechnung von Vordienstzeiten tritt keine Verschiebung des Arbeitsjahres ein (Arb 6.102; OGH 9 Ob A 181/95).*

14.4 Dringend ratsame Vereinbarungen bei befristeten Arbeitsverhältnissen

Auch wenn ein befristetes Arbeitsverhältnis abgeschlossen wird, kann eine Probezeit vereinbart werden. Soweit der im konkreten Fall anzuwendende Arbeiter-KV nicht bereits eine bestimmte **Probezeit** vorgibt, sollte daher im Arbeitsvertrag eine Probezeit (bei Angestellten ein Monat nach § 19 Abs. 2 AngG) vereinbart werden (siehe 14.2.1).

Überdies ist zu beachten, dass bei längeren **Befristungen** eine Kündigungsmöglichkeit vereinbart werden kann (OGH 12.9.1996, 8 Ob A 2206/96 m). Allerdings hat sich der OGH nicht exakt festgelegt, was eigentlich eine „längere" Befristung ist. Es darf kein Missverhältnis zwischen der Gesamtdauer des befristeten Arbeitsverhältnisses und der Kündigungsmöglichkeit bestehen (OGH 23.7.2014, 8 Ob A 3/14 w). Festgehalten wurde, dass eine Befristung von zwei Monaten keine längere Befristung ist (OGH 30.11.1995, 8 Ob A 305/95). In einem Fall wurde bei einem auf vier Monate befristeten Saisonarbeitsverhältnis eine zusätzliche Kündigungsmöglichkeit bejaht (OGH 12.9.1996, 8 Ob A 2206/96 m; siehe auch OGH 20.12.2000, 9 Ob A 303/00 z). Bei einer Befristung von über fünf Monaten sollte jedenfalls eine Kündigungsmöglichkeit (für beide Vertragsteile) nach den gesetzlichen (§ 20 AngG und § 77 GewO 1859) oder kollektivvertraglichen Bestimmungen (Verweis auf die Kündigungsbestimmungen des anzuwendenden Arbeiter-KV) im Arbeitsvertrag vereinbart werden. Kündigt der AG ohne Kündigungsvereinbarung, so wird das Arbeitsverhältnis beendet und ist eine Kündigungsentschädigung vom AG zu bezahlen (OGH 22.2.2006, 9 Ob A 49/05 d).

Der OGH geht in seiner Entscheidung 9 Ob A 303/00 z vom 20.12.2000 davon aus, dass es nicht genügt, in einem Punkt des Arbeitsvertrages darauf hinzuweisen, dass das Arbeitsverhältnis auf sechs Monate befristet sei und danach in ein unbefristetes übergehe, und in einem anderen (völlig losgelösten) Punkt anzuführen, dass das Arbeitsverhältnis unter Beachtung von bestimmten Fristen und Terminen gekündigt werden könne. Da die Kündigungsmöglichkeit während des befristeten Arbeitsverhältnisses atypisch ist, muss dies ausdrücklich auch für die Zeit der Befristung geregelt werden.

> ***Muster für die Vereinbarung der Kündigungsmöglichkeit bei längerer Befristung***
>
> *(Passus im Angestellten-Arbeitsvertrag)*
> *Das befristete Arbeitsverhältnis kann nach § 20 AngG von beiden Vertragsteilen gekündigt werden. Der AG kann das befristete Arbeitsverhältnis unter Einhaltung der gesetzlichen Kündigungsfrist jeweils mit Wirkung zum 15. oder Letzten eines Kalendermonats nach § 20 Abs. 3 AngG aufkündigen.*
>
> *(Passus im Arbeiter-Arbeitsvertrag)*
> *Das befristete Arbeitsverhältnis kann nach .... (z.B. § 18 des KV für Wachorgane im Bewachungsgewerbe) von beiden Vertragsteilen gekündigt werden.*

Angemessenheitsprüfung

Vom OGH wurde wiederholt die Auffassung vertreten, dass unter Berücksichtigung der Gründe der Befristung und der konkreten Ausgestaltung der Kündigungsmöglichkeiten mangels Angemessenheit (Angemessenheitsprüfung nach § 879 ABGB) ein deutliches Missverhältnis zwischen den verletzten und den geförderten Interessen entstehen kann (OGH 24.6.2004, 8 Ob A 42/04 s). Soll die Kündigungsregelung lediglich dem AG ermöglichen, auf saisonale Schwankungen zu reagieren, so ist sie nichtig, weil dies (nach der Auffassung des OLG Wien) kein sachlicher Grund für die Kündigungsvereinbarung sein soll (OLG Wien 28.10.2015, 8 Ra 66/15 g). Die Befristung für die Dauer einer Impfaktion ist hingegen sachlich berechtigt und die Kündigungsmöglichkeit zulässig (OGH 11.10.2007, 8 Ob A 56/07 d). Ebenso ist eine Befristung für die „Dauer der Gesetzgebungsperiode" berechtigt und die Vereinbarung der vorherigen Kündigungsmöglichkeit diesfalls sogar gesetzlich vorgesehen (§ 5 Parlamentsmitarbeitergesetz – OGH 28.10.2016, 9 Ob A 57/16 x, *Rauch*, Arbeitsrecht 2017, 94).

Die Kündigung darf aber der Zielsetzung der Befristung nicht widersprechen. Dies wäre etwa bei einem dreijährigen Ausbildungslehrgang einer zur Ordinationshilfe auszubildenden AN der Fall (OLG Wien 19.10.2005, 9 Ra 50/05 x, ARD 5683/5/2006, OGH 20.3.2006, 8 Ob A 4/06 f). Ist die vereinbarte Kündigungsmöglichkeit in diesem Sinne als unsachlich anzusehen, so ist sie rechtsunwirksam.

Wurde in der Kündigungsvereinbarung eine gesetzwidrige Kündigungsfrist festgelegt, so ist die Kündigungsvereinbarung nicht rechtsunwirksam, sondern es entsteht ein Anspruch auf eine Kündigungsentschädigung (OGH 23.7.2014, 8 Ob A 3/14 w).

Empfohlen wird, auch bei kürzeren Befristungen einen Arbeitsvertrag abzuschließen (siehe 12. und Muster im Anhang).

Befristung für die Dauer der Behaltezeit bei Lehrlingen

Bei Lehrlingen kann für die Dauer der Behaltezeit (3 Monate nach Beendigung der Lehrzeit, falls der jeweils anzuwendende KV nicht eine längere Behaltezeit vorsieht – siehe 52.) eine Befristung im Lehrvertrag vereinbart werden (OGH 8.4.1975, 4 Ob 78/74, Arb 9.344; OGH 23.3.2010, 8 Ob S 4/10 m). Die Befristung der Behaltezeit bringt dem Lehrberechtigten (der das Arbeitsverhältnis nicht fortsetzen will) den Vorteil, dass eine Kündigung zum Ende der Behaltezeit bzw. zum nächstmöglichen Termin nach Ende der Behaltezeit nicht ausgesprochen werden muss, weil mit Ablauf der Befristung das Arbeitsverhältnis beendet ist.

Muster für die Vereinbarung einer befristeten Behaltezeit im Lehrvertrag

Für die Dauer der Behaltezeit wird ein befristetes Arbeitsverhältnis vereinbart. Dieses befristete Arbeitsverhältnis beginnt am Tag nach dem Ende der Lehrzeit und endet mit jenem Tag, an dem die Behaltezeit nach den Bestimmungen des BAG bzw. des anzuwendenden KV endet. Das befristete Arbeitsverhältnis wird überdies unter der ausdrücklichen Bedingung abgeschlossen, dass nach dem Ende der Lehrzeit eine Behaltepflicht besteht. Sollte etwa der Lehrling auf die Behaltezeit verzichten oder die Behaltezeit dem AG erlassen werden, gilt das befristete Arbeitsverhältnis als nicht abgeschlossen.

Einschlägige Judikatur

- *Auch wenn Kündigung und Befristung einander ausschließen, können die Parteien jedoch bei einem befristeten Arbeitsverhältnis eine Kündigungsmöglichkeit zu einem früheren Termin vereinbaren oder das Arbeitsverhältnis einvernehmlich auflösen (OGH 9.7.1997, 9 Ob A 155/97 b).*

14.5 Kündigung des Angestellten zum 15. oder Monatsletzten sowie Ausdehnung der Kündigungsfrist

14.5.1 Kündigung des Angestellten zum 15. oder Monatsletzten

Dazu sieht das AngG Folgendes vor:

§ 20. (...) (2) Mangels einer für den Angestellten günstigeren Vereinbarung kann der Dienstgeber das Dienstverhältnis mit Ablauf eines jeden Kalendervierteljahres durch vorgängige Kündigung lösen. Die Kündigungsfrist beträgt sechs Wochen und erhöht sich nach dem vollendeten zweiten Dienstjahr auf zwei Monate, nach dem vollendeten fünften Dienstjahr auf drei, nach dem vollendeten fünfzehnten Dienstjahr auf vier und nach dem vollendeten fünfundzwanzigsten Dienstjahr auf fünf Monate.

(3) Die Kündigungsfrist kann durch Vereinbarung nicht unter die im Abs. 2 bestimmte Dauer herabgesetzt werden; jedoch kann vereinbart werden, dass die Kündigungsfrist am Fünfzehnten oder am Letzten eines Kalendermonats endigt.

Demnach kann ein Angestelltenarbeitsverhältnis vom AG gemäß § 20 Abs. 2 AngG durch Kündigung nur mit Ablauf eines jeden Kalendervierteljahres – also mit 31. März, 30. Juni, 30. September, 31. Dezember – gelöst werden. Der AG muss die vorgeschriebene Kündigungsfrist vor einem der genannten Termine einhalten. Die zwischen dem Ausspruch der Kündigung und dem letzten Tag des Arbeitsverhältnisses liegende Zeit muss der gesetzlichen Kündigungsfrist entsprechen. Letzter Tag des Arbeitsverhältnisses muss das Kalendervierteljahr bzw. Quartal (**Kündigungstermin**) sein. Es ist also z.B. ein Angestellter, welcher ein Jahr betriebszugehörig ist, spätestens Mitte August zu kündigen, damit sein Arbeitsverhältnis am 30. September endet.

Für die Berechnung der Kündigungsfrist sind nur die im Angestelltenverhältnis beim selben AG zurückgelegten Zeiten maßgeblich (OGH 8 Ob S 291/00 b).

Da eine Kündigung ebenso wie etwa auch eine Lösung während der Probezeit erst mit Zugehen der Erklärung wirksam wird, empfiehlt es sich, die Kündigung so rechtzeitig auszusprechen, dass die Kündigungsfrist gewissermaßen um einige Tage verlängert wird, um ein verspätetes Wirksamwerden zu verhindern (bezüglich Zustellungsproblemen siehe 37.). Sollte ein zuständiger BR (Angestelltenbetriebsrat oder gemeinsamer BR für Arbeiter und Angestellte) existieren, wäre diese Frist um ca. zehn weitere Tage auszudehnen, um das nach § 105 ArbVG vorgesehene **Verständigungsverfahren** zu gewährleisten (siehe 41.1.1).

Vereinbaren sollte man unbedingt gemäß § 20 Abs. 3 AngG, dass ein Angestelltenarbeitsverhältnis zufolge Kündigung durch den AG an jedem 15. oder Letzten eines jeden Kalendermonats und nicht nur mit Ablauf eines jeden Kalendervierteljahres enden kann. Wenn nun eine solche Vereinbarung getroffen wurde, ist die jeweils in Frage kommende Kündigungsfrist vor einem 15. oder Letzten eines Kalendermonats einzuhalten.

An der Kündigungsfrist an sich ändert sich nichts, doch kann das betreffende Angestelltenarbeitsverhältnis zufolge Kündigung des AG an 24 Terminen statt nur an vier Terminen im Jahr enden. Wird auf die Möglichkeit der Kündigung durch den AG zum 15. oder Monatsletzten lediglich in einem **Dienstzettel** hingewiesen, so kommt es immer wieder vor, dass AN behaupten, dass keine entsprechende Vereinbarung abgeschlossen worden sei (siehe 12.). Es ist daher ratsam, einen Arbeitsvertrag abzuschließen, in dem diese Bestimmung aufscheint (siehe Muster 1 im Anhang).

Da das Gesetz selbst die Vereinbarung der Kündigung zum 15. oder Monatsletzten ermöglicht, kann von einer Ungültigkeit einer solchen Vereinbarung keine Rede sein (OGH 9 Ob A 116/07 k).

Zu beachten ist, dass es in manchen KV allerdings einschränkende Bestimmungen zur Kündigung zum 15. oder Monatsletzten gibt (z.B. tritt nach Abschnitt XVII Z 1 des KV für die Handelsangestellten Österreichs diese Vereinbarung nach fünf Jahren außer Kraft, sofern sie kaufmännische Tätigkeiten verrichten – OGH 18.2.2010,

8 Ob A 74/09 d). Zur Kündigung zum 15. bei der Vereinbarung gleich langer Kündigungsfristen für den AN und den AG siehe 14.5.2.

14.5.2 Ausdehnung der Kündigungsfrist

Dazu sieht das AngG vor:

§ 20. (4) Mangels einer für ihn günstigeren Vereinbarung kann der Angestellte das Dienstverhältnis mit dem letzten Tage eines Kalendermonats unter Einhaltung einer einmonatigen Kündigungsfrist lösen. Diese Kündigungsfrist kann durch Vereinbarung bis zu einem halben Jahr ausgedehnt werden; doch darf die vom Dienstgeber einzuhaltende Frist nicht kürzer sein als die mit den Angestellten vereinbarte Kündigungsfrist.

Mitunter wird eine Notwendigkeit gesehen, gerade höher qualifizierte Angestellte länger an den Betrieb zu binden. Abgesehen von der Möglichkeit der Vereinbarung eines befristeten Arbeitsverhältnisses (siehe 14.3) gibt auch § 20 Abs. 4 AngG die Möglichkeit, die Kündigungsfrist für die AN-seitige Kündigung von einem Monat bis zu einem halben Jahr auszudehnen. In einem solchen Fall darf allerdings die vom Angestellten einzuhaltende Kündigungsfrist nicht länger sein als diejenige, die der AG einzuhalten hat. Will der AG beispielsweise die sofortige Einhaltung einer Kündigungsfrist von sechs Monaten, muss auch er anstelle einer sechswöchigen Kündigungsfrist eine solche von sechs Monaten einhalten.

Aus praktischer Sicht ist jedoch zu bedenken, dass erfahrungsgemäß während der Kündigungsfristen **Krankenstände** besonders häufig anfallen und oftmals keine motivierten Arbeitsleistungen mehr erfolgen. Vielmehr werden in vielen Fällen **Dienstfreistellungen** ausgesprochen, um die Gefahr von Schädigungen zu vermeiden.

Weiters hat der OGH entschieden (23.10.2000, 8 Ob A 174/00 x), dass eine Kündigung zum 15. unzulässig ist, wenn mit dem AN eine gleich lange Kündigungsfrist, wie sie für den AG zu gelten hat, vereinbart wurde. Dies wird insbesondere daraus abgeleitet, dass der AN bei einer von ihm ausgesprochenen Kündigung nicht den 15. eines Monats als Kündigungstermin heranziehen kann. Daher wäre im Rahmen einer **Verlängerungsvereinbarung** nur die Vereinbarung einer Kündigung zum Monatsletzten zulässig. Eine Kündigung zum 15. oder Monatsletzten wäre trotz Verlängerungsvereinbarung wohl dann zulässig, wenn auch dem AN das Recht eingeräumt wird, nicht nur zum Monatsletzten, sondern ebenfalls zum 15. kündigen zu können.

Demnach spricht gegen die Verlängerungsvereinbarung neben praktischen Gründen auch ein rechtlicher Grund.

Aus § 20 Abs. 4 AngG leitet die Judikatur weiters ab, dass Vereinbarungen, die das Recht der Selbstkündigung bzw. die Kündigungsfrist einschränken, unzulässig sind. So ist etwa die Vereinbarung, dass der AN die Kosten einer vorzeitigen Lösung eines Leasingvertrages bei Selbstkündigung zu tragen hat, rechtsunwirksam

(OGH 8 Ob A 56/04 z, 9 Ob A 167/97 k). Zum Entfall von Sonderzahlungen bei Selbstkündigung siehe 31.9.5.

14.6 Ausbildungskostenrückersatz

Zu den Regelungen für Ausbildungskostenrückersatzvereinbarungen ab 1.1.2016 siehe den letzten Abschnitt von 14.6.

Die Grundsätze zum Ausbildungskostenrückersatz wurden zunächst durch die Rechtsprechung des OGH entwickelt. Diese Grundsätze werden in den nunmehr neu geschaffenen § 2d AVRAG übernommen. Nach der gesetzlichen Definition sind Ausbildungskosten „die vom Arbeitgeber tatsächlich aufgewendeten Kosten für jene erfolgreich absolvierte Ausbildung, die dem Arbeitnehmer Spezialkenntnisse theoretischer und praktischer Art vermittelt, die dieser auch bei anderen Arbeitgebern verwerten kann. Einschulungskosten sind keine Ausbildungskosten" (§ 2d Abs. 1 AVRAG). Die Kosten für den Privatpilotenschein sind beispielsweise rückersatzfähig, weil dieser (ebenso wie der Führerschein) zumindest in gewissen Bereichen die Chancen am Arbeitsmarkt erhöht (OGH 16.11.2009, 9 Ob A 53/09 y; *Rauch*, Arbeitsrecht 2011, 23).

Nur Ausbildungskosten i.S. dieser Definition sind rückforderbar, wobei der Rückersatz der Ausbildungskosten schriftlich zwischen AG und AN vereinbart werden muss (§ 2d Abs. 2 AVRAG).

Die Vereinbarung der Rückforderung des während einer Ausbildung fortgezahlten Entgelts ist (entsprechend der bisherigen Judikatur) zulässig, sofern der AN für die Dauer der Ausbildung von Arbeitsleistungen freigestellt ist (§ 2d Abs. 2 AVRAG, OGH 8 Ob A 73/07 d). Es können aber nur konkret entstandene Kosten rückgefordert werden (nicht ein geschätztes „Lohnnebenkostenpauschale" OGH 22.9.2010, 8 Ob A 70/09 s).

Die Vereinbarung der Verpflichtung zur Rückerstattung von Ausbildungskosten ist insbesondere nicht rechtswirksam, wenn

- der AN im Zeitpunkt des Abschlusses der Vereinbarung minderjährig war und nicht die Zustimmung des gesetzlichen Vertreters des Minderjährigen vorliegt,
- das Arbeitsverhältnis nach mehr als fünf Jahren (ab 1.1.2016 vier Jahre) – in besonderen Fällen nach mehr als acht Jahren – nach dem Ende der Ausbildung oder vorher durch Fristablauf geendet hat und
- die Höhe der Rückerstattungsverpflichtung nicht aliquot, berechnet vom Zeitpunkt der Beendigung der Ausbildung bis zum Ende der zulässigen Bindungsdauer, geregelt ist (§ 2d Abs. 3 Z 2 bis 3 AVRAG). Fehlt eine solche sukzessive Reduktion in der Vereinbarung, so ist auch keine teilweise Wirksamkeit der Ausbildungskostenrückersatzvereinbarung möglich (OGH 9 Ob A 126/08 g, 9 Ob A 53/09 y, 17.12.2012, 9 Ob A 94/12 g). Zur Frage, welche zeitlichen

Schritte zur Aliquotierung heranzuziehen sind (monatlich, nach Quartalen etc.), fehlt eine gesetzliche Vorgabe (bis 31.12.2015). Die Rechtsprechung hat dazu den Standpunkt vertreten, dass eine jährliche Reduktion (drei Jahre Bindungszeitraum, pro Jahr 1/3 Reduktion) ausreichend sei (OGH 28.6.2011, 9 Ob A 74/11 i). Für Vereinbarungen ab 1.1.2016 ist eine monatliche Reduktion gesetzlich vorgesehen.

Bei den in § 2d Abs. 3 AVRAG vorgesehenen Fällen des Entfalls der Rückzahlungsverpflichtung handelt es sich um eine demonstrative Aufzählung. Im Einzelfall ist daher zur Beurteilung der Zulässigkeit des vereinbarten Rückersatzes von Ausbildungskosten weiterhin die bisherige Rechtsprechung heranzuziehen. Nach § 2d Abs. 4 AVRAG besteht jedenfalls keine Rückzahlungsverpflichtung bei

- Beendigung eines Arbeitsverhältnisses während der Probezeit,
- unbegründeter Entlassung,
- begründetem vorzeitigem Austritt,
- unverschuldeter Entlassung wegen dauernder Arbeitsunfähigkeit nach § 27 Z 2 AngG oder § 82 lit. b GewO 1859 oder
- Kündigung durch den AG, es sei denn, der AN hat durch schuldhaftes Verhalten dazu begründeten Anlass gegeben.

Nach der Auffassung des OGH (29.9.2014, 8 Ob A 57/14 m) entfällt die Rückzahlungspflicht auch bei einem Mutterschaftsaustritt (§ 15r MSchG – siehe 25.5 – Zwischenüberschrift „Abfertigung, Mutterschaftsaustritt").

Der § 2d AVRAG trat am 18.3.2006 in Kraft und gilt für nach dem In-Kraft-Treten neu abgeschlossene Vereinbarungen über einen Ausbildungskostenrückersatz. Für die älteren Vereinbarungen wird daher zu beachten sein, dass die maximale Bindungsdauer drei bis fünf Jahre beträgt.

Weiters muss die Vereinbarung konkret vor einer bestimmten Ausbildung erfolgen, wobei auch die zu ersetzenden Kosten exakt anzuführen sind. Eine pauschale Vereinbarung zum Ausbildungskostenrückersatz ist rechtsunwirksam (OGH 21.12.2011, 9 Ob A 125/11 i). Dies wäre nur dann zulässig, wenn ein vereinbarter Pauschalbetrag die konkret bezifferten tatsächlichen Ausbildungskosten nicht übersteigt (OGH 29.9.2016, 9 Ob A 129/15 h).

Reise- und Unterbringungskosten können nur dann rückersatzfähig sein, wenn sie einer Notwendigkeits- und Nützlichkeitsprüfung standhalten (OGH 16.11.1994, 9 Ob A 211/94, 29.1.2013, 9 Ob A 151/12 i).

Für eine „erfolgreich" absolvierte Ausbildung kommt es nicht auf Prüfungen oder Zeugnisse an, sondern ob ein erfolgreicher Abschluss möglich ist. Eine für den AN unverständliche und somit wertlose Ausbildung erfüllt ein solches Kriterium jedenfalls nicht (OGH 27.11.2012, 8 Ob A 51/12 a). Der Erfolg einer Ausbildung kann auch nur an den neu erworbenen Kenntnissen und Fähigkeiten des ausgebildeten AN gemessen werden (OGH 27.9.2013, 9 Ob A 97/13 z, *Rauch*, Arbeitsrecht 2014, 46).

Wird die Ausbildung in einer konzerninternen Ausbildungseinrichtung abgelegt, deren Mitglied der AG ist, so kann nicht jedenfalls angenommen werden, dass die Ausbildung für den AG kostenfrei ist (OGH 29.1.2013, 9 Ob A 151/12 i).

Die Aufrechnung eines Ausbildungskostenrückersatzes gegen das Existenzminimum ist unzulässig, weil nach der Meinung des OGH der erforderliche rechtliche Zusammenhang (§ 293 Abs 3 EO) zwischen der Ersatzforderung und den Abrechnungsansprüchen des AN nicht gegeben ist (OGH 27.9.2013, 9 Ob A 97/13 z). In der Praxis bewirkt dies, dass ein Ausbildungskostenrückersatz nur vom pfändbaren Teil der abgerechneten Beträge abgezogen werden kann.

Unterschiedliche Regelungen je nach dem Abschlusszeitpunkt

Für Ausbildungskostenrückersatzvereinbarungen, die ab 18.3.2006 und bis 31.12.2015 vereinbart wurden, gilt die Bindungsdauer von maximal 5 bzw. 8 Jahren. Für Ausbildungskostenrückersatzvereinbarungen, die ab 1.1.2016 abgeschlossen wurden, gilt eine Bindungsdauer von maximal 4 bzw. 8 Jahren. Außerdem ist bei diesen Vereinbarungen gesetzlich angeordnet, dass eine monatliche Reduktion nach dem Ende der Ausbildung vorzunehmen ist (also bei einer vierjährigen Bindung 1/48 pro Monat – siehe *Rauch*, Arbeitsrecht 2016, 20). Eine jährlich oder etwa quartalsweise vereinbarte Reduktion würde daher zur Rechtsunwirksamkeit der gesamten Ausbildungskostenrückersatzvereinbarung führen.

Im Betrieb vorhandene Muster für Ausbildungskostenrückersatzvereinbarungen sind daher entsprechend zu adaptieren!

Kein Rückersatz bei Fortbildung

Wird einem Arzt Sonderurlaub zur wissenschaftlichen Fortbildung, die der Aktualisierung der im Zuge der Aus- oder Weiterbildung erworbenen Fähigkeiten und Kenntnisse dient, unter Fortzahlung des Entgelts gewährt, so kann der AG im Fall der Beendigung des Arbeitsverhältnisses durch AN-Kündigung das während der Fortbildung geleistete Entgelt nicht vom AN aliquot zurückverlangen. Eine Rückerstattung ist nur bei Ausbildungen, bei der die Grundbefähigung eines Arztes vermittelt wird, und bei Weiterbildungen, welche die Erweiterung der bereits in der Ausbildung erworbenen Kenntnisse und Fähigkeiten anstreben, nicht jedoch bei Fortbildungen, die bloß der Erhaltung der Qualifikationen dienen, möglich (OGH 27.1.2016, 8 Ob A 1/16 d, *Rauch*, Arbeitsrecht 2017, 95).

Einschlägige Judikatur

- *Rückzahlungsvereinbarungen im Vorfeld eines Arbeitsverhältnisses sind zulässig, wenn der Bindung eine Vergrößerung der Chancen am Arbeitsmarkt gegenübersteht.*

Die Rückzahlungsvereinbarung ist jedoch dann unzulässig, wenn gesetzliche Bestimmungen eine Ausbildungspflicht festlegen (OGH 9 Ob A 39/01 b – siehe auch OGH 9 Ob A 21/94, 9 Ob A 36/97 b = DRdA 47. Jg., 403).

- *Der Umstand, dass ein AN eine bestimmte Sonderausbildung aufgrund einer Gesetzesänderung benötigt, um seine bisherige Tätigkeit weiter ausüben zu können, steht dem Ausbildungskostenrückersatz nicht entgegen (OGH 9 Ob A 86/05 w = ARD 5691/5/2006).*
- *Wird die Ausbildung vor ihrem Ablauf durch begründete Entlassung beendet, so ist der Ausbildungskostenrückersatz nicht sittenwidrig (OGH 9 Ob A 160/07 f).*

14.7 Verfallsvereinbarung

Fragliche Ansprüche sollen möglichst rasch bereinigt werden. Daher sehen Verfallsbestimmungen in einigen KV vor, dass offene Ansprüche bei sonstigem Verfall innerhalb einer bestimmten Frist geltend zu machen sind (siehe auch 47.). Wird diese Frist nicht beachtet, so kann der verfallene Anspruch mit dem Verfallsargument abgewehrt werden. Teilweise beziehen sich solche Verfallsregelungen nur auf bestimmte Ansprüche (z.B. Überstundenentgelt). Falls eine kollektivvertragliche Verfallsklausel nicht anwendbar ist (weil etwa der anzuwendende KV eine solche nicht enthält), ist die dreijährige (ausnahmsweise die 30-jährige) **Verjährungsfrist** nach § 1486 Z 5 ABGB zu berücksichtigen (siehe 47.), sofern nicht eine abweichende arbeitsrechtliche Bestimmung zu beachten ist.

Da die Verjährungsbestimmungen des ABGB kein **zwingendes Recht** darstellen, kann bei Fehlen einer kollektivvertraglichen Regelung eine vom ABGB abweichende einzelvertragliche Bestimmung in den Arbeitsvertrag aufgenommen werden (OGH 9 Ob A 159/02a, OGH 19.12.2013, 9 Ob A 134/13 s). Eine solche arbeitsvertragliche Verfallsklausel darf jedoch nicht unangemessen kurz sein. Nach der Rechtsprechung ist eine Verfallsfrist von wenigstens drei Monaten nicht wegen Verstoßes nach § 879 Abs. 1 ABGB rechtsunwirksam (z.B. OGH 24.11.2010, 9 Ob A 19/10 z, 28.10.2013, 8 Ob A 11/13 w, 26.2.2014, 9 Ob A 1/14 h).

Zu bedenken ist im Fall einer arbeitsvertraglichen Verfallsregelung, dass diese in Ausnahmefällen auch gegen den AG wirksam werden kann (wobei aber auch eine Verfallsklausel, die sich nur auf AN-Forderungen bezieht, zulässig wäre – OGH 24.11.2010, 9 Ob A 19/10 z). Da die Verfallsklausel in der Praxis meistens den AN zur raschen Klärung tatsächlicher oder angeblicher Ansprüche anhält, wird die Vereinbarung einer solchen Klausel dringend empfohlen (soweit nicht ohnedies kollektivvertragliche Regelungen bestehen). Sollten die kollektivvertraglichen Regelungen nur einzelne Ansprüche betreffen, so müsste eine allgemeine Verfallsbestimmung im Arbeitsvertrag jene Ansprüche ausnehmen, deren Verfall bereits im KV geregelt ist und diesbezüglich auf die jeweilige KV-Bestimmung verweisen.

Falls jedoch in der Praxis die Verfallsregelung nicht beachtet wird und Spesenabrechnungen wiederholt nach der vereinbarten Verfallsfrist durchgeführt werden, so ist von einem schlüssigen Verzicht des AG auf die Einhaltung der Verfallsfrist auszugehen (OLG Wien 10 Ra 162/04 y = ARD 5603/7/2005).

Wird in einer arbeitsvertraglichen Verfallsklausel die Geltendmachung durch eingeschriebenen Brief verlangt, so reicht auch die Übergabe eines Schriftstücks an den AG aus, wenn dessen Inhalt als Geltendmachung der Ansprüche anzusehen ist (OLG Wien 8 Ra 57/07 x = ARD 5801/4/2007, OGH 9 Ob A 166/00 b).

Bei **Arbeitskräfteüberlassung** im Sinne des AÜG wäre eine einzelvertragliche Verkürzung von Verfalls- oder Verjährungsbestimmungen generell unwirksam (§ 11 Abs. 2 Z 5 AÜG – siehe 35.).

14.8 Vereinbarung der Arbeitszeit

Die Lage der **Normalarbeitszeit** und allfällige Änderungen sind nach § 19c Abs 1 AZG zu vereinbaren und im Arbeitsvertrag festzuhalten (siehe 13.). Die Rechtsprechung sieht auch eine schlüssige Vereinbarung der Arbeitszeit als zulässig an (OGH 9 Ob A 116/02 w). Empfohlen wird jedoch (entsprechend § 2 Abs. 2 AVRAG), im Arbeitsvertrag (allenfalls im Dienstzettel – siehe 12.) die Normalarbeitszeit anzuführen.

Die gesetzliche wöchentliche Arbeitszeit beträgt 40 Stunden. In einigen KV ist eine kürzere Arbeitszeit (z.B. 38,5, 39 oder 37 Stunden) vorgesehen.

Falls nun im Arbeitsvertrag die volle Normalarbeitszeit von etwa 40 Stunden an gegeben wird, hat auch die monatliche Abrechnung auf Basis dieser Arbeitszeit zu erfolgen. Dies gilt auch dann, wenn die wöchentliche Arbeitszeit regelmäßig erheblichen Schwankungen unterliegt (etwa bei Arbeitern in der Reinigungsbranche) und der AN im Schnitt beispielsweise nur 20 Stunden pro Woche eingesetzt werden kann, aber grundsätzlich bereit war, auch während der weiteren 20 Stunden seiner wöchentlichen Arbeitszeit zu arbeiten.

Die Rechtsprechung leitet diesen weiteren Entgeltanspruch, dem keine Leistung gegenübersteht, aus § 1155 ABGB ab (siehe 31.8). Demnach gebührt dem AN auch dann ein Entgelt, wenn die Arbeitsleistungen nicht zu Stande gekommen sind, obwohl der AN zur Leistung bereit war und durch Umstände, die auf der Seite des AG liegen, daran verhindert worden ist.

Der AG sollte daher beachten, dass die wöchentliche Arbeitszeit maximal in jenem Ausmaß vereinbart wird, welches der voraussichtlichen tatsächlichen, durchschnittlichen wöchentlichen Arbeitszeit entspricht.

In jenen Fällen, in denen kein Arbeitsvertrag (oder Dienstzettel) vorliegt, werden zur Klärung der Frage des Ausmaßes der wöchentlichen Arbeitszeit die Angaben in der Anmeldung zur Gebietskrankenkasse eine entscheidende Rolle spielen.

14. Vorschläge zur optimalen Gestaltung des Arbeitsvertrages

Empfohlen wird, einen Arbeitsvertrag abzuschließen und darauf zu achten, dass die Angaben in der Anmeldung zur zuständigen Gebietskrankenkasse und im Arbeitsvertrag übereinstimmen.

Bei **Arbeitskräfteüberlassung** im Sinne des AÜG ist es nach § 11 Abs. 2 Z 2 verboten, die Arbeitszeit wesentlich unter dem Durchschnitt des zu erwartenden Beschäftigungsausmaßes festzusetzen.

Einseitige Änderung der Arbeitszeit durch den AG

Von dieser bei Beginn des Arbeitsverhältnisses vereinbarten Arbeitszeit kann weder der AG noch der AN einseitig abgehen. Lediglich unter den Voraussetzungen des § 19c AZG kann der AG die Arbeitszeit durch einseitige Weisung verändern. Diese Voraussetzungen sind:

- dass die Änderung aus objektiven, in der Art der Arbeitsleistung gelegenen Gründen sachlich gerechtfertigt ist,
- dem AN die Lage der Arbeitszeit für die jeweilige Woche mindestens zwei Wochen im Vorhinein mitgeteilt wird,
- berücksichtigungswürdige Interessen des AN dieser Einteilung nicht entgegenstehen und
- keine Vereinbarung entgegensteht.

Liegt auch nur eine dieser Voraussetzungen nicht vor, so kann der AG die Arbeitszeit nicht einseitig ändern. Zur entsprechenden Absicherung dieses Rechtes des AG auf einseitige Änderung der Arbeitszeit ist die Aufnahme eines Änderungsvorbehaltes mit einem ausdrücklichen Hinweis auf das Weisungsrecht des AG in den Arbeitsvertrag zu empfehlen. Stimmt der AN hingegen zu, so ist eine Änderung der Arbeitszeit unabhängig von diesen Voraussetzungen zulässig.

Eine schlüssige Änderung der Arbeitszeit tritt ein, wenn der AN zur vom AG vorgeschlagenen Änderung schweigt und sich bei der Dienstplanumstellung nach dem Willen des AG verhält (OLG Wien 10 Ra 73/08 s = ARD 5981/8/2009).

Bei unkündbaren AN darf das Weisungsrecht des AG nicht zu eng begrenzt werden (OGH 17.11.1999, 9 Ob A 255/99 m). Die einseitige Verlängerung der Wochenarbeitszeit (auch nur um eine Stunde) ist auch bei unkündbaren AN unzulässig (OGH 11.5.2010, 9 Ob A 75/09 h).

Wiederholte befristete Änderungen der Arbeitszeit sind nicht grundsätzlich unzulässig (OGH 28.4.2014, 8 Ob A 53/13 d, *Rauch*, Arbeitsrecht 2015, 35 f).

Einschlägige Judikatur

- *Für den Inhalt der Arbeitspflicht ist primär die Einzelvereinbarung maßgebend. Innerhalb des durch den Arbeitsvertrag vorgegebenen Rahmens wird die Arbeitspflicht durch die Weisungen des AG konkretisiert. Der Einwand des Klägers, der Arbeitsvertrag hätte nur die Wochenarbeitszeit von 38,5 Stunden, jedoch keine konkrete Tagesarbeitszeit festgelegt, ist nicht zielführend, gebietet doch gerade das (angebliche) Fehlen einer diesbezüglichen Vereinbarung eine sonstige Konkretisierung der Tagesarbeitszeiten. Dass der AG das Direktionsrecht hinsichtlich der Tagesarbeitszeit für den Kläger überraschend und ohne Rücksicht auf wesentliche Interessen des Klägers, insbesondere bereits getroffene Dispositionen des Klägers ausgeübt hätte, wurde nicht behauptet (OGH 9 Ob A 156/99).*

14.8.1 Arbeitszeit und Mehrfachbeschäftigung

Bei einer Beschäftigung des AN bei mehreren AG dürfen gemäß § 2 Abs. 2 AZG die einzelnen Beschäftigungen zusammen die gesetzliche Höchstgrenze der Arbeitszeit nicht überschreiten. Das Verbot verletzt jener AG, bei dem die höchstzulässige Arbeitszeit überschritten wird. Die Überschreitung der Höchstgrenze bewirkt die Nichtigkeit bzw. Teilnichtigkeit jenes Arbeitsverhältnisses, bei dem die Arbeitszeit überschritten wird (OGH 28.6.1995, 9 Ob A 75/95).

Da ein Zuwiderhandeln gegen die erwähnten Bestimmungen (§ 2 Abs. 2 AZG, aber auch § 10 KJBG) unter Strafsanktion steht, für das ausschließlich der AG und nicht der AN belangt wird, ist es ratsam, bei der Begründung des Arbeitsverhältnisses (insbesondere in jenen Bereichen, wo Mehrfachbeschäftigungen öfter vorkommen, wie etwa in der Reinigungsbranche) vom AN eine schriftliche Erklärung bezüglich weiterer Beschäftigungsverhältnisse abzuverlangen. Sollte nun der AN angeben, dass er in weiteren Beschäftigungsverhältnissen tätig ist, so ist dies bei der Vereinbarung der Arbeitszeit insoferne zu beachten, als die höchstzulässige Gesamtarbeitszeit nicht überschritten werden darf.

14.8.2 Teilzeitbeschäftigung

Zum Mehrarbeitszuschlag siehe 30.4.1.

Wird die Normalarbeitszeit (siehe 14.8) im Durchschnitt unterschritten, so liegt eine Teilzeitarbeit vor (§ 19d AZG). Ausmaß, Lage und Veränderungen der Teilzeitarbeit sind zu vereinbaren. Die Vereinbarung hat im Arbeitsvertrag zu erfolgen bzw. ist im Dienstzettel festzuhalten (siehe 12. und 13.). Die Rechtsprechung sieht jedoch auch hier eine schlüssige Vereinbarung als zulässig an (OGH 8 Ob A 314/01 m). Schon aus Beweisgründen sind schriftliche Vereinbarungen zu bevorzugen. Durch eine längere Übung, die von der vereinbarten Arbeitszeit regelmäßig in einem bestimmten Ausmaß abweicht, gilt das praktizierte Ausmaß der Arbeitszeit als vereinbart (OLG Wien 8 Ra 165/04 z = ARD 5589/5/2005).

Von der bei Beginn des Arbeitsverhältnisses vereinbarten Arbeitszeit kann weder der AG noch der AN einseitig abgehen. Nur bei Vorliegen der engen Voraussetzungen des § 19c Abs. 2 AZG kann der AG die Arbeitszeit einseitig durch Weisung verändern (siehe 14.8).

Das Gesetz (§ 19d Abs. 3 Z 2 AZG) sieht keine Verpflichtung zur Leistung von einseitig durch den AG angeordneten **Mehrstunden** vor. Zur Klärung empfiehlt es sich im Arbeitsvertrag zu regeln, dass Mehrstunden (sowie auch Überstunden)

14. Vorschläge zur optimalen Gestaltung des Arbeitsvertrages

– siehe 14.9.2) auf Anordnung des AG zu leisten sind. Die Leistung von Mehr- und Überstunden kann bei berücksichtigungswürdigen Gründen abgelehnt werden (siehe dazu 14.9.1). Überstunden liegen erst dann vor, wenn die tägliche oder wöchentliche Normalarbeitszeit überschritten wird (§ 6 Abs. 1 AZG). Ein allenfalls im KV vorgesehener **Überstundenteiler** (für den AN günstigerer Divisor zur Berechnung des Überstundenentgelts) sowie die **Überstundenzuschläge** sind bei der Abrechnung der Mehrstunden unbeachtlich. Es sind jedoch die Regelungen zum Mehrarbeitszuschlag zu beachten (siehe 30.4.1).

Teilzeitbeschäftigte AN dürfen wegen der Teilzeitarbeit gegenüber vollzeitbeschäftigten AN nicht benachteiligt werden, es sei denn, sachliche Gründe rechtfertigen eine unterschiedliche Behandlung (der Ausschluss Teilzeitbeschäftigter von einer Bildschirmzulage ist beispielsweise eine unzulässige Benachteiligung – OGH 1.12.2004, 9 Ob A 40/04 g).

Freiwillige Sozialleistungen sind zumindest in jenem Verhältnis zu gewähren, das dem Verhältnis der regelmäßig geleisteten Arbeitszeit zur gesetzlichen oder kollektivvertraglichen Normalarbeitszeit entspricht (§ 19 d Abs. 6 AZG). Ebenso besteht ein Anspruch auf kollektivvertragliche Sonderzahlungen und die gesetzliche Abfertigung (bei Vorliegen der sonstigen Voraussetzungen). Die Aliquotierung einer kollektivvertraglichen Kinderzulage ist keine unzulässige Benachteiligung (OGH 29.1.2015, 9 Ob A 147/14 d, *Rauch*, Arbeitsrecht 2016, 30 f.).

Im Streitfall hat der AG zu beweisen, dass eine Benachteiligung nicht wegen der Teilzeitarbeit erfolgt (§ 19d Abs. 6 AZG).

Mehrarbeitsstunden, die Teilzeitbeschäftigte leisten, sind in die Sonderzahlungen einzurechnen (§ 19d Abs. 4 AZG – siehe 31.9.3).

14.8.2.1 Geringfügig Beschäftigte

Geringfügig Beschäftigte sind Teilzeitbeschäftigte, die nicht mehr als den (jährlich erhöhten) Geringfügigkeitssatz (für 2016: € 415,72 brutto/Monat) verdienen. Für geringfügig Beschäftigte gibt es keine arbeitsrechtlichen Sonderbestimmungen, da es sich um einen Begriff des Sozialversicherungsrechts handelt (§ 5 Abs. 2 ASVG). Eine Ausnahme hiervon sind die Regelungen im § 15 Abs. 1a MSchG und § 2 Abs. 3 VKG, wonach die Mutter bzw. der Vater neben dem **karenzierten Arbeitsverhältnis** eine geringfügige Beschäftigung ausüben kann. Dabei ist das geringfügige Beschäftigungsverhältnis als eigenständiges Arbeitsverhältnis neben dem nach dem MSchG bzw. VKG ruhenden Arbeitsverhältnis anzusehen (siehe 25.5).

Der geringfügig Beschäftigte ist weder kranken- noch pensionsversichert. Da lediglich eine Unfallversicherung gegeben ist, hat der AG 1,3 % als Unfallversicherungsbeitrag vom monatlichen Bruttolohn abzuführen (entfällt ab dem 60. Lebensjahr gemäß § 51 Abs. 6 ASVG). Wurde das Arbeitsverhältnis ab 1.1.2003 begründet, so ist weiters der BMSVG-Beitrag von 1,53 % zu entrichten (siehe 45.6).

Darüber hinaus muss jeder AG eine Dienstgeberabgabe von 16,4 % der Entgelte, die er jeweils monatlich an die bei ihm geringfügig Beschäftigten entrichtet, abführen, sofern die Summe der monatlichen Entgelte dieser Personen das 1,5-Fache des Geringfügigkeitssatzes übersteigt. Die Dienstgeberabgabe ist jeweils für ein Kalenderjahr im Nachhinein bis zum 15. Jänner des Folgejahres an die zuständige GKK zu entrichten. Sie ist im Dienstgeberabgabegesetz (DAG) geregelt und entspricht dem Gemeinschaftsrecht (VwGH 2003/08/0249).

Der geringfügig Beschäftigte genießt den Kranken- und Pensionsversicherungsschutz nur dann, wenn er selbst Beiträge entrichtet, weil er insgesamt mehr verdient als es dem Geringfügigkeitssatz entspricht oder sich freiwillig versichert hat (Opting in – § 19a ASVG).

Sonderzahlungen und eine Urlaubsersatzleistung sind beim Geringfügigkeitssatz nicht anzurechnen (*Rauch*, Urlaubsersatzleistung und Geringfügigkeitsgrenze, ASoK 2009, 388 ff.).

Falls die monatliche Arbeitszeit ein gewisses Mindestausmaß nicht überschreitet (weniger als 1/5 der Normalarbeitszeit – § 20 Abs. 1 AngG), sind jedoch bei Angestellten nicht die Kündigungsfristen nach § 20 AngG, sondern nach den §§ 1153 und 1159 ABGB anzuwenden. Demnach ist meistens von einer 14-tägigen Kündigungsfrist auszugehen (§ 1159b ABGB – siehe 41.1.5).

Einschlägige Judikatur
- *Fallweise Beschäftigte, deren Entgelt die tägliche Geringfügigkeitsgrenze nicht übersteigt, sind, wenn sie als AN beschäftigt sind, wie andere geringfügig Beschäftigte und daher auch bei der Beurteilung der Verpflichtung zur Entrichtung des pauschalierten Dienstgeberbeitrages zu berücksichtigen (VwGH 2000/08/0004 = ARD 5509/12/2004).*

14.8.2.1.1 Kurzfristige haushaltstypische Dienstleistungen (Dienstleistungsscheck)

Das Dienstleistungsscheckgesetz (DLSG) ist für bestimmte kurzfristige Arbeitsverhältnisse, die seit 1.1.2006 abgeschlossen wurden und in deren Rahmen haushaltstypische Dienstleistungen in privaten Haushalten erbracht werden, gedacht.

Das DLSG ist daher auf Arbeitsverhältnisse anzuwenden, für die folgende Kriterien vorliegen:
- Der AN muss i.S.d. AuslBG (siehe 18., 18.1, § 1 Z 16 AuslBVO) arbeitsberechtigt sein,
- der AG muss eine natürliche Person sein,
- die Arbeitsleistungen umfassen die Erbringung einfacher und haushaltstypischer Arbeitsleistungen in privaten Haushalten (z.B. Reinigung, Kinderbetreuung, Unterstützung bei der Haushaltsführung, leichte Gartenarbeiten),
- das Arbeitsverhältnis dauert längstens einen Monat,

- die Entgeltgrenze für einen Kalendermonat darf für 2017 den Satz von € 583,15 (erhöhte Geringfügigkeitsgrenze, da Anteile für Sonderzahlungen und Urlaubsentgelt berücksichtigt werden) mit einem bestimmten AG nicht überschreiten und
- es wird die Entlohnung mit einem Dienstleistungsscheck vereinbart.

Die Entlohnung muss dem Mindestlohntarif entsprechen.

Befristete Arbeitsverhältnisse nach dem DLSG können in beliebiger Anzahl und unmittelbar hintereinander abgeschlossen werden, ohne dass dadurch ein unbefristetes Arbeitsverhältnis entsteht. Die Bezahlung erfolgt mit Ende des Arbeitseinsatzes durch die vom privaten AG erworbenen Dienstleistungsschecks, die der AN spätestens bis zum Ablauf des nächsten Kalendermonats der nach dem Wohnort zuständigen GKK zu übermitteln hat, welche ihm das Entgelt überweist. Der AG hat mit der Übergabe des ordnungsgemäß ausgefüllten Schecks samt allfälligem Beiblatt seine sozialversicherungsrechtlichen Verpflichtungen erfüllt. Im Übrigen sind die sozialversicherungsrechtlichen Regelungen bei geringfügig Beschäftigten zu beachten (siehe 14.8.2.1). Verdient der AN weitere Entgelte, die zu einem Überschreiten der Geringfügigkeitsgrenze führen, so tritt Vollversicherung ein. Übersteigen in einem Monat die vom AG bezahlten Entgelte die 1,5-fache Entgeltgrenze, so muss er die Dienstgeberabgabe i.S.d. DAG entrichten (siehe 14.8.2.1). Eine freiwillige Versicherung des AN nach § 19a ASVG ist möglich.

Das DLSG ist daher nicht auf freie Arbeitsverhältnisse, Arbeitsverhältnisse mit Unternehmen, Arbeitsverhältnisse über einen Monat in Haushalten etc. anwendbar. Ebenso ist er nicht für Tätigkeiten im Rahmen unentgeltlicher familiärer Beistandspflichten anwendbar (gemeinsame Haushaltsführung von Ehegatten oder Lebenspartnern bzw Hilfsdienste der eigenen Kinder – ARD 5709/2/2006).

Die Dienstleistungsschecks sind in Trafiken (www.tobaccoland.at) und Postämtern sowie über DLS-Online erhältlich (www.dienstleistungsscheck-oneline.at).

14.8.2.2 Altersteilzeit

14.8.2.2.1 Grundsätze

Seit 1.1.2000 besteht die Möglichkeit, Altersteilzeit (bei dem nach dem Sitz des Betriebes zuständigen AMS) zu beantragen. Dabei geht es um eine Förderung, die an die AG ausbezahlt wird. Dies setzt voraus, dass der AG mit einem älteren AN eine Arbeitszeitreduktion vereinbart, den Entgeltentgang teilweise ausgleicht, die vollen **Sozialversicherungsbeiträge** weiterhin bezahlt und die Berechnung der **Abfertigung** auf der Basis der ursprünglichen Stundenanzahl zusichert (§§ 27 und 28 AlVG). Mit dem Ende der Altersteilzeit soll der AN die Alterspension antreten. Die Altersteilzeitvereinbarung ist eine Form einer befristeten Teilzeitvereinbarung, wobei für das Ende der Frist eine einvernehmliche Auflösung des Arbeitsverhältnisses vorgesehen werden kann (siehe Muster 14 im Anhang). Fehlt eine solche Bestimmung und kommt es zu einer Auflösungserklärung, so lebt das ursprüngliche Arbeitsverhältnis mit dem bisherigen Beschäftigungsausmaß wieder auf (OGH 27.7.2011, 9 Ob A 51/11 g). AN, die nach der Auflösung des Arbeitsverhältnisses wegen einer Gesetzesänderung die Pension nicht antreten können, können beim AMS ein Übergangsgeld beantragen.

Altersteilzeitgeld konnte bis März 2003 (zu den Vereinbarungen ab April 2003 siehe im Folgenden) für längstens 6 1/2 Jahre für Frauen ab Vollendung des 50. Lebensjahres und für Männer ab Vollendung des 55. Lebensjahres gewährt werden, falls folgende weitere Voraussetzungen erfüllt sind:

- Die älteren AN müssen in den letzten 25 Jahren vor der Geltendmachung des Anspruches 780 Wochen arbeitslosenversicherungspflichtig beschäftigt gewesen sein.
- Es muss eine Arbeitszeitverringerung innerhalb einer Bandbreite von 40 bis 60 % der Normalarbeitszeit oder der bisherigen Teilzeit, die mindestens 80 % der Normalarbeitszeit betragen muss, vereinbart werden.
- Mit Teilzeitbeschäftigten, deren Arbeitszeit die gesetzliche oder kollektivvertraglich geregelte Normalarbeitszeit nicht mehr als 20 % unterschreitet, können daher ebenfalls Altersteilzeitvereinbarungen im Sinne der §§ 27 und 28 AlVG abgeschlossen werden.
- Es sind zwischen AG und AN folgende Vereinbarungen zu treffen:
  - Der AG gewährt einen Lohnausgleich bis zur **Höchstbeitragsgrundlage** (für 2017: € 4.980,– brutto monatlich) in der Höhe von mindestens 50 % des Unterschiedsbetrages zwischen dem vor der Herabsetzung der Normalarbeitszeit gebührenden Entgelt und dem der verringerten Arbeitszeit entsprechenden Entgelt.
  - Der AG verpflichtet sich, die Sozialversicherungsbeiträge entsprechend der Beitragsgrundlage vor der Herabsetzung der Normalarbeitszeit zu entrichten.
  - Die allenfalls bei Beendigung des Arbeitsverhältnisses während der Altersteilzeit gebührende Abfertigung wird auf der Grundlage der Arbeitszeit vor der Herabsetzung der Normalarbeitszeit berechnet (für die Berechnung einer Abfertigung nach dem BUAG gilt § 13d Abs. 3 BUAG).

Für jene Personen, die eine Leistung aus der gesetzlichen Pensionsversicherung, ein Sonderruhegeld nach dem Nachtschwerarbeitsgesetz oder einen Ruhegenuss aus einem Arbeitsverhältnis zu einer öffentlich-rechtlichen Körperschaft beziehen oder die Anspruchsvoraussetzungen für eine dieser Leistungen erfüllen, gebührt kein Altersteilzeitgeld.

Das AMS hat dem AG die zusätzlichen Kosten aus dem Entgeltausgleich sowie der Verpflichtung der Zahlung der vollen Sozialversicherungsbeiträge zu ersetzen.

Nach Auffassung des VwGH ist die AK-Umlage (ebenso wie die SV-Beiträge) auf Basis des Vollzeitentgelts zu ermitteln. Begründet wird dies mit der „Vereinfachung der Lohnverrechnung" (VwGH 2003/08/0015), die allerdings sonst dem VwGH leider praktisch niemals ein Anliegen ist.

14. Vorschläge zur optimalen Gestaltung des Arbeitsvertrages

Falls die Vereinbarung über die Altersteilzeitarbeit unterschiedliche wöchentliche Normalarbeitszeiten oder eine unterschiedliche Verteilung der wöchentlichen Arbeitszeit vorsieht, so ist eine Förderung dennoch möglich, falls die wöchentliche Normalarbeitszeit innerhalb eines Durchrechnungszeitraums im Durchschnitt die vereinbarte verringerte Arbeitszeit nicht überschreitet und das Entgelt für die Altersteilzeitarbeit fortlaufend bezahlt wird (zur Mehrarbeit siehe 14.8.2.2.6).

Antrag beim zuständigen AMS

Wenn mit dem AN eine entsprechende Vereinbarung abgeschlossen wurde, so kann beim zuständigen AMS (die Zuständigkeit der Geschäftsstelle des AMS richtet sich nach dem Sitz des Betriebes) ein Antrag auf Zuerkennung des Altersteilzeitgeldes nach den §§ 27 und 28 AlVG eingebracht werden. Zu diesem Zweck kann ein Antragsformular dem Internet (www.ams.at) entnommen werden.

Gesetzlicher Anspruch und Meldepflicht

Liegen die Voraussetzungen nach dem AlVG für eine Förderung vor, so besteht ein gesetzlicher Anspruch zur Auszahlung der Förderung. Mit dem Hinweis auf erschöpfte finanzielle Mittel kann daher ein Förderungsantrag nicht abgewiesen werden.

Wird die Förderung zugesprochen, so hat der AG jede für das Bestehen oder für das Ausmaß des Anspruches auf Altersteilzeitgeld maßgebliche Änderung unverzüglich dem AMS zu melden (§ 27 Abs. 6 AlVG). Für die Meldung derartiger Änderungen kann ebenfalls ein Formular beim zuständigen AMS angefordert oder dem Internet entnommen werden.

Das Altersteilzeitgeld stellt kein Entgelt i.S. des Umsatzsteuergesetzes dar.

Mehrarbeit und Verlust der Förderung

Leistet der AN über die Altersteilzeitarbeit hinaus Mehrarbeit, die üblicherweise zu einem Einkommen führt, welches die **Geringfügigkeitsgrenze** für den Kalendermonat (siehe 14.8.2.1) überschreitet, so gebührt für diesen Zeitraum kein Altersteilzeitgeld (§ 28 AlVG).

14.8.2.2.2 Beginn der Altersteilzeit zwischen 1.4. und 31.12.2003

Für diese Fälle gilt die zuvor dargestellte Rechtslage, jedoch sind die AN von der Anhebung des Antrittsalters für die vorzeitige Alterspension bei langer Versicherungsdauer durch die Pensionsreform 2003 bereits betroffen und können daher nicht mit 56,5 bzw. 61,5 Jahren in Pension gehen.

Daher sind für diesen Bereich folgende Bestimmungen vorgesehen:

- Verlängerungsvereinbarung zwischen AG und AN bis zum späteren Pensionsantritt möglich (weitere Änderungen nicht erforderlich) und daher Überschreitung der 6,5-jährigen Laufzeit nicht ausgeschlossen,

- Altersteilzeitvereinbarungen bis 31.12.2003 konnten gleich für die gesamte Dauer einschließlich der Verlängerung bis zum dann geltenden Pensionsantrittsalter getroffen werden,
- bei Scheitern einer Verlängerungsvereinbarung kann der AN „Übergangsgeld nach Altersteilzeit" (§ 39 AlVG) in Anspruch nehmen (die Höhe dieser neuen Sozialleistung ergibt sich aus dem Grundbetrag des Arbeitslosengeldes zuzüglich 25 % und allfälliger Familienzuschläge).

14.8.2.2.3 Beginn der Altersteilzeit ab 1.1.2004

Für diese Fälle wurden folgende Regelungen getroffen:

Dauer

- Dauer fünf Jahre,
- in den Übergangsfällen kann das Altersteilzeitgeld längstens bis zum Ablauf des Kalendermonats nach Erreichung des frühestmöglichen Pensionsanfallsalters bezogen werden und darf jedoch die Freizeitphase bei der geblockten Variante maximal 2,5 Jahre betragen (§ 82 Abs. 3 AlVG).

Erleichterungen bei der Anwartschaft und der Rahmenfrist

Um insbesondere Frauen den Zugang zur Altersteilzeit zu erleichtern, wurden folgende Regelungen vorgenommen:

- Die Rahmenfrist (25 Jahre vor der Geltendmachung des Anspruchs, innerhalb denen bisher 780 Wochen mit arbeitslosenversicherungspflichtiger Beschäftigung liegen müssen) wird nun um arbeitslosenversicherungsfreie Zeiten der Betreuung von Kindern bis zum 15. Lebensjahr erstreckt,
- es werden bestimmte Ersatzzeiten als anwartschaftsbegründend anerkannt (z.B. krankenversicherungspflichtige Zeiten nach Ende der Arbeitslosenversicherungspflicht, Präsenz- und Wochengeldzeiten – § 14 Abs. 4 und 5 AlVG).

Einjährige Mindestdauer der gesetzlich oder kollektivvertraglich vorgesehenen Normalarbeitszeit vor Inanspruchnahme der Altersteilzeit

Zur Erschwerung von Missbräuchen wurden folgende Neuregelungen in das Gesetz aufgenommen:

- keine Teilzeitbeschäftigung im letzten Jahr vor der Inanspruchnahme der Altersteilzeit (es bleibt jedoch eine die gesetzliche oder kollektivvertragliche Normalarbeitszeit um höchstens 20 % unterschreitende Arbeitszeit zulässig),
- bei AN, die den Arbeitsplatz gewechselt haben, aber auch im Fall von Unterbrechungen zwischen Vollzeitbeschäftigungen, genügt eine dreimonatige Beschäftigungszeit.

Damit soll verhindert werden, dass AN, die für eine längere Zeit teilzeitbeschäftigt waren, zwecks Inanspruchnahme des vollen Altersteilzeitgeldes kurzfristig eine Vollzeitbeschäftigung ausüben.

Mindestdauer des Arbeitsverhältnisses mit dem antragstellenden AG

Weiters geht der Gesetzgeber (im Rahmen der Berechnungsbestimmungen nach § 27 Abs. 2 Z 3 lit. a AlVG) davon aus, dass das Arbeitsverhältnis mit dem AG, der den Antrag stellt, mindestens drei Monate gedauert hat, womit eine zusätzliche Voraussetzung gegeben ist.

Berechnung des Altersteilzeitgeldes

Berechnungsgrundlage des Lohnausgleiches ist das im letzten Jahr vor der Herabsetzung der Arbeitszeit durchschnittlich gebührende Entgelt (§ 27 Abs 3 Z 3 lit a AlVG). Dadurch soll verhindert werden, dass durch lediglich im letzten Monat vor Inanspruchnahme der Altersteilzeit geleistete Überstunden die Berechnungsgrundlage manipulativ erhöht wird. Hat das Arbeitsverhältnis kürzer als ein Jahr gedauert, so ist das durchschnittliche Entgelt des gesamten Arbeitsverhältnisses heranzuziehen.

Reduzierte Höhe des Altersteilzeitgeldes

Bisher wurden 100 % des Aufwandes des AG für den Lohnausgleich und die weitere Entrichtung der vollen SV-Beiträge gewährt (Begrenzung Höchstbeitragsgrundlage). Für Modelle von 1.1.2004 bis 31.8.2009 wurden nur mehr 50 % des Aufwandes des AG abgegolten, falls nicht eine Ersatzkraft eingestellt wurde.

Eine Ersatzkraft ist eine zuvor arbeitslose Person (nach § 12 Abs. 1 AlVG ist arbeitslos, wer nach Beendigung seines Beschäftigungsverhältnisses keine neue Beschäftigung gefunden hat – demnach ist eine Meldung beim AMS oder eine Mindestdauer der Arbeitslosigkeit nicht erforderlich), die nicht nur vorübergehend beschäftigt wird. Der Begriff „vorübergehend" wird im Gesetz nicht näher umschrieben. Die Ersatzkraft muss versicherungspflichtig und daher nicht geringfügig beschäftigt sein (zur geringfügigen Beschäftigung siehe 14.8.2.1). Als Ersatzkraft gilt weiters die zusätzliche Ausbildung eines Lehrlings.

Im Zusammenhang mit der Einstellung der Ersatzkraft darf vom Arbeitgeber kein Arbeitsverhältnis aufgelöst werden (eine Selbstkündigung eines AN ist daher unschädlich, betriebsnotwendige Schwankungen oder Anpassungen des Beschäftigungsstandes berühren die Förderung nicht).

Aus welchem Grund (z.B. Auftragsmangel) keine Ersatzkraft eingestellt wird, ist für die Rückforderung der Förderung unerheblich (VwGH 14.1.2013, 2011/08/0166). Scheidet die zunächst beim AMS angegebene Ersatzarbeitskraft während der Altersteilzeit aus dem Unternehmen aus, kann auch eine bereits im Unternehmen beschäftigte Person als neue Arbeitskraft gemeldet werden, wenn sie erst nach Beginn der Altersteilzeit (neben der ursprünglichen Ersatzarbeitskraft) nach vorheriger Arbeitslosigkeit als AN eingestellt wurde (VwGH 14.1.2013, 2011/08/0126).

Blockmodell

Dieses Modell setzt lediglich unterschiedliche wöchentliche Normalarbeitszeitphasen oder unterschiedliche Verteilungen der wöchentlichen Normalarbeitszeit in der Altersteilzeitvereinbarung voraus. In der Praxis wird jedoch hiermit in der Regel ein in eine Freizeit- und eine Arbeitsphase geteiltes Altersteilzeitmodell gemeint.

Um in diesen Fällen überhaupt eine Förderung zu erhalten, muss zumindest während der Freizeitphase eine Ersatzkraft beschäftigt werden. Ab Beschäftigung der Ersatzkraft gebührt eine Förderung von 100 % des Aufwandes. Beginnt diese Beschäftigung jedoch erst mit der Freizeitphase, so wird für die Arbeitsphase lediglich 50 % bezahlt und ist mit Beginn der Beschäftigung eine Zwischenabrechnung durchzuführen. Die bisher nicht ausbezahlten 50 % der Differenz werden dann anteilig zusätzlich zum laufenden Altersteilzeitgeld für die restliche Zeit ausgeschüttet.

Zur Berechnung der Urlaubsersatzleistung siehe 27.6.2 (letzter Absatz).

14.8.2.2.4 Beginn der Altersteilzeit ab 1.9.2009 und ab 1.1.2011

Antrittsalter

Das Antrittsalter wurde ursprünglich (ab 1.1.2000) für Frauen ab der Vollendung des 50. Lebensjahres und für Männer ab der Vollendung des 55. Lebensjahres festgelegt. Ab 2004 wurde das Antrittsalter jährlich um ein halbes Jahr verlängert (also beispielsweise bei Frauen 2004 mit 50,5, 2005 mit 51, 2006 bis 51,5 Lebensjahren, etc.) und war letztlich ab 2013 bei Frauen mit 55 und bei Männern mit 60 Jahren geregelt.

Seit 1.1.2011 wurde das Antrittsalter von 53 (Frauen) und 58 (Männer) in das „Dauerrecht" übernommen (steigt also nicht mehr an). Falls demnach (mangels ausreichender Versicherungszeiten) ein Pensionseintritt vor dem Regelpensionsalter nicht möglich ist, so kann die Altersteilzeit für sieben Jahre beansprucht werden. Das Altersteilzeitgeld gebührt für Personen, die nach spätestens sieben Jahren das Regelpensionsalter vollendet haben (§ 27 Abs. 2 AlVG). Mit dem 2. Stabilitätsgesetz wurde eine Maximaldauer von fünf Jahren ab 1.1.2013 eingeführt (siehe 14.8.2.2.5).

Höhe des Altersteilzeitgeldes

Seit 1.1.2004 werden 50 % des Aufwandes des AG für den Lohnausgleich und die weitere Entrichtung der vollen Sozialversicherungsbeiträge (Pensions-, Kranken-, Unfall- und Arbeitslosenversicherungsbeiträge einschließlich IESG-Zuschlag auf Basis des Entgelts vor der Reduktion der Altersteilzeit) abgegolten, falls nicht eine Ersatzkraft eingestellt wird.

Für Altersteilzeitvereinbarungen, die ab 1.9.2009 abgeschlossen werden, ist die Einstellung einer Ersatzkraft nicht mehr vorgesehen. Die Ersatzrate wird generell 90 % bei einer kontinuierlichen Altersteilzeitvereinbarung betragen. Bei Blockzeitvereinbarungen (z.B. zwei Jahre weiterhin volle Arbeitszeit und zwei Jahre Zeitausgleich) hingegen ist eine Ersatzrate von 55 % vorgesehen.

Bei neuen Blockzeitvereinbarungen ab 1.1.2011 ist eine Ersatzrate von 50 % geregelt.

Als kontinuierliche Arbeitszeitverkürzungen gelten Regelungen, welche vorsehen, dass die Schwankungen der Arbeitszeit in einem Durchrechnungszeitraum von längstens einem Jahr ausgeglichen werden oder die Abweichungen jeweils nicht mehr als 20 % der Normalarbeitszeit betragen und ausgeglichen werden.

Die Anhebung des Altersteilzeitgeldes wird nicht mehr entsprechend dem jeweiligen Kollektivvertragsabschluss, sondern ab 2010 einheitlich nach dem Tariflohnindex vorgenommen. Darüber hinausgehende Lohnerhöhungen sind nach entsprechender Mitteilung durch den AG zu berücksichtigen, sofern der Unterschied zwischen dem tatsächlichen Lohn und dem der Altersteilzeitberechnung zu Grunde gelegten indexierten Lohn mehr als € 20,– monatlich beträgt (§ 27 Abs. 4 AlVG).

Zeiträume einer Kurzarbeit werden für die Beurteilung der Anspruchsvoraussetzungen und des Entgelts wie Normalarbeitszeit betrachtet.

Zugang für Teilzeitbeschäftigte

Eine Altersteilzeitregelung kann mit Vollzeitbeschäftigten oder Teilzeitbeschäftigten abgeschlossen werden, deren Arbeitszeit im letzten Jahr die gesetzliche oder kollektivvertraglich geregelte Normalarbeitszeit um höchstens 20 % unterschritten hat. Seit 1.9.2009 ist eine Altersteilzeitvereinbarung auch dann möglich, wenn die Arbeitszeit des Teilzeitbeschäftigten die Normalarbeitszeit um 40 % unterschreitet.

14.8.2.2.5 Zuerkennung des Altersteilzeitgeldes ab 1.1.2013

Falls Altersteilzeitgeld nur für Zeiträume nach dem 31.12.2012 zuerkannt wird (§ 79 Abs. 122 AlVG), beträgt die maximale Laufzeit fünf Jahre (§ 27 Abs. 2 AlVG). Das früheste Antrittsalter bleibt beim vollendeten 53. (Frauen) bzw 58. (Männer) Lebensjahr. Soll die Altersteilzeit bis zum Regelpensionsalter dauern, so muss sie fünf Jahre vor dem Antritt der Alterspension beginnen.

Weiters ist bei einer Blockzeitvereinbarung ab Beginn der Freizeitphase wiederum die Einstellung einer Ersatzarbeitskraft (siehe 14.8.2.2.3) erforderlich (§ 27 Abs. 5 Z 3 AlVG). Demnach muss spätestens ab dem Beginn der Freizeitphase zusätzlich und nicht nur vorübergehend eine zuvor arbeitslose Person über der Geringfügigkeitsgrenze versicherungspflichtig beschäftigt oder zusätzlich ein Lehrling ausgebildet werden und darf im Zusammenhang mit dieser Maßnahme keine Auflösung eines Arbeitsverhältnisses erfolgen.

Die kontinuierliche Altersteilzeit (kontinuierliche Verteilung der Arbeitszeit im Gegensatz zum Blockmodell) kann (bei Zuerkennung ab 2013) bis zum Regelpensionsalter dauern und dies auch dann, wenn der AN eine vorzeitige Alterspension oder eine Korridorpension zuvor antreten könnte (oder vorher einen Anspruch auf Sonderruhegeld hätte). Bereits laufende kontinuierliche Altersteilzeitvereinbarungen können verlängert werden, auch wenn ein früherer Pensionsanspruch gegeben ist (§ 82 Abs 4 AlVG).

Zu laufenden kontinuierlichen und laufenden Blockmodellen können Verlängerungsvereinbarungen abgeschlossen werden, wenn wegen der Verschärfung der Anspruchsvoraussetzungen für die vorzeitige Alterspension bei langer Versicherungsdauer oder die Korridorpension beim seinerzeit vorgesehenen Ende der Altersteilzeit noch kein Pensionsanspruch besteht.

14.8.2.2.6 „Teilpension" bzw. erweiterte Altersteilzeit ab 1.1.2016

Zwecks Aufrechterhaltung der sozialversicherungspflichtigen Beschäftigung älterer AN wurde eine neue „Teilpension – erweiterte Altersteilzeit" eingeführt (§ 27a AlVG). Diese Bestimmung ist mit 1.1.2016 in Kraft getreten. Sie soll bewirken, dass Personen mit einem Anspruch auf Korridorpension nicht vorzeitig aus dem Arbeitsleben ausscheiden, sondern im Rahmen einer reduzierten Arbeitszeit bis zur Regelpension die Arbeit fortsetzen. Dem AG werden für die zusätzlichen Aufwendungen entsprechende Förderungen durch das zuständige AMS gewährt, damit die Bereitschaft, ältere AN weiter zu beschäftigen, steigt.

Der Begriff „Teilpension" ist irreführend und somit verfehlt, weil es nicht um Zahlungen eines Pensionsversicherungsträgers, sondern um ein vom AMS gefördertes Teilzeitmodell geht.

Zunächst kann die Teilpension nur von Männern beansprucht werden, weil die Korridorpension erst nach dem Regelpensionsalter von Frauen zusteht (beginnend mit 1.1.2024 wird – nach der derzeitigen Rechtslage – für weibliche Versicherte die Altersgrenze für die Alterspension jährlich bis 2033 jeweils mit 1.1. um 6 Monate erhöht).

Der § 27a AlVG umfasst insbesondere folgende Bestimmungen:

- Personen, die bereits einen Anspruch auf Korridorpension haben, aber noch keine Alterspension beziehen, sondern weiterhin arbeitslosenversicherungspflichtig beschäftigt bleiben, haben nach den Grundsätzen der Altersteilzeit (§ 27 AlVG) die Möglichkeit, ihre Arbeitszeit mit Anspruch auf einen teilweisen Lohnausgleich um 40 bis 60 % zu reduzieren.
AG, die mit ihrem AN eine solche Teilpension vereinbaren, werden die damit entstehenden Mehraufwendungen für den Lohnausgleich bis zur Höchstbeitragsgrundlage und für die höheren Sozialversicherungsbeiträge zur Gänze abgegolten.
- Die geförderte Teilpensionsvereinbarung ist nur für kontinuierliche Arbeitszeitverkürzungen vorgesehen und lässt zunächst unverminderte Arbeitszeit und

danach entsprechend langen Zeitausgleich durch Nichtarbeit (Blockmodell) nicht zu.

- Die Teilpension steht auch im unmittelbaren Anschluss an die kontinuierliche Altersteilzeit beim selben AG oder nach einer kontinuierlichen Altersteilzeit und vollständiger Erfüllung der Voraussetzungen auf Grund einer zwischenzeitigen Arbeitsphase außerhalb der Altersteilzeit zu. Dies aber nur, wenn die für die Inanspruchnahme von Altersteilzeit und Teilpension gemeinsam geltende fünfjährige Maximaldauer noch nicht ausgeschöpft wurde. Der höchstmögliche förderbare Zeitraum von 5 Jahren für die Altersteilzeit wird somit durch die „Teilpension – erweiterte Altersteilzeit" nicht verlängert. Eine geblockte Altersteilzeit schließt die Teilpension aus.

- Bei der kontinuierlichen Altersteilzeit ist wie auch bei der Teilpension eine unterschiedliche Arbeitszeitverteilung innerhalb eines Zeitraums von längstens einem Jahr zulässig. Damit soll den AG und auch den AN eine flexible Arbeitszeiteinteilung ermöglicht werden.

- Bei unmittelbarem Anschluss der Teilpension an eine Altersteilzeit verlängert sich auch der Betrachtungszeitraum für den Arbeitszeitausgleich. Es muss daher vor Übertritt in die Teilpension der Arbeitszeitausgleich nicht abgeschlossen sein.

Damit wurde eine Möglichkeit geschaffen, eine gänzliche Abgeltung der Mehraufwendungen zu erreichen.

14.8.2.2.7 Allgemeines und Rechtsprechung zur Altersteilzeit

Urlaubsverbrauch bei Blockmodell

Auch in der Freizeitphase entsteht ein Urlaubsanspruch nach § 2 UrlG. Wird in der Vollarbeitsphase der Urlaub bis zum Ende dieser Phase bis zur Gänze konsumiert, so ist damit auch der Urlaubsanspruch der Freizeitphase als verbraucht anzusehen, weil der Teilzeitbeschäftigte in der Arbeitsphase wie ein Vollzeitbeschäftigter den vollen Urlaub aus der Arbeitsphase konsumiert und damit bereits einen Vorgriff auf den Urlaubsanspruch der Freizeitphase vornimmt. Er bekommt in der Arbeitsphase volle Urlaubstage und nicht halbe Urlaubstage, die der Teilzeitbeschäftigung entsprechen würden (bei einer Reduktion der Arbeitszeit um 50 %). Somit wird der Urlaub vorweg in der Arbeitsphase auch für die Freizeitphase verbraucht (OGH 29.9.2009, 8 Ob A 23/09 d).

Dazu zum besseren Verständnis ein Beispiel:

Vereinbart wird eine Altersteilzeit mit 20 Wochenstunden für vier Jahre (statt bisher 40 Wochenstunden – von Montag bis Freitag je acht Stunden) im Rahmen eines Blockmodells. In den ersten zwei Jahren arbeitet der AN weiterhin 40 Wochenstunden (Arbeitsphase). In den beiden letzten Jahren wird Freizeit genossen (Freizeitphase). Während der Arbeitsphase verbraucht der AN zwei Jahresurlaube (zu je 25 Arbeitstagen) und bekommt daher 50 Arbeitstage zu je acht Stunden arbeitsfrei. Damit ist der gesamte Urlaub, der während der Laufzeit des Altersteilzeitmodells entsteht, als konsumiert anzusehen, weil ein Urlaubstag in der Arbeitsphase (acht Stunden Freizeit) mit Vollzeit zwei Urlaubstagen bei einer durchschnittlichen Arbeitszeit von 20 Wochenstunden (zwei Urlaubstage zu je vier Stunden Freizeit) entspricht. Dazu hat der OGH weiters ausdrücklich festgehalten, dass dieses Ergebnis nicht erfordert, dass eine Vereinbarung vorliegt, wonach der Urlaub in Stunden zu berechnen sei. Vielmehr ist jedenfalls zu berücksichtigen, dass in der Arbeitsphase eine überdurchschnittliche Stundenanzahl an Freizeit für einen Urlaubstag vom AG gewährt wird.

Bei Urlaubsverbrauch während der Arbeitsphase eines Blockmodells wird somit künftig zu beachten sein, dass die gewährte Freizeit über dem Ausmaß der vereinbarten Arbeitszeit liegt und daher jeder Urlaubstag in der Arbeitsphase mehr Stunden umfasst, als es der durchschnittlichen Arbeitszeit im gesamten Blockmodell entspricht (*Rauch*, Urlaubsanspruch während der Freizeitphase einer geblockten Altersteilzeit, PV-Info 3/2010, 27 ff.).

Rückersatz, Mehrarbeit

Bei jedem Fehlen der gesetzlichen Voraussetzungen kann vom AMS der Rückersatz ausgeschütteter Förderungen verlangt werden (§§ 27 Abs. 8, 79 Abs. 72 AlVG). Ein gänzlicher Widerruf der Zuerkennung des Altersteilzeitgeldes ist nur dann zulässig, wenn das Altersteilzeitgeld bereits ursprünglich (Zeitpunkt der Antragstellung) nicht gebührt hätte (VfGH 9.12.2010, B 859/10 = ARD 6124/7/2011).

Im Fall der Kündigung des AG während der Laufzeit des Altersteilzeitmodells ist der Rückersatz ab dem Ausspruch der Kündigung möglich, sofern nicht zuvor ein Entfallstatbestand nach § 27 Abs. 8 AlVG gegeben war (VwGH 2003/08/0156 = ARD 5588/13/2005).

Wird eine einvernehmliche Auflösung wirksam, die für den Fall des Erreichens der Voraussetzungen der gesetzlichen Pensionsversicherung vereinbart wurde (vor dem ursprünglichen Auslaufzeitpunkt), so berechtigt dies das AMS nicht zum Widerruf (VwGH 16.3.2011, 2010/08/0003).

Leistet ein AN in der Freizeitphase der geblockten Altersteilzeit Mehrarbeit mit einem Einkommen über der Geringfügigkeitsgrenze (siehe 14.8.2.1), so gebührt dem AG nur für diesen Monat kein Altersteilzeitgeld. Es ist nicht die gesamte Altersteilzeitförderung zurückzufordern (VwGH 16.2.2011, 2008/08/0120).

Die einvernehmliche Auflösung des Arbeitsverhältnisses rechtfertigt nicht jedenfalls die Rückforderung des Altersteilzeitgeldes (VwGH 14.1.2013, 2010/08/0166). Das Rückforderungsrecht verjährt nicht (VwGH 14.1.2013, 2010/08/0143).

Kündigung und Altersteilzeit

Die Kündigung des AG während der Altersteilzeit wird vom § 27 AlVG nicht ausgeschlossen (kann aber einen Widerruf der Förderung bewirken [z.B. VwGH

26.1.2005, 2003/08/0156, ARD 5588/13/2005]). Zur Frage des verbliebenen Zeitguthabens wurde vom OGH folgende Entscheidung getroffen:

Kündigt der AG einen AN während eines geblockten Altersteilzeitmodells vorzeitig, ist dem AN das im Zeitpunkt der Beendigung des Arbeitsverhältnisses bestehende Zeitguthaben an Normalarbeitszeit unter Berücksichtigung eines Zuschlags von 50 % abzugelten (§ 19e Abs. 2 AZG, OGH 6.4.2005, 9 Ob A 96/04 i, 30.9.2005, 9 Ob A 82/05 g). Ob bei Berechnung der Abgeltung auch der vom AG bezahlte Lohnausgleich in den Stundensatz einzubeziehen ist, richtet sich nach der konkreten Altersteilzeitvereinbarung; sieht diese vor, dass für die Altersteilzeitarbeit jedenfalls ein bestimmtes Entgelt geschuldet wird, ohne dieses weiter in Bezug auf eine allfällige Beendigung des Arbeitsverhältnisses und ihre Folgen zu spezifizieren, ist der bis zur Kündigung gezahlte Lohnausgleich in die Bemessungsgrundlage einzubeziehen (OGH 9 Ob A 96/04 i = ARD 5600/15/2005). Dies ist dann nicht der Fall, wenn die Vereinbarung zum Altersteilzeitgeld nur dahin verstanden werden kann, dass der Lohnausgleich an die Bedingung des Altersteilzeitgeldbezuges geknüpft und das Arbeitsverhältnis vorzeitig beendet wird (OGH 8 Ob S 20/05 g = ARD 5693/7/2006, OGH 9 Ob A 21/07 i).

Kann der Vereinbarung zu dieser Frage nichts entnommen werden, so geht der OGH davon aus, dass der „Lohnausgleich" regelmäßig nicht in die Berechnung der Beendigungsansprüche einzubeziehen ist (OGH 8 Ob A 30/08 g).

Bei Zeitguthaben, die infolge einer Auflösung des Arbeitsverhältnisses nicht mehr verbraucht werden können, geht es weder um Überstunden noch um Mehrarbeit. Von einem „Mehrarbeitszuschlag" bei Blockmodellen, der sich aus der Vollzeitphase ergeben soll, kann daher keine Rede sein (OGH 9 Ob A 21/07 i).

Eine Kündigung des AN während der Freizeitphase ist grundsätzlich als treuwidrig anzusehen und einem ungerechtfertigten vorzeitigen Austritt gleichzuhalten, da mit der Altersteilzeitvereinbarung die Erlangung eines Altersteilzeitgeldes bezweckt wurde. Dies gilt aber dann nicht, wenn der AN eine Änderung der Altersteilzeit angeregt hat (wegen pensionsrechtlicher Änderung) und infolge einer Weigerung des AG gekündigt hat (OGH 8 Ob A 30/08 g, ähnlich OGH 28.2.2011, 9 Ob A 127/10 g).

Ein KV kann den Zuschlag von 50 % nach § 19e Abs. 2 AZG rechtswirksam ausschließen (OGH 8 Ob A 63/06 g).

Zur Urlaubsersatzleistung bei Altersteilzeit siehe 27.6.2.

Einschlägige Judikatur

- *Hat ein AN bei Konkurs seines AG einen berechtigten vorzeitigen Austritt gemäß § 25 KO gesetzt und fällt der Zeitraum, für den ihm Kündigungsentschädigung gebührt, zur Gänze in die Vollarbeitsphase seines Altersteilzeit-Blockmodells, ist davon auszugehen, dass er in dieser „fiktiven Kündigungsfrist" ja noch weitere Zeitguthaben erworben hätte, und es steht ihm daher im Rahmen der Kündigungsentschädigung auch der Ersatz für das auf den Zeitraum der „fiktiven Kündigungsfrist" entfallende Zeitguthaben zu. Dies gilt jedoch nicht für einen Anspruch auf Urlaubsersatzleistung (OGH 8 Ob S 4/07 g).*

Krankenstände und Altersteilzeit

Kommt es während der Freizeitphase im Rahmen eines Blockmodells zu einem Krankenstand, so wird trotzdem das Guthaben an Arbeitszeit abgebaut (OGH 9 Ob A 182/05 p – siehe auch *Rauch*, Kommentar zum EFZG und zu den wichtigsten Krankenstandsregelungen des privaten Arbeitsrechts, Anm 6.6 zu § 2 EFZG).

Dauert hingegen ein Krankenstand in der Einarbeitungsphase so lange, dass eine Reduktion des Krankenentgelts auf 50 % eintritt und es schließlich zu einer entgeltfreien Zeit kommt, so wirken sich diese Kürzungen entsprechend auch auf die Freizeitphase aus (OGH 9 Ob A 19/07 w). Demnach wird während entgeltfreien Zeiten in der Einarbeitungsphase kein Guthaben an Arbeitszeit für die Freizeitphase aufgebaut. Während Zeiten mit einem Anspruch von 50 % wird nur die halbe Arbeitszeit als Guthaben für die Freizeitphase aufgebaut.

Altersteilzeit und arbeitsrechtliche Ansprüche

Der § 27 AlVG regelt nicht die privatrechtlichen Ansprüche des AN gegen den AG, sondern unter welchen Voraussetzungen der AG einen öffentlich-rechtlichen Anspruch auf Altersteilzeitgeld hat (OGH 9 Ob A 96/04 i, 8 Ob A 23/09 d). Daher können Ansprüche des AN gegen den AG aus einer Altersteilzeitvereinbarung nicht aus dem § 27 AlVG abgeleitet werden.

Arbeitszeit nach Ende der Altersteilzeit

Enthält eine Altersteilzeitvereinbarung keine Regelung über die Beendigung des Arbeitsverhältnisses am Ende der Altersteilzeit, so lebt das ursprüngliche Arbeitsverhältnis mit dem damaligen Beschäftigungsausmaß wieder auf (OGH 27.7.2011, 9 Ob A 51/11 g). Demnach könnte im Vertrag über die Altersteilzeit mit dem Auslaufen der Altersteilzeit eine einvernehmliche Auflösung des Arbeitsverhältnisses vereinbart werden. Diesfalls sollte sich der AG ausdrücklich eine Kündigungsmöglichkeit vorbehalten (siehe Muster 14). Zum Rückersatz siehe zuvor unter „Rückersatz".

14.8.2.3 Fallweise Beschäftigte

Darunter sind AN zu verstehen, die in unregelmäßiger Folge tageweise beim selben AG beschäftigt werden, wenn die Beschäftigung für eine kürzere Zeit als eine Woche vereinbart ist (§ 471a ASVG). Für die fallweise beschäftigten AN gelten die gleichen Bestimmungen wie für die anderen AN. Sie sind in der Kranken-, Unfall- und Pensionsversicherung pflichtversichert. Die Pflichtversicherung tritt jedoch nur dann ein, wenn das dem AN im betreffenden Beitragszeitraum für einen Arbeitstag im Durchschnitt gebührende Entgelt die tägliche Geringfügigkeitsgrenze übersteigt (zu geringfügig Beschäftigten siehe 14.8.2.1). Die Frist für die An- und Abmeldung fallweise beschäftigter Personen hinsichtlich der innerhalb des Kalendermonats liegenden Beschäftigungstage beginnt spätestens mit dem 1. des nächstfolgenden Kalendermonates. Jedoch ist seit 1.1.2008 die Mindestangaben-Anmeldung bereits vor Dienstantritt zu erstatten (Details siehe www.sozialversicherung.at). In den speziell dafür vorgesehenen Formularen sind die jeweiligen Tage, an denen im vergangenen Kalendermonat eine fallweise Beschäftigung erfolgte, in den dafür vorgesehenen Kästchen anzukreuzen. Die durchschnittliche auf jeden Beschäftigungstag im Kalendermonat entfallende allgemeine Beitragsgrundlage (Entgelt) darf die **Höchstbeitragsgrundlage** (für 2017: € 4.980,–; jeweils brutto/Monat) nicht überschreiten. Der Begriff „fallweise Beschäftigte" ist nur in sozialversicherungsrechtlicher Hinsicht relevant. Arbeitsrechtlich gelten grundsätzlich die allgemeinen Bestimmungen. In der Regel handelt es sich um befristete Arbeitsverhältnisse (siehe insbesondere 14.3 und 14.3.2).

Falls das Arbeitsverhältnis kürzer als eine Woche dauert, ist ein Anspruch auf **Sonderzahlungen** m.E. nur dann gegeben, wenn der KV nicht auf einen Anspruch pro Woche (1/52 pro Woche) abstellt (zur Auslegung von KV siehe 9.2). Es besteht jedoch auch die Möglichkeit, die entsprechenden Sonderzahlungsanteile mit dem laufenden Entgelt auszuzahlen (zur Urlaubsersatzleistung siehe 31.10).

Zur Vermeidung von Konflikten müssten jedoch die Sonderzahlungsanteile auf der Abrechnung bzw. im Arbeitsvertrag entsprechend bezeichnet werden (Aufschlüsselung des Entgelts in das kollektivvertragliche Mindestentgelt und die Sonderzahlungsanteile).

14.8.2.4 Ferialpraktikanten

Beim Ferialpraktikum ist die Unterscheidung zwischen einem Ferial-AN und einem **Volontär-Ferialpraktikanten** von entscheidender Bedeutung. Mangels gesetzlicher Regelung wird von der Rechtsprechung aus dem Wesen der Rechtsbeziehung erschlossen, ob ein Ferialpraktikant als Ferial-AN oder Volontär-Ferialpraktikant anzusehen ist. Entscheidend ist dabei das Ergebnis einer Gesamtbeurteilung der konkreten Beschäftigung im Betrieb. Steht hier der Ausbildungszweck im Vordergrund und nicht Arbeitsleistungen im Interesse des Betriebsinhabers, so wird von keinem Arbeitsverhältnis auszugehen sein (OGH 26.1.2010, 9 Ob A 147/09 x). Für den Volontär-Ferialpraktikanten besteht keine Arbeitspflicht und die Möglichkeit einer weitgehenden freien Zeiteinteilung. Daher kann der AG über die Arbeitskraft des Volontär-Ferialpraktikanten nur in einem sehr beschränkten Ausmaß verfügen. Die volle Integration in den Betrieb und die Weisungsgebundenheit sprechen daher ebenso für ein Arbeitsverhältnis wie der Einsatz eines Ferialpraktikanten (im betrieblichen Interesse) als Urlaubsvertretung oder zur Bewältigung von Arbeitsspitzen (OGH 9 Ob A 255/88 = ARD 4049/15/89; OLG Wien 31 Ra 68/88 = ARD 4042/21/89).

Muss hingegen ein Ferialpraktikant zu bestimmten Zeiten im Betrieb sein und bestimmt der AG, welche Tage frei sind, so spricht dies ebenso für ein Arbeitsverhältnis, wie wenn der Beschäftiger Überstunden anordnet (VwGH 88/08/0269 = ARD 4252/6/91). Andererseits schließt eine gewisse Bindung an Ordnungsvorschriften hinsichtlich Arbeitsort, Arbeitszeit und arbeitsbezogenem Verhalten noch nicht die Stellung als Volontär-Ferialpraktikant aus (VwGH 85/08/0042 = ARD 4280/7/91).

Ein Volontär-Ferialpraktikant wird jedenfalls deutlich größere Freiheiten bei der zeitlichen Gestaltung seiner Anwesenheit im Betrieb haben müssen (OLG Wien 10 Ra 187/99 i = ARD 5100/1/2000). Maßgeblich ist aber immer eine Gesamtbetrachtung, sodass das Fehlen einzelner etwa für ein Arbeitsverhältnis sprechender Kriterien nicht jedenfalls den Schluss zulässt, dass ein Volontariat vorliegt (OGH 9 Ob A 176/95 = ARD 4722/17/96). Die Beweislast für das Überwiegen der Kriterien, die für ein Volontariat sprechen, trifft den AG (OGH 9 Ob A 255/88w = ARD 4049/15/89).

Es wird jedenfalls ratsam sein, entsprechende schriftliche Vereinbarungen (Vertrag über ein Ferialpraktikum bzw. befristeter Arbeitsvertrag) abzuschließen. Nach § 2 Abs. 4 AVRAG besteht allerdings eine Verpflichtung zum Abschluss eines **Arbeitsvertrages** bzw. Aushändigung eines **Dienstzettels** nur bei einem echten Arbeitsverhältnis, welches länger als einen Monat dauert (siehe 12. und 13.).

Arbeitsrechtliche Folgen der Unterscheidung zwischen einem Ferial-AN und einem Volontär-Ferialpraktikanten

Auf den Ferial-AN sind alle arbeits- und sozialrechtlichen Vorschriften anzuwenden. Insbesondere sind daher auch aliquote Sonderzahlungen für die Dauer der Beschäftigung nach dem anzuwendenden KV abzurechnen. Weiters gebührt dem Ferial-AN eine Ersatzleistung für den nicht konsumierten Urlaub. Ebenso besteht im Fall eines Krankenstands ein Anspruch auf ein Krankenentgelt.

Ist hingegen der Ferialpraktikant als Volontär-Ferialpraktikant anzusehen, so unterliegt er nicht den arbeitsrechtlichen Vorschriften. Insbesondere kommt auf ihn kein KV zur Anwendung. Schüler und Studenten, die eine im Rahmen des Lehrplanes bzw. der Studienordnung vorgeschriebene oder übliche praktische Tätigkeit ausüben, die nicht im Rahmen eines Dienst- oder Lehrverhältnisses verrichtet wird, waren bisher nach § 4 Abs. 1 Z 11 ASVG pflichtversichert. Diese Bestimmung wurde aufgehoben (SVÄG 2005). Seit 1.9.2005 sind diese Rechtsverhältnisse nicht mehr zur Pflichtversicherung anzumelden. Die GKK vertreten dazu die (m.E. unzutreffende) Rechtsauffassung, dass dies nur dann gilt, wenn seitens des AG keinerlei Entgelt (auch kein Taschengeld) bezahlt wird. Es besteht (ohne Beitragsleistung des AG) dennoch ein Unfallversicherungsschutz.

Sollte der anzuwendende KV eine Mindestentlohnung für Ferialpraktikanten vorsehen, so kann nicht (ohne dass dies im KV ausdrücklich normiert würde) davon ausgegangen werden, dass der KV Entgeltansprüche von Ferialpraktikanten regelt, die keine AN sind. Ein KV hat hinsichtlich Personen, die keine AN sind, keine Regelungsbefugnis (§ 2 Abs. 2 ArbVG – VwGH 97/08/0078 = ARD 5288/16/2002; VwGH 2000/08/110 = ARD 5519/9/2004).

Aufgrund der Besonderheiten eines Arbeitsverhältnisses als Ferialarbeiter (kurzfristig, Ausbildungserfordernisse) können solche AN vom Anwendungsbereich eines KV ausgenommen werden. Ein Verstoß gegen das GlBG wird dadurch nicht bewirkt, weil eine sachlich berechtigte Ausnahme vorliegt (OGH 9 Ob A 66/07 g).

Zur Beschäftigung ausländischer Ferialpraktikanten siehe 18.1.

Beschränkungen für Jugendliche

Bei Beschäftigung Minderjähriger sind die Bestimmungen des KJBG zu beachten. Demnach können Kinder bis zum vollendeten 15. Lebensjahr nur in speziellen Ausnahmefällen beschäftigt werden. Minderjährige, die das 15. Lebensjahr noch nicht vollendet, aber die Schulpflicht bereits abgeschlossen haben, können im Rahmen eines Ferialpraktikums nach schulrechtlichen Vorschriften (Schulunterrichts- bzw. Schulorganisationsgesetz) beschäftigt werden. Für diese unter 15-jährigen Personen darf während unterrichtsfreier Zeiten von mindestens einer Woche die tägliche Arbeitszeit 7 Stunden und die wöchentliche Arbeitszeit 35 Stunden nicht überschreiten (§ 13 KJBG).

Zu den für Jugendliche bis zur Vollendung des 18. Lebensjahres anzuwendenden Schutzvorschriften insbesondere hinsichtlich Arbeitszeit, Nachtruhe und Sonn- und Feiertagsarbeit siehe 30.8.

Einschlägige Judikatur

- *Sind Ferialpraktikanten im Gastgewerbe hinsichtlich ihrer Bestimmungsfreiheit in zeitlicher, örtlicher und inhaltlicher Hinsicht im Betriebsinteresse an die Vorgaben des AG gebunden, liegt keine Ferialpraxis, sondern ein Beschäftigungsverhältnis vor (VwGH 93/08/0256 = ARD 4765/31/96).*
- *Das „Praktikum" (Volontariat) wird vom Ausbildungszweck bestimmt, wobei die Ungebundenheit des Praktikanten (Volontärs) gegenüber dem Unternehmer charakteristisch ist. Ist er unter anderem an die betriebliche Arbeitszeit gebunden und in den Betrieb eingegliedert, dann ist die Beschäftigung ungeachtet ihrer Bezeichnung nicht als Volontariat, sondern als Arbeitsverhältnis zu qualifizieren. Ein Volontariat ist angesichts der dafür erforderlichen besonderen Kriterien im Zweifel nicht zu vermuten; der Unternehmer ist daher dafür beweispflichtig, dass sich die von dem angeblichen Volontär ausgeübte Tätigkeit inhaltlich von der Tätigkeit der anderen bei ihm beschäftigten AN unterschieden hat (RIS-Justiz RS 0029510). Letztlich lässt sich die Frage, ob ein Arbeitsverhältnis oder ein „Praktikum" (Volontariat) zu Ausbildungszwecken vorliegt, regelmäßig nur im Einzelfall beurteilen (OGH 9 Ob A 75/00 w, so auch 9 Ob A 235/99 w).*

14.9 Überstunden

Überstundenarbeit liegt vor, wenn entweder die Grenzen der zulässigen wöchentlichen Normalarbeitszeit überschritten werden oder die tägliche Normalarbeitszeit überschritten wird, die sich auf Grund der Verteilung der wöchentlichen Normalarbeitszeit auf einzelne Arbeitstage ergibt (§ 6 AZG – zur flexiblen Normalarbeitszeit – siehe 30.3.4, zur Gleitzeit 30.2.2, zur Reisezeit 30.3.3).

Falls durch eine bestimmte Tätigkeit die tägliche oder wöchentliche Normalarbeitszeit überschritten würde, so kann weiters fraglich sein, ob es sich überhaupt um eine Arbeitszeit handelt. Dazu ist Folgendes festzuhalten:

Unter Arbeitszeit ist jene Zeit zu verstehen, zu der sich der AN im Verfügungsbereich des AG befindet und dessen Weisungen unterliegt, sodass der AN über die Verwendung dieser Zeit nicht frei bestimmen kann (VwGH 92/18/0097).

Wird also beispielsweise dem AN die Weisung erteilt einen Kunden zum Essen einzuladen, so ist die dafür erforderliche Zeit als Arbeitszeit anzusehen. Fraglich könnte im Einzelfall sein, wie lange ein solches Arbeitsessen zu dauern hat bzw. ab welcher Dauer keine Arbeitszeit mehr angenommen werden kann. Zur Klärung solcher Fragen könnten Richtlinien formuliert werden, die von jedem AN zum Zeichen seiner Zustimmung unterfertigt werden (z.B. Höchstdauer zwei Stunden, weiterer Zeitaufwand ist als Freizeit anzusehen, falls nicht im Einzelfall eine besondere dienstliche Begründung vorliegt, Einschränkungen zum Alkoholkonsum, etc.).

Zum Höchstausmaß der zulässigen Überstunden – siehe 30.4.

14.9.1 Gesetzliche oder kollektivvertragliche Verpflichtung zur Leistung von Überstunden

Nach dem Gesetz (§ 6 Z 2 AZG) können AN nur dann zur Leistung von Überstunden herangezogen werden, wenn die vorgesehenen Überstunden die Grenzen der maximal zulässigen Arbeitszeit nicht übersteigen (siehe 30. ff.) und berücksichtigungswürdigen Interessen des AN nicht entgegenstehen.

Nach der Rechtsprechung ergibt sich aus dieser gesetzlichen Regelung keine allgemeine Verpflichtung des AN zur Leistung von Überstunden. Auf Grund seiner **Treuepflicht** ist der AN nur dann zu Überstundenarbeit verpflichtet, wenn ein **Betriebsnotstand** vorliegt (OGH 9 Ob A 221/93, 9 Ob A 191/95 = ARD 4749/8/96 und 9 Ob A 63/95 = ARD 4682/16/95).

Die Begriffe „Betriebsnotstand" bzw. „außergewöhnliche Fälle" werden von der Rechtsprechung so eng interpretiert, dass insbesondere ein drohendes Pönale die Kriterien nicht erfüllt. In der Praxis bedeutet dies, dass der AN trotz des drohenden Pönales die Leistung der vom AG angeordneten Überstunden verweigern kann, falls die Verpflichtung zur Leistung von Überstunden nicht auf den KV oder auf den Arbeitsvertrag gestützt werden kann (OGH 9 Ob A 309/97). Falls der KV vorsieht, dass die vom AG angeordneten Überstunden zu leisten sind, so bedarf es auf Grund dieser Regelung keiner arbeitsvertraglichen Vereinbarung über die Verpflichtung zur Überstundenarbeit (OGH 9 Ob A 425/97). Die Ablehnung der Überstundenarbeit ist diesfalls nur bei berücksichtigungswürdigen Gründen zulässig (z.B. eigene Geburtstagsfeier bei nicht überaus dringenden Überstunden, OLG Wien 32 Ra 50/91 = ARD 4295/3/91, Erstkommunion des Sohnes, OLG Wien 8 Ra 65/07 y = ARD 5858/5/2008).

14. Vorschläge zur optimalen Gestaltung des Arbeitsvertrages

14.9.2 Vereinbarung der Leistungsverpflichtung

Da aus dem Gesetz eine allgemeine Verpflichtung zur Leistung von Überstunden nicht abgeleitet werden kann, ist es bei Fehlen einer kollektivvertraglichen Regelung zur Leistungsverpflichtung unbedingt ratsam, eine arbeitsvertragliche Vereinbarung abzuschließen, wonach der AN die vom AG angeordneten Überstunden zu leisten hat.

Der AN kann diesfalls die vom AG angeordnete Überstundenarbeit nur bei Vorliegen (wie bereits erwähnt) berücksichtigungswürdiger Gründe verweigern, widrigenfalls ein Entlassungsgrund vorliegen kann (etwa Wiederholungsfall trotz Verwarnung).

Nach den bisherigen Ausführungen kann der AN die Leistung von Überstunden verweigern, sofern nicht ein Betriebsnotstand oder außergewöhnliche Umstände vorliegen oder der KV vorsieht, dass angeordnete Überstunden zu leisten sind.

Da eine solche kollektivvertragliche Regelung in etlichen Branchen nicht vorhanden ist, ist es geboten, im Arbeitsvertrag eine entsprechende Regelung zu vereinbaren. Diese Bestimmung sieht vor, dass der AN verpflichtet ist, die vom AG angeordneten Überstunden zu leisten, sodass eine zulässige Ablehnung durch den AN nur mehr bei berücksichtigungswürdigen Gründen zulässig ist.

14.9.3 Beschränkung der Leistungsmöglichkeiten

Der Anspruch auf Überstundenentgelt setzt die ausdrückliche oder schlüssige Anordnung von Überstunden durch den AG voraus. Werden dem AN Aufgaben zugeteilt, die auch bei richtiger Einteilung der Arbeit nicht in der normalen Arbeitszeit bewältigt werden können, so ist von einer schlüssigen Anordnung von Überstunden auszugehen (OGH 10.9.1985, 4 Ob 66/84, Arb 10.451, OGH 24.10.2012, 8 Ob A 59/12 b). Überstunden könnten daher durch die Vorgabe einer termingebundenen Arbeit, die in der Normalarbeitszeit nicht erledigt werden kann, schlüssig angeordnet werden (z.B. OGH 12.7.2000, 9 Ob A 166/00 b; 9.7.2003, 9 Ob A 39/03 f).

Machen die dem AN übertragenen Aufgaben die Leistung von Überstunden notwendig, dann muss er das dem AG anzeigen, um sich den Anspruch auf Überstundenentlohnung zu sichern. Auf die Anzeige kommt es aber dann nicht an, wenn der AG die Arbeitsleistungen entgegengenommen hat, obwohl er wusste oder wissen musste, dass sie ohne Überstunden nicht erbracht werden konnten. Welchen Wortlaut der AN bei der Anzeige wählt, bleibt ihm überlassen. Wesentlich ist, dass der AG erkennen kann, dass die Arbeit auch bei richtiger Einteilung nicht in der Normalarbeitszeit erledigt werden kann (OGH 27.2.2012, 9 Ob A 67/11 k, 4.3.2013, 8 Ob A 12/13 t).

Hat der AG Überstunden geduldet und angenommen, so kann er deren Bezahlung aber nicht mit der Begründung ablehnen, dass er diese nicht angeordnet habe (OGH 18.11.1975, 4 Ob 54/75, Arb 9.406) oder die Anzeige fehle.

Daraus ergibt sich, dass der AG Überstunden nicht bezahlen muss, wenn

- die Arbeit bei richtiger Einteilung auch in der Normalarbeitszeit hätte bewältigt werden können,
- für den AG nicht erkennbar war, dass Überstunden erforderlich waren und der AN zu diesem Erfordernis keine Anzeige vorgenommen hat.

Hingegen sind Überstunden zu bezahlen, wenn der AG

- die Mehrleistungen geduldet und angenommen hat und
- die Erfordernis von Mehrleistungen nicht erkannt hat und auch nicht erkennen musste, aber der AN diesen Umstand in nachvollziehbarer Weise dem AG angezeigt hat.

Der Hinweis des AG, dass eine ausdrückliche Anordnung fehle, ist somit nicht ausreichend. Der AG müsste vielmehr die Leistung unerwünschter Mehrarbeit ausdrücklich untersagen und den AN nach dem Ende der Normalarbeitszeit auffordern, den Arbeitsplatz zu verlassen.

Im Arbeitsvertrag kann aber vereinbart werden, dass Arbeitszeit vor dem vereinbarten Arbeitsbeginn oder nach dem vereinbarten Arbeitszeitende nur mit ausdrücklicher Zustimmung des AG (bzw. einer von ihm beauftragten Person) geleistet werden kann. Die vorübergehende Duldung einer Nichteinhaltung einer solchen vertraglichen Regelung kann die Zustimmung des AG nicht ersetzen (OGH 30.11.1994, 9 Ob A 203/94). Eine gewisse Überwachung bzw. ein Einschreiten bei erkannten bzw. erkennbaren Verletzungen der Vorgaben wird aber zur Vermeidung der Annahme des dauernden Duldens erforderlich sein.

Behauptet der AN offene Überstunden, so muss er (wenn die sonstigen Voraussetzungen vorliegen) deren zeitliche Lagerung aufschlüsseln und beweisen, dass er diese tatsächlich geleistet hat. Die Verpflichtung des AG zur Führung von Arbeitszeitaufzeichnungen (siehe 30.8) bewirkt keine Beweislastumkehr (OGH 21.12.2009, 8 Ob A 71/09 p; *Rauch*, Arbeitsrecht 2011, 26).

14.9.4 Vereinbarung der Widerrufbarkeit des Überstundenpauschales
Echtes Überstundenpauschale

Oftmals wird in der Praxis eine pauschale Abgeltung einer bestimmten Anzahl von Überstunden vereinbart. Dabei ist jedoch zu berücksichtigen, dass jene Überstunden, die im Jahresschnitt (bzw. Geltungsdauer des KV – OGH 9 Ob A 206/87, 9 Ob A 1039/92; OGH 8 Ob A 73/05 a, 9 Ob A 65/09 p) über das Pauschale hinausgehen bzw. im Pauschale nicht gedeckt sind, gesondert zu bezahlen sind, wobei die Zahlung mit Ende des Beobachtungszeitraumes fällig wird. Der Beobachtungszeitraum ist, mangels abweichender Regelung, das Kalenderjahr (OGH 6.6.1995, 9 Ob A 98/95, 12.10.1995, 8 Ob A 1211/95 = ARD 4745/21/96).

Falls aber der AN weniger Überstunden leistet, als im Pauschale gedeckt sind, oder gar keine Überstunden anfallen, so hat er trotzdem einen Rechtsanspruch auf das vereinbarte Pauschale.

Kommt es etwa auf Grund eines Auftragseinbruchs zu einer gravierenden Änderung der Umstände im Vergleich zu dem Zeitpunkt, als das Pauschale vereinbart wurde, so ermöglicht dies nicht den Widerruf des vorbehaltlos eingeräumten Überstundenpauschales. Es kann jedoch vereinbart werden, dass das Pauschale jederzeit einseitig vom AG widerrufen werden kann (OGH 4.5.1994, 9 Ob A 28/94). In diesem Fall könnte der AG etwa bei Verschlechterung der betriebswirtschaftlichen Situation den Widerruf des Pauschales aussprechen. Der Widerruf bedarf an sich keiner Begründung, darf jedoch dem Gebot der Sachlichkeit nicht widersprechen (z.B. unsachliche Strafmaßnahme, Verstoß gegen das Gleichheitsgebot etc. – OGH 9.7.1999, 9 Ob A 81/99 y).

Falls sich also der AG zur Einräumung eines Überstundenpauschales entschließen sollte, so sollte unbedingt auch die jederzeitige Widerrufbarkeit des Pauschales vereinbart werden. Ebenso kann ein Überstundenpauschale vom AG mehrfach befristet werden, wenn der AG im Auge behalten will, ob die tatsächlich erbrachten Überstunden mit dem dafür zugesagten pauschalierten Entgelt übereinstimmen (OGH 27.7.2011, 9 Ob A 61/11 b).

Soweit Überstunden in einem Pauschale Deckung finden, gebührt für diese auch dann keine weitere Vergütung, wenn ihre Leistung nach dem AZG nicht gestattet war. Die Erlaubtheit der Überstunden ist keine Voraussetzung für ihre Vergütung. Vielmehr sind auch verbotene Überstunden jedenfalls zur Gänze zu bezahlen (OGH 9 Ob A 65/95).

Unechtes Überstundenpauschale

Ob das Überstundenpauschale bei einer kollektivvertraglichen Erhöhung anzupassen ist, hängt vom Inhalt der Vereinbarung ab. Ein Überstundenpauschale kann auch so vereinbart werden, dass ein bestimmter, vom monatlichen Entgelt abgegrenzter Betrag gewährt wird (unechtes Überstundenpauschale), wobei keine konkrete Anzahl von Überstunden, die damit abgedeckt werden soll, angegeben wird. Wird hingegen auf eine bestimmte Anzahl von Überstunden verwiesen (echte Überstundenpauschale), so ist eine Anpassung bei einer kollektivvertraglichen Erhöhung vorzunehmen. Dies gilt auch dann, wenn eine bestimmte Anzahl von Überstunden als schlüssig vereinbart anzusehen ist, wenn etwa von der Leistung einer bestimmten Anzahl von Überstunden ausgegangen wurde oder die Berechnung des Pauschales auf einer bestimmten Anzahl beruht (VwGH 2004/08/0228 = ZAS 2006, 132). Zur All-in-Klausel siehe 14.9.7.

14.9.5 Verfall von Überstundenentgelt

Wenn in einer Branche kein KV anwendbar ist oder der anzuwendende KV keine Verfallsfristen (zum Verfall siehe 47.) vorsieht, so können die Ansprüche auf das

Überstundenentgelt während der dreijährigen **Verjährungsfrist** des ABGB geltend gemacht werden.

Da die Verjährungsfrist des ABGB nicht zwingend ist, kann eine kürzere Verfallsfrist im Arbeitsvertrag vereinbart werden (siehe 11.7), die jedoch nicht unangemessen kurz sein darf (nicht kürzer als drei Monate – OGH 9 Ob A 166/00 b).

Beim Überstundenentgelt ist dies von besonderer Bedeutung, weil sich insbesondere hier strittige Fragen (etwa ob Überstunden im behaupteten Ausmaß geleistet wurden) kaum mehr klären lassen, wenn seit dem Zeitraum der behaupteten Leistung der strittigen Überstunden bereits eine längere Zeit verstrichen ist.

Durch eine Geltendmachung des Überstundenentgelts wird die Verjährungs- bzw. Verfallsfrist gehemmt. In der Rechtsprechung wurde mehrmals erörtert, welche Hinweise des AN auf geleistete Überstunden als ein solches Geltendmachen anzusehen sind.

Es ist davon auszugehen, dass eine **Geltendmachung**, die den Lauf der Verfallsfrist hemmt, ein dem AG erkennbares ernstliches Fordern einer Leistung voraussetzt (OGH 9 Ob A 149/93, 9 Ob A 166/00 b). Die Übergabe von „monatlichen Gehaltsempfängermeldungen" (OGH 4 Ob 113/85) bzw. von „Tagesberichten" (OGH 9 Ob A 149/93) ist keine entsprechende Geltendmachung von Überstundenentgelt. Wenn eigene Formblätter für die Geltendmachung von Überstunden aufgelegt werden, ist die Angabe von Mehrzeiten in Spesenabrechnungen nicht als ein ernstliches Fordern von Überstundenentgelt anzusehen. Die Verfallsfrist wird daher durch die Vorlage der Spesenabrechnungen nicht gehemmt (OGH 9 Ob A 188/95).

Es wird daher empfohlen, eigene Formblätter für die Geltendmachung von Überstundenentgelt im Betrieb aufzulegen.

Zur Nachforderung von Überstundenentgelt siehe 14.9.8.

Einschlägige Judikatur

- *Die Erklärung eines AN, er wolle in Hinkunft Überstunden entlohnt erhalten und wäre mit einem Überstundenpauschale von S 5.000,– zufrieden, ist zur Vermeidung des Verfalls von Ansprüchen für geleistete Überstunden nicht ausreichend (OGH 9 Ob A 153/ 03 w =ARD 5501/2/2004).*

14.9.6 Zeitausgleich und Überstundenentgelt

Zeitausgleich

Die Gewährung von Zeitausgleich anstelle des Überstundenentgelts ist nur mit Zustimmung des AN zulässig. Der Zeitpunkt des Konsums von Zeitausgleich ist zwischen dem AG und dem AN zu vereinbaren (Arb 11.015, OGH 9 Ob A 61/02 i). Dabei ist zu beachten, dass für eine geleistete Überstunde mindestens 1,5 Stunden Freizeit (bei Zuschlag von 50 %) bzw. zwei Stunden Freizeit (bei Zuschlag von 100 %) gebühren. Bei einem Freizeitausgleich von 1 : 1 müsste der Zuschlag gesondert ausbezahlt werden. Der Zeitausgleich kann grundsätzlich auch nach der

Leistung der Überstunden vereinbart werden und ist auf die jeweils ältesten noch offenen Überstunden anzurechnen (OLG Linz 12 Ra 33/90 = ARD 4214/10/90).

Die durch Zeitausgleich konsumierten Überstunden sind in die Abfertigung, das Urlaubsentgelt etc. nicht einzurechnen (OGH 8 Ob S 3/94).

Ausnahmsweise kann der AN nach den Regelungen des § 19 f AZG den Zeitausgleich einseitig antreten, wenn binnen sechs Monaten und einer vierwöchigen Vorankündigungszeit der gewünschte Zeitausgleich vom AG nicht gewährt wird.

Soweit „Minusstunden" anfallen, sind diese vom AN auszugleichen, wenn eine diesbezügliche konkrete Vereinbarung getroffen wurde. Ein Abzug restlicher „Minusstunden" von der Endabrechnung erfordert ebenfalls eine entsprechende Regelung, die AG und AN vereinbaren (OGH 8 Ob A 13/04 a). Wird der AN vorzeitig „nach Hause geschickt, weil wenig los ist", so hat der an sich arbeitsbereite AN einen Anspruch auf Fortzahlung des Entgelts nach § 1155 ABGB (OLG Wien 7 Ra 100/08 i = ARD 5939/9/2009, zu § 1155 ABGB siehe 31.8). Zur Gleitzeit siehe 30.2.2.

Unterschreitet der AN auffallend die vereinbarte Arbeitszeit ohne Kenntnis des AG, so kann das für die nicht erbrachte Arbeitszeit geleistete Arbeitsentgelt vom AG zurückgefordert werden. Gutgläubiger Verbrauch durch den AN ist auszuschließen, wenn der AN bei objektiver Beurteilung an der Rechtmäßigkeit der Höhe des Bezugs zweifeln musste (OGH 9 Ob A 53/05 t – siehe auch 23.1).

Bei Ende des Arbeitsverhältnisses gebührt für Guthaben an Normalarbeitszeit ein Zuschlag von 50 %. Dies gilt nicht im Fall des ungerechtfertigten Austritts (§ 19a Abs. 2 AZG – bei Altersteilzeit siehe 14.8.2.2.6). Berechnungsgrundlage ist der Stundensatz zum Zeitpunkt der Auflösung des Arbeitsverhältnisses (OGH 29.6.2011, 8 Ob A 4/11 p).

Zeitausgleich und Krankenstand siehe 27.5.

Zeitausgleich und Mehrarbeit siehe 30.4.1.1.

Überstundenentgelt

Für Überstunden gebührt ein Zuschlag von 50 % (§ 10 Abs. 1 AZG). Ein Zuschlag von 100 % ist gesetzlich nicht vorgesehen. Ein solcher gebührt daher nur dann, wenn eine andere Rechtsgrundlage vorhanden ist (die meisten KV sehen Zuschläge von 100 % für Überstunden in der Nacht oder Sonn- und Feiertagen vor).

Nach § 10 Abs. 3 AZG ist der Berechnung des Überstundenzuschlags der auf die einzelne Arbeitsstunde entfallende „Normallohn" zu Grunde zu legen. Bei Akkord-, Stück- oder Gedinglöhnen (mit „Gedinge" wird eine Sonderform des Akkords im Bergbau bezeichnet) ist dieser nach dem Durchschnitt der letzten 13 Wochen zu berechnen. Durch KV kann auch eine andere Berechnungsart vereinbart werden.

Nach Auffassung des OGH ist in den „Normallohn" alles einzurechnen, was bei Leistung der betreffenden Arbeit in der Normalarbeitszeit regelmäßig auch an Zulagen mit Entgeltcharakter gewährt wird. Nicht einzurechnen sind demnach Aufwandsentschädigungen, Sonderzahlungen und nicht an die Arbeitsleistung anknüpfende außerordentliche Entgeltbestandteile, die ausschließlich für die Erbringung einer ganz bestimmten, vom AN während der Überstundenarbeit nicht verrichteten Arbeitsleistung gebühren (OGH 9 Ob A 604/93 = ARD 4565/13/94, OGH 9 Ob A 82/06 a). Ein KV kann demnach die Einbeziehung der Zulagen in die Berechnung des Überstundenentgelts nicht ausschließen. Ist jedoch die die Einbeziehung der Zulagen ausschließende kollektivvertragliche Regelung insgesamt günstiger als die gesetzliche Bestimmung nach § 10 Abs. 3 AZG (weil sie etwa einen Überstundenteiler von 143 und einen Zuschlag von 100 % vorsieht), so ist die kollektivvertragliche Berechnungsnorm als zulässig anzusehen (OGH 9 Ob A 82/06 a – zum KV für Arbeiter im eisen- und metallverarbeitenden Gewerbe). Nunmehr hat sich auch der VwGH dieser Rechtsauffassung angeschlossen (VwGH 11.12.2013, 2012/08/0217).

14.9.7 All-in-Vereinbarung und Deckungsprüfung

Mit einer All-in-Vereinbarung sollen mit einem Gesamtentgelt sämtliche Mehrleistungen (Mehr- und Überstunden) und damit eine nicht konkret festgelegte Anzahl von Mehrleistungsstunden pauschal abgegolten werden. Es ist grundsätzlich zulässig, für die gesamte Arbeitszeit ein einheitliches Entgelt festzusetzen. Die Pauschalvereinbarung kann durch Einzelvertrag ausdrücklich oder schlüssig getroffen werden. Es muss aber für den AN erkennbar sein, dass mit dem zugesagten Entgelt auch die Vergütung von Mehrleistungen (Mehr- und Überstunden samt Zuschlägen) abgegolten wird. Die Zulässigkeit solcher Vereinbarungen ergibt sich daraus, dass durch Beachtung des kollektivvertraglichen Entgelts sowie der Abdeckung einer bestimmten Anzahl von Überstunden (und nicht unbeschränkten Mehrleistungen) eine Übervorteilung des AN vermieden wird (OGH 29.3.2012, 9 Ob A 160/11 m).

Daher ist bei einer All-in-Vereinbarung (Inklusivvereinbarung) das kollektivvertragliche Entgelt festzustellen und zu prüfen, ob die darüber hinausgehenden Zahlungen die tatsächlich geleistete Mehrarbeit abdecken (Deckungsrechnung OGH 21.2.2002, 8 Ob A 79/01 b). Bei der Differenz des Gesamtentgelts zum Mindestentgelt nach KV ist neben der Überzahlung auch ein Sachbezug zu berücksichtigen (OGH 11.7.2001, 9 Ob A 161/01 v). Auch eine Vereinbarung, wonach eine verdiente Provision, soweit sie den Mindestsatz des anzuwendenden KV übersteigt, auf das Mindestarbeitsentgelt anzurechnen ist, ist rechtmäßig (OGH 17.2.1987, 14 Ob 17/87, Arb 10.624).

Das Mindestentgelt nach dem KV muss lediglich bestimmbar sein. Der Umstand, dass der AG eine Gewerbeberechtigung nicht gelöst hat, obwohl er dazu verpflichtet wäre, ändert daran nichts. Diesfalls ist das Vorhandensein der fehlenden Gewerbeberechtigung zu fingieren und daraus der entsprechende KV abzuleiten (§ 2 Abs 13 GewO) und dessen Mindestentgelt heranzuziehen (OGH 29.3.2012, 9 Ob A 160/11 m).

Demnach ist bei der Prüfung einer All-in-Klausel wie folgt vorzugehen:

Zunächst ist eine Einstufung nach dem anzuwendenden KV vorzunehmen und somit ein Mindestentgelt festzustellen. Der darüber hinausgehende Teil des Pauschalentgelts dient der Abdeckung der festgestellten Mehrleistungen. Erhält also beispielsweise der AN ein monatliches Bruttogehalt von € 2.500, und beträgt der kollektivvertragliche Mindestsatz € 2.000, brutto, so kann ein Betrag von € 500, monatlich zur Abdeckung der Entgelte für Überstunden (jeweils Grundgehalt und Zuschlag) herangezogen werden. Als Zeitraum für diese Deckungsrechnung ist mangels Vereinbarung eines kürzeren Zeitraums ein Jahr als angemessen zu erachten (z.B. OGH 29.3.2012, 9 Ob A 160/11 m).

Somit ist im Regelfall jährlich zu prüfen, ob die Mehrleistungen durch die im Laufe des Jahres gewährten Überzahlungen abgedeckt sind. Ist dies nicht der Fall, so ist das restliche Überstundenentgelt auszuzahlen (z.B. OLG Wien 27.10.1997, 10 Ra 206/97 f, ARD 4931/40/98).

Entfall der Deckungsrechnung

Die Deckungsrechnung kann dann entfallen, wenn die arbeitszeitrechtlichen Schutzbestimmungen nicht anwendbar sind (wie insbesondere bei leitenden Angestellten, denen maßgebliche Führungsaufgaben selbstverantwortlich übertragen sind – § 1 Z 8 AZG, siehe 30.1). Falls jedoch das Arbeitsverhältnis eines leitenden Angestellten einem KV unterliegt, der einen Anspruch auf ein Überstundenentgelt vorsieht, ist die Deckungsprüfung doch erforderlich (OGH 20.4.1995, 8 Ob A 238/95).

Erkennbarkeit und Umfang der All-in-Klausel

Nach § 2 Abs 1 AVRAG ist ein Dienstzettel auszustellen (siehe 12.), in dem ua der anzuwendende KV, die Einstufung und das monatliche Bruttogehalt anzugeben. Anstelle des Dienstzettels kann aber auch ein schriftlicher Arbeitsvertrag errichtet werden (§ 2 Abs 4 AVRAG – siehe 12.). Die Judikatur wurde bereits wiederholt mit Fällen befasst, wo Angaben zum KV bzw zur Einstufung im Arbeitsvertrag bzw im Dienstzettel gefehlt haben und daher strittig war, ob eine rechtswirksame All-in-Vereinbarung gegeben war. Dazu wurden folgende Grundsätze entwickelt:

Für die Rechtswirksamkeit einer solchen Vereinbarung ist es erforderlich, dass für den AN erkennbar ist, dass mit dem Inklusiventgelt auch die Mehrleistungen (Stundensätze und Zuschläge) abgegolten sind. Ergibt sich nach der jährlichen Deckungsrechnung eine Differenz, so ist diese nachzuzahlen. Kommt kein KV, Mindestlohntarif oder sonstige Mindestentgeltvorgabe zur Anwendung, so ist nicht von einem angemessenen Grundentgelt, sondern von einem solchen, welches die Sittenwidrigkeitsgrenze nicht unterschreitet, auszugehen (z.B. OLG Wien 25.6.2004, 9 Ra 48/04 a, ARD 5533/3/2004). Die Erkennbarkeit für den AN ist etwa auch dann anzunehmen, wenn vereinbart wird, dass die gesamte Mehrarbeit durch einen „überkollektivvertraglichen Bezug" und eine „Funktionszulage" abgedeckt sein soll (OGH 21.2.2002, 8 Ob A 79/01 b). Der Umstand, dass im Arbeitsvertrag der anwendbare KV nicht angeführt oder (bzw und) eine Einstufung nicht angegeben ist, ändert nichts an der Rechtswirksamkeit der Pauschalvereinbarung. Dies gilt auch dann, wenn unzutreffenderweise ein Arbeitsverhältnis von den Vertragsparteien als Werkvertrag betrachtet wurde (für das ein „Pauschalfixhonorar" vereinbart war – OLG Wien 24.5.2000, 9 Ra 68/00 m, ARD 5190/5/2001 – siehe 17.3) oder der AG nicht über die für seine Tätigkeit erforderliche Gewerbeberechtigung verfügt (OGH 29.3.2012, 9 Ob A 160/11 m). Liegt also die Erkennbarkeit für den AN vor und decken Überzahlungen die tatsächlichen Mehrleistungen im Jahresschnitt, so steht dem AN keine Nachzahlung zu.

Weiters wäre zu klären, ob eine All-in-Klausel nach dem AZG nicht erlaubte Überstunden abdeckt. Auch hier ist auf den Inhalt der Vereinbarung bzw die Erkennbarkeit für den AN abzustellen (ASG Wien 22.11.2001, 18 Cga 110/01 d, ARD 5309/16/2002, bestätigt durch OLG Wien 28.5.2002, 7 Ra 174/02 p, ARD 5346/43/2002).

Im Zweifel sind verbotene Überstunden gesondert abzugelten (OLG Wien 28.9.2016, ARD 6529/6/2016).

Überstundenpauschale und All-in-Klausel, Mutterschutz

Im Gegensatz zur All-in-Klausel wird bei einem Überstundenpauschale eine konkrete Anzahl monatlich abgegoltener Überstunden angeführt. Für eine solche Vereinbarung hat die Judikatur die Zulässigkeit der Vereinbarung einer Widerrufsmöglichkeit wiederholt bestätigt (siehe 14.9.4).

Ab dem Verbot der Leistung von Überstunden für werdende Mütter (§ 8 MSchG – siehe 25.4) ruht das Überstundenpauschale (OGH 26.2.2004, 8 Ob A 124/03 y), ebenso während einer Elternteilzeit (siehe 25.6.1), weil der AG die Leistung von Überstunden nicht verlangen kann (OGH 24.6.2015, 9 Ob A 30/15 z). Eine analoge Judikatur zu All-in-Klauseln ist derzeit nicht vorhanden. ME wird auch hier auf die Erkennbarkeit für den AN abzustellen sein und ist daher für die Praxis eine klar formulierte All-in-Klausel zu empfehlen (zur entsprechenden Absicherung könnte dabei auch ausdrücklich auf den Entfall des überkollektivvertraglichen Bezugsteiles bei gesetzlichem Verbot der Leistung von Überstunden hingewiesen werden).

All-in-Klauseln ab 1.1.2016

Bei All-in-Klauseln, die nach dem Inkrafttreten des § 2g AVRAG (1.1.2016) abgeschlossen werden, muss das Grundgehalt (der Grundlohn) betragsmäßig angeführt werden. Der bisherige Verweis auf die kollektivvertragliche Einstufung und die Angabe der Gesamtsumme ist nicht mehr ausreichend. Fehlt die betragsmäßige Angabe in einer All-in-Vereinbarung, so hat der AN Anspruch auf den Grundgehalt oder –lohn einschließlich der branchen- und ortsüblichen Überzahlungen, der am Arbeitsort vergleichbaren AN von vergleichbaren AG bezahlt wird.

Dazu ein Beispiel:
Vereinbartes All-in-Entgelt € 4.000,– brutto, KV-Mindestlohn € 2.500,– brutto, orts- und branchenüblicher Grundlohn € 3.000,– brutto jeweils monatlich.

Bei All-in-Klauseln, die bis 31.12.2015 abgeschlossen wurden, kann der AG für Überstunden (sowie für allenfalls in die Vereinbarung ausdrücklich einbezogene Ansprüche wie etwa Zulagen) € 1.500,– brutto monatlich anrechnen. In einer All-in-Vereinbarung ab 1.1.2016 gilt das nur dann, wenn als Grundlohn ausdrücklich der KV-Mindestlohn von € 2.500,– brutto monatlich angeführt ist. Ohne diese Angabe gilt der branchenübliche Grundlohn von € 3.000,–, sodass der AG nur Mehrleistungen im Wert von € 1.000,– monatlich abrufen kann. Im Streitfall wird der orts- und branchenübliche Grundlohn mittels Sachverständigengutachten festgestellt werden.

Für All-in-Klauseln, die bis 31.12.2015 abgeschlossen wurden, gilt weiterhin die bisherige Rechtslage (wie schon im Beispiel angesprochen).

Verändert sich das betragsmäßige angeführte Grundgehalt wegen einer kollektivvertraglichen Erhöhung bzw. einem Biennalsprung, so ist keine Ausstellung eines Zusatzes zum Arbeitsvertrag (bzw. zum Dienstzettel) erforderlich. Dies wäre aber unter anderem dann geboten, wenn es zu einer Veränderung des Grundgehaltes wegen einer neuen Einstufung kommt (auch wenn die All-in-Klausel vor dem 1.1.2016 abgeschlossen wurde).

14.9.8 Nachforderung von Überstundenentgelt

Wird Entgelt für angeblich offene Überstunden begehrt, so kann der AG verlangen, dass die behaupteten Ansprüche entsprechend aufgeschlüsselt werden (konkrete Verteilung der Überstunden auf bestimmte Arbeitstage), um eine Detailprüfung vornehmen zu können. Die Beweislast für behauptete Überstunden liegt nämlich beim AN (OGH 21.12.2009, 8 Ob A 71/09 p – siehe auch 14.9.3 sowie *Rauch*, Arbeitsrecht 2013, 77 f.). Oftmals sind in den vorgelegten tabellarischen Aufstellungen erhebliche Berechnungsfehler enthalten (keine Berücksichtigung von Pausen, fehlerhafte Additionen, unrichtige Annahme von 100 %igen Zuschlägen etc.). Wird die verlangte Aufstellung nicht übermittelt, so wird spätestens im arbeitsgerichtlichen Verfahren der Rechtsvertreter des AG (zur Vertretung – siehe 50.1) die Aufschlüsselung des begehrten Überstundenentgelts verlangen. Falls jedoch der AG eine bestimmte Anzahl geleisteter und nicht bezahlter Überstunden anerkennt, so kann das Begehren auf das Anerkenntnis gestützt und keine Aufstellung über den Zeitpunkt der Leistung der einzelnen Überstunden verlangt werden (OGH 5.6.2008, 9 Ob A 36/08 x). Die Geltendmachung von Überstundenentgelten durch den AN ist zum Ausschluss des Verfalls auch dann nicht notwendig, wenn die strittigen Überstunden bereits in der Lohnabrechnung angeführt wurden (OGH 30.8.2007, 8 Ob A 34/07 v, 25.3.2014, 9 Ob A 30/14 y). Herrschen also bezüglich der Anzahl der angeblich offenen Überstunden Zweifel, so sollte keinesfalls ein Anerkenntnis einer bestimmten Anzahl von Überstunden oder eine Aufnahme von Überstundenentgelt in die Lohnabrechnung erfolgen.

Zum Verfall, der insbesondere bei behaupteten Ansprüchen auf Überstundenentgelt oftmals eine wesentliche Rolle spielt siehe 14.9.5 und 47.

Abgesehen davon wird in der Praxis der AG von AN-Vertretern aufgefordert, Arbeitszeitaufzeichnungen vorzulegen, wenn der AN meint, dass noch Überstundenentgelt bezahlt werden müsste. Nach § 26 Abs. 8 AZG haben AN einmal monatlich einen Anspruch auf kostenfreie Übermittlung ihrer Arbeitszeitaufzeichnungen (siehe 30.8). Dies ändert aber nichts an der Verpflichtung des AN, die behaupteten Überstunden entsprechend aufzuschlüsseln. Daher könnte eine Aufforderung durch den AN zur Vorlage von Arbeitszeitaufzeichnungen wie folgt beantwortet werden:

Muster für die Beantwortung der Forderung eines AN bzw. dessen Vertreter nach der Vorlage von Arbeitszeitaufzeichnungen

Festzuhalten ist, dass der AN, der aus seiner Sicht offene Überstundenentgelte begehrt, nach der Judikatur des OGH verpflichtet ist, ein entsprechendes Vorbringen zu erstatten (insbesondere Anzahl und zeitliche Lagerung der angeblich offenen Überstunden) und den Beweis für dieses Vorbringen zu führen (OGH 21.12.2009, 8 Ob A 71/09 p). Die angeblich offenen Überstunden müssten daher von Frau/Herrn .... entsprechend aufgeschlüsselt und belegt werden. Um allenfalls noch offene Überstundenentgelte prüfen zu können, bitten wir Sie daher, eine entsprechend präzisierte Aufschlüsselung (nach Arbeitstagen und den an diesen Tagen geleisteten Stunden) der Ihrer Meinung nach geleisteten Überstunden an uns zu übermitteln.

14.10 Konkurrenzklausel

14.10.1 Konkurrenzklausel und Konkurrenzverbot

Ein Angestellter unterliegt nur während des aufrechten Arbeitsverhältnisses dem Konkurrenzverbot (§ 7 AngG), dessen Nichteinhaltung zu einer Entlassung führen kann (§ 27 Z 3 AngG – siehe 42.2). Nach dem Ende des Arbeitsverhältnisses ist es zulässig, den ehemaligen AG zu konkurrenzieren. Falls der AG diese Möglichkeit einschränken will, kann er mit einem volljährigen Angestellten eine so genannte „Konkurrenzklausel" vereinbaren und dem Angestellten damit vertraglich gewisse Betätigungen über das Ende seines Arbeitsverhältnisses hinaus untersagen (Mandantenschutzklauseln sind den Konkurrenzklauseln zuzuordnen – OGH 15.4.2004, 8 Ob A 21/04 b; 28.3.2007, 9 Ob A 37/07 t; 14.10.2008, 8 Ob A 58/08 z; 28.5.2015, 9 Ob A 59/15 i).

Konkurrenzklauseln unterliegen den Beschränkungen des § 36 AngG. Die einem volljährigen Angestellten durch eine Konkurrenzklausel auferlegte Beschränkung darf sich nur auf die Tätigkeit im Geschäftszweig des AG beziehen, den Zeitraum eines Jahres nicht übersteigen und für den Angestellten unter Abwägung der beiderseitigen Interessen (siehe 14.10.2) keine unbillige Erschwerung seines Fortkommens bewirken.

Konkurrenzklausel und Form der Auflösung des Arbeitsverhältnisses

Rechte aus einer vereinbarten Konkurrenzklausel kann der AG gemäß § 37 AngG nur geltend machen, wenn der Angestellte das Arbeitsverhältnis gelöst hat (es sei denn, der AG hat ihm dazu begründeten Anlass gegeben) oder wenn der Angestellte dem AG durch schuldhaftes Verhalten Anlass zur Auflösung des Arbeitsverhältnisses gegeben hat (OGH 28.10.1985, 4 Ob 134/85, wobei das schuldhafte Verhalten nicht die Schwere eines Entlassungsgrundes haben muss) oder ein befristetes Arbeitsverhältnis abläuft (OGH 31.8.1994, 8 Ob A 235/94; 25.11.1992, 9 Ob A 241/92) bzw. das Arbeitsverhältnis einvernehmlich aufgelöst wird, auch wenn dies vom AG veranlasst wurde (OGH 29.3.2006, 9 Ob A 11/06 t; 3.9.2010, 9 Ob A 141/09 i). Hat etwa der AN unbegründet gekündigt und beruhte dies auf Mobbinghandlungen des AG, so können Rechte aus einer Konkurrenzklausel nicht mehr beansprucht werden (OGH 10.1.2008, 10 Ob 37/07 z). Es reicht aus, wenn das Vorliegen eines wichtigen Grundes erkennbar ist (OGH 17.9.1998, 8 Ob A 121/98 x; 24.11.2010, 9 Ob A 19/10 z). Ergibt sich der wichtige Grund aber aus einem Fehlverhalten eines Vorgesetzten, so bleibt die Konkurrenzklausel anwendbar, wenn der AG nicht um Abhilfe ersucht wurde (OGH 3.9.2010, 9 Ob A 141/09 i). Kommt es immer wieder zu Entgeltrückständen und kündigt der AN deswegen, so kann der AG die Rechte aus der Konkurrenzklausel nicht geltend machen. Das Vorliegen eines Austrittsgrundes ist aber nicht jedenfalls für die Unzulässigkeit der Geltendmachung der Konkurrenzklausel wegen des begründeten Anlasses zur Kündigung des AN (§ 37 Abs. 1 AngG) erforderlich (OGH 27.4.2011, 9 Ob A 49/11 p).

Anwendbarkeit der Konkurrenzklausel auf Arbeiter

Im Jahre 2006 wurde eine analoge Regelung wie im AngG (§§ 36 bis 38) in das AVRAG aufgenommen. Der § 2c AVRAG gilt daher auch für volljährige Arbeiter, welche die Mindestentgeltgrenze (siehe im Folgenden) erreichen (zu unzulässigen Nebengeschäften eines Arbeiters im aufrechten Arbeitsverhältnis – siehe 42.3).

Vereinbarung einer Konkurrenzklausel bei aufrechtem Arbeitsverhältnis

Die Konkurrenzklausel kann auch noch während des aufrechten Arbeitsverhältnisses vereinbart werden (OGH 8.11.1989, 9 Ob A 274/89, 15.12.1999, 9 Ob A 182/99 a).

Mindestentgeltgrenze ab 17.3.2006 und ab 29.12.2015

Für die Anwendbarkeit von Konkurrenzklauseln, die bis 17.3.2006 vereinbart wurden, gibt es keine Mindestentgeltgrenze.

Für jene Konkurrenzklauseln, die nach dem 17.3.2006 und vor dem 29.12.2015 abgeschlossen wurden, gilt folgende Mindestentgeltgrenze:

Die Konkurrenzklausel ist nur anwendbar, wenn das letzte monatliche Entgelt mindestens das 17-fache der täglichen Höchstbeitragsgrundlage (§ 45 Abs. 2 ASVG) erreicht (monatliche Höchstbeitragsgrundlage dividiert durch 30 x 17). Dieser Betrag beinhaltet die Sonderzahlungsanteile (OGH 2.4.2009, 8 Ob A 16/09 z). Zur Ermittlung des letzten monatlichen Entgelts ist der Durchschnitt des Entgelts der letzten 12 Monate heranzuziehen (OGH 11.5.2010, 9 Ob A 154/09 a; *Rauch*, Arbeitsrecht 2011, 21 f.).

Für Konkurrenzklauseln, die ab 29.12.2015 abgeschlossen wurden bzw. werden, gilt folgende Mindestentgeltgrenze:

Das letzte monatliche Entgelt muss (exklusive Sonderzahlungsanteile) wenigstens das 20-fache der täglichen Höchstbeitragsgrundlage erreichen (monatliche Höchstbeitragsgrundlage dividiert durch 30 x 20).

Unterlassungsanspruch nach § 1 UWG

Ein auf § 1 UWG gestützter Unterlassungsanspruch ist dann möglich, wenn zur Verletzung der Konkurrenzklausel weitere die Sittenwidrigkeit begründende Umstände hinzukommen. Diese sind etwa dann gegeben, wenn der AN zur Vorbereitung des gegen die Konkurrenzklausel verstoßenden Verhaltens bereits während des aufrechten Arbeitsverhältnisses Kunden im eigenen Interesse von seinem AG abwirbt (OGH 27.5.2002, 8 Ob A 286/01 v; 22.2.2006, 9 Ob A 185/05 d – siehe auch 8.).

Einschlägige Judikatur

- *Ist der AN Geschäftsführer bei einer Gesellschaft des gleichen Geschäftszweigs, so ist seine Stellung als Geschäftsführer einer konkurrenzierenden Gesellschaft dann kein Entlassungsgrund, wenn diese Gesellschaft (bis auf eine Ausnahme) keine Tätigkeit entfaltet hat (OGH 26.1.2010, 9 Ob A 87/09 y).*
- *Nach § 7 AngG dürfen Angestellte ohne Einwilligung des AG weder ein selbständiges kaufmännisches Unternehmen betreiben noch in dem Geschäftszweig des AG für eigene oder für fremde Rechnung Handelsgeschäfte machen. Für die Auslegung der Begriffe „selbständiges kaufmännisches Unternehmen" und „Handelsgeschäfte" sind nicht die Bestimmungen des UGB heranzuziehen, sondern ist nach wie vor der „alte Kaufmannsbegriff" des HGB bzw. des AHGB maßgeblich. Die Vermittlung von Reinigungsarbeiten für Hotelbetriebe fällt nicht unter den Begriff der Handelsgeschäfte i.S.d. AHGB und stellt daher auch keine kaufmännische Tätigkeit i.S.d. AHGB dar. Die Tätigkeit unterliegt somit nicht dem Konkurrenzverbot des § 7 Abs. 1 AngG (OLG Wien 28.4.2014, 7 Ra 28/14 k, bestätigt durch OGH 25.6.2014, 9 Ob A 65/14 w, ARD 6412/11/2014).*

14.10.2 Interessenabwägung

In der Praxis erweisen sich Konkurrenzklauseln oftmals als rechtsunwirksam, weil sie zu weit gezogen sind bzw. ein vorübergehendes Berufsverbot darstellen. Nach der Rechtsprechung kann ein Angestellter durch die mit einer Konkurrenzklausel verbundene Erwerbsbeschränkung nicht gezwungen werden, seine Kenntnisse und Berufserfahrungen brachliegen zu lassen, einen erlernten Spezialberuf aufzugeben und damit zwangsläufig in eine berufsfremde Sparte mit geringerem Einkommen überzuwechseln.

Zur Frage der Wirksamkeit der Beschränkung der Erwerbstätigkeit des AN sind Billigkeitserwägungen anzustellen, wobei sich das Bestreben des Angestellten, seine Arbeitskraft bestmöglich zu verwerten, und das Interesse des AG, in seinem Erwerb nicht geschädigt werden, gegenüberstehen (z.B. OGH 9.11.1982, 4 Ob 138/82, Arb. 10.190).

Konkurrenzklauseln müssen im Sinne einer geringeren Beschränkung des AN ausgelegt werden (OGH 15.4.2004, 8 Ob A 21/04 b).

Eine Konkurrenzklausel ist jedenfalls dann unwirksam, wenn sie einem Berufsverbot entspricht. Das ist dann nicht der Fall, wenn etwa der AN durchaus in der Lage wäre, in einem anderen Geschäftszweig ein angemessenes Einkommen zu erzielen (OGH 14.1.1975, 4 Ob 74, 75/74, Arb. 9.314).

Eine Konkurrenzklausel wird dann kein unzulässiges Berufsverbot darstellen, wenn sie örtlich oder etwa auf einzelne Unternehmen beschränkt ist und daher dem AN genügend Spielraum belässt, um seine beruflichen Kenntnisse am Arbeitsmarkt zu verwerten. Sofern der AN seinen Beruf ausüben kann, wobei er aber während des ersten Jahres nach Beendigung seines Arbeitsverhältnisses keine Kunden des bisherigen AG betreuen darf, ist eine derartige Konkurrenzklausel wirksam (konkret ging es bei diesem Fall um die mit einem Steuerberater vereinbarte Konkurrenzklausel, wonach keine Klienten des bisherigen AG betreut werden dürfen – OGH 8 Ob A 21/04 b = ARD 5529/6/2004).

Wird einer Fußpflegerin untersagt, in drei Wiener Bezirken (wo die Standorte des ehemaligen AG sind) konkurrenzierend tätig zu werden, so ist eine solche Konkurrenzklausel zulässig (OLG Wien 26.4.2006, 10 Ra 24/06 g = ARD 5763/9/2007).

14.10.3 Wirksamkeit der Konkurrenzklausel durch bezahlte Karenz

Der zweite Satz des § 37 AngG sieht vor, dass die Konkurrenzklausel trotz Kündigung des AG wirksam bleibt, falls der AG bei der Auflösung des Arbeitsverhältnisses erklärt hat, während der Dauer der Beschränkung dem Angestellten das ihm zuletzt zukommende Entgelt zu leisten. Demnach kann der AG durch einseitige Willenserklärung auf der Einhaltung der Konkurrenzklausel bestehen. In diesem Fall muss er jedoch das Entgelt für die vereinbarte Geltungsdauer der Konkurrenzklausel weiter bezahlen, obwohl der AN während dieser Zeit keinerlei Arbeitsleistungen mehr für das Unternehmen erbringt. Der AG kann jedoch von dieser Erklärung nicht mehr einseitig zurücktreten. Es wird daher nur in besonders gelagerten Fällen ratsam sein, eine solche kostspielige Erklärung abzugeben.

Eine solche Erklärung des AG erst nach Beendigung des Arbeitsverhältnisses bindet den AN nicht und bewirkt keinen Entgeltanspruch gegen den AG (OGH 28.10.1985, 4 Ob 134/85, ARD 3767/9/86; OLG Wien 17.11.2004, 7 Ra 159/04 k, ARD 5584/3/2005).

Ist im Arbeitsvertrag eine geringere Abgeltung (als Karenzabgeltung) als das zuletzt bezahlte Entgelt vorgesehen, so ist die Karenzierung zur Aufrechterhaltung der Konkurrenzklausel nicht absolut nichtig, sondern teilnichtig. Die teilnichtige Konkurrenzklausel kann der AN gegen sich gelten lassen (OGH 29.10.2014, 9 Ob A 67/14 i).

14.10.4 Konventionalstrafe oder Unterlassungsanspruch, richterliches Mäßigungsrecht

Wurde mit dem AN für den Fall des Verstoßes gegen die Konkurrenzklausel eine Konventionalstrafe vereinbart, so kann der AG nur die Zahlung der Konventionalstrafe verlangen. Der Anspruch auf Unterlassung der konkurrenzierenden Tätigkeit oder auf Ersatz eines weiteren Schadens ist ausgeschlossen (§§ 37 Abs. 3 AngG, 2c Abs. 5 AVRAG).

Für Konkurrenzklauseln, die ab 29.12.2015 vereinbart wurden bzw. werden, darf die Konventionalstrafe maximal 6 Nettomonatsentgelte betragen (§§ 37 Abs. 3 AngG, 2c Abs. 5 AVRAG).

Ist also eine Konventionalstrafe (siehe auch 14.11) nicht vereinbart, so kann der AG auf Unterlassung der in der Konkurrenzklausel verbotenen beruflichen Betätigung klagen. Der Anspruch auf Unterlassung kann auch durch einstweilige Verfügung durchgesetzt werden (OLG Wien 21.11.1997, 9 Ra 310/97 t, ARD 4931/33/98). Die bloß abstrakte Möglichkeit eines nicht konkretisierten Schadens reicht für die Erlassung einer einstweiligen Verfügung nicht aus (OLG Wien 23.1.2006, 8 Ra 168/05 t, ARD 5698/3/2006). Die Bescheinigung einer drohenden Gefährdung (z.B. drohender Kundenverlust) erfüllt hingegen die Anforderungen (OLG Wien 13.11.2014, 9 Ra 107/14 t; siehe auch OLG Wien 23.9.2009, 7 Ra 100/09 s; *Rauch*, Arbeitsrecht 2011, 22).

Es ist daher im Einzelfall zu entscheiden, ob die Zahlung einer Konventionalstrafe oder der Unterlassungsanspruch zu bevorzugen ist. Dabei ist zu bedenken, dass die Unterlassungsklage oftmals nicht als das geeignete Mittel anzusehen ist (schwierige Durchsetzbarkeit der Unterlassung, Verfahrensdauer, wobei allerdings die vorerwähnte einstweilige Verfügung beantragt werden könnte). Die Möglichkeit der Unterlassungsklage ist dann zu bevorzugen, wenn auf Grund besonderer Spezialkenntnisse des AN eine rasche Einstellung der konkurrenzierenden Tätigkeit angestrebt werden sollte.

Die Konventionalstrafe stellt einen pauschalierten Schadenersatz dar. Daher schließt das Fehlen des Nachweises eines Schadenseintritts die Verhängung einer Konventionalstrafe nicht aus. Die Konventionalstrafe gebührt dem AG unabhängig von der Höhe des tatsächlichen Schadens. Das Fehlen eines Schadens kann jedoch im Rahmen des sogenannten „richterlichen Mäßigungsrechts" (§ 38 AngG, § 2c Abs. 6 AVRAG) berücksichtigt werden. Nur dann, wenn feststeht, dass eine

Schädigung des ehemaligen AG ganz und gar ausgeschlossen ist, ist die Verhängung einer Konventionalstrafe überhaupt unbillig und damit ausgeschlossen.

Falls im Rahmen des richterlichen Mäßigungsrechts beurteilt werden muss, ob eine vereinbarte Konventionalstrafe überhöht ist, ist der Richter zu einer Billigkeitsentscheidung anhand der Umstände des Einzelfalles verpflichtet. Es sind vor allem die Höhe des entstandenen Schadens im Verhältnis zur Höhe der vereinbarten Konventionalstrafe sowie die Art und das Ausmaß des Verschuldens des AN und die wirtschaftlichen Verhältnisse der Beteiligten zu berücksichtigen (OGH 28.10.2015, 9 Ob A 105/15 d). Die Untergrenze der Herabsetzung der Konventionalstrafe ist die Höhe des tatsächlichen Schadens (OGH 26.6.2002, 9 Ob A 140/02 g; 29.11.2013, 8 Ob A 72/13 s). Die Mäßigung kann jedoch auch dann erfolgen, wenn der tatsächliche Schaden nicht festgestellt wurde, weil der Anspruch auf die Konventionalstrafe nicht vom Nachweis eines bestimmten Schadens abhängig ist (OLG Wien 3.12.1997, 8 Ra 316/97 t, Arb 11.679, ARD 5058/5/99).

Steht jedoch fest, dass durch das Verhalten des AN kein Schaden eingetreten sein kann, so ist die Vertragsstrafe auf null zu mäßigen (OLG Wien 30.3.2004, 7 Ra 18/04 z, ARD 5529/9/2004). Falls hingegen der AG mehrere alternative Arbeitsplätze bei anderen Unternehmen vermittelt, die nicht mit seinem Unternehmen in Konkurrenz stehen und der AN dennoch zu einem direkten Konkurrenten des AG wechselt, so besteht kein Spielraum für eine richterliche Mäßigung (OGH 25.6.2013, 9 Ob A 70/13 d).

Die Zahlung der Konventionalstrafe durch den neuen AG ist wettbewerbswidrig i.S.d. § 1 UWG, wenn weitere Begleitumstände hinzutreten (wie aggressive oder irreführende Handlungen – OGH 17.9.2014, 4 Ob 125/14 g).

14.10.5 Konkurrenzierung und unlauterer Wettbewerb

Das bloße Missachten einer Konkurrenzklausel – sei es durch den AN, sei es durch den neuen AG, der in Kenntnis der Konkurrenzklausel den AN aufnimmt – begründet für sich allein keinen Anspruch nach dem UWG. Ein solcher besteht nur dann, wenn zur Verletzung der Konkurrenzklausel besondere, die Sittenwidrigkeit im Sinne des § 1 UWG herbeiführende Umstände hinzutreten. In diesem Fall ist eine Unterlassungsklage trotz einer vereinbarten Konventionalstrafe möglich. Der Unterlassungsanspruch ist auch hier im Rahmen der Arbeits- und Sozialgerichtsbarkeit (§ 50 Abs. 1 Z 1 ASGG) durchsetzbar.

Ein AN, der etwa über den Bruch einer Konkurrenzklausel hinaus planmäßig den Wettbewerb des neuen zu Lasten des früheren AG fördert, handelt sittenwidrig. Eine Sittenwidrigkeit in diesem Sinne ist beispielsweise dann gegeben, wenn der Geschäftsbetrieb des alten AG systematisch durch unlauteres Ablichten von Unterlagen und Beschaffen von Kundenlisten beeinträchtigt wird, wobei das einzige Ziel dieser Aktionen die Schädigung des Mitbewerbers ist.

Der neue AG handelt nicht schon dadurch sittenwidrig, dass er den AN in Kenntnis der ihn verpflichtenden Konkurrenzklausel aufnimmt. Es müssen vielmehr auch hier besondere, die Sittenwidrigkeit begründende Umstände hinzutreten. Dies ist etwa dann der Fall, wenn der neue AG weiß, dass der AN schon während des früheren Arbeitsverhältnisses Kunden für den neuen AG abgeworben hat (siehe dazu OGH 4 Ob 37/90, 4 Ob 2358/96 k; ARD 5065/20/99). Auch die Zahlung der Konventionalstrafe durch den neuen AG ist nur bei Hinzutreten unlauterer Umstände wettbewerbswidrig (OGH 17.9.2014, 4 Ob 125/14 g).

Das Aufsuchen der Kunden des früheren AG mit Kundenlisten und Anbieten von Leistungen im Rahmen der bisherigen Wartungsverträge ist sittenwidrig (OGH 9 Ob A 66/03a = ARD 5451/3/2003).

14.10.6 Vorbereitungshandlungen zur konkurrenzierenden Tätigkeit

Nach der ständigen Rechtsprechung fallen vorbereitende Handlungen zur künftigen Ausübung einer selbständigen Berufstätigkeit nicht unter das Konkurrenzverbot. Selbst die Gründung eines Konkurrenzunternehmens stellt keinen Verstoß gegen § 7 AngG dar (OGH 9 Ob A 301/88, 9 Ob A 301/90, 9 Ob A 187/91; Arb. 11.072; 9 Ob A 118/93, 8 Ob A 2102/96 t, 9 Ob A 72/99 z).

Falls daher der AN während der Bindungsdauer einer Konkurrenzklausel lediglich Vorbereitungshandlungen für eine geplante selbständige Erwerbstätigkeit durchführt, so liegt kein Bruch der Konkurrenzklausel vor. Falls jedoch der Geschäftsbetrieb während der Gültigkeitsdauer der Konkurrenzklausel bereits aufgenommen wird, so ist ein Vertragsbruch gegeben. Die bloße Einholung von Informationen über den Kauf von Maschinen sowie über die Finanzierung von Unternehmensgründungen und die Eintragung in das Firmenbuch stellen hingegen zulässige Vorbereitungshandlungen dar (OGH 9 Ob A 8, 9/93 = ARD 4523/39/94). Die vorgenannten Entscheidungen sind zur Frage der Entlassung wegen eines Verstoßes gegen § 7 AngG (Konkurrenzverbot) ergangen. Da sie jedoch den Begriff der unzulässigen Konkurrenzierung näher darlegen, können sie ebenso herangezogen werden, wenn es um die Verletzung einer Konkurrenzklausel geht.

Da sich in der Praxis die Unterlassungsklage meistens nicht als ein geeignetes Mittel erweist (Durchsetzbarkeit der Unterlassung, Verfahrensdauer, bei der allerdings durch einstweilige Verfügung eine Abhilfe geschaffen werden könnte, etc.), ist es ratsam, eine Konventionalstrafe zu vereinbaren, wenn nicht aufgrund besonderer Spezialkenntnisse eine Unterlassungsklage bzw. eine einstweilige Verfügung geboten sein könnte. Die einstweilige Verfügung setzt eine drohende Gefährdung (Gewalt oder unwiederbringliche Schädigung) voraus (OLG Wien 23.9.2009, 7 Ra 100/09 s; *Rauch*, Arbeitsrecht 2011, 22). Oftmals erweisen sich Konkurrenzklauseln als rechtsunwirksam, weil sie zu weit gezogen sind. Es ist daher wesentlich – im Hinblick auf die obigen Ausführungen –, die Konkurrenzklausel möglichst so einzuschränken, dass sie von der Gegenseite nicht als Berufsverbot dargestellt werden kann. Es ist grundsätzlich zulässig, zur Überwachung der Einhaltung des Konkurrenzverbots oder der Konkurrenzklausel einen **Detektiv** zu beauftragen und dessen Kosten im Wege des Schadenersatzes vom AN zu verlangen (siehe 21.).

Einschlägige Judikatur

- *Das starke Interesse der Beklagten, dass der Kläger nicht bei einem Konkurrenzunternehmen tätig werde, zeigt schon der Umstand, dass sie ihn mit einem für drei Jahre unkündbaren Dienstvertrag und durch erhebliche Erhöhung seiner Bezüge davon abhalten wollte, zu einer anderen Firma zu wechseln (OGH 4 Ob 74, 75/74 = Arb. 9.314).*

- *Für das Bestehen einer Konkurrenzsituation ist es nicht erforderlich, dass sich zwei Unternehmen mit völlig gleichartigen Produkten an den selben Kundenkreis wenden, sondern es genügt, dass mit den konkurrierenden Produkten gleichartige Bedürfnisse eines zumindest teilweise identen Kundenkreises befriedigt werden (OLG Linz 13 Ra 1021/87 = Arb. 10.652).*

- *Gerade bei unqualifizierten manuellen Tätigkeiten käme die Wirkung der vereinbarten Konkurrenzklausel einem Berufsverbot gleich und würde die Erwerbsfreiheit des AN erheblich einschränken, ohne dass eine Schädigung des AG wegen verwerteter und erworbener Spezialkenntnis des AN messbar wäre (OGH 9 Ob A 2259/96 p).*

- *Konkurrenzklauseln sind mangels besonderer Interpretationsregelungen nach den Bestimmungen der §§ 914 ff. ABGB auszulegen. Dabei ist zu beachten, dass bei Fehlen einer bezahlten Karenz als Gegenleistung grundsätzlich ein unentgeltliches Rechtsgeschäft vorliegt, sodass dann die für den AN günstigere Interpretation unabhängig davon zu wählen ist, ob sich der AG undeutlicher Formulierungen bedient hat (OGH 9 Ob A 209/98 w).*

- *Eine Konkurrenzklausel kann nicht nur zugleich mit einem Arbeitsvertrag, sondern auch noch während des aufrechten Arbeitsverhältnisses wirksam vereinbart werden. Wenn jedoch der AG die Vereinbarung einer Konkurrenzklausel unter Ausübung eines erheblichen Drucks und unter Vertrauensbruch erwirkt hat, ist sie von Anfang an gemäß § 879 Abs. 1 ABGB nichtig und unwirksam. Ob eine derartige Drucksituation bei der Vereinbarung der Konkurrenzklausel erst während des aufrechten Arbeitsverhältnisses vorliegt, hängt stets von den Umständen des Einzelfalles ab (OGH 9 Ob A 182/99 a = ARD 5147/2/2000).*

- *Überwiegen die Interessen eines AN an der bestmöglichen Verwertung seiner Arbeitskraft deutlich die Interessen des AG an der Einhaltung einer Konkurrenzklausel, stellt dies auch dann eine unbillige Erschwerung seines Fortkommens dar und ist somit unwirksam, wenn es dem AN ohne größere Schwierigkeiten möglich gewesen wäre, den Geschäftszweig des AG zu meiden (OLG Wien 10 Ra 60/00 t = ARD 5147/3/2000).*

14.11 Konventionalstrafe

Es ist möglich, mit dem AN etwa für den Fall des Zuwiderhandelns gegen eine vereinbarte Konkurrenzklausel (siehe 14.10.4) oder für den Fall, dass der AN sein Arbeitsverhältnis ohne Vorliegen eines wichtigen Grundes vorzeitig löst oder aus seinem Verschulden entlassen wird, eine Konventionalstrafe zu vereinbaren.

Auch eine Geheimnisschutzklausel (siehe 14.19), mit der dem AN die Pflicht auferlegt wird, auch nach der Beendigung des Arbeitsverhältnisses Unternehmensgeheimnisse zu wahren, kann durch eine Konventionalstrafe abgesichert werden (ebenso die Pflicht zur Rückgabe von Kundendaten, Auftragsmustern etc. – OGH 22.10.2012, 9 Ob A 110/12 k).

Solche Konventionalstrafen sind ein gewisser Schutz gegen vertragswidrige Handlungen von AN. Insbesondere kann sich der AG dadurch in gewisser Weise davor schützen, dass AN ihren Arbeitsplatz ohne Einhaltung der maßgeblichen Kündigungsfrist verlassen. An sich macht sich ein AN durch ein solches Verhalten schadenersatzpflichtig. Für den AG ist es aber überaus schwierig, den erlittenen Schaden zu konkretisieren. Durch eine vereinbarte Konventionalstrafe wird der etwa zu ersetzende Schaden im Vorhinein pauschaliert und man kann sich darauf beschränken, die vereinbarte Konventionalstrafe zu fordern, ohne den Eintritt eines tatsächlichen Schadens nachweisen zu müssen (z.B. OGH 9 Ob A 10/08 y).

Sinnlos ist es, Konventionalstrafen übermäßig hoch festzusetzen, denn sie unterliegen gemäß § 1336 Abs. 2 ABGB und § 38 AngG bzw. § 2c Abs. 6 AVRAG dem **richterlichen Mäßigungsrecht** (siehe 14.10.4). In welcher Höhe eine Konventionalstrafe, die im Übrigen auch in Arbeiterdienstverträgen vereinbart werden kann, angemessen ist, ist gesetzlich nicht geregelt. Zu prüfen sind die Verhältnismäßigkeit, die wirtschaftlichen oder sozialen Verhältnisse des AN sowie das Ausmaß seines Verschuldens (OGH 9 Ob A 10/08 y).

Der OGH vertritt weiters die Auffassung, dass die Konventionalstrafe nicht gegen das Existenzminimum aufgerechnet werden darf (9 Ob A 50/09 g – siehe auch 26.3). Bei Arbeitskräfteüberlassung sind die Beschränkungen nach § 11 Abs. 3 AÜG zu beachten, wonach die Konventionalstrafe keine unbillige finanzielle Belastung der überlassenen Arbeitskraft bewirken darf (OGH 15.12.2009, 9 Ob A 80/09 v).

Die Zahlung der Konventionalstrafe durch den neuen AG kann sittenwidrig sein (siehe 14.10.4 letzter Absatz).

Einschlägige Judikatur

- *Die Vertragsstrafe ist vor allem dann übermäßig, wenn der erlittene Schaden unverhältnismäßig kleiner als der bedungene Vergütungsbetrag ist. Unter die Höhe dieses tatsächlichen Schadens kann die Vertragsstrafe nicht herabgesetzt werden (OGH 4 Ob 138/82, 9 Ob A 140/02 g).*
- *Eine für den Fall des Austrittes vereinbarte Konventionalstrafe wird nicht fällig, wenn der verpflichtete AN das Arbeitsverhältnis während des Probedienstverhältnisses gelöst hat. Wird die Konventionalstrafe für den Fall der Lösung des Arbeitsverhältnisses während der Probezeit vereinbart, ist diese Vereinbarung ungültig (OLG Linz 12 Ra 1046/87).*

- *Die grundsätzlich von keinem Schadenseintritt, aber vom Verschulden abhängige Vertragsstrafe gebührt anstatt des nach Schadenersatzrecht zu vergütenden Nachteils (OGH 9 Ob A 160/94).*
- *Der Schadenersatzanspruch des AG wegen eines ungerechtfertigten vorzeitigen Austrittes oder einer gerechtfertigten Entlassung ist nach § 1162d ABGB ebenfalls innerhalb von sechs Monaten (wie eine Kündigungsentschädigung) gerichtlich geltend zu machen (OLG Wien 8 Ra 258/98 i = ARD 5046/5/99).*

14.12 Verwendung

Da die Vereinbarung einer bestimmten Arbeitsleistung dem AN ein Recht auf die Ausübung nur dieser Tätigkeit gewährt, wäre eine Weigerung, andere Arbeiten auszuführen, grundsätzlich gerechtfertigt. Daher empfiehlt es sich, die vom AN durchzuführenden Arbeiten möglichst allgemein darzustellen, wie als „Angestellter im Büro" oder als „Hilfsarbeiter".

Einschlägige Judikatur

- *Da nach den Feststellungen der Vorinstanzen der „Mitarbeitertätigkeitsbereich" der Klägerin arbeitsvertraglich nicht auf bestimmte Arbeiten eingeschränkt war, woran auch ihre letzte Verwendung als Kassiererin nichts ändern kann, muss die Annahme einer schlüssigen Vertragsänderung (durch eine tatsächliche bestimmte Verwendung) scheitern (OGH 9 Ob A 79/94).*
- *Einem AG ist es nicht verwehrt, AN, die nicht zu besonders spezifizierten Arbeiten aufgenommen wurden, zu betrieblich notwendigen oder zwecks gleichmäßiger Belastung seiner AN zweckmäßigen geringfügigen anderen Tätigkeiten heranzuziehen. Je allgemeiner die Dienstpflicht umschrieben ist, desto weiter reicht das Weisungsrecht des AG; je enger und genauer die Dienstpflicht vertraglich präzisiert ist, desto eingeschränkter ist das Weisungsrecht des AG. Die tatsächliche Verwendung bezeichnet nur in den seltensten Fällen die Grenzen der Arbeitspflicht (OGH 8 Ob A 309/94 = ARD 4690/17/95).*

14.13 Arbeitsort

Wird dem AN ein bestimmter Arbeitsort garantiert, so kann er Arbeitsleistungen an anderen Arbeitsorten ablehnen. Bei der Formulierung der Bestimmungen im Arbeitsvertrag zum Arbeitsort ist daher zu beachten, dass nicht der Anschein der Garantie eines bestimmten Arbeitsortes entsteht. Vielmehr sollte sich der AG ausdrücklich vorbehalten, dass der AN auch an anderen Arbeitsorten (als demjenigen, welcher im Arbeitsvertrag vereinbart wurde) eingesetzt werden kann. Dabei ist auch hier zu berücksichtigen, dass die Grenzen des Zumutbaren zu wahren sind (bei einem deutlich längeren Anfahrtsweg wäre die Zumutbarkeit nicht mehr gegeben – siehe 29.).

Bei bestimmten Tätigkeiten ist auf wechselnde Einsatzorte im Arbeitsvertrag hinzuweisen (z.B. Bauarbeiter, Reisende, Reinigungskräfte).

Nicht zulässig ist es, als Arbeitsort Österreich im Arbeitsvertrag anzugeben, um damit Ansprüche auf Reisediäten zu vermeiden, die in den jeweils anzuwendenden kollektivvertraglichen Bestimmungen an ein Verlassen des Arbeitsortes gebunden sind.

Der Arbeitsort, der zulässigerweise vereinbart werden kann, ist jener Ort, der den regelmäßigen Mittelpunkt des tatsächlichen Tätigwerdens des AN entspricht, wobei der Arbeitsort nicht mit dem Unternehmensstandort zusammenfallen muss (OGH 19.5.1993, 9 Ob A 102/96).

Dementsprechend ist davon auszugehen, dass sich der Arbeitsort eines Bauarbeiters auf der jeweiligen Baustelle befindet, auf der er eingesetzt wird, falls nichts anderes vereinbart wurde. Die Zeiten, die der AN für die Fahrt von der Wohnung zur Baustelle benötigt (und zurück), sind Wegzeiten, die nicht zur Arbeitszeit zählen. Ob und wie solche Zeiten zu vergüten sind, hängt von den einzel- und kollektivvertraglichen Vereinbarungen ab (OGH 17.3.2004, 9 Ob A 109/03 z, siehe auch 30.3.2).

Wenn eine „Bezirksleiterin" ihre Tätigkeit ausschließlich in den Filialen des AG in ihrem Verkaufsbezirk wahrnimmt, können als „Dienstort" i.S.d. KV für Handelsangestellte (Abschnitt XVI Z 1 lit b) die Gemeindegebiete jener Gemeinden im Verkaufsbezirk, in denen der AG eine Betriebsstätte unterhält, angesehen werden (OGH 28.6.2012, 8 Ob A 10/12 x, *Rauch*, Arbeitsrecht 2013, 76).

Einschlägige Judikatur

- *Es ist davon auszugehen, dass sich der arbeitsvertragliche Arbeitsort der beiden betroffenen Klägerinnen nicht nur aus dem Standort des Betriebes bei Vertragsabschluss, sondern auch aus der Verwendungszusage der dafür zuständigen Objektleiterin und der jahrelangen Gestaltung des Arbeitsverhältnisses ergibt. Damit war aber der Ort der Arbeitsleistung als wesentlicher Inhalt der Arbeitspflicht in erster Linie mit dem Krankenhaus und allenfalls noch für den Bereich St. Pölten festgelegt. Die Beklagte hätte daher die beiden Klägerinnen ohne Verletzung des Arbeitsvertrages nicht einseitig an einen außerhalb von St. Pölten liegenden Arbeitsort versetzen dürfen. Dennoch wurden die Klägerinnen aufgefordert, ihre Arbeit für eine nicht absehbare Zeit nunmehr an rund 60 Kilometer entfernten Arbeitsorten in Wien und Klosterneuburg anzutreten. Die auf Grund der berechtigten Weigerung der Klägerinnen erfolgte Entlassung ist daher schon zufolge der Rechtswidrigkeit der erwähnten Aufforderung ungerechtfertigt, sodass sich eine weitere Prüfung, ob dafür noch eine Zustimmung des BR im Sinne des § 101 ArbVG erforderlich gewesen wäre, erübrigt (OGH 9 Ob A 60/92).*

- *Durch die tatsächliche Verwendung eines AN bei Beginn des Arbeitsverhältnisses allein werden die Grenzen der Arbeitspflicht nicht endgültig festgelegt. Wo aus den Umständen bei Abschluss des Arbeitsverhältnisses nicht eindeutig hervorgeht, dass sich der AN nur zu den tatsächlich verrichteten Arbeiten verpflichtet hat, ist die Verkehrssitte dafür maßgebend, welche anderen Arbeiten an welchen anderen Orten er gegebenenfalls zu übernehmen hat. Aus der Lage des Betriebes des AG im Zeitpunkt des Vertragsabschlusses ergibt sich sohin auch im Hinblick auf die grundsätzliche Betriebsbezogenheit der*

Arbeit daher nicht, dass der AN auch für den Fall der Verlegung dieses Betriebes an einen anderen Ort nur zur Leistung der Arbeit an der bisherigen Arbeitsstätte verpflichtet ist. Entscheidend ist, ob dem AN die Tätigkeit an der neuen Betriebsstätte zumutbar ist. Dabei stehen die Verkehrsverbindungen und nicht Gemeindegrenzen im Vordergrund. Unzumutbar ist dem AN der Wechsel des Einsatzortes vor allem dann, wenn er den vom Arbeitsvertrag vorausgesetzten persönlichen Lebensbereich verlassen müsste, das heißt z.B. nach Beendigung der Arbeit nicht mehr in seine Wohnung zurückkehren könnte. Erhöht sich lediglich die tägliche Anreisezeit, hängt die Unzumutbarkeit vom Verhältnis der neuen Anreisezeit zur bisherigen und zur täglichen Arbeitszeit ab (OGH 9 Ob A 133/94).

- *Beruhen besonders günstige Arbeitsbedingungen am bisherigen Betriebsstandort auf einem Entgegenkommen des AG, sind diese bei einer Betriebsverlegung und der Zumutbarkeit der Folgepflicht des AN nicht zu berücksichtigen (die Arbeitsstätte war im Wohnhaus der Klägerin und die kurzfristige Betreuung des Kindes in der Wohnung wurde gestattet – OGH 9 Ob A 121/97 b).*

14.14 Betriebssperre und Urlaub

Von einer rechtswirksamen Urlaubsvereinbarung kann in der Regel nur dann ausgegangen werden, wenn eine entsprechende Vereinbarung zwischen dem AG und dem AN vorliegt (siehe 27.1 und speziell zum Betriebsurlaub 27.11).

Die in vielen Betrieben geübte Praxis, einen einheitlichen Urlaubstermin einseitig durch den AG in der Form festzulegen, dass der Betrieb für eine bestimmte Zeit gesperrt wird, ist noch nicht als Vereinbarung eines Urlaubs anzusehen. Wenn hingegen jeder einzelne AN ausdrücklich oder stillschweigend zustimmt, so kann von einer Urlaubsvereinbarung ausgegangen werden. Es ist daher ratsam, längere Zeit vor der Betriebssperre die AN entsprechend über deren zeitliche Lagerung zu informieren. Wird der AN trotz ausdrücklicher Ablehnung des Urlaubskonsums und Arbeitsbereitschaft während der Betriebssperre nicht beschäftigt, hat er für diese Zeit **Anspruch auf Entgelt nach § 1155 ABGB**, obwohl er keine Arbeitsleistungen erbringt und von einem Urlaubskonsum nicht ausgegangen werden kann (wobei der AN aber auch begründen müsste, warum zur strittigen Zeit für ihn keine Erholungsmöglichkeit besteht – OGH 27.2.1968, 4 Ob 9/68).

Trotz dieser Problematik wird empfohlen, schon bei der Begründung des Arbeitsverhältnisses mit dem AN zu vereinbaren, dass er während der Dauer der Betriebssperre bereit ist, seinen Urlaub (zum Teil) zu konsumieren. Soweit möglich, sollte dabei auch die voraussichtliche Dauer des **Betriebsurlaubs** (z.B. die letzten beiden Wochen des Monats August) eingegrenzt werden. Dies sollte die Spielräume für eine „querulatorische" Ablehnung der Vereinbarung eines Betriebsurlaubs weit gehend einengen (Details siehe Entscheidungszitat OGH 5.4.1989, 9 Ob A 72/89; im Folgenden). Für den Fall, dass zum Zeitpunkt des Betriebsurlaubs noch kein ausreichender Urlaubsanspruch gegeben ist, wäre die Vereinbarung eines **unbezahlten Urlaubs** für diese Dauer angezeigt (siehe 27.10).

Einschlägige Judikatur

- *Vereinbarungen, mit denen nur für einen Teil des jährlichen Urlaubs schon bei Abschluss des Arbeitsverhältnisses ein bestimmter Zeitpunkt des Urlaubsantrittes festgesetzt wird, sind zulässig, wenn sie einerseits wichtigen Erfordernissen des Betriebs Rechnung tragen und andererseits dem AN ein ausreichend langer Teil des Urlaubs bleibt, bezüglich dessen er mit dem AG Einzelvereinbarungen treffen kann, die seinen individuellen Urlaubsbedürfnissen besser entsprechen. Die Vereinbarung eines einheitlichen Betriebsurlaubes für alle künftigen Urlaubsjahre ist umso eher zulässig, je günstiger die vereinbarten Urlaubszeiträume – gemessen an den üblichen Urlaubsgewohnheiten – sind (etwa im Juli) bzw. je weniger dringend das Erfordernis des Betriebs ist, den „Betriebsurlaub in eine ungünstige Urlaubszeit zu legen". Wegen des Charakters solcher Abreden als Dauerschuldverhältnis haben die Parteien die Möglichkeit, davon aus wichtigen Gründen, die ihnen die weitere Einhaltung wegen geänderter Verhältnisse unzumutbar machen, einseitig zurückzutreten (OGH 5.4.1989, 9 Ob A 72/89).*
- *Umfasst ein Betriebsurlaub insgesamt fünf Wochen (zwei Wochen im Juli und drei Wochen zu Weihnachten) und verbleibt damit dem AN keine Möglichkeit einer individuellen Urlaubsplanung, ist eine diesbezügliche durch Urlaubsvereinbarung bei Abschluss des Dienstvertrages auferlegte Beschränkung als unwirksam anzusehen (OLG Wien 10 Ra 290/97 h = ARD 4931/43/98).*
- *Werden Betriebsurlaube in einem Ausmaß festgesetzt, das dem AN eine individuelle Urlaubsplanung verwehrt, ist von einer Konsumation des Urlaubs auch dann nicht auszugehen, wenn der AN den Termin des Betriebsurlaubs nicht abgelehnt hat (OLG Wien 10 Ra 24/99 v = ARD 5037/6/99).*

14.15 Widerrufs- und Unverbindlichkeitsvorbehalt bei freiwilligen Leistungen

14.15.1 Vereinbarung und regelmäßige Mitteilung des Vorbehalts

Auf Grund der herrschenden Judikatur verliert eine vom AG einem AN regelmäßig gewährte Zuwendung, mit der der AN rechnen kann, dann den Charakter der Freiwilligkeit und begründet einen Rechtsanspruch auf deren weitere Zahlung, wenn mangels ausdrücklicher Betonung des freiwilligen und jederzeit widerrufbaren Charakters der Zuwendung ein Entgeltanspruch als vereinbart angenommen werden kann. Es kommt in diesem Zusammenhang allein darauf an, was ein AN dem Erklärungsverhalten des AG entnehmen kann (OGH 8 Ob A 191/98 s, 9 Ob A 300/00 h). Es ist daher zweckmäßig, schon bei Begründung des Arbeitsverhältnisses eine entsprechende Vereinbarung zu treffen. Daher ist zu empfehlen, bereits im Arbeitsvertrag auf die Freiwilligkeit einer bestimmten Leistung zu verweisen (etwa auf das 15. Gehalt) und ausdrücklich zu vereinbaren, dass jederzeit durch den AG einseitig ein **Widerruf** erfolgen kann. Weiters sollte zwecks Vermeidung eines klagbaren Anspruches auf die an sich freiwillige Leistung des AG regelmäßig dem AN mitgeteilt werden, dass die Freiwilligkeit und jederzeitige Widerrufbarkeit der Leistung vereinbart worden ist. Der bloße Hinweis auf die Freiwilligkeit oder Einmaligkeit der Leistung ist nicht ausreichend bzw. ermöglicht nicht den Widerruf (OGH 9 Ob A 57/00 g = ARD 5206/17/2001, OGH 8 Ob A 34/03 p = ARD 5450/2/2003).

Ohne Vereinbarung eines Widerrufsvorbehaltes kommt die einseitige Einstellung oder Einschränkung von Leistungen durch den AG nicht in Frage (OGH 4.8.2009, 9 Ob A 38/09 t). Dies gilt auch für unwiderrufliche Vertragspensionen (OGH 19.12.2012, 8 Ob A 78/12 x).

Nach der Rechtsprechung ist ein solcher Widerrufsvorbehalt nicht unbedingt nach jeder einzelnen Gewährung der freiwilligen Leistung mitzuteilen (OGH 8 Ob A 141/97 m = ARD 4944/10/98).

Für die Begründung eines Rechtsanspruches auf eine freiwillige Leistung wird es vielfach ausreichend sein, wenn diese Leistung ohne entsprechenden Widerrufsvorbehalt mindestens zweimal an den AN ausbezahlt wird.

Falls keine Vereinbarung über die Freiwilligkeit und Widerrufbarkeit erfolgt ist, so müsste jedenfalls regelmäßig mitgeteilt werden, dass es sich um eine einmalige, freiwillige widerrufbare Leistung, auf die kein Rechtsanspruch entstehen kann, handelt.

Bevor eine solche freiwillige jederzeit widerrufbare Leistung im Betrieb eingeführt wird, sollten jedoch bestimmte auch mit der Freiwilligkeit und dem Widerrufsvorbehalt verbundene Folgen bedacht werden. Freiwillige Leistungen haben nämlich Entgeltcharakter und sind daher insbesondere auch bei der Berechnung der Abfertigung, des Urlaubs- und Krankenentgelts zu berücksichtigen (OGH 9 Ob A 94/94 = ARD 4605/31/94; OLG Wien 10 Ra 267/98 b = ARD 5039/12/99).

Es kann jedoch rechtswirksam vereinbart werden, dass die freiwillige Leistung nicht in die Abfertigung einbezogen werden soll (OGH 8 Ob A 115/04 a).

Zu beachten ist aber auch, dass eine Prämie für die Dauer entgeltpflichtiger Krankenstände nicht gekürzt werden kann und auch der Entfall wegen AN-Kündigung als unzulässig angesehen wird (siehe 14.15.3). Bezüglich des Widerrufs wäre zu berücksichtigen, dass die Ausübung des Widerrufsrechts durch den AG an gewisse sachliche Gründe gebunden ist und diese mit den Interessen des AN abgewogen werden müssen (siehe 14.15.6).

Anwesenheitsprämien sieht die Rechtsprechung als unzulässig an (siehe 20.12).

Von einer betrieblichen Übung kann nur dann gesprochen werden, wenn die wiederholten Leistungen des AG nach einem nachvollziehbaren System gewährt werden (Bestimmtheitserfordernis nach § 869 ABGB – OGH 9 Ob A 176/02 a = ARD 5406/1/2003). Falls daher der AG jährlich Leistungen gewährt, deren Höhe erheblich schwankt (wobei diese Schwankungen keinem objektivierbaren System folgen), so kann kein Rechtsanspruch entstehen (allenfalls nach dem Gleichbehandlungsgrundsatz, falls einzelne AN willkürlich ausgeschlossen werden). Erhält beispielsweise ein AN eine Erfolgsbeteiligung, deren (stark schwankende) Höhe jeweils vom Vorstand festgesetzt wird, kann sich der AN nicht auf einen durch eine betriebliche Übung entstandenen Anspruch berufen (OGH 8 Ob A 74/04 x = ARD 5546/5/2004, ähnlich OGH 9 Ob A 99/06 h – Auszahlung von Jubiläumsgeld an einzelne AN ohne generalisierendes Prinzip).

Verhandelt der BR jedes Jahr über Zahl und Termine freiwillig gewährter freier Tage, wobei die Zahl der gewährten freien Tage (wenn auch nur geringen) Schwankungen unterlag, so liegt keine betriebliche Übung vor, weil nicht der Eindruck einer dauernden Änderung der Arbeitsverträge entstehen konnte (OGH 9 Ob A 179/05 x). Wird hingegen acht Jahre hindurch vorbehaltlos die Mittagpause wie reguläre Arbeitszeit bezahlt, so kann davon nicht einseitig abgegangen werden (OGH 30.1.2012, 9 Ob A 104/11 a). Die regelmäßige Pauschalierung von Nachtzuschlägen bewirkt auch dann eine betriebliche Übung, wenn die exakte Abrechnung nur einen geringen Nachteil für die AN herbeiführt (OGH 29.5.2013, 9 Ob A 55/13 y).

Unverbindlichkeitsvorbehalt

In seiner Entscheidung 9 Ob A 113/08 w vom 24.2.2009 hat der OGH (ohne Grundlagen in der bisherigen Judikatur) hervorgehoben, dass zwischen einem Unverbindlichkeits- und einem Widerrufsvorbehalt zu unterscheiden ist (so auch OGH, 29.1.2014, 9 Ob A 132/13 x und 18.12.2014, 9 Ob A 121/14 f zu einem jährlichen Bonus).

Der Unverbindlichkeitsvorbehalt weist darauf hin, dass eine Leistung freiwillig und ohne Anerkennung einer Rechtspflicht bzw. ohne Einräumung eines Anspruchs auf eine zukünftige Leistungserbringung gewährt wird. Auch durch die wiederholte Gewährung soll kein Rechtsanspruch für die Zukunft entstehen.

Mit einem solchen Unverbindlichkeitsvorbehalt bleibt es dem AG von Fall zu Fall überlassen, neu zu entscheiden, ob und in welcher Höhe er die Leistung weiter gewähren will. Will er dies nicht, so reicht es aus, dass die Leistung in einem anderen Ausmaß oder gar nicht mehr gewährt wird.

Der Widerrufsvorbehalt hingegen setzt einen Anspruch des AN voraus, der durch den Widerruf wieder vernichtet werden kann. Diese Unterscheidung hat erhebliche rechtliche Konsequenzen bei der Einstellung der Leistung: Während die Ausübung des Widerrufsvorbehalts einer Ausübungskontrolle unterliegt (siehe 14.15.6) – der AG darf das Gestaltungsrecht nur im Rahmen billigen Ermessens ausüben – findet eine solche Kontrolle bei einer unter Unverbindlichkeitsvorbehalt stehenden Leistung nicht statt, weil es in diesem Fall ohnedies keinen Anspruch des AN gibt.

Ein solcher Unverbindlichkeitsvorbehalt ist aber dann nicht zulässig, wenn er sich auf „einen wesentlichen Teil des Monatsentgelts" bezieht. Der OGH hat allerdings nicht näher definiert, was unter einem wesentlichen Teil des Monatsentgelts zu verstehen ist.

Diese Rechtsprechung eröffnet jedenfalls dem AG die Möglichkeit, bei freiwilligen Leistungen einen Unverbindlichkeitsvorbehalt festzuhalten, der ihm die jederzeitige Reduktion bzw. Streichung ermöglicht (falls es sich nicht um einen wesentlichen Teil des laufenden monatlichen Entgelts handelt).

Die Zulässigkeit eines solchen Unverbindlichkeitsvorbehalts ergibt sich daraus, dass der AN bei einem eindeutigen Unverbindlichkeitsvorbehalt nicht mit weiteren Leistungen rechnen kann und daher kein Vertrauensschutz erforderlich ist.

Bisher wurden in den allgemein empfohlenen Musterformulierungen Unverbindlichkeitsvorbehalt und Widerrufsvorbehalt meistens vermischt, sodass die Klauseln auslegungsbedürftig sein können. Die Auslegung hat nicht nur nach dem Wortlaut, sondern nach dem Gesamtzusammenhang der Vereinbarung, aber auch den Umständen, unter denen die Erklärung abgegeben wurde, zu erfolgen (zur Auslegung von arbeitsvertraglichen Regelungen – siehe 14.1). Im Regelfall werden die bisher verwendeten typischen Musterformulierungen, die jeglichen Rechtsanspruch ausschließen, als Unverbindlichkeitsvorbehalt zu verstehen sein. Geht nämlich aus einer Erklärung des AG der fehlende Bindungswille klar genug hervor, so ist von einem Unverbindlichkeitsvorbehalt auszugehen (OGH 18.12.2014, 9 Ob A 121/14 f). Da der Unverbindlichkeitsvorbehalt dem AG die gänzliche oder teilweise Einstellung freiwilliger Leistungen erleichtert, ist der Unverbindlichkeitsvorbehalt jedenfalls zu bevorzugen (ausgenommen wesentliche Teile des monatlichen Entgelts).

Unverbindlichkeitsvorbehalt

(bei jeder Leistung wiederholte Erklärung)

Frau/Herr ....

Wir freuen uns, Ihnen mitteilen zu können, dass wir in der Lage sind, Ihnen für das Jahr .... eine freiwillige Remuneration im Betrage von € ....gewähren zu können.

Es handelt sich dabei um eine einmalige und freiwillige Leistung, die ohne Anerkennung einer Rechtspflicht bzw. ohne Einräumung eines Anspruchs auf eine zukünftige Leistungserbringung gewährt wird. Auch im möglichen Fall einer wiederholten Gewährung entsteht jedenfalls kein Rechtsanspruch auf eine solche Leistung, die somit unter einem Unverbindlichkeitsvorbehalt steht und daher jederzeit (ohne weitere Erklärung) eingestellt bzw. reduziert werden kann.

Durch die Entgegennahme der Leistung erklären Sie formlos Ihre Kenntnisnahme und Ihre ausdrückliche Zustimmung zu dieser Regelung.

................, am ....

(Unterschrift des AN)

Unverbindlichkeitsvorbehalt bei freiwilligen Leistungen

(Passus im Arbeitsvertrag)

Der AG gewährt dem AN, ohne dass hierzu eine gesetzliche, betriebsverfassungsrechtliche oder kollektivvertragliche Verpflichtung besteht, folgende zusätzliche Leistung ....

Es wird ausdrücklich vereinbart, dass bei dieser freiwilligen Leistung vom AG keine Rechtspflicht anerkannt wird bzw. die Gewährung ohne Einräumung eines Anspruchs auf eine zukünftige Leistungserbringung erfolgt. Der AG kann daher ohne weitere Erklärung die Leistung jederzeit einstellen oder reduzieren.

Widerrufsvorbehalt bei freiwilligen Zuwendungen

(regelmäßig zu wiederholende Mitteilung)

Frau/Herr ....

Wir freuen uns, Ihnen mitteilen zu können, dass wir in der Lage sind, Ihnen für das Jahr .... eine freiwillige Leistung im Betrage von € .... gewähren zu können.

Hierbei handelt es sich dabei um eine Leistung, die vom AG jederzeit gänzlich oder teilweise widerrufen werden kann.

Durch die Entgegennahme der Leistung erklären Sie formlos Ihre Kenntnisnahme und Ihre ausdrückliche Zustimmung zu dieser Regelung.

................, am ....

(Unterschrift des AN)

Widerrufsvorbehalt bei freiwilligen Leistungen

(Passus im Arbeitsvertrag)

Der AG gewährt dem AN, ohne dass hierzu eine gesetzliche, betriebsverfassungsrechtliche oder kollektivvertragliche Verpflichtung besteht, folgende zusätzliche Leistung ....

Es wird ausdrücklich vereinbart, dass der AG die weitere Gewährung dieser Leistung jederzeit gänzlich oder teilweise widerrufen kann.

14. Vorschläge zur optimalen Gestaltung des Arbeitsvertrages

Einschlägige Judikatur

- *Eine regelmäßig in gleicher Höhe gewährte Remuneration, mit der der AN rechnen kann, verliert dann den Charakter einer freiwilligen Zuwendung und begründet einen Anspruch auf Zahlung, wenn mangels ausdrücklicher Betonung des freiwilligen – unverbindlichen und jederzeit widerruflichen – Charakters der Zuwendung ein Entgeltanspruch als stillschweigend vereinbart oder nach Ortsgebrauch bestehend angenommen werden kann (OGH 4 Ob 60/75 = Arb. 9.427, 4 Ob 1/85 = Arb. 10.493 etc.).*

- *Für die Begründung eines Anspruches auf eine Sonderzahlung ist es ausreichend, wenn diese Leistung ohne entsprechenden Widerrufs- bzw. Freiwilligkeitsvorbehalt mindestens zweimal an den AN ausbezahlt wird (OLG Innsbruck 5 Ra 114/91).*

- *Stellen Gratifikationen, die aus besonderem Anlass gewährt werden, ausdrücklich freiwillige Leistungen des AG dar, ist im Arbeitsvertrag festgelegt worden, dass ein Anspruch des AN auf solche Leistungen oder eine bestimmte Höhe dieser Leistungen auch bei wiederholter Leistung nicht besteht, und bedürfen Ergänzungen und Abänderungen sowie darüber hinausgehende Prämien und Provisionszusagen zu ihrer Rechtsgültigkeit der schriftlichen Vereinbarung und Genehmigung der Geschäftsführung, kann kein Rechtsanspruch auf die Prämie entstehen (OLG Wien 32 Ra 184/93).*

- *Der Kläger durfte die wiederkehrenden Leistungen des beklagten AG mangels eines unzweifelhaften und eindeutigen Vorbehalts als rechtsgeschäftlichen Erklärungswillen der beklagten Partei deuten und konnte dieser Übung durch die Annahme schlüssig zustimmen. Die vorbehaltlos gewährte Leistung ist zu einem Entgeltbestandteil geworden, mit dem der Kläger rechnen konnte. Wenn sich also AG, die wiederkehrende (freiwillige) Leistungen erbringen, nicht binden wollen, müssen sie schon nach der Verkehrssitte einen entsprechenden ausdrücklichen Vorbehalt machen (OGH 9 Ob A 210/94).*

- *Während der ganzen Dauer des Arbeitsverhältnisses wurde das überkollektivvertragliche Gehalt der Klägerin zum jeweiligen Zeitpunkt der Erhöhung der kollektivvertraglichen Mindestgehälter in ihrer schillingmäßigen Differenz erhöht. Durch diese vorbehaltlose jahrelange Bindung der überkollektivvertraglichen Gehälter an die kollektivvertragliche Erhöhung ist auch ohne eine Ist-Lohnklausel im KV ein auch für die Zukunft wirkender Verpflichtungswille des AG erkennbar, sodass durch die mit Annahme der Leistung begründete Zustimmung der Klägerin dieses nachvollziehbare Prinzip der Ist-Lohnerhöhung zum Inhalt des Einzelarbeitsvertrages geworden ist. Daher besteht schon aus diesem Grund ein Rechtsanspruch auf die Erhöhung des Ist-Lohnes bei kollektivvertraglicher Erhöhung der Mindestgehälter, der nicht einseitig vom AG entzogen werden kann (OGH 9 Ob A 1006, 1007/94).*

- *Dass die Prokura „unbeschadet des Anspruchs auf die vertragsmäßige Vergütung" jederzeit widerruflich ist, bedeutet, dass mangels gegenteiliger vertraglicher Abreden das aus diesem Vertrag geschuldete Entgelt durch den Widerruf der Prokura nicht berührt wird und ungeschmälert aufrecht bleibt. Sieht aber der Arbeitsvertrag – sei es von Anfang an, sei es ab der späteren Erteilung der Prokura – eine Änderung der Bezüge vor, kommt diese privatautonome Regelung zum Tragen. § 52 Abs. 1 HGB soll nicht sicherstellen, dass nach dem Widerruf ein vereinbarungsgemäß in klarer Weise an die Erteilung der Prokura gebundenes Entgelt (Entgeltteil) dem Angestellten weiter gewährt werden muss (OGH 9 Ob A 266/99 d).*

14.15.2 Bestehende freiwillige Leistungen und neu eintretende AN

Ist durch eine wiederholte Leistungsgewährung ohne Widerrufsvorbehalt gegenüber den AN eines Betriebes eine **Betriebsübung** begründet worden, so wirkt dies auch gegenüber neu eintretenden AN, soferne nicht bereits bei der Begründung des neuen Arbeitsverhältnisses abweichende Entgeltvereinbarungen getroffen wurden. Wegen der bereits bestehenden Betriebsübung haben diese abweichenden Vereinbarungen „mit erhöhter Ausdrücklichkeit" (OGH 8 Ob A 2162/96 s) zu erfolgen. Dies ergibt sich schon daraus, dass neu eintretende AN die im Betrieb herrschende Übung als Grundlage ihres Arbeitsverhältnisses mangels gegenteiliger Regelung ansehen können (OGH 9 Ob A 290/98 g, 8 Ob A 141/97 m, 8 Ob A 145/97 z = ASoK 1997, 264).

Zu empfehlen ist daher, dass eine zu kostenintensive freiwillige Leistung auf Grund der Gleichbehandlung allen ab einem bestimmten Zeitpunkt eintretenden AN nicht mehr gewährt wird. Im Sinne der von der Judikatur verlangten „erhöhten Ausdrücklichkeit" ist es jedoch erforderlich, diesen Umstand im Arbeitsvertrag ausdrücklich zu regeln. Der Gleichbehandlungsgrundsatz steht einer solchen zeitlichen Differenzierung nicht entgegen (OGH 8.11.2000, 9 Ob A 221/00 s).

Einschlägige Judikatur

- *Die durch eine betriebliche Übung ausgelöste Bindung des AG besteht auch gegenüber neu eintretenden AN, weil auch sie durch den Abschluss ihrer Arbeitsverträge die in ihrem Betrieb herrschende Übung als Grundlage ihrer Arbeitsverhältnisse akzeptieren und mit Grund davon ausgehen können, dass vom AG regelmäßig und allgemein gewährte Vergünstigungen in gleicher Weise und unter den gleichen Voraussetzungen wie allen anderen Mitarbeitern auch ihnen zukommen werden (Arb. 9.997; OGH 9 Ob A 290/98 g).*

Muster für den Ausschluss freiwilliger Leistungen für neu eintretende AN

(Passus im Arbeitsvertrag)

Aus wirtschaftlichen Gründen kann seit .... neu eintretenden AN die freiwillige Leistung .... (z.B. eines 15. Gehaltes) nicht mehr gewährt werden. Da Frau/Herr .... am .... eingetreten ist, wird ausdrücklich vereinbart, dass Frau/Herr .... die vorgenannte freiwillige Leistung (die allen vor dem .... eingetretenen AN unseres Betriebes gewährt wird) nicht erhält.

14.15.3 Entfall der freiwilligen Leistungen im letzten Arbeitsjahr

Nach Auffassung der Rechtsprechung darf die **Kündigungsfreiheit** des AN weder durch KV noch durch einzelvertragliche Vereinbarungen eingeschränkt werden, die für den Fall der AN-Kündigung nachteilige Folgen für diesen, insbesondere den Verlust von durch die Arbeitsleistung bereits verdientem Entgelt, vorsehen. Auch der Umstand, dass eine Prämie „freiwillig und jederzeit widerruflich" bezahlt wurde, ändert an diesem Ergebnis nichts.

Wurde eine Prämie gewährt, um einen „Leistungsanreiz" zu bieten, verfolgte sie also das Ziel, den AN bereits ab Beginn des Jahres zu einer höheren Leistung anzuspornen und seine Motivation zu einem besonderen Einsatz zu fördern, hat sie der AN für den abgelaufenen Teil des Jahres bereits verdient. Die Vereinbarung, sie für das Jahr nicht auszuzahlen, in dem die Kündigung durch den AN erfolgt, wird demgemäß von der Judikatur als unzulässige Einschränkung der Kündigungsfreiheit des AN angesehen (OGH 9 Ob A 57/97 s = ARD 4889/4/97; OGH 8 Ob A 127/00 k = infas 2/2001, A 15).

Auf Grund dieser Rechtsprechung muss daher vor Gewährung freiwilliger Leistungen bedacht werden, dass ein Ausschluss der Gewährung der (aliquoten) freiwilligen Leistung im letzten Arbeitsjahr bei Kündigung des Arbeitsverhältnisses nicht rechtswirksam vereinbart werden kann. Meiner Auffassung nach ändert dies jedoch nichts daran, dass für den Fall einer gerechtfertigten Entlassung oder eines ungerechtfertigten vorzeitigen Austritts sehr wohl der Entfall der (aliquoten) freiwilligen Leistung für das letzte Arbeitsjahr rechtswirksam vereinbart werden kann. Dies ergibt sich schon daraus, dass bei den zuletzt genannten Beendigungsformen die Auflösung des Arbeitsverhältnisses durch ein rechtswidriges Verhalten des AN erfolgt ist und ein vergleichbarer Entfall auch bei den Sonderzahlungen zulässig ist (siehe 31.9.5).

Liegt ein Unverbindlichkeitsvorbehalt (siehe 14.15.1) vor, so kann die Leistung grundsätzlich jederzeit eingestellt werden, weil kein Rechtsanspruch gegeben ist.

Einschlägige Judikatur

- *Ein AN darf in seiner Kündigungsfreiheit nicht stärker als der AG beschränkt werden. Dieses Verschlechterungsverbot darf auch nicht dadurch umgangen werden, dass dem kündigenden AN für den Fall der Ausübung seines Kündigungsrechts ein finanzielles „Opfer" in einem Ausmaß auferlegt wird, das die Kündigungsfreiheit wirtschaftlich in erheblichem Umfang beeinträchtigt. Im vorliegenden Fall führte aber die vom AG gehandhabte Stichtagsregelung (Auszahlung des Bilanzgeldes nur an AN, die am 28.2. des Jahres bei ihm beschäftigt sind) dazu, dass der AN in Hinblick auf seine Kündigung zum 31.1. das volle Bilanzgeld für das vergangene Jahr sowie 1/12 des Bilanzgeldes des laufenden Jahres – einen Betrag, der höher als ein Bruttomonatsgehalt war – nicht ausbezahlt erhielt. Geht aber einem AN bei der Wahl des Kündigungstermines nahezu ein Monatslohn verloren, bedeutet dies eine starke Motivation, von einer beabsichtigten Kündigung vorläufig Abstand zu nehmen, und es ist daher von einer beträchtlichen Beeinträchtigung der Kündigungsfreiheit auszugehen (OLG Wien 10 Ra 224/00 k = ARD 5226/38/2001).*

14.15.4 Unkenntnis des AG und irrtümliche Besserstellung

Das Entstehen eines Rechtsanspruchs auf eine bestimmte Leistung setzt deren regelmäßige und vorbehaltlose Gewährung an die AN voraus. Dabei ist entscheidend, welchen Eindruck die AN vom schlüssigen Verhalten des AG haben mussten und was die AN bei sorgfältiger Überlegung aus dem Erklärungsverhalten des AG entnehmen können, nicht aber das Vorhandensein eines Erklärungswillens auf Seiten des AG (OGH 9 Ob A 222/98 g = ARD 5071/5/99).

Falls jedoch freiwillig Leistungen erfolgen und der AG hievon keine Kenntnis hat, so kann kein Erklärungsverhalten des AG vorliegen, aus dem ein Rechtsanspruch erschlossen werden könnte.

Auf eine langjährige betriebliche Übung können sich AN daher nur dann berufen, wenn diese Übung der Geschäftsleitung zur Kenntnis gelangt. Eine bloß abteilungsintern gehandhabte Praxis, die der Geschäftsleitung nicht zur Kenntnis gelangt, begründet keinen Rechtsanspruch (OLG Wien 8 Ra 343/97 p = ARD 4939/28/98).

Ein gewohnheitsrechtlicher Anspruch auf eine regelmäßig und vorbehaltlos gewährte freiwillige Leistung entsteht jedoch nur dann nicht, wenn für die AN erkennbar ist, dass die ihnen von Vertretern ihres AG ausgezahlten Leistungen nicht vom Willen der für den AG handlungsberechtigten Personen getragen sind (OGH 9 Ob A 40/00 y = ARD 5145/13/2000). In dieser Entscheidung hat der OGH auch klargelegt, dass der Umstand, dass die freiwillige Leistung regelmäßig und durch Jahrzehnte „schwarz" erfolgt ist (hier durch die Gewerkschaft Bau-Holz), für sich genommen nicht bewirken kann, dass kein Rechtsanspruch entsteht (Details siehe einschlägige Judikatur).

Erfolgt irrtümlich eine Besserstellung des AN, wobei der AN den Irrtum erkennen konnte (oder hätte erkennen können), so entsteht keine rechtliche Bindung des AG. Der AG kann daher nach dem Erkennen des Irrtums die weiteren Leistungen einstellen (OGH 9 Ob A 234/94 = infas 3/95, A 51).

Einschlägige Judikatur

- *Haben die Mitarbeiter die Anordnung, über diese Leistungen Stillschweigen zu bewahren (hier: regelmäßig geleistete „schwarze" Zahlungen) und insbesondere auch anderen Gewerkschaftsangestellten keine Mitteilung zu machen, so verstanden, dass dadurch verhindert werden sollte, dass andere Teilgewerkschaften über diese Zahlungen Kenntnis erlangen, mussten die AN keineswegs annehmen, dass die Zahlungen gegenüber dem AG (in dessen Namen sie geleistet wurden) geheim gehalten werden sollten, weil es denkbar und nicht unplausibel ist, dass der AG selbst ein Interesse hat, ein Bekanntwerden von Zahlungen und damit entsprechende Forderungen auch anderer Fachgewerkschaften zu vermeiden. Auch daraus, dass die Zahlungen lange keinen Niederschlag auf den Lohnzetteln fanden, lässt sich eine fehlende Betriebsübung nicht ableiten, wenn die AN auch andere Bezugsbestandteile (Diäten, Kilometergeld, Essenszuschüsse) auf diese Weise ausgezahlt erhielten, sodass sie auch aus der Zahlungsweise nicht erschließen mussten, dass die Zahlungen, die sie von der Landeskasse ihrer Fachgewerkschaft erhielten, nicht vom AG-Willen erfasst waren (OGH 9 Ob A 40/00 y = ARD 5145/13/2000).*

14.15.5 Weitere Grenzen der Entstehung von Rechtsansprüchen (entgeltferne Leistungen, Rauchpausen etc.)

Ein Rechtsanspruch auf die Fortsetzung wiederholt und regelmäßig erbrachter Leistungen kann nur entstehen, soweit es sich um Entgelte oder entgeltähnliche Leistungen des AG oder sonstige rechtlich zulässige Begünstigungen handelt. Als solche entgeltähnlichen Leistungen hat die Judikatur etwa Fleischbezugsgutscheine (OGH 19.4.1977, 4 Ob 23 bis 61/77, Arb 9.579), Flugbegünstigungen (OGH 16.10.1979, 4 Ob 17/79, Arb 9.812), bezahlte Dienstfreistellungen an gesetzlich nicht vorgesehenen Feiertagen (OGH 16.12.1986, 14 Ob 204/86, Arb 10.602) oder auch durch 15 Jahre hindurch erfolgte irrtümlich überhöhte Überstundenabrechnungen (OGH 7.8.1997, 8 Ob A 2292/96 h) angesehen. Als eine sonstige Begünstigung, deren regelmäßige Inanspruchnahme zu einem Rechtsanspruch führt, wurde beispielsweise die Gewährung von bezahlter Freizeit am Karfreitag und am Allerseelentag (soweit es sich dabei um einen Arbeitstag handelt – OGH 19.3.2002, 9 Ob A 238/02 v) oder ein Zusatzurlaub (OGH 19.12.2013, 9 Ob A 142/13 t) angesehen.

Bei betrieblichen **Wohlfahrtseinrichtungen** i.S.d. § 95 ArbVG (z.B. Freimilch – OGH 9 Ob A 170/90 = ARD 4195/17/90, begünstigte Benützung von Hallenbad und Sauna – OGH 9 Ob A 209/89 = ARD 4114/25/89, Betriebszahnarzt – OGH 9 Ob A 238/90 = ARD 4226/17/90, Betriebskindergarten, Werksbusse, Betriebskantine etc.) wird meistens nicht von einem Rechtsanspruch des einzelnen AN auszugehen sein. Falls jedoch regelmäßig und vorbehaltlos Essenbons bzw. Gutscheine ausgestellt werden, so handelt es sich dabei nach der Auffassung der Rechtsprechung um entgeltähnliche Leistungen, auf die ein Rechtsanspruch entstehen kann. So hat etwa der OGH (8 Ob A 219/97 g = ARD 4947/17/98) die Gewährung eines Mittagessens gegen einen Beitrag von S 20,– als eine vom Bestehen der Wohlfahrtseinrichtung „Personalkantine" unabhängige individuelle Sachleistung des AG (Arb. 10.980) angesehen. Dies ergibt sich auch daraus, dass die Gewährung des verbilligten Mittagessens vom AG im Zusammenhang mit der vom AN geschuldeten Arbeitsleistung erbracht wurde und vom Betriebsleiter bei Begründung des jeweiligen Arbeitsverhältnisses ausdrücklich auf diese Leistung des AG hingewiesen wurde. Daher wurde diese Leistung Vertragsinhalt des jeweiligen Arbeitsverhältnisses. Daraus ergibt sich aber, dass auch bei derartigen Zuschüssen ein ausdrücklicher **Widerrufsvorbehalt** zu empfehlen ist, da mangels eines solchen Vorbehaltes ein einseitiger Widerruf der freiwilligen Leistung durch den AG nicht erfolgen kann (zu bevorzugen wäre ein Unverbindlichkeitsvorbehalt – siehe 14.15.1). Andererseits wurde jedoch von der Rechtsprechung die den AN gewährte 50%ige Ermäßigung der Besuchsgebühren für eine städtische Tagesheimstätte trotz fehlenden Vorbehaltes als einseitig durch den AG widerrufbar eingestuft (OGH 8 Ob A 391/97 a = ARD 4963/2/98, ebenso Theater- und Konzertabonnements – OGH 8 Ob A 270/95 = ARD 4761/29/96) oder kostenlose Theaterfreikarten, die nicht bestimmten AN, sondern dem BR gegeben werden (OGH 8 Ob A

4/07g = ARD 5791/1/2007). Wesentlich ist letztlich, ob ein Verpflichtungswille des AG erkennbar ist, konkreten AN einen bestimmten entgeltähnlichen Vorteil zukommen zu lassen.

Werden Parkplätze weder einzelnen AN noch den AN insgesamt zur Verfügung gestellt, sondern steht das Gelände für verschiedene betriebliche Zwecke zur Verfügung, so fehlt für die Annahme des Gewohnheitsrechts der Bezug zum einzelnen Arbeitsvertrag (OGH 8 Ob A 11/07 m = ARD 5777/3/2007).

Da es im Einzelfall schwer absehbar sein kann, ob eine Leistung von der Rechtsprechung letztlich als entgeltähnlich qualifiziert wird, ist es empfehlenswert, auch in diesen Fällen einen Vorbehalt ausdrücklich zu vereinbaren und wiederholt über diesen Vorbehalt zu informieren.

Das bloße Dulden bzw die bloße Nichtgeltendmachung einer Rechtsposition durch längere Zeit führt nicht zum Rechtsverlust (OGH 9 Ob A 139/92).

Das wiederholte verspätete Erscheinen eines AN am Arbeitsplatz führt daher nicht zu einem „Gewohnheitsrecht auf Verspätungen". Das Gewohnheitsrecht setzt voraus, dass der AN redlicherweise auf die Zustimmung des AG vertrauen konnte (OGH 8 Ob A 263/98 d). Die Rechtsprechung hat weiters ausgesprochen, dass bei wiederholten Abweichungen von arbeitsrechtlichen Verpflichtungen der AG (vor einer Entlassung) darauf hinzuweisen hat, dass der AN die betreffende Verpflichtung in Zukunft genau einzuhalten hat (OGH 9.6.1970, 4 Ob 72/70, Arb 8.785, 18.4.1978, 4 Ob 7/78, Arb 9.690 etc.). Von einem Gewohnheitsrecht, welches zu einem späteren Dienstbeginn (der auch zeitlich nicht geklärt wäre) führt, kann daher keine Rede sein. Entsprechendes gilt auch für die bloß geduldete Inanspruchnahme von Rauchpausen. Der AG kann daher jederzeit auf die Einhaltung der gesetzlichen Pausenzeiten bestehen (OLG Wien 8 Ra 53/00 y = ARD 5162/6/2000; *Rauch,* Anspruch auf Rauchpausen, ASoK 2001, 274 ff.; *ders.,* Gewohnheitsrecht auf Rauchpausen?, ASoK 2003, 2 ff.).

Sitten- und gesetzwidrige Übungen können ebenfalls kein Gewohnheitsrecht bewirken (so z.B. die wiederholte Übernahme von Verwaltungsstrafen, die dem AN persönlich auferlegt wurden, durch den AG – OLG Linz 8.5.2012, 12 Ra 23/12 g, ARD 6290/13/2013).

Einschlägige Judikatur

- *Die steuerliche Behandlung von Zuschüssen – als der Lohnsteuer unterliegend – sagt nichts über den arbeitsrechtlichen Begriff des Entgelts aus. Auch das Erkenntnis VwGH 81/14/0055 v. 30.6.1981 = ARD 3343/5/81, in dem dieser aus bestimmten anderen Anlässen gewährte soziale Zuwendungen des AG an seine AN als der Lohnsteuer unterliegend beurteilte, kann für einen anderen Rechtsstreit nicht präjudiziell sein. Der durch die steuerliche Behandlung der gewährten Zuschüsse erweckte Eindruck, dass es sich um ein vom AG zu bezahlendes Entgelt und nicht nur um eine unverbindliche Schenkung handelt, reicht jedoch dann nicht aus, wenn andere, entsprechend starke Indizien gegen die stillschweigende Vertragsergänzung sprechen (OGH 8 Ob A 270/95 = ARD 4761/29/96).*

- *Vom AG im Rahmen einer Wohlfahrtseinrichtung erbrachte entgeltwerte Leistungen (hier: Mietzinszuschüsse), die keinen eindeutigen kollektiven Charakter in dem Sinne haben, dass sie von jedermann (objektiv) erkennbar ungeeignet sind, als individuelle Ansprüche Bestandteil der betroffenen Einzelarbeitsverträge zu werden (z.B. Betriebsausflug, Werkskindergarten), können – sofern die einzelnen AN auf Grund der gegebenen Umstände auf einen entsprechenden Verpflichtungswillen des AG vertrauen können – einzelvertragliche Verpflichtungen des AG für die Zukunft auslösen (OGH 9 Ob A 105/97 z = Sozialpolitik und Arbeitsrecht, Nr. 3/98, 2464).*

- *Der Zuschuss zum Mittagessen ist anders als etwa der Gegenstand der Entscheidung DRdA 1997/4 bildende Zuschuss zu Theater- und Konzertabonnements nicht eine nur ganz lose mit der Arbeitsleistung zusammenhängende „entgeltferne" oder besser „verpflichtungsferne", auf Grund konkludenter Vertragsergänzung gewährte Begünstigung, bei der ein ausdrücklicher Widerrufsvorbehalt nicht zu fordern ist, sondern wurde vom AG im Zusammenhang mit der vom AN geschuldeten Arbeitsleistung erbracht (OGH 8 Ob A 219/97 g = Sozialpolitik und Arbeitsrecht, Nr. 3/98, 2466).*

- *„Verpflichtungsferne Begünstigungen" im öffentlichen Dienst (hier: die ermäßigte Benützung von städtischen Kinderbetreuungseinrichtungen durch öffentlich Bedienstete) werden nicht konkludent Teil der arbeitsrechtlichen Entgeltansprüche und können daher widerrufen werden (OGH 8 Ob A 391/97 a = ARD 4963/2/98).*

14.15.6 Grenzen des Widerrufs

Wurde eine Widerrufsklausel vereinbart und darüber hinaus auf diese wiederholt hingewiesen, so ist grundsätzlich von der Zulässigkeit des Widerrufs auszugehen (zum Unverbindlichkeitsvorbehalt siehe 14.15.1).

Jedoch wird die Ausübung des Widerrufsrechts seitens der Rechtsprechung an gewisse sachliche Gründe gebunden, welche mit den Interessen des AN abgewogen werden müssen (OLG Wien 8 Ra 379/98 h = ARD 5022/12/99).

Zum Widerruf einer „Wohlverhaltensprämie" wurde vom OGH festgehalten, dass es dann, wenn der AN seine arbeitsvertraglichen Leistungen nachweisen kann und besondere Vorgaben nicht festgelegt wurden, am AG liegt, nachzuweisen, warum die Voraussetzungen für die „Wohlverhaltensprämie" nicht vorliegen sollen (OGH 8 Ob A 48/01 v, 8 Ob A 145/02 k).

Weiters ist bei Ausübung des Widerrufsrechts der gerade bei freiwilligen Leistungen bedeutsame arbeitsrechtliche **Gleichbehandlungsgrundsatz** und das GlBG (siehe 4.) zu beachten (OGH 8 Ob A 2113/96 k = Sozialpolitik und Arbeitsrecht, Nr. 3/97, 2403, OGH 9 Ob A 182/00 f). Soll eine freiwillige Leistung ab einem bestimmten Stichtag entfallen, so ist Willkür dann zu verneinen, wenn sich die Stichtagsregelung als Reaktion auf Veränderungen der Ertragslage, der Unternehmensstruktur oder auch der Unternehmensphilosophie darstellt (OGH 9 Ob A 24/02 y = ARD 5404/1/2003, OLG Wien 7 Ra 180/03 x = ARD 5538/6/ 2004 – zum Entfall für neu eintretende AN siehe 14.15.2).

Wird etwa eine Gratifikation allen AN freiwillig gewährt und erfolgt ein Widerruf nur gegenüber einzelnen AN, so müssten entsprechende, detaillierte und sachliche Gründe für den Widerruf gegenüber diesen Personen vorliegen. Fehlen sachliche Gründe, so liegt ein Verstoß gegen das Gleichbehandlungsgebot vor und der Widerruf ist nicht rechtswirksam.

Liegt ein Diskriminierungstatbestand nach dem GlBG (siehe 4.) vor, so kommt neben Nachzahlungs- bzw. Wiedereinbeziehungsansprüchen auch eine Entschädigung für die erlittene persönliche Beeinträchtigung in Frage.

Es muss daher empfohlen werden, einen etwa aus wirtschaftlichen Gründen erforderlichen Widerruf gegenüber allen AN auszusprechen.

Wird ein Widerruf mit disziplinären Motiven begründet, so könnte der Widerruf als Disziplinarmaßnahme im Sinne der §§ 96 Abs. 1 Z 1 und 102 ArbVG angesehen werden. Eine solche Disziplinarmaßnahme ist allerdings nur dann zulässig, wenn sie durch Gesetz, KV, Betriebsvereinbarung oder Einzelarbeitsvertrag vorgesehen ist. Bei arbeitsvertraglich zulässigen Disziplinarmaßnahmen ist überdies zu prüfen, ob das im § 102 ArbVG vorgesehene Mitwirkungsrecht des BR beachtet wurde (OGH 8 Ob A 2113/96 k = Sozialpolitik und Arbeitsrecht, Nr. 3/97, 2403).

Besteht mangels Vorbehalt keine Widerrufsmöglichkeit, so kommt nur eine **Verschlechterungsvereinbarung** bzw. eine **Änderungskündigung** in Frage (siehe 41.2), falls die freiwillige Leistung nicht unter einer ausdrücklichen auflösenden Bedingung stand (wie die Einstellung von Freifahrten wegen Ausgliederung des Busbetriebes – OGH 9 Ob A 54/04 p = ARD 5603/10/2005).

Einschlägige Judikatur

- *Nach der Rechtsprechung ist gerade auf freiwillige Leistungen, auf die der AN keinen Rechtsanspruch hat, der Gleichbehandlungsgrundsatz anzuwenden. Bei Gewährung derartiger Leistungen darf der AG die von ihm zu Grunde gelegten Kriterien – bei deren Bestimmung er frei ist – nicht im Einzelfall, auch nicht unkündbaren AN gegenüber willkürlich und ohne sachlichen Grund verlassen und einem einzelnen AN das vorenthalten, was er anderen zubilligt (RIS-Justiz, RS 0016829; SZ 65/4 – OGH 9 Ob A 182/00 f).*
- *Der Gleichbehandlungsgrundsatz hindert den AG nicht, in zeitlicher Hinsicht zu differenzieren und bestehende Regelungen ab einem bestimmten Zeitpunkt zu ändern (OGH 9 Ob A 221/00 s).*

14.16 Missbräuchliche Nutzung des PC sowie des Zugangs zum Internet und des Telefons

Laut einer deutschen Studie aus dem Jahre 2000 entsteht den deutschen AG jährlich durch das private Nutzen des PC während der Arbeitszeit ein Schaden von über 50 Milliarden € bzw. 17 Arbeitstagen Arbeitsausfall pro Arbeitsjahr. Es ist davon auszugehen, dass in Österreich eine ähnliche Situation gegeben ist. Um gegen derartige Missbräuche wirksam einschreiten zu können, ist es zunächst zu empfehlen, die **private Nutzung des PC bzw. des Internets** zu untersagen sowie eine Überwachungsmöglichkeit im Arbeitsvertrag (bzw. in einer Zusatzvereinbarung zum Arbeitsvertrag) zu vereinbaren.

Die Judikatur hat zur Frage **privater Tätigkeiten am Arbeitsplatz** bereits geklärt, dass es zulässig ist, etwa **private Telefonate** zu verbieten (Arb 10.118 – ausgenommen kurze unbedingt erforderliche Mitteilungen) oder auch nach Aufzeichnungen zu verrechnen (OGH 9 Ob A 192/98 w). Die Einrichtung einer **Telefongesprächsregistrierung** zur Kostenkontrolle und nicht zum Abhören von Telefongesprächen verstößt auch nicht gegen die Menschenwürde (EA Amstetten Re 16/85, Re 4/86; EA Feldkirch Re 41/86 = RdW 1987/11, 381 f., VwGH 87/01/0034 = ZAS 1988, 104 ff., VwGH 86/01/0069 = ARD 4069/7/89). Eine Kontrolle, die sich bloß auf das Ziel der Zugriffe des AN im Internet beschränkt und keine personenbezogenen Daten speichert, müsste auch ohne die Zustimmung des BR bzw. der AN nach § 10 AVRAG zulässig sein *(Rotter,* ASoK 1999, 119), da sie die Menschenwürde nicht berührt (§ 96 Abs. 1 Z 3 ArbVG).

Die private Nutzung des PC sowie des Internets ist ähnlich wie die private Nutzung des firmeneigenen Telefons zu betrachten. Bei gravierenden Verstößen des ausdrücklich vom AG ausgesprochenen Verbotes der privaten Nutzung liegt ein Entlassungsgrund vor. Bei kurzen familiär bedingten Anrufen ist kein sanktionierbarer Verstoß gegeben. Bei eher geringfügigen Überschreitungen sollte zunächst eine Verwarnung unter Androhung einer Entlassung ausgesprochen werden. Für den Fall der Entlassung ist zu bedenken, dass der Anlassfall eine entsprechende Mindestintensität aufweisen muss (zur Entlassung – siehe 42.).

Wird beispielsweise ein Diensthandy trotz Verbot und Verwarnung weiter in erheblichem Ausmaß privat benutzt (131 SMS und € 58,30 für private Gespräche in einem Monat), so ist die Entlassung berechtigt (OGH 8 Ob A 69/06 i = ARD 5753/5/2007, ähnlich OGH 9 Ob A 71/07t = ARD 5829/10/2008).

Wurde es verabsäumt, ein Verbot auszusprechen, und liegt eine exzessive Privatnutzung vor, so ist schon im Hinblick auf den erheblichen Verbrauch bezahlter Arbeitszeit für außerdienstliche Zwecke eine Entlassung zulässig (OLG Wien 8 Ra 45/03 a = ARD 5461/9/2003). Hat ein AN während der Arbeitszeit regelmäßig mindestens 1,5 Stunden täglich mit privatem Internetsurfen und dem Download umfangreicher Film- oder Musikdateien verbracht, so ist die Entlassung auch ohne Verbot und Verwarnung berechtigt (OGH 29.9.2011, 8 Ob A 52/11 x).

Im Fall des Ausspruchs einer **Entlassung** ist jedoch weiters zu bedenken, dass der Beweis des Missbrauchs durch den AG erfolgen muss. Der AG hat daher zu beweisen, dass die widerrechtlichen Zugriffe und Tätigkeiten in erheblichem Ausmaß persönlich durch den entlassenen AN erfolgt sind. Auf rechtswidrige Weise erlangte Beweise sind von der Verwertung in einem Gerichtsverfahren grundsätzlich nicht ausgeschlossen *(Graf/Schöberl,* Beweisverwertungsverbote im Arbeitsrecht? – ZAS 7/2004, 172 ff.).

Im Übrigen sieht der § 96 Abs. 1 Z. 3 ArbVG (ebenso § 10 Abs. 1 AVRAG) vor, dass die Zustimmung des BR erforderlich ist, wenn Kontrollmaßnahmen und technische Systeme zur Kontrolle der AN eingeführt werden sollen, sofern diese Maßnahmen die Menschenwürde berühren (siehe 53.). In Betrieben ohne BR ist die Zustimmung der AN erforderlich (§ 10 Abs. 2 AVRAG). Wird die Zustimmung nicht erteilt, so ist die Umsetzung der geplanten Maßnahme unzulässig. Dies gilt auch dann, wenn die Maßnahmen die Menschenwürde verletzen.

Individuelle spontane Kontrollen der Nutzung des Internets durch bestimmte AN bedürfen jedenfalls nicht der Zustimmung des Betriebsrates bzw. der AN nach § 10 AVRAG (siehe 53. Betriebsvereinbarungen; *Binder,* Kommentar zum AVRAG, § 10 Rz 5).

Um beweisen zu können, dass ein Verbot der privaten Nutzung des PC und des Internets ausgesprochen wurde, wird empfohlen, eine entsprechende schriftliche Vereinbarung abzuschließen (zum Diensthandy siehe Muster 7a, zu weiteren Details siehe *Rauch,* Zur privaten Nutzung des PC und des Telefons im Arbeitsverhältnis, ASoK 5/2007, 169 ff.).

Muster für eine Vereinbarung zum Internet-Zugang des AN

Dem AN wird ein PC samt Internet-Zugang und E-Mail-Adresse bis auf jederzeitigen Widerruf zur Verfügung gestellt. Jegliche private Nutzung des PC (privates Versenden und Empfangen von E-Mails, privates Nutzen des Internets, Computerspiele, Installation privater Hardware, Einspielen privater Programme etc.) ist untersagt. Insbesondere ist es nicht gestattet, Internet-Seiten aufzurufen, die pornographische, politisch-extremistische und gewaltbetonte Inhalte enthalten.

Dem AN ist bekannt, dass Auswertungen seiner Internet-Zugriffe und empfangener sowie versendeter E-Mails erfolgen können. Der AN erklärt sich mit der Durchführung derartiger Auswertungen durch den AG ausdrücklich einverstanden.

Wien, am ....

....
AN   *AG*

Einschlägige Judikatur

- *Die private Verwendung des Computers und von Computerprogrammen des AG stellt einen Entlassungsgrund dar, wobei es nicht darauf ankommt, ob der AN dabei weisungswidrig auch fremde Software auf dem Hauptnetzwerk oder dem Programmierer-*

netzwerk installiert hat oder ob die Installierung privater Programme überdies geeignet war, Viren einzubringen (OGH 9 Ob A 315/97 g = ARD 4937/33/98).

- *Das Negieren der dienstlichen Anordnung, private Telefongespräche und sonstige private Dinge während der Arbeitszeit zu unterlassen, verwirklicht einen Entlassungsgrund (OLG Wien 9 Ra 128/98 d = ARD 5024/2/99).*

- *Dass AN in geringem Umfang Privatgespräche mit oder ohne Kostenersatz vom Arbeitsplatz aus führen, ist nicht unüblich. Ein AG, der verhindern will, mit den Kosten von privaten Telefongesprächen belastet zu werden, wäre demnach verhalten, entweder Privatgespräche überhaupt zu verbieten, umfänglich einzuschränken oder nach vorgeschriebenen Aufzeichnungen zu verrechnen (OGH 9 Ob A 192/98 w).*

- *Hat ein AN durch zahlreiche Telefonate und Internetverbindungen mit Mehrwertnummern (hier: Sexhotlines) einen beträchtlichen Schaden verursacht, so ist die Entlassung gerechtfertigt (OLG Wien 9 Ra 327/02 b = ARD 5461/12/2003).*

- *Eine Anlage, die bei Privatgesprächen (jedenfalls Teile) der Rufnummern unterdrückt, dienstlich angewählte Rufnummern aber zur Gänze registriert und für einen kurzen Zeitraum „bloß aufbewahrt", unterliegt der Mitbestimmung des BR nach § 96 Abs. 1 Z 3 ArbVG bzw. des einzelnen AN nach § 10 AVRAG (OGH 8 Ob A 288/01 p = ecolex 2002, 904 – siehe auch ZAS 7/2004, 156 ff.).*

- *Die Weiterleitung von „Spaß-E-Mails" an Kollegen ca. ein- bis zweimal pro Woche stellt bei einer 20-jährigen unbeanstandeten Beschäftigung keinen Entlassungsgrund dar (OGH 9 Ob A 75/04 a = ARD 5552/16/2004).*

- *Durch die Überlassung eines Diensthandys (insbesondere dann, wenn es auch zur privaten Nutzung freigegeben wird) läuft der AG Gefahr, mit übermäßig hohen Telefonkosten belastet zu werden. Um sich davor zu schützen, obliegt es dem AG, den AN unmissverständlich und belegbar auf den Umfang der Nutzungsbefugnis hinzuweisen (ASG Wien 26 Cga 106/02 a = ARD 5506/4/2004).*

- *Die Installation eines Computerkriegsspiels und von Hardware wie etwa eines Brenner-Programms auf dem Firmen-PC stellt auch ohne ausdrückliche gegenteilige Weisung eine Verletzung der Interessen des AG im Sinne einer Vertrauensunwürdigkeit dar. Gab es jedoch im Unternehmen keine allgemeine Anweisung, dass die Installation privater Soft- oder Hardwarekomponenten auf den Rechnern des AG verboten ist, und steht fest, dass der AN derartige Installationen (die im vorliegenden Fall über den Systemadministrator erfolgten) im Fall einer solchen Weisung nicht vorgenommen hätte, und konnte außerdem eine Nutzung der privat installierten Soft- oder Hardware während der Arbeitszeit nicht nachgewiesen werden, fehlt es an der Unzumutbarkeit der Weiterbeschäftigung des langjährigen AN zumindest für die Dauer der Kündigungsfrist als Voraussetzung für die Berechtigung der Entlassung (OGH 30.3.2011, 9 Ob A 11/11 z).*

14.17 Telearbeit

Unter Telearbeit versteht man eine Tätigkeit, die außerhalb der betrieblichen Räumlichkeiten erbracht wird. In der Regel handelt es sich um Arbeiten, die in der Privatwohnung des AN am Bildschirm verrichtet werden. Für derartige Arbeiten bietet sich allenfalls auch ein freies Arbeitsverhältnis an (siehe 17.). Ein Werkvertrag kommt nur dann in Frage, wenn ein bestimmtes abgeschlossenes Werk zu erstellen ist (siehe 16.). Falls eine konkrete tägliche Arbeitszeit, das Erteilen von

Weisungen (im Betrieb zu erscheinen, eine andere Arbeit zu verrichten etc.), umfassende Berichtspflichten und dergleichen vorgesehen sind, so ist ein Arbeitsvertrag abzuschließen. Eine spezielle gesetzliche Regelung zur Telearbeit ist nicht vorhanden. Einzelne KV sehen nähere Bestimmungen zur Telearbeit vor. Ebenso können in Betriebsvereinbarungen Regelungen zur Telearbeit vorgesehen sein.

Tele-AN sind AN nach § 36 ArbVG (siehe 53.) und unterliegen auch dem AZG (§ 2 Abs. 2) und ARG (z.B. OGH 13.10.1999, 9 Ob A 230/99 k; 15.3.2000, 9 Ob A 74/00 y).

Erfolgt die Arbeitsleistung nur in Form von Telearbeit, so sind (nach der Auffassung der Lehre – z.B. wie *Pfeil* in ZellKomm § 2 AZG, Rz. 5) Fahrten von der Privatwohnung zum Betriebssitz und retour als Arbeitszeit anzusehen. Falls jedoch der AN regelmäßig seine Arbeit auch am Betriebssitz erbringt, könnte ebenso vereinbart werden, dass diese Zeiten nicht als Arbeitszeit gelten.

Zu empfehlen ist es, im Rahmen der Vereinbarung zur Telearbeit Regelungen zur Arbeitszeit (siehe 14.8) und deren Aufzeichnung durch den AN und zur Verwendung (siehe 14.12) zu treffen. Insbesondere werden auch Vereinbarungen zur Sicherung der Erreichbarkeit des AN während seiner Arbeitszeit (etwa per Telefon oder per E-Mail), zur Verpflichtung, im Betrieb auf Weisung oder bzw. und zu bestimmten Zeiten zu erscheinen, zur Meldung von Krankenständen und anderen Arbeitsverhinderungen, zur Beistellung eines EDV-Gerätes sowie zur Wartung und Meldung von Störungen des EDV-Gerätes ratsam sein (ein Muster findet sich etwa im Anhang 2 des Rahmen-KV für Angestellte im Handwerk und Gewerbe, in der Dienstleistung, in Information und Consulting).

Die Kontrolle des Arbeitsplatzes in der Privatwohnung des AN durch Organe der Arbeitsinspektion ist nicht möglich, weil das Zutrittsrecht der behördlichen Organe auf betriebliche Räumlichkeiten beschränkt ist.

14.18 Recht am eigenen Bild

Es kommt immer wieder vor, dass im Zuge einer Präsentation des Unternehmens Bilder bestimmter AN im Internet, in Prospekten, Broschüren, Informationsblättern und sonstigen Schriftstücken veröffentlicht werden sollen. Nach § 78 Abs. 1 Urheberrechtsgesetz dürfen Bildnisse von Personen weder öffentlich ausgestellt noch auf eine andere Art öffentlich verbreitet werden, wenn dadurch berechtigte Interessen des Abgebildeten verletzt werden. Bei der Prüfung der Frage, ob berechtigte Interessen des Abgebildeten beeinträchtigt werden, ist eine Abwägung der gegenseitigen Interessen vorzunehmen.

In seiner Entscheidung 8 Ob A 136/00 h hat der OGH für den arbeitsrechtlichen Bereich dazu die Auffassung vertreten, dass das Verhalten des AG, ohne Rückfrage das Bild eines AN auf seiner Homepage zu veröffentlichen, sowie die Weigerung, dieses zu entfernen, einen Verstoß gegen das Persönlichkeitsschutzrecht bzw. gegen den Bildnisschutz darstellen. Aus der Treuepflicht des AN kann eine Verpflichtung zur Duldung der Veröffentlichung eines Bildes des AN nicht abgeleitet werden.

Auf Grund dieser Rechtsprechung sollte sich der AG durch entsprechende Vereinbarung (etwa bereits im Arbeitsvertrag) entsprechend absichern. Stimmt der AN einer möglichen künftigen Veröffentlichung seines Bildes ausdrücklich zu, so wird im Fall der tatsächlichen Verwendung seines Bildnisses etwa im Internet von einer Verletzung des Rechts am eigenen Bild keine Rede sein können.

Muster für die Zustimmung des AN zu einer möglichen künftigen Veröffentlichung seines Bildnisses

Frau/Herr .... stimmt hiermit ausdrücklich zu, dass ihr/sein Bild (Porträt, Foto) für Zwecke der Öffentlichkeitsarbeit vom AG im Internet, in Broschüren, Prospekten und sonstigen Schriftstücken veröffentlicht wird.

Zu Bekleidungsregelungen siehe OGH 8 Ob A 195/98 d = ARD 5019/2/99 sowie *Rauch*, Sind Vorschriften des AG zu Bekleidung, Schmuck, Tätowierungen und Piercings zulässig?, ASoK 9/2006, 327 ff.

14.19 Geheimhaltungsvereinbarungen

An sich sind arbeitsvertragliche Vereinbarungen über die Verpflichtung zur Verschwiegenheit bezüglich Geschäfts- oder Betriebsgeheimnissen nicht erforderlich, da die gesetzlichen Regelungen zur Entlassung bei Verstößen gegen die Verschwiegenheitspflicht dem AG ein Entlassungsrecht einräumen (z.B. §§ 82 GewO 1859, 27 AngG, 15 Abs. 3 BAG – siehe 42.).

In bestimmten Bereichen kann jedoch die **Verschwiegenheit** von erhöhter Bedeutung sein (z.B. Gesundheitsbereich). In diesen Fällen ist es durchaus empfehlenswert, im Arbeitsvertrag auf die besondere Bedeutung der **Geschäfts- und Betriebsgeheimnisse** im jeweiligen Arbeitsverhältnis hinzuweisen und eine Geheimhaltungsvereinbarung abzuschließen. Insbesondere kann auch eine über das Ende des Arbeitsverhältnisses hinausgehende Verpflichtung zur Wahrung der Betriebsgeheimnisse vereinbart werden.

Die Geheimhaltungsvereinbarung ist nicht als Wettbewerbsabrede im Sinne des § 36 AngG (Konkurrenzklausel – siehe 14.10) zu qualifizieren und unterliegt daher auch nicht der hierfür normierten zeitlichen Beschränkung (OGH 25.6.2003, 9 Ob A 66/03 a; OGH 22.10.2012, 9 Ob A 110/12 k). Die Geltungsdauer der Vereinbarung für fünf Jahre nach Ende des Arbeitsverhältnisses ist nach der herrschenden Judikatur nicht unangemessen lang (OGH 27.4.1995, 8 Ob A 225/95).

Wird die vereinbarte Geheimhaltungsklausel verletzt, so kann der Geschädigte etwa mit einer Unterlassungsklage vorgehen oder Schadenersatz (§ 1295 ABGB) begehren (OGH 27.8.2013, 9 Ob A 78/13 f). Die Unterlassungsklage kann mit einem Antrag auf Erlassung einer einstweiligen Verfügung verbunden werden (OGH 24.9.2015, 9 Ob A 93/15 i).

> *Muster für eine Geheimhaltungsklausel*
>
> *Der AN verpflichtet sich zur uneingeschränkten Verschwiegenheit bezüglich sämtlicher Betriebs- und Geschäftsgeheimnisse. Die Verpflichtung zur Geheimhaltung beinhaltet das Verbot jeglicher Art der Gefährdung und Verletzung sämtlicher Betriebs- und Geschäftsgeheimnisse und nicht nur die Weitergabe an Dritte. Daher ist auch das widerrechtliche Benützen und Verwerten geheimer Daten durch den AN von dieser Klausel erfasst. Diese Klausel gilt bis zum Ablauf von 5 Jahren nach dem Ende des Arbeitsverhältnisses.*

Einschlägige Judikatur

- *Eine Geheimhaltungsvereinbarung über echte Geschäfts- und Betriebsgeheimnisse ist keine Konkurrenzklausel im Sinn des § 36 AngG und unterliegt nicht deren – insbesondere zeitlichen – Beschränkungen. Ebenso wie das Verbot der Abwerbung von Beschäftigten hindert auch eine Verpflichtung zur Wahrung der Geschäfts- und Betriebsgeheimnisse den AN nicht an seiner selbständigen oder unselbständigen Erwerbstätigkeit im Geschäftszweig seines bisherigen AG. Ein Geschäftserfolg des bisherigen AN, der sich ausschließlich (oder vorwiegend) darauf gründet, dass er bestimmte Betriebs- oder Geschäftsgeheimnisse seines bisherigen AG preisgibt oder verwertet, ist nicht vom Schutzzweck der durch Art. 6 StGG gewährleisteten Erwerbsfreiheit erfasst. Die Geheimhaltungsklausel umfasst ganz generell nicht nur den Schutz vor Verrat an Dritte, sondern auch den vor der Benützung der Betriebsgeheimnisse als Mitbewerber (OGH 8 Ob A 122/01 a, so auch 9 Ob A 2154/96).*
- *Geheimhaltungsvereinbarungen, deren Ziel es ist, den Bezug von Entgeltbestandteilen der Ehegattin des AN zu verbergen, sind sittenwidrig. Die Schädigung Dritter ist ein typisches Element der Sittenwidrigkeit (OGH 9 Ob A 50/03 y).*

14.20 Bekleidungsregeln bzw. Vorgaben zum äußeren Erscheinungsbild des AN

Aus dem Persönlichkeitsschutz (§§ 16 und 17 ABGB, Art. 8 MRK) wird ein Recht der einzelnen natürlichen Person auf eine Privatsphäre abgeleitet. Auch im dienstlichen Bereich hat der AN eine Privatsphäre, die es ihm gestattet, z.B. seine Kleidung und seinen Schmuck frei zu wählen. Einschränkungen der Privatsphäre im Rahmen des Arbeitsverhältnisses ergeben sich aus der persönlichen Abhängigkeit des AN, die ein entscheidendes Grundelement des Arbeitsverhältnisses darstellt. Aus dem § 17 ABGB ergibt sich, dass derjenige, der eine Einschränkung des Persönlichkeitsrechts bzw. der Privatsphäre vorgibt, darlegen muss, dass der Eingriff als zulässig anzusehen ist. Demnach ist es die Aufgabe des AG, die Zulässigkeit von einschränkenden Weisungen bezüglich des äußeren Erscheinungsbildes entsprechend darzutun (*Rauch*, Sind Vorschriften des AG zu Bekleidung, Schmuck, Tätowierungen und Piercings zulässig?, ASoK 2006, 327 ff.).

Zum islamischen Gesichtsschleier siehe 4.

Einschränkungen aus AN-schutzrechtlichen Gründen

Nach § 3 Abs. 1 ASchG sind AG verpflichtet, für Sicherheit und Gesundheitsschutz in Bezug auf alle Aspekte, welche die Arbeit betreffen, zu sorgen. Trägt ein AN etwa Kopftücher, Schals, weite Ketten oder wallende Gewänder, die ein Sicherheitsrisiko – beispielsweise bei der Arbeit an Maschinen – darstellen, so ist der AG verpflichtet, das Tragen solcher Gegenstände durch Weisung zu untersagen.

Einschränkungen durch arbeitsvertragliche Regelungen

Im Fall der Vereinbarung von Beschränkungen bezüglich des Erscheinungsbildes zwischen AN und AG bestimmt der AN über den Eingriff in seine Privatsphäre selbst mit. Daher sind vereinbarte Einschränkungen bezüglich des Erscheinungsbildes des AN als zulässig anzusehen, sofern nicht jede sachliche Rechtfertigung fehlt bzw. von einer Schikane auszugehen ist. So kann etwa mit einer im Kundenverkehr tätigen Verkaufskraft das Tragen eines Anzugs und einer Krawatte rechtswirksam vereinbart werden (falls dies nicht für die betreffende Branche völlig ungewöhnlich und unüblich wäre und dies keinem nachvollziehbaren Verkaufskonzept entsprechen würde – siehe Muster im Folgenden).

In Betrieben mit BR wird für die Einführung von Bekleidungsregelungen eine BV (§ 97 Abs. 1 Z 1 ArbVG, siehe 53.) erforderlich sein, die über die Schlichtungsstelle erzwingbar ist. Denkbar ist aber auch, dass kollektivvertragliche Bestimmungen zur Arbeitskleidung anzuwenden sind (z.B. § 17 des KV für Wachorgane im Bewachungsgewerbe).

Einschränkungen durch Weisungen (die nicht auf dem AN-Schutz beruhen)

Die Weisung erfolgt einseitig durch den AG und es ist daher bei Vorschriften bezüglich des Erscheinungsbildes des AN von strengeren Voraussetzungen bezüglich der Sachlichkeit auszugehen. Ein Weisungsrecht des AG ist jedenfalls dort anzunehmen, wo sich aus dem Gegenstand des Betriebes, in den der AN integriert ist, ergibt, dass auch ein bestimmter Standard der Bekleidung zur Erzielung des Arbeitsergebnisses geboten ist. Dies ist dann der Fall, wenn das Erscheinungsbild eines im Kundenbereich arbeitenden AN nicht dem Verständnis des überwiegenden Teils der Kunden entspricht. Der AN, der in seinem Arbeitsvertrag eine bestimmte Tätigkeit in einem solchen Betrieb vereinbart, stellt sich damit auch insoweit in die Verfügungsmacht des AG. Konkret hat der OGH (11.2.1999, 8 Ob A 195/98 d) die zweifellos zutreffende Auffassung vertreten, dass das Tragen einer auffallenden Goldkette über dem Hemd durch einen

Bankangestellten, der im Kundenverkehr tätig ist, vom AG verboten werden kann, weil dies dem Verständnis der Bevölkerung vom Erscheinungsbild eines „Bankbeamten" widerspricht.

Hingegen wird vom OGH (24.9.2015, 9 Ob A 82/15 x) ein rosafarbenes Haarband, welches ein Kraftfahrer in Elternteilzeit, der im öffentlichen städtischen Linienverkehr eingesetzt wird, in der Arbeit (trotz Weisung zur Entfernung) trägt, nicht als Grund für die Zustimmung zur Kündigung angesehen. Dies ergibt sich daraus, dass aus objektiver Sicht nicht angenommen werden kann, dass die Fahrgäste auf Grund des rosa Haarbandes an der Seriosität und Professionalität des Busfahrers zweifeln (zu den Details siehe *Rauch*, Arbeitsrecht 2016, 52 ff.).

Kein „Gewohnheitsrecht" auf ein ungeeignetes Auftreten

In der zuvor angeführten Entscheidung des OGH aus dem Jahre 1999 wurde weiters ausgesprochen, dass die Zulässigkeit des Verbotes des AG, eine auffällige Goldkette über dem Hemd zu tragen, auch dann gegeben ist, wenn der AG dies zunächst geduldet hat. Das wissentliche Hinnehmen eines unüblichen und auffälligen Schmuckstückes durch den AG über eine längere Zeit kann keine stillschweigende Änderung des Arbeitsvertrages bewirken.

Muster einer Vereinbarung zur Bekleidung,
wenn eine Arbeitskleidung zur Verfügung gestellt wird

Der AG stellt dem AN eine Arbeitskleidung zur Verfügung (bestehend aus: ………………………………). Die Arbeitskleidung muss während der Arbeit und darf nur auf dem Weg zur und von der Arbeit getragen werden. Eine darüber hinausgehende private Verwendung ist untersagt. Der AN ist verpflichtet, die Arbeitskleidung zu schonen und im reinen und gebrauchsfähigen Zustand zu erhalten. Für in Verlust geratene oder über den natürlichen Verschleiß hinausgehend beschädigte oder stark verschmutzte Arbeitskleidung hat der AN vollen Ersatz zu leisten bzw. muss für die Reinigung und deren Kosten aufkommen. Wird dem AN eine mutwillige Verschmutzung, Beschädigung, widmungswidrige Verwendung oder Vernichtung der Arbeitskleidung nachgewiesen, so hat er für die Wiederinstandsetzung bzw. Neuanschaffung und deren Kosten aufzukommen.

Der AN verpflichtet sich, die Kombination auffälliger bzw. unpassender privater Kleidungsstücke oder Accessoires bzw. ungeeigneter Schuhe (z.B. Sandalen) mit der Arbeitskleidung zu unterlassen, soweit dadurch das einheitliche und von den Kunden erwartete Erscheinungsbild des Mitarbeiters beeinträchtigt wird.

Der AG ist aber auch berechtigt, vom AN Arbeitsleistungen in Privatkleidung zu verlangen.

> **Muster einer Vereinbarung zur Bekleidung,
> wenn keine Arbeitskleidung zur Verfügung gestellt wird**
>
> *Der AN ist verpflichtet, während der Arbeitszeit eine solche Bekleidung (bzw. Schmuck, Schuhe und sonstige Accessoires) zu tragen, welche dem Verständnis bzw. den Erwartungen des durchschnittlichen Kunden vom Erscheinungsbild eines Mitarbeiters unseres Unternehmens im ....
> (z.B. im Außendienst/im Kassendienst/etc.) entspricht.*

Bitte beachten Sie, dass bei Schadenersatzansprüchen gegen einen AN wegen Beschädigung oder Vernichtung von firmeneigener Arbeitskleidung die Regelungen des DHG (siehe 26.) einzuhalten sind.

15. Das Scheinarbeitsverhältnis

In der Praxis kommt es immer wieder vor, dass bei der zuständigen Gebietskrankenkasse ein Arbeitsverhältnis mittels Anmeldung mit einem bestimmten Entgelt angegeben wird. Demnach wird gegenüber der Sozialversicherung erklärt, dass ein Arbeitsverhältnis zwischen einem bestimmten AN und einem bestimmten AG geschlossen wurde.

Die Parteien dieses Vertragsverhältnisses vereinbaren jedoch weiters, dass die wechselseitigen Hauptpflichten aus dem Arbeitsverhältnis (Zahlung des vereinbarten Entgelts und Erbringung der vereinbarten Arbeitspflichten) nicht erbracht werden oder anders als angegeben erbracht werden, da mit der Anmeldung eines Arbeitsverhältnisses andere Zwecke verfolgt werden (z.B. Erlangung einer Gewerbeberechtigung für eine juristische Person oder von künftigen Sozialleistungen für die angemeldete Person).

Die arbeitsrechtliche Judikatur geht davon aus, dass in diesen Fällen jeweils ein Scheingeschäft vorliegt, welches (gemäß § 916 ABGB) nichtig ist. Vertrauensschutz im Verhältnis zum Vertragspartner ist wegen dessen Einverständnis nicht erforderlich. Das zum Schein geschlossene Geschäft wirkt zwischen den Vertragsparteien nicht, weil es von diesen gar nicht gewollt ist. Aus dem Scheinarbeitsverhältnis können daher keinerlei arbeitsrechtliche Ansprüche (Gehalt, Sonderzahlungen, Vergütung des offenen Resturlaubs, Abfertigung, Ausstellung eines Dienstzeugnisses etc.) abgeleitet werden (z.B. OGH 9 Ob A 161/00 t, 8 Ob S 8/05 t, 20.3.2015, 9 Ob A 156/14 b). Ebenso können aus dem Scheinarbeitsverhältnis keine bereicherungsrechtlichen Ansprüche abgeleitet werden (ASG Wien 6 Cga 148/99 k = ARD 5206/11/2001 oder Insolvenz-Ausfallgeld – OGH 8 Ob S 1/07 s = ARD 5793/2/2007). Allfällige Ansprüche können sich aus dem in Wahrheit gewollten Geschäft („verdecktes Geschäft") ergeben (OGH 26.7.2012, 8 Ob A 82/11 h).

Zu berücksichtigen ist jedoch, dass der Hinweis vor dem Arbeitsgericht auf ein Scheinarbeitsverhältnis etwa zu einem Verwaltungsstrafverfahren (gewerberechtlicher Geschäftsführer mit Scheinarbeitsvertrag) führen könnte (wobei hier von einer Verfolgungsverjährung von einem Jahr nach § 31 VStG ausgegangen werden kann).

Beispiel:
Die A-Ges.m.b.H. meldet Herrn X (welcher eine Meisterprüfung für das Friseurgewerbe abgelegt hat) mit 20 Stunden (und € 1.000,– brutto monatlich) bei der zuständigen Gebietskrankenkasse kann und erwirbt die Gewerbeberechtigung für das Friseurgewerbe. Vereinbart wird, dass Herr X keine Arbeitsleistung erbringt und für seine gewerberechtliche Haftung € 400,– netto monatlich erhält. Nach der Beendigung dieses Vertragsverhältnisses klagt Herr X die Differenz zwischen € 400,– und dem Nettobetrag aus € 1.000,– brutto sowie die Sonderzahlungen und eine Ersatzleistung für den offenen Urlaub ein.

Empfohlen wird in einem solchen Fall, auf das Scheinarbeitsverhältnis hinzuweisen. Falls die Beendigung des Scheinarbeitsverhältnisses am Tag des Vorbringens bereits über ein Jahr zurückliegt, kann der Drohung mit einer Anzeige bei der Verwaltungsbehörde der Hinweis auf die Verjährung entgegengehalten werden. Ein allfälliges verwaltungsstrafrechtliches Verfahren und dessen Ausgang ist jedoch für das arbeitsgerichtliche Verfahren ohne Bedeutung, da im arbeitsgerichtlichen Verfahren lediglich zu prüfen ist, ob ein Scheinarbeitsverhältnis vorliegt oder nicht.

15.1 Zum Begriff des „Arbeitsverhältnisses"

Nach § 1151 Abs. 1 ABGB liegt ein Arbeitsvertrag vor, wenn sich jemand auf gewisse Zeit zur Arbeitsleistung für einen anderen verpflichtet. Der Arbeitsvertrag setzt daher voraus, dass der AN unter anderem

- eine persönliche Arbeitspflicht unter Leitung und Führung des AG mit dessen Arbeitsmitteln hat (Arb 8.030; OGH 28.3.2001, 9 Ob A 25/01 v),
- der wirtschaftliche Erfolg der Arbeitsleistung des AN dem AG zu Gute kommt (OGH 20.9.1983, 4 Ob 102/83, ZAS 1985, 18; die Beschäftigung zur Erziehung oder Behandlung ist daher kein Arbeitsverhältnis – OGH 18.2.1010, 8 Ob A 48/09 f; *Rauch*, Arbeitsrecht 2011, 49),
- der AN eine mit dem AG vereinbarte Arbeitszeit an einem bestimmten Ort einhalten muss und
- der AN persönlich und wirtschaftlich in den Organismus des Betriebes des AG eingeordnet ist (OGH 17.11.1981, 4 Ob 51/81, Arb 10.060, OGH 16.3.1982, 4 Ob 8,9/81 etc. – die Tätigkeit eines ehrenamtlichen Zeugwartes eines Sportvereins, der weder an eine Arbeitszeit noch an Weisungen gebunden ist und keiner Kontrolle unterliegt, ist daher kein Arbeitsverhältnis – OLG Wien 30.7.2014, 7 Ra 66/14 y, ARD 6419/9/2014, *Rauch*, Arbeitsrecht 2015, 52, bestätigt durch OGH 25.9.2014, 9 Ob A 103/14 h).

Die Anmeldung eines Arbeitsverhältnisses bei der zuständigen Gebietskrankenkasse ist für die Frage, ob zwischen den Parteien tatsächlich ein Arbeitsverhältnis vorliegt, nicht von entscheidender Bedeutung. Die Anmeldung stellt allenfalls ein Indiz für die Annahme eines Arbeitsverhältnisses dar (Arb 10.529; OGH 9 Ob A 351/97 a, 8 Ob S 418/97 x, 8 Ob A 353/97 p, 8 Ob A 284/97 s etc.). Aus der Anmeldung bei einer Gebietskrankenkasse kann demnach nur entnommen werden, dass ein Verhältnis zwischen zwei bestimmten Vertragsparteien gegenüber einem Außenstehenden (nämlich einer bestimmten Gebietskrankenkasse) als Arbeitsverhältnis deklariert wurde. Daraus kann jedoch nicht abgeleitet werden, dass eine Grundlage für arbeitsrechtliche Ansprüche gegeben ist. Ob ein Arbeitsverhältnis vorliegt, ist daher nicht danach zu beurteilen, wie die Vertragspartner ihr Verhältnis deklariert haben. Entscheidend ist vielmehr der Inhalt der von den Vertragsteilen ausdrücklich oder schlüssig getroffenen Vereinbarungen (Arb 10.529; OGH 9 Ob A 88/98 a, 9 Ob A 8/99 p, OGH 9 Ob 25/01 v).

Wurde nach dem Inhalt der Vereinbarung zwischen den Vertragsparteien kein Arbeitsvertrag begründet, so kommt auch der Erklärung einer Entlassung (ebenso wie der Anmeldung bei der Gebietskrankenkasse) keine rechtlich relevante Bedeutung hinsichtlich der Frage des Bestehens eines Arbeitsverhältnisses zu (OGH 8 Ob A 353/97 p).

Auch ein Gesellschaftsanteil von 40 % schließt ein Arbeitsverhältnis nicht jedenfalls aus (VwGH 26.5.2014, 2013/08/0194). Maßgebend ist stets das Gesamtbild der Beschäftigung (VwGH 17.10.2012, 2010/08/0256, 1.10.2015, Ro 2015/08/0020).

Da keinerlei arbeitsrechtliche Ansprüche gegeben sind, ist es nicht ratsam, bei Vorliegen eines Scheinarbeitsverhältnisses ein Dienstzeugnis auszustellen. Aus der bloßen Ausstellung eines Dienstzeugnisses kann jedoch noch nicht abgeleitet werden, dass ein echtes Arbeitsverhältnis gegeben ist (OGH 9 Ob A 205/98 g = ARD 5013/12/99).

15.2 Fallgruppen aus der Rechtsprechung zum Scheinarbeitsverhältnis

15.2.1 Gewerberechtlicher Geschäftsführer mit Scheinarbeitsvertrag

Nach der Gewerbeordnung muss die als gewerberechtlicher Geschäftsführer angegebene Person (die kein unternehmensrechtlicher Geschäftsführer ist) im Rahmen eines Arbeitsverhältnisses tätig sein (VwGH 84/04/0091 = ARD 3735/15/85). Falls nun vereinbart wird, dass der gewerberechtliche Geschäftsführer keine entsprechenden Arbeitsleistungen erbringen soll (wobei nach den §§ 9, 16 Abs. 1 und 39 GewO eine Tätigkeit des gewerberechtlichen Geschäftsführers im Ausmaß der halben wöchentlichen Normalarbeitszeit erforderlich wäre), so werden die gesetzlichen Bestimmungen der GewO durch Vortäuschung eines Beschäftigungsverhältnisses umgangen. Diese Vereinbarung verstößt daher gegen das Gesetz. Nach § 879 Abs. 1 ABGB ist ein Vertrag, der gegen ein gesetzliches Verbot verstößt, nichtig. Nichtigkeit infolge Gesetzwidrigkeit ist nach Lehre und Rechtsprechung dann anzunehmen, wenn diese Rechtsfolge ausdrücklich normiert ist oder der Verbotszweck die Ungültigkeit des Geschäftes notwendig verlangt. Bei Verstößen gegen Gesetze, die dem Schutz von Allgemeininteressen, der öffentlichen Ordnung und der Sicherheit dienen, ist die Rechtsfolge der Nichtigkeit eine absolute. Sie ist von Amts wegen wahrzunehmen und hat die Nichtigkeit des gesamten Geschäftes zur Folge. Auf die Nichtigkeit kann sich auch der Vertragspartner berufen, obwohl er diese von Anfang an gekannt hat, weil der Zweck der Verbotsnorm sonst nicht zu erreichen wäre. Durch die Behauptung, dass vergleichbare Vorgangsweisen üblich seien, wird dieses Ergebnis nur unterstrichen (OGH 20.1.1999, 9 Ob A 338/98 s = ARD 5017/29/99; 19.8.1998, 9 Ob A 34/99 m = ARD 5024/22/99).

Es ist daher nicht nur der Scheinarbeitsvertrag mit dem gewerberechtlichen Geschäftsführer, sondern auch die Vereinbarung über eine pauschale Abgeltung für die Übernahme des gewerberechtlichen Risikos nichtig.

Ist der gewerberechtliche Geschäftsführer vereinbarungsgemäß in einem geringeren als dem gegenüber der zuständigen Gebietskrankenkasse angegebenen Ausmaß tätig, so liegt eine Teilnichtigkeit des Arbeitsverhältnisses vor. Arbeitsrechtliche Ansprüche haben sich daher auf das vereinbarte Ausmaß der Arbeitszeit zu beziehen.

Führt der gewerberechtliche Geschäftsführer lediglich eigenverantwortlich und mit freier Zeiteinteilung Kontrollen durch, so liegt kein Arbeitsverhältnis vor (OGH 28.4.2005, 8 Ob S 8/05 t – siehe *Gerhartl,* Charakteristika des Arbeitsvertrages, ASoK 2005, 332).

15.2.2 Betätigung im Rahmen einer Lebensgemeinschaft bzw. im Familienkreis und Gefälligkeitsdienste

Durch Arbeitsleistungen von Familienmitgliedern, die ausschließlich aus Gründen familiärer Beistandspflicht erfolgen, wird in der Regel kein Arbeitsvertrag begründet (OGH 9 Ob A 25/01 v). Bezüglich Ehegatten ist auf § 90 ABGB zu verweisen, wonach ein Ehegatte beim Erwerb des anderen mitzuwirken hat, soweit dies zumutbar und nach den Lebensverhältnissen üblich ist.

Im Zweifel ist bei Tätigkeiten im Rahmen der Familie bzw. im Rahmen einer Lebensgemeinschaft (OGH 17.6.1986, 14 Ob 69/86) von Unentgeltlichkeit auszugehen, es sei denn, es wurde ausdrücklich ein Arbeitsverhältnis vereinbart (OGH 31.5.1983, 4 Ob 53/83, Arb 10.269; OGH 9 Ob A 138/97 b, OLG Wien 8 Ra 33/05 i = ARD 5612/6/2005). Ein Arbeitsverhältnis kann nur dann angenommen werden, wenn dessen Abschluss deutlich zum Ausdruck kommt (OGH 9 Ob A 25/01 v, 8 Ob A 44/05 m).

15. Das Scheinarbeitsverhältnis

War der Lebensgefährte bzw. das Familienmitglied, das Arbeitsleistungen erbracht hat, nicht an Weisungen gebunden und wurden ihm solche erst gar nicht erteilt, sondern konnte er machen, was er wollte und war er somit auch an keine Arbeitszeit gebunden, so kann ein Arbeitsverhältnis nicht vorliegen (OGH 8 Ob A 353/97 p, 9 Ob A 8/99 p). Ist etwa ein ehemaliger Unternehmer auch nach der Übergabe an seinen Sohn völlig selbstständig tätig, so liegt kein Arbeitsverhältnis vor (VwGH 99/08/0016 = ARD 5474/10/2004).

Ob nun ein Arbeitsverhältnis vereinbart wurde, ist auch anhand des typischen Geschehensablaufes in einem Arbeitsverhältnis zu prüfen. Daher ist zu erheben, ob arbeitsrechtliche Vorgangsweisen gepflogen wurden. Wenn jedoch weder Arbeitszeit- noch Urlaubsaufzeichnungen geführt und Anhaltspunkte für eine Eingliederung in den Betrieb fehlen, so spricht dies jedenfalls gegen die Annahme eines Arbeitsverhältnisses (OGH 9 Ob A 248/98 f).

Liegt ein Arbeitsverhältnis vor, so sind die Regeln des Arbeitsrechts anzuwenden und kann nicht etwa im Rahmen einer Lebensgemeinschaft ein unterkollektivvertragliches Entgelt vereinbart werden (VwGH 2005/08/0044 = ARD 5890/9/2008).

Abgesehen von den genannten Fallgruppen kam die Rechtsprechung vereinzelt auch in anderen Fällen zu dem Ergebnis, dass ein Scheinarbeitsverhältnis vorliegt. Wenn etwa ein Arbeitsverhältnis bloß zum Schein begründet wurde, um ein Mietverhältnis zu verschleiern (OLG Wien 8 Ra 357/99 z = ARD 5175/2/ 2000).

Ist etwa eine Person, die kein Familienmitglied sein muss, keinen Weisungen unterworfen und nicht zur Leistungserbringung verpflichtet, so liegt kein Arbeitsverhältnis vor, wobei diese Person des Öfteren im Geschäft und auf der Messe aushalf, jedoch beim Arbeitsablauf und in ihrer Zeiteinteilung keinen Einschränkungen unterworfen war (OLG Wien 8 Ra 138/03 b = ARD 5474/4/2004, siehe auch *Rauch*, Mitarbeit von Familienmitgliedern, ASoK 2008, 463 ff.).

Werden Tätigkeiten aus reiner Gefälligkeit verrichtet, ohne dabei in einem Verhältnis persönlicher und wirtschaftlicher Abhängigkeit zu stehen, so liegt kein Arbeitsverhältnis vor (VwGH 12.9.2012, 2011/08/0127 zum ehrenamtlichen Zeugwart eines Sportvereins siehe OLG Wien 30.7.2014, 7 Ra 66/14 y, *Rauch*, Arbeitsrecht 2015, 52).

Einschlägige Judikatur
Allgemeines

- *Auch eine bloß kurze Dauer des Vertragsverhältnisses steht der Annahme eines Arbeitsvertrages nicht entgegen. Arbeitsverträge können auch für einen Tag oder auch nur für Stunden geschlossen werden, wenn dies der Zweck der Arbeitsleistung mit sich bringt (Arb 9.422).*
- *Es ist gesicherte Rechtsprechung, dass die Anmeldung bei der Gebietskrankenkasse für die Beurteilung arbeitsrechtlicher Ansprüche nicht von ausschlaggebender Bedeutung ist, weil es nicht darauf ankommt, wie die Parteien ihr Verhältnis gegenüber einem*

Außenstehenden deklarieren (Arb 10.529; 9 Ob A 351/97 a, 8 Ob S 418/97 x, 8 Ob A 44/05 m = ARD 5643/6/2005).

- *Auch für eine bloß zur Feststellung der Eignung eines Stellenwerbers für eine bestimmte Dienstleistung erfolgte Verwendung des Arbeitssuchenden unter dem Vorbehalt, dass kein Dienstvertrag beabsichtigt sei, gebührt eine angemessene Entlohnung (OLG Wien 8 Ra 277/98 h = ARD 5022/13/99).*
- *Ein Vereinssportler, der auch als Werbe- und Imageträger gegen Entgelt für einen Verein auf nicht bloß statutarischer Basis auftritt, ist AN, auch wenn er als „Amateur" geführt wird (OLG Wien 8 Ra 90/99 k = ARD 5110/8/2000).*
- *Nach ständiger Rechtsprechung kann auch der Abschluss eines Arbeitsvertrages nicht nur ausdrücklich durch übereinstimmende Willenserklärung der Parteien, sondern auch schlüssig durch ein Verhalten erfolgen, welches bei Überlegung aller Umstände keinen vernünftigen Grund daran zu zweifeln übrig lässt, dass der andere sich in bestimmter Weise verpflichten wollte (SZ 53/101; Arb 10.485; OGH 9 Ob A 66/88, u.a.). Maßgebend ist dabei der objektive Erklärungswert einer Willensäußerung, somit das Verständnis, welches ein redlicher Erklärungsempfänger von dieser gewinnen durfte und gewonnen hat (RIS-Justiz RS 0014160). Das konkludente Zustandekommen eines Arbeitsverhältnisses ist dann ausgeschlossen, wenn derjenige, dem die Arbeitsleistungen erbracht werden, erkennbar erklärt, dass er den Abschluss eines Arbeitsvertrages ablehne (OGH 8 Ob A 209/00 v, so auch SZ 53/101; OGH 9 Ob A 168/94).*
- *Eine Kommanditgesellschaft kann AG sein (OGH 8 Ob A 30/01 x).*
- *Die Beurteilung der vertraglichen Beziehungen ist nicht vom Willen der vertragsschließenden Parteien und der von ihnen gewählten Bezeichnung abhängig, ja nicht einmal vom Wortlaut des Vertrages, sondern in erster Linie vom tatsächlich gehandhabten Inhalt ihrer ausdrücklich oder schlüssig getroffenen Vereinbarungen (OGH 9 Ob A 17/08 b).*

Gewerberechtlicher Geschäftsführer

- *Fehlt es bei einem mit Scheinarbeitsvertrag angestellten gewerberechtlichen Geschäftsführer für einen Anspruch auf das kollektivvertragliche Mindestentgelt an jeglicher Grundlage, weil das zwischen den Parteien tatsächlich geschlossene Geschäft selbst im Falle einer Gültigkeit mangels einer Verpflichtung zur Arbeitsleistung kein Arbeitsvertrag wäre, kann von einer zwingenden Anwendbarkeit des KV nicht gesprochen werden (OGH 9 Ob A 34/99 m = ARD 5024/22/99).*
- *Wird, um der GewO Genüge zu tun, von einer Gesellschaft ein gewerberechtlicher Geschäftsführer mit einem Scheindienstvertrag angestellt, ist nicht nur dieser nichtig, sondern auch die Entgeltvereinbarung für die Zurverfügungstellung des Gewerbescheines, wobei sich auch die Gesellschaft auf diese Nichtigkeit berufen kann (OGH 9 Ob A 338/98 s = ARD 5017/29/99).*

Lebensgefährten und Familienmitglieder

- *Die Mitarbeit des Lebensgefährten in der Gastwirtschaft seiner Partnerin ist bei mangelndem Unterordnungsverhältnis, mangelnder Arbeitszeitregelung und mangelnder Anwesenheitspflicht selbst bei Gewährung einer Entlohnung weder als Arbeitsverhältnis noch als zweckverfehlende Arbeitsleistung zu betrachten (OGH 9 Ob A 8/99 p = ARD 5030/2/99).*
- *Wegen Mithilfe im Haushalt einer Familie nach Aufnahme durch dieselbe und Integrierung in das Familienleben (Au-pair) können bei ausdrücklicher Ablehnung des*

Abschlusses eines Arbeitsvertrages keine Ansprüche aus einem Arbeitsverhältnis geltend gemacht werden (ASG Wien 26 Cga 142/97 k = ARD 5061/12/99).
- *Nach der Rechtsprechung sind von einem Lebensgefährten erbrachte Leistungen grundsätzlich unentgeltlich, es sei denn, dass ein von ihm bewiesener besonderer Rechtsgrund für die Entgeltlichkeit gegeben ist (Arb 9.235; SZ 50/123; SZ 69/89, OGH 7 Ob 183/97 f).*
- *Wird jedoch im Rahmen einer Lebensgemeinschaft ein Arbeitsverhältnis begründet, haben die Regelungen des Arbeitsrechts zur Anwendung zu gelangen (Arb 10.269; OGH 9 Ob A 138/97 b).*
- *Entscheidend ist daher, ob ein Arbeitsverhältnis mit all seinen Wesensmerkmalen der persönlichen Abhängigkeit als das wesentliche und zentrale Merkmal des Arbeitsverhältnisses, der Unterworfenheit unter die funktionelle Autorität des AG, der organisatorischen Gebundenheit, insbesondere an Arbeitszeit, Arbeitsort und Kontrolle, einer allfälligen Leistungsgebundenheit bzw. der weitgehenden Ausschaltung der Bestimmungsfreiheit des AN etc. vorliegt (Arb 10.096; OGH 8 Ob A 287/97 g). Die Entgeltlichkeit allein ist noch kein entscheidendes Merkmal des Arbeitsverhältnisses (OGH 9 Ob A 8/99 p).*
- *Nach der Rechtsprechung sind von einem Lebensgefährten erbrachte Leistungen grundsätzlich unentgeltlich, es sei denn, dass ein von ihm bewiesener besonderer Rechtsgrund für die Entgeltlichkeit gegeben ist. Als ein derartiger Rechtsgrund kommt auch ein zwischen den Parteien bestehendes Arbeitsverhältnis in Betracht, das auch konkludent vereinbart werden kann. Es kommt jedoch auch die Vereinbarung einer Erwerbsgesellschaft bürgerlichen Rechts in Betracht (OGH 9 Ob A 161/00 t).*
- *Liegt die Motivation der regelmäßigen Mithilfe eines Ehemannes im Betrieb seiner Ehefrau darin, dass die Tätigkeit „dem Unternehmen seiner Ehegattin zugute kommt", ist von einer durch die Ehe motivierten familienhaften Mitarbeit auszugehen, die nicht unter Unfallversicherungsschutz steht (OGH 10 Ob S 196/02 z = ARD 5406/13/2003).*
- *Weichen die Umstände der Mitarbeit der Ehegattin deutlich von einem Arbeitsverhältnis mit einem familienfremden AN ab, so kann von einem Arbeitsverhältnis zwischen Ehegattin und Ehegatten keine Rede sein. Kein Arbeitsverhältnis liegt daher vor, wenn sie keine festen Arbeitszeiten hatte und ihren „Lohn" nicht regelmäßig erhielt, sondern Einbehalte aus Bareingängen vornahm (OLG Wien 7 Ra 97/04t = ARD 5535/2/2004).*

Sonstige Fallgruppen
- *Gesellschaftsverträge beruhen im Gegensatz zum Arbeitsverhältnis auf dem Prinzip der Gleichordnung (Arb 9.346, 10.529).*
- *Wollten die Parteien offenkundig nach außen hin den Schein eines Arbeitsverhältnisses sowohl wegen des Familienbeihilfenbezuges als auch wegen der Aufenthaltsbewilligung erwecken, während in Wirklichkeit eine ständige Geschäftsverbindung vorlag, so liegt ein Scheindienstverhältnis vor, aus dem keine arbeitsrechtlichen Ansprüche abgeleitet werden können (OLG Wien 7 Ra 32/95 = ARD 4758/9/96).*
- *Für ein Arbeitsverhältnis ist eine Kontaktaufnahme zwischen AG und AN beinahe rund um die Uhr ausgesprochen atypisch, sodass im vorliegenden Fall zu Recht vom Vorliegen eines Gesellschaftsvertrages ausgegangen wurde (OLG Wien 7 Ra 132/98 b = ARD 4951/34/98).*
- *Für ein Franchisesystem ist die straffe Organisation typisch, so dass aus der Vorgabe des Geschäftslokals und dessen Einrichtung keine zwingenden Kriterien für eine*

unselbständige Tätigkeit zu gewinnen sind. Eine AN-Ähnlichkeit reicht für die Annahme eines Arbeitsverhältnisses nicht aus (OGH 9 Ob A 54/07 t = ARD 5904/5/2008).

- *Hat eine OG (Schischule) 47 Schilehrer als Gesellschafter, die sich nicht generell vertreten lassen können, kontrolliert werden und in die Organisation der Schischule eingebunden sind, so sind die Schilehrer als AN nach § 4 Abs. 2 ASVG zu qualifizieren (VwGH 24.11.2016, Ra 2016/08/0011).*

15.3 Fragliche AG-Eigenschaft

Der Begriff „AG" im arbeitsrechtlichen Sinn ist gesetzlich nicht definiert (zum Begriff „Dienstgeber" im sozialversicherungsrechtlichen Sinn siehe § 35 ASVG, wobei hier auf denjenigen abgestellt wird, den das Risiko des Betriebes trifft – VwGH 12.9.2012, 2009/08/0042). Der § 51 Abs. 1 ASGG verweist lediglich darauf, dass AG und AN alle Personen sind, die zueinander in einem privaten oder öffentlich-rechtlichen Arbeitsverhältnis, in einem Lehr- oder Ausbildungsverhältnis stehen oder standen. Manchmal ist die Frage zu klären, wer als AG eines bestimmten AN anzusehen ist (z.B. wenn der AN ohne sein Wissen bei einem anderen AG angemeldet wird). Bei der Lösung eines derartigen Falles ist gemäß der für Verträge geltenden Vertrauenstheorie zu prüfen, ob der AN aus der Sicht eines redlichen Erklärungsempfängers objektiv gesehen darauf vertrauen durfte, dass der Erklärende im eigenen Namen als AG bzw. als Vertreter für einen bestimmten AG aufgetreten ist. Nehmen mehrere Personen (auch juristische Personen) AG-Funktionen wahr, ist aus der Wahrnehmung von Einzelpflichten nach den Grundsätzen eines beweglichen Systems auf die mögliche AG-Stellung i.S.d. Arbeitsvertragsrechts zu schließen. Darauf, ob dem AG das Unternehmen gehört, kommt es ebenso wenig an wie darauf, wer letztlich das Arbeitsentgelt entrichtet (OLG Wien 10 Ra 179/04 y = ARD 5612/3/2005).

Wird ein AN ohne sein Wissen bei einer anderen Baufirma angemeldet, wobei die bisherigen Bezugspersonen des AN unverändert belassen werden, so kann er darauf vertrauen, dass in der Person des AG keine Änderung eingetreten ist (OLG Wien 10 Ra 40/05 h = ARD 5612/5/2005).

Wurde ein Arbeitsvertrag von dem für einen gesamten Konzern zuständigen Personalleiter unterschrieben und besteht Unklarheit darüber, welche Gesellschaft des Konzerns als AG zu betrachten ist (einem Konzern selbst kommt keine Rechtspersönlichkeit zu), so ist zu prüfen, worauf der AN aus objektiver Sicht vertrauen durfte (entsprechend der bereits erwähnten Vertrauenstheorie). Dabei ist insbesondere entscheidend, welche Gesellschaft bei der Abwicklung des Arbeitsverhältnisses tatsächlich die wesentlichen AG-Pflichten wahrgenommen hat (OGH 8 Ob A 114/04 d = ARD 5612/4/2005, OGH 29.10.2014, 9 Ob A 68/14 m).

AG eines Hausbesorgers ist der Eigentümer des Hauses, soweit nicht ausdrücklich ein anderer Vertragspartner auftritt. Ein Fruchtnießer mit allen Nutzungs- und Verwaltungsbefugnissen nimmt aber die Rolle des Hauseigentümers und damit des AG ein (OGH 30.9.2009, 9 Ob A 16/09 g).

15.4 Unterlassene Anmeldung bei der zuständigen GKK

Jedes Arbeitsverhältnis ist vor Arbeitsbeginn bei der zuständigen GKK anzumelden (§ 33 ASVG). Die ohne Wissen des AN unterlassene Anmeldung des Arbeitsverhältnisses macht den AG schadenersatzpflichtig (insbesondere „Pensionsschaden" – siehe 11.6). Erfolgt das Unterlassen im Einvernehmen mit dem AN, so ist keine Schadenersatzpflicht gegeben (OGH 26.11.2012, 9 Ob A 134/12 i). Nimmt der AN die ihm bekannte Nichtmeldung hin, so ist ein Mitverschulden gegeben, welches in etwa zur Halbierung des Schadenersatzanspruches führt (OGH 8 Ob A 41/07 y).

Der AG hat jedoch mit einer gemeinsamen Prüfung aller lohnabhängigen Abgaben (GPLA, „Beitragsprüfung") zu rechnen. Im Zuge einer solchen Prüfung bzw. auf Grund einer Anzeige oder einer Kontrolle durch die Finanzpolizei könnte festgestellt werden, dass ein oder mehrere Arbeitsverhältnisse nicht oder nicht richtig angemeldet wurden (etwa mit einem zu niedrigen Entgelt). Diesfalls kann die zuständige GKK rückwirkend die AN- und AG-Beiträge zur SV vorschreiben, wobei in diesem Fall eine fünfjährige Verjährungsfrist zur Anwendung gelangt (§ 68 Abs. 1 ASVG). Zusätzlich ist mit der Verhängung von Verwaltungsstrafen und Beitragszuschlägen (§§ 111 ff. ASVG) zu rechnen. Eine rückwirkende Überwälzung des AG-Anteiles auf den AN kommt nur bei fehlendem Verschulden des AG in Betracht (§ 60 ASVG – OGH 8 Ob A 63/01 z). Weiters wird auch die Nachentrichtung weiterer lohnabhängiger Abgaben (DB und DZ, Kommunalsteuer, Beitrag nach dem BMSVG) vorgeschrieben und ist mit einer Anzeige nach dem LSDB-G (siehe 36.4.1) zu rechnen, wenn die Zahlungen die Mindestgrenze des KV unterschreiten.

Bei der Lohnsteuer ist der AN der Steuerschuldner (§ 82 EStG). Droht also ein AN eine angebliche Zahlung von „Schwarzgeld" anzuzeigen, so kann er vom AG darauf hingewiesen werden, dass eine allfällige Nachzahlung von Lohnsteuer auf ihn überwälzt werden kann (siehe 23.2).

Ein Schadenersatz bei unterlassener Anmeldung kommt wegen entgangenem Insolvenz-Entgelt nicht in Frage, weil das Insolvenzentgelt nicht von der Anmeldung abhängig ist (OGH 26.1.2017, 9 Ob A 161/16 s).

Zur Anmeldung von Scheinarbeitsverhältnissen – siehe 15.1.

Zur Abmeldung und Beendigung von Arbeitsverhältnissen – siehe 42.1.

Das Haftungsprivileg nach § 333 ASVG kommt auch ohne Anmeldung bei der GKK zur Anwendung (siehe 22.4.2).

16. Arbeitsvertrag – Werkvertrag

Folgende Merkmale erleichtern die Unterscheidung:

Arbeitsvertrag	Werkvertrag
• dauerndes Verpflichtungsverhältnis zwischen AG und AN • Arbeit unter der Leitung und Verfügung des AG (Weisungsabhängigkeit) • Arbeit i.d.R. mit den Arbeitsmitteln des AG • persönliche Arbeitspflicht und persönlicher Anspruch auf die Arbeit • Haftung des AN für Sorgfalt im Rahmen des DHG (siehe 26.) • Erfolg wie Misserfolg gehen auf Rechnung des AG	• Verpflichtung zu einer Leistung bzw. zur Erstellung eines abgeschlossenen Werkes • Erfolg ist nach eigenem Plan zu bewerkstelligen (Weisungsfreiheit) • Arbeit mit eigenen Mitteln • Arbeit auch durch Gehilfen und Substituten • Haftung nicht nur für Sorgfalt, sondern Gewährleistung für Mängel der Arbeit • Gefahr des Misslingens wird übernommen
Zusammenfassend	**Zusammenfassend**
• persönliche und wirtschaftliche Unterordnung des AN in den Organismus des Unternehmens des AG in disziplinärer Verantwortlichkeit, Gebundenheit des Beschäftigten hinsichtlich Arbeitszeit, -ort und Arbeitsablauf	• das Geschäft eines selbständigen Unternehmens

Nach § 1151 Abs. 1 zweiter Satz ABGB liegt ein Werkvertrag vor, wenn jemand die Herstellung eines Werkes gegen Entgelt übernimmt. Der Werkvertrag hat somit im Wesentlichen die Verpflichtung zur Erbringung einer schon im Vertrag konkretisierten Leistung, die eine geschlossene Einheit bildet, zum Gegenstand. Der Werkvertrag endet daher in der Regel durch Erbringung der vertragsmäßig geschuldeten und bereits bei Vertragsschluss konkretisierten Leistung.

Zum Wesen des Arbeitsverhältnisses siehe 15.1.

Da sowohl der freie AN als auch der Werknehmer definitionsgemäß persönlich selbständig tätig werden, sind zur Abgrenzung zwischen dem **freien Arbeitsvertrag** und dem Werkvertrag primär die Kriterien der Dauer und des Gegenstandes der Leistung heranzuziehen. Beim freien Arbeitsvertrag werden fortgesetzt nur solche Tätigkeiten geschuldet, die auf die Erreichung des vereinbarten Arbeitsergebnisses gerichtet sind. Ist hingegen ein Werkvertrag gegeben, so wird ein bestimmtes Arbeitsergebnis geschuldet und soll das Vertragsverhältnis im Regelfall mit dem Vorliegen des Arbeitsergebnisses beendet sein (Zielschuldverhältnis).

Die Abgrenzung zwischen Werk und Dienstleistung kann nicht immer eindeutig vorgenommen werden. In Zweifelsfällen kommt auch dem Element der Dauer bzw. der kurzfristigen Wiederkehr eine gewisse Bedeutung zu. Werden jedoch klar abgrenzbare Werke geschuldet, so kann aus der bloßen Wiederkehr kein freier Arbeitsvertrag abgeleitet werden (VwGH 99/08/0170 = ARD 5448/8/2003 – laufendes Führen von Interviews, VwGH 2000/08/0161 = ARD 5356/11/2002 – Bearbeitung von VwGH-Erkenntnissen). Es ist also eine Kette kurzfristiger Werkverträge denkbar (VwGH 2005/08/0082 = ARD 5860/8/2008). Im Fall eines Heurigenmusikers, der zu konkreten Arbeitstagen musiziert, ist das Werk als nicht entsprechend konkretisiert anzusehen (VwGH 20.2.2008, 2007/08/0035).

Die Begrenzung der vertraglichen Leistungspflicht beispielsweise mit einer Höchstanzahl an geschriebenen Seiten pro Monat zeigt, dass nicht ein Werk, sondern laufende Schreibarbeiten Gegenstand des Vertrages sind. Die Entlohnung nach geschriebenen Seiten ist nicht erfolgsbezogen und somit ebenfalls nicht auf ein Werk ausgerichtet und liegt somit kein Werk vor (VwGH 2001/08/0045).

Für die arbeitsgerichtliche Rechtsprechung ist die Beurteilung der SV-Träger oder der Finanzbehörde nicht maßgeblich (Arb 12.061, OGH 9 Ob A 73/05 h).

Da beim Werkvertrag keine arbeitsrechtlichen Schutzbestimmungen zu Gunsten des Werknehmers anzuwenden sind und der Werknehmer die Beiträge zur Sozialversicherung bzw. die Steuer selbst abzuführen hat, besteht ein erhebliches Interesse von Seiten des Auftraggebers, ein Vertragsverhältnis als Werkvertrag darzustellen. Dabei ist jedoch zu bedenken, dass von einem Werkvertrag nur dann ausgegangen werden kann, wenn einerseits die Vereinbarungen einem Werkvertrag entsprechen und andererseits diese Vereinbarungen auch in der Praxis angewendet werden. Insbesondere wird die jederzeitige Vertretungsmöglichkeit zu vereinbaren und auch umzusetzen sein. Grundvoraussetzung für die Annahme eines Arbeitsverhältnisses ist nämlich die persönliche Arbeitspflicht. Fehlt sie, dann liegt ein fremdbestimmtes Arbeitsverhältnis schon deswegen nicht vor (z.B. VwGH 21.4.2008, 2000/08/0113). Die bloße Möglichkeit zur Vertretung schließt die Annahme eines Arbeitsverhältnisses nicht aus. Ein Vertretungsrecht ist nur dann gegeben, wenn der Werknehmer von sich aus eine andere Person zur Erfüllung des Vertrages heranziehen kann (VwGH 19.10.2005, 2004/08/0082). Sofern die Tätigkeit, welche der Werknehmer ausübt, in der GewO erfasst ist, ist dieser verpflichtet, einen Gewerbeschein zu lösen (ausgenommen von der GewO sind insbesondere künstlerische und unterrichtende Tätigkeiten). In der Praxis stellt das Vorhandensein eines Gewerbescheins eine zusätzliche Absicherung des Werkvertrages dar, damit ist die Pflichtversicherung des Werknehmers nach dem GSVG gesichert (falls nicht die Kleinunternehmerregelung beansprucht wird). Eine Gewerbeberechtigung kann jedoch nicht sicherstellen, dass ein Vertragsverhältnis jedenfalls ein Werkvertrag sein muss, weil sie lediglich bedeutet, dass die berechtigte Person das jeweilige Gewerbe selbständig ausüben kann (nicht jedoch, dass die Tätigkeit jedenfalls selbständig erfolgt [ARD 5821/7/2007]).

Ist ein **Ausländer**, welcher dem AuslBG unterliegt, im Rahmen eines Werkvertragsverhältnisses tätig und liegen die Kriterien einer AN-ähnlichen Beschäftigung nach § 2 Abs. 2 lit. b AuslBG vor, so ist eine Beschäftigungsbewilligung erforderlich, obwohl ein Werkvertrag und kein Arbeitsvertrag gegeben ist (siehe 18.2).

Muster-Werkverträge finden Sie im Anhang!

Pflege nach dem Hausbetreuungsgesetz (HBeG)

Nach § 1 Abs. 1 HBeG kann die Betreuung von Personen in deren Privathaushalt im Rahmen einer selbständigen oder unselbständigen Erwerbstätigkeit erfolgen. Dabei bleibt es grundsätzlich bei der allgemein vom OGH judizierten Abgrenzung der Vertragstypen. Ein echtes Arbeitsverhältnis wird daher vorliegen, wenn die ausschließliche Ausrichtung der Betreuung an den subjektiven – auch unsachlichen – Wünschen der betreuten Person beabsichtigt ist.

Die Entlohnung der Betreuungskraft hat diesfalls nach den Ansätzen des Mindestlohntarifs für die in den Haushalt aufgenommenen AN zu erfolgen, auch wenn die Betreuung in Form eines typischen „Radeldienstes" erfolgt, bei dem auf eine „geblockte" Arbeitszeit lange Freizeitphasen folgen, in denen die Betreuungskraft nicht im Haushalt der betreuten Person wohnt (OGH 24.10.2011, 8 Ob A 17/11 z).

Einschlägige Judikatur

- *Beim Arbeitsverhältnis kommt es nicht nur auf die Eingliederung in den Betrieb, auf die persönliche und wirtschaftliche Abhängigkeit, sondern in erster Linie auf die Verfügung des AG über die Arbeitskraft des AN an, auf seine Bereitschaft zur Dienstleistung auf eine bestimmte Zeit, während es beim Werkvertrag auf das Ergebnis der Arbeitsleistung ankommt, daher auf eine in sich geschlossene Einheit. Nicht nach der Qualifikation durch die Parteien, sondern durch Art und Umfang der tatsächlich erbrachten Tätigkeit werden die Rechte und Pflichten zwischen den Vertragsschließenden bestimmt (OGH 4 Ob 62/70).*

- *Ist ein Vertrag nach seinem Inhalt ein Arbeitsvertrag im Sinne des § 1151 ABGB, dann kommt der Frage, ob die Parteien tatsächlich einen solchen Vertrag schließen wollten, keine entscheidungswesentliche Bedeutung zu. Nur in Grenzfällen, in denen sich die Rechtsnatur der vertraglichen Beziehungen weder aus den Bestimmungen des Vertrages, noch aus der Natur des Rechtsverhältnisses eindeutig ableiten lässt, kann auf die rechtliche Qualifikation durch die Vertragspartner zurückgegriffen weren (OGH 4 Ob 27/76).*

- *Ob Werkverträge den Bestimmungen der §§ 1165 ff. ABGB entsprechen, ist für die Beurteilung verbotener Ausländerbeschäftigung nicht von Relevanz. Sogar der Umstand, dass Ausländer ihr Honorar selbst beim Finanzamt versteuert haben, kann an einem Beschäftigungsverhältnis im Sinne des AuslBG nichts ändern, weil die Qualifikation einer Betätigung nach dem AuslBG nicht von einer allfälligen steuerrechtlichen Einkünftequalifikation abhängig ist. Weisen die Merkmale von Tätigkeiten, insbesondere ein nach Zeitabschnitten bemessenes Entgelt, ein Zustimmungsrecht zur Ausübung einer*

*Nebenbeschäftigung sowie die Kostentragung für eine Ersatzkraft die Kriterien einer AN-ähnlichen Beschäftigung nach § 2 Abs. 2 lit. b AuslBG auf, können eine ohnedies eher das Kriterium der persönlichen Abhängigkeit ansprechende **Weisungsgebundenheit** und eine nicht dauernde Verpflichtung zur persönlichen Arbeit am Gesamtbild eines AN-ähnlichen Verhältnisses nichts ändern (VwGH 95/09/0174 und 0181).*

- *Hinsichtlich der Vertretungsmöglichkeit ist darauf hinzuweisen, dass nur der, der übernommene Arbeiten nach Gutdünken – ohne Rücksprache mit dem Vertragspartner – generell an andere Personen delegieren darf, in der Durchführung der Arbeiten nicht fremdbestimmt und daher kein AN ist (OGH 8 Ob A 2158/96 b).*
- *Kann ein Beschäftigter einzelne Arbeitsleistungen im Rahmen einer Gesamtverpflichtung sanktionslos ablehnen, wodurch er in der Disposition über die Arbeit weitgehend frei ist, so spricht dies für einen Werkvertrag. Die jederzeitige Vertretbarkeit durch einen Dritten ist nicht unbedingt erforderlich (VwGH 2001/08/0020 = ARD 5590/11/2005).*
- *Auch wenn ein auf Honorarbasis beschäftigter „**selbständiger Mitarbeiter**", der **tatsächlich** die Stellung eines **AN** innehat, trotz wiederholten Vorschlags seines AG den Abschluss eines **Angestelltenvertrages mehrfach abgelehnt** hat, so hat er dennoch Anspruch auf die ihm **zwingend zustehenden arbeitsrechtlichen Ansprüche**, wie die gesetzliche Abfertigung und Kündigungsentschädigung. Der Einwand des AG betreffend sittenwidrige Berufung auf die AN-Stellung ändert daran nichts (OGH 8 Ob A 49/07 z).*
- *Ein IT-Techniker, der nach einem Dienstplan arbeitet und Abwesenheiten melden muss (ohne für eine Vertretung sorgen zu müssen) sowie keinen bestimmten Erfolg schuldet, ist ein echter AN (OGH 28.3.2012, 8 Ob A 48/11 h).*

17. Der freie Arbeitsvertrag

17.1 Allgemeines

Der freie Arbeitsvertrag ist dadurch gekennzeichnet, dass der AN die Arbeitszeit und den Arbeitsort selbst bestimmt und nicht an Weisungen gebunden sowie nicht in einen Betrieb integriert ist. Der freie AN verpflichtet sich lediglich zur sorgfältigen Arbeit und nicht zur Herstellung eines bestimmten Erfolges bzw. Werkes wie bei einem Werkvertrag. Er kann sich die Arbeit selbst regeln und jederzeit ändern (OGH 8 Ob A 12/06 g).

Freie AN haben Anspruch auf Ausstellung eines Dienstzettels. Empfohlen wird der Abschluss eines schriftlichen freien Arbeitsvertrages (siehe 13.1).

Für den echten Arbeitsvertrag wesentlich ist eine weitgehende Ausschaltung der Bestimmungsfreiheit des AN, der in Bezug auf Arbeitsort, Arbeitszeit und arbeitsbezogenes Verhalten dem Weisungsrecht des AG unterworfen ist oder, wenn dieses Verhalten schon im Arbeitsvertrag vorausbestimmt oder unter Heranziehung anderer Regeln bestimmbar ist, zumindest dessen laufender Kontrolle unterliegt. Im Gegensatz dazu steht der freie Arbeitsvertrag, der zur Arbeit ohne persönliche Abhängigkeit, weitgehend selbständig und frei von Beschränkungen des persönlichen Verhaltens, verpflichtet (9 Ob A 10/99 g, 9 Ob A 187/99 m, 9 Ob A 7/00 w). Der OGH stellt somit auf die Kriterien der persönlichen Abhängigkeit ab und hat bereits mehrmals darauf verwiesen, dass er dem VwGH nicht zu folgen vermag, soweit dieser bei der Beurteilung, ob ein Arbeitsverhältnis vorliegt, auf andere Kriterien als die der persönlichen Abhängigkeit abstellen sollte (OGH 9 Ob A 22/01 b).

Bei der Prüfung der Weisungsunterworfenheit ist als entscheidendes Kriterium der Fremdbestimmung der Unterschied zwischen persönlichen und sachlichen Weisungen zu berücksichtigen (z.B. OGH 29.9.2014, 8 Ob A 58/14 h). Sachliche Weisungen kommen auch bei Werkverträgen oder freien Arbeitsverhältnissen vor, wobei in vielen Fällen derartige Verträge ohne sachliche Weisungen nicht vorstellbar sind. Persönliche Weisungen sind dadurch gekennzeichnet, dass sie die Gestaltungsfreiheit bei der Erbringung der Arbeitsleistungen weitgehend ausschalten (OGH 9 Ob A 156/07 s). Beispielsweise stellen Weisungen zur Sicherheit und Ordnung im Gefängnis an den Arzt keine persönlichen Weisungen dar, weil diese alle Personen treffen, die sich im Gefängnis aufhalten, also auch jene, die keinen Vertrag mit dem Gefängniserhalter abgeschlossen haben (OGH 10.7.2008, 8 Ob A 55/07 g).

Ein wesentliches Kriterium für das Vorliegen eines freien Arbeitsvertrages stellt eine freie Diensteinteilung dar. Eine solche liegt aber z.B. nicht vor, wenn zur Annahme unbeliebter Dienste vom AG ein Druck ausgeübt wird und während der Stoßzeiten die Einteilung durch den Filialleiter erfolgt (OGH 22.3.2011, 8 Ob A 49/10 d).

Das Fehlen einer generellen Vertretungsmöglichkeit alleine führt noch nicht zwingend zum Vorliegen eines echten Arbeitsverhältnisses, weil das Gesamtbild der Beschäftigung maßgebend ist (VwGH 17.10.2012, 2010/08/0256). Auch Umsatzziele und deren wöchentliche Kontrolle sowie eine Entgeltfortzahlung analog dem EFZG sind noch kein Beleg dafür, dass eine Weisungsgebundenheit vorliegt (VwGH 19.12.2012, 2012/08/0224).

Freie AN im Arbeitsrecht

Arbeitsrechtlich hat der freie AN insbesondere keinen Anspruch auf Sonderzahlungen, Urlaub, Krankenentgelt, Kündigungsschutz und Überstundenentgelt (mangels ausdrücklicher gegenteiliger Regelung im freien Arbeitsvertrag). Die Kündigung des freien Arbeitsvertrages richtet sich nach § 1159 ABGB. Ein KV kommt auf dieses Arbeitsverhältnis nicht zur Anwendung. Auf einen freien Arbeitsvertrag sind grundsätzlich nur jene arbeitsrechtlichen Normen analog anwendbar, die nicht vom persönlichen Abhängigkeitsverhältnis des AN ausgehen und den sozial Schwächeren schützen sollen, somit können die nur bei AN-Eigenschaft zustehenden Ansprüche, wie Ersatzleistung, Sonderzahlungen oder auch Überstundenvergütung, dem freien AN nicht zuerkannt werden (OGH 9 Ob A 133/08 m). Die analoge Anwendung der Kündigungsbestimmungen der §§ 1159, 1159a und 1159b ABGB sowie §§ 1162 bis 1162b ABGB auf das freie Arbeitsverhältnis kann jedoch dem freien AN, sei es aus Anlass einer Kündigung oder allenfalls einer **Entlassung**, einen Anspruch auf **Kündigungsentschädi-**

gung verschaffen (Arb. 10.055, 10.697; OGH 8 Ob S 42/95, 9 Ob A 54/97 z, 9 Ob A 55/00 d, 9 Ob A 89/00 d, 9 Ob A 17/08 b).

Freie AN sind bei BR-Wahlen nicht wahlberechtigt (OGH 12.2.1997, 9 Ob A 2260/96 k).

Im Einzelfall können bei besonders starker Ausprägung der AN-Ähnlichkeit solche arbeitsrechtlichen Bestimmungen anwendbar sein, die die spezifische Schutzbedürftigkeit des AN zum Anlass haben (OGH 8 Ob A 240/95 = ARD 4730/6/96). Zur teilweisen Einbeziehung freier AN in das MSchG siehe 25.9.

Kettenverträge

Auch das Verbot der mehrmaligen Aneinanderreihung von befristeten Arbeitsverhältnissen (Kettenarbeitsverträge – siehe 14.3) ist eine Auswirkung des zugunsten echter AN bestehenden Schutzprinzips und daher auf freie AN nicht analog anwendbar (OGH 9 Ob A 127/03 x = ARD 5474/8/2004). Nach der Auffassung des VwGH ist die Trennung nicht ausgeschlossen, wenn der Parteiwille und die objektive Trennbarkeit gegeben sind und nicht arbeitsrechtlichen Schutzprinzipien widersprechen (VwGH 2002/08/0283 = ARD 5590/10/2005).

Selbständiger und abhängiger Teil?

Im Rahmen eines einheitlichen Arbeitsverhältnisses liegt im Allgemeinen je nach Überwiegen der einzelnen Elemente entweder ein abhängiges oder ein freies Arbeitsverhältnis vor. Eine Aufteilung in einen selbständigen und einen abhängigen Teil ist unzulässig (OGH 26.8.2004, 8 Ob A 85/04 i). Nach der Auffassung des VwGH ist bei objektiver Trennbarkeit ein Nebeneinanderbestehen eines echten Arbeitsverhältnisses und eines freien Arbeitsverhältnisses bzw. eines Werkvertrages nicht ausgeschlossen (VwGH 29.3.2006, 2005/08/0183). Ebenso ist eine hauptberufliche Beschäftigung neben einer ehrenamtlichen Tätigkeit für denselben AG denkbar (VwGH 15.10.2015, 2013/11/0079).

DHG

Das DHG kommt auf den freien AN nur dann zur Anwendung, wenn es sich um ein freies Arbeitsverhältnis einer AN-ähnlichen Person handelt (§ 1 Abs. 1 DHG). Die AN-Ähnlichkeit ist dadurch gekennzeichnet, dass an sich kein Arbeitsvertragsverhältnis vorliegt, jedoch die Kriterien fremdbestimmter Arbeit in gewissem Umfang gegeben sind. Es kommt dabei weder auf die steuerliche und sozialversicherungsrechtliche Behandlung an, sondern auf die Kriterien der wirtschaftlichen Unselbständigkeit. Diese ist durch folgende Merkmale gekennzeichnet:

- Mangel einer eigenen Betriebsstätte
- längere Dauer der Beschäftigung
- in regelmäßigen Zeitabschnitten vorgenommene Honorierung etc.

Wirtschaftliche Unselbständigkeit

Das wesentlichste Charakteristikum der wirtschaftlichen Unselbständigkeit ist die Tätigkeit für lediglich einen Auftraggeber (OLG Wien 9 Ra 167/97 p = ARD 4951/15/98).

Tatsächliche Vorgangsweise maßgeblich

Die Frage, ob ein freier Arbeitsvertrag, ein „echter" Arbeitsvertrag oder ein Werkvertrag vorliegt, wird auf Grund der Vereinbarungen und der tatsächlichen Handhabung der vertraglichen Beziehung geprüft. Die Rechtsprechung geht davon aus, dass „die tatsächliche Ausgestaltung der Rechtsbeziehung maßgeblich ist" (OGH 9 Ob A 22/01 b, OGH 8 Ob A 86/03 k = ARD 5479/9/2004).

Die Gerichte sind nicht an die Auffassung der Verwaltungsbehörden gebunden (OGH 9 Ob A 22/01 b, 9 Ob A 73/05 h). Der Inhalt der Anmeldung zur SV kann lediglich ein Indiz für ein „normales" Arbeitsverhältnis sein (OGH 8 Ob S 2/07 p = ARD 5821/5/2007).

Erhielt jemand als freier AN auf der Basis eines freien Arbeitsvertrages „Honorare" und wird festgestellt, dass tatsächlich ein echtes Arbeitsverhältnis vorliegt, das einem bestimmten KV unterliegt, dann muss bei der Prüfung der Frage, ob er aufgrund dieses KV noch offene Ansprüche gegen den AG auf Sonderzahlungen hat, das gesamte von ihm bezogene „Honorareinkommen" in Anschlag gebracht werden (OGH 9 Ob A 150/08 m, 26.7.2012, 8 Ob A 56/11 k).

Beitragsrecht, Meldepflicht des freien AN

Der freie AN wird beitragsrechtlich im Wesentlichen wie der echte AN behandelt (siehe 17.2), soweit keine andere Pflichtversicherung besteht (§ 4 Abs. 4 lit. a–d ASVG, zur Auskunftspflicht nach § 43 Abs. 2 ASVG siehe nächster Absatz). Auch für den freien AN gilt die Geringfügigkeitsgrenze. Eine vertragliche Vereinbarung in einem freien Arbeitsvertrag, wonach der freie AN auch die AG-Beiträge zur SV zu tragen hat, ist zufolge § 539 ASVG rechtsunwirksam. Von der im ASVG vorgegebenen Verpflichtung des AG zur Tragung bestimmter Beitragsanteile kann durch eine Vereinbarung nicht abgegangen werden (OGH 8 Ob A 112/06 p = ARD 5767/7/2007).

Nach § 43 Abs. 2 ASVG ist der freie AN verpflichtet, dem AG Auskunft über das Bestehen einer die Pflichtversicherung als freier AN ausschließenden anderen Pflichtversicherung auf Grund ein und derselben Tätigkeit zu erteilen. Liegt demnach eine Gewerbeberechtigung für die Tätigkeit als freier AN vor, so besteht nur die Pflichtversicherung nach GSVG, für die der freie AN die Beiträge zu entrichten hat (ob eine Gewerbeberechtigung erforderlich ist, ergibt sich aus der GewO). Insbesondere wird diese **Auskunftsverpflichtung des freien AN** das Bestehen oder den Wegfall der Gewerbeberechtigung betreffen. Da keine Formvorschriften vorgesehen sind und kein Formular für diese Meldeverpflichtung besteht, wird es notwendig sein, eine schriftliche Bestätigung des freien AN zu Beginn seiner Tätigkeit einzuholen. Der AG sollte den freien AN jedenfalls ausdrücklich auf die Auskunftsverpflichtung hinweisen (siehe Muster im Anhang). Bei einem Verstoß des freien AN gegen diese Auskunftsverpflichtung schuldet der AG nur den auf ihn entfallenden Beitragsteil (§ 58 Abs. 3 ASVG). Den auf den freien AN entfallenden Beitragsteil schuldet dieser dann selbst. Die Verletzung der Auskunftsverpflichtung durch den freien AN ist der Kasse vom AG nachzuweisen (siehe dazu auch ARD 4939/1/98 und ARD 4950/20/98 sowie DG-Info des HVSVT).

Zur Beschäftigung von Ausländern mit einem freien Arbeitsvertrag siehe 18.2.

17.2 Angleichungen seit 1.1.2008

Mit 1.1.2008 wurden für freie AN wesentliche sozialrechtliche Angleichungen vorgenommen. Weiters wurden freie AN in die Abfertigung Neu (§ 1 Abs. 1 a BMSVG – siehe 45.6) und die Insolvenzentgeltsicherung einbezogen. Im Übrigen ändert dies jedoch nichts an der im Punkt 17.1 dargestellten arbeitsrechtlichen Stellung der freien AN. Die sozialrechtlichen Angleichungen betreffen insbesondere folgende Bereiche:

- Anspruch auf Krankengeld und Wochengeld für vollversicherte freie AN,
- Einbeziehung in die Arbeitslosenversicherung.

Weiters sind freie AN seit 1.1.2008 AK-Mitglieder (§ 10 AKG). Seit 1.1.2010 sind der DG-Beitrag und die Kommunalsteuer auch für freie AN abzuführen.

Diese Änderungen bewirken entsprechende Beitragspflichten (BMSVG-Beitrag, IESG-Zuschlag, AlV-Beitrag, AK-Umlage etc. Ausnahmen siehe § 4 Abs. 4 lit. a–d ASVG und 17.1).

17.3 Arbeitsrechtliche Ansprüche bei „Umwandlung" in einen Arbeitsvertrag

Wird ein freier Arbeitsvertrag oder ein Werkvertrag abgeschlossen, der sich als echter Arbeitsvertrag herausstellt, so wäre grundsätzlich zu prüfen, ob Sonderzahlungen, Urlaubsentgelt, Krankenentgelt, Kündigungsentschädigung, Überstundenentgelte und kollektivvertragliche Zulagen sowie Differenzen zur zutreffenden kollektivvertraglichen Einstufung zustehen (abgesehen von beitragsrechtlichen Fragen – OGH 9 Ob A 150/08 m).

Solche Ansprüche könnten aber auch entfallen, etwa weil es keine Krankenstände gab oder Fortzahlungen gewährt wurden oder weil während des Urlaubs eine Fortzahlung geleistet wurde, eine einvernehmliche Auflösung vereinbart oder eine einseitige Auflösung mit Einhaltung einer Frist erklärt wurde, deren Dauer der Kündigungsfrist entspricht oder diese überschreitet sowie die Zahlungen über jenen liegen, die sich aus der kollektivvertraglichen Einstufung ergeben würden.

Die Rechtsprechung hat zur „Umwandlung" eines „Werkvertrages" in einen echten Arbeitsvertrag Folgendes entschieden:

Liegt der „Werklohn" entsprechend über dem Betrag, der sich aus der kollektivvertraglichen Einstufung ergeben würde, so können die Sonderzahlungen als abgegolten gelten, wenn die Umwandlung des Arbeitsvertrages in einen „Werkvertrag" mit Zustimmung der AN erfolgt ist (weil sie mehr verdienen wollte) und sie im „Werkvertragsverhältnis" deutlich besser verdient hat (jährlich etwa € 50.000,– statt zuvor € 35.000,– bei einer Arbeitszeit in den letzten Monaten von ca. 100 bis 140 Stunden OGH 11.5.2010, 9 Ob A 32/10 m sowie zuvor OGH 17.2.2005, 8 Ob A 20/04 f).

Ist das zwischen den Vertragspartnern geregelte Entgelt für die Tätigkeit im Rahmen des „Werkvertrags" günstiger als der kollektivvertragliche Mindestlohn inklusive Sonderzahlungsanteilen, so ist das kollektivvertragliche Entgelt einschließlich Sonderzahlungsanteilen als abgegolten anzusehen (OGH 24.3.2014, 8 Ob A 30/13 i – auch im Rahmen eines echten Arbeitsverhältnisses ist die laufende Einrechnung der Sonderzahlungen in die monatlichen Gehälter zulässig – siehe 31.9.3). Dies gilt auch für den freien Arbeitsvertrag (OGH 26.7.2012, 8 Ob 56/11 k – nicht jedoch für Überstundenzuschläge, Feiertagsentgelte und das Urlaubsentgelt).

Eine im freien Arbeitsvertrag, der tatsächlich als echter Arbeitsvertrag anzusehen ist, enthaltene Verfallsklausel, die eine Ausschlussfrist von 3 Monaten vorsieht, ist rechtswirksam (OGH 24.4.2012, 8 Ob A 86/11 x, 30.4.2012, 9 Ob A 43/11 m – siehe auch 47.). Die Urlaubsersatzleistung richtet sich nach der Entgeltabrede der Parteien, weil das Urlaubsentgelt durch einen Verdienst über dem KV nicht abgegolten werden kann (OGH 24.9.2012, 9 Ob A 51/12 h).

Eine Rückzahlungsklausel bei Umwandlung eines Werkvertrages in einen Arbeitsvertrag ist sittenwidrig (OGH 20.3.2015, 9 Ob A 118/14; siehe auch *Annerl*, ÖJZ 2016, 245 ff.).

Sozialversicherungs-Zuordnungsgesetz (SV-ZG)

Durch die oftmals schwierige Abgrenzung selbständiger und unselbständiger Tätigkeiten, die neben den dargestellten arbeitsrechtlichen Problemen auch zu erheblichen Nachzahlungen von SV-Beiträgen an die zuständige GKK führen können, sind gravierende Rechtsunsicherheiten entstanden, die überdies durch immer restriktivere Vorgangsweisen bei der Prüfung verschärft werden. Eine Abmilderung dieser Problematik soll durch das SV-ZG bewirkt werden.

Zur Abgrenzung von selbständiger und unselbständiger Erwerbstätigkeit mit Bindungswirkung wird bereits bei der Aufnahme einer Erwerbstätigkeit durch neue Selbständige, bestimmte Betreiber freier Gewerbe und Ausübende bäuerlicher Nebentätigkeiten mittels Fragebogen geprüft, ob eine Pflichtversicherung nach dem ASVG oder nach dem GSVG bzw. BSVG vorliegt. Die Ergebnisse der Erhebungen sind von den SV-Trägern zu prüfen. Die Bindungswirkung tritt in diesen Fällen ein, wenn sich die Versicherungsträger mit dem AG/Auftraggeber über die Versicherungszuständigkeit einigen oder eine Neuzuordnung durch den Krankenversicherungsträger nach dem ASVG rechtskräftig wird und keine Änderung des maßgeblichen Sachverhaltes eingetreten ist.

Abgesehen davon kann die versicherte Person oder ihr Auftraggeber bei Versicherungszuordnung zu den Selbständigen einen Antrag auf Überprüfung der Versicherungszuordnung stellen. An das Feststellungsergebnis und die getroffene Zuordnung sind die Versicherungsträger und das Finanzamt gebunden. Die Bindungswirkung tritt aber außer Kraft, wenn eine Änderung des maßgeblichen Sachverhalts eintritt. Aufgrund politischer Vorgänge im Mai 2017 wurde der zuvor bereits fix geplante Beschluss des Nationalrats zum SV-ZG bis Redaktionsschluss der 16. Auflage noch nicht gefasst.

Einschlägige Judikatur

Vorstandsmitglieder und Geschäftsführer

- *Einem **Vorstandsmitglied eines Vereins** fehlt das für die Eigenschaft als AN erforderliche Element der Fremdbestimmtheit, weil es auf Grund seiner Funktion als Vorstandsmitglied nicht hierarchisch unter die Autorität des AG untergeordnet ist. Ungeachtet der Umstände, dass die Anmeldung des Vorstandsmitgliedes zur Sozialversicherung erfolgte, nach den Statuten des Vereins auch Weisungen gegen den Willen des Vorstandsmitgliedes erteilt werden konnten und es in den Betrieb des AG dadurch eingegliedert war, dass es die Arbeitszeiteinteilung akzeptieren musste, ist die Tätigkeit des Vorstandsmitgliedes ebenso wenig als Arbeitsvertrag im Sinne des AngG wie als freies Arbeitsverhältnis zu qualifizieren (OLG Wien 9 Ra 140/96 s = ARD 4893/15/97; ähnlich OLG Wien 7 Ra 162/03 z =ARD 5540/3/2004, OGH 3 Ob 251/07 v).*

- *Der mit der Organstellung eines **Vorsitzenden des Vorstandes einer Aktiengesellschaft** gekoppelte Anstellungsvertrag ist selbst dann, wenn in diesem Vertrag die Anwendbarkeit des AngG als lex contractus vereinbart wurde, mangels persönlicher Abhängigkeit des Vorsitzenden kein Arbeitsvertrag, sondern ein so genannter freier Arbeitsvertrag. Mangels Beschäftigung in einem Abhängigkeitsverhältnis ist der Vorsitzende auch gemeinschaftsrechtlich nicht als AN im Sinne des Art. 48 EGV (jetzt Art. 39 EG) und Art. 1 Abs. 1 VO (EWG) 1612/68 anzusehen (OGH 9 Ob A 225/94 = ARD 5168/40/2000; 9 Ob A 2044/96 w).*

- *Ausschlaggebend für die Qualifikation der Tätigkeit eines **Gesellschafter-Geschäftsführers** einer GmbH sind einerseits der Umfang seiner Beteiligung und andererseits der Inhalt des mit ihm geschlossenen schuldrechtlichen Vertrages und die sich daraus für seine Arbeit ergebenden Rechte und Pflichten. Je nachdem ist als Grundlage seiner Arbeitsleistungen ein Arbeitsvertrag, ein AN-ähnliches Verhältnis oder ein freier Arbeitsvertrag anzunehmen (OGH 8 Ob A 217/97 p = ARD 4915/4/98).*

- *Überwiegen bei einem Vertragsverhältnis nicht die Elemente des Arbeitsvertrages, sondern die auf Koordination bei der Führung eines gemeinsamen Wirtschaftsbetriebes ausgerichteten Elemente, ist von einem Gesellschaftsvertrag auszugehen (OLG Wien 9 Ra 97/97 v = ARD 4861/19/97).*

- *Bei der Ermittlung des persönlichen Geltungsbereichs des im I. Teil des ArbVG geregelten KV ist nicht auf den für den II. Teil normierten AN-Begriff des § 36 ArbVG son-*

dern auf den allgemeinen AN-Begriff des Arbeitsvertragsrechts abzustellen. Dabei kann alleine aus der Stellung als Geschäftsführer einer GmbH nicht abgeleitet werden, dass kein AN-Status vorliegt (OGH 9 Ob A 285/01, ZAS 2003, 90 f mit Kommentar Rauch).

- *Vorstandsmitglieder können ausnahmsweise in AN-ähnlichen Vertragsverhältnissen stehen, was für die Zuständigkeit der Arbeits- und Sozialgerichte nach § 51 Abs 3 Z 2 ASGG ausreicht (OGH 9 Ob A 75/05 b, 3 Ob 251/07 v).*

Journalistische Arbeiten

- *Bei Beurteilung, ob ein Beschäftigungsverhältnis zur Erbringung journalistischer Recherchen als freie Mitarbeit oder als Arbeitsverhältnis zu betrachten ist, kommt bei der vorzunehmenden Gesamtwürdigung auch dem vom Beschäftigten formulierten Vertrag eine gewisse Bedeutung zu. Die tatsächliche Vertragsabwicklung ist (nur) dann maßgeblich, wenn darin eine stillschweigende Abänderung der Vereinbarung oder ein abweichendes Vertragsverständnis (im Sinne einer falsa demonstratio) gesehen werden kann. Wäre die Vereinbarung unmaßgeblich, wären Grundsätze der Privatautonomie in Frage gestellt. Die Vereinbarung eines relativ geringen Fixums in Kombination mit einem Zeilenhonorar spricht in der Gesamtwürdigung eher für das Vorliegen einer freien Mitarbeit, insbesondere wenn das Zeilenhonorar der Größenordnung nach deutlich überwiegt (OGH 8 Ob A 210/97 h = ARD 4893/14/97).*

Allgemeines

- *Die Wahrnehmung von Agenden durch einen EDV-Fachmann im Bereich EDV/Informatik eines Unternehmens im Rahmen eines Wartungsvertrages ist für ein Arbeitsverhältnis untypisch und entspricht eher dem Typus eines freien Arbeitsvertrages, wenn keine fix geregelte Arbeitszeit vorliegt und der EDV-Fachmann für mehrere Unternehmen tätig ist (OLG Wien 10 Ra 168/97 t = ARD 4893/12/97).*
- *Ein Werbemittelverteiler mit Vertretungsbefugnis, freier Arbeitszeiteinteilung und ohne regelmäßige Arbeitspflicht ist auch dann als freier AN zu betrachten, wenn er wirtschaftlich unselbständig ist (OGH 8 Ob A 46/98 t = ARD 4931/9/98).*
- *Bei einfachen manuellen Tätigkeiten oder Hilfstätigkeiten, die keinen ins Gewicht fallenden Gestaltungsspielraum des AN ermöglichen, kann bei Integration des AN in den Betrieb (mangels gegenläufiger Anhaltspunkte) das Vorliegen eines Arbeitsverhältnisses ohne weitwendige Untersuchungen angenommen werden (VwGH 26.1.2010, 2009/08/0269, 10.9.2014, Ro 2014/08/0069 – betrifft Pizza-Zusteller).*
- *Ein freier Arbeitsvertrag kann auch bei persönlicher Arbeitspflicht vorliegen (VwGH 93/08/0168 = ARD 4899/23/98).*
- *Zieht man noch in Betracht, dass die Entlohnung des Klägers jeweils nicht nach Auftrag, sondern monatsweise (wenn auch nach dem tatsächlichen Zeitaufwand) erfolgte und sein Anspruch auf Stundenhonorar völlig erfolgsunabhängig war, spricht dies ebenfalls für das Vorliegen eines echten Arbeitsverhältnisses (OGH 8 Ob A 2347/96 x = ARD 4873/12/97).*
- *Ob ein Tankstellenpächter als AN-ähnlich einzustufen ist, kann nur im Einzelfall entschieden werden (OGH 9 Ob A 207/97 z = ARD 4893/16/97).*
- *Müssen Auslandsmitarbeiter Wochenplanungen erstellen, die abzugeben sind und haben sie Kundenfrequenzpläne einzuhalten, Weisungen des Verkaufsleiters in Österreich zu beachten und Krankenstände zu melden, darf Urlaub nur nach Bewilligung durch den Vorgesetzten in Österreich konsumiert werden und ist die Tätigkeit für ein*

anderes Unternehmen untersagt, werden die Kosten von Dienstreisen vom AG ebenso übernommen wie die Kosten des für die Verrichtung der Tätigkeit notwendigen Fahrzeuges und werden die Kosten für die Benützung von Räumen der Privatwohnung für dienstliche Zwecke abgegolten, kommt in allen diesen Umständen die persönliche Abhängigkeit deutlich zum Ausdruck. Es handelt sich dabei um alle wesentlichen Elemente eines Arbeitsvertrages (OGH 9 Ob A 88/97 z).

- *Hat der Trainer einer Basketballmannschaft, der sich nicht vertreten lassen kann, nicht die Möglichkeit die Trainingszeiten und die Trainingsorte jederzeit zu ändern, so ist er kein freier AN (OLG Wien 9 Ra 53/04 m = ARD 5540/4/2004).*

Lehrende

- *Der OGH wurde bereits in zwei Fällen angerufen, wo es um die Qualifizierung von Sprachlehrervertragsverhältnissen als Arbeitsverträge oder freie Dienstverträge ging (8 Ob A 2158/96 d = RdW 1998, 632 u.a. und 9 Ob A 10/99 g = DRdA 1999, 392 u.a.). Während im ersten Fall auf ein Arbeitsverhältnis geschlossen wurde, wurde im zweiten ein freier Dienstvertrag angenommen. Dabei wurde aber deutlich dahin unterschieden, dass in dem zu 8 Ob A 2158/96 d entschiedenen Fall der Sprachlehrer in weitaus höherem Maße in den Betrieb des AG integriert und überdies einer laufenden Kontrolle unterworfen war. Die Rechtsprechung ist somit nicht uneinheitlich, sondern das Höchstgericht gelangte auf Grund sachlicher Differenzierungen zu unterschiedlichen Ergebnissen (OGH 6.12.2000, 9 Ob A 259/00 d).*

- *Sachweisungen zur Abgrenzung des Leistungsgegenstands sind mit freien AN vereinbar (nicht persönliche Weisungen, welche die Gestaltungsfreiheit bei der Erbringung der Arbeit weitgehend ausschalten). Lässt sich eine Lektorin nicht vertreten, so schadet dies nicht, wenn sich andere Lektoren ohne Bewilligung haben vertreten lassen. Die Vorgabe von Themen und Lernbehelfen schadet ebenfalls nicht, weil dies der Abgrenzung des Vertragsgegenstands dient (OGH 28.11.2007, 9 Ob A 165/07 s = ARD 5904/3/2008).*

- *Die Vorgabe eines bestimmten Kursinhaltes und definierter Kursziele, die Verwendung beigestellter Lehrmittel und die Abhaltung der Kurse in den Räumen des Veranstalters liegt in der Natur vergleichbarer Tätigkeiten. Solche Umstände können für sich allein kein echtes Arbeitsverhältnis begründen (OGH 23.3.2010, 8 Ob A 57/09 d).*

- *Bleibt es der Einschätzung des Referenten überlassen, wie er sein Wissen an die Kursteilnehmer vermittelt und ist auch kein Kontrollsystem zum arbeitsbezogenen Verhalten vorgesehen (wie etwa die Beurteilung durch den AG), so spricht dies für ein freies Arbeitsverhältnis. Die Festsetzung von Zeit und Ort der Tätigkeit sind organisatorische Notwendigkeiten, aus denen nicht ein echtes Arbeitsverhältnis erschlossen werden kann (VwGH 27.4.2011, 2009/08/0123).*

- *Eine Konkretisierung des Werkes scheitert bei einem Kurs daran, dass es sich bei der Erteilung des Unterrichts nicht um ein Endprodukt handelt. Es liegt kein individualisierbares Werk, sondern eine Vereinbarung über Dienstleistungen und somit ein freies Arbeitsverhältnis vor (VwGH 21.9.2015, Ra 2015/08/0045).*

Fitnesstrainer, Tanzlehrer, Taxitänzer

- *Wurde ein Fitnesstrainer nach Stunden bezahlt, war er nur für einen Auftraggeber tätig, hat er keine Betriebsmittel und von seinem Vertretungsrecht nie Gebrauch gemacht, so ist er ein echter AN (VwGH 15.7.2013, 2013/08/0124).*

- *Die Abhaltung wöchentlicher Kindertanzkurse ist kein eigenständiges Werk. Erfolgt die Planung und Durchführung eigenständig durch die Tanzlehrerin, die nicht in den Betrieb des Auftraggebers eingegliedert ist und auch keine Berichtspflicht hat, so liegt ein freies Arbeitsverhältnis vor (VwGH 29.4.2015, 2013/08/0198, ähnlich zu einer Aerobic-Trainerin VwGH 24.1.2006, 2004/08/0101).*

- *Unterliegen nebenberuflich tätige Taxitänzer, die von ihrer Agentur an Tanzlokale vermittelt werden, um dort die Gäste zum Tanzen aufzufordern und für volle Tanzflächen zu sorgen, keinen persönlichen Weisungen, werden sie auch nicht persönlich kontrolliert und waren sie nicht verpflichtet, über ihre Tätigkeiten detailliert Rechenschaft zu legen, so ist vom Vorliegen freier Arbeitsverhältnisse auszugehen. Beim Tanzen handelt es sich überdies nicht um ein Endprodukt, sondern um laufend zu erbringende Dienstleistungen. Es liegt kein gewährleistungspflichtiges Werk vor (VwGH 1.10.2015, Ro 2015/08/0020).*

18. Ausländerbeschäftigung

Formulare zum AuslBG (z.B. Antrag auf Erteilung einer Beschäftigungsbewilligung) können unter www.ams.at bezogen werden.

Die Bestimmungen des AuslBG, die sich auf Ehegatten beziehen, gelten sinngemäß auch für eingetragene Partner (§ 2 Abs. 12 AuslBG). Ausländische eingetragene Partnerschaften sind auch in Österreich wirksam (§ 27b Bundesgesetz über das internationale Privatrecht). Eingetragene Partner erhalten bei Vorliegen der allgemeinen Voraussetzungen dieselben Aufenthaltstitel bzw. Dokumentationen wie Ehegatten und Kinder (§ 2 Abs. 1 Z 9 NAG).

Wird ein Beschäftigungstitel erteilt und eine unselbständige Beschäftigung aufgenommen, so ist zu beachten, dass der AG der zuständigen regionalen Geschäftsstelle des AMS innerhalb von 3 Tagen Beginn und Ende der Beschäftigung von Drittstaatsangehörigen zu melden hat, wenn diese nicht bereits über einen Aufenthaltstitel Daueraufenthalt – EU verfügen (Details siehe 18.14).

Die Regelungen zur Ausländerbeschäftigung werden besonders oft novelliert und daher ist ältere Literatur nur sehr beschränkt verwendbar. Zuletzt wurde das AuslBG durch das Bundesgesetz BGBl. I 2013/72 geändert, welches teilweise erst mit 1.1.2014 in Kraft tritt (§ 34 Abs. 42 AuslBG).

18.1 Vom Geltungsbereich des AuslBG ausgenommene Ausländer

Für in Österreich beschäftigte Ausländer (Personen, die keine österreichische Staatsbürgerschaft besitzen – auch Staatenlose) sind die österreichischen arbeitsrechtlichen Bestimmungen grundsätzlich anwendbar wie für Inländer. Die wichtigsten Sonderregelungen für Ausländer sind im AuslBG enthalten.

Der AG darf einen Ausländer beschäftigen, wenn das

- Arbeitsverhältnis dem AuslBG nicht unterliegt oder (falls das AuslBG anzuwenden ist)

- ein Beschäftigungstitel (z.B. Beschäftigungsbewilligung, Rot-Weiß-Rot-Karte etc. – § 3 AuslBG)

vorliegt.

Der AG hat die ihm erteilten Bewilligungen oder Bestätigungen nach dem AuslBG im Betrieb zur Einsichtnahme bereitzuhalten. Der AN hat die ihm erteilten Bestätigungen oder Bewilligungen nach dem AuslBG oder dem NAG an der Arbeitsstelle zwecks Einsichtnahme bereitzuhalten (§ 3 Abs. 6 AuslBG).

Neben Ausländern, die mit bestimmten Tätigkeiten beauftragt werden (Tätigkeiten als Seelsorger, Auslandskorrespondenten, Tätigkeiten im Rahmen von diplomatischen Vertretungen sowie in der Forschung und der Lehre etc.), sowie Personen, denen der Status eines Asylberechtigten oder der Status eines subsidiär Schutzberechtigten zuerkannt wurde, sind insbesondere folgende Ausländer vom Geltungsbereich des AuslBG ausgenommen:

a) Freizügigkeitsberechtigte EWR-Staatsbürger (das sind Staatsbürger von Belgien, Dänemark, Deutschland, Finnland, Frankreich, Griechenland, Großbritannien und Nordirland, Malta, Norwegen, Irland, Island, Italien, Liechtenstein, Luxemburg, den Niederlanden, Portugal, Schweden, Spanien und Zypern sowie die „EU-8-Staaten" und seit 1.1.2014 Bulgarien und Rumänien – siehe 18.18);

b) ihre Ehegatten und Kinder (einschließlich Adoptiv- und Stiefkinder), die noch nicht 21 Jahre alt sind oder denen der EWR-Bürger oder der Ehegatte Unterhalt gewährt, sowie drittstaatsangehörige Eltern des EWR-Bürgers und seines Ehegatten, denen der EWR-Bürger oder der Ehegatte Unterhalt gewährt, sofern sie zur Niederlassung nach dem NAG berechtigt sind (§ 1 Abs. 2 lit. l AuslBG). Nach § 3 Abs. 8 AuslBG bestätigt das AMS, dass drittstaatsangehörige Familienmitglieder nicht dem AuslBG unterliegen. Im Zweifelsfall sollte der AG die Vorlage dieser Bestätigung verlangen.

Weiters sind folgende Ausländer vom AuslBG ausgenommen:

c) Ehegatten und minderjährige ledige Kinder (einschließlich Adoptiv- und Stiefkinder österreichischer Staatsbürger), die zur Niederlassung nach dem NAG berechtigt sind.

d) Schweizer und ihre Familienangehörigen (§ 32 Abs. 9 AuslBG).

e) Ausländer, die nicht auf Grund eines Arbeitsverhältnisses, eines AN-ähnlichen Verhältnisses (siehe 18.2) oder eines Ausbildungsverhältnisses tätig sind. Ist daher der Ausländer auf Grund eines Werkvertrages bzw. als Unternehmer tätig, so unterliegt er nicht dem AuslBG. Falls jedoch ein Werkvertrag abgeschlossen wird und der Ausländer die Leistungen wie ein AN im Rahmen eines Arbeitsverhältnisses in persönlicher und wirtschaftlicher Abhängigkeit erbringt (d.h. insbesondere mit Weisungsgebundenheit, fixer Arbeitszeit an einem örtlich gebundenen Arbeitsplatz und persönlicher Arbeitspflicht – siehe 16.), so ist das

AuslBG anzuwenden. Fehlt die Weisungsgebundenheit, ist aber eine wirtschaftliche Abhängigkeit vom AG gegeben, so liegt ebenso ein AN-ähnliches Verhältnis im Sinne des § 2 Abs. 2 lit. b AuslBG vor, welches dem AuslBG unterliegt. Ist demnach die AN-Ähnlichkeit gegeben, so ist auch dann das AuslBG anzuwenden, wenn der Ausländer mit dem Auftraggeber einen ansonsten als Werkvertrag einzustufenden Vertrag abgeschlossen hat (Details zur AN-Ähnlichkeit siehe 18.2). Weisungsgebundene Fußballer im Amateurstatus unterliegen dem AuslBG, wenn die Tätigkeit über eine geringe Freizeittätigkeit hinausgeht (VwGH 30.5.2011, 2008/09/0250).

f) Ausländer, die bloße Gefälligkeitsdienste verrichten. Dies sind kurze, freiwillige und unentgeltliche Dienste, die aufgrund spezifischer Bindungen (etwa Verwandtschaft) erbracht werden. Die spezifische Bindung fehlt, wenn dem AG die Arbeitskraft nicht bekannt war (VwGH 2001/09/0153 = ARD 5556/17/2005). Bedenken hegen die Behörden meist dann, wenn die Tätigkeit in einem Gewerbebetrieb erfolgt. Als Beschäftigung nach § 2 Abs. 2 AuslBG wurde beispielsweise eine Zeltleihe als Gegenleistung für Arbeitsleistungen angesehen (VwGH 2001/09/0039 = ARD 5539/4/2004). Keine Beschäftigung ist etwa die Mithilfe eines Dauergastes im Haushalt (VwGH 98/09/0199 = ARD 5205/17/2001) oder des beschäftigungslosen Bruders, der kurzfristig im Lokal des Bruders einspringt (VwGH 2004/09/0217 = ARD 5687/5/2006; siehe auch VwGH 2007/09/0376 = ARD 5946/4/2009). Wird hingegen ein Ausländer beim Abräumen von Aschenbechern in einem Gastgewerbebetrieb betreten, auch wenn es sich um einen Stammgast handelt, so ist ein Beschäftigungsverhältnis anzunehmen (weil „Stammgast" keine spezifische Bindung ist – VwGH 20.6.2011, 2009/09/0058, ARD 6181/5/2011).

g) Eine kurze und unentgeltliche Betätigung zur Vorführung der notwendigen Kenntnisse und Fähigkeiten zur Begründung eines Arbeitsverhältnisses unterliegt nicht dem AuslBG, wenn nicht besondere Gründe auf ein Beschäftigungsverhältnis schließen lassen (VwGH 98/09/0058 = ARD 5205/25/2001). Hat jedoch ein Ausländer von 9.00 Uhr bis in den Nachmittag auf der Baustelle des AG gearbeitet und kann eine Überprüfung der Fähigkeiten nicht dargelegt werden, so liegt eine bewilligungspflichtige Ausländerbeschäftigung vor (VwGH 2004/09/0062 = ARD 5896/5/2008; ebenso wenn ein Einsatz von zehn Tagen geplant ist, weil diesfalls Kurzfristigkeit nicht vorliegt – VwGH 22.3.2012, 2009/09/0252). Eine „Probearbeit", die auf ein künftiges entlohntes Arbeitsverhältnis abzielt, ist in der Regel eine bewilligungspflichtige Tätigkeit – VwGH 15.2.2013, 2013/09/0003.

h) Ausländer, die als besondere Führungskräfte anzusehen sind. Das sind Ausländer, die leitende Positionen auf der Vorstands- oder Geschäftsleitungsebene in international tätigen Konzernen oder Unternehmen innehaben oder international anerkannte Forscher sind und deren Beschäftigung den Wirtschaftsbeziehungen oder der Schaffung oder Sicherung von qualifizierten Arbeitsplätzen dient und deren monatliche Bruttoentlohnung mindestens 120 % der Höchstbeitragsgrundlage beträgt. Ebenso sind die Familienangehörigen (Ehegatten und unterhaltsberechtigte Kinder) der Spitzenkräfte ausgenommen. Notwendiges Support- und Hauspersonal, welches seit mindestens einem Jahr in einem Arbeitsverhältnis zur Spitzenkraft steht, ist ausschließlich hinsichtlich seiner Tätigkeit für die besondere Führungskraft vom AuslBG ausgenommen.

i) Ausländer, die den Übergangsbestimmungen zur EU-Freizügigkeit unterliegen (§ 32a AuslBG – siehe 18.18) hinsichtlich ihrer Tätigkeit als Werbemittelverteiler und Zusteller von Tageszeitungen und periodischen Druckschriften, sofern die Beschäftigung als vollversicherter AN erfolgt (nicht als geringfügig Beschäftigter oder als freier AN).

j) Ausländer, die lediglich im Rahmen familiärer Beistandspflichten tätig sind (auch wenn eine Anmeldung bei der zuständigen GKK erfolgt ist – VwGH 9.9.2014, Ro 2014/09/0006, *Rauch*, Arbeitsrecht 2016, 35 f. und 15.2.2).

Ausnahmen nach der AuslBVO (Ausländerbeschäftigungsverordnung)

Nach dieser Verordnung sind vom Geltungsbereich des AuslBG insbesondere folgende Personen ausgenommen:

- Ausländische Studenten oder Absolventen im Rahmen eines auf Gegenseitigkeit beruhenden Austauschprogrammes, sofern der Austausch über Vereine, bei denen entweder eine österreichische Hochschule Mitglied ist oder welche in Zusammenarbeit mit einer österreichischen Hochschule tätig sind, abgewickelt wird,

- Ausländer, die den Übergangsbestimmungen zur EU-Arbeitnehmerfreizügigkeit unterliegen (§ 32a AuslBG – siehe 18.18) hinsichtlich der Pflege und Betreuung von Personen in Privathaushalten, wenn die zu pflegende Person, ihre Angehörigen oder eine inländische Pflege- und Betreuungseinrichtung AG sind, die zu pflegende Person Pflegegeld gemäß dem Bundespflegegeldgesetz oder Pflegegeld gemäß den Pflegegeldgesetzen der Bundesländer bzw. eine gleichartige Leistung im selben Ausmaß bezieht und die Beschäftigung der Vollversicherung unterliegt,

- Au-pair-Kräfte zwischen 18 und 28 Jahren für eine längstens zwölf Monate dauernde Tätigkeit, wobei die Gastfamilie eine Anzeigebestätigung einzuholen hat (siehe übernächste Zwischenüberschrift). Die Anzeigebestätigung wird für sechs Monate ausgestellt und kann um weitere sechs Monate verlängert werden, wenn die Au-pair-Kraft nicht unerlaubt vermittelt wurde, in den letzten fünf Jahren insgesamt nicht länger als ein Jahr als Au-pair-Kraft in Österreich beschäftigt war und weiterhin gewährleistet ist, dass das Ausmaß und der wirtschaftliche Gehalt der Tätigkeit dem eines Au-pair-Verhältnisses entspricht und insbesondere der Erwerb von Kenntnissen der deutschen Sprache nachgewiesen wird (§ 1 Z 10 AuslBVO – diese Bestimmung ist nicht gesetzeswidrig – VfGH 9.10.2014, V 67/2013, V 30/2014 und V 71/2014).

- Mit 15.7.2016 wurde die AuslBVO insbesondere um Staatsangehörige der Volksrepublik China, die nachweislich ausgebildete Spezialitätenköche sind, erweitert (§ 1 Z 15 AuslBVO). Die Ausnahme gilt für eine Beschäftigung als Spezialitätenkoch in der gehobenen Gastronomie über einen Zeitraum von längstens drei Jahren (sofern österreichische Staatsbürger in der Volksrepublik China auf der Basis der Gegenseitigkeit unter den gleichen Voraussetzungen eine Beschäftigung aufnehmen dürfen).

- Seit 1.4.2017 dürfen Ausländer, die seit mindestens drei Monaten zum Asylverfahren zugelassen sind, hinsichtlich der Erbringung von einfachen haushaltstypischen Dienstleistungen in Privathaushalten nach § 1 Abs. 1 DLSG (siehe 14.8.2.1.1) beschäftigt werden (§ 1 Z. 16 AuslBVO).

Das Ausländerbeschäftigungsrecht wird häufig geändert. Dies betrifft insbesondere auch die AuslBVO.

Weiters sind nach dieser Verordnung ausländisches Lehrpersonal bestimmter Schulen, Austauschlehrer, technische Tätigkeiten im Rahmen von Luftverkehrsabkommen, Lehr- und Forschungstätigkeiten an Einrichtungen zur Durchführung von Fachhochschul-Studiengängen und Bedienstete bestimmter internationaler Organisationen etc. ausgenommen.

Sonstige wichtige Ausnahmen und Sonderregelungen

- **Ferialpraktikanten** für ein Ferialpraktikum, welches im Rahmen eines geregelten Lehr- und Studienganges an einer inländischen Bildungseinrichtung mit Öffentlichkeitsrecht vorgeschrieben ist (§ 3 Abs. 5 AuslBG; zur dennoch erforderlichen Anzeigebestätigung siehe im Folgenden).

- **Volontäre**, die zu Ausbildungszwecken höchstens drei Monate (ausnahmsweise bis zu zwölf Monaten gemäß § 3 Abs. 9 AuslBG bei international tätigen Unternehmen, die Volontäre mit Reifeprüfung beschäftigen) ohne Arbeitspflicht und Entgeltanspruch beschäftigt werden (Anzeigebestätigung erforderlich; siehe dazu im Folgenden).

- Ausländer, die von ihrem ausländischen Arbeitgeber **im Rahmen eines Joint Ventures** und auf der Grundlage eines betrieblichen Schulungsprogramms nicht länger als sechs Monate zur betrieblichen Einschulung in einen Betrieb mit Betriebssitz im Bundesgebiet entsandt werden (§ 18 Abs. 3 AuslBG), benötigen keine Entsendebewilligung (Anzeigebestätigung erforderlich; siehe im Folgenden). Joint Ventures sind mit einem ausländischen Partner zur Durchführung gemeinsam übernommener Aufträge gegründete Partnerunternehmen. Der Gesetzgeber dachte daher z.B. an von österreichischen Mutterunternehmen im Ausland gegründete Tochterunternehmen (siehe auch 18.12).

- Ausländer, die zur qualifizierten Aus- und Weiterbildung in die österreichische Konzernzentrale bis zu 50 Wochen entsandt werden (Anzeigebestätigung erforderlich; siehe im Folgenden).
- Sonstige Ausbildungsverhältnisse (wie insbesondere Lehrverhältnisse) unterliegen dem AuslBG (zur Erteilung der Beschäftigungsbewilligung – siehe § 4 Abs. 2 AuslBG).

Anzeigebestätigung für Ferialpraktikanten, Volontäre, bei Einschulungen im Rahmen eines Joint Ventures und bei Ausbildung im internationalen Konzern

- Die Tätigkeit eines Ferialpraktikanten, eines Volontärs, die Einschulung eines Ausländers im Rahmen eines Joint Ventures (siehe auch 18.12) oder einer Aupair-Kraft ist zwei Wochen vor Beginn der Tätigkeit der zuständigen Geschäftsstelle des AMS und der zuständigen Abgabenbehörde anzuzeigen. Die Anzeige für die Einschulung eines Ausländers **im Rahmen eines Joint Ventures** hat den Joint-Venture-Vertrag und das Schulungsprogramm zu enthalten. Bei Ausbildung im internationalen Konzern ist dem AMS ein Ausbildungsprogramm vorzulegen. Die betriebliche Einschulung darf erst nach Vorliegen der Anzeigebestätigung begonnen werden. Diese hat eine Anzeigebestätigung auszustellen, wenn die gesetzlichen Voraussetzungen vorliegen. Weiters ist zu beachten, dass der ausländische Volontär oder Ferialpraktikant, die ausländische Au-pair-Kraft oder der zur innerbetrieblichen Einschulung bzw. Aus- oder Weiterbildung Entsandte bei der österreichischen Vertretungsbehörde in seinem Heimatstaat (Konsulat oder Botschaft) nach Vorliegen einer Anzeigebestätigung eine Aufenthaltserlaubnis beantragen muss. Falls ein bilaterales Abkommen zwischen Österreich und dem Heimatstaat des Ausländers abgeschlossen wurde, kann die Aufenthaltserlaubnis in Österreich bei der Fremdenpolizei nach Erteilung der Anzeigebestätigung beantragt werden.
- Ausländer, die von einem ausländischen AG ohne Betriebssitz in Österreich im Inland beschäftigt werden, für kurzfristige Tätigkeiten (Besuche von Messeveranstaltungen, Kongressen, Besprechungen etc. – § 18 Abs. 2 AuslBG).
- Betriebsentsandte Ausländer, die im Inland für eine kurzfristige Vorführung neuer Technologien beschäftigt werden, bedürfen keiner Beschäftigungs- bzw. Entsendebewilligung (VwGH 99/09/0185). Dies ergibt sich aus § 18 Abs. 2 AuslBG, wonach für Ausländer, die von einem ausländischen AG ohne einem im Bundesgebiet vorhandenen Betriebssitz im Inland ausschließlich für kurzfristige Arbeitsleistungen herangezogen werden (für die inländische Arbeitskräfte nicht eingesetzt werden können), wie etwa geschäftliche Besprechungen, Besuche von Messeveranstaltungen und Kongressen, keine Beschäftigungsbewilligung oder Entsendebewilligung erforderlich ist.

Unternehmensintern transferierte Arbeitskräfte

Unter „Rotationsarbeitskräften" wurden Personen verstanden, die mit einem international tätigen AG einen Arbeitsvertrag geschlossen haben, der im Hinblick auf den Arbeitsort Rotationen vorsieht.

Nunmehr spricht das AuslBG von „unternehmensintern transferierten Arbeitskräften" (§ 20f AuslBG).

Für den unternehmensinternen Transfer von einem Drittstaat nach Österreich ist die Beantragung einer Aufenthaltsbewilligung als unternehmensintern transferierter AN (ICT) erforderlich. Das Zulassungsverfahren ist dem der Rot-Weiß-Rot-Karte (siehe 18.3) nachgebildet. Die Aufenthaltsbewilligung ICT berechtigt sowohl zum Aufenthalt als auch zur Beschäftigung in Österreich.

Wird ein Inhaber eines Aufenthaltstitels ICT eines anderen Mitgliedstaates der EU bis zu 90 Tage nach Österreich transferiert, wird kein eigener Aufenthaltstitel benötigt (Details siehe § 20f AuslBG).

Ausländische Studenten, Asylwerber und Geduldete

Ausländische Studenten (siehe auch 18.3 „Studienabsolventen")

Ausländische Studierende können eine „Aufenthaltsbewilligung – Studierende" (§ 64 NAG) erhalten, wenn sie die allgemeinen Voraussetzungen erfüllen und Zugang zu einem Studium haben. Die Aufenthaltsbewilligung wird für die Dauer eines Jahres erteilt. Die Verlängerung setzt einen entsprechenden Studienerfolg voraus.

Die Zulässigkeit der Ausübung einer unselbständigen Tätigkeit richtet sich nach dem AuslBG. Es ist daher eine Beschäftigungsbewilligung erforderlich. Dabei entfällt die Prüfung der Arbeitsmarktlage, wenn die Beschäftigungsbewilligung für Schüler und Studierende für eine Beschäftigung beantragt wird, die zehn Wochenstunden und nach Abschluss des 1. Studienabschnitts eines Diplomstudiums bzw. nach Abschluss eines Diplom- oder eines Bachelorstudiums 20 Wochenstunden nicht übersteigt (§ 4 Abs. 7 Z 2 AuslBG).

Vom Geltungsbereich des AuslBG sind ausländische Studenten oder Absolventen im Rahmen eines auf Gegenseitigkeit beruhenden Austauschprogrammes ausgenommen, sofern der Austausch über Vereine, bei denen entweder eine österreichische Hochschule Mitglied ist oder welche in Zusammenarbeit mit einer österreichischen Hochschule tätig sind, abgewickelt wird (§ 1 Z 5 AuslBVO).

Asylwerber und Geduldete

Erhält der Asylwerber den Status des subsidiär Schutzberechtigten, so ist er vom Anwendungsbereich des AuslBG ausgenommen (§ 1 Abs 2 lit. a AuslBG) und kann daher ohne ausländerbeschäftigungsrechtliche Genehmigung eine unselbständige Tätigkeit aufnehmen (Nachweis der subsidiären Schutzberechtigung durch eine Aufenthaltskarte, welche die Republik Österreich ausstellt und die die

18. Ausländerbeschäftigung

Bezeichnung „Karte für subsidiär Schutzberechtigte" sowie insbesondere die Daten des Berechtigten enthält – § 52 AsylG).

Einem Asylwerber kann eine Beschäftigungsbewilligung erteilt werden, wenn er seit drei Monaten zum Asylverfahren zugelassen ist und über einen faktischen Abschiebeschutz oder ein Aufenthaltsrecht nach § 12 bzw. § 13 Asylgesetz verfügt.

Mit dem Fremdenrechtsänderungsgesetz 2009 wurde der Status der Duldung eingeführt (§ 46a FrG). Demnach ist der Aufenthalt von Fremden, deren Abschiebung aus menschenrechtlichen Gründen unzulässig oder aus tatsächlichen, vom Fremden nicht zu vertretenden Gründen unmöglich ist, in Österreich geduldet. Die Voraussetzungen für die Erteilung einer Beschäftigungsbewilligung erfüllen aber nur jene Geduldete, die zuvor über den Status eines Asyl- oder subsidiär Schutzberechtigten verfügten. Geduldete, die als Asyl- oder subsidiär Schutzberechtigte eine ursprünglich bewilligungsfreie Beschäftigung aufgenommen haben (siehe 18.1), dürfen beim selben AG bis zum Ende des Beschäftigungsverhältnisses weiter beschäftigt werden (§ 3 Abs. 7 AuslBG).

In der Praxis ist es für Asylwerber ausgesprochen schwierig, eine Beschäftigungsbewilligung zu erhalten. Am ehesten wird für Asylwerber eine Beschäftigungsbewilligung für Saisonarbeit erteilt (*Schumacher/Peyrl*, Fremdenrecht³, 223).

Wird ein Asylrecht rechtskräftig zuerkannt, so ist der Ausländer vom Anwendungsbereich des AuslBG ausgenommen (§ 1 Abs. 2 lit. a AuslBG).

Das Asylrecht wird nachgewiesen durch

- einen rechtskräftigen Asylbescheid einer österreichischen Asylbehörde über die Zuerkennung der Flüchtlingseigenschaft,
- einen österreichischen Konventionsreisepass, der von der Republik Österreich nach § 94 FPG ausgestellt wird, oder
- einen ausländischen Konventionsreisepass mit einem unbefristeten Aufenthaltstitel für Österreich.

Wegfall der Voraussetzungen (Scheidung etc.)

Ändern sich die maßgeblichen persönlichen Umstände des Ausländers, sodass er nicht mehr jenen Ausländern zuzuzählen ist, auf die das AuslBG nicht angewendet wird (z.B. Scheidung der mit einem Österreicher geschlossenen Ehe), so ist Folgendes zu beachten: Tritt die Änderung während eines aufrechten Arbeitsverhältnisses ein, kann der ausländische AN bis zum Ende des Arbeitsverhältnisses ohne Beschäftigungstitel weiterhin beschäftigt werden (§ 3 Abs. 7 AuslBG).

Sonderbestimmungen für Türken

Auf Grund des Assoziationsabkommens zwischen der EWG und der Türkei vom 12.9.1963 haben türkische AN nach einjähriger legaler Beschäftigung im Sinne des AuslBG einen Rechtsanspruch auf Verlängerung der Beschäftigungsbewilligung beim selben AG (§ 4c AuslBG). Dies gilt auch dann, wenn der türkische Staatsbürger für ein Jahr geringfügig beschäftigt war und eine Aufenthaltsbewilligung „Studierende" hatte (VwGH 26.6.2012, 2010/09/0234).

Bei erstmaliger Erteilung der Beschäftigungsbewilligung ist nur eine Prüfung der Arbeitsmarktlage und der allgemeinen Voraussetzungen des § 4 Abs. 1 AuslBG vorzunehmen (VwGH 19.5.2014, Ro 2014/09/0016, RdW 2015, 48).

Nach 4-jähriger legaler Beschäftigung haben türkische AN freien Zugang zu jeder gewünschten Beschäftigung. Türkischen AN ist daher nach vier Jahren legaler Beschäftigung von Amtswegen ein Befreiungsschein auszustellen (§ 4c Abs. 2 AuslBG). Für ihre Familienangehörigen gilt dies nach fünfjährigem legalen Aufenthalt in Österreich, und zwar auch dann, wenn sie älter als 21 Jahre sind, wobei ein gemeinsamer Wohnsitz bestehen muss (VwGH 22.2.2007, 2005/09/0096).

18.1.1 Aufenthaltstitel in Kartenform

Die Erteilung, Versagung und Entziehung von Aufenthaltstiteln von Drittstaatsangehörigen, die sich länger als 6 Monate in Österreich aufhalten oder aufhalten wollen, regelt das NAG. Für Aufenthaltsberechtigungen ist der Landeshauptmann des Bundeslandes, wo der beabsichtigte bzw. tatsächliche Wohnsitz im Inland liegt, zuständig. Im Ausland ist der Antrag bei der österreichischen Vertretungsbehörde (Botschaft oder bestimmte Konsulate) zu stellen (siehe auch 18.3, Abschnitt „Zulassungsverfahren").

Die Aufenthaltstitel werden in Kartenform ausgestellt (die Karte ist hinsichtlich der Größe und Form mit der so genannten „e-card" vergleichbar). Auf der Karte wird angegeben, inwieweit auf Grund des jeweiligen Aufenthaltstitels eine selbständige oder unselbständige Erwerbstätigkeit für die betreffende Person zulässig ist. Beispielsweise ermöglicht der Hinweis „freier Zugang zum Arbeitsmarkt" auf der Rückseite der Karte die sofortige Aufnahme einer unselbständigen Erwerbstätigkeit im gesamten Bundesgebiet. Hingegen erfordert die Anmerkung „Arbeitsmarktzugang nur mit Arbeitsmarktdokument" zusätzlich eine Bewilligung nach dem AuslBG. Eine unselbständige Beschäftigung wäre bei dem Hinweis „nur selbständige Erwerbstätigkeit zulässig" ausgeschlossen.

EWR-Bürger dürfen sich in Österreich ohne Aufenthaltstitel aufhalten und eine unselbständige Tätigkeit ausüben (§ 1 Abs. 2 lit. l AuslBG – siehe 18.1). Für Kroaten gilt auf Grund des Übergangsarrangements bis längstens 30.6.2020 das AuslBG (siehe 18.18).

EWR-Bürger, denen das unionsrechtliche Aufenthaltsrecht zukommt, haben, wenn sie sich länger als drei Monate im Bundesgebiet aufhalten, dies binnen vier Monaten ab Einreise der Behörde anzuzeigen. Auf Antrag ist von der Behörde eine Anmeldebescheinigung auszustellen (§ 53 Abs. 1 NAG). Dies gilt ebenso für Schweizer (§ 57 NAG).

18.1.2 Unzulässige Umgehung des AuslBG

Da Beschäftigungstitel oftmals nicht im erwünschten Ausmaß erlangt werden können, wird immer wieder versucht, das AuslBG zu umgehen, indem Ausländern eine gesellschaftsrechtliche Stellung eingeräumt wird, welche die AN-Eigenschaft (und damit die Anwendung des AuslBG) ausschließen soll. Insbesondere wurde mehrfach Ausländern die Stellung als Komplementär einer Kommanditgesellschaft oder Gesellschafter einer offenen Gesellschaft eingeräumt (gesellschaftsrechtlich bewirkte dies die volle Haftung des Ausländers für Verbindlichkeiten der Gesellschaft), um die Anwendbarkeit des AuslBG zu vermeiden. Maßgebend ist jedoch der wahre wirtschaftliche Gehalt und nicht die äußere Erscheinungsform des Sachverhalts (§ 2 Abs. 4 AuslBG). Ausschlaggebend ist dabei eine Gesamtbetrachtung, bei der alle Umstände nach Zahl, Stärke und Gewicht zu bewerten sind (VwGH 25.2.2004, 2002/09/0161, ARD 5509/3/2004). Erbringt daher der Ausländer Arbeitsleistungen, die typischerweise im Rahmen eines Arbeitsverhältnisses erfolgen und hat er keinen wesentlichen Einfluss auf die Geschäftsführung, so ist er als ein dem AuslBG unterliegender AN anzusehen, obwohl er etwa Gesellschafter einer Personengesellschaft oder einer Ges.m.b.H. mit einem Geschäftsanteil von mehr als 25 % ist.

Bei Gesellschaftsanteilen bis 25 % könnte beim AMS ein Antrag gestellt werden, dass festgestellt werden möge, dass der Ausländer (trotz eines Gesellschaftsanteils lediglich bis zu 25 %) maßgeblichen Einfluss auf die Geschäftsführung hat und daher nicht dem AuslBG unterliegt (Feststellungsbescheid – § 2 Abs. 4 AuslBG).

Falls das AMS nicht binnen drei Monaten über den Antrag entscheidet, kann die Beschäftigung bis zur Zustellung eines den Antrag abweisenden Bescheids aufgenommen werden (§ 2 Abs. 4 Z 2 AuslBG).

Bei Gesellschaftern einer Ges.m.b.H. mit mehr als 25 %, aber unter 50 % der Geschäftsanteile prüft das AMS von Amts wegen, ob dem ausländischen Gesellschafter maßgeblicher Einfluss auf die Geschäftsführung zukommt (siehe auch VwGH 2006/09/0041 = ARD 5757/5/2007). Erst bei einem Gesellschaftsanteil von 50 % und mehr wird von vornherein maßgeblicher Einfluss angenommen (abgesehen von eklatanten Missbrauchsfällen – siehe die einschlägige Judikatur im Anschluss).

Die zuvor erwähnten gesellschaftsrechtlichen Konstruktionen zur Umgehung des AuslBG sind mit erheblichen Kosten verbunden und führen im Fall einer Kontrolle zu erheblichen Verwaltungsstrafen. Daher wird von derartigen Umgehungsversuchen abgeraten. Auch der Umstand, dass der Ausländer einen Gewerbeschein für die Tätigkeit besitzt, kann nicht verhindern, dass die Behörde zu dem Ergebnis gelangt, dass tatsächlich eine unselbständige Beschäftigung vorliegt (VwGH 28.2.2012, 2011/09/0149). Zur AN-Ähnlichkeit siehe 18.2.

Einschlägige Judikatur

a) Ausländische Gesellschafter und verbotene Ausländerbeschäftigung

- *Auch wenn Beschlüsse in einer Personengesellschaft mit ausländischen Gesellschaftern nur einstimmig gefasst werden können, erbringen diese Gesellschafter ihre Arbeitsleistung für die Gesellschaft nicht in einem bewilligungspflichtigen Beschäftigungsverhältnis.*

- *Durch den Gesellschaftsvertrag erfolgt ein Zusammenschluss physischer Personen zu einer Organisation unter gegenseitiger Einräumung von Geschäftsführungsbefugnissen und Kontrollrechten. Gelten diese gleichermaßen für alle Gesellschafter, sind die Gesellschafter also einander gleichgestellt, gilt in Personengesellschaften (OHG, KG, OEG, KEG) grundsätzlich das Prinzip der Gleichordnung. Gleichgeordnete Personen können aber nicht persönlich abhängig sein. Wer daher durch Gesetz oder durch Gesellschaftsvertrag eingeräumte originäre Geschäftsführungsbefugnisse – wenn auch nicht allein – ausübt, kann dabei nicht als AN tätig sein (VwGH 98/09/0215 = ARD 5129/5/2000).*

- *Kann ein ausländischer Gesellschafter seinen persönlich ausgeübten wesentlichen Einfluss auf die Geschäftsführung einer offenen Erwerbsgesellschaft (OEG) nachweisen, liegt auch dann keine bewilligungspflichtige Beschäftigung vor, wenn er Arbeitsleistungen erbringt, die typischerweise in einem Arbeitsverhältnis erbracht werden (VwGH 98/09/0176 = ARD 5129/6/2000).*

- *Vor dem Hintergrund des Gesetzeszweckes, nämlich zu verhindern, ausländische Arbeitskräfte zu Scheingesellschaftern des Unternehmens zu machen, um sie vom Geltungsbereich des AuslBG auszunehmen, kommt es allein darauf an, ob die vom konkreten Gesellschafter in seinem Unternehmen (hier: Reinigungsunternehmen) ausgeübten Tätigkeiten solche sind, zu deren Verrichtung sich andere gleichartige Unternehmen in aller Regel Personen bedienen, die in einem Arbeitsverhältnis zu eben diesen Unternehmen stehen. Zu verrichtende Reinigungsarbeiten zählen nun aber einerseits nicht zur Geschäftsführungstätigkeit und werden andererseits in Reinigungsunternehmen typischerweise von Personen erbracht, die zu diesen Reinigungsunternehmen in einem Arbeitsverhältnis stehen (VwGH 98/19/0247 = ARD 5182/36/2001).*

- *Zwei ausländische Arbeitsgesellschafter einer Bau-GmbH, denen nicht einmal bewusst ist, dass sie (kollektivvertretungsbefugte) Geschäftsführer des Unternehmens sind, üben bei Erbringung von Arbeitsleistungen auch dann eine bewilligungspflichtige Beschäftigung aus, wenn sie mit je 50 % an der Gesellschaft beteiligt sind und der weitere allein vertretungsbefugte Gesellschafter keine Anteile der Gesellschaft hält (VwGH 99/09/0105 = ARD 5200/14/2001).*

b) Volontäre und Ferialpraktikanten

- *Das Volontariat ist ein zweiseitig verbindliches, aber unentgeltliches Arbeitsverhältnis, wobei die Gewährung einer Gratifikation nicht ausgeschlossen ist. Das Ferialpraktikum ist durch ein Überwiegen des Ausbildungszweckes gekennzeichnet. Der Ferialpraktikant verrichtet Arbeiten, die nicht der Ausbildung dienen, nur in einem vernachlässigbaren Maß (OLG Wien 32 Ra 32/92 = ARD 4381/6/92).*

- *Die Beschäftigung eines ausländischen Verkäufers als Volontär setzt die Anwesenheit einer Schulungsperson im Geschäft voraus (VwGH 98/09/002 = ARD 4998/31/98).*

18.2 AN-Ähnlichkeit

Wie schon in 18.1 ausgeführt, ist ein Beschäftigungstitel für die im Rahmen eines Werkvertrages oder eines freien Arbeitsvertrages ausgeübte Tätigkeit eines Ausländers auch dann erforderlich, wenn eine AN-Ähnlichkeit gegeben ist. Um AN-ähnliche Werkverträge von solchen Werkverträgen zu unterscheiden, für die jedenfalls kein Beschäftigungstitel erforderlich ist (weil eine echte Selbständigkeit vorliegt), ist der Begriff der „AN-Ähnlichkeit" (§ 2 Abs. 2 lit. d AuslBG) von besonderem Interesse.

Die **AN-Ähnlichkeit** wird beim freien Arbeitsvertrag in der Regel gegeben sein (VwGH 95/09/0174 und 0181 = ARD 4936/12/98).

Die **AN-Ähnlichkeit** ist nach der Judikatur des VwGH dadurch gekennzeichnet, dass an sich ein Arbeitsvertragsverhältnis nicht vorliegt, das heißt, dass die für den AN charakteristischen Merkmale der persönlichen Abhängigkeit zu gering ausgeprägt sind, um daraus ein persönliches Abhängigkeitsverhältnis ableiten zu können, jedoch in einem gewissen Umfang gegeben sind. Wesen der **AN-Ähnlichkeit** ist, dass der Verpflichtete in seiner Entschlussfähigkeit auf ein Minimum beschränkt ist. Es kommt ausschließlich darauf an, ob das konkrete und genau erhobene Gesamtbild der Tätigkeit, die eine Person im Auftrag und für Rechnung eines anderen leistet, so beschaffen ist, dass sich die betreffende Person im Verhältnis zu ihrem Auftraggeber wirtschaftlich in einer ähnlichen Situation befindet, wie dies beim persönlich abhängigen AN typischerweise der Fall ist.

Solche typischen Merkmale wirtschaftlicher Unselbständigkeit sind:

a) die Verrichtung der Tätigkeit nicht in einem Betrieb oder einer Betriebsstätte des Verpflichteten, sondern in einem Betrieb des Unternehmers;

b) gewisse Regelmäßigkeit und längere Dauer der Tätigkeit;

c) die Verpflichtung zur persönlichen Erbringung der geschuldeten Leistung;

d) Beschränkungen der Entscheidungsfreiheit des Verpflichteten hinsichtlich der Verrichtung der Tätigkeit (Weisungsgebundenheit);

e) die Berichterstattungspflicht;

f) das Arbeiten mit Arbeitsmitteln des Unternehmers;

g) die Ausübung der Tätigkeit für einen oder eine geringe Anzahl, nicht aber für eine unbegrenzte Anzahl ständig wechselnder Unternehmer und

h) die vertragliche Einschränkung der Tätigkeit des Verpflichteten in Bezug auf andere Personen (Unternehmerbindung, Konkurrenzverbot).

Bei der Beurteilung müssen nicht alle diese Kriterien, die möglicherweise zur Bestimmung der wirtschaftlichen Unselbständigkeit relevant sein könnten, verwirklicht sein. Bei der Beurteilung des konkret und genau erhobenen Sachverhalts geht es daher nicht darum, dass lückenlos alle Merkmale festgestellt werden, sondern darum, die vorhandenen Merkmale zu gewichten und sodann auf Grund eines Gesamtbilds zu bewerten, ob wirtschaftliche Unselbständigkeit vorliegt oder nicht. Das gänzliche Fehlen des einen oder anderen Merkmals muss dabei nicht entscheidend sein. Die vorhandenen Merkmale werden in der Regel unterschiedlich stark ausgeprägt sein. Die Bewertung erfolgt nach einem so genannten „beweglichen System", wonach das Fehlen oder die schwache Ausprägung einzelner Merkmale durch ein besonders stark ausgeprägtes Vorhandensein anderer Merkmale ausgeglichen bzw. überkompensiert werden kann (VwGH 97/09/0241 = ARD 4955/9/ 98, VwGH 2005/09/0012 = ARD 5687/3/2006, VwGH 2005/09/ 0153 = ARD 5799/8/2007).

Einschlägige Judikatur

- *Ein ausländischer Werbemittelverteiler bedarf dann einer Beschäftigungsbewilligung, wenn eine AN-Ähnlichkeit vorliegt. Überwiegen die für ein AN-ähnliches Verhältnis sprechenden Argumente eindeutig (zeitlich unbegrenztes Kontrollrecht des Unternehmens, im Wege von Kürzungen des Entgelts vorgesehene Disziplinarmaßnahmen gegenüber dem Verteiler und Fehlen eigener Betriebsstätten und Betriebsmittel des Verteilers, der vielmehr zumindest fallweise Betriebsmittel [wie etwa Busse] des Unternehmens in Anspruch genommen hat, um seine Verpflichtungen diesem gegenüber erfüllen zu können), handelt es sich trotz der Bezeichnung der zwischen dem Unternehmen und dem Ausländer getroffenen Vereinbarung als „Werkvertrag" um eine AN-ähnliche Tätigkeit (VwGH 94/09/0093 = ARD 4669/34/95).*
- *Für eine in einer Bar auf „Werkvertragsbasis" beschäftigte Animierdame ist eine Beschäftigungsbewilligung erforderlich. Die Verpflichtung zur Einholung einer Beschäftigungsbewilligung vor der Beschäftigung eines Ausländers trifft nach § 3 Abs. 1 AuslBG auch einen „Werkvertragsgeber", wenn die Grundlage für den Vertrag nicht in gewerberechtlichen oder sonstigen Normen liegt und der „Werkvertrag" so beschaffen ist, dass der „Werkvertragsnehmer" zwar nicht in der Frage der persönlichen, aber in der Frage der wirtschaftlichen Abhängigkeit einem AN nahezu gleichkommt (VwGH 96/09/0133 = ARD 4963/3/98).*
- *Für die Beurteilung der Frage, ob eine bewilligungspflichtige Beschäftigung eines Ausländers vorliegt, kommt es auf den „organisatorischen" Aspekt der wirtschaftlichen Abhängigkeit, also auf das konkrete Gesamtbild der Tätigkeit an, die die Person im Auftrag und für Rechnung eines anderen leistet, und darauf, ob diese Tätigkeit so beschaffen ist, dass diese Person auf Grund der Art und Weise, in der die eine Person für die andere tätig ist, trotz allenfalls fehlender persönlicher Abhängigkeit nicht mehr in der Lage ist, ihre Arbeitskraft (insoweit sie durch das konkrete Rechtsverhältnis in der Verfügung über ihre Arbeitskraft gehindert ist), anderweitig für Erwerbszwecke einzusetzen, und daher als unter ähnlichen wirtschaftlichen und sozialen Bedingungen wie der persönlich abhängige AN anzusehen ist (VwGH 96/09/0089, 0090 = ARD 4963/6/98).*
- *Der AG kann sich nicht darauf berufen, dass sein Steuerberater die Auskunft erteilt habe, dass auf Grund von Werkverträgen beschäftigte Ausländer (die AN-ähnlich sind), keiner Beschäftigungsbewilligung bedürfen (VwGH 96/09/0100 = ARD 4963/4/98). Anfragen sind vielmehr an das zuständige AMS zu richten (VwGH 2007/09/0240 = ARD 5912/11/2008)*
- *Ausländerinnen, die in einem behördlich bewilligten Bordellbetrieb neben Animiertätigkeiten Tanzveranstaltungen vornehmen und dabei Dienstzeiten und Weisungen zu beachten haben und sich wöchentlich ärztlichen Untersuchungen unterziehen müssen,*

sind keine Unternehmerinnen und das AuslBG kommt zur Anwendung (VwGH 2001/ 09/0120 = ARD 5539/9/2004).

- *Wird ein Ausländer ohne entsprechende Berechtigung an einer Baustelle in Arbeitskleidung angetroffen, so kann die Behörde im Hinblick auf § 28 Abs. 7 AuslBG es als erwiesen ansehen, dass der Ausländer zumindest an diesem Tag unberechtigt vom Unternehmen beschäftigt wurde (VwGH 2002/09/0115 = ARD 5547/14/2004).*

- *Die Animiertätigkeit von Ausländerinnen in einem Nachtclub oder ähnlichen Lokalitäten unter Beteiligung am Umsatz ist aufgrund der wirtschaftlichen Gestaltung des Beschäftigungsverhältnisses als AN-ähnlich zu qualifizieren (VwGH 2004/09/0043 = ARD 5696/3/2006, VwGH 24.1.2014, 2013/09/0081 – zu Table-Tänzerinnen VwGH 2007/09/0232 = ARD 5912/4/2008).*

- *Angesichts der langjährigen einheitlichen höchstgerichtlichen Judikatur zur Qualifizierung von in Bordellen tätigen Prostituierten als AN-ähnlich i.S.d. § 2 Abs. 2 AuslBG kann sich ein AG nicht auf einen unverschuldeten Rechtsirrtum berufen, wenn er Ausländerinnen ohne arbeitsmarktbehördliche Bewilligung in seinem Nachtklub als Prostituierte beschäftigt (VwGH 31.7.2009, 2008/09/0086 = ARD 6054/5/2010).*

18.3 Rot-Weiß-Rot-Karte

Mit der Rot-Weiß-Rot-Karte wurde ein neues kriteriengeleitetes Zuwanderungsmodell eingeführt, welches hochqualifizierten Personen, Fachkräften in Mangelberufen und sonstigen Schlüsselkräften aus Drittstaaten bei Erfüllung bestimmter Kriterien, die nach Punkten bewertet werden, den Zugang zum österreichischen Arbeitsmarkt (ohne Quoten) eröffnet.

Die Rot-Weiß-Rot-Karte sowie die Rot-Weiß-Rot-Karte-plus und die Blaue Karte EU berechtigen den Inhaber zum Aufenthalt (§ 8 Abs. 1 NAG) und zur Ausübung einer unselbständigen Tätigkeit in Österreich (§§ 12 ff. AuslBG).

Anstelle des bisherigen Quotensystems soll auf der Grundlage eines neuen kriteriengeleiteten Zuwanderungsmodells besonders hochqualifizierten Personen, Fachkräften in Mangelberufen und sonstigen Schlüsselkräften aus Drittstaaten eine qualifizierte Beschäftigung in Österreich ermöglicht werden, wenn zu personenbezogenen Kriterien (Qualifikation, Berufserfahrung, Sprachkenntnisse in Deutsch oder Englisch, Alter etc.) eine Mindestanzahl von Punkten erreicht wird (siehe Anhänge zum AuslBG). Weiters wurde auch der Arbeitsmarktzugang für nachgezogene Familienangehörige, für ausländische Absolventen österreichischer Hochschulen und für ausländische Schüler und Studenten (siehe 18.1) vereinfacht.

Seit 1.5.2011 genießen Staatsbürger der „EU-8-Staaten" (siehe 18.18) volle AN-Freizügigkeit.

In der Kategorie „Sprachkenntnisse" können nur Punkte angerechnet werden, wenn ein anerkanntes Sprachzertifikat vorgelegt wird. Die Behörde prüft die Sprachkenntnisse nicht (VwGH 31.5.2012, 2012/09/0025, *Rauch*, Arbeitsrecht 2013, 42).

Der Ausländer hat die Karte an seiner Arbeitsstelle zur Einsichtnahme bereitzuhalten (§ 3 Abs. 6 AuslBG).

Die Behörde hat binnen 8 Wochen über den Antrag auf Ausstellung einer Rot-Weiß-Rot-Karte zu entscheiden (§ 41 Abs. 3 NAG).

Besonders Hochqualifizierte (§ 12 AuslBG)

Besonders Hochqualifizierte sind Ausländer, die nach bestimmten personenbezogenen Kriterien mindestens 70 von 100 Punkten erreichen (Anlage A zum AuslBG). Ist diese Voraussetzung erfüllt, so erhält der besonders hochqualifizierte Ausländer zunächst ein mit sechs Monaten befristetes Aufenthaltsvisum zur Arbeitssuche (Jobseeker-Visum nach § 24a FPG). Die Ausstellung dieses Visums ist bei der jeweiligen ausländischen Vertretungsbehörde (Botschaft bzw. bestimmte Konsulate) zu beantragen. Die Prüfung der Unterlagen erfolgt durch die Landesgeschäftsstelle des AMS Wien. Findet der Hochqualifizierte innerhalb dieses Zeitraums einen Arbeitsplatz, der den Qualifikationen und sonstigen für die Erteilung des Visums maßgeblichen Kriterien entspricht, so erhält er ohne Arbeitsmarktprüfung eine Rot-Weiß-Rot-Karte, die von ihm zu beantragen ist (§ 12 AuslBG). Diese Karte ist auf zwei Jahre befristet und ermöglicht eine Beschäftigung bei dem im Antrag angegebenen AG (§ 12d Abs. 3 AuslBG). Die Kriterien für die Erteilung (adäquater Arbeitsvertrag) prüft das zuständige AMS (Betriebssitz des AG). Der Antrag ist bei der NAG-Behörde (Magistrat bzw. Bezirkshauptmannschaft) einzubringen.

Wird der hochqualifizierte Ausländer mindestens zehn Monate entsprechend der Qualifikation beschäftigt, so kann nach einem Jahr eine Rot-Weiß-Rot-Karte-plus beantragt werden, die einen unbeschränkten Arbeitsmarktzugang ermöglicht.

Fachkräfte in Mangelberufen (§ 12a AuslBG)

In einer VO des BMASK sind zunächst die Mangelberufe festzulegen. Zum österreichischen Arbeitsmarkt können solche Ausländer zugelassen werden, die über eine Qualifikation (die einer Lehrabschlussprüfung oder dem Abschluss einer berufsbildenden höheren Schule entspricht) für einen in der VO genannten Mangelberufe verfügen und die erforderliche Mindestpunkteanzahl für bestimmte Zulassungskriterien (Qualifikation, ausbildungsadäquate Berufserfahrung, Sprachkenntnisse in Deutsch oder Englisch und Alter – Anlage B zum AuslBG) erreichen.

Die Fachkräfte-VO 2017 ist mit 1.1.2017 in Kraft getreten und gilt für Anträge, die bis 31.12.2017 gestellt werden. Sie gibt folgende elf Mangelberufe an:

Fräser, Techniker mit höherer Ausbildung (Ing.) für Maschinenbau, Schwarzdecker, Dreher, Techniker mit höherer Ausbildung (Ing.) für Datenverarbeitung, Techniker mit höherer Ausbildung (Ing.) für Starkstromtechnik, Diplomingenieure für Maschinenbau, Dachdecker, sonstige Techniker für Starkstromtechnik, Diplomingenieure für Datenverarbeitung, diplomierte Krankenschwestern und Krankenpfleger, die ihre im Nostrifikationsbescheid des Landeshauptmannes vorgeschriebene Ergänzungsausbildung bis Ende 2016 begonnen haben.

Die erste VO 2012 hat noch 26 Berufe enthalten (die VO 2014 z.B. noch 16 Berufe). Die Reduktion ist jedenfalls mit einem rückgängigen Fachkräftebedarf nicht sachlich erklärbar (die Rechtsgrundlage der VO ist § 13 AuslBG, welcher auf die Zahl der Arbeitssuchenden pro gemeldeter offener Stelle für bestimmte Berufe abstellt).

Zugelassene Fachkräfte in Mangelberufen erhalten eine mit zwei Jahren befristete Rot-Weiß-Rot-Karte, die eine Beschäftigung bei dem im Antrag genannten AG erlaubt. In der Folge können sie eine Rot-Weiß-Rot-Karte-plus mit unbeschränktem Arbeitsmarktzugang beantragen (wenn eine zehnmonatige legale Beschäftigung innerhalb der letzten zwölf Monate vorliegt). Bei einem Wechsel des AG hat der Inhaber einer Rot-Weiß-Rot-Karte eine neue solche Karte zu beantragen und es müssen die Kriterien beim neuen AG erfüllt sein (qualifizierte Einstufung, korrekte Entlohnung und Anmeldung).

Zum Zulassungsverfahren siehe auch im Folgenden.

Sonstige Schlüsselkräfte (§ 12b Z 1 AuslBG)

Das Kriterien- und Punktesystem in der Anlage C zum AuslBG entspricht im Wesentlichen dem der Fachkräfte in Mangelberufen. Das zusätzliche Kriterium „Spezielle Kenntnisse oder Fertigkeiten" soll alternativ zu einer abgeschlossenen Berufsausbildung gelten und gewährleisten, dass auch Profisportler und Profisporttrainer sowie sonstige Spezialisten, die keine formelle Ausbildung vorweisen können, zum österreichischen Arbeitsmarkt zugelassen werden können. Voraussetzung ist weiters ein Mindestentgelt von 50 % (für unter 30-jährige Personen) bzw. von 60 % (für Personen, die über 30 sind) der monatlichen ASVG-Höchstbeitragsgrundlage (für 2017: € 2.490,– bzw. € 2.988,– brutto monatlich zuzüglich Sonderzahlungsanteilen).

Weiters ist eine Prüfung der Arbeitsmarktlage erforderlich. Daraus ergibt sich, dass auch bei der Erfüllung aller Kriterien für die Stellung als sonstige Schlüsselkraft die Rot-Weiß-Rot-Karte nur dann zuerkannt werden kann, wenn für die zu besetzende Stelle weder ein Inländer noch ein am Arbeitsmarkt verfügbarer Ausländer zur Verfügung steht, der bereit und fähig ist, die beantragte Beschäftigung zu den gesetzlich zulässigen Bedingungen auszuüben.

Zunächst ist eine schriftliche Stellungnahme des AMS einzuholen, dass die Voraussetzungen für die Zulassung als Schlüsselkraft vorliegen (§ 20d Abs 1 Z 3 AuslBG, VwGH 26.3.2015, Ra 2014/22/0179).

Nach 21 Monaten erhalten sonstige Schlüsselkräfte eine Rot-Weiß-Rot-Karte-plus mit unbeschränktem Arbeitsmarktzugang, wenn sie zehn Monate entsprechend den Zulassungsbedingungen beschäftigt waren.

Zur Rot-Weiß-Rot-Karte für selbständige Schlüsselkräfte (Start-Up-Gründer) siehe § 24 AuslBG.

Studienabsolventen (§ 12b Z 2 AuslBG)

Der ausländische Studienabsolvent muss ein Diplomstudium zumindest ab dem 2. Studienabschnitt bzw. ein Bachelor-, Master- oder ein (Doctor of Philosophy, PhD-) Doktoratsstudium an einer inländischen Universität, Fachhochschule oder akkreditierten Privatuniversität erfolgreich abgeschlossen haben. Die beabsichtigte Beschäftigung hat dem Auslandsniveau zu entsprechen und es ist ein monatliches Bruttoentgelt zu bezahlen, welches dem ortsüblichen Entgelt inländischer Studienabsolventen mit einer vergleichbaren Tätigkeit und Berufserfahrung entspricht. Jedenfalls hat das Entgelt zuzüglich Sonderzahlungen mindestens 45 % der monatlichen Höchstbeitragsgrundlage zu entsprechen (für 2017: € 2.241,– brutto pro Monat).

Auch Studienabsolventen erhalten nach zwei Jahren eine Rot-Weiß-Rot-Karte-Plus, wenn sie 21 Monate zu den für die Zulassung maßgeblichen Voraussetzungen beschäftigt waren. Weiters dürfen sie sich nach Auslaufen ihrer Aufenthaltsbewilligung noch sechs Monate zur Arbeitssuche in Österreich aufhalten.

Höher Qualifizierte (Blaue Karte EU – § 12c AuslBG)

Höher Qualifizierte verfügen über einen Abschluss eines Studiums an einer tertiären Bildungseinrichtung mit dreijähriger Mindestdauer. Diese Ausländer können zu einer Beschäftigung als Schlüsselkraft zugelassen werden, wenn die Beschäftigung der Ausbildung entspricht und ein Bruttogehalt zugestanden wird, welches dem 1,5-Fachen des von der „Statistik Österreich" zuletzt veröffentlichten durchschnittlichen österreichischen Bruttojahresgehaltes von Vollzeitbeschäftigten entspricht (nach der letzten Statistik für 2008 wären dies € 3.580,– brutto monatlich zuzüglich Sonderzahlungen). Bei Erfüllung der Voraussetzungen erhalten höher qualifizierte Ausländer eine Blaue Karte EU. Sie müssen kein Punktesystem durchlaufen, jedoch ein verbindliches Arbeitsplatzangebot für eine hochqualifizierte Beschäftigung für mindestens ein Jahr nachweisen und entsprechende Unterlagen gemeinsam mit dem Antrag vorlegen. Die Zulassung kann abgelehnt werden, wenn die betreffende freie Stelle mit inländischen oder bereits niedergelassenen bzw. nach Gemeinschaftsrecht bevorzugten ausländischen Arbeitskräften besetzt werden kann.

Die Blaue Karte EU wird mit zweijähriger Geltungsdauer ausgestellt. Der Inhaber erhält eine Rot-Weiß-Rot-Karte-plus, wenn er innerhalb dieses Zeitraums 21 Monate entsprechend seiner Qualifikation und den für die Zulassung maßgeblichen Bedingungen beschäftigt war.

Zulassungsverfahren

Fachkräfte in Mangelberufen sowie sonstige Schlüsselkräfte, Studienabsolventen und besonders Hochqualifizierte haben den Antrag auf eine Rot-Weiß-Rot-Karte, Schlüsselkräfte nach § 12c AuslBG den Antrag auf eine Blaue Karte EU und ausländische Künstler den Antrag auf eine Aufenthaltsbewilligung-Künstler gemeinsam mit einer schriftlichen Erklärung des AG, die im Antrag angegebenen Beschäftigungsbedingungen einzuhalten, bei der nach dem NAG zuständigen Behörde einzubringen. Der Antrag kann auch vom AG für den Ausländer im Inland eingebracht werden (§ 20d Abs. 1 AuslBG).

Nach dem NAG ist (zunächst) die jeweilige österreichische Vertretungsbehörde im Ausland (Botschaft oder bestimmte Konsulate) zuständig. Die Zuständigkeit der Vertretungsbehörde richtet sich nach dem Wohnsitz des Antragstellers. Bestimmte Personengruppen sind berechtigt, den Antrag im Inland zu stellen. Bei besonders Hochqualifizierten, die sich im Bundesgebiet aufhalten (§ 41 Abs. 1 NAG), ist die Antragstellung ausschließlich im Bundesgebiet vorgesehen (Details siehe 18.3 Abschnitt „Besonders Hochqualifizierte").

18.4 Beschäftigungsbewilligung

Fortgeschritten integrierte Ausländer (§ 15 Abs. 2 AuslBG) erhalten seit 1.1.2014 eine Rot-Weiß-Rot-Karte-plus mit unbeschränktem Arbeitsmarktzugang.

Nach der RL 2011/98/EU dürfen bereits niedergelassene Ausländer und Mobilitätsfälle (diese verfügen über einen Daueraufenthalt-EU eines anderen Mitgliedsstaates), welche die Kriterien für die Zulassung als Schlüssel- oder Fachkraft erfüllen, nur mehr im Rahmen eines Verfahrens zur Erteilung einer Rot-Weiß-Rot-Karte als Schlüssel- oder Fachkraft zugelassen werden. Auch für diese Personengruppe entfällt daher seit 1.1.2014 die Ausstellung von Beschäftigungsbewilligungen.

Dies gilt auch für den Familiennachzug (Ehegatte oder minderjähriges lediges Kind einschließlich Stief- und Adoptivkind) dieser Personen. Die Familienmitglieder können von Anfang an eine Rot-Weiß-Rot-Karte-plus mit unbeschränktem Arbeitsmarktzugang nunmehr erhalten.

Beschäftigungsbewilligungen werden daher insbesondere für nicht von der vorerwähnten RL erfasste Personen wie Saisonniers, Betriebsentsandte, auf der Grundlage eines Visums beschäftigte Künstler, Schüler, Studenten und Au-Pair-Kräfte relevant sein.

Für die Erteilung einer Beschäftigungsbewilligung ist insbesondere ein Aufenthaltstitel erforderlich und darf weder der Ausländer noch der AG wiederholt gegen das AuslBG verstoßen haben (Details § 4 AuslBG).

Ein Asylwerber muss zum Asylverfahren zugelassen worden sein (§ 4 Abs. 3 Z 7 AuslBG).

Die Beschäftigungsbewilligung wird auf Grund eines Antrags des AG für einen bestimmten Arbeitsplatz (bzw. für eine bestimmte Verwendung) erteilt und gilt für das gesamte Bundesgebiet (§ 6 Abs. 1 AuslBG). Der Arbeitsplatz ist durch die berufliche Tätigkeit und den in der Beschäftigungsbewilligung bezeichneten AG bestimmt. Die Überlassung einer Arbeitskraft auf der Grundlage der für einen bestimmten Arbeitsplatz ausgestellten Beschäftigungsbewilligung ist nicht zulässig (§ 4 Abs. 1 Z 7 AuslBG).

Die Beschäftigungsbewilligung wird für ein Jahr erteilt. Für einen kürzeren Zeitraum kann die Beschäftigungsbewilligung u.a. bei einer Tätigkeit in einem Saisonbetrieb gewährt werden (§ 7 Abs. 2 AuslBG). Lehrlingen ist die Beschäftigungsbewilligung für die Dauer der Lehrzeit und der gesetzlichen oder kollektivvertraglichen Verpflichtung zur Weiterverwendung zu erteilen (§ 7 Abs. 4 AuslBG). Falls die Bestimmungen des MSchG bzw. VKG auf das Arbeitsverhältnis anzuwenden sind, verlängert sich die Beschäftigungsbewilligung bis zum Ablauf des besonderen Kündigungsschutzes (siehe 41.7.3).

Mit dem Ablauf der Geltungszeit erlischt die Beschäftigungsbewilligung. Wird ein Verlängerungsantrag vom AG vor Ablauf der Befristung gestellt (Poststempel des letzten Tages der Frist ist ausreichend), so gilt die Beschäftigungsbewilligung bis zur rechtskräftigen Entscheidung über den Antrag als verlängert. Wird der Verlängerungsantrag abgewiesen, so treten die Wirkungen der Nichtverlängerung (Unzulässigkeit der weiteren Beschäftigung) erst ein, wenn nach der vom AG ausgesprochenen Kündigung die gesetzliche oder kollektivvertragliche Kündigungsfrist abgelaufen ist (§ 7 Abs. 7 und 8 AuslBG).

Wird die Beschäftigungsbewilligung erteilt, so muss der AN innerhalb von sechs Wochen nach Laufzeitbeginn der Beschäftigungsbewilligung die Arbeit aufnehmen. Bei Nichteinhaltung der Frist erlischt die Beschäftigungsbewilligung (§ 7 Abs. 6 Z 2 AuslBG).

Falls während der Laufzeit der Beschäftigungsbewilligung das Arbeitsverhältnis beendet wird, endet damit die für einen bestimmten Arbeitsplatz erteilte Beschäftigungsbewilligung (§ 7 Abs. 6 Z 1 AuslBG).

Einschlägige Judikatur

- *Die Beschäftigung von Ausländern zu Baumschneidearbeiten ohne Beschäftigungsbewilligung ist auch dann verboten, wenn sie aus karitativen Gründen zur Unterstützung notleidender Ausländer erfolgt (VwGH 95/09/0338 = ARD 4958/8/98).*
- *Liegt eine Verwendung in einem Abhängigkeitsverhältnis vor, welches typischerweise den Inhalt eines Arbeitsverhältnisses oder AN-ähnlichen Verhältnisses bildet, ist von einer der Bewilligungspflicht nach dem AuslBG unterworfenen Beschäftigung auszugehen. Auf eine zivilrechtliche Betrachtung, ob überhaupt ein Arbeitsvertrag zustande gekommen ist, ob diesem (etwa im Hinblick auf § 879 ABGB oder mangels einer rechtskräftigen Willensübereinstimmung) Mängel anhaften oder welche vertragliche Bezeichnung die Vertragsparteien der Tätigkeit gegeben haben, kommt es hingegen nicht an (VwGH 95/09/0338 = ARD 4950/8/98; VwGH 96/09/0321 = ARD 5027/8/99; VwGH 98/09/0183 = ARD 5126/9/2000).*
- *Auch für geringfügige, wöchentliche, stundenweise erfolgende Reinigungsarbeiten einer ausländischen Putzfrau ist eine Beschäftigungsbewilligung erforderlich (VwGH 97/09/0210 = ARD 5126/10/2000).*

- *Ein Vertragsverhältnis mit einem „Subunternehmer" über die Erbringung von Innenverputzarbeiten (Maurerarbeiten) kann nichts daran ändern, dass eine nach dem AuslBG bewilligungspflichtige Beschäftigung überlassener Arbeitskräfte und nicht ein Werkvertragsverhältnis vorliegt, weil derartige einfache Hilfsarbeiten, die im unmittelbaren zeitlichen Arbeitsablauf erbracht werden müssen, kein selbständiges Werk darstellen können. Da auch der als AG anzusehen ist, der im Rahmen des Arbeitsverhältnisses über die Arbeitskraft eines anderen verfügen kann, ist es unerheblich, ob Ausländer von einem Unternehmer als deren unmittelbarer AG oder bloß als Beschäftiger überlassener Arbeitskräfte verwendet werden (VwGH 98/09/0029 = ARD 5200/19/2001).*
- *Die bloße Erlaubnis, bereits abmontierte Installationsanlagen (Waschbecken, Rohre etc.) gratis abzuholen (ohne Verpflichtung zur Tätigkeit), ist keine bewilligungspflichtige Beschäftigung (VwGH 24.6.2009, 2008/09/351 = ARD 6041/3/2010).*

18.5 Arbeitskräfteüberlassung und Ausländerbeschäftigung

Eine Beschäftigungsbewilligung darf nicht erteilt werden, wenn der AG den Ausländer überlassen will (siehe 18.4). Überlassung auf der Grundlage eines anderen Beschäftigungstitels ist jedoch zulässig.

Der Beschäftiger ist AG im Sinne des Ausländerbeschäftigungsrechts (§ 2 Abs. 3 lit. c AuslBG) und hat daher Kontrollen zur Frage der Arbeitsberechtigung nach dem AuslBG durchzuführen (siehe 35.2). Die bloße Vereinbarung, dass der Überlasser die Zulässigkeit der Beschäftigung überprüft, schützt nicht vor einer Verwaltungsstrafe (VwGH 15.10.2009, 2008/09/0015). Die Kontrollpflichten des Beschäftigers entsprechen jenen des Überlassers (VwGH 21.1.2004, 2001/09/0222). Ein funktionierendes Kontrollsystem liegt etwa dann vor, wenn tägliche Identitätsprüfungen aller eingesetzten AN vorgenommen werden (VwGH 2.7.2010, 2007/09/0348).

Die Überlassung von Arbeitskräften aus dem Ausland nach Österreich ist nach § 16 Abs. 3 AÜG an eine behördliche Bewilligung gebunden. Dies gilt jedoch nicht für die Überlassung innerhalb des EWR nach § 16a AÜG (inklusive Schweiz nach § 1 Abs. 5 AÜG). Diese Bestimmung ist auch auf die Überlassung aus Kroatien nach Österreich anzuwenden (siehe auch 35.6 und 35.7).

18.6 Arbeitserlaubnis

Mit der Novelle BGBl. I 2013/72 wurde die Arbeitserlaubnis abgeschafft.

Personen, die im Besitz einer Arbeitserlaubnis sind, können künftig eine Rot-Weiß-Rot-Karte-plus mit unbeschränktem Arbeitsmarktzugang erhalten (§ 15 Abs. 1 Z 2 AuslBG). Arbeitserlaubnisse, die vor dem In-Kraft-Treten der eingangs erwähnten Novelle ausgestellt wurden, gelten noch bis zum jeweils vorgesehenen Geltungsende (§ 32 Abs. 11 AuslBG).

18.7 Befreiungsschein

Ebenso wie die Arbeitserlaubnis wurde auch der Befreiungsschein mit der Novelle BGBl. I 2013/72 abgeschafft und gelten die unter 18.6 genannten Übergangsbestimmungen (§§ 15 Abs. 1 Z 2 und 32 Abs. 11 AuslBG).

Lediglich für türkische Staatsbürger können weiterhin Befreiungsscheine ausgestellt werden (§ 4c AuslBG – siehe 18.1 „Sonderbestimmungen für Türken" sowie VwGH 24.3.2015, Ro 2014/09/0057).

18.8 Daueraufenthalt – EU, Niederlassungsbewilligung

Der bisherige Aufenthaltstitel „Daueraufenthalt – EG" wurde mit 1.1.2014 in „Daueraufenthalt – EU" umbenannt. Dieser Titel berechtigt zur Ausübung einer Beschäftigung im gesamten Bundesgebiet (§ 17 Z 2 AuslBG).

Der Daueraufenthalt – EU kann einem Drittstaatsangehörigen erteilt werden, wenn dieser die allgemeinen Voraussetzungen für die Erlangung eines Aufenthaltstitels (§ 11 NAG) und das Modul 2 der Integrationsvereinbarung nachweisen kann (§ 45 NAG).

Zu den allgemeinen Voraussetzungen gehört insbesondere ein Rechtsanspruch auf eine ortsübliche Unterkunft, ein geeigneter in Österreich leistungspflichtiger Krankenversicherungsschutz und feste und regelmäßige Einkünfte, die den Richtsätzen des § 293 ASVG entsprechen. Das Modul 2 der Integrationsvereinbarung dient dem Erwerb von Kenntnissen der deutschen Sprache zur selbständigen Sprachverwendung (Details siehe § 14b Abs. 2 NAG).

Ausländer, die im Besitz einer Niederlassungsbewilligung oder einer Niederlassungsbewilligung – Angehöriger sind, wird im Rahmen eines Zweckänderungsverfahrens zur Erteilung einer Rot-Weiß-Rot-Karte-plus unbeschränkter Arbeitsmarktzugang eingeräumt (§ 17 AuslBG), wenn sie

- seit zwei Jahren rechtmäßig im Bundesgebiet niedergelassen und fortgeschritten integriert sind oder

- im Besitz einer gültigen Arbeitserlaubnis oder eines gültigen Befreiungsscheines sind oder

- Ehegatte, eingetragener Partner oder minderjähriges lediges Kind (einschließlich Stief- und Adoptivkind) eines Ausländers (im Sinne der beiden vorherigen Punkte) und bereits zwölf Monate rechtmäßig im Bundesgebiet niedergelassen sind (§ 15 Abs. 1 AuslBG).

Als fortgeschritten integriert gelten Personen, die bereits erlaubt im Bundesgebiet beschäftigt waren oder deren Zulassung zu einer Beschäftigung im Hinblick auf ihre besonderen soziale und familiäre Verankerung in Österreich geboten ist. Dazu gehören insbesondere nachgezogene Familienangehörige, die das Modul 1 der Integrationsvereinbarung (§ 14a Abs. 4 NAG – betrifft insbesondere Deutschkenntnisse) erfüllt haben. Bei Opfern familiärer Gewalt kann vom Erfordernis einer zweijährigen rechtmäßigen Niederlassung abgesehen werden, wenn die Aufnahme einer Beschäftigung zur Sicherung einer selbständigen Lebensführung geboten ist (§ 15 Abs. 2 AuslBG).

18.9 Sicherungsbescheinigung

Beabsichtigt ein AG einen Ausländer zu beschäftigen, der über kein Aufenthaltsrecht im Sinne des § 4 Abs. 1 Z 1 AuslBG verfügt, so ist ihm auf Antrag eine Sicherungsbescheinigung auszustellen, wenn alle sonstigen Voraussetzungen für die Erteilung einer Beschäftigungsbewilligung (siehe 18.4) erfüllt sind und, sofern der Ausländer quotenpflichtig ist (§ 12 NAG) oder im Rahmen eines Kontingents nach § 5 AuslBG zugelassen werden soll, ein Quoten- bzw. Kontingentplatz vorhanden ist (§ 11 Abs. 1 AuslBG). Für die Zulassung von Schlüsselkräften gilt das in 18.3 dargestellte Zulassungsverfahren ("Jobseeker-Visum").

Die Sicherungsbescheinigung dient zur Vorlage bei der Vertretungsbehörde im Ausland bzw. bei der nach dem NAG zuständigen Behörde (siehe 18.3).

Eine Sicherungsbescheinigung ist insbesondere erforderlich für befristet beschäftigte sichtvermerkspflichtige Ausländer (Saisonarbeitskräfte aus Drittstaaten, für die eine Sichtvermerkspflicht besteht).

Der Antrag auf Erteilung einer Sicherungsbescheinigung ist bei jener regionalen Geschäftsstelle des AMS zu stellen, in deren Sprengel der in Aussicht genommene Beschäftigungsort liegt, bei wechselndem Beschäftigungsort der nach dem Sitz des Betriebes zuständigen regionalen Geschäftsstelle des AMS (§ 19 Abs. 1 AuslBG).

Die Sicherungsbescheinigung ersetzt jedoch nicht die Beschäftigungsbewilligung. Diese muss vom AG beantragt werden und vor der Aufnahme der Arbeit durch den Ausländer vorliegen. Im Verfahren hat der Ausländer Parteistellung (VwGH 14.10.2011, 2011/09/0134).

Die Sicherungsbescheinigung ist kein Bescheid, sondern stellt lediglich in Aussicht, dass für bestimmte Ausländer eine Beschäftigungsbewilligung erteilt wird. Wird dem Antrag auf Ausstellung einer Sicherungsbescheinigung nicht oder nicht zur Gänze stattgegeben, so ist ein Bescheid zu erlassen (§ 11 Abs. 4 AuslBG).

18.10 Ausländische Schüler, Studenten, Künstler und Aufenthaltsberechtigung plus

Ausländische Schüler und Studenten (§ 4 Abs. 3 Z 6 AuslBG) dürfen einer unselbständigen Erwerbstätigkeit auf Grund einer Beschäftigungsbewilligung (siehe 18.4) im Ausmaß von 20 Wochenstunden nachgehen (§ 4 Abs. 7 Z 2 AuslBG).

Für eine Beschäftigung in diesem Umfang wird keine Arbeitsmarktprüfung durchgeführt (§ 4 Abs. 7 Z. 2 AuslBG). Soll das wöchentliche Beschäftigungsausmaß höher sein, hat das AMS zu prüfen, ob für den Arbeitsplatz arbeitsuchende Personen mit Anspruch auf Leistungen aus der Arbeitslosenversicherung zur Verfügung stehen (Ersatzkraft-Prüfungsverfahren – § 4 Abs. 1 und 2 AuslBG).

Der Antrag auf Erteilung einer Beschäftigungsbewilligung für diese Personen ist vom österreichischen AG bei jenem AMS zu beantragen, in dessen Sprengel der Arbeitsort sein wird.

Zu unselbständigen ausländischen Künstlern siehe § 14 AuslBG.

Aus berücksichtigungswürdigen Gründen kann Drittstaatsangehörigen eine Aufenthaltsberechtigung plus nach § 54 Abs. 1 Z 1 AsylG erteilt werden, die zum Aufenthalt und zur Ausübung einer selbständigen und unselbständigen Tätigkeit in Österreich berechtigt (§ 17 Z 3 AuslBG).

18.11 Vorläufige Berechtigung zur Beschäftigungsaufnahme

Die §§ 20a und 20b AuslBG sehen vor:

§ 20a. Über Anträge auf Beschäftigungsbewilligungen und Sicherungsbescheinigungen ist von der regionalen Geschäftsstelle des Arbeitsmarktservice binnen 6 Wochen zu entscheiden.

§ 20b. (1) Wird dem Antragsteller die Entscheidung über den Antrag auf Beschäftigungsbewilligung nicht innerhalb der im § 20 a genannten Frist zugestellt, kann der Arbeitgeber den Ausländer beschäftigen und hat Anspruch auf eine diesbezügliche Bescheinigung, es sei denn, daß diese Frist durch eine Mitteilung der regionalen Geschäftsstelle des Arbeitsmarktservice an den Arbeitgeber wegen einer durch diesen verursachten Verzögerung gehemmt wird. Diese Berechtigung zur Beschäftigungsaufnahme endet mit der Zustellung der Entscheidung, frühestens jedoch vier Wochen nach diesem Zeitpunkt.

(2) Die zuständige regionale Geschäftsstelle des Arbeitsmarktservice oder die Landesgeschäftsstelle des Arbeitsmarktservice hat dem Arbeitgeber zu bescheinigen, daß die Voraussetzungen für eine Arbeitsaufnahme nach Abs. 1 gegeben sind.

Im Fall einer Verzögerung der Entscheidung der Behörde, die über sechs Wochen hinausgeht, darf demnach der AG den ausländischen AN bis zur Zustellung eines ablehnenden Bescheides beschäftigen. Das Recht zur vorläufigen Beschäftigung ist unabhängig von der im § 20b Abs. 2 AuslBG genannten Bescheinigung.

Die vorläufige Beschäftigung ist nur dann zulässig, wenn der Ausländer rechtmäßig im Bundesgebiet niedergelassen oder Rotationsarbeitskraft ist (§ 20b Abs. 4 AuslBG).

18.12 Entsendebewilligung und Entsendebestätigung

Entsendebewilligung

Ausländer, die von einem ausländischen AG ohne Betriebssitz im Bundesgebiet bzw. im EWR im Inland beschäftigt werden, benötigen eine Beschäftigungsbewilligung als Betriebsentsandter oder eine **Entsendebewilligung**.

Eine Entsendung liegt vor, wenn ein ausländischer AG ohne Betriebssitz in Österreich eigene Arbeitskräfte zur Erfüllung, in der Regel eines Werkvertrages, wie beispielsweise der Lieferung und Montage von Maschinen, zu einem inländischen Auftraggeber entsendet.

Eine **Entsendebewilligung** kann erteilt werden, wenn der zu Grunde liegende Werkvertrag (das Projekt) nicht länger als sechs Monate dauert. Die **Entsendebewilligung** darf für maximal vier Monate erteilt werden. Verzögert sich das Projekt, sodass der Ausländer länger als vier Monate beschäftigt werden müsste, so ist spätestens am letzten Tag der Gültigkeitsdauer der **Entsendebewilligung** ein Antrag auf Beschäftigungsbewilligung einzubringen. Die **Entsendebewilligung** gilt sodann bis zur rechtskräftigen Entscheidung über den Antrag auf Beschäftigungsbewilligung als verlängert.

Der Antrag auf Erteilung einer **Entsendebewilligung** ist entweder vom ausländischen AG oder vom Inhaber des Betriebes, in dem der Ausländer beschäftigt wird, bei jener regionalen Geschäftsstelle des AMS einzubringen, in deren Sprengel der in Aussicht genommene Beschäftigungsort liegt (§ 19 Abs. 1 und 3 AuslBG).

Die Beschäftigungsbewilligung als Betriebsentsandter

Für Tätigkeiten gemäß § 18 Abs. 11 AuslBG (Hoch- und Tiefbau, Bauinstallation, sonstige Baugewerbe und Vermietung von Baumaschinen und Baugeräten mit Bedienungspersonal) kann eine **Entsendebewilligung** nicht erteilt werden. Soll der Ausländer derartige Arbeiten auf Grund einer Entsendung von einem ausländischen AG ohne Sitz im Inland in Österreich ausführen, so bedarf er einer **Beschäftigungsbewilligung als Betriebsentsandter** (siehe auch VwGH 2007/2005/09/0104 = ARD 5799/7/2007).

Die Antragstellung erfolgt wie bei der **Entsendebewilligung**. Wenn der Antragsteller sowohl bei Beantragung der **Entsendebewilligung** als auch der Beschäftigungsbewilligung nachweisen kann, dass es sich um Arbeitsleistungen handelt, die von Inländern nicht erbracht werden können, so kann von der Prüfung der Arbeitsmarktlage abgesehen werden.

Als Beispiel für Arbeiten, die von Inländern nicht erbracht werden können, werden solche angesehen, die besondere Kenntnisse und Fertigkeiten erfordern, über die nur AN des Herstellerbetriebes verfügen.

Kann dies nicht nachgewiesen werden, so prüft das AMS, ob in dem konkreten Wirtschaftszweig mehr Arbeitslose vorgemerkt sind, als offene Stellen vorliegen.

Zur Beachtung des österreichischen Arbeitsrechts siehe 36.4.

Zum freien Dienstleistungsverkehr im EWR siehe 18.18.1.

Entsendebestätigung

Falls der ausländische AG seinen Betriebssitz im Staatsgebiet eines Mitgliedstaats der EU (ausgenommen Kroatien) hat, so kann er bei Erbringung von Arbeitsleistungen in Österreich EU-Bürger (wiederum ausgenommen Kroatien –

siehe 18.18) einsetzen (§ 18 Abs. 12 AuslBG). Sollte jedoch der ausländische AG ohne Sitz im Inland drittstaatsangehörige Ausländer in Österreich beschäftigen, so benötigen diese eine EU-Entsendebestätigung. Wenn etwa demnach ein deutsches Unternehmen in Österreich türkische Staatsangehörige beschäftigen will, so ist hierzu eine EU-Entsendebestätigung erforderlich.

Eine EU-Entsendebestätigung wird erteilt, wenn

- die drittstaatsangehörigen Ausländer über die Dauer der Entsendung hinaus im Staat des Betriebssitzes zur Beschäftigung zugelassen und beim entsendenden Unternehmen rechtmäßig beschäftigt sind und
- österreichische Lohn- und Arbeitsbedingungen (siehe 36.4) sowie die sozialversicherungsrechtlichen Bestimmungen eingehalten werden.

Zunächst hat zur Erlangung der EU-Entsendebestätigung der ausländische AG spätestens eine Woche vor Arbeitsaufnahme eine Meldung nach § 7b Abs. 3 AVRAG an die Zentrale Koordinationsstelle beim BMF zu senden. Diese hat die Meldung über die Beschäftigung betriebsentsandter Ausländer unverzüglich dem zuständigen AMS zu übermitteln. Das AMS hat binnen zwei Wochen ab Einlangen der Meldung dem Unternehmen und dem Auftraggeber, der die Arbeitsleistungen in Anspruch nimmt, das Vorliegen der Voraussetzungen zu bestätigen (EU-Entsendebestätigung) oder bei Nichtvorliegen die Entsendung zu untersagen. Unbeschadet der Meldepflicht gemäß § 7 b Abs. 3 und 4 AVRAG (siehe 36.4) darf die Beschäftigung bei Vorliegen der Voraussetzungen auch ohne EU-Entsendebestätigung begonnen werden.

Weiters muss das sozialversicherungsrechtliche Dokument A 1 vorliegen (bestätigt die weitere Sozialversicherung beim ausländischen Sozialversicherungsträger).

Der Antrag auf Entsendebestätigung kann sowohl vom inländischen Auftraggeber des AG als auch vom Ausländer oder dessen AG eingebracht werden.

Der ausländische Arbeitgeber hat dafür zu sorgen, dass insbesondere Lohnunterlagen in deutscher Sprache an der jeweiligen Arbeitsstelle aufliegen (siehe 36.4.1).

Werden diese Bestimmungen nicht eingehalten, so kann unter gewissen Voraussetzungen auch der österreichische Generalunternehmer bestraft werden (siehe 18.16 – zur Bestrafung des Beschäftigers bei Arbeitskräfteüberlassung – siehe 18.5).

18.13 Ansprüche des Ausländers bei verbotener Beschäftigung und bei Wegfall der Beschäftigungsbewilligung

Wird ein Ausländer ohne Beschäftigungsbewilligung entgegen den Bestimmungen des AuslBG beschäftigt, so hat er gegen den AG die gleichen Ansprüche wie auf Grund eines gültigen Arbeitsverhältnisses. Die unerlaubte Beschäftigung gilt als zumindest für drei Monate ausgeübt, sofern der AG oder der Ausländer nichts anderes nachweist (§ 29 Abs. 1 AuslBG).

Wenn das Fehlen der Beschäftigungsbewilligung auf einem Verschulden des AG beruht, entstehen auch aus der Beendigung des an sich nichtigen Arbeitsverhältnisses Ansprüche wie bei Vorliegen eines gültigen Arbeitsvertrages. Falls daher der AG das Arbeitsverhältnis unter Berufung auf die Nichtigkeit (mangels Beschäftigungsbewilligung) fristlos beendet, so hat der Ausländer wie bei einem legalen Arbeitsverhältnis Anspruch auf Kündigungsentschädigung, allenfalls Vergütung des noch offenen Resturlaubs und Abfertigung. Die Bestimmungen des besonderen Kündigungs- und Entlassungsschutzes sind jedoch nicht anzuwenden.

Endet das Arbeitsverhältnis wegen Wegfalls der Beschäftigungsbewilligung, welcher auf einem Verschulden des AG beruht, so hat der AN einen Anspruch auf Schadenersatz (Kündigungsentschädigung) wie bei einem berechtigten vorzeitigen Austritt.

Weder der Ablauf der Beschäftigungsbewilligung noch der des Aufenthaltsrechts in Österreich führen zu einer automatischen Beendigung des Arbeitsverhältnisses. In jedem Fall bedarf es einer entsprechenden Erklärung. Liegt ein eindeutiges Verschulden des AN etwa am Widerruf oder der Nichtverlängerung einer Beschäftigungsbewilligung vor, so liegt mit dem Entfall des Beschäftigungsrechts ein nichtiges Arbeitsverhältnis vor. Ab diesem Zeitpunkt ist also das Arbeitsverhältnis unerlaubt und nichtig. Ausgenommen wäre nur der Fall des § 7 Abs. 8 AuslBG, wenn eine Verlängerung der Beschäftigungsbewilligung beantragt wird (OGH 9 Ob A 51/94). Ein nichtiges Arbeitsverhältnis kann vom AG jederzeit beendet werden (OGH 8 Ob A 83/07 z = ARD 5912/12/2008, siehe auch 42.2 zu Z 2). Eine Schwangerschaft der illegal beschäftigten AN ändert nichts daran, dass das nichtige Arbeitsverhältnis sofort beendet werden kann (OGH 22.4.2010, 8 Ob A 58/09 a).

Einschlägige Judikatur

- *Die Regelung des § 29 AuslBG schließt nicht aus, dass der ausländische AN für die Dauer der Beschäftigung auch Ansprüche wie die Urlaubsabfindung oder anteilige Sonderzahlungen hat (OGH 9 Ob A 145/90; Arb 10.812 u.a.). Diese Ansprüche sind jedoch insofern begrenzt, als ausländische AN nicht besser gestellt werden dürfen als vergleichbare inländische AN. Ist der ausländische AN ohne Berufung auf den Austrittsgrund des § 82a lit. d GewO 1859 wegen Unlust nicht mehr zur Arbeit erschienen und hat er eine unterkollektivvertragliche Entlohnung und ein Vorenthalten von Überstundenentgelt durch Monate hingenommen, kann nicht von einem gerechtfertigten vorzeitigen Austritt ausgegangen werden (OGH 9 Ob A 235/92).*
- *Das Erlöschen einer Beschäftigungsbewilligung bewirkt daher nicht automatisch die Beendigung des Arbeitsverhältnisses, sondern dessen Ende ist, unabhängig vom Bestand der Beschäftigungsbewilligung, mit Hilfe der einschlägigen arbeitsrechtlichen Rechtsbehelfe zu bewirken (OGH 9 Ob A 51/94).*
- *Es entspricht auch der herrschenden Lehre (Neurath/Steinbach, AuslBG, Rz. 1 zu § 29; Schnorr, AuslBG, 3. Auflage, Rz. 1 bis 3 zu § 29) und der ständigen Rechtsprechung (Arb. 9.678, 9.866, 9.745, u.a.), dass der ausländische AN keine wie immer gearteten Ansprüche aus dem Titel der Kündigung geltend machen kann, soweit den AG kein Ver-*

schulden im Sinne der Abs. 2 und 3 § 29 AuslBG an der unerlaubten Beschäftigung trifft (OLG Wien 10 Ra 70/97 f).

- *Auch nach den Bestimmungen des Fremdengesetzes bewirkt das Erlöschen oder der Widerruf der Aufenthaltsbewilligung noch nicht die Verpflichtung des Ausländers zur sofortigen Ausreise. Daher hat das Erlöschen oder der Widerruf der Aufenthaltsberechtigung für sich allein noch nicht die Unfähigkeit des Ausländers zur vereinbarten Arbeitsleistung zur Folge. Der AN kann daher vom AG bis zur privatrechtlichen Beendigung des Arbeitsverhältnisses weiter beschäftigt werden. Die Entlassung des AN war sohin ungerechtfertigt (OGH 8 Ob A 122/99 und 9 Ob A 13/00).*

- *Wird das verbotene Beschäftigungsverhältnis daher vom Betriebsinhaber unter Einhaltung jener Fristen und Termine aufgelöst, wie sie für einen vergleichbaren inländischen AN gelten, oder wird das Beschäftigungsverhältnis aus einem Grund beendet, der auch die fristlose Entlassung eines Inländers rechtfertigen würde, dann bestehen auch für den verbotswidrig beschäftigten Ausländer Ansprüche aus der Beendigung des Arbeitsverhältnisses nach § 29 Abs. 2 AuslBG nur insoweit, als sie auch einem Inländer zustehen (z.B. Urlaubsabfindung). Auch wenn der Ausländer selbst – unter Berufung auf die Nichtigkeit des Vertrages – die Beschäftigung fristlos beendet, steht ihm kein Anspruch auf Kündigungsentschädigung zu, weil die fehlende Beschäftigungsbewilligung denknotwendig auch für den Inländer keinen Austrittsgrund bilden kann (OGH 9 Ob A 59/00 t).*

- *Liegt ein Verschulden des AN vor, weil dieser die Arbeitserlaubnis nicht rechtzeitig verlängert hat, so berechtigt dies den AG nicht zur Entlassung. Der AN hat aber keinen Anspruch auf eine Kündigungsentschädigung (zugesprochen wurde aber die Abfertigung alt – OGH 26.8.2009, 9 Ob A 118/08 f).*

18.14 Melde-, Auskunfts- und Bereithaltungspflichten

Der AG hat dem zuständigen AMS innerhalb von drei Tagen Beginn und Ende der Beschäftigung von Ausländern, die dem AuslBG unterliegen und über keinen Aufenthaltstitel „Daueraufenthalt-EG" verfügen, zu melden (§ 26 Abs. 5 AuslBG – zu den Meldepflichten bei Entsendungen – siehe 18.12 und 36.4).

Die AG sind verpflichtet, den Landesgeschäftsstellen und den Geschäftsstellen des AMS, den Trägern der Krankenversicherung und den **Abgabenbehörden** über deren Verlangen Anzahl und Namen der beschäftigten Ausländer mitzuteilen sowie die zur Durchführung des AuslBG notwendigen Auskünfte zu erteilen und Einblick in Unterlagen zu gewähren wie auch das Betreten von Betriebsstätten, Aufenthaltsräumen etc. zu gestatten. Der AG ist weiters verpflichtet, über die Identität von Personen, die sich in zuvor genannten Räumen aufhalten, Auskünfte zu geben. Die einschreitenden Organe sind berechtigt, die Identität dieser Personen zu überprüfen. Der AG und der BR können die Organe begleiten. Vor Beginn der Amtshandlung haben sich die Organe auf Verlangen des AG durch Dienstausweis zu legitimieren.

Die **Organe der Abgabenbehörden** sind im Rahmen ihrer Kontrolltätigkeit befugt, die Identität von Personen festzustellen sowie Fahrzeuge und sonstige Beförderungsmittel zu überprüfen, wenn Grund zu der Annahme besteht, dass es sich bei diesen Personen um ausländische Arbeitskräfte handelt, die beschäftigt werden. Bei Gefahr im Verzug sind die **Organe der Abgabenbehörden** auch ermächtigt, Ausländer für die Fremdenpolizei festzunehmen, wenn Grund zu der Annahme besteht, dass sie im Bundesgebiet eine Erwerbstätigkeit ausüben, ohne dazu berechtigt zu sein und sich nicht rechtmäßig im Bundesgebiet aufhalten.

Der AG hat die ihm nach dem AuslBG erteilten Bewilligungen oder Bestätigungen im Betrieb, der Ausländer die ihm nach dem AuslBG und nach dem NAG erteilten Bewilligungen oder Bestätigungen an seiner Arbeitsstelle zur Einsichtnahme bereitzuhalten (§ 3 Abs. 6 AuslBG).

18.15 Strafbestimmungen und zentrale Verwaltungsstrafevidenz

Verstöße gegen Bestimmungen des AuslBG sind Verwaltungsübertretungen, für die die Bezirksverwaltungsbehörden eine Verwaltungsstrafe verhängen. Bei unberechtigter Beschäftigung von höchstens drei Ausländern werden Geldstrafen von € 1.000,– bis € 10.000,– im Fall der erstmaligen, sowie weiteren Wiederholungen von € 2.000,– bis zu € 20.000,– für jeden unberechtigt beschäftigten Ausländer verhängt. Werden mehr als drei Ausländer unberechtigt beschäftigt, so werden Verwaltungsstrafen in der Höhe von € 2.000,– bis € 20.000,– sowie im Wiederholungsfall von € 4.000,– bis zu € 50.000,– verhängt. Weiters werden Verwaltungsstrafen bei Nichteinhaltung von Auskunftspflichten und Behinderung von Kontrollen (€ 2.500,– bis € 8.000,–) sowie Missachtung der Meldeverpflichtungen nach § 7b AVRAG (bis € 2.400,– im Wiederholungsfall) verhängt.

Die Beschäftigung eines AN im Rahmen eines Arbeitsverhältnisses nach § 1 DLSG (siehe 14.8.2.1.1), der nicht arbeitsberechtigt ist, stellt einen eigenen Verwaltungsstraftatbestand nach § 10 DLSG dar.

Seit 1.1.1996 ist neben dem tatsächlichen Beschäftiger (Subunternehmer) auch der Auftraggeber (Generalunternehmer) strafbar, wenn sich der Subunternehmer illegaler Ausländer bedient (siehe 18.14).

Die Kontrollen erfolgen durch eine Sondereinheit (früher „KIAB", nunmehr „Finanzpolizei").

Wird ein öffentlicher Auftrag vergeben, so müssen die Bieter, Bewerber und Subunternehmer dem Angebot bzw. der Bewerbung eine Bescheinigung beilegen, aus der hervorgeht, dass eine wesentliche Verletzung des AuslBG nicht vorliegt (§ 28b AuslBG in Ergänzung zum Bundesvergabegesetz).

Die Ausstellung der Bescheinigung erfolgt durch das BMF, welches eine **zentrale Verwaltungsstrafevidenz** führt. Wegen der ersten Bestrafung darf die Ausstellung der Bescheinigung nicht verweigert werden. Ebenso ist ein Straferkenntnis im Fall der zweiten Bestrafung nach einem Jahr, bei jeder weiteren Bestrafung nach zwei Jahren ab Rechtskraft des Bescheides nicht mehr zu berücksichtigen.

Der VfGH hat nunmehr in seiner Entscheidung G 462/97 ausgeführt, dass ein quasi automatischer Ausschluss der vergaberechtlichen Zuverlässigkeit eines Anbieters sachlich nicht gerechtfertigt ist. Der Bieter hat daher nunmehr die Möglichkeit, der vergebenden Stelle darzutun, dass seine Zuverlässigkeit gegeben ist, obwohl Eintragungen in der **zentralen Verwaltungsstrafevidenz** aufscheinen. Dies könnte damit begründet werden, dass der Bieter Maßnahmen gesetzt hat, die eine nochmalige Bestrafung nach dem AuslBG verhindern werden.

Derartige Maßnahmen können insbesondere sein:

- die Einschaltung einer internen Revision,
- die Einführung einer Approbationsnotwendigkeit durch ein Organ der Unternehmensführung bei der Einstellung von Ausländern,
- die Einführung interner Haftungs- und Schadenersatzregelungen etc.

Liegen jedoch mehr als zwei rechtskräftige Bestrafungen vor oder erfolgten zwei Bestrafungen innerhalb eines kurzen Zeitraumes, so ist ein besonders strenger Maßstab bei der Prüfung der dennoch behaupteten Zuverlässigkeit anzulegen.

Bei systematischer illegaler Ausländerbeschäftigung sind auch Freiheitsstrafen möglich (§ 28c AuslBG, § 153e StGB, OGH 5.7.2012, 13 Os 16/12 m). Bei schwerwiegenden Verstößen gegen das AuslBG kann die Gewerbeberechtigung entzogen werden (§ 87 Abs. 1 Z 3 GewO – VwGH 2008/04/0135 = ARD 5908/13/2008).

Eine Überschreitung der angemessenen Verfahrensdauer (Art. 6 Abs. 1 EMRK – hier fast fünf Jahre) ist als strafmildernd zu werten (VwGH 24.6.2009, 2008/09/0094 = ARD 6041/10/2010).

Rechtsmittel gegen Straferkenntnisse

Ergeht ein Straferkenntnis, obwohl nach Auffassung des AG etwa der Ausländer nur im Betrieb anwesend war, ohne Arbeitsleistungen zu erbringen, so kann gegen das Straferkenntnis eine Berufung eingebracht werden. Darüber hinaus sollte nicht verabsäumt werden, gegen weitere Straferkenntnisse und sonstige behördliche Entscheidungen, die auf denselben Vorwurf (illegale Beschäftigung) beruhen (insbesondere Verstoß gegen die Pflicht zur Anmeldung gemäß ASVG, Vorschreibung von Dolmetscherkosten etc.), ebenfalls fristgerecht Rechtsmittel einzubringen. Dem jeweiligen Strafbescheid sollte eine entsprechende Rechtsmittelbelehrung angefügt sein.

Ist das Verschulden geringfügig und sind die Folgen der Übertretung unbedeutend, so kann die Behörde ohne weiteres Verfahren von der Verhängung einer Strafe absehen (§ 21 Abs. 1 VStG, VwGH 10.12.2009, 2009/09/0080).

Gegen fremdenrechtliche Maßnahmen (z.B. Verhängung der Schubhaft) müsste der Ausländer bzw. ein von ihm bevollmächtigter Vertreter ein Rechtsmittel einbringen. Falls der AG meint, dass zwar der Vorwurf gegen das AuslBG verstoßen zu haben, zutrifft, jedoch die Strafe zu hoch ist, kann sich das Rechtsmittel nur gegen die Höhe der Strafe richten (etwa wegen erstmaligem Verstoß, kurzfristiger illegaler Beschäftigung nur eines Ausländers etc.). Für ordentliche Rechtsmittel in Verwaltungsstrafverfahren besteht kein Anwaltszwang. Wenn die zweite Instanz dem Berufungsantrag nicht stattgibt, kann beim VwGH eine Beschwerde, die von einem Rechtsanwalt unterfertigt sein muss, eingebracht werden.

Die Insolvenzgefahr durch hohe Strafen ist kein Milderungsgrund (VwGH 2007/09/0339 = ARD 5896/3/2008). Hat das Verfahren über vier Jahre gedauert, so ist diese lange Verfahrensdauer ein Milderungsgrund (VwGH 27.11.2011, 2007/09/0279, ARD 6181/10/2011). Bereits getilgte Strafen dürfen zur Strafbemessung nicht herangezogen werden (VwGH 27.1.2011, 2010/09/0243, ARD 6181/9/2011).

Auf (falsche) Rechtsauskünfte des Steuerberaters kann sich der AG nicht berufen. Rechtsauskünfte zum AuslBG sind beim AMS einzuholen (VwGH 25.1.2013, 2010/09/0174).

Einschlägige Judikatur

- *Da einem Ausländer, der entgegen dem AuslBG ohne Beschäftigungsbewilligung beschäftigt wird, für die Dauer der Beschäftigung die gleichen Ansprüche wie auf Grund eines gültigen Arbeitsvertrages zustehen und sich der Anspruch auf Ausstellung eines Dienstzeugnisses auf die tatsächliche Beschäftigung bezieht, hat auch ein ohne Beschäftigungsbewilligung beschäftigter Ausländer Anspruch auf Ausstellung eines Dienstzeugnisses (OGH 9 Ob A 155/89).*

- *Gemäß § 103 Abs. 2 Fremdengesetz 1997 hat derjenige, der einen Fremden entgegen § 3 Abs. 1 AuslBG beschäftigt, die Kosten, die bei der Durchsetzung einer Ausweisung oder eines Aufenthaltsverbotes erwachsen, sowie die Kosten der Schubhaft zutragen. Schubhaftkosten sind aber nicht all jene Kosten, die tatsächlich im Zusammenhang mit der Vollziehung der Schubhaft entstehen, weil nicht jegliches Verhalten des Schubhäftlings, welches der Behörde Kosten verursacht, eine entsprechende Verpflichtung des Dritten (AG des Fremden) auslöst. Für ein nur auf dem Willensentschluss des Schubhäftlings beruhendes Verhalten (z.B. Hungerstreik) haftet der AG nicht. Durch einen Hungerstreik des Schubhäftlings verursachte Arzt- und Medikamentenkosten dem AG vorzuschreiben, ist daher nicht zulässig (ebenso Dolmetschkosten – VwGH 97/02/0103).*

- *Der sofortige Vollzug der Ausweisung von Ausländern, die unter anderem bei verbotener Ausländerbeschäftigung betreten wurden, ohne einem Rechtsmittel aufschiebende Wirkung zuzuerkennen, ist verfassungswidrig (VfGH G 1306/95 und VfGH B 367/95 = ARD 4732/29/96).*

- *Auch aus dem bloßen Aufenthalt junger mittelloser, nur mit Slip und BH bekleideter Ausländerinnen in einer Bar kann auf unerlaubte Ausländerbeschäftigung als Animiermädchen geschlossen werden (VwGH 99/09/0078 = ARD 5126/12/2000).*

- *Freundschaftsdienste gelten nicht als bewilligungspflichtige Beschäftigungsverhältnisse (VwGH 96/09/0286 = ARD 5017/13/99).*

- *Die Tatsache, dass eine Gesellschaft dringend Arbeitskräfte benötigt, um Vertragsstrafen zu vermeiden bzw. um einem unerwartet entstandenen Termindruck zu begegnen, kann nicht als Milderungsgrund berücksichtigt werden. Dies bescheinigt vielmehr, dass die Höhe der Geldstrafe nicht geeignet war, die Geschäftsführer von der Übertretung des AuslBG abzuhalten (VwGH 2000/09/033 = ARD 5442/16/2003).*

- *Der Umstand, dass der Beschuldigte als Einziger über eine Gewerbeberechtigung verfügt hat, ist im Hinblick auf die verwaltungsstrafrechtliche Verantwortlichkeit im Bereich des AuslBG nicht von Relevanz. Wenn sich herausstellen sollte, dass die Ausländerinnen von der KEG beschäftigt wurden, wäre nicht der Beschäftigte, sondern der für die KEG vertretungsbefugte Komplementär verantwortlich gewesen. Der Umstand, dass der Beschuldigte die Ausländerinnen vermittelt, deren Reisepässe einbehalten und eine Ausländerin nach ihrem vorzeitigen Weggang der Fremdenpolizei angezeigt hat, ändert daran nichts (VwGH 2001/09/0202 = ARD 5556/13/2005).*

- *Die bloße Vereinbarung zwischen Beschäftiger und Überlasser, dass der Überlasser nur solche AN zur Verfügung stellt, welche nach dem AuslBG arbeitsberechtigt sind, schützt den Beschäftiger nicht vor einer Strafe. Zur Sicherung der Einhaltung einer solchen Vereinbarung sind Kontrollen erforderlich (VwGH 2004/09/0025 = ARD 5620/4/2005).*

- *Die Kontrollpflicht des AG erstreckt sich nur auf unmittelbar sichtbare, ohne besondere Kenntnisse bzw. technische Hilfsmittel erkennbare Mängel. Fälschungen, die erst aufgrund einer kriminaltechnischen Untersuchung geklärt werden können, begründen kein Verschulden des AG (betraf einen Chinesen, der dem AG einen gefälschten EU-Pass vorlegte – VwGH 2005/09/0142 = ARD 5620/5/2005).*

- *Es ist ein wirksames Kontrollsystem für die Einhaltung des AuslBG einzurichten. Ein solches liegt vor, wenn bei täglichen Identitätsprüfungen aller auf der Baustelle eingesetzten AN vor Arbeitsaufnahme die Prüfung der Papiere gewährleistet ist (VwGH 16.9.2009, 2007/09/0266 = ARD 6041/9/2010).*

- *Nur im Fall der Erteilung einer auf einer vollständigen Sachverhaltsgrundlage erteilten unrichtigen Rechtsauskunft der für den Vollzug des AuslBG zuständigen Behörde (AMS) können Gesetzesverstöße, die im Vertrauen auf die Auskunft erfolgt sind, nicht als Verschulden angerechnet werden (VwGH 22.4.2010, 2010/09/0063).*

18.16 Die Haftung des Generalunternehmers

Ein Unternehmen, welches die Erbringung einer Leistung an ein anderes Unternehmen ganz oder teilweise weitergibt, hat vor Beginn der Beschäftigung den Auftragnehmer (Subauftragnehmer) aufzufordern, binnen einer Woche die nach dem AuslBG erforderlichen Berechtigungen für die beschäftigten Ausländer nachzuweisen. Kommt das beauftragte Unternehmen dieser Aufforderung nicht fristgerecht nach, hat das den Auftrag erteilende Unternehmen umgehend die Zentrale Koordinationsstelle für die illegale Beschäftigung des Bundesministeriums für Finanzen zu verständigen (§ 26 Abs. 6 AuslBG). Wird diese Aufforderungspflicht nicht erfüllt und stellt sich in der Folge heraus, dass das beauftragte Unternehmen illegal Ausländer beschäftigt, so ist auch der Auftraggeber (Generalunternehmer) nach dem AuslBG strafbar (§ 28 Abs. 6 Z 2 AuslBG).

Der Auftraggeber (Generalunternehmer) haftet somit auch für Verstöße seines unmittelbaren Auftragnehmers (Subauftragnehmers), wenn er seiner Kontroll- und Verständigungspflicht nicht nachgekommen ist. Diese Verpflichtung besteht sowohl gegenüber inländischen als auch ausländischen Subunternehmen.

Es ist daher zu empfehlen, bei jeder Auftragsvergabe an ein Subunternehmen ein entsprechendes Aufforderungsschreiben nachweislich zu übermitteln und auf die Folgen einer Nichtäußerung (Meldung bei der vorgenannten Abgabenbehörde) hinzuweisen.

Einschlägige Judikatur

- *Einfache Hilfsarbeiten, wie das Aufstellen von Zwischenwänden, die im unmittelbaren zeitlichen Arbeitsablauf erbracht werden müssen, können kein selbständiges Werk darstellen, das von Subunternehmen erbracht wird, sodass sich die Feststellung erübrigt, welcher Firma die betroffenen Ausländer zuzuordnen sind, weil eine Bestrafung des Auftraggebers entweder als direkter AG oder als Beschäftiger überlassener Arbeitskräfte gleichermaßen gerechtfertigt ist (VwGH 96/09/0183 = ARD 5200/20/2001).*
- *Der Empfänger von Arbeitsleistungen ist auch selbst verpflichtet, für die entsendeten ausländischen AN, die auf einer Baustelle tätig werden, um Entsende- bzw. Beschäftigungsbewilligung anzusuchen. Das Vertrauen auf den Werkvertrag mit dem ausländischen Unternehmer reicht nicht, um die Verschuldensvermutung (§ 5 Abs. 1 VStG) zu widerlegen (VwGH 24.6.2009, 2007/09/0352 = ARD 6041/7/2010).*

18.17 Bestellung eines verantwortlichen Beauftragten

Durch die Bestellung eines **verantwortlichen Beauftragten** kann der AG die Verantwortung für die Einhaltung der Strafbestimmungen des AuslBG auf den verantwortlichen Beauftragten übertragen.

Die Bestellung des **verantwortlichen Beauftragten** ist grundsätzlich für einen eindeutig sachlich und räumlich abgegrenzten Bereich (z.B. für eine bestimmte Baustelle) vorzunehmen. Er muss eine entsprechende Anordnungsbefugnis haben (Kontrollbefugnisse, Befugnis, illegale Beschäftigungsverhältnisse sofort zu beenden etc. – § 9 VStG).

Die Bestellung wird überdies erst dann wirksam, nachdem bei der zuständigen Abgabenbehörde die schriftliche Meldung samt Nachweis der Zustimmung des Bestellten eingelangt ist. Auch ein Widerruf ist der zuständigen Abgabenbehörde unverzüglich zu melden (§ 28a AuslBG).

Verantwortliche Beauftragte können auch für andere Bereiche (z.B. Lebensmittelrecht, Arbeitnehmerschutzbestimmungen) bestellt werden (siehe 33.8).

Einschlägige Judikatur

- *Da eine Gesellschaft bürgerlichen Rechts mangels Rechtsfähigkeit selbst nicht AG sein kann, ist jeder Gesellschafter der GesBR für die Einhaltung der Bestimmungen des AuslBG verwaltungsstrafrechtlich verantwortlich. Auf eine interne Aufgabenteilung zwi-*

schen den Gesellschaftern kann man sich nur dann berufen, wenn für eine wirksame Kontrolle der betroffenen Person vorgesorgt ist (VwGH 2007/09/0338 = ARD 5296/2/2008).

18.18 EU-Erweiterung und Ausländerbeschäftigung

EU-Erweiterung vom 1.5.2004

Ein wesentlicher Gesichtspunkt der EU-Mitgliedschaft ist das Recht der AN-Freizügigkeit. EU-Bürger können daher im EU-Raum ohne weitere Bewilligungen einer unselbständigen Tätigkeit nachgehen (zur AN-Freizügigkeit für Schweizer – siehe 18.1).

Für acht der zehn neuen Mitglieder (Slowakei, Ungarn, Slowenien, Tschechien, Polen, Estland, Lettland, Litauen, Malta und Zypern), die mit 1.5.2004 der EU beigetreten sind, wurde in den „Kopenhagener Kriterien" eine siebenjährige Übergangsfrist für die AN-Freizügigkeit vereinbart. Hiervon ausgenommen waren Malta und Zypern, für deren Staatsangehörige von vornherein die EU-Freizügigkeit und Dienstleistungsfreiheit gegolten haben.

Österreich hat die siebenjährige Übergangsfrist voll ausgeschöpft und es ist somit seit 1.5.2011 das AuslBG auf Staatsbürger der vorgenannten acht EU-Mitgliedsstaaten nicht mehr anwendbar.

EU-Erweiterung vom 1.1.2007

Mit 1.1.2007 sind Rumänien und Bulgarien der EU beigetreten. Auch in diesen Fällen wurde in Österreich das siebenjährige Übergangsarrangement angewendet, welches mit 31.12.2013 abgelaufen ist. Bis Ende des Jahres 2013 haben daher für Staatsbürger von Rumänien und Bulgarien weiterhin die Bestimmungen des AuslBG gegolten (§ 32a Abs. 10). Seit 1.1.2014 ist jedenfalls auch für Rumänen und Bulgaren die volle Freizügigkeit anwendbar.

Ist die Beschäftigung in Österreich zulässig, so ist stets zu beachten (gilt auch für „Alt-EU-Staaten"), dass jedenfalls österreichische Entgeltvorschriften (insbesondere kollektivvertragliche Mindestlöhne), das österreichische Urlaubsrecht und kollektivvertragliche Arbeitszeitregelungen einzuhalten sind (siehe 36.4).

EU-Erweiterung vom 1.7.2013

Mit 1.7.2013 wurde Kroatien das 28. EU-Mitglied. Zur AN-Freizügigkeit wird von Österreich auch für Kroatien das (maximal) siebenjährige Übergangsarrangement (siehe zuvor) angewendet (§ 32a Abs. 11 AuslBG). Daher gilt (zunächst für zwei Jahre) für Kroaten weiterhin das Ausländerbeschäftigungsrecht (bis höchstens 30.6.2020).

Dabei sollen Erleichterungen für bestimmte Mangelberufe geschaffen werden. Weiters gelten für kroatische Staatsbürger die Ausnahmen aus dem Geltungsbereich des AuslBG für Pflegekräfte in Privathaushalten (siehe 18.1 – Ausnahmen nach der AuslBVO) und Werbemittelverteiler sowie Zeitungszusteller (siehe 18.1 lit. i).

Erleichterungen sind in der Form vorgesehen, dass jenen kroatischen Staatsbürgern, die im Zeitpunkt des Beitritts von Kroatien bereits rechtmäßig und ununterbrochen mindestens 12 Monate zum österreichischen Arbeitsmarkt zugelassen waren oder seit 5 Jahren in Österreich niedergelassen sind und über ein regelmäßiges Einkommen verfügen, ein freier Zugang zum Arbeitsmarkt zu gewähren ist. Der freie Zugang gilt auch für Ehegatten und Kinder der neuen EU-Bürger, sofern sie 18 Monate im Bundesgebiet mit dem neuen EU-Bürger einen gemeinsamen Wohnsitz haben (§ 32 a Abs 2 und 3 AuslBG iVm § 32 a Abs 11 AuslBG). Vor Aufnahme der Beschäftigung ist in diesen Fällen eine Bestätigung der Freizügigkeit beim AMS einzuholen. Eine Ausfertigung der Bestätigung ist im Betrieb zur Einsichtnahme bereitzuhalten (§ 32 a Abs 4 AuslBG iVm § 32 a Abs 11 AuslBG).

Eine „Stillhalte-Klausel" verbietet Verschlechterungen beim Arbeitsmarktzugang für kroatische Staatsangehörige gegenüber der Rechtslage vor dem Beitritt.

Erleichterungen für über 60 Berufe für Kroaten (§ 32 Abs 11 AuslBG)

Für Kroaten, die eine bestimmte abgeschlossene Berufsausbildung belegen können, dürfen Beschäftigungsbewilligungen über die Bundeshöchstzahl hinaus erteilt werden. Dadurch kann für diese Personen, die über eine Ausbildung für einen der in der Bundeshöchstzahlenüberziehungs-VO 2008 angegebenen Berufe verfügen, unter wesentlich erleichterten Bedingungen eine Beschäftigungsbewilligung erlangt werden (siehe 18.4). Die in der VO genannten Berufe beziehen sich vor allem auf den Bau und andere Bereiche, bei denen ein Facharbeitermangel am österreichischen Arbeitsmarkt eingetreten ist (aber auch bestimmte Techniker und Maschinenbauingenieure sowie Augenoptiker, Fleischer und Gaststättenköche). Die Liste kann unter www.ris.bka.gv.at (Eingabe: BHZÜV 2008) eingesehen werden.

18.18.1 Freier Dienstleistungsverkehr

Die folgenden Ausführungen gelten für Kroaten seit 1.7.2013 (§ 32a Abs. 11 AuslBG).

Freier Dienstleistungsverkehr bedeutet, dass Dienstleistungen von Unternehmen mit Sitz im EWR-Gebiet mit eigenem Personal im gesamten EU-Raum erbracht werden können. Soweit die AN EWR-Bürger sind bzw. dem Ausnahmekatalog des AuslBG unterliegen (siehe 18.1), können sie vom EWR-Unternehmer in Österreich ohne Beschränkungen des AuslBG beschäftigt werden, falls nicht die im Folgenden erörterten Einschränkungen zur Anwendung kommen.

Dabei ist jedoch zu beachten, dass jedenfalls österreichische Entgeltvorschriften (insbesondere kollektivvertragliche Mindestlöhne), das österreichische Urlaubsrecht und kollektivvertragliche Arbeitszeitregelungen einzuhalten sind (Details siehe 36.4 sowie zur Meldepflicht vor Arbeitsaufnahme, zur Generalunternehmerhaftung und zu den Bereithaltungspflichten).

Nach § 32a Abs. 6 AuslBG i.V.m. § 32 a Abs 11 AuslBG ist die grenzüberschreitende Beschäftigung für Kroaten nur mit einer Entsendebewilligung oder einer Beschäftigungsbewilligung für Betriebsentsandte gestattet, wenn das Unternehmen in einem der folgenden Sektoren tätig ist:

- gärtnerische Dienstleistungen
- Steinmetzarbeiten
- Herstellung von Stahl- und Leichtmetallkonstruktionen
- Baugewerbe einschließlich verwandter Wirtschaftszweige
- Schutzdienste
- Reinigung von Gebäuden, Inventar und Verkehrsmitteln
- Hauskrankenpflege
- Sozialwesen

Die angegebenen Bereiche sind im ÖNACE-Code sehr umfangreich und detailliert aufgezählt. Nähere Informationen können den Anhängen einschlägiger Kommentare zum AuslBG oder dem Internet entnommen werden (www.ams.at).

Die Entsendebewilligung bzw. Beschäftigungsbewilligung für Betriebsentsandte (für Bauarbeiten und Vermietung von Baumaschinen mit Bedienungspersonal – siehe 18.12) ist vom ausländischen AG oder vom inländischen Unternehmer, in dessen Betrieb die Ausländer beschäftigt werden, beim zuständigen AMS (Sprengel des voraussichtlichen Beschäftigungsortes) zu beantragen. Gibt es für die Tätigkeit mehr arbeitslos Vorgemerkte als gemeldete offene Stellen, so wird die Entsendebewilligung nicht erteilt.

Ist die Tätigkeit außerhalb dieser Bereiche auszuführen, so ist keine Beschäftigungsbewilligung oder Entsendebewilligung erforderlich, wenn die entsendeten AN ordnungsgemäß im Staat des Betriebssitzes beschäftigt werden und österreichische Lohn- und Arbeitsbedingungen (§ 7b Abs. 1 Z 1 bis 3 und Abs. 2 AVRAG) sowie die sozialversicherungsrechtlichen Bestimmungen eingehalten werden (siehe 36.4). Vor Aufnahme der Arbeit ist die Tätigkeit der Zentralen Koordinationsstelle des BMF anzuzeigen (§ 18 Abs. 12 AuslBG).

Kapitel II

19. Drittschuldnererklärung und Lohnpfändung

19.1 Drittschuldnererklärung

Wenn der AN Zahlungsverpflichtungen nicht erfüllt, kann in der Folge der Gläubiger auf Basis eines **Exekutionstitels** (z.B. rechtskräftiges Urteil, rechtswirksamer Vergleich, rechtskräftiger Zahlungsbefehl) die **Exekution** auf das Arbeitseinkommen des AN (verpflichtete Partei) beantragen. Durch die gerichtliche Bewilligung des Exekutionsantrages wird die **Pfändung** und Überweisung der Geldforderung des Verpflichteten an den Drittschuldner (AG) bewilligt. Die Pfändung wird mit der Zustellung des Zahlungsverbotes an den **Drittschuldner** bewirkt. Nach dem Zeitpunkt der Zustellung richtet sich der **Pfandrang** (§ 300 EO).

Die Pfändung verbietet dem Drittschuldner die Auszahlung des gepfändeten Teiles des Arbeitseinkommens an den Verpflichteten (Zahlungsverbot) und dem Verpflichteten die Verfügung über die gepfändete Forderung (Entgeltansprüche an den Drittschuldner). In der Praxis beantragt der betreibende Gläubiger im Exekutionsantrag in der Regel die Lohnpfändung (statt Mobilien- oder Immobilienexekution) und die Einholung einer Drittschuldnererklärung. Dies bedeutet, dass der Drittschuldner die in einem Formular, welches vom Exekutionsgericht übermittelt wird, angeführten Fragen (§ 301 EO) binnen vier Wochen zu beantworten hat. Eine Ausfertigung des ausgefüllten Formulars ist an das Exekutionsgericht zu retournieren, eine weitere an den betreibenden Gläubiger zu senden.

Falls sich die Lohnpfändung jedoch auf einen Betrag unter € 50.000,– bezieht, entscheidet das Exekutionsgericht über den Exekutionsantrag eines betreibenden Gläubigers in einem vereinfachten Bewilligungsverfahren.

Falls nun die Exekution vom Exekutionsgericht im vereinfachten Verfahren genehmigt wurde, so ist der AG verpflichtet, den pfändbaren Betrag des Arbeitseinkommens sofort einzubehalten. Die Auszahlung an den betreibenden Gläubiger darf jedoch erst nach dem Ablauf der Einspruchsfrist von vier Wochen nach Zugang des Exekutionsbeschlusses erfolgen. Ob im Einzelfall die Exekution im vereinfachten Verfahren bewilligt wurde, ist der Rechtsbelehrung zu entnehmen.

Nach Ablauf der Einspruchsfrist von vier Wochen gibt es drei Möglichkeiten:
- Falls kein Einspruch erfolgt (was der Regelfall ist), muss der Drittschuldner nach Verstreichen der Frist an den betreibenden Gläubiger den pfändbaren Betrag abführen. Der Drittschuldner kann jedoch den nächsten Auszahlungstermin abwarten (z.B. nächster Monatsletzter). Die Abfuhr hat spätestens acht Wochen nach Zugang des Exekutionsbeschlusses zu erfolgen (§ 303a EO).

- Erfolgt ein Einspruch, so erhält der Drittschuldner vom Exekutionsgericht einen Beschluss, wonach er den pfändbaren Teil weiterhin einzubehalten hat.
- Sollte der Einspruch des AN nun Erfolg haben, erhält er einen Beschluss des Exekutionsgerichtes, wonach der pfändbare Teil nunmehr an den AN auszuzahlen ist.

Hinweise zur Drittschuldnererklärung für die betriebliche Praxis

Die schriftlichen Ausfertigungen der Drittschuldnererklärungen sollten eingeschrieben und unter Angabe des Absenders an das Exekutionsgericht und an den betreibenden Gläubiger versendet werden (§ 301 Abs. 2 EO). Die Gefahr der Übersendung dieser Erklärung trägt nämlich der Drittschuldner (ASG Wien 4 Cga 135/00 a = ARD 5215/37/2001, ähnlich OLG Wien 9 Ra 24/06 z = ARD 5739/7/2007).

Wenn etwa das Arbeitsverhältnis bereits beendet ist oder der Verpflichtete dem Drittschuldner unbekannt ist, ist lediglich die erste Frage der Drittschuldnererklärung mit „Nein" zu beantworten. Bezüglich der Angaben über die Unterhaltspflichten der verpflichteten Partei hat der Drittschuldner nur die ihm erteilten Auskünfte weiterzuleiten. Der Drittschuldner haftet nicht für die Richtigkeit der weitergeleiteten Angaben. Im Zweifelsfall sollten daher die Angaben des Verpflichteten dem Drittschuldner schriftlich vorgelegt werden bzw. die Angaben des Verpflichteten dem Drittschuldner durch Unterfertigung bestätigt werden.

Den Drittschuldner trifft aber auch dann keine Haftung, wenn er keine Angaben machen kann, weil der Verpflichtete die Auskunft verweigert. Wenn der Drittschuldner die Drittschuldnererklärung abgegeben hat, muss er keine weiteren Fragen des betreibenden Gläubigers beantworten (hiervon ausgenommen ist jedoch die Verpflichtung, die Beendigung des Arbeitsverhältnisses mitzuteilen – siehe 19.2).

In der Praxis kommt es immer wieder vor, dass die Abgabe der Drittschuldnererklärung unterlassen wird, weil etwa das Arbeitsverhältnis bereits beendet wurde, das Einkommen des Verpflichteten unter dem **Existenzminimum** liegt oder infolge vorausgehender Pfändung(en) nur noch das Existenzminimum ausbezahlt wird. Der Drittschuldner ist jedoch ausnahmslos verpflichtet, die Drittschuldnererklärung abzugeben, sofern ihm das Zahlungsverbot ordnungsgemäß zugestellt wurde. Die Zustellung hat an den AG persönlich oder an eine mit einer Postvollmacht für RSa-Briefe betrauten Person zu erfolgen (ASG Wien 27 Cga 191/99 a = ARD 5232/39/2001). Führt ein Gläubiger gegen denselben Verpflichteten mehrere unterschiedliche Exekutionsverfahren, so hat er in jedem einzelnen Verfahren einen Anspruch auf Abgabe einer Drittschuldnererklärung durch den AG des Verpflichteten (OLG Wien 19.5.2011, 10 Ra 28/11 b, ARD 6224/1/2012).

Wenn der Drittschuldner dieser Verpflichtung schuldhaft nicht fristgerecht nachkommt oder die Fragen vorsätzlich oder grob fahrlässig unrichtig oder unvollständig beantwortet, so haftet er dem betreibenden Gläubiger für den dadurch entstehenden Schaden (§ 301 EO). Eine irrtümlich falsche Eingabe anlässlich der Umstellung eines Computerprogramms hinsichtlich des Beginns des Zinsenlaufs ist beispielsweise nicht als grob fahrlässig anzusehen (OGH 8 Ob A 86/07 s). Bei der Erklärung über Unterhaltspflichten haftet der Drittschuldner nur für wissentlich falsche Angaben (ASG Wien 20 Cga 128/03 v = ARD 5532/8/2004). Wird etwa in einer Drittschuldnererklärung die Exekutionssache nicht angegeben, so liegt grobe Fahrlässigkeit vor (OLG Wien 9 Ra 38/04 f = ARD 5532/7/2004). Der betreibende Gläubiger kann Schadenersatz (etwa auch für die nicht vollständige Überweisung des pfändbaren Betrages) im Wege der **Drittschuldnerklage** begehren. Der Drittschuldner kann die zunächst unterlassene Abgabe der Drittschuldnererklärung auch im Laufe des durch die Drittschuldnerklage eingeleiteten Verfahrens vornehmen, indem etwa sein Vertreter im Verfahren die Fragen nach § 301 EO in einem Schriftsatz erörtert bzw. beantwortet. Diesfalls haftet der Drittschuldner nicht für die weiteren aus der Prozessführung entstehenden Kosten (OLG Wien 7 Ra 121/04 x = ARD 5596/4/2005, OLG Wien 9 Ra 169/05 x = ARD 5739/9/2007). Hiervon ausgenommen sind jedoch die Kosten der mündlichen Verhandlung, in der der betreibende Gläubiger die Einschränkung auf die Kosten vorgenommen hat oder hätte vornehmen müssen (OLG Wien 8 Ra 375/99 x = ARD 5094/26/2000). Weitergehende Sanktionen sind dem Gesetz nicht zu entnehmen (OGH 9 Ob A 85/07 a).

Die Kosten des Anwalts der betreibenden Partei sind dabei lediglich nach TP 2 RATG zu berechnen (OLG Wien 8 Ra 14/00 p = ARD 5215/42/2001, OLG Wien 8 Ra 146/04 f = ARD 5596/5/2005).

Wenn der Drittschuldner nun Schadenersatz leistet und dadurch letztlich Zahlungsverpflichtungen des Verpflichteten gegenüber dem betreibenden Gläubiger zumindest teilweise tilgt, so kann er im Regressweg diese Leistungen vom Verpflichteten zurückfordern.

Wenn die Drittschuldnerklage auf einem Verschulden des Drittschuldners beruht, sind die diesbezüglichen Verfahrenskosten vom Drittschuldner zu tragen und es besteht keine Regressmöglichkeit.

Wird die Drittschuldnererklärung nur an die betreibende Partei (also nicht an das Gericht) übermittelt, so trifft den AG die Kostensanktion nicht, weil diesfalls die betreibende Partei die entsprechenden Informationen erhalten hat (OLG Wien 10 Ra 136/03 y, siehe auch ARD 5942/10/2009).

Weiterleitung im Konzern

Wird ein Zahlungsverbot an ein unrichtiges Konzernmitglied zugestellt, so ist die direkte Weiterleitung an die richtige Konzerngesellschaft (den AG des Verpflichteten) zulässig, wobei der betreibende Gläubiger hiervon zu verständigen ist. Diesfalls erfolgt die Weiterleitung auf Gefahr des betreibenden Gläubigers (§ 294 Abs. 3 EO).

Einschlägige Judikatur

- *Gemäß § 301 Abs. 1 EO ist der Drittschuldner verpflichtet, nach Zustellung des Zahlungsverbots eine vollständige Drittschuldnererklärung abzugeben. Zweck dieser Drittschuldnererklärung ist es, dem betreibenden Gläubiger Aufklärung über die bezüglich der gepfändeten Forderung bestehende Rechtslage zu verschaffen, damit er sein weiteres Vorgehen danach einrichten kann. Führt ein Gläubiger Forderungsexekution lediglich bezüglich des einem Außendienstmitarbeiter zustehenden Honorars auf Basis von Provisionen, die von diesem jedoch keinesfalls regelmäßig zu erwarten waren, weil es von seinem persönlichen Einsatz und den sich bietenden Abschlussmöglichkeiten abhängig war, wann er dem Drittschuldner gegenüber einen Provisionsanspruch geltend machen konnte, sind derartige bloß potentielle Provisionsansprüche nicht in die Drittschuldnererklärung aufzunehmen (ASG Wien 11 Cga 136/98 v = ARD 4992/35/98).*

- *Die Angabe des Zeitraumes des Arbeitsverhältnisses in der Drittschuldnererklärung ist nicht notwendig, wenn der Drittschuldner erklärt, dass der AN als Teilzeitbeschäftigter einen Bruttolohn bezieht, der unter dem Existenzminimum liegt und daher kein pfändbarer Lohnanspruch verbleibt (OLG Wien 8 Ra 375/99 x = ARD 5094/24/2000).*

- *Rechtlich kann dahingestellt bleiben, ob jemand als Angestellter oder als „neuer Selbständiger" zu qualifizieren ist, weil es sich bei den erhaltenen Bezügen tatsächlich um Arbeitsentgelt im weiteren Sinne handelt. Somit unterliegt das Einkommen den Pfändungsfreigrenzen der EO (ASG Wien 8 Cga 27/99 v = ARD 5094/28/2000).*

- *Ist die Aufforderung zur Drittschuldnererklärung dem Drittschuldner wirksam zugestellt worden, hat er auch dann für das Verhalten seines von der Lohnpfändung belasteten Angestellten einzustehen, wenn ihm die postalische Benachrichtigung vom AN vorenthalten wurde (OLG Wien 7 Ra 88/99 h = ARD 5180/22/2001).*

- *Auch nach Abweisung eines Antrages auf Konkurseröffnung über einen Drittschuldner mangels kostendeckenden Vermögens bleibt das Unternehmen existent, das sich lediglich im Stadium der Liquidation befindet und dem die Aufforderung zur Drittschuldnererklärung zugestellt werden kann. Erfolgt keine Drittschuldneräußerung, stehen dem Gläubiger aus dem Titel des Schadenersatzes die Prozesskosten dieses Verfahrens zu (ASG Wien 10 Cga 165/99 b = ARD 5180/23/2001).*

- *Im Drittschuldnerprozess ist die AG-Stellung des beklagten Drittschuldners vom klagenden Gläubiger zu beweisen (OGH 8 Ob A 51/07 v).*

- *Die Aufforderung zur Abgabe einer Drittschuldnererklärung ist an eine taugliche Abgabestelle zuzustellen, an der sich der Empfänger regelmäßig aufhält. Die bloße Einsichtnahme in das Firmenbuch und Zustellung an die dort genannte Adresse ist keine gesetzliche Zustellung (OLG Linz 17.7.2013, 12 Ra 48/13 k).*

19.2 Sonstige Mitteilungspflichten im Lohnpfändungsverfahren

Wurde eine wiederkehrende Forderung verpfändet, so hat der Drittschuldner den betreibenden Gläubiger (bzw. die betreibenden Gläubiger) von der nach wie vor bestehenden Beendigung des der Forderung zu Grunde liegenden Rechtsverhältnisses zu verständigen und zwar innerhalb einer Woche nach Ende des Monats, der jenem Monat folgt, in dem das Rechtsverhältnis beendet wurde. Die Haftung bei Verletzung dieser Pflicht ist auf 1.000 € je Bezugsende beschränkt (§ 301 Abs. 4 EO).

Mit der Drittschuldnererklärung und der Verständigung vom Ende des Arbeitsverhältnisses ist die Auskunftspflicht des Drittschuldners abschließend geregelt. Weitere Fragen der Gläubiger braucht der Drittschuldner nicht zu beantworten.

Einschlägige Judikatur

- Ein klagbarer Anspruch auf Auskunftserteilung könnte dem betreibenden Gläubiger nur zustehen, wenn der Verpflichtete gegen den Drittschuldner einen solchen sich aus der Natur der privatrechtlichen Beziehungen ergebenden Hilfsanspruch hätte, der als Nebenanspruch anlässlich der Forderungspfändung und -überweisung mitübertragen würde (SZ 64/30; OGH 9 Ob A 359/98 d).
- Kann im Zuge eines Drittschuldnerprozesses die wirksame Zustellung der Exekutionsbewilligung an den AG nicht nachgewiesen werden, so kann dieser im Drittschuldnerprozess nicht zum Kostenersatz verpflichtet werden (OLG Wien 8 Ra 32/08 x = ARD 5942/11/2009).

Muster für die Verständigung vom Bezugsende

(Muster des BM f. Justiz)

Exekutionssache:

Betreibende Partei:

Verpflichtete Partei:

wegen:

Aktenzeichen:

Gericht:

Betrifft: Verständigung vom Bezugsende (§ 301 Abs. 4 EO)

Sehr geehrte Damen und Herren!

Hiermit teile ich mit, dass das in der oben genannten Exekutionssache der Pfändung der wiederkehrenden Forderung zu Grunde liegende Rechtsverhältnis beendet wurde.

..

Datum: Unterschrift/firmenmäßige Zeichnung:

19.3 Kostenersatz für den Drittschuldner

Der Drittschuldner kann als Kostenersatz € 35,– für die Abgabe der Drittschuldnererklärung verlangen, wenn eine wiederkehrende Forderung gepfändet wurde und diese besteht. In den sonstigen Fällen können € 25,– begehrt werden (also dann, wenn diese Forderung nicht mehr besteht, etwa weil der AN nicht beschäftigt oder unter dem Existenzminimum bezahlt wird – § 302 Abs. 1 EO). Der Kostenersatz unterliegt nicht der Umsatzsteuer (VwGH 30.10.2014, 2011/15/0181).

Den Kostenersatz erhält der Drittschuldner durch Einbehalt von dem Betrag, der dem Verpflichteten zusteht, wenn dadurch nicht das unpfändbare Existenzminimum des Verpflichteten geschmälert wird. Meist wird daher der Einbehalt beim Verpflichteten nicht möglich sein. Dann erhält der Drittschuldner die Kosten durch Einbehalt von dem Betrag, der dem betreibenden Gläubiger zusteht (also durch Abzug vom pfändbaren Entgeltteil). Wenn jedoch der betreibende Gläubiger etwa infolge von Vorpfändungen nicht zum Zug kommt, kann der Drittschuldner die Zahlung der Kosten vom betreibenden Gläubiger fordern (§ 302 Abs. 2 und 3 EO). Dies kann durch entsprechendes Ankreuzen im Formular für die Drittschuldnererklärung erfolgen.

Bei der ersten Zahlung an den betreibenden Gläubiger können 2 % von dem zu zahlenden Betrag (höchstens jedoch € 8,–) und bei den weiteren Zahlungen 1 % (höchstens jedoch € 4,–) geltend gemacht werden (§ 292h Abs. 1 EO). Wie beim Kostenersatz für die Drittschuldnererklärung werden die Kosten in der Regel von dem Betrag, welcher dem betreibenden Gläubiger zukommt, einbehalten.

19.4 Berechnungsgrundlage für das Existenzminimum

Zunächst ist die Grundlage für die Berechnung des Existenzminimums zu ermitteln. Hierbei ist vom Gesamtbezug auszugehen (Geld- und **Sachleistungen**, z.B. Dienstauto). Dabei sind auch nach der Auflösung des Arbeitsverhältnisses gewährte Prämien und Zusatzleistungen erfasst (OLG Wien 8 Ra 79/08 h = ARD 5942/7/2009). Von diesem Gesamtbezug sind die **Aufwandsentschädigungen** abzuziehen. Aufwandsentschädigungen werden zur Abgeltung des bei der Berufstätigkeit tatsächlich erwachsenden Mehraufwandes ausgezahlt (z.B. Reiseaufwandsentschädigung, Kilometergeld, Entschädigung für vom AN selbst beigestellte Arbeitsgeräte etc.).

Sachleistungen und Aufwandsentschädigungen dürfen höchstens mit einem der Werte berücksichtigt werden, die im Steuer- oder im Sozialversicherungsrecht oder im anzuwendenden KV bzw. sonstigen Rechtsvorschriften vorgesehen sind. Das heißt, der höchste dieser Werte bildet die Obergrenze der Bewertung. Weiters sind vom Gesamtbezug insbesondere die abzuführende Lohnsteuer sowie die Sozialversicherungsbeiträge (inklusive Arbeitslosenversicherungsbeitrag), Betriebsratsumlage, Arbeiterkammerumlage, Gewerkschaftsbeitrag (soferne ein solcher abgezogen werden sollte, obwohl hierfür keinerlei rechtliche Verpflichtung besteht), Schlechtwetterentschädigungsbeitrag sowie bestimmte Selbstversicherungsbeiträge abzuziehen. Beiträge nach dem BMSVG (siehe 45.6.3) sind bei der Berechnung des Existenzminimums zur Gänze außer Acht zu lassen. Der verbleibende Nettobetrag ist bei monatlicher Auszahlung auf einen durch 20 (bei wöchentlicher Auszahlung auf einen durch 5) teilbaren Betrag abzurunden (bei Auszahlung für Tage auf einen ganzen Betrag – § 291 Abs. 2 EO). Der so ermittelte Nettobetrag ist die Berechnungsgrundlage für das Existenzminimum.

Erhält ein AN kein angemessenes Entgelt (z.B. unter den KV-Mindestsätzen), so ist die Pfändung auf der Grundlage des angemessenen Entgelts (verschleiertes Entgelt – § 292 e EO) durchzuführen (OGH 28.9.2007, 9 Ob A 129/07 x, 22.7.2014, 9 Ob A 73/14 x). Für Leistungen im Rahmen der ehelichen Beistandspflicht kann kein verschleiertes Entgelt angesetzt werden (OGH 9 Ob A 11/08 w).

Austritt bei falscher Berechnung des Existenzminimums?

Wird das Existenzminimum vom AG falsch berechnet und daher ein Teil des unpfändbaren Teils an die betreibende Partei abgeführt, so stellt dies keinen Austrittsgrund für den Arbeiter nach der Auffassung des OLG Wien dar. Die Besonderheit liegt darin, dass die dem AN nicht bezahlten Entgeltbestandteile an seinen Gläubiger überwiesen wurden und daher indirekt dem AN zugute kamen. Es ergibt sich somit keinerlei Vorteil des AG. Daher liegt weder der Austrittsgrund der ungebührlichen Entgeltschmälerung (§ 82a lit. d GewO 1859) noch der Verletzung einer wesentlichen Vertragsbestimmung (§ 82a lit. d GewO 1859) vor (OLG Wien 10 Ra 21/08 v = ARD 5945/3/2009). Der AN kann jedoch die Differenzen zum vollen Existenzminimum vom AG bei Vorsatz oder grober Fahrlässigkeit verlangen (siehe 19.5 letzter Absatz).

19.5 Existenzminimum

Das Existenzminimum besteht aus **Grund- und Steigerungsbeträgen** (§ 291a EO). Die entsprechenden (seit 1.1.2002 am Ausgleichszulagenrichtsatz für Alleinstehende orientierten) Beträge können der Existenzminimum-Verordnung entnommen werden und werden mit Beginn des jeweils nächsten Kalenderjahres angehoben (siehe 19.13).

Das Gesetz basiert im Wesentlichen auf folgendem System von Grund- und Steigerungsbeträgen:

Von der Berechnungsgrundlage hat dem Verpflichteten bei monatlicher Auszahlung ein Existenzminimum in der Höhe des Ausgleichszulagenrichtsatzes für allein stehende Personen (§ 293 Abs. 1 lit. a ASVG) als allgemeiner Grundbetrag zu verbleiben.

Besteht kein Anspruch auf Sonderzahlungen, so erhöht sich der allgemeine Grundbetrag um ein Sechstel (erhöhter allgemeiner Grundbetrag).

Gewährt der Verpflichtende auf Grund einer gesetzlichen Verpflichtung Unterhalt, so wird der unpfändbare Teil um 20 % für jede unterhaltspflichtige Person monatlich erhöht **(Unterhaltsgrundbetrag)**. Es dürfen jedoch höchstens fünf Unterhaltspflichten berücksichtigt werden.

Vom Mehrbetrag (Differenz zwischen der Berechnungsgrundlage und dem Grundbetrag) haben dem Verpflichteten mindestens 30 % zu verbleiben (allgemeiner Steigerungsbetrag). Weiters sind die Unterhaltssteigerungsbeträge zu beachten (10 % des Mehrbetrags je Unterhaltspflicht, höchstens jedoch 50 %).

Diese Grund- und Steigerungsbeträge zusammen bilden das Existenzminimum.

Der Teil der Berechnungsgrundlage, der den vierfachen Ausgleichszulagenrichtsatz monatlich übersteigt, ist zur Gänze pfändbar (§ 291a Abs. 3 EO).

Sowohl das tägliche als auch das wöchentliche Existenzminimum werden in Hinkunft direkt aus der Tabelle für monatliche Entlohnung errechenbar sein, da das Gesetz hierfür keine eigenen Existenzminima oder Grundbeträge vorsieht, sondern bestimmt, dass das tägliche Existenzminimum 1/30 des monatlichen Grundbetrages und das wöchentliche Existenzminimum das Siebenfache des täglichen Existenzminimums beträgt (§ 291a Abs. 4 EO).

Nach der Auffassung des OLG Linz (13.3.2013, 12 Ra 15/13 g, ARD 6336/1/2013) ist das Existenzminimum nicht zu aliquotieren, wenn nicht das volle Monatsentgelt zusteht.

Hat der AG unpfändbare Bezugsteile an die betreibende Partei ausbezahlt, so kann der AN diese Beträge gegen den AG geltend machen, wenn den AG Vorsatz oder grobe Fahrlässigkeit trifft (§ 292j Abs. 1 EO – OLG Wien 10 Ra 69/07 a = ARD 5942/8/2009).

19.6 Sonderzahlungen und Jubiläumsgelder

Sonderzahlungen sind wie ein eigener Monatsbezug beschränkt pfändbar. Dabei ist jeweils vom allgemeinen Grundbetrag (nicht vom erhöhten allgemeinen Grundbetrag) auszugehen. Wenn eine Sonderzahlung in Teilzahlungen gewährt wird, ist der unpfändbare Freibetrag (§ 291a EO) entsprechend aufzuteilen. Der unpfändbare Freibetrag ist auch dann voll zu berücksichtigen, wenn der Verpflichtende nicht während des ganzen Monats gearbeitet hat (OGH 25.3.1986, 14 Ob 29/86, ARD 3784/11/86). Das gleiche wie beim laufenden Bezug muss auch bei Sonderzahlungen gelten. Scheidet somit ein AN während des Jahres mit einem aliquoten Anspruch auf die beiden Sonderzahlungen aus, so kommt er dennoch jeweils in den Genuss des vollen Existenzminimums (OLG Wien 23.7.2014, 8 Ra 59/14 a, ARD 6417/13/2014, *Rauch*, Arbeitsrecht 2015, 37).

Ein 15. oder 16. Monatsbezug ist beim monatlichen Einkommen des Auszahlungsmonats hinzuzurechnen.

Jubiläumsgelder, die einem AN auf Grund eines Arbeitsverhältnisses zustehen (z.B. zwei Monatsbezüge nach 30 Dienstjahren gemäß dem anzuwendenden KV), gehören zu den beschränkt pfändbaren Forderungen nach § 290a Abs. 1 Z 1 und Abs. 2 EO. Sie sind keine einmaligen Leistungen mit Ersatzcharakter i.S.d. § 291d EO (die der Pfändung entzogen wären – OGH 29.1.2014, 9 Ob A 14/14 w, *Rauch*, Arbeitsrecht 2015, 36).

19.7 Abfertigung, Vergütung für offenen Resturlaub

Vor dem 1.1.2002 konnte der AN ein Existenzminimum für jene Zeiträume in Anspruch nehmen, für die er die beendigungsabhängigen Ansprüche erhält. Im Falle der Abfertigung konnte er daher das Existenzminimum für jene Anzahl von Monaten beanspruchen, für die er eine Abfertigung erhielt.

Nunmehr steht ihm ein derartiges Existenzminimum nur mehr für einen Monat (und drei Zehntel vom Restbetrag für die gesamte Zeit) zu, auch wenn er z.B. eine Abfertigung in Höhe von zwei oder mehreren Monatsentgelten erhält. Die Höchstgrenze des vierfachen Ausgleichszulagenrichtsatzes (siehe auch 19.5) ist jedoch hier nicht zu beachten (§ 291d Abs. 1 EO).

Das Vielfache des unpfändbaren Freibetrages hat ihm nur dann zu verbleiben, wenn er einen diesbezüglichen Antrag stellt und dieser bewilligt wird. Da dem Verpflichteten für diesen Antrag ausreichend Zeit gewährt werden muss, darf der Drittschuldner den pfändbaren Betrag erst nach vier Wochen auszahlen.

Diese neue Regelung für einmalige Leistungen bei Beendigung des Arbeitsverhältnisses gilt insbesondere für die Abfertigung und für die Ersatzleistung (nicht für Sonderzahlungen und eine Kündigungsentschädigung).

Freiwillige Abfertigungen sind ebenfalls pfändbar. Dies gilt auch dann, wenn gegen die Zahlung einer freiwilligen Abfertigung ein entgeltliches Konkurrenzverbot vereinbart wird (OGH 3 Ob 75/00 a = ARD 5232/34/2001).

Die Berechnung des pfändbaren Teils der Abfertigung neu (siehe 45.6) ist von der zuständigen BV-Kasse durchzuführen.

19.8 Exekution wegen gesetzlicher Unterhaltsansprüche

Bei der **Exekution** wegen **Unterhaltsansprüchen** (u.a. inklusive der Prozess- und Exekutionskosten sowie Zinsen, die bei der Durchsetzung des Unterhaltsanspruches erwachsen sind) verbleiben dem Verpflichteten nur 75 % des unpfändbaren Freibetrages. Der Unterhaltsgrund- und -steigerungsbetrag ist nicht für jene Person zu berücksichtigen, die die Exekution wegen ihrer Unterhaltsforderung führt.

Aus dem Differenzbetrag zwischen dem nach den allgemeinen Regeln ermittelten unpfändbaren Freibetrag und dem unpfändbaren Freibetrag bei Exekution wegen Unterhaltsansprüchen sind die Unterhaltsexekutionen zu befriedigen, wobei im Fall mehrerer Unterhaltsexekutionen (ungeachtet des Pfandranges) vorweg die laufenden Unterhaltsansprüche zu bedienen sind.

Soweit Unterhaltsforderungen nicht aus dem Differenzbetrag befriedigt werden können, sind sie aus dem allgemein pfändbaren Betrag neben den sonstigen Forderungen entsprechend ihrem Rang zu befriedigen.

Die Frage, ob eine gesetzliche Unterhaltspflicht gegenüber dem Ehegatten des Verpflichteten besteht, bereitet Schwierigkeiten, wenn beide Ehepartner ein Einkommen beziehen. Diesfalls geht die familienrechtliche Rechtsprechung davon aus, dass eine Unterhaltspflicht in der Regel nur dann besteht, wenn das Einkommen eines Ehepartners 40 % des Gesamteinkommens des Ehepaares nicht übersteigt.

Ein gesetzlicher Unterhaltsanspruch gegen den Verpflichteten kann auch seinen Eltern zukommen (§ 143 ABGB), sofern diese nicht selbsterhaltungsfähig sind. Selbsterhaltungsfähigkeit im Sinne des § 143 ABGB liegt dann vor, wenn der Vorfahre in der Lage ist, die seinen Lebensverhältnissen angemessenen Bedürfnisse zu befriedigen.

Einschlägige Judikatur

- *Die Unterhaltspflicht von Kindern gegenüber ihren Eltern stellt eher den Ausnahmefall dar. Voraussetzung für das Bestehen einer solchen Pflicht ist, dass die Eltern oder der Elternteil nicht imstande sind bzw. ist, sich selbst zu erhalten. Es ist daher primär festzustellen, ob die Selbsterhaltungsfähigkeit gegeben ist. Ist der Aufenthalt in einem Seniorenwohnheim nötig, was bei hohem Alter nahe liegt, sind auch dessen Kosten Bestandteil der Unterhaltspflicht (OGH 1 Ob 156/97 s = ARD 4878/17/97).*

19.9 Vorschüsse und Nachzahlungen

Vorschüsse und Nachzahlungen sind für den Zeitraum zu berücksichtigen, auf den sie sich beziehen (z.B. im Februar gewährter Vorschuss auf das April-Gehalt ist beim April-Gehalt, Nachzahlung im Juli für das Juni-Gehalt ist beim Juni-Gehalt zu berücksichtigen).

Zur Einbringung des Vorschusses oder eines von ihm gewährten **Darlehens** kann der Drittschuldner den Differenzbetrag zwischen dem Existenzminimum und dem halben allgemeinen Grundbetrag heranziehen. Falls dadurch der Vorschuss bzw. das Darlehen nicht eingebracht werden kann, kann auch der pfändbare Betrag herangezogen werden (§ 290c EO).

Diese Bestimmungen gelten jedoch nur für Rückzahlungsbeträge, nicht für Darlehenszinsen.

Einschlägige Judikatur

- *Erfolgten Vorauszahlungen des AG nicht in missbräuchlicher Absicht, um einer bevorstehenden Gehaltsexekution zuvorzukommen und den betreibenden Gläubiger zu schädigen, kann ein AN durch Akontierungen letztlich mehr als den pfändungsfreien Betrag erhalten, wenn die Pfändung seines Lohnes der Vorauszahlung zeitlich nachfolgt (OLG Wien 8 Ra 366/96 v = ARD 4882/32/97).*

19.10 Vormerkpflicht

Der Drittschuldner muss das Pfandrecht befristet vormerken, auch wenn zum Zeitpunkt der Zustellung des Zahlungsverbotes keine Abzüge vorgenommen werden können, weil das Arbeitsverhältnis unterbrochen (nicht karenziert – siehe 41.6) ist (Fall 1) oder die Höhe des Arbeitseinkommens unter dem Existenzminimum liegt (Fall 2) oder das Arbeitseinkommen den unpfändbaren Freibetrag nicht übersteigt (Fall 3).

Die Vormerkfrist beträgt im Fall 1 ein Jahr ab Auflösung des Arbeitsverhältnisses. In den Fällen 2 und 3 besteht eine unbefristete Vormerkpflicht (§ 299 EO).

Wird daher innerhalb von einem Jahr das Arbeitsverhältnis fortgesetzt bzw. übersteigt das Arbeitseinkommen zu einem späteren Zeitpunkt das Existenzminimum, so ist die Pfändung auf Basis des ursprünglichen Ranges vorzunehmen.

Weiters kann der AN als verpflichtete Partei einen Antrag auf Aufschiebung der Exekution stellen, wenn er eine Zahlungsvereinbarung mit dem Gläubiger schließt. Falls das Exekutionsgericht dem Antrag stattgibt, ist die Pfändung einzustellen und das Pfandrecht in Evidenz zu halten (wodurch der Pfandrang erhalten bleibt). Der AG sollte die Lohnpfändung erst dann einstellen, wenn eine unbedenkliche gerichtliche Urkunde (rechtskräftiger Gerichtsbeschluss) vorliegt, aus der hervorgeht, dass ab einem bestimmten Zeitpunkt die Exekution ausgesetzt werden kann.

19.11 Pfändung auf Grund einer Verpfändung bzw. ohne Exekutionstitel

Die Pfändung erfolgt auf Grund eines **Exekutionstitels** (siehe 19.1). Unter bestimmten Voraussetzungen kann die Pfändung auch auf Grund einer Vereinbarung zwischen dem betreibenden Gläubiger und dem Verpflichteten erfolgen. Dazu hat die Rechtsprechung ausgeführt (OGH 4 Ob 215/97 i), dass eine Vereinbarung, wonach ein AN zur Sicherung nicht fälliger Forderungen seine Lohn- bzw. Gehaltsansprüche für den Fall des Terminverlustes unwiderruflich verpfändet und unbedingt seine Zustimmung zur Überweisung an den Gläubiger erteilt, gegen das Abtretungsverbot des § 12 Konsumentenschutzgesetz verstößt. Demnach kann sich das Kreditinstitut ein rechtswirksames Verwertungsrecht vom AN erst dann einräumen lassen, wenn sich der AN mit der Rückzahlung von Tilgungsraten bereits im Rückstand befindet. Hat sich die Bank hingegen gleich bei Abschluss des Kreditvertrages ein Verwertungsrecht einräumen lassen, so verstößt dies gegen § 12 KSchG. Auf Grund eines solchen rechtsunwirksamen Verwertungsrechts darf der Drittschuldner keine Zahlungen an den Gläubiger vornehmen. Nach Auftreten von Rückständen kann der Gläubiger den Verpflichteten auffordern, eine **Einziehungsermächtigung** zu gewähren und darauf hinweisen, dass sein Schweigen als Zustimmung zu werten ist. Nach der Rechtsprechung kann in einem solchen Fall ausnahmsweise das Schweigen als Zustimmung gewertet werden (OGH 9 Ob A 361/93). Gibt also der entsprechend belehrte Verpflichtete keine Erklärung ab, so kann sein Arbeitseinkommen gepfändet werden.

Einschlägige Judikatur
- *Die Vereinbarung, dass Schweigen als Zustimmung zu werten ist, ist nach § 6 Abs. 1 Z 2 Konsumentenschutzgesetz zulässig, wenn der Verbraucher bei Beginn der Frist auf die Bedeutung seines Verhaltens besonders hingewiesen wurde und zur Abgabe einer ausdrücklichen Erklärung eine angemessene Frist zur Verfügung hat. Der Verbraucher darf durch Abreden bei der Abgabe von Willens- oder sonstigen vertragsrelevanten*

Erklärungen, die dem Unternehmerinteresse entgegenstehen, nicht behindert und die Abgabe von dem Unternehmer günstigen Erklärungen nicht soweit erleichtert werden, dass sie dem Verbraucher geradezu unterstellt werden (OGH 9 Ob A 361/93).

- *Ist eine Vereinbarung über die Verpfändung und Überweisung von Arbeitseinkünften nicht so formuliert, dass sie erst mit der Fälligkeit der Forderung des Unternehmers wirksam wird, sondern dahin zu verstehen, dass der Verbraucher seine Arbeits- und sonstigen Einkünfte unbedingt zur Sicherung der einzutreibenden Forderung verpfändet und bereits bei Abschluss der Vereinbarung unwiderruflich seine Zustimmung zur Überweisung erteilt, verstößt sie gegen das Abtretungsverbot des Konsumentenschutzgesetzes (OGH 4 Ob 215/97 i = ARD 4887/21/97).*

19.12 Pfändung einer übertragenen oder verpfändeten Forderung

Der Drittschuldner muss vorrangige Forderungsabtretungen (Zessionen) und Verpfändungen (vertraglich eingeräumte Pfandrechte) beachten.

Da gemäß § 12 KSchG Abtretungen von Lohn- und Gehaltsforderungen zur Sicherung oder Befriedigung noch nicht fälliger Forderungen (z.B. in Zukunft zu tilgende Kreditraten) unzulässig sind, ist die Zession zur Kreditsicherung nunmehr bedeutungslos.

Bei der Verpfändung des Arbeitseinkommens muss der Drittschuldner drei verschiedene Verständigungen beachten (§ 300a EO):

Erste Verständigung:

Das Einlangen der Verpfändungserklärung beim Drittschuldner. Die Zustellung der Verpfändungserklärung ist nur für den Rang des Pfandrechtes von Bedeutung.

Zweite Verständigung:

Die Verständigung des Drittschuldners von der gerichtlichen Geltendmachung der dem Pfandrecht zu Grunde liegenden Forderung verpflichtet ihn, den vom Pfandrecht erfassten Betrag zurückzubehalten und auf Antrag eines Gläubigers beim Exekutionsgericht zu hinterlegen.

Dritte Verständigung:

Der betreibende Gläubiger teilt dem Drittschuldner mit, dass er auf Grund eines nunmehr erlangten **Exekutionstitels** oder einer vertraglichen Vereinbarung über die außergerichtliche Verwertung einen Verwertungsanspruch erworben hat. Erst die dritte Verständigung verpflichtet den Drittschuldner, auf Grund der Verpfändung Zahlungen an den betreibenden Gläubiger vorzunehmen.

19.13 Hinweise für die Praxis

Die **Existenzminimum-Tabellen** enthalten für jedes Kalenderjahr die jeweiligen Beträge für den unpfändbaren Freibetrag. Den Tabellen kann für den entsprechenden Bezug das jeweilige Existenzminimum entnommen werden, wodurch die Ermittlung des unpfändbaren Betrages entscheidend vereinfacht wird. Die Tabellen können dem Internet entnommen werden (www.justiz.gv.at).

Falls Zweifel auftreten, ob Unterhaltspflichten zu berücksichtigen sind, ob eine Zahlung eine unpfändbare Aufwandsentschädigung ist oder ob an einer Entgeltforderung ein Pfandrecht begründet wurde, so kann eine für ein allfälliges Drittschuldnerverfahren bindende Entscheidung des Exekutionsgerichtes eingeholt werden. Strittige Beträge, die Gegenstand des Antrages sind, können zurückbehalten werden (§ 292k EO).

Wenn die Forderung nicht nur vom betreibenden Gläubiger, sondern auch von anderen Personen beansprucht wird und die Sach- und Rechtslage unklar ist, so kann der Drittschuldner (bzw. muss auf Antrag eines Gläubigers) den entsprechenden Betrag beim Exekutionsgericht hinterlegen (§ 307 EO). Nach vollständiger Zahlung der in der Exekutionsbewilligung angeführten festen Beträge (Kapital und Kosten) kann der Drittschuldner vom betreibenden Gläubiger eine **Aufstellung über die noch offenen Beträge** (z.B. Zinsen) verlangen. Wenn der betreibende Gläubiger nicht innerhalb von vier Wochen dieser Pflicht nachkommt, kann der Drittschuldner die Zahlungen an den betreibenden Gläubiger einstellen, bis die Aufstellung einlangt (§ 292l EO).

19.14 Klage des AN auf gepfändete Forderungen

Falls der AN gepfändete Forderungen einklagt (z.B. Abfertigung und Kündigungsentschädigung nach einer Entlassung), so müsste der AG (bzw. sein Rechtsvertreter) auf die Rechte der betreibenden Parteien im Zuge des Verfahrens hinweisen (Einwand der mangelnden Aktivlegitimation des AN – Details siehe § 308 a EO; OGH 8 Ob A 80/03b = ARD 5532/4/2004). Wird dies nämlich unterlassen und spricht das Gericht die eingeklagten Beträge zu, so werden dem AN auch die gepfändeten Teile des begehrten Entgelts im rechtskräftigen Urteil zugesprochen und ist daher der AG verpflichtet, die Zahlungen zur Gänze an den AN (also auch den pfändbaren Teil) zu bezahlen (OLG Wien 9 Ra 66/08 d = ARD 5942/9/2009). Ebenso ist aber auch der betreibenden Partei (bzw. den betreibenden Parteien) der gepfändete Teil des auf Grund des Urteils abgerechneten Arbeitsentgelts zu bezahlen. Es kommt daher zur doppelten Bezahlung des gepfändeten Teils des im Urteil zugesprochenen Arbeitsentgelts. Die klagsweise Durchsetzung der Rückzahlung des gepfändeten Teils durch den AG wird von der Rechtsprechung abgelehnt, weil die Folgen eines Urteilsspruchs nicht durch materiellrechtliche Normen beseitigt werden können (OGH 9 Ob A 229/91 = ARD 4387/28/92). Es ist daher vom Rechtsvertreter des AG im arbeitsgerichtlichen Verfahren darauf zu achten, dass spätestens bis zum Schluss der mündlichen Verhandlung erster Instanz die Pfändung eingeklagter Ansprüche vorgebracht wird.

20. Entgeltfortzahlung bei Krankheit, Unglücksfällen und Kuraufenthalten

Zu Altersteilzeit und Krankenstand siehe 14.8.2.2.3.

Zum Ersatz des Krankenentgelts durch den Verursacher siehe 26.5.

Zur Erkrankung während des Urlaubs und eines Zeitausgleichs siehe 27.5.

Zur Kündigung während eines Krankenstands siehe 41.1.2.

Zum Krankenstand als persönlichen Kündigungsgrund siehe 41.8.4.2.

Zu weiteren Details siehe *Rauch*, Kommentar zum EFZG und zu den wichtigsten Krankenstandsregelungen des privaten Arbeitsrechts, Linde Verlag, Wien 2006.

20.1 Begriffserläuterung und Zuschuss zum Krankenentgelt für kleinere Unternehmen

Die gesetzlichen Bestimmungen über den Angestellten-Krankenstand (§§ 8 und 9 AngG), den Arbeiter-Krankenstand (EFZG) und den Lehrlings-Krankenstand (§ 17a BAG) enthalten teilweise einander entsprechende Regelungen bzw. ist die Judikatur zum Krankenstand zum Teil auf Arbeiter, Angestellte und Lehrlinge gleichermaßen anwendbar.

Anstelle der Erstattung des Krankenentgelts bei Arbeitern (bis 31.12.2000) kann nunmehr ein Zuschuss zum Krankenentgelt (§ 53b ASVG) beantragt werden.

Zuschüsse zum Krankenentgelt gebühren jenen AG, die in ihrem Unternehmen durchschnittlich nicht mehr als 50 AN beschäftigen, wobei der Ermittlung des Durchschnitts das Jahr vor Beginn der jeweiligen Entgeltfortzahlung zu Grunde zu legen ist. Dabei sind auch Zeiträume zu berücksichtigen, in denen vorübergehend keine AN beschäftigt wurden (§ 53b Abs. 2 Z 1 ASVG).

Der Zuschuss ist für Arbeiter, Angestellte und Lehrlinge möglich (bzw. alle AN i.S.d. § 4 Abs. 2 ASVG).

Die Zuschüsse betragen 50 % des jeweils tatsächlich fortgezahlten Entgelts zuzüglich eines Zuschlages in Höhe von 8,34 % des jeweils tatsächlich fortgezahlten Entgelts unter Berücksichtigung der allfälligen Sonderzahlungen, und zwar

- bei Arbeitsverhinderung durch Krankheit jeweils ab dem 11. Tag der Entgeltfortzahlung für die weitere Dauer, längstens jedoch bis zum 42. Tag einer ununterbrochenen Entgeltfortzahlung bzw.
- bei Arbeitsverhinderung nach Unfällen ab dem 1. Tag der Entgeltfortzahlung für die Dauer der tatsächlichen Entgeltfortzahlung, längstens jedoch bis zum 42. Tag einer ununterbrochenen Entgeltfortzahlung, sofern die der Entgeltfortzahlung zu Grunde liegende Arbeitsverhinderung länger als drei aufeinanderfolgende Tage gedauert hat,

- die Zuschüsse werden zusammen für höchstens 42 Tage der tatsächlichen Entgeltfortzahlung pro Arbeitsverhältnis und Arbeitsjahr (Kalenderjahr) gewährt. Erkrankt beispielsweise ein AN durchgehend 63 Tage (erste Erkrankung im Arbeitsjahr), so steht dem AG ein Zuschuss für 42 Tage zu (OGH 10 Ob S 120/06 d, 10 Ob S 123/06 w = ARD 5729/7/2006).

Die Ermittlung der Höhe der Zuschüsse erfolgt unter Beachtung der eineinhalbfachen Höchstbeitragsgrundlage.

Die Zuschüsse sind jeweils im Nachhinein, längstens bis zum Ende eines Monats nach dem Ende jenes Quartals auszuzahlen, in dem der Antrag gestellt wurde (Zuständigkeit: AUVA und Versicherungsanstalt der Eisenbahnen und Bergbau). Der Antrag ist innerhalb von zwei Jahren zu stellen.

Die Zuschüsse werden nur auf Antrag nach Ende der Entgeltfortzahlung gewährt. Formulare sind beispielsweise bei der AUVA sowie im Internet (www.efz.auva.net) erhältlich. Streitigkeiten über den Zuschuss mit der AUVA fallen in die Kompetenz der Arbeits- und Sozialgerichte (OGH 10 Ob S 64/06 v = ARD 5705/8/2006).

Zu Unrecht geleistete Zuschüsse können innerhalb von drei Jahren zurückgefordert werden (§ 107 ASVG, VfGH 25.11.2013, V 17/2013).

Falls bei einem durchgehenden Krankenstand im alten Arbeitsjahr die elftägige zuschussfreie Zeit bereits abgelaufen ist, so ist der Anspruch auf einen Zuschuss für einen Arbeiter für den Krankenentgeltanspruch ab Beginn des neuen Arbeitsjahres gegeben (OGH 10 Ob S 108/06 i = ARD 5729/8/2006 – zum neuen Krankenentgeltanspruch bei Beginn des Arbeitsjahres siehe 20.10).

Für den AG ist auf Grund der Unterschiede bei dem Beginn des Zuschusses die Information maßgeblich, ob ein Unfall oder ein auf einer anderen Ursache beruhender Krankenstand vorliegt. Nach dem Gesetz hat der AN auf Verlangen des AG eine kassenärztliche Bestätigung über die Ursache und Dauer der Arbeitsunfähigkeit vorzulegen (§§ 8 Abs. 8 AngG und 4 Abs. 1 EFZG). Der Begriff „Ursache" ist so zu verstehen, dass anzugeben ist, ob die Arbeitsunfähigkeit auf einer Krankheit bzw. einem Unglück oder einem Arbeitsunfall bzw. einer Berufskrankheit beruht, weil diese Information überdies für die Dauer des Krankenentgeltanspruchs gegen den AG erheblich ist. Demnach erhält der AG spätestens bei Vorlage der Krankenstandsbestätigung die Information, ob ein Arbeitsunfall vorliegt und daher ein Antrag bei der AUVA eingebracht werden kann. Eine Verpflichtung zur Angabe eines Freizeitunfalls wird jedoch derzeit vom Gesetz nicht vorgesehen. Es ist daher dem AG zu empfehlen, dem AN die Weisung zu erteilen, den AG zu informieren, falls ein Freizeitunfall den Krankenstand verursacht hat (siehe auch *Rauch*, Judikatur zum Zuschuss zur Entgeltfortzahlung, ASoK 2007, 143 ff.).

> **Muster zur Informationspflicht des AN bezüglich Freizeitunfällen**
>
> *Weisung an alle AN:*
>
> *Der AG hat nach § 53b ASVG die Möglichkeit, einen Zuschuss von 50 % des an den jeweiligen AN ab dem 11. Tag bezahlten Krankenentgelts zu beantragen. Falls der Krankenstand auf einem Arbeits- oder Freizeitunfall beruht, kann der Zuschuss bereits ab dem 1. Tag des Krankenstands beantragt werden, wenn der Krankenstand länger als drei aufeinanderfolgende Tage gedauert hat. Wir erinnern in diesem Zusammenhang auch an die gesetzliche Verpflichtung zur Meldung von Arbeitsunfällen an die Geschäftsleitung (§ 15 Abs. 5 ASchG).*
>
> *Weiters wird Ihnen die Weisung erteilt, unserer Geschäftsleitung jene (Ihrer) Freizeitunfälle zu melden, die einen über drei aufeinanderfolgende Tage hinausgehenden Krankenstand bewirkt haben. Die Unterlassung dieser Meldung führt bei unserem Unternehmen zu einem ersatzpflichtigen Schaden durch den entgangenen bzw. verkürzten Zuschuss. Daher bitten wir Sie dringend, diese Weisung bzw. Informationspflicht zu beachten.*

20.2 Arbeitsunfähigkeit

Eine Arbeitsunfähigkeit liegt vor, wenn der Erkrankte (bzw. der durch einen Unfall Verletzte) nicht oder nur mit der Gefahr, seinen Zustand zu verschlechtern, in der Lage ist, seine bisherige Arbeitstätigkeit auszuüben. Das Fernbleiben des AN infolge seiner Krankheit bzw. eines Unfalls ist auch dann gerechtfertigt, wenn der AN auf die ärztliche Krankschreibung vertrauen durfte, obwohl objektiv keine Arbeitsunfähigkeit gegeben war. Der AN kann jedoch nicht auf die Richtigkeit der **Krankenstandsbestätigung** vertrauen, wenn er ihre Ausstellung durch bewusst falsche oder übertriebene Angaben herbeigeführt hat oder diese nur auf Grund seiner eigenen Angaben über seine Beschwerden ausgestellt wurde (OGH 9 Ob A 199/89, 9 Ob A 206/94).

Die Arbeitsunfähigkeit erfordert, dass der AN konkret an der Verrichtung der geschuldeten Arbeit verhindert ist (OLG Wien 9 Ra 359/97 = ARD 4956/12/98). Leistet etwa der AN schwere körperliche Arbeit, so folgt aus Beschwerden bei der Fortbewegung eine Arbeitsunfähigkeit. Falls diese Beschwerden bei einem im Sitzen tätigen AN auftreten, müssen sie jedoch nicht zwangsläufig eine Arbeitsunfähigkeit bewirken. Dasselbe Leiden kann somit je nach Art der zu erbringenden Arbeitsleistung im Einzelfall einen **Krankenstand** rechtfertigen oder aber nicht.

Dem AG steht das Recht zu, den Beweis dafür anzutreten, dass der AN trotz Vorlage einer gegenteiligen Bescheinigung arbeitsfähig war und davon Kenntnis hatte oder nach den Umständen des Falles offenbar haben musste (OGH 9 Ob A 15/98 s

= ARD 4163/1/98). Die Nichtanerkennung des Krankenstands durch die GKK ist daher jedenfalls für sich alleine kein taugliches Mittel, um ein schuldhaftes Verhalten des AN festzustellen (ASG Wien 29 Cga 263/96 z = ARD 4937/7/98).

Arbeitsunfälle sind binnen fünf Tagen dem Träger der Unfallversicherung anzuzeigen, wenn sie zu völliger oder teilweiser Arbeitsunfähigkeit von mehr als drei Tagen geführt haben (§ 363 Abs. 1 ASVG). Die schuldhafte Missachtung der Anzeigepflicht macht schadenersatzpflichtig (OGH 25.11.1980, 4 Ob 31/80, Arb 9.920, siehe 22.).

Einschlägige Judikatur

- *Der Begriff der Arbeitsunfähigkeit erfordert, dass der AN konkret an der Verrichtung der geschuldeten Arbeit verhindert ist. Die Tätigkeit eines Kfz-Mechanikers z.B. kann bei massiven Einschränkungen der Beweglichkeit infolge eines Hexenschusses, die sogar dazu führt, dass Kopfbewegungen eingeschränkt sind, nicht ausgeübt werden (OLG Wien 9 Ra 359/97 y = ARD 4956/12/98).*

- *Unbefriedigend an der gegenwärtigen Praxis der „Krankschreibung" ist, dass sich der Vertragsarzt innerhalb gewisser Grenzen – neben klinisch feststellbaren Krankheitserscheinungen – auf die Angaben seines Patienten verlassen und andererseits regelmäßig ohne Kenntnis der Art der Arbeitsleistung des Versicherten und die damit verbundenen Anforderungen eine Bescheinigung über die von ihm zu prüfende Rechtsfrage der „Arbeitsunfähigkeit" ausstellen muss (OGH 8 Ob A 2302/96 d = ARD 4817/11/97).*

- *Der Begriff der „Arbeitsunfähigkeit" infolge Krankheit ist kein medizinischer, sondern das Ergebnis rechtlicher Würdigung eines bestimmten Sachverhaltes, nämlich die Beurteilung der auf Grund der medizinischen Befunde festzustellenden körperlichen und geistigen Fähigkeiten in Beziehung zur bisherigen Beschäftigung (OGH 9 Ob A 15/98 s).*

- *Die Anrechnung schwangerschaftsbedingter Krankenstände auf das Krankenentgelt-Kontigent ist nicht diskriminierend (EuGH C-191/03 McKenna = ARD 5653/6/2006).*

20.3 Beachtung ärztlicher Anordnungen bzw. des Schonungsbedarfes

Ein AN, der sich im Krankenstand befindet, ist verpflichtet, den auf die Wiederherstellung seiner Gesundheit abzielenden Anordnungen des Arztes nach Möglichkeit nachzukommen und ihnen jedenfalls nicht so schwer wiegend zuwiderzuhandeln, dass der Krankheitsverlauf negativ beeinflusst und bzw. oder der Heilungsverlauf verzögert werden könnte. Verhältnismäßig geringfügiges Zuwiderhandeln, wie es immer wieder vorkommen mag, wird bei der Beurteilung nicht ins Gewicht fallen. Missachtet aber ein infolge Krankheit arbeitsunfähiger AN die Anordnungen seines Arztes in erheblichem Maße und ist dieses Verhalten geeignet, den Krankheitsverlauf negativ zu beeinflussen oder den Heilungsverlauf zu verzögern, so stellt dieses Verhalten einen Entlassungsgrund dar (Arb 10.614; OGH 9 Ob A 329/99 v, 8 Ob A 12/00 y).

Nicht entscheidend ist dabei, ob das Zuwiderhandeln tatsächlich zu einer Verlängerung des Krankenstands führt. Es genügt, wenn das Verhalten als solches geeignet ist, den Genesungsprozess zu verzögern. Dabei liegt es am AG, im Prozess vorzubringen, dass die Verhaltensweise des AN im konkreten Fall geeignet gewesen wäre, den Heilungsprozess zu verzögern (OGH 8 Ob A 109/03 t = ARD 5497/8/2004).

Der OGH hat beispielsweise die Nichteinhaltung der verordneten Bettruhe, Traktorarbeit bei der Rübenernte (zumindest je acht Stunden in zwei Tagen) trotz Hexenschuss und den Aufenthalt in einem Freibad trotz Grippe als Gründe für eine gerechtfertigte Entlassung bestätigt.

Liegt eine Krankenstandsbestätigung ohne Endtermin vor und wird der Arzt nicht in angemessenen Zeitabständen aufgesucht, ist die Entlassung ebenfalls gerechtfertigt (OGH 9 Ob A 206/94). Der AN ist bei offenem Ende des Krankenstands jedenfalls dann verpflichtet, sich ärztlicherseits untersuchen zu lassen, wenn er sich subjektiv besser fühlt (OGH 9 Ob A 52/98 g).

Weiters vertritt die Rechtsprechung die Auffassung, dass der bloße Verstoß gegen die vorgegebenen **Ausgehzeiten** keinen Entlassungsgrund bildet. Auch wenn keine Ausgehzeit gewährt wurde und der AN dennoch ausgeht, so bildet dies an sich noch keinen Entlassungsgrund. Vielmehr muss das Verhalten des AN geeignet sein, die Genesung zu verzögen. Unabhängig davon werden gewisse lebensnotwendige Ausgänge (z.B. Einkauf von Lebensmitteln) jedenfalls zuzugestehen sein.

Auskunftspflicht des AN im Krankenstand

Auf Grund seiner Treuepflicht hat der AN die betrieblichen Interessen des AG zu wahren. Daraus kann sich auch die Verpflichtung zur Erteilung einer Auskunft im Krankenstand ergeben. Konkret hat der OGH zu einer an Belastungsstörungen, Somatisierungsstörungen, einem Burn-out-Syndrom und einer mittelgradigen depressiven Episode erkrankten klagenden AN die Auffassung vertreten, dass bei einem solchen Krankheitsbild die Pflicht zur Erteilung dienstlicher Auskünfte an den AG nicht ausgeschlossen werden könne (OGH 26.11.2013, 9 Ob A 115/13 x).

Im Einzelnen sind folgende Grundsätze zu beachten:

- Die Auskunftspflicht muss mit dem Krankheitsbild vereinbar sein.
- Es muss sich um unbedingt erforderliche Informationen handeln, deren Vorenthaltung zu einem schweren wirtschaftlichen Schaden des AG führen würde.
- Das Ausmaß der gewünschten Auskünfte darf den Genesungsprozess nicht beeinträchtigen.
- Dem AN im Krankenstand ist mitzuteilen, welche konkreten Informationen erteilt werden sollen und warum diese nicht woanders beschafft werden können und inwieweit aus der Informationsverweigerung ein schwerer wirtschaftlicher Schaden entstehen könnte.

Insbesondere die Bindung der Auskunftspflicht an einen „schweren wirtschaftlichen Schaden" bei Unterlassung verdeutlicht, dass der OGH für solche Auskünfte äußerst enge Grenzen setzt. Lediglich zu „AN in gehobenen Positionen" wurde ausgeführt, dass auch in diesem Zusammenhang strengere Anforderungen zu stellen seien.

ME darf aber nicht übersehen werden, dass es bei etlichen Krankenständen mehrstündige Ausgehzeiten gibt und bereits unterschiedlichste Aktivitäten (wie der Besuch einer Diskothek, ein Aufenthalt im Freibad, das Lenken eines Autobusses, die Ablegung der Führerscheinprüfung, Ausreiten etc.) während eines Krankenstands für zulässig angesehen wurden (siehe dazu auch die einschlägige Judikatur im Folgenden) und daher nur schwer nachvollziehbar ist, dass andererseits bei solchen Krankenständen ein Telefonat über Weiterleitung dienstlicher Informationen verweigert werden kann, weil etwa der drohende Schaden noch nicht als schwer anzusehen wäre. Im Ergebnis könnten bei so engen Grenzen der Pflicht zur Erteilung von Auskünften im Krankenstand AN, die laut ärztlicher Bestätigung arbeitsunfähig sind (aber auf Grund des Krankheitsbildes ganztägig ausgehen dürfen), die Weiterleitung einer Information ablehnen, weil der mögliche Schaden bei Verweigerung dienstlicher Mitteilungen an den AG nur mittleren Grades (und nicht schwerwiegend) wäre (siehe auch *Rauch*, Dienstliche Informationspflichten trotz eines Krankenstands, PV-info 4/2014, 22 f, *Lang*, Verhaltenspflichten im Krankenstand, ASoK 2014, 129 ff).

Einschlägige Judikatur

- *Die objektive Möglichkeit der Beeinträchtigung des Heilungserfolges durch den Schulbesuch (hier: Maturaschule) während des Krankenstandes begründet Vertrauensunwürdigkeit (OGH 9 Ob A 125/92).*
- *Hat sich der AN mit der Begründung krank gemeldet, verkühlt zu sein, Halsweh und Schmerzen zu verspüren, ist es einleuchtend, dass ein Auftreten in Gasthäusern, in einem üblicherweise verrauchten Raum, als Gitarrist und Sänger in diesem Zustand und an dem Tag, an dem eine Krankmeldung wegen Verkühlung und Halsweh erfolgt ist, für den Heilungsprozess nicht förderlich sein kann. Die Eignung einer Verzögerung des Heilungsprozesses liegt somit vor, auch wenn diese Wirkung im konkreten Fall nicht eingetreten ist (OGH 9 Ob A 25/93 = ARD 4537/8/94).*
- *Hat ein kurzer Besuch einer Diskothek auf den Verlauf von Kreuzschmerzen und einen grippalen Infekt keinen Einfluss, stellt dieser Besuch keinen Kündigungsgrund nach § 32 Abs. 2 lit. f Vertragsbedienstetengesetz dar. Gegen Kreuzschmerzen ist Tanzen eher gesundheitsfördernd, weil dies die Heilung begünstigt. Auch bei einem Schnupfen ist es belanglos, ob jemand in eine Diskothek geht oder nicht (OGH 9 Ob A 298/93 = ARD 4537/9/94).*
- *Wird ein Kraftfahrer, mit dem nur die Lenktätigkeit von Kfz vereinbart ist, wegen eines Wespenstiches krank geschrieben, stellt sein Aufenthalt im Freibad ebenso wenig einen Entlassungsgrund dar, wie er auch nicht verpflichtet ist, seine verbliebene Teilarbeitsfähigkeit dem AG zur Verfügung zu stellen (OGH 8 Ob A 2302/96 d = ARD 4817/11/97).*
- *Das lediglich 30 Minuten dauernde Lenken eines Autobusses während einer mit Schrittgeschwindigkeit durchgeführten Rundfahrt eines als Fahrverkäufer von Tiefkühlprodukten beschäftigten AN während des Krankenstandes ist weder eine Tätigkeit, die geeignet ist, den Heilungserfolg zu gefährden, noch eine den Interessen des AG abträgliche Nebenbeschäftigung (OGH 9 Ob A 2256/96 x = ARD 4821/21/97).*

- *Da dem Kläger sogar Bewegung (Gehen) als Teil der Therapie nach einer schweren Knöchelverletzung empfohlen wurde, ist ein gesundheitsschädliches Verhalten (bzw. einer Verzögerung der Wiedergenesung) durch ein Überschreiten der Ausgehzeit nicht gegeben; es ist in keiner Weise ersichtlich, dass etwa ein Spaziergang nach 17.00 Uhr im Vergleich zu einem davor der raschen Genesung abträglich sein könnte. Zutreffend verweist überdies die klagende Partei auf das Fehlen der Beharrlichkeit für die Verwirklichung des Tatbestandes nach § 82 lit. f GewO 1859 (OGH 8 Ob A 149/98 i).*
- *Muss einem AN infolge der von ihm während des vom Arzt verordneten Krankenstandes verrichteten Tätigkeiten bewusst sein, dass er auch zu den dienstvertraglich übernommenen Pflichten in der Lage ist, ist er nicht arbeitsunfähig und stellt der Nichtantritt des Dienstes auch dann einen Entlassungsgrund dar, wenn ihm vom Arzt Krankheit bescheinigt wird (OGH 9 Ob A 15/98 s = ARD 4963/1/98).*
- *Zwei kurzfristige Vorprüfungsgespräche (je rund 1/2 Stunde) sowie die Ablegung der theoretischen Führerscheinprüfung in der Dauer von rund 20 Minuten samt einem etwaigen Prüfungsstress während eines Krankenstandes bei verordneter Schonung ohne Anordnung der Bettruhe und bei dem Gesundheitszustand der Klägerin angezeigten, wenn auch nicht vermerkten Ausgehzeiten von 13.00 Uhr bis 16.00 Uhr begründen keine erkennbare Verletzung der Anordnung eines Arztes noch einen offenkundigen Verstoß gegen allgemein übliche Verhaltensweisen (OGH 9 Ob A 287/98 s).*
- *Die Anerkennung eines Krankenstandes durch die zuständige Gebietskrankenkasse hat keine bindende Wirkung im Verhältnis zwischen AG und AN (OLG Wien 10 Ra 332/97 k = ARD 4954/8/98).*
- *Die Führung einer Buschenschank durch einen wegen eines Bandscheibenvorfalls im Krankenstand befindlichen Lohnverrechner stellt auch dann eine Vertrauensunwürdigkeit dar und berechtigt den AG zur Entlassung, wenn der Arzt diese Beschäftigung nicht ausdrücklich untersagt hat (OGH 9 Ob A 329/99 v = ARD 5109/16/2000).*
- *30 km lange Motorradfahrten bei einer Sehnenscheidenentzündung sind objektiv geeignet, den Heilungsverlauf zu verzögern (OGH 8 Ob A 100/02 t = ARD 5358/3/2002).*
- *Das Führen von Vorstellungsgesprächen während eines Krankenstandes wegen Rückenschmerzen verzögert den Heilungsverlauf nicht, wenn weder eine Bettruhe noch eine Ruhigstellung erforderlich waren (OGH 8 Ob A 150/02 w = ARD 5389/12/2003).*
- *Im Fall eines AN, der an einem Bandscheibenvorfall im Halswirbelsäulenbereich litt und sich deswegen im Krankenstand befand, berechtigt eine zweimalige kurzfristige Aushilfe im Barbetrieb des Sohnes noch nicht zur Entlassung. Bei einem Aufenthalt von einmal 45 Minuten und einmal rund 2,5 Stunden kann keine Rede davon sein, dass nach der allgemeinen Lebenserfahrung übliche Verhaltensweisen betont oder offenkundig verletzt worden wären (OLG Wien 9 Ra 130/03 h = ARD 5504/4/2004).*

20.4 Kur- und Erholungsaufenthalte

Kur- und Erholungsaufenthalte, Aufenthalte in Heil- und Pflegeanstalten, Rehabilitationszentren und Rekonvaleszentenheimen, die von einem Sozialversicherungsträger, dem BMASK, dem BSA oder einer Landesregierung auf deren Rechnung bewilligt werden, sind rechtlich einem Krankenstand gleichzuhalten.

Der AN hat vor Antritt des Kur- bzw. Erholungsaufenthaltes etc. dem AG unaufgefordert eine Bescheinigung über die Bewilligung bzw. Anordnung vorzulegen. Der Zeitpunkt des Kurantritts muss jedoch nicht mit dem AG abgestimmt werden (OGH 13.9.1995, 9 Ob A 88/95).

20.5 Erschlichene Krankenstandsbestätigung

Das Fernbleiben des AN vom Dienst infolge einer Krankheit bzw. eines Unfalls ist auch dann gerechtfertigt, wenn der AN auf eine ärztliche Krankschreibung vertrauen durfte, obwohl objektiv keine Arbeitsunfähigkeit gegeben war (OGH Ob A 88/05 g = ARD 5689/3/2006). Der AN kann jedoch nicht auf die Richtigkeit der Krankenstandsbestätigung vertrauen, wenn er ihre Ausstellung durch bewusst falsche oder übertriebene Angaben herbeigeführt hat oder diese nur auf Grund seiner eigenen Angaben über seine Beschwerden ausgestellt wurde (OGH Ob A 199/89, 9 Ob A 206/94, 8 Ob A 315/01 h etc. – siehe dazu auch die einschlägige Judikatur zu 20.3).

Das Erschleichen des Krankenentgelts und die bewusste Mitwirkung des Arztes führen zur Strafbarkeit des AN und des Arztes (Betrug – *Baritsch, Helmreich*, ZAS 2003, 171 ff., ecolex 2003, 541 ff.).

20.6 Mitteilungs- und Nachweispflicht

Der AN muss eine Arbeitsunfähigkeit sofort nach ihrem Eintritt dem AG melden. Eine spätere Bekanntgabe bewirkt keine **Säumnisfolgen**, wenn die Verzögerung unverschuldet ist. So etwa, wenn der AN auf Grund einer schweren Erkrankung nicht in der Lage ist, die Erkrankung zu melden und er überdies keine Angehörigen hat, die er bitten könnte, dies für ihn zu tun.

Für die Erfüllung der Meldepflicht bestehen keine strengen Kriterien. So ist die Meldung nicht an eine bestimmte Form gebunden, sondern kann mündlich bzw. telefonisch (OGH 9 Ob A 179/87) und durch Dritte erfolgen. In einem kleinen Betrieb ist die Mitteilungspflicht bei Abwesenheit des AG erfüllt, wenn die Mitteilung an einen im Betrieb tätigen AN erfolgt, der nicht eine ganz untergeordnete Stellung hat.

Wenn in einem größeren Betrieb die Meldung dem AG nicht zugeht, weil ein in die Hierarchie eingegliederter AN diese nicht weiterleitet, wurde der Meldepflicht entsprochen (OLG Linz 18.1.2012, 12 Ra 98/11 k, ARD 6220/3/2012). Die Meldung an einen Mitarbeiter, der mit der Entgegennahme von Telefonaten betraut ist, oder an einen automatischen Telefonbeantworter erfüllt die **Meldepflicht**.

Hat der AG dem AN die Nummer eines Diensthandys bekannt gegeben, so kann der AN seinen Krankenstand auch per SMS oder eine auf die Mailbox gesprochene Nachricht melden. Ebenso ist eine Meldung per Fax denkbar, wenn die Nummer dem AN mitgeteilt wurde (OGH 8 Ob A 92/03 t = ZAS 2004, 125). Der positive Sendebericht nach Absenden des Fax („Ok-Vermerk") reicht aber nicht als Nachweis für die Übermittlung der Krankenstandsbestätigung, weil sich daraus noch nicht ergibt, dass ein Zugang beim Empfänger erfolgt ist (OGH 30.3.2011, 9 Ob A 51/10 f – auch ein Sendeprotokoll zu einem E-Mail ist kein Beweis für dessen Zugang – OGH 29.11.2007, 2 Ob 108/07 g). Die bloße Ankündigung eines Arztbesuches ist keine ausreichende Krankmeldung (OGH 8 Ob A 96/04 g = ARD 5550/3/2004).

Eine weitere Erkrankung im Rahmen eines ununterbrochenen Krankenstands löst keine neuerliche Anzeigepflicht aus (OGH 9 Ob A 62/02 m).

Im Fall eines Kur- bzw. Erholungsaufenthaltes hat der AN vor dessen Antritt dem AG unaufgefordert eine Bescheinigung über die Bewilligung bzw. Anordnung vorzulegen.

Der AN ist nur dann zur Vorlage einer ärztlichen **Krankenstandsbestätigung** verpflichtet, wenn dies der AG konkret im Einzelfall verlangt (OGH 9 Ob A 122/88 = ARD 3995/11/88). Der AG kann bereits am ersten Tag des Krankenstands oder zu einem beliebigen späteren Zeitpunkt während des Krankenstands den Nachweis verlangen. Falls keine ärztliche Krankenstandsbestätigung verlangt wird, ist das Krankengeld für den ordnungsgemäß gemeldeten Krankenstand zu bezahlen. Die Aufforderung nach **Vorlage einer ärztlichen Bestätigung** kann nach angemessener Zeit wiederholt werden. Dies gilt insbesondere dann, wenn der Zeitraum, für den die Arbeitsunfähigkeit bestätigt wurde, abgelaufen ist. Die arbeitsvertragliche Verpflichtung zur unverzüglichen Vorlage einer Krankenstandsbestätigung kann die persönliche Aufforderung zur Vorlage im konkreten Einzelfall nicht ersetzen. Mangels konkreter Aufforderung im Einzelfall ist der AN nicht zur Vorlage einer Krankenstandsbestätigung verpflichtet (OGH 9 Ob A 122/88 – siehe einschlägige Judikatur im Anschluss). Nach der (eher seltsamen) Auffassung des OLG Wien kann die Ehegattin eines AN zwar rechtswirksam dessen Krankenstand melden, soll jedoch die an sie gerichtete Aufforderung zur Übermittlung einer Krankenstandsbestätigung nicht rechtswirksam sein. Demnach müsste der AG bei Dritten, die einen Krankenstand melden, zunächst nach der Berechtigung zur Entgegennahme einer solchen Aufforderung fragen und könnte nur bei einer positiven Antwort die Aufforderung rechtswirksam vornehmen (OLG Wien 7 Ra 12/08 y = ARD 5902/3/2008).

Der Verstoß gegen die Mitteilungs- und Nachweispflicht führt für die Dauer der Säumnis zum Verlust des Anspruchs auf Entgeltfortzahlung (§ 4 Abs. 4 EFZG, § 8 Abs. 8 AngG), rechtfertigt jedoch nur dann die Annahme eines ungerechtfertigten vorzeitigen Austritts oder den Ausspruch einer Entlassung, wenn der AN wusste, dass dem AG dadurch ein wesentlicher Schaden erwachsen werde und ihm die rechtzeitige Meldung leicht möglich gewesen wäre (OGH 8 Ob A 315/01 h, 9 Ob A 233/02 h, 8 Ob A 74/07 a – siehe auch 32.).

Der Entgeltverlust bei Nichtvorlage der vom AG ausdrücklich verlangten Krankenstandsbestätigung setzt das fruchtlose Verstreichen einer angemessenen Frist voraus, die vom AG zu setzen ist. Wird keine Frist vorgegeben, so ist von einer dreitägigen Frist auszugehen, so dass erst ab dem vierten Tag bis zur Vorlage der Bestätigung der Entgeltverlust eintritt (OLG Wien 7 Ra 17/03a = ARD 5452/4/2003).

Nach § 8 Abs. 8 AngG bzw. § 4 Abs. 1 EFZG hat die Bestätigung die „Dauer" bzw. „voraussichtliche Dauer" der Arbeitsunfähigkeit anzugeben. Legt der AN eine Bestätigung vor, die keine diesbezüglichen Angaben enthält, so kann der AG die Nachholung der gesetzlich vorgesehenen Angaben verlangen. Dieses Verlangen stellt eine Aufforderung zur Verbesserung bezüglich der ersten Bestätigung dar. Falls es dem AN leicht möglich wäre, eine vollständige Arbeitsunfähigkeitsbestätigung vorzulegen, und er unterlässt es, tritt Säumnis ein, die zum Verlust des Anspruchs auf Entgeltfortzahlung führt (OGH 8 Ob A 27/04 k – siehe auch *Rauch*, Jüngste Judikatur zum Krankenstand, ASoK 2005, 122; OGH 9 Ob A 145/08 a).

Der Krankenversicherungsträger muss dem AG mitteilen, wenn der AN vom Kontrollarzt gesundgeschrieben wurde oder eine Vorladung zum **Kontrollarzt** keine Folge leistet.

Einschlägige Judikatur

- *Kommt der AN seiner Verpflichtung zur Vorlage der Krankenstandsbestätigung nicht rechtzeitig nach, verliert er für die Dauer der Säumnis seinen Entgeltanspruch auch dann, wenn er mit der Weiterleitung der Krankenstandsbestätigung einen Dritten (hier: Lebensgefährtin) beauftragt hat, der dies aber nicht getan hat (ASG Wien 11 Cga 270/96 x = ARD 5008/7/99).*
- *Eine generelle Anordnung der Vorlage einer Krankenstandsbestätigung im Falle einer Erkrankung ersetzt nicht die für den Verlust des Entgeltanspruchs vorgesehene Anordnung im Einzelfall (OGH 9 Ob A 122/88 = ARD 3995/11/88).*
- *Ein AN muss davon ausgehen, dass er nach Ablauf der Krankenstandszeit von einem AG zur Arbeit erwartet wird, wenn er eine Bestätigung vorlegt, aus der eine gewisse Zeit des Krankenstands ersehen werden kann. Der AG darf seinerseits im Zweifel annehmen, dass entweder die Arbeitsunfähigkeit genauso lange dauert, wie sie von ärztlicher Seite bestätigt wurde, oder aber eine neue Krankmeldung einlangt. Ist der AN schon lange beim AG beschäftigt (hier: 17 Jahre), ist es ihm durchaus zuzumuten, den Betrieb des AG aufzusuchen und seine neue Erkrankung mitzuteilen, ansonsten ihn ein Mitverschulden an der (ungerechtfertigten) Entlassung trifft. Die Unterlassung der Krankmeldung oder der Vorlage einer ärztlichen Bescheinigung rechtfertigt daher die Entlassung (OLG Wien 7 Ra 189/00 s = ARD 5179/10/2000).*
- *Teilt ein AN nämlich, nachdem er an einem Tag wegen einer Erkrankung nicht zu seiner Arbeit erschienen ist, seine Erkrankung erst am Abend dieses Tages dem AG mit, der ihn inzwischen von der Krankenkasse abgemeldet hat, ist ihm ohne berücksichtigungswürdige Gründe Fahrlässigkeit und damit Verschulden an der Abmeldung anzulasten, weil er auch unter Berücksichtigung des Umstands, dass er seinen Krankenstand nicht sofort in der Früh, sondern erst am Abend dem AG mitgeteilt hat, bei Erhalt der Mitteilung der GKK von der erfolgten Abmeldung verpflichtet gewesen wäre, beim AG anzurufen und den Sachverhalt zu klären, ob er noch zur weiteren Erbringung der Arbeitsleistung verpflichtet ist. Hat er dies jedoch unterlassen, ist es ihm damit vorzuwerfen und als fahrlässiges Handeln anzulasten. Tritt der AN dann, ohne seinen AG von seiner Gesundung zu verständigen und seine Arbeitsbereitschaft zu beurkunden,*

einen Dienstposten bei einem anderen AG an, kann er vom AG gerechtfertigt entlassen werden (OLG Wien 10 Ra 186/00 x = ARD 5179/8/2000).

20.7 Krankenstandsbestätigung

Die Krankenstandsbestätigung muss vom zuständigen Krankenversicherungsträger oder einem Gemeindearzt (bei Angestellten auch von einem Amtsarzt) ausgestellt werden. Wurde der Krankenstand von einem Vertragsarzt des Krankenversicherungsträgers bestätigt, so gilt er als vom Krankenversicherungsträger bestätigt. Die Krankenstandsbestätigung hat Angaben über den Beginn, die voraussichtliche Dauer und die Ursache der Arbeitsunfähigkeit zu enthalten. Ob die voraussichtliche Dauer angegeben werden kann, bleibt dem Arzt überlassen. Hinsichtlich der Ursache ist lediglich anzugeben, ob der Krankenstand auf einer Krankheit bzw. einem Unglück oder einem Arbeitsunfall bzw. einer Berufskrankheit beruht. Da beim Arbeitsunfall meistens ein längerer Entgeltanspruch vorgesehen ist, benötigt der AG die Information, ob die Arbeitsunfähigkeit auf einen Arbeitsunfall oder andere Umstände zurückzuführen ist. Die Diagnose unterliegt der **ärztlichen Schweigepflicht**.

Der AG hat einen Anspruch auf eine vollständige Krankenstandsbestätigung. Fehlt daher ein Hinweis auf die Ursache, so ist die Nachweispflicht bis zur Vorlage einer vollständigen Krankenstandsbestätigung nicht erfüllt (OGH 28.1.2009, 9 Ob A 145/08 a) und besteht daher keine Pflicht zur Zahlung des Krankenentgelts. Zum Enddatum siehe 20.6.

Es besteht kein Recht des AN, dass die Bestätigung des Vertragsarztes als schlechthin unwiderlegbares Beweismittel des Krankenstandes angesehen wird (OLG Wien 32 Ra 169/93 = ARD 4557/18/94). Der AG hat daher die Möglichkeit zu beweisen, dass der AN trotz Vorlage einer Krankenstandsbestätigung arbeitsfähig war (OGH 9 Ob A 15/98 s = ARD 4963/1/98; siehe 20.2 und 20.3).

Eine bloße Aufenthaltsbestätigung einer Krankenanstalt (etwa wegen einer „Schönheitsoperation") ist keine Krankenstandsbestätigung (siehe *Rauch*, „Schönheitsoperation" und Aufenthaltsbestätigung einer Krankenanstalt, ASoK 2003, 259 ff.).

20.8 Angekündigter Krankenstand

Nach Auffassung der Rechtsprechung berechtigt die bloße Ankündigung des AN, unberechtigt in Krankenstand zu gehen, den AG nicht jedenfalls zum Ausspruch einer Entlassung. Die Zulässigkeit einer Entlassung erfordert vielmehr das Hinzutreten weiterer auf eine Beharrlichkeit hinweisender Anhaltspunkte (Entlassungsgrund der beharrlichen Pflichtenvernachlässigung nach § 82 lit. f GewO 1859). Erst weitere Aspekte, wie wiederholte Androhungen oder zusätzliche Pflichtvernachlässigungen, können insgesamt zur Annahme eines unverrückbaren Willensentschlusses des AN führen.

Um die Ernsthaftigkeit der Ankündigung zu hinterfragen und tatsächlich auf einen unverrückbaren Willen des AN an der Nichteinhaltung seiner Dienstpflichten schließen zu können, bedarf es einer Aufforderung zur unverzüglichen Klarstellung der Ankündigung, allenfalls einer Androhung der Entlassung. Erst wenn der AN trotz eines solchen Vorhaltes bei seinem Standpunkt bleibt, kann daraus auf die für die Entlassung erforderliche Beharrlichkeit des Widersetzens geschlossen werden (OLG Wien 28.1.2005, 7 Ra 9/05 b, ARD 5587/6/2005).

Durch das beharrliche Androhen unberechtigter Krankenstände kommen eine missbräuchliche Inanspruchnahme von Leistungen der Krankenversicherung und des AG sowie ein Verstoß gegen das Sozialstaatsprinzip und eine angekündigte Arbeitsverweigerung zum Ausdruck. Ist von einer Ankündigung auszugehen, deren Ernsthaftigkeit entsprechend hinterfragt bzw. festgestellt wurde, so stellt auch das erstmalige Ankündigen eines unberechtigten Krankenstands einen Entlassungsgrund dar (OGH 24.7.1996, 8 Ob A 2157/96 f). Wird jedoch die Ernsthaftigkeit der Ankündigung nicht entsprechend hinterfragt, so ist die Entlassung unberechtigt ((OGH 27.1.2002, 8 Ob 113/02 d) und dies soll sogar auch dann gelten, wenn der AN einen Krankenstand ankündigt, „falls er keinen Gehaltsvorschuss erhält" (OLG Wien 12.9.1997, 8 Ra 188/97 v, ARD 4892/13/97).

20.9 Vorsätzlich oder grob fahrlässig herbeigeführte Krankheit (Unfall)

Der Anspruch auf das Krankenentgelt entfällt, wenn der Krankenstand vorsätzlich oder grob fahrlässig herbeigeführt wurde (§ 2 Abs. 1 EFZG und § 8 Abs. 1 AngG).

Für Lehrlinge bestimmt § 17a BAG, dass nur die in § 17a Abs. 7 BAG genannten Bestimmungen des EFZG auf **Krankenstände von Lehrlingen** angewendet werden können. Obwohl in dieser Aufzählung der § 2 Abs. 1 EFZG nicht enthalten ist, haben m.E. Lehrlinge auch dann keinen Anspruch auf das Krankenentgelt, wenn der Krankenstand durch den Lehrling grob fahrlässig herbeigeführt wurde (Details siehe 20.17).

Vorsatz liegt bei absichtlichem Bewirken einer Krankheit oder eines Unfalls vor. **Grobe Fahrlässigkeit** ist anzunehmen, wenn die erforderliche Sorgfaltspflicht auffallend und ungewöhnlich verletzt wird und der Eintritt eines Schadens wahrscheinlich und nicht bloß möglich ist. Grobe Fahrlässigkeit ist etwa dann anzunehmen, wenn eine **Alkoholbeeinträchtigung** des Lenkers eines Kfz vorliegt. Unter „Alkoholbeeinträchtigung" ist zu verstehen, dass sich der Fahrzeuglenker in einer solchen körperlichen und geistigen Verfassung befindet, in der er ein Fahrzeug nicht beherrschen und die beim Lenken eines Fahrzeuges zu beachtenden Rechtsvorschriften nicht einhalten kann. Ebenso ist grobe Fahrlässigkeit bei einer Verletzung auf Grund einer Teilnahme an einem **Raufhandel** (ohne provoziert oder tätlich angegriffen worden zu sein) anzunehmen oder wenn der AN bei Arbeitsbeginn an einer Maschine eindeutig hätte erkennen müssen, dass er sich auf Grund seiner Fähigkeiten sowie seiner fehlenden Kenntnisse der Konstruktion, Bedienung und Schutzvorrichtung aller Wahrscheinlichkeit nach verletzen werde (Arb. 7.055).

Die Ausübung eines Kampfsportes, bei dem häufig Verletzungen vorkommen, ist nicht generell als grobe Fahrlässigkeit anzusehen. Der Sportunfall ist aus rechtlicher Sicht einer Krankheit gleichzuhalten und kann nur bei Vorliegen besonderer Umstände im Einzelfall als grob fahrlässig herbeigeführt angesehen werden (Arb. 5.027, 7.992 und 8.360; OGH 10 Ob S 113/07 a).

Es kommt immer wieder vor, dass der AG im Nachhinein darüber informiert wird, dass die Arbeitsunfähigkeit grob fahrlässig herbeigeführt wurde. In diesen Fällen erhebt sich die Frage, ob der AG vom AN das zu Unrecht bezahlte Krankenentgelt zurückverlangen kann. Diesbezüglich besteht allerdings die Gefahr, dass sich der AN auf den **gutgläubigen Verbrauch** des Krankenentgelts beruft (siehe 23.). Um diesem Argument den Boden zu entziehen bzw. die Rückforderung erfolgreich durchsetzen zu können, empfehle ich Ihnen eine entsprechende Information der AN durch einen Aushang. In diesem Zusammenhang müsste demnach ausdrücklich darauf hingewiesen werden, dass im Fall einer vorsätzlichen oder grob fahrlässigen Herbeiführung eines Krankenstands ein allenfalls bereits ausbezahltes Krankenentgelt dem AG wieder zurückzuzahlen ist. Der kollektivvertragliche Verfall ist unwirksam bei der Rückforderung (Arb. 10.057).

Muster für die Information über die Rückforderung eines zu Unrecht bezogenen Krankenentgelts

(an allgemein zugänglicher Stelle aushängen)

Sehr geehrte Mitarbeiter!

Wir möchten Sie darüber informieren, dass ein Anspruch auf ein Krankenentgelt gegen den AG nach § 2 Abs. 1 EFZG (für Arbeiter), § 8 Abs. 1 AngG (für Angestellte) und § 17a BAG (für Lehrlinge) dann nicht gegeben ist, wenn der Krankenstand grob fahrlässig (auffallende und ungewöhnliche Verletzung der notwendigen Sorgfalt) oder vorsätzlich herbeigeführt wurde. Grobe Fahrlässigkeit liegt etwa dann vor, wenn die Arbeitsunfähigkeit durch Alkoholbeeinträchtigung oder Teilnahme an einem Raufhandel herbeigeführt wurde. Falls sich eine derartige Ursache bzw. eine grob fahrlässige oder vorsätzliche Herbeiführung der Arbeitsunfähigkeit im Nachhinein herausstellen sollte, sind wir berechtigt, das bereits ausbezahlte Krankenentgelt zurückzufordern.

………………………………………

Die Geschäftsleitung

20. Entgeltfortzahlung bei Krankheit, Unglücksfällen und Kuraufenthalten

Einschlägige Judikatur

- *Wurde ein AN als Beifahrer im Auto eines stark alkoholisierten Lenkers bei einem Unfall verletzt, ist für eine Bewertung als grobe Fahrlässigkeit erforderlich, dass der AN das Unfallereignis als wahrscheinlich voraussehen hätte müssen, wenn er sich einem schwer alkoholisiertem Lenker anvertraut. Die Erkennbarkeit einer die Fahrtüchtigkeit herabmindernden Alkoholisierung kann sich für den Fahrgast dabei entweder aus dem sichtbaren Verhalten des Lenkers oder daraus ergeben, dass ihm die vom Lenker genossene Alkoholmenge (z.B. durch gemeinsames Zechen) bekannt war und die Menge der Getränke auf eine Alkoholbeeinträchtigung schließen lässt (VwGH 94/08/0065).*

20.10 Kosten eines bei entgeltfreiem Krankenstand fortlaufenden Arbeitsverhältnisses

Aus verschiedenen (insbesondere menschlichen) Erwägungen wird manchmal das Arbeitsverhältnis trotz eines langfristigen Krankenstandes fortgesetzt. In diesem Zusammenhang ist jedoch die Frage von Interesse, welche Kosten dem AG erwachsen, wenn das Arbeitsverhältnis eines laufend kranken AN nicht beendet wird.

20.10.1 Neuer Krankenentgeltanspruch bei Beginn des nächsten Arbeitsjahres

Falls ein Arbeiter auf Grund eines langen Krankenstandes seinen Krankenentgeltanspruch gegen den AG zur Gänze ausschöpft und das Arbeitsverhältnis im laufenden Arbeitsjahr nicht beendet wird, so entsteht ein neuer Krankenentgeltanspruch mit Beginn des folgenden Arbeitsjahres (OGH 8 Ob A 163/98 y, 9 Ob A 144/03 x, 9 Ob A 115/05 k entgegen 8 Ob A 2132/96 d).

Wenn also beispielsweise ein am 1.4.2001 eingetretener Arbeiter im Herbst 2001 seinen Krankenentgeltanspruch ausgeschöpft hat und danach ununterbrochen im Krankenstand verbleibt, so entsteht ab 1.4.2002 ein neuer Krankenentgeltanspruch in der Dauer von sechs Wochen (volles Krankenentgelt) zuzüglich weiterer vier Wochen (halber Krankenentgeltanspruch). Bei Angestellten kann dieser Effekt jedoch nicht eintreten, da ein neuer Krankenentgeltanspruch beim Angestellten den Wiederantritt der Arbeit sowie eine neuerliche Krankheit erfordert (siehe auch *Rauch*, Krankenentgelt nach EFZG und neues Arbeitsjahr, ASoK 1/2007, 18 ff.).

Dies gilt jedoch nicht, wenn der Krankenstand auf einem Arbeitsunfall oder einer Berufskrankheit beruht. Falls demnach die Arbeitsunfähigkeit eines Arbeiters aufgrund eines Arbeitsunfalls oder einer Berufskrankheit in ein neues Arbeitsjahr hineinreicht, so entsteht kein neuer Entgeltfortzahlungsanspruch gegen den AG (OGH 8 Ob A 44/08 s entgegen 9 Ob A 13/06 m – siehe auch *Rauch*, Entgeltfortzahlungsanspruch bei einem Arbeitsunfall, ASoK 2009, 54 ff.).

Endet das Arbeitsverhältnis durch AG-Kündigung während eines langen Krankenstands, so beginnt mit einem (fiktiven) neuen Arbeitsjahr kein neuer Krankenentgeltanspruch (siehe 41.1.2).

20.10.2 Urlaub und entgeltfreier Krankenstand

Der Urlaubsanspruch kann durch entgeltfreie Zeiten nicht gekürzt werden, sofern nicht gesetzlich etwas anderes bestimmt wird (wie etwa im Fall eines Präsenzdienstes nach § 9 Abs. 1 und 2 APSG, eines Karenzurlaubs nach § 15f Abs. 2 MSchG bzw. § 7c VKG oder einer Bildungsfreistellung nach § 11 AVRAG). Falls demnach der AN während des gesamten Arbeitsjahres keinen Entgeltanspruch gegen seinen AG wegen eines langen Krankenstandes hat, so entsteht dennoch mit Beginn des nächsten Arbeitsjahres wiederum ein voller Urlaubsanspruch, der nicht gekürzt werden kann und auf Grund der Arbeitsunfähigkeit nicht verbraucht wird. Vor dem laufenden Anwachsen eines Urlaubsguthabens wird der AG jedoch durch die Verjährungsbestimmungen geschützt. Demnach verjährt der Urlaub nach Ablauf von zwei Jahren ab dem Ende des Jahres, in dem der Anspruch entstanden ist (§ 4 Abs. 5 UrlG). Nach der Rechtsprechung wird jedoch die **Verjährung des Urlaubsanspruchs** mit dem Beginn eines Krankenstands infolge Unmöglichkeit der Geltendmachung des Urlaubsanspruchs gehemmt (OGH 8 Ob S 178/99 f). Daher kann es bei ständig fortlaufenden Krankenständen zu einer unbegrenzten Anhäufung von Urlaubsansprüchen kommen (siehe 27.4).

20.10.3 Abfertigung und entgeltfreie Arbeitsunfähigkeit

Entgeltfreie Zeiten auf Grund eines langen Krankenstandes können nicht zu einer Reduzierung der Abfertigung führen (weder hinsichtlich des Ausmaßes noch hinsichtlich der Berechnung). Der AG muss daher beachten, dass bei fortlaufendem Arbeitsverhältnis trotz Ablauf des Krankenentgeltanspruchs ein Abfertigungsanspruch entsteht (mit der Vollendung des 3. Arbeitsjahres) bzw. ein „Abfertigungssprung" (höheres Ausmaß der Abfertigung) erfolgen kann (mit der Vollendung des 5., 10., 15., 20. und 25. Arbeitsjahres).

Falls das BMSVG zur Anwendung kommt, sind die Beiträge auch während des Krankenstands zu entrichten bis der Anspruch auf Krankengeld nach dem ASVG (Anspruch gegen die GKK) erschöpft ist (siehe 45.6.3.).

20.10.4 Sonderzahlungen bei langem Krankenstand

Für bestimmte entgeltfreie Zeiten regelt das jeweilige Gesetz, dass während dieser Zeiten kein Anspruch auf Sonderzahlungen besteht (z.B. für die Dauer des Karenzgeldbezuges nach § 15f Abs. 2 MSchG bzw. § 7c VKG oder für die Zeit des Zivil- oder Präsenzdienstes nach § 10 APSG).

Für entgeltfreie Zeiten auf Grund eines langen Krankenstands fehlt eine gesetzliche Regelung. Die Rechtsprechung leitet jedoch aus dem Entgeltcharakter der Sonderzahlungen ab, dass der AG diese auch während entgeltfreier Zeiten auf Grund einer langfristigen Arbeitsunfähigkeit nicht zu bezahlen hat, falls der jeweils anzuwendende KV nicht ausdrücklich das Gegenteil vorsieht. Für einige KV wurde nunmehr bereits vom OGH festgestellt, dass diesen (zum Zeitpunkt der jeweiligen Entscheidung) keine Regelung entnommen werden kann, wonach die Sonderzahlungen auch während entgeltfreier Zeiten zustehen (z.B. OGH 8 Ob A 2019/96 m für den KV für Angestellte des Gewerbes, 9 Ob A 2047/96 m für den KV für die Handelsangestellten Österreichs – weitere Details und Entscheidungen siehe 31.9.2).

Falls nun bei einem AN entgeltfreie Zeiten auf Grund eines langfristigen Krankenstands eintreten, so ist zu prüfen, ob der anzuwendende KV die Sonderzahlungen auch für diese Zeiten zuspricht.

Früher hat der VwGH diese Rechtsauffassung des OGH abgelehnt. Dadurch wurde den Sozialversicherungsträgern die Möglichkeit eröffnet, SV-Beiträge für Sonderzahlungen einzuheben, die nach Auffassung des OGH dem AN nicht gebührt haben. Nunmehr hat sich der VwGH weitreichend der Rechtsmeinung des OGH angenähert (Details siehe 31.9.2).

20.11 Höhe der Entgeltfortzahlung

Zur Dauer des Entgeltfortzahlungsanspruchs gegen den AG siehe 20.15 (Angestellte), 20.16 (Arbeiter) und 20.17 (Lehrlinge).

Der AN hat im Krankenstand Anspruch auf Fortzahlung des regelmäßigen Entgeltes. Unter regelmäßigem Entgelt versteht man dasjenige Entgelt, das dem AN gebührt hätte, wenn keine Arbeitsunfähigkeit eingetreten wäre bzw. der AN seine Arbeitsleistung hätte fortsetzen können (**Ausfallsprinzip**). Sind etwa vor Eintritt der Arbeitsunfähigkeit regelmäßige Überstunden angefallen (zum Begriff „regelmäßig" siehe 27.8), so muss das durchschnittliche hierfür gewährte Entgelt in das Krankenentgelt dann nicht einbezogen werden, wenn der AN während des Zeitraums des Krankenstandes im Fall der Arbeitsfähigkeit keine Überstundenleistung erbracht hätte (z.B. wegen Auftragsmangel – OGH 9 Ob A 169/97 m).

Dem Entgeltbegriff unterliegen neben Lohn oder Gehalt und Überstundenentgelt auch Naturalleistungen, Erfolgsprämien bzw. freiwillige Leistungen, Zulagen und Provisionen. Nicht in das Entgelt einbezogen werden durch Zeitausgleich konsumierte Überstunden (OGH 8 Ob S 3/94), Trinkgelder ohne vertragliche Grundlage (OGH 9 Ob A 249/94 = Arb 11.348) und Aufwandsentschädigungen (wie beispielsweise KM-Geld, Diäten oder steuerfreie Essensgutscheine – OGH 28.2.2011, 9 Ob A 121/10 z; weitere Beispiele siehe 45.2 sowie § 2 Abs. 1 des folgenden General-KV). Bei überhöhten Aufwandsentschädigungen ist der Überhang in die Abfertigung aber nicht in das Krankenentgelt einzubeziehen, wenn er während eines Krankenstandes nicht in Anspruch genommen werden könnte (OGH 8 Ob A 87/05 k = ARD 5688/ 2/2006).

§ 3 Abs. 4 EFZG sieht vor, dass bei Akkord- und Stücklöhnen sowie akkordähnlichen oder sonstigen leistungsbezogenen Prämien oder Entgelten das fortzuzah-

lende Entgelt nach dem Durchschnitt der letzten 13 voll gearbeiteten Wochen unter Ausscheidung nur ausnahmsweise geleisteter Arbeiten zu berechnen ist.
Zur näheren Interpretation des Entgeltbegriffes wurde folgender General-KV abgeschlossen:

General-KV über den Begriff des Entgelts gemäß § 3 EFZG:

§ 1 Geltungsbereich:

1. Räumlich: Für das Gebiet der Republik Österreich
2. Fachlich: Für alle Betriebe, für die die Kammern der gewerblichen Wirtschaft die KV-Fähigkeit besitzen
3. Persönlich: Für alle AN, die dem Geltungsbereich des EFZG, BGBl. Nr. 1974/399, unterliegen und in einem Betrieb im Sinne des Abs. 2 beschäftigt sind.

§ 2 Entgeltbegriff:

(1) Als Entgelt im Sinne des § 3 EFZG gelten nicht **Aufwandsentschädigungen** sowie jene Sachbezüge und sonstigen Leistungen, welche wegen ihres unmittelbaren Zusammenhanges mit der Erbringung der Arbeitsleistung vom AN während einer Arbeitsverhinderung gemäß § 2 EFZG nicht in Anspruch genommen werden können. Als derartige Leistungen kommen insbesondere in Betracht: Fehlgeldentschädigungen, soweit sie von der Einkommensteuer befreit sind; ferner Tages- und Nächtigungsgelder, Trennungsgelder, Entfernungszulagen, Fahrtkostenvergütungen, freie oder verbilligte Mahlzeiten oder Getränke, die Beförderung des AN zwischen Wohnung und Arbeitsstätte auf Kosten des AG sowie der teilweise oder gänzliche Ersatz der tatsächlichen Kosten für Fahrten des AN zwischen Wohnung und Arbeitsstätte.

(2) Als Bestandteil des regelmäßigen Entgeltes im Sinne des § 3 EFZG gelten auch Überstundenpauschalien sowie Leistungen für **Überstunden**, die auf Grund der Arbeitszeiteinteilung zu erbringen gewesen wären, wenn keine Arbeitsverhinderung eingetreten wäre. Hat der AN vor der Arbeitsverhinderung regelmäßig Überstunden geleistet, so sind diese bei der Entgeltbemessung im bisherigen Ausmaß mitzuberücksichtigen, es sei denn, daß sie infolge einer wesentlichen Änderung des Arbeitsanfalles (z.B. wegen Saisonende oder Auslaufen eines Auftrages) nicht oder nur in geringerem Ausmaß zu leisten gewesen wären.

(3) Ist das Entgelt, das dem AN für die Normalarbeitszeit regelmäßig gebührt hätte, wenn keine Arbeitsverhinderung eingetreten wäre, nicht feststellbar, so sind die unmittelbar vor dem 1.9.1974 für die Berechnung des Krankengeldzuschusses geltenden kollektivvertraglichen Durchschnittszeiträume anzuwenden.

§ 3 Wirksamkeitsbeginn:
Dieser KV tritt am 1. September 1974 in Kraft.
Der § 2a AVRAG sieht Folgendes vor:

„Vorteile aus Beteiligungen am Unternehmen des Arbeitgebers oder mit diesem verbundenen Konzernunternehmen und Optionen auf den Erwerb von Arbeitgeber-Aktien sind nicht in die Bemessungsgrundlagen für Entgeltfortzahlungsansprüche und Beendigungsansprüche einzubeziehen."

Für die Frage, welcher Beobachtungszeitraum für die Ermittlung des Durchschnittsverdienstes heranzuziehen ist, ist zunächst auf die diesbezüglichen Bestimmungen des jeweils anzuwendenden KV zu verweisen. Mangels einer entsprechenden Bestimmung im KV ist hinsichtlich Akkord-, Stück- oder Gedinglöhnen, akkordähnlichen oder sonstigen leistungsbezogenen Prämien oder Entgelten der Schnitt der letzten 13 voll gearbeiteten Wochen heranzuziehen (§ 3 Abs. 4 EFZG, § 6 Abs. 4 UrlG). Bei Schwankungen des Monatsentgelts muss der Durchschnitt der letzten 52 Wochen ermittelt werden (OGH 7.6.2001, 9 Ob A 295/00 y – siehe 27.8). So etwa wurde für eine Nachtdienstzulage (OGH 26.1.1994, 9 Ob A 353/93, ARD 4567/17/94) und eine Schichtzulage (OGH 7.6.2001, 9 Ob A 295/00 y) bei Schwankungen die Heranziehung eines Jahresdurchschnitts als befriedigendes Ergebnis angesehen (so auch bei einer Blockstundenvergütung und einer Bordverkaufsprovision – OGH 25.2.2015, 9 Ob A 12/15 b; *Rauch*, Arbeitsrecht 2016, 40 f.).

Zu Provisionen und regelmäßig geleisteten Überstunden siehe die Ausführungen zum Urlaubsentgelt (siehe 27.8).

20.12 Anwesenheitsprämien

Da sich manchmal in den Betrieben Kurzkrankenstände (insbesondere am Montag und am Freitag) sowie Krankenstände, die offenbar nicht gerechtfertigt sind, häufen, wollen einzelne AG jene AN durch eine Prämie „belohnen", bei denen keine oder bloß geringfügige Abwesenheiten auftreten. Die Rechtsprechung geht allerdings davon aus, dass derartige Anwesenheitsprämien unzulässig sind, weil der AN durch eine rechtlich gerechtfertigte Arbeitsverhinderung keinen wirtschaftlichen Nachteil erleiden darf. Dieser Schutzzweck würde unterlaufen, wenn der Erkrankte letztlich eine Entgelteinbuße dadurch erleidet, dass er die Anwesenheitsprämie nicht oder gekürzt erhält. Er wäre tatsächlich nicht so gestellt, wie er stünde, wenn er gesund gewesen wäre. Die Rechtsprechung sieht hier auch die Gefahr, dass wirklich kranke AN auf ihre Krankheit keine Rücksicht nehmen und ihre Arbeitsleistungen fortsetzen, um finanzielle Einbußen zu vermeiden. Gerade davor sollen die Entgeltfortzahlungsbestimmungen den AN aber bewahren (OGH 8 Ob S 13/00 w, 9 Ob A 295/00 y, 8 Ob A 15/03 v = ARD 5446/11/2003).

Auf Grund dieser Rechtsprechung müsste den abwesenden AN, welchen die Anwesenheitsprämie nicht bezahlt wurde, im Fall einer Klage eine entsprechende Nachzahlung gewährt werden. Da dies keinesfalls dem Zweck dieser Anwesenheitsprämie entspricht, wird davon dringend abgeraten. Unzulässig wäre auch eine Vereinbarung, wonach regelmäßig geleistete Überstunden nicht bei der Fortzahlung des Kranken-, Urlaubs- oder Feiertagsentgelts berücksichtigt werden. Dies auch dann, wenn eine überkollektivvertragliche Bezahlung gewährt wird (VwGH 13.5.2009, 2006/08/0226).

Bedauerlich ist, dass der Judikatur zum Thema Anreiz zur Anwesenheit lediglich eine generelle Ablehnung einfällt. Kreativer wäre es, gewisse Schranken einzuziehen und somit wenigstens gewisse eingeschränkte Instrumente zur Hebung der Arbeitsmoral zuzulassen. Auch ist es als unverhältnismäßig anzusehen, wenn der Selbständige das volle Risiko einer Arbeitsunfähigkeit tragen muss, während beim Unselbständigen ein (auch weitgehend beschränkter) Risikofaktor in Form einer freiwilligen Prämie pauschal für unzulässig erklärt wird, obwohl der Schutz durch das kollektivvertragliche bzw. arbeitsvertragliche Entgelt ohnedies gewährleistet ist.

Einschlägige Judikatur
- *Der AN soll nicht veranlasst werden, aus finanziellen Gründen mit seiner Gesundheit Raubbau zu treiben (SZ 61/251). Gemäß § 6 EFZG können die dem AN auf Grund dieses Bundesgesetzes zustehenden Rechte durch Arbeitsvertrag, Arbeitsordnung, Betriebsvereinbarung oder, soweit in diesem Bundesgesetz nichts anderes bestimmt ist, durch KV weder aufgehoben noch beschränkt werden. Die Vereinbarung einer freiwilligen zusätzlichen Abfertigung mit beigesetzter Anwesenheitsbedingung umgeht die dargestellten zwingenden Bestimmungen und ist daher nichtig (SZ 61/251; OGH 8 Ob S 13/00 w).*

20.13 Krankenstand am Feiertag

Nach einer OGH-Entscheidung aus dem Jahre 1996 (9 Ob A 2060/96 y = ARD 4775/37/96) dürfen Feiertage, die während eines Krankenstands auf einen Arbeitstag fallen, nicht als Krankenstandstage gewertet werden. In der vorgenannten Entscheidung wird nämlich die Auffassung vertreten, dass der Entgeltanspruch nach dem ARG jenem nach dem EFZG vorgeht (richtigerweise dagegen: *Schrank*, Verlängern Feiertage wirklich die Entgeltfortzahlungsdauer?, ecolex 2001, 387 ff.). Da die Arbeit an einem Arbeitstag, der auf einen Feiertag fällt, schon a priori ausfällt, ist es ohne Belang, ob der AN an diesem Tag gesund oder krank ist. Der dazu erhobene Einwand, die Arbeit sei eben nicht wegen eines Feiertags, sondern wegen einer Krankheit ausgefallen, wird nur für den Fall anerkannt, dass Feiertagsarbeit zulässigerweise vereinbart worden ist. Bei einer kalendertäglichen Abrechnung sind auch Feiertage zu berücksichtigen, die auf einen Samstag fallen. Für auf einen Sonntag fallende Feiertage besteht gemäß § 7 Abs. 7 ARG kein Anspruch auf ein **Feiertagsentgelt**. Somit gelten diese Sonntags-Feiertage als Krankenstandstage. Fällt ein Feiertag in einen Zeitraum, in dem der halbe Entgeltfortzahlungsanspruch gegeben ist, besteht Anspruch auf das halbe Krankengeld (§ 143 Abs. 1 Z 3 ASVG), welches von der zuständigen GKK zu bezahlen ist (Auffassung des HVSVT laut ARD 5179/19/2000). Demnach ist während dieses Zeitraums kein Feiertagsentgelt zu bezahlen.

Ebenso wie beim Urlaub wird daher eine Abrechnung nach Arbeitstagen empfohlen (um die Problematik Samstags-Feiertage auszuschalten).

Nach Auffassung des HVSVT ist die oben genannte Entscheidung des OGH ab 1.1.2001 auch für die Angestellten anzuwenden (ARD 5179/13/2000). Eine diesbezügliche Entscheidung des OGH zum Krankenstandsrecht der Angestellten fehlt jedoch derzeit.

20.14 Anmerkungen zum missbräuchlichen Krankenstand

In Lehre und Rechtsprechung wird darauf hingewiesen, dass die derzeitige Krankenstandspraxis unbefriedigend ist. Dies ergibt sich schon daraus, dass die Rechtsfrage der Arbeitsunfähigkeit von einem Mediziner zu beurteilen ist, der keine belegten Informationen darüber hat, welche Arbeitsleistungen der AN zu erbringen hat bzw. welche physischen und psychischen Voraussetzungen diese Arbeitsleistungen erfordern.

Eine erhebliche zusätzliche Vertiefung dieses unbefriedigenden Zustandes erfolgt allerdings durch eine Rechtsprechung, die zu oft durch eine mangelhafte Sensibilität gegenüber dem Verdacht des missbräuchlichen Krankenstandes gekennzeichnet ist.

So etwa vertrat der OGH (entgegen der Meinung des Berufungsgerichts) die Auffassung, dass am Ende eines grippalen Infekts eine zwei- bis dreitägige Rekonvaleszenzphase im Gasthaus der Ehegattin mit kurzzeitigen Tätigkeiten verbracht werden kann, ohne dass dies eine Pflichtverletzung darstellt (OGH 9 Ob A 202/92 = ARD 4427/78/93). Der Hinweis, dass bei Kreuzschmerzen Tanzen ohnedies eher gesundheitsfördernd sei oder es bei einem Schnupfen überhaupt belanglos sei, wenn eine Diskothek besucht werde (OGH 9 Ob A 298/93 = ARD 4537/9/94) ist ebenfalls nicht geeignet, das Vertrauen der AG in die Rechtsprechung zu stärken (zu einer drei- bis vierstündigen Nagelbehandlung durch die an Depressionen erkrankte AN siehe OGH 21.1.2011, 9 Ob A 3/11 y). Andererseits wurde der Antritt einer mehrstündigen Autofahrt am letzten Tag eines Krankenstandes wegen Halsschmerzen (eitrige Pharyngitis) als Entlassungsgrund eingestuft (OGH 25.8.2014, 8 Ob A 47/14 s, *Rauch*, Arbeitsrecht 2015, 19 f.).

Die Tendenz, der ärztlich eingegrenzten oder ausgeschlossenen **Ausgehzeit** jegliche Relevanz abzusprechen, scheint ebenfalls äußerst fragwürdig.

Zur nicht nachvollziehbaren Auffassung des OLG Wien, es sei für eine in Wien, 10. Bezirk, wohnende AN zulässig, während einer Grippe zum Räumungsverkauf nach Klosterneuburg zu fahren (trotz fehlender Ausgehzeit – OLG Wien 8 Ra 72/99 p = ARD 5081/16/99), ist positiv anzumerken, dass diese Entscheidung vom OGH (8 Ob A 12/00 y) aufgehoben wurde. Das Leiten von Seminaren trotz eines Krankenstands wegen Burn-out ist ebenso ein Entlassungsgrund (OGH 25.5.2011, 8 Ob A 35/11 x).

Krankenstand und betriebliche Praxis

Die zuvor dargestellte oft kritikwürdige Rechtsprechung sollte den AG nicht davon abhalten, bei Verdacht des Missbrauchs im Rahmen der gesetzlichen Möglichkeiten entsprechende Gegenmaßnahmen zu ergreifen.

Der AG kann jedenfalls die Vorlage von Krankenstandsbestätigungen auch bei eintägigen Krankenständen verlangen sowie genaue Aufzeichnungen über die Krankenstände führen, um bei der Frage der Ausschöpfung des Krankenentgelts auch die **Kurzkrankenstände** entsprechend zu erfassen.

Wenn der AG von seinem Recht, bereits am ersten Tag eines Krankenstandes eine Krankenstandsbestätigung zu verlangen, keinen Gebrauch macht, kann dies bei Kurzkrankenständen zur Folge haben, dass die Aufzeichnungen der Gebietskrankenkasse bezüglich des betreffenden AN weniger Krankenstandstage aufweisen, weil die Gebietskrankenkasse nur jene Krankenstandstage registriert, für die Krankenstandsbestätigungen vorliegen. Diese Abweichung bewirkt, dass bezüglich des Zeitpunktes der Ausschöpfung des Entgeltanspruches sich aus den Aufzeichnungen der Gebietskrankenkasse ein späterer Zeitpunkt ergibt. Dies kann bei Prüfungen der Gebietskrankenkasse sowie bei Streitigkeiten um den Krankenentgeltanspruch vor dem Arbeitsgericht problematisch sein.

Es ist weiters zulässig, ein Fehlverhalten im Krankenstand durch einen **Detektiv** beobachten und registrieren zu lassen (siehe 21.). Soweit dies im Einzelfall möglich erscheint, kann das unzulässige Verhalten im Krankenstand (z.B. Verrichten von „Pfuscharbeiten") auch von geeigneten Zeugen beobachtet werden, die im Streitfall vor Gericht ihre Wahrnehmungen persönlich darstellen müssten. Zu bedenken ist jedoch, dass bei Unkenntnis der Diagnose nicht immer festgestellt werden kann, ob ein bestimmtes Verhalten als Fehlverhalten angesehen werden kann. Falls etwa eine Depression diagnostiziert wird, ist nach der Auffassung der Rechtsprechung auch das Ausreiten zulässig (OGH 8 Ob A 295/97 a = ARD 4860/3/97). Falls wegen eines unzulässigen Verhaltens im Krankenstand eine Entlassung ausgesprochen wird, mag es aus taktischen Gründen vorteilhaft sein, die Entlassung zunächst nicht zu begründen. Der Grund selbst muss erst im Bestreitungsfall im Prozess vorgebracht und nachgewiesen werden (Arb 5.200, 7.843, 9.492 – siehe 42.1.2). Es wird nämlich öfters von Vorteil sein, wenn der AN mit dem konkretisierten Vorwurf eines bestimmten Fehlverhaltens im Krankenstand erst spontan im Prozess konfrontiert wird.

Soweit die Behauptung des AN, es liege ein gerechtfertigter Krankenstand vor, durch den Arzt, der die Krankenstandsbestätigung ausgestellt hat, im Wege der Zeugenaussage belegt werden soll, wird Folgendes zu hinterfragen sein:

1. ob vom Arzt die physischen und psychischen Voraussetzungen für die konkrete Arbeitsleistung des jeweiligen Klägers vor der Krankschreibung geprüft wurden und

2. ob die Angaben des Klägers zu seinem angeblichen Leidenszustand objektiviert wurden (z.B. Röntgen, insbesondere klinischer Befund).

Grundsätzlich besteht auch die Möglichkeit, vor Gericht die Einholung eines medizinischen Gutachtens durch einen vom Gericht bestellten Sachverständigen zu beantragen. Widerlegt das Gutachten die Krankschreibungen, so kommt diesen kein Beweiswert zu (ASG Wien 1 Cga 8/98 x, letztlich bestätigt durch OGH 8 Ob A 189/01 d).

AG, die am Zustandekommen einer Arbeitsunfähigkeit berechtigte Zweifel haben oder denen ein Verhalten des AN bekannt geworden ist, das dem Heilungsverlauf entgegenwirkt, können im Einzelfall über die nächstgelegene Dienststelle der GKK eine **Sonderkontrolle** unter Angabe der Gründe beantragen (OÖ GKK, DG-Info Nr. 152/2001, März 2001 = ARD 5206/20/2001, *Rauch*, Kontroll- und Informationsmöglichkeiten bei Krankenständen, ASoK 2009, 398 ff.).

20.15 Angestellten-Krankenstand

§ 8 Abs. 1, 2 und 8 AngG sehen vor:

(1) Ist ein Angestellter nach Antritt des Arbeitsverhältnisses durch Krankheit oder Unglücksfall an der Leistung seiner Dienste verhindert, ohne daß er die Verhinderung vorsätzlich oder durch grobe Fahrlässigkeit herbeigeführt hat, so behält er seinen Anspruch auf das Entgelt bis zur Dauer von sechs Wochen. Beruht die Dienstverhinderung jedoch auf einem Arbeitsunfall oder einer Berufskrankheit im Sinne der Vorschriften über die gesetzliche Unfallversicherung, so verlängert sich die Frist von sechs Wochen um die Dauer dieser Dienstverhinderung, höchstens jedoch um zwei Wochen. Der Anspruch auf das Entgelt beträgt, wenn das Dienstverhältnis fünf Jahre gedauert hat, jedenfalls acht Wochen; es erhöht sich auf die Dauer von zehn Wochen, wenn es fünfzehn Jahre, und auf zwölf Wochen, wenn es fünfundzwanzig Jahre ununterbrochen gedauert hat. Durch je weitere vier Wochen behält der Angestellte den Anspruch auf das halbe Entgelt.

(2) Tritt innerhalb eines halben Jahres nach Wiederantritt des Dienstes abermals eine Dienstverhinderung ein, so hat der Angestellte für die Zeit der Dienstverhinderung, so weit die Gesamtdauer der Verhinderungen die im Absatz 1 bezeichneten Zeiträume nicht übersteigt, Anspruch nur auf die Hälfte des ihm gemäß Absatz 1 gebührenden Entgelts.

(8) Der Angestellte ist verpflichtet, ohne Verzug die Dienstverhinderung dem Dienstgeber anzuzeigen und auf Verlangen des Dienstgebers, das nach angemessener Zeit wiederholt werden kann, eine Bestätigung der zuständigen Krankenkasse oder eines Amts- oder Gemeindearztes über Ursache und Dauer der Arbeitsunfähigkeit vorzulegen. Kommt der Angestellte diesen Verpflichtungen nicht nach, so verliert er für die Dauer der Säumnis den Anspruch auf das Entgelt.

> **Muster für einen Antrag auf eine Sonderkontrolle eines fragwürdigen Krankenstandes**
>
> An die
>
> ………………… GKK
>
> ……………………
>
> Betrifft: Antrag auf eine Sonderkontrolle
>
> Sehr geehrte Damen und Herren!
>
> Herr …………………, wohnhaft ……………………, Versicherungs-Nr. ……………………, Geb.Datum ……………………, ist seit …………………… bei uns als …………………… tätig. Nunmehr befindet er sich seit …………………… im Krankenstand, den er am …………………… gemeldet hat. Unbefragt hat er dazu angegeben, dass seine Arbeitsunfähigkeit auf einer Grippe beruhe. Am …………………… hat unsere Geschäftsführerin, Frau …………………… beobachtet, wie der Kläger als Stürmer der Mannschaft …………………… bei dem Fußballspiel …………………… gegen …………………… am Sportplatz …………………… mitgewirkt hat. Aus medizinischer Sicht sind jedoch eine Grippe und das aktive Mitwirken an einem Fußballspiel unvereinbar. Wir beantragen daher, den Krankenstand des vorgenannten AN einer detaillierten Sonderkontrolle zu unterziehen.
>
> Mit freundlichen Grüßen

Demnach steht dem Angestellten infolge Krankheit (Unglück und Kuraufenthalt) die Entgeltfortzahlung in folgender Dauer zu:

Bei einer Erkrankung	volles Entgelt für	halbes Entgelt für	Grundanspruch insgesamt
vom 1. bis zum vollendeten 5. Dienstjahr	6 Wochen	4 Wochen	10 Wochen
vom 6. bis zum vollendeten 15. Dienstjahr	8 Wochen	4 Wochen	12 Wochen
vom 16. bis zum vollendeten 25. Dienstjahr	10 Wochen	4 Wochen	14 Wochen
über 25 Dienstjahre	12 Wochen	4 Wochen	16 Wochen

Der oben dargestellte Anspruch (Grundanspruch) ist zur Gänze immer dann gegeben, wenn zwischen dem Dienstantritt nach dem Ende des einen Krankenstandes **(Erstkrankenstand)** und dem Beginn eines neuen Krankenstandes mehr als sechs

20. Entgeltfortzahlung bei Krankheit, Unglücksfällen und Kuraufenthalten

Monate verstrichen sind. Tritt jedoch innerhalb eines halben Jahres nach Wiederantritt des Dienstes nach einem Krankenstand (wenn dieser ein Erstkrankenstand ist) abermals eine Dienstverhinderung ein, so hat der Angestellte für die Zeit der neuen Dienstverhinderung Anspruch auf den eventuellen Rest des Entgeltes, den er bei der ersten Erkrankung nicht verbraucht hat (Rest des Grundanspruches) und darüber hinaus noch den Anspruch auf die Hälfte des obigen Entgelts (den halben Grundanspruch).

Wesentlich zum Verständnis und zur richtigen Anwendung dieser Regel ist, dass nur solche Krankenstände zusammen berechnet werden, die innerhalb eines halben Jahres nach Wiederantritt eines ersten Krankenstandes (Erstkrankenstand) auftreten. Eine nach Ablauf eines solchen Halbjahres eintretende Dienstverhinderung gilt wieder als Ersterkrankung, für die neuerlich der volle Anspruch (Grundanspruch) zusteht, und zwar auch dann, wenn in das halbe Jahr nach der Ersterkrankung mehrere Dienstverhinderungen gefallen sind und die nunmehrige (nach dem Halbjahr liegende) Dienstverhinderung von der unmittelbar vorangehenden weniger als ein halbes Jahr entfernt ist.

Entscheidend ist hierbei jeweils der Beginn der neuerlichen Arbeitsunfähigkeit. Falls daher die Dienstverhinderung kurz vor dem Ende der Halbjahresfrist beginnt, ist sie zur Gänze als **Folgekrankenstand**, der nach § 8 Abs. 2 AngG abzugelten ist, anzusehen. Daher wird die über das Halbjahr hinausreichende Verhinderungszeit nicht wie ein Erstkrankenstand bezahlt. Ein Erstkrankenstand kann daher erst wieder gegeben sein, wenn eine erneute Erkrankung nach dem Ablauf von sechs Monaten nach dem Dienstantritt nach der ersten Erkrankung eintritt.

Aus einem einzelnen Krankenstand kann der erkrankte AN nur so lange Entgelt beziehen, als es ihm überhaupt bei einer Erkrankung nach der Dauer seines Arbeitsverhältnisses zusteht (das heißt im Falle einer dreijährigen Dauer des Arbeitsverhältnisses höchstens sechs Wochen volles Entgelt und vier Wochen halbes Entgelt). Im Fall wiederholter Erkrankung innerhalb der Sechs-Monats-Frist (Folgekrankenstand) umfasst die Höchstentgeltdauer, z.B. bei einem Anspruch auf acht Wochen volles Entgelt insgesamt acht Wochen volles Entgelt und 4 Wochen halbes Entgelt sowie acht Wochen halbes Entgelt und für vier Wochen ein Viertel des Entgelts.

Wenn die abermalige Erkrankung länger als die beispielsweise zuvor genannten acht plus vier Wochen hinaus andauert, wird das Entgelt bei dieser Erkrankung maximal nur für diesen Zeitraum (acht plus vier Wochen = zwölf Wochen) gewährt. Sollte bei dieser Berechnung noch ein Entgeltrest verbleiben, könnte dieser bei eventuellen späteren Erkrankungen in Anspruch genommen werden – es sei denn, dass diese nachfolgende Erkrankung später als ein halbes Jahr nach Wiederantritt des Dienstes nach der Ersterkrankung beginnt – diesfalls würde der Entgeltanspruch nach § 8 Abs. 1 AngG neu zu laufen beginnen (das heißt, in unserem Fall wieder mit acht Wochen vollem Entgelt und vier Wochen halbem Entgelt).

Bei Krankenständen auf Grund eines **Arbeitsunfalles** oder einer **Berufskrankheit** ist nur dann eine abweichende Regelung zu beachten, wenn die Betriebszugehörigkeit des AN fünf Jahre nicht überschritten hat. Diesfalls verlängert sich die Dauer des Anspruches auf das volle Entgelt von sechs auf acht Wochen. Im Übrigen sind solche Krankenstände jedoch genauso zu behandeln wie „normale" Krankenstände. Beim Angestellten ist somit der Arbeitsunfall bzw. die Berufskrankheit nur bis zu einer Betriebszugehörigkeit von fünf Jahren und auch hier nur beschränkt privilegiert.

Im Fall eines Arbeitsunfalls verlängert sich die Pflicht zur Entgeltfortzahlung nicht für einen nachfolgenden „normalen Krankenstand", der nicht mit dem Arbeitsunfall zusammenhängt (OGH 2.4.2009, 8 Ob A 88/08 m).

Im Gegensatz dazu hat der Arbeitsunfall beim Entgeltfortzahlungsrecht des Arbeiters eine wesentlich bedeutendere Stellung (keine Zusammenrechnung mit anderen Krankenständen und längere Anspruchsdauer – siehe 20.16).

Vollendet der AN während eines Krankenstands das 5., 15. oder 25. Arbeitsjahr, so gilt für diesen Krankenstand bereits der höhere Entgeltanspruch (OGH 16.2.1982, 4 Ob 96/81).

Beispiel 1:
Ein Angestellter, der bereits vier Jahre bei einer Firma als Angestellter arbeitet, ist im Jänner erstmals vier Wochen krank. Anfang September desselben Jahres wird er für fünf Wochen krank. Was erhält er für diese Krankenstände?

Für den ersten Krankenstand im Jänner erhält er vier Wochen volles Entgelt, für den zweiten Krankenstand im September bekommt er für fünf Wochen ebenfalls den vollen Bezug weiter, da zwischen Beendigung des ersten Krankenstandes und Beginn des zweiten mehr als sechs Monate liegen.

Beispiel 2:
Ein Angestellter mit einer Dienstzeit unter fünf Jahren hat folgende Krankenstände:
1.1. bis 28.1. = vier Wochen (Ersterkrankung)
1.3. bis 21.3. = drei Wochen
31.7. bis 10.9. = sechs Wochen

Er erhält für den

- ersten Krankenstand volles Krankenentgelt für vier Wochen, für den
- zweiten Krankenstand volles Krankenentgelt für zwei Wochen und halbes Entgelt für eine Woche und für den
- dritten Krankenstand volles Krankenentgelt für sechs Wochen, da zwischen Wiederantritt des Dienstes nach der ersten Erkrankung (29.1.) und dem Beginn des dritten Krankenstandes (31.7.) mehr als sechs Monate liegen. Der dritte Krankenstand gilt daher als Erstkrankenstand, für welchen ein neuer Vollanspruch besteht.

Beispiel 3:
Ein Angestellter im 3. Dienstjahr hat folgende Krankenstände:
4.1. bis 31.3. = 87 Tage (Erstkrankenstand)
19.9. bis 20.11. = 63 Tage im selben Jahr

Er erhält für den

- ersten Krankenstand volles Krankenentgelt für 42 Tage und halbes Krankenentgelt für 28 Tage (für die restlichen 17 Tage des Krankenstandes gebührt kein Krankenentgelt, da nie mehr als der Grundanspruch = zehn Wochen für einen einzelnen Krankenstand zusteht) und für den
- zweiten Krankenstand für 42 Tage halbes Entgelt und für 21 Tage ein Viertel des Entgeltes.

Beispiel 4:
Ein Angestellter im 3. Dienstjahr hat folgende Krankenstände:
21.10. bis 21.11. = 32 Tage (Erstkrankenstand)
8.3. bis 31.3. = 24 Tage im Folgejahr
13.9. bis 23.9. = 11 Tage im Folgejahr
13.3. bis 25.3. = 13 Tage wieder im Folgejahr

Er erhält für den

- ersten Krankenstand 32 Tage voll, für den
- zweiten Krankenstand 10 Tage voll und 14 Tage halbes Entgelt, für den
- dritten Krankenstand 11 Tage voll (= Erstkrankenstand), für den
- vierten Krankenstand 13 Tage voll (= Folgekrankenstand).

Das Gesetz kennt nur die einmalige Halbierung des Grundanspruches, nicht etwa eine fortgesetzte.

Prüfung der Voraussetzungen vor Auszahlung des Krankenentgelts

Nochmals darf betont werden, dass von der Rechtsprechung das Problem Folgekrankenstand dahin gehend ausgelegt wird, dass wiederholte Erkrankungen nur dann als Fortsetzung der ersten Erkrankung anzusehen sind, wenn die erneute Erkrankung spätestens sechs Monate nach dem Wiederantritt des Dienstes nach der ersten Erkrankung eintritt, und zwar ohne Rücksicht auf die Anzahl der Krankenstände insgesamt.

Vor der Auszahlung des Krankenentgelts an den Angestellten sollten folgende Voraussetzungen geprüft werden:

1. Wurde der Krankenstand unverzüglich gemeldet?
2. Wurde entsprechend einer konkreten Aufforderung durch den AG eine Krankenstandsbestätigung vorgelegt?

3. Ist das Krankenentgelt noch nicht ausgeschöpft?
4. Wurde der Krankenstand weder grob fahrlässig noch vorsätzlich herbeigeführt?
5. Hat der Angestellte jegliches Verhalten im Krankenstand vermieden, welches objektiv geeignet ist, den Heilungsverlauf zu verzögern?

Sollte eine dieser Voraussetzungen nicht gegeben sein, so hat der Angestellte keinen Anspruch auf das Krankenentgelt.

20.16 Arbeiter-Krankenstand
20.16.1 Neuerungen nach dem ARÄG 2000

Durch das ARÄG 2000 (Artikel II) wurde die Dauer des Krankenentgeltanspruchs des Arbeiters gegen seinen AG an die des Angestellten gegen seinen jeweiligen AG angeglichen. Jedoch bleibt beim Arbeiter der Krankenentgeltanspruch auf das Arbeitsjahr bezogen. Umstellungen auf das Kalenderjahr sind nur durch den KV oder eine Betriebsvereinbarung möglich (§ 2 Abs. 8 EFZG). Die 14-tägige Wartezeit am Beginn des Arbeitsverhältnisses wurde ersatzlos abgeschafft. Diese Neuerung trat mit 1.1.2001 in Kraft.

Einzelne KV sehen so genannte **Überhänge** vor. Demnach ist auf Grund einer kollektivvertraglichen Bestimmung über die gesetzliche Anspruchsdauer hinaus ein Krankenentgelt vom AG an den AN zu gewähren. Die gesetzliche Verlängerung der Ansprüche durch das ARÄG 2000 bewirkt jedoch keine Ausdehnung der Gesamtansprüche bei kollektivvertraglichen Überhängen (§ 20 Abs. 7 EFZG).

Überblick über die verlängerten Krankenentgeltansprüche der Arbeiter bei Krankheit (Unglücksfall):

Dauer des AV	bei Krankheit (Unglücksfall) pro Arbeitsjahr	bei Krankheit (Unglücksfall) pro Arbeitsjahr halbes Entgelt
bis 5 Jahre	6 Wochen	4 Wochen
von über 5 bis 15 Jahren	8 Wochen	4 Wochen
von über 15 bis 25 Jahren	10 Wochen	4 Wochen
über 25 Jahre	12 Wochen	4 Wochen

Im Fall eines **Arbeitsunfalls** behält der Arbeiter den Anspruch auf das Entgelt ohne Rücksicht auf andere Zeiten einer Arbeitsverhinderung bis zur Dauer von acht Wochen. Der Anspruch auf das Krankenentgelt wegen eines Arbeitsunfalls erhöht sich auf die Dauer von zehn Wochen, wenn das Arbeitsverhältnis 15 Jahre ununterbrochen gedauert hat. Bei wiederholten Arbeitsverhinderungen, die im unmittelbaren ursächlichen Zusammenhang mit dem Arbeitsunfall stehen, besteht

20. Entgeltfortzahlung bei Krankheit, Unglücksfällen und Kuraufenthalten

der Anspruch auf Entgeltfortzahlung innerhalb eines Arbeitsjahres nur insoweit, als die Dauer des Anspruches noch nicht erschöpft ist. Eine Berufskrankheit ist ebenso wie ein Arbeitsunfall zu behandeln (siehe 22.).

Falls während eines laufenden Krankenstands ein neues Arbeitsjahr beginnt, läuft ab Beginn des neuen Jahres der neue Entgeltanspruch (OGH 9 Ob A 144/03 x). Dies gilt nach der Auffassung des OGH nicht bei Entgeltfortzahlung wegen eines Arbeitsunfalls (OGH 8 Ob A 44/08 s im Gegensatz zu OGH 9 Ob A 13/06 m).

Folgende Unterschiede im Recht des Krankenstands sind zwischen Arbeitern und Angestellten nach wie vor gegeben:

- Der Krankenentgeltanspruch des Arbeiters bezieht sich auf das Arbeitsjahr (ein Jahr ab dem ursprünglichen Eintrittstag – eine Umstellung ist nur nach den detaillierten Regelungen des § 2 Abs. 8 EFZG zulässig).
- Beim Angestellten ist eine Frist von sechs Monaten ab Wiederantritt der Arbeit zu beachten.
- Beim Arbeiter sind keine Viertelansprüche möglich.
- Die Arbeiter sind (wie bisher) beim Arbeitsunfall bessergestellt als die Angestellten.

Vor der Gewährung der Entgeltfortzahlung wegen einer Arbeitsunfähigkeit an den Arbeiter sollten ebenso jene fünf Voraussetzungen geprüft werden, die auch beim Angestellten zu prüfen sind (siehe dazu 20.15).

20.17 Lehrlings-Krankenstand

§ 17a BAG bestimmt Folgendes:

(1) Im Falle der Arbeitsverhinderung durch Krankheit (Unglücksfall) hat der Lehrberechtigte bis zur Dauer von vier Wochen die volle Lehrlingsentschädigung und bis zur Dauer von weiteren zwei Wochen ein Teilentgelt in der Höhe des Unterschiedsbetrages zwischen der vollen Lehrlingsentschädigung und dem aus der gesetzlichen Krankenversicherung gebührenden Krankengeld zu gewähren.

*Der Abs. 2 bestimmt, dass angeordnete bzw. bewilligte **Kur- und Erholungsaufenthalte** einer Krankheit bzw. einem Unglücksfall gleichzuhalten sind.*

(3) Ist dieser Entgeltanspruch nach Abs. 1 und 2 innerhalb eines Lehrjahres ausgeschöpft, so gebührt bei einer weiteren Arbeitsverhinderung infolge Krankheit (Unglücksfall) innerhalb desselben Lehrjahres die volle Lehrlingsentschädigung für die ersten drei Tage, für die übrige Zeit der Arbeitsunfähigkeit, längstens jedoch bis zur Dauer von weiteren sechs Wochen, ein Teilentgelt in der Höhe des Unterschiedsbetrages zwischen der vollen Lehrlingsentschädigung und dem aus der gesetzlichen Krankenversicherung gebührenden Krankengeld.

(4) Im Falle der Arbeitsverhinderung durch Arbeitsunfall oder Berufskrankheit im Sinne der Vorschriften über die gesetzliche Unfallversicherung, ist die volle Lehrlingsentschädigung ohne Rücksicht auf andere Zeiten einer Arbeitsverhinderung bis zur Dauer von acht Wochen und ein Teilentgelt in der Höhe des Unterschiedsbetrages zwischen der vol-

len Lehrlingsentschädigung und dem aus der gesetzlichen Krankenversicherung gebührenden Krankengeld bis zur Dauer von weiteren vier Wochen zu gewähren.

(5) Wird ein in Abs. 2 genannter Aufenthalt nach einem Arbeitsunfall oder einer Berufskrankheit bewilligt oder angeordnet, so richtet sich der Anspruch nach Abs. 4.

(6) Die Verpflichtung des Lehrberechtigten zur Gewährung eines Teilentgelts besteht auch dann, wenn der Lehrling aus der gesetzlichen Krankenversicherung kein Krankengeld er hält.

(7) Die Bestimmungen des Artikels I, Abschnitt 1, § 2 Abs. 7, der §§ 3, 4, 6 und 7 sowie Abschnitt 2 Entgeltfortzahlungsgesetz (EFZG), sind anzuwenden.

Die „in Wochen" angegebene Anspruchsdauer muss zur genauen Ermittlung der zu gewährenden Entgeltfortzahlung in Arbeitstage umgerechnet werden. Im Fall einer Fünf-Tage-Arbeitswoche ist daher von einem Vollanspruch für 20 Arbeitstage auszugehen. Wenn der Lehrling an zwei Arbeitstagen erkrankt ist, so verbleiben ihm somit für den Vollanspruch 18 weitere Arbeitstage.

Die im § 17a Abs. 1 BAG genannten Ansprüche gebühren je Lehrjahr. Der Begriff „Lehrjahr" kann wie das Arbeitsjahr verstanden werden (z.B. Eintritt am 1.6.2000 – das zweite Lehrjahr begann daher am 1.6.2001).

Für Arbeitsunfälle bzw. Berufskrankheiten gebühren die Entgeltfortzahlungsansprüche pro Anlassfall. Der Ablauf des Lehrjahres ist daher in diesen Fällen ohne Bedeutung. Das **Teilentgelt** gebührt auch dann, wenn der Lehrling aus der gesetzlichen Krankenversicherung kein Krankengeld erhält. Wird der Lehrling nach Beendigung des Lehrverhältnisses als Arbeiter beschäftigt, so wird bezüglich der Entgeltfortzahlung das Lehrverhältnis und die daran anschließende Weiterbeschäftigung nach Auffassung des HVSVT nicht als einheitliches Arbeitsverhältnis betrachtet.

Vor der Bezahlung des Krankenentgelts an den Lehrling sollten ebenso wie beim Arbeiter und beim Angestellten die dort angeführten fünf Voraussetzungen überprüft werden. Nach § 17a Abs. 7 BAG sind Teile des EFZG auch auf den Lehrling anwendbar. Der § 2 Abs. 1 EFZG sieht vor, dass dann kein Krankenentgeltanspruch gebührt, wenn der Krankenstand grob fahrlässig oder vorsätzlich herbeigeführt wurde. Diese Bestimmung ist auf den Lehrlingskrankenstand nicht anwendbar, es findet sich auch keine entsprechende diesbezügliche Regelung im § 17a BAG. Dennoch steht m.E. dem Lehrling im Fall der grob fahrlässigen oder vorsätzlichen Herbeiführung eines Krankenstands ein Krankenentgelt nicht zu. Da jeder AN schon auf Grund seiner Treuepflicht gegenüber dem AG verpflichtet ist, seine Arbeitskraft dem AG möglichst zu erhalten, ist insofern ein wichtiges Argument für den Entfall des Krankenentgelts auch beim Lehrling gegeben, falls der Krankenstand grob fahrlässig oder vorsätzlich herbeigeführt wird. Im Übrigen würde das gegenteilige Ergebnis eine unsachliche Besserstellung der Lehrlinge bewirken (insbesondere im Vergleich zu minderjährigen Arbeitern oder Angestellten). Der OGH vertritt allerdings die gegenteilige Auffassung (OGH 10 Ob S 261/95 = SVSlg 42.392), die etwa auch zu dem absurden Ergebnis führt, dass eine zwecks Versicherungsbetrug absichtlich bewirkte Arbeitsunfähigkeit zu einem Krankenentgeltanspruch gegen den AG führt.

Das Teilentgelt im Sinne des § 17a BAG unterliegt gemäß § 49 Abs. 3 Z 22 ASVG nicht der Beitragspflicht zur SV.

Zur Ermittlung des Teilentgelts kann der Lehrling ersucht werden, die ihm vom Sozialversicherungsträger ausgehändigte Abrechnung des Krankengeldes vorzulegen. Wenn der Lehrling aus der gesetzlichen Krankenversicherung kein Krankengeld erhält, ist das nach § 17a BAG dennoch zustehende Teilentgelt auf der Basis des fiktiven Krankengeldes zu ermitteln, dessen Höhe beim Sozialversicherungsträger erfragt werden kann.

21. Der Detektiv im Arbeitsrecht

21.1 Beobachtungen durch Angestellte eines Detektivbüros oder andere Personen

Manchmal besteht der Verdacht, dass der AN etwa im Krankenstand Schwarzarbeit verrichtet oder das **Konkurrenzverbot** bzw. eine **Konkurrenzklausel** nicht beachtet. Falls der AG entsprechende Konsequenzen durchsetzen will (insbesondere Entlassung oder Schadenersatz), so muss er beweisen, dass der AN gegen seine arbeitsrechtlichen Verpflichtungen verstoßen hat.

Soweit dies möglich ist, kann der AN bei seinem vertragswidrigen Verhalten von verschiedenen Personen beobachtet werden. Diese Personen könnten in der Folge ihre Beobachtungen als Zeugen in einem Gerichtsverfahren darlegen. Auch Verwandte oder Freunde des AG kommen als Zeugen in Frage. Wird also beispielsweise von Bekannten des AG beobachtet, wie der im Krankenstand befindliche AN als Fußballspieler an einem Match teilnimmt, so könnten diese Bekannten im Fall eines arbeitsgerichtlichen Verfahrens (als Folge einer **Entlassung**) bezeugen, dass sich der AN an einem bestimmten Tag sportlich betätigt hat.

Die Rechtsprechung billigt dem AG zu, dass er sich durch geeignete Nachforschungen Klarheit über die Stichhaltigkeit gewisser Verdachtsmomente (etwa bezüglich Schwarzarbeit im Krankenstand) verschafft und sich dazu auch eines Detektivbüros bedient. Das Detektivbüro erstellt einen Bericht, der in der Folge dem Gericht vorgelegt werden kann. Weiters müsste(n) der Detektiv (die Detektive) als Zeuge(n) dem Gericht über die Beobachtungen berichten.

21.2 Ersatz der Detektivkosten

Die notwendigen Kosten der Überwachung, die letztlich zur Aufdeckung von Verstößen gegen arbeitsvertragliche Pflichten geführt haben, sind vom AN (im Wege des Schadenersatzes) zu ersetzen (OGH 4 Ob 67, 68/80 = Arb 9.936). Nicht ersatzfähig wären die Detektivkosten, wenn die Verfehlungen des AN schon anderweitig leicht hätten bewiesen werden können oder soweit sie durch überflüssige Maßnahmen verursacht wurden. Bei der Grenzziehung zwischen notwendigen und überflüssigen Kosten darf nicht engherzig vorgegangen werden (OLG Wien 8 Ra 110/99 a). Notwendig sind jedenfalls jene Beobachtungen, die für die Aufdeckung von Verstößen erforderlich waren. Der AG ist nicht verpflichtet, zuvor eine Überprüfung durch die GKK einzuleiten (OLG Wien 8 Ra 17/08 s = ARD 5902/7/2008).

Waren Malversationen einer AN nicht die Ursache der Videoüberwachung, so hat sie nicht für deren Kosten aufzukommen (ebenso wenn generell ein Überwachungssystem eingerichtet wird – OGH 9 Ob A 129/05 v = ARD 5728/8/2006).

Kollektivvertragliche Verfallsklauseln erfassen nicht den Anspruch des AG auf Ersatz der Detektivkosten (OGH 9 Ob A 31/08 m).

21.3 Grenzen des Detektiveinsatzes

Wird etwa eine Entlassung ausschließlich auf Grund eines von einem Detektiv provozierten Verhaltens des AN ausgesprochen, so wird diese Entlassung als ungerechtfertigt anzusehen sein.

Andererseits ist es jedoch zulässig, wenn ein Detektiv ein Interesse an Dienstleistungen vorgibt, um auf diese Weise nähere Informationen zu erlangen. In einem mehrjährigen Verfahren vor dem ASG Wien hat das Gericht die Auffassung vertreten, wonach (entsprechend der Rechtsprechung zum Wettbewerbsrecht) der Einsatz von fingierten Kunden nicht sittenwidrig ist, wenn der Vertragspartner keine andere Möglichkeit hat, den Vertragsbruch des Partners festzustellen (ASG Wien 22 Cga 111/96 w).

Geht aus den auf diesem Wege eingeholten Informationen hervor, dass der AN laufend für verschiedene Kunden (konkurrenzierend) tätig ist (oder andere in seinem Auftrag tätig sind), so kommt es auf die Bedienung des fingierten Kunden nicht an. Die Entlassung ist daher zulässig und gerechtfertigt.

Im Krankenstand ist jegliches Verhalten des AN unzulässig welches geeignet ist, den Heilungsverlauf zu verzögern (z.B. anstrengende Tätigkeit während einer mit „Grippe" begründeten Arbeitsunfähigkeit). Ein solches Verhalten rechtfertigt eine vom AG ausgesprochene Entlassung.

Bei der Beobachtung des Verhaltens des AN im **Krankenstand** ist jedoch zu bedenken, dass dem AG in der Regel die Ursache des Krankenstandes nicht bekannt ist. Daher kann dem AG auch nicht bekannt sein, welche Verhaltensweisen im jeweiligen Krankenstand zulässig sind oder aber eine Entlassung rechtfertigen. So etwa werden Spaziergänge im Falle einer Depression als zulässig angesehen (siehe 20.).

Im Einzelfall kann es aus taktischen Gründen vorteilhaft sein, den AN nicht schon bei der Entlassung, sondern erst zu einem späteren Zeitpunkt (beispielsweise spontan anlässlich einer Verhandlung im arbeitsgerichtlichen Verfahren) mit dem detaillierten Vorwurf etwa eines Verhaltens, welches den Heilungsverlauf verzögert, zu konfrontieren. Die Rechtsprechung vertritt diesbezüglich den Standpunkt, dass **Entlassungsgründe** nicht schon bei der Entlassungserklärung angegeben werden müssen. Es genügt vielmehr der allgemeine Hinweis auf das Lösungsrecht aus wichtigem Grund (z.B. „Das Dienstverhältnis wird hiermit durch Entlassung beendet"). Der Grund selbst muss erst im Bestreitungsfall im Prozess nachgewiesen werden (Arb 5.200, 7.843 und 9.492 – siehe 42.1.2; siehe weiters *Rauch*, Maßnahmen bei Verdacht des Krankenstandsmissbrauchs, ARD 5389/14/2003).

Einschlägige Judikatur

- *Arglistiges, gegen die guten Sitten verstoßendes Verhalten durch Verwendung so genannter „Lockspitzel" kann aber dem Kläger in diesem Zusammenhang schon deshalb nicht vorgeworfen werden, weil es dazu jedenfalls einer – zumindest versuchten – Verleitung des Beklagten zu einem Verstoß gegen die Dienstpflichten bedurft hätte (vgl. § 25 StPO – OGH 4 Ob 67, 68/80 = Arb 9.936).*
- *Aber auch in Bezug auf das von der beklagten Partei „provozierte" Verhalten des Klägers ist der Hinweis des Beklagtenvertreters, dass sich die Verpöntheit des Einsatzes von Lockspitzeln nur an Strafverfolgungsbehörden richte, beachtlich. Gerade im Wettbewerbsrecht hat der OGH mehrfach entschieden, dass der Einsatz von fingierten Kunden nicht sittenwidrig ist, wenn der Vertragspartner keine andere Möglichkeit hat, den Vertragsbruch des Partners festzustellen (Schönherr/Wiltschek: UWG, E 582 zu § 1; SZ 11/104 – ASG Wien 22 Cga 111/96 w).*
- *Detektivkosten sind im Wege des Schadenersatzes gegen den Verursacher durchsetzbar, soweit dadurch in persönlichem und sachlichem Rechtswidrigkeitszusammenhang stehende Verhaltensweisen aufgedeckt werden sollen. Bei der Grenzziehung zwischen notwendigen und überflüssigen Detektivkosten darf nicht engherzig vorgegangen werden. Einem AG muss bei Vorliegen ausreichender Anhaltspunkte für ein nicht schon anderweitig leicht zu beweisendes vertragswidriges Verhalten des AN sehr wohl das Recht zugebilligt werden, sich im Wege von Nachforschungen durch eine Detektei die erforderliche Klarheit über die Stichhältigkeit der Verdachtsmomente zu verschaffen (OLG Wien 8 Ra 110/99 a = ARD 5081/17/99).*
- *Verhält sich ein AN während einer Erkrankung genesungswidrig, begeht er eine vorsätzliche Vertragspflichtverletzung, die ihn dem AG gegenüber zum Schadenersatz verpflichtet. Diese Schadenersatzpflicht erstreckt sich auf alle Aufwendungen des AG, soweit sie nach den Umständen des Falles als notwendig anzusehen sind. Dazu können auch Detektivkosten gehören, wenn konkrete Verdachtsmomente dazu Anlass gegeben haben (Landesarbeitsgericht Rheinland-Pfalz 5 Sa 540/99 = ARD 5096/ 34/2000).*

22. Arbeitsunfall

22.1 Definition

Unter einem Unfall ist ein zeitlich begrenztes Ereignis zu verstehen, das zu einer Körperschädigung führt (OGH 26.6.2008, 10 Ob S 89/08 y).

Ein Arbeitsunfall ist ein Unfall, der sich am Arbeitsplatz oder zwischen Wohnung und Arbeitsplatz (am Weg zur Arbeit oder von der Arbeit zum Wohnsitz) ereignet. Das Gesetz (§§ 175 ff. ASVG) nennt darüber hinaus weitere bestimmte Tatbestände (Arztbesuch, Bankweg etc.) und stellt bestimmte Unfälle den Arbeitsunfällen gleich (§ 176 Abs. 1 ASVG – Unfälle bei Fortbildungsveranstaltungen, Betriebsversammlungen etc.).

Hinsichtlich des Krankenentgelts sind **Berufskrankheiten** dem Arbeitsunfall gleichgestellt. Nach § 177 Abs. 1 ASVG gelten die in der Anlage 1 zum ASVG bezeichneten Krankheiten als Berufskrankheiten, wenn sie durch Ausübung der die Versicherung begründenden Beschäftigung verursacht wurden.

Da die Begriffe „Arbeitsunfall" bzw. „Berufskrankheit" im Rahmen der Krankenentgeltregelungen (§ 8 AngG, EFZG, § 17a BAG) nicht definiert sind, ist auf die diesbezüglichen Definitionen der §§ 175 ff. ASVG zu verweisen (siehe 22.2).

Auch Verletzungen aufgrund altersbedingter, natürlicher Abnützung kommen als Arbeitsunfall in Frage (OGH 10 Ob S 45/04 x = ARD 5551/17/2004).

22.1.1 Eigenwirtschaftliches Interesse des AN

Es liegt nach der Rechtsprechung kein Arbeitsunfall vor, wenn der AN den Arbeitsunfall auf dem Weg zur Arbeit oder dem Weg von der Arbeit zu seinem Wohnsitz oder während der Arbeitszeit im Zuge von Verrichtungen erleidet, die nicht auf Weisung oder im Interesse des AG durchgeführt werden (eigenwirtschaftliches Interesse des AN bzw. fehlender enger Bezug zur Erwerbstätigkeit).

Wenn etwa der AN (während der Arbeitszeit oder etwa am Weg nach Hause) in einer Trafik Zigaretten holt und dabei über die Stufe am Eingang der Trafik stolpert und einen Knochenbruch erleidet, so liegt kein Arbeitsunfall vor. Dies gilt auch, wenn er den gegenüberliegenden Bahnsteig auf dem Weg nach Hause aufsucht, nur um dort Güter für seinen persönlichen Bedarf zu erwerben, und sich dabei ein Unfall ereignet (etwa beim Stiegensteigen). Auch der Gang innerhalb des Wohnhauses zu einer beabsichtigten beruflichen Arbeit begründet keinen Unfallversicherungsschutz (OGH 10 Ob S 19/98 m = ARD 4966/32/98) – ebenso Snowboarden im Bereitschaftsdienst (OGH 5.10.2010, 10 Ob S 133/10 x), wenn die vom AG gewünschte Beobachtung auch zu Fuß hätte erfolgen können.

Eigenwirtschaftliches Interesse, welches einen Arbeitsunfall ausschließt, liegt auch dann vor, wenn es sich um Verrichtungen des täglichen Lebens handelt, die für die Erfüllung von Verpflichtungen aus dem Arbeitsverhältnis erforderlich sind. Zu solchen eigenwirtschaftlichen Tätigkeiten gehört die Besorgung von Essen sowie privater Kleidung und Wäsche (OLG Innsbruck 23 Rs 10/05 = ZAS 2006, 135). Eine Ausnahme liegt dann vor, wenn die private Besorgung „ganz nebenher" erfolgt (privater Weg von ca. 4 m Länge – OGH 16.6.2009, 10 Ob S 98/09 y; Öffnen des Fensters am Arbeitsplatz mit anschließendem Sturz aus demselben – OGH 12.3.2012, 10 Ob S 16/11 t). Schlafen, Essen und Waschen sind auch auf einer Dienstreise dem eigenwirtschaftlichen Bereich zuzurechnen. Der Unfall aufgrund eines Sturzes im Hotelzimmer ist daher kein Arbeitsunfall (OGH 10.11.2009, 10 Ob S 129/09 g). Ebenso ist der durch einen Zweig bei der Verrichtung der kleinen Notdurft auf dem Heimweg verursachte Unfall kein Arbeitsunfall (OGH 11.11.2016, 10 Ob S 133/16 f).

Ein Unfall in der Nähe der Arbeitsstätte, der auf einem Weg zur Besorgung bzw Aufnahme von Nahrung während der Arbeitspause, ist nach § 175 Abs 2 Z 7 ASVG ein Arbeitsunfall (eine Entfernung von 1 km ist nicht mehr in der Nähe, wenn andere Lebensmittelhändler näher sind – OGH 16.4.2013, 10 Ob S 35/13 i).

Der Versicherungsschutz für **Wegunfälle** nach § 175 Abs. 2 Z 1 ASVG beginnt bzw. endet an der Außenfront des Wohnhauses, also in der Regel an dem ins Freie führenden Haustor oder Garagentor. Die innerhalb des Wohnhauses zurückgelegten Wege des Versicherten sind schon nach dem allgemeinen Sprachgebrauch nicht als Wege „zur oder von der Arbeitsstätte" anzusehen (OGH 10 Ob S 76/01 a = ARD 5257/11/2001). In einem Mehrparteienhaus mit mehreren Wohneinheiten beginnt der Arbeitsweg jedoch bereits mit dem Verlassen der Wohnung. In diesem Fall ist daher der Sturz im Stiegenhaus als Wegunfall anzusehen (VwGH 2007/09/0385 = ARD 5943/5/2009). Wählt der AN einen Umweg auf dem Weg zur Arbeitsstätte, so steht dieser Umweg nur dann unter Versicherungsschutz, wenn er im Verhältnis zur kürzeren Wegverbindung als gleichwertig anzusehen ist (OGH 10 Ob S 46/01 i = ARD 5257/12/2001).

„Durchschreitet" der AN die Außentür seines Wohnhauses, so beginnt der Versicherungsschutz. Betritt er die in einem anderen Gebäude befindliche Garage, so verliert er deswegen nicht den Schutz für den dort erlittenen Unfall. Dieser ist daher ein Arbeitsunfall (OGH 10 Ob S 44/06 b).

Bei eigenwirtschaftlichen Unterbrechungen des Weges (unter zwei Stunden) liegt dann ein Arbeitsunfall vor, wenn die gleiche Strecke befahren wird und sich der Unfall nach Fortsetzung der Fahrt auf dieser Strecke ereignet (OGH 10 Ob S 157/04 t = ARD 5582/10/2005). Verbleibt der AN während eine solchen Unterbrechung ca. 1,5 Stunden bei einem Würstelstand, so ist im Hinblick auf die Relation zur Dauer des gesamten Heimweges von zehn Minuten der Zusammenhang mit der versicherten Tätigkeit als gelöst anzusehen (wobei abgesehen von diesem speziellen Einzelfall im Allgemeinen für die grobe Orientierung eine Zwei-Stunden-Grenze herangezogen wird – OGH 10 Ob S 19/07 b = ARD 5796/6/2007).

Befand sich der AN zur Zeit des Unfalls nicht mehr auf einem mit der Beschäftigung zusammenhängenden und versicherten Weg von der Arbeitsstätte zur Wohnung, sondern auf einem damit nicht zusammenhängenden, rund drei Stunden nach Verlassen der Arbeitsstätte angetretenen Heimweg von einem Gaststättenbesuch, kann der für den Unfallversicherungsschutz maßgebliche Zusammenhang mit der Beschäftigung nicht mit „einer notwendigen Ruhepause nach Dienstschluss" hergestellt werden (OGH 10 Ob S 246/97 t). Passiert der Unfall während der Überbrückung einer Wartezeit auf einer Dienstreise, so kann er ein Arbeitsunfall sein, wenn der Zusammenhang mit der versicherten Tätigkeit besteht. Dies ist bei einem Unfall während eines Strandspaziergangs vor dem verspäteten Abflug nicht der Fall (OGH 10 Ob S 9/06 f).

Ein Arbeitsunfall setzt einen Weg zwischen dem ständigen Aufenthaltsort (§ 175 Abs. 2 Z 1 ASVG) und der Arbeitsstätte voraus. Der ständige Aufenthaltsort ist der Ort, den der AN zum Mittelpunkt seiner Lebensinteressen macht (OGH 10 Ob S 60/93). Ausnahmsweise können zwei Wohnungen der Mittelpunkt der Lebensinteressen sein (OGH 10 Ob S 47/07 w). Wohnt die AN bei den Eltern, so ist die Wohnung des Freundes nicht der ständige Aufenthaltsort. Der Unfall auf dem Weg von der Wohnung des Freundes zur Arbeit ist daher kein Arbeitsunfall (OGH 10 Ob S 71/07 z = ARD 5804/5/2007).

Bei einem Zwischenfall im Zuge einer Besprechung mit dem Geschäftsführer infolge Nichteinhaltung dienstvertraglicher Pflichten ist allenfalls ein mittelbarer Zusammenhang mit der Berufsarbeit gegeben (ARD – SV-Handbuch, 259). In diese Richtung gehen auch jene Entscheidungen, die davon ausgehen, dass kein Arbeitsunfall vorliegt, wenn der AN auf dem Weg zum AG einen Unfall erleidet und der Weg der Behandlung arbeitsrechtlicher Fragen dient (z.B. bei Geltendmachung des gesetzlichen Urlaubs – OLG Wien 20 R 106/77, ARD 2970/13/77). Der Weg des AN zum AG, um ein Arbeitsverhältnis aufzukündigen, stellt überhaupt eine rein privatwirtschaftliche Tätigkeit dar (ARD 3778/7/86); ebenso das Aufsuchen des erkrankten Kindes während der Arbeitszeit mit Erlaubnis des AG (OGH 10 Ob S 50/01 b = ARD 5257/15/2001).

Für Verpflichtungen, die sowohl im privaten als auch im betrieblichen Interesse liegen (gemischte Tätigkeit), besteht Versicherungsschutz, wenn die Verrichtung im Einzelfall dazu bestimmt war, auch betrieblichen Interessen wesentlich zu dienen. Treten hingegen bei der unfallkausalen Tätigkeit die privaten Interessen in den Vordergrund, dann ist der Unfall kein Arbeitsunfall (OGH 10 Ob S 103/04 a = ARD 5551/19/2004).

22.1.2 Fortbildungsveranstaltungen und betriebliche Gemeinschaftsveranstaltungen

Unfälle, die sich beim Besuch beruflicher Fortbildungsveranstaltungen ereignen, sind den Arbeitsunfällen gleichgestellt (§ 176 Abs. 1 Z 5 ASVG). Nach der jüngsten Rechtsprechung gilt dies nicht für jene Seminare und Veranstaltungen, die nicht unmittelbar der beruflichen Fortbildung dienen. Ein Seminar mit dem Thema „mentales Training", welches keinen Bezug zu einem bestimmten Beruf hat, ist keine berufliche Schulung im Sinne des § 176 Abs. 1 Z 5 ASVG und daher der bei Besuch dieser Veranstaltung erlittene Unfall kein Arbeitsunfall (OGH 23.6.1998, 10 Ob S 200/98d), ebenso ein Deutschkurs zur Verlängerung des Visums – OGH 30.6.2015, 10 Ob S 38/15 h, *Rauch*, Arbeitsrecht 2016, 75 ff.

Ein bei einer betrieblichen Gemeinschaftsveranstaltung erlittener Unfall ist als Arbeitsunfall anzusehen. Eine betriebliche Gemeinschaftsveranstaltung liegt nur dann vor, wenn alle Betriebsangehörigen oder wenigstens alle Beschäftigten einer Abteilung oder einer Gruppe daran teilnehmen können (OGH 10 Ob S 113/07 a). Dies ist bei Schimeisterschaften nicht der Fall, weil von den einzelnen Abteilungen nur jeweils einzelne und jedenfalls nur gute Schiläufer an der Meisterschaft teilnehmen (OLG Wien 9 Rs 79/99 = ZAS Jud. 2/2001 = ARD 5264/10/2001).

22.1.3 Bereits vorhandene Erkrankung

Sollte ein Vorfall lediglich der Anlass (Gelegenheitsursache) für das Hervortreten einer bereits vorhandenen Erkrankung sein, so liegt kein Arbeitsunfall vor (OLG Wien 14 Rs 49/68 = ARD 2190/16/96; VwGH 97/08/0061 = ARD 5119/ 23/2000; OGH 10 Ob S 149/99 g = ARD 5125/19/2000 und 10 Ob S 341/01 x = ARD 5302/ 15/2002).

22.1.4 Unvernünftiges Verhalten oder grob fahrlässige oder vorsätzliche Herbeiführung des Arbeitsunfalls

Ebenso liegt kein Arbeitsunfall vor, wenn dieser durch einen entbehrlichen, vom AN herbeigeführten Streit verursacht wird. Ist ein Streit als ein völlig unvernünftiges oder provokantes Verhalten zu qualifizieren, so liegt kein Arbeitsunfall vor (OGH 10 Ob S 62/90, 10 Ob S 90/05 s, 10 Ob S 14/09 w, 10 Ob S 161/09 p). Es liegt auch dann kein Arbeitsunfall vor, wenn der Unfall durch „Neckereien am Arbeitsplatz" bzw. ein strafbares Verhalten verursacht wird (OLG Wien 15 R 82/ 67 = ARD 2067/26/68, OGH 10 Ob S 48/13 a). Der Arbeitsunfall muss in einem unmittelbaren zeitlichen und kausalen Zusammenhang mit der Berufsarbeit stehen. Die versicherte Tätigkeit muss eine wesentliche Bedingung für den Unfall sein (OGH 10 Ob S 37/04 w).

Wurde der Unfall durch ein grob fahrlässiges oder vorsätzliches Verhalten bewirkt, so besteht für die Dauer der Arbeitsunfähigkeit überhaupt kein Anspruch auf ein Krankenentgelt (§ 2 Abs. 1 EFZG, § 8 Abs. 1 AngG – siehe 20.9).

Vorsatz liegt bei absichtlichem Herbeiführen einer Krankheit oder eines Unfalls vor. Grobe Fahrlässigkeit ist anzunehmen, wenn die Sorgfaltspflicht auffallend und ungewöhnlich verletzt wird und der Eintritt eines Schadens wahrscheinlich und nicht bloß möglich ist.

Grobe Fahrlässigkeit ist etwa dann anzunehmen, wenn eine Alkoholbeeinträchtigung des Lenkers eines Kfz vorliegt. Unter „Alkoholbeeinträchtigung" ist zu verstehen, dass sich der Fahrzeuglenker in einer solchen körperlichen und geistigen Verfassung befindet, in der er ein Fahrzeug nicht beherrschen und die beim Lenken eines Fahrzeuges zu beachtenden Rechtsvorschriften nicht einhalten kann. Ebenso ist grobe Fahrlässigkeit bei einer Verletzung auf Grund einer Teilnahme an einem Raufhandel (ohne provoziert oder tätlich angegriffen worden zu sein) anzunehmen oder wenn der AN bei Arbeitsbeginn an einer Maschine eindeutig hätte erkennen müssen, dass er auf Grund seiner Fähigkeiten sowie seiner fehlenden Kenntnisse der Konstruktion, Bedienung und Schutzvorrichtung sich aller Wahrscheinlichkeit nach verletzen werde.

Die Ausübung eines Kampfsportes, bei dem häufig Verletzungen vorkommen, ist nicht generell als grobe Fahrlässigkeit anzusehen. Der Sportunfall ist einer Krankheit gleichzuhalten und kann nur bei Vorliegen besonderer Umstände im Einzelfall als grob fahrlässig herbeigeführt angesehen werden (siehe auch 20.9).

Im Übrigen kann ein (nicht grob fahrlässig bzw. nicht vorsätzlich herbeigeführter) **Sportunfall** nur dann ein Arbeitsunfall sein, wenn dienstvertraglich die Durchführung der betrieblichen Arbeit mit der Verpflichtung zur Sportausübung gekoppelt ist (OLG Wien 7 Rs 366/96 = ARD 4966/31/98).

Einschlägige Judikatur

- *Alkoholgenuss außerhalb des Straßenverkehrs löst den inneren Zusammenhang zur versicherten Tätigkeit nur dann, wenn der Versicherte derart betrunken ist, dass er zu keiner Arbeit mehr fähig ist. Hat der Alkoholgenuss dagegen nur zu einem Leistungsabfall geführt und ist der Versicherte noch fähig, bei den ihm obliegenden Verpflichtungen eine ernstliche, dem Unternehmen zu dienen bestimmte Arbeit zu verrichten, steht er grundsätzlich noch unter Versicherungsschutz. Ein Unfall ist aber dann kein Arbeitsunfall, wenn es an dem ursächlichen Zusammenhang zwischen der versicherten Tätigkeit und dem Unfallereignis fehlt, was dann zutrifft, wenn der Alkoholeinfluss allein die wesentliche Bedingung und damit rechtlich allein die Unfallursache ist (OGH 10 Ob S 423/98 y = ARD 5070/15/99).*

- *Ein Weg, der dazu dient, Brot für eine in der Betriebsstätte beabsichtigte Jause zu holen, ist nicht als unfallversicherungsgeschützter Weg zur Befriedigung der lebensnotwendigen Bedürfnisse während einer Arbeitspause zu qualifizieren (OLG Linz 11 Rs 283/98, ZAS Jud. 2/2000 = ARD 5165/28/2000).*

- *Erhöht ein AN durch eine besonders ungeschickte und für seine Tätigkeit wenig geeignete Vorgangsweise das Unfallrisiko, steht ein bei dieser Tätigkeit erlittener Arbeitsunfall dennoch unter Versicherungsschutz, wenn keine betriebsfremden Motive für die Handlungsweise des AN vorliegen (OGH 10 Ob S 131/99 h = ARD 5119/24/2000).*

- *Das Zerkleinern von Brennholz steht in einem land- und forstwirtschaftlichen Betrieb nur dann unter Unfallversicherungsschutz, wenn diese Tätigkeit wesentlich betrieblichen Zwecken dient und gegenüber den privaten Interessen (Eigenbedarf) nicht erheblich in den Hintergrund tritt (OGH 10 Ob S 63/99 h = ARD 5119/25/2000).*

- *Auseinandersetzungen (Streitigkeiten) am Arbeitsplatz sind der Unfallversicherung nicht zuzurechnen (OLG Wien 10 Rs 185/98, ZAS Jud. 1/2000 = ARD 5165/28/2000).*

- *Zwar kann auch wegen einer so genannten selbst geschaffenen Gefahr der Kausalzusammenhang zwischen der versicherten Tätigkeit und dem Unfall fehlen, doch schließt nur eine aus betriebsfremden Motiven selbst geschaffene Gefahr den Kausalzusammenhang zwischen der versicherten Tätigkeit und dem Unfall aus. Voraussetzung bleibt, dass die versicherte Tätigkeit eine wesentliche Bedingung des Unfalls geblieben ist (OLG Wien 22.1.1999, 9 Rs 287/98 = ZAS Jud. 4/2000 = ARD 5165/27/2000).*

- *Betritt ein AN von seiner Arbeitsstätte kommend sein Haus vorerst nur mit einem Fuß, rutscht infolge der nassen Sohle in dem Moment aus, als er das Gewicht auf diesen verlagern wollte, und stürzt durch eine abrupte Gewichtsverlagerung auf den anderen Fuß nach hinten vor die Eingangstüre, ist er durch das Überschreiten der Schwelle der Eingangstüre mit einem Bein bereits – wenn auch nur kurzfristig – über diesen Grenzpunkt und in seinen privaten Bereich gelangt. Mit dem Schritt in das Wohnhaus ist aber der* unter Unfallversicherungsschutz stehende Weg beendet worden und der Sturz auf den Bereich vor die Eingangstür ist nicht mehr dem Arbeitsweg zuzuordnen. Da sich somit mit dem Ausrutschen im Hausflur eine Gefahr verwirklicht hat, die auf Umstände des Privatbereiches zurückgeht, liegt kein Wegunfall im Sinne des § 175 Abs. 2 Z 1 ASVG vor (OGH 10 Ob S 76/01 a = ARD 5257/11/2001).

- Wenn der AN während des Bereitschaftsdienstes nicht im Betrieb anwesend sein muss und während dieser Zeit private Tätigkeiten verrichten kann, so liegt kein Arbeitsunfall vor, wenn der Unfall in keinem Zusammenhang mit dem Bereitschaftsdienst stand (hier: Verkehrsunfall nach einem ca. 6-stündigen Aufenthalt aus privaten Gründen in einem Gastlokal – OGH 10 Ob S 55/04 t).

22.2 Krankenentgelt beim Arbeitsunfall

Hinsichtlich des **Krankenentgelts** ist zu beachten, dass im Fall eines Arbeitsunfalls oder einer Berufskrankheit (im Sinne des § 177 Abs. 1 ASVG) ein längerer Krankenentgeltanspruch besteht. Nach § 8 AngG verlängert sich der Krankenentgeltanspruch im Fall des Arbeitsunfalls bei den Angestellten, die noch nicht fünf Jahre betriebszugehörig sind, von höchstens sechs auf höchstens acht Wochen (siehe auch 20.16.1).

Bei den Arbeitern steht der Entgeltanspruch in folgender Dauer zu (§ 2 Abs. 5 EFZG):

Dauer des Arbeitsverhältnisses	bei Arbeitsunfall (Berufskrankheit) pro Arbeitsunfall (Berufskrankheit)
bis 5 Jahre	8 Wochen
von über 5 bis 15 Jahren	8 Wochen
von über 15 bis 25 Jahren	10 Wochen
über 25 Jahre	10 Wochen

Die Unterscheidung zwischen Krankheiten und Berufskrankheiten einerseits sowie allgemeinen Unfällen und Arbeitsunfällen andererseits ist auch im Arbeitsrecht bei der Frage der Dauer des Krankenentgeltanspruchs nach den Definitionen des ASVG vorzunehmen (siehe 22.1).

22.3 Pflichten auf Grund des Arbeitsunfalls

- Arbeitsunfälle sind vom AG binnen 5 Tagen dem Träger der Unfallversicherung anzuzeigen, wenn sie zum Tod oder zu einer Arbeitsunfähigkeit von mehr als 3 Tagen geführt haben (§ 363 Abs. 1 ASVG – siehe 33.6.2). Die schuldhafte Missachtung der Anzeige macht schadenersatzpflichtig.
- AG haben Aufzeichnungen zu führen (§ 16 AschG),
    1. über alle tödlichen Arbeitsunfälle,

2. über alle Arbeitsunfälle, die einen Arbeitsausfall eines AN von mehr als 3 Kalendertagen zur Folge haben und

3. über alle Ereignisse, die beinahe zu einem schweren Arbeitsunfall geführt hätten und von einem AN (nach § 15 Abs. 5 ASchG) gemeldet wurden.

- Tödliche und schwere Arbeitsunfälle sind dem **Arbeitsinspektorat** zu melden, soferne nicht eine Meldung an die Sicherheitsbehörden erfolgt (§ 98 Abs. 1 ASchG, siehe auch 33.6.2). Ein Arbeitsunfall ist schwer, wenn er voraussichtlich eine Arbeitsunfähigkeit von mehr als 24 Tagen nach sich ziehen wird oder die Verletzung an sich schwer ist (LVwG Steiermark 21.11.2014, 30.15 – 2378/ 2014, ARD 6455/6/2015; *Rauch*, Arbeitsrecht 2016, 74 f.).
- Die bereits durchgeführte Ermittlung und Beurteilung der Gefahren (Evaluierung) ist zu überprüfen und erforderlichenfalls anzupassen (§ 4 Abs. 5 ASchG – siehe 33.3).
- Ist ein (ehemaliger) Arbeitskollege für den Arbeitsunfall verantwortlich, so ist der AG gegenüber dem Geschädigten auskunftspflichtig (OGH 30.7.2009, 8 Ob A 4/09 k).
- Jeder Arbeitsunfall ist dem BR zur Kenntnis zu bringen (§ 89 Z 3 ArbVG).

22.4 Strafrechtliche Folgen und Schadenersatz
22.4.1 Verwaltungsbehördliches und gerichtliches Strafverfahren

Falls der Verdacht besteht, dass der Arbeitsunfall auf ein schuldhaftes (vorsätzliches oder fahrlässiges) Verhalten des AG zurückzuführen ist, ist mit der Einleitung eines Verwaltungsstrafverfahrens zu rechnen. Für dieses ist in 1. Instanz die Bezirksverwaltungsbehörde (Bezirkshauptmannschaft oder Magistrat) zuständig. Es können Geldstrafen nach dem Strafrahmen des § 130 ASchG verhängt werden (siehe 33.11.3.4).

Bezüglich der vom AG durchzuführenden Kontrollmaßnahmen hat der Verwaltungsgerichtshof folgende Auffassung vertreten:

Die Erteilung von Weisungen, die Arbeitnehmerschutzvorschriften einzuhalten, entschuldigt den AG bzw. den zur Vertretung nach außen berufenen oder verantwortlichen Beauftragten nur dann, wenn er behauptet und glaubhaft macht, dass er Maßnahmen ergriffen hat, um die Einhaltung der von ihm erteilten Anordnungen betreffend die Beachtung der Arbeitnehmerschutzvorschriften zu gewährleisten, Kontrollen eingerichtet und sich vom Funktionieren des **Kontrollsystems** informiert hat (VwGH 96/02/0301, ASoK 1997, 63 – siehe auch einschlägige Judikatur zu 33.11.3.4).

Für den Fall eigenmächtiger Handlungen durch den AN gegen Arbeitnehmerschutzvorschriften hat ein entsprechendes Kontrollsystem Platz zu greifen. Nach Auffassung der Rechtsprechung sind alle acht bis 14 Tage durchgeführte Kontrollen des AG in Ansehung der Einhaltung der Arbeitnehmerschutzvorschriften keineswegs geeignet, im Rahmen eines „wirksamen Kontrollsystems" eigenmächtigen Verstößen von AN entgegenzuwirken (VwGH 97/02/0182).

Stichprobenartige Überprüfungen von Baustellen und die Erteilung von Weisungen stellen kein Kontrollsystem zur Verhinderung von Verstößen gegen arbeitnehmerschutzrechtliche Bestimmungen dar (VwGH 5.8.2009, 2008/0127 = ARD 6026/3/2010).

Weiters kann es zur Einleitung eines gerichtlichen Strafverfahrens (wegen fahrlässiger Körperverletzung oder fahrlässiger Tötung gemäß §§ 88, 80 und 81 StGB) kommen, das auch zur Verhängung einer bedingten oder allenfalls unbedingten Freiheitsstrafe führen kann. Wurde das Ermittlungsverfahren (nach § 190 Z 1 StPO) eingestellt, so ist die Verfolgung des AG in einem Verwaltungsstrafverfahren nach AschG unzulässig (VwGH 29.5.2015, 2012/02/0238).

22.4.2 Schadenersatzansprüche gegen den AG

Der geschädigte AN bzw. bei tödlichem Ausgang des Arbeitsunfalls dessen Hinterbliebene können Schadenersatz vom AG (entgangene Unterhaltsleistungen, Begräbniskosten etc.) nach § 333 ASVG begehren, wenn er den Arbeitsunfall vorsätzlich (Haftungsprivileg des AG) herbeigeführt hat. Der AG haftet also nicht bei Fahrlässigkeit, weil der AG die Unfallversicherung der AN zur Gänze bezahlt (DG-Haftungsprivileg). Das Haftungsprivileg gilt auch für gesetzliche oder bevollmächtigte Vertreter des AG sowie für Aufseher im Betrieb. Eine Haftung des AG für vorsätzliches Verhalten des Erfüllungsgehilfen (ein AN) kommt nicht in Frage (OGH 29.1.2014, 9 Ob A 4/14 z). Bei Verkehrsunfällen ist dies insofern eingeschränkt, als der AG, der den Arbeitsunfall fahrlässig herbeigeführt hat, bis zur Höhe der aus einer bestehenden Haftpflichtsumme zur Verfügung stehenden Versicherungssumme haftet (§ 333 Abs. 3 ASVG – siehe auch *Rauch,* AG-Haftung bei Arbeitsunfällen durch ein Verkehrsmittel, ASoK 2008, 206 ff; OGH 19.1.2012, 2 Ob 178/11 g, 28.6.2011, 9 Ob A 52/11 d).

Vorsatz ist gleichbedeutend mit „böser Absicht", die nur dann gegeben ist, wenn der Schaden widerrechtlich mit Wissen und Willen verursacht worden ist. Der Vorsatz muss dabei Eintritt und Umfang des Schadens umfassen (OGH 7.5.2003, 9 Ob A 36/03 i, 31.8.2005, 9 Ob A 16/05 a). Das vorsätzliche Verhalten (Körperverletzung) eines Vorarbeiters kann zwar im allgemeinen Zivilrecht dem Geschäftsherrn nach § 1313 a ABGB (Haftung für den Erfüllungsgehilfen) zurechenbar sein, aber gilt dies nicht im Rahmen des Dienstgeberhaftungsprivilegs für den AG (OGH 29.1.2014, 9 Ob A 4/14 z).

Hat der AG oder sein Vertreter oder ein **Aufseher im Betrieb** den Schaden vorsätzlich oder grob fahrlässig herbeigeführt, so hat er den Trägern der Sozialversicherung die nach dem ASVG dem AN zu gewährenden Leistungen (z.B. Versehrtenrente, Integritätsabgeltung und Witwenrente) zu ersetzen (§ 334 ASVG). Ein

Aufseher im Betrieb muss bezüglich einer bestimmten ihm aufgetragenen Arbeit entscheidungsbefugt sein (OGH 8 Ob A 115/03 z, z.B. ein Vorarbeiter – 9 Ob A 108/06 g = ARD 5471/3/2007). Nicht wesentlich ist, ob der Aufseher beim Unfall von seinem Weisungsrecht Gebrauch gemacht hat (OGH 9 Ob A 79/05 s). Eine Sicherheitsvertrauensperson ist als Aufseher im Betrieb anzusehen (OLG Wien 10 Ra 25/08 g = ARD 5901/8/2008).

Grobe Fahrlässigkeit im Sinne des § 334 Abs. 1 ASVG ist anzunehmen, wenn eine außergewöhnliche und auffallende Vernachlässigung einer Sorgfaltspflicht vorliegt, die den Eintritt des Schadens nicht nur als möglich, sondern als wahrscheinlich vorhersehbar erscheinen lässt (Arb 10.087; OGH 9 Ob A 219/97 i, 9 Ob A 403/97 y, 9 Ob A 85/99 m, 8 Ob A 308/00 b, 8 Ob A 109/01 i).

Die Übertretung von einzelnen Arbeitnehmerschutzbestimmungen und Unfallverhütungsvorschriften oder auch eine strafgerichtliche Verurteilung muss an sich noch kein grobes Verschulden begründen. Vielmehr ist auf die Gefährlichkeit der Situation besonders Bedacht zu nehmen (OGH 8 Ob A 109/01 i, 9 Ob A 146/03 s, 9 Ob A 41/05 b).

Ist eine **Gefahr** für den Arbeitnehmer **deutlich** und ohne nähere Betrachtung **erkennbar**, sodass er sich selbst davor schützen kann (hier: durch das Umgehen einer öligen Lache anstatt durch das Überspringen der Lache), kommt eine **Haftung des Gefahrenverursachers** aufgrund Verletzung einer Verkehrssicherungspflicht **nicht in Betracht**. (OLG Wien 9 Ra 71/06 m = ARD 5755/3/2007).

Das Haftungsprivileg des AG kommt nicht zur Anwendung, wenn der Arbeitsunfall durch ein Verkehrsmittel eingetreten ist, für dessen Betrieb aufgrund gesetzlicher Bestimmungen eine erhöhte Haftpflicht besteht. Die Haftung des AG ist jedoch diesfalls auf die aus einer Haftpflichtversicherung bestehende Versicherungssumme beschränkt, wenn der Versicherungsfall nicht durch den AG vorsätzlich herbeigeführt wurde (§ 333 Abs. 3 ASVG). Das Haftungsprivileg kommt auch bei Mithilfe fremder AN aus Gefälligkeit zur Anwendung (OGH 2 Ob A 24/05 a = ARD 5628/10/2005, OGH 2 Ob A 48/07 h = ARD 5901/5/2008). Ebenso bei „Schwarzarbeit" (ohne Anmeldung bei der zuständigen GKK), weil die Pflichtversicherung auch ohne Anmeldung gegeben ist (OGH 9 Ob A 172/07 w). Es ist auch auf Sicherheitsfachkräfte (siehe 33.4) anwendbar und kann auch Regressansprüchen eines Mitschädigers, der den gesamten Schaden ersetzen musste, entgegengehalten werden (OGH 14.2.2012, 2 Ob 131/11w).

Einschlägige Judikatur

- *Ein Baggerfahrer, der mit der Herstellung einer Künette beauftragt ist, wobei ihn ein Helfer mit manuellen Grabarbeiten dabei unterstützen soll, und dem überdies die Funktion des Stellvertreters des abwesenden Poliers mit verschiedenen, den Arbeitsablauf unterstützenden Anweisungsbefugnissen zukommt, übt die Stellung eines Aufsehers im Betrieb aus (OGH 9 Ob A 322/98 p = ARD 5058/13/99), er kann daher bei fahrlässiger Körperverletzung des Helfers das Haftungsprivileg des § 333 Abs. 4 ASVG als Aufseher im Betrieb für sich in Anspruch nehmen. Dabei kommt es nicht darauf an, ob es im Unfallzeitpunkt erforderlich war, von dieser Weisungsbefugnis Gebrauch zu machen (OLG Wien 9 Ra 272/99 g = ARD 5142/29/2000).*

- *Aus Art. 5 Abs. 4 der Richtlinie 89/391/EWG kann kein Verbot des Haftungsausschlusses des AG oder der Aufseher im Betrieb bei Arbeitsunfällen abgeleitet werden (OGH 9 Ob A 150/99 w = ARD 5119/27/2000).*
- *Es ist gesicherte Rechtsprechung, dass der Aufseher im Betrieb im Sinne des § 333 Abs. 4 ASVG eine mit einem gewissen Pflichtenkreis und Selbständigkeit verbundene Stellung innehaben und die Verantwortung für das Zusammenspiel persönlicher und technischer Kräfte tragen muss (ZVR 1972/203; SZ 51/128; SZ 52/66; DRdA 1987, 447; 9 Ob A 322/98 p u.a.). Diese Kriterien wendet die Rechtsprechung auch bei der Beurteilung der Aufsehereigenschaft eines Kraftfahrzeuglenkers, der einen Verkehrsunfall verschuldet hat, an. Sie verneint diese Eigenschaft, wenn der Lenker lediglich den Wagen zu bedienen und zu pflegen und allenfalls die Beladung zu verantworten hat. Bei der Beförderung von Personen wird dahin unterschieden, ob der Lenker für ihre Sicherheit nur nach den Vorschriften der Straßenverkehrsordnung verantwortlich war oder ob er ihnen gegenüber noch darüber hinausgehende Befugnisse und Pflichten hatte (OGH 8 Ob A 181/00 a).*
- *Hier hat der Einsatz des erst vor ca. einer Woche aufgenommenen Lehrlings an der Abkantpresse gegen das Verbot des § 8 Abs. 1 Z 1 lit. f in Verbindung mit Abs. 3 lit. c der damals noch maßgeblichen KJBG-VO BGBl. 1981/527 (vgl. nunmehr § 6 Abs. 1 Z 7 KJBG-VO BGBl. II 1998/436) verstoßen. Es wurde jedoch festgestellt, dass die Beklagten gar nicht die Ausbilder des Lehrlings im Sinne des BAG waren und vom Ausbilder auch keine Anweisungen oder Aufklärungen erhielten. Aus ihrer mangelnden Kenntnis der einschlägigen Vorschriften kann also zumindest kein eigenes grobes Verschulden abgeleitet werden. Nur für ihr eigenes, nicht aber auch für fremdes, wenn auch grobes Verschulden hätten sie jedoch einzustehen (OGH 8 Ob A 109/01 i).*
- *Krankentransportkosten des Verletzten, von ihm zu tragende Selbstbehalte und Krankenhausgebühren sowie Besuchskosten seiner Angehörigen sind vom Haftungsausschluss nach § 333 Abs. 1 ASVG erfasste Personenschäden (OGH 8 Ob A 107/04 z = ZAS 2005, 176 f.).*

Auf Grund der weit reichenden möglichen Folgen eines Arbeitsunfalls (siehe 22.4) ist bei allen Äußerungen zum maßgeblichen Sachverhalt (insbesondere wenn diese schriftlich erfolgen) Vorsicht geboten.

Insbesondere bei Wegunfällen ist der AG oft ausschließlich an die Angaben des AN angewiesen. Falls Zweifel an diesen Angaben bestehen, sollte auf diese Zweifel in der Unfallanzeige an die AUVA hingewiesen werden.

Weiters sollte die unverzügliche Vorlage einer **Krankenstandsbestätigung** verlangt werden. Der Krankenstandsbestätigung kann entnommen werden, ob der behandelnde Arzt im Formular (durch Ankreuzen) auf einen Arbeitsunfall hinweist. Fehlt dieser Hinweis, so ist davon auszugehen, dass kein Arbeitsunfall vorliegt. Jede Krankenstandsbestätigung hat nämlich schon im Hinblick auf die Dauer des Krankenentgeltanspruchs die Ursache des Krankenstandes (Arbeitsunfall bzw. Berufskrankheit oder Krankheit bzw. Unglücksfall, der kein Arbeitsunfall ist) nach

§ 8 Abs. 8 AngG bzw. § 4 Abs. 1 EFZG anzugeben (zum Anspruch des AG auf eine vollständige Krankenstandsbestätigung siehe 20.7).

Das Formular für die **Meldung eines Arbeitsunfalles** kann bei den Landes- und Außenstellen der AUVA angefordert werden. Weiters besteht die Möglichkeit, das Formular im Internet unter www.auva.or.at/unfall/erwerb.zip aufzurufen.

23. Rückforderung irrtümlicher Zahlungen des AG

23.1 Gutgläubigkeit des AN

Die §§ 1431 ff. ABGB **(Bereicherungsrecht)** sehen vor, dass der Empfänger einer irrtümlichen Zahlung zur Rückgabe verpflichtet ist. Im Arbeitsrecht hat die Rechtsprechung dieses Rückforderungsrecht des Leistenden wesentlich eingeschränkt, weil der AN gutgläubig empfangenes und verbrauchtes Entgelt mit Unterhaltscharakter nicht zurückzahlen muss (Judikat 33 = Arb 3.893; OGH 28.10.1985, 4 Ob 101/84, Arb 10.476; OGH 26.1.2017, 9 Ob A 135/16 t etc.). Die Gutgläubigkeit des AN beim Empfang und beim Verbrauch eines Bezuges ohne Rechtstitel ist jedoch bereits dann ausgeschlossen, wenn der AN an der Rechtmäßigkeit des ihm bezahlten Entgelts hätte zweifeln müssen (z.B. OGH 26.2.2014, 9 Ob A 168/13 s, 22.7.2014, 9 Ob A 66/14 t). Dies ist nach objektiven Gesichtspunkten zu prüfen. Diese objektive Beurteilung führt etwa zu dem Ergebnis, dass dem AN eine Doppelüberweisung exakt übereinstimmender Beträge hätte auffallen müssen (OGH 20.1.1981, 4 Ob 108/81, Arb 10.057).

Falls sich der AN auf die Gutgläubigkeit beruft, so müsste der AG die Unredlichkeit des AN beim Bezug einer überhöhten Leistung behaupten und beweisen (OGH 1.7.1987, 4 Ob 86/87, Arb 10.639). Fragt die AN dreimal, ob ihre Entlohnung zu hoch sei, so entfällt die Unredlichkeit, wenn man ihr jedes Mal erklärt, dass die Bezahlung richtig sei (OGH 27.4.2016, 8 Ob A 9/16 f, *Rauch*, Arbeitsrecht 2017, 61 f.).

In bestimmten Fällen ist nach Auffassung der Rechtsprechung trotz Gutgläubigkeit ein Rückforderungsrecht gegeben. Dies ist etwa bei Zahlungen der Fall, denen ein Unterhaltscharakter fehlt. Dem Arbeitsentgelt sowie auch Zuschlägen, die als Bestandteil des Entgelts anzusehen sind, kommt eine solche **Unterhaltsfunktion** zu (OGH 28.10.1985, 4 Ob 101/84, Arb 10.476). Bei der Prüfung des Unterhaltscharakters einer Zahlung ist in erster Linie zu fragen, ob die Zahlung wirtschaftlich gesehen die Funktion hatte, dem Lebensunterhalt des Empfängers zu dienen.

Falls die halbe Abfertigung nach dem Tod des AN (§ 23 Abs. 6 AngG) an den überlebenden Ehegatten bezahlt wird, obwohl dieser keinen gesetzlichen Unterhaltsanspruch gegenüber dem Verstorbenen hatte, so kommt dieser irrtümlichen Zahlung keine Unterhaltsfunktion zu (OGH 23.10.1962, 4 Ob 27/62, Arb 7.700). Eine Unterhaltsfunktion fehlt beispielsweise auch bei Provisionen eines selbständigen Versicherungsagenten (OGH 9 Ob A 12/00 f).

Ebenso kann bei der vom AG verlangten Rückzahlung eines Vorschusses nicht auf die Gutgläubigkeit verwiesen werden, weil sich die Rückzahlung aus der Funktion des Vorschusses schon ergibt (OGH 9 Ob A 251/99 y).

Weiters ist die Gutgläubigkeit des AN ausgeschlossen, wenn der AG für den AN Lohnsteuer nachgezahlt hat (siehe 23.2).

Der AN muss den Bruttobetrag und nicht bloß die erhaltene Nettosumme zurückzahlen. Es bleibt dem AN überlassen, den Rückersatz der einbehaltenen SV-Beiträge nach § 69 Abs. 6 ASVG zu begehren (OGH 13.7.2006, 8 Ob A 69/05 p, ARD 5714/9/2006).

Falls es nun irrtümlich zu einer Zahlung ohne Rechtstitel gekommen sein sollte, so wird empfohlen, den AN eingeschrieben unter Androhung einer Klage sowie mit dem Hinweis auf die von ihm zu tragenden Kosten eines allfälligen Gerichtsverfahrens aufzufordern, den entsprechenden Nettobetrag innerhalb einer bestimmten Frist auf ein Konto des AG zu überweisen. Verstreicht die Frist, ohne dass die Zahlung erfolgt, müsste eine Klage beim zuständigen Arbeitsgericht eingebracht werden.

Bei Unklarheiten über den Rechtsanspruch bzw. die Höhe einer vom AN verlangten Zahlung kann die Leistung unter einem **Rückforderungsvorbehalt** erfolgen. Eine unter Vorbehalt geleistete Zahlung kann dann zurückgefordert werden, wenn die Schuld nicht besteht und daher mit der Zahlung keine Schuld getilgt wurde (OGH 27.11.1962, 4 Ob 132/62, Arb 7.664).

Muster für eine Zahlung unter einem Rückforderungsvorbehalt

Wir haben Ihnen einen Betrag von € .... brutto aus dem von Ihnen angegebenen Rechtstitel .... ausbezahlt. Falls sich herausstellen sollte, dass ein Rechtsanspruch zur Auszahlung dieses Betrages nicht besteht oder nicht in der bezahlten Höhe besteht, sind wir berechtigt, den vorgenannten Betrag zur Gänze oder einen entsprechenden Teilbetrag zurückzufordern.

..

Unterschrift des AG

..

Empfangsbestätigung des AN

23.2 Nachzahlung von Lohnsteuer

Bei der Lohnsteuer ist der AN der Steuerschuldner (§ 82 EStG). Der AG ist lediglich zur Berechnung, Einbehaltung und Abfuhr der Lohnsteuer verpflichtet. Der AG bezahlt mit der Abfuhr der vom AN einbehaltenen Lohnsteuer eine fremde

Schuld (§ 1358 ABGB), für die er persönlich haftet. Der AG tritt demgemäß nach dieser Bestimmung in die Rechte des Gläubigers ein und ist daher berechtigt, vom AN den Ersatz der bezahlten Lohnsteuerschuld zu fordern (Arb 7.239, 8.761, 9.028, 9.884, 10.639 etc.).

Falls der AG eine Lohnsteuernachzahlung geleistet hat, so ist (entsprechend den bisherigen Ausführungen) der AN (unabhängig von einer allfälligen Gutgläubigkeit) verpflichtet, dem AG die nachgezahlte Lohnsteuer zurückzuzahlen. Der AN könnte allerdings gegen die Forderung auf Rückzahlung vorbringen, dass ein Rechtsmittel gegen den Nachzahlungsbescheid erfolgreich gewesen wäre und der AG es unterlassen habe, das aussichtsreiche Rechtsmittel fristgerecht einzubringen. Um dieser Argumentation den Weg gänzlich abzuschneiden, sollte der AG den AN zunächst auffordern, fristgerecht Einwände darzulegen, die für die Begründung eines entsprechenden Rechtsmittels geeignet wären. Im Fall des fruchtlosen Verstreichens der Frist oder nach Abweisung des Rechtsmittels könnte dann die Rückforderung des vom AG nachgezahlten Betrages erfolgen (OLG Wien 10 Ra 34/05 a = ARD 5714/8/2006).

Sollten Zahlungen „schwarz" erfolgen, so ändert dies nichts daran, dass der AN Schuldner der Lohnsteuer ist und daher der AG eine nachgezahlte Lohnsteuer vom AN rückfordern kann. Dies gilt wohl auch dann, wenn über Jahrzehnte Sonderzahlungen ohne Abfuhr von Abgaben ausbezahlt wurden (wie dies für das „Mai-Geld" oder „Kohlegeld" festgestellt wurde, welches die Gewerkschaft Bau-Holz an ihre AN ausbezahlt hat – OGH 9 Ob A 40/00 y = ARD 5145/13/ 2000 – siehe 14.15.1).

Der AG ist jedoch bezüglich der auf ihn und auf den versicherten AN entfallenden Sozialversicherungsbeiträge gemäß § 58 Abs. 2 ASVG alleiniger Beitragsschuldner (OGH 4 Ob 141/81 = Arb 10.091). Der Abzug des AN-Anteils zur SV muss vom AG spätestens bei der auf die Fälligkeit des Beitrages nächstfolgende Entgeltzahlung durchgeführt werden. Wenn etwa für Mai beim Bruttolohn des AN zu geringe Beiträge abgezogen wurden, so kann die Differenz nur bis Ende Juni auf den AN überwälzt werden. Eine Ausnahme ist nur dann gegeben, wenn der Beitragsrückstand ohne Verschulden des AG eingetreten ist.

Einschlägige Judikatur

- *Fahrlässigkeit des AG bei Berechnung der Lohnsteuer beeinflusst den im § 1358 ABGB normierten Regress des AG nicht. Ob der AN durch die Vorgangsweise des AG geschädigt worden ist, ist ohne Bedeutung, wenn der AN eine Gegenforderung aus dem Titel des Schadenersatzes nicht geltend gemacht hat (OLG Wien 31 Ra 104/89 = ARD 4128/5/89).*

23.3 Verfall und Verjährung des Rückforderungsrechts des AG

Der arbeitsvertragliche wie auch der kollektivvertragliche Verfall kann sich nur auf solche Ansprüche beziehen, die für einen Arbeitsvertrag typisch sind. Die Parteien eines KV sind nicht berechtigt, für einen Arbeitsvertrag keineswegs kennzeichnende Ansprüche zu regeln. Umfassende kollektivvertragliche Verfallsklauseln, die insbesondere in Arbeiter-KV vorzufinden sind (z.B. „sämtliche Ansprüche ....") können sich daher nur auf solche Ansprüche beziehen, die mit dem Arbeitsverhältnis in einem typischen Zusammenhang stehen (OGH 9 Ob A 84/91, 9 Ob A 163/97 d).

Da Rückzahlungsansprüche für ein Arbeitsverhältnis untypisch sind, können sie dem kollektivvertraglichen Verfall nicht unterliegen (OGH 4 Ob 108/81, 19.12.2013, 9 Ob A 151/13 s, OGH 8 Ob A 176/02 v). Der Rückzahlungsanspruch des AG verjährt in analoger Anwendung des § 1486 Z 5 ABGB nach drei Jahren. Das Recht auf die Rückforderung einer vom AG nachgezahlten Lohnsteuer (gemäß § 1358 ABGB) verjährt jedoch erst nach 30 Jahren (OLG Wien 31 Ra 104/89 = ARD 4128/5/89).

Wenn davon auszugehen ist, dass der AN die Zahlung (die nunmehr vom AG zurückverlangt wird) durch eine listige, rechts- und vertragswidrige Irreführung zwecks Bereicherung erlangt hat und daher der Ersatzanspruch des AG aus einer gerichtlich strafbaren Handlung abgeleitet wird, die nur vorsätzlich begangen werden kann und mit mehr als einjähriger Freiheitsstrafe bedroht ist, so gilt die 30-jährige Verjährungsfrist des § 1489 ABGB (OGH 9 Ob A 39/00 a = ARD 5150/11/2000).

Eine Gegenverrechnung mit der Endabrechnung ist zulässig (*Schrank*, Arbeits- und SVrecht, 591).

24. Wichtige in der Person gelegene Dienstverhinderungsgründe

§ 8 Abs. 3 AngG und § 1154b Abs. 5 ABGB regeln für Angestellte bzw. Arbeiter die Pflicht zur Entgeltfortzahlung durch den AG für andere wichtige Gründe der Arbeitsverhinderung als Krankheit, Unfall oder etwa Pflegefreistellung (gemeint sind hier beispielsweise Arztbesuche, Geburten, Behördenwege etc. – siehe im Folgenden).

Ein wesentlicher Unterschied zwischen den beiden gesetzlichen Regelungen ist dadurch gegeben, dass § 8 Abs. 3 AngG durch einen KV, eine Betriebsvereinbarung oder einen Arbeitsvertrag nicht eingeschränkt, sondern ausschließlich erweitert bzw. zu Gunsten des AN verbessert werden kann (relativ **zwingendes Recht** – § 40 AngG).

§ 1154b Abs. 5 ABGB ist hingegen kein relativ zwingendes Recht, sondern kann (insbesondere durch KV) eingeschränkt werden (§ 1164 Abs. 1 ABGB, OGH 8 Ob A 71/03 d). Nach § 1154 b Abs. 6 ABGB können Arbeiter-KV die wichtigen in der Person gelegenen Verhinderungsgründe taxativ (erschöpfend) aufzählen. Das heißt, andere als die im anzuwendenden Arbeiter-KV genannten Gründe können die Entgeltzahlung für die Zeit der Abwesenheit nicht rechtfertigen. Ist die Aufzählung im Arbeiter-KV hingegen nicht taxativ, sondern nur demonstrativ (beispielsweise), so ist eine Abwesenheit dennoch gerechtfertigt, wenn sie auf einen im Arbeiter-KV nicht genannten Grund beruht, der den Voraussetzungen des § 1154b Abs. 5 ABGB entspricht.

Die taxative Aufzählung von persönlichen Verhinderungsgründen im Arbeiter-KV erkennt man an Formulierungen wie etwa: „das sind Folgende". Die demonstrative (beispielsweise) Aufzählung der persönlichen Verhinderungsgründe im Arbeiter-KV erkennt man an Formulierungen wie: „insbesondere in nachstehenden Verhinderungsfällen".

Zu beachten ist aber, dass in einem konkreten Fall, nämlich dann, wenn eine Dienstverhinderung des Arbeiters vorliegt, die sich aus einer persönlichen Betroffenheit des Arbeiters durch eine Katastrophe ergibt, von einer gesetzlich zwingenden entgeltpflichtigen Dienstverhinderung auszugehen ist (§ 1154 b Abs 6 ABGB). Muss also beispielsweise der Arbeiter wegen einem Hochwasser dringende Notmaßnahmen zum Schutz seines Hauses durchführen, so ist von einem zwingenden Dienstverhinderungsgrund nach § 1154 b Abs 6 ABGB auszugehen (weitere Details – siehe auch 24.1 sowie *Rauch*, Arbeitsrecht 2014, 19).

Aus der relativ zwingenden Natur des § 8 Abs. 3 AngG ergibt sich, dass, obwohl zwar auch die meisten Angestellten-KV Bestimmungen über die am häufigsten vorkommenden Verhinderungsgründe vorsehen, die Geltendmachung noch anderer, im KV nicht aufgezählter Verhinderungsgründe zulässig ist. Falls demnach im Arbeiter-KV eine demonstrative Aufzählung vorhanden ist, so entspricht die Rechtslage beim Arbeiter derjenigen, die bei Angestellten stets gegeben ist.

Weiters kann der Angestellte bezüglich eines bestimmten Verhinderungsgrundes, für den im KV ein bestimmtes zeitliches Ausmaß angegeben ist, glaubhaft machen, dass er wegen der im konkreten Einzelfall besonders gelagerten Umstände einen längeren Zeitraum als den im KV genannten Zeitraum benötigt hat.

Zur Frage, was als Höchstgrenze für eine „verhältnismäßig kurze Zeit" anzusehen ist, ist davon auszugehen, dass eine Begrenzung von einer Woche für Arbeiter und Angestellte anzuwenden ist. In besonders berücksichtigungswürdigen Fällen kann jedoch eine Woche überstiegen werden, wobei die zeitliche Höchstdauer vom Gericht festgesetzt wird (Arb 4.885).

Sowohl § 8 Abs. 3 AngG als auch § 1154b Abs. 5 ABGB setzen voraus, dass die Verhinderung des AN „ohne sein Verschulden" eingetreten sein muss. Aus dieser Formulierung folgt, dass der Entgeltanspruch bereits bei leichter Fahrlässigkeit bzw. bei jeder Form des Verschuldens ausgeschlossen ist.

Für Lehrlinge sind § 1154b Abs. 5 ABGB und der betreffende Angestellten-KV (kaufmännische Lehrlinge) oder Arbeiter-KV (Facharbeiterausbildung) anzuwenden (das AngG ist nach seinem § 5 auf Lehrverhältnisse nicht anwendbar).

24. Wichtige in der Person gelegene Dienstverhinderungsgründe

Bei Gleitzeit (siehe 30.2.2) ist im Fall einer Dienstverhinderung aus in seiner Person gelegenen Gründen ein Anspruch des AN auf Entgeltfortzahlung im Rahmen der fiktiven Normalarbeitszeit zu bejahen (OGH 8 Ob A 71/03 d = ARD 5506/1/2004).

Im Einzelnen sind folgende Gründe als „andere wichtige, seine Person betreffende Gründe" anzusehen:

a) **Familiäre Beistandspflichten**

Niederkunft der Ehegattin, Übersiedelung des eigenen Haushalts, Hochzeiten und Todesfälle naher Angehöriger, aber auch Begleitung der 14-jährigen Tochter zum Flughafen, um sie dort der Flugbegleiterin zu übergeben (OGH 8 Ob A 16/01 a = ARD 5224/51/2001).

Ein formales Abstellen auf Verwandtschaft genügt nicht, sondern es ist im Einzelfall zu prüfen, wie eng das Naheverhältnis war; so wurde z.B. die Teilnahme an der silbernen Hochzeit des Onkels und Ziehvaters als Verhinderungsgrund anerkannt (Arb 8.194).

b) **Öffentliche Pflichten**

Vorladungen von Behörden und Ämtern, Musterung, Erfüllung öffentlich-rechtlicher Pflichten als Zeugen, Schöffen oder Geschworene (sowie als Laienrichter beim Arbeitsgericht [OGH 8 Ob A 71/03 d = ARD 5506/1/2004]).

c) **Sonstige Fälle**

Besuch eines Arztes oder eines Ambulatoriums, verordnete Privatmassagen (OLG Wien 33 Ra 124/94 = ARD 4628/5/95), Verspätungen öffentlicher Verkehrsmittel, Stau, verspätete Urlaubsrückkehr infolge einer unvorhersehbaren Verkehrsstörung und Anwesenheit in der Wohnung, um eine Telefonstörung beheben zu lassen, Freizeit für schwangerschaftsbedingte Vorsorgeuntersuchungen (§ 3 Abs. 8 MSchG – siehe 25.3); Tätigkeit als Wahlzeuge bei einer BR-Wahl (OGH 26.1.2017, 9 Ob A 121/16 h).

Folgende Fälle wurden von der Rechtsprechung nicht anerkannt:

a) Teilnahme an der Sponsion des nicht im gemeinsamen Haushalt lebenden Bruders, weil hier keine familiäre Beistandspflicht vorliegt (OLG Wien 34 Ra 6/91 = ARD 4218/16/91).

b) Die Ablegung der Jagdprüfung, weil dies nur einem Hobby dient (keine rechtliche oder familiäre Verpflichtung – OGH 9 Ob A 227/88 = RdW 1992, 38, ARD 4037/14/88).

c) Besprechung mit einem Anwalt oder **Einholen einer Rechtsauskunft bei der Gewerkschaft**, weil ein solcher Termin auch außerhalb der Arbeitszeit vereinbart werden kann (OGH 14 Ob 74/86; Arb 9.737).

d) Aufwendige Gebetsrituale eines Moslems während der Arbeitszeit (OGH 9 Ob A 18/96 = ARD 4756/6/96).

In der Person gelegene Verhinderungsgründe sind grundsätzlich wie ein Krankenstand zu melden und bei Aufforderung durch den AG entsprechend nachzuweisen (z.b. Vorlage der behördlichen Vorladung, Zeitbestätigung des Ambulatoriums).

Bei nicht termingebundenen Verhinderungen (z.b. Vorsprache bei einer Versicherung wegen eines Unfalls) ist darüber hinaus die Zustimmung des AG einzuholen (Arb 9.463).

Verhinderungsgründe wie Eheschließung, Todesfälle oder Geburt eines Kindes setzen voraus, dass das betreffende Ereignis selbst eine Arbeitsverhinderung herbeiführt. Das heißt, wenn der KV für z.b. die Eheschließung einen arbeitsfreien Tag gewährt und der AN heiratet am Samstag (der für ihn kein Arbeitstag ist), so ist keine Arbeitsverhinderung gegeben und besteht auch kein Anspruch auf einen freien Ersatztag (Arb 5.666, 7.163).

Der AN hat Vorkehrungen zu treffen, dass er seine Arbeitspflichten erfüllen kann. Behauptet er einen Arbeitsverhinderungsgrund, obwohl er bei entsprechenden Vorkehrungen seine Arbeitspflicht hätte erfüllen können, so liegt kein Entgeltfortzahlungsanspruch (bzw. allenfalls ein Entlassungsgrund) vor (OGH 8 Ob A 21/99 t). So ist der AN etwa im Fall eines Streiks gehalten, alle ihm zumutbaren Möglichkeiten auszuschöpfen, auf andere Art seinen Arbeitsplatz zu erreichen. Hat der Ehemann lediglich einen privaten Termin (wie die Ablegung der Jagdprüfung), so ist er verpflichtet, seiner Ehefrau den PKW zu überlassen oder sie zum Arbeitsplatz zu fahren (OLG Wien 10 Ra 156/04 s = ARD 5623/1/2005).

Es darf von einem loyalen AN auch eine gewisse Berücksichtigung von Interessen des AG in der Weise verlangt werden, dass verlegbare Termine in einer mit den Interessen des AG möglichst verträglichen Weise festgesetzt werden (siehe auch ARD 5109/13/2000). Diesbezüglich ist auch auf die KV zu verweisen. Beispielsweise sieht der KV für Arbeiter im Friseurgewerbe (§ 16 lit. B) ausdrücklich vor, dass ein Verhinderungsgrund nur dann vorliegt, wenn die ärztliche Behandlung nachweislich nur während der Arbeitszeit erfolgen kann.

Bei **Arztbesuchen** ist Folgendes zu beachten:

a) Fällt der Besuch in die Zeit eines Krankenstandes, wird er mit der Entgeltfortzahlung abgegolten.

b) Fällt er nicht in die Zeit der Arbeitsunfähigkeit, so kann er nur dann als Verhinderungsgrund anerkannt werden, wenn er nicht außerhalb der Arbeitszeit möglich und zumutbar gewesen wäre. Diese Frage wird insbesondere anhand der Ordinationszeiten zu prüfen sein. Ein Besuch des Arztes nach der Arbeitszeit wird insbesondere dann zumutbar sein, wenn es sich um eine Routineuntersuchung handelt (kein akuter Schmerzzustand).

Nach § 29 des Gesamtvertrages zwischen der Ärztekammer Wien und der Wiener GKK sind Vertragsärzte der Wiener GKK nicht berechtigt für eine Zeitbestätigung (Arztbesuchsbestätigung) eine Gebühr zu verlangen.

24.1 Schneechaos, Hochwasser und andere Elementarereignisse sowie Verkehrsstreiks

Sowohl in seiner Leitentscheidung (OGH 16.12.1987, 9 Ob A 202/87) sowie in zwei Folgeentscheidungen (27.1.1988, 9 Ob A 27/88 und 24.2.1988, 9 Ob A 42/88) vertrat der OGH die Auffassung (ebenso OLG Wien 16.12.2004, 10 Ra 156/04 s, ARD 5623/1/2005), dass ein die Allgemeinheit treffendes Elementarereignis, welches den AN daran hindert, den Arbeitsplatz zu erreichen, als Ereignis „höherer Gewalt" weder der AG- noch der AN-Sphäre, sondern der „neutralen Sphäre" zuzuordnen ist. Dies hat zur Folge, dass weder nach § 8 Abs. 3 AngG bzw. § 1154b Abs. 5 ABGB (AN-Sphäre – siehe 24.) noch nach § 1155 ABGB (AG-Sphäre – siehe 31.8) ein Anspruch auf Entgeltfortzahlung gegen den AG besteht (weil der Verhinderungsgrund der AG- bzw. AN-Sphäre zuordenbar sein muss).

Wenn also ein umfassendes Elementarereignis eintritt, welches in seiner Auswirkung über die AG- und AN-Sphäre hinaus in vergleichbarer Weise die Allgemeinheit trifft, so ist keine Entgeltzahlungspflicht des AG gegeben. Ein der „neutralen Sphäre" zuzuordnendes Ereignis liegt etwa auch bei Seuchen, Krieg, Revolution und Terror (der sich nicht nur gegen das Unternehmen richtet, weil diesfalls § 1155 ABGB zur Anwendung käme) vor.

Entsprechendes gilt auch für einen Generalstreik oder einen umfassenden Verkehrsstreik oder einen Vulkanausbruch, der eine Verkehrsstörung bewirkt und als ein umfassendes Ereignis anzusehen ist (*Rauch*, Dienstverhinderung wegen eines Elementarereignisses, PV-Info 6/2010, 23 ff.).

Verhinderung durch lokal begrenzte Elementarereignisse und Verkehrsstreiks unterliegen somit im Angestelltenverhältnis dem § 8 Abs. 3 AngG und bewirken daher einen zu bezahlenden Dienstverhinderungsgrund. Bei Arbeitern gilt dies nur dann, wenn diese Arbeitsverhinderungsgründe in der taxativen Aufzählung des anzuwendenden KV enthalten sind (siehe 24.). Im Fall einer beispielhaften Regelung oder dem Fehlen kollektivvertraglicher Bestimmungen sind Verhinderungen durch lokal begrenzte Ereignisse auch bei Arbeitern persönliche Verhinderungsgründe nach § 1154b Abs. 5 ABGB (zu Protestversammlungen und Streiks siehe auch 50.2). Diese Unterscheidung zum Nachteil der Arbeiter führt bei Katastrophen zu Härtefällen, da die KV auf solche Fälle meistens nicht Bedacht nehmen. Daher ist nunmehr gesetzlich geregelt, dass bei Katastrophen, die eine Dienstverhinderung auf Seiten des Arbeiters bewirken und den Arbeiter persönlich betreffen, der § 1154b Abs. 5 ABGB zwingend ist und ein bezahlter Freistellungsanspruch für einen Arbeiter daher auch dann gegeben ist, wenn der jeweils anzuwendende Arbeiter-KV, der eine taxative Aufzählung der Dienstverhinderungsgründe enthält, zu Katastrophen nichts regelt.

Damit ist keine Änderung zwischen den einschlägigen Sphären (insbesondere der neutralen Sphäre) verbunden, da § 1154b Abs. 5 ABGB unverändert geblieben ist und sein Anwendungsbereich nicht erweitert wurde. Es wurde somit lediglich für den Katastrophenfall (bei persönlicher Betroffenheit) eine Angleichung der für Arbeiter geltenden Regelung an die Bestimmungen für die Angestellten nach § 8 Abs. 3 AngG vorgenommen. Dementsprechend lautet der § 1154b Abs. 6 ABGB wie folgt:

(6) Durch Kollektivvertrag können von Abs. 5 abweichende Regelungen getroffen werden, es sei denn, die Dienstverhinderung im Sinne des Abs. 5 besteht auf Grund persönlicher Betroffenheit des Dienstnehmers oder der Dienstnehmerin durch eine Katastrophe. Bestehende Kollektivverträge gelten als abweichende Regelungen.

Unter Katastrophen versteht man elementare oder technische Vorgänge oder von Menschen ausgelöste Ereignisse größeren Ausmaßes, die das Leben oder die Gesundheit von Menschen, die Umwelt, das Eigentum oder die Versorgung der Bevölkerung gefährden oder schädigen können. Persönliche Betroffenheit eines AN liegt dann vor, wenn die Auswirkungen der Katastrophe Leben, Gesundheit oder Eigentum des AN und seiner nahen Angehörigen und deren Versorgung mit notwendigen Gütern gefährden können (Bericht des Ausschusses für Arbeit und Soziales – 2506 der Beilagen zu den Stenographischen Protokollen des Nationalrates XXIV. GP).

In der Praxis bedeutet das, dass etwa bei einer verspäteten Rückkehr des Arbeiters aus dem Urlaub wegen eines Hochwassers kein Dienstverhinderungsgrund nach § 1154b Abs. 6 ABGB vorliegt, weil die persönliche Betroffenheit nicht gegeben ist. Falls hingegen das private Wohnhaus des Arbeiters durch ein Hochwasser geschädigt wird und dringende sowie unaufschiebbare Notmaßnahmen durchzuführen sind, so ist eine zu bezahlende Dienstverhinderung nach § 1154b Abs. 6 ABGB für eine „verhältnismäßig kurze Zeit" (§ 1154b Abs. 5 ABGB) unabhängig von den kollektivvertraglichen Regelungen zu gewähren. Bei der Auslegung dieser Bestimmung ist zu berücksichtigen, dass die (absolut wünschenswerte) Hilfe und Unterstützung bei Katastrophen von der öffentlichen Hand zu tragen ist (die für die Wahrnehmung dieser und anderer öffentlichen Aufgaben mit erheblichen Steuermitteln u.a. von den AG ausgestattet wird) und nicht auf die Unternehmen überwälzt werden kann (die oftmals selbst Schäden auf Grund der jeweiligen Katastrophe erleiden).

Auf Grund der unscharfen Begriffe bleibt aber insbesondere die Problematik der Abgrenzung zwischen „umfassendes Elementarereignis" (neutrale Sphäre) und „Katastrophen" (AN-Sphäre) uneingeschränkt offen.

Einschlägige Judikatur

- *Wenn in einem KV schlechthin von „Vorladungen vor Behörden, Ämter, Gerichte" die Rede ist, kann sich dies nur auf all jene an den AN ergangenen Vorladungen beziehen, die ihn persönlich angehen. Der Halter eines Kraftfahrzeuges ist unter Sanktion verpflichtet, für die Erfüllung des Auftrages zur Vorführung des Fahrzeuges Sorge zu tragen. Die persönliche Vorführung des Fahrzeuges in Entsprechung der behördlichen Vorladung ist als ein wichtiger, die Person des AN betreffender Grund anzusehen (Arb 8.147).*
- *Zu der dem rechtmäßigen Hinderungsgrund und ebenso auch dem wichtigen persönlichen Grund im Sinne des § 8 Abs. 3 AngG zu Grunde liegenden Interessenabwägung*

zwischen der Erfüllung der Arbeitspflicht und diverser nach Recht, Sitte und Herkommen wichtiger persönlicher Gründe ist einerseits zu berücksichtigen, dass die Klägerin in der Zeit, als der Geschäftsführer der beklagten Partei sich auf einer auswärtigen Messeveranstaltung befand, als Einzige im Büro der beklagten Partei zur Entgegennahme von Anrufen, Bestellungen, Aufträgen usw. sowie für Auslieferungen anwesend sein musste, andererseits wird bei der vorzunehmenden Interessenabwägung eine Bemühung des Angestellten vorausgesetzt, den zu einem möglichen Hinderungsgrund Anlass gebenden persönlichen Grund auch durch anderweitige Vorkehrungen zu bewältigen, ohne dies nur zu Lasten der Arbeitspflicht zu tun (siehe Martinek u.a. AngG^7, 236; vgl. Kuderna, Urlaubsrecht § 16 Rz. 9 und 16). Das Berufungsgericht hat zutreffend ausgeführt, dass eine Unterbringung der 3 1/4 Jahre alten Enkelin bei der Schwägerin der Schwiegertochter möglich gewesen wäre (OGH 8 Ob A 21/99 t).

25. Schwangerschaft, Mutterschutz und Väterkarenz

Zur einvernehmlichen Lösung nach MSchG und VKG siehe 43.1;

zum Kündigungsschutz nach MSchG und VKG siehe 41.7.3;

zum Entlassungsschutz nach MSchG und VKG siehe 42.7.4;

zur Befristung nach dem MSchG siehe 14.3.1;

zur Auflösung während der Probezeit bei Schwangerschaft siehe 14.2.4;

zum Beginn einer Schwangerschaft siehe Einschlägige Judikatur zu 41.7.3.1;

zur teilweisen Einbeziehung freier AN in das MSchG und das VKG seit 2016 siehe 25.9.

25.1 Mitteilungspflicht der AN und Meldung an das Arbeitsinspektorat durch den AG

Werdende Mütter haben, sobald ihnen die Schwangerschaft bekannt ist, dem AG unter Bekanntgabe des voraussichtlichen Geburtstermines eine entsprechende Mitteilung zu machen. Falls die Mutter den **Geburtstermin** nicht angeben kann, muss sie dies nachholen, sobald ihr der Termin bekannt wird. Der AG sollte nach dieser Mitteilung von seinem Recht, von der werdenden Mutter eine **Bescheinigung über die Schwangerschaft** und den voraussichtlichen Termin der Entbindung zu verlangen, Gebrauch machen. Der Verstoß gegen die Mitteilungspflicht führt zu keinerlei Sanktionen (insbesondere bleibt der Kündigungs- und Entlassungsschutz gewahrt), bewirkt jedoch, dass die zum Schutz der werdenden Mutter vorgesehenen Beschäftigungsverbote nicht wirksam werden können.

Die Mitteilung ist an keine Form gebunden und kann an den AG oder an einen zur Entgegennahme von Krankmeldungen befugten AN erfolgen.

Der AG ist verpflichtet, unverzüglich nach Mitteilung der Schwangerschaft oder wenn eine kassenärztliche Bescheinigung verlangt wurde, unverzüglich nach deren Vorlage eine schriftliche Mitteilung an das zuständige Arbeitsinspektorat vorzunehmen. Diese Mitteilung hat den Namen, das Alter, Tätigkeit und den Arbeitsplatz der werdenden Mutter sowie den voraussichtlichen Geburtstermin zu enthalten. Eine Kopie der Mitteilung ist der werdenden Mutter zu übergeben. Falls eine eigene betriebsärztliche Einrichtung im Unternehmen vorhanden ist, hat der AG deren Leiter über die Schwangerschaft zu informieren (§ 3 Abs. 6 MSchG).

> ### *Muster für die Meldung an das Arbeitsinspektorat*
>
> *Wir bringen hiermit zur Kenntnis, dass heute unsere AN, Frau .... (geboren am ...., tätig als ...., beschäftigt im Betrieb in ....) mitgeteilt hat, dass sie schwanger sei und voraussichtlich am .... entbinden werde.*

Diese Mitteilung soll es dem **Arbeitsinspektorat** ermöglichen, sich über die Arbeitsbedingungen der werdenden Mutter Kenntnis zu verschaffen. Die Verletzung der Pflicht macht strafbar.

Arbeitskräfteüberlasser sind darüber hinaus verpflichtet, den Wechsel des Beschäftigers oder die Tatsache des häufigen kurzfristigen Wechsels anzuzeigen (§ 3 Abs. 7 MSchG).

Das MSchG ist auch dann anzuwenden, wenn die werdende Mutter anlässlich der Einstellung die Frage nach einer allfälligen Schwangerschaft verneint, obwohl ihr bekannt ist, dass tatsächlich eine Schwangerschaft vorliegt. Diese bewusst falsche Angabe rechtfertigt auch nicht die Entlassung der schwangeren AN (siehe 42.7.4). Während der **Probezeit** kann zwar auch bei einer schwangeren AN jederzeit das Arbeitsverhältnis aufgelöst werden, jedoch ist eine Anfechtung wegen eines verpönten Motivs möglich (siehe 14.2.4).

Werdende Mütter sind verpflichtet, innerhalb der vierten Woche vor dem Beginn der Acht-Wochen-Frist **(Schutzfrist)** den AG auf deren künftigen Beginn aufmerksam zu machen. Bei Nichteinhaltung dieser Verpflichtung ist allerdings keine Sanktion vorgesehen.

Bei einem vorzeitigen Ende der Schwangerschaft ist der AG zu verständigen.

Einschlägige Judikatur

- *Die Verletzung der Mitteilungspflicht nach § 3 Abs. 4 MSchG hat keineswegs den Verlust des Kündigungsschutzes zur Folge. Soll die Kenntnis des AG von der Schwangerschaft einer AN vom Inhalt einer Mitteilung abgeleitet werden, so ist sie anzunehmen, wenn die Mitteilung unter Umständen erfolgte, die die Kenntnisnahme unter normalen Umständen erwarten ließ, wenn also die Mitteilung in den „Machtbereich" des AG gelangte oder dieser sich unter normalen Umständen vom Erklärungsinhalt Kenntnis verschaffen konnte. Es ist nicht erforderlich, dass der AG sich diese Kenntnis wirklich verschafft. Erscheint dem AG die Mitteilung nicht ausreichend oder sonst zweifelhaft, so hat er selbst Schritte zur Klarstellung zu unternehmen, also entweder eine entsprechende Aufklärung von der AN zu verlangen oder sie sich auf andere Weise zu verschaffen (Arb. 9.403).*

Zum Kündigungs- und Entlassungsschutz siehe 41.7.3 und 42.7.4.

25.2 Schutzfrist und erweiterte Schutzfrist

§ 3 Abs. 1 bis 3 und § 5 Abs. 1 MSchG sehen zur Schutzfrist Folgendes vor:

§ 3. (1) Werdende Mütter dürfen in den letzten acht Wochen vor der voraussichtlichen Entbindung (Achtwochenfrist) nicht beschäftigt werden.

(2) Die Achtwochenfrist (Abs. 1) ist auf Grund eines ärztlichen Zeugnisses zu berechnen. Erfolgt die Entbindung früher oder später als im Zeugnis angegeben, so verkürzt oder verlängert sich diese Frist entsprechend.

(3) Über die Achtwochenfrist (Abs. 1) hinaus darf eine werdende Mutter auch dann nicht beschäftigt werden, wenn nach einem von ihr vorgelegten Zeugnis eines Arbeitsinspektionsarztes oder eines Amtsarztes Leben oder Gesundheit von Mutter oder Kind bei Fortdauer der Beschäftigung gefährdet wäre.

§ 5. (1) Dienstnehmerinnen dürfen bis zum Ablauf von acht Wochen nach ihrer Entbindung nicht beschäftigt werden. Bei **Frühgeburten, Mehrlingsgeburten** oder **Kaiserschnittentbindungen** beträgt diese Frist mindestens zwölf Wochen. Ist eine Verkürzung der Achtwochenfrist (§ 3 Abs. 1) vor der Entbindung eingetreten, so verlängert sich die Schutzfrist nach der Entbindung im Ausmaß dieser Verkürzung, höchstens jedoch auf sechzehn Wochen.

Bei dem besonderen Beschäftigungsverbot bzw. der erweiterten Schutzfrist nach § 3 Abs. 3 MSchG stehen individuelle medizinische Gesichtspunkte (vor allem die drohende Fehl- oder Frühgeburt) im Mittelpunkt. Mit dem Zugang des ärztlichen Zeugnisses beim AG ist das Beschäftigungsverbot wirksam. Ein behördlicher Bescheid ist nicht erforderlich. Da das Gesetz von der „Fortdauer der Beschäftigung" spricht, ist das besondere Beschäftigungsverbot auf die bisherige Beschäftigung beschränkt. Jede weitere Beschäftigung der schwangeren AN ist nur dann ausgeschlossen, wenn das Zeugnis jede weitere Beschäftigung als gefährlich bezeichnet (absolutes Beschäftigungsverbot).

Wochengeld

Gegenüber dem AG besteht kein Anspruch auf Weiterzahlung des Entgelts für jene Zeiten, für welche die AN Wochengeld von der Krankenkasse erhält sowie für jene AN, die sich vor dem Beschäftigungsverbot in Karenz befunden haben (§ 14 Abs. 2 und 3 MSchG; *Rauch*, Arbeitsrecht 2016, 23 f.).

Für die Zeit der Schutzfrist sowie einer allfälligen erweiterten Schutzfrist gebührt der krankenversicherten AN Wochengeld. Für die erweiterte Schutzfrist besteht nur dann ein Anspruch auf Wochengeld (§ 162 ASVG), wenn ein absolutes Beschäftigungsverbot (nach § 3 Abs. 3 MSchG) ausgesprochen wurde. Wenn lediglich die Fortsetzung der bisherigen Beschäftigung ausscheidet (etwa auf Grund des Verbotes der Nachtarbeit), so muss der AG auch dann das Entgelt weiterhin bezahlen, wenn er keine für schwangere AN geeignete andere Tätigkeit zuweisen kann (§ 14 MSchG – ausgenommen von der Entgeltfortzahlungspflicht sind jedoch Überstundenentgelte einschließlich einem Überstundenpauschale – OGH 18.8.1995, 8 Ob A 233/95; 26.2.2004, 8 Ob A 124/03 y – siehe auch 25.4).

Der Entgeltanspruch nach § 14 MSchG besteht jedoch dann nicht, wenn der Ablauf eines befristeten Arbeitsverhältnisses nach § 10a Abs. 3 MSchG gehemmt wurde und die bisherige Tätigkeit auf Grund eines individuellen Beschäftigungsverbotes eingestellt werden muss (siehe 14.3.1).

Fehlgeburt, Totgeburt

Eine Fehlgeburt ist nicht als Entbindung i.S.d. MSchG anzusehen, dies auch schon deswegen nicht, weil eine Mutterschaft nur bei normalen und Frühgeburten, nicht jedoch bei einer Fehlgeburt zu Stande kommt. Eine Entbindung (mit einem Anspruch auf eine Schutzfrist nach der Entbindung) liegt nur dann vor, wenn ein Kind entweder lebend geboren wird, d.h., wenn die natürliche Atmung eingesetzt hat oder wenn eine Totgeburt mindestens 500 g wiegt (Erlass des Sozialministeriums vom 17.12.1957 sowie § 8 Abs. 1 Z 2 Hebammengesetz). Eine Fehlgeburt liegt vor, wenn nach dem vollständigen Austritt einer Leibesfrucht die Atmung nicht einsetzt und auch kein anderes Lebenszeichen (z.B. Herzschlag) erkennbar ist und die Leibesfrucht ein Geburtsgewicht unter 500 g aufweist. Die sich aus der Fehlgeburt etwa ergebende Arbeitsverhinderung gilt als Krankheit und ist arbeitsrechtlich nach den einschlägigen Bestimmungen der Gesetze bzw. KV zu behandeln. Die AN behält den Kündigungs- und Entlassungsschutz des MSchG für 4 Wochen ab der Fehlgeburt (siehe 41.7.3.1).

Frühgeburt

Unter Frühgeburt ist eine Entbindung zu verstehen, bei der das Kind, bei Mehrlingsgeburten das schwerste der Kinder, ein Geburtsgewicht unter 2500 g hat. Diese Entbindungen sind solchen gleichzusetzen, bei denen das Kind trotz höheren Geburtsgewichtes wegen noch nicht voll ausgebildeter Reifezeichen (an Rumpf, Haut, Fettpolstern, Nägeln, Haaren und äußeren Geschlechtsorganen) oder wegen verfrühter Beendigung der Schwangerschaft einer wesentlich erweiterten Pflege bedarf.

Urlaub und Schutzfrist, Sonderzahlungen

Bei der Berechnung des Urlaubsausmaßes sind die Schutzfrist sowie die erweiterte Schutzfrist zu berücksichtigen. Die Aliquotierung des Urlaubsausmaßes ist nur für die Zeit der Karenz zulässig (§ 15f Abs. 2 MSchG).

In das Wochengeld werden die anteiligen Sonderzahlungen einbezogen. Daher muss der AG für die Zeiten, für die Wochengeld gewährt wird, weder Urlaubszuschuss noch Weihnachtsremuneration (§ 14 Abs. 4 MSchG) bezahlen. Zusätzliche freiwillige Leistungen, die nicht in das Wochengeld einbezogen werden, stehen der AN zu (OGH 13.11.2002, 9 Ob A 193/02 a).

Wochengeld und geringfügige Beschäftigung von Angestellten

Hat die Angestellte keinen Anspruch auf Wochengeld oder Krankengeld (geringfügig Beschäftigte – siehe 14.8.2.1), so hat sie nach § 8 Abs. 4 AngG für 6 Wochen nach der Geburt einen Entgeltanspruch gegen ihren AG (VwGH 17.3.2004, 2000/08/0109, ARD 5537/9/2004), wenn sie sich nicht vor dem Beschäftigungsverbot in einer Karenz nach MSchG oder einer mit dem AG zur Kinderbetreuung vereinbarten Karenz befindet.

Karenz und neuerliche Schwangerschaft

Ist die AN nach einer Geburt in Karenz und wird sie neuerlich schwanger, so verdrängt der Wochenschutz für die nächste Geburt die Karenz. Nach Ablauf des Wochenschutzes nach der weiteren Geburt läuft die bisherige Karenz fort, falls nicht eine neue Karenz für das zuletzt geborene Kind konsumiert wird (OGH 4.10.2000, 9 Ob A 199/00 f).

25.3 Ruhemöglichkeit und Vorsorgeuntersuchungen

Der AG ist verpflichtet, werdenden und stillenden Müttern, die in Arbeitsstätten sowie auf Baustellen beschäftigt sind, unter geeigneten Bedingungen das Hinlegen und Ausruhen zu ermöglichen. Unter „Ermöglichen" (§ 8a MSchG) ist zu verstehen, dass nur im Fall eines Verlangens der Schwangeren bzw. Stillenden eine Liegemöglichkeit zur Verfügung zu stellen ist. Wird die Liegemöglichkeit während der Arbeitszeit bzw. außerhalb der üblichen Pausenzeit in Anspruch genommen, so gilt diese Ruhezeit als zu bezahlende Arbeitszeit.

Der werdenden Mutter ist die für schwangerschaftsbedingte Vorsorgeuntersuchungen (insbesondere solche nach der Mutter-Kind-Pass-Verordnung) erforderliche Zeit bei Entgeltfortzahlung zu gewähren, wenn die Untersuchungen außerhalb der Arbeitszeit nicht zumutbar oder nicht möglich sind.

Es handelt sich hierbei um einen gesetzlich geregelten (§ 3 Abs. 8 MSchG) Spezialfall der Kollision der höheren Pflichten mit der Arbeitsleistungspflicht (siehe 24.)

Bei Angestellten war dieser Spezialfall schon bisher von § 8 Abs. 3 AngG erfasst. Bei Arbeiterinnen sind hingegen in manchen KV die Verhinderungsgründe taxativ aufgezählt, die schwangerschaftsbedingte Vorsorgeuntersuchung ist oft nicht erfasst. Auf Grund der Bestimmung im § 3 Abs. 8 MSchG ist werdenden Müttern, bei Vorliegen der sonstigen Voraussetzungen, die für die schwangerschaftsbedingte Vorsorgeuntersuchung erforderliche Zeit jedenfalls bei Entgeltfortzahlung freizugeben.

25.4 Verbotene Arbeiten

Zum Arbeitsverbot während der Schutzfrist bzw. erweiterten Schutzfrist siehe 25.2.

Darüber hinaus enthält das MSchG besondere Beschäftigungsverbote. Werdende Mütter dürfen nicht mit schweren körperlichen Arbeiten oder mit Arbeiten oder Arbeitsverfahren beschäftigt werden, die nach der Art des Arbeitsvorganges oder der verwendeten Arbeitsstoffe oder -geräte für ihren Organismus oder für das werdende Kind schädlich sind.

Beispiele solcher verbotenen Arbeiten führt § 4 Abs. 2, 3 und 6 MSchG an:

§ 4. (2) Als Arbeiten im Sinne des Abs. 1 sind insbesondere anzusehen:

1. Arbeiten, bei denen regelmäßig Lasten von mehr als 5 kg Gewicht oder gelegentlich Lasten von mehr als 10 kg Gewicht ohne mechanische Hilfsmittel von Hand gehoben oder regelmäßig Lasten von mehr als 8 kg Gewicht oder gelegentlich Lasten von mehr als 15 kg Gewicht ohne mechanische Hilfsmittel von Hand bewegt oder befördert werden; wenn größere Lasten mit mechanischen Hilfsmitteln gehoben, bewegt oder befördert werden, darf die körperliche Beanspruchung nicht größer sein als bei vorstehend angeführten Arbeiten;

2. Arbeiten, die von werdenden Müttern überwiegend im Stehen verrichtet werden müssen, sowie Arbeiten, die diese in ihrer statischen Belastung gleichkommen, es sei denn, daß Sitzgelegenheiten zum kurzen Ausruhen benützt werden können; nach Ablauf der 20. Schwangerschaftswoche alle derartigen Arbeiten, sofern sie länger als vier Stunden verrichtet werden, auch dann, wenn Sitzgelegenheiten zum kurzen Ausruhen benützt werden können;

3. Arbeiten, bei denen die Gefahr einer Berufserkrankung im Sinne der einschlägigen Vorschriften des Allgemeinen Sozialversicherungsgesetzes, BGBl. Nr. 189/1955, gegeben ist;

4. Arbeiten, bei denen werdende Mütter Einwirkungen von gesundheitsgefährdenden Stoffen, gleich ob in festem, flüssigem, staub-, gas- oder dampfförmigem Zustand, gesundheitsgefährdenden Strahlen oder schädlichen Einwirkungen von Hitze, Kälte oder Nässe ausgesetzt sind, bei denen eine Schädigung nicht ausgeschlossen werden kann;

5. die Bedienung von Geräten und Maschinen aller Art, sofern damit eine hohe Fußbeanspruchung verbunden ist;

6. die Bedienung von Geräten und Maschinen mit Fußantrieb, sofern damit eine hohe Fußbeanspruchung verbunden ist;

7. die Beschäftigung auf Beförderungsmitteln;

8. das Schälen von Holz mit Handmessern;

9. Akkordarbeiten, akkordähnliche Arbeiten, Fließarbeiten mit vorgeschriebenem Arbeitstempo, leistungsbezogene Prämienarbeiten und sonstige Arbeiten, bei denen durch gesteigertes Arbeitstempo ein höheres Entgelt erzielt werden kann, (...) wenn die damit verbundene durchschnittliche Arbeitsleistung die Kräfte der werdenden Mutter übersteigt. Nach Ablauf der 20. Schwangerschaftswoche sind derartige Arbeiten jedenfalls untersagt. (...)

10. Arbeiten, die von werdenden Müttern ständig im Sitzen verrichtet werden müssen, es sei denn, daß ihnen Gelegenheit zu kurzen Unterbrechungen ihrer Arbeit gegeben wird;

11. Arbeiten mit biologischen Stoffen im Sinne des § 40 Abs. 4 Z 2 bis 4 ASchG, soweit bekannt ist, daß diese Stoffe oder die im Falle einer durch sie hervorgerufenen Schädigung anzuwendenden therapeutischen Maßnahmen die Gesundheit der werdenden Mutter oder des werdenden Kindes gefährden;

12. Bergbauarbeiten unter Tage.

(3) Werdende Mütter dürfen nicht mit Arbeiten beschäftigt werden, bei denen sie mit Rücksicht auf ihre Schwangerschaft besonderen Unfallgefahren ausgesetzt sind.

Die Abs. 4 und 5 des § 4 MSchG räumen dem **Arbeitsinspektorat** spezielle Befugnisse ein. Im Zweifelsfall hat nämlich das Arbeitsinspektorat zu entscheiden, ob eine Arbeit unter eines der genannten Verbote bestimmter Arbeiten fällt. Darüber hinaus kann das Arbeitsinspektorat bei bestimmten weiteren Tätigkeiten (Arbeiten mit übermäßigen Erschütterungen, belästigenden Gerüchen oder besonderen psychischen Belastungen etc.) von Amts wegen oder auf Antrag der AN ein Verbot aussprechen.

Bezüglich schwangeren Nichtraucherinnen enthält das MSchG folgende Regelung:

§ 4. (6) Werdende Mütter, die selbst nicht **rauchen**, dürfen, soweit es die Art des Betriebes gestattet, nicht an Arbeitsplätzen beschäftigt werden, bei denen sie der Einwirkung von Tabakrauch ausgesetzt werden. Wenn eine räumliche Trennung nicht möglich ist, hat der AG durch geeignete Maßnahmen dafür Sorge zu tragen, daß andere Dienstnehmer, die im selben Raum wie die werdende Mutter beschäftigt sind, diese nicht der Einwirkung von Tabakrauch aussetzen.

Zum Nichtraucherschutz siehe 33.2.5.

Für werdende und stillende Mütter ist weiters die Beschäftigung von 20.00 bis 6.00 Uhr (ausnahmsweise bis 22.00 Uhr – unter anderem Verkehrswesen, Theater, Krankenpflege etc.) untersagt. Abgesehen von den zuvor genannten und weiteren Ausnahmen ist auch die Sonn- und Feiertagsarbeit (§ 7 MSchG) verboten. Weiters dürfen werdende und stillende Mütter nicht über die gesetzlich oder kollektivvertraglich festgesetzte tägliche Arbeitszeit sowie keinesfalls über die wöchentliche Arbeitszeit von 40 Stunden hinaus beschäftigt werden. Ein Überstundenpauschale entfällt daher ab dem Verbot (OGH 26.2.2004, 8 Ob A 124/03 y – siehe auch 14.9.7).

Weiters sieht der § 4a MSchG Beschäftigungsverbote für stillende Mütter vor. Sie dürfen keinesfalls mit Arbeiten oder Arbeitsverfahren nach § 4 Abs. 2 Z 1, 3, 4 und 9 MSchG beschäftigt werden. Im Zweifelsfall entscheidet das Arbeitsinspektorat, ob eine bestimmte Arbeit unter ein Verbot fällt.

Zu den Mitteilungspflichten der stillenden Mütter siehe 25.1 sowie § 4a Abs. 1 MSchG.

Stillenden Müttern ist weiters auf Verlangen die zum Stillen des Kindes notwendige Zeit freizugeben (§ 9 MSchG). Arbeitet die Mutter mehr als 4,5 Stunden, hat die **Stillzeit** 45 Minuten zu betragen; bei einer Arbeitszeit von acht oder mehr Stunden sind zwei Mal 45 Minuten, oder wenn in der Nähe der Arbeitsstätte keine Stillgelegenheit vorhanden ist, eine Stillzeit von ein Mal 90 Minuten zu gewähren. Die Stillzeit darf nicht den gesetzlich oder kollektivvertraglich vorgesehenen Ruhepausen angerechnet, vor- oder nachgearbeitet werden und nicht zu einem Verdienstausfall führen.

Falls bei der Beurteilung der Frage, ob eine bestimmte Arbeit einem Verbot unterliegt, Schwierigkeiten auftreten, kann von der gesetzlich vorgesehenen Möglichkeit, eine Entscheidung des Arbeitsinspektorates herbeizuführen, Gebrauch gemacht werden. Zu diesem Zweck ist ein schriftlicher Antrag an das Arbeitsinspektorat zu stellen.

Zu den besonders unfallgefährdeten Arbeiten i.S.d. § 4 Abs. 3 MSchG gehören etwa Arbeiten auf Leitern und Gerüsten bzw sonstigen erhöhten Standplätzen. Ebenso untersagt ist die Beschäftigung auf Beförderungsmitteln (§ 4 Abs 2 Z 7 MSchG). Darunter versteht man Arbeiten auf Beförderungsmitteln, die sich in Funktion befinden, gleichgültig, ob die Arbeit im Lenken besteht oder in sonstiger Weise auf Beförderungsmitteln erfolgt, wie z.b. die Beschäftigung als Schaffnerin, Servierin in einem Speisewagen, Flugbegleiterin oder Zugbegleiterin der Post (VwGH 84/11/0113). Das Benützen von Beförderungsmitteln zum Erreichen des Arbeitsplatzes oder die Tätigkeit als Kundenberaterin, die mit einem PKW des AG Parfümerien aufsucht, fallen hingegen nicht unter das Beschäftigungsverbot (VwGH 84/11/0113, VwSlg 11.786 A). Falls auf Grund eines solchen besonderen Beschäftigungsverbotes die AN entsprechend den arbeitsvertraglichen Regelungen gar nicht mehr oder nur mehr teilweise eingesetzt werden kann, so müsste für die ausgefallene Arbeitszeit das Entgelt nach dem Ausfallsprinzip (siehe 20.11) fortgezahlt werden (§ 14 Abs 1 MSchG). Es ist daher auch deswegen ratsam, die Verwendung im Arbeitsvertrag entsprechend flexibel zu definieren (siehe 14.12). Von der vorgenannten Fortzahlungspflicht sind Überstundenentgelte nicht erfasst, da diese im § 14 MSchG nicht genannt sind (OGH 18.8.1995, 8 Ob A 233/95). Eine Turnusdienstzulage, die nicht nur als pauschale Überstundenabgeltung zu verstehen ist, ist fortzuzahlen (OGH 26.2.2004, 8 Ob A 124/03 y).

Bei gravierenden körperlichen Beeinträchtigungen durch die Beschäftigung (Gefährdung des Lebens oder der Gesundheit der Schwangeren bzw. des Kindes) ist davon auszugehen, dass ein Fall für eine Freistellung auf Grund des Zeugnisses eines Amts- oder Arbeitsinspektionsarztes nach § 3 Abs. 3 MSchG vorliegt. AN, die auf Grund eines solchen ärztlichen Zeugnisses schon vor der achtwöchigen Schutzfrist von der Arbeit gänzlich freigestellt werden (individuelles Beschäftigungsverbot), gebührt das Wochengeld von der zuständigen Krankenkasse, sofern sie krankenversichert sind. Es besteht somit kein Anspruch der AN auf Entgelt gegenüber dem AG für die Zeiten, für welche ein **absolutes Beschäftigungsverbot** im Betrieb besteht, da die AN während dieser Zeit dementsprechend Anspruch auf Wochengeld haben. Den AG trifft nur während eines individuellen Beschäftigungsverbotes eine Pflicht zur Entgeltfortzahlung, wenn die AN wegen Geringfügigkeit des Entgelts (§ 5 Abs. 2 ASVG – siehe 14.8.2.1) nicht der Krankenversicherung unterliegt (§ 14 Abs. 3 MSchG). Zum Anspruch einer Angestellten nach § 8 Abs. 4 AngG siehe 25.2.

25.5 Überblick zur Karenz

Karenz der Mutter

Bei Verlangen der AN muss ihr der AG im Anschluss an die Schutzfrist oder im Anschluss an einen Erholungsurlaub oder einen Krankenstand, die sich unmittelbar an die Schutzfrist anfügen, eine Karenz gewähren (§ 15 Abs. 1 MSchG).

Die Karenz dauert höchstens bis zum vollendeten 2. Lebensjahr des Kindes. Die Mutter hat daher am 2. Geburtstag des Kindes die Arbeit wieder aufzunehmen (VwGH 95/08/0240 = ARD 4760/30/96). Die AN kann auch eine kürzere Karenz verlangen (jedoch mindestens zwei Monate). Eine laufende Karenz endet im Fall einer neuerlichen Schwangerschaft mit Beginn der Schutzfrist. Die Einführung des Kinderbetreuungsgeldes hatte keine Verlängerung der Karenz zur Folge (siehe 25.7).

Die Karenz beginnt nach dem Ende der Schutzfrist, wird aber stets ab der Geburt des Kindes berechnet. Beansprucht etwa die AN eine einjährige Karenz, so endet die Karenz mit dem ersten Lebensjahr des Kindes (OGH 8 Ob A 162/02 k = ecolex 2003, 265 f.).

Während der Karenz erhält die AN vom AG kein Entgelt und ist nicht zur Erbringung von Arbeitsleistungen verpflichtet. Das Arbeitsverhältnis ruht. Während der Karenz kann die AN eine **geringfügige Beschäftigung** ausüben, ohne den Anspruch auf das Kinderbetreuungsgeld sowie den Kündigungs- und Entlassungsschutz zu verlieren. Ebenso kann bis zu 13 Wochen pro Jahr eine Beschäftigung über der Geringfügigkeitsgrenze (siehe 14.8.2.1) vereinbart werden. Mit Zustimmung des AG kann eine Beschäftigung für höchstens 13 Wochen auch mit einem anderen AG vereinbart werden (§ 15e MSchG). Diese 13-Wochen-Grenze ist nur für den **Kündigungs- und Entlassungsschutz** relevant und hat keine Auswirkungen auf den Bezug des **Kinderbetreuungsgeldes** (dort gilt eine bestimmte Zuverdienstgrenze).

Die Mutter ist nach Beendigung der Karenz zu denselben Bedingungen wie bisher zu beschäftigen. Insbesondere ist sie in der gleichen Verwendung weiter zu beschäftigen, zu der sie seinerzeit vertraglich aufgenommen und auch tatsächlich eingesetzt worden war (OGH 22.9.1970, 4 Ob 71/70, Arb 8.796). Es besteht jedoch kein Anspruch, dass sie am selben Arbeitsplatz wie zuvor eingesetzt wird.

Bei ausländischen AN ist zu beachten, dass der Ablauf der **Beschäftigungsbewilligung**, der **Arbeitserlaubnis** oder des **Befreiungsscheines** im Fall der Schwangerschaft und Entbindung bis zu dem Zeitpunkt gehemmt wird, in dem die rechtsgültige Beendigung des Arbeitsverhältnisses erfolgen kann (§ 11 MSchG – siehe 18.).

Meldefristen

Die Mutter hat vor dem Ende der Schutzfrist bekannt zu geben, ob und in welcher Dauer sie eine Karenz beanspruchen will (§ 15 Abs. 3 MSchG). Falls die Karenz nicht bis zum 2. Geburtstag des Kindes gemeldet wird, besteht die Möglichkeit, die Karenz durch einseitige Meldung bis zur Höchstdauer zu verlängern, sofern dies dem AG spätestens 3 Monate vor Ablauf der zunächst gemeldeten Karenz bekannt gegeben wird. Bei Einhaltung der Meldefristen besteht ein Rechtsanspruch auf die gesetzmäßige Karenz. Sollte eine Karenz nach Ablauf der Meldefristen verlangt werden, so kann der AG zustimmen bzw. ablehnen. Da auch bei einer solchen vereinbarten Karenz ein Kündigungs- und Entlassungsschutz gegeben ist (siehe 41.7.3), sollte dieser Umstand vom AG bedacht werden, bevor eine Zustimmung erfolgt.

Dauert die Karenz weniger als 3 Monate (mindestens 2 Monate), so ist sie spätestens 2 Monate vor ihrem Beginn beim AG zu melden.

Wird die Karenz mit dem Vater geteilt (siehe im Folgenden unter „Teilung der Karenz"), muss spätestens 3 Monate vor Ablauf der vorhergehenden Karenz die Inanspruchnahme eines Teils der Karenz durch den anderen Elternteil dem AG mitgeteilt werden. Möglich ist auch eine spätere Inanspruchnahme der Karenz, wenn der andere Elternteil keinen Anspruch auf Karenz hat (etwa weil er nicht unselbständig erwerbstätig ist). In diesem Fall wird die AN ihrem AG Beginn und Dauer der Karenz spätestens 3 Monate vor dem Antritt der Karenz bekannt geben müssen (§ 15 Abs. 3 MSchG).

Analoge Regelungen sind auch für Väter vorgesehen (§ 2 Abs. 5 VKG).

Sonderzahlungen und Urlaub

Für die Dauer der Karenz (und der Schutzfrist) gebühren keine Sonderzahlungen. Ebenso steht kein Urlaub zu (zu beachten ist jedoch, dass während der Schutzfrist der Urlaubsanspruch fortläuft – § 15f Abs. 2 MSchG, § 7c VKG). Ein allfälliger Resturlaub vor Antritt der Schutzfrist bzw. vor Antritt der Karenz kann nicht vergütet werden, da es sich bei einer solchen Zahlung um eine verbotene Urlaubsablöse (§ 7 UrlG) handeln würde.

Nach der ständigen Rechtsprechung tritt die Aliquotierung des Urlaubsanspruches in einem Urlaubsjahr, in dem Karenz konsumiert wird, bereits mit der Bekanntgabe des Karenzurlaubes ein (Arb 10.663; OGH 8 Ob A 151/01 s). Den Antrag der AN auf Konsumation eines Urlaubs kann der AG ablehnen (OGH 9 Ob A 88/87 – zur Urlaubsvereinbarung siehe 27.1). Während einer freiwillig verlängerten Karenz wächst kein Urlaub zu (siehe 25.7).

Zur Hemmung der Urlaubsverjährung nach § 4 Abs 5 UrlG siehe 27.4.

Anrechnungsbestimmungen

Beim Urlaubsausmaß (6. Urlaubswoche nach 25 anrechenbaren Jahren – siehe 27.2), der Dauer der Kündigungsfrist und der Entgeltfortzahlung bei Krankheit sind maximal zehn Monate der ersten Karenz anzurechnen (§ 15f Abs. 1 MSchG), wenn nicht der KV eine günstigere Regelung vorsieht.

Bei der Abfertigung alt ist die Karenz nicht zu berücksichtigen (siehe 45.1).

Bei der Lehrzeit sind Unterbrechungen dann nicht anzurechnen, wenn sie über vier Monate hinausgehen (§ 13 Abs. 3 BAG – siehe 52.).

25. Schwangerschaft, Mutterschutz und Väterkarenz

Abfertigung, Mutterschaftsaustritt

Im Fall einer Austrittserklärung spätestens drei Monate vor Ende der Karenz (Mutterschaftsaustritt – siehe auch § 15r MSchG) besteht ein Anspruch auf die halbe Abfertigung alt (maximal jedoch drei Monatsentgelte), falls das Arbeitsverhältnis mindestens fünf Jahre ohne Berücksichtigung der Karenz gedauert hat (§ 23a Abs. 3 AngG – siehe 45.). Daher sind Zeiten der tatsächlichen Beschäftigung und des Wochenschutzes zu addieren (OGH 23.3.2010, 8 Ob A 9/10 x).

Falls die Karenz weniger als drei Monate dauert (mindestens zwei Monate), so ist der Austritt spätestens zwei Monate vor dem Ende der Karenz zu erklären.

Zeiten einer geringfügigen Beschäftigung neben einem karenzierten Arbeitsverhältnis bleiben außer Ansatz (siehe auch im Folgenden unter: „Beschäftigung während der Karenz").

Abgesehen davon kann die AN in den Fällen des § 15r Z 1 bis 4 MSchG nach der Geburt eines lebenden Kindes den vorzeitigen Austritt aus dem Arbeitsverhältnis erklären. Eine solche Beendigungserklärung führt zu einer rechtmäßigen Auflösung des Arbeitsverhältnisses mit Zugang der Auflösungserklärung beim AG. Ein solcher Mutterschaftsaustritt kann (mangels Verschuldens des AG) jedenfalls keinen Anspruch auf eine Kündigungsentschädigung bewirken.

Gemeinsamer Haushalt mit dem Kind

Der Rechtsanspruch auf die Karenz setzt voraus, dass die Mutter mit dem Kind im gemeinsamen Haushalt lebt. Die Karenz endet daher, wenn der gemeinsame Haushalt mit dem Kind wegfällt und der AG den Antritt der Arbeit verlangt (§ 15f Abs. 4 MSchG). Die AN unterliegt hinsichtlich des Entfalles der vorgenannten Voraussetzungen einer Informationspflicht. Falls diese vorsätzlich verletzt wird, so stellt dies eine Erschleichung einer nicht zustehenden Karenz dar und rechtfertigt daher eine Entlassung.

Sollten die Voraussetzungen vorliegen, so kann der Vater Verhinderungskarenz (siehe dazu im Folgenden) bei seinem AG verlangen, sofern er mit dem Kind im gemeinsamen Haushalt lebt.

Gleichzeitige Konsumation der Karenz

Aus Anlass des erstmaligen Wechsels der Betreuungsperson kann die Mutter gleichzeitig mit dem Vater Karenz in der Dauer von einem Monat beanspruchen. Dies verkürzt jedoch die Höchstdauer der Karenz um diesen einen Monat. Abgesehen davon ist eine gleichzeitige Karenz grundsätzlich unzulässig (§ 15a Abs. 2 MSchG).

Aufgeschobene Karenz

Falls beide Elternteile insgesamt nur bis zum 21. Lebensmonat des Kindes eine Karenz konsumieren, kann ein Elternteil die drei restlichen Monate der Karenz als aufgeschobene Karenz bis zum Ablauf des 7. Lebensjahres des Kindes verbrauchen (bei späterem Schuleintritt des Kindes auch erst anlässlich des Schuleintritts). Wenn beide Elternteile insgesamt bis zum 18. Lebensmonat des Kindes eine Karenz in Anspruch nehmen, so können beide Eltern je drei Monate der restlichen Karenz als aufgeschobene Karenz bis zum vorgenannten Zeitpunkt verbrauchen. Die Absicht, aufgeschobene Karenz in Anspruch zu nehmen, muss dem AG spätestens 3 Monate vor Ablauf der Karenz bekannt gegeben werden. Der tatsächliche Beginn ist dem AG drei Monate vor dem gewünschten Antrittszeitpunkt zu melden (§ 15b MSchG).

Sollte der AG mit der Absicht, aufgeschobene Karenz zu konsumieren, oder mit dem Zeitpunkt des Beginns nicht einverstanden sein, so muss der AG binnen zwei Wochen ab der Bekanntgabe der Absicht bzw. des Antrittszeitpunktes eine Klage einbringen. Wird die Klage auf Abweisung der aufgeschobenen Karenz bzw. des Antrittszeitpunktes nicht eingebracht, so gilt die Zustimmung des AG als erteilt. Für die aufgeschobene Karenz ist der besondere Kündigungs- und Entlassungsschutz des MSchG und VKG (siehe 41.7.3) nicht anwendbar.

Im Fall des Wechsels des AG bedarf der Konsum der verbliebenen bzw. aufgeschobenen Karenz der Zustimmung des neuen AG. Falls dieser den Konsum der aufgeschobenen Karenz ablehnt, so kann der AN die restliche Karenz nicht mehr konsumieren.

Informationspflicht

AN, die Karenz konsumieren, sind vom AG über wichtige Betriebsgeschehnisse, welche die Interessen des karenzierten AN berühren, zu informieren. Als Beispiele für solche wichtigen Betriebsgeschehnisse nennt das Gesetz Konkurs, Ausgleich, Umstrukturierungen und Weiterbildungsmaßnahmen (§ 15g MSchG).

Karenz des Vaters (§§ 2 ff. VKG)

Ebenso wie die Mutter hat auch der Vater einen Anspruch auf eine Karenz, der weitgehend analog geregelt ist. Die Karenz ist spätestens 8 Wochen nach der Geburt zu melden (§ 2 Abs. 5 VKG).

Teilung der Karenz

Die Karenz kann zweimal zwischen den Eltern geteilt werden. Daher sind insgesamt 3 Karenzteile zulässig (z.B. Mutter/Vater/Mutter – siehe *Kaszanits*, ASoK 2001, 338 ff.). Ein Teil einer Karenz muss mindestens zwei Monate betragen (§ 3 Abs. 1 VKG). Im Fall der Aufteilung muss spätestens drei Monate vor Ablauf der vorhergehenden Karenz die anschließende Inanspruchnahme eines Teiles der Karenz durch den anderen Elternteil dem AG mitgeteilt werden.

Verhinderungskarenz (§ 15d MSchG, § 6 VKG)

Ist der jeweils das Kind betreuende Elternteil durch ein unvorhergesehenes und unabwendbares Ereignis für eine nicht bloß verhältnismäßig kurze Zeit verhindert, das Kind selbst zu betreuen, ist dem nicht verhinderten Elternteil von seinem AG auf Verlangen für die Dauer der Verhinderung des anderen Elternteils, längstens jedoch bis zum Ablauf des 2. Lebensjahres des Kindes, eine Karenz zu gewähren.

Unter einem unvorhergesehenen und unabwendbaren Ereignis versteht man folgende Vorfälle:

- Tod
- Aufenthalt in einer Heil- oder Pflegeanstalt
- Verbüßung einer Freiheitsstrafe (bzw. anderweitige behördliche Anhaltung)
- schwere Erkrankung.

Weitere Voraussetzungen außer der vorgenannten Verhinderung eines Elternteils:

- Antrag des anderen Elternteils bei seinem AG
- Bekanntgabe des Beginns und der Dauer der Karenz
- Nachweis der Geburt des Kindes (Geburtsurkunde)
- gemeinsamer Haushalt mit dem Kind und überwiegende Betreuung des Kindes durch den Elternteil, der die Verhinderungskarenz beanspruchen soll.

Beschäftigung während der Karenz

Während der Karenz kann der freigestellte AN beim eigenen oder einem anderen AG bis zur Geringfügigkeitsgrenze (siehe 14.8.2.1) dazuverdienen (ohne den Kündigungs- oder Entlassungsschutz zu verlieren).

Weiters kann während der Karenz bis zu 13 Wochen im Kalenderjahr eine Beschäftigung über der Geringfügigkeitsgrenze mit dem eigenen AG vereinbart werden, ohne den Kündigungs- und Entlassungsschutz im karenzierten Arbeitsverhältnis zu verlieren. Mit Zustimmung des eigenen AG kann eine solche Beschäftigung auch bei einem anderen AG ausgeübt werden (§ 15e MSchG, § 7b VKG). Wird Karenz nicht während des gesamten Kalenderjahres in Anspruch genommen, so kann eine solche Beschäftigung nur im aliquoten Ausmaß beansprucht werden (OGH 2.3.2007, 9 Ob A 35/06 x, ecolex 2007, 628).

Ausdrücklich geregelt ist, dass die Zeit der geringfügigen Beschäftigung während der Karenz beim Abfertigungsanspruch nicht zu berücksichtigen ist (§ 23 Abs. 1a AngG). Wie bei der geringfügigen Beschäftigung während der Karenz handelt es sich bei der 13-wöchigen Beschäftigung um ein zweites, vom karenzierten Arbeitsverhältnis unabhängiges befristetes Arbeitsverhältnis (*Kaszanits*, Elternkarenz ab 1.1.2002, ASoK 2001, 338 ff.; OGH 21.5.2007, 8 Ob S 11/07 m). Wird die Frist von 13 Wochen überschritten, so verschmelzen das ruhende Arbeitsverhältnis und das über 13 Wochen hinausgehende Arbeitsverhältnis zu einem Arbeitsverhältnis und ist daher die Zeit ab der 14. Woche bei der Abfertigung alt anzurechnen (OLG Wien 16.12.2009, 8 Ra 114/09 g, ARD 6083/3/2010).

Zum Kündigungs- und Entlassungsschutz siehe 41.7.3.

25.6 Überblick zur Elternteilzeit gemäß MSchG bzw. VKG

25.6.1 Allgemeines

Auf Grund von Änderungen zum MSchG und VKG ist seit 1.7.2004 eine Elternteilzeit höchstens bis zum 7. Geburtstag des Kindes bzw. bis zum späteren Schuleintritt in zwei Varianten (mit und ohne Rechtsanspruch) möglich. Der Kündigungs- und Entlassungsschutz endet jedoch 4 Wochen nach dem 4. Geburtstag des Kindes. Bei Inanspruchnahme bis zum 7. Geburtstag des Kindes ist lediglich ein Motivkündigungsschutz vorgesehen (siehe 25.6.8). Lehrlinge haben keinen Anspruch auf Elternteilzeit (§§ 15 h Abs. 1 MSchG, 8 Abs. 1 Z 3 VKG).

Fallen in ein Kalenderjahr auch Zeiten der reduzierten Arbeitszeit im Sinne dieser Regelung, so können die Sonderzahlungen aliquotiert werden (§ 15j Abs. 7 MSchG, § 8b Abs. 7 VKG).

Überstundenpauschale

Ein Überstundenpauschale ruht während der Elternteilzeit, weil der AG die Leistung von Mehrarbeit nicht verlangen kann. Tatsächlich geleistete Mehr- bzw. Überstunden sind aber entsprechend abzugelten (OGH 24.6.2015, 9 Ob A 30/15 z).

Eine Judikatur zu All-in-Vereinbarungen (siehe 14.9.7) fehlt derzeit. In der Literatur wird hierzu die zutreffende Auffassung vertreten, dass eine nur der Abdeckung von Überstundenentgelten gewidmete Überzahlung im Rahmen einer All-in-Vereinbarung nicht anders betrachtet werden kann (*Rauch*, Arbeitsrecht 2016, 50 f.).

25.6.2 Rechtsanspruch auf Elternteilzeit

In Betrieben i.S.d. § 34 ArbVG (siehe 53.) mit durchschnittlich mehr als 20 AN und ab einer Mindestbeschäftigungsdauer von 3 Jahren besteht ein Rechtsanspruch auf Elternteilzeit (§§ 15h MSchG, 8 VKG – Lehrlinge ausgenommen).

Alle Zeiten, welche die AN in unmittelbar vorausgegangenen Arbeitsverhältnissen zum selben AG zurückgelegt hat, sind bei der Berechnung der Mindestbeschäftigungsdauer zu berücksichtigen. Ebenso zählen Zeiten von unterbrochenen Arbeitsverhältnissen, die auf Grund von Wiedereinstellungszusagen beim selben AG fortgesetzt werden, sowie die Karenz für die dreijährige Mindestbeschäftigungsdauer.

Beginn, Dauer, Ausmaß und Lage der Arbeitszeit im Rahmen der Elternteilzeit sind mit dem AG zu vereinbaren. Eine Ober- oder Untergrenze für die Reduktion der Arbeitszeit wird für Geburten bis 31.12.2015 nicht vorgegeben (siehe im Folgenden). Es besteht auch die Möglichkeit, die Arbeitszeit nur hinsichtlich der Lage zu verändern (§ 15p MSchG, § 8h VKG).

Die Elternteilzeit kann frühestens mit dem Ende der Schutzfrist beginnen und dauert höchstens bis zum 7. Geburtstag oder bis zum allenfalls späteren Schuleintritt des Kindes. Ein Teil muss jedoch mindestens zwei Monate dauern (zum Kündigungs- und Entlassungsschutz – siehe 25.6.8).

Wenn die Elternteilzeit abgelaufen ist, hat der betroffene Elternteil ein Recht auf eine Beschäftigung im Rahmen der früheren Arbeitszeit (vor Beginn der Elternteilzeit).

Für Geburten ab 1.1.2016 gilt jedoch Folgendes:

Die wöchentliche Arbeitszeit muss um mindestens 20 % reduziert werden und darf 12 Stunden nicht unterschreiten.

Kommt eine Vereinbarung außerhalb der Bandbreite zu Stande, wird diese auch als Elternteilzeit einzustufen sein (§ 15j Abs. 10 MSchG, § 8b Abs. 10 VKG).

Falls der AG eine Vereinbarung außerhalb der Bandbreite nicht wünscht, kann er darauf bestehen, dass der AN einen Antrag innerhalb der Bandbreite sowie unter Einhaltung der weiteren gesetzlichen Voraussetzungen (insbesondere Beachtung der dreimonatigen Frist) vorlegt.

Die Möglichkeit, nur die Lage der Arbeitszeit zu verschieben, bleibt jedoch weiterhin bestehen.

25.6.3 Vereinbarte Elternteilzeit

Fehlt der Rechtsanspruch auf Elternteilzeit (Betriebe mit 20 oder weniger AN bzw. Betriebszugehörigkeit des AN unter drei Jahren), so ist die Teilzeit zu vereinbaren und dauert maximal bis zum 4. Geburtstag des Kindes (siehe 25.6.9). Hinsichtlich Elternteilzeit und Karenz, Meldung etc. gelten einheitliche Bestimmungen.

25.6.4 Elternteilzeit und Karenz

Sowohl bei Vorliegen eines Rechtsanspruchs als auch bei einer vereinbarten Teilzeitkarenz kann nunmehr die Elternteilzeit unabhängig vom Ausmaß der in Anspruch genommenen Karenz festgelegt werden. Daher können beide Elternteile gleichzeitig Elternteilzeit konsumieren oder die Elternteilzeit an die eigene Karenz oder an die Karenz des anderen Elternteils anschließen. Dies gilt auch dann, wenn die Karenz im maximalen Ausmaß – also bis zum zweiten Geburtstag des Kindes – ausgeschöpft wurde.

Nimmt ein Elternteil Karenz in Anspruch, so ist die Betreuung des Kindes damit ausreichend gewährleistet und kann somit der andere Elternteil nicht gleichzeitig Elternteilzeit verbrauchen.

Wird eine Karenz oder eine Elternteilzeit für ein weiteres Kind in Anspruch genommen, so endet die bisherige Elternteilzeit (§ 15j Abs. 9 MSchG).

25.6.5 Meldung und Änderung der gemeldeten Dauer

Die Inanspruchnahme der Elternteilzeit sowie Beginn, Lage, Dauer und Ausmaß müssen (bei Antritt im Anschluss an die Schutzfrist) in der Schutzfrist bzw. bei Antritt zu einem späteren Zeitpunkt drei (allenfalls zwei – siehe im Folgenden) Monate vor dem gewünschten Antritt gemeldet werden (um nach dieser Meldung eine schriftliche Vereinbarung mit dem AG abzuschließen).

Für Väter gilt eine Frist von acht Wochen nach der Geburt bzw. bei späterem Antritt drei Monate vor dem geplanten Antrittszeitpunkt.

Dauert eine Elternteilzeit weniger als drei Monate (Minimum zwei Monate), so ist spätestens zwei Monate vor dem gewünschten Beginn die Meldung vorzunehmen.

Beträgt der Zeitraum zwischen der Acht-Wochen-Frist und dem beabsichtigten Beginn der Teilzeit weniger als drei Monate, so reicht die Bekanntgabe innerhalb der Acht-Wochen-Frist (bzw. bei Müttern innerhalb der Schutzfrist nach der Geburt).

Die Rechtslage seit 1.7.2004 ermöglicht es beiden Elternteilen bis zum vierten Geburtstag des Kindes bzw bis zum siebten Geburtstag des Kindes (oder bis zu einem allenfalls späteren Schuleintritt) zu einem frei gewählten Zeitpunkt den Beginn einer geplanten Elternteilzeit in frühestens drei (allenfalls zwei) Monaten dem AG schriftlich mitzuteilen. Bei AN mit kleinen Kindern muss daher der AG jederzeit mit der Meldung einer geplanten Teilzeit in frühestens drei (allenfalls zwei) Monaten rechnen.

Eine Änderung oder eine vorzeitige Beendigung auf Initiative des AN oder des AG ist nur einmal möglich (§ 15 j Abs. 5 MSchG, § 8 b Abs 5 VKG). Das Zurückziehen eines Antrags auf Elternteilzeit berührt das Recht auf die einmalige Inanspruchnahme nicht (§§ 15j Abs. 2 MSchG, 8 Abs. 2 VKG). Der Änderungs- bzw Beendigungswunsch ist ebenfalls drei (allenfalls zwei) Monate vorher zu melden. Bei der Änderung bzw vorzeitigen Beendigung ist das Verfahren wie vor dem ersten Antritt der Elternteilzeit einzuhalten. Falls der AG eine Änderung oder Beendigung der Elternteilzeit verlangt, werden im Streitfall wesentliche betriebliche Gründe erforderlich sein.

Im Fall der Geburt eines weiteren Kindes hat die Mutter die Möglichkeit, entweder die Elternteilzeit in der ursprünglich vorgesehenen Dauer fortzusetzen oder Karenz oder Elternteilzeit für das Neugeborene in Anspruch zu nehmen, wodurch die Elternteilzeit für das erste Kind beendet wird (§ 15 j Abs. 9 MSchG, § 8 b Abs. 9 VKG).

Wird die Elternteilzeit mündlich begehrt und lässt sich der AG auf Verhandlungen über dieses Begehren ein, so kann er sich nicht mehr auf das Schriftlichkeitsgebot berufen (OGH 20.8.2008, 9 Ob A 80/07 s). Der AG kann in solchen Fällen zunächst ein ordnungsgemäßes schriftliches Verlangen vom AN begehren und Gespräche erst nach dessen Vorliegen aufnehmen (Details siehe 25.6.10 und *Rauch*, Bedeutung der Formvorschriften bei der Elternteilzeit, PV-Info 12/08, 35 ff; *Rauch*, Arbeitsrecht 2012, 16 ff).

25.6.6 Voraussetzungen der Elternteilzeit

Somit sind zusammenfassend folgende Voraussetzungen für die Elternteilzeit zu beachten:

- keine Karenz des anderen Elternteils;
- gemeinsamer Haushalt oder gemeinsame Obsorge für das Kind (§§ 167 Abs. 2, 177 oder 177b ABGB – elterliches Sorgerecht, welches die Pflege und Erziehung sowie die Vermögensverwaltung und gesetzliche Vertretung umfasst); bei der Obsorge im Sinne der vorzitierten gesetzlichen Bestimmungen geht es um jene Fälle, in denen den Eltern die gemeinsame Obsorge trotz eines getrennten Haushalts zukommt;
- schriftliche Meldung bis zum Ende des Wochenschutzes (bzw. acht Wochen nach der Geburt bei Vätern) oder drei Monate vor dem gewünschten Beginn und
- einmalige Inspruchnahme (es können daher keine Unterbrechungen der Elternteilzeit erfolgen).

Liegen die Voraussetzungen nicht vor, so ist nur dann von einer geschützten Elternteilzeit auszugehen, wenn der AG ausdrücklich eine solche einräumt. Zur weiteren Voraussetzung einer schriftlichen Vereinbarung bzw. der Abwicklung eines Verfahrens bzw. den Folgen einer bloß mündlichen Absprache siehe im Folgenden.

25.6.7 Verwirklichung des Anspruchs auf Elternteilzeit

Wurde die gewünschte Elternteilzeit rechtzeitig vom AN gemeldet, so ist vom AG zunächst eine Stellungnahme zu den gemeldeten Daten (Beginn, Dauer, Ausmaß und Lage) abzugeben und sollte in der Folge eine Einigung erzielt werden. Falls der AG eine ablehnende Stellungnahme abgibt, weil der Teilzeitwunsch aus betrieblichen Gründen nicht erfüllt werden kann, sollte dies ebenfalls schriftlich zum Ausdruck gebracht werden.

Den Gesprächen kann auf Verlangen des AN der BR beigezogen werden. Kommt innerhalb von zwei Wochen ab der Meldung keine Einigung zu Stande, können Vertreter der gesetzlichen Interessenvertretungen beigezogen werden. Der AG hat das Ergebnis der Verhandlungen „schriftlich aufzuzeichnen" (§§ 15k Abs. 1 MSchG, 8c Abs. 1 VKG). Demnach sind nach der Einigung der Beginn, die Dauer, das Ausmaß und die Lage der Elternteilzeit schriftlich festzuhalten. Empfohlen wird, diese Aufzeichnung in Form einer schriftlichen Vereinbarung zu gestalten, die AG und AN unterfertigen. Wird kein Ergebnis erzielt, so ist dies ebenfalls aufzuzeichnen (siehe Muster im Folgenden).

Kommt jedoch binnen vier Wochen ab Bekanntgabe keine Einigung zu Stande, so kann der AN die Teilzeitbeschäftigung zu den gemeldeten Bedingungen antreten, sofern der AG nicht binnen weiterer zwei Wochen beim zuständigen Arbeitsgericht einen Antrag auf Abschluss eines Vergleiches (prätorischer Vergleich gemäß § 433 Abs. 1 ZPO) stellt. Kommt binnen vier Wochen ab Einlangen des Antrags beim Arbeitsgericht kein Vergleich zu Stande, hat der AG binnen einer weiteren Woche eine Klage beim Arbeitsgericht einzubringen. Wird die Klage nicht oder verspätet eingebracht, kann der AN die Teilzeitbeschäftigung antreten. Falls das Gericht den Vergleichsversuch erst nach 4 Wochen unternimmt, so beginnt die einwöchige Frist für die Einbringung der Klage mit dem auf den Vergleichsversuch folgenden Tag zu laufen. Gegen das Urteil kann kein Rechtsmittel eingebracht werden (§ 15k Abs. 6 MSchG, § 8c Abs. 6 VKG). Dagegen hat der OGH keine verfassungsrechtlichen Bedenken (9 Ob A 140/05 m = ARD 5643/5/2005). In einem Verfahren auf Feststellung, dass die Klägerin berechtigt sei, die Elternteilzeit zu den von ihr vorgeschlagenen Bedingungen anzutreten, ist ein Rechtsmittel zulässig (§ 15 k Abs. 6 MSchG ist also nicht anwendbar – OGH 26.2.2016, 8 Ob A 8/16 h).

Nach Auffassung des LGZ Graz (36 Cga 96/06 i = ARD 5716/3/2006) kann der AG das Klagebegehren auch auf die Aufrechterhaltung der bisherigen Arbeitszeit richten und somit keinen Vorschlag für eine veränderte Arbeitszeit vorlegen.

Einschlägige Judikatur

- *Erschwert die vom AG begehrte flexible Lagerung der Arbeitszeit bei Elternteilzeit die Organisation der Betreuung des Kleinkindes erheblich und müsste die AN je nach Arbeitszeitplan jene Zeiten, zu denen das Kind nicht im Kindergarten betreut werden kann, unter erhöhten Kosten durch andere Betreuungsformen abdecken, laufen gerade diese Umstände der ausdrücklichen Intention des Gesetzgebers zuwider, eine bessere Vereinbarkeit von Beruf und Familie zu gewährleisten (LG Wels 10 Cga 11/05 g = ARD 5628/3/2005).*

- *Wären zur Durchführung der Elternteilzeitwünsche einer Schichtarbeiterin sowohl ein neues Schichtsystem als auch Versetzungen und Kündigungen notwendig und würden weiters für einen neu aufzunehmenden Schichtarbeiter Anlernkosten von € 18.000,– auflaufen, so überwiegen die betrieblichen Interessen zur Wahrung des Schichtmodells das Elternteilzeitanliegen der AN (LG Graz 36 Cga 96/06 i = ARD 5716/3/2006).*

- *Steht einer AN kein Tätigkeitsbereich im Ausmaß der gewünschten 30 Wochenstunden zur Verfügung und ist die finanzielle Situation der AN durch den Ehepartner, das Kinderbetreuungsgeld und die ihr vom AG angebotene Beschäftigung im Wesentlichen abgesichert, ist der Klage des AG auf eine Elternteilzeit im Ausmaß von nur fünf Wochenstunden die Zustimmung zu erteilen (vor der Karenz hat die AN acht Wochenstunden gearbeitet – ASG Wien 14 Cga 18/07 d = ARD 5795/3/2007).*

25. Schwangerschaft, Mutterschutz und Väterkarenz

Muster zur Ablehnung des Teilzeitwunsches

An ……………………………

Betreff: Inanspruchnahme von Elternteilzeit

Sehr geehrte(r) Frau/Herr ………………………….!

Wir bestätigen, dass Sie fristgerecht einen erstmaligen Wunsch auf Inanspruchnahme der Elternteilzeit schriftlich bei der Geschäftsleitung eingereicht haben.

Die von Ihnen gewünschte Arbeitszeit ist jedoch aus folgenden betrieblichen Gründen für uns nicht akzeptabel:

1. ………………………

2. …………………….., etc.

Wir bieten Ihnen jedoch folgende Teilzeitregelung an:

Ab …………………… insgesamt ……………… Stunden pro Woche, die wie folgt auf die Wochentage verteilt sind: ………………………

Wir bitten Sie daher ehebaldigst mit uns in Kontakt zu treten, um eine Einigung zu Ihrer Elternteilzeit zu erzielen.

Mit freundlichen Grüßen

Muster zur Aufzeichnung des Verhandlungsergebnisses (ohne Einigung)

Frau/Herr .... hat mittels Schreiben vom ....
unter Bezugnahme auf die Geburt des Kindes .... folgenden erstmaligen Wunsch auf Elternteilzeit vorgebracht:

1. insgesamt .... Wochenstunden,

2. Verteilung auf die einzelnen Wochentage: ....,

3. Beginn der neuen Arbeitszeit ab ....

Dieser Wunsch wurde mittels Schreiben der Geschäftsleitung vom .... aus betrieblichen Gründen abgelehnt, wobei folgender Gegenvorschlag vorgelegt wurde:

1. insgesamt .... Wochenstunden,

2. Verteilung auf die einzelnen Wochentage: ....

3. Beginn der neuen Arbeitszeit ab ....

Bei den in der Zeit von .... bis .... geführten Gesprächen konnte keine Einigung erzielt werden, weil ....

.... am ....

....

AG   AN

Muster zur Aufzeichnung des Verhandlungsergebnisses (mit Einigung)

Frau/Herr .... hat fristgerecht und schriftlich unter Bezugnahme auf ihr/sein Kind .... den erstmaligen Wunsch auf Inanspruchnahme der Elternteilzeit im Sinne des MSchG/VKG vorgebracht.

Nunmehr wurde folgende Einigung erzielt:

Ab .... hat Frau/Herr .... eine Arbeitszeit von .... Wochenstunden, die wie folgt auf die Wochentage verteilt wird: ....

Das monatliche Entgelt beträgt ab der Änderung der Arbeitszeit: ....

..........., am ....

....   AN

AG

Muster für einen Antrag auf Ladung zwecks Abschluss eines Vergleiches (Prätorischer Vergleich)

EINSCHREIBEN

Landesgericht ……………………… als

Arbeits- und Sozialgericht

……………………… bzw.

Arbeits- und Sozialgericht Wien

Althanstraße 39–45

1090 Wien

Antragsteller: ………………………

Antragsgegner: ………………………

wegen: Elternteilzeit nach § 15h Abs. 1 MSchG/§ 8 Abs. 1 VKG

ANTRAG AUF LADUNG ZUR GÜTLICHEN EINIGUNG nach § 433 Abs. 1 ZPO

2-fach

1 Rubrik

Beilage

- Seite 2 -

Der Antragsgegner ist seit .... als .... in unserem Betrieb beschäftigt. Für unseren Betrieb sind mehr als 20 AN tätig. Der Antragsgegner hat einen Rechtsanspruch auf Teilzeitbeschäftigung (§ 15h Abs. 1 MSchG/§ 8 Abs. 1 VKG).

Der Antragsgegner hat mittels Schreibens vom .... folgenden Wunsch auf Teilzeitbeschäftigung vorgebracht:

Ab .... soll eine Wochenarbeitszeit von .... Stunden gelten, die wie folgt auf die Wochentage verteilt wird: ....

Dieser Wunsch musste wegen schwerwiegender betrieblicher Gründe abgelehnt werden.

.... (Darstellung der Ablehnungsgründe) ....

Wir haben daher dem Antragsgegner nachstehenden Vorschlag für eine Elternteilzeit unterbreitet:

..

Die Verhandlungen über die beiden Vorschläge haben binnen 4 Wochen ab Zugang des Wunsches des Antragsgegners zu keiner Einigung geführt. Die bisherige Korrespondenz sowie eine Ausfertigung der Aufzeichnungen über das Verhandlungsergebnis legen wir diesem Antrag bei.

Wir beantragen daher, den Antragsgegner zwecks gütlicher Einigung zu einem Vergleichsversuch zu laden.

........................, am ....

....
AG

Muster für eine Klage des AG mangels Einigung auf eine Elternteilzeitregelung

EINSCHREIBEN

Landesgericht .... als
Arbeits- und Sozialgericht
.... bzw.
Arbeits- und Sozialgericht Wien
Althanstraße 39–45
1090 Wien

Kläger (AG): ....

Beklagter (AN): ....

wegen: Elternteilzeit nach § 15h Abs. 1 MSchG/§ 8 Abs. 1 VKG

KLAGE

2-fach
1 Rubrik
Beilage

- Seite 2 -

Die beklagte Partei ist seit .... als .... in unserem Betrieb beschäftigt. Für unseren Betrieb sind mehr als 20 AN tätig. Die beklagte Partei hat einen Rechtsanspruch auf Teilzeitbeschäftigung (§ 15h Abs. 1 MSchG/§ 8 Abs. 1 VKG).

Die beklagte Partei hat mittels Schreibens vom .... folgenden .... Wunsch auf Teilzeitbeschäftigung vorgebracht:

Ab .... soll eine Wochenarbeitszeit von .... Stunden gelten, die wie folgt auf die Wochentage verteilt wird: ....

Dieser Wunsch musste wegen folgender schwerwiegender betrieblicher Gründe abgelehnt werden:

.... (Darstellung der Ablehnungsgründe) ....

Wir haben daher der beklagten Partei nachstehenden Vorschlag für eine Elternteilzeit unterbreitet:

....................*

Weiters wurde versucht, mit der beklagten Partei im Rahmen eines prätorischen Vergleiches bei diesem Gericht eine Einigung zu erzielen (G.Zl.: ....). Der Einigungsversuch ist gescheitert.

Beweis: Schreiben der beklagten Partei vom ....

Schreiben des Klägers vom ....

Aufzeichnungen über das Ergebnis der Verhandlungen vom ....

beizuschaffender Akt G.Zl.: ....

PV ....

Zeugen: ....

Die klagende Partei beantragt daher folgendes

URTEIL:

Die Zustimmung zu den von der klagenden Partei vorgeschlagenen Daten der Teilzeitbeschäftigung im Zeitraum vom .... bis .... mit einer auf .... Stunden herabgesetzten und auf (Angabe der einzelnen Wochentage und der jeweiligen Arbeitszeit) verteilten wöchentlichen Arbeitszeit wird nach § 15k Abs. 3 MSchG/§ 8c Abs. 3 VKG erteilt.

...................., am ....

AG

---

* Nach Auffassung des LGZ Graz ist ein Alternativvorschlag des AG nicht zwingend erforderlich (siehe 25.6.7).

25.6.8 Kündigungs- und Entlassungsschutz

Bis zum Ablauf von vier Wochen nach dem vierten Geburtstag des Kindes besteht ein Kündigungs- und Entlassungsschutz (siehe 41.7.3). Ab der fünften Woche bis zum Ende der Elternteilzeit besteht ein Motivkündigungsschutz im Sinne des § 105 Abs. 3 ArbVG (§§ 15n Abs. 1 und 2 MSchG, 8f Abs. 1 und 2 VKG, zum Motivkündigungsschutz – siehe 41.8.3).

Hat der AN keinen Anspruch auf Elternteilzeit, scheitern die außergerichtlichen Gespräche und bringt der AN keine Klage ein, so endet der Kündigungs- und Entlassungsschutz 4 Wochen nach dem endgültigen Scheitern der außergerichtlichen Verhandlungen (wenn der AN aus objektiver Sicht nicht mit der Annahme seines Wunsches rechnen kann – OGH 26.2.2016, 8 Ob A 1/16 d).

Falls der AN während der Elternteilzeit ohne Zustimmung des AG eine weitere Erwerbstätigkeit aufnimmt, so kann der AG binnen acht Wochen ab Kenntnis von der Erwerbstätigkeit eine Kündigung aussprechen. Für diese Kündigung besteht weder ein besonderer Kündigungsschutz noch ein Motivkündigungsschutz. Der Begriff „Erwerbstätigkeit" ist im Gesetz nicht näher umschrieben. Es wird daher von Tätigkeiten auszugehen sein, die regelmäßig und gegen Entgelt erfolgen. Es könnte dies etwa eine Tätigkeit auf Grundlage eines Arbeitsverhältnisses, eines freien Arbeitsverhältnisses oder eines Gewerbescheines (sowie auch anderweitige selbständige Tätigkeiten) sein.

Da diese Kündigung den allgemeinen Vorschriften unterliegt, ist in Betrieben mit BR das Verständigungsverfahren nach § 105 ArbVG (siehe 41.1.1) durchzuführen.

Im Einzelfall könnte die Aufnahme einer anderen Erwerbstätigkeit auch einen Entlassungsgrund darstellen. Dies ist nach § 12 Abs. 2 Z 3 MSchG bzw. § 7 Abs. 3 VKG zu prüfen (Entlassungstatbestand des Betreibens eines der Verwendung im Betrieb abträglichen Nebengeschäfts – siehe 42.7.4). Falls jedoch der AG anstelle der bloßen Kündigung eine Entlassung aussprechen will, so benötigt er die arbeitsgerichtliche Zustimmung. Das besondere Auflösungsrecht bei Erwerbstätigkeit des AN sieht somit nur für die Kündigung die Befreiung von der arbeitsgerichtlichen Zustimmung vor.

Zur einvernehmlichen Lösung siehe 43.1.

25.6.9 Fehlender Rechtsanspruch auf Elternteilzeit

Wenn der AN noch nicht drei Jahre betriebszugehörig ist (einschließlich Karenz) oder im Betrieb weniger als 21 AN beschäftigt sind, so besteht kein Rechtsanspruch auf Elternteilzeit, sondern muss diese mit dem AG hinsichtlich Beginn, Dauer, Ausmaß und Lage vereinbart werden. Bei Scheitern des Vereinbarungsversuches hat der AN eine Klage beim ASG einzubringen (§§ 15l Abs 2 MSchG, 8d Abs 2 VKG). Die vereinbarte Elternteilzeit kann höchstens bis zum vierten Geburtstag des Kindes dauern.

Das Gesetz enthält keine Frist für die Einbringung der Klage des AN nach dem Scheitern der Gespräche. Nach der Auffassung des OLG Wien (28.10.2015, 7 Ra 43/15t, ARD 6483/7/2016) beträgt die Frist eine Woche in Analogie zur einwöchigen Frist zur Inanspruchnahme von Karenz nach dem Ende der Gespräche (§ 8e Abs. 1 VKG, § 15m Abs. 1 MSchG). Gegen ein Urteil der 1. Instanz ist eine Berufung zulässig, weil es sich hier nicht um ein Elternteilzeitverfahren nach § 15k MSchG handelt (OGH 26.2.2016, 8 Ob A 8/16 h).

In der Lehre wurde schon vor dem Inkrafttreten der neuen Rechtslage die Auffassung vertreten, dass der AG innerhalb von zwei Wochen auf die Meldung des AN, Teilzeit vereinbaren zu wollen, antworten muss, widrigenfalls die fehlende Reaktion als Zustimmung zur gewünschten Teilzeitbeschäftigung anzusehen ist. Dem AG ist daher zu empfehlen, auf den schriftlichen Teilzeitwunsch des AN möglichst bald ebenfalls schriftlich zu reagieren, falls der Wunsch nur in abgeänderter Form akzeptiert werden soll (siehe Muster). Dabei sollten die abweichenden Vorstellungen des AG konkret mit entsprechenden zeitlichen Angaben ausgeführt werden. Bei Rechtsanspruch auf Teilzeit ist insbesondere zu beachten, dass letztlich der AG binnen sechs Wochen jedenfalls den Vergleichsantrag beim zuständigen Gericht einbringt, weil sonst der AN die von ihm gewünschte Teilzeit einseitig antreten kann (siehe 25.6.7).

In Betrieben mit bis zu 20 AN kann jedoch in einer Betriebsvereinbarung (§ 97 Abs. 1 Z 25 ArbVG) festgelegt werden, dass die Regelungen für die Elternteilzeit in Betrieben mit über 20 AN zur Anwendung kommen. Die Betriebsvereinbarung kann gegen den Willen des AG nicht erzwungen werden (zu Betriebsvereinbarungen – siehe 53).

Beispiele:
Vater und Mutter arbeiten in einem Betrieb mit über 20 AN und sind über drei Jahre beschäftigt.
1. Beide Elternteile wählen Elternteilzeit bis zum siebten Geburtstag des Kindes oder ein Elternteil oder auch beide Elternteile beenden die Teilzeitbeschäftigung früher (wobei ein Teil mindestens zwei Monate zu dauern hat).
2. Die Mutter (oder der Vater) wählt Karenz bis zum zweiten Geburtstag des Kindes. Im Anschluss konsumieren beide Elternteile bis zum siebten Geburtstag des Kindes Elternteilzeit oder nur die Mutter bzw. nur der Vater konsumiert Elternteilzeit (wobei ein Teil mindestens zwei Monate zu dauern hat).

Vater und Mutter arbeiten in einem Betrieb mit unter 21 AN oder in einem größeren Betrieb und sind kürzer als drei Jahre beschäftigt.
1. Beide Elternteile wählen Elternteilzeit bis zum vierten Geburtstag des Kindes oder ein Elternteil oder beide Elternteile beenden die Teilzeit früher (wobei ein Teil mindestens zwei Monate zu dauern hat).
2. Die Mutter (oder der Vater) wählt Karenz bis zum zweiten Geburtstag des Kindes. Im Anschluss konsumiert sie (oder beide Elternteile) Elternteilzeit bis zum vierten

Geburtstag des Kindes.

Der Vater arbeitet in einem Betrieb mit fünf AN und die Mutter seit zehn Jahren in einem Betrieb mit durchschnittlich 100 AN.

1. Der Vater beansprucht Elternteilzeit bis zum vierten Geburtstag des Kindes und die Mutter bis zum siebten Geburtstag des Kindes.
2. Der Vater beansprucht Karenz bis zum zweiten Geburtstag und die Mutter Elternteilzeit ab dem zweiten bis zum siebten Geburtstag des Kindes. Der Vater verbraucht Elternteilzeit (gemeinsam mit der Mutter) ab dem zweiten Geburtstag bis zum vierten Geburtstag des Kindes.

25.6.10 Elternteilzeit und andere Formen der Teilzeitbeschäftigung

Eine gewünschte Elternteilzeit ist bis zum Ende des Wochenschutzes (bzw. acht Wochen nach der Geburt bei Vätern) oder drei Monate vor dem gewünschten Beginn dem AG schriftlich zu melden (§ 15 j Abs. 3 und 4 MSchG, § 8 b Abs. 3 und 4 VKG). Dauert eine Elternteilzeit weniger als drei Monate (Minimum zwei Monate), so ist spätestens zwei Monate vor dem gewünschten Beginn die Meldung vorzunehmen. Die schriftliche Meldung hat den Beginn, die Dauer und die exakte Lage sowie das Ausmaß der gewünschten Arbeitszeit anzugeben (siehe 25.6.5).

Diese Formvorschriften sind in der Praxis nicht immer bekannt und kommt es daher manchmal zu Teilzeitvereinbarungen mit einem Elternteil eines Kleinkindes ohne Einhaltung der gesetzlichen Vorgaben zur Form. Daher stellt sich die Frage, ob solche Vereinbarungen als Teilzeit nach § 19d AZG oder als Elternteilzeit nach MSchG bzw VKG anzusehen sind. Ist eine solche Vereinbarung nicht als Elternteilzeit anzusehen, so kommt auch der Kündigungs- und Entlassungsschutz (maximal vier Wochen nach dem vierten Geburtstag des Kindes) nicht zur Anwendung (siehe 25.6.8).

Im Jahr 2008 hat der OGH entschieden (20.8.2008, 9 Ob A 80/07 s), dass im Fall einer Teilzeitvereinbarung mit der Mutter eines Kleinkindes, die ausdrücklich als „Elternteilzeit" bezeichnet wird, von einer geschützten Elternteilzeit auszugehen ist. Der AG kann sich diesfalls nicht darauf berufen, dass die Frist bzw die Formvorschriften (Schriftlichkeit und Angabe des Beginns und der Dauer der Elternteilzeit sowie des Ausmaßes und der Lage der Arbeitszeit) nicht eingehalten wurden.

Im Jahr 2011 hat der OGH festgehalten (26.5.2011, 9 Ob A 80/10 w), dass es für den Kündigungs- und Entlassungsschutz nicht erforderlich sei, dass eine Teilzeitvereinbarung ausdrücklich als „Elternteilzeit" bezeichnet werde. Vielmehr sei der Bestandschutz schon gegeben, wenn gegenüber dem AG zum Ausdruck komme, dass Elternteilzeit i.S.d. MSchG (oder VKG) Gegenstand der Vereinbarung werden solle (so auch OGH 20.1.2012, 8 Ob A 93/11 a; 28.2.2012, 8 Ob A 15/12 g, 18.3.2016, 9 Ob A 20/16 f).

Demnach ist bei Vorliegen der Voraussetzungen für Elternteilzeit das Abschließen einer Teilzeitvereinbarung als geschützte Elternteilzeit anzusehen, wenn für den

AG erkennbar ist, dass die „gewonnene" Freizeit für die Kinderbetreuung verwendet wird. Gegenüber dem AG muss zum Ausdruck kommen, dass Elternteilzeit Gegenstand der Vereinbarung werden soll. Wenn etwa eine Mutter in Karenz erklärt, dass sie nach der Karenz Teilzeit benötige, weil sie als Alleinerzieherin mit einer Vollzeitbeschäftigung die Betreuung ihres Kleinkindes nicht bewältigen könne, so liegt eine Elternteilzeit vor, wenn nach der Karenz eine Teilzeitvereinbarung abgeschlossen oder die Lage der Arbeitszeit verändert wird (§ 15 p MSchG, § 8 h VKG und zwar auch dann, wenn die Vereinbarung mündlich und ohne Klärung etwa ihrer Geltungsdauer erfolgt).

Daraus kann aber nicht abgeleitet werden, dass jede Teilzeitvereinbarung mit einem Elternteil eines Kindes unter sieben Jahren als Elternteilzeit anzusehen ist. Dieser Grundsatz wurde vom OGH in der vorerwähnten Entscheidung vom 26.5.2011 ausdrücklich festgehalten (dies unter Hinweis auf *Rauch*, Die Abgrenzung zwischen Elternteilzeit und anderen Formen der Teilzeitbeschäftigung, ecolex 2005, 304 ff.).

Falls beispielsweise vom Vater eines Kleinkindes eine Teilzeit begehrt wird und es nicht erkennbar ist, dass die Teilzeitvereinbarung wegen der notwendigen Betreuung des Kleinkindes angestrebt wird (und dies ergibt sich auch nicht aus den Umständen), so ist die abgeschlossene Teilzeitvereinbarung nicht als Elternteilzeit, sondern als Teilzeit nach § 19d AZG (und somit ohne Kündigungs- und Entlassungsschutz) anzusehen.

Einhaltung der Formvorschriften

Die Rechtsprechung war bisher (wie oben ausgeführt) mit Fällen befasst, in denen die Auswirkungen der Nichteinhaltung von Formvorschriften zu beurteilen waren. Eine für den AG wesentliche Frage ist, wie die Einhaltung der Formvorschriften und der Präzisierungspflichten sichergestellt werden können, da deren Nichteinhaltung den Kündigungsschutz in den zuvor dargestellten (in der Praxis häufigen) Fällen nicht beeinträchtigt.

Begehrt ein AN Elternteilzeit und ignorierte die Frist, das Schriftlichkeits- sowie das Präzisierungsgebot, so ist dem AG zu empfehlen (wenn alle sonstigen Voraussetzungen für die Elternteilzeit vorliegen), dass er den AN auffordert, einen gesetzmäßigen Antrag zu stellen (zum gesetzmäßigen Antrag – siehe 25.6.5).

Beispiele:
- Ein AN, dessen Kind zwei Jahre alt ist, erklärt seinem AG, dass er nun gemeinsam mit der Mutter geschützte Elternteilzeit beanspruchen will, deren Beginn, Lage, Dauer und Ausmaß im Zuge des Gespräches präzisiert wird. Er legt jedoch keine schriftliche Mitteilung vor. Spätestens wenn dieser Wunsch mündlich wiederholt wird, sollte der AG (zur Klärung der Situation) den AN auf die Schriftlichkeits- und Präzisierungspflichten hinweisen. Der Lauf der Fristen für das Verfahren zur Einigung über die begehrte Elternteilzeit kann m.E. jedoch erst nach Einlangen eines geeigneten Schriftstückes beginnen.

- Ein AN, der für sein Kind Elternteilzeit beanspruchen will, legt ein mangelhaftes Schriftstück vor (z.B. fehlt die Unterschrift, es fehlen einzelne Angaben, wie etwa die gewünschte Dauer der Elternteilzeit). Hier ist dem AG zu empfehlen, den AN über den (die) Fehler zu belehren und die Gespräche zur Einigung aufzunehmen, sobald eine mangelfreie schriftliche Äußerung bzw eine entsprechende Ergänzung vorliegt. ME beginnen die Fristen für das Verfahren zur Einigung erst mit dem Zugang einer mängelfreien schriftlichen Äußerung bei der Geschäftsleitung.

Literatur:

Rauch, Elternteilzeit und missbräuchliche Inanspruchnahme, ASoK 2/2007, 42 ff.

Rauch, Arbeitsrecht 2012, 16 ff.

25.6.11 Berechnung der Abfertigung alt

Wird das Arbeitsverhältnis während einer Teilzeitbeschäftigung nach MSchG oder VKG infolge Kündigung durch den AG (zum Kündigungs- und Entlassungsschutz siehe 25.6.8), unverschuldete Entlassung, begründeten Austritt oder einvernehmlich beendet, so ist bei Ermittlung des Entgelts die frühere Normalarbeitszeit des AN zugrunde zu legen (§ 23 Abs. 8 AngG – siehe 45).

Bei Kündigung des AN steht die halbe Abfertigung (maximal 3 Monatsentgelte) zu (Berechnungsgrundlage ist die durchschnittliche Arbeitszeit der letzten 5 Jahre unter Außerachtlassung einer Karenz nach MSchG oder VKG (§ 23a Abs. 4a AngG).

25.7 Kinderbetreuungsgeld und Familienzeitbonus („Papa-Monat")

Für Geburten ab 1.3.2017 wird beim Kinderbetreuungsgeld das bisherige Pauschalsystem mit 4 Varianten abgelöst. Dieses gilt weiter für Geburten bis 28.2.2017.

Die Novelle zum Kinderbetreuungsgeldgesetz (KBGG) bringt insbesondere folgende Änderungen:

- Die vier pauschalen Varianten werden in ein Konto umgewandelt. Das einkommensabhängige Kinderbetreuungsgeld bleibt weitgehend unverändert bestehen.

- Die Bezugsdauer kann zwischen 365 und 851 Tagen (ein Jahr bzw. zwei Jahre und vier Monate) für einen Elternteil bzw. zwischen 456 und 1063 Tagen (ein Jahr und drei Monate bis zwei Jahre und elf Monate) für beide Elternteile gewählt werden.

- In der kürzesten Variante beträgt das Kinderbetreuungsgeld € 33,88 täglich und in der längsten € 14,53 täglich, je länger man bezieht, desto geringer ist der Tagesbetrag, die Höhe der Leistung ergibt sich also aus der individuell gewählten Leistungsdauer.

Es sind (wie bisher) Zuverdienstgrenzen zu beachten.

Familienzeitbonus („Papa-Monat")

Für erwerbstätige Väter, die unmittelbar nach der Geburt des Kindes ihre Erwerbstätigkeit (AN im Einvernehmen mit dem AG) unterbrechen, ist ein „Familienzeitbonus" in der Höhe von € 22,60 täglich vorgesehen (der auf ein allfälliges später vom Vater bezogenes Kinderbetreuungsgeld angerechnet wird). Dieser Bonus ist innerhalb eines ununterbrochenen Zeitraums von 28 bis 31 Tagen und innerhalb eines fixen Zeitrahmens von 91 Tagen nach der Geburt zu konsumieren.

Für den Familienzeitbonus ist ein eigenes Familienzeitbonusgesetz (FamZeitbG) mit 1.3.2017 in Kraft getreten.

Der Familienzeitbonus setzt eine Unterbrechung der Erwerbstätigkeit voraus. Die Erwerbstätigkeit muss daher nach der Familienzeit fortgesetzt werden.

Die Voraussetzungen für die Familienzeit liegen daher nicht vor, wenn der Vater einen Urlaub konsumiert, der AG eine Entgeltfortzahlung wegen Krankenstands gewährt, Leistungen aus der Arbeitslosenversicherung bezieht und im Anschluss an die Familienzeit eine andere als die ununterbrochene Erwerbstätigkeit ausübt (also eine neue Erwerbstätigkeit beginnt).

Arbeits- und sozialversicherungsrechtliche Aspekte des Familienzeitbonus

Im Rahmen der Einführung des neuen Kinderbetreuungsgeldkontos sowie des Familienzeitbonus kommt es zu keinen Änderungen des MSchG bzw. VKG. Daher ändert sich insbesondere nichts an der Dauer der Karenz oder der Elternteilzeit.

Für die Dauer der Familienzeit kann ein unbezahlter Urlaub vereinbart werden (siehe 27.10). Der AN ist abzumelden und die Pflichtversicherung aus dem Arbeitsverhältnis endet (§ 11 Abs. 3 lit. a ASVG). Es besteht jedoch eine Teilversicherung in der Kranken- und Pensionsversicherung (§ 8 Abs. 1 Z 1 lit. g und k ASVG). Die Beiträge zahlen der Bund und der Familienlastenausgleichsfonds.

Den Mitarbeitern der Personalabteilungen ist zu empfehlen, keine Beratungen zu Detailfragen zum Kinderbetreuungsgeld oder zum Familienzeitbonus zu gewähren, da auf Grund der schwer überblickbaren Regelungen Missverständnisse entstehen und Beratungsfehler und Haftpflichten behauptet werden könnten. Ratsuchende Mitarbeiter können an die AK (da sie zahlende Pflichtmitglieder dieser Institution sind) oder den BR verwiesen werden.

Der AN, der Familienzeit in Anspruch nehmen will, hat keinen Rechtsanspruch gegen seinen AG auf (unbezahlte) Freistellung. Der AG kann den Wunsch danach auch ohne Begründung verweigern. Durch die Äußerung des Wunsches nach Inanspruchnahme der Familienzeit entsteht auch kein besonderer Kündigungsschutz. Der Vater darf aber keine Benachteiligung wegen der beabsichtigten Inanspruchnahme der Familienzeit erfahren (§ 3 i.V.m. § 12 GlBG – siehe 4.). Falls also eine Kündigung erfolgt, weil ein AN den Wunsch nach Freistellung für die Familienzeit vorgebracht bzw. Familienzeit konsumiert hat, kann die Kündigung angefochten werden oder der AN lässt die Kündigung gegen sich gelten und begehrt Schadenersatz (§ 12 Abs. 7 GlBG – siehe 4.).

Zum Papa-Monat können im Einzelfall auch kollektivvertragliche Regelungen vorliegen (z.B. § 10a des KV für AN der privaten Bildungseinrichtungen, kurz „BABE-KV" genannt).

Besonderheiten des Kinderbetreuungsgeldes und Antragstellung

Hervorzuheben ist diesbezüglich insbesondere, dass beim Kinderbetreuungsgeld im Gegenteil zum früheren Karenzgeld keine Beitragszeiten erforderlich sind. Kinderbetreuungsgeld steht daher auch etwa Studentinnen oder AG zu. AN benötigen daher auch keine Anwartschaftszeiten bzw. Mindestdauer eines Arbeitsverhältnisses. Bis spätestens sechs Monate nach der Geburt ist der Antrag auf Kinderbetreuungsgeld bei der für den Antragsteller zuständigen Krankenkasse zu stellen. Ist der Mittelpunkt der Lebensinteressen im EU-Ausland, so besteht kein Anspruch auf das Kinderbetreuungsgeld (OGH 10 Ob S 65/06 s = ARD 5725/6/2006).

Arbeitsrechtliche Anmerkungen zur freiwilligen Karenzverlängerung

Anlässlich der Einführung des Kinderbetreuungsgeldes wurden im Arbeitsrecht nur geringfügige Änderungen vorgenommen. Insbesondere kann weiterhin die **Karenz** maximal bis zum zweiten Geburtstag des Kindes in Anspruch genommen werden. Es kann jedoch mit dem AG eine Vereinbarung über eine weitere Karenz für die Dauer des Bezuges von Kinderbetreuungsgeld getroffen werden. Diese Vereinbarung unterliegt jedoch nicht mehr dem MSchG bzw. VKG. Daher gilt insbesondere für die Dauer dieser vereinbarten Karenzzeit kein Kündigungs- und Entlassungsschutz, sofern keine gegenteilige kollektivvertragliche Regelung anzuwenden ist. Der AG ist jedoch in keiner Weise verpflichtet, derartige Vereinbarungen abzuschließen. Insbesondere besteht auch keine Möglichkeit, den AG über eine Klage zum Abschluss derartiger Vereinbarungen zu zwingen.

Falls der AG im Einzelfall eine derartige Vereinbarung abschließen will, sollte das schriftlich erfolgen und insbesondere der Entfall des Kündigungs- und Entlassungsschutzes und des Entgeltanspruches (inklusive Sonderzahlungen) festgehalten werden. Ebenso sollte festgehalten werden, dass während der Karenzzeit kein Urlaub zuwächst (siehe *Rauch*, Zur freiwilligen Verlängerung der Karenzzeit für Mütter bzw. Väter, ASoK 2002, 106 ff., ARD 5379/3/2003) und die Zeit bei der Abfertigung alt (siehe 45.1), der Dauer der Kündigungsfrist und der Dauer des Anspruchs auf Fortzahlung des Krankenentgelts und allfällige sonstige dienstzeitabhängige Ansprüche nicht anzurechnen ist (siehe auch *Rauch*, Karenz und Kinderbetreuungsgeld, ASoK 2007, 466).

Mittlerweile ist durch die Rechtsprechung geklärt, dass für die Zeit der freiwilligen Karenz kein Urlaub zuwächst (OGH 29.6.2005, 9 Ob A 67/05 a = ARD 5617/6/2005), und hat sich der OGH der Lehre (z.B. *Rauch*, Karenz- und Kinderbetreuungsgeld, ASoK 2007, 466 ff.) angeschlossen, wonach während der freiwilligen Karenz kein Kündigungs- und Entlassungsschutz gegeben ist (OGH 8 Ob A 2/09 s).

Das OLG Wien hat weiters bestätigt, dass die Vereinbarung des Ausschlusses der Anrechnung der Zeiten der freiwilligen Karenz auf alle dienstzeitabhängigen Ansprüche zulässig ist (10 Ra 85/07 d = ARD 5894/4/2008).

Ein voll versichertes freies Arbeitsverhältnis ist während einer vereinbarten Karenz (auch über 13 Wochen) zulässig, weil die diesbezüglichen Beschränkungen (siehe 25.5) nur für echte Arbeitsverhältnisse gelten (OGH 22.10.2010, 9 Ob A 29/10 w).

25.8 Gegenüberstellung Anrechnung Karenzurlaub – Anrechnung Präsenz-, Ausbildungs- bzw. Zivildienst

Im Gegensatz zum Karenzurlaub im Sinne des MSchG bzw. VKG ist der ordentliche und außerordentliche Präsenz-, Ausbildungs- sowie Zivildienst grundsätzlich auf Dienstzeit bezogene Ansprüche anzurechnen (ausgenommen Auslandseinsatzpräsenzdienst nach § 19 Abs. 1 Z 9 Wehrgesetz). Der Wehrdienst als Zeitsoldat kann bis höchstens zwölf Monate angerechnet werden (§ 8 APSG).

Ausgenommen von der Anrechnung sind jedoch:

- sonstige einmalige Bezüge (§ 10 APSG im Sinne des § 67 EStG; betrifft Sonderzahlungen, die entsprechend gekürzt werden können),
- der Urlaubsanspruch bezüglich jener Arbeitsjahre, in die der (die) Präsenz- oder Zivildienst(e) fällt (fallen), wenn diese(r) im Arbeitsjahr (insgesamt) 30 Tage übersteigt (übersteigen) (§ 9 APSG).

Insoweit besteht eine gleichartige Regelung wie beim Karenzurlaub. Der wesentliche Unterschied besteht jedoch beim Präsenz-, Ausbildungs- oder Zivildienst darin, dass dieser Dienst zur Gänze bei den übrigen dienstzeitabhängigen Ansprüche anzurechnen ist, es sei denn, es sind besondere Anspruchsvoraussetzungen normiert.

Insbesondere sind daher Zeiten des Präsenz-, Ausbildungs- oder Zivildienstes auf folgende Ansprüche zur Gänze anzurechnen:

- Dauer der Kündigungsfrist
- Abfertigung (zB OGH 27.5.2004, 8 Ob A 99/03 x)
- Ausmaß der Entgeltfortzahlung
- Urlaubsausmaß

Die erste Karenz im Arbeitsverhältnis wird für die Bemessung der Kündigungsfrist, die Dauer der Fortzahlung des Krankenentgelts und das Urlaubsausmaß jedoch bis zum Höchstausmaß von insgesamt zehn Monaten angerechnet (§ 15f MSchG). In einigen Branchen sind jedoch kollektivvertragliche Besserstellungen der AN zu beachten.

Hinsichtlich der **Vorrückung in kollektivvertraglichen Verwendungsgruppen** (z.B. Biennalsprünge) wurde vom OGH die Auffassung vertreten, dass der Präsenz-, Ausbildungs- bzw. Zivildienst auch hier anzurechnen ist (OGH 24.2.1999, 9 Ob A 320/98 v, 12.1.2000, 9 Ob A 294/99x, 27.5.2004, 8 Ob A 99/03 x). Weil jedoch die kollektivvertragliche Vorrückung die erworbenen Erfahrungen abgelten soll, ist diese Rechtsprechung kritisch zu betrachten (Details siehe *Rauch,* Die kollektivvertragliche Einstufung, ASoK 1999, 383 ff.).

Die unterschiedliche Anrechnung von Präsenzdienst und Karenzzeit auf dienstzeitabhängige Ansprüche ist keine mittelbare Diskriminierung von Frauen gegenüber Männern (EuGH C-220/02, ÖGB = ARD 5225/4/2004).

25.9 Teilweise Einbeziehung der freien AN in das MSchG

Für freie AN (§ 4 Abs. 4 ASVG – siehe 17.) gilt nunmehr das Beschäftigungsverbot für werdende Mütter (§ 3 MSchG – siehe 25.2) vor bzw. nach der Entbindung (§ 1 Abs. 5 MSchG).

Auf Grund der Anwendbarkeit des § 3 Abs. 6 MSchG auf freie AN ist weiters die Pflicht der schriftlichen Meldung der Schwangerschaft an das zuständige Arbeitsinspektorat auch für freie AN zu beachten (siehe 25.1). Arbeitskräfteüberlasser müssen die Pflicht zur Meldung des Wechsels des Beschäftigers oder der Tatsache häufiger kurzfristiger Wechsel nunmehr auch bei schwangeren freien AN einhalten (§ 3 Abs. 7 MSchG – siehe 25.1).

Weiters haben nunmehr freie AN die Möglichkeit der Kündigungsanfechtung wegen eines verpönten Motivs (Kündigung wegen Schwangerschaft oder einem Beschäftigungsverbot – siehe 41.8.3) bis 4 Monate nach der Geburt (§ 10 Abs. 8 MSchG). Die freie AN hat das verpönte Motiv glaubhaft zu machen. Die Anfechtungsklage wird abzuweisen sein, wenn ein vom AG glaubhaft gemachtes sachliches Motiv für die Kündigung ausschlaggebend war. Lässt die freie AN die Kündigung (die auf dem vorgenannten verpönten Motiv beruhen soll) gegen sich gelten, so kann sie eine Kündigungsentschädigung (siehe 42.7.6.2) begehren.

Die Frist für die Kündigungsanfechtung beträgt 14 Tage nach dem Ausspruch der Kündigung (§ 10 Abs. 8 MSchG).

Ein analoger Entlassungsschutz für freie AN ist nicht vorgesehen.

25.10 Öffnung des VKG für „weibliche Väter"

Das VKG gilt nunmehr auch für das Arbeitsverhältnis einer Frau, die nach § 144 ABGB Elternteil ist (§ 1 Abs. 1a VKG). Mit § 144 Abs. 2 und 4 ABGB werden einer Frau, deren Lebensgefährtin oder eingetragene Partnerin ein Kind zur Welt bringt, die Rechte und Pflichten eines Elternteils eingeräumt. Daher soll diesen Frauen auch die Möglichkeit der Elternkarenz und Elternteilzeit nach dem VKG eingeräumt werden.

26. Arbeitnehmerhaftung

§ 2 DHG sieht vor:

§ 2. (1) Hat ein Dienstnehmer bei Erbringung seiner Dienstleistungen dem Dienstgeber durch ein Versehen einen Schaden zugefügt, so kann das Gericht aus Gründen der Billigkeit den Ersatz mäßigen oder, sofern der Schaden durch einen minderen Grad des Versehens zugefügt worden ist, auch ganz erlassen.

(2) Bei der Entscheidung über die Ersatzpflicht im Sinne des Abs. 1 hat das Gericht vor allem auf das Ausmaß des Verschuldens des Dienstnehmers und außerdem insbesondere auf folgende Umstände Bedacht zu nehmen:
1. auf das Ausmaß der mit der ausgeübten Tätigkeit verbundenen Verantwortung,
2. inwieweit bei der Bemessung des Entgelts ein mit der ausgeübten Tätigkeit verbundenes Wagnis berücksichtigt worden ist,
3. auf den Grad der Ausbildung des Dienstnehmers,
4. auf die Bedingungen, unter denen die Dienstleistung zu erbringen war und
5. ob mit der vom Dienstnehmer erbrachten Dienstleistung erfahrungsgemäß die nur schwer vermeidbare Möglichkeit oder Wahrscheinlichkeit des Eintritts eines Schadens verbunden ist.

(3) Für eine **entschuldbare Fehlleistung** haftet der Dienstnehmer nicht.

Jeder Schädiger ist grundsätzlich verpflichtet, den von ihm schuldhaft (d.h. vorsätzlich, grob oder leicht fahrlässig) herbeigeführten Schaden zu ersetzen. Die allgemeinen Schadenersatzbestimmungen des ABGB (§§ 1293 ff.) wurden jedoch durch das DHG zu Gunsten der AN erheblich eingeschränkt. Der AN haftet jedoch weiterhin für jeden Schaden, den er schuldhaft herbeigeführt hat. Er haftet jedoch nicht im Fall einer entschuldbaren Fehlleistung.

Im Fall der Fahrlässigkeit kann die Schadenersatzpflicht vom Richter gemäßigt werden. Bei leichter Fahrlässigkeit kann im Wege der **richterlichen Mäßigung** der Ersatz auch ganz erlassen werden.

Die Schadenersatzpflicht ist demnach von der jeweiligen **Verschuldensform** abhängig:

a) Vorsatz:

Der Vorsatz ist die wissentliche und willentliche Schädigung in böser Absicht. Vorsatz liegt jedoch auch dann vor, wenn der AN einen Schaden nicht herbeiführen will, dessen Eintritt aber für möglich hält und sich damit abfindet (bedingter Vorsatz – „da kann man eben nichts machen").

Hingegen liegt ein bewusst fahrlässiges Handeln vor, wenn der AN die Schädigung für möglich hält, aber nicht mit ihr rechnet („es wird schon nichts passieren" – siehe auch 22.4.2).

b) Grobe Fahrlässigkeit:

Grobe Fahrlässigkeit liegt vor, wenn der AN auffallend sorglos gehandelt hat. Auffallende Sorglosigkeit hat der AN dann zu verantworten, wenn eine außergewöhnliche und auffallende Vernachlässigung der **Sorgfaltspflicht** vorliegt und der Eintritt des Schadens nicht bloß als möglich, sondern geradezu als wahrscheinlich vorauszusehen ist. Es muss sich daher um ein Versehen handeln, das mit Rücksicht auf seine Schwere und (geringe) Häufigkeit nur bei besonders leichtsinnigen und nachlässigen Menschen vorkommt und sich aus der Menge der unvermeidlichen Fahrlässigkeitshandlungen des täglichen Lebens heraushebt. Es muss also ein objektiv besonders schwerer Verstoß gegen die Sorgfaltspflichten vorliegen. Daher bedeutet nicht schon jede Übertretung einer Unfallverhütungsvorschrift bereits grobe Fahrlässigkeit (OGH 9 Ob A 49/08 b).

Beispielsweise wurde das Lenken eines schweren Fahrzeugs durch einen Unberechtigten oder das Überholen bei Schneebelag und schlechter Sicht sowie das Zurücklassen einer Werkzeugkiste entgegen einer Weisung, sie mitzunehmen oder in einem versperrtem Raum aufzubewahren, als grob fahrlässig angesehen (siehe dazu Arb 8.882, 9.054; OLG Wien 32 Ra 113/94 = ARD 4610/7/94).

Grobe Fahrlässigkeit liegt insbesondere auch dann vor, wenn wesentliche Verkehrsvorschriften nicht eingehalten werden (z.B. Alkohol am Steuer – Arb 9.645).

Die übersehene und daher nicht gebuchte Rechnung begründet bei einem Buchhalter, der nicht ungestört arbeiten konnte, keine grobe Fahrlässigkeit (OLG Wien 7 Ra 231/02 w = ARD 5365/15/2002).

Das Zurücklassen der Fahrzeugschlüssel im Handschuhfach oder das Belassen der Reserveschlüssel im Wageninneren ist bei Diebstahl des PKW als grob fahrlässig anzusehen. Wenn jedoch die Schlüssel von außen nicht sichtbar waren, weil sie sich in einer mit Packpapier überdeckten Tasche befanden, und der PKW auf einem beleuchteten und stark frequentierten Parkplatz abgestellt war, so liegt keine grobe Fahrlässigkeit vor (OGH 9 Ob A 50/04 z = ARD 5542/8/2004).

c) *Leichte Fahrlässigkeit:*

Die leichte Fahrlässigkeit ist ein minderer Grad des Versehens, der jedoch nicht als entschuldbare Fehlleistung angesehen werden kann. Z.B. wurde das Befahren eines steilen Güterweges nach Eintritt der Dunkelheit mit einem LKW durch einen Lenker mit geringer Fahrpraxis als leicht fahrlässig angesehen. Ebenso wurde die Enteisung der Scheiben mit einem scharfkantigen Trafo-Blech, die zu Kratzern auf den Scheiben des Fahrzeugs führte, als minderes Versehen angesehen (OLG Wien 9 Ra 184/04 a = ARD 5651/10/2006, m.E. liegt grobe Fahrlässigkeit vor).

d) *Entschuldbare Fehlleistung:*

Eine entschuldbare Fehlleistung ist nur dann anzunehmen, wenn die Fehlleistung eines AN kein nennenswertes Verschulden bildet, wenn also nur ein ganz geringfügiges Versehen vorliegt, das sich bei Berücksichtigung der gesamten

Arbeitslast im Drange der Geschäfte und mit Rücksicht auf die Art und Schwierigkeit ohne weiteres ergeben und nur bei Anwendung außerordentlicher Aufmerksamkeit abgewendet werden kann. Als entschuldbare Fehlleistungen wurden etwa der Irrtum eines Lehrlings (Mechaniker) über den eingelegten Gang oder ein Bedienungsfehler eines gering gebildeten Arbeiters an einer halbautomatischen Maschine (bei monotoner Tätigkeit) angesehen (Arb 9.261).

Den AN trifft kein Verschulden, wenn der AG ihm Arbeiten zuweist, obwohl erkennbar ist, dass diese Arbeiten den AN überfordern.

Der AN haftet nicht für einen bestimmten Arbeitserfolg, weil er lediglich eine angemessene Arbeitsleistung schuldet (OGH 24.1.2001, 9 Ob A 332/00 i).

Richterliche Mäßigung

Die **richterliche Mäßigung** im Fall eines fahrlässig herbeigeführten Schadens hat nach dem Ausmaß des Verschuldens sowie nach den im § 2 Abs. 2 Z 1 bis 5 DHG (siehe Gesetzesauszug) genannten Kriterien zu erfolgen. Z 4 bringt zum Ausdruck, dass die Arbeitsbedingungen, und zwar insbesondere die allfällige Verletzung von Arbeitnehmerschutzvorschriften durch den AG, bei der Mäßigungsfrage zu beachten sind. Z 5 soll die Mäßigung bei jenen AN ermöglichen, die schadensgeneigte Tätigkeiten (z.B. Lenken von LKW) ausüben.

Die Mäßigung bei fahrlässiger Verursachung bzw. die Erlassung der Ersatzpflicht bei leichter Fahrlässigkeit soll vermeiden, dass AN (insbesondere Lenker von LKW und Schwerfahrzeugen) durch einen fahrlässig verursachten Unfall in ihrer Existenz gefährdet werden. Eine Beschränkung des Mäßigungsrechts i.S. „fixer Grenzen" gibt es nicht (OGH 8 Ob A 31/06 a = ARD 5711/5/2006).

Grenzen der Anwendbarkeit des DHG

Das DHG bzw. die eingeschränkte Haftung des AN kann nur dann angewendet werden, wenn der Schadenseintritt in einem unmittelbaren **Zusammenhang mit dem Dienstverhältnis** steht bzw. bei Erbringung der Arbeitsleistung erfolgt (OGH 8 Ob A 327/94; OGH 9 Ob A 1/01 i = ARD 5233/9/2001, OLG Wien 7 Ra 98/03p = ARD 5472/6/2004).

Beschädigt etwa der AN in seiner Freizeit bei einer privaten Fahrt einen firmeneigenen PKW, so ist bezüglich des Schadenersatzanspruches des AG das DHG nicht anzuwenden. Die vom AG genehmigte Fahrt mit dem firmeneigenen Kfz zum Wohnort steht hingegen noch unter dem Schutz des DHG (OGH 9 Ob A 88/06 s = ARD 5728/8/2006). Der Zusammenhang mit dem Arbeitsverhältnis ist auch dann gegeben, wenn der AN den Schaden durch eine Zigarette verursacht hat und ihm das Rauchen während der Arbeit gestattet wurde (OGH 9 Ob A 34/06 z = ARD 5711/1/2006). Plant die AN schon vor Antritt einer dienstlichen Fahrt eine Unterbrechung durch eine private Untersuchung im Spital, so steht die Fahrt in das Krankenhaus nicht unter dem Schutz des DHG (OGH 9 Ob A 90/07 m).

Verpflichtungen, die in Übernahmescheinen festgelegt sind, sind keine geeignete Rechtsgrundlage für eine Ersatzpflicht des AN, weil die widerspruchslose Entgegennahme und Unterfertigung einer derartigen Urkunde (z.B. auch eines Lieferscheins) nicht als Einverständnis des Übernehmers mit deren über die bloße Empfangsbestätigung hinausgehenden Inhalt angesehen werden können (OGH 8 Ob A 81/04 h).

Deckung des Schadens durch eine Versicherung

Der AG kann nur für den nicht durch eine Versicherung gedeckten Teil des Schadens einen Ersatzanspruch geltend machen. Ein allenfalls nicht gedeckter Teil unterliegt dem richterlichen Mäßigungsrecht (OGH 25.10.2011, 9 Ob A 69/11 d).

Mankogeld

Auch wenn ein Mankogeld (Fehlgeld) bezahlt und vereinbart wird, dass dieses bei Kassafehlbeständen abgezogen werden kann, ist ein solcher Abzug nur bei Verschulden des einzelnen AN zulässig. Lässt sich der konkrete Schaden nicht einem bestimmten AN zuordnen, so ist kein Abzug möglich (OGH 4 Ob 20/81 = ZAS 1982, 220). Die Vereinbarung einer von einem Verschulden unabhängigen Haftung des AN für ein Kassenmanko ist sittenwidrig (OLG Wien 9 Ra 47/09 m = ARD 6008/5/2009).

Solidarhaftung

Die Solidarhaftung mehrerer Schädiger ist teilweise durchbrochen, wenn neben einem Dritten mehrere (fahrlässig handelnde) haftungsbegünstigte AN beteiligt sind. Im Umfang des gemäßigten Anteils haftet der einzelne AN solidarisch mit dem Dritten. Der Dritte haftet für den Rest alleine (OGH 26.7.2012, 8 Ob A 24/12 f).

26.1 Konstitutives Anerkenntnis

Wenn der AN zugibt, dass er den Schaden schuldhaft verursacht hat bzw. Erklärungen über den Unfall oder den Eintritt des Schadens ablegt **(deklaratives Anerkenntnis)**, so entfalten diese Wissenserklärungen keine bindende Wirkung, weil jederzeit ein Widerruf erfolgen kann. Der AN könnte daher trotz eines zunächst geäußerten Geständnisses beweisen, dass er den Schaden z.B. nicht oder nicht schuldhaft verursacht hat (OGH 9 Ob A 18/02 s).

Wenn hingegen eine Vereinbarung abgeschlossen wird, dass der AN für die von ihm verursachten Schäden aufkommen wird, so liegt ein konstitutives Anerkenntnis (Anerkenntnisvertrag) vor. Falls beide Seiten nachgeben und vereinbart wird, dass der AN einen bestimmten Teil des Schadens trägt, liegt ein konstitutiver Vergleich vor. Das konstitutive Anerkenntnis und der konstitutive Vergleich sind Willenserklärungen, die einen Streit beilegen und einen Verpflichtungsgrund darstellen, der unabhängig von der bestehenden Verschuldensform ist. Die jeweilige Vereinbarung begründet daher auch dann eine Schadenersatzpflicht, wenn zum Zeitpunkt ihres Abschlusses das ziffernmäßige Ausmaß der Ersatzpflicht noch nicht feststeht.

Wenn jedoch der AN konkret nachweist, dass er im Zuge der Abgabe des konstitutiven Anerkenntnisses unter Druck gesetzt wurde, so ist das Anerkenntnis bzw. der konstitutive Vergleich rechtsunwirksam. Außerdem ist eine Anfechtung nach den Bestimmungen des ABGB (§§ 870 und 1385) wegen Irrtum, Drohung und List möglich.

Das konstitutive Anerkenntnis kann auch nach Beendigung des Arbeitsverhältnisses vereinbart werden.

Einschlägige Judikatur

- *Dass die Unterlassung des Widerspruchs zur Aufrechnung durch den AG zu einem konstitutiven Anerkenntnis führt, lässt sich aus den Feststellungen nicht ableiten. Die Klägerin gab den strittigen Anspruch nicht zu. Aus dem bloßen „darüber sprechen" und der Unterlassung eines Widerspruches gegen den Abzug lässt sich nach der Vertrauenstheorie keine Absicht der Klägerin entnehmen, unabhängig vom Schuldgrund eine selbständige neue Verpflichtung zu schaffen (Arb 10.499; 7 Ob A 187/99 x). Im Zweifel ist einer Erklärung die weniger weit gehende Wirkung eines deklarativen Anerkenntnisses zuzuschreiben (Arb 10.448). Die vorgenommene Aufrechnung wurde zwar im Zeitpunkt des Fristenlaufes zur Erhebung des Widerspruches wirksam, aber nur insoweit, als alle übrigen Aufrechnungsvoraussetzungen erfüllt sind (Kerschner, DHG Rz 19 zu § 7). Insbesondere kann der AG nur mit einer richtigen Schadenersatzforderung aufrechnen, die aber nur dann vorliegt, wenn sie durch den AG i.S. der in § 2 DHG enthaltenen Kriterien entsprechend gemäßigt wurde. Mäßigt der AG nicht oder zu wenig, ist die Aufrechnung insofern nicht wirksam. Ein deklaratives Anerkenntnis kann daran nichts ändern, da es als Wissenserklärung ein widerlegliches Beweismittel ist (Arb 10.448) und daher die Anwendung des § 2 DHG nicht ausschließt (OGH 9 Ob A 262/00 w).*

26.2 Zahlung an den geschädigten Dritten

Hat der AN einem Dritten (insbesondere einem Kunden seines AG) bei Ausübung seiner Arbeitsleistung einen Schaden zugefügt, so kann dieser Dritte, gleichgültig welcher Verschuldensgrad vorlag und ob für den Schaden der AG auch haftet, vom AN Ersatz begehren.

Wird der AN zum Ersatz des Schadens in einem solchen Falle von einem Dritten in Anspruch genommen, so hat er dies dem AG unverzüglich mitzuteilen und ihm im Falle der Klage den Streit zu verkünden (§ 4 Abs. 1 DHG). Wird der AN zum Ersatz des Schadens rechtskräftig verurteilt oder hat er im Einverständnis mit dem AG den Schaden ersetzt und den Schaden fahrlässig verursacht, so kann er seinerseits vom AG zur Gänze oder zum Teil im Sinne der Grundsätze des DHG Rückersatz verlangen, wenn der AG einerseits vom Dritten auf Grund der Haftungsvorschriften des ABGB für Erfüllungsgehilfen (§ 1313a ABGB) in Anspruch genommen hätte werden können und das Verlangen des AN der Billigkeit entspricht.

Wird der AG auf Grund der Haftungsvorschriften des ABGB vom Dritten für den Schaden in Anspruch genommen, den sein AN dem Dritten bei Erbringung seiner Arbeitsleistung zugefügt hat, so hat er dies dem AN unverzüglich mitzuteilen und im Falle einer Klage den Streit zu verkünden (§ 4 Abs. 1 DHG). Wird der AG zum Ersatz eines solchen Schadens rechtskräftig verurteilt, so hat er einen entsprechenden Regressanspruch gegen den AN, es sei denn, dass der AN den Schaden fahrlässig zugefügt hat und das Gericht aus Gründen der Billigkeit den Rückersatz mäßigt oder bei leichter Fahrlässigkeit ganz erlässt. Im Fall einer entschuldbaren Fehlleistung ist der Rückersatz ausgeschlossen (§ 4 Abs. 2 DHG – siehe auch OGH 28.4.2015, 8 Ob A 35/15 b).

Unterbleibt die **Streitverkündigung**, so kann der AN, der vom AG auf Rückersatz belangt wird, dem AG jene Einwendungen entgegenhalten, die im Verfahren des Geschädigten gegen den AG zur Abweisung des eingeklagten Schadenersatzanspruchs geführt hätten.

26.3 Geltendmachung des Ersatzanspruches gegenüber dem AN

Während des aufrechten Bestandes des Arbeitsvertrages ist die **Aufrechnung von Schadenersatz- bzw. Rückgriffsansprüchen** gegen den AN nur zulässig, wenn der AN der Aufrechnungserklärung des AG binnen 14 Tagen ab Zugang nicht widerspricht (zur **Aufrechnungserklärung** siehe das folgende Muster).

Die Aufrechnung gegen pfändungsfreie Beträge (siehe 19.5) ist nur im Fall erwiesener vorsätzlicher Schadenszufügung zulässig (OGH 26.4.1983, 4 Ob 34/83, Arb 10.247, OGH 29.10.2009, 9 Ob A 50/09 g).

Der rechtzeitige Widerspruch des AN verhindert die Zulässigkeit der Aufrechnung. Der AG muss im Fall des Widerspruchs den AN klagen, damit das Gericht die Frage der Schadenersatzpflicht des AN klärt.

Wenn der AN innerhalb der Frist keinen Widerspruch erhebt, wird die Aufrechnung wirksam.

Im Fall der Auflösung des Arbeitsverhältnisses ist die Rechtsprechung mehrfach davon ausgegangen, dass zwischen dem Anspruch des AN auf Entgelt und der Gegenforderung keine Konnexität besteht (§ 391 Abs. 3 ZPO). Daher kann der AN das auf Grund der Beendigung zustehende Entgelt einklagen, dieses ist ihm mittels Teilurteil zuzusprechen (sofern der AN dies beantragt). Über die Gegenforderung des AG aus dem Titel des Schadenersatzes gemäß DHG ist diesfalls im fortgesetzten Verfahren gesondert zu entscheiden (OGH 26.11.2013, 9 Ob A 98/13 x, 29.4.2014, 9 Ob A 10/14 g, 26.2.2016, 8 Ob A 67/15 h, *Rauch*, Arbeitsrecht 2017, 57 f.).

Dies gilt auch im Fall der nicht verifizierten Behauptung des AG, dass der Schaden absichtlich zugefügt wurde (z.B. OGH 26.11.1997, 9 Ob A 214/97 d, 25.11.2008, 9 Ob A 132/08 i). Im Fall des erwiesenen Vorsatzes ist aufgrund des ausdrücklichen Wortlautes des § 293 Abs. 3 EO von der Aufrechnungsmöglichkeit gegen das Existenzminimum auszugehen (siehe zuvor).

> **Muster für eine Aufrechnungserklärung gemäß DHG**
>
> Sie haben im Zuge Ihrer dienstlichen Tätigkeiten für unser Unternehmen in zumindest grob fahrlässiger bzw. auffallend sorgloser Weise folgende Schäden herbeigeführt:
>
> .... (Schadenshöhe: ....)
>
> Nach § 7 Abs. 1 DHG sind wir berechtigt, Schadenersatz für die von Ihnen verursachten, oben genannten Schäden im Wege der Aufrechnung gegen Ihre Entgeltansprüche gegen unser Unternehmen einzuheben, falls Sie nicht innerhalb von 14 Tagen ab Zugang dieser Erklärung einen Widerspruch vorbringen. Der vorerwähnte Gesamtbetrag wird in .... gleich hohen Raten sowie einer weiteren Rate in der Höhe von € .... jeweils von Ihrem monatlichen Nettogehalt in Abzug gebracht. Wir weisen ausdrücklich darauf hin, dass wir von diesem Recht nach dem fruchtlosen Verstreichen der vorgenannten Frist Gebrauch machen werden.
>
> Übernommen am: ....
>
> ....
>
> *(Unterschrift des AN)*

Die auf einem minderen Grad des Versehens bzw. leichter Fahrlässigkeit beruhenden Schadenersatzansprüche zwischen AG und AN erlöschen nach § 6 DHG, wenn sie nicht binnen sechs Monaten nach Ablauf des Tages, nach dem sie erhoben werden können, gerichtlich geltend gemacht werden. D.h. der Schadenersatzanspruch muss innerhalb der Frist durch eine Klage oder durch eine Aufrechnungseinrede in einem schon anhängigen gerichtlichen Verfahren geltend gemacht werden. Die Frist gilt für Schadenersatzansprüche des AG sowie auch für Rückgriffsansprüche zwischen AG und AN.

Die für die Verjährung von Schadenersatzansprüchen allgemein geltende Regel, dass ein Schadenersatzanspruch erst erhoben werden kann, sobald der Schaden und die Person des Schädigers dem Geschädigten bekannt wurden, gilt auch für den Beginn der Sechs-Monats-Frist. Die Kenntnis der Schadenshöhe ist nicht erforderlich. Um Missbräuche zu vermeiden, wird es für den Beginn des Fristenlaufes als ausreichend angesehen, dass dem Geschädigten die Ermittlung des Schadens und des Schädigers zumutbar und möglich ist.

Bei Rückgriffsansprüchen beginnt die Frist mit der tatsächlichen Ersatzleistung zu laufen. Wenn der § 6 DHG nicht zur Anwendung kommt (grob fahrlässig und vorsätzlich herbeigeführte Schäden), gilt die dreijährige **Verjährungsfrist** gemäß § 1489 ABGB (in Sonderfällen wie etwa vorsätzlich und in strafrechtlich relevanter Weise herbeigeführter Schaden: 30 Jahre) weiters sind allenfalls kollektivvertragliche oder einzelvertragliche **Verfallsfristen** zu beachten.

Erwächst dem AG durch ein schuldhaftes Verhalten des AN ein Schaden, so sollte zunächst seitens des AG versucht werden, im Wege eines konstitutiven Anerkenntnisses (siehe 26.1) mit dem AN zu vereinbaren, dass dieser den Schaden ersetzt. Um eine Unwirksamkeit dieser Vereinbarung zu vermeiden, sollte der AN nicht unter Druck gesetzt werden („Wenn du nicht sofort unterschreibst, wirst du gekündigt"). Die Festsetzung der Höhe des Schadenersatzes (die noch nicht in die Vereinbarung aufgenommen werden muss) sollte unter Beachtung allfälliger Mäßigungskriterien erfolgen. Zum Abschluss der **Anerkenntnisvereinbarung** finden Sie ein entsprechendes Muster im Anhang.

Wenn AN und AG sich einigen können, dass der AN nicht den gesamten Schaden, den der AN unter Berücksichtigung allfälliger Mäßigungskriterien ersetzen müsste, sondern nur einen bestimmten ziffernmäßig festgesetzten Teil des Schadens ersetzen soll, so kann ein Anerkenntnisvergleich abgeschlossen werden. In diesem Fall müsste der Punkt 1. des vorgenannten Musters durch folgende Sätze ergänzt werden:

„AN und AG halten einvernehmlich fest, dass der grundsätzlich vom AN zu ersetzende Schaden der oben angeführten Höhe entspricht. Es wird jedoch vereinbart, dass der Schadenersatz des AN auf € ...... beschränkt wird."

Wenn der AN weder eine Anerkenntnisvereinbarung noch einen Anerkenntnisvergleich unterfertigen will, müsste eine Aufrechnungserklärung erfolgen. Diese kann auch mündlich vorgenommen werden. Ein bloßer Lohnabzug wird in der Regel nicht als Aufrechnungserklärung anzusehen sein. Empfohlen wird, eine schriftliche Aufrechnungserklärung (zwecks Beweisbarkeit) vorzunehmen. Im Fall des fristgerechten Widerspruches sollte rasch (Sechs-Monats-Frist nach § 6 DHG bzw. kollektivvertragliche Verfallsfristen) eine Klage eingebracht werden.

Die Kenntnis der Höhe des Schadens ist für die gerichtliche Geltendmachung nicht unbedingt erforderlich. Falls dessen Ermittlung Schwierigkeiten bewirkt, kann eine so genannte Feststellungsklage erhoben werden. Dies ist im Hinblick auf die Wahrung der Fristen ratsam. Die Sechs-Monats-Frist nach § 6 DHG kann durch Vereinbarung zwischen dem AG und dem AN verlängert werden (Arb 9.702). Außerdem kann auch der Verzicht auf die Anwendbarkeit der Frist vereinbart werden (Arb 9.702). Das Verschulden des AN muss der AG beweisen (OGH 4 Ob 188/82).

26.4 Schäden am firmeneigenen und privaten PKW

Bei Schäden durch Fahrten mit einem PKW oder einem sonstigen Fahrzeug sind folgende Fälle zu beachten:

a) Privatfahrt mit dem Dienstfahrzeug:

Wenn der AN Fahrten mit dem **Dienstfahrzeug** durchführt, die in seinem ausschließlichen Interesse liegen, so ist im Schadensfall das DHG nicht anzuwenden. Die privilegierte Haftung des DHG soll lediglich dem erhöhten

Haftungsrisiko Rechnung tragen, wenn ein AN im Interesse des AG „bei Erbringung der Dienstleistung" tätig wird. Das DHG kann daher nur dann angewendet werden, wenn der Schadenseintritt in einem unmittelbaren **Zusammenhang mit dem Dienstverhältnis** steht (OGH 8 Ob A 327/94; OLG Linz 11 Ra 82/98 b = ZAS Jud. 1/1999; ARD 5005/10/99).

Wenn beispielsweise dem AN auf dessen ausdrückliche Bitte im Einzelfall die Fahrt zu seinem Wohnort gestattet wird, so liegt dies im ausschließlichen privaten Interesse des AN und er hat daher einen allenfalls am Dienstfahrzeug verursachten Schaden dem AG nach den allgemeinen Schadenersatzbestimmungen und nicht nach dem DHG zu ersetzen.

b) *Fahrten mit dem* **Privat-PKW**:

Benützt der AN einen Privat-PKW aus eigenen Stücken – etwa weil ihm die Fahrt mit anderen Verkehrsmitteln zu unbequem war –, ist dessen Verwendung seinem persönlichen Lebensbereich zuzuordnen und daher die Haftung des AG ausgeschlossen.

Wird der Privat-PKW im dienstlichen Auftrag verwendet, so ist eine von seinem Verschulden unabhängige **Erfolgshaftung** des AG gegeben (§ 1014 ABGB). Der AG kann die Erfolgshaftung jedoch vertraglich ausschließen (OGH 9 Ob A 122/98 a).

Liegt ein Verschulden des AN vor, so hat dieser bei Vorsatz den Schaden zur Gänze zu ersetzen. Bei grober bzw. leichter Fahrlässigkeit kann die Schadenersatzpflicht nach § 2 DHG gemäßigt bzw. bei leichter Fahrlässigkeit erlassen werden. Bei Schuldlosigkeit oder entschuldbarer Fehlleistung des AN hat der AG den Schaden zur Gänze zu tragen.

Einschlägige Judikatur

- *Kommt es zu einer Haftung des AG analog § 1014 ABGB, so kommen im Verhältnis zwischen AG und AN aber auch die Grundsätze des § 2 DHG zur Anwendung (ARD 4838/22/97 = ecolex 1997, 597). In einer zu § 2 DHG ergangenen Entscheidung (Arb 10.064) hat der OGH bereits ausgesprochen, dass auch längere Unterbrechungen einer Dienstreise den unmittelbaren Zusammenhang mit dem Arbeitsverhältnis nicht lösen. Auch in der Folgejudikatur (Arb 10.208) wurde der unmittelbare Zusammenhang eines PKW-Unfalls des AN auf der Heimreise von einer auswärtigen Dienstverrichtung selbst dann bejaht, wenn die Fahrt vorher für einige Stunden unterbrochen worden war, um eine Bekannte zu besuchen. Die in der Vorentscheidung (Arb 10.064) enthaltene Einschränkung, dass der AN überdies keine geregelte Arbeitszeit hätte, um den Konnex mit der Dienstverrichtung zu sehen, wurde dabei nicht mehr für notwendig erachtet (OGH 9 Ob A 122/98 a).*

- *Vom Schädiger ist die Umsatzsteuer für Reparaturkosten auch dann zu ersetzen, wenn die beschädigte Sache (hier das beschädigte Kfz) nicht repariert, sondern zum Erwerb einer anderen Sache in Zahlung gegeben wurde. Die Berechtigung zum Vorsteuerabzug berührt die Bemessung des Schadenersatzes nicht. Der Ersatzpflichtige wird in diesen Belangen auf einen Rückersatzanspruch verwiesen (OLG Wien 7 Ra 292/99 h = ARD 5124/28/2000).*

- *Einem AN gebührt für den aus Anlass einer privaten Freizeitgestaltung am Dienstort gestohlenen Privat-PKW im Rahmen der Risikohaftung des AG (für arbeitsadäquate Schäden) kein Ersatz (OGH 8 Ob A 12/99 v = ARD 5019/6/99).*
- *Fallen Teile einer Musikanlage, die ein als Musiker beschäftigter AN mit stillschweigender Zustimmung des AG im Veranstaltungssaal zurückgelassen hat, einem Brand zum Opfer, hat der AN keinen Anspruch auf Ersatz des Schadens nach § 1014 ABGB. Die Anwendbarkeit dieser Bestimmung setzt voraus, dass sich ein spezifisches Risiko der Tätigkeit des AN im Rahmen des Arbeitsvertrages verwirklicht (OGH 8 Ob A 81/03 z = ARD 5500/5/2004).*

26.5 Ersatzanspruch des AG gegenüber Dritten, die eine Arbeitsunfähigkeit des AN herbeiführen

Der OGH hat nunmehr mehrfach entschieden (24.3.1994, 2 Ob 21/94, 3.10.1996, 2 Ob 2056/96 h, 24.1.2013, 2 Ob 258/12 y), dass in Abweichung von früherer Rechtsprechung davon auszugehen ist, dass im Fall einer schuldhaften Verletzung eines AN der zur Entgeltfortzahlung verpflichtete AG einen Anspruch auf Ersatz des ihm erwachsenen Schadens gegenüber dem Schädiger hat. Der Höhe nach hat der AG Anspruch auf Ersatz nicht nur des Bruttolohns, sondern auch der AG-Beiträge zur SV.

Ist ein AN nach einem Unfall mit einem Grad von mindestens 50 % Behinderter nach § 2 BEinstG, so darf der AG das Entgelt nicht mindern, auch wenn die Leistungsfähigkeit unfallbedingt gesunken ist. Den daraus folgenden Schaden hat der Schädiger zu ersetzen (OGH 16.3.2006, 2 Ob 303/04 d = ARD 5684/11/2006).

Bei Mitverschulden des AN ist nur der entsprechende Teil des Schadens zu ersetzen. Falls der AN jedoch die **Arbeitsunfähigkeit** durch ein grob fahrlässiges Verhalten bewirkt hat, hat er keinen Krankenentgeltanspruch (siehe 20.9), daher besteht auch kein Ersatzanspruch des AG gegenüber einem Dritten.

Einschlägige Judikatur
- *Der Ersatzanspruch des AG gegen einen dritten Schädiger (welcher die Arbeitsunfähigkeit des AN schuldhaft herbeigeführt hat) umfasst die Lohnfortzahlungspflicht des AG gegenüber dem AN, nicht jedoch die Urlaubsabfindung oder Urlaubsentschädigung, die einem infolge des Schadensereignisses dauernd arbeitsunfähigen AN ausbezahlt werden muss (OGH 25.11.1999, 2 Ob 187/98 a).*

27. Urlaub

Die urlaubsrechtlichen Regelungen sind im Wesentlichen im UrlG enthalten. Dieses ist auf Arbeiter, Angestellte und **Lehrlinge** anzuwenden. Neben dem öffentlichen Dienst sind insbesondere Arbeiter, auf die das Bauarbeiter-Urlaubs- und Abfertigungsgesetz anzuwenden ist, ausgenommen.

Urlaub und Altersteilzeit siehe 14.8.2.2.7.

27.1 Urlaubsvereinbarung in Arbeitstagen

Der Zeitpunkt des Urlaubsantrittes ist zwischen dem AG und dem AN zu vereinbaren. AG und AN müssen sich über Beginn und Ende des Urlaubs einigen, damit von einer Urlaubsvereinbarung gesprochen werden kann (OGH 9 Ob A 144/05 z). Der AN kann daher nicht „auf Urlaub geschickt" werden (OGH 9 Ob A 117/08 h). Lediglich der AN kann nach § 16 Abs. 3 UrlG bei Ausschöpfung der Pflegefreistellung und Fortdauer des Verhinderungsgrundes (siehe 28.) sowie nach der selten angewendeten Bestimmung des § 4 Abs. 4 UrlG einseitig den Urlaub antreten (siehe dazu OGH 28.10.2015, 9 Ob A 79/15 f). Liegen die Voraussetzungen dieser Bestimmungen nicht vor und der AN tritt den Urlaub dennoch ohne entsprechende Vereinbarung an, so liegt ein Entlassungsgrund vor (OGH 9 Ob A 212/00 t, 25.9.2014, 9 Ob A 79/14 d).

Zur Vereinbarung eines Vorgriffs auf ein künftiges Urlaubsguthaben siehe 27.6.1.

Die Urlaubsvereinbarung ist nicht an eine bestimmte Form gebunden, sie kann daher auch schlüssig zustande kommen (OGH 25.6.2015, 8 Ob A 48/15 i, *Rauch*, Arbeitsrecht 2016, 43 f). Wird der AN „auf Urlaub geschickt" und tritt er den Urlaub an, so kann dies als schlüssige Urlaubsvereinbarung (im Sinne des § 863 ABGB) betrachtet werden (OGH 23.11.1982, 7 Ob 633/82, Arb 10.196, OLG Wien 9 Ra 37/08 i, ARD 5867/7/2008). Erklärt sich jedoch der AN arbeitsbereit und lässt ihn der AG nicht arbeiten, so hat er einen Entgeltfortzahlungsanspruch nach § 1155 ABGB (siehe 31.8).

Nach § 2 Abs. 1 UrlG beträgt das Urlaubsausmaß bei einer Dienstzeit von weniger als 25 Jahren 30 Werktage. Der Gesetzgeber hat sich demnach für die Werktagsregelung entschieden. Die neuere Rechtsprechung vertritt die Auffassung, dass auch die Berechnung in Arbeitstagen zulässig ist, wenn in einem Betrieb mit Fünf-Tage-Woche Urlaub tageweise verbraucht wird und die Berechnung in Arbeitstagen durchgeführt wird (OGH 9 Ob A 172/90, 9 Ob A 350/93).

Falls nun ein AN fünf Tage in der Woche (und nicht sechs Werktage) beim AG tätig ist, empfiehlt es sich, den Urlaub in Arbeitstagen zu vereinbaren und abzurechnen. Erfolgt nämlich die Abrechnung nach Werktagen, so ist für gesetzliche Feiertage, die auf einen Samstag fallen, ein zusätzlicher Urlaubstag zu gewähren, obwohl der Samstag kein Arbeitstag ist.

Halbtags- und stundenweiser Urlaub

Zur Frage der Zulässigkeit von Halbtagsurlauben und stundenweisen Urlaub liegt die im Folgenden dargestellte Judikatur vor:

Nach Auffassung des OGH entsteht selbst bei jahrelanger Übung, Halbtagsurlaube ohne grundsätzliche Einschränkung zu gewähren, kein Anspruch des AN auf Aufrechterhaltung dieser Vorgangsweise (OGH 16.9.1992, 9 Ob A 139/92; ebenso bei wiederholt gewährtem stundenweisem Urlaub – OGH 26.2.2003, 9 Ob A 221/02 v = ecolex 2003, 546). Die vorbehaltlose Gewährung von Halbtagsurlauben kommt wohl schon deswegen nicht in Frage, weil nach den Wertungen des UrlG die Urlaubsvereinbarungen Jahr für Jahr neu zwischen den Arbeitsvertragsparteien zu treffen sind. Grundsätzlich muss sich jedoch weder der AG noch der AN auf solche Kurzzeit-Urlaubsvereinbarungen einlassen. Es bleibt also dem AG unbenommen, Urlaubsanträge des AN abzulehnen, die sich etwa auf halbe Urlaubstage oder einzelne Stunden beziehen.

Wird ohne nähere Festlegung ein Urlaub für einen Tag vereinbart, an dem auf Grund der Arbeitszeiteinteilung etwa nur vier Stunden gearbeitet wird (z.B. ein Freitag), so ist davon auszugehen, dass ein ganzer Urlaubstag konsumiert wurde. Eine andere Lösung ist wohl nur dann denkbar, wenn AG und AN ausdrücklich vereinbaren, dass weniger als ein ganzer Urlaubstag als verbraucht anzusehen ist. Hierzu ist jedoch der AG keinesfalls verpflichtet.

In größeren Betrieben wird manchmal der Urlaub von Arbeitstagen in Arbeitsstunden umgerechnet. Die Zulässigkeit dieser Berechnungsform ist dann gegeben, wenn eine Vereinbarung über den stundenweisen Urlaubsverbrauch zwischen AN und AG abgeschlossen wird und an dieser Form der Urlaubsgewährung ein spezielles Interesse des AN besteht (OGH 26.2.2003, 9 Ob A 221/02 v). Weiters ist die stundenweise Berechnung auch dann zulässig, wenn sie fair bzw. ohne Missbrauch gehandhabt wird (OGH 3.3.2008, 9 Ob A 181/07 v = ARD 5876/6/2008). Bei dieser freiwillig vom AG angewendeten Methode ist jedoch zu bedenken, dass sie erheblichen administrativen Aufwand verursacht. Im Fall von Streitigkeiten über den Umfang des Urlaubskonsums ist bei langen Arbeitsverhältnissen und stundenweisem Urlaubskonsum der erforderliche Überblick erheblich erschwert.

Urlaubsausmaß bei Teilzeitbeschäftigung

Zur Frage des Urlaubsausmaßes bei Teilzeitbeschäftigung geht die Rechtsprechung davon aus, dass der Urlaubsanspruch von Werktagen auf die tatsächlichen Arbeitstage des Teilzeitbeschäftigten umgerechnet werden kann (OGH 28.1.1998, 9 Ob A 390/97 m). Wenn etwa der Teilzeitbeschäftigte an zwei Tagen pro Woche arbeitet, so sind die 25 Urlaubstage bzw. fünf Urlaubswochen in zehn Arbeitstage (je zwei Arbeitstage für fünf Urlaubswochen) umzurechnen. Konsumiert dieser Teilzeitbeschäftigte eine Urlaubswoche, so konsumiert er zwei Arbeitstage seines Urlaubs. Bei einer schwankenden Anzahl von Arbeitstagen pro Woche müsste eine durchschnittliche Zahl von wöchentlichen Arbeitstagen ermittelt werden, um auf diese Weise ein jährliches Urlaubsguthaben zu berechnen.

Urlaub am Feiertag bei Schichteinteilung

Ist ein AN durch den Schichtplan für einen Feiertag zum Dienst eingeteilt, so ist es möglich, mit dem AG für diesen Tag eine Urlaubsvereinbarung zu treffen (OGH 4.5.2006, 9 Ob A 60/05 x).

Antwortpflicht

Der AN kann mit einer Antwort auf seinen Urlaubswunsch rechnen. Den AG trifft daher eine aus der Fürsorgepflicht resultierende Antwortpflicht (OGH 5.3.1997, 9 Ob A 29/97 y, OGH 28.6.12012, 8 Ob A 31/12 k). Die Antwortpflicht ist an den Fristen des § 4 Abs. 4 UrlG zu orientieren (OLG Wien 27.4.2006, 7 Ra 36/06 z, ARD 5786/10/2007). Nach § 4 Abs. 4 UrlG wäre die Bekanntgabe 3 Monate vor dem geplanten Antritt erforderlich.

Bietet der AG dem AN den Verbrauch eines Urlaubs an, so trifft auch den AN eine Redepflicht. Wenn der AG konkret vorschlägt, der AN möge während der Dienstfreistellung den Resturlaub verbrauchen, so darf er ausnahmsweise das Stillschweigen als Zustimmung betrachten (OGH 29.3.2012, 9 Ob A 160/11 m, siehe auch 27.12).

Sommerurlaub für Jugendliche

Jugendlichen ist auf ihr Verlangen Urlaub im Ausmaß von mindestens 10 Arbeitstagen bzw. 12 Werktagen in der Zeit zwischen 15.6. und 15.9. zu gewähren (§ 32 Abs. 2 KJBG).

Zusatzurlaub

Nach § 10a UrlG ist bei Nachtschwerarbeit ein Zusatzurlaub vorgesehen. Ein zusätzlicher Urlaub für begünstigte Behinderte (siehe 54.) ist in einzelnen KV (z.B. § 9 Z 2 des KV für Speditionsangestellte) vorgesehen.

Wechsel von Voll- auf Teilzeit (und umgekehrt)

Erfolgt ein Wechsel von Voll- auf Teilzeit und umgekehrt, so ist ein allfälliges Urlaubsguthaben „wertneutral" umzurechnen (zur Altersteilzeit siehe 14.8.2.2.6, weiters *Rauch*, Arbeitsrecht 2011, 50 f). Dabei darf das Ausmaß des in Wochen zu betrachtenden Urlaubsguthabens nicht verringert werden (OGH 25.10.2012, 8 Ob A 35/12 y). Wenn etwa demnach der AN bisher zwei Tage pro Woche gearbeitet hat und ein Urlaubsguthaben von 4 Tagen (entspricht also zwei Wochen) vorliegt und eine Umstellung auf 5 Tage pro Woche erfolgt, so entspricht das bisherige Urlaubsguthaben nach der Umstellung 10 Tagen (bzw. weiterhin zwei Wochen). Eine unveränderte Fortführung des Urlaubsguthabens von 4 Tagen wäre unzulässig, weil dies eine Reduzierung des Urlaubsguthabens nach der Umstellung auf weniger als eine Woche zur Folge hätte. Dieses Ergebnis war jedoch strittig, weil aus zwei EuGH-Entscheidungen (EuGH 22.4.2010, C-468/08 Zentralbetriebsrat der Landeskrankenhäuser Tirols; 13.6.2013, C-415/12 Brandes) ein abweichendes Ergebnis abgeleitet werden kann (nach diesen Erkenntnissen soll nämlich jegliche Kürzung der in der Vollarbeitsphase erworbenen Urlaubstage unzulässig sein). Im Jahre 2014 hat sich der OGH zu den beiden Entscheidungen des EuGH geäußert (OGH 22.7.2014, 9 Ob A 20/14 b). Dabei wurde sehr ausführlich erörtert, dass die EuGH-Erkenntnisse nicht von einem kalendarischen Urlaubssystem (Urlaub ist grundsätzlich in ganzen Wochen zu verbrauchen) ausgehen. Dieses

System ist aber für das österreichische UrlG typisch (nach § 4 Abs. 3 UrlG kann der Urlaub in zwei Teilen verbraucht werden, doch muss ein Teil mindestens 6 Werktage betragen). Die Judikatur des EuGH ist daher für die Frage der Umrechnung von Resturlauben bei Wechsel des Beschäftigungsausmaßes im Anwendungsbereich des österreichischen UrlG nicht relevant (Details siehe *Rauch*, Arbeitsrecht 2015, 66 f.). In der österreichischen Praxis sind daher ausschließlich die zitierten Erkenntnisse des OGH von Bedeutung.

Wird in einem KV vom kalendarischen Urlaubssystem abgewichen, so sind die diesbezüglichen Bestimmungen gesetzeswidrig und daher rechtsunwirksam (OGH 19.12.2014, 8 Ob A 80/14 v, *Rauch*, PV-Info 5/2015, 27 f).

Die Berechnung des Urlaubsentgelts (siehe auch 27.8) hat sich jeweils nach dem aktuellen Entgelt zum Zeitpunkt des Urlaubsverbrauchs zu richten (OGH 22.7.2014, 9 Ob A 20/14 b).

Rücktritt von einer Urlaubsvereinbarung

Ein Rücktritt des AG von der Urlaubsvereinbarung ist nur aus besonders schwerwiegenden Gründen zulässig (OGH 18.10.1989, 9 Ob A 267/89).

Krankenstand vor Urlaubsantritt

Ein Krankenstand unmittelbar vor dem Zeitpunkt des Urlaubsantritts ändert nichts an der Wirksamkeit der Urlaubsvereinbarung, wenn der AN ab dem Antrittstag wieder arbeitsfähig ist (OLG Linz 28.11.2012, 12 Ra 86/12 x).

Einschlägige Judikatur

- *Ebenso wie bei der Werktagsregelung ein auf einen Sonntag fallender Feiertag keine Auswirkung auf die Dauer des Urlaubs hat, hat bei der Arbeitstagsregelung ein Samstag-Feiertag, wenn der Samstag allgemein arbeitsfrei ist, außer Betracht zu bleiben (Arb 11.050; OGH 9 Ob A 350/93 = ARD 4534/34/94; OGH 9 Ob A 606/93 = ARD 4536/8/94).*
- *Die seit 1.1.1993 beim AG angestellte AN wurde am 22.7.1998 mit der Begründung entlassen, sie habe einen für 13. bis 19.7.1998 gewährten Urlaub eigenmächtig um eine Woche verlängert. Die Beweislast für einen Rechtfertigungsgrund, der das Entlassungsrecht des AG wegen des ansonsten pflichtwidrigen Fernbleibens des AN von der Arbeit aufhebt, trifft den AN, dazu zählt auch das Vorliegen einer Urlaubsvereinbarung. Da die AN diesen Beweis für den Zeitraum 20. bis 26.7.1998 nicht erbringen konnte, war von der Rechtmäßigkeit der Entlassung auszugehen (OGH 9 Ob A 212/00 t = infas 1/2001, A 7).*

27.2 Wartezeit, Urlaubsausmaß und Vordienstzeitenanrechnung

Der Urlaubsanspruch entsteht in den ersten sechs Monaten des ersten Arbeitsjahres im Verhältnis zu der im Arbeitsjahr zurückgelegten Dienstzeit und nach der Vollendung von sechs Monaten in voller Höhe. Ab dem zweiten Arbeitsjahr entsteht der gesamte Urlaubsanspruch mit Beginn des Arbeitsjahres. Dies bewirkt jedoch nicht, dass etwa der AG verpflichtet wäre, bereits ab dem Beginn eines neuen Arbeitsjahres den Urlaub zur Gänze zu gewähren. Überdies ändert dies auch nichts daran, dass bei Beendigung des Arbeitsverhältnisses der Urlaub für das letzte Arbeitsjahr stets aliquot zu vergüten ist.

Das Urlaubsausmaß beträgt 25 Arbeitstage bzw. 30 Werktage bei einer Dienstzeit von weniger als 25 Jahren. Nach Vollendung des 25. Arbeitsjahres stehen 30 Arbeitstage bzw. 36 Werktage zu. Bestimmte im § 3 Abs. 2 UrlG genannte Zeiten sind bei der Ermittlung der 25-jährigen Dienstzeit anzurechnen.

§ 3 UrlG (Anrechnungsbestimmungen):

(1) Für die Bemessung des Urlaubsausmaßes sind Dienstzeiten bei demselben Arbeitgeber, die keine längeren Unterbrechungen als jeweils drei Monate aufweisen, zusammenzurechnen. Diese Zusammenrechnung unterbleibt jedoch, wenn die Unterbrechung durch eine Kündigung des Arbeitsverhältnisses seitens des Arbeitnehmers, durch einen vorzeitigen Austritt ohne wichtigen Grund oder eine vom Arbeitnehmer verschuldete Entlassung eingetreten ist.

(2) Für die Bemessung des Urlaubsausmaßes sind anzurechnen:

1. die in einem anderen Arbeitsverhältnis oder einem Beschäftigungsverhältnis im Sinne des Heimarbeitsgesetzes (...), im Inland zugebrachte Dienstzeit, sofern sie mindestens je 6 Monate gedauert hat;
2. die über die Erfüllung der allgemeinen Schulpflicht hinausgehende Zeit eines Studiums an einer inländischen allgemeinbildenden höheren oder berufsbildenden mittleren oder höheren Schule oder einer Akademie im Sinne des Schulorganisationsgesetzes 1962, BGBl. Nr. 242, oder an einer diesen gesetzlich geregelten Schularten vergleichbaren Schule, in dem für dieses Studium nach den schulrechtlichen Vorschriften geltenden Mindestausmaß, höchstens jedoch im Ausmaß von vier Jahren. Als Zeitpunkt des möglichen Studienabschlusses ist bei Studien, die mit dem Schuljahr enden, der 30. Juni und Studien, die mit dem Kalenderjahr enden, der 31. Dezember anzusehen. Zeiten des Studiums an einer vergleichbaren ausländischen Schule sind wie inländische Schulzeiten anzurechnen, wenn das Zeugnis einer solchen ausländischen Schule im Sinne der Europäischen Konvention über die Gleichwertigkeit von Reifezeugnissen (BGBl. Nr. 44/1957) oder eines entsprechenden internationalen Abkommens für die Zulassung zu den Universitäten als einem inländischen Reifezeugnis gleichwertig anzusehen ist, oder wenn es nach den Bestimmungen des Schulunterrichtsgesetzes (BGBl. Nr. 139/1974) über die Nostrifikation ausländischer Zeugnisse nostrifiziert werden kann;
3. die gewöhnliche Dauer eines mit Erfolg abgeschlossenen Hochschulstudiums bis zum Höchstausmaß von 5 Jahren;
4. Zeiten, für welche eine Haftentschädigung gemäß § 13a Abs. 1 oder § 13c Abs. 1 des Opferfürsorgegesetzes 1947, BGBl. Nr. 183, gebührt. Diese Anrechnung findet nicht statt, soweit ein Arbeitsverhältnis während der Haft aufrecht geblieben und aus diesem Grunde für die Urlaubsdauer zu berücksichtigen ist;
5. Zeiten der Tätigkeit als Entwicklungshelfer für eine Entwicklungshilfeorganisation im Sinne des § 1 Abs. 2 des Bundesgesetzes vom 10. Juli 1974, BGBl. Nr. 474;
6. Zeiten einer im Inlande zugebrachten selbständigen Erwerbstätigkeit, sofern sie mindestens je 6 Monate gedauert hat.

(3) Zeiten nach Abs. 2 Z 1, 5 und 6 sind insgesamt nur bis zum Höchstausmaß von 5 Jahren anzurechnen. Zeiten nach Z 2 sind darüber hinaus bis zu einem Höchstausmaß von weiteren zwei Jahren anzurechnen.

(4) Fallen anrechenbare Zeiten zusammen, so sind sie für die Bemessung der Urlaubsdauer nur einmal zu berücksichtigen.

Zu Abs. 1:

„Dienstzeiten bei demselben AG" erfassen auch die Zeiten als Lehrling sowie des Präsenz- oder Zivildienstes, weil auch während des Präsenz- oder Zivildienstes das Arbeitsverhältnis weiter besteht. Unter einer Unterbrechung ist die Beendigung des Arbeitsverhältnisses und der spätere Abschluss eines neuen Arbeitsverhältnisses zu verstehen. Ein wesentliches Indiz für die Beendigung eines Arbeitsverhältnisses ist die Abrechnung aller beendigungsabhängigen Ansprüche.

Der erste Karenzurlaub in einem Arbeitsverhältnis wird bis zum Höchstausmaß von zehn Monaten für das Urlaubsausmaß angerechnet (§ 15 Abs. 2 MSchG, § 7 VKG – siehe 25.5 und 25.8).

Zu Abs. 2 Z 1:

Hier sind alle **inländischen Arbeitszeiten** (bis höchstens fünf Jahre) zu berücksichtigen, falls sie wenigstens sechs Monate gedauert haben. Daher werden auch Dienstzeiten im öffentlichen Dienst angerechnet. Ebenso Beschäftigungszeiten, bei demselben AG, die länger als drei Monate unterbrochen waren und daher nicht nach Abs. 1 berücksichtigt werden können.

Zu Abs. 2 Z 2:

Die **allgemeine Schulpflicht** beträgt seit 1.7.1966 für alle Schüler, die im Schuljahr 1962/63 erstmals in die fünfte Schulstufe eingetreten sind, neun Jahre. Die Anrechnung der über die Erfüllung der allgemeinen Schulpflicht hinausgehenden Zeit des Studiums an einer höheren Schule ist (im Gegensatz zu Zeiten eines Hochschulstudiums) nicht von einem Schulabschluss (z.B. Matura) abhängig, aber mit vier oder zwei Jahren (siehe § 3 Abs. 3 UrlG) begrenzt. Der AN hat die Voraussetzungen der Anrechnung durch Vorlage von inländischen bzw. nostrifizierten ausländischen Zeugnissen zu beweisen. Die Nostrifikation eines ausländischen Zeugnisses wird vom Bundesministerium für Bildung, Wissenschaft und Kultur auf dem ausländischen Zeugnis oder einem Anhang beurkundet. Auf Grund der umfassenden Definition sind die meisten über die Schulpflicht hinausgehenden Schulzeiten erfasst. Nicht erfasst sind jedoch so genannte „Maturaschulen".

Zu Abs. 2 Z 3:

Wenn das **Hochschulstudium** mit Erfolg abgeschlossen wurde, sind in- und ausländische Studienzeiten bis zu fünf Jahren anzurechnen (auch wenn das Hochschulstudium keine Voraussetzung für den betreffenden Arbeitsplatz ist – Arb 7892). Zur Anrechnung spezieller Studiengänge siehe *Rath*, Anrechnung von

Schul- und Studienzeiten, ecolex 2009, 61 ff. Der Autor geht davon aus, dass auch an einer Fachhochschule abgeschlossene Bachelor-, Master- und Diplomstudiengänge anzurechnen sind.

Zu Abs. 2 Z 4:

Diese Bestimmung bezieht sich auf AN, die in der Zeit vom 6.3.1933 bis 9.5.1945 aus politischen, rassischen oder religiösen Gründen eine Haft erlitten haben.

Zu Abs. 2 Z 5:

Tätigkeiten als **Entwicklungshelfer** können bis höchstens fünf Jahre angerechnet werden, wenn sie für eine Entwicklungshilfeorganisation erfolgen, die in Österreich Rechtspersönlichkeit besitzt.

Zu Abs. 2 Z 6:

Der Begriff **selbständige Erwerbstätigkeit** umfasst neben Tätigkeiten, die auf Grund einer Gewerbeberechtigung ausgeübt werden, auch freiberufliche Tätigkeiten sowie selbständige Tätigkeiten in der Landwirtschaft.

Zu Abs. 3 – Höchstgrenzen der Anrechnung:

Für unselbständige Dienstzeiten, Zeiten als Entwicklungshelfer sowie eine selbständige Erwerbstätigkeit können insgesamt höchstens fünf Jahre angerechnet werden. Schulzeiten sind neben diesen Zeiten bis höchstens zwei Jahre anzurechnen. Zusätzlich können noch für Zeiten eines erfolgreich abgeschlossenen Hochschulstudiums fünf Jahre angerechnet werden. Für Haftzeiten im Sinne der Z 4 besteht keine Höchstgrenze.

Treten beispielsweise anzurechnende Schulzeiten im Ausmaß von vier Jahren mit Vordienstzeiten in anderen Arbeitsverhältnissen zusammen, die insgesamt mit höchstens fünf Jahren anzurechnen sind, so lautet das rechtlich richtige Ergebnis dieser Zusammenrechnung nicht neun, sondern sieben Jahre; eine Kürzung der Schulzeit bis auf zwei Jahre tritt ein. Diese Kürzung beginnt daher bei Vorliegen von vier Schuljahren, sobald mehr als drei Vordienstjahre vorliegen. Wenn zwei Schuljahre gegeben sind, tritt keine Kürzung von Schuljahren ein.

Zu Abs. 4 – keine Doppelanrechnung:

Fallen anrechenbare Zeiten zusammen, so können sie nur einmal berücksichtigt werden. Hat der Student neben seinem Hochschulstudium unselbständig oder selbständig gearbeitet, so können daher nicht Studien- und Arbeitszeiten jeweils gesondert angerechnet werden.

Vordienstzeiten (in Jahren)	Mittelschulzeiten (in Jahren)	Hochschulzeiten (in Jahren)	Gesamtanrechnung (in Jahren)
4	4	0	7 (4 + 3)
8	4	0	7 (5 + 2)
3	4	0	7 (3 + 4)
2	4	0	6 (2 + 4)
15	4	5	12 (5 + 2 + 5)
0	4	5	9 (4 + 5)
3	4	4	11 (3 + 4 + 4)
3	4	7	12 (3 + 4 + 5)
10	4	8	12 (5 + 2 + 5)

Der AG ist verpflichtet festzustellen, welche Zeiten dem AN für ein höheres Urlaubsausmaß anzurechnen sind. Daher ist der AN bei Begründung des Arbeitsverhältnisses nach Vordienstzeiten zu befragen. Der AG sollte entsprechende Nachweise bezüglich dieser Angaben verlangen (Schulzeugnisse, Dienstzeugnisse, Gewerbeschein, Steuerbescheide etc.). Falls eine **arbeitsvertragliche Vordienstzeitenanrechnung** ohne Einschränkung erfolgt, gilt diese auch für das Urlaubsausmaß (siehe 14.3.3).

Nach § 2 Abs. 2 AVRAG hat der auszustellende Dienstzettel bzw. der schriftlich abzuschließende Arbeitsvertrag das Urlaubsausmaß anzugeben (fünf oder sechs Wochen – siehe 13.).

Nach § 15f MSchG (§ 7c VKG) ist die erste Karenz im Arbeitsverhältnis für die Bemessung des Urlaubsausmaßes bis zum Höchstausmaß von insgesamt zehn Monaten anzurechnen (kollektivvertragliche Besserstellungen sind in einigen Branchen zu beachten). Diese Bestimmung gilt analog für die erste Bildungskarenz im Arbeitsverhältnis (§ 11 Abs. 2 AVRAG).

Erhöhung des Urlaubsausmaßes während des Urlaubsjahres

Durch die Anrechnung von Zeiten nach § 3 UrlG kann es sich ergeben, dass das 25. anrechenbare Jahr nicht zum Beginn, sondern während eines Urlausjahres eines AN vollendet wird. Daher erhöht sich das Urlaubsausmaß während eines Urlaubsjahres, wenn der Zeitpunkt der Vollendung des 25. anrechenbaren Jahres erst während des Urlaubsjahres eintritt (OGH 26.10.1954, 4 Ob 161/54, Arb 6.102, OGH 18.4.1978, 4 Ob 4/78). Der Beginn des Urlaubsjahres bleibt aber gleich.

Beispiel:
Sind 4,5 Jahre an Vordienstzeiten zu berücksichtigen und ist der AN am 1.3.1992 eingetreten, so entsteht der Anspruch auf die 6. Urlaubswoche mit 1.9.2012 („nach Vollendung des 25. Jahres" – § 2 Abs. 1 UrlG). Das heißt, in dem Urlaubsjahr, welches mit 1.3.2012 beginnt, entsteht ein Anspruch auf fünf Urlaubswochen. Der Anspruch auf die 6. Urlaubswoche entsteht nach der Vollendung des 25. anrechenbaren Jahres und somit mit 1.9.2012 bzw während des Urlaubsjahres.

Wird das Arbeitsverhältnis vor dem Zeitpunkt im laufenden Urlaubsjahr aufgelöst, in welchem infolge der Einrechnung die Erhöhung des Urlaubsmaßes eintritt, so muss der AN mit einem Urlaub in geringerem Ausmaß zufrieden sein (OGH 26.10.1954, 4 Ob 161/54, Arb 6.102). Daraus ergibt sich, dass bei Auflösung des Arbeitsverhältnisses (in dem Urlaubsjahr, in dessen Verlauf die 6. Urlaubswoche zuzurechnen ist) zu einem Zeitpunkt, bevor die 6. Urlaubswoche entstanden ist, diese auch bei der Vergütung des Resturlaubs nicht berücksichtigt werden kann.

Beispiel:
Wird nach dem zuvor dargestellten Beispiel das Arbeitsverhältnis mit 31.7.2012 einvernehmlich aufgelöst, so ist die 6. Urlaubswoche bei der Ersatzleistung (siehe 27.6) gegenstandslos.

Zu weiteren Details siehe *Rauch*, Erhöhung des Urlaubsausmaßes während des Urlaubsjahres, PV-Info 5/2012, 20 f.

27.3 Umstellung vom Arbeitsjahr auf das Kalenderjahr

Auf Grund der im § 2 Abs. 4 UrlG geregelten Ermächtigung besteht die Möglichkeit, dass durch KV oder Betriebsvereinbarung (schriftliche Vereinbarung zwischen BR und AG) vom grundsätzlichen Modell „Arbeitsjahr = Urlaubsjahr" abgegangen werden kann und das Kalenderjahr oder ein anderer Zeitraum als Urlaubsjahr festgelegt wird. Seit 1.1.2013 ist die Umstellung auch mit schriftlicher Einzelvereinbarung in Betrieben ohne BR zulässig.

Bei der Umstellungsvereinbarung sind jedoch die vom UrlG vorgegebenen Bedingungen zu beachten. Hat der AN bei Beginn des „neuen" bzw. „umgestellten" Urlaubsjahres die Wartezeit (6 Monate ab Beginn des Arbeitsverhältnisses) noch nicht zurückgelegt, so erhält er für jeden begonnenen Monat des Rumpfjahres (ab Eintrittstag bis letzter Tag vor Beginn des „umgestellten" Urlaubsjahres) 1/12 des Jahresurlaubes. Falls der AN jedoch im Rumpfjahr die Wartezeit erfüllt, gebührt ihm bereits für das Rumpfjahr der volle Jahresurlaub.

Beispiele (zu AN mit einem Grundanspruch auf einen fünfwöchigen Urlaub):
1. Eintritt am 1.8.2013, Umstellung auf Kalenderjahr per 1.1.2014, Urlaubsanspruch vom 1.8.2013 bis 31.12.2013 (Rumpfjahr): 5/12 des Jahresanspruchs = 11 Arbeitstage (Bruchteile von Urlaubstagen sind aufzurunden);

2. Eintritt am 25.6.2013, Umstellung auf das Kalenderjahr per 1.1.2014, Urlaubsanspruch vom 25.6.2013 bis 31.12.2013 (Rumpfjahr): 25 Arbeitstage (keine Aliquotierungsmöglichkeit, weil das Rumpfjahr weniger als 6 Monate dauert).

Umstellung in der Praxis

Bei der Umstellung auf das Kalenderjahr oder einen anderen Jahreszeitraum ist zu bedenken, dass zwar einerseits insbesondere in großen Betrieben eine Verwaltungsvereinfachung erzielt wird, jedoch andererseits bei jenen AN, die im Rumpfjahr die Wartezeit überschreiten, eine erhebliche Besserstellung bewirkt wird (insbesondere wenn die Überschreitung der Wartezeit nur wenige Tage beträgt).

Wenn der am 25.6.2013 eingetretene AN (siehe Beispiel 2.) bei der Umstellung auf das Kalenderjahr ab 1.1.2014 vom AG zum 31.1.2014 gekündigt wurde und der AN keinen Urlaub konsumiert hat, so ist ihm eine volle (also nichtaliquotierte) Ersatzleistung für das vollendete Rumpf-Urlaubsjahr auszuzahlen. Die Aliquotierung der Ersatzleistung ist nur für das neue Urlaubsjahr ab 1.1.2014 zulässig. Wäre die Umstellung unterblieben, so hätte lediglich die aliquotierte Ersatzleistung für 25 Arbeitstage von 25.6.2013 bis 31.1.2014 bezahlt werden müssen.

Die Umstellung hatte bis 31.12.2012 durch eine Betriebsvereinbarung oder einen KV zu erfolgen. Für den Fall einer dennoch einzelvertraglich durchgeführten Umstellung war die Aliquotierung im Rumpfjahr auch dann unzulässig, wenn die Wartezeit nicht erfüllt wurde (OGH 23.1.2003, 8 Ob A 3/03 d, ecolex 2003, 545). D.h., der AN hatte mit dem Ablauf des Rumpfjahres (auch wenn dieses nur wenige Tage gedauert hat) jedenfalls einen Anspruch auf einen vollen Jahresurlaub. M.E. ist diese Rechtsprechung auch für solche einzelvertragliche Umstellungen nicht mehr anwendbar, die vor dem 1.1.2013 abgeschlossen wurden, da diese der aktuellen Rechtslage nicht widersprechen.

27.4 Urlaubsverjährung

§ 4 Abs. 5 UrlG sieht vor:

(5) Der Urlaubsanspruch verjährt nach Ablauf von zwei Jahren ab dem Ende des Urlaubsjahres, in dem er entstanden ist. Diese Frist verlängert sich bei Inanspruchnahme einer Karenz gemäß dem Väter-Karenzgesetz (VKG), BGBl. Nr. 651/1989 (VKG), oder gemäß dem Mutterschutzgesetz 1979 (MSchG), BGBl. Nr. 221/1979, um jenen Zeitraum der Karenz.

Durch diese Bestimmung soll das dem Erholungszweck des Urlaubs widersprechende „Horten" von Urlaubsansprüchen vermieden werden.

Die Verjährung des in einem bestimmten Urlaubsjahr entstandenen Urlaubs beginnt mit dem Ende dieses Urlaubsjahres und endet zwei Jahre nach dessen Ablauf. Demnach stehen zum Verbrauch des Urlaubs insgesamt drei Jahre zur Verfügung. Wenn der AN Urlaub konsumiert, so gilt der älteste noch nicht verjährte Urlaubsanspruch als verbraucht.

Beispiel:

Der AN ist am 1.3.2009 eingetreten. Der im Urlaubsjahr vom 1.3.2009 bis 28.2.2010 entstandene Urlaubsanspruch kann spätestens im Urlaubsjahr vom 1.3.2011 bis 29.2.2012 verbraucht werden. Wurde zuvor kein Urlaub konsumiert und wurde erstmals im Urlaubsjahr vom 1.3.2011 bis 29.2.2012 Urlaub von 25 Arbeitstagen konsumiert, so gilt der im Urlaubsjahr vom 1.3.2009 bis 28.2.2010 entstandene Urlaubsanspruch als konsumiert. Verbraucht der AN nur einen Teil des im Urlaubsjahr vom 1.3.2009 bis 28.2.2010 entstandenen Urlaubs, so verjährt der nicht konsumierte Teil mit 29.2.2012.

Nach der Rechtsprechung wird jedoch die Verjährung des Urlaubsanspruchs mit dem Beginn eines Krankenstands infolge Unmöglichkeit der Geltendmachung des Urlaubsanspruchs gehemmt (nach den §§ 1494 ff. ABGB – OGH 27.1.2000, 8 Ob S 178/99 f, 24.2.2009, 9 Ob A 117/08 h). Daher kommt es bei einem dauerhaft fortlaufenden Krankenstand zu einer unbegrenzten Anhäufung von Urlaubsansprüchen (siehe auch 20.10.2).

Einschlägige Judikatur

- *Nicht konsumierter Urlaub wird von selbst auf das folgende bzw gegebenenfalls auf das übernächste Arbeitsjahr übertragen (OGH 15.6.1982, 4 Ob 72/82, Arb 10.143, 22.6.1995, 8 Ob S 14/95).*

- *Die Zeit von der rechtsunwirksamen Entlassung eines Behinderten bis zur Feststellung, dass das Arbeitsverhältnis aufrecht ist, hindert den Urlaubsverbrauch nicht und ist daher während dieser Zeit keine Hemmung der Verjährung des Urlaubsanspruchs möglich (OGH 9.5.2007, 9 Ob A 39/07 m, ARD 5804/4/2007).*

27.5 Erkrankung während des Urlaubs und eines Zeitausgleichs

Nach § 5 UrlG unterbricht eine Krankheit bzw. ein Unfall unter gewissen Voraussetzungen den Urlaub. Die Voraussetzungen für die Unterbrechung des Urlaubs sind:

- Eine Erkrankung muss länger als drei Kalendertage dauern.

- Der AN ist verpflichtet, dem AG nach dreitägiger Krankheit über die Erkrankung unverzüglich Mitteilung zu machen (ist dies aus Gründen, die vom AN nicht zu vertreten sind, nicht möglich, so ist die Mitteilung rechtzeitig, wenn sie unverzüglich nach Wegfall des Hinderungsgrundes nachgeholt wird).

- Bei Wiederantritt der Arbeit hat der AN ein ärztliches Zeugnis oder eine Bestätigung der zuständigen Krankenkasse über Beginn, Dauer und Ursache (Krankheit oder Unfall, nicht jedoch Diagnose, siehe 20.2) der Arbeitsunfähigkeit vorzulegen.

Bei Erkrankung des AN im Ausland muss dem ärztlichen Zeugnis eine behördliche Bestätigung darüber beigefügt werden, dass es von einem zur Ausübung des Arztberufes zugelassenen Arzt ausgestellt wurde. Die Bestätigung kann von einer zuständigen ausländischen Behörde (z.B. ausländische Botschaft in Österreich) oder von der österreichischen Behörde in diesem Staat (österreichisches Konsulat bzw. österreichische Botschaft) ausgestellt werden. Eine solche Bestätigung ist dann entbehrlich, wenn die ärztliche Behandlung stationär oder ambulant in einer Krankenanstalt erfolgte und hierüber eine Bestätigung dieser Anstalt vorgelegt wird. Kommt der AN seiner Mitteilungs- und Vorlagepflicht nicht nach, so kommt es zu keiner Urlaubsunterbrechung, d.h. der Zeitraum der Erkrankung gilt als Urlaub.

Der AN hat nach Ablauf seines Urlaubs oder nach Wiedereintritt seiner Arbeitsfähigkeit (falls die Erkrankung über die Dauer des Urlaubs hinausgeht) seine Arbeit wieder anzutreten. Eine **eigenmächtige Urlaubsverlängerung** ist ein **Entlassungsgrund**, weil für den allfälligen Konsum des verbleibenden Urlaubsrestes eine neue Urlaubsvereinbarung getroffen werden müsste.

Der Urlaub gilt als nicht unterbrochen, wenn der AN während seines Urlaubs eine dem Erholungszweck des Urlaubs widersprechende (entgeltliche) Erwerbstätigkeit (nicht etwa unentgeltliche Nachbarschaftshilfe) ausübt und hierbei erkrankt, wenn die Erkrankung mit der Erwerbstätigkeit in ursächlichem Zusammenhang steht.

Der Krankenstand darf nicht vorsätzlich oder durch grobe Fahrlässigkeit herbeigeführt worden sein. Missbräuchliche Beschaffung bzw. Verwendung einer ärztlichen oder behördlichen Bestätigung ist ein Entlassungsgrund.

Nach der Auffassung der Rechtsprechung sind die gesetzlichen Regelungen des § 5 UrlG analog für den Fall eines Pflegebedarfs anzuwenden, der nach Antritt eines Urlaubs bezüglich eines im gemeinsamen Haushalt lebenden nahen Angehörigen (siehe 28.) eingetreten ist (OGH 9 Ob A 90/02 d, 15.12.2009, 9 Ob A 28/09 x).

Dies gilt jedoch nicht für den Fall der Betreuung eines Kleinkindes infolge Ausfalls einer Person, die das Kind ständig betreut hat (siehe 28.).

Krankenstand und Zeitausgleich

Während eines Zeitausgleichszeitraumes (siehe 14.9.6) besteht auf Grund des gewährten Zeitausgleiches keine Arbeitspflicht. Tritt nun ein weiterer Grund (Arbeitsunfähigkeit wegen Krankenstand), der es dem AN (während des Zeitausgleichszeitraumes) erlaubt hätte, der Arbeit fernzubleiben, hinzu, so ist dieser nicht mehr von Bedeutung (OGH 29.5.2013, 9 Ob A 11/13 b). Wird also ein Zeitausgleich für einen bestimmten Zeitraum vereinbart und meldet der AN für diesen Zeitraum einen Krankenstand, so ist die Krankheit gegenstandslos (weil er auf Grund des Zeitausgleichs ohnedies nicht zur Arbeit erscheinen muss) und ist daher das entsprechende Zeitguthaben (trotz Krankheit) als konsumiert anzusehen (dies entspricht auch der Judikatur zum Krankenstand während der Freizeitphase eines Arbeitszeitmodells – siehe 14.8.2.2.7 Abschnitt Krankenstände und Altersteilzeit).

27.6 Vergütung des nicht verbrauchten Urlaubs

Wenn das Arbeitsverhältnis endet, so gebührt dem AN eine Vergütung für den unverbrauchten Urlaub. Die Vergütung hat die Funktion, den Konsum des Urlaubs zu sichern. Wenn nämlich der AG damit rechnen muss, dass er bei Ablehnung von Urlaubswünschen eines AN letztlich den verbliebenen Urlaub zur Gänze nachzahlen muss, so wird er bereit sein, den vom AN beantragten Urlaub zu gewähren.

Der AN soll das **Urlaubsentgelt** (siehe 27.8) erhalten, welches ihm bei Verbrauch des restlichen Urlaubs zugestanden wäre (selbständiger Erfüllungsanspruch – Arb 9.781, 10.143, 10.275; OGH 8 Ob A 78/97 x).

Nunmehr ist der für das letzte Arbeitsjahr verbliebene Resturlaub stets (unabhängig von der Form der Beendigung des Arbeitsverhältnisses) aliquot abzurechnen. Eine nichtaliquotierte Vergütung für das letzte Arbeitsjahr ist nur dann möglich, wenn das letzte Arbeitsjahr zwölf Monate bzw. 52 Wochen gedauert hat und daher die Aliquotierung nach der Dauer des Arbeitsjahres nicht möglich ist.

Die wesentlich kompliziertere alte Rechtslage (§§ 9 und 10 UrlG in der bis zum 31.12.2000 gültigen Fassung) hat bei bestimmten Beendigungsformen (insbesondere der Kündigung durch den AG) die volle und bei anderen Beendigungsformen die aliquotierte Vergütung (**Urlaubsentschädigung** und **Urlaubsabfindung**) vorgesehen.

27.6.1 *Ersatzleistung und Rückverrechnung bei Urlaubsvorgriffen*

Als Vergütung für den bei Beendigung des Arbeitsverhältnisses verbliebenen Resturlaub ist eine aliquote Ersatzleistung nach § 10 UrlG vom AG zu bezahlen (die Ersatzleistung entspricht der seinerzeitigen Urlaubsabfindung).

Es gebührt demnach unabhängig von der Art der Beendigung des Arbeitsverhältnisses für den bei Beendigung des Arbeitsverhältnisses aus dem letzten Urlaubsjahr verbliebenen Urlaub stets nur eine aliquote Ersatzleistung. Wie nach der alten Rechtslage entfällt der Anspruch auf eine Ersatzleistung, wenn das Arbeitsverhältnis durch einen ungerechtfertigten vorzeitigen Austritt endet (siehe 27.6.3).

Falls der AN mehr Urlaub konsumiert, als es dem aliquoten Anspruch entspricht, ist eine Rückerstattung des Urlaubsentgelts nur in den Fällen der verschuldeten Entlassung und des ungerechtfertigten vorzeitigen Austritts vorgesehen (§ 10 Abs. 1 UrlG). Da der Urlaub zwischen AG und AN zu vereinbaren ist, bleibt es dem AG unbenommen, die Vereinbarung eines weiteren Urlaubs abzulehnen, wenn der AN den Urlaub im aliquoten Ausmaß bereits konsumiert hat. Solche Urlaubsvorgriffe (die unter Umständen nicht rückverrechnet werden können), können also durch die Verweigerung weiterer Urlaubsvereinbarungen vermieden werden. Vertragliche Rückforderungsvorbehalte sind nach der Gesetzesauslegung des OGH nicht durchsetzbar, wobei insbesondere zu berücksichtigen ist, dass der § 10 UrlG zwingendes Recht ist (§ 12 UrlG – OGH 22.10.2003, 9 Ob A 63/03 k, bei

Zulässigkeit ist der dem Vorgriff entsprechende Bruttobetrag zuzüglich Sonderzahlungsanteile zurückzuzahlen [OGH 13.7.2006, 8 Ob A 69/05 p]).

Dies gilt auch dann, wenn eine einvernehmliche Auflösung auf Wunsch des AN erfolgt und der AN in Kenntnis der Rechtswidrigkeit ausdrücklich der Rückverrechnung auf Grund des Urlaubsvorgriffs zustimmt (OGH 26.7.2012, 8 Ob A 39/12 m, *Rauch*, Arbeitsrecht 2013, 34).

Für nicht verbrauchten Urlaub aus vorangegangenen Urlaubsjahren (vorletztes und ältere Urlaubsjahre) gebührt eine Ersatzleistung in vollem Ausmaß des noch ausständigen Urlaubsentgelts. Eine Aliquotierung ist nur für den Urlaub möglich, der im letzten Urlaubsjahr (in das die Beendigung des Arbeitsverhältnisses fällt) entstanden ist.

Vorgriff und Erfordernis der gesonderten Vereinbarung

Durch einen Urlaubsvorgriff soll der AN die Gelegenheit erhalten, einen Teil des ihm erst im folgenden Jahr gebührenden Urlaubs bereits vorweg zu verbrauchen. Ein solcher Urlaubsvorgriff ist zulässig, bedarf aber einer Vereinbarung der Arbeitsvertragsparteien. Fehlt es an einer (ausdrücklichen oder schlüssigen) Vereinbarung, dann ist mangels anderer Anhaltspunkte davon auszugehen, dass der AG dem AN einen über den gesetzlichen Mindestanspruch hinausgehenden zusätzlichen Urlaub ohne Anrechnung auf den dem AN im nächsten Urlaubsjahr gebührenden Urlaub gewährt hat (OGH 29.1.2015, 9 Ob A 135/14 i, *Rauch*, Arbeitsrecht 2016, 44).

Gelingt es dem AG nicht zu beweisen, dass ein Urlaub als Vorgriff unter Anrechnung auf den im nächsten Urlaubsjahr zustehenden Urlaub ausdrücklich oder schlüssig vereinbart wurde, so liegt ein gewährter Urlaub vor, der nicht auf den im folgenden Urlaubsjahr entstehenden Urlaub angerechnet werden kann. Damit verbraucht aber der AN einen vom AG bewilligten Urlaub, der keine Auswirkungen auf sein Urlaubsguthaben hat (also dieses nicht reduziert). Falls also der AG einem Urlaubswunsch des AN zustimmen will, der einen Urlaubsvorgriff darstellt, ist zu empfehlen, ausdrücklich zu vereinbaren, dass die vereinbarten Urlaubstage vom in Zukunft entstehenden Urlaubsguthaben abgezogen werden. Da die Beweislast beim AG gesehen wird, ist überdies eine schriftliche Vereinbarung (zum Urlaubsverbrauch und zum -vorgriff) ratsam.

M.E. ist diese Rechtsauffassung des OGH kritisch zu betrachten, weil das vom OGH erzielte Ergebnis, dass ein Urlaubsvorgriff nicht eintritt, wenn nicht zusätzlich zum Urlaubsverbrauch ein Urlaubsvorgriff vereinbart wird, dem UrlG nicht entnommen werden. Es kann auch nicht angenommen werden, dass der AN einen Urlaub vereinbart und meint, dass der Konsum der (bezahlten) Urlaubstage keinerlei Auswirkungen auf sein Urlaubsguthaben hat (auch wenn dieses aufgebraucht ist und daher das künftige Urlaubsguthaben entsprechend zu reduzieren ist, siehe auch *Rauch*, PV-Info 6/2015, 24 f.).

> ***Muster für den Urlaubsverbrauch durch einen Urlaubsvorgriff***
>
> *Vereinbart wird, dass Frau/Herr .... in der Zeit vom 20.7.2015 bis zum 24.7.2015 (5 Arbeitstage) einen Urlaub (nach § 2 UrlG) verbraucht. Da das Urlaubsguthaben von Frau/Herrn .... aus den Vorjahren sowie dem laufenden Arbeitsjahr vom 1.8.2014 bis zum 31.7.2015 bereits zur Gänze verbraucht ist, wird weiters vereinbart, dass das künftige Urlaubsguthaben von 25 Arbeitstagen für das Arbeitsjahr vom 1.8.2015 bis zum 31.7.2016 durch diesen Urlaub um 5 Arbeitstage reduziert wird (Urlaubsvorgriff).*

27.6.2 Die Berechnung der Ersatzleistung

Für die Berechnung der Ersatzleistung gilt das Ausfallsprinzip (siehe 27.8), weil die Ersatzleistung an die Stelle des ausständigen Urlaubsentgelts tritt. Es handelt sich um einen vermögensrechtlichen Anspruch auf Erfüllung des in der Vergangenheit liegenden noch offenen bisher nicht erfüllten Urlaubsanspruchs (OGH 29.9.2009, 8 Ob A 23/09 d).

Für die Berechnung der Ersatzleistung ist zunächst der aliquote Urlaubsanspruch des letzten Arbeitsjahres (letztes begonnenes Arbeitsjahr bis zum Ende des Arbeitsverhältnisses zu ermitteln).

Dazu ein Beispiel:

Vollzeitbeschäftigter AN (Montag bis Freitag), € 1.500,– brutto monatliches Gehalt, 14 x, ohne Zulagen und sonstige Entgeltbestandteile, Eintritt 2.1.2005, Ende des Arbeitsverhältnisses am 31.3.2010, Anspruch 5 Wochen bzw 25 Arbeitstage pro Arbeitsjahr.
Resturlaub per 1.1.2010 10 Arbeitstage, daher ist der Urlaubsanspruch von 2.1. bis 31.3.2010 zu aliquotieren:
25 Arbeitstage : 365 Kalendertage im Jahr x 89 Kalendertage im Jahr 2010 = 6,1 Arbeitstage für 2010 und 10 restliche Urlaubstage aus den Vorjahren ergibt einen gesamten Resturlaub von 16,1 Arbeitstagen.
Für die Berechnung der Ersatzleistung ist das Monatsentgelt durch die durchschnittliche Anzahl der Arbeitstage (Werktage) pro Monat, und somit durch 22 (26) zu dividieren und mit der Zahl der restlichen Urlaubstage zu vervielfachen.
Demnach ist die Ersatzleistung im Beispiel wie folgt zu berechnen:
€ 1.500,– x 14 : 12 : 22 x 16,1 = € 1.280,68 brutto.

Keine Ersatzleistung steht hingegen zu, wenn der Urlaub aus vorangegangenen Arbeitsjahren zur Gänze und im letzten Arbeitsjahr zumindest aliquot verbraucht wurde. Falls im obigen Beispiel per 1.1.2010 kein Resturlaub mehr offen wäre und für die Zeit von 2.1. bis 31.3.2010 der AN bereits 8 Arbeitstage verbraucht hätte, so wäre keine Urlaubsersatzleistung zu bezahlen, weil bis zum letzten vollständigen Arbeitsjahr ein gänzlicher Verbrauch stattgefunden hat und für das zuletzt begonnene Arbeitsjahr ein überaliquoter Konsum des Urlaubs vorliegen würde.

Urlaubsentgelt ist bei über-aliquotem Konsum nur dann rückzuerstatten, wenn das Arbeitsverhältnis durch ungerechtfertigten vorzeitigen Austritt oder eine verschuldete berechtigte Entlassung beendet wird (§ 10 Abs. 1 UrlG).

Bei der Berechnung der Ersatzleistung ist bei Bruchteilen von Arbeits- bzw. Werktagen des Urlaubs keine Aufrundung vorzunehmen, weil die Bruchteile in exakte Geldbeträge umgerechnet werden können. Die Aufrundung ist nur dann erforderlich, wenn etwa nach dem MSchG, VKG oder APSG das Urlaubsguthaben auf Grund eines Karenzurlaubs bzw eines Präsenz- oder Zivildienstes zu aliquotieren ist. Diese Aliquotierung geschieht jedoch im aufrechten Arbeitsverhältnis und bezieht sich auf ein Urlaubsguthaben, welches noch konsumiert werden kann. Der Konsum von Urlaub kann jedoch nur in ganzen Tagen erfolgen (siehe 27.6).

Hat ein AN im Rahmen einer Altersteilzeitvereinbarung 20 Stunden/Woche gearbeitet und bestehen am Ende des Arbeitsverhältnisses offene Urlaubsansprüche aus der Zeit vor der Altersteilzeit (Vollbeschäftigung), so ist dennoch der gesamte Resturlaub auf der Grundlage des letzten Entgelts abzurechnen (OGH 8 Ob S 4/05 d = ARD 5605/5/2005).

27.6.3 Entfall der Ersatzleistung

Nur in Ausnahmefällen muss bei Beendigung des Arbeitsverhältnisses und Verbleib eines Resturlaubs keine Ersatzleistung ausbezahlt werden. Das UrlG sieht dies ausdrücklich dann vor, wenn das Arbeitsverhältnis durch ungerechtfertigten vorzeitigen Austritt (siehe 44.4) beendet wird (§ 10 Abs. 1 UrlG).

Weiters vertritt die Rechtsprechung die zutreffende Auffassung, dass im Fall der rechtsmissbräuchlichen Ablehnung eines Angebots des AG zum Verbrauch des restlichen Urlaubs während einer Dienstfreistellung die Ersatzleistung entfällt (siehe 27.12).

Eine weitere Möglichkeit ist der Entfall der Ersatzleistung bei Übertragung des Resturlaubs auf den neuen AG. Dies wird von der Rechtsprechung wie folgt begründet:

Das UrlG oder eine andere arbeitsrechtliche Norm sieht kein Verbot der Übertragung von Urlaubsansprüchen vom bisherigen AG auf den nächsten AG vor. Insbesondere in Konzernbetrieben kann es bei AN, die zur Arbeitsleistung bei mehreren Konzernbetrieben verpflichtet sind oder in einen anderen Betrieb des Konzerns übertreten, ein sachliches Bedürfnis geben, die restlichen Urlaubsansprüche aus dem ersten Arbeitsverhältnis auf das zweite zu übertragen (und die Dienstzeiten aus beiden Arbeitsverhältnissen dementsprechend zusammenzurechnen).

Ob im konkreten Einzelfall eine solche Vereinbarung zulässig ist, kann nur nach den Umständen und Regelungsinhalten des jeweiligen Einzelfalls beurteilt werden und hängt davon ab, dass die Ansprüche des AN nicht in unzulässiger Weise verkürzt werden (VwGH 2001/08/0213 = ARD 5600/10/2005). Dies entspricht auch dem Grundgedanken des Urlaubsrechts, dass der gesetzliche Urlaub primär der Erholung dient, wobei die Ersatzleistung insofern von sekundärer Bedeutung ist, als sie den Konsum des Urlaubs (und damit die Erholung) sichern soll.

Bei einer Beurteilung der gesamten rechtlichen Situation wird auch zu prüfen sein, inwieweit nicht überhaupt ein vereinbarter Übergang des Arbeitsverhältnisses vorliegt (siehe 36.1.1.1).

27.7 Die verbotene Urlaubsablöse

In der Praxis kommt es immer wieder vor, dass AN kein Interesse bezüglich des Konsums ihres Urlaubs zeigen. Meist wird dann in der Folge eine Ablöse des Urlaubs beim AG begehrt. Das Gesetz (§ 7 UrlG) sieht allerdings vor, dass Vereinbarungen zwischen dem AG und dem AN, die für den Nichtverbrauch des Urlaubs Vergütungsleistungen des AG bei aufrechtem Arbeitsverhältnis vorsehen, rechtsunwirksam sind (Ablöseverbot).

Von der verbotenen Urlaubsablöse ist die Ersatzleistung zu unterscheiden. Diese ist eine gesetzlich vorgeschriebene Vergütungsleistung für den bei der Beendigung des Arbeitsverhältnisses verbliebenen Resturlaub.

Falls nun eine verbotene Urlaubsablöse bei aufrechtem Arbeitsverhältnis bezahlt wird, so hat dies auf das Urlaubsguthaben des AN keinen Einfluss. Hatte etwa der AN vor Zahlung der Urlaubsablöse ein Urlaubsguthaben von 50 Arbeitstagen, so ändert die bezahlte Urlaubsablöse nichts an diesem Guthaben. Daraus ergibt sich, dass der vom AG mit der Urlaubsablöse angestrebte Zweck das Urlaubsguthaben entsprechend der Höhe der Urlaubsablöse zu reduzieren, nicht erreicht werden kann.

Beispiel:

Ein AN tritt am 2.1.2000 bei einer Firma ein. Im Arbeitsjahr vom 2.1.2000 bis 1.1.2001 konsumiert er keinen Urlaub und erhält auf seinen Wunsch im Februar 2001 eine Urlaubsablöse für den im abgelaufenen ersten Arbeitsjahr erworbenen Urlaubsanspruch (25 Arbeitstage). Mit 2.1.2001 erwirbt er den Urlaubsanspruch für das zweite Arbeitsjahr im Ausmaß von 25 Arbeitstagen. Schließlich wird der AN per 31.5.2001 gekündigt und konsumiert bis zum letzten Arbeitstag (31.5.2001) keinen Urlaub. Er hat einen Anspruch auf eine Ersatzleistung für das Urlaubsentgelt für 25 Arbeitstage aus dem ersten Arbeitsjahr sowie einen Anspruch auf das aliquote Urlaubsentgelt für fünf Monate aus dem zweiten Arbeitsjahr, da die Urlaubsablöse sein Urlaubsguthaben nicht reduziert hat.

Da die Urlaubsablöse den vom zahlenden AG angestrebten Zweck nicht verwirklichen kann, besteht jedoch nach der Rechtsprechung des OGH für den AG die Möglichkeit, den unter dem Titel „Urlaubsablöse" bezahlten Nettobetrag vom AN zurückzuverlangen (z.B. OGH 9 Ob A 121/95).

Die vorgenannte Judikatur bedeutet für das Beispiel Folgendes:

Die bereits bezahlte Urlaubsablöse kann von der **Ersatzleistung** abgezogen werden. Das heißt, vom Nettobetrag der Ersatzleistung, die ohne Berücksichtigung der Urlaubsablöse ermittelt wurde, wird der Nettobetrag der Urlaubsablöse abgezogen.

In der Praxis ist die verfehlte Meinung verbreitet, dass vor Antritt eines **Präsenz- oder Zivildienstes** bzw. einer **Schutzfrist** oder eines **Karenzurlaubs** im Sinne des MSchG bzw. des VKG der offene Urlaub zu vergüten ist. Das UrlG sieht jedoch eine Vergütung für offenen Urlaub ausschließlich bei Beendigung des Arbeitsverhältnisses vor. Der Antritt des Präsenzdienstes oder der Schutzfrist beendet das Arbeitsverhältnis nicht, sondern führt zu einem Ruhen der Hauptpflichten des Arbeitsverhältnisses (Arbeitspflicht des AN und Pflicht des AG zur Zahlung des Entgelts). Da somit auch in einem solchen Fall bei aufrechtem Arbeitsverhältnis ein offener Urlaub vergütet wird, liegt auch hier eine verbotene Urlaubsablöse vor, von derartigen Zahlungen ist daher abzuraten.

27.8 Urlaubsentgelt

Das Urlaubsentgelt im Sinne des § 6 UrlG wurde mittels eines am 1.3.1978 in Kraft getretenen **General-KV** näher geregelt. Der Urlaubsentgeltbegriff entspricht dem Krankenentgeltbegriff (zum **Ausfallsprinzip**, Aufwandentschädigung etc. – siehe 20.11). Daher sind auch die General-KV zum Entgeltbegriff nach dem EFZG bzw. nach dem UrlG weitgehend ident. Der General-KV zum UrlG enthält jedoch zusätzliche Bestimmungen zum **Betriebsurlaub** und zu den Provisionen. Diese Bestimmungen (§ 2 Abs. 3 und 4 des General-KV) sehen Folgendes vor:

(3) Liegt keine wesentliche Änderung des Arbeitsanfalles im Sinne des Abs. 2 vor und wäre die Leistung von Überstunden durch den AN während seines Urlaubs nur deshalb nicht möglich, weil der Betrieb bzw. die Abteilung, in der AN beschäftigt ist, während dieser Zeit geschlossen wird, so sind die regelmäßig vor Urlaubsantritt geleisteten Überstunden dennoch in das Urlaubsentgelt miteinzubeziehen.

(4) Entgelte im Sinne von Provisionen sind in das Urlaubsentgelt mit dem Durchschnitt der letzten 12 Kalendermonate vor Urlaubsantritt einzubeziehen, **Provisionen** für Geschäfte, die ohne unmittelbare Mitwirkung des AN zustande gekommen sind (Direktgeschäfte), sind jedoch in diesem Durchschnitt nur insoweit einzubeziehen, als für während des Urlaubs einlangende Aufträge aus derartigen Geschäften keine Provision gebührt. Diese Regelung gilt sinngemäß für laufend gebührende, provisionsartige Entgelte (z.B. Umsatzprozente, Verkaufsprämien).

Weiters sieht der § 2a AVRAG Folgendes vor:

„Vorteile aus Beteiligungen am Unternehmen des Arbeitgebers oder mit diesem verbundenen Konzernunternehmen und Optionen auf den Erwerb von Arbeitgeberaktien sind nicht in die Bemessungsgrundlagen für Entgeltfortzahlungsansprüche und Beendigungsansprüche einzubeziehen."

Regelmäßig bezogene Entgeltbestandteile

Bezüglich der Einbeziehung von Überstundenentgelt (wie auch bei anderen Entgeltbestandteilen und ebenso wie beim Krankenentgelt) gilt, dass diese einzurechnen sind, wenn die entgeltwirksamen Leistungen regelmäßig erfolgt sind. Die Frage, wann Regelmäßigkeit bezogener Entgeltbestandteile gegeben ist, wurde weder durch das UrlG noch durch den General-KV ausdrücklich geregelt. Die Rechtsprechung geht davon aus, dass von einer regelmäßigen Leistung von Überstunden auszugehen ist, wenn sie in der überwiegenden Anzahl der Wochen im Beobachtungszeitraum geleistet wurden (OGH 3.6.1980, 4 Ob 59, 60/80, Arb 9.874).

Ausfallsprinzip und Schnittberechnung

Aus dem Ausfallsprinzip ergibt sich jedoch, dass Überstundenentgelte und sonstige Zuschläge (soweit diese keine Aufwandsentschädigungen sind) nicht in das Urlaubsentgelt einbezogen werden müssen, wenn der AN diese Entgeltbestandteile auch dann nicht hätte verdienen können, wenn er anstelle des Urlaubskonsums im Betrieb seine Arbeitsleistungen erbracht hätte (siehe 20.11).

Oftmals ist aber nicht feststellbar, welche Entgeltbestandteile der AN erhalten hätte, wenn er nicht auf Urlaub (oder etwa auch im Krankenstand) gewesen wäre. Diesfalls ist ein Durchschnitt zu bilden, wobei dies eine Hilfskonstruktion ist, weil primär zu klären ist, wie hoch der Verdienst gewesen wäre, wenn die Arbeitseinstellung nicht eingetreten wäre. Wenn etwa der AN vom 16.8. bis 31.8. auf Urlaub ist und während dieser Zeit auf Grund der reduzierten Kundenfrequenz keinesfalls Überstunden angefallen wären, so ist ein Überstundenentgelt auch dann nicht in das Urlaubsentgelt einzubeziehen, wenn der AN bisher regelmäßig Überstunden (die auszuzahlen sind) geleistet hat (durch Zeitausgleich zu verbrauchende Überstunden sind nicht entgeltwirksam und daher nicht in das Urlaubsentgelt einzurechnen – OGH 13.4.1994, 8 Ob S 3/94; 29.1.2013, 9 Ob A 124/12 y).

Zu den Provisionen verweist der General-KV zum Urlaubsentgelt auf einen Schnitt der letzten 12 Monate vor dem Urlaubsantritt (siehe zuvor). Abgesehen davon vertritt der OGH die Rechtsauffassung, dass das Urlaubs- bzw. Krankenentgelt bei schwankenden Bezügen in der Regel nach dem Jahresdurchschnitt zu berechnen sei, weil dies zu einem einigermaßen befriedigenden Ergebnis führe und dem Gedanken der Kontinuität Rechnung trage (OGH 25.2.2015, 9 Ob A 12/15 b). In diesem Sinne wurde bereits zuvor für eine ungleichmäßige Verteilung von Nachtdienstleistungen, die ein schwankendes Entgelt zur Folge hatten, ein Beobachtungszeitraum von einem Kalenderjahr herangezogen, um eine verlässliche Grundlage für die Durchschnittsberechnung vor Eintritt der Arbeitsverhinderung zu erhalten (OGH 26.1.1994, 9 Ob A 365/93). Auch der Durchschnittsbetrachtung einer regelmäßig bezogenen Schichtzulage wurde ein Beobachtungszeitraum von einem Jahr zu Grunde gelegt (OGH 7.6.2001, 9 Ob A 295/00 y). In der zuvor erwähnten Entscheidung aus dem Jahre 2015 wurde der Jahresschnitt für eine Blockstundenvergütung und eine Bordverkaufsprovision, die saisonalen Schwankungen unterworfen sind, herangezogen.

Bei einer Veränderung des Entgelts richtet sich die Höhe des Urlaubsentgelts stets nach dem Entgelt, welches der AN während der Zeit des Urlaubs verdient hätte, wenn er nicht im Urlaub gewesen wäre (ebenfalls eine Konsequenz aus dem Ausfallsprinzip – OGH 22.7.2014, 9 Ob A 20/14 b, *Rauch*, Arbeitsrecht 2015, 67 f.).

Zur laufenden Auszahlung des Urlaubsentgelts – siehe 31.10.

Einschlägige Judikatur

- *Dem Ausfallsprinzip, das das Ziel verfolgt, den AN während der Nichtarbeit (Urlaub oder Krankheit) entgeltmäßig zu stellen, als hätte er in dieser Zeit gearbeitet, wird aber nur entsprochen, wenn als Grundlage für die Bemessung des Entgeltes für die Nichtarbeitszeiten Zeiten herangezogen werden, in denen der AN tatsächlich gearbeitet hat; nur dann besteht die Möglichkeit, Überstunden zu leisten. Gehören zu einem 13-wöchigen Beobachtungszeitraum Zeiten, in denen der AN – aus welchen Gründen immer – nicht gearbeitet hat, sind diese Zeiten als neutral zu werten. Für die Ermittlung des für die Zeit der Nichtarbeit zu berücksichtigenden gebührenden Überstundenentgelts ist das für die Überstunden, die während des Beobachtungszeitraumes geleistet worden sind, gebührende Entgelt durch die Zahl der Normalarbeitsstunden, die während der Zeit der tatsächlichen Arbeitstätigkeit im Beobachtungszeitraum angefallen sind, zu teilen. Nur so kann die durchschnittliche Erhöhung des Entgeltes durch während der Zeit der tatsächlichen Arbeit regelmäßig geleistete Überstunden ermittelt werden, die entsprechend dem Ausfallsprinzip die Grundlage für die Ermittlung des Entgeltes für die Zeit der Nichtarbeit bildet (OGH 9 Ob A 166/92).*

- *Entscheidend ist, welche Arbeitszeit während der Urlaubsdauer ausgefallen wäre und welches Entgelt für diese Arbeitszeit gebührt hätte. Nach dem Ausfallsprinzip ist zu prüfen, welcher Entgeltanspruch entstanden wäre, wenn die Arbeit nicht ausgefallen wäre. Eine Berechnung nach einem davor liegenden Durchschnittszeitraum kommt nur subsidiär und nur dann in Betracht, wenn nicht feststeht, welche Ansprüche (etwa aus der Leistung von Überstunden) im Zeitraum des (im Fall der UE-fiktiven) Urlaubsverbrauches tatsächlich entstanden wären (OGH 9 Ob A 93/97).*

27.9 Aufzeichnungspflicht

§ 8 UrlG sieht vor:

(1) Der Arbeitgeber hat Aufzeichnungen zu führen, aus denen hervorgeht:

1. der Zeitpunkt des Dienstantrittes des Arbeitnehmers, die angerechneten Dienstzeiten und die Dauer des dem Arbeitnehmer zustehenden bezahlten Urlaubs;
2. die Zeit, in welcher der Arbeitnehmer seinen bezahlten Urlaub genommen hat;
3. das Entgelt, das der Arbeitnehmer für die Dauer des bezahlten Urlaubs erhalten hat, und der Zeitpunkt der Auszahlung;
4. wenn das Urlaubsjahr nicht nach dem Arbeitsjahr berechnet wird, der Zeitpunkt, ab dem die Umstellung gilt und die Norm auf Grund der die Umstellung erfolgt ist, sowie das Ausmaß der dem Arbeitnehmer für den Umstellungszeitraum gebührenden Urlaubsansprüche und der Zeitraum, in dem der Urlaub verbraucht wurde.

(2) Die Verpflichtung nach Abs. 1 ist auch dann erfüllt, wenn diese Angaben aus Aufzeichnungen hervorgehen, die der Arbeitgeber zum Nachweis der Erfüllung anderer Verpflichtungen führt.

Demnach werden die meisten dieser Informationen bereits schriftlich im Arbeitsvertrag bzw. in den Gehaltsabrechnungen festgehalten sein. Jedenfalls wird es erforderlich sein, Aufzeichnungen zu führen, aus denen hervorgeht, wann jeder einzelne namentlich bezeichnete AN seinen Urlaub konsumiert hat. Das übersichtliche Führen derartiger Aufzeichnungen hat für den AG auch den Vorteil, dass im Fall von Konflikten bezüglich des offenen Urlaubs genau nachvollzogen werden kann, wann der Urlaub tatsächlich konsumiert wurde. Die Überwachung der Einhaltung dieser Bestimmung obliegt dem Arbeitsinspektorat. Im Fall des Verstoßes gegen § 8 UrlG kann seitens der Bezirksverwaltungsbehörde eine Geldstrafe (§ 13 UrlG) verhängt werden.

Hinweise für die betriebliche Praxis

Da es sehr oft zu Streitigkeiten über das Ausmaß des noch offenen Urlaubsanspruchs kommt, ist das exakte Führen der Aufzeichnungen über den verbrauchten Urlaub dringend zu empfehlen. Darüber hinaus sollten die AN schriftliche Urlaubsanträge, die AG und AN unterfertigen, ausfüllen und vorlegen. Der Behauptung, dass die Aufzeichnungen unrichtig seien, kann im Fall des Vorliegens von Anträgen durch den Vergleich dieser Anträge mit den Aufzeichnungen entgegengetreten werden.

Ein solcher **Urlaubsantrag** könnte wie folgt formuliert werden:

Urlaubsantrag

Frau/Herr .... beantragt hiermit Urlaub von .... bis ...., das sind .... Arbeitstage. Der nach Konsum dieses Urlaubs verbleibende Resturlaub beträgt insgesamt .... Arbeitstage.

Datum, Unterschrift des AN, Unterschrift des AG

Das UrlG bestimmt nicht, wie lange die Urlaubsaufzeichnungen aufzuheben sind. Da (mangels abweichender Verfallsfristen – siehe 47.) Ansprüche auf Vergütung eines behaupteten offenen Urlaubsanspruches bis drei Jahre nach Beendigung des Arbeitsverhältnisses (Verjährung nach dem ABGB) geltend gemacht werden können, ist es ratsam, die Aufzeichnungen inklusive Urlaubsanträgen wenigstens bis zum Ablauf der Verjährungsfrist aufzuheben.

Lässt sich im Zuge eines Gerichtsverfahrens (etwa durch mangelhafte Aufzeichnungen des AG) der Urlaubsverbrauch nicht anders feststellen, ist auch eine Schätzung nach § 273 ZPO zulässig (OGH 30.10.1997, 8 Ob A 298/97 z, OLG Linz 17.10.2012, 12 Ra 71/12 s, ARD 6300/3/2012).

27.10 Kürzbarkeit des Urlaubsanspruches und unbezahlter Urlaub

Der § 2 Abs. 2 letzter Satz UrlG sieht vor:

Der Urlaubsanspruch wird durch Zeiten, in denen kein Anspruch auf Entgelt besteht, nicht verkürzt, sofern gesetzlich nicht ausdrücklich anderes bestimmt wird.

Der § 9 Abs. 1 und 2 APSG sieht Folgendes vor:

(1) Fallen in ein Urlaubsjahr Zeiten eines **Präsenz(Zivil)dienstes**, so gebührt der Urlaub soweit Abs. 2 nicht anderes bestimmt – in dem Ausmaß, das dem um die Dauer des Präsenz(Zivil)dienstes verkürzten Urlaubsjahr entspricht. Ergeben sich bei der Berechnung des Urlaubsausmaßes Teile von Werktagen, so sind diese auf ganze Werktage aufzurunden.

(2) Fällt in ein Urlaubsjahr eine kurzfristige Einberufung zum ordentlichen oder außerordentlichen Präsenz(Zivil)dienst, so tritt eine Verkürzung des Urlaubsanspruches nur dann ein, wenn die Zeit dieser Einberufung im Urlaubsjahr 30 Tage übersteigt. Mehrere derartige Einberufungen innerhalb des Urlaubsjahres sind zusammenzurechnen. Abs. 1 Satz 2 gilt sinngemäß.

Der § 15f Abs. 2 MSchG (§ 7 VKG) sieht vor (siehe auch 25.5):

(2) Fallen in das jeweilige Dienstjahr Zeiten einer **Karenz**, so gebührt ein Urlaub, soweit dieser noch nicht verbraucht worden ist, in dem Ausmaß, das dem um die Dauer des Karenzurlaubes verkürzten Dienstjahr entspricht. Ergeben sich bei der Berechnung des Urlaubsausmaßes Teile von Werktagen, so sind diese auf ganze Werktage aufzurunden.

Zur Kürzbarkeit des Urlaubsentgeltes bei erweiterter Bildungsfreistellung siehe § 119 Abs. 2 ArbVG.

Weiters bestimmt § 11 Abs. 2 bzw. § 12 AVRAG, dass im Falle einer mit dem AG vereinbarten Bildungskarenz bzw. einer Freistellung gegen Entfall des Arbeitsentgeltes (siehe 36.5), die den in diesen Bestimmungen genannten Voraussetzungen entspricht, bezüglich des Urlaubs der § 15f Abs. 2 MSchG anzuwenden ist. Daher hat die Bildungskarenz im Sinne des § 11 AVRAG bzw. die Freistellung gegen Entfall des Arbeitsentgelts im Sinne des § 12 AVRAG den Vorteil, dass bei diesen unbezahlten Freistellungsformen gesetzlich geklärt ist, dass für die Dauer der Karenzierung kein Urlaubsanspruch zusteht. Dies gilt auch dann, wenn bei einer Hospiz-Karenz die Freistellung gegen Entfall des Arbeitsentgelts vom AN gewählt wird (§§ 14a ff. AVRAG – siehe 41.7.5).

Für Zeiten der Karenzierung entsteht kein Urlaubsanspruch, weil sich der sachliche Geltungsbereich des UrlG nicht auf Karenzierungen bezieht. Anders kann dies nur bei gegenteiliger ausdrücklicher Vereinbarung oder bei einer Karenzierung im Interesse des AG sein (OGH 9 Ob A 67/05 a = ARD 5617/6/2005).

Dauert der unbezahlte Urlaub länger als einen Monat, so ist der AN von der Sozialversicherung abzumelden (§§ 11 Abs. 3 lit. a und 47 ASVG). Falls der AN nicht abgemeldet wird, weil der unbezahlte Urlaub die Dauer von einem Monat nicht übersteigt, hat der AN die Beiträge zur SV zur Gänze zu tragen (einschließlich dem AG-Anteil) und ist somit durchgehend versichert. Darauf sollte in der Vereinbarung über den unbezahlten Urlaub hingewiesen werden. Bei einem unbezahlten Urlaub, der länger als einen Monat dauert, besteht für den AN die Möglichkeit, eine Weiterversicherung abzuschließen (§ 17 ASVG).

> **Muster für die Vereinbarung eines unentgeltlichen Urlaubs**
>
> *Auf ausdrückliches Verlangen wird Frau/Herrn .... für die Zeit vom .... bis .... ein unbezahlter Urlaub bewilligt.*
>
> *Während des unbezahlten Urlaubs ruhen die wechselseitigen Rechte und Pflichten aus dem Arbeitsverhältnis; es besteht insbesondere keine Arbeitspflicht des AN bzw. Lohnzahlungspflicht oder Verpflichtung zur Leistung der Sonderzahlungen und Urlaubsgewährung seitens des AG. Überhaupt bleibt die Zeit des unentgeltlichen Urlaubs hinsichtlich aller Rechtsansprüche des AN, die sich nach der Dauer der Dienstzeit richten, außer Betracht.*
>
> *Es wird ausdrücklich festgehalten, dass für die Dauer des unbezahlten Urlaubs Frau/Herr .... die gesamten SV-Beiträge (AN- und AG-Beitrag) zu tragen und an die Krankenkasse zu entrichten hat.*) Der Ordnung halber wird darauf hingewiesen, dass mit Ende des Entgeltanspruches die Pflichtversicherung in der SV endet; und zwar für die Dauer des unbezahlten Urlaubes.**)*
>
> *.................., am ....*
>
> *(Ort)*
>
> ....
>
> AN   AG

*) Bei einem unbezahlten Urlaub in der Dauer von weniger als einem Monat
**) Bei einem unbezahlten Urlaub in der Dauer von mehr als einem Monat

27.11 Betriebsurlaub

Während der Sommermonate bzw. in der Weihnachtszeit wird in vielen Betrieben eine **Betriebssperre** vorgenommen. Nach dem Gesetz ist nur in bestimmten Ausnahmefällen (§ 4 Abs. 4 und § 16 Abs. 3 UrlG) ein Urlaubsantritt ohne Vereinbarung zulässig. Demnach ist für die Zeit der Betriebssperre mit jedem einzelnen AN ein Urlaub zu vereinbaren (OGH 9 Ob A 96/07 v). In Betrieben, in denen ein BR gewählt wurde, können Grundsätze betreffend den Verbrauch des Erholungsurlaubes durch Betriebsvereinbarung geregelt werden (z.B. Vorrang für AN mit schulpflichtigen Kindern; siehe 53. – Betriebsvereinbarungen nach § 97 ArbVG). Durch Betriebsvereinbarung kann jedoch nicht für jeden oder auch nur für einzelne AN für die Zeit der Betriebssperre Urlaub vereinbart werden. Urlaubsvereinbarungen sind stets vom AN persönlich mit dem AG abzuschließen. Allenfalls kann von einer **schlüssigen Urlaubsvereinbarung** ausgegangen werden, wenn der AN die alljährlich ca. zur gleichen Zeit (z.B. 3. und 4. Woche im August) stattfindende Betriebssperre bisher stets als Urlaub anerkannt hat (zur Zulässigkeit schlüssiger Urlaubsvereinbarungen siehe Arb 8.488, 10.196 – 27.1).

Nach der Rechtsprechung sind Vorausvereinbarungen von Betriebsurlauben für künftige Jahre im Arbeitsvertrag bei betrieblichen Erfordernissen und einem ausreichenden verbleibenden Urlaub für gesonderte Urlaubsvereinbarungen zulässig (OGH 5.4.1989, 9 Ob A 72/89). Es ist daher ratsam, bereits in den Arbeitsvertrag eine solche Vereinbarung aufzunehmen. Der Zeitpunkt der jeweiligen Betriebssperre sollte dabei möglichst präzise angegeben werden (Details siehe 14.14).

Ist die Aufnahme in den Arbeitsvertrag nicht mehr möglich, sollte im Zweifelsfall jeder einzelne AN mittels Unterschrift seine Zustimmung erklären, dass die Zeit der Betriebssperre als Urlaub anzusehen ist. Weigert sich ein AN, eine Urlaubsvereinbarung bezüglich der Betriebssperre abzuschließen und erklärt sich arbeitsbereit, so kann er **gemäß § 1155 ABGB Entgeltzahlung** für die Zeit der Betriebssperre begehren, obwohl er keinen Urlaub konsumiert und keine Arbeitsleistungen erbracht hat (siehe 31.8). Dabei muss er sich jedoch anrechnen lassen (bereits ab dem ersten Tag der Betriebssperre), was er infolge des Unterbleibens der Dienstleistung erspart oder durch anderweitige Verwendung erworben oder zu erwerben absichtlich versäumt hat. In der Praxis werden dies meist nur eingesparte Fahrtkosten des AN für Hin- und Rückfahrten zum Betrieb sein.

Einschlägige Judikatur

- *Eine „Urlaubssperre" des Betriebes während der Weihnachtsferien ist zwar nicht als Urlaubsvereinbarung zu betrachten, doch ist hier zumindest eine schlüssige Zustimmung anzunehmen, weil diese Zeit mit den Weihnachtsferien der Kinder, als traditionelle Ferienzeit des AN, zusammenfällt (ASG Wien 18 Cga 339/93 = ARD 4578/ 7/94).*

27.12 Dienstfreistellung und Urlaub

In der Praxis muss der AG für die Dauer der Kündigungsfrist immer wieder eine Dienstfreistellung gewähren, weil die Gefahr besteht, dass der AN während der letzten Tage seines Arbeitsverhältnisses Schäden anrichtet, um sich für die Kündigung zu „revanchieren". Während einer Dienstfreistellung ist dem AN nach § 1155 ABGB (OGH 8 Ob A 85/01 k, 9 Ob A 115/03 g = ARD 5516/8/2004 – siehe 31.8) entsprechend dem Ausfallsprinzip (siehe 27.8) das volle Entgelt (ausgenommen Aufwandentschädigungen) fortzuzahlen (OGH 9 Ob A 91/05 f, 8 Ob A 75/08 z). Hätte z.B. der freigestellte AN (ohne Dienstfreistellung) weiter an Auslandstourneen teilgenommen, so ist dies beim Fortzahlungsanspruch zu berücksichtigen (OGH 29.11.2013, 8 Ob A 44/13y, *Rauch*, Arbeitsrecht 2015, 35 f.). Dabei wird immer wieder verabsäumt, eine Regelung bezüglich des Konsums des Resturlaubs zu treffen. Diese Regelung sollte bereits im Zusammenhang mit der Kündigung und der anschließenden Dienstfreistellung angesprochen werden, indem der AG anbietet, dass der AN seinen Urlaub verbrauchen möge und dafür für die verbleibende Kündigungszeit bei vollen Bezügen freigestellt wird. Weiters ist es empfehlenswert, bezüglich des Urlaubsverbrauches während der Kündigungsfrist keine datumsmäßigen Angaben zu vereinbaren. Falls der Urlaub etwa am Beginn der Kündigungsfrist vereinbart wird und die restliche Kündigungsfrist als Dienstfreistellung anzusehen ist, so könnte dies dazu führen, dass der AN exakt für die als Urlaub vereinbarte Zeit einen Krankenstand meldet und für den damit nicht konsumierten Urlaub eine Ersatzleistung bezahlt werden muss. Wird hingegen keine datumsmäßige Fixierung, sondern nur allgemein ein Urlaubsverbrauch während der Kündigungszeit vereinbart, so müsste der AN für die komplette Zeit der Kündigungsfrist „erkranken", um die volle Ersatzleistung zu erlangen. Längere Krankenstandsbestätigungen sind jedoch nicht ganz so einfach (wie kürzere) zu bekommen. Eine Vereinbarung, dass der AN den Urlaub zu einem von ihm gewählten Zeitpunkt innerhalb einer zeitlich fixierten Dienstfreistellung antritt, ist zwar keine Urlaubsvereinbarung nach § 4 Abs. 1 UrlG, ist aber zulässig und wirkt auf den Urlaubsverbrauch ein (OGH 5.6.2008, 9 Ob A 65/08 m). Daher ist in einem solchen Fall kein Anspruch auf eine Ersatzleistung gegeben.

Wird eine Dienstfreistellung eingeräumt und fehlt bezüglich des Resturlaubs eine Regelung, so gilt der Urlaub nicht als konsumiert (OGH 9 Ob A 117/08 h). Weigert sich der AN eine Urlaubsvereinbarung abzuschließen, so kann der AG auch die Dienstfreistellung ablehnen und die Anwesenheit des AN am vereinbarten Arbeitsort verlangen. Die Rechtsprechung geht davon aus, dass bei missbräuchlicher Ablehnung eines Angebots, Urlaub im Zusammenhang mit einer Dienstfreistellung zu verbrauchen, der Urlaub trotz Fehlens einer Vereinbarung als konsumiert anzusehen ist (OGH 9 Ob A 61/94). Dies ergibt sich daraus, dass durch die Dienstfreistellung lediglich die Arbeitspflicht wegfällt, nicht aber die Treuepflicht des AN. Mit der Treuepflicht des AN ist es nicht vereinbar, das Anbot des AG zum Abschluss einer Urlaubsvereinbarung während der Dienstfreistellung abzulehnen, um dann doch hinter dem Rücken des AG die bezahlte Freizeit für Zwecke zu verwenden, welche die Gewährung von Urlaub erfordert hätten (OGH 18.8.1995, 8 Ob A 282/95 = ARD 4637/22/95, 5.6.2002, 9 Ob A 113/02 m). Dieses Ergebnis wurde auch damit begründet, dass die Ersatzleistung nicht nur bei unberechtigtem vorzeitigem Austritt, sondern auch bei rechtsmissbräuchlicher Verweigerung des Konsums von Urlaub nicht zusteht. Rechtsmissbrauch liegt vor, wenn die Schädigungsabsicht den einzigen oder überwiegenden Grund der Rechtsausübung (hier der Ablehnung des Angebots des AG, Urlaub zu verbrauchen) darstellt oder auch dann, wenn das unlautere Motiv der Rechtsausübung das lautere Motiv eindeutig überwiegt bzw. wenn zwischen den vom Handelnden verfolgten eigenen Interessen und den beeinträchtigten Interessen des anderen ein ganz krasses Missverhältnis besteht (OGH 16.1.2006, 8 Ob A 80/05 f, *Rauch,* Urlaubsverbrauch während der Kündigungsfrist, ASoK 11/2006, 414 ff.; siehe auch Einschlägige Judikatur am Ende dieses Kapitels).

Nach der Auffassung des OLG Wien kann der Urlaub nicht als verbraucht angesehen werden, wenn sich der freigestellte AN Freizeitaktivitäten widmet ohne einen Ortswechsel vorzunehmen (OLG Wien 9 Ra 78/08 v = ARD 5962/5/2009).

Hat hingegen ein für viereinhalb Jahre dienstfrei gestellter AN wiederholt Angebote des AG zum Urlaubsverbrauch abgelehnt (obwohl er seine Zeit für Urlaubszwecke hätte nützen können), so ist dies insgesamt als rechtsmissbräuchlich anzusehen (OGH 30.7.2009, 8 Ob A 81/08 g). Ein solcher Rechtsmissbrauch wird aber nur in derartigen Extremfällen gesehen. Bei einer zweijährigen Dienstfreistellung (allerdings mit Krankenständen) vertrat der OGH die (eher seltsame) Auffassung, dass die Ablehnung von Urlaubsangeboten kein Missbrauch sein soll (OGH 16.12.2005, 9 Ob A 144/05 z).

Schlägt der AG vor, dass der AN während der Dienstfreistellung seinen restlichen Urlaub verbrauchen soll, so darf er das Stillschweigen des AN als Zustimmung werten. Reagiert also der AN auf das Angebot auf Urlaubsverbrauch nicht und konsumiert die Dienstfreistellung, so gilt der Resturlaub als verbraucht (OGH 29.3.2012, 9 Ob A 160/11 m). Andererseits kann das Schweigen des AN auf die Erklärung des Geschäftsführers, dass er den Urlaub verbrauchen müsse und dienstfrei gestellt sei, nicht als Zustimmung zum Urlaubskonsum betrachtet werden, weil der AN davon ausgehen konnte, dass seine Arbeitsleistung nicht mehr gewünscht sei (OGH 25.6.2015, 8 Ob A 48/15 i).

In Ausnahmefällen ist bei hochqualifizierten Tätigkeiten eine Dienstfreistellung ohne Zustimmung des AN unzulässig. Konkret wurde dies von der Rechtsprechung zu Ärzten ausgesprochen, bei denen das Brachliegen ihrer Fähigkeiten zwangsläufig zu einem Qualitätsverlust und zur Minderung des chirurgisch-handwerklichen Niveaus führt (OGH 28.11.2002, 8 Ob A 202/02 t, ähnlich OGH 21.5.2003, 9 Ob A 51/03 w). Ebenso wurde einem Berufsfußballer das Recht auf Teilnahme am Training und an Lehrgängen der Kampfmannschaft eingeräumt (nicht aber auf Einsätze in der Kampfmannschaft – OGH 1.2.2007, 9 Ob A 121/06 v). Ein Universitätsprofessor kann hingegen vom AG dienstfrei gestellt werden (OGH 18.8.2016, 9 Ob A 51/16 i, *Rauch*, Arbeitsrecht 2017, 90).

Die wahre Mitteilung an alle AN, dass ein bestimmter AN dienstfrei gestellt und aller Funktionen enthoben wurde, ist zulässig und hat der freigestellte AN kein Recht auf den Widerruf durch den AG (OGH 9 Ob A 16/08 f).

> **Muster für eine Dienstfreistellung mit Regelung zum Verbrauch des Resturlaubes**
>
> Wir halten fest, dass wir das Arbeitsverhältnis mit Frau/Herrn .... am heutigen Tage zum 31.3.2007 (letzter Tag des Arbeitsverhältnisses) gekündigt haben.
>
> Weiters wird zwischen dem AG .... und Frau/Herrn .... folgende Vereinbarung abgeschlossen:
>
> Das restliche Urlaubsguthaben, welches einvernehmlich mit insgesamt zehn Arbeitstagen festgestellt wird, wird von Frau/Herrn .... in der Zeit zwischen dem morgigen Tag und dem 31.3.2007 zur Gänze verbraucht. Für die verbleibenden Tage der Kündigungszeit (Kündigungsfrist abzüglich zehn Urlaubstage und je einem Postensuchtag pro Woche der Kündigungsfrist) wird Frau/Herr bei vollem Entgelt dienstfrei gestellt.
>
> Wien, am 28.1.2007
>
> Einverstanden:
>
> ....
> AN   AG

Einschlägige Judikatur

- Wenn einem AN der Konsum von Urlaub im Zusammenhang mit einer Dienstfreistellung angeboten wird und der AN dieses Angebot treuwidrig ablehnt, besteht kein Anspruch auf eine UE. Als treuwidrig wurde angesehen, dass der AN einerseits das Urlaubsangebot zur Gänze abgelehnt hat und andererseits doch hinter dem Rücken des AG die bezahlte Freizeit (Dienstfreistellung) zu einem erheblichen Teil tatsächlich für Zwecke verwendet hat, die die Gewährung von Urlaub erfordern (Begleitung des Freundes als Privatperson auf einer Dienstreise nach Sri Lanka – OGH 9 Ob A 61/94, 9 Ob A 113/02 m).

27.13 Verbrauch von Urlaub während der Kündigungsfrist

Der AN ist nicht verpflichtet, während der Kündigungsfrist Urlaub zu verbrauchen. Bietet der AG den Konsum von Resturlaub an, so kann das Angebot vom AN abgelehnt werden und daher der AN die Arbeit bis zum Ablauf der Kündigungsfrist fortsetzen. Dies gilt nach der Rechtsprechung auch dann, wenn dem AN der Konsum von Urlaub zumutbar wäre (OGH 16.12.2005, 9 Ob A 144/05 z – siehe *Rauch*, Urlaubsverbrauch während der Kündigungsfrist, ASoK 11/2006, 414 ff., sowie OGH 29.10.2014, 9 Ob A 110/14 p, *Rauch*, Arbeitsrecht 2016, 42).

Im Fall der Dienstfreistellung wäre es in bestimmten Fällen für den AG möglich, eine missbräuchliche Ablehnung des Urlaubsangebotes zu beweisen, die zum Entfall der Ersatzleistung für jene Urlaubstage führt, deren Verbrauch missbräuchlich abgelehnt wurde (siehe 27.12). Abgesehen davon trifft den AN, der dienstfrei gestellt werden soll, die Pflicht, das Angebot des AG, den Resturlaub zu verbrauchen, zu beantworten (siehe 27.12).

Zur Postensuche und Urlaubsvereinbarung – siehe 41.1.4.

28. Pflegefreistellung

Der § 16 UrlG sieht vor:

(1) Ist der Arbeitnehmer nach Antritt des Arbeitsverhältnisses an der Arbeitsleistung

1. wegen der notwendigen Pflege eines im gemeinsamen Haushalt lebenden erkrankten nahen Angehörigen oder

2. wegen der notwendigen Betreuung seines Kindes (Wahl- oder Pflegekindes) oder eines im gemeinsamen Haushalt lebenden leiblichen Kindes des anderen Ehegatten, des eingetragenen Partners oder Lebensgefährten infolge eines Ausfalls einer Person, die das Kind ständig betreut hat, aus den Gründen des § 15 d Abs. 2 Z 1 bis 5 des Mutterschutzgesetzes 1979, BGBl.Nr. 221, in der jeweils geltenden Fassung, oder

3. wegen der Begleitung seines erkrankten Kindes (Wahl- oder Pflegekindes) oder eines im gemeinsamen Haushalt lebenden leiblichen Kindes des anderen Ehegatten, des eingetragenen Partners oder Lebensgefährten bei einem stationären Aufenthalt in einer Heil- und Pflegeanstalt, sofern das Kind das 10. Lebensjahr noch nicht vollendet hat,

nachweislich verhindert, so hat er Anspruch auf Fortzahlung des Entgelts bis zum Höchstausmaß seiner regelmäßigen wöchentlichen Arbeitszeit innerhalb eines Arbeitsjahres. Als nahe Angehörige im Sinne dieses Bundesgesetzes sind der Ehegatte, der eingetragene Partner und Personen anzusehen, die mit dem Arbeitnehmer in gerader Linie verwandt sind, ferner Wahl- und Pflegekinder, im gemeinsamen Haushalt lebende leibliche Kinder des anderen Ehegatten oder des eingetragenen Partners oder Lebensgefährten sowie die Person, mit der der Arbeitnehmer in Lebensgemeinschaft lebt.

(2) Darüber hinaus besteht Anspruch auf Freistellung von der Arbeitsleistung bis zum Höchstausmaß einer weiteren regelmäßigen wöchentlichen Arbeitszeit innerhalb eines Arbeitsjahres, wenn der Arbeitnehmer den Freistellungsanspruch gemäß Abs. 1 verbraucht hat, wegen der notwendigen Pflege seines im gemeinsamen Haushalt lebenden erkrankten Kindes (Wahl- oder Pflegekindes), oder im gemeinsamen Haushalt lebenden leiblichen Kindes des anderen Ehegatten oder eingetragenen Partners oder Lebensgefährten, welches das 12. Lebensjahr noch nicht überschritten hat, an der Arbeitsleistung neuerlich verhindert ist, und ihm für diesen Zeitraum der Dienstverhinderung kein Anspruch auf Entgeltfortzahlung wegen Dienstverhinderung aus wichtigen in seiner Person gelegenen Gründen auf Grund anderer gesetzlicher Bestimmungen, Normen der kollektiven Rechtsgestaltung oder des Arbeitsvertrages zusteht.

(3) Ist der Anspruch auf Entgeltfortzahlung bei Entfall der Arbeitsleistung aus einem der in Abs. 1 und 2 genannten Dienstverhinderungsgründen erschöpft, kann zu einem in Abs. 2 genannten Zweck Urlaub ohne vorherige Vereinbarung mit dem Arbeitgeber angetreten werden.

(4) Im Fall der notwendigen Pflege seines erkrankten Kindes (Wahl- oder Pflegekindes) hat auch jener Arbeitnehmer Anspruch auf Freistellung von der Arbeitsleistung nach Abs. 1

Z 1, Abs. 2 und 3, der nicht mit seinem erkrankten Kind (Wahl- oder Pflegekind) im gemeinsamen Haushalt lebt.

Die Pflegefreistellung wurde durch die Novelle BGBl I 2013/3 wesentlich erweitert. Damit soll der Zunahme von „Patchwork-Familien" Rechnung getragen werden. Der Lebensgefährte (die Lebensgefährtin) kann daher nunmehr eine Pflegefreistellung für das Kind des Partners beanspruchen, wenn ein gemeinsamer Haushalt des pflegenden Lebensgefährten mit dem Kind besteht (wie bisher Ehegatten bzw. eingetragene Partner). Dies bezieht sich auch auf die Betreuungsfreistellung wegen Ausfalls der sonst betreuenden Person (§ 16 Abs. 1 Z 2 UrlG), die Begleitung eines unter 10 Jahre alten Kindes bei stationärem Aufenthalt in einer Heil- oder Pflegeanstalt (§ 16 Abs. 1 Z 3 UrlG), die 2. Freistellungswoche für Kinder unter 12 Jahren und die Möglichkeit des einseitigen Urlaubsantritts bei Ausschöpfung der Freistellungsmöglichkeiten (§ 16 Abs. 3 UrlG).

Bei leiblichen Eltern (Wahl- und Pflegeeltern) ist hingegen der gemeinsame Haushalt für die Freistellung zur Pflege bzw. Betreuung eines Kindes nicht mehr erforderlich (§ 16 Abs. 4 UrlG). Dies gilt ebenso bei der neuen Begleitung des Kindes (bis zum vollendeten 10. Lebensjahr) bei stationären Spitalsaufenthalten (§ 16 Abs. 1 Z 3 UrlG).

Die Pflegefreistellung ist ein besonders geregelter Fall wichtiger in der Person gelegener Dienstverhinderungsgründe im Sinne des § 8 Abs. 3 AngG und § 1154b Abs. 5 ABGB (siehe 24.).

Die Pflegefreistellung schränkt die Freistellungsansprüche nach § 8 Abs. 3 AngG sowie § 1154b Abs. 5 ABGB jedoch nicht ein, sondern ist bei Vorliegen der Voraussetzungen neben diesen zu gewähren. Sind daher die Ansprüche auf Pflegefreistellung ausgeschöpft, so ist zu prüfen, ob ein weiterer Freistellungsanspruch nach § 8 Abs. 3 AngG bzw. § 1154b Abs. 5 ABGB gegeben ist. Die Freistellungsansprüche nach § 1154b Abs. 5 ABGB können kollektivvertraglich durch eine taxative Aufzählung eingeschränkt werden (siehe 24.). Die Pflegefreistellung nach § 16 UrlG kann durch Vereinbarungen lediglich zum Vorteil des AN verbessert werden (§ 17 UrlG).

Zu den Voraussetzungen der Pflegefreistellung ist im Einzelnen Folgendes zu beachten:

a) Aus der Voraussetzung der „notwendigen Pflege" ergibt sich, dass der AN alle zumutbaren Vorkehrungen treffen muss, um eine Arbeitsverhinderung wegen eines Pflegefalls zu verhindern. Die Notwendigkeit der Pflege fehlt insbesondere dann, wenn eine andere geeignete Person die Pflege durchführen kann. Eine Verpflichtung zur Bereitstellung einer Pflegeperson gegen Entgelt besteht jedoch nicht. Die konkrete familiäre Situation ist insofern von Bedeutung, als kein Wahlrecht auf Pflege gerade durch einen berufstätigen Angehörigen besteht, wenn geeignete andere, nicht berufstätige Familienangehörige vorhanden sind.

28. Pflegefreistellung

Kommen nur berufstätige nahe Angehörige für die Pflege in Frage, besteht unter ihnen ein Wahlrecht, wer die Pflege durchführt und daher Pflegefreistellung in Anspruch nimmt (OLG Wien 7 Ra 272/02 = ARD 5362/14/2003).

b) Nahe Angehörige sind der Ehegatte oder der eingetragene Partner des AN sowie Personen, die in gerader Linie mit ihm verwandt sind (Eltern, Großeltern, Urgroßeltern sowie Kinder, Enkel, Urenkel etc. des AN), weiters Wahl- und Pflegekinder des AN sowie ein Lebensgefährte des AN, im gemeinsamen Haushalt lebende leibliche Kinder des anderen Ehegatten oder des eingetragenen Partners oder Lebensgefährten. Eine Lebensgemeinschaft ist eine eheähnliche Partnerschaft von zwei unverheirateten Personen. Demnach ist etwa für die Pflege des Bruders oder des Schwiegervaters, auch wenn sie mit dem AN im gemeinsamen Haushalt leben, kein Anspruch auf Pflegefreistellung gegeben. Dies schließt jedoch nicht aus, dass ein Freistellungsanspruch nach § 8 Abs. 3 AngG oder nach § 1154b Abs. 5 ABGB gegeben sein kann.

c) Unter einem „gemeinsamen Haushalt" ist eine Wirtschafts- und Wohngemeinschaft zwischen dem AN und dem von ihm gepflegten Angehörigen zu verstehen.

d) Die Freistellung wegen der „notwendigen Betreuung" des Kindes (Wahl- oder Pflegekindes) des AN setzt voraus, dass die Person, die das Kind ständig betreut hat, infolge ihres Todes, eines Aufenthaltes in einer Heil- und Pflegeanstalt, einer schweren Erkrankung, wegen einer Freiheitsstrafe oder sonstigen behördlichen Anhaltung sowie wegen des Wegfalls des gemeinsamen Haushalts des Vaters, Adoptiv- oder Pflegevaters bzw. der Mutter, Adoptiv- oder Pflegemutter mit dem Kind oder der Betreuung des Kindes verhindert ist. Auch in diesem Fall ist davon auszugehen, dass die Notwendigkeit der Betreuung des Kindes nur dann vorliegt, wenn keine andere geeignete Person die Betreuung übernehmen kann.

Falls der AN den Freistellungsanspruch nach § 16 Abs. 1 UrlG verbraucht hat, besteht nach § 16 Abs. 2 UrlG ein weiterer Anspruch auf Freistellung bis zum Höchstausmaß einer regelmäßigen wöchentlichen Arbeitszeit innerhalb eines Arbeitsjahres, wenn der AN wegen der notwendigen Pflege seines Kindes, welches das 12. Lebensjahr noch nicht überschritten hat und mit dem AN im gemeinsamen Haushalt lebt, an der Arbeitsleistung neuerlich verhindert ist.

Da § 16 Abs. 2 UrlG ausdrücklich auf eine neuerliche Verhinderung abstellt, kann für eine Verhinderung nicht zunächst auf Abs. 1 und unmittelbar im Anschluss daran auf Abs. 2 gegriffen werden, um dadurch eine zweiwöchige Pflegefreistellung zu erzielen. Das heißt, die Inanspruchnahme einer zweiten Woche für Pflegefreistellung bedingt, dass die erste Woche für Pflegefreistellung bereits ausgeschöpft ist und ein neuerlicher Verhinderungsfall im Sinne des § 16 Abs. 2 UrlG eintritt. Der Freistellungsanspruch wegen neuerlicher Verhinderung gebührt dann nicht, wenn dem AN ein Freistellungsanspruch auf Grund anderer gesetzlicher (§ 8 Abs. 3 AngG, § 1154b Abs. 5 ABGB), kollektivvertraglicher oder einzelvertraglicher Bestimmungen zusteht.

Falls die Freistellungsansprüche nach § 16 Abs. 1 und 2 UrlG ausgeschöpft sind und die weitere Pflege des im gemeinsamen Haushalt mit dem pflegenden AN lebenden Kindes (welches noch nicht zwölf Jahre alt ist) notwendig ist, kann der AN ohne vorherige Vereinbarung einen Urlaub antreten. Dieser **einseitig angetretene Urlaub** darf nur für die Zeit der notwendigen Pflege in Anspruch genommen werden und wird vom Urlaubsguthaben des AN zur Gänze abgezogen.

Der AN ist verpflichtet, das Vorliegen aller Voraussetzungen für die Pflegefreistellung nachzuweisen. Dazu stehen ihm alle Beweismittel offen (z.B. eigene Erklärung, Zeugen). Die Rechtsprechung vertritt die Auffassung (Arb 9.733), dass der AG die Kosten der ärztlichen Bestätigung zu tragen hat, wenn der AG diese Form des Nachweises verlangt hat. Vor dem Ersatz der behaupteten Kosten der ärztlichen Bestätigung sollte jedoch der AG vom AN die Vorlage einer Rechnung über den vom Arzt für die Ausstellung der Bestätigung geforderten Betrag verlangen. Falls der AN die ärztliche Bestätigung unaufgefordert und daher aus eigenem Antrieb vorlegt, hat er die Kosten selbst zu tragen.

Im Gegensatz zur Rechtsprechung könnte man ebenso die Meinung vertreten, dass der AN die Kosten der ärztlichen Bestätigung zu tragen hat, da er in seinem ausschließlichen Interesse ein Recht in Anspruch nimmt und die Nachweispflicht eine Folge dieser Inanspruchnahme ist. Die ärztliche Bestätigung ist überdies die einzig praktikable Form des Nachweises.

Bewusst falsche Angaben des AN über die Voraussetzungen der Pflegefreistellung können einen **Entlassungsgrund** bilden.

Berechnungsgrundlage des Entgeltfortzahlungsanspruches während der Pflegefreistellung ist die regelmäßige wöchentliche Arbeitszeit (§ 16 Abs. 1 UrlG).

Treten die Voraussetzungen der Pflegefreistellung nach Antritt eines Urlaubs ein, so unterbricht die Pflegefreistellung den Urlaub, wenn die Voraussetzungen des § 5 UrlG vorliegen (siehe 27.5).

Einschlägige Judikatur

- *Der AN ist verpflichtet, für die Pflege die Hilfe geeigneter Verwandter in Anspruch zu nehmen bzw. zu versuchen, eine Pflege durch sie zu bewirken (OLG Wien 33 Ra 101/89 = ARD 4124/17/89).*
- *Kommen mehrere berufstätige Personen für die Pflege in Betracht, so besteht unter ihnen ein Wahlrecht, wer die Pflege ausübt (Arb 11.133 = ARD 4693/12/95).*
- *Ist die Betreuung eines Kindes durch den AN nicht notwendig, weil er das Kind nur zur Schule zu bringen und von der Schule abzuholen hat, besteht kein Anspruch auf Pflegefreistellung nach § 16 Abs. 1 Z 2 UrlG. Ein achtjähriges Kind ist bei Vorliegen durchschnittlicher Verhältnisse in der Lage, die Schule mit öffentlichen Verkehrsmitteln zu erreichen (OLG Wien 10 Ra 180/96).*
- *Der AN ist lediglich verhalten, den AG von der Arbeitsverhinderung rechtzeitig zu verständigen, und muss erforderlichenfalls für das Vorliegen der Voraussetzungen den Nachweis erbringen. Dieser erstreckt sich auf alle Tatbestandsmerkmale, so insbeson-*

dere auf die Erkrankung, die Pflegebedürftigkeit des Angehörigen und die Notwendigkeit der Pflege (OGH 9 Ob A 259/97).

29. Versetzung
29.1 Versetzung mit bzw. ohne Vertragsänderung

Bei jeder Versetzung sind zwei Ebenen (arbeitsvertragliche und betriebsverfassungsrechtliche Ebene) zu unterscheiden. Falls die Versetzung eine Vertragsänderung bewirkt, so ist die Zustimmung des AN erforderlich (**arbeitsvertragliche Ebene**). Sollte die Versetzung eine Verschlechterung der Arbeitsbedingungen zur Folge haben, so ist die Zustimmung des BR einzuholen (**betriebsverfassungsrechtliche Ebene**). Die beiden Ebenen sind an sich voneinander getrennt zu beachten.

Wird der AN nach den arbeitsvertraglichen Regelungen für bestimmte Arbeiten oder für einen bestimmten Arbeitsort aufgenommen, so kann er ohne seine ausdrückliche oder schlüssige Zustimmung nicht versetzt werden. Dasselbe gilt, wenn von einer schlüssigen Vereinbarung einer bestimmten Tätigkeit bzw. eines bestimmten Einsatzortes auszugehen ist. Aus der längeren Verwendung an einem bestimmten Arbeitsplatz kann für sich allein noch nicht ohne weiteres geschlossen werden, dass sich der Aufgabenkreis des AN auf diese zuletzt ausgeübte Tätigkeit beschränkt hätte (OGH 24.9.2004, 8 Ob A 81/04 a).

Wenn mit der Versetzung eine Lohnreduzierung oder der Verlust bzw. die Einschränkung wesentlicher Rechte verbunden ist, wird in der Regel von einer vertragsändernden Versetzung auszugehen sein. Ob darüber hinaus eine Zustimmung des BR erforderlich ist, ist unabhängig davon nach § 101 ArbVG zu prüfen (siehe dazu 29.2).

Falls nichts über die Art der zu leistenden Arbeit vereinbart worden ist, besteht die Verpflichtung alles, was nach der Verkehrssitte ein mit der übernommenen Aufgabe betrauter AN gewöhnlich leistet, im Fall einer entsprechenden Weisung des AG auszuführen. Insbesondere bei AN mit Kündigungsschutz darf das Weisungsrecht des AG nicht zu eng gesehen werden (z.B. OGH 8 Ob A 23/04 x, 9 Ob A 120/04 v = ARD 5599/4/2005).

Die Zustimmung des AN kann bei einer vertragsändernden Versetzung auch nicht durch die Zustimmung des BR ersetzt werden. Der AN kann im Falle einer vertragswidrigen Versetzung eine Klage auf Feststellung, dass die Versetzung vertragswidrig war, einbringen. Die Rechtsprechung geht davon aus, dass auch ein vorzeitiger Austritt bei vertragswidriger Versetzung gerechtfertigt ist, sofern nicht bereits von einer schlüssigen Zustimmung, etwa durch den vorbehaltlosen Antritt der zugewiesenen Tätigkeit oder deren vorbehaltlose Ausübung durch einige Zeit, auszugehen ist.

Falls die Versetzung keine Änderung des Arbeitsvertrages bewirkt, kann sie durch Weisung des AG erfolgen (OGH 2.2.2005, 9 Ob A 120/04 v).

Fehlt die erforderliche Zustimmung des BR, so ist die Versetzung rechtsunwirksam (OGH 8 Ob A 21/01 y).

Versetzung und Änderungskündigung

Wenn der AG eine Änderungskündigung ausspricht (siehe 41.2), die außer Kraft tritt, falls der AN einer verschlechternden Versetzung zustimmt, so muss er den BR nicht nur über die Änderungskündigung nach § 105 ArbVG informieren (Verständigungsverfahren – siehe 41.1.1), sondern auch dessen Zustimmung zur Versetzung des AN nach § 101 ArbVG einholen. Hat der AG dies unterlassen und der BR der Versetzung daher nicht zugestimmt, so muss der betroffene AN der Versetzung nicht Folge leisten. Dies gilt auch dann, wenn er zuvor zur verschlechternden Versetzung sein Einverständnis gegeben hat und dadurch die Kündigung unwirksam wird (OGH 28.6.2016, 8 Ob A 63/15 w, *Rauch*, Arbeitsrecht 2017, 76). Daher müsste zunächst die Zustimmung des BR zur verschlechternden Versetzung eingeholt und danach die Änderungskündigung ausgesprochen werden.

29.2 Mitwirkung des Betriebsrates bei Versetzungen

Jede Einreihung eines AN auf einen anderen Arbeitsplatz ist dem BR unverzüglich mitzuteilen, sofern dies für einen Zeitraum von voraussichtlich wenigstens 13 Wochen erfolgt (§ 101 ArbVG). Dies gilt auch für eine Versetzung, die eine Besserstellung des AN herbeiführt. Auf Verlangen des BR ist weiters ein Beratungsgespräch über die Versetzung zwischen dem BR und der Geschäftsleitung zu führen. Ist mit der Versetzung eine Verschlechterung der Entgelt- oder sonstigen Arbeitsbedingungen verbunden (zum Begriff der Verschlechterung siehe 29.2.1), so ist für die Rechtswirksamkeit der Versetzung die Zustimmung des BR erforderlich. Auch bei **verschlechternder Versetzung** auf eigenen Wunsch des AN ist die Einholung der Zustimmung des BR erforderlich. Auf Grund der Unabhängigkeit der beiden Ebenen kann die Zustimmung des AN keinesfalls die Zustimmung des BR ersetzen. Diese ist auch dann einzuholen, wenn die Versetzung unumgänglich notwendig sein sollte (OGH 9 Ob A 35/05 w).

Der betriebsverfassungsrechtliche Versetzungsschutz nach § 101 ArbVG entfällt, wenn kein BR vorhanden ist (Arb 9.369).

Die Zustimmung des BR kann durch ein Urteil des Gerichts ersetzt werden. Das Gericht hat der verschlechternden Versetzung zuzustimmen, wenn sie sachlich gerechtfertigt ist. Das Gericht kann vom AG nur dann angerufen werden, wenn der BR nicht zustimmt. Die Zustimmung des BR bzw. das die Zustimmung ersetzende Urteil ist auch dann erforderlich, wenn zwingende Sicherheitserwägungen für die Versetzung sprechen (OGH 9 Ob A 88/04 p = ARD 5628/4/2005). Auch bei Durchführung von Sozialmaßnahmen aufgrund eines Sozialplans (siehe 53. – Betriebsvereinbarungen nach § 97 ArbVG) wird eine zustimmungspflichtige Versetzung nicht zustimmungsfrei (OGH 9 Ob A 35/05 w).

29. Versetzung

Ist kein BR vorhanden oder stimmt der BR der Versetzung zu, so kann sich der AN nach dem Arbeitsverfassungsrecht nicht an das Gericht wenden. Dies gilt auch dann, wenn die Zustimmung des BR gegen den Willen des AN erfolgt. Der AN kann jedoch bei Vertragswidrigkeit der Versetzung eine Klage auf Feststellung der Rechtsunwirksamkeit der Versetzung einbringen (OGH 9 Ob A 2291/96 v = ARD 4856/34/97). Diese Möglichkeit ist auch dann gegeben, wenn der BR bei der verschlechternden Versetzung unter Missachtung des § 101 ArbVG übergangen wurde. Fehlt bei einer dauerhaften und verschlechternden Versetzung die Zustimmung des BR bzw. des Gerichtes, so muss auf Grund der fehlenden Rechtswirksamkeit der Versetzung keine Folge geleistet werden und es besteht ein Anspruch auf Fortzahlung des Entgelts nach der bisherigen Tätigkeit (§ 1155 ABGB; siehe 31.8).

Die zustimmungspflichtige Versetzung bedarf der vorherigen Zustimmung des BR. Die Rechtsprechung geht davon aus, dass eine rückwirkende Sanierung durch nachträgliche Zustimmung des BR nicht möglich sein soll (OGH 9 Ob A 29/93, 8 Ob A 2057/96 z = ARD 4814/18/97; 9 Ob A 198/00 h = ARD 5209/6/ 2001).

Falls jedoch der AN einer zulässigen Versetzung keine Folge leistet, weil er oder der ihn beratende Betriebsratsvorsitzende meint, die Versetzung bedürfe der Zustimmung des BR, so trägt er das Risiko der Fehlbeurteilung. Falls demnach der AG wegen Nichtbefolgung der zulässigen Weisung die **Entlassung** ausspricht, so wird dies bei Vorliegen der sonstigen Voraussetzungen (z.B. Rechtzeitigkeit des Ausspruchs) rechtmäßig sein. Der AG ist nicht verpflichtet, einen vom BR veranlassten Irrtum aufzuklären (OGH 8 Ob A 268/95).

Die Zustimmung des BR muss sich auf eine konkrete Versetzung beziehen (keine generelle „Vorratszustimmung" – OGH 26.11.2012, 9 Ob A 101/12 m).

Einschlägige Judikatur
- *Wenn der AN gegen die vertragsändernde Versetzung protestiert und Verhandlungen führt, ist der Austritt nach dem endgültigen Scheitern der Verhandlungen rechtzeitig und keineswegs überraschend (OGH 9 Ob A 19, 20/92).*
- *Auch wenn der AN seine verschlechternde Versetzung selbst wünscht, ist weiters die Zustimmung des BR einzuholen (Arb 10.472; OGH 9 Ob A 214/94 = ARD 4637/21/95).*
- *Wie der BR die Qualifikation einer Versetzung beurteilt oder ob hierüber allenfalls Einverständnis zwischen dem BR und dem AG herrscht, ist unerheblich. Ob es sich in einem konkreten Fall um eine Versetzung handelt, die der Zustimmung des BR bedarf, ist eine Rechtsfrage, die im Prozess vom Gericht zu klären ist. Der Erklärung des BR, seiner Ansicht nach liege keine verschlechternde Versetzung vor, kommt daher keine Bedeutung zu. Sie kann auch nicht, wie dies die AG vertritt, als (konkludente) Zustimmung zur Versetzung gewertet werden (OGH 9 Ob A 26/95 = infas 4/95, A 72).*
- *Liegt eine vertragsändernde Versetzung vor, was hier zweifelsohne wegen der hiermit verbundenen verschlechterten Arbeitsbedingungen der Fall ist und von der beklagten Partei auch gar nicht bestritten wird, bedarf es grundsätzlich der Zustimmung des betroffenen AN, stimmt dieser nicht zu, kann der AG nur mit einer so genannten Änderungskündigung vorgehen (Arb 9.034; OGH 8 Ob A 211/95).*

- *Wird das Informations- und Beratungsrecht des BR verletzt, hat nach vorgenommener rechtsunwirksamer Versetzung weder der BR noch der betroffene AN ein klagbares Recht auf Feststellung dieses Umstands. Klagbar durch AN, nicht aber durch den BR, ist der Leistungsanspruch auf Weiterzahlung des Entgelts bzw. auf Feststellung, dass er zur Arbeitsleistung in der neuen Stellung nicht verpflichtet ist (OGH 9 Ob A 2291/96 v = ARD 4856/34/97).*
- *Eine verschlechternde Versetzung i.S.d. § 101 ArbVG, die bei jeder Verschlechterung von Bestimmungsmerkmalen des Arbeitsverhältnisses anzunehmen ist (OGH 8 Ob A 2057/96 z, 9 Ob A 198/00 h = ecolex 2001/58), ist ohne Zustimmung des BR, die allenfalls durch gerichtliche Entscheidung ersetzt werden kann, rechtsunwirksam, gleichgültig ob nur eine direktionale oder eine vertragsändernde Versetzung vorliegt, und gleichgültig, ob der betroffene AN hiezu seine Zustimmung erteilt hat oder nicht (OGH 8 Ob A 2053/96 m, 9 Ob A 198/00 h = ecolex 2001/58). Ein provisorischer Charakter einer Versetzung hat dann keinen Einfluss auf die Mitwirkungsrechte des BR, wenn eine gewisse Zeitdauer der Verwendung überschritten wird (OGH 4 Ob 91/70, 4 Ob 64/73 = ZAS 1975/1) und daher von einer „dauernden Versetzung" i.S.d. § 101 ArbVG gesprochen werden kann (Arb 11.249). Einen gewissen Anhaltspunkt für die notwendige Dauer bildet der in § 101 ArbVG genannte Zeitraum von 13 Wochen (OGH 8 Ob A 21/01 y).*
- *Wurde ein unkündbarer AN nach einem schweren Freizeitunfall, der Krankenstände von 19 Monaten zur Folge hatte, schwerpunktmäßig (aus gesundheitlichen Gründen) mit Tätigkeiten betraut, die auch schon vor seinem Unfall rund 30 % seiner Tätigkeit ausmachten, so ist diese Einschränkung arbeitsvertraglich zulässig (OGH 9 Ob A 120/04 v = ARD 5599/4/2005).*

29.3 Zum Begriff der „Verschlechterung"

Eine Verschlechterung liegt vor, wenn der neue Arbeitsplatz in seiner Gesamtheit objektiv als ungünstiger anzusehen ist. Es ist also von einem Gesamtbild des neuen Arbeitsplatzes im Vergleich zum bisherigen Arbeitsplatz auszugehen. Sind mit dem neuen Arbeitsplatz gewisse Nachteile verbunden, die andererseits durch Vorteile aufgehoben werden, so ist nicht von einer Verschlechterung auszugehen. Bei diesen vergleichenden Betrachtungen kommt dem Entgelt eine entscheidende Bedeutung zu. Dementsprechend geht die Rechtsprechung davon aus, dass eine Kompensation von weggefallenen Arbeitserschwernissen (wie z.B. eine Nachtschicht) mit entfallenem Entgelt nicht eintreten kann (OGH 8 Ob A 232 bis 234/94 = ARD 4585/25/94; OGH 8 Ob A 2057/96 z). Auch der bloße Entfall von Nachtzuschlägen ist als Verschlechterung der Entgeltbedingungen anzusehen (Arb 7.739; OGH 8 Ob A 2057/96 z). Bei der Prüfung der Entgeltbedingungen sind jedoch nicht nur die aktuellen Entgelthöhen des neuen und des bisherigen Arbeitsplatzes zu vergleichen, sondern es sind auch Entgeltbedingungen zu beachten, die sich erst zu einem späteren Zeitpunkt auswirken.

Von einer Verschlechterung ist auch dann auszugehen, wenn der neue Arbeitsplatz mit einem geringeren sozialen Ansehen oder einer Einschränkung der bisherigen Selbständigkeit verbunden ist (z.B. Arb 9.404, OGH 9 Ob A 35/05 w). So ist etwa (außerhalb des Bereichs der Entgeltbedingungen) die Versetzung von

29. Versetzung

einem Arbeitsplatz, an dem neben Schreibarbeiten auch Arbeiten zu verrichten sind, für die Selbständigkeit und Eigeninitiative erforderlich sind, auf einen anderen Arbeitsplatz, an dem nur Schreibarbeiten nach Diktat durchgeführt werden, mit einer Verschlechterung der sonstigen Arbeitsbedingungen verbunden. Von einer Verschlechterung ist weiters bei einer größeren Gefährdung der Gesundheit etc. am neuen Arbeitsplatz auszugehen.

Bei einer Verlängerung des Anfahrtsweges um 70 Minuten ist auch bei besseren Arbeitsbedingungen von einer Verschlechterung auszugehen (OGH 25.6.2014, 9 Ob A 2/14 f, *Rauch*, Arbeitsrecht 2015, 25 f.). Eine Verschlechterung ist aber auch anzunehmen, wenn der neue Arbeitsort mehr als 50 km weiter vom Wohnort des AN entfernt ist als der bisherige Arbeitsort (OGH 9 Ob A 35/05 w).

Zur Verlegung des Arbeitsortes siehe auch 29.4.

Eine sachliche Rechtfertigung der verschlechternden Versetzung eines Außendienstmitarbeiters liegt etwa vor, wenn infolge von wiederholten groben Verstößen gegen straßenverkehrsrechtliche Bestimmungen eine Versetzung in den Innendienst erfolgt.

Soweit eine Entgeltverschlechterung durch eine arbeitsvertraglich oder betriebsverfassungsrechtlich unzulässige Versetzung eintritt, wird eine Schadenersatzpflicht des AG begründet (OGH 8 Ob A 2057/96 z).

Bei AN mit Kündigungsschutz ist der Spielraum für Versetzungen weiter anzusetzen (OGH 24.10.2012, 8 Ob A 14/12 k).

Einschlägige Judikatur

- *Eine Verschlechterung liegt vor, wenn der andere Arbeitsplatz insgesamt ungünstiger ist (Arb 9.404) oder wenn am neuen Arbeitsplatz die bisher geleisteten, mit Selbständigkeit und Eigeninitiative zu verrichtenden Arbeiten gänzlich entfallen (OGH 14 Ob 7/86 = ARD 3785/22/86).*
- *Ob eine Verschlechterung der Entgeltbedingungen vorliegt, ist nicht ausschließlich durch einen Vergleich der jeweiligen aktuellen Entgelthöhe am alten und am neuen Arbeitsplatz zu prüfen, sondern es sind auch jene Rechtsvorschriften zu berücksichtigen, aus denen ein künftiges höheres Entgelt entnommen werden kann (Arb 11.188).*
- *Aus der längeren Verwendung eines AN an einem bestimmten Arbeitsplatz kann noch nicht ohne weiteres geschlossen werden, dass sich sein Aufgabenkreis nunmehr auf diese Arbeiten beschränkt. Wurde aber ein als Skontisten-Anwärter aufgenommener AN in der Folge Kassier, liegt darin nicht nur eine bloße Verwendung an einem anderen Arbeitsplatz, sondern eine entscheidende Verbesserung. Der AN hat zwar keinen Anspruch darauf, in der Folge nur noch als Kassier eingesetzt zu werden, wohl aber einen Anspruch auf Verwendung in der gleichen Verwendungsgruppe zu den gleichen Gehaltsbedingungen (LG Linz 13 Cga 11/94 f = ARD 4694/95).*
- *Unter einer Versetzung ist nicht etwa nur, wie der zu enge Ausdruck nahe legen könnte, eine Änderung des Arbeitsortes oder Arbeitsinhaltes zu verstehen, sondern jede wesentliche Verschlechterung von Bestimmungsmerkmalen des Arbeitsverhältnisses. Für die Beurteilung der Versetzung im Sinne des § 101 ArbVG tritt der Arbeitsvertrag in den*

Hintergrund; maßgeblich ist die Veränderung gegenüber der vor der „Versetzung" (im weiteren Sinn) mehr als 13 Wochen ausgeübten Tätigkeit. Wenn der Betriebsleiter der beklagten Partei die Meinung vertrat, man könnte einen Betrieb nicht führen, wenn man zu einer derartigen Änderung die Zustimmung des BR einholen müsse, so ist ihm zu erwidern, dass für vorübergehende Versetzungen bis zur Dauer von 13 Wochen eine Zustimmung des BR nicht erforderlich ist, wodurch eine kurzfristige Reaktion auf personelle Veränderungen (z.B. Vertretung von erkrankten AN, von im Urlaub befindlichen AN) ohnedies ermöglicht wird. Bei voraussichtlich dauernden Versetzungen hingegen ist die (Voraus-)Zustimmung des BR unabdingbar; sie wird auch nicht dadurch hinfällig, dass es auf diese Art gelingen könnte, Kündigungen (aus Rationalisierungsgründen) zu vermeiden oder doch hinauszuzögern. Solche „Sozialmaßnahmen" machen eine zustimmungspflichtige Versetzung nicht zustimmungsfrei; bei Vorliegen sachlich gerechtfertigter Gründe kann lediglich die Zustimmung des BR durch das Gericht ersetzt werden (Zustimmungsrecht mit gerichtlicher Missbrauchskontrolle – OGH 8 Ob A 2057/96 z).

- *Die **Befugnisse des BR im Bereich von Entgeltregelungen** (dazu Cerny, Entgeltregelungen in Betriebsvereinbarungen, FS Strasser, 1983, 487 ff.) sind wegen des Vorranges des KV sehr gering; die übrigen Befugnisse (z.B. Einsicht in Entgeltabrechnung und Kontrolle der Auszahlung gemäß § 89 Z 1 ArbVG; Mitteilung des Entgelts bei Einstellung gemäß § 99 Abs. 4 ArbVG u.a.) ermöglichen dem BR ohne rechtsgeschäftliche Vollmacht des betroffenen AN keine Zustimmung zu einer Entgeltverminderung (OGH 8 Ob A 35/98 z).*

- *Wird der AN auf Grund eines Tätigkeitswechsels in einen für ihn weniger günstigen KV eingestuft, so ergibt sich daraus die Frage, ob eine verschlechternde Versetzung vorliegt. Nach der Rechtsprechung bedarf die dauernde Einreihung eines AN auf einen anderen Arbeitsplatz mit Verschlechterung der Lohnbedingungen oder sonstigen Arbeitsbedingungen in der Regel auch dann der Zustimmung des BR, wenn diese Einreihung auf Verlangen des betreffenden AN geschieht (OGH 9 Ob A 122/00 g = ARD 5161/1/2000).*

- *Die befristete Versetzung ist als Gesamtakt zu qualifizieren. Erweist sich der Gesamtakt der Versetzung samt Rückversetzung für den AN als Verbesserung, besteht kein Zustimmungsrecht des BR. Stellt sich die befristete Versetzung in ihrer Gesamtheit als Verschlechterung dar, besteht das Zustimmungsrecht (OLG Wien 10 Ra 198/00 m = ARD 5173/41/2000).*

- *Eine Änderung des zeitlichen Arbeitsbereiches eines AN mit dem gänzlichen Entfall von Nachtdiensten und den damit zusammenhängenden Schichtzulagen stellt eine Versetzung mit wesentlicher Verschlechterung der Arbeitsbedingungen dar und ist ohne vorherige Zustimmung des BR auch dann rechtsunwirksam, wenn dieser ihr nachträglich zustimmt (OGH 9 Ob A 198/00 h = ARD 5209/6/2001).*

- *Eine Verschlechterung liegt insbesondere auch dann vor, wenn der neue Arbeitsplatz den Verlust einer Leitungsfunktion mit sich bringt oder unternehmensintern hinsichtlich Inhalt, Tätigkeit und Stellung als Herabstufung empfunden werden muss (ASG Wien 24 Cga 167/03h = ARD 5495/6/2004).*

- *Die Versetzung von der Verkaufsberaterin für Särge auf die Position einer Zeremonienmeisterin (Ansprechpartnerin der Kunden für Trauerfeierlichkeiten) ist keine Verschlechterung. Zentrales Element beider Tätigkeiten ist nämlich die persönliche Kundenbetreuung im Außendienst (OGH 24.10.2012, 8 Ob A 14/12 k).*

29.4 Folgepflicht bei Betriebsverlegung oder Zuweisung eines anderen Arbeitsortes

Die Frage, ob im Fall einer Betriebsverlegung der AN verpflichtet ist, am vorgesehenen Einsatzort seine Arbeitsleistungen zu erbringen, kann ein Unterfall der Versetzung im Sinne des § 101 ArbVG sein. Von einer Versetzung im Sinne des § 101 ArbVG ist nur dann auszugehen, wenn der AN am neuen Betriebsort eine andere Arbeit auszuführen hat. Da jedoch die Arbeitsplätze der AN bei einer Betriebsverlegung in der Regel in ihrer Beziehung zum Betrieb unverändert bleiben, ist eine Betriebsverlegung keine zustimmungsbedürftige Versetzung (OGH 9 Ob A 48/00 z = ARD 5146/21/2000).

Hingegen stellt die verschlechternde Zuweisung eines anderen Arbeitsortes an einen einzelnen AN (ohne Verlegung des gesamten Betriebes), die 13 Wochen oder länger dauert, eine zustimmungspflichtige Maßnahme dar.

Liegt eine Betriebsverlegung oder eine nicht zustimmungspflichtige Zuweisung eines anderen Arbeitsortes vor, so ist zu prüfen, ob die Erfüllung der Arbeitspflicht am neuen Arbeitsort vertragsändernd ist und daher nur mit Zustimmung des AN erfolgen kann. Allein durch die tatsächliche Verwendung des AN ab Beginn des Arbeitsverhältnisses werden nicht ein für allemal die Grenzen der Arbeitspflicht festgelegt. Falls aus den Umständen bei Abschluss des Arbeitsverhältnisses nicht eindeutig entnommen werden kann, dass sich der AN nur zu den tatsächlich verrichteten Arbeiten verpflichtet hat, ist die Verkehrssitte maßgebend dafür, welche anderen Arbeiten an welchen Orten zu übernehmen sind. In einem Großunternehmen mit weitverzweigter Organisation müssten nach Natur und Zweck des Arbeitsvertrages zumindest gewisse AN mit örtlichen Versetzungen rechnen. Zur besseren Absicherung des AG sollte auf derartige Notwendigkeiten möglichst konkret bereits im **Arbeitsvertrag** verwiesen werden (siehe 14.13). Ebenso müssen die AN etwa in Reinigungsunternehmen (unabhängig von der Größe) davon ausgehen, dass ein Wechsel des **Arbeitsortes** auf Grund der wechselnden Auftraggeber typischerweise mit einem derartigen Arbeitsverhältnis verbunden ist.

Falls jedoch im Arbeitsvertrag die Garantie eines bestimmten Arbeitsortes vereinbart worden ist, so ist die Zuweisung eines anderen Arbeitsortes (etwa auch auf Grund einer Betriebsverlegung) jedenfalls nur mit der Zustimmung des AN zulässig (siehe 14.13). Die bloße demonstrative Anführung des Arbeitsortes im Arbeitsvertrag ist jedoch nicht als Vereinbarung der ausschließlichen Verwendung nur an einem bestimmten Ort anzusehen (OGH 9 Ob A 48/00 z). Kann aus dem Arbeitsvertrag ein solcher garantierter Arbeitsort nicht abgeleitet werden, so ergibt sich aus der Lage des Betriebes des AG zum Zeitpunkt des Vertragsabschlusses jedoch nicht, dass der AN auch für den Fall der Verlegung des Betriebes an einen anderen Ort nur zur Leistung der Arbeit an der bisherigen Arbeitsstätte verpflichtet ist. Wenn demnach dem AN ein bestimmter fixer Arbeitsort nicht im Arbeitsvertrag garantiert wurde, so ist für die Frage der Erforderlichkeit der Zustimmung des AN bezüglich der Verwendung an einem neuen Arbeitsort zu prüfen, ob dem AN die Fortführung der bisherigen Tätigkeit an der neuen Arbeitsstätte zumutbar ist. Demnach ist es in zwei Fällen notwendig, die Zustimmung des AN zur Verlegung seines Arbeitsortes einzuholen:

a) wenn dem AN ein bestimmter Arbeitsort garantiert wurde,

b) wenn dem AN die Arbeit am neuen Arbeitsort aus objektiver Sicht nicht zumutbar ist.

Bezüglich der objektiven Zumutbarkeit stehen Verkehrsverbindungen und nicht Gemeindegrenzen im Vordergrund. Der Wechsel des Einsatzortes ist vor allem dann unzumutbar, wenn der AN den vertraglich vorausgesetzten persönlichen Lebensbereich verlassen müsste, das heißt z.B. nach Beendigung der Arbeit nicht mehr in seine Wohnung zurückkehren könnte. Erhöhen sich lediglich die täglichen Anreisezeiten, hängt die Unzumutbarkeit vom Verhältnis der neuen Anreisezeit zur bisherigen Anreisezeit und zur täglichen Arbeitszeit ab. Verlängert sich die Anreisezeit erheblich, wird jedoch die Arbeitszeit ohne Entgeltausfall ebenfalls erheblich reduziert, so kann nicht von einer Unzumutbarkeit ausgegangen werden.

Darüber hinaus sind jedoch auch alle weiteren mit dem Wechsel des Einsatzortes verbundenen Umstände zu beachten. Steht der insgesamt um ca. 30 Minuten verlängerten Fahrtzeit und den erhöhten Fahrtkosten etwa eine nicht ganz unerhebliche Erhöhung des Stundenlohnes gegenüber, so ist die Arbeit am neuen Arbeitsort nach Auffassung der Rechtsprechung zumutbar. Ebenso ist etwa das Angebot eines Fahrtkostenzuschusses oder einer (auch) im Interesse des AN gelegenen abweichenden Arbeitszeit bezüglich der Zumutbarkeit zu beachten (siehe auch 14.13 und 29.3).

Erfolgt die Verlegung des Betriebes und erscheint der AN am neuen Arbeitsort nicht, weil er die Fortsetzung der Arbeit am neuen Einsatzort für unzumutbar hält, so kann der AG die Entlassung aussprechen oder der AN vor Ausspruch der Entlassung den vorzeitigen Austritt erklären. Die Rechtsprechung hat bezüglich eines vorzeitigen Austritts die Auffassung vertreten, dass eine Betriebsverlegung, welche die Fahrzeit des AN täglich um ca. eine Stunde verlängert, kein so schwer wiegender Grund ist, der dem AN die Fortsetzung des Arbeitsverhältnisses bis zum Ablauf der Kündigungsfrist unmöglich machen würde. Der vorzeitige Austritt ist nur dann gerechtfertigt, wenn unter Berücksichtigung aller Umstände des Einzelfalles dem austretenden AN die Fortsetzung des Arbeitsverhältnisses bis zum nächsten Kündigungstermin nicht zugemutet werden kann (OLG Wien 32 Ra 54/88 = ARD 4031/16/88).

Hinweise für die Praxis

Insbesondere in Betrieben mit mehreren Arbeitsstätten ist es dringend ratsam, sich das Recht der jederzeitigen Versetzung eines AN im Arbeitsvertrag ausdrücklich vorzubehalten. Ist das Versetzungsrecht im Arbeitsvertrag begründet, so genügt eine entsprechende Weisung des AG. Ebenso sollte die Garantie eines bestimmten Arbeitsort im Arbeitsvertrag vermieden werden (siehe 14.13).

Einschlägige Judikatur

- *Eine Versetzung durch Verlegung der Arbeitsstätte durch direktorale, also einseitige Maßnahmen des AG ist nur zulässig, solange der örtliche Bereich der bedungenen Arbeitsleistung nicht wesentlich verändert wird. Der örtliche Bereich der bedungenen Arbeitsleistung wird in seinem wesentlichen Gehalt nicht nur von der Entfernung zum Wohnort des AN, sondern auch durch Verkehrsverbindungen, sonstige gegebene Beförderungsmöglichkeiten und überhaupt durch alle Umstände bestimmt, die im Allgemeinen die Wahl eines Arbeitsortes zu beeinflussen pflegen (OLG Graz 8 Ra 90/90 = ARD 4358/6/92).*

- *Berücksichtigt man, dass der längeren Gesamtfahrzeit von ca. 30 Minuten und den erhöhten Fahrtkosten eine nicht ganz unerhebliche Erhöhung des Stundenlohnes gegenübersteht, dann erscheint – auch unter Bedachtnahme auf die Verkehrssitte – dem AN die Leistung der bedungenen Arbeit an der neuen Betriebsstätte noch zumutbar und seine Weigerung daher unberechtigt (OGH 9 Ob A 133/94 = ARD 4611/15/94).*

- *Erheblich ist hier vielmehr, dass von den Parteien nicht vereinbart wurde, dass die Klägerin nur im „Kaufhaus Franz-Josefs-Bahnhof" verwendet werden dürfe (OGH 14 Ob 198/86); gegenüber anderen Vertragstypen wirft der Arbeitsvertrag selbst bei kurzer Dauer die Schwierigkeit auf, dass der konkrete Inhalt der Arbeitspflicht nie völlig detailliert umschrieben werden kann. Aus dem gegenständlichen Arbeitsvertrag ergibt sich nicht, dass die Klägerin für den Fall der Stilllegung jener Filiale der Beklagten, für die sie seinerzeit aufgenommen wurde, die Versetzung in eine andere Filiale bei gleich bleibendem Arbeitsinhalt ablehnen kann und von jeglicher weiterer Arbeitstätigkeit bis zum Ablauf der Kündigungsfrist freizustellen ist. Entscheidend ist somit, ob der in Wien 19. wohnhaften Klägerin nach Schließung der Filiale in Wien 9., in der sie bisher tätig war, nach der Verkehrssitte eine Tätigkeit in einer anderen Filiale der Beklagten in Wien 21. zumutbar war (ASoK 1997, 362). Dabei stehen insbesondere Verkehrsverbindungen und Anreisezeiten im Vordergrund. Die Zumutbarkeit ist im vorliegenden Fall unter Zugrundelegung des öffentlichen Verkehrsnetzes in Wien zu bejahen, zumal sich die Klägerin nur auf den Inhalt des Arbeitsvertrages zurückzog, in Richtung einer Unzumutbarkeit jedoch nichts vorbrachte (OGH 9 Ob A 51/99 m).*

- *Da die Arbeitsplätze der AN bei einer Betriebsverlegung in ihrer Beziehung zum Betrieb unverändert bleiben, ist eine Betriebsverlegung keine zustimmungsbedürftige Versetzung. Entscheidend bleibt aber, ob zwischen den Parteien des Arbeitsvertrages eine spezifische, über die demonstrative Anführung des Arbeitsortes hinausgehende Verwendung nur an einem bestimmten Ort vereinbart wurde, was zur Folge hätte, dass keine Verpflichtung bestünde, die Arbeit an einem anderen Ort zu leisten. Liegt keine solche dermaßen qualifizierte Vereinbarung vor, hat der AN die Betriebsverlegung zu befolgen, soweit ihm diese nicht unzumutbar ist (OGH 9 Ob A 48/00 z).*

29.5 Begrenztes Aufgriffsrecht bei einer Versetzung

Entgeltansprüche von AN unterliegen einer zeitlichen Begrenzung auf Grund der **Verfallsbestimmungen** (im KV oder im Arbeitsvertrag) oder durch gesetzliche **Verjährungsbestimmungen** (im Arbeitsrecht meistens drei Jahre, manchmal, wie etwa beim Dienstzeugnis, 30 Jahre). Solche zeitlichen Grenzen sind durch die Schwierigkeit einer Klärung und Beweisführung nach Ablauf einer längeren Zeitspanne und dem Bedürfnis der Praxis nach einer zügigen Klärung offener Rechtsfragen sachlich begründet. Diese Voraussetzungen liegen aber auch dann vor, wenn die strittigen Ansprüche nicht unmittelbar das Entgelt des AN betreffen. Dies wäre etwa bei der Frage der Rechtsunwirksamkeit einer Versetzung oder etwa einer Kündigung der Fall. In diesen Fällen geht die Rechtsprechung von einer **Aufgriffsobliegenheit** des AN aus. Das heißt, der AN muss die Rechtsunwirksamkeit der Versetzung bzw. einer Kündigung in absehbarer Zeit geltend machen. Wie rasch im Einzelfall der Aufgriff zu erfolgen hat, wurde jedoch von der Rechtsprechung noch nicht näher präzisiert (zur Aufgriffsobliegenheit siehe 36.2.3, zu Verjährung und Verfall siehe 47.).

Einschlägige Judikatur

- *Wenngleich verschlechternde Versetzungen ohne Zustimmung des BR oder deren Ersetzung durch das Gericht unwirksam bleiben, steht dem zur Geltendmachung einzig befugten AN kein zeitlich unbegrenztes Aufgriffsrecht offen (vgl. OGH 9 Ob A 322/99 i = ARD 5127/12/2000, betreffend unwirksame Kündigung). Ein solcher Einwand nach einem derartig langen Zeitraum muss jedenfalls als Verletzung einer Aufgriffsobliegenheit beurteilt werden, die einer Geltendmachung entgegensteht (OGH 9 Ob A 122/00 g = ARD 5161/1/2000).*

30. Arbeitszeitrecht

30.1 Rechtsquellen und Ausnahmen für leitende Angestellte

Arbeitszeitrechtliche Bestimmungen finden sich vor allem in den KV, Gesetzen, Verordnungen und Arbeitsverträgen.

KV können nur insoweit abweichende Regelungen treffen, als das Gesetz dies ausdrücklich vorsieht, wobei das Gesetz stets einen bestimmten Spielraum für die KV-Parteien vorgibt. Bei arbeitszeitrechtlichen Vereinbarungen in Arbeitsverträgen sind sowohl die Vorgaben der Gesetze und Verordnungen sowie der KV zu beachten (siehe 14.1).

Der § 1a AZG sieht vor, dass Regelungen, zu denen der KV nach dem AZG ermächtigt ist, durch eine Betriebsvereinbarung zulässig sind, soweit das AZG nicht ausdrücklich etwas anderes vorsieht, wenn

- entweder der KV die Betriebsvereinbarung dazu ermächtigt oder
- für die betroffenen AN mangels Bestehens einer kollektivvertragsfähigen Körperschaft auf der AG-Seite kein KV abgeschlossen werden kann.

Auf Grund dieser „Stärkung der betrieblichen Ebene" wird im Einzelfall zu prüfen sein, ob KV-Ermächtigungen vorliegen und gegebenenfalls vom jeweiligen AG durch Betriebsvereinbarungen umgesetzt wurden.

M.E. führt dies zu einer erheblichen Benachteiligung der Betriebe ohne BR. Da ausschließlich die AN eine Initiative zu ergreifen haben, wenn sie einen BR wählen wollen (siehe 53.), fehlt eine sachliche Rechtfertigung für die Benachteiligung jener AG, die keine Betriebsvereinbarungen abschließen können, weil kein BR vorhanden ist.

Folgende Gesetze enthalten arbeitszeitrechtliche Bestimmungen:

- Arbeitszeitgesetz (AZG)

  Das AZG ist anwendbar auf AN ab dem vollendeten 18. Lebensjahr mit Ausnahme jener AN, für die Spezialgesetze (z.B. Bäckereiarbeitergesetz, Krankenanstalten-Arbeitszeitgesetz) anzuwenden sind.

- Kinder- und Jugendlichenbeschäftigungsgesetz (KJBG – siehe 30.9)

  Dieses gilt für AN, die das 18. Lebensjahr noch nicht vollendet haben.

- Arbeitsruhegesetz (ARG – siehe 30.6)
- Feiertagsruhegesetz (FRG)
- Mutterschutzgesetz (MSchG – siehe 25.)
- Nachtschwerarbeitsgesetz (NSchG)
- EU-Nachtarbeits-Anpassungsgesetz – siehe 30.7
- Arbeitskräfteüberlassungsgesetz (AÜG – siehe 35.)

Auch Verordnungen enthalten arbeitszeitrechtliche Bestimmungen, z.B. die Fahrtenbuchverordnung (FahrtBV).

Nach § 10 Abs. 3 AÜG gelten während der Überlassung einer Arbeitskraft die arbeitszeitrechtlichen Vorschriften des im Beschäftigerbetrieb auf vergleichbare AN anzuwendenden KV auch für die überlassene Arbeitskraft.

Ausnahmen für leitende Angestellte

Leitende Angestellte sind vom AZG, ARG, AKG und vom ArbVG ausgenommen. Weiters sehen manche Kollektivverträge vor, dass der jeweilige KV auf AN mit bestimmten Leitungsbefugnissen nicht anzuwenden ist.

Im Sinne einer besseren Übersicht werden hier alle Ausnahmen für leitende Angestellte behandelt.

AZG und ARG

Auf leitende Angestellte, denen maßgebliche Führungsaufgaben selbstverantwortlich übertragen sind, ist das AZG, KA-AZG und das ARG nicht anzuwenden (§ 1 Abs. 2 Z 8 AZG, § 1 Abs. 3 KA-AZG, § 1 Abs. 2 Z 5 ARG).

Daher gelten für diese AN insbesondere nicht die gesetzlichen Bestimmungen über die Höchstgrenzen der Arbeitszeit, Ruhepausen, Überstundenarbeit, Ruhezeiten, Nachtarbeit, Aufzeichnungspflichten, Wochenend- und Wochenruhe, Ersatzruhe und Rufbereitschaft. Demnach könnte der leitende Angestellte beispielsweise auch an sieben Tagen in der Woche im Rahmen eines Arbeitsvertrages Arbeitsleistungen ohne tägliche Höchstgrenzen und ohne Aufzeichnungen verrichten. Ein Anspruch auf Überstundenentlohnung für leitende Angestellte ist daher nur dann gegeben, wenn der anzuwendende KV oder der Arbeitsvertrag dies vorsieht (OGH 20.1.2012, 8 Ob A 4/12 i).

ArbVG (siehe 53.)

Den Bestimmungen dieses Gesetzes unterliegen nur AN i.S.d. § 36 ArbVG. Nach § 36 Abs. 2 Z 3 ArbVG sind leitende Angestellte, denen maßgebender Einfluss auf die Führung des Betriebes zusteht, von der Anwendung dieses Gesetzes ausgenommen. Diese Gruppe von AN kann daher die im ArbVG vorgesehenen Rechte nicht wahrnehmen.

Daher können leitende Angestellte nicht an BR-Wahlen teilnehmen und nicht in den BR gewählt werden. Über die Zulassung bzw Nichtzulassung einzelner Wahlwerber zur BR-Wahl entscheidet der Wahlvorstand (bei unzutreffenden Zulassungen bzw. Nichtzulassungen kann es zu einer Wahlanfechtung nach § 59 ArbVG kommen). Der BR hat kein Informationsrecht zu leitenden Angestellten, etwa bezüglich der Gehaltsabrechnung oder Einsichtnahme in den Personalakt (auch dann, wenn der BR vom leitenden Angestellten hierzu ermächtigt wird).

Vor einer Kündigung eines leitenden Angestellten ist keine Verständigung des BR erforderlich und kann die Kündigung nicht wegen Sozialwidrigkeit oder eines verpönten Motivs nach § 105 ArbVG angefochten werden (eine Anfechtung nach dem GlBG ist jedoch nicht ausgeschlossen – siehe 41.8).

Kollektivverträge (siehe 9.)

Beispielsweise sieht der KV für Angestellte des Metallgewerbes Folgendes vor (§ 2 Z 3):

„Der KV gilt nicht für Vorstandsmitglieder, Direktoren, Geschäftsführer von GesmbH soweit Vorgenannte nicht arbeiterkammerumlagepflichtig sind."

Eine weitgehend ähnliche Bestimmung findet sich etwa im KV für Angestellte der Baugewerbe und der Bauindustrie (§ 2 Z 3 – dort sind auch „Prokuristen" angeführt).

Demnach ist der jeweilige persönliche Geltungsbereich eines KV hinsichtlich der Anwendbarkeit des KV auf Angestellte mit Leitungsbefugnissen zu prüfen. Fehlt eine Regelung zu leitenden Angestellten im KV, so ist dieser KV auf diese Personen anzuwenden, sofern die Stellung eines echten AN gegeben ist. Nach der Auffassung des OGH sind Vorstandsmitglieder einer Aktiengesellschaft mangels persönlicher Abhängigkeit freie AN (OGH vom 21.12.1994, 9 Ob A 225/94, vom 29.5.1996, 9 Ob A 2044/96 w, vom 27.2.2008, 3 Ob 251/07 v – OLG Wien vom 26.2.2004, 7 Ra 162/03 z, ARD 5540/3/2004). Bei einem Gesellschafter-Geschäftsführer einer GmbH ist der Umfang der Beteiligung und der mit ihm geschlossene Vertrag zu prüfen. Je nachdem ist als Grundlage seiner Arbeitsleistungen ein Arbeitsvertrag, ein AN-ähnliches Verhältnis oder ein freier Arbeitsvertrag anzunehmen (OGH vom 11.12.1997, 8 Ob A 217/97 p – siehe 17.).

Sieht hingegen der persönliche Geltungsbereich eines KV keine Ausnahme für leitende Angestellte vor, so kommen dessen Regelungen zur Arbeitszeit und zu den Überstunden auch dann zur Anwendung, wenn der AN ein leitender Angestellter i.S.d. § 1 Abs. 2 Z 8 AZG ist (OGH vom 30.11.1994, 9 Ob A 222/94).

AKG

Nach § 10 Abs. 2 Z 2 AKG gehören Geschäftsführer und Vorstandsmitglieder, wenn das Unternehmen in der Rechtsform einer Kapitalgesellschaft betrieben wird, nicht der AK an. In Unternehmen mit einer anderen Rechtsform gilt dies für leitende Angestellte, denen dauernd ein maßgebender Einfluss auf die Führung des Unternehmens zusteht. Demnach ist beim Entgelt dieser Personen die AK-Umlage nicht in Abzug zu bringen.

Zu den Definitionen des leitenden Angestellten

Die dargestellten Definitionen des leitenden Angestellten sind im Betriebsverfassungsrecht, im Arbeitszeitrecht und im AKG unterschiedlich. Das Betriebsverfassungsrecht verlangt einen maßgebenden Einfluss auf die Führung des Betriebes und nicht bloß (wie das Arbeitszeitrecht) die selbstverantwortliche Wahrnehmung maßgeblicher Führungsaufgaben.

Jedenfalls erweisen sich die Definitionen als unscharf.

Im Betriebsverfassungsrecht wird von der Rechtsprechung vor allem der Interessengegensatz des leitenden Angestellten durch Ausübung von AG-Funktionen hervorgehoben (z.B. OGH 6.4.1994, 9 Ob A 93/94). Bei den AG-Funktionen, welche die Zuordnung eines AN zu den leitenden Angestellten rechtfertigen können, steht der Einfluss auf den Abschluss und die Auflösung von Arbeitsverhältnissen im Vordergrund. Maßgeblich ist aber auch der Einfluss bei Gehaltsfragen, bei Vorrückungen, bei der Urlaubseinteilung, bei der Anordnung von Überstunden, bei der Ausübung des Direktionsrechtes und bei der Aufrechterhaltung der Disziplin im Betrieb. Völlige Weisungsfreiheit ist hingegen nicht erforderlich und kann mit Rücksicht auf die aus der Sicht des Arbeitsvertragsrechts gegebene AN-Eigenschaft auch des leitenden Angestellten nicht vorausgesetzt werden (z.B. OGH 17.6.1992, 9 Ob A 110/92).

Die Kompetenzen eines leitenden Angestellten können auch auf einen Teilbereich beschränkt sein. Selbst Abteilungsleiter können in Hinblick auf ihre Dispositionsbefugnisse im Personalbereich leitende Angestellte sein; die Entscheidungskompetenz eines leitenden Angestellten muss sich nicht notwendigerweise auf den gesamten Unternehmensbereich erstrecken (OLG Wien 17.3.2015, 10 Ra 133/14 y, *Rauch*, Arbeitsrecht 2016, 32 f.).

Ist ohne die Zustimmung eines leitenden Angestellten in einer Zweigniederlassung weder die Einstellung noch die Kündigung eines Mitarbeiters der Zweigniederlassung möglich, so ist er ein leitender Angestellter im betriebsverfassungsrechtlichen Sinn, auch wenn eine Personalanforderung an die Zentrale zu richten und die Mitunterfertigung des Geschäftsführers erforderlich ist (OGH vom 29.10.2008, 9 Ob A 148/08 t). Gibt ein AN das Personalkostenbudget für ganz Österreich vor, so ist er ein leitender Angestellter, der daher seine Entlassung nicht nach § 106 ArbVG anfechten kann (OGH 29.8.2011, 9 Ob A 99/11 s). Ein Geschäftsführer einer GmbH wird im Regelfall ein leitender Angestellter sein. Allein aufgrund der Organstellung ist er aber noch nicht zwingend als leitender Angestellter i.S.d. § 36 ArbVG anzusehen (OGH 24.7.2013, 9 Ob A 79/13 b).

Im Arbeitszeitrecht geht es um den Schutz des AN durch Einschränkungen zum Ausmaß und zu den Verteilungsspielräumen der Arbeitszeit sowie der Sicherung der Arbeitsruhe. Die arbeitszeitrechtliche Ausnahme für leitende Angestellte ist weiters damit begründet, dass der Aufgabenbereich leitender Angestellter eine Bindung an fixe Arbeitszeitgrenzen und an die Arbeitszeitverteilung des AZG kaum zulässt, sowie dass sich diese AN ihre Arbeitszeit weitgehend selbst einteilen können und ein überdurchschnittliches Entgelt beziehen (z.B. VwGH 26.9.2013, 2013/11/0116). Beispielsweise wurde ein Kinderfacharzt, der (wie ein Primar) mit der eigenverantwortlichen und selbständigen Leitung einer Fachabteilung betraut war und somit maßgebliche Führungsaufgaben selbstverantwortlich zu besorgen hatte, als leitender Angestellter i.S.d. Arbeitszeitrechts qualifiziert (OGH 6.12.1989, 9 Ob A 259/89, 8.10.2003, 9 Ob A 110/03 x). Ebenso eine Leiterin des Rechnungswesens mit einem entsprechend hohen Gehalt und weitgehend freier Arbeitszeiteinteilung (OGH 16.12.1992, 9 Ob A 268/92).

Einschlägige Judikatur

- *Ein Angestellter, der Mitglied des Zirkels der faktischen Geschäftsleitung ist, selbständig Entscheidungsbefugnisse im Bereich des Einkaufs in einem Handelsunternehmen sowie die Befugnis hat, selbständig den größten Teil der Mitarbeiter einzustellen und mit diesen Gehaltsvereinbarungen zu treffen und auch die Entscheidungsbefugnis hinsichtlich der Preisgestaltung und der Gewährung von Preisnachlässen hat, ist als leitender Angestellter nach ArbVG anzusehen (LG Innsbruck 47 Cga 7/90 = Arb. 10.877).*
- *Der Begriff des leitenden Angestellten nach ArbVG ist eng auszulegen. Leitende Angestellte sind Personen, die berufen sind, auf betriebstechnischem, kaufmännischem oder administrativem Gebiet unter eigener Verantwortung Verfügungen zu treffen, die auf die Führung des Betriebes von maßgebendem Einfluss sind, sodass ihnen daher im Verhältnis zum Unternehmen auf bestimmten Teilgebieten in der Regel eine gleichwertige Stellung wie dem Unternehmer selbst zukommt. Der Leiter einer chirurgischen Abteilung einer Krankenanstalt, dem solche Befugnisse nicht zustehen, ist daher kein leitender Angestellter (EA Innsbruck, Re 1/77 = Arb. 9.572).*
- *Die Zielrichtung der Ausnahmebestimmung des § 36 Abs. 2 Z 3 ArbVG liegt nun darin, jene AN, die gegenüber den anderen AN eine erhebliche abweichende Interessenlage haben, insbesondere, weil sie im personellen Bereich in einem Interessengegensatz zu*

den übrigen Belegschaftsmitgliedern stehen, von der gemeinsamen Organisation der Arbeitnehmerschaft auszunehmen (vgl. dazu auch RIS-Justiz RS 0052228, RS 0053034, RS 0051002). Dabei steht insbesondere die Frage des Eingehens und der Auflösung von Arbeitsverhältnissen im Vordergrund, aber auch die Entscheidungskompetenz in Gehaltsfragen, bei der Vorrückung, bei der Urlaubseinteilung, Anordnung von Überstunden und Ausübung des Direktionsrechtes. Allein die Vorbereitung von Personalentscheidungen begründet noch keine Stellung als leitender Angestellter i.S.d. § 36 Abs. 2 Z 3 ArbVG (OGH 8 Ob A 78/01, so auch 8 Ob A 262/95, 9 Ob A 109/98 i).

- Auf den Titel „Prokurist" alleine kommt es nicht an. Maßgebend ist der rechtliche Einfluss auf die unternehmerische Funktion (OGH 5.9.2001, 9 Ob A 193/01 z, ARD 5299/22/2002).

- Wird ein Personalchef ins Ausland geschickt und nach seiner Rückkehr umgehend vom Dienst suspendiert, so bewirkt dies eine Ruhendstellung seiner vertraglichen Leistungspflichten, ändert aber nichts an seiner Stellung als leitender Angestellter (OGH 9 Ob A 99/03d = ARD 5516/7/2004).

- Da der KV für Angestellte des Gewerbes alle dem AngG unterliegenden AN erfasst, ist der KV hinsichtlich Arbeitszeit und Abgeltung von Überstundenarbeit auch dann anzuwenden, wenn ein AN leitender Angestellter im Sinne des AZG ist und daher von diesem Gesetz ausgenommen ist (OGH 9 Ob A 367/93).

30.2 Arbeitszeit und Normalarbeitszeit

Unter Arbeitszeit ist jene Zeit zu verstehen, zu der sich der AN im Verfügungsbereich des AG befindet und dessen Weisungen unterliegt, sodass der AN über die Verwendung dieser Zeit nicht frei bestimmen kann. Die Zeit der Teilnahme an verpflichtenden Fortbildungsveranstaltungen ist daher als Arbeitszeit anzusehen (VwGH 92/18/0097 = PVP 2007, 273 – zu Arbeitsbereitschaft und Rufbereitschaft siehe 30.5, zum Beginn der Arbeitszeit siehe 30.3.2, zur Vereinbarung der Arbeitszeit mit dem einzelnen AN siehe 14.8).

Die Normalarbeitszeit beträgt 40 Wochenstunden (acht Stunden täglich – § 3 AZG). Durch manche KV wird die wöchentliche Normalarbeitszeit verkürzt (z.B. 39 Stunden, 38,5 Stunden etc.).

Der KV kann eine tägliche Normalarbeitszeit von bis zu zehn Stunden regeln (§ 4 Abs. 1 AZG). Weitere Ausnahmen gelten bei einer anderen Verteilung der Normalarbeitszeit sowie einer Vier-Tage-Woche (siehe im Folgenden). Weiters gelten besondere Bestimmungen für die Schichtarbeit (§ 4a AZG – siehe 30.2.3), die gleitende Arbeitszeit (§ 4b AZG – siehe 30.2.2) und die Dekadenarbeit (§ 4c AZG).

Die wöchentliche Normalarbeitszeit kann bis auf 60 Stunden ausgedehnt werden, wenn der KV oder die Betriebsvereinbarung dies zulässt und darüber hinaus in die Arbeitszeit regelmäßig und in erheblichem Umfang Arbeitsbereitschaft fällt (§ 5 AZG). Beispielsweise sieht der KV für das Bewachungsgewerbe eine Normalarbeitszeit über 50 Stunden für einzelne Verwendungsgruppen vor.

Vier-Tage-Woche

Die tägliche Normalarbeitszeit kann auf zehn Stunden ausgedehnt werden, wenn nur an vier Tagen gearbeitet wird, die nicht zusammenhängen müssen (z.B. Montag, Dienstag, Mittwoch und Freitag), falls der KV nichts Gegenteiliges regelt. Diese Arbeitszeitregelung kann in Betrieben mit BR durch Betriebsvereinbarung und in Betrieben ohne BR durch schriftliche Einzelvereinbarung erfolgen (§ 4 Abs. 8 AZG).

Im Rahmen einer solchen Vier-Tage-Woche kann vereinbart werden, dass die Tagesarbeitszeit bis auf 12 Stunden erweitert wird. Diesfalls sind die 11. und die 12. Stunde als Überstunden anzusehen (§ 7 Abs. 4 und 4a AZG).

Die Vier-Tage-Woche ist für Jugendliche nicht anwendbar (siehe 30.9).

Zur 12 Stunden-Regelung für 24 Wochen jährlich – siehe 30.4.

30.2.1 Andere Verteilung der Normalarbeitszeit

Die tägliche Normalarbeitszeit darf (abgesehen von den in 30.2 erörterten Ausnahmen wie insbesondere der Vier-Tage-Woche) neun Stunden nicht überschreiten (§ 4 Abs. 2 AZG).

Die Normalarbeitszeit kann durch Überstundenarbeit (siehe 14.9) sowie Vor- und Abschlussarbeiten überschritten werden.

Sonderregelungen gelten weiters für Großbaustellen im öffentlichen Interesse (§ 4c AZG) und Schichtarbeit (siehe 30.2.3).

Einarbeiten

Werden ein oder mehrere „Fenstertage" (ganze Werktage, die unmittelbar vor oder nach einem Feiertag liegen) eingearbeitet, so kann die ausfallende Arbeitszeit auf die Werktage von maximal 13 zusammenhängenden, die Ausfallstage einschließenden Wochen verteilt werden. Die tägliche Normalarbeitszeit darf bei Einarbeiten bis 10 Stunden erreichen. Der Einarbeitungszeitraum kann durch KV erweitert werden (§ 4 Abs. 3 AZG).

Für Jugendliche gilt ein Einarbeitungszeitraum von sieben Wochen und eine maximale tägliche Arbeitszeit von neun Stunden (siehe 30.9).

> **Muster für eine Vereinbarung zum Einarbeiten in Verbindung mit Feiertagen**
>
> *Frau/Herr .... und Firma .... vereinbaren, dass folgender Werktag arbeitsfrei ist und daher eingearbeitet wird:*
>
> *........................*
>
> *An diesem Tag fallen insgesamt .... Arbeitsstunden aus. Die ausgefallenen Arbeitsstunden werden in einem Zeitraum von .... bis .... eingearbeitet.*
>
> *Das Einarbeiten erfolgt durch eine Erweiterung der Arbeitszeit an folgenden Tagen:*
> *1. am .... von .... bis ....*
> *2. am .... von .... bis ....*
> *etc.*
> *......................, am ....*
>
> *.........................   ....*
> *AG   AN*

Hinweise für die Praxis

Die Arbeitszeit wird im Arbeitsvertrag vereinbart (siehe 14.8). Die vereinbarte Arbeitszeit kann nur mit Zustimmung des AN verändert werden. Liegen die Voraussetzungen des § 19c AZG vor, so kann innerhalb bestimmter Grenzen eine **Änderung der Arbeitszeit durch Weisung des AG** erfolgen (Details siehe 14.8).

Grundsätzlich ist die Frage, ob die höchstzulässige Arbeitszeit überschritten wurde, von der Frage, wie die Entlohnung zu erfolgen hat, zu trennen. Auch verbotene Arbeitszeit ist voll zu bezahlen (in der Regel als Überstunden mit 50 % bzw. 100 % Zuschlag).

30.2.2 Gleitende Arbeitszeit

Durch über die Schlichtungsstelle erzwingbare Betriebsvereinbarung (§ 97 Abs. 1 Z 2 iVm Abs. 2 ArbVG, siehe 53.) bzw. durch schriftliche Vereinbarung mit jedem einzelnen AN in Betrieben, in denen kein BR errichtet ist, kann eine gleitende Arbeitszeit eingeführt werden (§ 4b AZG).

Das Gesetz gibt für diese Vereinbarung folgenden Mindestinhalt vor:

- Die Dauer der Gleitzeitperiode,
- den Gleitzeitrahmen,
- das Höchstausmaß von Übertragungsmöglichkeiten von Zeitguthaben und Zeitschulden in die nächste Gleitzeitperiode und
- Dauer und Lage der fiktiven Normalarbeitszeit.

Eine Kernarbeitszeit (Mindestanwesenheitszeit z.B. von 11.00 bis 14.00 Uhr) kann vereinbart werden, darf aber nicht die Gleitmöglichkeiten zu weitgehend einschränken.

Die tägliche Normalarbeitszeit darf 10 Stunden nicht überschreiten. Die wöchentliche Normalarbeitszeit darf nur insoweit überschritten werden, als Übertragungsmöglichkeiten in die nächste Gleitzeitperiode (z.B. eine Periode von 6 Monaten) vorgesehen sind.

Falls erst während des Bestandes einzelvertraglicher schriftlicher Gleitzeitvereinbarungen ein BR errichtet wird, gelten diese weiter, bis eine Betriebsvereinbarung zur Gleitzeit in Kraft tritt (*Schrank*, Arbeitszeitgesetze, Band 1, § 4b AZG, Rz 32).

Gleitzeitperiode und Zeitguthaben

Am Ende einer Gleitzeitperiode vorhandene Zeitguthaben, die nach der Gleitzeitvereinbarung in die nächste Periode übertragen werden können, gelten nicht als Überstunden (§ 6 Abs. 1a AZG). Falls bei Beendigung des Arbeitsverhältnisses ein Guthaben an Normalarbeitszeit verbleibt, ist dieses mit einem Zuschlag von 50 % abzurechnen (§ 19e Abs. 2 AZG – das gilt auch bei Teilzeitbeschäftigten: OGH 30.9.2005, 8 Ob A 82/05 g, siehe 30.4.1.2). Dies gilt nicht, wenn der AN ohne wichtigen Grund vorzeitig austritt. Der KV kann Abweichendes regeln (zu Minusstunden siehe 14.9.6).

Nicht in die Folgeperiode übertragbare Zeitguthaben

Auch wenn es in der Gleitzeitvereinbarung nicht ausdrücklich angeführt ist, kann es innerhalb des Gleitzeitmodells zu Überstunden kommen, wenn ein Zeitguthaben am Ende der Gleitzeitperiode nicht weiter übertragen werden kann. Die in einer Betriebsvereinbarung enthaltene Regelung, dass zum Stichtag über der Höchstgrenze liegende Zeitguthaben verfallen sind, ist in dieser Allgemeinheit wegen des zwingenden Charakters des § 10 AZG (Überstundenvergütung) nicht wirksam. Nur wenn der AN einer Weisung, Zeitguthaben rechtzeitig vor Ende der Gleitzeitperiode durch Zeitausgleich abzubauen, nicht nachkommt, und die erbrachten Gutstunden auch nicht auf Grund der dem AN aufgetragenen Arbeitsmenge erforderlich waren, ist eine gesonderte Entgeltpflicht zu verneinen (OLG Wien 29.8.2005, 10 Ra 47/05 p, ARD 5668/9/2006). Zum Abzug des Entgelts für nicht ausgeglichene Minusstunden von der Endabrechnung ist eine gesonderte Vereinbarung erforderlich (siehe auch 14.9.6).

Überstunden bei gleitender Arbeitszeit

Überstunden fallen bei Gleitzeit an, wenn der AN

- außerhalb des Gleitzeitrahmens Arbeitsleistungen erbringt (weil er nur innerhalb des Gleitzeitrahmens Normalstunden leisten kann),
- bei seiner Arbeit die tägliche Normalarbeitszeit von 10 Stunden überschreitet (zur Zulässigkeit siehe 30.2 f) oder

- durch seine Arbeitsleistung Zeitguthaben erwirbt, welche nicht in die nächste Gleitzeitperiode übertragen werden können.

Gleitende Arbeitszeit und Teilzeitbeschäftigte

Falls bei einer Gleitzeitvereinbarung innerhalb der Gleitzeitperiode im Durchschnitt die vereinbarte Arbeitszeit nicht überschritten wird, fällt bei Teilzeitbeschäftigten kein Mehrarbeitszuschlag an. Kann ein nicht abgebautes Guthaben an Mehrarbeitsstunden in die nächste Gleitzeitperiode übertragen werden, so ist ebenfalls kein Zuschlag gutzuschreiben. Dies gilt auch dann, wenn die Gleitzeitperiode länger als drei Monate ist (§§ 19d Abs. 1a und 6 Abs. 1a AZG).

Im Anhang findet sich ein Muster für eine Gleitzeitvereinbarung (Muster 19).

Zur Gleitzeit und wichtigen persönlichen Dienstverhinderungsgründen siehe 24.

30.2.3 Schichtarbeit

Bei mehrschichtiger Arbeitsweise ist ein Schichtplan zu erstellen (§ 4a Abs. 1 AZG). Unter mehrschichtiger Arbeitsweise ist eine Arbeitszeiteinteilung zu verstehen, bei der an einem oder mehreren Arbeitsplätzen innerhalb eines Tages verschiedene AN in zeitlicher Aufeinanderfolge ihre Tagesarbeitszeit absolvieren, sodass die Arbeitszeit des einen AN zumindest teilweise mit der Ruhezeit des anderen AN zusammenfällt (OGH 28.6.1983, 4 Ob 66/83, infas 2/84, A 39).

Die tägliche Normalarbeitszeit darf bei Schichtarbeit 9 Stunden nicht überschreiten (§ 4a Abs. 2 AZG). In Branchen, für die Schichtarbeit typisch ist, sind meistens kollektivvertragliche Regelungen für Schichtarbeit vorhanden. Der KV kann die tägliche Normalarbeitszeit bei durchlaufender mehrschichtiger Arbeitsweise mit Schichtwechsel bis auf 12 Stunden unter der Bedingung ausdehnen, dass die arbeitsmedizinische Unbedenklichkeit der Arbeitszeitverlängerung für die betreffenden Tätigkeiten festgestellt wird (dabei ist eine maximale wöchentliche Arbeitszeit von 56 Stunden zu beachten – § 4a Abs. 4 AZG). Mangels kollektivvertraglicher Regelung kann (durchlaufende und mehrschichtige) Schichtarbeit nur am Wochenende oder i.V.m. einem Schichtwechsel auf 12 Stunden erweitert werden (Details siehe § 4a Abs. 3 AZG).

30.3 Ruhepausen, Beginn und Ende der Arbeitszeit sowie Reisezeiten

30.3.1 Pausen

Nach § 11 Abs. 1 AZG ist nach einer Arbeitszeit von sechs Stunden eine Ruhepause von mindestens 30 Minuten zu gewähren (ausnahmsweise sind nach § 11 Abs. 1 AZG auch 3 x 10 Minuten oder 2 x 15 Minuten zulässig). Ruhepausen sind keine Arbeitszeit (§ 2 Abs. 1 Z 1 AZG).

Kurzpausen bei Schichtarbeit und Nachtschwerarbeit (§ 11 Abs. 3, 4 und 6 AZG) sowie durch Verordnung angeordnete Ruhepausen bei gefährlichen Arbeiten (§ 21 AZG) gelten als Arbeitszeit.

Eine Pause im Sinne der vorgenannten Bestimmungen liegt nur dann vor, wenn klar ist, dass der AN während der gesamten Pausenzeit keinen Arbeitseinsatz erbringen muss und somit eine im Voraus geplante Erholungsmöglichkeit eingeräumt wird. Die Pause muss spätestens zu ihrem Beginn umfangmäßig festgelegt sein (OGH 17.3.2004, 9 Ob A 102/03 w, 28.6.2016, 8 Ob A 26/16 f). Das Warten auf den jederzeit möglichen Wiederbeginn der Arbeit ist keine Pause, sondern **Arbeitsbereitschaft** (OGH 29.8.1996, 8 Ob A 2216/96 g).

Die Pause muss von ihrer zeitlichen Lage her für den AN vorhersehbar sein oder vom AN innerhalb eines vorgegebenen Zeitraums frei gewählt werden können. Sie muss echte Freizeit sein. Der AN muss über diese Zeit frei verfügen können (OGH 4.9.2002, 9 Ob A 133/02 b). Spontane Ankündigungen, wie „Sie können jetzt Ihre Pause machen", erfüllen mangels Vorhersehbarkeit nicht die Voraussetzungen einer arbeitszeitrechtlichen Ruhepause (OGH 17.3.2004, 9 Ob A 102/03 w).

Verrichtet ein Busfahrer die im Dienstplan vorgesehene Pause an einer Wendestelle, bei der Pauseneinrichtungen (Toiletten, Waschanlagen, Sitzgelegenheiten, Möglichkeiten der Essenszubereitung) nicht vorhanden sind, so ändert dies nichts daran, dass eine solche Pause als Ruhepause im arbeitszeitrechtlichen Sinn anzusehen ist (OGH 27.2.2012, 9 Ob A 117/11 p).

Die tägliche Arbeitszeit kann auch durch mehrere entgeltfreie Pausen unterbrochen werden, falls nicht ein KV eine Einschränkung vorsieht (OGH 28.10.2013, 8 Ob A 61/13 y, *Rauch*, PV-Info 3/2014, 16 f.).

30.3.1.1 Rauchpausen

Für einen Anspruch auf zusätzliche Pausen für Raucher (die über die Pausen nach § 11 Abs. 1 AZG hinausgehen), um eine Zigarette zu rauchen, besteht keine Rechtsgrundlage. Zu einem manchmal von der AN-Seite behaupteten „Menschenrecht auf Rauchpausen" ist auszuführen, dass nicht erkennbar ist, warum ein solches „Menschenrecht" gegeben sein soll. Vielmehr ist festzuhalten, dass nicht nur dem Arbeitnehmerschutz (siehe 33.2.4), sondern generell dem Nichtraucherschutz ein verstärktes Gewicht eingeräumt wird (z.B. durch sukzessive Erweiterungen von Rauchverboten durch das Tabakgesetz). Diese Einschränkungen bewirken, dass Raucher immer wieder mehrere Stunden keine Gelegenheit zum Rauchen haben und daher auch im Rahmen der Erfüllung des Arbeitsvertrages die Abhaltung von Zigarettenpausen auf die gesetzlich vorgesehenen Pausen beschränkt werden kann. Zutreffenderweise geht die Rechtsprechung davon aus, dass das Verlangen, eine Zigarette zu rauchen, Kaffee ungestört zu trinken und dabei eine Zeitung zu lesen, auch nicht mit der Dringlichkeit einer Notdurft gleichgestellt oder mit dieser verglichen werden kann (OLG Wien 8 Ra 53/00 y = ARD 5162/6/2000).

Im Fall der wiederholten Abhaltung unzulässiger Pausen kann mit Verwarnungen und allenfalls letztlich mit einer Entlassung vorgegangen werden (siehe 42.2 zu

Z 4). Hat der AG bisher die Abhaltung von Rauchpausen geduldet bzw. hingenommen, so hat er die Möglichkeit klarzulegen, dass künftig die Arbeitszeit einzuhalten ist und die bisher geduldeten Rauchpausen nicht mehr hingenommen werden. Falls jedoch ausdrücklich zusätzliche Pausen (über § 11 Abs. 1 AZG hinausgehend) mit dem AN (etwa im schriftlichen Arbeitsvertrag) vereinbart wurden, so müsste für die Zukunft vereinbart werden, dass diese Pausen entfallen (Details siehe *Rauch*, Arbeitsrechtlicher Anspruch auf Rauchpausen?, ASoK 2001, 274 ff. und *Rauch*, Alkoholverbote im Betrieb?, ASoK 2002, 85 ff.).

30.3.2 Beginn der Arbeitszeit

Die Arbeitszeit beginnt, wenn der AN an dem Ort eintrifft, wo er seine Arbeitsleistung zu erbringen hat. Die Wegzeit von zu Hause zur Arbeit und zurück gilt auch bei vereinbarungsgemäß wechselnden Einsatzorten nicht als Arbeitszeit (OGH 22.10.2009, 8 Ob A 60/09 w; OLG Wien 27.5.2014, 8 Ra 22/14 k, ARD 6436/9/2015) Dies gilt auch für Wegzeiten bei geteilten Diensten, wenn ein Buschauffeur für seinen nächsten Dienst zu einem anderen Ort fahren muss und daher über die Wegzeit hinaus ausreichende Zeit für eine Pause gegeben ist (OGH 15.12.2009, 9 Ob A 6/09 m). Ist hingegen ein anderer Arbeitsort im Auftrag des AG möglichst rasch zu erreichen und verbleibt keinerlei Spielraum für eine Pause bzw. eine freie Gestaltung des Weges, so ist die Fahrtzeit zur nächsten Arbeitsstelle als Arbeitszeit zu werten (OGH 30.4.2012, 9 Ob A 47/11 v).

Wegzeiten vom Eingang des Betriebsgeländes oder Betriebsgebäudes bis zum Einsatzort sind keine Arbeitszeiten (OGH 5.9.1967, 4 Ob 31/67, Arb 8.493). Umkleiden und Waschen liegen überwiegend im Interesse des AN, die dafür aufgewendete Zeit ist keine Arbeitszeit (OGH 4.9.2002, 9 Ob A 133/02 b, ARD 5385/2/2003).

Falls keine besondere vertragliche Vereinbarung besteht, ist, wenn der AN zum Betätigen der Stechuhr verpflichtet ist, dieses Betätigen jeweils als erste und letzte tägliche Arbeitshandlung anzusehen. Daher ist der Weg vom Einsatzort zur Stechuhr als Arbeitszeit anzusehen (VwGH 23.5.1989, 88/08/0005, ARD 4182/1/90).

Zeiten bloßer Anwesenheit im Betrieb ohne Arbeitspflicht zwecks Abwartens eines öffentlichen Verkehrsmittels gelten nicht als Arbeitszeit (VwGH 26.6.1997, 97/11/0067, im Gegensatz zu „kurzen Pausen zum Jausnen" – VwGH 24.9.1990, 90/19/0245).

Fahrzeiten von Technikern im Außendienst

Bestimmt der AG für die Techniker im Außendienst jeweils den ersten und letzten Kunden des Arbeitstages und kann er ihm während der Fahrt dienstliche Aufträge erteilen, so stellt die Fahrzeit Arbeitszeit (i.S.d. AN-Schutzrechts) dar (EuGH 10.9.2015, C–266/14, Tyco; *Rauch*, Arbeitsrecht 2016, 60 f.).

30.3.3 Reisezeiten

Allgemeines und Erweiterung der täglichen Arbeitszeit auf 12 Stunden bei aktiven Reisezeiten

Reisezeit liegt vor, wenn der AN über Auftrag des AG vorübergehend seinen Dienstort (Arbeitsstätte) verlässt, um an anderen Orten seine Arbeitsleistung zu erbringen, sofern der AN während der Reisebewegung keine Arbeitsleistung zu erbringen hat (§ 20b Abs. 1 AZG).

Durch Reisezeiten können die Höchstgrenzen der Arbeitszeit überschritten werden (§ 20b Abs. 2 AZG). Dabei werden für Reisezeiten keine speziellen Höchstgrenzen geregelt, sodass auch längere Reisen durch arbeitszeitrechtliche Höchstgrenzen (insbesondere 10 bzw. 12 Stunden pro Arbeitstag) nicht beschränkt werden.

Keine Reisezeit liegt vor, wenn der AN während der Reise Arbeitsleistungen zu erbringen hat, etwa weil er das Fahrzeug lenkt (aktive Reisezeit) oder Arbeitsunterlagen studiert etc. Diesfalls ist Arbeitszeit gegeben und können die Ausnahmebestimmungen für die Reisezeit nicht angewendet werden. Die tägliche Höchstarbeitszeit kann aber von 10 auf 12 Stunden erweitert werden, wenn durch das angeordnete Lenken eines Fahrzeugs eine Arbeitsleistung erbracht wird, die nicht eine Haupttätigkeit des AN (Berufslenker, Piloten, Außendienst) darstellt (§ 20b Abs. 6 AZG).

Zeiten, über die der AN am Zielort frei verfügen kann (also Zeiten ohne Reisebewegung und ohne arbeitsvertragliche Arbeitsleistungen) sind Freizeit (private Essenszeiten, Freizeitgestaltung im und außerhalb des Hotels).

Die im Folgenden dargestellten Verkürzungen der Höchstgrenzen der Arbeitszeit gelten nicht für solche AN, die ständig unterwegs sind bzw. reisen. Für diese AN ist die Reisezeit stets „Arbeitszeit im engeren Sinn", für die (mangels gegenteiliger Regelung) das volle Entgelt gebührt (siehe im Folgenden „Entgeltregelungen" – OGH 5.6.1984, 4 Ob 49/84, Arb 10.356; OGH 8.11.1989, 9 Ob A 281/89, Arb 10.829).

Für Jugendliche (siehe 30.9), die in einem Lehr- oder sonstigen Ausbildungsverhältnis stehen und das 16. Lebensjahr vollendet haben, kann durch passive Reisezeiten (keine Arbeitsleistungen im Beförderungsmittel) die tägliche Höchstarbeitszeit von 8 auf bis zu 10 Stunden ausgedehnt werden (§ 11 Abs. 3a KJBG).

Zur Pflicht der Zahlung der Kosten bei Erkrankung des AN und mitreisenden Angehörigen durch den AG siehe § 130 ASVG. Auf Grund dieser Bestimmung wird dem AG zu empfehlen sein, das Mitreisen von Angehörigen abzulehnen.

Verkürzung der täglichen Ruhezeit

Zur täglichen Ruhezeit bestimmt das AZG Folgendes:

Bestehen während der Reisezeit ausreichend Erholungsmöglichkeiten, so kann die tägliche Ruhezeit (im Regelfall elf Stunden) verkürzt werden. Durch KV kann festgelegt werden, in welchen Fällen ausreichende Erholungsmöglichkeiten bestehen

(§ 20b Abs. 3 AZG). Auch bezüglich der Ruhezeitenkürzung ist bei ausreichenden Erholungsmöglichkeiten keine Untergrenze vorgesehen. KV könnten die Erholungsmöglichkeiten näher definieren. Derzeit sind in den KV keine diesbezüglichen Bestimmungen enthalten. Unter Erholungsmöglichkeiten sind verschiedene Entspannungsformen wie Schlaf oder schlafähnliches Ruhen in Schlaf- oder Liegewagen oder in Sitzabteilen im Zug sowie durch wenigstens teilweise rückkippbare Sitze etwa in Autobussen oder in Flugzeugen, zu verstehen. Bei wiederholtem Umsteigen wird davon auszugehen sein, dass keine ausreichenden Erholungsmöglichkeiten gegeben sind. Liegen keine ausreichenden Erholungsmöglichkeiten vor, so ist eine tägliche Ruhezeit von elf Stunden zu beachten.

Der KV kann die tägliche Ruhezeit bei fehlenden Erholungsmöglichkeiten auf acht Stunden verkürzen. Ergibt sich dabei ein späterer Arbeitsbeginn, so ist die Zeit zwischen dem vorgesehenen und dem tatsächlichen Beginn auf die Arbeitszeit anzurechnen (§ 20b Abs. 4 AZG). Das heißt, als Arbeitszeit ist die Zeit ab dem vorgesehenen und nicht dem tatsächlichen Beginn anzusehen. Die tatsächliche Arbeitszeit wird daher auch entsprechend gekürzt.

Verkürzungen der täglichen Ruhezeit sind nur zweimal pro Woche zulässig (§ 20b Abs. 5 AZG).

War ein AN (mit einer täglichen Arbeitszeit von 8.00 bis 16.30 Uhr) in einem Bus ohne rückkippbare Sitze unterwegs (daher elf Stunden Ruhezeit) und bezieht er um 2 Uhr morgens sein Hotelzimmer, so beginnt die tatsächliche Arbeitszeit um 13.00 Uhr. Die Zeit von 8.00 Uhr (arbeitsvertraglicher Arbeitszeitbeginn) bis 13.00 Uhr ist als Arbeitszeit anzusehen. Der Arbeitstag endet um 16.30 Uhr entsprechend dem arbeitsvertraglichen Ende der täglichen Arbeitszeit.

Reisezeit während der Wochenend- und Feiertagsruhe

Eine Reisebewegung während der Wochenend- und Feiertagsruhe ist zulässig, wenn dies zur Erreichung des Reiseziels notwendig oder im Interesse des AN gelegen ist (§ 10a ARG).

Strittig ist, inwieweit Reisezeiten während der Wochen- bzw. Wochenendruhe zu einem Anspruch auf Ersatzruhe nach § 6 ARG (siehe 30.6) führen können (Judikatur fehlt derzeit). Bei Reisebewegungen auf Wunsch des AN wird dies zu verneinen sein. Ebenso wohl auch bei passiven Reisezeiten (siehe im folgenden Abschnitt), weil die Ersatzruhe dem Überlastungsschutz dient und bei der durch Erholungsmöglichkeiten gekennzeichneten passiven Reisezeit die Beanspruchung des AN geringer ist wie bei der Erbringung von Arbeitsleistungen (siehe auch *Schrank*, Arbeitszeitgesetze, Band 2, Rz 16 zu § 6 ARG).

Entgeltregelungen

Die zuvor angesprochenen arbeitszeitrechtlichen Gesetzesbestimmungen regeln die Entgeltfrage nicht.

Bezüglich der Entlohnung der Reisezeiten sollte (mangels kollektivvertraglicher Regelungen) ebenfalls eine konkrete Vereinbarung geschlossen werden, da mangels Vereinbarung die Reisezeit auch bezüglich des Beifahrers wie eine sonstige Arbeit zu entlohnen ist (volles Entgelt inklusive allfällige Überstundenzuschläge, Arb. 10.356). Falls jedoch das Reisen zu den ständigen Arbeitspflichten des AN zählt, gebührt ihm für Reisezeiten jedenfalls das volle Entgelt (OGH 26.5.2010, 9 Ob A 34/10 f). Reist der AN als Lenker eines Kraftfahrzeuges und zählt dies nicht zu seinen ständigen Arbeitspflichten, ist eine vom vollen Entgelt für Reisezeiten abweichende Vereinbarung nur dann zulässig, wenn der AN besonders qualifizierte (und daher entsprechend hoch bezahlte) Tätigkeiten außerhalb der Reisezeiten zu verrichten hat (z.B. ärztliche Tätigkeit – OGH 2.9.1993, 9 Ob A 182/93).

Ist der AN während der Reisezeit nur Beifahrer (bzw. reist er mit öffentlichen Verkehrsmitteln) und hat er daher Entspannungsmöglichkeiten (z.B. Lesen, Essen im Speisewagen, Schlafen), kann ein entsprechend geringeres Entgelt vereinbart werden.

Falls keine Vereinbarung zum Reiseaufwand (z.B. Fahrtspesen) vorliegt (Einzelvertrag oder KV), so hat der AG den notwendig oder nützlich gemachten Aufwand zu ersetzen (§ 1014 ABGB – OGH 9 Ob A 142/05 t = ARD 5688/ 5/2006). Der Aufwandersatz nach § 1014 ABGB ist kein Entgelt (OGH 9 Ob A 19/93).

Es ist somit folgende Unterscheidung zu treffen:

Reisezeiten, während denen auch Arbeitsleistungen erbracht werden, werden als „aktive Reisezeiten" bezeichnet. Sie sind als echte Arbeitszeiten zu bewerten und entsprechend zu bezahlen. Reisezeiten, während denen ein AN nicht arbeitet, werden als „passive Reisezeiten" bezeichnet. Das Lenken eines Autos gilt als aktive Reisezeit, das Reisen mit einem öffentlichen Verkehrsmittel dagegen als passive Reisezeit (soferne keine Arbeit, wie etwa Aktenstudium, verrichtet wird). Passive Reisezeiten können geringer als die echten Arbeitszeiten bezahlt werden. Dazu müsste kollektivvertraglich oder einzelvertraglich ein geringeres Entgelt speziell für passive Reisezeiten vereinbart werden.

Zu berücksichtigen sind somit die kollektivvertraglichen Regelungen zu Reisekosten und Reiseaufwandsentschädigungen sowie die firmeninternen Vereinbarungen mit den AN zur Abgeltung von Dienstreisen. Betriebe, deren AN häufig Dienstreisen durchführen, sollten daher Reiserichtlinien erstellen, die von den betroffenen AN zum Zeichen der Zustimmung unterfertigt werden. Solche Reiserichtlinien dürfen jedoch nicht den anzuwendenden kollektivvertraglichen Bestimmungen widersprechen und sind daher unter Berücksichtigung der kollektivvertraglichen Regelungen zu formulieren (weitere Details siehe *Rauch*, Die Dienstreise, ASoK 2010, 128 ff.).

30.3.4 Flexible Normalarbeitszeit

Flexibilisierung der Normalarbeitszeit ist nur durch kollektivvertragliche Vereinbarung (allenfalls durch eine Betriebsvereinbarung) möglich. Falls eine der beiden

KV-Parteien die Vereinbarung einer Flexibilisierung grundlos verweigert, kann die Flexibilisierung durch eine Schlichtungsstelle der Sozialpartner erzwungen werden.

Die Flexibilisierung kann jedoch nur innerhalb eines vom AZG genau vorgesehenen Rahmens erfolgen. Das Wesen der Flexibilisierung besteht darin, dass Mehrleistungen in einer Woche durch Zeitausgleich in einer anderen Woche innerhalb eines Durchrechnungszeitraumes ausgeglichen werden, wobei jedoch für die Mehrleistungen kein Anspruch auf einen Überstundenzuschlag entsteht. Solche Vereinbarungen werden vor allem in typischerweise saisonabhängigen Bereichen getroffen (z.B. Bau, eisen- und metallverarbeitendes Gewerbe).

Ist eine Bestimmung eines kollektivvertraglichen Durchrechnungsmodells nicht rechtsgültig, so ist möglichst von einer Restgültigkeit der übrigen Regelungen auszugehen (OGH 25.11.2014, 8 Ob A 67/14 g).

30.4 Höchstausmaß der zulässigen Überstunden

Zur Verpflichtung zur Leistung von Überstunden sowie zur Abgeltung von Überstunden siehe 14.9 ff.

Es dürfen maximal fünf Überstunden pro Woche und darüber hinaus jährlich 60 weitere Überstunden geleistet werden. Eine **Tagesarbeitszeit** von zehn Stunden und eine Wochenarbeitszeit von 50 Stunden darf nicht überschritten werden (§ 7 Abs. 1 AZG).

Zur Erweiterung der täglichen zulässigen Arbeitszeit auf zwölf Stunden bei einer 4-Tage-Woche – siehe 30.2.

Weiters kann die Höchstarbeitszeit für 24 Wochen pro Jahr auf 60 Stunden pro Woche bzw. zwölf Stunden pro Tag erweitert werden, wenn dies auf Grund eines besonderen Arbeitsbedarfs zur Verhinderung eines unverhältnismäßigen wirtschaftlichen Nachteils erforderlich ist. In Betrieben mit BR erfordert dies eine Betriebsvereinbarung. In Betrieben ohne BR ist eine schriftliche Einzelvereinbarung und eine Bescheinigung der arbeitsmedizinischen Unbedenklichkeit erforderlich. Wurde die Arbeitszeit in acht aufeinanderfolgenden Wochen auf Grund dieser Regelungen (§ 7 Abs. 4 und 4a AZG) erweitert, so sind in den beiden folgenden Wochen solche zusätzlichen Überstunden unzulässig. Die AN dürfen jedoch solche Überstunden ablehnen (§ 7 Abs. 6a AZG). Eine generelle Bereitschaft zur Leistung dieser Überstunden kann nicht rechtswirksam im Arbeitsvertrag vereinbart werden (VwGH 15.10.2015, Ro 2014/11/0095; *Rauch*, Arbeitsrecht 2017, 67 f.).

Diese Grenzen können auch bei **Schichtarbeit, Dekadenarbeit, Arbeitsbereitschaft** und im öffentlichen Interesse überschritten werden. Überdies können durch KV bis zu fünf weitere Überstunden zugelassen werden. In bestimmten Branchen (Gast-, Schank- und Beherbergungsgewerbe, Verkehrswesen sowie bestimmte Arten und Gruppen von Betrieben, in denen ähnlich gelagerte Verhältnisse vorliegen), können bis zu zehn weitere wöchentliche Überstunden im KV zugelassen werden.

Weiters sind Überstunden zulässig zur Durchführung von Reinigungs- und Instandhaltungsarbeiten, die während der regelmäßigen Arbeitszeit nicht durchgeführt werden können, sowie für Arbeiten, von denen die Wiederaufnahme oder Aufrechterhaltung des vollen Betriebes arbeitstechnisch abhängt und für Arbeiten zur abschließenden Kundenbetreuung einschließlich Aufräumungsarbeiten (§ 8 AZG).

Bei Vorliegen eines **Betriebsnotstandes** sowie in außergewöhnlichen Fällen (z.B. zur Vermeidung des Verderbens von Gütern) ist die Leistung von Überstunden gestattet, die über die vorgenannten Grenzen hinausgehen (§ 20 AZG).

Nach § 11 Abs. 1 KJBG darf die tägliche Arbeitszeit Jugendlicher acht Stunden und die wöchentliche Arbeitszeit 40 Stunden nicht überschreiten (Ausnahme nur bei anderer Verteilung der Arbeitszeit nach § 11 Abs. 2 KJBG – siehe auch 30.9).

Nach § 1 Abs. 1a KJBG dürfen *Lehrlinge*, die das 18. Lebensjahr vollendet haben, Überstunden leisten, die mit dem niedrigsten im Betrieb vereinbarten Facharbeiterlohn bzw. Angestelltengehalt abzugelten sind. Diese Besserstellung der Lehrlinge über 18 Jahre stellt keine Diskriminierung der jüngeren Lehrlinge dar (OGH 9 Ob A 76/07 b). Zur Zulässigkeit der Leistung von Überstunden bei Jugendlichen, die das 16. Lebensjahr vollendet haben, siehe 30.9.

Weiters dürfen werdende und stillende Mütter nicht über die gesetzliche oder kollektivvertraglich geregelte Arbeitszeit hinaus beschäftigt werden. Die wöchentliche Arbeitszeit darf 40 Stunden nicht überschreiten (siehe 25.4).

Zum Zeitausgleich siehe 14.9.6.

Einschlägige Judikatur

- *Wenn Teilzeitbeschäftigte außerhalb der Normalarbeitszeit vergleichbarer vollzeitbeschäftigter AN des Betriebes tätig werden, so ist diese Arbeitszeit dem Bereich Überstundenarbeit auch dann zuzuordnen, wenn der Teilzeitbeschäftigte weder die tägliche noch die wöchentliche Normalarbeitszeit überschreitet (OGH 9 Ob A 275/92 = ARD 4437/32/93 – betrifft hier Arbeit am Samstag nach 12.00 Uhr).*

- *Die Auffassung, dass sämtli--che Arbeitsleistungen an Samstagen und Sonntagen außerhalb der normalen Arbeitswoche liegen und daher jedenfalls Überstunden darstellen, ist nicht durch das AZG gedeckt, wenn die von einem AN geltend gemachten Arbeitsstunden an Samstagen und Sonntagen zur Gänze im Rahmen der 40-Wochenstunden-Verpflichtung bleiben und sich in keiner Dienstvorschrift eine Bestimmung findet, nach der bei Überschreitung einer bestimmten Tagesarbeitszeit oder bei Arbeitsleistung an Sonntagen ein zusätzliches Entgelt gebührt. Findet – wie im vorliegenden Fall – das AZG keine Anwendung, steht auch für eine acht Stunden übersteigende Tagesarbeitszeit an Samstagen kein Überstundenzuschlag zu, wenn diese Arbeitsleistung gänzlich im Rahmen der 40-Stunden-Woche erbracht wurde (OLG Wien 8 Ra 153/00 d = ARD 5199/6/2001).*

30.4.1 Der Mehrarbeitszuschlag

Zur Teilzeitbeschäftigung siehe 14.8.2.

Das Kernstück der mit 1.1.2008 in Kraft getretenen Novelle zum Arbeitszeitrecht (Arbeitszeitpaket 2007) ist der Mehrarbeitszuschlag bei Mehrstunden, die Teilzeitbeschäftigte leisten.

Gesetzliche Definition der Teilzeit

Teilzeitarbeit liegt vor, wenn die vereinbarte Wochenarbeitszeit die gesetzliche Normalarbeitszeit oder eine kürzere im KV oder einer Satzung festgelegte Normalarbeitszeit im Durchschnitt unterschreitet (§ 19d Abs. 1 AZG – siehe auch 14.8.2).

Allenfalls kann eine kürzere Normalarbeitszeit durch eine Betriebsvereinbarung (etwa bei Kurzarbeit) oder durch Einzelvereinbarungen festgelegt werden. Eine solche kürzere Normalarbeitszeit für den Betrieb bzw. die Arbeiter oder Angestellten des Betriebes stellt keine Teilzeit dar. Derartige Einzelvereinbarungen sind jedoch nur in Ausnahmefällen denkbar. Wenn etwa der Arbeiter-BR eine Betriebsvereinbarung zur kürzeren Normalarbeitszeit abgeschlossen hat und für die Angestellten desselben Betriebes kein BR besteht, so könnte die kürzere Normalarbeitszeit (die diesfalls keine Teilzeit darstellt) auch für die Angestellten durch Einzelvereinbarungen festgelegt werden.

Verpflichtung zur Leistung von Mehrarbeit (siehe auch 14.8.2)

Teilzeitbeschäftigte AN sind zur Arbeitsleistung über das vereinbarte Arbeitszeitausmaß (Mehrarbeit) nur insoweit verpflichtet, als

- gesetzliche oder kollektivvertragliche Bestimmungen oder der Arbeitsvertrag dies vorsehen,
- ein erhöhter Arbeitsbedarf vorliegt oder die Mehrarbeit zur Vornahme von Vor- und Abschlussarbeiten erforderlich ist und
- berücksichtigungswürdige Interessen des AN der Mehrarbeit nicht entgegenstehen (§ 19d Abs. 3 AZG).

Zur Absicherung der Verpflichtung zur Leistung der Mehrarbeit ist daher ein entsprechender Hinweis im Arbeitsvertrag zu empfehlen (z.B. „der AN verpflichtet sich, angeordnete Mehr- und Überstunden zu leisten"). Ist eine Verpflichtung zur Leistung von Mehrarbeit und Überstunden gegeben, so können dem Teilzeitbeschäftigten Mehr- und Überstunden im gesetzlichen Rahmen (siehe 30.4) angeordnet werden.

Abgeltung von Mehrarbeit

Die Höhe des Mehrarbeitszuschlages beträgt 25 % (§ 19d Abs. 3a AZG). Der Berechnung des Zuschlags ist der auf die einzelne Arbeitsstunde entfallende Normallohn zu Grunde zu legen. Bei Akkord-, Stück- und Gedinglöhnen ist dieser nach dem Durchschnitt der letzten 13 Wochen zu bemessen. Durch KV könnte auch eine andere Berechnungsart vereinbart werden (§ 10 Abs. 3 AZG).

Die Abgeltung der Mehrarbeit kann auch durch Zeitausgleich erfolgen. Bei der Berechnung des Zeitausgleichs muss jedoch der Zuschlag berücksichtigt werden. Dies kann durch eine zusätzliche Freizeit (Ausgleich 1 : 1,25) oder durch die gesonderte Bezahlung des Zuschlags (bei Freizeitausgleich 1 : 1) erfolgen.

30.4.1.1 Vermeidung des Mehrarbeitszuschlags

Zeitausgleich

Der Mehrarbeitszuschlag fällt nicht an, wenn die Mehrarbeitsstunden innerhalb des Kalendervierteljahres oder eines anderen festgelegten Zeitraums von drei Monaten durch Zeitausgleich im Verhältnis 1 : 1 abgebaut werden (§ 19d Abs. 3b AZG).

Beobachtungszeitraum ist demnach das Kalendervierteljahr oder ein anderer Zeitraum von drei Monaten, der jedoch festgelegt und dem AN zur Kenntnis gebracht werden muss. Im dadurch entstehenden Rumpfzeitraum (beispielsweise 1.1. bis 31.1. bei einem Beobachtungszeitraum von 1.2. bis 30.4.) sollten allfällige Mehrarbeitsstunden ausgeglichen werden.

Gleitzeit

Falls bei einer Gleitzeitvereinbarung (siehe 30.2.2) innerhalb der Gleitzeitperiode im Durchschnitt die vereinbarte Arbeitszeit nicht überschritten wird, fällt kein Mehrarbeitszuschlag an. Kann ein nicht abgebautes Guthaben an Mehrarbeitsstunden in die nächste Gleitzeitperiode übertragen werden, so ist ebenfalls kein Zuschlag gutzuschreiben (also Übertragung 1 : 1, §§ 19d Abs. 3b Z 2, 6 Abs. 1a AZG). Dies gilt auch dann, wenn die Gleitzeitperiode drei Monate überschreitet.

> **Muster für die Änderung des Durchrechnungszeitraumes**
>
> *Zwischen Frau/Herrn ………………….. und Firma ………………….. wird Folgendes vereinbart:*
>
> *Ab 1.5.2008 wird der Durchrechnungszeitraum für den Mehrarbeitszuschlag nach § 19d Abs. 3 b AZG wie folgt geändert:*
>
> *An die Stelle des jeweiligen Kalenderquartals treten folgende dreimonatige Durchrechnungszeiträume:*
>
> *1.5. bis 31.7.,*
>
> *1.8. bis 31.10.,*
>
> *1.11. bis 31.1.,*
>
> *1.2. bis 30.4.*
>
> *Durch die Umstellung tritt in der Zeit vom 1.4. bis 30.4.2008 ein Rumpfzeitraum ein. Der AN nimmt weiters zur Kenntnis, dass (entsprechend der arbeitsvertraglichen Vereinbarung) auch im Rumpfzeitraum angeordnete Mehrarbeitsstunden zu leisten sind, die möglichst bis zum Ende des Rumpfzeitraums im Verhältnis 1 : 1 in Absprache mit dem AG abzubauen sind.*
>
> *………………….., am …………………..*
>
> *…………………………………………   …………………………………………*
> *AG   AN*

Anpassung der Teilzeitregelung

Das Ausmaß und die Lage der Arbeitszeit sind zu vereinbaren. Für die Änderung des Ausmaßes der Arbeitszeit ist Schriftlichkeit gesetzlich vorgegeben.

Fallen regelmäßig Zuschläge wegen Mehrarbeit an, so könnte durch eine schriftliche Vereinbarung eine entsprechende Anpassung der Teilzeitregelung vorgenommen werden. Wenn beispielsweise eine Teilzeitvereinbarung über 20 Stunden wöchentlich besteht und festgestellt wird, dass der AN durchschnittlich 30 Stunden wöchentlich arbeitet, so könnte eine Anhebung auf 30 Stunden schriftlich vereinbart werden.

Eine befristete Änderung der wöchentlichen Arbeitszeit wäre ebenfalls denkbar. So könnte etwa für die Saisonspitze im Juli und August eine höhere Teilzeitverpflichtung schriftlich vereinbart werden.

> **Muster für die Änderung einer Teilzeitvereinbarung**
>
> *Zwischen Frau/Herrn .... und Firma .... wird Folgendes vereinbart:*
>
> *Laut Punkt ... des Arbeitsvertrages vom .... beträgt die wöchentliche Arbeitszeit ... Stunden. Für die Zeit ab .... wird die Arbeitszeit wie folgt neu vereinbart:*
>
> *Wöchentliche Arbeitszeit .... Stunden*
>
> *Montag von .... bis ....*
>
> *Dienstag von .... bis .... etc.*
>
> *Daraus ergibt sich folgende Änderung des Punktes .... (Entgelt) des Arbeitsvertrages vom ....:*
>
> *Das monatliche Gehalt beträgt € .... brutto.*
>
> *Im Übrigen bleiben die Regelungen zum Entgelt im vorgenannten Arbeitsvertrag (Sonderzahlungen, Überweisung auf das Girokonto etc.) unverändert.*
>
> *Diese Änderung gilt von .... bis .... Danach gilt die bisherige Regelung des vorerwähnten Arbeitsvertrages.*)*
>
> *........................, am ....*
>
> ....
> AG AN

*) Nichtzutreffendes bitte streichen

Häufige kurzfristige Änderungen der Teilzeitvereinbarung könnten jedoch als rechtswidrige Umgehung der gesetzlichen Regelungen zum Mehrarbeitszuschlag angesehen werden.

Inklusivvereinbarung (All-in)

Zum Begriff „All-in" bzw. „Inklusivvereinbarung" siehe 14.9.7.

Grundsätzlich besteht auch bei einem Teilzeitbeschäftigten die Möglichkeit, ein Gehalt über den KV zu bezahlen und die Differenz zum kollektivvertraglichen Mindestgehalt zur Abdeckung des Entgelts für Mehrarbeit und sonstige Mehrleistungen (Mehrarbeitsentgelt, Mehrarbeitszuschlag, Überstundenentgelt) heranzuziehen. Dies setzt jedoch voraus, dass die erbrachten Mehrleistungen durch die vorerwähnte Differenz tatsächlich abgedeckt werden (siehe auch *Rauch*, All-in-Vereinbarung und Mehrarbeitszuschlag, ASoK 2008, 206 ff.).

Als Muster für eine solche Vereinbarung kann der Text für eine Inklusivvereinbarung herangezogen werden (siehe Muster 1 – Zusatzpunkte im Anhang „Musterformulierungen").

Ungleichmäßige Verteilung der Arbeitszeit

Wird eine ungleichmäßige Verteilung der Arbeitszeit auf einzelne Tage und Wochen im Vorhinein vereinbart, so ist kein Zuschlag zu bezahlen, wenn die Grenzen eingehalten werden. Werden beispielsweise 20 Stunden pro Woche vereinbart und wird für einen Zeitraum von 4 Wochen im Vorhinein festgelegt, dass in der 1. Woche 20, in der 2. Woche 10, in der 3. Woche 15 sowie in der 4. Woche 35 Stunden gearbeitet werden, so steht kein Zuschlag zu.

Falls jedoch im Vorhinein keine konkrete schriftliche Vereinbarung zur unregelmäßigen Arbeitszeitverteilung getroffen wird, so fällt der Zuschlag an.

30.4.1.2 Sonstige Regelungen zum Mehrarbeitszuschlag

Kumulationssperre

Sind neben dem Mehrarbeitszuschlag auch andere gesetzliche oder kollektivvertragliche Zuschläge für die zeitliche Mehrleistung vorgesehen, so gebührt nur der höchste Zuschlag (§ 19d Abs. 3d AZG). Leistet der Teilzeitbeschäftigte demnach Überstunden, so gebührt nur der Überstundenzuschlag und nicht zusätzlich der Zuschlag für Mehrarbeit von 25 %.

Differenzstunden

Zuschlagsfrei sind jene Arbeitsstunden, welche sich aus der Differenz zwischen der kollektivvertraglichen und gesetzlichen Normalarbeitszeit (40 Stunden) ergeben (z.B. bei einer kollektivvertraglichen Normalarbeitszeit von 38,5 Wochenstunden ergibt die Differenz zu 40 Wochenstunden 1,5 Differenzstunden), falls der KV für diese Stunden die Zuschlagsfreiheit vorsieht. Wenn etwa ein Teilzeitbeschäftigter, auf dessen Arbeitsverhältnis der KV für Handelsangestellte anzuwenden ist, 1,5 Stunden Mehrarbeit wöchentlich leistet, so entsteht keine Zuschlagspflicht, weil dieser KV keinen Zuschlag für die wöchentlichen Arbeitsstunden zwischen 38,5 und 40 vorsieht. Beispielsweise kommt bei einem Handelsangestellten, mit dem 10 Wochenstunden vereinbart wurden, der Mehrarbeitszuschlag demnach erst bei Überschreitung von 11,5 Wochenstunden in Frage. Normiert hingegen ein KV einen Zuschlag für die Differenzstunden (z.B. der KV für Arbeiter im eisen- und metallverarbeitenden Gewerbe, welcher 50 % vorsieht), so ist nur dieser Zuschlag und kein weiterer Zuschlag von 25 % zu bezahlen (dies ergibt sich aus der vorerwähnten Kumulationssperre).

Abweichungen durch kollektivvertragliche Regelungen

Zum Mehrarbeitszuschlag können im KV abweichende Regelungen in jede Richtung vereinbart werden (verlängerter Durchrechnungszeitraum, reduzierter Zuschlag, gänzlicher Entfall des Zuschlags etc. – § 19d Abs. 3f AZG). Ebenso kann der KV eine Betriebsvereinbarung ermächtigen, abweichende Bestimmungen zu regeln (§ 1a AZG). Zur Klärung der Detailbestimmungen für die jeweilige Branche ist daher auch zu prüfen, ob der KV abweichende Regelungen enthält.

Sonderbestimmungen für die Elternteilzeit

AN, die mit dem AG eine Elternteilzeit nach MSchG bzw. VKG vereinbart haben, sind nicht zur Leistung von Mehrarbeit verpflichtet (§ 19d Abs. 8 AZG). Leisten sie aber dennoch Mehrarbeitsstunden, so stehen ihnen die Mehrarbeitszuschläge ebenso wie den anderen Teilzeitbeschäftigten zu.

Fälligkeit des Mehrarbeitszuschlages

Da der Mehrarbeitszuschlag durch Zeitausgleich vermieden werden kann, kann die Fälligkeit nicht ausgeglichener Mehrarbeitszuschläge erst mit Ende des Durchrechnungszeitraums eintreten (wird ein Zeitausgleich von 1 : 1,25 vereinbart, so ist der Zuschlag nicht auszuzahlen).

Bei geringfügig Beschäftigten ist zu beachten, dass durch den Mehrarbeitszuschlag der Geringfügigkeitssatz überstiegen werden könnte und damit die Vollversicherungspflicht eintritt.

Altersteilzeit

Mehrarbeitszuschlag und Blockmodell siehe 14.8.2.2.3 (OGH 9 Ob A 21/07 i).

Zeitguthaben bei Ende des Arbeitsverhältnisses

Zeitguthaben bei Ende des Arbeitsverhältnisses sind mit einem Zuschlag von 50 % abzurechnen (ausgenommen bei unberechtigtem vorzeitigem Austritt oder abweichenden KV-Regelungen, § 19e Abs. 2 AZG). Dies gilt auch für Mehrarbeitsstunden von Teilzeitbeschäftigten (OGH 30.9.2005, 9 Ob A 82/05 g, 16.11.2005, 8 Ob S 20/05 g).

30.4.2 Informationspflicht gegenüber Teilzeitbeschäftigten

AG müssen teilzeitbeschäftigte AN bei Ausschreibung von im Betrieb frei werdenden Arbeitsplätzen, die zu einem höheren Arbeitszeitausmaß führen, informieren. Dies kann auch durch einen Aushang an einer geeigneten für die Teilzeitbeschäftigten leicht zugänglichen Stelle oder elektronisch bzw. durch geeignete Telekommunikationsmittel erfolgen (§ 19d Abs. 2a AZG). Bei Nichteinhaltung dieser Pflicht ist eine Verwaltungsstrafe vorgesehen (§ 28 Abs. 1 Z 6 AZG). Der Strafrahmen beträgt € 20,– bis € 436,– (§ 28 Abs. 1 AZG).

Diese Informationspflicht ist ein typisches Beispiel für einen völlig entbehrlichen Bürokratismus – siehe *Rauch*, Arbeitsrecht 2016, 19.

30.5 Arbeitsbereitschaft und Rufbereitschaft

Arbeitsbereitschaft liegt vor, wenn sich der AN an einem vom AG bestimmten Ort im Zustand der Arbeitsruhe aufhält und jederzeit zur Aufnahme der Arbeit bereit ist.

Von der Arbeitsbereitschaft zu unterscheiden ist die Rufbereitschaft. Im Gegensatz zur Arbeitsbereitschaft gilt die Rufbereitschaft nicht als Arbeitszeit. Während der Rufbereitschaft muss der AN lediglich an einem von ihm selbst bestimmten Ort erreichbar und einsatzbereit sein. Die Einsatzbereitschaft muss beispielsweise durch Vermeidung von Alkoholgenuss gewährleistet sein (OGH 8 Ob A 7/06 x).

Rufbereitschaft liegt auch dann vor, wenn der AG dem AN, der weit entfernt wohnt, ein Dienstzimmer zur Verfügung stellt (OGH 8 Ob A 90/05 a = ARD 5707/3/2006) oder sich eine Flugbegleiterin im Umkreis des Flughafens aufhalten muss, damit sie binnen einer Stunde im Flughafen den Dienst antreten kann (OLG Wien 7 Ra 121/05 y = ARD 5707/4/2006). Auch die Einschränkung bei einer Rufbereitschaft, dass der AN innerhalb von 30 Minuten an der Arbeitsstätte eintreffen muss, bewirkt noch keine Arbeitsbereitschaft (OGH 9 Ob A 74/07 h = ARD 5803/2/2007 – betrifft die Arbeitsstätte Spital).

Fällt in die Arbeitszeit regelmäßig und in erheblichem Ausmaß Arbeitsbereitschaft, so kann der KV eine wöchentliche Arbeitszeit bis zu 60 Stunden und eine tägliche Arbeitszeit bis zu zwölf Stunden zulassen (§ 5 AZG, z.B. Wachorgane, Portiere, Chauffeure – siehe etwa KV für das Bewachungsgewerbe).

Im Übrigen stellt die Arbeitsbereitschaft Arbeitszeit dar und ist daher wie normale Arbeitszeit zu behandeln und zu bezahlen. Wird jedoch durch Arbeitsbereitschaft die Normalarbeitszeit überschritten, so handelt es sich um „Überstunden minderer Art", die durch KV oder Einzelvereinbarung geringer entlohnt werden dürfen (OGH 3.11.1981, 4 Ob 111/81, Arb 10.059, 4.8.2009, 9 Ob A 99/08 m). Weiters kann auch ein niedrigerer Stundenlohn speziell für Arbeitsbereitschaft vereinbart werden, wobei eine solche Vereinbarung aber nicht im Widerspruch zu den Regelungen des anzuwendenden KV (Mindeststundensatz) stehen darf.

Für die Rufbereitschaft (außerhalb der Normalarbeitszeit) gibt es gesetzliche Schranken (§ 20a AZG):

- höchstens zehn Tage pro Monat (durch KV können 30 Tage in drei Monaten vereinbart werden),
- nur während zwei wöchentlichen Ruhezeiten pro Monat.

Leistet der AN während der Rufbereitschaft Arbeiten, kann

- die Tagesarbeitszeit bis auf zwölf Stunden ausgedehnt werden, wenn innerhalb von zwei Wochen ein Ausgleich erfolgt;
- die tägliche Ruhezeit (Nachtruhe) unterbrochen werden, wenn innerhalb von zwei Wochen eine andere tägliche Ruhezeit um vier Stunden verlängert wird. Eine Ruhezeit muss mindestens acht Stunden dauern.

Die bloße Rufbereitschaft ist keine Arbeitszeit (OGH 9 Ob A 96/91). Hinsichtlich der Entlohnung sollten daher konkrete Vereinbarungen getroffen werden. Es kann ein geringeres Entgelt als für die eigentliche Arbeitsleistung oder allenfalls sogar Unentgeltlichkeit vereinbart werden (OGH 9 Ob A 71/04 p = ecolex 2005, 637).

Mangels Vereinbarung gebührt nach § 6 AngG (§ 1152 ABGB) ein ortsübliches bzw. angemessenes Entgelt (OGH 8 Ob A 321/01 s = ARD 5380/1/2003, OGH 9 Ob A 71/04 p = ecolex 2005, 637).

30.6 Arbeitsruhe

Die **Sonn- und Feiertagsruhe** ist im ARG geregelt (für Jugendliche im KJBG, für leitende Angestellte im FeiertRG).

Aufgrund § 12 Abs. 1 ARG wurde eine Verordnung (ARG-VO) erlassen, durch die für AN in bestimmten Betrieben Ausnahmen von der Wochenend- und Feiertagsruhe geschaffen wurden, soweit dies zur Befriedigung dringender Lebensbedürfnisse, zur Bewältigung der Verkehrs, wegen der Gefahr des raschen Verderbens von Rohstoffen etc. geboten erscheint. Nach § 12a ARG kann ein KV weitere Ausnahmen von der Wochenend- und Feiertagsruhe zulassen, wenn dies zur Verhinderung eines wirtschaftlichen Nachteils sowie zur Sicherung der Beschäftigung erforderlich ist (§§ 10 ff. ARG).

Grundsätzlich sind folgende Ruhezeiten zu beachten:

Wochenendruhe

Anspruch des AN auf 36-stündige Ruhezeit pro Woche, in die der Sonntag zu fallen hat (§ 3 ARG). Die Wochenendruhe hat am Samstag um 13.00 Uhr und für AN, die unbedingt notwendige Abschluss-, Reinigungs-, Instandhaltungs- oder Instandsetzungsarbeiten zu verrichten haben, am Samstag um 15.00 Uhr zu beginnen. Zu den Sonderbestimmungen für Jugendliche siehe 30.9 (§ 19 KJBG).

Inventurarbeiten sind weder Vor- noch Abschlussarbeiten (VwGH 2009/11/0013 = ARD 5960/9/2009).

Mit der Erweiterung der Öffnungszeiten 2003 wurde durch entsprechende arbeitsrechtliche Neuregelungen (§ 22f ARG) die Beschäftigung von AN in Verkaufsstellen nach § 1 ÖZG (siehe im Folgenden unter Sonderregelung für den 8. Dezember) an Samstagen bis 18.00 Uhr sowie für Abschluss-, Reinigungs-, Instandhaltungs- oder Instandsetzungsarbeiten bis 19.00 Uhr gestattet (soweit nicht durch die vorgenannte ARG-VO oder KV weitergehende Ausnahmen zugelassen sind). Durch derartige weitergehende Ausnahmen wird es jedenfalls Friseuren, Kosmetiksalons, Reisebüros, Fotografen, Schuhservice, Copy-Shops, Gärtnern und Blumenbindern, Banken und Wechselstuben und Büros für Mehrwertsteuerrückvergütung erlaubt, AN an Samstagen bis 18.00 Uhr im Dienstleistungsbereich zu beschäftigen (durch die zuvor erwähnte ARG-VO gibt es teilweise noch weiterreichende Ausnahmeregelungen – z.B. für die Beschäftigung von AN an Sonn- und Feiertagen in Friseurbetrieben, die in bestimmten Bahnhöfen eingerichtet sind).

Zur Wochenendruhe in Schichtbetrieben siehe 30.2.3.

Wochenruhe

Bei Beschäftigung während der Wochenendruhe ist eine wöchentliche Ruhezeit von 36 Stunden zu gewähren (§ 4 ARG).

Hinsichtlich der Wochenruhe in einem Schichtbetrieb können Ruhezeiten, die in eine andere Kalenderwoche hineinragen, für die wöchentliche Mindestruhezeit einer Kalenderwoche angerechnet werden (OGH 8 Ob A 15/03 v = ARD 5435/4/ 2003).

Ersatzruhe

Wird der AN während seiner wöchentlichen Ruhezeit (Wochenend- oder Wochenruhe) beschäftigt, hat er in der folgenden Arbeitswoche Anspruch auf Ersatzruhe, die auf seine Wochenarbeitszeit anzurechnen ist (§ 6 Abs. 1 ARG).

Wie schon ausgeführt, ist die Beschäftigung während der Wochenendruhe nur dann zulässig, wenn eine besondere Ausnahme für die Beschäftigung am Samstag nach 13.00 Uhr bzw. nach 15.00 Uhr bzw. am Sonntag vorliegt (siehe dazu § 12 ff. ARG und insbesondere die Aufzählung bestimmter während der Wochenendruhe zulässiger Tätigkeiten in der ARG-VO).

Der OGH geht davon aus, dass für den Anspruch auf Ersatzruhe ein Eingriff in die individuell vorgesehene Wochen- bzw. Wochenendruhe maßgeblich ist (OGH 18.12.2014, 9 Ob A 123/14 z). Es ist also nicht erforderlich, dass die Arbeitsleistungen in die gesetzliche Wochenendruhe ab Samstag um 13.00 Uhr (bzw. gemäß § 3 Abs. 2 ARG spätestens Samstag ab 15.00 Uhr) fällt. Vielmehr sind vom vorgesehenen Arbeitsbeginn am Montag 36 Stunden zurückzurechnen. Fällt in diesen individuell bestimmten Zeitraum eine Arbeitsleistung, so entsteht der Anspruch auf Ersatzruhe. Die Arbeitswoche beginnt i.S.d. § 6 ARG also nicht am Montag um 00.00 Uhr, sondern mit der Wiederaufnahme der Arbeit (OGH 28.8.1991, 9 Ob A 164/91, Arb 10.968, 26.8.1999, 8 Ob A 220/98 f, 18.12.2014, 9 Ob A 123/14 z – siehe auch *Gerhartl*, PV-Info 5/2015, 24 f.).

Dazu ein Beispiel:

Beginnt die planmäßige Arbeitszeit am Montag um 7.00 Uhr, so beginnt die für die Frage der Ersatzruhe zu prüfende Frist von 36 Stunden am vorhergehenden Samstag um 19.00 Uhr. Arbeitsleistungen, die somit zwischen Samstag ab 19.00 Uhr und Montag bis 7.00 Uhr erbracht werden, begründen einen Anspruch auf Ersatzruhe. Arbeitet also der AN am Sonntag von 12.00 bis 15.00 Uhr, so ist ihm eine Ersatzruhe von 3 Stunden zu gewähren (Entsprechendes gilt für Arbeitsleistungen während einer Wochenruhe).

Endet die vorgesehene Wochenendruhe z.B. am Montag um 8.00 Uhr, so ist eine Ersatzruhe auch dann zu gewähren, wenn davon abweichend der Arbeitsbeginn am Montag vorverlegt wird, wobei dies auch dann nach der Judikatur des OGH gelten soll, wenn trotz der Vorverlegung die verbleibende Wochenendruhe noch immer 36 Stunden oder länger dauert (OGH 18.12.2014, 9 Ob A 123/14 z).

Die zu gewährende Ersatzruhe hat unmittelbar vor dem Beginn der folgenden wöchentlichen Ruhezeit zu liegen, soweit vor Antritt der Arbeit, für die Ersatzruhe gebührt, nicht anderes vereinbart wurde (§ 6 Abs. 5 ARG). Die Ersatzruhe kann keine Entgeltschmälerung bewirken.

Dauert also die Wochenendruhe eines AN von Freitag 16.00 Uhr bis Montag 8.00 Uhr (36-Stunden-Zeitraum: Samstag 20.00 Uhr bis Montag 8.00 Uhr) und arbeitet er am Sonntag 3 Stunden, so beginnt (mangels gegenteiliger Vereinbarung) die nächste Wochenendruhe 3 Stunden früher und somit am folgenden Freitag um 13.00 Uhr.

Kann die Ersatzruhe nicht konsumiert werden, weil das Arbeitsverhältnis beendet wurde, so ist eine finanzielle Abgeltung zu gewähren. Ein „Horten" von Ersatzruheansprüchen ist wegen der Erholungsfunktion unzulässig. Sie verjähren nach 3 Jahren (OGH 9.12.1998, 9 Ob A 157/98 y, Arb 11.801).

Eine für einen Tag, an dem der AN Anspruch auf Ersatzruhe hat, getroffene Urlaubsvereinbarung ist unwirksam (OGH 23.1.2015, 8 Ob A 1/15 b).

Feiertagsruhe

Feiertage sind nach § 7 Abs. 1 bis 3 ARG:

1.1., 6.1., Ostermontag, 1.5., Christi Himmelfahrt, Pfingstmontag, Fronleichnam, 15.8., 26.10., 1.11., 8.12., 25.12. und 26.12.

Für Altkatholiken, Angehörige der Evangelischen Kirche (A.B. und H.B.) und der Evangelisch-methodistischen Kirche ist auch der Karfreitag ein Feiertag.

Nach der Meinung des OLG Wien ist die gesetzliche Regelung zum Karfreitag für jene AN diskriminierend, die nicht den genannten Religionen angehören. Der OGH hat diese Frage dem EuGH vorgelegt (Vorabentscheidungsersuchen) und dabei u.a. ausgeführt, dass das Ergebnis auch sein kann, dass § 7 Abs. 3 ARG insgesamt unanwendbar ist, sodass der Freistellungsanspruch am Karfreitag keinem AN zukommt (OGH 24.3.2017, 9 Ob A 75/16 v). Bei Redaktionsschluss der 16. Auflage lag die Entscheidung des EuGH noch nicht vor.

Die Aufzählung der Feiertage ist taxativ. Freistellungsansprüche für andere Feiertage können nur aus anderen Bestimmungen abgeleitet werden (etwa aus KV, Landesgesetzen, wie beispielsweise der Josefitag und der Volksabstimmungsgedenktag in der Kärntner Landarbeitsordnung).

Nach dem General-KV vom 18.2.1953 (abgeschlossen zwischen WKÖ und ÖGB) ist der Versöhnungstag für AN, die der israelitischen Glaubensgemeinschaft in Österreich angehören, arbeitsfrei, wenn der Anspruch auf Freistellung spätestens eine Woche vorher verlangt wird und keine betrieblichen Gründe entgegenstehen. Der General-KV gilt nur für Betriebe, die Mitglied einer WK sind.

Sonderregelung für den 8. Dezember

Am 1.12.1995 ist im ARG eine Sonderregelung für den 8. Dezember in Kraft getreten:

§ 13a. Die Beschäftigung von Arbeitnehmern am 8. Dezember in Verkaufsstellen gemäß § 1 Abs. 1 und 3 des Öffnungszeitengesetzes (…), ist zulässig, wenn der 8. Dezember auf einen Werktag fällt. Der Arbeitnehmer hat das Recht, die Beschäftigung am 8. Dezember auch ohne Angabe von Gründen abzulehnen. Kein Arbeitnehmer darf wegen der Weigerung, am 8. Dezember der Beschäftigung nachzugehen, benachteiligt werden.

Verkaufsstellen definiert § 1 Abs. 1 Öffnungszeitengesetz (ÖZG) wie folgt:

§ 1 Geltungsbereich

(1) Die Bestimmungen dieses Bundesgesetzes gelten, sofern sich nicht nach § 2 anderes ergibt, für alle ständigen und nicht ständigen für den Kleinverkauf von Waren bestimmten Betriebseinrichtungen (Läden und sonstige Verkaufsstellen) von Unternehmungen, die der Gewerbeordnung 1994 unterliegen.

[...]

(3) Die Bestimmungen dieses Bundesgesetzes gelten auch für die Kleinverkaufsstellen der land- und forstwirtschaftlichen Erwerbs- und Wirtschaftsgenossenschaften, deren Tätigkeit lediglich gemäß § 2 Abs. 1 Z 4 GewO 1993 von deren Bestimmungen ausgenommen ist.

Die Ausnahmen vom ÖZG nach dessen § 2 betreffen die Warenabgabe aus Automaten, den Warenverkauf im Rahmen eines Gastgewerbes und eines Konditorengewerbes (§§ 111 Abs. 4 Z 4 und 150 Abs. 11 GewO 1994), Tankstellen beim Verkauf von Kraftstoffen sowie für den Kleinverkauf von Waren (§ 157 GewO 1994), Verkaufsstellen im Kasernenbereich („Marketendereien") und den Marktverkehr.

Feiertagsentgelt

Der AN behält für die am Feiertag oder während der Ersatzruhe ausgefallene Arbeitszeit seinen Entgeltanspruch (§ 9 ARG). Bei der Berechnung des Feiertagsentgelts ist das Ausfallsprinzip zu beachten (der AN erhält jenes Entgelt, das er erhalten hätte, wenn die Arbeit nicht ausgefallen wäre; zum Krankenstand am Feiertag siehe 20.13).

Ein AN, der während der Feiertagsruhe beschäftigt wird, hat außer diesem Feiertagsentgelt auch noch Anspruch auf das für die geleistete Arbeit gebührende Entgelt. Ob für die Arbeit am Feiertag Zuschläge gebühren, ist nach dem anzuwendenden KV zu klären (OLG Wien 10 Ra 89/05 i = ARD 5722/6/2006).

Im Fall einer wechselnden Diensteinteilung an verschiedenen Wochentagen kann das Feiertagsentgelt nicht umgangen werden, indem der jeweilige Feiertag von vornherein als freier Tag deklariert wird. Vielmehr ist die Feiertagsruhe für jene AN, die etwa im Normalfall von Montag bis Freitag dienstverpflichtet sind und die nur wegen des Feiertags nicht eingeteilt werden, wie ein geleisteter Dienst anzurechnen und abzugelten. Eine andere Möglichkeit ist die Bezahlung eines „Feiertagsausgleichs" (OGH 8 Ob A 135/04 t = ARD 5616/7/2005).

Für den Anspruch auf Feiertagsarbeitsentgelt ist maßgebend, dass der AN „während der Feiertagsruhe" beschäftigt wird. Da in Schichtbetrieben (mit vollkontinuierlicher mehrschichtiger Arbeitsweise) die Feiertagsruhe auch erst mit dem Ende der Nachtschicht am Feiertag beginnen bzw. bereits mit Beginn der Nachtschicht auf den folgenden Werktag enden kann, besteht kein Anspruch auf Feiertagsarbeitsentgelt, wenn AN in der Nachtschicht zum Feiertag bzw. in der Nachtschicht auf den folgenden Werktag beschäftigt werden (OGH 9 Ob A 60/05 x = ARD 5710/4/2006).

An Feiertagen ist Arbeit nur in bestimmten Ausnahmefällen zulässig (siehe 30.6).

Zum Entgeltbegriff siehe 20.11 und 27.8.

Nachtruhe (§ 12 AZG)

Nach Beendigung der Tagesarbeitszeit ist dem AN eine ununterbrochene Ruhezeit von mindestens 11 Stunden zu gewähren (eine Verkürzung auf mindestens acht Stunden kann durch einen KV erfolgen).

30.7 EU-Nachtarbeits-Anpassungsgesetz

Allgemeines

Dieses Gesetz sieht Änderungen zum AZG, Krankenanstalten-AZG und Bäckereiarbeitergesetz (BäckAG) sowie die Aufhebung des BG über die Nachtarbeit der Frauen vor und ist mit 1.8.2002 in Kraft getreten. Unberührt von diesen Neuerungen blieb das NSchG, welches nur für jene AN anzuwenden ist, die zwischen 22.00 Uhr und 6.00 Uhr mindestens sechs Stunden Arbeiten unter besonders erschwerenden Bedingungen verrichten (z.B. Bergbau unter Tage, Stollen- und Tunnelbau, Arbeiten in besonderer Hitze und Kälte, mit Lärm, konzentrierte Bildschirmarbeit etc. – siehe Artikel VII Abs. 2 NSchG, VO nach Artikel VII Abs. 3 NSchG oder kollektivvertragliche Bestimmungen nach Artikel VII Abs. 6 NSchG). Das NSchG sieht eine besondere Meldepflicht, Maßnahmen zur Gesundheitsvorsorge, Zusatzurlaub etc. vor.

Mit der Neuregelung der Nachtarbeit wurde eine EU-Richtlinie umgesetzt, welche die geschlechtsneutrale Regelung der Nachtarbeit verwirklichen soll.

Definition der Nachtarbeit (§ 12a Abs. 1 bis 3 AZG, § 5a Krankenanstalten-AZG, § 8a BäckAG)

Nachtarbeitnehmer sind jene AN, die regelmäßig oder, soferne der anzuwendende KV nichts Abweichendes vorsieht, in mindestens 48 Nächten im Kalenderjahr während der Nacht (zwischen 22.00 und 5.00 Uhr) wenigstens drei Stunden arbeiten.

Arbeitszeit der Nachtarbeitnehmer und zusätzliche Ruhezeiten (§ 12a AZG, § 8a BäckAG)

Beträgt in den Fällen der Arbeitsbereitschaft, die regelmäßig und in erheblichem Ausmaß in die Arbeitszeit fällt (§ 5 AZG, betrifft etwa Wachorgane und Chauffeure), die durchschnittliche tägliche Normalarbeitszeit innerhalb eines Durchrechnungszeitraumes von 26 Wochen mehr als acht Stunden, so gebühren zusätzliche Ruhezeiten. Es sind nämlich 2/3 der Summe aller Überschreitungen abzüglich der Summe aller Unterschreitungen der täglichen Normalarbeitszeit von acht Stunden während des Durchrechnungszeitraumes als zusätzliche Ruhezeit zu gewähren.

Soweit eine Tagesarbeitszeit von mehr als acht Stunden zulässig ist, darf für Nacht**schwer**arbeiter (im Sinne des NSchG) die durchschnittliche Arbeitszeit an Nachtarbeitstagen innerhalb eines Durchrechnungszeitraumes von 26 Wochen einschließlich der Überstunden, acht Stunden nur dann überschreiten, wenn dies durch kollektivvertragliche Bestimmungen zugelassen wird. In den Überschreitungsfällen gebühren zusätzliche Ruhezeiten im Gesamtausmaß der Summe aller Überschreitungen abzüglich der Summe aller Unterschreitungen der Tagesarbeitszeit von acht Stunden an Nachtarbeitstagen im Durchrechnungszeitraum.

Soweit diese zusätzlichen Ruhezeiten nicht bereits während des Durchrechnungszeitraumes gewährt werden, sind die zusätzlichen Ruhezeiten bis zum Ablauf von vier Kalenderwochen nach Ende des Durchrechnungszeitraumes, bei Schichtarbeit bis zum Ende des nächstfolgenden Schichtturnusses zu gewähren. Jede zusätzliche Ruhezeit hat mindestens zwölf Stunden zu betragen und kann im Zusammenhang mit einer täglichen Ruhezeit nach § 12 AZG oder einer wöchentlichen Ruhezeit nach ARG gewährt werden.

Unentgeltliche Untersuchungen des Gesundheitszustandes (§ 12b AZG, § 8b BäckAG)

Der Nachtarbeitnehmer hat Anspruch auf unentgeltliche Untersuchungen des Gesundheitszustandes (§ 51 ASchG). Dies vor Aufnahme der Tätigkeit und danach in Abständen von 2 Jahren, nach Vollendung des 50. Lebensjahres oder nach zehnjähriger Tätigkeit als Nachtarbeitnehmer in jährlichen Abständen. Für den Anspruch auf Untersuchungen gelten abweichende Definitionen:

- Als Nacht gilt die Zeit von 22.00 bis 6.00 Uhr;
- Nachtarbeitnehmer sind AN, die regelmäßig oder in mindestens 30 Nächten im Kalenderjahr während der Nacht mindestens drei Stunden arbeiten.

Recht auf Versetzung (§ 12c AZG, § 5c Krankenanstalten-AZG, § 8c BäckAG)

Der Nachtarbeitnehmer hat einen Anspruch auf Versetzung auf einen geeigneten Tagesarbeitsplatz entsprechend den betrieblichen Möglichkeiten, falls die weitere Verrichtung von Nachtarbeit die Gesundheit nachweislich gefährdet oder wenn unbedingt notwendige Betreuungspflichten gegenüber Kindern bis zu zwölf Jahren dies erfordern. Bei Betreuungspflichten währt der Anspruch auf einen Tagesarbeitsplatz nur für die Dauer der Betreuungspflichten. Ein Anspruch auf einen Tagesarbeitsplatz besteht nur dann, wenn das Interesse des Nachtarbeitnehmers an der Versetzung auf einen Tagesarbeitsplatz höher zu werten ist als zwingende betriebliche Interessen.

Informationsrecht (§ 12d AZG, § 5d Krankenanstalten-AZG, § 8d BäckAG)

Der AG hat sicherzustellen, dass Nachtarbeitnehmer über wichtige Betriebsgeschehnisse, welche die Interessen der Nachtarbeitnehmer berühren, informiert werden. Der Begriff „wichtige Betriebsgeschehnisse" wird im Gesetz nicht definiert. Eine Strafbestimmung zu dieser Informationspflicht existiert nicht. Eine ähnliche Informationspflicht sieht der § 15g MSchG vor (siehe 25.5). Auch in diesem Gesetz besteht für den Fall der Verletzung der Informationspflicht keine Regelung für eine Bestrafung des AG.

30.8 Aufzeichnungs- und Aushangpflichten sowie Strafbestimmungen im Arbeitszeitrecht

Aushangpflicht

Das AZG, bestimmte VO (§ 24 AZG), das ARG und die VO zum ARG (§ 23 ARG) sind aushangpflichtig. Daher sind diese Bestimmungen sowie die übrigen aushangpflichtigen Normen (siehe 33.6.4) an einer geeigneten, für die AN leicht zugänglichen Stelle auszuhängen oder aufzulegen oder aber im EDV-Weg allen AN zugänglich zu machen. Verstöße gegen die Aushangpflichten sind jedoch nicht mehr strafbar.

Der AG ist weiters verpflichtet, an einer geeigneten, für die AN leicht zugänglichen Stelle im Betrieb einen Aushang über den Beginn und das Ende der Normalarbeitszeit sowie die Zahl und die Dauer der Ruhepausen sowie der wöchentlichen Ruhezeit anzubringen oder mittels EDV zugänglich zu machen (§ 25 Abs. 1 AZG). Bei gleitender Arbeitszeit hat der Aushang den Gleitzeitrahmen, allfällige Übertragungsmöglichkeiten sowie Dauer und Lage der wöchentlichen Ruhezeit zu enthalten. Ist die Lage der Ruhepausen generell festgesetzt, sind diese in den Aushang aufzunehmen (§ 25 Abs. 2 und 3 AZG).

Aufzeichnungspflicht

Der AG hat weiters zur Überwachung der Einhaltung des AZG in der Betriebsstätte Aufzeichnungen über die geleistete Arbeitszeit zu führen (§ 26 Abs. 1 AZG). Insbesondere bei gleitender Arbeitszeit kann jedoch vereinbart werden, dass die Arbeitszeitaufzeichnungen vom AN zu führen sind. Der AG hat dem AN in diesem Fall zur ordnungsgemäßen Führung der Aufzeichnungen anzuleiten und Kontrollen vorzunehmen. Werden Gleitzeitaufzeichnungen vom AG geführt, kann der AN nach Ende der Gleitzeitperiode Einsicht in die Aufzeichnungen nehmen. Werden die Aufzeichnungen durch ein Zeiterfassungssystem durchgeführt, so kann der AN eine Abschrift begehren (§ 26 Abs. 2 AZG).

Die Aufzeichnungen sind über den Beginn und das Ende der Tagesarbeitszeit sowie auch über den Beginn und das Ende der Ruhepausen zu führen. Für AN, welche die Lage ihrer Arbeitszeit und ihren Arbeitsort weitgehend selbst bestimmen können oder ihre Tätigkeit überwiegend in ihrer Wohnung ausüben (Telearbeit), sind ausschließlich Aufzeichnungen über die Dauer der Tagesarbeit zu führen (§ 26 Abs. 3 AZG).

Die Verpflichtung zur Führung von Aufzeichnungen über die Ruhepausen entfällt, wenn durch BV, in Betrieben ohne BR durch schriftliche Einzelvereinbarung der Beginn und das Ende der Ruhepausen festgelegt werden oder es den AN überlassen wird, innerhalb eines festgelegten Zeitraums die Ruhepausen zu nehmen und von dieser Vereinbarung nicht abgewichen wird (§ 26 Abs. 5 AZG).

Bei AN mit einer schriftlich festgehaltenen fixen Arbeitszeiteinteilung haben die AG lediglich deren Einhaltung zumindest am Ende jeder Entgeltzahlungsperiode sowie auf Verlangen des Arbeitsinspektorates zu bestätigen und sind nur Abweichungen von dieser Einteilung laufend aufzuzeichnen (§ 26 Abs. 5a AZG).

Anspruch auf Übermittlung von Arbeitszeitaufzeichnungen

AN haben bei einem nachweislichen Verlangen einmal monatlich einen Anspruch auf die kostenfreie Übermittlung ihrer Arbeitszeitaufzeichnungen (§ 26 Abs. 8 AZG). Als Konsequenz für die Nichterfüllung dieses Anspruchs wird die Hemmung der Verfallsfristen festgelegt, die so lange andauern soll, als die Übermittlung nicht vorgenommen wird.

Fehlen von Arbeitszeitaufzeichnungen und Verfall

Falls Arbeitszeitaufzeichnungen fehlen und die Feststellung der tatsächlich geleisteten Arbeitszeit unmöglich oder unzumutbar ist, werden Verfallsfristen (siehe 47.) gehemmt (§ 26 Abs. 8 AZG). Falls der AG einer Aufzeichnungspflicht nicht entsprochen hat, aber Arbeitszeitaufzeichnungen des AN vorliegen, so ist die kollektivvertragliche Verfallsfrist anwendbar (OLG Wien 29.9.2009, 8 Ra 90/09 b, ARD 6043/6/2010).

Auskunftspflicht gegenüber den Arbeitsinspektoren

Der AG hat den Arbeitsinspektoren die erforderlichen Auskünfte zu erteilen und auf Verlangen Einsicht in die geführten Aufzeichnungen zu gewähren. Die Einsichtnahme muss in jeder Betriebsstätte, in der die jeweiligen AN beschäftigt werden, möglich sein (VwGH 11.4.2000, 99/11/0383). Es genügt nicht, dass die Aufzeichnungen in der Zentrale eingesehen werden können.

Verwaltungsstrafe und Verjährung

Bei Nichteinhaltung der arbeitnehmerschutzrechtlichen Bestimmungen im Arbeitszeitrecht können Verwaltungsstrafen verhängt werden (§ 28 AZG). Auch

Verstöße gegen die Aufzeichnungspflichten sind hinsichtlich jedes einzelnen AN gesondert zu bestrafen, wenn durch das Fehlen der Aufzeichnungen die Feststellung der tatsächlich geleisteten Arbeitszeit unmöglich oder unzumutbar wird (§ 28 Abs. 8 AZG). Soll ein AN mit entsprechenden Befugnissen für die Einhaltung des AZG und ARG verantwortlich sein, so müsste er als verantwortlicher Beauftragter (siehe 33.8) bestellt werden.

Für die Verfolgung von Verletzungen des AZG gilt grundsätzlich die Verjährungsfrist von einem Jahr (§ 31 Abs. 2 VStG). Falls innerhalb dieser Frist keine behördliche Verfolgungshandlung (§ 32 Abs. 2 VStG) gegen den Beschuldigten vorgenommen wird, so tritt Verjährung ein.

Zu Verstößen im Ausland – siehe 30.12.

Einschlägige Judikatur

Aufzeichnungen

- *Gemäß § 26 Abs. 1 AZG haben die AG zur Überwachung der Einhaltung der in diesem Bundesgesetz geregelten Angelegenheiten Aufzeichnungen über die geleisteten Arbeitsstunden und deren Entlohnung zu führen. Diese gesetzliche Notwendigkeit besteht auch dann, wenn die Betriebszeiten hierzu keinen Anlass bieten sollten, weil sie genauso lange wie die gesetzliche Arbeitszeit sind. Aus dem klaren Wortlaut des § 26 Abs. 1 AZG lässt sich kein Zusammenhang zwischen den Betriebszeiten und der Verpflichtung zur Führung der Aufzeichnungen ableiten (VwGH 90/19/0313).*

Wille des AN unerheblich

- *Normadressat des AZG ist nicht der jeweilige AN, sondern dessen AG, der dafür Sorge zu tragen hat, dass diese gesetzlichen Vorschriften eingehalten werden. Es kommt nicht darauf an, dass der einzelne AN an einer Überschreitung der Arbeitszeit keinen Anstoß nimmt oder allenfalls sogar daran interessiert ist. Werden derartige Verstöße ohne Wissen und Willen des AG begangen, so ist dieser gleichwohl strafbar, wenn er nicht solche Maßnahmen getroffen hat, die unter den vorhersehbaren Verhältnissen mit gutem Grund die Einhaltung der gesetzlichen Vorschriften erwarten ließen (VwGH 22.2.1983, 872/79).*

Erschlichene Arbeitszeit

- *Hat ein vollzeitbeschäftigter AN jahrelang das Zeiterfassungssystem manipuliert und damit verborgen, dass er tatsächlich wie ein Teilzeitbeschäftigter gearbeitet hat, so hat der AG einen bereicherungsrechtlichen Rückforderungsanspruch nach § 1431 ABGB hinsichtlich der bezahlten, aber nicht geleisteten Arbeitszeit (OGH 9 Ob A 53/05 t = ARD 5650/6/2005).*

30.9 Sonderbestimmungen für Jugendliche

Nach dem KJBG gelten für Jugendliche eine Reihe von Sonderbestimmungen (insbesondere arbeitszeitrechtliche Sonderbestimmungen).

Jugendliche sind Personen, die nicht als Kinder gelten, bis zur Vollendung des 18. Lebensjahres.

Unter **Kindern** sind Minderjährige bis zur Vollendung des 15. Lebensjahres oder bis zur späteren Beendigung der Schulpflicht zu verstehen.

Kinderbeschäftigung ist weitgehend verboten. Die wichtigste Ausnahme betrifft die Beschäftigung in einem Lehrverhältnis, einem Ferialpraktikum nach dem Schulunterrichtsgesetz oder einem Pflichtpraktikum nach Schulorganisationsgesetz (§ 2 Abs. 1a KJBG). In diesen Fällen dürfen Kinder nach Vollendung der Schulpflicht auch dann beschäftigt werden, wenn sie das 15. Lebensjahr noch nicht vollendet haben.

Die wichtigsten Sonderregelungen betreffen:

- tägliche maximale Arbeitszeit von acht Stunden (§ 11 – mit wenigen Ausnahmen wie etwa Einarbeiten und passive Reisezeiten – siehe 30.2.1)
- **Überstundenverbot** (Ausnahmen ab 16 Jahren für Reinigungs- und Instandhaltungsarbeiten sowie für abschließende Kundenbetreuung im Ausmaß einer halben Stunde)
- ununterbrochene **Ruhezeit** von zwei Kalendertagen (§ 19 KJBG) (ausgenommen **Lehrlinge** im Lebensmittelbereich – Wochenfreizeit von 43 Stunden, in die der Sonntag zu fallen hat)
- Verbot der Akkordarbeit
- Nachtarbeitsverbot (20 Uhr bis 6 Uhr – mit Ausnahmen)
- Maßregelungsverbot
- Verbot bestimmter Arbeiten (Bars, Sex-Shops, Taucharbeiten etc. – siehe dazu auch die VO über die Beschäftigungsverbote und -beschränkungen für Jugendliche – zu dieser kann beim zuständigen Arbeitsinspektorat ein Folder bestellt werden)
- Jugendliche dürfen nicht zur Beförderung von Geld- oder Sachwerten unter eigener Verantwortung außerhalb des Betriebes herangezogen werden
- auf Verlangen ist Jugendlichen ein **Urlaub** von zwei Wochen (zwölf Werktage bzw. zehn Arbeitstage) in der Zeit zwischen 15.6. und 15.9. zu gewähren
- Verpflichtung des AG, ein **Verzeichnis der Jugendlichen** zu führen
- Aufklärungspflicht über Unfallgefahren und Jugendlichenuntersuchungen

Weiters regelt das KJBG die **Berufsschulpflicht** (§ 11 Abs. 4 bis 8). Für die Unterrichtszeit ist die Lehrlingsentschädigung zu bezahlen (ausgenommen ist die Mittagspause).

Ausbildungspflicht

Jugendliche sind verpflichtet, bis zum vollendeten 18. Lebensjahr in Ausbildung zu stehen (Ausbildungspflichtgesetz). Wird dennoch ein Arbeitsvertrag als Arbeiter oder Angestellter abgeschlossen, so ist dieser rechtswirksam, kann aber vom Jugendlichen durch vorzeitigen Austritt aufgelöst werden. Eine Kündigungsentschädigung steht aber nur dann zu, wenn einer der Austrittsgründe nach § 82a GewO 1859 bzw. § 26 AngG vorliegt (siehe 44.1 und 44.2 sowie *Rauch*, Arbeitsrecht 2017, 20).

30.10 Kurzarbeit

Allgemeines

Kurzarbeit (§§ 27 Abs. 1 lit. b, 29 bis 31 AMFG, 37 b, 37 c AMSG) ist eine befristete Herabsetzung der Arbeitszeit und des Entgelts wegen einer empfindlichen Störung der Wirtschaft. Damit sollen die Personalkosten gesenkt und die Auflösung von Arbeitsverhältnissen vermieden werden.

Befristete Regelungen bezüglich einer reduzierten Arbeitszeit können jederzeit zwischen AG und AN abgeschlossen werden. Mangels Beihilfengesuch beim zuständigen AMS bzw. Erfüllung der Voraussetzungen kann jedoch keine Kurzarbeitsunterstützung gewährt werden. Die Kurzarbeitsunterstützung soll den AN einen Teil des Entgeltverlustes ausgleichen. Sie hat zumindest dem Arbeitslosengeld für die ausfallende Arbeitszeit zu entsprechen und wird vom AG an die von der Kurzarbeit betroffenen AN ausbezahlt. Während der Kurzarbeit und einer anschließenden Behaltezeit darf der Beschäftigtenstand nicht reduziert werden.

Auf Grund der Komplexität der Kurzarbeitsregelungen, des eher aufwändigen Verfahrens und der Aufrechterhaltung der vollen Lohnnebenkosten sollte insbesondere bei kleineren Unternehmen genau geprüft werden, ob die Kurzarbeit eine geeignete Maßnahme bei einer betriebswirtschaftlichen Krise ist (eine ausführliche Darstellung zur Kurzarbeit ist in der Broschüre *Gleißner*, Personalmaßnahmen in der Krise, WKÖ, 2009 enthalten).

Voraussetzungen für die Gewährung der Kurzarbeitsunterstützung

- Eine empfindliche Störung der Wirtschaft

  Dies kann etwa durch einen unerwarteten Rückgang der Aufträge, eine Stornierung erteilter Aufträge, Naturkatastrophen (z.B. Lawinen, Schneedruck, Orkan) oder Streik bzw. Terror, Ausfall betriebsnotwendiger Zulieferungen (etwa durch Verkehrsstörungen) bedingt sein. Der unerwartete Auftragsmangel muss voraussichtlich in absehbarer Zeit vorübergehen. Saisonale Schwankungen, Marktsättigung oder verstärkte Konkurrenz reichen nicht aus.

- Kurzfristige Beschäftigungsschwankungen

  Das Unternehmen muss glaubhaft machen, dass durch die Gewährung der Kurzarbeitsunterstützung der Engpass überwunden werden kann oder die Beschäftigungsschwankung kurzfristig ist.

- Rechtzeitige Verständigung des zuständigen AMS

  Auch bei Erfüllung aller Voraussetzungen besteht kein Rechtsanspruch auf die Kurzarbeitsbeihilfe.

- Verständigung des AMS und Beratungsgespräch

  Die Verständigung ist als rechtzeitig anzusehen, wenn zum Zeitpunkt der Verständigung Maßnahmen zur Lösung der Beschäftigungsschwierigkeiten noch erfolgversprechend sind. Der Antrag auf Kurzarbeitsbeihilfe ist spätestens sechs Wochen vor dem gewünschten Antritt der Kurzarbeit zu stellen.

  Nach der Verständigung des zuständigen AMS hat dieses mit dem AG und dem BR (wenn vorhanden) ein Beratungsgespräch zu führen. Die für den Betrieb zuständigen kollektivvertragsfähigen Körperschaften der AG und AN sind vom AMS über den Beratungstermin zu informieren und es können Vertreter teilnehmen.

  Bei der Beratung sind Möglichkeiten zur Überwindung der Beschäftigungsprobleme zu erörtern. Dies können etwa der Abbau von Urlaubsguthaben, die Einführung einer Gleitzeit oder eine sonstige Flexibilisierung der Arbeitszeit (insbesondere nach dem anzuwendenden KV) sein.

  Ergibt das Beratungsgespräch letztlich, dass die Beschäftigungsschwierigkeiten durch betriebswirtschaftliche Maßnahmen nicht gelöst werden können, so kommt die Gewährung einer Kurzarbeitsunterstützung, welche die Reduktion des Entgelts der betroffenen AN teilweise abgelten soll, in Frage.

  Nicht erfasst werden können insbesondere AN, für die Bauarbeiterschlechtwetterentschädigung bezogen wird (§ 31 AMFG), und Lehrlinge, da eine Verkürzung der Arbeitszeit die Ausbildung beeinträchtigt.

Vereinbarung mit den AN

Weiters setzt die Kurzarbeit neben der Beratung durch das AMS und einer Sozialpartnereinigung eine Betriebsvereinbarung (§ 97 Abs. 1 Z 13 ArbVG) oder (bei Fehlen eines BR) eine Vereinbarung mit allen AN voraus.

Der BR kann jedoch über eine Entgeltkürzung bei einzelnen AN, die durch die Kurzarbeit bewirkt wird, nur dann eine rechtswirksame Vereinbarung abschließen, wenn ihn hierzu der KV ermächtigt (*Preiss* in Cerny/Gahleitner/Preiss/Schneller, Kommentar zum ArbVG, Erl. 19 zu § 97). Ist diese Voraussetzung gegeben, so kann die Arbeitszeitverkürzung nur „vorübergehend" (§ 97 Abs. 1 Z 13 ArbVG) und daher für einen von vornherein beschränkten Zeitraum durch eine Betriebsvereinbarung festgelegt werden (OLG Wien 9 Ra 107/95 = ARD 4713/11/96).

Da meistens eine solche kollektivvertragliche Ermächtigung nicht vorliegt, wird im Regelfall eine Zustimmung aller AN erforderlich sein.

Sozialpartnereinigung

Wurde die Beratung des AMS absolviert und kann mit der Zustimmung der betroffenen AN gerechnet werden, so ist eine Sozialpartnereinigung abzuschließen. Zu diesem Zweck muss sich der AG an den für ihn zuständigen kollektivvertragsfähigen AG-Verband (im Regelfall die zuständige Fachgruppe in der WK) wenden, damit dieser mit der zuständigen Gewerkschaft eine Vereinbarung abschließt.

Die Sozialpartnereinigung ist bei Naturkatastrophen und vergleichbaren Ereignissen nicht erforderlich (§ 37b Abs. 2 AMSG).

Die Gewerkschaft ist nicht berechtigt, den Abschluss einer solchen Vereinbarung abzulehnen, weil bei dem Betrieb, der um Kurzarbeitsbeihilfe ersucht, kein BR eingerichtet ist. Zur Sozialpartnereinigung wurde ein Muster vereinbart, zu dem bei der zuständigen WK Informationen eingeholt werden können.

Dauer, Lohnnebenkosten, Urlaubs- und Krankenentgelt

Die erwähnte Sozialpartnereinigung muss die Regelungen zur Kurzarbeit für den jeweiligen Betrieb im Rahmen der gesetzlichen Vorgaben treffen. Demnach kann die Kurzarbeitsbeihilfe zunächst für höchstens sechs Monate zuerkannt werden. Eine Verlängerung auf 18 Monate (bei besonderen Umständen auch darüber hinaus) ist möglich (§ 37b Abs. 4 AMSG).

SV-Beiträge sind während der Dauer des Bezugs der Kurzarbeitsunterstützung nach der letzten Beitragsgrundlage vor Antritt der Kurzarbeit zu leisten (§ 37b Abs. 5 AMSG). Dies gilt auch für den BMSVG-Beitrag, den IESG-Zuschlag und den NSchG-Beitrag (§ 32 AMFG).

Die Kammerumlage, der Wohnbauförderungsbeitrag, der Schlechtwetterentschädigungsbeitrag und die Lohnsteuer richten sich nach dem Arbeitsverdienst (Bezahlung für die gekürzte Arbeitszeit zuzüglich Kurzarbeitsunterstützung).

Weiters sehen die Sozialpartnereinigungen vor, dass ein allenfalls während der Kurzarbeit anfallendes Urlaubsentgelt oder Krankenentgelt sowie die Abfertigung alt und die Sonderzahlungen auf der Basis des vollen Entgelts (vor der Kurzarbeit) zu berechnen sind.

Beschäftigungsgarantie und Behaltefrist

Während der Laufzeit der Kurzarbeit darf die Anzahl der Arbeitsplätze nicht reduziert werden (§ 37b Abs. 2 AMSG). Weiters wird in den Sozialpartnereinigungen eine Behaltefrist festgelegt (die Dauer wird mit der Gewerkschaft vereinbart und entspricht üblicherweise 50 % bis 25 % der Dauer der Kurzarbeit, bei längerer Dauer 25 %).

Der Ablauf befristeter Arbeitsverhältnisse, berechtigte Entlassungen, einvernehmliche Auflösungen und AN-Kündigungen sind zulässig und muss der AG in diesen Fällen keine Nachbesetzungen vornehmen.

AG-Kündigungen während der Kurzarbeit sind nur mit Zustimmung des AMS und des BR oder der Gewerkschaft, wenn kein BR existiert, möglich. Kündigungen, die bereits vor der Kurzarbeit ausgesprochen wurden, sind auch dann zulässig, wenn die Kündigungsfrist während der Kurzarbeit abläuft.

Ausmaß der Arbeitszeitverkürzung, Höhe der Kurzarbeitsbeihilfe

Innerhalb eines Durchrechnungszeitraums (Zeitraum, für den die Beihilfe gewährt wird) müssen die ausfallenden Arbeitsstunden mindestens 10 % und höchstens 90 % der Normalarbeitszeit vor der Kurzarbeit ausmachen. Die konkrete Festlegung erfolgt in der Sozialpartnereinigung und der Vereinbarung mit den AN.

Da sich die Berechnung der Kurzarbeitsbeihilfe am Arbeitslosengeld orientiert, ist für jeden von Kurzarbeit betroffenen AN die Zahl der Kinder, für die der jeweilige AN Kinderbeihilfe bezieht, anzugeben.

Eine Berechnung der Kurzarbeitsbeihilfe kann mit dem „Kurzarbeit-Berechnungstool für Betriebe" erfolgen (www.ams.at – Service für Unternehmen – Kurzarbeit – Kurzarbeit Berechnungstool).

Verfahren

- Beratungsgespräch beim AMS,
- Vereinbarung der zuständigen kollektivvertragsfähigen Körperschaften (Sozialpartnereinigung),
- Antrag an das AMS ist mittels Formular zu stellen, das auch vom BR oder der Fachgewerkschaft (mangels BR) zu unterfertigen ist. Der Antrag soll spätestens drei Wochen vor dem gewünschten Beginn der Kurzarbeit beim AMS angebracht werden und
- Zustimmung der AN/des BR.

Vor dem Beratungsgespräch wird es sinnvoll sein, zunächst zu prüfen, ob voraussichtlich eine Einigung mit den AN möglich ist.

30.11 Krisenmanagement ohne Jobabbau

Insbesondere im Fall einer voraussichtlich in absehbarer Zeit vorübergehenden betriebswirtschaftlichen Krisensituation sind die wesentlichen Nachteile zu berücksichtigen, die mit dem Jobabbau verbunden sind. Zunächst können dadurch erhebliche zusätzliche Kosten verursacht werden. Bei einigen der aufgelösten Arbeitsverhältnisse werden folgende beendigungsabhängige Ansprüche relevant sein: Urlaubsersatzleistung (siehe 27.6.1), Abfertigung alt (siehe 45.), Auflösungsabgabe (siehe 41.4) und Abrechnung von Zeitguthaben mit Zuschlag (siehe 30.2.2).

Der Personalabbau bewirkt weiters, dass bei einer Verbesserung der Auftragslage die abgebauten Arbeitskräfte wieder benötigt werden, aber voraussichtlich nicht mehr zur Verfügung stehen. Die Rekrutierung und Aufnahme neuer AN ist mit Aufwand und Kosten verbunden (Auswahl, Einschulung, Ausbildung etc.). In der

Folge werden daher einige Vorschläge zur Einsparung von Personalkosten bei laufenden Arbeitsverhältnissen bzw. zur Überwindung eines vorübergehenden Auslastungsproblems angeführt.

- Abbau von Guthaben an Arbeitszeit und Urlaub

  Zu beachten ist, dass stets eine Vereinbarung erfolgen muss (siehe 14.9.6 und 27.1).

- Widerruf von Überstundenpauschalen

  Dies setzt voraus, dass die Widerrufbarkeit vereinbart wurde (sonst ist die Zustimmung des AN erforderlich – siehe 14.9.4).

- Kurzarbeit (siehe 30.10)

- Vereinbarung befristeter Teilzeit

  Zu diesem Zweck sollten entsprechende detaillierte Einzelvereinbarungen erfolgen (Beginn, Dauer, Ausmaß und Lage der geänderten Arbeitszeit, Änderung des Entgelts), wobei allfällige kollektivvertragliche Formvorschriften und Einschränkungen (z.B. Erfordernis der Zustimmung des BR nach § 8 Abs. 3 des KV für Wachorgane im Bewachungsgewerbe) zu beachten sind.

- Allenfalls Anwendung eines Modells flexibler Arbeitszeit (siehe 30.3.4)

  Dies setzt die Anwendbarkeit eines bestimmten kollektivvertraglichen Arbeitszeitmodells voraus. Während einer Zeit, die durch einen Mangel von Aufträgen gekennzeichnet ist, könnte ein geringeres Ausmaß an Arbeitszeit festgelegt werden, welches im Zuge des Aufschwungs durch ein höheres Arbeitszeitausmaß ausgeglichen wird.

- Unbezahlter Urlaub (siehe 27.10)

- Bildungskarenz (siehe 36.5)

  Förderungen der Bildungskarenz erfolgen beispielsweise durch den Wiener ArbeitnehmerInnenförderungsfonds für AN mit Wohnsitz in Wien (www.waff.at).

- Karenz nach MSchG bzw. VKG (siehe 25.5)

  Falls Karenz nicht bis zum 2. Geburtstag gemeldet wurde, kann der AN bis drei Monate vor dem ursprünglich gemeldeten Zeitpunkt eine Verlängerung vornehmen. Falls die Frist nicht eingehalten wird, so kann die Verlängerung mit Zustimmung des AG erfolgen, wobei auch in diesem Fall von einer gesetzlichen Karenz mit Kündigungs- und Entlassungsschutz auszugehen ist (§ 15 Abs. 3 MSchG – siehe 25.5).

- Widerruf freiwilliger Leistungen (falls ein Widerrufsvorbehalt besteht – siehe 14.15)

- Verschlechterungsvereinbarung (wird auch als Änderungsvereinbarung bezeichnet – siehe 41.2).

30.12 Verstöße gegen das österreichische Arbeitszeitrecht im Ausland

Im Verwaltungsstrafrecht gilt das Territorialitätsprinzip (§ 2 Abs. 1 VStG). Daher sind nur im Inland begangene Übertretungen strafbar (VwGH 26.6.1997, 95/11/0409). Nach § 28 Abs. 11 AZG (BGBl. I 2006/138) gelten aber Verwaltungsübertretungen (nach § 28 Abs. 1 bis 7 AZG), die nicht im Inland begangen wurden, als an jenem Ort begangen, an dem sie festgestellt wurden. Der Hintergrund der Schaffung des § 28 Abs. 11 AZG im Jahre 2006 war, dass der VwGH bei Übertretungen von AN-Schutzvorschriften den Unternehmenssitz als Tatort betrachtet hat (VwGH 6.10.1994, 92/18/0366; 22.3.1996, 93/18/0051). Das hatte zur Folge, dass Unternehmen mit dem Sitz im Ausland im österreichischen Bundesgebiet straflos arbeitszeitrechtliche Bestimmungen verletzen konnten, weil die Tat als nicht im Inland begangen anzusehen war. Seit dem Inkrafttreten des § 28 Abs. 11 AZG im Jahre 2006 ist in diesen Fällen die Strafbarkeit gewährleistet. Für AG in Österreich lässt sich der § 28 Abs. 11 AZG aber auch für Übertretungen österreichischer Arbeitszeitvorschriften anlässlich von Auslandsaufenthalten ihrer AN heranziehen, wenn die Feststellung der Übertretungen etwa anlässlich inländischer Kontrollen der Arbeitszeitaufzeichnungen erfolgt ist.

Bei längeren Entsendungen von AN in das Ausland (im Zweifel über 12 Monate) kann aber die Strafbarkeit nach dem AZG nicht mehr gegeben sein, weil dies mit dem grundsätzlich geltenden Territorialitätsprinzip nicht vereinbar wäre (*Schrank*, Arbeitszeitgesetze, Band 1, § 1 AZG, Rz 59).

31. Lohn- und Gehaltszahlung

31.1 Anspruchsvoraussetzungen, Ort der Entgeltleistung und Lohnabrechnung sowie Ersatz von Kosten des AN

Zur Einstufung nach dem KV siehe 11.

Zur Entlohnung in Branchen ohne KV siehe 9.1.

Die Verpflichtung des AG zur Leistung des Entgelts hat die Leistung der vereinbarten Arbeit durch den AN zur Voraussetzung. Nur in den im Gesetz genannten Fällen (z.B. Urlaub, Krankenstand, persönliche Dienstverhinderungsgründe) besteht der Entgeltanspruch auch dann, wenn die Arbeitsleistung unterbleibt. Hat der AN keine Arbeitsleistungen erbracht und ist keine Verpflichtung des AG zur Entgeltfortzahlung gegeben, so gebührt ihm kein Entgelt (Arb. 9.297, OGH 9 Ob A 19/90, 9 Ob A 53/05 t). Ist der AN während der Arbeitszeit „unproduktiv", so begründet dies keinen Schadenersatzanspruch des AG (OGH 9 Ob A 178/05 z).

Die Verpflichtung zur Entgeltzahlung ist im Regelfall eine Holschuld. Bei aufrechtem Arbeitsverhältnis befindet sich der AN regelmäßig im Betrieb des AG und kann das Entgelt dort leichter entgegennehmen als in seiner Wohnung, wo er vielleicht erst für den Empfang sorgen müsste. Ist die Abholung für den AN aber ausnahmsweise nicht günstiger als die Zusendung, so ist die Verpflichtung zur Entgeltzahlung als Schickschuld anzusehen. Falls der AN infolge eines **Krankenstandes** nicht am Arbeitsplatz anwesend ist, so ist die Zusendung des Arbeitslohnes für ihn günstiger als die Abholung.

Hat der AG überdies das Gehalt des AN in letzter Zeit regelmäßig auf dessen Konto überwiesen, kann er von dieser Zahlungsmodalität nicht mehr einseitig abgehen. Dies gilt insbesondere auch dann, wenn die **Überweisung auf das Girokonto** des AN vereinbart wurde.

Die Auszahlung erfolgt in der Praxis nunmehr weitaus überwiegend durch Überweisung auf ein Girokonto und wird dadurch zur Schickschuld. Dies hat auch den Vorteil, dass die Zahlungen mittels Überweisungsbeleg leicht nachweisbar sind. Grundsätzlich muss diese Zahlungsform mit dem einzelnen AN vereinbart werden, falls nicht ohnedies eine entsprechende Regelung in einer Betriebsvereinbarung oder im anzuwendenden KV vorhanden ist.

Wenn der AG in bar auszahlt ist es unbedingt ratsam, den AN die Übernahme des Betrages mittels Unterschrift bestätigen zu lassen. Diese Bestätigungen sowie auch Überweisungsbelege sollten mindestens drei Jahre (Verjährungsfrist) aufgehoben werden, um allfällige Behauptungen bezüglich nicht ausbezahlter Entgeltbestandteile widerlegen zu können.

Der AG hat dem AN nach § 78 Abs. 5 EStG und § 2 f Abs. 1 AVRAG spätestens mit der Lohnzahlung für den Lohnzahlungszeitraum eine Abrechnung für den im Kalendermonat ausbezahlten Arbeitslohn auszuhändigen. Die Abrechnung hat die Bruttobezüge, die Pflichtbeiträge (inklusive BMSVG-Beitrag) und deren Beitragsgrundlagen sowie die Lohnsteuer und ihre Bemessungsgrundlage zu enthalten. Bei Fehlen einer ordnungsgemäßen Lohnabrechnung kommt eine Verfallsfrist nicht zur Anwendung (siehe 47).

Nach § 1014 ABGB ist der Auftraggeber verpflichtet, notwendig oder nützlich gemachte Aufwendungen zu ersetzen. Diese Bestimmung ist auch analog auf Arbeitsverträge anzuwenden. Ist daher mit einer Verpflichtung aus dem Arbeitsvertrag notwendigerweise ein Aufwand für den AN verbunden, so hat diesen Aufwand der AG zu tragen (OGH 9 Ob A 142/05 f = ARD 5688/5/2006). Wird der Aufwand in Unkenntnis des AG vom AN getätigt, so entsteht kein Ersatzanspruch. Dieser setzt vielmehr voraus, dass dem AG bekannt war, dass durch die von ihm aufgetragenen Verrichtungen dem AN Kosten entstehen (OGH 8 Ob A 1/06 d = ARD 5709/1/2006).

Nettolohn, „Schwarzzahlung" und Abzug der AG-Anteile

Eine Nettolohnvereinbarung ist grundsätzlich zulässig (OGH 28.4.2014, 8 Ob A 25/14 f). Behauptet ein AN eine Nettolohnvereinbarung, so hat er dies im gerichtlichen Verfahren näher darzustellen, weil ein bloßes Gespräch darüber, wie viel der AN „auf die Hand" bekommt, keine Nettolohnvereinbarung ist. Von einer Nettolohnvereinbarung ist u.a. deswegen abzuraten, weil abgabenrechtliche Verschlechterungen diesfalls nur den AG belasten.

Zwischen AG und AN abgesprochene „Schwarzzahlungen" (also ohne Abfuhr von Abgaben) sind nicht als Nettolohnvereinbarung zu beurteilen, weil kein Verpflichtungswille des AG, die Abgaben zu tragen, angenommen werden kann (VwGH 10.3.2016, Ra 2015/15/0021, OGH 5.4.2000, 9 Ob A 40/00 y).

Die Vereinbarung, dass vom Entgelt des AN der AG-Anteil zur SV abgezogen wird, widerspricht dem § 539 ASVG (OGH 21.4.2004, 9 Ob A 148/03 k).

Zur Herabsetzung des Entgelts siehe 41.2.

Barzahlungsverbot bei Bauleistungen

Geldzahlungen von Arbeitslohn an AN, die mit der Erbringung von Bauleistungen beschäftigt sind, dürfen nicht in bar geleistet oder entgegengenommen werden, wenn der AN über ein bei einem Kreditinstitut geführtes Girokonto verfügt oder einen Rechtsanspruch auf ein solches hat (§ 48 EStG). Bauleistungen sind alle Leistungen, die der Herstellung, Instandsetzung, Instandhaltung, Reinigung, Änderung oder Beseitigung von Bauwerken dienen (§ 19 Abs. 1a UStG). Bei Verstößen gegen dieses Barzahlungsverbot kann eine Verwaltungsstrafe verhängt werden (§ 51 Finanzstrafgesetz; *Wiesinger*, Das Lohnbarzahlungsverbot bei Bauleistungen, ASoK 2016, 2 ff.).

Einschlägige Judikatur

- *Die Pflicht zur Zahlung eines Entgelts ist eine Holschuld. Ist der AN am Zahlungstag nicht im Betrieb anwesend, wird die Verpflichtung jedoch zur Schickschuld (Arb. 10.726).*
- *Eine ausdrückliche oder stillschweigende Vereinbarung der bargeldlosen Lohnzahlung auf ein Gehaltskonto des AN wird im Bereich des Arbeitsrechts grundsätzlich als zulässig angesehen. Dass dies der für gewerbliche Hilfsarbeiter noch heute geltende § 78 GewO 1859, wonach der AG gehalten sei, den Lohn in barem Geld auszuzahlen, verbiete, widerspricht der herrschenden Ansicht. Mit § 78 GewO 1859 sollte nur das (historische) so genannte Trucksystem verboten werden. Der AN sollte seine Bedürfnisse an bestimmten Waren nicht durch Bezug vom AG befriedigen müssen, wobei die Waren zumeist in Anrechnung auf den Lohn geliefert oder vielfach auch nur auf den künftigen Lohn kreditiert wurden, oder der Lohn von vornherein nur in solchen Waren bestand. Die Vereinbarung von Naturalien unter Anrechnung auf den Lohn ist nur in besonderen Fällen unter bestimmten Voraussetzungen zugelassen (OGH 8 Ob A 281/95 = ARD 4744/21/96).*
- *Wer Arbeitsleistungen im Hinblick auf die erwartete Anstellung als AN erbrachte, zu der es dann ohne sein Verschulden nicht kam, hat gegen den Leistungsempfänger, der diese Erwartung kannte oder kennen hätte müssen und die Leistungen bewusst entgegengenommen hat, einen bereicherungsrechtlichen Anspruch nach § 1435 i.V.m. § 1152 ABGB auf angemessene Entlohnung (OGH 21.12.2011, 7 Ob 236/11 y).*

31.2 Fälligkeit des Arbeitsentgeltes

Der Entgeltanspruch wird erst nach der Leistung fällig, falls keine **Vorauszahlungsvereinbarung** abgeschlossen wurde. Die für Arbeiter bestehenden Regelungen einer wöchentlichen Entlohnung (§ 77 GewO 1859 und § 1154 Abs. 2 ABGB) sind abdingbar, daher kann mit Arbeitern eine monatliche Entlohnung vereinbart werden.

Für Angestellte sieht der § 15 AngG vor, dass das Gehalt am 15. und am Letzten eines jeden Monats in zwei annähernd gleichen Beträgen zu erfolgen hat. Weiters kann aber auch die Zahlung für den ganzen Monat für den Schluss eines jeden Kalendermonats vereinbart werden. Die Vereinbarung eines späteren Auszahlungstermines ist nichtig (OGH 9 Ob A 135/01 w). Keinesfalls wird ein Gehalt vor Beginn des Monats fällig, für den dieses Entgelt zusteht (Arb. 10.318).

Ein bereits verdientes Entgelt wird mit der Beendigung des Arbeitsverhältnisses fällig (Arb. 4.607).

Vorschüsse sind Vorauszahlungen auf künftig fällig werdende Entgeltzahlungen. Im Falle einer Beendigung des Arbeitsverhältnisses wird ein noch offener Vorschuss mit der Auflösung des Arbeitsverhältnisses fällig (siehe auch 19.9 und 31.5).

Gewährt der AN dem AG eine **Stundung** seiner Entgeltansprüche, so ist eine solche Vereinbarung dann nichtig, wenn sie noch nicht fällige Ansprüche betrifft (Arb. 10.605).

Falls die Überweisung des Arbeitsentgeltes auf das Girokonto des AN vereinbart wurde, ist der AG verpflichtet, das Entgelt so rechtzeitig zu überweisen, dass es dem AN spätestens am Fälligkeitstag zur Verfügung steht (OGH 8 Ob A 322/97d, 8 Ob A 29/04d).

Die Bestimmung des § 1154 Abs. 3 ABGB, wonach bereits verdientes Entgelt mit der Beendigung des Arbeitsverhältnisses fällig wird, ist relativ zwingend und kann daher bei Nichteinhaltung vertraglicher Nebenpflichten, bereits verdientes Entgelt nicht zurückbehalten werden (OGH 9 Ob A 325/00 k; siehe auch Arb 8116, 8768).

Zur Aufrechnung von Schadenersatzansprüchen des AG mit dem Entgelt des AN siehe 26.3.

Kauft der AN vom AG einen gebrauchten PKW und wird der Kaufpreis in monatlichen Raten vom Entgelt abgezogen, so kann der Restbetrag bei Auflösung (auch bei einer unberechtigten Entlassung) vom AG fällig gestellt und von den Entgeltansprüchen des AN abgezogen werden, wenn diese deutlich höher als der Restbetrag sind (OLG Wien 7 Ra 164/07 z = ARD 5892/1/2008).

Zu Vorschuss und Darlehen siehe 31.5.

Einschlägige Judikatur

- *Vereinbarungen, wonach das Gehalt zu einem späteren Zeitpunkt als am Schluss eines jeden Kalendermonats fällig sei, sind im Hinblick auf § 15 AngG und § 40 AngG gemäß § 879 ABGB nichtig. Dass der AN die Gehaltszahlungen jeweils am 10. des Folgemonats immer zur Kenntnis genommen hat, ohne urgiert zu haben, ändert nichts daran, dass die Forderung nach pünktlicher Zahlung des Gehalts berechtigt ist. Hat aber der AG auf die entsprechende Erklärung des AN mit der definitiven Weigerung geantwortet, in Zukunft bei Fälligkeit zu zahlen, ist der AN berechtigt vorzeitig ausgetreten (OGH 9 Ob A 135/01 w).*

31.3 Folgen der verspäteten Auszahlung

Wird der Lohn trotz Fälligkeit nicht bezahlt, so ist nach der jüngeren Rechtsprechung der AN berechtigt, seine Arbeitsleistung zurückzuhalten, bis der AG seiner Zahlungspflicht entspricht (OGH 9 Ob A 6/94 = ARD 4594/3/94).

Insbesondere berechtigt jedoch ein „ungebührliches" Schmälern oder Vorenthalten des Entgelts den AN zum **vorzeitigen Austritt** (einseitige fristlose Beendigung des Arbeitsverhältnisses durch den AN – § 26 AngG, § 82a GewO 1859, § 15 Abs. 4 BAG – siehe 44. ff.). Aus der Rechtsprechung folgt, dass nicht jede verspätete Zahlung zum vorzeitigen Austritt berechtigt, sondern nur eine solche, die eine wesentliche Vertragsverletzung darstellt, welche dem AN die Fortsetzung des Arbeitsverhältnisses unzumutbar macht. Ob diese Voraussetzungen im Einzelfall vorliegen, kann nur auf Grund der jeweiligen besonderen Umstände beurteilt werden. Eine bloß einmalige und kurzfristige Verzögerung wird für gewöhnlich nicht zur vorzeitigen Auflösung berechtigen.

Nimmt der AN über längere Zeit hindurch Zahlungsrückstände hin, so ist ein plötzlicher Austritt des AN nicht gerechtfertigt. In diesen Fällen müsste der AN den AG unter Setzung einer **angemessenen Nachfrist** zur Zahlung auffordern. Ein gerechtfertigter Austritt liegt meistens erst dann vor, wenn der AN nach dem fruchtlosen Verstreichen der Nachfrist den Austritt erklärt.

Liegt objektiv eine Entgeltschmälerung vor, die der AG subjektiv nicht erkennen konnte, so ist der Austritt nicht gerechtfertigt (OGH 9 Ob A 246/00 t = ARD 5205/42/2001 – weitere Details siehe 44.1 ff.).

Vorsicht bei Mahnschreiben eines AN

Im Fall von Entgeltrückständen neigt die Rechtsprechung zu einer eher strengen Haltung. Da ein Austritt meistens gerechtfertigt ist, wenn ein Rückstand vergeblich eingemahnt wurde, sollte ein diesbezügliches Mahnschreiben entsprechend beachtet werden bzw. eine Nachzahlung erfolgen, wenn der behauptete Rückstand tatsächlich vorliegt und der Austritt mit allen Rechtsfolgen (sofortige Beendigung mit Anspruch auf Kündigungsentschädigung, allenfalls Abfertigung etc.) vermieden werden soll. Der gerechtfertigte Austritt bewirkt nämlich, dass der AN bezüglich seiner Ansprüche so zu stellen ist, wie wenn der AG eine Kündigung ausgesprochen hätte (siehe 44.5). Die Nachzahlung müsste jedenfalls innerhalb der Nachfrist erfolgen, das heißt, spätestens am letzten Tag der angemessenen Nachfrist muss der entsprechende Nettobetrag am Konto des AN verfügbar sein. Falls der AN am Morgen des letzten Tags der Nachfrist den offenen Betrag auf seinem Konto beheben will, sollte dies zur Vermeidung eines gerechtfertigten vorzeitigen Austritts bereits möglich sein.

Selbst wenn der AN die Voraussetzungen für den Austritt bewusst ausnützt und durch qualifizierte Beratung vorbereitet ist, ist sein Austritt nicht wegen missbräuchlicher Rechtsausübung als sittenwidrig anzusehen (OGH 9 Ob A 95, 96/95). Die Nichtbeachtung des Mahnschreibens bewirkt daher in der Praxis immer wieder, dass AN, die das Arbeitsverhältnis beenden wollen, statt einer Kündigung einen gerechtfertigten Austritt aussprechen können und damit insbesondere den **Abfertigungsanspruch** erwerben.

Einschlägige Judikatur

- *Richtig ist, dass der OGH in seiner Entscheidung 4 Ob 66/52 ein Austrittsrecht des AN verneint hat, „wenn am Fälligkeitstag das Entgelt nicht ausgezahlt werden kann und dies zum ersten Mal geschieht". Es darf aber der Leitsatz der oben angeführten Entscheidung keinesfalls verallgemeinert und über den konkreten Anlassfall hinaus dahin verstanden werden, dass ein einmaliger Verzug des AG bei der Auszahlung des Arbeitsentgeltes niemals einen wichtigen Grund zur vorzeitigen Auflösung des Arbeitsverhältnisses bilden könnte; auch hier ist vielmehr immer auf Grund der Umstände des Einzelfalles zu beurteilen, ob der – wenngleich erstmalige – Verzug des AG ein „ungebührliches Schmälern oder Vorenthalten" des Arbeitsentgeltes bedeutet, welches den AN zur sofortigen Auflösung des Arbeitsverhältnisses berechtigt (OGH 4 Ob 77, 78/82).*

- *Der Umstand, dass während der von der AN gesetzten Nachfrist die geringfügige Entgeltdifferenz, die weder nach der rechtlichen Zuordnung der Forderung noch der Höhe nach im Mahnschreiben konkretisiert war, nicht bezahlt wurde, rechtfertigt den vorzeitigen Austritt nicht (OGH 9 Ob A 223/91).*

- *Hat der AG alles Nötige zur Ausführung einer (Gehalts-)Zahlung getan, ist der Irrtum des Geldinstitutes, bei dem der AN sein Girokonto hat, dem AN zuzurechnen; dieser Fall ist nicht anders zu beurteilen, als hätte der Machthaber (Bank) des AN eine empfangene Zahlung verzögert oder veruntreut. Erweckt ein Umstand (Fehler der Bank) den Anschein, der AG hätte fällige Zahlungen noch nicht geleistet, berechtigt dies noch nicht zum Austritt (OLG Wien 34 Ra 117/89, OGH 9 Ob A 184/91).*

- *Für die Rechtzeitigkeit bargeldloser Überweisungen ist die Gutschrift auf dem dem AG bekannt gegebenen Konto des AN maßgeblich. Der AG hat daher die bei Kreditinstituten übliche Bearbeitungsdauer zu beachten (OGH 3 Ob 86/84, 9 Ob A 1025, 1026/93).*

- *Wenn der AN die Schmälerung seiner Bezüge hingenommen hatte, durfte er den Zahlungsrückstand nicht zum Anlass eines plötzlichen Austrittes nehmen, ohne zuvor den*

AG unter Setzung einer Nachfrist zur Zahlung des Rückstandes aufzufordern (Arb 10.471, 10.535; OGH 9 Ob A 202/93).

- *Wenn der Urlaubszuschuss stets erst im Juli ausbezahlt wurde, so rechtfertigt ein früherer kollektivvertraglicher Fälligkeitszeitpunkt den Austritt nicht, weil der AN die spätere Zahlung jahrelang ohne Urgenz hingenommen hat (OGH 8 Ob A 291/94 = ARD 4629/11/95).*

- *Bei der Vorenthaltung des Entgelts handelt es sich um einen Dauertatbestand, der den AN so lange zum Austritt berechtigt, als das rechtswidrige Verhalten des AG andauert. Es steht ihm dabei auch frei, den Austritt zu einem in der Zukunft liegenden Zeitraum zu erklären; er nimmt damit nur in Kauf, dass dann, wenn zwischenzeitig das Entgelt nachgezahlt wird, die Voraussetzungen für den vorzeitigen Austritt nicht mehr vorliegen (OGH 10 Ob S 288/97 v, so auch 9 Ob A 181/98 b).*

- *Im Zeitpunkt des Austritts muss die Unzumutbarkeit der Aufrechterhaltung des Arbeitsverhältnisses gegeben sein. Der vorzeitige Austritt kann nicht rückwirkend ausgesprochen werden. Da die Klägerin im Zeitpunkt des Austritts über den eingemahnten Entgeltrückstand verfügen konnte, ist der Austritt ungerechtfertigt (OGH 9 Ob A 289/97 h).*

- *Hat der AG bereits mehrere Monate lang einen AN trotz Urgenzen keinen Lohn ausbezahlt, ist ein vorzeitiger Austritt auch ohne Nachfrist gerechtfertigt. Die bloße Kenntnisnahme der Abmeldung bei der GKK stellt keine einvernehmliche Auflösung dar (OGH 8 Ob A 287/97 g = ARD 4925/7/98).*

- *Nur eine wesentliche Entgeltschmälerung berechtigt zum vorzeitigen Austritt. Eine bloß objektive Rechtswidrigkeit (der AG wusste nicht und hätte nicht wissen müssen, dass objektiv ein Rückstand vorliegt) rechtfertigt einen Austritt nicht (OGH 8 Ob A 74/97 h = DRdA 1997, 403; so auch OGH 9 Ob A 246/00 t = ARD 5205/43/2001).*

- *Macht der AN unmissverständlich klar, dass der AG in Zukunft nicht damit rechnen könne, dass das Vorenthalten des Entgeltes „tatenlos" hingenommen werde, durfte der AG nicht mit der weiteren Stundung rechnen. Es muss auch nicht Monat für Monat nach einer jeweils wiederholten Säumnis jedes Gehalt neu eingemahnt werden (OGH 9 Ob A 301/00 f = ARD 5321/29/2002).*

31.4 Auszahlung an Dritte

Falls nicht die Überweisung auf das Girokonto des AN vereinbart wurde, kann die Barauszahlung auch an einen Dritten erfolgen, falls dieser vom AN hiezu bevollmächtigt wurde. Der AG sollte die Auszahlung an den Dritten nur dann vornehmen, wenn aus der ihm vorgelegten schriftlichen Vollmacht hervorgeht, dass der Dritte zur Übernahme des Arbeitsentgelts ermächtigt ist und ihm bekannt ist, dass der Dritte mit derjenigen Person ident ist, die vom AN bevollmächtigt wurde. Weiters sollte eine Kopie der vorgelegten Vollmacht angefertigt werden und der Bestätigung der Übernahme des Arbeitsentgelts beigelegt werden.

Falls anlässlich einer Endabrechnung überdies von einem Dritten eine Verzichts- oder Vergleichserklärung unterfertigt werden soll (siehe 46.), müsste die Vollmacht den Dritten auch zur Unterzeichnung derartiger Erklärungen berechtigen.

31.5 Vorschuss und Darlehen

Unter Vorschuss versteht man die Vorauszahlung noch nicht fälligen Entgelts. Ein Anspruch auf Gewährung eines Vorschusses besteht grundsätzlich nicht. Während des aufrechten Arbeitsverhältnisses werden Vorschuss und Darlehen grundsätzlich gleich behandelt, nicht aber nach Beendigung des Arbeitsverhältnisses. Für den Fall, dass das Arbeitsverhältnis zu einem Zeitpunkt endet, zu welchem noch ein offener Vorschussrest besteht, wird dieser sofort zur Rückzahlung fällig. Der AG kann daher den restlichen Vorschuss vom Endabrechnungsbetrag abziehen bzw. einfordern, falls er über den Endabrechnungsbetrag hinausgeht. Beim Darlehen hat hingegen die Beendigung des Arbeitsverhältnisses auf die Fälligkeit einer allfälligen restlichen Darlehensschuld keinen Einfluss, es sei denn, dies wurde ausdrücklich vereinbart. Die Fälligkeit eines Darlehens richtet sich vielmehr nach den Vereinbarungen, die vor der Auflösung des Arbeitsverhältnisses vom AG und vom AN abgesprochen wurden.

Im Hinblick auf die unterschiedlichen Rechtsfolgen empfiehlt es sich, eindeutige schriftliche Vereinbarungen zu treffen und insbesondere einen Vorschuss als solchen zu bezeichnen.

Wenn der AN den offenen Vorschuss- bzw. Darlehensrest nicht zurückzahlt, so dürfen Arbeitspapiere bzw. dem AN gehörende Gegenstände nicht zurückbehalten werden. Falls der AG dagegen verstößt, kann dies zu einer Schadenersatzpflicht führen.

Einschlägige Judikatur

- *Aus der Tatsache, dass der AG und der AN bei Abschluss der Darlehensvereinbarung nicht daran dachten, dass der AN vor gänzlicher Rückzahlung des Darlehens aus der Firma ausscheiden werde, kann nicht der Schluss gezogen werden, die Parteien seien stillschweigend davon ausgegangen, dass im Fall des vorzeitigen Ausscheidens der Darlehensrest fällig sei (Arb. 9.323).*
- *Bei solchen Leistungen, die bewusst und vereinbarungsgemäß gegen spätere Verrechnung (spätestens Endabrechnung bei Beendigung des Arbeitsverhältnisses) geleistet wurden, kann nicht mit dem Hinweis auf den „gutgläubigen" Verbrauch die Rückzahlung verweigert werden, da sich die Frage des gutgläubigen Verbrauchs eines Vorschusses nicht stellt. Ob ein Arbeitsverhältnis bestand oder eine selbständige Tätigkeit vorlag, ist für diese Frage belanglos (OGH 9 Ob A 251/99 y).*

31.6 Anspruchslohn und Beitragsprüfung

Zum LSDB-G siehe 36.4.1.

Sozialversicherungsbeiträge sind von jenem Entgelt zu entrichten, das der AN auf Grund der arbeitsrechtlichen Normen zu erhalten hat (**Anspruchslohn**). Dies gilt auch dann, wenn das Arbeitsentgelt bzw. ein Teil davon, welches dem AN zusteht, tatsächlich nicht bezahlt wurde. Die zuständige GKK kann im Zuge einer Beitragsprüfung die für den nicht ausgezahlten Teil des Entgelts zu entrichtenden Beiträge nachverrechnen. Trifft den AG an der Nichtabführung der Beiträge zum Zeitpunkt der Fälligkeit zumindest ein leichtes Verschulden, so hat er neben dem AG-Anteil auch den AN-Anteil und einen Beitragszuschlag zu entrichten.

Aus dem Prinzip des Anspruchslohns ergibt sich demnach, dass die GKK an das Arbeitsrecht und zulässige arbeitsvertragliche Vereinbarungen gebunden ist und insbesondere auch bei **Einstufungsfragen** (siehe 11.) die arbeitsrechtliche Rechtsprechung zu beachten hat. Ausnahmsweise ist eine Abweichung möglich, wenn der für Beitragsfragen zuständige VwGH eine andere arbeitsrechtliche Auffassung vertritt (wie dies bei der Frage des Anspruchs auf Sonderzahlungen während entgeltfreier Zeiten der Fall war – siehe 31.9.2). Solche abweichende Auffassungen des VwGH sind aus rechtspolitischer Sicht ein höchst bedenklicher und kritikwürdiger Beitrag zur Unübersichtlichkeit und Unklarheit der rechtlichen Situation.

Falls der AG das Entgelt an den AN nachzahlt, kann er den bereits entrichteten AN-Anteil von der Nachzahlung abziehen. Die Nachzahlung an den AN kann nicht die zuständige GKK, sondern nur der AN selbst verlangen und allenfalls beim Arbeits- und Sozialgericht einklagen. Die rechtskräftigen Urteile und **Vergleiche** über Entgeltansprüche werden von den Gerichten an die zuständige GKK übermittelt, damit diese überprüfen kann, ob die abzuführenden Beiträge tatsächlich entrichtet wurden (§ 49 Abs. 6 ASVG).

Falls die GKK offene Entgeltansprüche und damit offene Beitragspflichten in einer Nachtragsberechnung behauptet, die nach der Auffassung des AG nicht gegeben sind, so steht es ihm offen, einen Bescheid über die angebliche Beitragspflicht zu verlangen (§ 410 ASVG). Gegen diesen Bescheid kann binnen einem Monat ab Zugang ein Rechtsmittel eingebracht werden (§ 412 ASVG).

Der Einspruch hat keine aufschiebende Wirkung, daher kann der Bescheid trotz eines rechtzeitig eingebrachten Einspruchs vollstreckt werden. Die aufschiebende Wirkung müsste gesondert beantragt werden. Dies kann und sollte im Einspruch erfolgen.

Die beantragte aufschiebende Wirkung ist zu erteilen, wenn

- der Einspruch nach der Lage des Falles erfolgversprechend erscheint oder
- das Verhalten des Einspruchswerbers nicht auf eine Gefährdung der Einbringlichkeit von SV-Beiträgen gerichtet ist.

Der Einspruch hat den Bescheid zu bezeichnen, gegen den er sich richtet, und einen begründeten Entscheidungsantrag zu enthalten.

Weitere Informationen zum Rechtsmittel können der Rechtsmittelbelehrung entnommen werden, die der Bescheid zu enthalten hat. Ist die Rechtsmittelbelehrung irreführend, so gilt die bei der falschen Adresse eingebrachte Berufung als richtig eingebracht (VwGH 2005/08/0063 = ARD 5685/16/2005).

Meint die zuständige GKK, dass ihr unbekannte Personen beschäftigt waren und ermittelt sie Beiträge auf der Grundlage geschätzter Beitragsgrundlagen (wobei sie sich auf § 42 Abs. 3 ASVG beruft), so ist diese Vorgangsweise unzulässig. Es sind vielmehr Tätigkeiten konkreter Personen für einen bestimmten AG zu ermitteln. „Virtuelle" Pflichtversicherungen, die keiner versicherungsleistungsberechtigten Person zugeordnet werden können, wären auch verfassungsrechtlich bedenklich (VwGH 2002/08/0273 = ZAS 2006, 75).

Zu den Anforderungen eines ordentlichen Ermittlungsverfahrens gehört, dass eine erstmalige Einvernahme eines beantragten Zeugen grundsätzlich durchzuführen ist. Ob ein bestimmtes Beweismittel geeignet ist, den Wahrheitsgehalt einer bestimmten strittigen Tatsache darzutun, kann erst nach Aufnahme des Beweismittels im Rahmen der freien Beweiswürdigung beurteilt werden (BMSG 225.059/0001-II/A/3/2005 = ZAS 2006, 134).

Im Verfahren betreffend Beitrags-, Versicherungs- oder Leistungsangelegenheiten der SV nach § 3 Abs. 2 Z 3 Wirtschaftstreuhandberufsgesetz ist ein Steuerberater zur berufsmäßigen Vertretung befugt. Hingegen ist die Vertretung zu Erwerbszwecken in Verwaltungsstrafverfahren nach § 33 ASVG (Meldepflichtverletzungen) durch Steuerberater nach § 10 Abs. 3 AVG nicht zulässig (VwGH 16.3.2011, 2008/08/0040).

Ersetzt der AG dem AN Verkehrsstrafen, so stellen die Zahlungen beitragspflichtiges Entgelt dar (§ 49 Abs. 1 ASVG – VwGH 10.4.2013, 2012/08/0092).

Muster für einen Einspruch gegen den Bescheid einer GKK

EINSCHREIBEN
An die
……………………… GKK
………………………
………………………

Betr.: **Bescheid GZ:** ……………………… *vom,* ………………………
Gegen den oben bezeichneten Bescheid erheben wir innerhalb offener Frist

EINSPRUCH

und begründen diesen wie folgt:
…………………………………………………………………
Beweis: ………………………………………
Wir beantragen daher, den eingangs bezeichneten Bescheid aufzuheben und festzustellen, dass ……………………………
Weiters beantragen wir die aufschiebende Wirkung und begründen diesen Antrag wie folgt:
……………………………………………
Beweis: ………………………………

………………………, am ……………   ………………………………………
                                                                        Firma

Einschlägige Judikatur

- *Der Rechtsauffassung, es stehe dem AN im Rahmen der Vertragsfreiheit frei, auf Rechtsansprüche zu verzichten, ist der Wortlaut der Bestimmung des § 3 Abs. 1 ArbVG entgegenzuhalten, woraus sich ergibt, dass ein solcher Verzicht, soweit er KV-Ansprüche betrifft, als ungünstigere Sondervereinbarung ungültig ist (VwGH 79/08/1859).*
- *Es ist ständige Rechtsprechung, dass in denjenigen Fällen, in denen kollektivvertragliche Vereinbarungen in Betracht kommen, zumindest das nach diesen Vereinbarungen den AN zustehende Entgelt die Bemessungsgrundlage für die Sozialversicherungsbeiträge zu bilden hat. Dies ohne Beachtung des Umstandes, dass ein Lohnanteil, der den einzelnen AN zusteht, tatsächlich nicht bezahlt wird (VwGH 81/08/0191).*
- *Die Bindung der Gerichte an Bescheide der Verwaltungsbehörde umfasst nicht deren rechtliche Beurteilung, mag sie auch auf identer Sachverhaltsgrundlage beruhen (OGH 5 Ob A 17/99 g). Soweit daher der Sozialversicherungsträger – ausgehend von einer Meldung des AG – auf das Bestehen einer Beitragspflicht für die Klägerin auf Grund eines Arbeitsverhältnisses erkannt hat, hat er dabei lediglich den öffentlich-rechtlichen Standpunkt beurteilt. Die vorgenannten Erwägungen verbieten jedoch eine über den Bestand der Beitragspflicht hinausgehende Bindung, etwa in der Form, dass das ordentliche Gericht, welches hier ausschließlich eine privatrechtliche Beurteilung vorzunehmen hat, den Bestand eines Arbeitsverhältnisses über einen bestimmten Zeitpunkt hinaus als gegeben erachten müsste, obwohl dies für die Verwaltungsbehörde nur eine Vorfrage gewesen ist (OGH 9 Ob A 287/00 x).*
- *Der Beitragsbemessung ist nicht bloß das tatsächlich bezahlte Entgelt, sondern der sich aus dem KV ergebende (höhere) Anspruchslohn zugrunde zu legen (VwGH 2000/08/0078, 0079 = ARD 5455/9/2003).*

31.7 Provisionen

Als Entgelt für die Vermittlung von Aufträgen bzw. Vertretertätigkeiten kann eine Provision vom Umsatz allein oder daneben ein Fixum vereinbart werden. Falls eine Provision ohne Fixum vereinbart wird, müsste diese mindestens das kollektivvertragliche Mindestgehalt erreichen, falls von einem Arbeitsverhältnis auszugehen ist. Die Zulässigkeit einer Provisionsvereinbarung ohne Fixum im Rahmen eines Arbeitsverhältnisses ist durch die Judikatur gedeckt (OGH 21.4.2004, 9 Ob A 148/03k).

Dabei sollte genau definiert werden, welche Beträge provisioniert werden (z.B. Umsatz nach Abzug der Umsatzsteuer und eventueller Preisnachlässe).

Bei der Kalkulation der Provisionen ist insbesondere zu beachten, dass sie in das Urlaubs-, das Kranken- und das Feiertagsentgelt (**Ausfallprinzip**) sowie in die Abfertigung einzubeziehen sind (ebenso in das Entgelt während einer Dienstfreistellung – OGH 8 Ob A 75/08 z). Hiervon ausgenommen sind Direktprovisionen, die unabhängig vom Urlaub ohnedies weiter laufen, weil dies zu einem Doppelbezug führen würde (OGH 8 Ob A 67/02 i = ARD 5379/1/2003). Ob Provisionen in die Sonderzahlungen einzubeziehen sind, ist auf Grund der Berechnungsregeln im jeweiligen KV zu klären (z.B. keine Einbeziehung nach dem KV für Handelsangestellte – VwGH 2002/08/0095 = ARD 5524/8/2004).

Dem AG kann in einer Provisionsvereinbarung ein einseitiges Gestaltungsrecht nach billigem Ermessen eingeräumt werden. So steht etwa bei einer Umsatzprovision dem AG die Preisgestaltung und Festlegung der Unternehmensziele frei. Rechte des AN würden nur verletzt, wenn durch eine Provisionsreform eine Einkommensschmälerung einträte (OLG Wien 7 Ra 160/99 x = ARD 5117/4/2000). Erst wenn die zur Gesamtbeurteilung notwendigen Umstände festgestellt sind, kann durch eine abschließende Beurteilung festgestellt werden, ob sich die Änderung des Provisionssystems im Rahmen der Vertragsregelung gehalten und zu keiner Einkommensschmälerung geführt hat (siehe auch OGH 9 Ob A 235/90 = ARD 4237/30/91; OLG Wien 7 Ra 385/96 f = ARD 4909/5/98).

Der AN hat einen Anspruch auf eine Auskunft über die Provisionsgrundlagen oder auf Vorlage einer Abrechnung bzw. eines Buchauszuges (§ 10 Abs. 5 AngG – klagbar mittels Stufenklage – OGH 8 Ob A 2/03 g). Dieses Recht verjährt in drei Jahren ab dem Ende der Abrechnungsperiode (OLG Wien 9 Ra 13/04 d = ARD 5522/10/2004) und kann keinesfalls Bereiche erfassen, für die kein Provisionsanspruch besteht. Gewinnbeteiligungen im Rahmen eines Angestelltenverhältnisses sind im § 14 AngG geregelt. Der Anspruch auf Rechnungslegung nach § 14 Abs. 2 AngG verjährt ebenfalls nach drei Jahren (OGH 9 Ob A 89/05 m – zur Beteiligung und Berechnung der Abfertigung siehe 45.2 bzw. § 2a AVRAG). Der Anspruch auf einen Buchauszug kann nicht durch die Vorlage eines Prüfberichts des Wirtschaftsprüfers ersetzt werden (OGH 9 Ob A 43/06 y = ARD 5718/5/2006). Eine ordentliche Rechnungslegung umfasst auch alle Angaben, die eine Überprüfung der Rechnung ermöglichen (OGH 27.9.2013, 9 Ob A 57/13 t).

Zu Provisionsansprüchen kann vereinbart werden, dass diese auf ein allfälliges Überstundenentgelt anzurechnen sind (OGH 4 Ob 167/80).

Keinesfalls kann jede wirtschaftliche Entscheidung des AG, die zu Umsatzrückgängen führt, Ausgleichsansprüche nach § 1155 ABGB (siehe 31.8) zur Folge haben. Diese Bestimmung erfasst nur den Fall, dass Arbeitsleistungen nicht oder nicht zur Gänze erbracht werden, jedoch nicht andere Fälle einer Entgeltkürzung (OGH 8 Ob A 87/06 m = ARD 5767/4/2007).

Werden jeweils einjährig befristete Provisionsvereinbarungen abgeschlossen, die ständig höhere Provisionsvorgaben enthalten, so ist von ähnlich verpönten Tendenzen wie bei Kettenarbeitsverträgen auszugehen und daher eine unzulässige Kette anzunehmen. Dabei wäre schon bei der zweiten Befristung eine sachliche Rechtfertigung erforderlich (OGH 9 Ob A 234/93, *Felten*, Arbeitsrechtliche Flexibilisierungsklauseln im Entgeltbereich, RdW 2008, 278 ff).

Bezieht der AN mit Zustimmung des AG von dritter Seite Provisionen für Leistungen während der Arbeitszeit mit Betriebsmitteln des AG und erweitern die Leistungen das Angebot des AG, so ist auch die nicht vom AG bezahlte Provision als Entgelt zu betrachten (VwGH 25.6.2013, 2013/08/0085).

Einschlägige Judikatur

- *Provisionen für gelegentlich außerhalb seiner Arbeitspflicht vermittelte Werbeverträge stellen Gelegenheitsentgelt dar, das mit einem Arbeitsverhältnis in einem so losen Zusammenhang steht, dass es nicht „auf Grund des Arbeitsvertrages geleistet" in die Berechnungsgrundlage gemäß § 23 Abs. 1 AngG einzufließen hat (Regelmäßigkeitsprinzip, OGH 4 Ob 116/80 = ARD 3264/6/80, ARD 4945/9/98).*
- *Ob eine Schmälerung der Provision im Krankheitsfall zulässig ist, richtet sich danach, ob es sich um ein Entgelt handelt. Entgelt wird für die Bereitstellung der Arbeitskraft geleistet und nicht für die Abdeckung des finanziellen Aufwandes des AN (OGH 8 Ob A 2046/96 g).*
- *Provisionen sind in das Urlaubsentgelt mit dem Durchschnitt der letzten 12 Kalendermonate vor Urlaubsantritt einzubeziehen (Arb 11.172; OGH 9 Ob A 137/93, 9 Ob A 27/98 f, 9 Ob A 295/98 t).*
- *Dem BR steht bei Ausübung des dem AG zugestandenen Gestaltungsrechtes hinsichtlich einer Änderung des Provisionssystems weder unter Berufung auf den Versetzungsschutz noch auf sein Mitbestimmungsrecht bei leistungsbezogenem Entgelt ein Recht auf Mitbestimmung zu (OGH 8 Ob A 196/99 b = ARD 5117/5/2000).*
- *Laufende monatliche Provisionsakontierungen, die in der Folge mit den tatsächlich ins Verdienen gebrachten Provisionen verrechnet werden sollen, sind ihrem Wesen nach Vorschüsse, bei denen weder irrtümlich zu viel Provision gezahlt noch eine Nichtschuld beglichen wurde (OGH 9 Ob A 251/99 y).*
- *Für die Berechnung der Abfertigung eines Provisionsbeziehers sind nicht die im letzten Arbeitsjahr des AN an ihn ausgezahlten Provisionen heranzuziehen, sondern nur jene Provisionen, die der AN im letzten Jahr tatsächlich erworben hat, weil nicht auf Zufälligkeiten im Rahmen der Auszahlung abzustellen ist (OLG Wien 7 Ra 160/99 x = ARD 5117/6/2000).*
- *Dem § 14 Abs. 2 AngG ist keine Kostentragungspflicht des AG für die vom AN zur Bucheinsicht beigezogenen Buchsachverständigen zu entnehmen (OGH 27.1.2016, 9 Ob A 162/15 m).*

31.8 Fortzahlung des Entgelts bei Arbeitsverhinderung aus Gründen, die auf Seiten des AG liegen

§ 1155 ABGB sieht dazu vor:

Auch für Dienstleistungen, die nicht zustande gekommen sind, gebührt dem Dienstnehmer das Entgelt, wenn er zur Leistung bereit war und durch Umstände, die auf der Seite des Dienstgebers liegen, daran verhindert worden ist; er muß sich jedoch anrechnen lassen, was er infolge Unterbleibens der Dienstleistung erspart oder durch anderweitige Verwendung erworben oder zu erwerben absichtlich versäumt hat.

§ 1155 ABGB gewährt dem AN unter gewissen Voraussetzungen trotz unterbliebener Arbeitsleistung einen Entgeltanspruch. Der hier relevante Hinderungsgrund muss im Bereich des AG liegen, wobei nicht erheblich ist, ob die Verhinderung auf den Willen des AG zurückzuführen ist. Auch auf ein Verschulden des AG kommt es nicht an. Der AN muss jedoch während des Verhinderungsgrundes arbeitsbereit sein. Dies setzt zumindest eine dem AG angebotene Arbeitsleistung voraus (OLG Wien 10 Ra 44/03 v = ARD 5437/4/2003).

Verhinderungsgründe können sein:

- Material- oder Auftragsmangel
- Erkrankung des AG
- Betriebssperre wegen Urlaubs
- Hochwasser, Brände etc., die die Arbeitsstätte betreffen
- rechtsunwirksame Auflösung des Arbeitsverhältnisses durch den AG
- vom AG angeordnete Dienstfreistellung (siehe 27.12 – OGH 8 Ob A 85/01 k)

Der § 1155 ABGB ist **nachgiebiges Recht** und kann daher durch Vereinbarung aufgehoben oder abgeändert werden. Manche KV haben von dieser Möglichkeit Gebrauch gemacht, indem die Fortzahlung nach § 1155 ABGB in zeitlicher Hinsicht und betragsmäßig eingeschränkt wurde (z.B. KV für Arbeiter im eisen- und metallverarbeitenden Gewerbe). Soweit der KV keine Regelung zu § 1155 ABGB enthält, können im Arbeitsvertrag Einschränkungen vorgenommen werden. Ein gänzlicher arbeitsvertraglicher Ausschluss der Anwendung des § 1155 ABGB etwa bei rechtsunwirksamen Kündigungen wird als unzulässig anzusehen sein, weil damit das Unternehmerrisiko auf den AN überwälzt wird.

Bedeutung des § 1155 ABGB in der Praxis

In der Praxis spielt der § 1155 ABGB vor allem bei rechtsunwirksamen Auflösungen eine Rolle. Falls beispielsweise die Kündigung eines älteren AN nach § 105 ArbVG angefochten (siehe 41.8.4) und schließlich mittels rechtskräftigem Urteil für rechtsunwirksam erklärt wird, so müsste der AG die Zeit zwischen dem Ende der Kündigungsfrist und dem Wiederantritt der Arbeit nach § 1155 ABGB abgelten. Demnach müsste der AG dem AN das Entgelt für jene Zeit bezahlen, während der keine Arbeitsleistungen (auf Grund der letztlich rechtsunwirksamen Kündigung des AG) erbracht wurden (zB OGH 29.11.2016, 9 Ob A 25/16 s). Mit diesen Ansprüchen können jedoch alle beendigungsabhängigen, bereits ausgezahlten Beträge (Abfertigung, Ersatzleistung) gegenverrechnet werden, da mit Eintritt der Rechtsunwirksamkeit der Kündigung der Rechtstitel für beendigungsabhängige Ansprüche nachträglich wegfällt. Auf Grund der Anrechnungsregel nach § 1155 ABGB kann außerdem ein allenfalls während des betreffenden Zeitraumes ins Verdienen gebrachtes Entgelt von dem vom AG zu bezahlenden Betrag abgezogen werden (dies gilt auch, wenn der AG versucht, die Arbeitsleistungen zu verhindern – OGH 17.3.2004, 9 Ob A 115/03 g; 29.9.2010, 9 Ob A 81/10 t; von der Anrechnung ausgenommen ist das Arbeitslosengeld, welches zurückzuzahlen ist – OGH 25.11.2014, 8 Ob A 42/14 f, ist das Arbeitslosengeld hingegen nicht rückforderbar, so unterliegt es der Anrechnung – OGH 25.6.2015, 8 Ob A 82/14 p).

Wird einseitig ein **Betriebsurlaub** festgelegt und kann nicht davon ausgegangen werden, dass mit dem AN ein Urlaub vereinbart wurde, so kann sich der AN arbeitsbereit melden und hat einen Anspruch auf Fortzahlung des Entgelts nach § 1155 ABGB, obwohl er wegen Betriebssperre nicht beschäftigt werden kann (siehe auch 14.14). Der AG kann diesfalls nicht dauerhaft verlangen, dass der AN beschäftigungslos seine Arbeitszeit am Arbeitsplatz verbringt. Vorübergehend und aus sachlichen Gründen ist dies jedoch denkbar (OLG Linz 14.12.2011, 12 Ra 96/11 s, ARD 6220/1/2012).

Hinsichtlich der absichtlichen Versäumung von Gelegenheiten zur Erzielung von anrechenbarem Entgelt nach dem zweiten Satz des § 1155 ABGB ist die Rechtsprechung eher restriktiv. Vom absichtlichen Versäumen eines Erwerbes ist dann auszugehen, wenn der AN in der Einschätzung aller Umstände und bei Vorhandensein reeller Chancen keine Anstrengungen unternimmt, sich eine Ersatzbeschäftigung zu beschaffen, die ihm zumutbar ist und die seiner Qualifikation und bisherigen Beschäftigung im Rahmen des Arbeitsvertrages entspricht (OGH 9 Ob A 114/87). Dies hat der AG zu behaupten und zu beweisen (Arb. 10.311; OGH 9 Ob A 275/01 h). Wenn der bisherige AG die Dienste des AN willkürlich und erkennbar ausschlägt, muss sich der AN für diesen AG nicht mehr arbeitsbereit halten. Er ist jedoch verpflichtet, Angebote anderer AG anzunehmen, widrigenfalls die Anrechnung zur Anwendung gelangt (OGH 9 Ob A 115/03g). Falls der AN während eines Kündigungsanfechtungsverfahrens trotz reeller Chancen keine Anstrengungen unternimmt, einen Ersatzarbeitsplatz zu bekommen, so ist der fiktive Verdienst, der erzielbar gewesen wäre, anzurechnen (OGH 26.11.2013, 9 Ob A 90/13 w).

Bezüglich Ersparnisse durch die unterbliebenen Arbeitsleistungen sind etwa Fahrtkosten zu erwähnen.

Das nach § 1155 ABGB fortzuzahlende Entgelt ist nach dem **Ausfallsprinzip** zu berechnen (ebenso wie beim Kranken- und Urlaubsentgelt – siehe 20.11 und 27.8). Es ist daher auch das Entgelt für bisher regelmäßig geleistete **Überstunden** zu berücksichtigen falls der AG nicht beweisen kann, dass während der Zeit der unterbliebenen Arbeitsleistung keine Überstunden angefallen wären (OGH 9 Ob A 203/94 = ARD 4636/2/95; OGH 8 Ob A 79/04g). Aufwendungen des AN (etwa für Fahrtkosten) sind von den anzurechnenden Einkünften abzuziehen (OGH 15.12.2015, 8 Ob A 61/15 a).

Einschlägige Judikatur

- *Kommt auf die Klägerin aber die Bestimmung des § 1155 ABGB zur Anwendung, dann muss sie sich nach dieser Vorschrift anrechnen lassen, was sie infolge Unterbleibens der Arbeitsleistung erspart oder durch anderweitige Verwendung erworben oder zu erwerben absichtlich versäumt hat. Diese Anrechnung hat vom Beginn des Ausschlusses von Entgelt und Beschäftigung, also im vorliegenden Fall ab dem Tag der ungerechtfertigten Entlassung und nicht erst vom vierten Monat an (so § 1162 ABGB – Kündigungsentschädigung) zu erfolgen (OGH 4 Ob 54/74).*

- *Der Behinderte ist verpflichtet, die ihm bekannte Eigenschaft als begünstigter Behinderter dem AG mitzuteilen, falls er dies verschweigt und gekündigt wird, so entfällt die Arbeitsleistung aus Gründen, die auf Seiten des AN liegen, daher ist der § 1155 ABGB nicht anwendbar (OGH 8 Ob A 41/97 f = ARD 4875/25/97; infas 6/97, A 127).*

- *Auch wenn den AG ein erhebliches Verschulden an einer ungerechtfertigten und schließlich auch für rechtsunwirksam erklärten Entlassung trifft, was auch für den Maßstab der Anrechnungspflicht von anderweitig zu verdienendem Entgelt von Bedeutung ist, hat sich der AN tatsächlich während des Zeitraumes des Anfechtungsverfahrens verdientes Entgelt anrechnen zu lassen (OLG Wien 10 Ra 166/00 f = ARD 5198/30/2001).*

- *Hat sich der behinderte AN während eines Krankenstands arbeitsbereit erklärt (im Anschluss an eine AG-Kündigung, die in Unkenntnis des Behindertenstatus erfolgt ist), so muss er seine Arbeitsleistung nach Wiedererlangung der Arbeitsfähigkeit neuerlich anbieten (OLG Wien 10 Ra 44/03 v = ARD 5437/4/2003).*

- *Wird die Geschäftstätigkeit der AG-Gesellschaft eingestellt, arbeitet der AN, der kein Entgelt erhält, für fünf Monate nicht und meldet er keine Arbeitsbereitschaft, so ist von einer schlüssigen Übereinkunft über ein Ruhen der beiderseitigen Leistungsverpflichtungen in der Art einer Karenzierungsvereinbarung auszugehen (OGH 9 Ob A 12/05 p).*

- *Kann ein behinderter AN seine Arbeitsleistung nicht mehr in dem Ausmaß erbringen wie ein voll einsatzfähiger AN, besteht sein Entgeltanspruch voll weiter, solange er arbeitsbereit ist, falls ihn der AG nicht weiterbeschäftigt (OGH 8 Ob A 111/03 m = ARD 5578/5/2005).*

31.9 Sonderzahlungen

31.9.1 Rechtsgrundlage der Sonderzahlungen

In der Regel ist die Rechtsgrundlage des Anspruchs auf Sonderzahlungen der jeweilige KV. Enthält der KV keine diesbezügliche Regelung und sieht auch der Arbeitsvertrag kein 13. und 14. Gehalt vor, so ist nur dann ein Anspruch gegeben, wenn die Zahlung tatsächlich ohne Widerrufsvorbehalt regelmäßig erfolgt ist (siehe 14.15).

Aus dem Gesetz kann kein Rechtsanspruch auf Sonderzahlungen abgeleitet werden. Sowohl die Regelungen nach § 16 AngG und § 19d Abs. 4 AZG setzen einen Anspruch auf Sonderzahlungen voraus und begründen diesen daher nicht (OGH 4 Ob 57/71 = Arb. 8.898; VwGH 11/3090/80 = Arb. 10.088; OGH 8 Ob A 240/94, 8 Ob A 279/94 = ARD 4624/32/95; OGH 8 Ob A 173/98 v – *Schrank*, LE-AS, 11.3.1, Nr. 1; OGH 8 Ob A 73/04 z, 29.9.2016, 9 Ob A 112/16 k).

Allenfalls könnte sich ein Anspruch auf Sonderzahlungen auch aus dem **Gleichbehandlungsgebot** ergeben. Ergibt sich nämlich weder aus dem KV noch aus einem Arbeitsvertrag ein Anspruch auf Sonderzahlungen, so wäre es unzulässig, nur einem Teil der AN des Betriebes Sonderzahlungen zu gewähren, falls nicht sachliche Gründe für den Ausschluss einzelner AN vorliegen (OGH 9 Ob A 189/95).

Ist ein Rechtsanspruch auf Sonderzahlungen gegeben, so können diese mit einem erhöhten laufenden Entgelt abgegolten werden – siehe 31.10.

Sonderzahlungen bei Branchen ohne KV

Falls nun mangels einer Rechtsgrundlage in einem KV ein Recht auf Sonderzahlungen im Arbeitsvertrag vereinbart werden soll, so ist es ratsam, für den Fall des Vertragsbruchs durch den AN (ungerechtfertigter vorzeitiger Austritt bzw. gerechtfertigte Entlassung) eine Entfallsregelung vorzusehen sowie auch die Berechnungsgrundlage zu regeln (siehe 9.1). Sollten ab einem bestimmten Stichtag neu eintretende AN keine Sonderzahlungen erhalten, müsste im Arbeitsvertrag mit **„erhöhter Ausdrücklichkeit"** darauf hingewiesen werden, dass insofern eine Schlechterstellung im Verhältnis zu den bereits im Betrieb tätigen AN erfolgt (siehe 14.15.2).

31.9.2 Sonderzahlungen und entgeltfreie Zeiten

Nach der Rechtsprechung bilden die Sonderzahlungen einen Teil des Entgelts und sind daher in die Berechnungsgrundlage der Abfertigung alt und der Urlaubsersatzleistung einzubeziehen. Aus diesem Entgeltcharakter ist weiters abzuleiten, dass sie mangels gegenteiliger Vereinbarungen nicht für solche Zeiten gebühren, für die vom AG kein Entgelt zu bezahlen ist (z.B. OGH 3.3.2010, 9 Ob A 151/09 k, 29.1.2015, 9 Ob A 135/14 i).

Aus dem bloßen Fehlen von ausdrücklichen Regelungen über die Aliquotierung oder ungekürzte Weitergewährung von Sonderzahlungen während eines entgeltfreien Krankenstands kann nicht erschlossen werden, dass die KV-Parteien ungeachtet der grundsätzlichen Abgeltung auch der Sonderzahlungen durch den Krankengeldbezug (§ 125 Abs. 3 ASVG) die Sonderzahlungen für diesen Zeitraum ungekürzt weiter gewähren wollten (OGH 10.7.1996, 9 Ob A 2132/96 m, 18.10.2000, 9 Ob A 209/00 a).

Für die gesetzlich vorgesehenen Fälle entgeltfreier Zeiten regelt das Gesetz, dass während solcher Zeiten keine Sonderzahlungen zu bezahlen sind (z.B. für Zeiten des Wochengeldbezuges und der Karenz nach den §§ 14 Abs. 4 und 15f Abs. 2 MSchG bzw. § 7c VKG, des Präsenz- oder Zivildienstes nach § 10 APSG und der Freistellung nach den §§ 11, 12, 14a und 14c AVRAG und die erweiterte Bildungsfreistellung eines Mitglieds des BR – § 119 Abs. 3 ArbVG). Falls in ein Kalenderjahr Zeiten einer Teilzeitbeschäftigung i.S.d. §§ 15h MSchG und 8 VKG fallen (siehe 25.6), so gebühren Sonderzahlungen in dem der Vollzeit- und Teilzeitbeschäftigung (bzw. in dem der bisherigen und der reduzierten Teilzeitbeschäftigung entsprechenden Ausmaß) für dieses Kalenderjahr (§§ 15j Abs. 7 MSchG, 8b Abs. 7 VKG).

Auch aus dem Fehlen einer gesetzlichen Regelung über die Aliquotierung oder ungekürzte Weitergewährung von Sonderzahlungen während bestimmter entgeltfreier Zeiten (wie etwa für entgeltfreie Krankenstände) kann nicht geschlossen werden, dass mangels gesetzlicher Regelung die Sonderzahlungen im vollen Ausmaß zu gewähren sind. Aus dem Entgeltcharakter der Sonderzahlungen ist vielmehr abzuleiten, dass diese während entgeltfreier Zeiten nicht zu bezahlen sind, falls der KV keine gegenteilige Regelung vorsieht. Solche für den AN günstigere Regelungen sind beispielsweise in den KV für Arbeiter im eisen- und metallverarbeitenden Gewerbe sowie für Arbeiter in der eisen- und metallerzeugenden und -verarbeitenden Industrie und im KV für Handelsangestellte enthalten (wobei aber beim Handels-KV Krankenstände, die auf einem Freizeitunfall beruhen, ausgenommen sind).

Zu einigen KV hat der OGH ausdrücklich festgestellt, dass diesen (jeweils zum Zeitpunkt der Prüfung) keine Regelung entnommen werden konnte, wonach die Sonderzahlungen auch während entgeltfreier Zeiten zustehen. Dies betrifft ua folgende KV: Für das Friseurgewerbe (OGH 27.3.1996, 9 Ob A 19/96), für Angestellte des Gewerbes (OGH 28.3.1996, 8 Ob A 2019/96 m) und für die Angestellten im Metallgewerbe (OGH 3.3.2010, 9 Ob A 151/09 k, *Rauch*, Arbeitsrecht 2011, 24 f.).

Für Zeiten eines halben Krankenentgeltanspruchs gegen den AG stehen auch die Sonderzahlungen nur zu 50 % zu (OGH 29.1.2015, 9 Ob A 135/14 i, *Rauch*, Sonderzahlungen und entgeltfreie Zeiten, ARD 6450/5/2015, *Rauch*, Arbeitsrecht 2016, 39 f.).

Abgesehen davon besteht m.E. bei entgeltfreien Zeiten aus Verschulden des AN (Haft, eigenmächtiger Urlaub etc.) jedenfalls kein Anspruch auf Sonderzahlungen für die Dauer des Fernbleibens.

Nunmehr weitgehende Übereinstimmung mit VwGH

Falls auf Grund eines langfristigen Krankenstands entgeltfreie Zeiten eintreten sollten, so ist zu prüfen, ob der anzuwendende KV die Sonderzahlungen auch für Zeiten eines entgeltfreien Krankenstands zuspricht. Fehlt eine solche Regelung, so kann für jeden Tag des entgeltfreien Krankenstands 1/365 von den Sonderzahlungen für das gesamte Kalenderjahr abgezogen werden.

Im Gegensatz zum OGH vertrat der VwGH die Auffassung, dass die Sonderzahlungen jedenfalls auch während entgeltfreier Zeiten eines Krankenstands zustehen (VwGH 17.10.1996, 95/08/0341, ARD 4811/26/97). Diese (verfehlte) Rechtsauffassung eröffnete den Sozialversicherungsträgern die Möglichkeit, Sozialversicherungsbeiträge auch für Sonderzahlungen einzuheben, die nach der Auffassung des OGH dem AN nicht zustehen (und wurde mit gegenteiligen Rechtsauffassungen von zwei Höchstgerichten durch den VwGH ein rechtspolitischer Missstand bewirkt). Dieser bedenkliche Zustand kann nunmehr im Wesentlichen als saniert betrachtet werden, weil die Judikatur des VwGH (zum KV für private Krankenanstalten) nunmehr im Ergebnis der des OGH entspricht, wobei allerdings das Erkenntnis des VwGH vom 17.10.1996 zum KV für das eisen- und metallverarbeitende Gewerbe aufrecht gehalten wurde, weil dieser KV die Aliquotierungsregelungen für Sonderzahlungen taxativ regle (VwGH 4.8.2004, 2001/08/0154, siehe auch *Rauch*, Sonderzahlungen und entgeltfreie Zeiten, ASoK 2006, 20 ff.).

31.9.3 Berechnung, Fälligkeit und Rückverrechnung der Sonderzahlungen

Der jeweilige KV bzw. Arbeitsvertrag, welcher den Anspruch auf Sonderzahlungen vorsieht, kann auch die Höhe, Fälligkeit, Berechnung sowie allenfalls auch Rückverrechnung der Sonderzahlungen näher regeln. So wird etwa auf die für das Urlaubsentgelt geltenden Bestimmungen (§ 6 UrlG) oder etwa auf das monatliche „Fixum" verwiesen. Diesfalls wären etwa Überstundenentgelte aus der Berechnungsgrundlage der Sonderzahlungen ausgenommen.

Durch Zeitausgleich abgegoltene Mehrarbeit- und Überstundenentgelte sind in die Sonderzahlungen nicht einzurechnen (OGH 8 Ob S 3/94, 8 Ob A 173/98 v = ARD 4936/11/98; *Schrank*, LE-AS, 11.3.1, Nr. 1). Das Gesetz (§ 19d Abs. 4 AZG) bestimmt lediglich, dass bei Teilzeitbeschäftigten die regelmäßig geleistete Mehrarbeit bei der Berechnung der Sonderzahlungen zu berücksichtigen ist.

Die kollektivvertraglichen Regelungen über die Berechnung der Sonderzahlungen sind nach ihrem Wortlaut auszulegen (siehe 9.2).

In der Regel gebühren Sonderzahlungen für das jeweilige Kalenderjahr. Endet das Arbeitsverhältnis vor Ende des Kalenderjahres, so ist zu klären, ob ein entsprechender Teil einer bereits für das ganze Jahr ausgezahlten Sonderzahlung abgezogen werden kann. Endet etwa das Arbeitsverhältnis am 31.8. eines Jahres und wurde der Urlaubszuschuss bereits für das ganze Jahr (also bis 31.12.) bezahlt, so könnte im Fall eines Rückverrechnungsrechts des AG ein Drittel der Sonderzahlung gegenverrechnet werden.

Zunächst ist zur Klärung des Rückverrechnungsrechts des AG zu prüfen, ob der anzuwendende KV eine Regelung zu dieser Frage enthält. Ist eine entsprechende Bestimmung vorhanden, so ist nach dieser vorzugehen. Regelt der KV die Rückverrechnung für bestimmte Arten der Beendigung des Arbeitsverhältnisses, so ist davon auszugehen, dass die Rückverrechnung bei jenen Auflösungsformen nicht gegeben ist, die in der Aufzählung fehlen (OGH 23.12.1998, 9 Ob A 328/98 w, 29.11.2016, 9 Ob A 146/16 k).

Bei einvernehmlichen Auflösungen bleibt es den Vertragsteilen selbst vorbehalten, die im KV vorgesehenen Rückzahlungsverpflichtungen von aliquoten Sonderzahlungsanteilen auszuschließen (OGH 29.5.1996, 9 Ob A 2041/96 d).

Ist jedoch im anzuwendenden KV keine Rückverrechnungsregel enthalten, so ist die Rückverrechnung unabhängig von der Art der Auflösung des Arbeitsverhältnisses zulässig, weil diesfalls jeglicher Anhaltspunkt fehlt, dass ein Anspruch auf die gesamte Sonderzahlung (trotz unterjähriger Beendigung des Arbeitsverhältnisses) gegeben sein könnte (OGH 8 Ob A 221/99 d, 8 Ob A 10/03 h, 8 Ob S 2/04 h, 8 Ob S 18/08 t; *Rauch*, Die Rückverrechnung des Urlaubszuschusses ASoK 2005, 315 ff.).

Die Rückverrechnung kann nicht wegen **gutgläubigen Verbrauches** des rückzuzahlenden Anteils der Sonderzahlungen ausgeschlossen werden, da der AN wissen muss, dass bei unterjähriger Beendigung oder nachträglichem Eintritt entgeltfreier Zeiten nicht die vollständige Sonderzahlung zustehen kann (OGH 18.12.2002, 9 Ob A 104/02 p, ZAS 2003, 236 ff. mit Kommentar *Rauch*; OGH 3.3.2010, 9 Ob A 151/09 k).

Treten entgeltfreie Zeiten wegen langer Krankenstände (siehe 31.9.2) erst nach der Auszahlung einer Sonderzahlung ein, so kann nachträglich eine Kürzung der Sonderzahlungen vorgenommen werden (OGH 3.3.2010, 9 Ob A 151/09 k; *Rauch*, Arbeitsrecht 2011, 24 f.).

Weiters vertritt die Rechtsprechung die Auffassung, dass der Ablauf des Fälligkeitszeitpunkts der Sonderzahlung noch keinen unbedingten und endgültigen Anspruchserwerb bedeutet. Sieht nämlich ein KV den Entfall einer Sonderzahlung vor (z.B. bei der Entlassung – siehe 31.9.5), kann sie auch dann gänzlich rückverrechnet werden, wenn sie bereits fällig war (OGH 9 Ob A 40/95 = ARD 4666/4/95).

Sonderzahlungen dürfen aliquot mit einem erhöhten laufenden Entgelt ausgezahlt werden, weil dadurch nur die Fälligkeit der Sonderzahlungen vorverlegt wird, was für den AN grundsätzlich günstiger ist (OGH 9 Ob A 121/95, 8 Ob A 256/98 z, 8 Ob A 20/04 f, VwGH 13.5.2009, 2006/08/0226 – siehe 31.10, abgesehen von lohnsteuerrechtlichen Erwägungen).

Einschlägige Judikatur

- *Für Mehrarbeitsstunden einer Teilzeitbeschäftigten, die durch Zeitausgleich abgegolten wurden, gebühren keine Sonderzahlungen. Aus § 19d Abs. 4 AZG können keine Sonderzahlungsansprüche abgeleitet werden. Diese Bestimmung schafft keinen selbständigen Anspruch auf Sonderzahlungen, sondern setzt einen solchen Anspruch voraus, der eben bei Abgeltung von Mehrstunden durch Zeitausgleich nicht besteht (OGH 8 Ob A 173/98 v = ARD 5043/21/99).*

- *Die Regelung im KV für Angestellte des Außendienstes der Versicherungsunternehmen, wonach für die ersten sechs Monate überhaupt kein Anspruch auf Sonderzahlungen entsteht, ist zulässig, weil keine Bindung an einen Stichtag oder an eine bestimmte Auflösung des Arbeitsverhältnisses gegeben ist. Auch AN, die länger als sechs Monate beschäftigt sind, haben für die ersten sechs Monate keinen Anspruch. Die Sonderzahlungen laufen daher zulässigerweise erst ab dem siebten Monat (OGH 8 Ob A 73/04 z = ARD 5533/7/2004 – ähnlich OGH 9 Ob A 91/04 d = ARD 5560/6/2005 zum KV-Güterbeförderungsgewerbe).*

31.9.4 Berechnung der Sonderzahlungen bei unterjährigem Wechsel vom Lehrling zum Arbeitnehmer oder Umstellungen der Arbeitszeit

Falls ein **Lehrling** im Laufe des Kalenderjahres das Lehrverhältnis beendet und das Arbeitsverhältnis mit demselben Arbeitgeber als Angestellter oder Arbeiter fortsetzt, so wird (mangels ausdrücklicher Regelung des anzuwendenden KV) die Frage auftreten, ob für die Berechnung der Sonderzahlungen ein Durchschnitt zwischen der monatlichen Lehrlingsentschädigung und dem monatlichen Gehalt bzw. Lohn herangezogen werden kann (Mischberechnung bzw Aliquotierung) oder auf die aktuelle monatliche Entlohnung zum Fälligkeitszeitpunkt abzustellen ist. Lediglich in wenigen Fällen wird vom jeweiligen KV die Zulässigkeit der Mischberechnung ausdrücklich geregelt (z.B. Abschnitt XVII Z 11 für den Urlaubszuschuss und Abschnitt XVIII Z 7 für die Weihnachtsremuneration im KV für Arbeiter im eisen- und metallverarbeitenden Gewerbe).

Dazu hat der OGH (5.10.2000, 8 Ob A 175/00 v) entschieden, dass eine **Aliquotierung** auch dann stattfinden kann, wenn eine ausdrückliche Regelung im KV fehlt und der KV ganz allgemein eine Aliquotierung der Sonderzahlungen für AN vorsieht, die während des Jahres ein- oder austreten (wie etwa beim KV für das Friseurgewerbe, zum KV für Handelsangestellte – siehe OGH 30.3.2011, 9 Ob A 85/10 f).

Beispiel:
Ein Friseurlehrling, der seit 1.10.2008 als Lehrling beschäftigt ist, ist am 30.9.2011 ausgelernt und erhält ab 1.10.2011 eine deutlich höhere Entlohnung. Die mit dem November-Lohn ausbezahlte Weihnachtsremuneration wird daher vom 1.1. bis 30.9.2011 auf Basis der Lehrlingsentschädigung und ab 1.10. bis 31.12.2011 auf der Basis des höheren Lohnes berechnet (Mischberechnung).

Die hier gegenständliche Frage stellt sich ebenso bei der Umstellung von Voll- auf Teilzeit bzw. sonstigen Umstellungen des Ausmaßes der Arbeitszeit (mit den entsprechenden Auswirkungen auf die fixe Entlohnung). Auch in diesen Fällen ist m.E. die Mischberechnung zu bevorzugen. Zur Elternteilzeit ist eine solche Aliquotierung gesetzlich vorgesehen (§§ 15 Abs. 7 MSchG, 8b Abs. 7 VKG – siehe 25.6). In der Lehre wird die Mischberechnung bei Umstellungen der Arbeitszeit ebenso befürwortet (*Schrank*, Arbeitszeitgesetze, Band 1, Rz. 100, 101 zu § 19d AZG, *Rauch*, Sonderzahlungen und unterjährig wechselndes Arbeitszeitausmaß, PV-Info 7/2011, 15 ff.). Dafür spricht aber auch, dass die Berechnung zum Fälligkeitszeitpunkt im Einzelfall zu sachwidrigen bzw. deutlich unausgeglichenen Ergebnissen führen kann und daher keine an der Vernunft orientierte Auslegung des jeweiligen KV darstellt (zur Auslegung von KV – siehe 9.2 sowie einschlägige Judikatur im Anschluss). Ebenso wird dies durch die Regelung des § 19d Abs. 4 AZG (siehe 31.9.3) unterstützt, wonach Mehrarbeitsentgelte von Teilzeitbeschäftigten in die Sonderzahlungen einzubeziehen sind (also eine flexible Abrechnung vorzunehmen ist). Diese Auffassung hat nunmehr der OGH bestätigt (OGH 27.9.2016, 8 Ob S 12/16 x, *Rauch*, Arbeitsrecht 2017, 71 f.).

Einschlägige Judikatur

- *Auch wenn KV ausdrücklich eine Aliquotierung der Sonderzahlungen für den Fall vorsehen, dass der bisher als Lehrling Beschäftigte während des Jahres ausgelernt hat und nunmehr als Angestellter weiterbeschäftigt wird, dient dies nur der Klarstellung und eignet sich nicht dafür, daraus den Umkehrschluss zu ziehen, dass in allen Fällen, in denen ein KV (hier: KV für Rechtsanwaltsangestellte Niederösterreich) ganz allgemein eine Aliquotierung vorsieht, wenn der Angestellte während des Jahres ein- oder austritt, eine ausdrückliche Regelung für den Übergang vom Lehrlings- auf das Angestelltenverhältnis während des Jahres aber fehlt, die Aliquotierung nicht beabsichtigt gewesen wäre. Auch ohne eine solche ausdrückliche Erwähnung ergibt eine vernünftige und zweckentsprechende, den gerechten Ausgleich zwischen den Interessen der AG und AN beabsichtigende Auslegung, dass auch in diesem Fall zu aliquotieren ist. Anderes könnte nur dann gelten, wenn der KV entweder überhaupt keine Aliquotierung vorsieht oder ausdrücklich vorsieht, dass eine Aliquotierung dann nicht stattzufinden hat, wenn ein Lehrverhältnis während des Jahres in ein Angestelltenverhältnis übergeht (OGH 8 Ob A 175/00 v = ARD 5190/7/2001).*

31.9.5 Entfall des Anspruchs auf Sonderzahlungen

Insbesondere Arbeiter-KV sehen für den Fall einer verschuldeten Entlassung oder eines ungerechtfertigten vorzeitigen Austritts den vollständigen Entfall der Sonderzahlungen für das letzte Kalenderjahr vor. Den KV-Parteien steht das Recht grundsätzlich zu, das Entstehen des Anspruchs auf Sonderzahlungen an bestimmte Bedingungen zu knüpfen (OGH 8 Ob A 240/94; OLG Wien 9 Ra 116/99 s = ARD 5078/8/99).

Eine solche Entfallsbestimmung ist nach der Auffassung des OGH nach § 16 AngG in einem Angestellten-KV nicht zulässig (OGH 26.11.2013, 9 Ob A 82/13 v).

Wird nun eine **Entlassung** ausgesprochen bzw. kommt es zu einem **ungerechtfertigten vorzeitigen Austritt** des AN, so ist nach dem anzuwendenden KV zu prüfen, ob für den Fall einer solchen Auflösungsart ein Entfall der Sonderzahlungen geregelt ist. Aus einer Formulierung wie etwa „dieser Anspruch erlischt" (Art. XII Arbeiter-KV für das Güterbeförderungsgewerbe) ist zu entnehmen, dass der gesamte Anspruch auf die Sonderzahlung für das Kalenderjahr der Entlassung nicht gebührt. Bereits für das Kalenderjahr erhaltene Sonderzahlungen sind in einem solchen Fall auch ohne ausdrückliche Rückzahlungsverpflichtung zurückzuzahlen (OGH 9 Ob A 40/95, 8 Ob A 75/07 y, 9 Ob A 97/08 t).

Einzelne KV sehen auch vor, dass der AN keinen Anspruch auf Sonderzahlungen hat, wenn er innerhalb der ersten Monate des ersten Arbeitsjahres seines Arbeitsverhältnisses eine Kündigung ausspricht. Die Rechtsprechung vertritt die Auffassung, dass es sich dabei um eine unzulässige **Einschränkung des Kündigungsrechts** des AN handelt (z.B. OGH 9 Ob A 275/90 bezüglich des KV Blumenbinder und -händler ablehnende Stellungnahme: *Rauch*, ZAS 2003, 236 ff.).

Es ist jedoch zulässig, die Entstehung des Anspruchs auf Sonderzahlungen generell von einer Mindestdauer der Betriebszugehörigkeit abhängig zu machen (siehe 31.9.3 – einschlägige Judikatur).

31.10 Sondervereinbarungen zum Entgelt

Gemäß § 3 Abs. 1 ArbVG sind Sondervereinbarungen, sofern sie der KV nicht ausschließt, nur gültig, soweit sie für den AN günstiger sind.

Nach der Auffassung der Rechtsprechung ist bei der praktischen Anwendung des **Günstigkeitsprinzips** grundsätzlich auf den Einzelfall des betroffenen AN abzustellen. Die Wertung richtet sich aber nicht nach der subjektiven Einschätzung des AN oder AG, sondern nach objektiven Kriterien. Demnach können bei der Prüfung der Günstigkeit nicht einzelne Bestimmungen isoliert betrachtet, sondern nur sachlich und rechtlich zusammenhängende Bestimmungen miteinander verglichen werden. Hiebei sind auch sozialpolitische Zwecke zu berücksichtigen.

Sonderzahlungen dürfen aliquot mit einem erhöhten laufenden Entgelt ausbezahlt werden, weil dadurch nur die Fälligkeit der Sonderzahlungen vorverlegt wird, was für den AN grundsätzlich günstiger ist (OGH 8 Ob A 20/04 f, VwGH 13.5.2009, 2006/08/0226, OGH 24.10.2011, 8 Ob A 17/11 z – es sollte aber ein lohnsteuerrechtlicher Nachteil vermieden werden).

Weiters wird die Rechtsauffassung vertreten, dass eine Vereinbarung, wonach das **Urlaubsentgelt** unabhängig vom Verbrauch des Urlaubs mit einem erhöhten laufenden Entgelt abgegolten werden soll, gegen den Zweck der am **Ausfallprinzip** orientierten Regelung des § 6 UrlG verstößt, weil der AN während des Urlaubs das laufende Entgelt dann nicht weiter beziehen und damit durch die Inanspruchnahme des ihm gebührenden Urlaubs einen wirtschaftlichen Nachteil erleiden würde, der ihn vom Verbrauch des Urlaubs abhalten könnte, weil er dadurch während des Urlaubs einen „radikalen Einkommensabfall" hinnehmen müsste (OGH 8 Ob A 256/98 z, 8 Ob A 20/04 f, EuGH C-131/04, Robinson-Steele, und C 257/04, Clarke = ARD 5722/5/2006).

Hingegen wurde eine pauschale Abgeltung der Vergütung des offenen Resturlaubs (Urlaubsersatzleistung siehe 27.6) für fallweise Beschäftigte (siehe 14.8.2.3) als zulässig angesehen (OGH 28.10.2013, 8 Ob A 50/13 f).

Die pauschale Abgeltung des Anspruchs auf Einrechnung der regelmäßig geleisteten Überstunden in Nichtleistungszeiten (Urlaub, Krankenstand, Feiertag) ist unzulässig. Eine solche Vereinbarung könnte AN dazu verleiten, Nichtleistungszeiten nicht in Anspruch zu nehmen, um den Entfall von Überstundenentgelten zu vermeiden (VwGH 13.5.2009, 2006/08/0226 = ARD 6029/6/2010).

Die Günstigkeitsprüfung i.S. des § 3 Abs. 1 ArbVG ist auch bei einer **„All-in-Vereinbarung"** vorzunehmen (siehe 14.9.7). Bei objektiver Günstigkeit ist eine derartige Regelung zulässig (siehe *Schrank*, Leitentscheidungen der Höchstgerichte, 11.8.3, Nr. 1), die bei leitenden Angestellten jedenfalls rechtswirksam ist. Wenn etwa das kollektivvertragliche Mindestentgelt als Gehalt vereinbart wird und zusätzlich ein weiterer monatlicher Zuschlag gewährt wird, der alle Mehrleistungen bzw. Überstunden abdeckt, so ist dies dann zulässig, wenn der monatliche Zuschlag die tatsächlichen Mehrleistungen abdeckt (siehe 14.9.7 – OLG Wien 7 Ra 240/99 m).

31.11 Anrechnungsvereinbarung

Beispiel:

Ein AN erhält eine Gehaltserhöhung von 8 %. Anlässlich dieser Erhöhung vereinbart der AG mit dem AN, dass eine Anrechnung bei den beiden nächsten kollektivvertraglichen Erhöhungen der Ist-Gehälter zu erfolgen hat.

Zu klären ist nun, ob eine derartige **Anrechnungs-, Aufsaugungs-** oder **Vorwegnahmevereinbarung** als zulässig anzusehen ist.

Nach dem im § 3 ArbVG normierten **Günstigkeitsprinzip** ist eine einzelvertragliche Gehalts- bzw. Lohnerhöhung vor dem Zeitpunkt einer späteren kollektivvertraglichen Erhöhung als Besserstellung für den AN anzusehen, da die Erhöhung des Entgelts zeitlich vorverlagert wird. Daher ist die Vereinbarung einer überschaubaren Anrechnung der einzelvertraglichen Erhöhung auf künftige kollektivvertragliche Regelungen nach der herrschenden Rechtsprechung als zulässig anzusehen (Arb 10.290, 10.499; OGH 18.5.1998, 8 Ob A 173/98 v, *Rauch*, PV-Info 3/2016, 18 f.).

Eine exakte zeitliche Beschränkung für die Anrechnung der freiwillig gewährten Erhöhung auf künftige kollektivvertragliche Erhöhungen findet sich weder im Gesetz noch in der Rechtsprechung. Bei der Entscheidung 8 Ob A 173/98 v ist der OGH davon ausgegangen, dass bei einer 40 % über dem Mindestlohn liegenden Lohnvereinbarung drei einzurechnende Ist-Lohnerhöhungen zulässig sind (dies obwohl die Anrechnungsvereinbarung zeitlich unbeschränkt formuliert war). Es empfiehlt sich wohl die Vorwegnahme auf die nächsten zwei bis drei kollektivvertraglichen Ist-Lohnerhöhungen zu beschränken, um die Rechtswirksamkeit entsprechend abzusichern. Es darf aber nicht übersehen werden, dass jedenfalls keine Mindestansprüche nach dem anzuwendenden KV unterschritten werden dürfen.

Der VwGH (17.10.2012, 2009/08/0206) meint, dass die Anrechnungsklausel nur dann gültig ist, wenn die Anzahl der erfassten künftigen Ist-Lohnerhöhungen konkret vereinbart wird (*Geiger*, taxlex 2013, 17 ff.).

Eine Anrechnungsvereinbarung ist auch bereits bei Abschluss des Arbeitsvertrags möglich, falls der AN überkollektivvertraglich entlohnt wird. Es wird aber auch zu prüfen sein, ob eine Bestimmung des KV der Anrechnung entgegensteht.

31.12 Abrechnung im Todesfall

Durch den Tod wird das Arbeitsverhältnis „automatisch" beendet. Das heißt, es bedarf keiner Erklärung (wie etwa bei einer Kündigung, einem vorzeitigen Austritt oder einer Entlassung) bzw. keiner Auflösungsvereinbarung (einvernehmliche Beendigung). Mit dem Todesfall ist das Arbeitsverhältnis als beendet anzusehen (siehe auch 39. und 52. sowie *Rauch*, Die „automatische" Beendigung des Arbeitsverhältnisses, ASoK 2000, 302 ff.).

> **Muster einer Anrechnungsvereinbarung**
>
> *Es wird ausdrücklich vereinbart, dass die mit ………………… eintretende freiwillige Lohn-(Gehalts-)erhöhung auf die beiden nächsten künftigen kollektivvertraglichen Erhöhungen der Mindest- bzw. Ist-Lohn-(Gehalts-)sätze voll angerechnet wird.*
>
> *Verstanden und einverstanden:*
>
> ……………………………………   ………………, am …………
> *(Unterschrift des AN)*

Gehalt und Sonderzahlungen

Bis zum Zeitpunkt des Todes stehen dem AN diese Ansprüche zu (falls nicht bereits ein entgeltfreier Krankenstand vorlag). Die Sonderzahlungen sind entsprechend zu aliquotieren. Hat der verstorbene AN etwa den Urlaubszuschuss bereits zur Gänze erhalten, so besteht die Möglichkeit der Rückverrechnung, falls sich nicht aus einer kollektivvertraglichen Rückverrechnungsregelung etwas anderes ergeben sollte (siehe 31.9.3).

Hat der verstorbene AN eine Kündigungsentschädigung (siehe 42.7.6.2) erhalten (etwa weil er vor dem Tod unberechtigt entlassen wurde) und ist der Todesfall im Zeitraum der Kündigungsentschädigung eingetreten, so beendet der Tod den Anspruch auf die restliche Kündigungsentschädigung (nach dem Zeitpunkt des Todes), weil der Verstorbene nach diesem Zeitpunkt keinesfalls mehr Bezüge erhalten hätte (OGH 8 Ob S 8/06 v).

Sterbegeld

Manche KV sehen für den Todesfall eine Fortzahlung des Gehalts über den Zeitpunkt des Todes hinaus vor. So sieht etwa der Abschnitt IV Z 6 des Arbeiter-KV für die eisen- und metallerzeugende und -verarbeitende Industrie eine Weiterzahlung des Verdienstes und der Sonderzahlungen bis zum Letzten des Sterbemonats vor (siehe auch Abschnitt XVIII Z 3 lit. a des KV für Angestellte und Lehrlinge in Handelsbetrieben).

Abfertigung alt

Bei Tod eines AN steht den gesetzlich unterhaltsberechtigten Erben die Hälfte des Anspruchs zu (§ 23 Abs. 6 AngG, § 2 Abs. 1 ArbAbfG). Gibt es keine Erben, die im Todeszeitpunkt einen Unterhaltsanspruch hatten, so steht keine Abfertigung alt zu (Details siehe 45.5).

Abfertigung neu

Die Abfertigung neu gebührt in voller Höhe den gesetzlich unterhaltsberechtigten Erben. Sind keine solchen Erben vorhanden, so fällt die Abfertigung neu in die Verlassenschaft (§ 14 Abs. 5 BMSVG – siehe auch 45.6.7).

Ersatzleistung

Endet das Arbeitsverhältnis durch den Tod des AN, so gebührt die Ersatzleistung den Erben (§ 10 Abs. 5 UrlG). Wird eine Person gesetzlich, durch Testament oder durch Erbvertrag zum Erben berufen, so ist sie direkt anspruchsberechtigt und kann daher vom ehemaligen AG die Auszahlung begehren (OGH 4 Ob 72/82, Arb 10.143). Mehrere Erben haben Anspruch auf den ihren Erbquoten entsprechenden Teil.

Dienstwohnung

Stirbt ein Angestellter, dem vom AG auf Grund des Arbeitsvertrages Wohnräume überlassen wurden, so ist die Wohnung, wenn der Angestellte einen eigenen Haushalt führte, binnen einem Monat, sonst binnen 14 Tagen nach dessen Tode zu räumen (§ 24 Abs. 1 AngG). Weiters ist für Angehörige, die mit dem verstorbenen Angestellten in einem Haushalt gelebt haben, die Möglichkeit eines Räumungsaufschubs durch das zuständige Bezirksgericht vorgesehen (§ 24 Abs. 2 AngG).

Allgemeines zur praktischen Vorgangsweise

Grundsätzlich haben die Erben einen Anspruch auf alle Forderungen, die der Verstorbene zum Zeitpunkt des Todes gegenüber dem AG hätte geltend machen können (soweit nicht gesetzlich ausdrücklich etwas anderes geregelt ist). Da der AG in der Regel nicht darüber informiert sein kann, wer als Erbe in Frage kommt, wird empfohlen, mit dem Verlassenschaftsgericht in Kontakt zu treten (*Geiger*, Arbeitsrechtliche Folgen beim Tod eines Dienstnehmers, ASoK 2010, 446 ff. unter Hinweis auf *Ortner/Ortner*, Personalverrechnung in der Praxis[23], Rz. 806). Das Verlassenschaftsgericht ist jenes Bezirksgericht, in dessen Sprengel der Verstorbene seinen letzten Wohnsitz hatte.

32. Nachrichtenloses Fernbleiben von der Arbeit

Es kommt immer wieder vor, dass ein AN ohne erkennbaren Grund bzw. ohne sich zu melden nicht zur Arbeit erscheint.

In der Praxis wird in diesen Fällen immer wieder spätestens nach einigen Tagen des nachrichtenlosen Fernbleibens die Abmeldung des AN wegen „**ungerechtfertigtem vorzeitigen Austritt**" (siehe 44.4) vorgenommen oder eine schriftliche **Entlassung** (siehe 42) ausgesprochen. In der überwiegenden Zahl dieser Fälle verfügt jedoch der AN über eine Krankenstandsbestätigung, welche für die Abwesenheitstage eine Arbeitsunfähigkeit bescheinigt. Der Verstoß gegen die **Meldepflicht** (siehe 20.6) wird nur ausnahmsweise als Entlassungsgrund anerkannt (z.B. wenn sich der AN leicht hätte melden können und ein erheblicher für den AN ab-

32. Nachrichtenloses Fernbleiben von der Arbeit

sehbarer Schaden eintritt – siehe einschlägige Judikatur nach dem Musterschreiben) und führt daher in der Regel lediglich zu einem Verlust des Anspruches auf das Krankenentgelt für die Dauer der Säumnis (siehe 20.6). Die Annahme eines ungerechtfertigten vorzeitigen Austrittes setzt hingegen voraus, dass eine dem AG gegenüber abgegebene Willenserklärung des AN vorliegt, die den AG zweifelsfrei erkennen lässt, dass der AN das Arbeitsverhältnis ohne Einhaltung der Kündigungsfrist auflöst. Diese Erklärung kann mündlich, schriftlich oder schlüssig (§ 863 ABGB) erfolgen. Eine **schlüssige Austrittserklärung** ist immer dann anzunehmen, wenn das Verhalten des AN unter Berücksichtigung aller Umstände des konkreten Einzelfalles keinen vernünftigen Grund übrig lässt, an seinem Willen zum vorzeitigen Austritt zu zweifeln. Diese strengen Voraussetzungen werden durch die bloße Unterlassung der Arbeit bzw. den Verstoß gegen die Meldepflicht bei Arbeitsunfähigkeit nicht erfüllt (siehe 44.4 sowie *Rauch*, Der ungerechtfertigte Austritt, ASoK 2003, 107 ff.).

Da der AN bei Verstoß gegen die Meldepflicht den Anspruch auf das Entgelt für die Dauer der Säumnis verliert (siehe 20.6), ist der Entgeltanspruch bei der zuständigen GKK abzumelden.

Falls der AN jedoch keine **Krankenstandsbestätigung** für die Zeit seines nachrichtenlosen Fernbleibens vorlegen kann, ist die Entlassung wegen unentschuldigten Fernbleibens als gerechtfertigt anzusehen. Die Entlassung muss jedoch spätestens bei Wiedererscheinen zur Arbeit ausgesprochen werden. Eine Entlassung nach dem Antritt der Arbeit wäre verfristet. Ein unentschuldigter Arbeitstag sollte in der Regel als Entlassungsgrund genügen (siehe 42.2 zu Z 4). Falls nun der AN nach einem ein- oder mehrtägigen nachrichtenlosen Fernbleiben die Arbeit wieder antreten will, so sollte er zunächst in das Personalbüro bzw. zur Geschäftsleitung geschickt werden, damit die näheren Umstände des Fernbleibens geklärt werden. Sollte sich nun auf Grund der Befragung des AN herausstellen, dass kein arbeitsrechtlich anerkannter Grund für die Absenz vorliegt, so wäre unverzüglich die Entlassung auszusprechen. Sollten jedoch Verzögerungen eintreten (etwa weil noch ein abwesender Geschäftsführer oder/und ein Arbeitsrechtsexperte befragt werden soll), so müsste der AN zunächst dienstfrei gestellt werden. Lässt man ihn die Arbeit wieder antreten, so wertet die Rechtsprechung dies als **Verzeihung des Entlassungsgrundes** (siehe 42.1.1).

Die Annahme eines ungerechtfertigten vorzeitigen Austrittes wird nur dann gerechtfertigt sein, wenn eine längere Absenz vorliegt, aus der zweifelsfrei das Desinteresse des AN an der Fortsetzung des Arbeitsverhältnisses abgeleitet werden kann.

Es kommt immer wieder vor, dass AG bei der zuständigen GKK anfragen, ob ein Krankenstand bezüglich des nachrichtenlos ferngebliebenen AN vorliegt. Erfolgt diese Anfrage nach wenigen Tagen der Absenz, so ist die Antwort schon deswegen negativ, weil die ärztliche Krankenstandsbestätigung der zuständigen

GKK noch nicht bekannt ist. Darüber hinaus können Krankenstandsbestätigungen rückdatiert werden und auch weitere Verzögerungen eintreten, wenn etwa der AN einen Arzt in einem anderen Bundesland aufsucht. Die Informationsbeschaffung durch den AG ist daher regelmäßig mit großen Unsicherheiten behaftet (es besteht keine Erkundigungspflicht des AG – OGH 9 Ob A 115/94 = ARD 4607/ 23/94).

Zusammenfassend ergibt sich nun, dass bei Vorlage einer Krankenstandsbestätigung nach dem nachrichtenlosen Fernbleiben die Endabrechnung des entlassenen AN bzw. des mit ungerechtfertigtem vorzeitigen Austritt abgemeldeten AN nach der Auffassung der herrschenden Rechtsprechung meistens auf der Basis einer Kündigung durch den AG (Kündigungsentschädigung, Ersatzleistung, Abfertigung etc.) zu erfolgen hat.

Um sich besser abzusichern, sollte daher der AG den AN auffordern, sich innerhalb einer bestimmten angemessenen Frist zu melden und seine Abwesenheit zu begründen bzw. im Krankheitsfall eine Krankenstandsbestätigung vorzulegen, widrigenfalls angenommen wird, dass der AN an der Fortsetzung des Arbeitsverhältnisses kein Interesse hat und daher ungerechtfertigt vorzeitig ausgetreten ist. Falls auch auf dieses Schreiben innerhalb der Frist keine Antwort einlangt, ist von einem ungerechtfertigten vorzeitigen Austritt mit Ablauf der Frist auszugehen, da der AN seiner Antwortpflicht und damit seiner **Treuepflicht** gegenüber dem AG nicht entsprochen hat (OLG Wien 7 Ra 309/99 = ARD 5101/8/2000).

Wie schon angesprochen, ist an sich bei nachrichtenlosem Fernbleiben auch eine Entlassung möglich. Diesfalls wird das Arbeitsverhältnis mit Zugang der Entlassungserklärung beendet. Die Abmeldung bei der zuständigen GKK hat daher im Fall einer Entlassungserklärung mittels Briefes mit dem Tag des voraussichtlichen Zuganges (übliche Dauer der Zustellung durch die Post) zu erfolgen (zu Zustellschwierigkeiten siehe 37).

Auf dem für die Abmeldung vorgesehenen Formular empfiehlt es sich, unter „Ende des Entgeltanspruches" in Abweichung vom Ende des Arbeitsverhältnisses das Datum des letzten Tages, an dem der AN gearbeitet hat, anzugeben.

Wird dem AN vom AG fälschlich mitgeteilt, dass er unberechtigt ausgetreten sei (etwa weil sich herausstellt, dass eine Krankenstandsbestätigung vorliegt), so ist diese Mitteilung des AG als Entlassung zu werten (OGH 12.2.1992, 9 Ob A 28/92).

Falls nun der AN nach der Annahme des ungerechtfertigten vorzeitigen Austritts oder nach einer Entlassungserklärung eine Krankenstandsbestätigung vorlegt, ist dennoch von einem ungerechtfertigten vorzeitigen Austritt bzw. einer gerechtfertigten Entlassung auszugehen, da mit Ablauf einer angemessenen Frist der AN gegen seine Treuepflicht bereits verstoßen und damit sein Desinteresse an der Fortsetzung des Arbeitsverhältnisses zum Ausdruck gebracht hat. Im Fall einer Entlassung kann bei einer entsprechenden Dauer des Fernbleibens auch auf die beharrlich und trotz schriftlicher Aufforderung (mit Nachfrist) erfolgte Nichtbeachtung der Melde- und Nachweispflicht verwiesen werden.

Im Falle einer gerichtlichen Auseinandersetzung sollte in jenen Fällen, in denen der AN nachrichtenlos fernblieb und im Nachhinein einen Rechtfertigungsgrund bekannt gibt (den er von Anfang an leicht hätte melden können), auf das **Mitverschulden** des AN an der vorzeitigen Beendigung hingewiesen werden (§ 32 AngG bzw. § 1162c ABGB – siehe 42.1.8). Selbst wenn die Entlassung nicht gerechtfertigt ist, kann die Verschuldensabwägung dazu führen, dass sich das Mitverschulden des AN einem Alleinverschulden nähert und daher dem AN keine entlassungsabhängigen Ansprüche zustehen (OGH 8 Ob A 2058/96 x).

Im Fall eines nachrichtenlosen Fernbleibens bereits während eines Probearbeitsverhältnisses gelten für die Annahme einer Auflösungserklärung weniger strenge Kriterien wie bei der Annahme eines ungerechtfertigten vorzeitigen Austrittes aus einem Arbeitsverhältnis, welches kein Probearbeitsverhältnis ist (OGH 8 Ob A 51/03 p – siehe 14.2.4).

Empfohlen wird jedoch in einem derartigen Fall möglichst rasch die Auflösungserklärung eingeschrieben zu übermitteln. Sollte ein Krankenstand behauptet werden, so ist eine Entgeltfortzahlung über das Ende des Arbeitsverhältnisses hinaus jedenfalls nicht erforderlich (siehe 14.2.4).

Da das vertragswidrige Fernbleiben beim AG einen Schaden bewirken kann, ist auch eine Schadenersatzpflicht des AN denkbar (OLG Wien 10 Ra 84/08 h = ARD 5963/7/2009).

Musterschreiben an einen unentschuldigt fernbleibenden AN

Da Sie bereits seit .... der Arbeit unentschuldigt fernbleiben, fordern wir Sie auf, sofort Ihren Dienst wieder anzutreten, um sodann nach Rücksprache mit Ihnen eine Klärung der Situation herbeiführen zu können bzw. im Falle einer Arbeitsverhinderung durch Krankheit unverzüglich eine ärztliche Bestätigung über den Beginn, die voraussichtliche Dauer und Ursache der Arbeitsunfähigkeit vorzulegen.

Sollten Sie nicht den Dienst unverzüglich wieder antreten bzw. im Falle einer Arbeitsverhinderung durch Krankheit nicht eine Krankenstandsbestätigung im vorgenannten Sinne bis spätestens .... (Fristende etwa sieben Tage nach Absendung des Schreibens) an uns übersenden, so nehmen wir an, dass Sie an der Fortsetzung des Arbeitsverhältnisses nicht mehr interessiert und somit ungerechtfertigt vorzeitig ausgetreten sind.

Wien, am ....   Fa. ....

Kapitel II

Einschlägige Judikatur

- *Vorzeitiger Austritt des AN liegt vor, wenn der AG zweifelsfrei erkennen konnte, dass der AN das Arbeitsverhältnis ohne Einhaltung der Kündigungsfrist beenden wollte (OGH 8 Ob A 334/94).*
- *Ein Verstoß gegen die Pflicht zur Meldung des Krankenstandes führt nur zum Entfall des Krankenentgelts (Arb. 10.097; OGH 8 Ob A 227/94 etc.).*
- *Eine verspätete Krankmeldung kann die Entlassung nur rechtfertigen, wenn besondere Umstände hinzutreten, z.B. wenn der AN gewusst hat, dass dem AG ein wesentlicher Schaden erwachsen könne, und ihm die rechtzeitige Meldung leicht möglich gewesen wäre (OGH 8 Ob A 325/94 = ARD 4657/29/95; OGH 8 Ob A 213/97 z = ARD 4963/9/98).*
- *Die Abmeldung von der GKK gilt grundsätzlich als bloße Wissenserklärung und beendet kein Arbeitsverhältnis (SZ 61/94; ecolex 1990, 500; OGH 9 Ob A 84/01 w). Eine Entlassung kann wegen ihrer Empfangsbedürftigkeit nicht rückwirkend ausgesprochen werden (OGH 9 Ob A 40/97 s; OGH 9 Ob A 198/01 h).*
- *Dem Stillschweigen kommt zwar grundsätzlich kein Erklärungswert zu; eine Ausnahme ist nur dort gegeben, wo der Schweigende nach Treu und Glauben oder nach der Verkehrssitte hätte reden müssen. Das Arbeitsverhältnis ist durch eine wechselseitige Fürsorge- und Treuepflicht gekennzeichnet. Die Treuepflicht des AN besteht unter anderem auch darin, den AG nicht im Ungewissen darüber zu lassen, ab wann dieser wieder mit seiner Arbeitskraft rechnen kann. Der AG, der auf die Arbeitsleistung des AN angewiesen ist, muss entsprechend disponieren können und wissen, wie er die anfallende Arbeit unter den AN aufteilt. Durch das Nichtmelden eines Krankenstandes wird dem AG diese Möglichkeit genommen und damit verletzt der AN die bestehende Treuepflicht. Auf Grund der zwischen den Arbeitsvertragsparteien bestehenden Treuepflichten ist der AN daher auch verpflichtet, auf ein Schreiben des AG, in dem er aufgefordert wird, sich in der Firma zu melden, widrigenfalls von einem vorzeitigen Austritt ausgegangen werde, zu reagieren, andernfalls der AG davon ausgehen kann, dass im Sinne des übermittelten Schreibens tatsächlich ein vorzeitiger Austritt des AN gegeben ist. Gegenständlich konnte der AG, der fast zwei Wochen über den Verbleib des AN nichts wusste, sondern dem nur bekannt war, dass der AN an Ohrenschmerzen litt und den Arzt aufsuchen wollte, daher die Nichtbeantwortung bzw. das Nichtreagieren des AN auf sein Schreiben nur dahin gehend verstehen, dass dieser an einer Aufrechterhaltung des Arbeitsverhältnisses nicht mehr interessiert und somit vorzeitig ausgetreten ist (OLG Wien 7 Ra 309/99 = ARD 5101/8/2000).*
- *Ist das Verhalten eines AN, der nach einem Streit mit dem AG unerlaubter Weise die Arbeit verlässt, nicht als schlüssige Austrittserklärung, sondern auch anders – z.B. als Zornreaktion – zu deuten, so darf der AG nicht ohne weiteres von einem vorzeitigen Austritt des AN ausgehen. Das eigenmächtige Verlassen des Arbeitsplatzes wird in vielen Fällen vielmehr als Entlassungsgrund anzusehen sein (OGH 9 Ob A 181/01k = ARD 5321/30/2002).*
- *Es ist zutreffend, dass in der Rechtsprechung auch die falsche Information des AG über den Grund des Fernbleibens als Entlassungsgrund angesehen wurde, jedoch bei Angestellten nur in schwerwiegenden, die Vertrauensunwürdigkeit begründenden Fällen und bei Arbeitern nur bei Verwirklichung des Tatbestandes des 2. Falles des § 82 lit. f GewO 1859 (OGH 8 Ob A 196/01 h) und somit nur bei beharrlicher Pflichtenvernachlässigung (OGH 8 Ob A 37/04 f).*

33. Arbeitnehmerschutz

Aus der Fürsorgepflicht des AG folgt, dass er zum Schutz des Lebens, der Gesundheit und der Integrität und Würde des AN verpflichtet ist.

Diesbezügliche Regelungen finden sich u.a.

- im ASchG (siehe 33.1 ff.),
- im ARG (siehe 30.6),
- im AZG (siehe 30.1),
- im KJBG (siehe 30.9) sowie
- in einschlägigen KV.

Arbeitnehmerschutzrechtliche Regelungen sind insbesondere auch in etlichen VO des BMASK zum ASchG zu finden (z.B. AStV, Maschinen-Schutzvorrichtungsverordnung, Bauarbeiterschutzverordnung).

Weitere Bestimmungen zum Schutz des Lebens und der Gesundheit der AN sind auch in bestimmten Gesetzen enthalten, die einen erhöhten Schutz für bestimmte Personengruppen vorsehen – so z.B. im MSchG und im BEinstG.

Hier soll nur ein kurzer Überblick über einige der wichtigsten Bestimmungen geboten werden. Dabei werden primär solche Bestimmungen behandelt, die alle oder einen wesentlichen Teil der österreichischen AG betreffen.

Leider ist es dem Gesetzgeber insbesondere beim Arbeitnehmerschutz nicht gelungen, seine Vorstellungen übersichtlich und verständlich darzulegen. Auch deswegen sollten im Zweifelsfall die Beratungsmöglichkeiten in Anspruch genommen werden (siehe Anhang 1 zu 33.). Dennoch kann sich ein AG auf unverschuldete Gesetzesunkenntnis nur dann berufen, wenn dem AG eine Vorschrift trotz Anwendung der nach seinen Verhältnissen erforderlichen Sorgfalt unbekannt geblieben ist (VwGH 16.11.2012, 2012/02/0203).

33.1 Begriffe

33.1.1 Arbeitsstätte

Der überwiegende Teil der Bestimmungen des ASchG bezieht sich auf die Arbeitsstätte. Der Begriff Arbeitsstätte ist im § 19 AschG wie folgt definiert:

§ 19. (1) Arbeitsstätten sind
1. alle Gebäude und sonstigen baulichen Anlagen sowie Teile von Gebäuden oder sonstigen baulichen Anlagen, in denen Arbeitsplätze eingerichtet sind oder eingerichtet werden sollen oder zu denen Arbeitnehmer im Rahmen ihrer Arbeit Zugang haben (Arbeitsstätten in Gebäuden) sowie
2. alle Orte auf einem Betriebsgelände, zu denen AN im Rahmen ihrer Arbeit Zugang haben (Arbeitsstätten im Freien).

(2) Als Arbeitsstätten im Sinne des Abs. 1 Z 1 gelten auch Wohnwagen, Container und sonstige ähnliche Einrichtungen, sowie Tragluftbauten, die zur Nutzung für Arbeitsplätze vorgesehen sind.

Zu den Arbeitsstätten in Gebäuden gehören beispielsweise auch Lagerhallen und ähnliche Einrichtungen, wobei es auf die Einrichtung von ständigen Arbeitsplätzen nicht ankommt. Eine Arbeitsstätte im Freien ist etwa ein Steinbruch (sofern er gemäß § 1 AschG dem Anwendungsbereich dieses Gesetzes unterliegt).

Von den Arbeitsstätten sind Baustellen und auswärtige Arbeitsstellen zu unterscheiden:

Dazu regelt der § 2 Abs. 3 AschG Folgendes:

Arbeitsstätten im Sinne dieses Bundesgesetzes sind Arbeitsstätten in Gebäuden und Arbeitsstätten im Freien. Mehrere auf einem Betriebsgelände gelegene oder sonst im räumlichen Zusammenhang stehende Gebäude eines Arbeitgebers zählen zusammen als eine Arbeitsstätte. Baustellen im Sinne dieses Bundesgesetzes sind zeitlich begrenzte oder ortsveränderliche **Baustellen**, an denen Hoch- und Tiefbauarbeiten durchgeführt werden. Dazu zählen insbesondere folgende Arbeiten: Aushub, Erdarbeiten, Bauarbeiten im engeren Sinne, Errichtung und Abbau von Fertigbauelementen, Einrichtung oder Ausstattung, Umbau, Renovierung, Reparatur, Abbauarbeiten, Abbrucharbeiten, Wartung, Instandhaltungs-, Maler- und Reinigungsarbeiten, Sanierung. **Auswärtige Arbeitsstellen** im Sinne dieses Bundesgesetzes sind alle Orte außerhalb von Arbeitsstätten, an denen andere Arbeiten als Bauarbeiten durchgeführt werden.

Zur Abgrenzung dieser Begriffe hat der VwGH Folgendes ausgeführt:

Aus der Definition einer Arbeitsstätte im § 19 Abs. 1 AschG geht die Absicht des Gesetzgebers klar hervor, dass darunter eine auf Grund ihres räumlichen Zusammenhangs erfolgende Zusammenfassung von mehreren Arbeitsplätzen auf einem Betriebsgelände (Unternehmensgelände) zu verstehen ist.

Durch die nachträgliche Ergänzung des zweiten Satzes in § 2 Abs. 3 AschG durch BGBl. Nr. I 1999/12, wonach mehrere auf einem Betriebsgelände gelegene oder sonst in räumlichem Zusammenhang stehende Gebäude eines AG „als eine Arbeitsstätte" zusammenzuzählen sind, stellte der Gesetzgeber klar, dass es sich bei einer Arbeitsstätte jeweils um die „im räumlichen Zusammenhang" stehende (organisierte) Zusammenfassung von Arbeitsplätzen eines AG handelt (VwGH v. 22.10.1999, 98/02/0234 = ARD 5093/7/2000).

Weiters hat der VwGH beispielsweise zur Abgrenzung der Arbeitsstätte von der auswärtigen Arbeitsstelle im konkreten Fall eines Reinigungsunternehmens folgende Auffassung vertreten:

Wird ein nicht unerheblicher Teil der AN eines Reinigungsunternehmens zur jeweiligen Tatzeit an verschiedenen Orten („auswärtig gelegenen Betriebsobjekten") im Rahmen der so genannten „täglichen Unterhaltsreinigung" beschäftigt, halten sich diese AN bei der von ihnen auszuübenden Tätigkeit nur im räumlichen Bereich der von ihnen zu reinigenden Objekte auf, wobei diese Räume keine Betriebsräume des Reinigungsunternehmens sind. Es liegen daher im Bereich der „täglichen Unterhaltsreinigung" keine weiteren Arbeitsstätten des Reinigungsunternehmens an verschiedenen Standorten, sondern „auswärtige Arbeitsstellen" im Sinne des § 2 Abs. 3 AschG (siehe auch die Umschreibung des Begriffs „Arbeits-

stellen" in *§ 1 Z 5 AAV) vor, weil es sich dabei um Orte außerhalb der Arbeitsstätte des Reinigungsunternehmens handelt und an diesen Orten andere Arbeiten als Bauarbeiten von den dort beschäftigten AN des Reinigungsunternehmens „durchgeführt werden"* (VwGH v. 22.10.1999, 98/02/0234 = ARD 5093/7/2000).

Die auswärtigen Arbeitsstellen sind einer Arbeitsstätte zuzurechnen. Dies wird jene Arbeitsstätte sein, an die sich der AN in rechtlichen und administrativen Angelegenheiten zu wenden hat.

33.1.2 Betrieb

Der Betrieb wird im § 34 ArbVG definiert (siehe 53.).

33.2 Arbeitsstättenverordnung (AStV)

Am 1.1.1999 trat die AStV in Kraft. Sie löst eine Reihe von Bestimmungen der Allgemeinen Arbeitnehmerschutzverordnung (AAV) ab. Mit diesen Bestimmungen ist u.a. eine Harmonisierung mit anderen Regelungen, wie etwa mit Bauordnungen sowie mit europäischen Normen (z.B. Ö-NORMEN, EN-NORMEN) erfolgt. Durch Übergangsbestimmungen werden aufwendige Änderungen in bereits seit bestimmten Stichtagen bestehenden Arbeitsstätten vermieden.

In Einzelfällen sind noch immer Abweichungen etwa zwischen einer Bauordnung (BauO) und der AStV denkbar. Nach Auffassung des OGH trifft die Baubehörde keine umfassende Prüfpflicht hinsichtlich der Bestimmungen außerhalb der anzuwendenden BauO. Bewilligt eine steirische Gemeinde die Errichtung einer Betriebsküche ohne Sichtverbindung ins Freie, so kann der Bauwerber keine Amtshaftungsansprüche geltend machen, weil die Baubehörde lediglich nach der BauO der Steiermark und nicht nach der AStV zu prüfen hat (OGH 1 Ob 64/08 f = ARD 5836/4/2009).

33.2.1 Sozialeinrichtungen und sanitäre Vorkehrungen

Der AG hat u.a. den AN folgende Sozialeinrichtungen zur Verfügung zu stellen sowie folgende sanitäre Vorkehrungen zu treffen (§§ 27 ff. ASchG, §§ 32 ff. AStV, §§ 83 ff. AAV):

Trinkwasser

Trinkwasser oder ein alkoholfreies Getränk: Die Trinkwasserentnahmestellen sind in einem hygienischen Zustand zu halten. Entnahmestellen von nicht zum Trinken geeignetem Wasser sind als solche zu kennzeichnen.

Waschplätze

Waschplätze sind mit Fließwasser, Reinigungsmitteln und geeigneten Mitteln zum Abtrocknen zu versehen. Das Waschwasser hat den an das Trinkwasser zu stellenden hygienischen Anforderungen möglichst nahe zu kommen. Für höchstens je fünf AN, die gleichzeitig die Arbeit beenden, muss je ein Waschplatz zur Verfügung stehen.

Toiletten

- Mindestens je eine verschließbare Toilettenzelle (im hygienischen Zustand) für jeweils höchstens 15 AN. Sind Toiletten für betriebsfremde Personen (z.B. Kunden) vorgesehen, so können diese Toiletten in die Anzahl der für die AN erforderlichen Toiletten nicht eingerechnet werden und es ist dafür zu sorgen, dass betriebsfremde Personen, die für die AN vorgesehenen Toiletten nicht benützen können. Eine Übergangsbestimmung (§ 47 AStV) ist auf jene Arbeitsstätten anwendbar, die bereits vor dem 31.12.1983 genutzt wurden. Demnach können Arbeitsstätten, die bereits vor diesem Stichtag mit nicht separierten Toiletten ausgestattet werden, ohne Einrichtung zusätzlicher Toilettanlagen weiterhin genutzt werden. Nach Geschlechtern getrennte Toiletten sind einzurichten, wenn mindestens fünf männliche AN und mindestens fünf weibliche AN regelmäßig in der Arbeitsstätte anwesend sind. Stehen nach Geschlechtern getrennte Toiletten zur Verfügung und ist für Männer mehr als eine Toilettenzelle erforderlich, so ist annähernd die Hälfte der für Männer erforderlichen Toilettenzellen durch Pissstände zu ersetzen. Die Toiletten sind weiters durch lüftbare Vorräume von anderen Räumen zu trennen und müssen ohne Erkältungsgefahr benutzbar sein.

- Hinsichtlich der Ausstattung der Toiletten ist eine entsprechende Wasserspülung (oder eine gleichwertige Einrichtung), Toilettenpapier sowie eine Waschgelegenheit in unmittelbarer Nähe der Toilettenanlage erforderlich.

- Toiletten (ebenso wie Aufenthaltsräume, Umkleideräume und Waschgelegenheiten oder Waschräume) haben in der Nähe des Arbeitsplatzes zu sein (§ 27 Abs. 3 ASchG). „In der Nähe" sind Toiletten dann, wenn sie von ständigen Arbeitsplätzen nicht mehr als 100 m Gehlinie und, sofern keine Fahrtreppen vorhanden sind, höchstens eine Geschoßhöhe entfernt sind (Auffassung des ZAI in Anlehnung an die Deutsche Arbeitsstättenregel ASR 37/1).

Waschräume

Bei regelmäßiger Beschäftigung von mehr als zwölf AN sind nach Geschlechtern getrennte (bei mindestens fünf AN pro Geschlecht) Waschräume (bei weniger als fünf AN pro Geschlecht ist eine getrennte Benutzung sicherzustellen) einzurichten, in denen die vorgeschriebenen Waschplätze und Duschen (siehe im Folgenden) unterzubringen sind. Die lichte Höhe der Waschräume hat mindestens 2,0 m zu betragen. Für Waschräume, die nur mit Waschplätzen ausgestattet sind, sieht die Übergangsbestimmung den 31.12.1983 (bei höchstens 20 AN) bzw. 31.12.1951 (mehr als 20 AN) vor.

Duschen

Duschen sind für jene AN zur Verfügung zu stellen, deren Arbeitsbedingungen eine umfassendere Reinigung als die der Hände, der Arme und des Gesichts erfordern, dies insbesondere wegen starker Verschmutzung oder Staubeinwirkung, wegen hoher körperlicher Belastung oder Hitzeeinwirkung oder wegen Hautkontakts mit gefährlichen Arbeitsstoffen. Für höchstens je fünf AN, die gleichzeitig die Arbeit beenden, muss mindestens eine Dusche zur Verfügung stehen.

Ausstattung der Waschanlagen

Hinsichtlich Ausstattung, Bemessung und Raumtemperatur der Waschanlagen ist Folgendes zu beachten:

- Waschplätze und Duschen haben ausreichend bemessen zu sein, sodass eine entsprechende Reinigung möglich ist (Übergangsbestimmung mit Stichtag 31.12.1983).
- Waschplätze und Duschen haben mit fließendem, nach Möglichkeit warmen Wasser, geeigneten Mitteln zur Körperreinigung, mit Einweghandtüchern oder Händetrocknern (sofern nicht jedem AN ein eigenes Handtuch zur Verfügung gestellt wird) ausgestattet zu sein.
- Waschplätze und Duschen haben den sanitären Anforderungen zu entsprechen, in hygienischem Zustand gehalten und erforderlichenfalls regelmäßig und wirksam desinfiziert zu werden.
- Die Raumtemperatur in Waschräumen hat mindestens 21° C, falls keine Duschen vorhanden sind oder mindestens 24° C, falls Duschen eingerichtet sind, zu betragen.
- Fußroste aus Holz dürfen nicht verwendet werden.
- Waschräume mit Duschen und Umkleideräume müssen untereinander leicht erreichbar sein.
- Durch andere Nutzungen (z.B. Lagerungen) darf die Benutzbarkeit nicht beeinträchtigt werden.

Umkleideräume

- Umkleideräume sind einzurichten, falls Duschen zur Verfügung zu stellen sind (Übergangsbestimmung mit Stichtag 31.12.1983) oder in der Arbeitsstätte regelmäßig gleichzeitig mehr als zwölf AN beschäftigt werden, die sich umkleiden müssen, weil sie bei ihrer Tätigkeit besondere Arbeits- oder Schutzkleidung tragen und das Umkleiden in anderen Räumen aus sittlichen oder hygienischen Gründen nicht zumutbar ist (Übergangsbestimmung mit Stichtag 31.12.1998). Sofern sich mindestens fünf männliche AN und fünf weibliche AN gleichzeitig umkleiden, sind nach Geschlechtern getrennte Umkleideräume einzurichten (§ 27 Abs 5 ASchG). In Umkleideräumen ist das Rauchen verboten (§ 30 Abs. 4 ASchG).
- Hinsichtlich Ausstattung, Bemessung etc. ist Folgendes zu beachten:
  – Für jeden gleichzeitig auf den Umkleideraum angewiesenen AN müssen mindestens 0,6 m² freie Bodenfläche vorhanden sein.
  – Es haben Sitzgelegenheiten in ausreichender Zahl sowie versperrbare Kleiderkästen (siehe dazu im Folgenden) vorhanden zu sein.

- Die Raumtemperatur hat mindestens 21° C zu betragen.
- Nasse Arbeits- und Schutzkleidung darf im Umkleideraum nicht getrocknet werden (für deren Trocknung ist gesondert zu sorgen, wobei erforderlichenfalls lüftbare Trockenräume einzurichten sind).
- Falls die Arbeitskleidung stark verschmutzt wird oder die Schutzkleidung mit giftigen, ätzenden, leicht zersetzlichen, Ekel erregenden oder infektiösen Arbeitsstoffen in Berührung kommt, muss die Straßenkleidung von der Arbeits- und Schutzkleidung getrennt verwahrt werden (§ 86 Abs. 6 AAV).

Aufenthaltsplätze

Freie Plätze mit Sitzgelegenheiten und Tischen für den Aufenthalt während der Arbeitspause und für das Einnehmen der Mahlzeiten.

Geräte für das Wärmen und Kühlen von Speisen und Getränken

Einrichtungen für das Wärmen und für das Kühlen mitgebrachter Speisen und Getränke.

Aufenthaltsräume

Bei regelmäßiger und gleichzeitiger Anwesenheit von mehr als zwölf AN an einer Arbeitsstätte, die nicht den überwiegenden Teil ihrer Arbeitszeit an auswärtigen Arbeitsstellen oder Baustellen verbringen, sind leicht erreichbare Aufenthaltsräume zur Erholung oder zur Einnahme von Mahlzeiten während der Arbeitspausen zur Verfügung zu stellen (Übergangsbestimmung mit Stichtag 31.12.1983, falls höchstens 20 AN regelmäßig gleichzeitig in der Arbeitsstätte anwesend sind, sonst Stichtag 31.12.1951). Unabhängig von der Zahl der AN sind Aufenthaltsräume für folgende AN zur Verfügung zu stellen, sofern diesen kein anderer den Anforderungen an einen Aufenthaltsraum entsprechender Raum zur Verfügung steht:

- für AN, die mehr als zwei Stunden pro Tag im Freien beschäftigt werden,
- für AN, die in Arbeitsräumen beschäftigt werden, die aus Sicherheits- oder Gesundheitsgründen nicht zur Erholung oder zur Einnahme von Mahlzeiten geeignet sind (etwa wegen Schmutz, Staub, Hitze, Nässe und dergleichen).

Ausstattung des Aufenthaltsraumes

Hinsichtlich Ausstattung, Bemessung etc. ist Folgendes zu beachten:

- Die lichte Höhe hat mindestens 2,5 m zu betragen (Übergangsbestimmung mit Stichtag 31.12.1983).
- Die Raumtemperatur muss mindestens 21° C betragen.
- Für jeden gleichzeitig auf den Raum angewiesenen AN muss ein freier Luftraum von mindestens 3,5 m^3 und eine freie Bodenfläche von mindestens 1 m^2 vorhanden sein (Übergangsbestimmung mit Stichtag 31.12.1983).
- Es müssen weiters ausreichend große Tische sowie für jeden gleichzeitig anwesenden AN eine Sitzgelegenheit mit Rückenlehne vorhanden sein.

- Weiters hat der Aufenthaltsraum ausreichende Lichteintrittsflächen (mindestens 10 % der Bodenfläche des Raumes) und eine Sichtverbindung ins Freie aufzuweisen (Übergangsbestimmung mit Stichtag 31.12.1983).
- Erforderlichenfalls ist für geeignete Stellen zu sorgen, wo vor dem Betreten der Aufenthaltsräume nasse oder verunreinigte Arbeits- oder Schutzkleidung abgelegt werden kann (in den Aufenthaltsräumen darf nasse Arbeits- oder Schutzkleidung nicht getrocknet werden).
- Durch geeignete technische oder organisatorische Maßnahmen ist dafür zu sorgen, dass in den Aufenthaltsräumen und Bereitschaftsräumen Nichtraucher vor den Einwirkungen von Tabakrauch geschützt werden (§ 30 Abs. 3 ASchG).
- Erschütterungen und Lärm von mehr als 50 dB im Aufenthaltsraum während der Pausen sind zu vermeiden (§ 87 Abs. 1 AAV).

Kleiderkasten

Ein ausreichend großer, luftiger und versperrbarer Kleiderkasten für jeden AN, der geeignet ist, Kleidung und sonstige persönliche Gegenstände gegen Wegnahme zu sichern und vor Einwirkungen wie Nässe, Staub, Rauch, Dämpfe oder Gerüche zu schützen. Falls die AN ausschließlich mit büroähnlichen Tätigkeiten oder im Verkauf beschäftigt sind und keine besondere Schutz- oder Arbeitskleidung tragen und für die Kleidung eine andere versperrbare Aufbewahrungsmöglichkeit zur Verfügung steht, welche die vorgenannten Schutzfunktionen erfüllt, sowie jeder AN die Möglichkeit hat, eine versperrbare Einrichtung zur Aufbewahrung persönlicher Gegenstände zu benützen, so muss nicht für jeden AN ein eigener Kleiderkasten zur Verfügung gestellt werden. Für AN, die den überwiegenden Teil ihrer Arbeitszeit an auswärtigen Arbeitsstellen oder Baustellen verbringen, sind versperrbare Kleiderkästen oder andere versperrbare Einrichtungen im Sinne der vorgenannten Ausnahmebestimmung einzurichten.

Verschwinden private Gegenstände, weil der AN keine gesetzmäßige Aufbewahrungsmöglichkeit hatte, so ist eine Schadenersatzpflicht des AG möglich (OGH 8 Ob S 17/05 s).

Bereitschaftsräume

Geeignete und leicht erreichbare Bereitschaftsräume für jene AN, in deren Arbeitszeit regelmäßig und in erheblichem Umfang Zeiten der Arbeitsbereitschaft (siehe 30.5) fallen, wenn sich diese AN während der Arbeitsbereitschaft nicht in Aufenthalts- oder anderen geeigneten Räumen aufhalten dürfen und Gesundheits- und Sicherheitsgründe die Einrichtung von Bereitschaftsräumen erfordern.

Die Bereitschaftsräume haben den Anforderungen, die für Aufenthaltsräume einzuhalten sind, zu entsprechen und ist für alle AN, die während der Nacht gleichzeitig Bereitschaft haben, je eine zur Erholung geeignete Liege zur Verfügung zu stellen (Übergangsbestimmung mit Stichtag 31.12.1992).

33.2.2 Erste Hilfe und Brandschutz

Erst-Helfer

Nach § 26 Abs. 3 ASchG sind in ausreichender Zahl Personen zu bestellen, die für die Erste Hilfe zuständig sind. Diese Personen müssen über eine entsprechende Ausbildung verfügen (siehe im Folgenden). Weiters muss der AG dafür sorgen, dass während der Betriebszeit entsprechend der Anzahl der in der Arbeitsstätte anwesenden AN für die Erste Hilfe zuständige Personen in ausreichender Anzahl anwesend sind (zum Begriff „Arbeitsstätte" – siehe 33.1.1).

Mit dem 1.1.2010 ist eine Novelle zur AStV und zur BauV in Kraft getreten (BGBl. II 2009/256 vom 7.8.2009).

Vor dieser Novelle mussten für Erste Hilfe zuständige Personen nur dann bestellt werden, wenn in einer Arbeitsstätte mindestens fünf AN beschäftigt werden. Ein Schwellenwert in diesem Bereich ist nach der Auffassung des EuGH europarechtswidrig (U vom 6.4.2009, C-428/04). Daher sieht die Novelle die Bestellung von Erst-Helfern auch für solche Arbeitsstätten vor, wo weniger als fünf AN tätig sind. Ab zwei AN wird also ein Erst-Helfer erforderlich sein (in Arbeitsstätten mit einem AN scheidet mE die Bestellung eines Erst-Helfers aus, weil eine „Selbsthilfe" nicht möglich ist).

Für Baustellen hat grundsätzlich jeder AG entsprechend der Anzahl der von ihm auf der Baustelle beschäftigten AN für die notwendige Anzahl an ausgebildeten Erst-Helfern zu sorgen. Werden auf einer Baustelle gleichzeitig AN mehrerer AG beschäftigt, ist es aber auch zulässig, dass mehrere AG die notwendige Anzahl an Erst-Helfern gemeinsam erfüllen, sofern die diesbezügliche Koordination und Festlegung in ihren Sicherheits- und Gesundheitsschutzdokumenten klar und nachvollziehbar dokumentiert ist (§ 31 Abs. 5a BauV).

Ausbildung

Für die Ausbildung der Erst-Helfer in Arbeitsstätten mit mindestens fünf regelmäßig gleichzeitig beschäftigten AN muss es sich bei der Ausbildung für die Erste Hilfe um eine mindestens 16-stündige Ausbildung nach den vom Österreichischen Roten Kreuz ausgearbeiteten Lehrplänen, oder eine andere, zumindest gleichwertige Ausbildung, wie die des Präsenz- oder Ausbildungsdienstes beim Bundesheer, handeln (§ 40 Abs. 2 Z 1 AStV, § 31 Abs. 6 Z 1 BauV).

Zur Abfederung der Umstellungsschwierigkeiten wurden folgende Übergangsregelungen in die AStV und die BauV aufgenommen:

In Arbeitsstätten mit weniger als fünf regelmäßig gleichzeitig beschäftigten AN ist es bis 1.1.2015 ausreichend, wenn der Erst-Helfer nach dem 1.1.1998 eine mindestens sechsstündige Unterweisung in lebensrettenden Sofortmaßnahmen (i.S.d. § 6 der Führerscheingesetz-Durchführungsverordnung) abgelegt hat. Ab 1.1.2015 muss der Erst-Helfer eine Erste-Hilfe-Auffrischung absolvieren (§ 40 Abs. 2 Z 2 AStV, § 31 Abs. 6 Z 2 BauV).

Weiters wurde die Erste-Hilfe-Auffrischung neu geregelt. Dies betrifft auch jene Erst-Helfer, die einen 16-Stunden-Kurs absolviert haben (§ 40 Abs. 3 AStV, § 31 Abs. 6a BauV).

Alle Erst-Helfer müssen in Abständen von höchstens vier Jahren eine mindestens achtstündige Erste-Hilfe-Auffrischung besuchen. Diese kann auch geteilt werden, sodass in Abständen von höchstens zwei Jahren eine mindestens vierstündige Erste-Hilfe-Auffrischung erfolgt.

Die Erste-Hilfe-Auffrischung kann auch durch den Arbeitsmediziner ohne Einrechnung in die Präventionszeit erfolgen.

Überblick zur Zahl der erforderlichen Erst-Helfer (§ 40 AStV)
Arbeitsstätten und Baustellen:

bis 19 AN	eine Person
20 bis 29 AN	zwei Personen
für je weitere zehn AN	je eine zusätzliche Person

In Büros oder in Arbeitsstätten, in denen die Unfallgefahren mit Büros vergleichbar sind, gelten abweichende Personenzahlen wie folgt:

bis 29 AN	eine Person
30 bis 49 AN	zwei Personen
für je weitere 20 AN	je eine zusätzliche Person

Erste-Hilfe-Kästen

In jeder Arbeitsstätte sind entsprechende Mittel für die Erste Hilfe in staubdicht schließenden, leicht zugänglichen und gekennzeichneten Behältern, in hygienisch einwandfreiem und jederzeit gebrauchsfertigem Zustand aufzubewahren (§ 39 AStV und § 26 ASchG).

In unmittelbarer Nähe des Behälters müssen vorhanden sein:
- eine ausführliche Anleitung zur Erste-Hilfe-Leistung,
- Vermerke mit den Namen der Ersthelfer und
- die Notrufnummer der Rettung oder Vermerke über Unfallmeldestellen, Krankentransportmittel, Ärzte oder Krankenhäuser.

In der Arbeitsstätte oder in deren Nähe muss ein Telefon vorhanden sein, welches im Notfall leicht erreicht und benutzt werden kann. In Arbeitsstätten mit besonderen Unfallgefahren sind Einrichtungen für den Transport von Verletzten in ausreichender Zahl, leicht zugänglich und gekennzeichnet zur Verfügung zu stellen.

Außerhalb des Betriebsstandortes tätigen AN sind die notwendigen Mittel mitzugeben, sofern diese auf der auswärtigen Arbeitsstelle nicht unmittelbar zur Verfügung stehen (§ 81 Abs. 2 AAV).

Zur Bereitstellung von Waschgelegenheiten, Wasseranschluss mit Schlauch und Handbrause und Augenduschen oder Augenspülflaschen bei der Verwendung giftiger, ätzender oder infektiöser Arbeitsstoffe siehe § 81 Abs. 8 AAV.

Zur Ausstattung der Erste-Hilfe-Kästen ist der Mindestinhalt gemäß ÖNORM Z 1020 zu beachten (siehe www.auva.net – siehe 33.12).

Sanitätsräume

In Betrieben mit über 250 AN sowie in Betrieben mit über 100 AN und besonderen Betriebsgefahren sind Sanitätsräume einzurichten (§ 26 Abs. 4 AschG und § 41 AStV), die den Anforderungen des § 41 Abs. 2–4 AStV zu entsprechen haben. Für die Einrichtung von Sanitätsräumen ist eine Übergangsbestimmung mit Stichtag 31.12.1983 anwendbar.

In Sanitätsräumen ist das Rauchen verboten (§ 30 Abs. 4 AschG).

Brandschutzbeauftragte und Brandschutzeinrichtungen

In jedem Betrieb müssen die (je nach Brandgefahr) erforderlichen Feuerlöschgeräte und Feuerlöschmittel vorhanden sein (§ 42 AStV, § 25 AschG). Sie sind gebrauchsfähig zu halten und müssen gegen Einfrieren geschützt und leicht erreichbar sein. Zu diesem Zweck sind mindestens alle zwei Jahre (längstens jedoch alle 27 Monate) Überprüfungen durch fachkundige Personen durchzuführen. Über die Prüfungen sind Vormerke zu führen, wie etwa in Form einer Prüfplakette für Handfeuerlöscher (§ 13 AStV).

Nach § 25 Abs. 4 AschG sind vom AG Personen zu bestellen, die für die Brandbekämpfung und Evakuierung der AN zuständig sind. Bis zur Novelle BGBl. I 2006/147 (in Kraft getreten am 12.8.2006) waren solche Personen nur „erforderlichenfalls" zu bestellen. Mit der Streichung dieses Wortes wurde geklärt, dass dies auch für kleine Arbeitsstätten zu geschehen hat.

Nach dem neuen § 44 a AStV (welcher ebenfalls am 1.10.2009 mit der eingangs erwähnten Novelle in Kraft getreten ist) sind die zuvor dargestellten Bestellungen nur dann erforderlich, wenn nicht schon ein Brandschutzbeauftragter oder eine Betriebsfeuerwehr oder eine freiwillige Betriebsfeuerwehr oder eine Brandschutzgruppe eingerichtet ist.

Die für die Brandbekämpfung zuständige Person muss mit der Handhabung der ersten Löschhilfe vertraut sein sowie in der Lage sein, folgende Veranlassungen zu treffen:

- im Brandfall erforderlichenfalls die Feuerwehr zu alarmieren,
- im Fall von Alarm nach Anweisung des AG zu kontrollieren, ob alle AN die Arbeitsstätte verlassen haben und

- die Mittel der ersten Löschhilfe im Brandfall anzuwenden, soweit dies zur Sicherung der Flucht von AN unbedingt notwendig ist.

Bei besonderen Verhältnissen hat die Behörde spezielle Brandschutzeinrichtungen sowie die Bestellung eines ausgebildeten Brandschutzbeauftragten vorzuschreiben (siehe dazu §§ 42–44 AStV). Bei diesem erhöhten Brandschutz sind zusätzliche Maßnahmen zu treffen (Brandschutzordnung, Brandschutzbuch, Alarmübungen etc.), die im § 45 AStV näher geregelt sind (bezüglich Blitzschutzanlagen – siehe § 7 Elektroschutzverordnung).

33.2.3 Allgemeine Bestimmungen für Arbeitsstätten (§§ 2–15 AStV)

Weiters sind im Arbeitnehmerschutzrecht detaillierte Bestimmungen im 1. Abschnitt der am 1.1.1999 in Kraft getretenen AStV zu folgenden Bereichen enthalten (wobei teilweise ergänzende Bestimmungen in der AAV und im ASchG zu beachten sind, die beispielsweise angegeben sind):

- Verkehrswege (Mindestbreite, lichte Höhe, Abstände etc.)
- Ausgänge (Mindestbreite, lichte Höhe, Geländer etc.)
- Stiegen (Höhe der Stufen, Podeste, etc. – siehe auch § 26 Abs. 10 und § 28 Abs. 2–5 AAV und § 106 Abs. 3 Z 3 ASchG)
- Beleuchtung und Belüftung von Räumen
- Fußböden, Wände und Decken
- Türen und Tore (siehe auch § 22 Abs. 5 und 8–10 AAV)
- Fenster, Lichtkuppeln und Glasdächer
- Sicherheitsbeleuchtung und Orientierungshilfen (Arbeitsräume und Fluchtwege, die nicht natürlich, oder Fluchtwege, die mangelhaft natürlich beleuchtet sind, sowie Bereiche, in denen die AN bei Ausfall der Beleuchtung einer besonderen Gefahr ausgesetzt sein könnten, sind mit einer Sicherheitsbeleuchtung auszustatten, deren Energieversorgung von der Beleuchtung unabhängig ist und die selbsttätig wirksam ist und bleibt, wenn die Energieversorgung der Beleuchtung ausfällt. Anstelle der Sicherheitsbeleuchtung können auch selbst- oder nachleuchtende Orientierungshilfen zulässig sein – siehe hiezu § 9 Abs. 4 AStV)
- Lagerungen
- Gefahrenbereiche (Schächte, Gruben, Kanäle, erhöhte Standplätze etc.)
- Alarmeinrichtungen (sind bei besonderen Verhältnissen konkret vorzuschreiben)
- Prüfungen von Anlagen und Einrichtungen (Sicherheitsbeleuchtungsanlagen, Alarmeinrichtungen, Klima- oder Lüftungsanlagen und Brandmeldeanlagen sind mindestens alle 15 Monate prüfen zu lassen, hierüber sind Aufzeich-

nungen zu führen. Zur monatlichen Kontrolle der Sicherheitsbeleuchtungsanlagen siehe § 13 Abs. 6 AStV. Zur Prüfung der Löschgeräte siehe unter 33.2.2 Brandschutzbeauftragte und Brandschutzeinrichtungen bzw. § 13 Abs. 2 AStV)

- **Information der AN** (alle betroffenen AN sind, bezogen auf ihren jeweiligen Bereich, zu informieren)
    - über das Verhalten im Gefahrenfall (z.B. durch Anschlag an geeigneten Stellen),
    - über die Standorte und die Handhabung der Einrichtungen zur Brandbekämpfung,
    - über die Standorte der Einrichtungen für die Erste-Hilfe-Leistung (falls eine Alarmeinrichtung vorhanden ist, ist über die Bedeutung der Alarmsignale zu informieren, weiters, über allfällige Lagerverbote und -beschränkungen),
    - über die barrierefreie Gestaltung von Arbeitsstätten

Im 2. Abschnitt der AStV sind Regelungen zu folgenden Bereichen enthalten:

- Fluchtwege, gesicherte Fluchtbereiche, Notausgänge (Abmessungen, Bestimmungen bezüglich Stiegenhäuser etc.)

33.2.4 Anforderungen an Arbeitsräume

Im 3. Abschnitt der AStV sind Regelungen zu folgenden Bereichen enthalten:

- Raumhöhe in Arbeitsräumen (3,0 m; bei geringer körperlicher Belastung und einer Raumfläche unter 100 m^2 sind 2,5 m zulässig)
- Bodenfläche und Luftraum (Bodenfläche von mindestens 8,0 m^2 pro AN plus 5,0 m^2 für jeden weiteren im selben Raum tätigen AN; Ausnahmen nach § 30 AStV)
- Lichteintrittsflächen und Sichtverbindung: Die Lichteintrittsflächen müssen in jedem Arbeitsraum in Summe mindestens 10 % der Bodenfläche des Raumes betragen und direkt ins Freie führen (Ausnahmen gemäß § 30 AStV sowie Räumen in Untergeschoßen, falls es sich um Tiefgaragen, kulturelle Einrichtungen, Kellerlokale im Gastgewerbe oder Verkaufsstellen im dicht verbauten Ortskern handelt, weiters bei Arbeitsräumen, die ausschließlich zwischen 18 und 6 Uhr genutzt werden sowie bei Räumen, deren Nutzungsart der Eintritt von Tageslicht entgegensteht); Sonderbestimmungen gelten für Arbeitsräume in Bahnhofs- und Flughafenhallen, Passagen oder Einkaufszentren (die Lichteintrittsflächen dürfen nicht durch gelagerte Gegenstände verstellt werden – VwGH 2005/02/0307 = ARD 5724/6/2006).
- Natürliche Lüftung (schädliche Zugluft ist zu vermeiden – zur zulässigen Luftgeschwindigkeit siehe § 28 Abs. 3 AStV)

- Mechanische Be- und Entlüftung
- **Raumklima**: Die Lufttemperatur in Arbeitsräumen hat zu betragen:
  - zwischen 19 und 25° C, wenn in dem Raum Arbeiten mit geringer körperlicher Belastung durchgeführt werden
  - zwischen 18 und 24° C, wenn in dem Raum Arbeiten mit normaler körperlicher Belastung durchgeführt werden (Ausnahmen nach § 30 AStV und wenn die Einhaltung aufgrund der Nutzungsart des Raumes nicht möglich ist und andere Schutzmaßnahmen getroffen werden)
  - mindestens 12° C, wenn in dem Raum nur Arbeiten mit hoher körperlicher Belastung durchgeführt werden.

  In der warmen Jahreszeit ist dafür zu sorgen, dass
  - bei Vorhandensein einer Klima- oder Lüftungsanlage die Lufttemperatur 25° C möglichst nicht überschreitet oder
  - allenfalls sonstige Maßnahmen ausgeschöpft werden, um nach Möglichkeit eine Temperaturabsenkung zu erreichen.

  Besondere Bestimmungen sind bezüglich Luftgeschwindigkeit und bei Verwendung von Klimaanlagen (Luftfeuchtigkeit 40 % bis 70 % etc.) zu beachten.
- Künstliche Beleuchtung in Arbeitsräumen (Mindestbeleuchtungsstärke etc.)
- Ausnahmebestimmungen nach § 30 AStV:

  Wenn im Arbeitsraum seiner Nutzungsart nach nur kurzfristige Tätigkeiten (höchstens zwei Stunden pro Tag und pro AN) ausgeübt werden und diese AN während der restlichen Arbeitszeit nur in Arbeitsräumen verwendet werden, die allen Anforderungen entsprechen. Weitere detaillierte Ausnahmen siehe Abs. 2–5.
- Abweichende Regelungen für Container und ähnliche Einrichtungen.

Baustellen

Für Baustellen ist die Bauarbeiterschutzverordnung (BauV) anzuwenden. Für Räume auf oder im Zusammenhang mit Baustellen (Baustellenbüros, Werkstätten etc.) sind jedoch die im § 46 AStV genannten Bestimmungen anzuwenden. Die BauV enthält insbesondere Sonderregelungen bezüglich Erste Hilfe, sanitäre Vorkehrungen, Unterkünfte, Brandschutz etc.

Übergangsbestimmungen (§ 47 AStV)

Die AStV geht davon aus, dass bereits seit einem bestimmten Stichtag (der in der jeweiligen Bestimmung angegeben wird) betrieblich in zulässiger Weise genutzte Arbeitsstätten weiterhin ohne aufwendige bauliche Veränderungen genutzt werden können. Die Regelungen sind daher nur dann uneingeschränkt anzuwenden, wenn Betriebsstätten nach den jeweiligen Stichtagen errichtet wurden bzw. in Zukunft errichtet werden.

33.2.5 Nichtraucherschutz

Allgemeiner Nichtraucherschutz

Der umschlossene öffentliche Raum einschließlich der Gastronomie unterliegt dem Nichtraucherschutz des Tabakgesetzes (TabakG), ausgenommen Zeltfeste. Seit 1.1.2009 gilt ein Rauchverbot in den

- Betrieben des Gastgewerbes zur Verabreichung von Speisen jeder Art und zum Ausschank von Getränken,
- Betrieben des Gastgewerbes zur Beherbergung von Gästen (inklusive Schutzhütten und Privatzimmervermietung) und
- Betrieben nach den §§ 2 Abs. 9, 111 Abs. 2 Z 3 oder Z 5 GewO 1994 (z.B. Buschenschank, Heurige, Würstelstände, Stehbuffet, Imbisse etc.).

Das Rauchverbot gilt in den Räumen dieser Betriebe, die der Verabreichung von Speisen oder Getränken an Gäste dienen (Übergangsregelung für Betriebe mit nur einem Raum zur Verabreichung von Speisen und Getränken mit mindestens 50 m² bis 1.7.2010).

Ausgenommen sind Betriebe mit nur einem Raum mit weniger als 50 m². Diesfalls kann der Gastwirt festlegen, ob das Rauchen gestattet ist (§ 13 Abs. 3 Z 1 TabakG).

Das Rauchverbot gilt weiters dann nicht, wenn das Lokal nur über einen Raum mit 50 bis 80 m² verfügt, der aus rechtlichen Gründen nicht geteilt werden kann. Auch hier kann der Wirt bestimmen, ob das Rauchen zulässig ist.

Sind mindestens zwei Räume vorhanden, so ist den Gästen ein Hauptraum zur Verfügung zu stellen, in dem nicht geraucht werden darf. Der Nichtraucherbereich muss mindestens 50 % der zur Verabreichung von Speisen und Getränken vorgesehenen Plätze umfassen.

Die Ausnahme für Tabaktrafiken gilt nicht, wenn am selben Standort eine Tabaktrafik und ein Gastgewerbe betrieben wird (VwGH 23.11.2011, 2011/11/0169 bis 0170).

Dieses allgemeine Rauchverbot in umschlossenen öffentlichen Räumen führt dazu, dass auch AN, die in derartigen Räumlichkeiten tätig sind, nicht rauchen dürfen, wobei dies auch dann gilt, wenn nach dem ASchG das Rauchen zulässig wäre.

Allgemeiner Nichtraucherschutz im Arbeitnehmerschutz

AG haben dafür zu sorgen, dass Nichtraucher vor den Einwirkungen von Tabakrauch am Arbeitsplatz geschützt sind, soweit dies nach Art des Betriebes möglich ist. Falls Raucher und Nichtraucher gemeinsam in Büros oder ähnlichen Räumen tätig sind, die nur durch Betriebsangehörige genutzt werden, ist das Rauchen am Arbeitsplatz verboten. In Sanitäts- und Umkleideräumen herrscht Rauchverbot (§ 30 ASchG). Werdende Mütter, die selbst nicht rauchen, dürfen, soweit es die Art des Betriebes gestattet, nicht an Arbeitsplätzen beschäftigt werden, bei denen sie der Einwirkung von Tabakrauch ausgesetzt werden (siehe 25.4). Wenn eine räumliche Trennung nicht möglich ist, hat der AG durch geeignete Maßnahmen dafür Sorge zu tragen, dass andere AN, die im selben Raum wie die werdende Mutter beschäftigt sind, diese nicht der Einwirkung von Tabakrauch aussetzen.

Zur Rauchpause siehe 30.3.1.1, zum Nichtraucherschutz nach § 4 Abs. 6 MSchG siehe auch 25.4.

Allgemeiner Nichtraucherschutz im Gastgewerbe

Zum besonderen Schutz der in der Gastronomie tätigen Personen sind bestimmte Auflagen vorgesehen (§ 13 a Abs. 4 TabakG). So darf der Betriebsinhaber auch in Räumen, in denen das Rauchverbot nicht gilt, weil eine der Ausnahmen nach § 13a Abs. 2 oder Abs. 3 TabakG gegeben ist, das Rauchen nur dann gestatten, wenn für den Betrieb ein Kollektivvertrag gilt, wonach

a) ein nicht dem BMSVG unterliegender AN Anspruch auf Abfertigung im gesetzlichen Ausmaß hat, wenn er sein Arbeitsverhältnis wegen der Belastung durch die Einwirkung des Passivrauchens kündigt,

b) die notwendige Zeit zum Besuch von diagnostischen Maßnahmen sowie Untersuchungen im Zusammenhang mit Passivrauchen am Arbeitsplatz zu gewähren ist,

c) gesundheitsfördernde Maßnahmen im Zusammenhang mit Passivrauchen am Arbeitsplatz im Einvernehmen zwischen AN und AG festzulegen sind und

d) im Falle, dass der Betrieb über Räume verfügt, in denen Rauchverbot gilt oder das Rauchen vom Inhaber nicht gestattet wird, die Ausbildung oder Beschäftigung Jugendlicher überwiegend in jenen Räumen zu erfolgen hat, in denen nicht geraucht werden darf.

Entsprechende Ergänzungen wurden zum KV für Angestellte im Hotel- und Gastgewerbe sowie zum KV für Arbeiter im Gastgewerbe mittels Übereinkommen vom 16.12.2008 sowie vom 30.6.2008 abgeschlossen.

Werdende Mütter dürfen in Räumen, in denen sie der Einwirkung von Tabakrauch ausgesetzt sind, nicht arbeiten. Für den Zeitraum dieses Arbeitsverbots hat die AN Anspruch auf Wochengeld (§ 13a Abs. 5 TabakG, § 162 Abs. 1 ASVG).

Für den Fall der Nichteinhaltung der Schutzbestimmungen können gegen den Betriebsinhaber Verwaltungsstrafen verhängt werden (bis € 2.000,–, im Wiederholungsfall bis € 10.000,–).

Personen, die trotz Rauchverbots rauchen, droht eine Verwaltungsstrafe bis € 100,–, im Wiederholungsfall bis € 1.000,–.

33.3 Evaluierung

Dazu sehen die §§ 4 und 5 AschG Folgendes vor:

Ermittlung und Beurteilung von Gefahren
Festlegung von Maßnahmen (Arbeitsplatzevaluierung)

§ 4. (1) Arbeitgeber sind verpflichtet, die für die Sicherheit und Gesundheit der Arbeitnehmer bestehenden Gefahren zu ermitteln und zu beurteilen. Dabei sind die Grundsätze der Gefahrenverhütung gemäß § 7 anzuwenden. Insbesondere sind dabei zu berücksichtigen:

1. die Gestaltung und die Einrichtung der Arbeitsstätte,
2. die Gestaltung und der Einsatz von Arbeitsmitteln,
3. die Verwendung von Arbeitsstoffen,
4. die Gestaltung der Arbeitsplätze,
5. die Gestaltung der Arbeitsverfahren und Arbeitsvorgänge und deren Zusammenwirken,
6. die Gestaltung der Arbeitsaufgaben und die Art der Tätigkeiten, der Arbeitsumgebung, der Arbeitsabläufe sowie der Arbeitsorganisation und
7. der Stand der Ausbildung und Unterweisung der Arbeitnehmer.

(2) Bei der Ermittlung und Beurteilung der Gefahren sind auch besonders gefährdete oder schutzbedürftige Arbeitnehmer sowie die Eignung der Arbeitnehmer im Hinblick auf Konstitution, Körperkräfte, Alter und Qualifikation (§ 6 Abs. 1 AschG) zu berücksichtigen. Insbesondere ist zu ermitteln und zu beurteilen, inwieweit sich an bestimmten Arbeitsplätzen oder bei bestimmten Arbeitsvorgängen spezifische Gefahren für Arbeitnehmer ergeben können, für die ein besonderer Personenschutz besteht.

(3) Auf Grundlage der Ermittlung und Beurteilung der Gefahren gemäß Abs. 1 und 2 sind die durchzuführenden Maßnahmen zur Gefahrenverhütung festzulegen. Dabei sind auch Vorkehrungen für absehbare Betriebsstörungen und für Not- und Rettungsmaßnahmen zu treffen. Diese Maßnahmen müssen in alle Tätigkeiten und auf allen Führungsebenen einbezogen werden. Schutzmaßnahmen müssen soweit wie möglich auch bei menschlichem Fehlverhalten wirksam sein.

(4) Die Ermittlung und Beurteilung der Gefahren ist erforderlichenfalls zu überprüfen und sich ändernden Gegebenheiten anzupassen. Die festgelegten Maßnahmen sind auf ihre Wirksamkeit zu überprüfen und erforderlichenfalls anzupassen, dabei ist eine Verbesserung der Arbeitsbedingungen anzustreben.

(5) Eine Überprüfung und erforderlichenfalls eine Anpassung im Sinne des Abs. 4 hat insbesondere zu erfolgen:

1. nach Unfällen,
2. bei Auftreten von Erkrankungen, wenn der begründete Verdacht besteht, daß sie arbeitsbedingt ist,
2a. nach Zwischenfällen mit erhöhter arbeitsbedingter psychischer Fehlbeanspruchung,
3. bei sonstigen Umständen oder Ereignissen, die auf eine Gefahr für Sicherheit oder Gesundheit der Arbeitnehmer schließen lassen,
4. bei Einführung neuer Arbeitsmittel, Arbeitsstoffe oder Arbeitsverfahren,
5. bei neuen Erkenntnissen im Sinne des § 3 Abs. 2 und
6. auf begründetes Verlangen des Arbeitsinspektorates.

(6) Bei der Ermittlung und Beurteilung der Gefahren und der Festlegung der Maßnahmen sind erforderlichenfalls geeignete Fachleute heranzuziehen. Mit der Ermittlung und Beurteilung der Gefahren können auch die Sicherheitsfachkräfte und Arbeitsmediziner sowie

sonstige geeignete Fachleute, wie Chemiker, Toxikologen, Ergonomen, insbesondere jedoch Arbeitspsychologen, beauftragt werden.

Das Gesetz sieht somit keine Verpflichtung vor, die Evaluierung in bestimmten zeitlichen Abständen zu wiederholen, da nach § 4 Abs. 5 Z 1 bis 6 ASchG lediglich bestimmte Ereignisse und Anlässe genannt sind, die eine Überprüfung und allenfalls eine Anpassung der Evaluierung erfordern.

Eine Überprüfung der Evaluierung hat etwa auch dann stattzufinden, wenn Zwischenfälle mit erhöhter arbeitsbedingter psychischer Fehlbeanspruchung auftreten (§ 4 Abs. 5 Z 2a ASchG). Die Bestimmung ist insofern unklar, als nicht feststellbar ist, wann eine psychische Fehlbeanspruchung „arbeitsbedingt" ist. Für gewöhnlich beruht das psychische Problem auf zahlreichen Faktoren, die zu einem wesentlichen Teil dem privaten Bereich zuzuordnen sind. Ist davon auszugehen, dass psychische Fehlbeanspruchungen eines AN nicht „arbeitsbedingt" sind, so kann die Überprüfung der Evaluierung unterbleiben.

Psychologische Fragen können auch mit dem Arbeitsmediziner erörtert werden, weil die arbeitsmedizinische Ausbildungs-VO auch eine Ausbildung für Fragen der Arbeits- und Organisationspsychologie für Arbeitsmediziner vorsieht.

Die mit 1.1.2013 vorgenommenen Neuerungen im ASchG bezüglich psychischer Belastungen sind Klarstellungen und es kann daher (entgegen den Darstellungen in den Medien) keine Rede davon sein, dass diese Novelle als neues „Anti-Stress-Gesetz" zu sehen sei. Es wird erfahrungsgemäß manchmal versucht, die AG zum Einsatz von Arbeitspsychologen, zur Anwendung teurer und aufwändiger psychologischer Testverfahren etc zu veranlassen, obwohl dies gesetzlich nicht erforderlich ist. Nähere Informationen können unter www.eval.at abgerufen werden (siehe auch *Rauch*, Arbeitsrecht 2014, 8 ff.). Insbesondere ist dort ein mit dem Arbeitsinspektorat abgestimmter kostenfreier Onlinefragebogen erhältlich (*Rauch*, Arbeitsrecht 2015, 71), dessen ordnungsgemäße Verwendung die Pflichten zur Evaluierung psychischer Belastungen im Regelfall erfüllen sollte.

Nach § 4 Abs 1 Z 3 PSA-V ist die für die Benutzung der persönlichen Schutzausrüstung erforderliche Konstitution der AN im Rahmen der Arbeitsplatzevaluierung zu berücksichtigen.

Sicherheits- und Gesundheitsschutzdokumente
§ 5. Arbeitgeber sind verpflichtet, in einer der Anzahl der Beschäftigten und den Gefahren entsprechenden Weise die Ergebnisse der Ermittlung und Beurteilung der Gefahren sowie die durchzuführenden Maßnahmen zur Gefahrenverhütung schriftlich festzuhalten (Sicherheits- und Gesundheitsschutzdokumente). Soweit dies aus Gründen der Gefahrenverhütung erforderlich ist, ist diese Dokumentation arbeitsplatzbezogen vorzunehmen.

Wenn in einer Arbeitsstätte ein AG nicht mehr als zehn AN regelmäßig beschäftigt, so genügt ein sehr vereinfachtes Sicherheits- und Gesundheitsschutzdokument, sofern bei der Evaluierung keine Gefährdungen von AN festgestellt wurden, für die Schutzmaßnahmen festzulegen wären (§ 2a DOK-VO, siehe 33.12 – Anhang 2).

33.3.1 Sonderevaluierungen nach MSchG und KJBG

Die §§ 2a und 2b MSchG sehen vor, dass der AG für Arbeitsplätze, an denen Frauen beschäftigt werden, die Gefahren für die Sicherheit und Gesundheit von werdenden und stillenden Müttern und ihre Auswirkungen auf die Schwangerschaft oder das Stillen zu ermitteln und zu beurteilen hat. Dabei sind bestimmte Belastungen besonders zu berücksichtigen (Stöße, Erschütterungen oder Bewegungen, Heben, Lärm, extreme Kälte oder Hitze, Strahlungen, körperliche Belastungen etc.). Die Ergebnisse der Evaluierung und die zu ergreifenden Maßnahmen sind auch bei dieser Evaluierung schriftlich festzuhalten (Sicherheits- und Gesundheitsschutzdokumente) und allen AN oder dem BR und den Sicherheitsvertrauenspersonen mitzuteilen.

Weiters sieht der § 23 KJBG eine Sonderevaluierung für Jugendliche vor. Dabei sind insbesondere auch die Körperkraft, das Alter und der Stand der Ausbildung und der Unterweisung der Jugendlichen zu beachten.

Bei der Evaluierung sind auch besonders gefährdete oder schutzbedürftige AN zu berücksichtigen (§ 4 Abs. 2 ASchG). Dabei sind die spezifischen Gefahren für diese AN zu ermitteln (VwGH 20.11.2015, Ra 2015/02/0131).

Daher ist auch für Behinderte eine Sonderevaluierung durchzuführen. Der Begriff „Behinderte" ist dabei weit zu verstehen und erfasst somit auch Personen mit Diabetes, Asthma und sonstigen Lungenfunktionsleiden (VwGH 20.11.2015, Ra 2015/02/0131, *Rauch*, Arbeitsrecht 2017, 68 f.).

33.3.2 Beratung und Unterstützung bei der Evaluierung

Internetadressen siehe 33.12.

Im Internet können unter www.eval.at u.a. branchenspezifische Formulare und Informationen bezogen werden.

Fragen bezüglich branchenspezifischer Sicherheitsprobleme können an die jeweilige Fachgruppe (Innung, Gremium) der zuständigen WK gerichtet werden.

Weiters können Auskünfte beim Arbeitsinspektorat und der AUVA eingeholt werden (siehe 33.12).

Falls der AG die Gefahren nicht oder nicht vollständig beurteilen kann, ist er verpflichtet, Fachleute beizuziehen. Abgesehen davon sollten Sicherheitsfachkräfte und Arbeitsmediziner der Evaluierung beigezogen werden, da die hierfür erforderliche Zeit bei der gesetzlich vorgesehenen Mindesteinsatzzeit (siehe 33.4.1) anzurechnen ist (§ 36 Abs. 3 Z 8 und § 82 Z 4a ASchG) und damit die entsprechende Fachkompetenz bei den die Evaluierung durchführenden Personen gewährleistet sein sollte.

33.4 Präventivdienste

Das neue ASchG sieht (entsprechend der EG-Rahmenrichtlinie 89/391) vor, dass alle Betriebe verpflichtet sind, **Präventivdienste (Sicherheitsfachkräfte** bzw. Fachkräfte für Arbeitssicherheit und **Arbeitsmediziner**; §§ 73 ff. ASchG) einzurichten.

Die Arbeitsmediziner haben insbesondere folgende Aufgaben wahrzunehmen:

- Beratung bezüglich Gesundheitsschutz
- Organisation der Ersten Hilfe
- Mitwirkung bei der Evaluierung
- Erstellung von Betriebsanweisungen
- Planung von Arbeitsstätten
- ergonomische Fragen etc.

Die Sicherheitsfachkräfte haben insbesondere folgende Aufgaben wahrzunehmen:

- alle Fragen der Arbeitssicherheit
- Brandschutz
- Mitwirkung bei der Evaluierung
- Organisation der Unterweisung etc.

Zu den Honoraren der Arbeitsmediziner siehe 33.12.

Benachteiligungsverbot

Dazu sieht der § 9 Abs. 1 AVRAG Folgendes vor:

§ 9. (1) Sicherheitsvertrauenspersonen und Arbeitnehmer, die als Sicherheitsfachkräfte, Arbeitsmediziner oder als deren Fach- oder Hilfspersonal beschäftigt sind, dürfen vom Arbeitgeber wegen der Ausübung dieser Tätigkeit, insbesondere hinsichtlich des Entgelts, der Aufstiegsmöglichkeiten und der Versetzung nicht benachteiligt werden.

Dienstgeberhaftungsprivileg (siehe 22.4.2)

Betriebseigene und externe Sicherheitsfachkräfte können sich auf das AG-Haftungsprivileg berufen, weil das Beratungsrecht der Sicherheitsfachkräfte gegenüber den AN als eine „de facto Weisungsbefugnis" anzusehen sei (OGH 14.2.2012, 2 Ob 174/11 v).

33.4.1 Ausmaß der Präventionszeit

Für die Präventivdienste sind **Begehungen** (dazu im Folgenden) bzw. eine **Mindesteinsatzzeit**, die nunmehr als **Präventionszeit** bezeichnet wird (§ 77 ASchG für Sicherheitsfachkräfte, § 82 ASchG für Arbeitsmediziner, § 82a für sonstige geeignete Fachleute wie Chemiker, Toxikologen, Ergonomen und insbesondere Arbeitspsychologen) vorgesehen. Die Präventionszeit richtet sich nach der Anzahl der AN, die von einem AG in einer Arbeitsstätte beschäftigt werden, wobei die auf Baustellen und auswärtigen Arbeitsstellen beschäftigten AN einzurechnen sind (ausgenommen jene AN auf Baustellen, für die eine eigene gesetzmäßige arbeitsmedizinische bzw. sicherheitstechnische Betreuung eingerichtet ist). Teilzeitbeschäftigte werden nur entsprechend dem Umfang ihrer Beschäftigung anteilsmäßig eingerechnet. Bei saisonal wechselnder Anzahl von AN ist von der vorhersehbaren durchschnittlichen Anzahl der AN auszugehen (§ 82a Abs. 4 AschG). Die Präventivfachkräfte haben Aufzeichnungen über die geleistete Einsatzzeit und die nach dem AschG durchgeführten Tätigkeiten und Untersuchungen sowie deren Ergebnisse zu führen. Welche Tätigkeiten auf die Präventionszeit angerechnet werden dürfen, wird vom Gesetz detailliert aufgezählt (§ 77 Abs. 6 und § 82 Abs. 6 AschG).

Die Präventionszeit beträgt pro Kalenderjahr für Sicherheitsfachkräfte, Arbeitsmediziner und sonstige geeignete Fachleute:

- für AN an Büroarbeitsplätzen sowie an bezüglich Gefährdungen und körperlichen Belastungen vergleichbaren Arbeitsplätzen 1,2 Stunden pro AN und Kalenderjahr und

- für sonstige Arbeitsplätze 1,5 Stunden pro AN und Kalenderjahr (§ 82a Abs. 2 AschG).

Für Nachtarbeitsplätze (mindestens 50-mal jährlich Nachtarbeit nach Art. VII Abs. 1 des Nachtschwerarbeitsgesetzes) ist ein Zeitzuschlag von 0,5 Stunden pro AN und Jahr vorgesehen.

Die gesamte Präventionszeit einer Arbeitsstätte ist zu 40 % auf die Sicherheitsfachkräfte, zu 35 % auf die Arbeitsmediziner und zu 25 % je nach der Gefährdungs- und Belastungssituation zwischen den Sicherheitsfachkräften, den Arbeitsmedizinern und den **sonstigen geeigneten Fachleuten** (i.S.d. § 82 b AschG) aufzuteilen (§ 82a Abs. 5 AschG).

Präventivfachkräfte haben Aufzeichnungen über die geleistete Arbeitszeit und die nach dem AschG durchgeführten Tätigkeiten zu führen (§ 84 Abs. 1 AschG).

Nach § 84 Abs. 3 AschG sind Berichtspflichten gegenüber dem AG vorgesehen.

Die Präventionszeiten können durch externe Kräfte im Wege eines Werkvertrages oder durch AN (auch auf der Basis eines freien Dienstvertrages) wahrgenommen werden, falls die entsprechenden fachlichen Voraussetzungen vorliegen. Die Tätigkeit einer Sicherheitsfachkraft kann auch durch den AG selbst wahrgenommen werden (**Unternehmermodell** nach § 78b AschG), falls er die entsprechenden Kenntnisse nachweist und insgesamt nicht mehr als 50 AN beschäftigt.

Präventivfachkräfte können gleichzeitig auch Sicherheitsvertrauenspersonen sein. Sie brauchen für die Übernahme der Funktion der Sicherheitsvertrauensperson keine eigene Ausbildung (§ 10 Abs. 10 ASchG – siehe auch 33.7.1) und es ist auch keine zusätzliche Einsatzzeit vorgesehen.

Weiters kann ein arbeitsmedizinisches oder sicherheitstechnisches Zentrum sowie ein Präventionszentrum der AUVA (Arbeitsstätten bis 50 AN; siehe dazu im Folgenden) herangezogen werden.

33.4.2 Kostenlose Begehung

Aufgrund einer Novelle zum ASchG, die per 1.1.1999 in Kraft trat, sind die Mindesteinsatzzeiten der Präventivdienste für Arbeitsstätten bis 50 AN entfallen und wurden durch zeitlich flexible Begehungen ersetzt. Unter folgenden Voraussetzungen können die Begehungen durch die AUVA kostenlos durchgeführt werden:

- In der Arbeitsstätte werden maximal regelmäßig bis zu 50 AN beschäftigt, sofern der AG insgesamt nicht mehr als 250 AN beschäftigt. Die Zahlengrenze von 50 AN kann um 3 AN überschritten werden (somit insgesamt 53 AN), wenn in dieser Arbeitsstätte Lehrlinge oder begünstigte Behinderte beschäftigt werden.
- Falls die AN-Zahl schwankt (z.B. im Saisonbetrieb) gelten die Bestimmungen für Arbeitsstätten mit bis zu 50 AN auch dann, wenn die vorhersehbare durchschnittliche AN-Zahl pro Jahr nicht mehr als 50 AN beträgt und an nicht mehr als 30 Tagen im Jahr mehr als 75 AN in der Arbeitsstätte beschäftigt werden.
- Dieser Dienst ist mittels Musteranforderung (www.auva.at) an die jeweilige Landesstelle bzw. Außenstelle der AUVA vom AG anzufordern.
- Eine Durchschrift dieser Anforderung ist im Betrieb aufzubewahren und bei Aufforderung dem Arbeitsinspektor vorzuweisen (ein allfälliger Wechsel der Betreuungsform ist dem Arbeitsinspektorat anzuzeigen).
- Über die beabsichtigte Anforderung eines Präventionszentrums der AUVA sind die Sicherheitsvertrauenspersonen bzw. wenn solche nicht vorhanden sind, alle AN zu informieren.

Zahl der Begehungen: In Arbeitsstätten mit ein bis zehn AN mindestens einmal in zwei Kalenderjahren. In Arbeitsstätten mit elf bis 50 AN mindestens einmal pro Kalenderjahr.

Weitere Begehungen sind je nach Erfordernis zu veranlassen.

Dies ist bei der Einführung neuer Technologien mit neuen Gefährdungen gegeben (siehe dazu § 76 Abs. 3 und § 81 Abs. 3 ASchG).

Die AG haben bei Begehungen dafür zu sorgen, dass neben Sicherheitsvertrauenspersonen und Belegschaftsorganen nach Möglichkeit alle AN anwesend sind, sofern nicht persönliche oder zwingende betriebliche Gründe dies verhindern.

Die AN und die vorgenannten Belegschaftsvertreter können direkt bei der AUVA Auskünfte einholen und Begehungen verlangen.

33.4.3 Präventivdienste und Evaluierung sowie Haftung

Die Verpflichtung, für eine präventivdienstliche Betreuung zu sorgen, besteht neben der Pflicht zur Evaluierung und ihrer Dokumentation. Die Beratungen und Begehungen mit den Präventivdiensten sowie deren allfällige Vorschläge sollten einen wesentlichen Bestandteil der vom AG durchzuführenden Evaluierung bilden. Falls der AG mit der Evaluierung fachlich überfordert ist, sind die Präventivdienste oder andere geeignete Experten beizuziehen (§ 4 Abs. 6 ASchG).

Bei der Sonderevaluierung für Jugendliche (siehe 33.3.1) sind die Präventivdienste jedenfalls einzubeziehen (§ 23 Abs. 1b KJBG).

Die Verantwortung für die Einhaltung der Arbeitnehmerschutzvorschriften trägt trotz der Bestellung von Präventivfachkräften der AG. Den Präventivfachkräften kann diese Verantwortlichkeit nicht übertragen werden (§ 83 Abs. 9 ASchG).

33.5 Information und Unterweisung sowie Pflichten der AN

33.5.1 Information und Unterweisung der AN (§ 12 ASchG)

AG sind verpflichtet, für eine ausreichende **Information** (während der Arbeitszeit) der AN über Gefahren und deren Verhütung zu sorgen. Die Information muss vor Aufnahme der Tätigkeit erfolgen und regelmäßig wiederholt werden (insbesondere bei neuen Vorschriften, Änderungen im Betrieb, neuen Erkenntnissen etc.). Gebrauchsanleitungen, Beipackzettel und dergleichen sind dem AN zur Verfügung zu stellen. Weiters sind die AN, die unmittelbar einer Gefahr ausgesetzt sind, über diese Gefahr und die Verhütungsmaßnahmen entsprechend zu informieren.

AN, welche die deutsche Sprache nicht ausreichend verstehen, müssen in einer ihnen ausreichend verständlichen Sprache informiert werden.

33.5.2 Unterweisung (§ 14 ASchG)

Neben der Informationspflicht besteht die Pflicht des AG zur Unterweisung der AN über Gefahren und deren Verhütung. Erforderlichenfalls ist die Unterweisung regelmäßig zu wiederholen. Eine Unterweisung muss erfolgen:

a) vor Aufnahme der Tätigkeit,
b) bei einer Versetzung oder Veränderung des Aufgabenbereiches,
c) bei Einführung oder Änderung von Arbeitsmitteln,
d) bei Einführung neuer Arbeitsstoffe,
e) bei Einführung oder Änderung von Arbeitsverfahren und
f) nach Unfällen oder Ereignissen, die beinahe zu einem Unfall geführt hätten, sofern dies zur Verhütung weiterer Unfälle nützlich erscheint.

Die Unterweisung muss (wie die Information) in einer dem AN verständlichen Form (erforderlichenfalls in der Muttersprache) erfolgen und muss auch die bei Betriebsstörungen zu treffenden Maßnahmen umfassen.

Die Unterweisung kann auch schriftlich erfolgen. Erforderlichenfalls sind Anweisungen am Arbeitsplatz auszuhängen.

Der AG ist verpflichtet die Durchführung der Unterweisung nachzuweisen. Daher ist es empfehlenswert, Aufzeichnungen zu führen und von den unterwiesenen AN unterfertigen zu lassen.

Die Unterweisung ist erforderlichenfalls in regelmäßigen Abständen zu wiederholen, jedenfalls dann, wenn dies als Maßnahme zur Gefahrenverhütung oder in einer VO zum ASchG festgelegt ist.

Die Unterlassung der Unterweisung führt nicht immer zur Annahme einer groben Fahrlässigkeit des AG. Für grobe Fahrlässigkeit ist es erforderlich, dass es als wahrscheinlich angesehen wird, dass die Unterlassung einer Maßnahme zu einem Unfall der einschlägigen Art führen werde (OLG Wien 9 Ra 32/09 f = ARD 6008/10/2009).

33.5.3 Pflichten der AN (§ 15 ASchG, § 3 Abs. 9 PSA-V)

AN haben die Schutzmaßnahmen anzuwenden und zwar gemäß ihrer Unterweisung und den Anweisungen des AG. Schutzvorrichtungen dürfen nicht eigenmächtig verändert, entfernt, etc. werden. Defekte, Arbeitsunfälle sowie Beinahe-Unfälle sind unverzüglich zu melden. **Alkohol** und Suchtmittel sind zu meiden (Details siehe 34.1). Persönliche Schutzausrüstung ist nach Benutzung an dem dafür vorgesehenen Platz zu lagern. Auf Verlangen des AG haben AN die gesundheitlichen Erfordernisse für die Verwendung der gebotenen Schutzausrüstung (Fuß- und Beinschutz, Kopf- und Nackenschutz, Augen- und Gesichtsschutz sowie Gehörschutz) in geeigneter Form nachzuweisen (§ 3 Abs 9 PSA-V).

Falls gegen diese Verpflichtungen verstoßen wird, wird zu prüfen sein, ob mit einer sofortigen Entlassung (§ 27 AngG, § 82 GewO 1859, § 15 Abs. 3 BAG, etc.) oder zunächst einer Verwarnung vorzugehen ist. Hinsichtlich eines im Dienst dem Alkohol zugeneigten AN hat etwa das Arbeits- und Sozialgericht Wien (21 Cga 7/97 w = ARD 4931/46/98) ausgesprochen, dass die für eine Entlassung erforderliche Unzumutbarkeit der Weiterbeschäftigung durch die Erhöhung des Unfallrisikos jedenfalls gegeben ist (siehe 34. und 42.).

33.6 Aufzeichnungs-, Melde- und Aushangpflichten im Arbeitnehmerschutz

33.6.1 Aufzeichnungspflichten

Im ASchG sind folgende Aufzeichnungspflichten vorgesehen:
a) Sicherheits- und Gesundheitsschutzdokumente (§§ 5, 18, Z 1 und 102);
b) Nachweis über Unterweisung der AN über Sicherheit und Gesundheitsschutz (siehe 33.5.2);

c) Aufzeichnungen und Berichte über Arbeitsunfälle (§ 16);
d) Aufzeichnungen über die Prüfung bestimmter Arbeitsmittel (z.B. Aufzüge, Krane, Hub- und Kipptore; § 37 Abs. 6);
e) Wartungsbuch für bestimmte Arbeitsmittel (§§ 38 Abs. 2, 9 Abs. 2);
f) Aufzeichnungspflichten bei der Verwendung bestimmter gefährlicher Arbeitsstoffe (§§ 47, 48, 110 Abs. 7);
g) Eignungs- und Folgeuntersuchungen, die bei Tätigkeiten durchzuführen sind, die zu einer Berufskrankheit führen können oder unter Atemschutz oder besonders belastender Hitze ausgeübt werden (§§ 58 Abs. 4, 112 Abs. 1);
h) Verzeichnis der AN, die der Lärmeinwirkung ausgesetzt sind (§§ 65 Abs. 4 Z 6, 114 Abs. 2);
i) Verzeichnis der AN, die besonders gefährliche Tätigkeiten durchführen (z.B. Tauchen, Sprengarbeiten, Gasrettungsdienst; §§ 62 Abs. 8, 113 Abs. 1);
j) Sitzungsprotokolle des Arbeitsschutzausschusses, der für Arbeitsstätten, in denen mehr als 100 AN beschäftigt werden, einzurichten ist (§ 88 Abs. 8, § 116 Abs. 4).

Die Aufzeichnungspflichten nach h.–j. werden jeweils durch eine Verordnung näher geregelt.

Die Aufzeichnungspflichten nach a.–c. treffen jeden AG.

Weitere Aufzeichnungspflichten (außerhalb des AschG):
- Verzeichnis der Jugendlichen (§ 26 KJBG – siehe 30.9)
- Urlaubsaufzeichnungen (§ 8 UrlG – siehe 27.9)
- Arbeitszeitaufzeichnungen (§ 26 AZG – siehe 30.8)
- Aufzeichnung der Beschäftigung und Entlohnung von AN während der Wochenend-, Wochen- und Ersatzruhe (§ 25 Abs. 1 ARG).

33.6.2 Meldepflichten an die AUVA

Arbeitsunfälle (siehe 22.) und Berufskrankheiten sind mittels eines Formulars (§ 363 Abs. 1 ASVG, Mitteilung an BR – § 89 Z 3 ArbVG) der AUVA zu melden. Bei Arbeitskräfteüberlassung (siehe 35.) trifft den Beschäftiger die Meldepflicht.

Die Aufzeichnungen, die zuvor (33.6.1) unter f.–h. genannt sind, sind nach Ende der Exposition des AN (f. und h.) bzw. beim Ausscheiden des AN (g.) aus dem Betrieb der AUVA zu übermitteln, welche sie mindestens 40 Jahre lang aufzubewahren hat.

33.6.3 Meldepflichten an das Arbeitsinspektorat nach dem AschG

a) Bestellung von Sicherheitsvertrauenspersonen (§ 10 Abs. 8) (schriftliche Mitteilung der Namen);

b) Verwendung gefährlicher Arbeitsstoffe (§ 48 Abs. 2);
c) tödliche und schwere Arbeitsunfälle, sofern nicht eine Meldung an die Sicherheitsbehörden erfolgt (§ 98 Abs. 1);
d) besonders gefährliche Arbeiten, sofern dies in einer VO nach dem ASchG vorgesehen ist (§ 98 Abs. 3);
e) Bauarbeiten, die länger als fünf Tage dauern (§ 97 Abs. 1 bis 7);
f) gefährliche Ereignisse nach § 97 Mineralrohstoffgesetz (MinroG), die sich in Bergbaubetrieben (§ 108 MinroG) ereignen (§ 98 Abs. 2).

Nach § 3 Abs. 6 MSchG ist die von einer AN bekannt gegebene Schwangerschaft unverzüglich dem Arbeitsinspektorat zu melden (siehe 25.1).

33.6.4 Aushangpflichten

Die Aushangpflichten bezüglich etlicher Gesetze (z.B. AZG, ARG, MSchG, GlBG) sind mit 1.7.2017 sinnvollerweise entfallen. Die Auflagepflichten bezüglich Lenker (AZG, ARG sowie bestimmte VO) können aus europarechtlichen Gründen nicht aufgehoben werden (§§ 17c, 24 AZG, §§ 22d, 23 ARG, *Rauch*, Arbeitsrecht 2017, 24).

Weiters sind folgende Aushangpflichten zu beachten:

1. Der AG muss an einer für die AN leicht zugänglichen Stelle einen Aushang über den Beginn und das Ende der Normalarbeitszeit und der Ruhepausen sowie über die Dauer der Wochenruhe gut sichtbar anbringen (§ 25 AZG).

2. Ebenso ist (mangels einer Betriebsvereinbarung) ein Aushang über die Normalarbeitszeit, die Ruhepausen und die Wochenruhe der Jugendlichen auszuhängen (§ 27 Abs. 2 KJBG).

3. Der AG hat den (die) im Betrieb anzuwendenden KV im Betrieb in einem für alle AN zugänglichen Raum aufzulegen und darauf in einer Betriebskundmachung hinzuweisen (§ 15 ArbVG). Daher ist etwa das bloße Vorhandensein des KV in der Lohnverrechnungsabteilung nicht ausreichend, wenn nicht wenigstens in einem Anschlag darauf hingewiesen wird. Im Dienstzettel bzw. Arbeitsvertrag ist auf den anzuwendenden KV und den Raum, in dem er aufliegt, zu verweisen (§ 2 Abs. 2 lit. b AVRAG; siehe 13.).

4. Betriebsvereinbarungen sind vom Betriebsinhaber oder vom Betriebsrat im Betrieb aufzulegen oder an sichtbarer und für alle AN zugänglicher Stelle anzuschlagen (§ 30 Abs. 1 ArbVG; siehe 53.).

Bei Nichteinhaltung der unter 1.–3. dargestellten Aushangpflichten können Verwaltungsstrafen verhängt werden. Bei Unterlassung der Auflage des KV im Betrieb ist dies nur möglich, wenn der BR bei der zuständigen Bezirksverwaltungsbehörde einen Strafantrag stellt (§ 160 ArbVG).

Weitere Aushangpflichten könnten etwa in einem KV oder in einer Betriebsvereinbarung vorgesehen sein.

33.7 Sicherheitsvertrauenspersonen (§§ 10, 11 ASchG) und Arbeitsschutzausschuss (§ 88 Abs. 1 ASchG)

33.7.1 Sicherheitsvertrauenspersonen

Sicherheitsvertrauenspersonen haben in allen Fragen des Arbeitnehmerschutzes die AN zu informieren, zu beraten und zu unterstützen, den AG zu beraten und über Mängel zu informieren, auf die Anwendung der gebotenen Schutzmaßnahmen zu achten, mit den Präventivdiensten und dem BR zu kooperieren etc.

Die Sicherheitsvertrauensperson muss über eine AN-Schutzausbildung von 24 Unterrichtseinheiten zu je 50 Minuten verfügen oder im ersten Jahr der Funktionsperiode ablegen. Sie muss ein AN des Betriebes sein. Wenn sie gleichzeitig die Funktion einer Präventivfachkraft (siehe 33.4) wahrnimmt, ist die Ausbildung nicht erforderlich.

Sicherheitsvertrauenspersonen sind vom AG (mit Zustimmung des BR) für die Dauer von 4 Jahren zu bestellen, wenn in einem Betrieb mit BR regelmäßig mehr als 10 AN beschäftigt werden (ausschlaggebend ist die Zahl der AN am Tag der Bestellung der Sicherheitsvertrauenspersonen). Die Zustimmung des BR ist auch dann einzuholen, wenn ein Mitglied des BR bestellt wird.

Wenn kein BR besteht, wird auf die Zahl der in einer Arbeitsstätte beschäftigten AN abgestellt, d.h., es sind Sicherheitsvertrauenspersonen zu bestellen, wenn in einer Arbeitsstätte regelmäßig mehr als 10 AN beschäftigt sind. Weiters sind in Betrieben ohne BR alle AN über die beabsichtigte Bestellung schriftlich zu informieren. Es muss ein anderer Mitarbeiter bestellt werden, wenn mindestens ein Drittel der AN schriftlich Einwände erhebt.

Das Unterbleiben der Bestellung von Sicherheitsvertrauenspersonen steht in Betrieben bzw. Arbeitsstätten unter 50 AN nicht unter Strafsanktion (§ 130 Abs. 1 Z 12 ASchG).

Der AG ist verpflichtet, die Namen der Sicherheitsvertrauenspersonen, den Wirkungsbereich und Dienstort sowie Beginn und Ende der Funktionsperiode dem **Arbeitsinspektorat** schriftlich mitzuteilen, dieses bringt die Mitteilung der zuständigen gesetzlichen Interessenvertretung der AN zur Kenntnis.

Vor jeder Kündigung einer Sicherheitsvertrauensperson hat der AG die zuständige Arbeiterkammer schriftlich zu verständigen. Bei einer Entlassung hat diese Verständigung unverzüglich nach Ausspruch der Entlassung zu erfolgen. Im Fall des Unterbleibens der Verständigung der Arbeiterkammer verlängert sich die Frist zur Anfechtung der Kündigung oder Entlassung (Motivkündigungsschutz gemäß § 9 AVRAG – siehe auch 41.8.3) durch die Sicherheitsvertrauensperson um den Zeitraum der verspäteten Verständigung, längstens jedoch um einen Monat ab Zugang der Kündigung oder Entlassung (§ 9 AVRAG in Verbindung mit § 107 ArbVG siehe 41.8.3).

Die Mindestanzahl der zu bestellenden Sicherheitsvertrauenspersonen beträgt:

Anzahl der AN	Zahl der Sicherheitsvertrauenspersonen
11 bis 50*	1
51 bis 100	2
101 bis 300	3
301 bis 500	4
501 bis 700	5
701 bis 900	6
901 bis 1400	7
1401 bis 2200	8

* bis 50 AN keine Sanktionsmöglichkeit
Rechtsquelle: VO über die Sicherheitsvertrauenspersonen (BGBl. 1996/172)
Die Staffel der VO reicht bis zur AN-Zahl von 10200 (18 Sicherheitsvertrauenspersonen).

33.7.2 Arbeitsschutzausschuss

Ein Arbeitsschutzausschuss ist für Arbeitsstätten, in denen mindestens 100 AN beschäftigt werden, einzurichten. Sind zu 75 % Büroarbeitsplätze oder mit vergleichbaren Belastungen und Gefährdungen verbundene Arbeitsplätze regelmäßig besetzt, so gilt diese Verpflichtung ab 250 AN.

Der Arbeitsschutzausschuss hat unter Leitung des AG oder eine von ihm beauftragten Person nach Erfordernis, mindestens aber einmal pro Kalenderjahr zu tagen. Der Ausschuss ist u.a. für die Koordination, den Erfahrungsaustausch der mit dem Arbeitnehmerschutz im Betrieb befassten Personen sowie für die Erörterung der Berichte der Präventivdienste zuständig (Details siehe § 88 ASchG).

Betreibt ein AG mehrere Arbeitsstätten, in denen ein Arbeitsschutzausschuss einzurichten ist, so ist er verpflichtet, am Unternehmenssitz einen zentralen Arbeitsschutzausschuss einzurichten (Details siehe § 88a ASchG).

Vor Abberufung einer Präventivfachkraft ist der Arbeitsschutzausschuss zu befassen (§ 87 Abs. 1 ASchG). Die Unterlassung der „Befassung" hat nicht die Unwirksamkeit der Abberufung zur Folge (OGH 24.4.2012, 8 Ob A 31/11 h).

33.8 Die Bestellung von verantwortlichen Beauftragten

Für die Einhaltung von Verwaltungsvorschriften hat der AG die Möglichkeit, verantwortliche Beauftragte zu bestellen, die statt ihm verwaltungsstrafrechtlich verantwortlich sind. Die näheren Bestimmungen, vor allem die Voraussetzungen, unter denen die Bestellung wirksam ist, sind im § 9 VStG geregelt. Darüber hinaus enthält das ArbIG (§ 23) weitere besondere Wirksamkeitsvoraussetzungen, die der AG zu beachten hat, wenn er für die Einhaltung von Arbeitnehmerschutzbestimmungen verantwortliche Beauftragte bestellen möchte.

Bezüglich der Wirksamkeit einer solchen Bestellung ist zusammengefasst Folgendes zu beachten:

AN dürfen nur dann bestellt werden, wenn sie **leitende Angestellte** sind, denen maßgebliche Führungsaufgaben selbstverantwortlich übertragen sind und die ihrem Verantwortungsbereich entsprechende **Anordnungsbefugnis** haben (d.h., es muss die Befugnis bestehen, Weisungen zu erteilen, durch die die Einhaltung der Arbeitnehmerschutzbestimmungen gewährleistet wird).

Der Verantwortungsbereich muss sowohl räumlich als auch sachlich abgegrenzt sein. Es soll nämlich vermieden werden, dass Zweifel am Umfang seiner Bestellung bestehen (VwGH 19.3.2013, 2011/02/0238). Die Behörde soll ohne weitere Ermittlungen den Umfang des Verantwortungsbereiches erkennen können. Für ein und denselben Bereich kann jeweils nur ein verantwortlicher Beauftragter bestellt werden. Das Freihalten von Notausgängen wurde von der Judikatur als eine geradezu typische Angelegenheit gesehen, die in den Verantwortungsbereich eines Filialleiters übertragen werden kann. Die Übertragung der Verantwortlichkeit für das gesamte Personalwesen ist zu allgemein gehalten.

Ein verantwortlicher Beauftragter kann nicht rechtswirksam zur Sicherheitsvertrauensperson bestellt werden. Durch die rechtsunwirksame Bestellung zur Sicherheitsvertrauensperson wird die Strafbarkeit als verantwortlicher Beauftragter nicht berührt (VwGH 2005/02/0198 = ARD 5705/6/2006).

Die Bestellung wird erst wirksam, nachdem beim zuständigen **Arbeitsinspektorat** eine schriftliche Mitteilung über die Bestellung samt einem Nachweis der Zustimmung der bestellten Person eingelangt ist. Wird also die Bestellung an ein unzuständiges Arbeitsinspektorat übermittelt, so ist sie rechtsunwirksam (VwGH 31.7.2014, 2013/02/278). Auch der Widerruf der Bestellung ist unverzüglich schriftlich mitzuteilen (Muster siehe 33.12; Anhang 2). Die Beendigung der Bestellung zum verantwortlichen Beauftragten wird aber bereits mit der betriebsinternen Abberufung wirksam. Die Mitteilung an das Arbeitsinspektorat hat nur deklaratorischen Charakter (VwGH 4.10.2012, 2010/09/0225).

Obwohl ein an sich unzuständiges Arbeitsinspektorat nach § 6 AVG verpflichtet ist, die Meldung an das zuständige Arbeitsinspektorat weiterzuleiten, trägt der AG die nachteiligen Folgen, wenn die Weiterleitung unterbleibt (VwGH 11.9.2009, 2008/02/0168 = ARD 6026/2/2010).

Das Arbeitsinspektorat ist nur „Sammelstelle" dieser Meldungen. Eine Prüfung der Wirksamkeit der Bestellung erfolgt erst im Zuge eines Verwaltungsstrafverfahrens. Der Umstand, dass das Arbeitsinspektorat gegen die Mitteilung der Bestellung eines verantwortlichen Beauftragten keine Bedenken geäußert hat, schließt die unwirksame Bestellung des verantwortlichen Beauftragten nicht aus (VwGH 98/11/0206 = ARD 5125/6/2000).

Die Praxis hat gezeigt, dass sich viele Bestellungen als unwirksam herausgestellt haben, insbesondere mangels klarer Abgrenzung des Verantwortungsbereiches.

Die Bestellung eines verantwortlichen Beauftragten ist ein Recht, aber keine Verpflichtung.

Eine krankheitsbedingte Absenz des verantwortlichen Beauftragten schließt die Haftung nicht aus (LVwG Wien 18.8.2014, VGW – 022/056/23226/2014, ARD 6428/10/2014).

Übernimmt ein Vertretungsorgan einer juristischen Person (z.B. der Geschäftsführer der GmbH) die Verantwortung für den AN-Schutz, so ist die Mitteilung an das Arbeitsinspektorat nicht erforderlich. Die Bestellung ist jedoch nachzuweisen. Gelingt dies, so entfällt die Strafbarkeit der übrigen Vertretungsorgane. D.h. bei zwei oder mehreren Geschäftsführern kann die Strafe nicht gegen jeden Geschäftsführer gesondert verhängt werden. Beispielsweise könnte (wenn kein Geschäftsführer die Verantwortung übernommen hat bzw. kein verantwortlich Beauftragter bestellt ist) bei 4 Geschäftsführern gegen jeden Geschäftsführer die Verwaltungsstrafe in voller Höhe extra vorgeschrieben werden (VwGH 23.3.2016, Ra 2016/02/0002, *Rauch*, Arbeitsrecht 2017, 64 f.).

Zur Bestellung eines verantwortlichen Beauftragten für die Einhaltung der Bestimmungen des AuslBG siehe 18.17, des LSDB-G siehe 36.4.1.

33.9 Die Bildschirmarbeits-Verordnung (BS-V)

Von der BS-V sind kurz dauernde Eingaben und Abfragen von Daten nicht erfasst, ebenso wenig Bildschirmarbeit, die nicht länger als 2 Stunden täglich andauert.

Ein wesentlicher Teil der BS-V betrifft die **ergonomische Einrichtung von Bildschirmarbeitsplätzen**. In einem jederzeit bestellbaren Merkblatt der AUVA ist dies detailliert dargestellt (siehe 33.12; Anhang 1).

Falls AN bei einem „nicht unwesentlichen Teil ihrer normalen Arbeit ein Bildschirmgerät benutzen", d.h., wenn sie

- durchschnittlich ununterbrochen mehr als zwei Stunden oder
- durchschnittlich insgesamt mehr als drei Stunden pro Tag

an einem Bildschirmgerät arbeiten, gelten darüber hinaus noch die Bestimmungen über Pausen oder Tätigkeitsunterbrechungen, Untersuchungen der Augen und des Sehvermögens sowie spezielle Sehhilfen.

Pausen und Tätigkeitsunterbrechungen

Nach jeweils 50 Minuten ununterbrochener Bildschirmarbeit muss eine Pause bzw. ein Tätigkeitswechsel im Ausmaß von jeweils zehn Minuten erfolgen, wobei eine nach 50 Minuten zustehende Pause oder ein Tätigkeitswechsel in die anschließende zweite Stunde verlegt werden kann, sofern der Arbeitsablauf dies erfordert. Pausen sind in die Arbeitszeit einzurechnen.

Untersuchungen der Augen und des Sehvermögens

Der AG muss eine entsprechende Untersuchung der Augen und des Sehvermögens anbieten, und zwar

- vor Aufnahme der Tätigkeit,
- danach in Abständen von drei Jahren,
- bei Auftreten von Sehbeschwerden und
- über Verlangen des AN.

Die Kosten dieser Untersuchung sind vom AG zu tragen. Für diese Untersuchungen können Fachärzte für Augenheilkunde und Optometrie, Fachärzte für Arbeits- und Betriebsmedizin, zur Untersuchung der Sehschärfe (nicht aber zur Untersuchung des sonstigen Sehvermögens!) auch Personen, die die Meisterprüfung im Augenoptikerhandwerk absolvierten, herangezogen werden.

Bildschirmbrillen

Der AN hat ein Recht auf Zurverfügungstellung von speziellen Sehhilfen, wenn die Untersuchungen ergeben, dass er normale Sehhilfen für die Bildschirmarbeit nicht verwenden kann. Dies ist aber nur in Ausnahmefällen der Fall. Die Kosten dieser Sehhilfen dürfen nicht dem AN angelastet werden. Inwieweit diese Kosten von der Sozialversicherung, dem AG oder dem AN selbst zu tragen sind, entnehmen Sie dem folgenden Auszug einer aktuellen OGH-Entscheidung.

Einschlägige Judikatur

- *Der Schutz der Augen und des Sehvermögens als Bestandteil eines nationalen Gesundheitsfürsorgesystems ist insoweit verwirklicht, als § 133 Abs. 2 ASVG als Zielsetzung der ausreichenden, zweckmäßigen und nicht das Maß des Notwendigen überschreitenden Krankenbehandlung die Wiederherstellung, Festigung oder Besserung der Gesundheit, der Arbeitsfähigkeit (Dienstfähigkeit), der Fähigkeit, für die lebenswichtigen persönlichen Bedürfnisse zu sorgen, normiert. Der fehlsichtige AN hat somit im Rahmen der medizinischen Indikation gegenüber dem Krankenversicherungsträger auch auf eine Brille als Heilbehelf stets dann Anspruch, wenn die Arbeitsfähigkeit bzw. die Gesundheit dadurch erhalten wird, dass durch die Brille die bei der beruflichen Tätigkeit hervorgerufenen Beschwerden vermindert bzw. beseitigt werden. Ist daher eine Bildschirmbrille medizinisch indiziert, hat der Krankenversicherungsträger grundsätzlich die Kosten zu übernehmen.*

  Brillen sind in § 137 Abs. 1 ASVG ausdrücklich als Heilbehelf genannt.

  Der Gesamtvertrag, der die Verrechnung der Leistungen mit den Vertragsoptikern im Rahmen von Tarifen regelt, umfasst die Verrechnung von Standardfällen. Die Einschränkung der Verrechenbarkeit (durch die Krankenkasse) ist grundsätzlich zulässig, weil sie berechtigten Interessen der Vertragsparteien im Hinblick auf Qualität und Wirt-

schaftlichkeit entspricht. Bei im Wesentlichen wirkungsgleichen Heilbehelfen ist auf Grund des ökonomischen Aspekts bei der Beschränkung der Krankenbehandlung auf das Maß des Notwendigen die billigere Ausführung zu wählen.

War die Kassenleistung sohin ein ausreichender, die medizinische Fehlsichtigkeit deckender Heilbehelf, hat der den Tarif überschreitende Kostenanteil für besondere Gläser und Entspiegelungen, den der SV-Träger nicht übernommen hat und der ausschließlich dem Arbeitnehmerschutz dient, nach den Bestimmungen des ASchG und der BS-V der AG zu tragen.

Da der AN nur Anspruch auf eine Bildschirmbrille im Sinne der BS-V hat, sind daher auch die Ausstattungserfordernisse lediglich in dem dadurch bestimmten notwendigen Ausmaß des Arbeitnehmerschutzes determiniert und klargestellt, dass nur in diesem Rahmen ein Kostenersatzanspruch gegeben ist. Eine darüber hinausgehende Ausstattung und Qualität geht über den Zweck des Arbeitnehmerschutzes hinaus, sodass die dafür aufgelaufenen Kosten auch nicht im Vertrauen auf die ärztliche Verordnung dem AG aufgelastet werden können.

Im vorliegenden Fall hatte der AN für eine Bildschirmbrille S 5.800,– aufzuzahlen, der auch den vom Versicherten zu tragenden Selbstbehalt in Höhe von S 276,– umfasste. Der Selbstbehalt wurde vom AG zur Gänze ersetzt. Bei dem Betrag von S 5.800,– ist der vom Optiker unmittelbar mit der BVA abgerechnete Kassentarif (S 224,40 für eine Fassung und zweimal S 90,– für die Gläser) bereits in Abzug gebracht worden. Der AG hat daher dem AN eine Krankenkassenfassung im Wert von S 224,40 brutto, zwei entspiegelte Gläser zu je S 1.138,– brutto, abzüglich des Kassentarifs von insgesamt S 404,40 zu zahlen, sodass dem AN noch der Betrag von S 2.096,– gebührt (OGH 9 Ob A 63/00 f).

33.10 Bauarbeitenkoordinationsgesetz (BauKG)

33.10.1 Allgemeines

Mit 1.7.1999 trat das BauKG (BGBl. I 1999/37) in Kraft. Mit diesem Bundesgesetz wird die EU-Baustellenrichtlinie in Österreich umgesetzt. Das BauKG wurde u.a. durch das ANS-RG 2001 novelliert. Nach einer EU-Analyse sind 2/3 der Arbeitsunfälle auf Baustellen auf Versäumnisse bei der Bauplanung und Mängel bei der Baustellenorganisation zurückzuführen. Das BauKG soll Unfälle und Ausfallzeiten sowie die damit verbundenen Folgekosten verhüten. Jedenfalls führt das BauKG nicht zu einer inhaltlichen Erweiterung des Arbeitnehmerschutzes, sondern soll die Grundsätze des Arbeitsschutzes bereits in die Planungsphase einbeziehen und den Bauherrn in die Verantwortung für Sicherheit und Gesundheitsschutz einbinden. Der Bauherr kann seine Pflichten an einen Planungs- und an einen Baustellenkoordinator abtreten. Baustellen, auf die das BauKG anzuwenden ist, sind zeitlich begrenzte oder ortsveränderliche Baustellen, an denen Hoch- und Tiefbauarbeiten durchgeführt werden. Dazu zählen insbesondere folgende Arbeiten: Aushub, Erdarbeiten, Bauarbeiten im engeren Sinn, Errichtung und Abbau von Fertigbauelementen, Einrichtung oder Ausstattung, Umbau, Renovierung, Reparatur, Abbauarbeiten, Abbrucharbeiten, Wartung, Instandhaltungs-, Maler- und Reinigungsarbeiten sowie Sanierung.

33.10.2 Koordinationspflichten im geltenden Recht

Unabhängig vom BauKG sieht der § 8 ASchG sowie der § 4 Abs. 6 BauV vor, dass mehrere AG, die gleichzeitig AN auf einer Baustelle oder auf einer auswärtigen Arbeitsstelle oder in einer Arbeitsstätte beschäftigen, bei der Durchführung der Sicherheits- und Gesundheitsschutzbestimmungen zusammenzuarbeiten haben. Für Baustellen ist weiters ausdrücklich geregelt, dass mehrere AG, die gleichzeitig oder aufeinander folgend AN auf einer Baustelle beschäftigen, die Arbeiten so zu koordinieren haben, dass Gefahren für die Sicherheit oder die Gesundheit vermieden werden. Arbeitsstätten sind u.a. Gebäude und bauliche Anlagen sowie Orte auf einem Betriebsgelände, zu denen AN Zugang haben (Näheres siehe 33.1.1, § 19 ASchG). Werden an einem auswärtigen Ort, der weder eine Arbeitsstätte noch eine Baustelle ist, von AN Arbeitsleistungen erbracht, so liegt eine auswärtige Arbeitsstelle vor.

33.10.3 Die Pflichten des Bauherrn

Das BauKG wendet sich in erster Linie an den Bauherrn. Der Bauherr, der in der Regel nicht über die nötigen fachlichen Voraussetzungen für die Durchführung der ihm vom BauKG zugeordneten Aufgaben aufweist, kann diese Pflichten einer entsprechend fachkundigen Person (z.B. Baumeister oder Architekt) übertragen. Der Bauherr kann, sofern er die erforderliche Qualifikation besitzt, die Aufgaben des Koordinators auch selbst wahrnehmen. Der Bauherr oder etwa ein von diesem eingesetzter Projektleiter ist verpflichtet, dem **Arbeitsinspektorat** eine **Vorankündigung der Bauarbeiten** (spätestens zwei Wochen vor deren Beginn) zu übermitteln, wenn

- mehr als 20 AN gleichzeitig beschäftigt werden und die Dauer der Arbeiten mehr als 30 Arbeitstage beträgt oder
- der voraussichtliche Umfang der Baustelle 500 Personentage übersteigt.

Die Vorankündigung ist nur dann erforderlich, wenn die Beschäftigung von mehr als 20 AN während der gesamten Arbeitsdauer (mehr als 30 Arbeitstage) vorliegt (VwGH 2006/02/0024 = ARD 5787/3/2007).

Die Vorankündigung hat insbesondere die wichtigsten Angaben zum geplanten Bauprojekt, die Namen des Koordinators (bzw. der Koordinatoren) und die ausführenden Unternehmen zu umfassen und ist auf der Baustelle auszuhängen. Bei Änderungen ist die Vorankündigung anzupassen.

Der Bauherr ist weiters verpflichtet, den Bauherrn oder Projektleiter sowie die Selbständigen oder AG (der an der Baustelle tätigen AN) über besondere Gefahren zu informieren (zum Baugelände, Umfeld, Gefahren bezüglich des Baugrunds; § 7 Abs. 6a BauKG).

33.10.4 Der Planungs- und der Baustellenkoordinator

Falls auf der Baustelle gleichzeitig oder aufeinander folgend AN mehrerer AG beschäftigt sind, so bestellt der Bauherr (oder etwa der vom Bauherrn beauftragte Projektleiter) einen **Baufachmann** (der über eine für die jeweilige Bauwerksplanung oder Bauwerksausführung einschlägige Ausbildung und eine mindestens dreijährige einschlägige Berufserfahrung verfügt) für die Bauvorbereitung (Planungskoordinator) und für die Bauausführung (Baustellenkoordinator). Diese Verpflichtung ist unabhängig von der Größe der Baustelle und daher jedenfalls dann gegeben, wenn AN von mehr als einem Unternehmen auf der Baustelle tätig sind. Beide Funktionen können auch von einer Person übernommen werden. Falls der Bauherr die fachlichen Voraussetzungen erfüllt, so kann auch er beide Funktionen wahrnehmen. Es kann auch eine juristische Person als Koordinator bestellt werden. Diesfalls ist eine natürliche Person zu benennen, welche die Koordinationsaufgaben für die juristische Person wahrnimmt.

Die Bestellung mehrerer Personen zu nacheinander tätigen Planungs- oder Baustellenkoordinatoren ist zulässig. Nebeneinander tätige Koordinatoren sind bei klarer räumlicher Abgrenzung der Verantwortungsbereiche ebenfalls zulässig.

Der Planungskoordinator

Er hat die Umsetzung der Gefahrenverhütung (§ 7 AschG) durch die Planer entsprechend zu koordinieren. Falls aufgrund des Umfangs der Baustelle eine Vorankündigung an das Arbeitsinspektorat vorzunehmen war oder wenn besonders gefährliche Arbeiten durchzuführen sind, hat der Planungskoordinator einen **Sicherheits- und Gesundheitsschutzplan** auszuarbeiten (siehe dazu im Folgenden). Weiters hat der Planungskoordinator eine **Unterlage für die Einbeziehung späterer Maßnahmen** (Reparatur und Wartungsmaßnahmen) in die Planung zusammenzustellen. So etwa ist bezüglich späterer Reparaturmaßnahmen für entsprechende Sicherheitseinrichtungen (z.B. Haken) bereits in der Planungsphase zu sorgen. Der Planungskoordinator hat schließlich darauf zu achten, dass der Sicherheits- und Gesundheitsschutzplan sowie die Unterlage für die Sicherheit künftiger Arbeiten durch die Einbeziehung in die Ausschreibung entsprechend berücksichtigt werden.

Der Baustellenkoordinator

Der Baustellenkoordinator hat unter anderem die Umsetzung des Sicherheits- und Gesundheitsschutzplanes und der Grundsätze der Gefahrenverhütung durch die ausführenden Unternehmen zu koordinieren, damit Gefahren verhütet oder minimiert werden (beispielsweise dürfen Schweißarbeiten nicht durchgeführt werden, wenn zur selben Zeit ein entzündlicher Klebstoff aufgetragen wird). Die betroffenen AG sind von den Koordinationsmaßnahmen zu informieren. Falls Anpassungen des Sicherheits- und Gesundheitsschutzplans erforderlich sind, sind diese vom Baustellenkoordinator durchzuführen. Weiters hat der Baustellenkoordinator dafür zu sorgen, dass Unbefugte der Baustelle fernbleiben (er veranlasst die Einrichtung von Bauzäunen, Absicherungen etc.). Falls Missstände auftreten sollten, hat der Baustellenkoordinator die Pflicht, den Bauherrn unverzüglich zu informieren. Wenn die Missstände trotz Aufforderung durch den Baustellenkoordinator nicht beseitigt werden, hat er das Recht, sich an das Arbeitsinspektorat zu wenden.

33.10.5 Der Sicherheits- und Gesundheitsschutzplan (§ 7 BauKG)

Der vom Planungskoordinator erstellte Sicherheits- und Gesundheitsschutzplan enthält etwa Ausführungen zu den Baustelleneinrichtungen (Sozialräume, Toiletten etc.), zur Verkehrssicherung (bezüglich des fließenden Verkehrs rund um die Baustelle), zu den Bodenverhältnissen (Grundwasserstand etc.), zu allgemeinen Sicherheitsmaßnahmen (z.B. Absturzsicherung) sowie allenfalls zu besonderen Schutzmaßnahmen (etwa gegen Hochwasser), zu Schutzeinrichtungen (z.B. Erste-Hilfe-Kästen, gemeinsamer Sanitätsraum etc.), zur Notfall-Planung, zu gefährlichen Arbeitsstoffen (z.B. entzündliche Klebstoffe), zu der zu verwendenden persönlichen Schutzausrüstung, zur Beleuchtung, zur Einhausung beim Winterbau, zur Baustromversorgung, etc. Falls besonders gefährliche Arbeiten durchzuführen sind (z.B. Brunnenbau, Tunnelbau, unterirdische Erdarbeiten, Arbeiten mit Tauchgeräten und in Druckkammern, mit Sprengstoff, bei Verschüttungsgefahr, Absturzgefahr etc.), sind entsprechende Sicherheitsmaßnahmen vorzusehen. Der § 7 Abs. 3 BauKG enthält eine taxative Aufzählung der Angaben, die mindestens im Sicherheits- und Gesundheitsschutzplan enthalten sein müssen. Der Sicherheits- und Gesundheitsschutzplan ist in der Vorbereitungsphase zu erstellen und ist bei Fortschritt der Arbeiten oder Änderungen anzupassen, falls dies für den Sicherheits- und Gesundheitsschutz der AN erforderlich ist. Eine Änderung hat stets schriftlich zu erfolgen und ist entsprechend zu publizieren (VwGH 31.1.2014, 2013/02/0083). Der Sicherheits- und Gesundheitsschutzplan ist in der Vorbereitungs- und in der Ausführungsphase zu berücksichtigen. Die Evaluierung (§ 4 ASchG; siehe 33.3) wird bei Vorliegen des Sicherheits- und Gesundheitsschutzplanes wesentlich vereinfacht, da diesfalls das Studium und die Ergänzung des Planes die Evaluierungspflichten wohl ausreichend erfüllen. Werden auf einer nicht vorankündigungspflichtigen Baustelle nur AN eines AG beschäftigt, so können Evaluierung und Dokumentation den Sicherheits- und Gesundheitsschutzplan ersetzen (§ 6a BauKG).

Einschlägige Judikatur

- *Da der zwischen einem Bauherrn und einem Koordinator für Sicherheit und Gesundheitsschutz für die Ausführungsphase gemäß § 3 Abs. 1 BauKG (Baustellenkoordinator) abgeschlossene Koordinationsvertrag als Vertrag mit Schutzwirkungen zugunsten Dritter zu qualifizieren ist, haftet der Baustellenkoordinator den auf der Baustelle eingesetzten AN für Verstöße gegen das BauKG nicht nur deliktisch aus Schutzgesetzverletzung, sondern auch vertraglich. Bedient er sich folglich zur Erfüllung seiner Pflich-*

ten als Baustellenkoordinator eines Gehilfen, haftet er für dessen Verschulden wie für sein eigenes (Erfüllungsgehilfenhaftung nach § 1313a ABGB – OGH 2 Ob 272/03 v = ARD 5500/3/2004).

- *Die Bestellung eines Baustellenkoordinators durch den Bauherrn lässt die Haftung des Generalunternehmers gegenüber AN eines Subunternehmers wegen mangelhafter Sicherheitsvorkehrungen auf der Baustelle nicht entfallen (OGH 3 Ob 44/07 b = ARD 5796/2/2007).*
- *Wird eine juristische Person zum Baustellenkoordinator bestellt, so kommt eine verwaltungsstrafrechtliche Verantwortung der für die juristische Person „benannten Personen" nur dann in Betracht, wenn diese als verantwortliche Beauftragte (§ 9 VStG) bestellt und dem Arbeitsinspektorat schriftlich gemeldet wurden (VwGH 2007/02/0119 = ARD 5884/9/2008).*
- *Hat der Bauherr einen Baustellenkoordinator für die Ausführungsphase bestellt, so trifft ihn keine Gehilfenhaftung, wenn es durch Pflichtverletzung eines Koordinators (hier: Überwachungspflicht) zur Verletzung eines AN kommt. Der Bauherr haftet nur für Auswahlverschulden (OGH 8 Ob A 6/08 b = ARD 5884/7/2008).*
- *Ist der AG, dessen AN einen Arbeitsunfall erleidet, gleichzeitig Baustellenkoordinator, so gilt für ihn das DG-Haftungsprivileg (siehe 22.4.2 – § 333 AVSG verdrängt die Haftungsgrundlage des BauKG – OGH 25.8.2014, 8 Ob A 51/14 w).*

33.11 Überblick zu den Rechtsquellen des Arbeitnehmerschutzes

33.11.1 AschG

Neben den hier schon angesprochenen Themen enthält das ASchG weiters Regelungen zu folgenden Bereichen:

§ 9	Arbeitskräfteüberlassung (siehe auch § 6 AÜG)
§ 31	Schwimmkörper, schwimmende Anlagen und Geräte, Verkehrsmittel
§§ 33 ff.	Arbeitsmittel (Aufstellung, Benutzung, Prüfung, Wartung, gefährliche Arbeitsmittel etc.)
§§ 40 ff.	Arbeitsstoffe (gefährliche Arbeitsstoffe, Ermittlung und Beurteilung von Arbeitsstoffen, Grenzwerte etc.)
§§ 49 ff.	Gesundheitsüberwachung (Eignungs- und Folgeuntersuchungen etc.)
§§ 60 ff.	Arbeitsvorgänge und Arbeitsplätze (Handhabung von Lasten, Lärm, Bildschirmarbeitsplätze, persönliche Schutzausrüstung, Arbeitskleidung)
§§ 92 f.	Arbeitsstättenbewilligung
§ 94	Sonstige Genehmigungen und Vorschreibungen
§ 95	Ausnahmen
§ 96	Zwangs- und Sicherheitsmaßnahmen
§§ 97 f.	Meldepflichten
§§ 102 ff.	Übergangsbestimmungen und Aufhebung von Rechtsvorschriften
§ 130	Strafbestimmungen.

33.11.2 Verordnungen

Zahlreiche VO regeln sehr detailliert diverse spezielle Bereiche.

Beispiele:

Verordnung über die Gesundheitsüberwachung am Arbeitsplatz – *VGÜ* (BGBl. II 1997/27). Für bestimmte Tätigkeiten sind Eignungsuntersuchungen am Beginn sowie Folgeuntersuchungen in regelmäßigen Abständen bei Fortdauer der Tätigkeit vorgesehen (Einwirkungen von Blei, Quecksilber, Benzol etc., Tätigkeiten bei besonders belastender Hitze, Lärmeinwirkungen etc.)

AStV (siehe 33.2)

AAV (siehe 33.2)

AMGSV

Die *VO über allgemeine Schutzvorschriften und Schutzmaßnahmen anderer Art bei Maschinen und Geräten* (Allgemeine Maschinen- und Geräte-Sicherheitsverordnung, AMGSV, BGBl. 1983/219) wendet sich an die Hersteller und Vertreiber von Maschinen und Geräten. Durch diese VO soll erreicht werden, dass nur Maschinen und Geräte in Verkehr gebracht werden, die den in Österreich geltenden Schutzvorschriften entsprechen.

Bauarbeiterschutzverordnung, BGBl. 1994/340 (BauV):

Die BauV enthält spezielle arbeitnehmerschutzrechtliche Regelungen für die Beschäftigung von AN bei der Herstellung, Instandhaltung, Sanierung, Reparatur, Änderung und Beseitigung von baulichen Anlagen aller Art (z.B. Zimmerer, Maler, Anstreicher, Elektroinstallateure, Gas-, Wasser-, Heizungs- und Lüftungsinstallateure, Fassadenreiniger und Rauchfangkehrer). Nach § 62 der **Arbeitsmittel-VO** sind eine Reihe von Bestimmungen der BauV außer Kraft getreten (zur AM-VO siehe im Folgenden).

Im Einzelnen enthält die BauV Bestimmungen zu folgenden Bereichen:

- Meldung von Bauarbeiten an das Arbeitsinspektorat
- Persönliche Schutzausrüstung
- Erste Hilfe und sanitäre Vorkehrungen und sonstige Einrichtungen
- Brandschutz
- Erd- und Felsarbeiten
- Gerüste, Leitern, Laufbrücken und Lauftreppen
- Arbeiten auf Dächern
- Arbeiten an Schornstein- und Feuerungsanlagen
- Abbrucharbeiten
- Arbeiten in oder an Behältern, Silos, Schächten, Gruben, Gräben, Künetten, Kanälen und Rohrleitungen

- Besondere Bauarbeiten
- Arbeiten mit Flüssiggas, Hebezeugen, Fahrzeugen, Maschinen und Geräten

Informationen (siehe 33.12, Anhang 1) speziell zur BauV:

BauV – Merkblatt M 210 der AUVA, zu bestellen beim Unfallverhütungsdienst der AUVA der jeweiligen Landesstelle (siehe 33.12, Anhang 1)

Sicherheit am Bau/Dacharbeiten, Broschüre der Bundesinnung der Baugewerbe: Tel. 01/718 37 37, Fax: 01/718 37 37/22

Arbeitsmittelverordnung (AM-VO, BGBl. II 2000/164):

Unter Arbeitsmittel, versteht man Maschinen, Apparate, Werkzeuge, Beförderungsmittel, Aufzüge, Leitern, Gerüste, Druckgeräte, Feuerungsanlagen, Behälter, Silos, Förderleitungen sowie kraftbetriebene Türen und Tore. Einige dieser Arbeitsmittel sind durch EU-Richtlinien erfasst, sodass eine entsprechende Umsetzung erforderlich wurde. Im Wesentlichen werden die Benutzung, Verwendung und Prüfung von Arbeitsmitteln sowie die entsprechenden Schutzeinrichtungen an Arbeitsmitteln geregelt.

Die Verordnung ist in fünf Abschnitte gegliedert:

1. Abschnitt – Allgemeine Bestimmungen (Information, Unterweisung, Prüfpflichten, Abnahmeprüfung, Wartung, Erprobung etc.)
2. Abschnitt – Besondere Regelungen für die Benutzung bestimmter Arbeitsmittel (Arbeitsmittel zum Heben von Lasten, Krane, Hebebühnen, Hubtische, Ladebordwände, Arbeitskörbe, Geräte für autogenes Schweißen, Schneiden und verwandte Verfahren, Handwerkzeuge etc.)
3. Abschnitt – Leitern und Gerüste (festverlegte Leitern, Anlegeleitern, Stehleitern, mechanische Leitern, Strickleitern, Gerüste)
4. Abschnitt – Beschaffenheit von Arbeitsmitteln (Allgemeine Anforderungen, Sicherheitsabschnitte, Schutzzonen, Standplätze, Aufstiege, Silos und Bunker für Schüttgüter, Beschaffenheit von Schleifmaschinen etc.)
5. Abschnitt – Schlussbestimmungen (Aufhebung von Vorschriften, Änderung der BauV etc.)

Nach § 3 Abs. 1 der AM-VO dürfen AG nur solche Arbeitsmittel zur Verfügung stellen, die hinsichtlich Konstruktion, Bau- und weiterer Schutzmaßnahmen den für sie geltenden Rechtsvorschriften über Sicherheits- und Gesundheitsanforderungen entsprechen. Zu diesen Rechtsvorschriften gehören auch die in den Anhängen A und B der AM-VO angeführten Vorschriften (z.B. Niederspannungsgeräte-Verordnung, Maschinen-Sicherheitsverordnung, Medizinproduktegesetz, Druckgeräteverordnung, Druckbehälter-Aufstellungs-Verordnung).

Auf der Homepage der Europäischen Agentur für Sicherheit und Gesundheitsschutz am Arbeitsplatz sind unter http://at.osha.eu.int/good_practice/amvo_in-

Kapitel II

dex.stm Erläuterungen, Kommentare und Anfragebeantwortungen des Zentral-Arbeitsinspektorates zur AM-VO abrufbar.

Verordnung über sicherheitstechnische Zentren (STZ-VO, BGBl. II 1998/450)

Elektroschutz-VO (BGBl. 1995/706). Diese VO regelt die Wartung und Prüfung elektrischer Anlagen.

Bildschirmarbeits-VO (BGBl. II 1998/124, siehe 15.)

Kennzeichnungs-VO (BGBl. II 1997/101)

PSA-Sicherheitsverordnung (PSA = persönliche Schutzausrüstung, BGBl. 1994/596)

33.11.3 Rechtsquellen zum Vollzug des Arbeitnehmerschutzrechts

33.11.3.1 Arbeitsinspektionsgesetz (ArbIG) und Pflichten der Arbeitsinspektion – Helfen statt anzeigen

Die **Arbeitsinspektion** ist zur Wahrnehmung des gesetzlichen Schutzes der AN berufen und hat die Betriebe bei der Durchführung des Arbeitnehmerschutzes entsprechend zu unterstützen und zu beraten. Sie hat durch ihre Tätigkeit dazu beizutragen, dass Gesundheitsschutz und Sicherheit der AN gewährleistet ist. Zu diesem Zweck hat die Arbeitsinspektion die AG und AN primär zu unterstützen und zu beraten (und nicht primär die AG anzuzeigen) sowie die Einhaltung der den Schutz der AN dienenden Rechtsvorschriften und behördlichen Verfügungen zu überwachen (§ 3 Abs. 2 ArbIG). Daher darf das **Arbeitsinspektorat** ohne vorausgehende Aufforderung nur dann sofort Strafanzeige wegen Übertretung einer Arbeitnehmerschutzvorschrift erstatten, wenn es sich um eine schwer wiegende Übertretung handelt (§ 9 Abs. 1 bis 3 ArbIG).

Bei allen anderen Übertretungen muss das Arbeitsinspektorat den AG zunächst formlos schriftlich auffordern, innerhalb einer angemessenen Frist den Zustand herzustellen, der den Rechtsvorschriften entspricht. Je nach Sachlage und Rechtsvorschrift ist die Frist unterschiedlich festzulegen.

Wenn dieser Aufforderung innerhalb der vom Arbeitsinspektorat festgelegten, angemessenen Frist nicht entsprochen wurde, kann das Arbeitsinspektorat Anzeige an die Verwaltungsstrafbehörde erstatten. Es könnte aber auch eine Fristerstreckung gewährt und erst nach dem fruchtlosen Verstreichen der verlängerten Frist die Anzeige eingebracht werden (**Aufforderungsverfahren**).

Bei geringfügigsten Abweichungen von technischen Maßen (wie Raumhöhe, lichte Höhe, Lichteintrittsflächen, etc.) hat das Arbeitsinspektorat von einer Anzeige abzusehen (§ 9 Abs. 3a ArbIG **Toleranzgrenze**).

Einschlägige Judikatur

- *Das Arbeitsinspektorat ist zu einer Anzeige ohne vorheriges **Aufforderungsverfahren** dann verhalten, wenn der Sache nach ein Aufforderungsverfahren nicht in Betracht* *kommt oder nach den Erfahrungen ein solches Verfahren keine Aussicht auf Erfolg gehabt hätte; eine Anzeige ist auch dann geboten, wenn das Verschulden nicht geringfügig ist oder die Folgen der Übertretung nicht unbedeutend sind. Das Vorliegen dieser Voraussetzungen kann durch die Gerichtshöfe des öffentlichen Rechts im Zuge der Kontrolle des anschließenden Strafverfahrens überprüft werden. Angesichts dessen hat der VfGH keine Bedenken hinsichtlich der Bestimmtheit der angewendeten Regelung des ArbIG (VfGH B 2343/94 = ARD 4694/32/95).*

33.11.3.2 Die Aufgaben des Arbeitsinspektorats im Einzelnen

Der durch die **Arbeitsinspektion** wahrzunehmende gesetzliche Schutz des AN umfasst:

- den Schutz des AN auf technischem Gebiet (**technischer Arbeitnehmerschutz**), welcher insbesondere den Gesundheitsschutz und die Unfallverhütung anstrebt, und
- den so genannten **Verwendungsschutz**.

Der technische Arbeitnehmerschutz fußt auf der Überwachung der Einhaltung sowohl der allgemeinen gesetzlichen Schutzbestimmungen als auch der in den einzelnen Betrieben und Branchen vorgesehenen besonderen Schutzmaßnahmen.

Der Verwendungsschutz – das ist der Schutz des AN hinsichtlich seiner Beschäftigung in persönlicher Beziehung – ist in verschiedenen Sondergesetzen und KV festgelegt. Er erstreckt sich u.a. auf den Schutz der Arbeitszeit, auf den besonderen Schutz von Frauen, werdenden Müttern und Müttern nach der Entbindung, Jugendlichen, Behinderten usw.

Die Arbeitsinspektion hat vor allem durch ihre Organe die Einhaltung der dem Schutz der AN dienenden gesetzlichen Vorschriften und behördlichen Verfügungen zu überwachen, insbesondere soweit dies

- den Schutz des Lebens, der Gesundheit und der Sittlichkeit der AN (betrifft insbesondere das ASchG),
- die Beschäftigung von Kindern und Jugendlichen (betrifft insbesondere das KJBG),
- die Beschäftigung von AN, vor allem auch von werdenden Müttern und Müttern nach der Niederkunft (betrifft insbesondere das MSchG),
- die Arbeitszeit, die Ruhepausen, die Ruhezeit, die Arbeitsruhe und die Urlaubsaufzeichnungen (betrifft insbesondere das AZG, ARG und den § 8 UrlG),
- die Beschäftigung Behinderter (betrifft das BEinstG) und
- die Heimarbeit

betrifft.

Die Arbeitsinspektorate sind daher insbesondere nicht für das Arbeitsvertragsrecht und das kollektive Arbeitsrecht und daher nicht für die Entgeltzahlung zuständig. Die Arbeitsinspektoren haben AG und AN zur Erfüllung ihrer Pflichten im Bereich des Arbeitnehmerschutzes anzuhalten und sie hiebei nötigenfalls zu unterstützen und zu beraten. Dabei sollen sie im Rahmen ihres Wirkungsbereiches in den Betrieben bei widerstreitenden Interessen zwischen AG und AN vermitteln sowie nötigenfalls zur Wiederherstellung des guten Einvernehmens beitragen, um so das Vertrauen beider Teile zu gewinnen und zu erhalten. Bei dieser Tätigkeit sollen die Organe der Arbeitnehmerschaft eingebunden werden.

Betreten und Besichtigen von Betrieben

Die **Arbeitsinspektoren** sind insbesondere berechtigt,

- die Betriebsräume, Betriebsstätten und
- Aufenthaltsräume der AN sowie die durch den AG beigestellten Wohnräume etc.

jederzeit zu betreten und zu besichtigen. Ob die Kontrolle durch den Arbeitsinspektor im Betrieb angekündigt wird, steht im Ermessen des Arbeitsinspektors. Dabei sind der Erfolg und Zweck sowie die betrieblichen Erfordernisse zu berücksichtigen. Unangemeldete Kontrollen müssen bei Verdacht auf Gefahr für Leben und Gesundheit der AN oder auf schwere Übertretungen durchgeführt werden (§ 18 Abs. 2 ArbIG).

Der Arbeitsinspektor hat von seiner Anwesenheit im Betrieb dem AG oder dessen Bevollmächtigten Kenntnis zu geben und sich auf Verlangen durch einen vom Sozialminister ausgestellten Dienstausweis auszuweisen. Der Dienstausweis muss dem AG nicht ausgehändigt werden (VwGH 20.1.2015, Ro 2015/02/0005).

Die Arbeitsinspektoren haben den Besichtigungen die Organe der Arbeitnehmerschaft, die Sicherheitsvertrauenspersonen sowie den Leiter des sicherheitstechnischen und des betriebsärztlichen Dienstes (oder den jeweiligen Stellvertreter) beizuziehen.

33.11.3.3 Arbeitgeberpflichten im Bereich der Arbeitsinspektion

Der AG muss die jederzeitige Zugänglichkeit der betrieblichen Einrichtungen sicherstellen (z.B. durch Installierung einer Klingel). Der AG hat weiters dafür zu sorgen, dass bei seiner Abwesenheit von der Betriebsstätte eine andere Person (muss kein AN sein) die Besichtigung durch den Arbeitsinspektor ermöglicht. Der AG bzw. die von ihm beauftragte Person können den Arbeitsinspektor bei der Besichtigung begleiten, auf dessen Verlangen müssen sie ihn begleiten. Der AG bzw. die beauftragte Person haben dafür zu sorgen, dass dem Arbeitsinspektor die mit dem Arbeitnehmerschutz im Zusammenhang stehenden Auskünfte erteilt und Unterlagen zur Einsicht vorgelegt werden.

Insbesondere sind Unterlagen
- über die Betriebsräumlichkeiten und -einrichtungen,
- über die Betriebsmittel,
- über Arbeitsverfahren und Arbeitsstoffe,

samt den dazugehörigen Plänen und Zeichnungen etc. vorzulegen.

Dies gilt weiters für
- KV,
- Betriebsvereinbarungen,
- Einzelverträge,
- Lehrverträge,
- Lohn-, Gehalts- und Urlaubslisten

sowie für alle Verzeichnisse (z. B. Arbeitszeitaufzeichnungen, Verzeichnis der Jugendlichen), die auf Grund von Arbeitnehmerschutzvorschriften oder von Regelungen zur Heimarbeit zu führen sind.

33.11.3.4 Strafbestimmungen und vorzeitiger Austritt

Verstößt der AG gegen das ASchG oder das ArbIG, so kann dies eine Verwaltungsstrafe zur Folge haben. Der § 130 Abs. 1 ASchG nennt in Z 1 bis 32 eine Reihe dieser Straftatbestände. Weitere Straftatbestände sind in den Abs. 4, 5 und 6 des § 130 ASchG geregelt. Für den Fall eines mit einem Verwaltungsverfahren in einem Zusammenhang stehenden Gerichtsverfahrens ist zu beachten, dass die Bindung der Gerichte an Bescheide der Verwaltungsbehörden nicht deren rechtliche Beurteilung umfasst (auch bei identem Sachverhalt – OGH 9 Ob A 287/00 x). Das Verschulden, welches für die Zuerkennung von Schadenersatz erforderlich ist, ist daher eigenständig vom Gericht zu prüfen (OGH 9 Ob A 80/03 k).

Für derartige Verwaltungsübertretungen sind Geldstrafen von € 166,– bis € 8.324,– (im Wiederholungsfall von € 333,– bis € 16.659,–) vorgesehen (§ 130 Abs. 2 ASchG). Ein Wiederholungsfall liegt auch dann vor, wenn sich der weitere Verstoß auf eine andere Bestimmung desselben Gesetzes bezieht (VwGH 25.10.2013, 2013/02/0141).

Die Arbeitsinspektoren haben über alle ihnen bei der Ausübung ihres Dienstes bekannt gewordenen Geschäfts- und Betriebsgeheimnisse **Verschwiegenheit** zu bewahren, an welche sie auch noch nach Ende ihres Arbeitsverhältnisses gebunden sind.

Ferner haben sie die Quelle jeder Beschwerde vertraulich zu behandeln. Ein Arbeitsinspektor, der seine Verschwiegenheit verletzt, wird nach den strafrechtlichen Bestimmungen verfolgt.

Falls der AG seinen Verpflichtungen nach dem ArbIG nicht nachkommt oder Arbeitsinspektoren oder Organe des Zentral-Arbeitsinspektorates (= die den Arbeitsinspektoraten übergeordnete Behörde beim Sozialministerium) in der Ausübung ihres Dienstes behindert, so ist er von der Bezirksverwaltungsbehörde mit einer Geldstrafe von € 36,– bis € 3.600,–, im Wiederholungsfall von € 72,– bis € 3.600,– zu bestrafen (§ 24 ArbIG).

Wenn der AG wiederholt gegen Arbeitnehmerschutzvorschriften verstößt, so kann dies zu berechtigten **vorzeitigen Austritten** von AN führen. Im Fall eines plötzlichen Austritts (ohne Gesuch um Herstellung des gesetzmäßigen Zustandes) bzw. eines geringfügigen Verstoßes wird zu prüfen sein, ob der Austritt (nicht schon deswegen) ungerechtfertigt ist.

Falls der AG Anordnungen trifft, die gegen das Arbeitnehmerschutzrecht verstoßen und in der Folge der AN, der die Einhaltung einer solchen Anordnung verweigert, entlassen wird, so ist diese Entlassung nicht gerechtfertigt.

Zu den Kontrollpflichten siehe die Judikaturzitate im Anschluss sowie 22.4.1.

Einschlägige Judikatur

- *Verstöße gegen das AZG auf Wunsch des AG rechtfertigen den Austritt des AN (OGH 9 Ob A 7/95).*
- *Der AG muss Kontrollsysteme zur Einhaltung der AN-Schutzvorschriften einrichten. Ein Kontrollsystem erfordert aber auch die Ausschöpfung sämtlicher technischer Möglichkeiten (wie etwa den Einsatz von Ferngläsern) um die Einhaltung der Vorschriften (wie bei Reparaturarbeiten auf einem Freileitungsmast) kontrollieren zu können (VwGH 30.4.2007, 2006/02/0034 = ARD 5787/6/2007).*
- *Ein wirksames Kontrollsystem liegt nicht vor, wenn Bauleiter bzw. Poliere oder Vorarbeiter mit der Überwachung der Einhaltung an Ort und Stelle verantwortlich sind bzw. vom Arbeitgeber wöchentliche Kontrollen durchgeführt werden; ferner sind auch die Erteilung von Anordnungen (Weisungen) und Schulungen nicht ausreichend (VwGH 28.3.2008, 2007/02/0147 = ARD 5869/5/2008).*
- *Das Nichttragen der Schutzkleidung ist eine Verletzung der Treuepflicht und je nach Gefährlichkeit des Arbeitsplatzes und der durch das Nichtverwenden der Schutzausrüstung herbeigeführten Gefahr im ersten Fall oder im Wiederholungsfall ein Entlassungsgrund (ASG Wien 2 Cga 189/07 p = ARD 5889/6/2008).*
- *Wurde ein Gerüst nicht vom AG, sondern von einem Dritten aufgestellt, ist bei einer Benützung des Gerüsts durch seine AN trotzdem der AG für die Einhaltung der AN-schutzrechtlichen Bestimmungen, die sich auf das Gerüst beziehen, verantwortlich (VwGH 30.3.2011, 2009/02/0243, ARD 6165/4/2011).*
- *Weisungen an die zuständigen Vorgesetzten und Verwarnungen sind kein funktionierendes Kontrollsystem (VwGH 24.5.2013, 2012/02/0072).*
- *Ein wirksames Kontrollsystem muss gerade für den Fall eigenmächtiger Handlungen von AN gegen AN-Schutzvorschriften Platz greifen (VwGH 4.5.2015, Ra 2015/02/0020).*

33.12 Anhänge zum Arbeitnehmerschutz (Adressen, Formulare, Telefonnummern etc.)

Auskünfte und Informationen:

1. Allgemeine Unfallversicherungsanstalt

AUVA Öffentlichkeitsarbeit
1200 Wien, Adalbert-Stifter-Straße 65
Tel.: 33 111-304, Fax: 33 111-590
AUVA-Sicherheits-Net und kostenlose Präventionsberatung: www.auva.at
Unfallverhütungsdienst der Landesstelle Wien (UVD)
1203 Wien, Webergasse 4
Tel.: 33 133-0, Fax: 33 133-600
Evaluierungsunterlagen unter www.eval.at

2. Arbeitsinspektorat

Die Zuständigkeit der Arbeitsinspektorate ist in **Aufsichtsbezirke** gegliedert. Nähere Informationen zur örtlichen Zuständigkeit sowie Formulare, Broschüren etc. sind unter www.arbeitsinspektion.gv.at verfügbar.

3. Wirtschaftskammern

Wirtschaftskammer Österreich:

WKÖ, 1045 Wien, Wiedner Hauptstraße 63

Tel.: 05 90 900, Hotline zur Bekanntgabe des Pin-Codes: 0800 221 223 (kostenlos)

Internet: www.wko.at E-Mail: *callcenter@wko.at*

Broschüren zu verschiedenen Rechtsthemen unter www.wko.at („webshop" anklicken)

Wirtschaftskammern des jeweiligen Bundeslandes, z.B.:

Wirtschaftskammer Wien:

WKW, 1010 Wien, Stubenring 8-10

Tel.: 51 450-0, FAX: 513 77 87

Internet: www.wko.at/wien

Branchenspezifische Fragen sind an die jeweilige Fachgruppe (Innungen, Gremien) zu richten (die jeweilige Telefonnummer kann unter Tel. 51 450-0 erfragt werden).

Wirtschaftsförderungsinstitute der Wirtschaftskammern des jeweiligen Bundeslandes:

Aus- und Weiterbildung:

- Ausbildungslehrgang zur Sicherheitsfachkraft
- Ausbildung für die Sicherheitsvertrauenspersonen
- Seminare zur Evaluierung etc

4. Arbeitsmediziner

Österreichische Akademie für Arbeitsmedizin: *www.aam.at*

Ärztekammer: *www.aerztekammer.at*

Bei Eingabe des Suchbegriffs „Arbeitsmediziner" können die aktuellen Honorarempfehlungen abgerufen werden.

5. Verband Österreichischer Sicherheits-Ingenieure (Sicherheitsfachkräfte)
1220 Wien, Erzherzog-Karl-Straße 5A
Tel.: 203 48 48
Fax: 202 33 90
Internet: *www.voesi.at*

6. Rechtsinformationssystem des Bundeskanzleramtes
Gesetze, Gerichtsentscheidungen etc. sind im Internet unter *www.ris.bka.gv.at* zugänglich.

7. Österreichisches Normungsinstitut
Ö-NORMEN sind erhältlich im Österr. Normungsinstitut, 1020 Wien, Heinestraße 38, Tel.: 21 300-0

8. Bundesministerium für Arbeit, Soziales und Konsumentenschutz
1010 Wien, Stubenring 1
www.bmask.gv.at

Anhang 1

An das
Arbeitsinspektorat
für ....

Betrifft: Bestellung von verantwortlichen Beauftragten gemäß § 23 Abs. 1 ArbIG

1. ARBEITGEBER: Name und Adresse (Sitz)
2. Verantwortlicher BEAUFTRAGTER:
Vor- und Zuname: geb. am:
Wohnadresse: Dienstort
Ist der verantwortliche Beauftragte Arbeitnehmer?
o ja   o nein
3. Sachlicher/räumlicher BEREICH:
4. Die Bestellung erfolgte am   durch
5. Allfällige Angaben über den WIDERRUF
   bisheriger Bestellungen
6. ZUSTIMMUNGSERKLÄRUNG des verantwortlichen Beauftragten: Ich stimme der Bestellung zum verantwortlichen Beauftragten für den oben angeführten Bereich zu.
Unterschrift   Datum
7. Die Meldung erfolgt durch
Unterschrift   Datum

Anhang 2

**Sicherheits- und Gesundheitsschutzdokument
(nach § 2a DOK-VO)**

für Arbeitsstätten mit bis zu zehn Arbeitnehmern, in denen bei der Gefahrenermittlung und -beurteilung keine Gefährdungen von Arbeitnehmern festgestellt wurden, für die Schutzmaßnahmen festzulegen sind.

Bezeichnung der Arbeitsstätte:	
Adresse:	
Zahl der im Zeitpunkt der Gefahrenermittlung und -beurteilung beschäftigten AN:	

Bei der Gefahrenermittlung und -beurteilung (§ 4 ASchG) wurden **keine Gefährdungen** von Arbeitnehmern festgestellt, für die Schutzmaßnahmen festzulegen wären.

Ermittlung durchgeführt von:	
Datum, Unterschrift:	

34. Alkohol am Arbeitsplatz
34.1 Mögliche Rechtsfolgen

Das ASchG sieht vor, dass sich AN durch Alkohol, Arzneimittel oder **Suchtgift** nicht in einen Zustand versetzen dürfen, in dem sie sich oder andere Personen gefährden können (siehe auch 33.5.3 bzw. § 15 Abs. 4 ASchG). Falls sich AN trotz Aufklärung und nachweislicher schriftlicher Aufforderung nicht an diese Vorschrift halten, so kann die Bezirksverwaltungsbehörde eine Geldstrafe von € 218,– bis € 360,– (im Wiederholungsfall) verhängen (§ 130 Abs. 4 Z 5 ASchG). Die Geldstrafe spielt jedoch in der Praxis kaum eine Rolle. Für **Baustellen** sieht § 5 Abs. 3 BauV überdies vor, dass durch Alkohol beeinträchtigte AN von der Baustelle zu verweisen sind.

Insbesondere wird zu überlegen sein, ob im Fall wiederholter Alkoholisierungen eine Entlassung ausgesprochen werden kann. Keinesfalls sollte der AG „wegschauen" oder sich mit freundschaftlichen Bitten um Nüchternheit begnügen. Sollte nämlich der alkoholisierte AN am Arbeitsplatz einen Unfall erleiden oder verursachen, so ist mit einer detaillierten Überprüfung zu rechnen. In etlichen Fällen wird schließlich seitens kontrollierender Behördenvertreter behauptet, der AG habe gegen eine oder mehrere arbeitnehmerschutzrechtliche Vorschrift(en) verstoßen bzw. deren Einhaltung nicht ausreichend überwacht. Den AG treffe daher ein Verschulden am Unfall. Dies wiederum kann vor allem eine Reihe von Zahlungen (Geldstrafe, Schadenersatz etc.) zur Folge haben.

Beispiel:

Ein alkoholisierter AN stürzt auf einer Baustelle von einem Gerüst ab und erleidet schwere Verletzungen. Das Arbeitsinspektorat vertritt die Auffassung, dass das Gerüst nicht den Vorschriften entsprochen hat, und erstattet daraufhin eine Anzeige gegen den AG. Das Magistrat verhängt schließlich eine erhebliche Geldstrafe. Weiters wird ein Strafverfahren wegen fahrlässiger Körperverletzung gegen den AG eingeleitet. Das Strafgericht verurteilt den AG ebenfalls zur Zahlung einer Geldstrafe (wobei hier sogar eine Freiheitsstrafe möglich wäre). Beide Verfahren sind überdies mit erheblichen Kosten und zeitlichem Aufwand verbunden.

Der AG hat natürlich die Möglichkeit, gegen die für ihn unerfreulichen Entscheidungen Rechtsmittel einzubringen. Fraglich aber ist, ob dies zu einem für ihn günstigeren Ergebnis führt. Falls dem AG grobe Fahrlässigkeit (oder Vorsatz) vorgeworfen wird, haben auch die Sozialversicherungsträger die Möglichkeit, Ersatz bezüglich der von ihnen erbrachten Leistungen (z.B. Witwenrente) zu verlangen (unter grober Fahrlässigkeit wird dabei eine auffallende Sorglosigkeit verstanden, siehe 22.4). Der verunglückte AN (oder im Todesfall dessen Hinterbliebene) kann (können) jedoch nur bei Vorsatz des AG Schadenersatz begehren (§§ 333 und 334 ASVG, siehe 22.4.2).

34.2 Entlassung wegen Trunkenheit

Wie schon erwähnt, ist im Fall des Alkoholkonsums am Arbeitsplatz eine **Entlassung** (siehe 42.) zu erwägen.

Für Arbeiter sieht das Gesetz (§ 82 lit. c GewO 1859) ausdrücklich vor, dass die Entlassung zulässig ist, wenn der AN der Trunksucht verfällt und wiederholt fruchtlos verwarnt wurde.

Demnach setzt die Entlassung voraus, dass der Arbeiter wiederholt alkoholisiert am Arbeitsplatz angetroffen wurde, einen Hang zum Alkoholismus erkennen lässt und die **Verwarnungen** unbeachtet bleiben. Der AN sollte dabei mindestens zweimal verwarnt werden, wobei zwischen den einzelnen Verwarnungen kein zu großer Abstand liegen darf. Falls etwa die erste Verwarnung ein Jahr zurückliegt, sollte erst nach einer dritten Verwarnung entlassen werden, sofern die dritte Verwarnung in einem engeren zeitlichen Zusammenhang zur zweiten Verwarnung steht. Sollte ein Hang zum Alkoholismus nicht erkennbar, aber der AN wiederholt vergeblich verwarnt worden sein, so kommt eine Entlassung wegen **beharrlicher Pflichtenvernachlässigung** in Frage. Unter den vorerwähnten wiederholten Alkoholisierungen am Arbeitsplatz sind deutlich erkennbare Beeinflussungen durch Alkohol zu verstehen, ohne dass aber jeweils ein Vollrausch vorliegen muss (Arb 9.112). Ein Entlassungsgrund ist auch dann gegeben, wenn die Arbeitsleistung nicht beeinträchtigt war.

Erfahrungsgemäß erklären die wegen Alkoholkonsum entlassenen AN, sie hätten lediglich „ein oder zwei Bier" bzw. „einen oder zwei G'spritzte" in der Mittagspause getrunken. Von entscheidender Bedeutung ist daher der vom AG zu führende Beweis der Verwarnung(en) und der erheblichen Alkoholisierung des AN, die zur Entlassung geführt hat (siehe 34.3).

Der AG ist überdies berechtigt, jeglichen Alkoholkonsum zu untersagen. Mehrfache Verstöße gegen eine derartige Weisung trotz Verwarnung würden ebenfalls eine Entlassung rechtfertigen. Dies insbesondere dann, wenn die Art der Tätigkeit des AN für das vom AG verhängte **Alkoholverbot** spricht (Tätigkeiten auf Gerüsten etc. – OGH 8 Ob A 17/01 k = ARD 5232/2/2001).

Falls der AN bereits der krankhaften **Alkoholsucht** verfallen sein sollte, so kann die Entlassung wegen Arbeitsunfähigkeit gerechtfertigt sein (OGH 9 Ob A 186/93, 14 Ob A 75/87 = RdW 1988, 53). Da in einem solchen Fall jedoch von einer unverschuldeten Entlassung auszugehen ist, ist zwar die Kündigungsfrist nicht einzuhalten, aber der **Abfertigungsanspruch** bleibt bestehen (sofern der AN wenigstens 3 Jahre beschäftigt war).

Der AG müsste nach einer Entlassung wegen Alkoholkonsum im Dienst hingegen die Alkoholisierungen und die vergeblichen Verwarnungen beweisen. Gelingt daraufhin dem AN der Nachweis des krankhaften Alkoholkonsums, so ist von einer unverschuldeten Entlassung auszugehen.

Besonders schwerwiegende Verstöße gegen arbeitsrechtliche Pflichten berechtigen den AG auch dann zur Entlassung wegen beharrlicher Pflichtvernachlässigung, wenn keine Verwarnungen vorliegen, weil sich die Beharrlichkeit aus dem Gewicht des Verstoßes ergibt. Dies ist etwa im Fall des Fahrens mit einem Autobus in alkoholisiertem Zustand (OGH 9 Ob A 34/95 = ARD 4693/17/95) oder mit einem Spezial-LKW im Wert von € 360.000,– mit 1,1 Promille gegeben (OLG Wien 7 Ra 8/04d = ARD 5552/14/2004).

Falls ein strafbares Verhalten des AN vorliegt (z.B. wenn er im Zuge einer dienstlichen Fahrt den PKW alkoholisiert lenkt), so besteht die Möglichkeit, den AN wegen eines strafbaren Verhaltens (ohne vorausgehende Verwarnungen) zu entlassen (für Arbeiter im § 82 lit. d GewO 1859 geregelt).

Bei der Entlassung eines Angestellten wegen Alkoholmissbrauch gelten im Wesentlichen ähnliche Bestimmungen, wobei bezüglich des Verhaltens insbesondere leitender Angestellter strengere Kriterien (als bei Arbeitern oder etwa unterdurchschnittlich verdienenden Angestellten) angewendet werden können (OGH 8 Ob A 380/97 k, 9 Ob A 236/98 s etc., siehe 42.1.3).

Eine Verletzung des strikten Alkoholverbots während einer Rufbereitschaft als Maschinist eines Seilbahnunternehmens kann eine Entlassung rechtfertigen (OGH 8 Ob A 7/06 x = ARD 5712/9/2006).

34.3 Vorgangsweise in der Praxis

Sollte der AG den AN alkoholisiert bei der Arbeit antreffen, wird es zunächst zur Sicherung der Beweisbarkeit ratsam sein, die Anzeichen von mehreren Personen beobachten zu lassen (schwankender Gang, lallende Sprechweise, glasiger Blick etc.) und ein kurzes schriftliches Gedächtnisprotokoll zu errichten (Ort, Datum, Uhrzeit, Namen der Zeugen, festgestellte Anzeichen der Trunkenheit, verrichtete Tätigkeit im alkoholisierten Zustand etc.). Soweit dies sofort möglich ist, könnte schließlich eine schriftliche **Verwarnung** verfasst und eine Ausfertigung dem AN überreicht werden. Dieser sollte nun auf dem im Betrieb verbleibenden Exemplar die Übernahme bestätigen.

Falls dies verweigert wird, könnte die Verwarnung mündlich vor Zeugen ausgesprochen und das Schriftstück eingeschrieben an den AN gesendet werden. Diese Vorgangsweise wird auch dann sinnvoll sein, wenn aus organisatorischen Gründen die schriftliche Verwarnung nicht rasch dem AN vorgelegt werden kann. Um den ernsten Charakter der Verwarnung entsprechend zu verdeutlichen, sollte auch die Entlassung im Wiederholungsfall angedroht werden. Die Aufforderung, „nicht so viel zu trinken", ist keine Verwarnung (OLG Wien 9 Ra 311/98 s = ARD 5070/11/99).

Muster für eine Verwarnung

Wir haben heute feststellen müssen, dass Sie Ihre Arbeit auf der Baustelle Wien .... in erheblich alkoholisiertem Zustand verrichtet haben. Wir teilen Ihnen daher nochmals mit, dass der Alkoholkonsum während der Dienstzeit sowie der Antritt der Arbeit in einem durch Alkohol beeinträchtigten Zustand gesetzlich (§ 15 Abs. 4 ASchG) strikt untersagt ist. Falls Sie wiederum bei der Arbeit alkoholisiert angetroffen werden, wären wir gezwungen, unverzüglich eine Entlassung auszusprechen. Wir halten weiters fest, dass wir Sie aus Sicherheitsgründen am heutigen Tag um .... Uhr nach Hause geschickt und Sie ausdrücklich aufgefordert haben, morgen zu Dienstbeginn die Arbeit in nüchternem Zustand anzutreten.

Datum, Unterfertigung des AG, Übernahmebestätigung des AN

Weiters wird empfohlen, den AN insbesondere dann, wenn er auf einer Baustelle arbeitet oder die Fortsetzung der Tätigkeit eine Gefährdung für ihn oder (und) andere darstellt (etwa Tätigkeiten auf Baustellen, an Kreissägen etc.) umgehend nach Hause zu schicken.

Dabei sollte jedoch der AN ausdrücklich vor Zeugen aufgefordert werden, am nächsten Arbeitstag zu Dienstbeginn bei der Arbeit zu erscheinen und dies in der Verwarnung festgehalten werden. Dies soll verhindern, dass behauptet wird, die Aufforderung, nach Hause zu gehen, sei bereits eine Entlassung, Kündigung oder Dienstfreistellung gewesen.

Falls ein **Krankenstand** vom AN grob fahrlässig oder vorsätzlich herbeigeführt wird, so besteht kein Krankenentgeltanspruch gegenüber dem AG. Stürzt etwa der betrunkene AN am Arbeitsplatz oder während seiner Freizeit und zieht sich Verletzungen zu, die ihn arbeitsunfähig machen, so ist von einem grob fahrlässig bewirkten Krankenstand auszugehen. Sollte ein solcher Umstand erst nach Zahlung des Krankenentgelts bekannt werden, so besteht die Möglichkeit, die bereits gewährte Entgeltfortzahlung zurückzuverlangen. Um den so genannten „**gutgläubigen Verbrauch**" zu verhindern, wird es ratsam sein, auf einer Anschlagtafel (oder etwa im Dienstvertrag) darauf hinzuweisen, dass bei grob fahrlässig oder vorsätzlich herbeigeführtem Krankenstand kein Krankenentgelt gebührt (siehe 20.9).

Unangekündigte Alkomattests ohne Zustimmung des Mitarbeiters sind nur mit der Einwilligung des BR in Form einer Betriebsvereinbarung (§ 96 Abs. 1 Z 3 ArbVG – siehe 53.) denkbar (OGH 20.3.2015, 9 Ob A 23/15 w – in Betrieben ohne BR ist die Zustimmung der AN nach § 10 AVRAG erforderlich).

34.4 Führerscheinentzug und Entlassung

Falls einem Kraftfahrer der Führerschein entzogen wird und es sich um eine dienstliche Fahrt gehandelt hat, kommt die Entlassung wegen eines strafbaren Verhaltens in Frage (siehe 34.2 vorletzter Absatz, sowie OLG Innsbruck 15 Ra 18/96 a = ZAS Jud 4/1997 = ARD 4878/8/97).

Sollte jedoch der Entzug des Führerscheins auf ein außerdienstliches Verhalten zurückzuführen sein (der AN wird etwa ertappt, wie er angeheitert nach einem Heurigenbesuch seinen PKW lenkt), so hat dies beim Kraftfahrer ebenfalls die schwer wiegende Folge, dass er seine Arbeit nicht mehr verrichten kann. Es ist daher eine **Entlassung wegen Arbeitsunfähigkeit** (§ 82 lit. b GewO 1859, § 27 Z 2 AngG) möglich. Dies setzt aber voraus, dass eine Arbeitsunfähigkeit von erheblicher Dauer vorliegt (bisher ca 6 Monate – siehe jedoch im Folgenden) und der AN ausschließlich oder zumindest überwiegend als Kraftfahrer eingesetzt wurde oder die Tätigkeit nur mit einem Kraftfahrzeug bewältigt werden kann (OGH 9 Ob A 154/95 = infas 2/96). Der AG ist nicht verpflichtet, seinen Betrieb umzuorganisieren, um eine in Betracht kommende Tätigkeit überhaupt erst zu schaffen (OGH 8 Ob A 21/03a). Er muss jedoch versuchen, auch außerhalb der vereinbarten Tätigkeiten eine Überbrückungsmöglichkeit zu finden (OGH 9 Ob A 119/03w = ARD 5492/11/2004).

Jüngst hat der OGH jedoch auch einen Entzug des Führerscheins für 4 Monate als ausreichend für eine gerechtfertigte Entlassung angesehen. Dabei handelte es sich beim Kläger um einen Vorgesetzten von durchschnittlich 20 Außendienstmitarbeitern, der nicht ausschließlich im Außendienst tätig war (OGH 9 Ob A 120/02 s = ARD 5388/2/2003).

Ebenso wurde bereits ein dreimonatiger Entzug als ausreichend angesehen, wenn der AN nicht anderweitig einsetzbar ist (OGH 9 Ob A 119/03w = ARD 5497/11/2004).

Falls bei einem Angestellten der Führerscheinentzug auf einen in erheblich alkoholisiertem Zustand verursachten Verkehrsunfall zurückzuführen ist, liegt auch der Entlassungsgrund der Vertrauensunwürdigkeit vor (OLG Wien 7 Ra 10/07 b = ARD 5818/9/2007).

Einschlägige Judikatur

Alkohol im Dienst:

- *Ob die Alkoholisierung eines AN einen Entlassungsgrund darstellt, kann erst dann abschließend beurteilt werden, wenn Feststellungen zum Umgang mit Alkohol im Betrieb des AG bestehen, auch ob es Weisungen diesbezüglich gibt bzw. inwieweit Alkohol toleriert wurde und dergleichen (OLG Wien 10 Ra 323/99 i = ARD 5151/21/2000).*

- *Wird ein Lagerarbeiter mehrfach wegen Alkoholisierung im Dienst verwarnt und ihm die Entlassung für den Fall der Wiederholung angedroht, verrichtet er aber weiterhin alkoholisiert seinen Dienst, ist der Entlassungstatbestand der Trunksucht verwirklicht. Es liegen aber auch die Voraussetzungen des Tatbestandes der Arbeitsunfähigkeit vor, wenn dieser nicht nur Lagerarbeiten, sondern auch Chauffeurdienste zu leisten hat und in alkoholisiertem Zustand zur vereinbarten Arbeit des Kfz-Lenkens unfähig ist (OLG Wien 10 Ra 141/00 d = ARD 5163/41/2000).*

- *Ein AN, der erst einmal – und dies vor 15 Monaten sowie nach einer saisonbedingten Unterbrechung und Wiederaufnahme des Arbeitsverhältnisses – nach einer im Dienst festgestellten Alkoholisierung verwarnt wurde, kann nicht deshalb wegen Trunksucht entlassen werden, weil er während der Dienstzeit mit Alkohol „auf den Fasching angestoßen hat" und sich danach vom Arzt krankschreiben ließ (OGH 9 Ob A 101/00 v = ARD 5151/17/2000).*

- *Wird im gesamten erstinstanzlichen Verfahren nie vorgebracht, dass bei einem AN ein pathologischer Alkoholmissbrauch vorliegt, der bereits den Grad einer zwanghaften und unbeherrschten Krankheit erreicht habe, kann auf Grund des bestehenden Neuerungsverbotes dieser Punkt im Berufungsverfahren nicht berücksichtigt werden (OLG Wien 10 Ra 141/00 d = ARD 5163/41/2000).*

- *Wurde eine Angestellte bereits zweimal wegen Alkoholkonsum verwarnt, so ist im Fall des neuerlich wahrnehmbaren Alkoholgeruchs die Entlassung gerechtfertigt, wenn es sich um eine Verkäuferin mit Kundenkontakt handelt (OGH 9 Ob A 114/05 p).*

- *Hat ein Arzt in alkoholisiertem Zustand operiert, obwohl er am Vortag auf seine „Fahne" unter Hinweis auf dienstrechtliche Konsequenzen angesprochen wurde, so ist die Entlassung wegen Vertrauensunwürdigkeit berechtigt (OGH 8 Ob A 79/05 h = ARD 5697/ 8/2006).*

Führerscheinentzug:

- *Wird einem Holzeinkäufer, der während der rund sechs Monate dauernden Saison vorwiegend, in der übrigen Zeit des Jahres aber immerhin auch noch zu 40 % außerhalb des Betriebs tätig ist, und diese Tätigkeit ihrer Art nach nur mit einem Kraftfahrzeug rationell bewältigen kann, der Führerschein zum zweiten Mal, und zwar schließlich für die Dauer von zehn Monaten, abgenommen, so rechtfertigt dies seine Entlassung gemäß § 27 Z 2 AngG. Der AG kann nicht gezwungen werden, dem AN im Fall einer länger dauernden Arbeitsunfähigkeit eine andere, außerhalb der getroffenen Vereinbarung liegende Tätigkeit zuzuweisen (OGH 4 Ob 50/81 = Arb 10.108).*
- *Anders als in dem der Entscheidung 9 Ob A 159/91 zu Grunde gelegenen Fall war daher der Besitz des Führerscheins für die Erfüllung der dienstlichen Obliegenheiten nicht unbedingt Voraussetzung, zumal der AN nicht notwendig selbst ein Fahrzeug lenken musste, sondern auch auf andere Weise die Orte erreichen konnte, an denen er seine Dienstverrichtungen zu erfüllen hatte. Die Entlassung ist daher nicht gerechtfertigt (OGH 9 Ob A 154/95 = ARD 4730/21/96).*
- *Wird einem Außendienstmitarbeiter für acht Monate der Führerschein entzogen (wegen eines im betrunkenen Zustand verursachten Verkehrsunfalls mit erheblichem Sachschaden) und kann er deswegen seine Arbeitsaufgaben zu einem wesentlichen Teil nicht mehr korrekt erfüllen, so ist seine Entlassung wegen dauernder Dienstunfähigkeit nach § 27 Z 2 AngG gerechtfertigt (OLG Wien 10 Ra 74/03f = ARD 5497/10/2004).*

Kapitel III

35. Arbeitskräfteüberlassung

35.1 Begriffsbestimmung und Ausnahmen

Bei der Arbeitskräfteüberlassung sind drei Personen beteiligt. Der Überlasser verpflichtet Arbeitskräfte vertraglich zur Arbeitsleistung an Dritte. Der Beschäftiger schließt einen Überlassungsvertrag mit dem Überlasser ab und setzt Arbeitskräfte des Überlassers zur Arbeit für betriebseigene Zwecke ein. Zwischen dem Beschäftiger und der Arbeitskraft wird keine vertragliche Regelung getroffen (nur in Ausnahmefällen kann ein Arbeitsverhältnis zwischen dem Beschäftiger und der Arbeitskraft angenommen werden – OGH 7.2.2008, 9 Ob A 2/08 x).

Das seit 1.7.1988 geltende AÜG bezweckt die arbeits- und sozialrechtliche Absicherung der überlassenen Arbeitskräfte.

Die Arbeitskräfteüberlasser unterliegen der Konzessionspflicht (§ 135 GewO in der Fassung Art. V AÜG). Von der Konzessionspflicht ausgenommen ist die vorübergehende Überlassung von Arbeitskräften an Beschäftiger, welche die gleiche Erwerbstätigkeit wie die Überlasser ausüben („Nachbarschaftshilfe"), bis zur Höchstdauer von sechs Monaten pro Kalenderjahr (Zeiten von nacheinander überlassenen verschiedenen Arbeitskräften sind zu addieren). Für die „Nachbarschaftshilfe" ist jedoch eine Anzeige an die Gewerbebehörde vorgesehen (§ 17 Abs. 1 AÜG). Die Behörde kann die Nachbarschaftshilfe untersagen.

Teilweise ausgenommen vom AÜG sind u.a. (Details siehe § 1 AÜG):

- Überlassung von Arbeitskräften durch Erzeuger, Vermieter oder Verkäufer technischer Anlagen, die zur Einschulung, Wartung oder Reparatur erforderlich ist;
- Arbeitsgemeinschaften und betriebliche Zusammenarbeit: Erleichtert werden soll durch diese Ausnahme die Abwicklung sogenannter „Know-how-Verträge" und die Überwachung von Tochterunternehmen durch Arbeitskräfte des Stammunternehmens und
- Überlassung von Arbeitskräften zwischen Konzernunternehmen innerhalb eines Konzerns im Sinne des § 15 AktG und des § 115 GmbHG, sofern die Überlassung nicht zum Betriebszweck des überlassenden Unternehmens gehört und der Sitz sowie der Betriebsstandort beider Konzernunternehmen innerhalb des Bundesgebietes liegen. Bei nicht nur vorübergehend erfolgenden Überlassungen sind jedoch die Bestimmungen des AÜG über Entgelt und Arbeitszeit anzuwenden. Eine Haftung des Beschäftigers nach § 14 AÜG (siehe 35.4) tritt bei „privilegierter Konzernleihe" nicht ein (OGH 29.9.2010, 9 Ob A 145/09 b).

Für die Frage, ob eine Überlassung vorliegt, kommt es auf den wahren wirtschaftlichen Gehalt des Vertragsverhältnisses und nicht auf die äußere Erscheinungsform an (§ 4 Abs. 1 AÜG). Diese Bestimmung soll die Umgehung des Gesetzes durch Werkverträge verhindern. Daher sind auch bestimmte Werkverträge vom AÜG erfasst (etwa wenn die Arbeitskräfte des Auftragnehmers organisatorisch in den Betrieb des Werkbestellers eingegliedert sind und dessen Dienst- und Fachaufsicht unterstehen oder die Arbeit vorwiegend mit Material und Werkzeug des Werkbestellers geleistet wird).

Beispiele zur Abgrenzung der Arbeitskräfteüberlassung von Arbeitstätigkeiten, auf die das AÜG nicht anzuwenden ist:

a) Eine Reinigungsfirma schickt Reinigungskräfte zur Durchführung eines Reinigungsauftrages zum Betriebsgelände eines Kunden. Die Weisungen werden von einem Angestellten der Reinigungsfirma erteilt. Dieser überwacht auch die Qualität der Arbeitsleistungen und ist für die Arbeitsdisziplin, Urlaubseinteilung etc. zuständig. Die Reinigungsgeräte sind im Eigentum der Reinigungsfirma, die auch für Wartungen und Ersatz sorgt. In diesem Fall kann keine Arbeitskräfteüberlassung vorliegen, obwohl die Arbeitsleistungen nur beim Kunden der Reinigungsfirma stattfinden.

b) Eine Firma schickt Reinigungskräfte zu einem ihrer Kunden. Die Arbeitsanweisungen werden von Mitarbeitern des Kunden erteilt. Diese Mitarbeiter überwachen auch die Qualität der Arbeitsleistungen und die Einhaltung der Arbeitszeit etc. Die Reinigungsgeräte sind Eigentum des Kunden. In diesem Fall wird von einer Arbeitskräfteüberlassung auszugehen sein.

c) Stellt ein Unternehmer einem Generalunternehmer einen Bagger samt Fahrer zur Verfügung, der nach den Anweisungen des Generalunternehmers einzusetzen ist, so handelt es sich um eine Arbeitskräfteüberlassung (OGH 13.2.2003, 8 Ob A 203/02 i).

Wird nach dem wirklich gewollten Inhalt des Leistungsversprechens zwischen dem AG und dem Dritten (in dessen Betriebsgebäude eine Reinigungskraft tätig war) die Verfügungsgewalt über die Arbeitskraft des AN dem Dritten zur Verfolgung seiner Betriebszwecke übertragen, so liegt Arbeitskräfteüberlassung vor (VwGH 26.9.2008, 2008/02/0039).

Setzt ein Unternehmen zur Bewältigung von Arbeitsspitzen mehrere von einem anderen Unternehmen überlassene Ausländer ein, die in den Betriebsablauf des Beschäftigers eingegliedert sind, dessen Kontroll- und Weisungsbefugnis unterliegen und keine von den Dienstleistungen der unternehmensinternen Mitarbeiter verschiedenartigen Leistungen erbringen, so liegt eine Arbeitskräfteüberlassung (§ 4 Abs. 2 AÜG) und damit eine bewilligungspflichtige Ausländerbeschäftigung vor (VwGH 14.3.2005, 2004/09/0054, ARD 5648/4/2005).

Wird ein AN zur Durchführung von Prüftätigkeiten bei einem anderen AG eingesetzt, wobei die dafür notwendigen Werkzeuge und Messgeräte vom Auftraggeber zur Verfügung gestellt werden, so liegt kein Werkvertrag, sondern Arbeitskräfteüberlassung vor (OGH 25.8.2014, 8 Ob A 7/14 h).

Bei grenzüberschreitenden Sachverhalten (im EWR) ist zu beachten, dass der EuGH der extensiven Auslegung des Begriffes „Arbeitskräfteüberlassung" nach § 4 AÜG durch den VwGH (der es überdies unterlassen hat, eine Vorabentscheidung des EuGH einzuholen) ausdrücklich widersprochen hat (EuGH 18.6.2015 C-568/13 Martin Meat entgegen VwGH 31.7.2009, 2008/09/0261, *Rauch*, Arbeitsrecht 2016, 64 ff, zur Abgrenzungsproblematik siehe auch *Rauch*, Zur Abgrenzung der Arbeitskräfteüberlassung von der Erfüllung eines Werkvertrags, ASoK 2016, 130 ff., Arbeitsrecht 2017, 91 f.).

Die Berufsausübung der Gesundheits- und Krankenpflege im Wege der Arbeitskräfteüberlassung ist zulässig und unterliegt ebenfalls dem AÜG (§§ 35 Abs. 2 und 90 Abs. 3 Gesundheits- und Krankenpflegegesetz, *Mazal*, ZAS 2005, 245 ff.).

Zur Ausländerbeschäftigung und Arbeitskräfteüberlassung – siehe 18.5 und 35.6.

Bei Überlassung in den Anwendungsbereich des BUAG hat der Überlasser bezüglich dieser Arbeitskräfte das BUAG einzuhalten (§ 1 Abs. 2 lit. h und Abs. 2a lit. c BUAG).

35.2 Pflichten im Bereich des Überlassers und des Beschäftigers

AG im Sinne des Arbeitsvertrags- und Sozialversicherungsrechtes

Die überlassene Arbeitskraft schließt den Arbeitsvertrag mit dem Überlasser ab. Daher ist der Überlasser als arbeitsvertraglicher AG der überlassenen Arbeitskraft anzusehen. Die Arbeitspflicht der Arbeitskraft gegenüber dem Überlasser wird durch die vereinbarte Tätigkeit im Betrieb des Beschäftigers erfüllt. Der Beschäftiger übt die Weisungsbefugnisse im Rahmen des Arbeitsvertrages aus (obwohl er nicht Partei des Arbeitsvertrages ist).

Der Überlasser ist weiters AG im Sinne des Sozialversicherungsrechtes und daher für die Ermittlung und Abfuhr der Sozialversicherungsbeiträge verantwortlich, wobei allerdings nach § 14 AÜG (siehe 35.4) eine Mithaftung des Beschäftigers vorgesehen ist.

AG im Sinne des Arbeitnehmerschutzes

AG im Sinne des Arbeitnehmerschutzes ist der Beschäftiger, es obliegen ihm die Fürsorgepflichten des AG (§ 6 Abs. 1 AÜG, § 9 Abs. 2 ASchG, § 11a Abs. 2 KA-AZG). Der Überlasser hat den Beschäftiger auf alle für die Einhaltung des persönlichen Arbeitsschutzes, insbesondere des Arbeitszeitschutzes und des besonderen Personenschutzes maßgeblichen Umstände hinzuweisen. Der Überlasser muss die Überlassung unverzüglich beenden, sobald er weiß oder wissen müsste, dass der Beschäftiger trotz Aufforderung die Arbeitnehmerschutzbestimmungen nicht einhält (siehe auch OGH 24.4.2003, 8 Ob A 217/02 y).

Da der Beschäftiger insbesondere die Weisungen erteilt, Arbeitsmittel beschafft und für die Betriebsräumlichkeiten zuständig ist, ist es naheliegend, ihm die Funktion des arbeitnehmerschutzrechtlichen AG zuzuweisen. Der Beschäftiger hat daher beispielsweise Arbeitszeitaufzeichnungen nach § 26 AZG zu führen, die Arbeitsplätze der überlassenen Arbeitskräfte zu evaluieren (§ 4 ASchG), die Unterweisungen vorzunehmen (§ 14 ASchG) und die überlassenen Arbeitskräfte bei der Präventionszeit zu berücksichtigen (§ 82 a ASchG – zum Arbeitnehmerschutz – siehe 33.).

Damit der Überlasser den bei ihm verbleibenden Befugnissen beim Arbeitnehmerschutz nachkommen kann, hat der Beschäftiger bestimmte Informationspflichten wahrzunehmen (§ 9 Abs. 3 Z 1 bis 3 ASchG). Demnach sind die Beschäftiger verpflichtet, vor der Überlassung

- die Überlasser über die für die Tätigkeit erforderliche Eignung und die erforderlichen Fachkenntnisse sowie über die besonderen Merkmale des zu besetzenden Arbeitsplatzes und

- über die für den zu besetzenden Arbeitsplatz oder die vorgesehene Tätigkeit erforderliche gesundheitliche Eignung nachweislich schriftlich zu informieren und

- ihnen die Sicherheits- und Gesundheitsschutzdokumente für den jeweiligen Arbeitsplatz (§ 5 ASchG) zu übermitteln und ist der Überlasser von jeder Änderung in Kenntnis zu setzen.

Nach § 9 Abs. 4 ASchG sind Überlasser verpflichtet, die AN vor einer Überlassung über die Gefahren, denen sie auf dem zu besetzenden Arbeitsplatz ausgesetzt sein können, über die für den Arbeitsplatz oder die Tätigkeit erforderliche Eignung oder die erforderlichen Fachkenntnisse sowie über die Notwendigkeit von Eignungs- und Folgeuntersuchungen zu informieren.

Bei diesen Informationspflichten ist zu beachten, dass für die Nichteinhaltung der im Rahmen der Überlassung bestehenden arbeitnehmerschutzrechtlichen Bestimmungen ein eigener Verwaltungsstraftatbestand nach § 130 Abs. 3 ASchG vorgesehen ist (Geldstrafen von € 333,– bis € 16.659,–).

Die Kosten arbeitnehmerschutzrechtlich erforderlicher Eignungs- und Folgeuntersuchungen sind vom Überlasser zu bezahlen (§ 9 Abs. 5 ASchG).

Der Beschäftiger ist verpflichtet, jeden Arbeitsunfall, durch den eine unfallversicherte überlassene Arbeitskraft getötet wurde oder mehr als 3 Tage arbeitsunfähig ist, längstens binnen 5 Tagen dem zuständigen Träger der Unfallversicherung mittels Vordrucks (in 3-facher Ausfertigung) zu melden (§ 363 Abs. 1 ASVG – siehe 33.6.2).

Der § 9 ASchG erfasst auch die vom Geltungsbereich des AÜG ausgenommene Überlassung (VwGH 26.2.2010, 2009/02/0302).

Überlassene Arbeitskräfte sind grundsätzlich hinsichtlich AN- und Gesundheitsschutz auf dem gleichen Schutzniveau wie die übrigen AN zu betreuen.

Zu den Meldepflichten bei Schwangerschaft einer überlassenen AN nach § 3 Abs. 6 und 7 MSchG siehe 25.1.

Fürsorgepflicht des Beschäftigers

Für die Dauer der Beschäftigung im Betrieb des Beschäftigers obliegen die Fürsorgepflichten des AG auch dem Beschäftiger (§ 6 Abs. 3 AÜG).

Die Fürsorgepflicht umfasst die Persönlichkeit des AN. Es geht daher nicht nur punktuell um die Rechtsgüter Leben, Gesundheit, Sittlichkeit und Eigentum, sondern um die Persönlichkeitsrechte schlechthin. Der Beschäftiger hat daher u.a. dafür zu sorgen, dass die geschlechtliche Selbstbestimmung, sexuelle Integrität und Intimsphäre der AN nicht gefährdet werden. Er hat daher somit gegen sexuelle Belästigungen in geeigneter Weise einzuschreiten (§ 6 a Abs. 3 AÜG – siehe im Folgenden, OGH 17.3.2004, 9 Ob A 143/03 z) sowie zur Vermeidung von Schadenersatzansprüchen wegen Mobbing infolge der sexuellen Orientierung entsprechende Gegenmaßnahmen zu ergreifen (§ 6 a Abs. 3 AÜG – siehe im Folgenden, OGH 26.8.2004, 8 Ob A 3/04 f).

AG im Sinne des Gleichbehandlungsrechts

Der § 6 a AÜG legt fest, dass der Beschäftiger auch als AG der überlassenen Arbeitskräfte im Sinne der Gleichbehandlungsvorschriften und Diskriminierungsverbote, die für vergleichbare AN des Beschäftigers gelten, anzusehen ist. Dies gilt insbesondere für die Auswahl der überlassenen Arbeitskräfte und die sonstigen Arbeitsbedingungen, zu denen auch die Beendigung einer Überlassung (§ 6a Abs. 2 AÜG) zu rechnen ist.

Der Überlasser ist verpflichtet, für angemessene Abhilfe zu sorgen, sobald er weiß oder wissen muss, dass der Beschäftiger während der Dauer der Beschäftigung die Gleichbehandlungsvorschriften oder Diskriminierungsverbote nicht einhält (§ 6a Abs. 3 AÜG).

Führt eine Diskriminierung (im Sinne des GlBG oder des § 105 Abs. 3 Z 1 ArbVG) zu einer Beendigung der Überlassung, so kann eine in diesem Zusammenhang erfolgte Beendigung oder Nichtverlängerung des Arbeitsverhältnisses (§§ 12 Abs. 7, 26 Abs. 7 GlBG) angefochten und Schadenersatz gefordert werden, als wäre die Beendigung oder Nichtverlängerung des Arbeitsverhältnisses auf Grund der Diskriminierung erfolgt (§ 6a Abs. 4 AÜG). Wird demnach etwa aus ethnischen Gründen eine Tätigkeit bei einem Beschäftiger beendet und muss der Überlasser das Arbeitsverhältnis kündigen, weil er keine Einsatzmöglichkeiten für die „zurückgeschickte" Arbeitskraft hat, so kann die Arbeitskraft die Kündigung (mittels Klage gegen den Überlasser) anfechten. Der Überlasser hat gegen den Beschäftiger einen Anspruch auf Aufwandersatz für die aus § 6 a Abs. 3 und Abs. 4 AÜG resultierenden Aufwendungen (§ 6a Abs. 5 AÜG). Dem beklagten Überlasser wird weiters in einem solchen Fall zu empfehlen sein, den Beschäftiger zum Beitritt im Rechtsstreit aufzufordern (Nebenintervention nach §§ 17 ff ZPO).

Durch die weitläufige Formulierung im § 6 a AÜG („Gleichbehandlungsvorschriften und Diskriminierungsverbote") soll gesichert werden, dass jene Vorschriften, die für vergleichbare Stammarbeitskräfte des Beschäftigers gelten, in gleicher Weise auch für überlassene Arbeitskräfte anzuwenden sind.

Zugang zu Wohlfahrtseinrichtungen und -maßnahmen

Der Beschäftiger hat der überlassenen Arbeitskraft Zugang zu den Wohlfahrtseinrichtungen und -maßnahmen in seinem Betrieb unter den gleichen Bedingungen wie seinen eigenen Arbeitskräften zu gewähren, es sei denn, eine unterschiedliche Behandlung ist aus sachlichen Gründen berechtigt. Zu solchen Wohlfahrtseinrichtungen und -maßnahmen zählen insbesondere Kinderbetreuungseinrichtungen, Gemeinschaftsverpflegung und Beförderungsmittel (§ 10 Abs. 6 AÜG). Eine Vereinbarung, die überlassene Arbeitskräfte von Wohlfahrtseinrichtungen und -maßnahmen ausschließt, ist unzulässig (§ 11 Abs. 8 AÜG).

Leistungen des Beschäftigers, denen ein Entgeltcharakter zukommt, unterliegen hingegen dem § 10 Abs. 1 AÜG (siehe „KV und Arbeitskräfteüberlassung"). So sind etwa Essensgutscheine als entgeltwerte Leistung anzusehen (VwGH 25.5.2005, 2004/08/0015), die nicht nach § 10 Abs. 6 AÜG, sondern nach § 10 Abs. 1 AÜG zu beurteilen ist. Wenden also beispielsweise der Überlasser und der Beschäftiger einen KV an, so sind vom Beschäftiger den Stamm-AN gewährte Essensgutscheine als betriebsinterne Entgeltleistungen anzusehen, auf die überlassene Arbeitskräfte keinen Rechtsanspruch haben.

Die Abgrenzung zwischen Entgeltleistungen nach § 10 Abs. 1 AÜG und insbesondere Wohlfahrtsmaßnahmen nach § 10 Abs. 6 AÜG wird allerdings in etlichen Fällen Schwierigkeiten bewirken. Der Begriff „Wohlfahrtseinrichtungen" wird in § 95 ArbVG erwähnt und durch die Judikatur zu dieser Bestimmung näher beschrieben (z.B. OGH 4.12.1991, 9 Ob A 212/91, Arb 10.980). Dabei wird auf Organisation und Institutionalisierung abgestellt (z.B. Werksbibliotheken, Werkswohnungen, Werkskinos). Der § 10 Abs. 6 AÜG erfasst aber auch bloße Wohlfahrtsmaßnahmen. Nach der Auffassung des OGH sind rein wirtschaftliche Zwecke für die Erfüllung der Wohlfahrtsfunktion nicht ausreichend, sondern ist auch die Bedachtnahme sozialer Gesichtspunkte erforderlich (OGH 15.3.2000, 9 Ob A 314/99 p). Beispielsweise sollen Rabatte für den Erwerb von Produkten des Beschäftigers im Regelfall eine Identifikation mit dem Unternehmen bewirken und wird damit kein sozialer Zweck verfolgt, wobei es sich überdies um entgeltwerte Leistungen handelt.

Zusammenfassend ist festzuhalten, dass Leistungen, die typische Zusatzentgelte darstellen, und Leistungen, die keinen sozialen Zweck verfolgen, nicht als Wohlfahrtsmaßnahmen anzusehen sind.

Arbeitszeit, Urlaub, Pensionszusagen

Während der Überlassung gelten nunmehr für die überlassene Arbeitskraft die im Beschäftigerbetrieb für vergleichbare AN gültigen gesetzlichen, kollektivvertraglichen sowie sonstigen im Beschäftigerbetrieb geltenden verbindlichen Bestimmungen allgemeiner Art, die sich auf Aspekte der Arbeitszeit und des Urlaubs beziehen (§ 10 Abs. 3 AÜG). Dazu zählen z.B. auch Regelungen betreffend arbeitsfreie Tage oder Mehrarbeit.

Werden AN für mehr als 4 Jahre an einen Beschäftiger, der seinen Stamm-AN eine Leistungszusage i.S.d. § 2 Z 1 des Betriebspensionsgesetzes (BPG) erteilt hat, überlassen, so gilt der Beschäftiger nach Ablauf des 4. Jahres ab diesem Zeitpunkt für die weitere Dauer der Überlassung als AG der überlassenen Arbeitskraft i.S.d. BPG, falls nicht eine gleichwertige Vereinbarung des Überlassers für die überlassene Arbeitskraft besteht (ab 1.1.2014). Der Beschäftiger hat jedenfalls nach Ablauf des 4. Jahres für die weitere Dauer der Überlassung entsprechende Beiträge (wie für vergleichbare Stamm-AN) zu leisten (§ 10 Abs. 1 a AÜG).

AG im ausländerbeschäftigungsrechtlichen Sinn

Auch der Beschäftiger überlassener Arbeitskräfte gilt als AG im ausländerbeschäftigungsrechtlichen Sinn bzw. ist dem unmittelbaren AG (also dem Überlasser) gleichzuhalten (§ 2 Abs. 3 lit. c AuslBG – siehe auch 18.5). Daher hat der Beschäftiger gleiche Kontrollpflichten bezüglich der Beschäftigung ausländischer Arbeitskräfte wie der Überlasser (VwGH 26.6.2003, 2002/09/0005, 2.7.2010, 2007/09/0348). Dementsprechend sind daher (insbesondere bei der Beschäftigung einer größeren Anzahl von wechselnden Arbeitskräften) Beschäftiger zur eigenständigen Kontrolle der Einhaltung des AuslBG auch bezüglich überlassener Arbeitskräfte verpflichtet. Die bloße Vereinbarung, dass der Überlasser die Zulässigkeit der Beschäftigung überprüft, schützt nicht vor einer Verwaltungsstrafe (VwGH 6.4.2005, 2004/09/0025, 9.9.2014, Ro 2014/09/0008). Dies gilt auch dann, wenn auf Grund einer langjährigen Zusammenarbeit zwischen dem Beschäftiger und dem Überlasser ein besonderes Vertrauensverhältnis besteht (VwGH 15.10.2009, 2008/09/0015).

Ein funktionierendes Kontrollsystem liegt etwa dann vor, wenn bei ineinandergreifenden täglichen Identitätsprüfungen aller in einem Betrieb eingesetzten AN durch die jeweiligen Kontrollbeauftragten vor Arbeitsaufnahme die Prüfung der arbeitsrechtlichen Papiere aller – bereits zu Beginn der Arbeiten und auch später hinzukommender – neu eingesetzter Arbeitskräfte gewährleistet ist und durch den Verantwortlichen die lückenlose Anwendung des Kontrollsystems auf effektive Weise überwacht wird (VwGH 2.7.2010, 2007/09/0348). Die bloße Erteilung von Weisungen, etwa dahingehend, das AuslBG sei einzuhalten und eine (nicht näher bezeichnete) Oberaufsicht sei wahrzunehmen, reichen beispielsweise nicht aus (VwGH 21.5.2003, 2000/09/0155).

Ausländerbeschäftigungsrechtliche Pflichten des Beschäftigers bei Überlassung nach Österreich

Sollten Arbeitskräfte, die dem Anwendungsbereich des AuslBG unterliegen, von einem ausländischen Überlasser an einen österreichischen Beschäftiger überlassen werden, so ist der Beschäftiger verpflichtet, die Ausstellung der erforderlichen Beschäftigungsbewilligungen zu beantragen (§ 4 Abs. 3 Z 10 AuslBG), wenn die Bewilligung für die grenzüberschreitende Überlassung vorliegt (siehe 35.6).

Beendigungspflicht des Überlassers bei Verletzung der Arbeitnehmerschutz- und Fürsorgepflichten durch den Beschäftiger

Der Überlasser ist verpflichtet, die Überlassung unverzüglich zu beenden, sobald er weiß oder wissen muss, dass der Beschäftiger trotz Aufforderung die Arbeitnehmerschutz- oder die Fürsorgepflichten nicht einhält (§ 6 Abs. 4 AÜG). Daraus ergibt sich, dass der Beschäftiger bei Nichteinhaltung seiner arbeitnehmerschutzrechtlichen Pflichten oder seiner Fürsorgepflicht neben Verwaltungsstrafen und allfälligen Schadenersatzansprüchen (die durch das Dienstgeberprivileg nach § 333 ASVG beschränkt sind – siehe 22.4.2) auch die Beendigung der Überlassung riskiert.

Da der Überlasser hinsichtlich des persönlichen Arbeitsschutzes insbesondere des Arbeitszeitschutzes und des besonderen Personenschutzes (neben dem Beschäftiger) auch als AG i.S.d. Arbeitnehmerschutzvorschriften anzusehen ist, treffen ihn auch Kontrollpflichten. Diese sind aber auf zumutbare Vorkehrungen für die Einhaltung der einschlägigen Vorschriften zu beschränken (VwGH 12.6.1992, 92/18/0107). Demnach sind dem Überlasser vorgelegte Arbeitsnachweise hinsichtlich Verstößen gegen arbeitszeitrechtliche Bestimmungen zu kontrollieren. Kontrollen von Arbeitsräumen und dergleichen haben m.E. in der Regel nicht stattzufinden, weil dies Aufgabe der Arbeitsinspektion ist, der auch entsprechende Rechtsgrundlagen für das Betreten von Arbeitsstätten und die Durchführung der Kontrollen zur Verfügung stehen.

Abhilfegesuch und vorzeitiger Austritt

Ein vorzeitiger Austritt überlassener Arbeitskräfte wegen widerrechtlicher Verhaltensweisen des Beschäftigers setzt ein vergebliches Abhilfegesuch an den Überlasser voraus (OGH 22.12.2004, 8 Ob A 46/04 d – siehe *Rauch*, Vorzeitiger Austritt bei Arbeitskräfteüberlassung, ASoK 2005, 187 ff).

Verständigungs-, Informations- und Meldepflichten, Weiterbildung

Der Beschäftiger hat die überlassene Arbeitskraft über offene Stellen in seinem Betrieb, die besetzt werden sollen, zu informieren. Die Information hat durch allgemeine Bekanntgabe an geeigneter, der überlassenen Arbeitskraft zugänglicher Stelle im Beschäftigerbetrieb zu erfolgen (§ 12 Abs. 4 AÜG).

Der Überlasser und der Beschäftiger sind verpflichtet, in geeigneter Weise den Zugang von überlassenen Arbeitskräften zu Aus- und Weiterbildungsmaßnahmen in ihren Betrieben zu fördern, um deren berufliche Entwicklung und Chancen auf dem Arbeitsmarkt zu unterstützen (§ 12 Abs. 5 AÜG).

Werden diese Informationspflichten nicht eingehalten, so kann eine Geldstrafe bis zu € 1.000,– und im Wiederholungsfall von € 500,– bis zu € 2.000,– verhängt werden (§ 22 Abs. 1 Z 3 AÜG).

Der Überlasser ist verpflichtet, der überlassenen Arbeitskraft das Ende der Überlassung an den Beschäftiger mindestens 14 Tage vor deren Beendigung mitzuteilen, wenn die Überlassung an den Beschäftiger zumindest 3 Monate dauert und das Ende der Überlassung nicht auf objektiv vorhersehbare Ereignisse zurückzuführen ist (§ 12 Abs. 6 AÜG). Die Unterlassung dieser Verständigung ist nicht strafbar und berührt auch nicht die Wirksamkeit einer späteren Beendigung oder eines nachfolgenden Einsatzes. Theoretisch wären Schadenersatzforderungen denkbar.

Wie bisher hat der Überlasser (in seiner Funktion als AG nach Art. VIII NSchG) Zeiten einer Nachtschwerarbeit (i.S.d. des Art. VII des NSchG) und von Schwerarbeit (i.S.d. §§ 1 bis 3 der Schwerarbeits-VO) zu melden (nunmehr ist dies im § 5 Abs. 1 AÜG ausdrücklich vorgesehen). Damit der Überlasser diese Meldepflicht erfüllen kann, hat ihn der Beschäftiger über die Leistung solcher Arbeiten zu informieren. Der Überlasser hat die überlassene Arbeitskraft von erstatteten Meldungen schriftlich in Kenntnis zu setzen (§ 5 Abs. 1 AÜG, letzter Satz). Für den Fall der Nichteinhaltung dieser Pflicht ist im AÜG (§ 22) keine Verwaltungsstrafe vorgesehen.

Entgelt, KV und Arbeitskräfteüberlassung

Die überlassene Arbeitskraft hat einen Anspruch auf ein angemessenes ortsübliches Entgelt, wobei vom Überlasser anzuwendende Normen der kollektiven Rechtsgestaltung unberührt bleiben. Bei Beurteilung der Angemessenheit ist für die Dauer der Überlassung auf das im Beschäftigerbetrieb vergleichbaren AN für vergleichbare Tätigkeiten zu zahlende kollektivvertragliche Entgelt Bedacht zu nehmen (betriebsinterne Entgeltvorgaben sind nur zu berücksichtigen, wenn für den Überlasser oder Beschäftiger kein KV oder keine Entgeltvorgaben nach einer VO oder einem Gesetz einzuhalten sind).

Diese Regelungen sind nach § 10 Abs. 1 AÜG als erfüllt anzusehen, wenn ein Vergleich zwischen dem Mindestentgelt, welches sich aus dem Überlasser-KV, und dem Mindestentgelt, welches sich aus dem Beschäftiger-KV, ergibt, durchgeführt und das höhere Mindestentgelt abgerechnet wird (OGH 7.6.2001, 9 Ob A 81/01 d, 24.7.2013, 9 Ob A 33/13 p). Zulagen, die der Beschäftiger-KV vorsieht, können nicht beim Mindestentgelt angerechnet werden (OGH 28.10.2015, 9 Ob A 157/14 z).

Überkollektivvertragliche Ist-Löhne, die vergleichbare Stamm-AN erhalten, sind an überlassene AN nicht zu bezahlen. Dies gilt auch für Ist-Erhöhungen, die der KV des Beschäftigers vorsieht (sowie für Zulagen aus einer Betriebsvereinbarung, auch wenn sie aufgrund einer Ermächtigung im Beschäftiger-KV abgeschlossen wurde – OGH 25.8.2014, 8 Ob A 50/14 g). Eine gänzliche Harmonisierung des Lohnniveaus ist nicht gesetzlich angeordnet (OGH 24.3.2014, 8 Ob A 18/14 a, *Rauch*, PV-Info 7/2014, 18 ff).

Betriebe, die Arbeitskräfteüberlassung betreiben, sind Mitglieder des Fachverbandes der gewerblichen Dienstleister (Bundesberufsgruppe Personaldienstleister der WKÖ). Diese hat mit dem ÖGB/Gewerkschaft PRO-GE für die Arbeiter den KV für das Gewerbe der Arbeitskräfteüberlassung und für die Angestellten mit dem ÖGB/GPA den Rahmen-KV für Angestellte im Handwerk und Gewerbe, in der Dienstleistung, in Information und Consulting abgeschlossen (beide KV sind unbefristet und derzeit ungekündigt). Der für überlassene Angestellte anzuwendende KV (der auch für andere Berufsgruppen gilt) sieht Sonderregelungen für die Überlassung in den §§ 4 Abs. 3, 4a Abs. 10, 5 Abs. 12, 10 Z 7 und 19a letzter Satz vor.

Auf Grund des erwähnten Vergleichs der kollektivvertraglichen Mindestentgelte ist folgende Vorgangsweise geboten:

Die Arbeitskraft ist zunächst nach dem KV für das Gewerbe der Arbeitskräfteüberlassung (Arbeiter) bzw. nach dem vorerwähnten Rahmen-KV (Angestellte) einzustufen. Anschließend ist zu überprüfen, ob sich aus der Einstufung nach dem Beschäftiger-KV ein höheres Mindestentgelt ergibt. Heranzuziehen ist das jeweils höhere Entgelt. Bei Arbeitern, die in bestimmte Industriebetriebe überlassen werden, ist überdies nach Abschnitt IX Z 3 ff. des KV für das Gewerbe der Arbeitskräfteüberlassung im Zuge der Vergleichsrechnung der „Referenzzuschlag" zu beachten (sofern der Industriebetrieb einem Referenzverband nach Abschnitt XI Z 4 des vorgenannten Arbeiter-KV zuzurechnen ist). Der Referenzzuschlag ist im Probemonat nicht zu beachten.

Der § 10 Abs. 1 AÜG bezieht sich nur auf periodisch (für gewöhnlich monatlich) fällig werdende Ansprüche und daher beispielsweise nicht auf eine Abfertigung (OGH 17.12.2008, 9 Ob A 158/07 m).

Die kollektivvertraglichen Regelungen zum Referenzzuschlag erfassen regelmäßig auch die in einem Beschäftiger-KV vorgesehenen „Einmalzahlungen", sodass der überlassene AN neben dem erhöhten Überlassungslohn nicht noch zusätzlich eine solche Einmalzahlung verlangen kann (OGH 2.2.2005, 9 Ob A 130/04 i, ecolex 2005, 390).

Die im § 10 Abs. 1 AÜG vorgesehene Bedachtnahme auf das kollektivvertragliche Entgelt vergleichbarer AN ist nicht als Empfehlung, sondern im Sinne eines Anspruchs zu verstehen. Mit den Worten „Bedacht nehmen" werde (nach der Judikatur) lediglich berücksichtigt, dass nicht alle Bestimmungen des KV des Beschäftigerbetriebes, die sich auf den Entgeltanspruch der AN beziehen – insbesondere soweit sie nicht ziffernmäßig bestimmte Mindestentgelte regeln – für überlassene Arbeitskräfte ohne Modifikation nach dem Sinn der jeweiligen kollektivvertraglichen Bestimmung angewendet werden könnten. Die Formulierung „Bedacht nehmen" soll somit lediglich klarstellen, dass nicht jede Entgeltregelung des Beschäftigers unmittelbar übernommen werden kann (z.B. bei überlassenen freien AN, die dem AÜG unterliegen, weil sie als Arbeitskräfte nach § 3 Abs. 4 AÜG anzusehen sind), sondern in Einzelfällen sinngemäße Anpassungen erforderlich sein können (OGH 20.11.1991, 9 Ob A 196/91, Arb 10.979, OGH 20.9.2000, 9 Ob A 188/00 p).

Anwendung interner Entgeltregelungen des Beschäftigers im Ausnahmefall

Fehlen für den Überlasserbetrieb oder den Beschäftigerbetrieb kollektivvertragliche Entgeltvorgaben (oder beim Beschäftiger Entgeltvorgaben durch Gesetz oder VO), so ist auf betriebsinterne Entgeltregelungen „Bedacht zu nehmen" (siehe „KV und Arbeitskräfteüberlassung"), wenn diese als „verbindliche Bestimmungen allgemeiner Art" i.S.d. § 10 Abs. 1 AÜG anzusehen sind.

Derzeit bestehen für Überlasserbetriebe kollektivvertragliche Regelungen (siehe „KV und Arbeitskräfteüberlassung"). Im Einzelfall können aber die im § 10 Abs. 1 AÜG genannten Entgeltvorgaben beim Beschäftiger nicht vorhanden sein. Das Fehlen solcher Vorgaben hat folgende rechtliche Auswirkungen:

- Nach § 22 d Abs. 9 AÜG ruht die Pflicht des Überlassers zur Entrichtung von Beiträgen zum Sozial- und Weiterbildungsfonds, wenn und soweit nach § 10 Abs. 1 AÜG die im Beschäftigerbetrieb geltenden sonstigen verbindlichen Bestimmungen allgemeiner Art anzuwenden sind.
- Bei Bestehen verbindlicher Bestimmungen allgemeiner Art i.S.d. § 10 Abs. 1 AÜG beim Beschäftiger zum Entgelt ist auf diese für vergleichbare überlassene Arbeitskräfte Bedacht zu nehmen.

Was unter „verbindlichen Bestimmungen allgemeiner Art" zu verstehen ist, ist strittig. Überwiegend wird die Meinung vertreten, dass es nur um echte BV gehen kann (zu Akkordlöhnen nach § 96 Abs. 1 Z 4 ArbVG oder zur Gewinnbeteiligung nach § 97 Abs. 1 Z 16 ArbVG – *Pöschl/Unterrieder*, Novelle zum AÜG – Neue Pflichten für Beschäftiger und Überlasser, ecolex 2012, 999 ff., *Rauch*, Angemessenes Entgelt bei Arbeitskräfteüberlassung, ecolex 2013, 676 ff.).

Fortzahlungspflicht des Überlassers

Wenn die Arbeitskraft nachweislich zur Arbeitsverrichtung bereit war, aber vom Überlasser gar nicht oder nur unter dem vereinbarten zeitlichen Ausmaß beschäftigt wird, gebührt das Entgelt auf der Grundlage der vereinbarten Arbeitszeit. Der Arbeitskraft bleibt daher das volle Arbeitsentgelt erhalten, auch wenn die Arbeitsleistung unterbleibt (Details siehe § 10 Abs. 2 AÜG). Wie die Arbeitsbereitschaft (i.S.d. § 1155 ABGB – siehe 31.8) zu bekunden ist, ist nicht gesetzlich geregelt. Letztlich kommt es auf den konkreten Einzelfall an, wie die Arbeitskraft zu erkennen geben muss, dass sie „nachweislich" zur Leistung bereit sei. Die Arbeitskraft muss jedenfalls zur Erbringung von Arbeitsleistungen fähig und bereit sein. Überdies ist der Überlasser berechtigt, durch periodische Anwesenheitskontrollen zu bestimmten Zeiten im Betrieb den Nachweis der Arbeitsbereitschaft zu verlangen

(OGH 10.10.1990, 9 Ob A 602/90, Arb 10.896). Bei Arbeitern sind auch die Regelungen des KV für das Gewerbe der Arbeitskräfteüberlassung zu den Stehzeiten zu berücksichtigen (Abschnitt IX Z 6).

Karenzierungs- bzw. Aussetzungsvereinbarungen zwischen Überlasser und Arbeitskraft sind grundsätzlich zulässig (OGH 31.3.1993, 9 Ob A 60/93, Arb 11.074).

Überlassung als Nebengeschäft

Falls ein Überlasserbetrieb außer der Überlassung auch andere geschäftliche Tätigkeiten ausübt, ist nach § 9 ArbVG zu prüfen, welcher KV auf die überlassenen Arbeitskräfte anzuwenden ist (siehe 9.).

Einhaltung bestimmter Verbote

Vereinbarungen zwischen Überlasser und Beschäftiger, die der Umgehung gesetzlicher Bestimmungen zum Schutz der Arbeitskraft dienen, sind verboten. Die Überlassung von Arbeitskräften in Betriebe, die von Streik oder Aussperrung betroffen sind, ist unzulässig (§ 9 AÜG – siehe 50.2). Zu den verbotenen Vereinbarungen bzw. Arbeitsbedingungen – siehe 35.3.

Für die Arbeiter sieht der KV für das Gewerbe der Arbeitskräfteüberlassung vor, dass der AG das Arbeitsverhältnis nicht wegen des Endes einer Überlassung und frühestens am 5. Arbeitstag nach deren Ende kündigen darf (Abschnitt IV).

Mitteilungs-, Aufzeichnungs- und Meldepflichten

Der Überlasser ist verpflichtet, der Arbeitskraft vor jeder Beschäftigung bei einem anderen Beschäftiger die für die Überlassung wesentlichen Umstände, insbesondere die voraussichtliche Arbeitszeit und das Entgelt mitzuteilen und ehestmöglich zu bestätigen (§ 12 AÜG – Überlassungsmitteilung – siehe Muster 17).

Endet die Gewerbeberechtigung, so hat dies der Überlasser unverzüglich jeder überlassenen Arbeitskraft und jedem Beschäftiger schriftlich mitzuteilen (§ 12 Abs. 2 AÜG).

Die Bestimmungen über die Meldepflichten nach § 13 AÜG wurden mit der Novelle 2012 zur Gänze neu gefasst. Damit wird angeblich ein „Mehrertrag an statistischen und wissenschaftlichen Erkenntnissen" ermöglicht werden (gesichert ist jedenfalls, dass erhebliche Mehrkosten bewirkt werden).

An das BMASK sind neben personenbezogenen Daten (Namen, Geburtsdaten), die für die Errechnung einer bereichsspezifischen Personenkennzahl erforderlich sind, Daten betreffend Geschlecht, Staatsangehörigkeit, Arbeiter- oder Angestelltenverhältnis, Beginn und Ende der Überlassungsperioden sowie die Beschäftigerbetriebe je Fachverband und Bundesland zu senden (§ 17 AÜG). Die zu übermittelnden Daten beziehen sich jeweils auf den Zeitraum der abgelaufenen 12 Monate beginnend mit Juli des vergangenen Jahres bis Ende Juni des laufenden Jahres. Die Daten sind bis Ende Juli auf elektronischem Wege unter Verwendung des dafür vom BMASK (oder einem von diesem beauftragten Dienstleister) bereitgestellten Web-Portals zu senden.

Nichtigkeit einer Austauschkündigung

Eine Austauschkündigung, bei der ein Stamm-AN gekündigt und auf seinem Arbeitsplatz durch eine überlassenen AN ersetzt wird, ist nichtig (§ 2 Abs 3 AÜG). Liegen der Kündigung des Stamm-AN bei gleichzeitiger Weiterbeschäftigung eines überlassenen AN (der eine vergleichbare Tätigkeit verrichtet) aber sachliche und für den Beschäftigerbetrieb wichtige Gründe (z.B. Rationalisierung) zugrunde, so ist die Kündigung des Stamm-AN nicht nichtig (OGH 28.5.2013, 8 Ob A 31/13 m, *Rauch*, Arbeitsrecht 2014, 74 f.).

Betriebsverfassungsrechtliche Aspekte und Pflichten

Betriebsverfassungsrechtliche Zuordnung

Liegt eine Arbeitskräfteüberlassung vor, so ist die betriebsverfassungsrechtliche Zuordnung der überlassenen Arbeitskräfte zu klären (zum Überlasserbetrieb oder zum Beschäftigerbetrieb). Die überlassene Arbeitskraft gilt dann betriebsverfassungsrechtlich als AN des Beschäftigerbetriebs, wenn die Überlassung für längere Zeit gedacht ist (OGH 15.7.1987, 9 Ob A 63/87).

In einer weiteren Entscheidung hat der OGH dazu Folgendes festgehalten:

Waren überlassene Arbeitskräfte schon mehr als 6 Monate unter entsprechender Eingliederung im Beschäftigerbetrieb tätig und sind bei ihnen auch weitere AG-Funktionen (Bewilligung von Urlauben, Erteilung von Weisungen und Eingliederung in die Arbeitszeitregelungen des Beschäftigerbetriebes einschließlich Genehmigung für Zeitausgleich für Überstunden) auf das Beschäftigerunternehmen übergegangen, so sind diese Arbeitskräfte betriebsverfassungsrechtlich als AN des Beschäftigerbetriebes anzusehen (OGH 13.2.1991, 9 Ob A 22/91).

Weiters ist jedoch Folgendes zu beachten:

Die Überlassung ist insbesondere dadurch gekennzeichnet, dass die überlassene Arbeitskraft nur mit dem Überlasser und nicht mit dem Beschäftiger einen Arbeitsvertrag abschließt. Die arbeitsverfassungsrechtliche Zuordnung zum Beschäftigerbetrieb (auf Grund einer tatsächlichen oder geplanten längeren Tätigkeit für einen bestimmten Beschäftiger) ändert daher nichts an der betriebsverfassungsrechtlichen Zuständigkeit des BR des Überlassungsbetriebes für den arbeitsvertragsbezogenen Bereich des jeweiligen Arbeitsverhältnisses (*Rauch*, Überlassene Arbeitskräfte und Betriebsrat, ecolex 2008, 157). Daraus ergibt sich, dass insbesondere das Verständigungsverfahren nach § 105 Abs. 1 ArbVG beim BR des Überlasserbetriebes abzuwickeln ist (OGH 15.7.1987, 9 Ob A 63/87). Weiters können BV, die materielle Arbeitsbedingungen bzw. Entgeltfragen regeln, nicht auf überlassene Arbeitskräfte angewendet werden, weil diese Angelegenheiten sich nach dem Arbeitsvertrag mit dem Überlasser richten (*Marhold*, Betriebsvereinbarungen für überlassene Arbeitnehmer, ASoK 2008, 251). Nach der Rechtsprechung kommt eine normative Einwirkung in den Einzelarbeitsvertrag des Leih-AN nicht in Frage, weil zwischen dem Beschäftiger und der Leiharbeitskraft keine arbeitsvertragliche Beziehung gegeben ist (OGH 30.8.2011, 8 Ob A 54/11 s).

Weiters ist zu beachten, dass der Wirkungsbereich des BR auf den Betrieb beschränkt ist, für den er gewählt wurde. Der BR des Überlasserbetriebes ist daher nicht berechtigt, gegen den Beschäftigerbetrieb eine Feststellungsklage nach § 54 Abs. 1 ASGG einzubringen (OGH 15.12.2009, 9 Ob A 24/09 h).

BV über die Arbeitskräfteüberlassung

Nach § 97 Abs. 1 Z 1 a ArbVG können „Grundsätze der betrieblichen Beschäftigung von AN, die im Rahmen einer Arbeitskräfteüberlassung tätig sind", durch BV festgelegt werden. Eine solche BV ist keine Voraussetzung für den Einsatz von überlassenen AN (OGH 18.4.2007, 8 Ob A 108/06 z). Kommt es über ihren Abschluss, ihre Veränderung oder ihre Aufhebung zwischen dem Betriebsinhaber und dem BR zu keiner Einigung, so kann jeder Streitteil beim Präsidenten des zuständigen Arbeits- und Sozialgerichts die Einsetzung einer Schlichtungsstelle beantragen (§ 144 ArbVG – siehe 53.).

Der OGH hat in zwei Entscheidungen (OGH 18.4.2007, 8 Ob A 108/06 z, 30.8.2011, 8 Ob A 54/11 s) auf bestimmte Regelungsgegenstände als mögliche Inhalte der erzwingbaren BV nach § 97 Abs. 1 Z 1 a ArbVG in einer beispielhaften Auflistung wie folgt hingewiesen:

- Die Festlegung einer Höchstquote von Leih-AN im Verhältnis zur Stammbelegschaft,
- die Einschränkung der Leih-AN auf gewisse Betriebsabteilungen oder Arbeitsplätze,
- die richtlinienartige Präzisierung des Entgeltniveaus der Leih-AN im Verhältnis zu jenem der Stamm-AN des Beschäftigerbetriebes und Herstellung eines konkreten Bezugsrahmens in Ausführung des § 10 Abs. 1 AÜG,
- ein Kündigungsverzicht in Bezug auf Stamm-AN während der Einsatzdauer von Leih-AN und
- die Absicherung der wechselseitig auferlegten Pflichten durch Festlegung einer Konventionalstrafe, da „Grundsätze" prinzipiell nicht einklagbar sind.

Im Sachverhalt der vorerwähnten Entscheidung des OGH vom 30.8.2011, 8 Ob A 54/11 s, begehrte ein überlassener AN u.a. die Feststellung, dass der Beschäftiger verpflichtet sei, ihn zu den bisherigen Bedingungen seiner Beschäftigung in ein unbefristetes Arbeitsverhältnis zu übernehmen.

Dieses Feststellungsbegehren wurde mit einer entsprechenden Regelung in einer BV nach § 97 Abs. 1 Z 1 a ArbVG, die zwischen dem Beschäftigerunternehmer und dessen BR abgeschlossen wurde, begründet. Demnach hätten überlassene AN nach spätestens 60 Monaten ununterbrochener Tätigkeit beim Beschäftiger von diesem übernommen werden müssen.

Der OGH führt dazu aus, dass ein derartiges Kontrahierungsgebot auch ein zulässiger Inhalt einer solchen BV sei, dass aber weiters zu bedenken sei, dass einer solchen Regelung keine normative, sondern nur obligatorische Wirkung (absicherbar durch eine Konventionalstrafe) zukomme.

Eine normative Einwirkung in den Einzelarbeitsvertrag des Leih-AN komme nicht in Betracht, weil zwischen diesem und dem Beschäftiger (in der Regel) nur eine faktische, jedoch keine arbeitsvertragliche Beziehung bestehe. Daraus ergibt sich, dass eine überlassene Arbeitskraft keine individuellen Ansprüche aus einer solchen BV ableiten kann. Daher wurde die Klage abgewiesen (weitere Details siehe *Rauch*, Pflichten des Beschäftigers von überlassenen Arbeitskräften, ASoK 2012, 402 ff.).

Information zum beabsichtigten Einsatz überlassener Arbeitskräfte

Nach § 99 Abs. 5 ArbVG ist der BR vor der beabsichtigten Aufnahme der Beschäftigung von überlassenen Arbeitskräften zu informieren. Auf Verlangen des BR ist eine Beratung durchzuführen. Von der Aufnahme einer solchen Beschäftigung ist der BR unverzüglich in Kenntnis zu setzen.

Der BR ist demnach vor dem beabsichtigten Einsatz überlassener Arbeitskräfte zu informieren, wenn die Beschäftigung zumindest in ein konkretes Planungsstadium getreten ist. Davon unabhängig ist dem BR weiters die Aufnahme der Beschäftigung überlassener Arbeitskräfte unverzüglich zur Kenntnis zu bringen. Diese Bestimmung betrifft insbesondere die Überlassung durch einen anderen AG (Überlasser) nach dem AÜG.

Nach § 99 Abs. 5 S 3 ArbVG ist dem BR auf Verlangen mitzuteilen, welche Vereinbarungen hinsichtlich des zeitlichen Arbeitseinsatzes der überlassenen Arbeitskräfte und hinsichtlich der Vergütung für die Überlassung mit dem Überlasser getroffen wurden. Unter dem zeitlichen Arbeitseinsatz ist das Ausmaß und die Lage der Arbeitszeit zu verstehen.

Eine bestimmte Form der Information des BR ist gesetzlich nicht vorgesehen. Die Schriftlichkeit kann nur dann geboten sein, wenn die Komplexität der Information dies erfordert.

Die Unterlassung dieser Informationspflicht ist strafbar (§ 160 Abs. 1 ArbVG). Die Informationspflicht ist weiters durch Klage erzwingbar.

Nach § 99 Abs. 5 S 4 ArbVG sind bei der Informationspflicht gegenüber dem BR zum Einsatz überlassener Arbeitskräfte die §§ 89 bis 92 ArbVG sinngemäß anzuwenden. Die Befugnisse des BR nach diesen gesetzlichen Bestimmungen (Überwachung, Intervention, allgemeine Information und Beratung) bestehen daher auch für überlassene AN.

35.3 Vertragliche Vereinbarungen

Der Überlasser darf die Arbeitskraft an einen Dritten nur nach Abschluss einer Vereinbarung überlassen, über die ein Dienstzettel oder ein schriftlicher Arbeitsvertrag (siehe 12.) auszustellen ist.

Diese Vereinbarung hat unabhängig von der einzelnen Überlassung Regelungen über Entgelthöhe, Zahlungstermine, Urlaubsansprüche, das zeitliche Ausmaß der Arbeitsverpflichtung, Gründe für eine allfällige Befristung, Kündigungsfristen, voraussichtliche Art der Arbeitsleistung sowie die Bundesländer oder Staaten, in denen die überlassene Arbeitskraft tätig werden soll, zu enthalten.

Verbot bestimmter Vereinbarungen (§ 11 Abs. 2 und § 8 AÜG)

Verboten sind insbesondere die Einschränkung des Entgeltanspruches auf die Verwendungsdauer beim Beschäftiger (siehe 35.2 – Fortzahlungspflicht des Überlassers), die Festlegung der Arbeitszeit wesentlich unter dem zu erwartenden Ausmaß oder in geringerem Ausmaß für überlassungsfreie Zeiten, bei Teilzeitarbeit die Vereinbarung eines Anordnungsrechts des AG für regelmäßige Mehrarbeit, die Befristung des Arbeitsvertrages ohne sachliche Rechtfertigung sowie eine Verkürzung der Verfalls- und Verjährungsvorschriften. Weiters sind Konkurrenzklauseln und damit verbundene Konventionalstrafen untersagt. Dadurch wird der Arbeitskraft die Möglichkeit gegeben, direkt mit dem Beschäftiger einen Arbeitsvertrag abzuschließen, ohne Nachteile in Kauf nehmen zu müssen. Sonstige Konventionalstrafen oder Reugelder dürfen nicht zu einer unbilligen Belastung der überlassenen Arbeitskraft führen. Vertragsstrafen zwischen Überlasser und Beschäftiger, die sich gegen den Abschluss eines Dienst- oder Werkvertrages zwischen dem Beschäftiger und der überlassenen Arbeitskraft richten, sind daher als unzulässig anzusehen (OGH 25.11.2008, 1 Ob 225/08 g, siehe auch § 8 Abs. 2 AÜG). Dies gilt auch für eine Vermittlungsprovision, die der Beschäftiger zahlen soll, wenn er die überlassene Arbeitskraft in ein Arbeitsverhältnis übernimmt (OGH 30.7.2012, 9 Ob A 19/12 b, *Rauch*, Arbeitsrecht 2013, 44).

Wenn die zulässige Probezeit zur Erprobung tatsächlich nicht ausreicht, so ist eine Befristung auf die Dauer der zur Feststellung der Fähigkeiten eines qualifizierten AN (z.B. qualifizierte Facharbeiter) unbedingt erforderlichen Zeit sachlich berechtigt (OGH 20.11.1991, 9 Ob A 602/91).

35.4 Haftung des Beschäftigers

Der Beschäftiger haftet für die der Arbeitskraft zustehenden Entgeltansprüche sowie für die SV-Beiträge (und BUAG-Zuschläge) als Bürge. Daher kann er belangt werden, wenn der Überlasser gerichtlich oder außergerichtlich gemahnt wurde. Falls er die Kosten der Überlassung bereits dem Überlasser bezahlt hat (und somit die fälligen Forderungen beglichen hat), so haftet er als Ausfallsbürge (§ 14 AÜG, OGH 26.5.2011, 9 Ob A 55/11 w). Die Arbeitskraft muss daher zunächst den

Überlasser klagen und fruchtlos gegen ihn Exekution führen oder der Schuldner ist unbekannten Aufenthalts (OGH 19.12.2013, 9 Ob A 127/13 m). Im Fall der Insolvenz des Überlassers entfällt die Haftung des Beschäftigers als Bürge, wenn die Ansprüche der Arbeitskraft durch den Insolvenz-Ausfallgeld-Fonds gedeckt werden.

Der als Bürge haftende Beschäftiger ist zur Aufrechnung der Forderungen der GKK (vom Überlasser nicht bezahlte SV-Beiträge) gegen das noch ausständige Entgelt für die Überlassung im Konkurs berechtigt (außerhalb der 6-Monats-Frist des § 20 Abs. 2 KO – OGH 3.9.2008, 3 Ob 143/08 p).

Die Haftung des Beschäftigers für die der überlassenen Arbeitskraft zustehenden Entgeltansprüche und SV-Beiträge wird für Bauunternehmen eingeschränkt, wenn an das Dienstleistungszentrum nach § 67a Abs. 3 Z 2 ASVG bereits Zahlungen erfolgt sind (§ 14 AÜG).

35.5 Haftpflicht des Überlassers für Schäden, welche die Arbeitskraft verursacht hat

Das Verhältnis zwischen dem Überlasser und dem Beschäftiger richtet sich nach dem allgemeinen Vertragsrecht. Das AÜG enthält hierzu keine Regelung.

Der Überlasser verpflichtet sich gegenüber dem Beschäftiger zur Bereitstellung einsatzfähiger AN. Der Überlasser hat somit nicht bestimmte Arbeitsleistungen zu verschaffen oder bestimmte Leistungserfolge zu bewirken.

Ein AN-Überlassungsvertrag in Abgrenzung zum Werkvertrag liegt dann vor, wenn nur die Zurverfügungstellung von AN gegen Entgelt, nicht aber ein bestimmter Arbeitserfolg vereinbart wird, während die Erteilung von Weisungen und die Überwachung der AN dem obliegt, dem sie überlassen werden.

Liegt also ein solcher AN-Überlassungsvertrag vor, so hat der Überlasser nur für eine durchschnittliche Qualifikation und für die Arbeitsbereitschaft der überlassenen Arbeitskräfte Gewähr zu leisten, nicht jedoch – unter der Voraussetzung einer durchschnittlichen Qualifikation der überlassenen Arbeitskräfte – für eine mangelnde Qualität der Arbeitsleistung. Der Überlasser haftet daher aus dem Titel „Gewährleistung" (verschuldensunabhängig) dafür, dass der AN nicht über die durch seine Ausbildung (bzw. sein Zeugnis) anzunehmende zumindest durchschnittliche berufliche Qualifikation verfügt.

Wenn also beispielsweise der Überlasser einen Schweißer vermittelt, der durch eine unfachgemäße Arbeit einen Schaden verursacht, so haftet der Überlasser nur dann, wenn der Schaden durch das Fehlen einer wenigstens durchschnittlichen beruflichen Qualifikation entstanden ist. Ist der Schaden durch andere Gründe (z.B. Zeitdruck, Unaufmerksamkeit im Einzelfall) entstanden, so haftet jedenfalls nicht der Überlasser. Die Haftung des AN ist nach dem DHG zu prüfen (§ 7 AÜG).

Da der Gewährleistungsanspruch verschuldensunabhängig ist, hat der Überlasser für eine unterdurchschnittliche Qualifikation überlassener Arbeitskräfte nach Gewährleistungsrecht auch dann einzustehen, wenn er einen solchen Ausbildungsmangel weder anlässlich der Einstellung der Arbeitskräfte noch im Zeitpunkt ihrer Überlassung kannte oder hätte kennen müssen. Im Austauschverhältnis mit dem für die Arbeitskräfteüberlassung vereinbarten Entgelt steht die Überlassung zumindest durchschnittlich qualifizierter Arbeitskräfte. Wäre dieses Verhältnis subjektiver Äquivalenz durch eine unterdurchschnittliche Qualifikation der überlassenen Arbeitskräfte gestört, hat der Überlasser dafür Gewähr zu leisten. Beweispflichtig für die entsprechende Mangelhaftigkeit der Leistung ist dabei der Beschäftiger (OGH 22.10.2001, 1 Ob 203/01 m = ARD 5325/10/2002, 3.12.2003, 7 Ob 256/03 b = ZAS 2004, 178; siehe *Rauch*, Verpflichtungen des Überlassers gegenüber dem Beschäftiger, ASoK 2005, 103 ff.).

35.6 Überlassung von Arbeitskräften aus EU-Staaten nach Österreich

Zur Bereithaltung der Lohnunterlagen durch den inländischen Beschäftiger – siehe 36.4.1.

Die Überlassung von Arbeitskräften aus dem Ausland nach Österreich ist nach § 16 Abs. 3 AÜG an eine gewerbebehördliche Bewilligung gebunden. Nach § 16a AÜG gilt dies jedoch nicht für Überlassungen innerhalb des EWR (und aus der Schweiz nach Österreich – § 1 Abs. 5 AÜG). Überlassungen von Kroaten und Drittstaatsangehörigen aus Kroatien unterliegen aber den Beschränkungen des AuslBG (siehe 18.18) bis höchstens 30.6.2020. Der österreichische Beschäftiger gilt als AG der überlassenen Arbeitskraft i.S.d. AuslBG und muss eine Berechtigung nach dem AuslBG für die überlassene Arbeitskraft beantragen (§ 4 Abs. 2 Z 8 AuslBG – siehe 35.2). Bei der für die Erteilung dieser Berechtigung erforderlichen Arbeitsmarktprüfung sind auch die Voraussetzungen des § 16 Abs. 4 AÜG von der Behörde zu beachten. Dabei handelt es sich um folgende Voraussetzungen:

- Die Beschäftigung besonders qualifizierter Fachkräfte ist aus arbeitsmarktpolitischen und volkswirtschaftlichen Gründen unumgänglich notwendig,

- diese Arbeitskräfte sind ausschließlich im Wege der Überlassung aus dem Ausland verfügbar und

- deren Beschäftigung bewirkt keine Gefährdung der Lohn- und Arbeitsbedingungen inländischer AN.

Bei grenzüberschreitender Arbeitskräfteüberlassung von einem EU-Staat in einen anderen ist seit 2014 auch dann keine ausländerbeschäftigungsrechtliche Bewilligung erforderlich, wenn drittstaatsangehörige AN überlassen werden (EuGH 11.9.2014, C-91/13 Essent Energie Productie; *Rauch*, Arbeitsrecht 2016, 62 f.). Überlässt also beispielsweise ein slowenischer Überlasser drittstaatsangehörige AN an einen österreichischen Beschäftiger, so erfordert dies keine Beschäftigungsbewilligung i.S.d. AuslBG. Es reicht eine Meldung nach § 18 Abs. 1 Z 2 AuslBG (EU-Entsendebestätigungsverfahren unter Verwendung des ZKO 4-Formulars [Erlass des BMASK vom 24.4.2015; *Rauch*, Arbeitsrecht 2016, 93]).

Die ausländische Arbeitskraft hat für die Dauer der Überlassung nach Österreich folgende Rechte (§§ 4 und 6 LSD-BG – siehe auch 36.4.1):

- Anspruch auf bezahlten Urlaub nach § 2 UrlG (ausgenommen AN, für die die Urlaubsregelung des BUAG gilt),
- Anspruch auf Entgeltfortzahlung bei Krankheit oder Unfall sowie bei Dienstverhinderungen aus wichtigen persönlichen Gründen,
- Anspruch auf Einhaltung der Kündigungsfristen und -termine sowie der Normen über den besonderen Kündigungs- und Entlassungsschutz und Kündigungsentschädigung sowie
- Anspruch auf Anwendung der in Österreich für gewerbliche Arbeitskräfteüberlassung geltenden KV.

Diese Ansprüche gelten dann, wenn sie günstiger sind als die Rechte nach den Bestimmungen des Heimatstaates der überlassenen Arbeitskräfte (es sind jeweils die für vergleichbare Stamm-AN anzuwendenden Bestimmungen maßgeblich).

Bei bewilligungsfreier grenzüberschreitender Arbeitskräfteüberlassung vom Ausland nach Österreich ist weiters vor der Arbeitsaufnahme eine Anzeige an die Zentrale Koordinationsstelle für die Kontrolle der illegalen Beschäftigung beim BMF zu erstatten. Bei kurzfristig erforderlichen Überlassungen kann die Frist von einer Woche unterschritten werden (LVwG Steiermark 5.2.2015, 30.15–6.074/2014, ARD 6469/7/2015 unter Hinweis auf § 17 Abs. 2 AÜG; *Rauch*, Arbeitsrecht 2016, 29 f.).

BUAG

Die zwingenden Bestimmungen des Abschnittes VIb des BUAG (Urlaub bei Entsendung) müssen vom ausländischen Entsender, der Arbeitskräfte an ein österreichisches Unternehmen überlässt, welches dem BUAG unterliegt, eingehalten werden (OGH 25.10.2011, 8 Ob A 2/11 v).

Arbeitsvertraglicher Ausschluss der Anwendbarkeit des österreichischen Rechts

Österreichische arbeitsrechtliche Mindeststandards sind bei einer Überlassung aus dem EWR nach Österreich auch dann anzuwenden, wenn im Arbeitsvertrag die Anwendung des österreichischen Rechts ausgeschlossen wird (OGH 20.1.2012, 8 Ob A 74/11 g).

Zur Pflicht zur Einhaltung der Entgeltvorgaben aus dem österreichischen KV und zur Bereithaltung der Lohnunterlagen durch den inländischen Beschäftiger siehe 36.4.1. Der Beschäftiger hat für nicht in Österreich sozialversicherungspflichtige (grenzüberschreitend) überlassene AN die Unterlagen über die Anmeldung zur SV im Sitzstaat des Überlassers (A1) und die Meldungen an das BMASK (nach § 17 Abs. 1 und 2 AÜG) bereitzuhalten (§ 17 Abs. 7 AÜG).

Österreichische arbeitsrechtliche Mindeststandards sind bei einer Überlassung aus dem EWR nach Österreich auch dann anzuwenden, wenn im Arbeitsvertrag die Anwendung des österreichischen Rechts ausgeschlossen wird (OGH 20.1.2012, 8 Ob A 74/11 g).

Weiters hat der ausländische Überlasser vor der erstmaligen Aufnahme der grenzüberschreitenden Überlassung nach Österreich eine Dienstleistungsanzeige an das BMWFW zu erstatten (§ 373a GewO 1994).

35.7 Versicherungspflicht bei grenzüberschreitender Arbeitskräfteüberlassung

Der Beschäftiger hat für nicht in Österreich sozialversicherungspflichtige (grenzüberschreitend) überlassene AN (bei Überlassungen aus dem EWR) die Unterlagen über die Anmeldung zur SV im Sitzstaat des Überlassers (A 1) und die Meldungen an das BMF bereitzuhalten (siehe 46.4.1).

Für Überlassungen, die nicht innerhalb des EWR erfolgen (§ 16 AÜG), gilt, dass der überlassene AN als im Inland versichert gilt, falls er keinem System der sozialen Sicherheit im Ausland unterliegt (§ 3 Abs. 3 ASVG). Dies gilt auch dann, wenn die für die grenzüberschreitende Überlassung erforderliche Bewilligung nach § 16 Abs. 4 AÜG nicht erteilt wurde. Die Schutzbedürftigkeit der überlassenen Arbeitskräfte hängt nämlich nicht von der erteilten Bewilligung, sondern von der Art ihrer Beschäftigung ab (VwGH 3.10.2002, 98/08/0147, ARD 5378/7/2003).

Details siehe *Rauch*, Grenzüberschreitende Arbeitskräfteüberlassung ASoK 7/2006, 242 ff. und ASoK 8/2006, 300 ff.

35.8 Zur Zulässigkeit der Subüberlassung

Unter Subüberlassung ist die Überlassung an einen solchen Beschäftiger (Erstbeschäftiger) zu verstehen, der die Arbeitskraft nicht selbst für Arbeitsleistungen heranzieht, sondern an einen weiteren tatsächlichen Beschäftiger überlässt, der sie in seinem Betrieb einsetzt.

Nach Auffassung des OGH ist die Subüberlassung, die im AÜG nicht geregelt ist, zulässig. Dabei ist jedoch Folgendes zu beachten:

Überlässt der Erstbeschäftiger die ihm überlassene Arbeitskraft an einen tatsächlichen Beschäftiger und führt dies auf Grund des im Betrieb des tatsächlichen Beschäftigers anzuwendenden KV zu einem höheren Entgeltanspruch des AN, so haftet der Überlasser dem AN auch dann für das gesamte beim tatsächlichen Beschäftiger zustehende Entgelt, wenn ihm die Subüberlassung und der dadurch begründete höhere Entgeltanspruch nicht bekannt war. In diesem Fall stehen dem Überlasser aber Ersatzansprüche gegen den Erstbeschäftiger zu (OGH 9.7.2008, 9 Ob A 91/07 h).

Einschlägige Judikatur
- *Insbesondere bei den Entscheidungen zum Entgelt ist zu beachten, dass seit 1.3.2002 für Arbeiter der KV für das Gewerbe der Arbeitskräfteüberlassung zur Anwendung kommt.*

Jüngere Judikatur zur Arbeitskräfteüberlassung
- *Rechtsbeziehung zwischen AN und Beschäftiger*

    Wesentlich ist, dass bei der Arbeitskräfteüberlassung, mag auch zu dem Arbeitsverhältnis zwischen Überlasser und AN kein weiteres Arbeitsverhältnis zwischen Beschäftiger und AN hinzutreten (DRdA 1993/37, 314 = SZ 65/120), zwischen dem AN und dem Beschäftiger doch eine Rechtsbeziehung besteht, auf Grund derer diesem ein (eingeschränktes) Weisungsrecht zusteht und insbesondere gemäß § 10 Abs. 3 AÜG arbeitszeitrechtliche Vorschriften des im Beschäftigerbetrieb anzuwendenden KV auch für die überlassene Arbeitskraft gelten (OGH 8 Ob A 224/98 v).

- *Befristungsbeschränkung*

    Wie die Beklagte selbst vorgebracht hat, hatte sie für die Klägerin für die Zeit nach Beendigung des Auftrages beim Beschäftiger, Firma P., keine Arbeit mehr. Gerade deshalb wurde die Klägerin nur für die Auftragsdauer aufgenommen.

    Genau solche Bestimmungen des Arbeitsvertrages sollten aber durch die Regelung des § 11 Abs. 2 Z 4 AÜG verhindert werden (Mazal, Arbeitskräfteüberlassung 51; Resch, ZAS 1991, 4 – OGH 8 Ob A 130/99 x = ARD 5155/12/2000).

- *Entgeltanspruch bei Arbeitskräfteüberlassung an Betriebe ohne KV*

    (§ 10 AÜG) Besteht im Beschäftigerbetrieb (hier: ORF) hinsichtlich eines Entgeltanspruchs kein KV, sondern lediglich eine freie Betriebsvereinbarung, die jedoch mit der Zustimmung der zuständigen Fachgewerkschaft zustande gekommen ist, kann sich der Mindestlohnanspruch von im Beschäftigerbetrieb beschäftigten überlassenen Arbeitskräften (hier: Kameramänner) aus einem von dieser Fachgewerkschaft abgeschlossenen KV (hier: KV für Filmschaffende) ableiten (OGH 8 Ob A 85/98 b = ARD 4994/28/99).

- *Entgelt während der Überlassung*

    Für die Dauer der Überlassung ist gemäß § 10 Abs. 1 Satz 3 AÜG bei der Beurteilung der Angemessenheit auf das im Beschäftigerbetrieb vergleichbaren AN für vergleichbare Tätigkeiten zu zahlende kollektivvertragliche Entgelt „Bedacht zu nehmen", wobei der Ausdruck „Bedachtnahme" im Sinne eines Anspruchs der überlassenen Arbeitskraft auf die Mindestentgelte nach dem KV des Beschäftigerbetriebes (nicht aber auf die überkollektivvertraglichen Ist-Löhne) zu verstehen ist (OGH 9 Ob A 602/91 = ARD 4335/6/92). Dieser Anspruch steht der Arbeitskraft unabhängig davon zu, ob im Überlasserbetrieb ein KV existiert. Ein höherer Grundentgeltanspruch bleibt unberührt (OGH 8 Ob A 332/99 b = ARD 5132/1/2000).

    Ein im Überlasserbetrieb in Geltung stehender KV ist – außer für Zeiten der Nichtüberlassung – dann relevant, wenn der KV des Beschäftigers ein niedrigeres Entgeltniveau aufweist (OGH 9 Ob A 81/01 d).

Die Entgeltregelung des § 10 Abs. 1 AÜG bezieht sich nur auf die periodisch (für gewöhnlich monatlich) fällig werdenden Ansprüche und somit nicht auf Abfertigungsansprüche (OGH 9 Ob A 113/03 p, 9 Ob A 158/07 m = ARD 5443/3/2009).

- *Sozialwidrige Kündigung bei Arbeitskräfteüberlassung*
  Im Hinblick auf ihre Verpflichtung, das Risiko der Auslastung der vereinbarten Arbeitszeit zu tragen, ist nämlich eine betriebsbedingte Notwendigkeit zur Kündigung dann zu verneinen, wenn nach dem üblichen Geschäftsgang damit zu rechnen ist, dass sich innerhalb eines zumutbaren Zeitraumes eine Möglichkeit zur Weiterbeschäftigung des AN bei anderen AG eröffnen wird (OGH 9 Ob A 233/98 z = ecolex 1999, 190).
- *Wird ein Leih-AN gekündigt, so ist bei der Prüfung der wesentlichen Interessenbeeinträchtigung der Einkommensvergleich auf das tatsächlich zuletzt bezogene Entgelt abzustellen (OGH 18.3.2016, 9 Ob A 24/16 v).*
- *Verständigung des BR von einer beabsichtigten Kündigung (siehe 41.1.1 und 53. AN im Sinne des ArbVG)*
  Bei Arbeitskräfteüberlassung ist der BR des Überlassers zu verständigen (OGH 9 Ob A 63/87 = RdW 1987, 379).
- *Dienstzeugnis stellt Überlasser aus*
  Die Zuordnung von AG-Pflichten auf den Beschäftiger erstreckt sich nicht auf die Verpflichtung zur Ausstellung eines Dienstzeugnisses (OGH 8 Ob A 217/02 y).
- *Sozialversicherungspflicht*
  Gem. § 5 Abs. 1 AÜG werden die Pflichten des AG, die sich aus sozialversicherungsrechtlichen Vorschriften ergeben, durch die Überlassung nicht berührt. Grundsätzlich bleibt daher der Überlasser Dienstgeber im Sinne des ASVG und treffen diesen die sozialversicherungsrechtlichen Pflichten, wie Melde- und Mitteilungspflichten (OGH 9 Ob A 52/03 t).
- *Einmalzahlungen nach KV*
  Es ist festzuhalten, dass die pauschalierende Regelung über den erhöhten Überlassungslohn bei Überlassung von Arbeitskräften an Betriebe, die bestimmten Referenzverbänden angehören (Abschnitt IX KV für das Gewerbe der Arbeitskräfteüberlassung) regelmäßig auch die in einem Beschäftiger-KV vorgesehenen „Einmalzahlungen" erfasst, sodass der überlassene AN neben dem erhöhten Überlassungslohn nicht noch zusätzlich eine solche Einmalzahlung verlangen kann (OGH 2.2.2005, 9 Ob A 130/04 i = ecolex 2005, 390).
- *Betriebsübliche Prämie nach Art. XII KV – Arbeitskräfteüberlasser*
  Richtet sich die Höhe einer im Beschäftigerbetrieb der Stammbelegschaft gewährten Gewinnbeteiligungsprämie ausschließlich nach dem Gewinn des Unternehmens und der Muttergesellschaft, nicht aber nach individuellen Leistungen, handelt es sich dabei um keine „betriebsübliche Prämie" i.S.d. Abschnitts XII KV-Arbeitkräfteüberlassung, auf die ein überlassener AN zusätzlich zum Überlassungslohn Anspruch hätte (OGH 28.11.2007, 9 Ob A 111/07 z).
- *Wegzeitvergütung bei Überlassung auf eine fixe Baustelle*
  Sieht der KV des Beschäftigers (hier KV für das eisen- und metallverarbeitende Gewerbe) vor, dass die Wegzeitvergütung nur dann zu gewähren ist, wenn der AN neben seinem ständigen Arbeitsplatz auch auf anderen Arbeitsplätzen eingesetzt wird, gebührt sie einer überlassenen Arbeitskraft nicht, die speziell für eine bestimmte Baustelle aufgenommen und ausschließlich auf dieser einen Baustelle tätig wurde (OGH 9 Ob A 39/05 h = ARD 5679/8/2006, OGH 9 Ob A 69/08 z).

35. Arbeitskräfteüberlassung

- *Probezeit nach dem KV für das Gewerbe der Arbeitskräfteüberlassung*

  Wird 17 Tage nach dem durch AN-Kündigung beendeten Arbeitsverhältnis ein neues Arbeitsverhältnis von denselben Parteien begründet und während der Probezeit vom AG (Arbeitskräfteüberlasser) beendet, so kann sich der AN nicht darauf berufen, dass aufgrund der kollektivvertraglichen Zusammenrechnungsregel (Art. V Z 1 KV für das Gewerbe der Arbeitskräfteüberlassung) das kollektivvertraglich vorgesehene Probemonat (Art. IV Z 1 KV) nicht zur Anwendung kommt, weil sich die Zusammenrechnungsregel nur auf dienstzeitabhängige Ansprüche des AN bezieht (OGH 8 Ob A 42/05 t = ARD 5644/7/2005).

- *Vermeidung eines Betriebsübergangs durch Überlassung an den Erwerber*

  Der **Ex-lege-Übergang** der Arbeitsverhältnisse im Zuge eines **Betriebsübergangs** kann dadurch **vermieden** werden, dass die **Arbeitsverhältnisse zum Veräußerer aufrechterhalten** werden, dieser aber die AN des übergegangenen Betriebs dem **Erwerber überlässt**. Eine solche Konstruktion ist jedenfalls dann **zulässig**, wenn ihr die betroffenen **AN zustimmen** und wenn sie für diese **günstiger** ist als der Übergang ihrer Arbeitsverhältnisse auf den Erwerber (OGH 9 Ob A 125/06 g).

- *Betriebsübergang zwischen Arbeitskräfteüberlassern*

  Wechseln ein **Teil des Verwaltungspersonals** und ein **Teil der Leiharbeitnehmer** von einem Arbeitskräfteüberlassungsunternehmen zu einem **anderen Arbeitskräfteüberlassungsunternehmen**, um dort die **gleiche Tätigkeiten** für **dieselben Kunden** auszuüben, und reichen die von dem Übergang betroffenen (Betriebs-)Mittel als solche aus, um die Leistungen **ohne Inanspruchnahme anderer wichtiger Betriebsmittel** und ohne Inanspruchnahme anderer Unternehmensteile weiter erbringen zu können, so liegt ein **Betriebsteilübergang** vor (EuGH C-458/05, Jovini u.a. = ARD 5819/5/2007; ähnlich OGH 8 Ob A 64/07 f).

  Der bloße Umstand, dass bei der Einstellung der Tätigkeit eines Leiharbeitsunternehmens verliehene AN samt den Kunden zu einem anderen Leiharbeitsunternehmen wechseln, stellt keinen Betriebsübergang dar (OGH 26.4.2011, 8 Ob A 25/11 a).

- *Einstufung von Facharbeitern nach dem KV für das Gewerbe der Arbeitskräfteüberlassung*

  Facharbeiter sind auch dann in eine der Facharbeiter-Lohngruppen einzustufen, wenn Facharbeitertätigkeiten nur vereinzelt ausgeführt werden. Maßgeblich ist in der Überlassung das vereinbarte „Einsatzfeld" und die dafür überwiegende Qualifikation (OGH 9 Ob A 91/07 h).

  Sind die Kriterien „Fähigkeit zum Einsatz beigestellter Fachkräfte" und „Beratung von Kunden" nicht erfüllt, so kommt die Einstufung in die BG E nicht in Frage (OGH 24.9.2012, 9 Ob A 97/12 y).

- *Kein Regress bei vom Beschäftiger verschuldeten Krankenständen*

  Hat der Beschäftiger einen Krankenstand (durch Missachtung von Bestimmungen des AschG) verschuldet, so hat der Überlasser keinen Regressanspruch, weil sich der Beschäftiger auf den Haftungsausschluss nach § 333 ASVG berufen kann (OGH 3.10.2014, 2 Ob 73/14 w).

- *Verfall*

  Eine Überstundenpauschale unterliegt nicht der Verfallsregelung des KV für das Gewerbe der Arbeitskräfteüberlassung (Arbeiter), weil diese auf einzelne Überstundenentgelte ausgerichtet ist (OGH 9.7.2008, 9 Ob A 91/07 h).

Aus den EU- bzw. EWR-Ausland überlassene AN können auf Grund der Regelungen nach Art. 3 Abs. 1 lit. d i.V.m. Art. 3 Abs. 9 der Entsende-RL umfassend und unmittelbar die Schutzbestimmungen des AÜG für sich in Anspruch nehmen. Ein italienischer AN, der von einem in Liechtenstein niedergelassenen Überlasser nach Österreich überlassen wird, kann sich daher darauf berufen, dass eine einzelvertragliche Verfallsbestimmung nach § 11 Abs. 2 Z 5 AÜG ungültig sei (OGH 20.1.2012, 8 Ob A 74/11 g).

Die Rechtsansicht, dass im Fall einer Arbeitskräfteüberlassung die Verfallsnormen des Beschäftiger-KV auf den kollektivvertraglichen Grundlohn nicht anwendbar sind (OGH 9.5.2007, 9 Ob A 123/06 p), gilt nur bezüglich überlassener Arbeiter, nicht aber bezüglich überlassener Angestellte. Für überlassene Angestellte und AN-ähnliche Personen ist hingegen die Rechtsprechung des OGH maßgeblich, wonach Verjährungs- und Verfallsbestimmungen eines Beschäftiger-KV anzuwenden sind, soweit Entgeltansprüche auf diesen gestützt werden (OGH 25.10.2001, 8 Ob A 28/01 w; OLG Wien 25.3.2015, 9 Ra 76/14 h; Rauch, Arbeitsrecht 2016, 90).

- *Referenzzuschlag*

Leistet der überlassene Arbeiter auswärtige Arbeitsleistungen nach Abschnitt VIII. des KV Arbeitskräfteüberlassung (Arbeiter), so steht ihm eine Aufwandsentschädigung zu, sodass nach Abschnitt IX. Z 3 KV Arbeitskräfteüberlassung kein Anspruch auf den Referenzzuschlag besteht. Ob die Aufwandsentschädigung tatsächlich bezahlt wurde, ist unerheblich (OGH 21.12.2010, 8 Ob A 6/10 f).

Der Referenzzuschlag (Abschnitt IX. KV Arbeitskräfteüberlassung/Arbeiter) ist auf den kollektivvertraglichen Mindestlohn des jeweiligen Beschäftiger-KV zu beziehen (OGH 26.11.2015, 9 Ob A 140/15 a).

- *Ausländerbeschäftigung bei „Zwischenüberlassung"*

Der VwGH hat hinsichtlich der Überlassung von Arbeitskräften unter dem Gesichtspunkt des AuslBG zu Recht erkannt, dass in einem Fall, in welchem ein Unternehmen ihm überlassene Arbeitskräfte einem Dritten weiter überlässt, der diese in seinem eigenen Betrieb verwendet, also im Fall einer bloßen „Zwischenüberlassung" von Arbeitskräften, keine Beschäftigung iSd § 2 Abs 2 AuslBG gesehen werden kann (VwGH 10.3.1999, 97/09/0209, 14.12.2012, 2010/09/0173).

- *Kündigungsschutz bei überlassenen leitenden Angestellten*

Eine leitende Funktion der überlassenen Arbeitskraft im Beschäftigerbetrieb steht dem Kündigungsschutz nach § 105 ArbVG nicht entgegen. Kein Kündigungsschutz steht hingegen bei einer Leitungsfunktion im Überlasserbetrieb zu (OGH 17.12.2013, 8 Ob A 22/13 p).

- *Beschäftigungspflicht nach dem BEinstG bei ausländischen Überlassern*

Bei Überlassungen aus dem Ausland sind die Bestimmungen zur Beschäftigungspflicht nach dem BEinstG (siehe 54.) auf den ausländischen Überlasser anzuwenden (VwGH 2.4.2014, 2011/11/0010).

36. Arbeitsvertragsrechtsanpassungsgesetz – AVRAG, LSD-BG

Zum Betriebsübergang siehe auch *Wolf/Feuchtinger*, Betriebsübertragungen kompakt, SWK-Spezial, Linde Verlag, Wien 2007.

36.1 Betriebsübergang

Am 1.7.1993 trat das AVRAG in Kraft. Kernstück des AVRAG ist der § 3 Abs. 1, wonach im Fall des Übergangs eines Unternehmens, Betriebes oder Betriebsteils der Übernehmer „als Arbeitgeber mit allen Rechten und Pflichten in die im Zeitpunkt des Überganges bestehenden Arbeitsverhältnisse eintritt". Demnach übernimmt der neue Inhaber automatisch die im Zeitpunkt des Überganges bestehenden Arbeitsverträge. Dies umfasst auch die Lehrverhältnisse (OGH 9 Ob A 193/98 t = ARD 4982/3/98; siehe 36.1.2), die Arbeitsverhältnisse leitender Angestellter und von Hausbesorgern (OGH 8 Ob A 40/05 y = ARD 5702/5/2006). Der Eintritt erfolgt ex lege und unabhängig davon, ob der frühere Inhaber seine Tätigkeit eingestellt hat (OLG Wien 7 Ra 299/97 k = ARD 4974/28/98). Da das AVRAG vom persönlich abhängigen AN ausgeht, sind freie AN und Gesellschafter-Geschäftsführer mit beherrschendem Einfluss nicht erfasst (OGH 8 Ob A 68/02 m = ARD 5378/2/2003).

36.1.1 Rechtslage vor dem 1.7.1993

Vor dem Inkrafttreten des AVRAG bzw. bis 30.6.1993 gab es den von Erklärungen und der Zustimmung des AN unabhängigen Eintritt des Übernehmers in den Arbeitsvertrag nur im Fall der Gesamtrechtsnachfolge (Erbfall, Fusion). Bei Einzelrechtsnachfolge konnte sich der Übernehmer aussuchen, ob er allen, einzelnen oder keinem AN ein Angebot auf Übergang des Arbeitsvertrages vorlegt. Der AN konnte das Angebot ablehnen.

In der Praxis kam es häufig zur Übernahme des Arbeitsvertrages im Wege einer vertraglichen Einigung zwischen dem bisherigen und dem neuen AG sowie dem AN. Das Arbeitsverhältnis wurde daher ohne Unterbrechung und ohne Endabrechnung, jedoch mit einem Wechsel des AG fortgesetzt. Möglich war es aber auch, das bisherige Arbeitsverhältnis zu beenden und mit dem Erwerber des Betriebes unter geänderten Bedingungen einen neuen Arbeitsvertrag abzuschließen. Die bisherige Dienstzeit konnte etwa im Wege einer Vereinbarung über die Vordienstzeitenanrechnung berücksichtigt werden. Diese Rechtslage gilt weiterhin für alle Übergänge, die vor dem 1.7.1993 stattgefunden haben, da von einer Rückwirkung auf die vor dem 1.7.1993 verwirklichten Sachverhalte nicht ausgegangen werden kann (OGH 8 Ob A 33/95).

36.1.1.1 Übernahmevereinbarung außerhalb des Anwendungsbereiches des AVRAG

Ist kein Betriebsübergang i.S.d. § 3 AVRAG gegeben, so kann (nach der aktuellen Rechtslage) ein Arbeitsverhältnis nur durch Vereinbarung zwischen dem AN, dem bisherigen und dem neuen AG auf den neuen AG übertragen werden (OGH 13.12.2001, 8 Ob A 308/01 d = ARD 5357/5/2002, OGH 15.11.2001, 8 Ob A 252/01 v = ARD 5357/6/2002). Falls die Übernahme des bestehenden Arbeitsvertrages vorgesehen ist, müsste dies ausdrücklich festgehalten werden. Fehlt eine diesbezügliche Festlegung, so könnte strittig werden, ob nicht von einer Beendigung des

Arbeitsverhältnisses beim bisherigen AG und dem Abschluss eines neuen Arbeitsverhältnisses beim neuen AG auszugehen ist.

Die Übernahme des Arbeitsvertrages durch einen anderen AG ist als Übergang des gesamten Arbeitsvertrages auf den neuen AG zu verstehen. Die einzige Änderung im Arbeitsverhältnis ist somit der Wechsel des AG. Weitere Änderungen sind möglich, müssten jedoch ausdrücklich vereinbart werden. Solche Änderungen anlässlich der vereinbarten Übernahme des Arbeitsvertrages durch einen anderen AG unterliegen m.E. den Grundsätzen, welche die Judikatur für Verschlechterungsvereinbarungen entwickelt hat (siehe 41.2; siehe weiters *Rauch*, Vertragliche Übernahme eines Arbeitsverhältnisses, ASoK 2005, 221 ff.).

36.1.2 Details zur Eintrittsautomatik

Die Eintrittsautomatik nach § 3 AVRAG beseitigt die ehemalige Vertragsfreiheit zu Lasten des vorherigen Betriebsinhabers, des Nachfolgers sowie auch des AN. Der AN kann lediglich einerseits dem Übergang des Arbeitsverhältnisses widersprechen, wenn der Erwerber einen kollektivvertraglichen Bestandschutz (insbesondere eingeschränkte Kündigungsmöglichkeiten) oder betriebliche Pensionszusagen nicht übernimmt. Andererseits kann der AN im Fall einer wesentlichen Verschlechterung der Arbeitsbedingungen durch den nach dem Betriebsübergang anzuwendenden KV oder anzuwendende Betriebsvereinbarungen innerhalb eines Monats die Kündigung aussprechen, wobei er hinsichtlich seiner Ansprüche wie bei einer Kündigung durch den AG zu behandeln ist (§ 3 Abs. 4 AVRAG – es steht dem AN daher insbesondere die Abfertigung zu). Der gesetzlich vorgesehene automatische Eintritt des Übernehmers des Betriebes in den Arbeitsvertrag bewirkt, dass keine Endabrechnung zu erfolgen hat und der bisherige Arbeitsvertrag einschließlich Nebenzusagen (beispielsweise Wiedereinstellungszusage: OGH 9 Ob 93/00 t, OGH 8 Ob S 6/05 y = ARD 5619/4/2005 – siehe auch 41.6) und sämtlichen Entgeltansprüchen (wie etwa auch freiwilligen Leistungen, auf die bereits ein Rechtsanspruch besteht) aufrecht bleibt (zu freiwilligen Leistungen siehe 14.15.ff.).

Die Arbeitsverhältnisse gehen allein auf Grund des Betriebsüberganges vom Veräußerer auf den Erwerber über und zwar trotz des entgegenstehenden Willens des Veräußerers oder des Erwerbers und trotz der Weigerung des Erwerbers, seine Verpflichtungen zu erfüllen. Der Übergang des Arbeitsverhältnisses erfolgt notwendigerweise zum Zeitpunkt des Überganges des Unternehmens und kann nicht nach Gutdünken des Veräußerers oder des Erwerbers auf einen späteren Zeitpunkt verlegt werden (EuGH, Rs. C-305/94, *Rotsart de Hertaing* = ARD 4825/6/97).

Wie schon erwähnt, gilt der automatische Vertragseintritt des Übernehmers auch bei **Lehrverhältnissen**. Falls der Erwerber keine Ausbildungsberechtigung hat, kann durch analoge Anwendung des § 2 Abs. 9 BAG geschlossen werden, dass eine geeignete Person (selbst wenn diese nicht die Ausbilderprüfung abgelegt hat) mit der weiteren Ausbildung betraut werden kann (OGH 9 Ob A 193/98 t = ARD 4982/3/98).

Die **Kündigung des AG aus Anlass des Betriebsüberganges** ist rechtsunwirksam (z.B. OGH 8 Ob A 91/97 h = Sozialpolitik und Arbeitsrecht 3/98, 2458; Details siehe 36.2.3). Eine **einvernehmliche Lösung anlässlich des Betriebsüberganges** ist als zulässig anzusehen (OGH 9 Ob A 272/00 s).

36.1.3 Zum Begriff des „Überganges"

Das AVRAG hat im Wesentlichen die Richtlinie des Rates vom 14.2.1977 (77/187/EWG nunmehr RL 2001/23/EG) zur Angleichung der Rechtsvorschriften der Mitgliedsstaaten der EU über die Wahrung von Ansprüchen der AN beim Übergang von Unternehmen, Betrieben oder Betriebsteilen übernommen. Daher hat die Rechtsprechung des EuGH wesentliche Bedeutung für die Auslegung des AVRAG; insbesondere für die Frage des Überganges. Der österreichische Gesetzgeber hat den Übergang im Konkurs von der Anwendbarkeit des AVRAG ausdrücklich ausgeschlossen (§ 3 Abs. 2 AVRAG). Daher führt der Erwerb aus der Konkursmasse bzw. eines im Konkurs oder im Sanierungsverfahren ohne Eigenverwaltung befindlichen Unternehmens nicht zum automatischen Eintritt in die Arbeitsverträge. Diese Bestimmung kann nicht ausdehnend ausgelegt werden, sondern ist im strengen, insbesondere Umgehungen ausschließenden Sinn zu verstehen (OGH 8 Ob 15/95 = infas 3/96, A 60 = ARD 4892/7/97). Liegt die Rückübergabe eines gemieteten Hotelbetriebes zeitlich knapp vor der Eröffnung des Konkurses, so ist der Ausnahmetatbestand des § 3 Abs. 2 AVRAG nicht erfüllt, weil ein zeitlicher Zusammenhang zum bevorstehenden Konkursantrag nicht ausreicht, sondern das Konkursverfahren bereits eröffnet sein muss (OLG Wien 8 Ra 59/00 f = ARD 5165/9/2000, OGH 9b A 41/03 z, 8 Ob A 63/04 d, 8 Ob S 6/05 y = ARD 5619/4/2005). Im Fall der Abweisung des Konkursantrages mangels kostendeckenden Vermögens kommt § 3 Abs. 2 AVRAG nicht zur Anwendung (OGH 8 Ob S 219/99 k). Andererseits kann die Bestimmung nicht dahingehend eingeschränkt werden, dass sie nur auf jene Konkursverfahren anzuwenden wäre, in denen es tatsächlich zu einer Auflösung des Unternehmens kommt. Auch im Fall der Veräußerung und Fortführung eines ganzen Unternehmens im Konkurs kommt der § 3 Abs. 1 AVRAG nicht zur Anwendung (OGH 9 Ob A 106/06 p = ARD 5870/10/2008). Hiervon ausgenommen sind die Arbeitsverhältnisse von Belegschaftsvertretern, nicht aber die begünstigten Behinderten, weil die im ArbVG vorgesehene Vertretung der Belegschaft möglichst lang gesichert sein soll (OGH 9 Ob A 161/07 b = ARD 5870/11/2008).

In den Anwendungsbereich der Richtlinie fallen „vertragliche Übertragungen und Verschmelzungen" (Art I Abs. 1 RL). Der Betriebsübergang setzt jedoch nach der ständigen Rechtsprechung des EuGH nicht den Übergang des Eigentums an den Erwerber voraus. Auch die Verpachtung, Rückgabe an den Verpächter und Fortführung des Betriebes durch diesen oder die Weiterverpachtung durch den Eigentümer (EuGH Rs. 287/86, *Ny Mölle Kro*) können einen Betriebsübergang im Sinne der RL darstellen. Es wird auf das Faktum des Überganges und nicht auf einen rechtlichen Anhaltspunkt abgestellt (OGH 9 Ob A 153/98 k, 9 Ob A 140/99 z, 9 Ob A 213/99 k, 8 Ob A 63/04 d). Es reicht aus, dass der für die Geschicke des Betriebes Verantwortliche („Inhaber") wechselt (OGH 9 Ob A 5/00 a = ecolex 2000, 139). Eine Vertragsbeziehung zwischen Übergeber und Übernehmer ist daher nicht erforderlich (OGH 8 Ob A 2100/96 y). So ist etwa auch die Übernahme eines von einer Gemeinde geführten Kindergartens durch einen privaten Verein als Betriebsübergang zu betrachten (OGH 8 Ob A 41/03 = ecolex 2003, 862 = ARD 5443/5/2003). Der Verkauf eines Mietshauses führt zum Übergang des Arbeitsverhältnisses des Hausbesorgers mit dem bisherigen Eigentümer auf den neuen Eigentümer (OGH 8 Ob A 40/05 y = ARD 5702/3/2006). Ein Betriebsübergang kann auch auf richterlichen gesetzlichen und verwaltungsrechtlichen Übertragungsakten (beispielsweise einer Zwangsversteigerung) beruhen (OGH 8 Ob S 6/05 y = ARD 5619/4/2005).

Weiters hat der EuGH mit seiner Entscheidung vom 19.5.1992 im Fall *Redmont Stichting* (Rs. C-29/91) die RL auch für einen Fall anwendbar erklärt, der durch eine Übertragung ohne Gegenleistung gekennzeichnet ist. Seitens der zuständigen staatlichen Verwaltungsstelle wurde die Subventionierung einer Drogenberatungsstelle, die in der Rechtsform einer Stiftung organisiert war, eingestellt und mit diesen Mitteln eine andere Drogenberatungsstiftung subventioniert, die die Aufgaben der bisher unterstützten Drogenberatungsstelle übernehmen sollte. Die AN der zuvor subventionierten Drogenberatungsstelle behaupteten einen Betriebsübergang auf die später subventionierte Drogenberatungsstiftung. Der EuGH folgte dieser Rechtsauffassung. Daraus ergab sich die noch heute vorherrschende Auffassung der Rechtsprechung, dass ein Betriebsübergang im Sinne der RL auch bei Fehlen eines Rechtsgeschäftes bzw. einer Gegenleistung vorliegt.

Dieser Judikatur entspricht auch die Entscheidung des EuGH in der Rechtssache *Mercks & Neuhuys* (Rs. C-171, 172/94). Hier wurde die Vertriebsberechtigung für ein bestimmtes Gebiet auf ein anderes Unternehmen bei gleichzeitiger Einstellung des Betriebes des bisherigen Vertriebsberechtigten übertragen. Zwischen dem früheren und dem neuen Vertriebsberechtigten bestand kein vertragliches Verhältnis, dennoch wurde ein Betriebsübergang angenommen.

Die neue Auftragsvergabe kann ebenso einen Teilbetriebsübergang (soferne eine wirtschaftliche Einheit übergeht – siehe im Folgenden) darstellen. Dies kann auch dann der Fall sein, wenn die übernommenen Betriebsmittel dem bisherigen sowie dem neuen Auftragnehmer vom Auftraggeber zur Verfügung gestellt werden (EuGH C-232/04, C-233/04, *Güney-Görres, Demir* = ARD 5657/8/2006, ZAS 2006, 77).

Der bloße Wechsel von Gesellschaftern (selbst der Gesamtwechsel) der Inhabergesellschaft ist mangels eines „Inhaberwechsels" kein Betriebsübergang. Selbst wenn ein Gesamtgesellschafterwechsel einer Umgehung der Kündigungsbeschränkungen bei Betriebsübergang dient (siehe 36.2.3), kann dieser Vorgang nicht generell dem Inhaberwechsel gleichgesetzt werden (OGH 9 Ob A 47/04h = ARD 5562/1/2005, OGH 9 Ob A 78/06 w = ASoK 2008, 31).

Die Zwangsverwaltung nach § 334 EO begründet keinen Betriebsübergang, weil der Zwangsverwalter ein bloßer Vertreter einer Sondermasse ist und nicht an die Stelle des Verpflichteten in seiner AG-Funktion tritt (OGH 8 Ob S 6/05 y).

Die Herausgabe einer neu gestalteten Gratiszeitung, sei es auch unter ähnlicher Zeitungsmarke wie bisher, bewirkt mangels Übergangs wesentlicher Elemente, wie redaktioneller Zeitungsgestaltung, Anzeigenakquisition und Zeitungsvertrieb sowie der Betriebsmittel noch keinen Betriebsübergang nach § 3 AVRAG (OGH 29.4.2009, 9 Ob A 22/09 i).

Übertragung einer wirtschaftlichen Einheit

Die Untergrenze für den Übergang eines Betriebsteils auf einen anderen Inhaber nach § 3 Abs. 1 AVRAG wird dort anzusetzen sein, wo gerade noch wirtschaftliche Einheiten (z.B. ein Teil der Betriebsmittel) übertragen werden. Der bloße Übergang eines Auftrags ist daher kein Betriebsübergang (z.B. OGH 19.12.2016, 9 Ob A 136/16 i).

Das Vorliegen eines Betriebsüberganges bzw. Teilbetriebsüberganges prüft die Rechtsprechung anhand folgender Kriterien:

- Das übertragene Gebilde muss eine wirtschaftliche Einheit darstellen. Dies ist eine organisierte Gesamtheit von Personen und Sachen zur Ausübung einer wirtschaftlichen Tätigkeit mit eigener Zielsetzung (EuGH Rs. C-234/98, *Ellen* u.a.) und nicht beschränkt auf ein bestimmtes Vorhaben (OGH 9 Ob A 193/98 p = ARD 4984/12/98).
- Die wirtschaftliche Einheit muss im Zuge des Inhaberwechsels erhalten bleiben.
- In ihr muss die bisherige oder gleichartige Geschäftstätigkeit tatsächlich fortgeführt oder wieder aufgenommen werden.
- Der etwaige Übergang der materiellen Betriebsmittel wie Gebäude und bewegliche Güter
- Der Wert der immateriellen Aktiva im Zeitpunkt des Übergangs
- Die etwaige Übernahme des nach Zahl und Sachkunde wesentlichen Teils der Belegschaft (OGH 9 Ob A 192/99 x = ARD 5085/2/99) durch den neuen Inhaber
- Der etwaige Übergang der Kundschaft
- Die Dauer einer eventuellen Unterbrechung der geschäftlichen Tätigkeit

Diese Merkmale sind im Rahmen eines **beweglichen Systems** zu prüfen. Daher sind die einzelnen Umstände nur Teilaspekte der vorzunehmenden **Gesamtbewertung** und dürfen deshalb nicht isoliert betrachtet werden. Es kann etwa auch dann ein Betriebsübergang vorliegen, wenn Betriebsmittel nicht übergehen, aber andere gewichtige Kriterien vorliegen (OGH 8 Ob A 143/98 g, 9 Ob A 140/99 z = infas 3/2000, A 39). Ein Betriebsübergang liegt auch dann vor, wenn der Übernehmer die AN des Veräußerers nicht übernehmen will, aber wesentliche Betriebsmittel übernimmt (EuGH Rs. C-340, *Abler* u.a. – siehe auch einschlägige Judikatur im Folgenden).

Die Voraussetzungen liegen also vor, wenn der Betrieb nach dem Inhaberwechsel in einer arbeitstechnischen und funktional gekennzeichneten Zweckbestimmung durch den Rechtsnachfolger weitergeführt wird. Dies ist der Fall, wenn die finale Ausrichtung der Produktionseinrichtungen auf bestimmte betriebstechnische Aufgabenstellungen im Zusammenhang mit der Betriebsüberleitung nicht verloren geht. Der Betriebserwerber muss im Stande sein, den vom Betriebsveräußerer verfolgten Zweck auch nach der Betriebsüberleitung weiter zu führen. Deshalb muss die Sachorganisation mit den sachlichen und organisatorischen Mitteln im Wesentlichen so erhalten bleiben, wie sie in der Position des früheren Betriebsinhabers vorhanden war.

Verliert der übertragene Betriebsteil seine organisatorische Selbständigkeit, so muss zumindest die funktionelle Verknüpfung zwischen den übertragenen Produktionsfaktoren beibehalten werden, sodass der Erwerber diese Faktoren nutzen kann, um derselben oder einer gleichartigen wirtschaftlichen Tätigkeit nachzugehen (EuGH Rs. C-466/07, *Klarenberg* = ARD 5936/3/2009).

Funktionsübergang ist kein Betriebsübergang

Kein Betriebsübergang liegt vor, wenn lediglich eine Funktion übertragen wird (EuGH Rs. C-13/95, *Ayse Süzen* = DRdA 1997, 34). Ebenso liegt nach der Rechtsprechung in der Regel dann kein Betriebsübergang vor, wenn ausschließlich AN übernommen werden (auch hier ist jedoch eine Gesamtbewertung des Übergangs vorzunehmen):

„Das Bundesarbeitsgericht der BRD judiziert zu dem insoweit vergleichbaren § 613a BGB, daß ein Betriebsübergang dann vorliegt, wenn der neue Inhaber mit den übernommenen sachlichen und immateriellen Betriebsmitteln und mit Hilfe der Arbeitnehmer bestimmte arbeitstechnische Ziele erreichen kann. Es kommt auch darauf an, ob die immateriellen Betriebsmittel, wie Marktstellung, Kundenkontakte und Auftragsbestand übernommen werden. Kein Betriebsübergang liegt vor, wenn lediglich Arbeitnehmer von einem Betrieb zum anderen wechseln, ohne daß gleichzeitig die organisatorische und wirtschaftliche Einheit, in die diese arbeitsmäßig eingebunden waren, mit übergeht. Das Arbeitsverhältnis wird nämlich inhaltlich durch die Verbindung zwischen Arbeitnehmer und dem Unternehmen gekennzeichnet, dem er zur Erfüllung seiner Aufgaben angehört" (OGH 8 Ob A 15/95 = ARD 4743/35/96, 8 Ob A 91/97 h). Dementsprechend ist der Wechsel der verliehenen AN von einem Überlasser zu einem anderen noch kein Betriebsübergang (OGH 26.4.2011, 8 Ob A 25/11 a).

Festzuhalten ist weiters, dass der EuGH und schließlich der OGH von dem sehr weiten Begriff des **Teilbetriebsüberganges** im Sinne des Falles *Christel Schmidt* abgegangen ist:

„Schließlich sieht sich der erkennende Senat auch nicht veranlaßt, eine Vorabentscheidung des EuGH einzuholen. Es reicht nämlich der Hinweis, daß der EuGH von seiner in der einen ähnlichen Fall betreffenden Entscheidung Rs. C-392/92 (*Christel Schmidt* – DRdA 1994/348) vertretenen Rechtsansicht, es reiche für die Annahme eines (Teil-)Betriebsübergangs bereits die Identität der Tätigkeit (Funktionsübergang) aus, in der Folge wieder abgerückt ist. Nunmehr fordert der Gerichtshof für die Annahme des Vorliegens eines Betriebsüberganges (wieder) die Übertragung einer organisierten Einheit von Faktoren, die eine dauerhafte Fortsetzung der Tätigkeit oder bestimmter Tätigkeiten des übertragenen Unternehmens erlauben, und führt aus, daß die Identität der erbrachten Dienstleistungen allein nicht den Schluß auf den Übergang einer wirtschaftlichen Einheit erlaube, weil diese nicht nur durch Tätigkeit definiert werde" (OGH 8 Ob A 61/99 z, so auch etwa 8 Ob A 143/98 g; OGH 22.2.2011, 8 Ob A 41/10 b).

Ein Teilbetriebsübergang setzt weiters voraus, dass die übernommenen Betriebsmittel bereits beim früheren Betriebsinhaber die Qualität eines Betriebsteils hatten, wobei dies vom AN zu beweisen ist (Bundesarbeitsgericht/BRD, 8 AZR 718/98 = ARD 5114/5/2000).

Zum Betriebsübergang bei Arbeitskräfteüberlassung siehe Jüngere Judikatur zum AÜG nach 35.7.

Tätigkeiten eines AN in mehreren Betriebsteilen

Geht ein Betriebsteil über und war der AN in mehreren Betriebsteilen tätig (Mischtätigkeiten), so kommt es darauf an, ob er zeitlich überwiegend im übergehenden Betriebsteil die Arbeitsleistungen verrichtet hat. Diesfalls geht auch das Arbeitsverhältnis (zur Gänze) auf den neuen Inhaber des Betriebsteils über (OGH 9 Ob A 94/07 z).

Einschlägige Judikatur

Fälle, wo ein Betriebsübergang angenommen wurde

- *Übernommen wurde das Adressenmaterial (aufbereiteter Kundenstock) und die meisten freien Mitarbeiter. Auf die freien Mitarbeiter ist das AVRAG zwar nicht anwendbar, jedoch sind diese für den Wert des Betriebes bzw. der wirtschaftlichen Einheit und daher für die Übergangskriterien zu beachten (OGH 8 Ob A 143/98 g = ARD 5085/3/99).*
- *Übernimmt der neue Pächter eines Betriebsareals neben dem Areal auch AN des alten Pächters sowie dessen Kundenliste, Know-how und Goodwill, ist von einem Betriebsübergang auch dann auszugehen, wenn zwischen Alt- und Neupächter keine vertragliche Beziehung besteht (OGH 9 Ob A 193/98 t = ARD 4984/12/98 ebenso OGH 8 Ob A 86/03k).*
- *Falls eine Gesellschaft einen Auftrag an eine andere Gesellschaft des gemeinsamen Konzerns weiter gibt, so stellt dies einen Betriebsübergang dar, falls eine wirtschaftliche Einheit mit dem Auftrag übergeht (EuGH Rs. C-234/98, Allen u.a. = ARD 5085/1/99).*

- *Wird ein Gasthaus neu verpachtet und werden – mit Ausnahme der Lebensmittel und Getränke – sämtliche Betriebsmittel übernommen, die bisherige Geschäftstätigkeit und die Bezeichnung unverändert fortgeführt und zwei von drei AN übernommen, ist vom Vorliegen eines Betriebsübergangs auszugehen (OGH 9 Ob A 192/99 x = ARD 5085/2/99).*
- *Wenn eine elektronisch erfasste Kundenkartei, ein PC, 50 % der bisher verwendeten Gefriertruhen und ein Ortskundiger als Einziger in dieser Funktion tätiger Chauffeur der Pizzavertriebsorganisation übernommen wurde, so ist eine wirtschaftliche Einheit übergegangen und daher liegt ein Betriebsübergang vor, obwohl ein Klein-LKW und eine Lagerhalle nicht übergegangen sind (OGH 9 Ob A 140/99 z = ecolex 2000, 139 f.).*
- *Von einem Betriebsübergang ist auch dann auszugehen, wenn ein Auftraggeber, der einen Unternehmer vertraglich mit der gesamten Verpflegung in einem Krankenhaus betraut hatte, diesen Vertrag beendet und über dieselbe Leistung einen neuen Vertrag mit einem zweiten Unternehmer abschließt und der zweite Unternehmer die zuvor bereits vom ersten Unternehmer benutzten, vom Auftraggeber zur Verfügung gestellten wesentlichen Betriebsmittel benutzt (Räumlichkeiten, Wasser, Energie, Spülmaschinen, Inventar zur Zubereitung der Speisen etc.). Dies gilt auch dann, wenn der zweite Unternehmer zum Ausdruck gebracht hat, dass er die AN des ersten Unternehmers nicht übernehmen will (EuGH Rs. C-340, Abler u.a. = ARD 5436/2/2003).*
- *Die Veräußerung eines Mietshauses führt zum Übergang des Hausbesorger-Arbeitsverhältnisses auf den Erwerber (OGH 8 Ob A 40/05 y).*
- *Der Wechsel des Betreibers von 2 Lounges auf einem Flughafen, auch wenn das Speisenangebot und die Öffnungszeiten in beschränktem Umfang erweitert wurden, ist ein Betriebsübergang (OGH 27.11.2014, 9 Ob A 119/14 m, Rauch, Arbeitsrecht 2016, 56).*

Vorgänge, die keinen Betriebsübergang darstellen

- *Die mit Zustimmung des Bauherrn zwecks Fertigstellung der von einem anderen Unternehmen begonnenen Arbeiten erfolgte Übernahme von zwei hiefür eingesetzten Lehrlingen und einem Angestellten sowie des hierfür verwendeten Materials stellt keinen Betriebsübergang dar. Dies ergibt sich daraus, dass nur eine auf Dauer angelegte wirtschaftliche Einheit, deren Tätigkeit nicht auf die Ausführung eines bestimmten Vorhabens beschränkt ist, Gegenstand eines Betriebsübergangs sein kann. Dies ist beim Unternehmen, das eine seiner Baustellen einem anderen Unternehmen zwecks Fertigstellung überträgt, nicht der Fall. Eine solche Übertragung könnte nur dann unter die RL fallen, wenn sie mit der Übertragung einer organisierten Gesamtheit von Faktoren einherginge, die eine dauerhafte Fortsetzung der Tätigkeiten oder bestimmten Tätigkeiten des übertragenden Unternehmens erlauben würde (EuGH Rs. C-48/94, Ole Rygaard).*
- *Beschließt eine öffentliche Einrichtung, die ein erstes Unternehmen mit ihrem Haushilfedienst für Personen in einer Notlage oder mit der Bewachung bestimmter eigener Räumlichkeiten betraut hat, zum Ablauf oder nach Kündigung des Vertrages mit diesem Unternehmen ein zweites Unternehmen mit der betreffenden Dienstleistung zu beauftragen, ist die RL anwendbar, sofern der Vorgang mit dem Übergang einer wirtschaftlichen Einheit zwischen den beiden Unternehmen einhergeht. Der Begriff der wirtschaftlichen Einheit bezieht sich auf eine organisierte Gesamtheit von Personen und Sachen zur Ausübung einer wirtschaftlichen Tätigkeit mit eigener Zielsetzung. Der bloße Umstand, dass die nacheinander von dem alten und dem neuen Auftragnehmer erbrachten Leistungen einander ähnlich sind, lässt nicht auf den Übergang einer sol-*

chen Einheit schließen (EuGH Rs. C-173/96 und C-247/96, Sanchez Hidalgo u.a. = ARD 4992/19/98).

- *Schließt eine Kaufhauskette in ihren Verkaufsstätten ihre technischen Kundendienstabteilungen und lässt sie die Kundendienste zentral von einem Fremdunternehmen ausführen, welches weder Arbeitsmittel noch Personal übernimmt, so liegt kein Betriebsübergang vor (Bundesarbeitsgericht/BRD, 8 AZR 243/95 = ARD 4943/8/98).*
- *Die Möglichkeit einen Betrieb zu übernehmen, ist mit der Betriebsübernahme nicht gleichzusetzen. Die Betriebsübernahme setzt vielmehr die tatsächliche Wahrung der Identität voraus. Der Betrieb einer Grundstücksverwaltung geht nicht allein deshalb über, weil es einem Grundstückserwerber möglich wäre, die Tätigkeit der Grundstücksverwaltung an sich zu ziehen und die Herausgabe der hierfür maßgeblichen Unterlagen zu verlangen (Bundesarbeitsgericht/BRD, 8 AZR 196/98 = ARD 5085/4/99).*
- *Werden einzelne LKW eines Transportbetriebes, mit denen ein bestimmter Großkunde beliefert wurde, an ein anderes Transportunternehmen veräußert, muss sich daraus – auch aus der Sicht der ständigen Lenker dieser LKW – noch kein Teilbetriebsübergang ergeben (Bundesarbeitsgericht/BRD, 8 AZR 718/98 = ARD 5111/5/2000).*
- *Es reicht der Hinweis, dass der EuGH von seiner in der einen ähnlichen Fall betreffenden Entscheidung C-392/92 (Christel Schmidt = DRdA 1994, 348) vertretenen Rechtsansicht, es genüge für die Annahme eines (Teil-)betriebsübergangs bereits die Identität der Tätigkeit (Funktionsübergang), in der Folge wieder abgerückt ist. Nunmehr fordert der Gerichtshof für die Annahme des Vorliegens eines Betriebsübergangs (wieder) die Übertragung einer organisierten Einheit von Faktoren, die eine dauerhafte Fortsetzung der Tätigkeit oder bestimmten Tätigkeiten des übertragenen Unternehmens erlauben, und führt aus, dass die Identität der erbrachten Dienstleistungen als ein nicht den Schluss auf den Übergang einer wirtschaftlichen Einheit erlaube, weil diese nicht nur durch Tätigkeit definiert werde (OGH 8 Ob A 61/99 z).*
- *Übernimmt der Unternehmer (hier: ein Catering-Unternehmen) vom bisherigen Vertragspartner eines Spitals nichts anderes als eine Tätigkeit (hier: Kochen für das Spital in den identen Räumlichkeiten des Spitals mit dem vom Spital zur Verfügung gestellten und in seinem Eigentum stehenden Inventar), besteht nur eine Identität der tatsächlichen Tätigkeit. Da andere Merkmale, wie gleiche Führungskraft, gesamte Organisation des Arbeitsablaufes, Rezepturen, Diätvorschriften, Hinweise für den Ablauf im Rahmen des Krankenhausbetriebes oder auch Kunden, nicht übergeben wurden, kann von einem Betriebsübergang nicht gesprochen werden (ASG Wien 20 Cga 201/99 w = ARD 5156/3/2000).*
- *Die Neuvergabe eines Zugbewirtschaftungsvertrages durch ein Eisenbahnunternehmen hinsichtlich der Bewirtschaftung der Speisewagen und der Bewirtschaftung mittels Bord-Service stellt keinen Betriebs-(Teil-)übergang auf das Eisenbahnunternehmen dar (ASG Wien 33 Cga 31/98 i = ARD 5222/7/2001).*
- *Per se gegen das Vorliegen eines Betriebsübergangs spricht, wenn die beiden fraglichen Unternehmen unterschiedliche Betriebsgegenstände haben – hier: Ackerbestellung und Viehzucht beim landwirtschaftlichen Einzelunternehmen und Grünflächenpflege, Erdarbeiten, Baumschnitt und -rodung, Holzschlägerungen, Kanalräumung, Abfallentsorgung und Güterbeförderung bei der KEG – und das landwirtschaftliche Einzelunternehmen weiter bestand, auch nachdem der Einzelunternehmer die KEG gegründet hatte.*

Der weitere Umstand, dass die meisten AN des Einzelunternehmens zur KEG wechselten, jedoch einige bei der weiterbestehenden Landwirtschaft beschäftigt blieben (von insgesamt 4 bis 5 AN), vermag den Betriebsübergang noch nicht zu begründen. Die Übernahme der Beschäftigten ist eigentlich Rechtsfolge eines Betriebsübergangs und nicht Tatbestandsmerkmal (OLG Wien 10 Ra 141/06 p = ARD 5800/2/2007).

36.1.4 Hinweise zur Vermeidung der Anwendbarkeit des AVRAG

Für die Praxis ergibt sich aus der Rechtsprechung zum Betriebsübergang folgender Hinweis:

Falls etwa ein auf Dauer angelegter Auftrag übernommen oder sonst ein übertragungsähnlicher Vorgang bzw. eine Übertragung durchgeführt werden soll, so sollte der Übernehmer möglichst keine Betriebsmittel des bisherigen Auftragnehmers bzw. Inhabers sowie keine oder möglichst wenige AN übernehmen und sonstige Zusammenhänge und Verbindungen vermeiden, aus denen ein Betriebs- bzw. Teilbetriebsübergang erschlossen werden könnte (etwa Übernahme von Knowhow, Kundenlisten, Kauf von Geräten und Gütern des Vorgängers etc.). Wird lediglich ein Teil der AN übernommen, so wäre es umso bedeutender, dass zur Vermeidung der Anwendbarkeit des AVRAG keinerlei andere Güter (Rezepturen, Konzepte, Reinigungsgeräte, Büromöbel, Verträge, Werkzeuge, PKW etc.) übernommen werden.

Dazu ein Beispiel:

Die Reinigungsfirma A verliert einen Großauftrag (Reinigung eines Amtsgebäudes). Der neue Auftragnehmer übernimmt von der Firma A zwei Drittel des Personals, welches bisher das Amtsgebäude gereinigt hat, sowie die Reinigungsgeräte und den Objektleiter, der bisher für das Amtsgebäude zuständig war, samt der Organisationsstruktur (Zeiterfassung etc.). Daraufhin erklären Rechtsvertreter des nicht übernommenen Personals, dass ein „AVRAG-Fall" (Teilbetriebsübergang) vorliege und auch die nicht ausdrücklich übernommenen Arbeitsverhältnisse auf den neuen Auftragnehmer übergegangen seien. Das nicht übernommene Personal sei daher arbeitsbereit und man möge mitteilen, wann es den Dienst antreten soll. Diese Situation hätte jedenfalls dann vermieden werden können, wenn man lediglich eine Minderheit des Personals und keinerlei Geräte und Organisationsstrukturen übernommen hätte. Diesfalls wäre kein Ansatzpunkt für Auseinandersetzungen zum Thema Teilbetriebsübergang nach AVRAG gegeben gewesen.

Weiters ist zu beachten, dass die Bestimmungen des AVRAG zwingender Natur sind (siehe 14.1). Abweichende Vereinbarungen, auch wenn sie mit gewerkschaftlichen Vertretern getroffen werden, sind daher rechtsunwirksam (EuGH Rs. C-472/93, *Spano*).

36.1.5 Zeitpunkt und Beweis des Übergangs

Der Zeitpunkt des Übergangs ist im AVRAG nicht geregelt.

Nach der Judikatur ist für den Betriebsübergang der Zeitpunkt, in dem der Erwerber die arbeitsrechtliche Organisations- und Leitungsmacht im Betrieb im Einvernehmen mit dem Betriebsveräußerer tatsächlich ausüben kann, maßgeblich (OGH 8 Ob A 40/05 y, 8 Ob S 5/08 f). Gehen Betriebsmittel in einzelnen Schritten auf den Erwerber über, ist der Betriebsübergang jedenfalls in dem Zeitpunkt erfolgt, in dem die wesentlichen, zur Fortführung des Betriebes erforderlichen Betriebsmittel übergegangen sind und die Entscheidung über den Betriebsübergang nicht mehr rückgängig gemacht werden kann (Bundesarbeitsgericht/BRD, 3 AZR 347/92 = ARD 4545/29/94) bzw. die Verantwortung für den Betrieb auf den Erwerber übergegangen ist (EuGH Rs. C-478/03, *Celtec Ltd.*, siehe ecolex 2005, 634 ff.). Der Zeitpunkt des Betriebsübergangs ist nach objektiven Gesichtspunkten zu bestimmen und kann durch eine Vereinbarung zwischen Erwerber und Veräußerer nicht abgeändert werden (OGH 8 Ob A 40/05 y). Derjenige, der den Betriebsübergang behauptet, hat diesen auch zu beweisen, wobei auch der Grundsatz der Beweisnähe zu berücksichtigen ist (OGH 8 Ob A 40/05 y).

Wird ein Betriebsübergang gegenüber den AN geheimgehalten und werden diese weder über den Betriebsübergang noch die Existenz eines neuen Betriebsinhabers informiert, so tritt die Leitungsmacht nicht in Erscheinung und von einem Übergang der AG-Funktionen kann nicht gesprochen werden (OLG Wien 15.5.2009, 9 Ra 15/09 f = ARD 6024/5/2010).

36.2 Rechtsfolgen des automatischen Vertragseintritts

Wie schon in 36.1.2 angesprochen, erfolgt anlässlich des Betriebsübergangs keine Endabrechnung der zu übernehmenden AN. Der neue Betriebsinhaber tritt in den Arbeitsvertrag ein. Der Zeitpunkt des Vertragsübergangs richtet sich nach dem Zeitpunkt des Betriebsübergangs (siehe 36.1.5) und kann nicht nach Gutdünken des Veräußerers oder des Erwerbers auf einen späteren Zeitpunkt verlegt werden (EuGH Rs. C-305/94, *Rotsart de Hertaing*). Die bisherigen Dienstzeiten des jeweiligen Arbeitsvertrages sind daher für alle Ansprüche voll anzurechnen. Mit dem automatischen Vertragseintritt des neuen Betriebsinhabers ändert sich somit bei den übergegangenen Arbeitsverhältnissen lediglich die Person des AG.

Zur Weitergeltung von Betriebsvereinbarungen nach einem Betriebsübergang siehe § 31 Abs 4 ff. ArbVG.

36.2.1 KV und Betriebsübergang

Unterliegt der neue Inhaber des Betriebes einem anderen KV und wird der übernommene Betrieb in den Betrieb des Erwerbers eingegliedert, so ist der KV des Erwerbers anzuwenden. Es ist nach den Regeln des § 9 ArbVG (siehe 9.) zu prüfen, welcher KV nach dem Betriebsübergang anzuwenden ist.

Falls nun der Betriebsübergang zu einem KV-Wechsel führt, so ist von einer gänzlichen Ablöse des bisherigen KV auszugehen (siehe einschlägige Judikatur zu 9.). Der AN steht in der Regel unter dem Schutz eines neuen KV, die teilweise Nachwirkung des bisherigen KV würde auch gegen das Gebot der Rechtsklarheit verstoßen (*Binder*, AVRAG, Erl 11 zu § 4; OGH 26.1.2010, 9 Ob A 123/09 t, *Rauch*, Arbeitsrecht 2016, 57 f.).

Es sind jedoch beim Wechsel des KV zwei wesentliche Einschränkungen zu beachten:

- Nach § 4 Abs. 2 AVRAG darf beim betriebsübergangsbedingten Wechsel des KV das bisherige „für die regelmäßige Arbeitsleistung in der Normalarbeitszeit gebührende kollektivvertragliche Entgelt" nicht geschmälert werden (**Entgeltschutz**).

- Falls das Unternehmen des bisherigen Betriebsinhabers untergeht, gehen allfällige Bestandschutzregelungen (Kündigungs- und Entlassungsbeschränkungen etwa durch Bindung an bestimmte Gründe) des bisher anwendbaren KV in die Einzelarbeitsverträge der übernommenen AN ein (**Bestandschutz**).

Zum Entgeltschutz wäre weiters anzumerken, dass ein überkollektivvertragliches Entgelt dem AN bereits jedenfalls durch die Eintrittsautomatik erhalten bleibt. Die Regelung nach § 4 Abs. 2 AVRAG kann sich daher nur auf jene Fälle beziehen, in der die übernommenen AN genau nach dem früheren KV oder von ihm abhängig überzahlt wurden und der nach dem Übergang neu anzuwendende KV ein niedrigeres Mindestentgelt einräumt.

Der Entgeltschutz bewirkt, dass für den Fall eines KV-Wechsels auf Grund des Betriebsübergangs normativ das Entgelt des nach dem Betriebsübergang anzuwendenden KV gilt, einzelvertraglich aber gebührt das Entgelt des „alten" KV in der Höhe, in der es vor dem Betriebsübergang zustand. Der konkrete Entgeltanspruch ist beim Betriebsübergang unverändert zu übernehmen. Das Ausmaß späterer Entgelterhöhungen richtet sich nach den Prozentsätzen, die der KV des Erwerbers festlegt (OGH 9 Ob A 97/95 = ARD 4720/9/96).

Das Entgelt wird somit im Übergangszeitpunkt eingefroren (statische Übernahme) und folgt in seinem künftigen Schicksal dem KV des Erwerbers. Dies gilt auch für allfällige Biennalsprünge, die keinesfalls mehr nach den Regeln des Veräußerer-KV zustehen (OGH 9 Ob A 115/03g = ARD 5537/8/2004).

Der Entgeltschutz bezieht sich auf das für die regelmäßige Arbeitsleistung in der Normalarbeitszeit nach dem früheren KV zustehende Entgelt. Veränderungen im Bereich der Arbeitszeit sind keine Entgeltregelungen, auch wenn sie entgeltrechtliche Konsequenzen haben. Der Schutz bezieht sich auf die Bruttoentlohnung (falls keine Nettovereinbarung vorliegt). Auch eine Nettoverringerung wegen zwingender SV-rechtlicher Bestimmungen kann keine Verletzung arbeitsrechtlicher Vorgaben durch den AG sein (OGH 22.2.2011, 8 Ob A 19/10 t).

Nachwirkende KV (§ 13 ArbVG) fallen ebenfalls in den Anwendungsbereich des Art. 3 Abs. 3 der Betriebsübergangs-RL (EuGH 11.9.2014, C-328/13 *ÖGB/AUA*).

36.2.2 Einjährige Verschlechterungssperre

Sollte nun die Anwendbarkeit des KV des Veräußerers im Zuge des Betriebsübergangs enden, so bleiben die aus diesem KV ableitbaren „Arbeitsbedingungen" nach § 4 Abs. 1 AVRAG für ein Jahr (statisch – also mit dem im Übergangszeitpunkt bestehenden Inhalt – siehe 36.2.1) aufrecht. Der Begriff „Arbeitsbedingungen" ist dabei weit zu verstehen. Es fallen etwa auch die Entgelt- und Beendigungsregelungen unter diesen Begriff. Die im KV des bisherigen Betriebsinhabers geregelten „Arbeitsbedingungen" können daher innerhalb des einen Jahres weder aufgehoben noch beschränkt werden. Nach dieser „Abkühlphase" können Änderungen des Arbeitsvertrages mit dem AN vereinbart werden (Verschlechterungssperre). Demnach könnten die „Arbeitsbedingungen" im Wege einer Vereinbarung mit jedem AN nach einem Jahr auf die Regelungen des neu anzuwendenden KV zurückgeführt werden (soferne der neue KV für den AN ungünstigere „Arbeitsbedingungen" vorsieht). Der Entgeltschutz bezieht sich jedoch nur auf das „für die regelmäßige Arbeitsleistung in der Normalarbeitszeit" gebührende Entgelt. Er umfasst daher nicht Überstundenzuschläge und die AN begünstigende Überstundenteiler oder sonstige zusätzliche Leistungen, die auf einen längeren Zeitraum als ein Jahr bezogen sind (z.B. Jubiläumsgelder), wobei allerdings das OLG Wien in seiner Entscheidung 8 Ra 279/97 a dazu die gegenteilige Auffassung vertritt (siehe ASoK 1999, 121 ff.).

Die nähere Bedeutung des § 4 AVRAG ist in der Lehre umstritten. Judikatur fehlt bisher weitgehend. *Schrank* meint etwa, dass das einjährige Verbot von Verschlechterungsvereinbarungen nur für den Sonderfall anzuwenden ist, dass der neue Betriebsinhaber keinen KV anwendet. Der § 4 Abs. 1 AVRAG sei auf Grund des systematischen Standorts als Annexregelung für den Sonderfall der betriebsübergangsbedingten Kollektivvertragslosigkeit zu sehen (ecolex 1993, 541 ff.).

Falls nun im Einzelfall auf die übergegangenen Arbeitsverhältnisse ein für die AN weniger günstiger KV anzuwenden ist, könnte zur Klärung eine Vereinbarung (zur **Verschlechterungsvereinbarung** siehe 41.2) mit jedem AN getroffen werden, wonach ab einem bestimmten Zeitpunkt (mindestens ein Jahr nach dem Betriebsübergang) das Mindestentgelt des KV des Erwerbers anzuwenden ist.

Freiwillige Leistungen, die der bisherige Betriebsinhaber gewährt hat, unterliegen nicht dem Entgeltschutz und könnten daher vom Betriebsübernehmer widerrufen werden. Falls bereits ein gewohnheitsrechtlicher Anspruch besteht, könnte hingegen im Wege von Verschlechterungsvereinbarungen jeweils ein Entfall bewirkt werden, für den die einjährige Frist nicht zu beachten ist.

Wurde mit dem bisherigen Betriebsinhaber im Arbeitsvertrag die Anwendung eines bestimmten KV vereinbart, so übernimmt der Erwerber auch diesen Bestandteil des Arbeitsvertrages. Auch in einem solchen Fall gilt der bisherige KV jedoch nur statisch. Änderungen des „alten" KV (wie insbesondere Erhöhungen des Entgelts), die nach dem Betriebsübergang erfolgen, „schlagen" daher nicht auf den neuen AG durch (EuGH Rs. C-439/04, *Werhof* = ZAS 2006, 136).

Unter die Entgeltschutzbestimmung fällt nicht eine im bisherigen KV vorgesehene begünstigte Anrechnung von Nachtarbeitsstunden (54 Minuten tatsächliche Arbeitszeit werden mit 60 Minuten gutgeschrieben), weil nur unmittelbare Entgeltregelungen vom Schutz erfasst sind (OGH 26.5.2010, 9 Ob A 8/10 g; *Rauch*, Arbeitsrecht 2011, 20 f.).

Der BR des Veräußerers ist legitimiert, mittels Feststellungsklage (§ 54 Abs. 1 ASGG) noch vor dem Betriebsübergang klären zu lassen, ob Verschlechterungen nach § 3 Abs. 6 AVRAG eintreten werden (OGH 22.2.2011, 8 Ob A 41/10 b).

36.2.3 Kündigung und einvernehmliche Lösung anlässlich des Übergangs des Unternehmens

Rechtsunwirksamkeit der betriebsübergangsbedingten Kündigung

Die Richtlinie verbietet dem Veräußerer sowie dem Erwerber des Betriebes bloß, auf Grund des Überganges des Unternehmens zu kündigen. Kündigungen aus wirtschaftlichen, technischen oder organisatorischen Gründen, die Änderungen im Bereich der Beschäftigung mit sich bringen, sind jedoch zulässig (EuGH, Rs. C-472/93, *Spano* = ARD 4751/15/96. OGH 9 Ob A 73/04 g, 8 Ob A 98/04a = ARD 5657/6/2006; siehe auch *Rauch*, Kündigung und Betriebsübergang, ASoK 2004, 49 ff.).

Im Gegensatz zur Richtlinie regelt das österreichische AVRAG die Frage der Rechtsunwirksamkeit einer wegen des Betriebsüberganges erfolgten Kündigung nicht.

Der OGH (z.B. 9 Ob A 55/98 y, 9 Ob A 240/98 d, 9 Ob A 93/00 t = infas 6/2000, A 105, 8 Ob A 68/02 m, 8 Ob A 26/08 v) geht davon aus, dass eine wegen des Betriebsüberganges ausgesprochene Kündigung des AG (und allfällige Wiedereinstellung zu schlechteren Arbeitsbedingungen vom Erwerber) nichtig ist (§ 879 ABGB). Es gilt demnach in diesen Fällen ebenso wie auch in den sonstigen Fällen des besonderen Bestandschutzes das Unwirksamkeitsprinzip (BR, Präsenz- und Zivildiener, Schwangere etc.). Auf die subjektive Umgehungsabsicht des Veräußerers kommt es nicht an. Falls jedoch betriebs-, verhaltens- oder personenbedingte Gründe für die Kündigung nachgewiesen werden, ist die Kündigung rechtswirksam. Die Beweislast für derartige vom Betriebsübergang unabhängige Kündigungsgründe liegt beim Veräußerer oder Erwerber (OGH 9 Ob A 206/98 d, 8 Ob S 219/99 k, 21.2.2013, 9 Ob A 96/12a). Liegt der zeitliche Zusammenhang der ausgesprochenen Kündigung zum Betriebsübergang vor, ist der damit gegebene Prima-facie-Beweis für das verpönte Kündigungsmotiv vom AG zu entkräften (OGH 8 Ob A 98/04 a; 27.4.2011, 9 Ob A 70/10 z, 21.2.2013, 9 Ob A 96/12 a). Jedenfalls ist der Kündigungsschutz zeitlich nicht befristet. Der zeitliche Zusammenhang zwischen der Kündigung und dem Betriebsübergang hat lediglich Indiz-Charakter. Daher ist auch eine 15 Monate nach dem Betriebsübergang ausgesprochene Kündigung unzulässig, wenn sie alleine durch den Betriebsübergang begründet ist (OGH 9 Ob A 16/06 b = ARD 5800/3/2007).

Der AN kann aber auch eine betriebsübergangsbedingte Kündigung gegen sich gelten lassen und beendigungsabhängige Ansprüche (z.b. Abfertigung) geltend machen (OGH 8.8.2007, 9 Ob A 55/07 i, 25.11.2016, 8 Ob A 10/16 b). Falls jedoch eine Kündigung vom AN akzeptiert wurde und frist- und termingerecht ausgesprochen wird, so kann keine über die gesetzlichen bzw. kollektivvertraglichen Fristen und Termine hinausgehende Kündigungsentschädigung begehrt werden (OGH 9 Ob A 55/07 i = ARD 5808/3/2007, ASoK 2008, 37).

Wäre die Kündigung des AN auch dann erfolgt, wenn man sich den Betriebsübergang wegdenkt, so ist sie rechtswirksam (OGH 9 Ob A 206/98 d = infas 2/99, A 28). Ob die solchermaßen rechtswirksame Kündigung sozialwidrig ist, ist gesondert in einem Kündigungsanfechtungsverfahren nach § 105 ArbVG zu überprüfen (OLG Wien 8 Ra 281/96 v = ARD 4811/21/97, zur sozialwidrigen Kündigung siehe 41.8.4), sofern der AN eine diesbezügliche Klage einbringt.

Meint jedoch der AN, dass die Kündigung wegen Betriebsübergangs rechtsunwirksam sei, so ist eine Feststellungsklage einzubringen (OGH 8 Ob A 67/03 s).

Die Kündigung des AN durch den Veräußerer und die anschließende Neuanstellung beim Erwerber ist dann nicht rechtswidrig, wenn das gesamte Ergebnis des Vorgangs günstiger für den AN ist. Eine Einstellung zu denselben Bedingungen, jedoch unter Vereinbarung einer **Probezeit** ist für den AN ungünstiger und die Kündigung somit rechtsunwirksam (LG Wiener Neustadt 4 Cga 141/98 v = ZAS Jud. 2/2000 = ARD 5137/35/2000).

Aufgriffsobliegenheit

Ist die Kündigung rechtsunwirksam, so hat der AN einen Anspruch auf die Fortsetzung des Arbeitsverhältnisses. Der Fortsetzungsanspruch kann nicht unbefristet geltend gemacht werden, sondern ist – im Interesse der Rechtssicherheit und des Klarstellungsinteresses des Vertragspartners – ohne unnötigen Aufschub zu erheben (OGH 8 Ob A 44/03 h, 8 Ob A 3/04 f, 9 Ob A 95/05 v, 13.9.2012, 8 Ob A 55/12 i). Geschieht dies erst zehn Monate nach dem Betriebsübergang, so kann sich der AN nicht mehr auf die Fortsetzung des Arbeitsverhältnisses berufen (OGH 9 Ob A 322/99 i, OGH 19.3.2013, 9 Ob A 12/13 z). Wie lange die Frist zur Geltendmachung ist, wurde allerdings in der Rechtsprechung noch nicht präzisiert. Das ASG Wien hat in seiner Entscheidung 3 Cga 59/00 t (= ARD 5222/8/2001) auf die 6-monatige Frist für die (durch Klage vorzunehmende) Geltendmachung der Kündigungsentschädigung nach § 34 AngG und § 1162 d ABGB verwiesen (zur Kündigungsentschädigung siehe 42.7.5.2). Nach der Auffassung des OGH ist die zeitliche Frist zur Geltendmachung des Fortsetzungsanspruchs flexibel unter Bedachtnahme auf § 863 ABGB zu ziehen (OGH 9 Ob A 279/99 z = ARD 5143/7/2000, 9 Ob A 102/02 v). Daher ist zu prüfen, ob das Stillschweigen des AN als schlüssiges Einverständnis mit der Beendigung des Arbeitsverhältnisses anzusehen ist (siehe auch *Rauch*, Begrenztes Aufgriffsrecht des AN, ASoK 2002, 257 ff.). Jüngst wurden „nahezu sechs Monate" als Verletzung der Aufgriffsobliegenheit angesehen (OGH 8 Ob A 25/05 t). Die Aufgriffsobliegenheit kann aber auch den AG treffen, wenn er etwa eine Abfertigung anlässlich eines Betriebsübergangs auszahlt, dessen Rechtsfolgen er überdies durch eine Verschlechterungsvereinbarung negiert. Diesfalls kann er sich nicht Jahre danach auf die rechtsunwirksame Auflösung und damit den fehlenden Abfertigungsanspruch berufen (OGH 9 Ob A 105/06 g).

Diese Aufgriffsobliegenheit ist nicht nur auf rechtsunwirksame Kündigungen, sondern auch auf (angeblich) rechtsunwirksame Versetzungen (siehe 29.5) oder auch auf die Nichtverlängerung eines Arbeitsverhältnisses nach § 52 Abs. 6 VBG anzuwenden (OGH 9 Ob A 342/00 k, 8 Ob A 93/04 s). Die Einbringung einer Rechtsgestaltungsklage nach § 105 ArbVG erfüllt die Aufgriffsobliegenheit nicht (OGH 9 Ob A 15/05 d).

Einvernehmlicher Ausschluss der Eintrittsautomatik

Grundsätzlich ist die Vereinbarung zwischen dem bisherigen Betriebsinhaber und dem AN, dass das Arbeitsverhältnis nicht übergehen soll, zulässig (*Schrank*, ecolex 1993, 541 f.). Es steht dem AN nämlich frei, auf den vorgesehenen Schutz vor der Beendigung des Arbeitsverhältnisses freiwillig zu verzichten und daher mit dem Veräußerer zu vereinbaren, dass sein Arbeitsverhältnis nicht auf den Erwerber übergehe. Der AN kann nämlich nicht verhalten sein, für einen AG zu arbeiten, den er nicht frei gewählt hat. In einem derartigen Fall bleibt der Veräußerer alleiniger Schuldner des AN (OGH 9 Ob A 272/00 s).

Es ist jedoch unzulässig, das Arbeitsverhältnis mit dem Veräußerer einvernehmlich zu beenden und mit dem Übernehmer ein neues Arbeitsverhältnis abzuschließen, sofern die Umgehung des AVRAG zu Lasten Dritter (z.B. des Insolvenz-Ausfallgeld-Fonds) erfolgt (OGH 8 Ob A S 15/95 = ARD 4742/40/96).

Die Vereinbarung der einvernehmlichen Auflösung des Arbeitsverhältnisses zum Veräußerer verbunden mit der Vereinbarung der Weiterbeschäftigung beim Erwerber zu ungünstigeren Bedingungen ist als unzulässige Umgehung des § 3 Abs. 1 AVRAG anzusehen. Die Prüfung, ob die Weiterbeschäftigung zu verschlechterten Bedingungen erfolgt, ist mit einem Gesamtgünstigkeitsvergleich vorzunehmen (OGH 9 Ob A 17/03 w = ASoK 2004, 335 f, 9 Ob A 43/04 p, 8 Ob A 63/04 d = ARD 5630/3/2005). Ist ein AN wegen Vorenthalten des Entgelts vorzeitig ausgetreten und arbeitet er bereits 2 Tage später am selben Ort und mit denselben Kollegen für eine neue Gesellschaft und macht er Beendigungsansprüche gegen den ehemaligen AG geltend, so ist von einer einvernehmlichen Auflösung auszugehen, die jedoch wegen geringeren Entgelts beim neuen Betreiber rechtsunwirksam ist. Das Arbeitsverhältnis ist daher auf den Erwerber übergegangen (OGH 8 Ob A 63/04 d = ARD 5630/3/2005).

36.2.4 Widerspruchsrecht und Selbstkündigung

Das AVRAG räumt dem AN ein Recht auf Widerspruch gegen den Eintritt des neuen Vertragspartners in den Arbeitsvertrag ein. Der AN kann dieses Widerspruchsrecht jedoch nur bei Vorliegen von bestimmten Voraussetzungen ausüben. Der § 3 Abs. 4 AVRAG sieht vor, dass der AN ein Widerspruchsrecht hat, wenn der Betriebserwerber „den kollektivvertraglichen Bestandschutz oder die betrieblichen Pensionszusagen nicht übernimmt". Bestand beim bisherigen Betriebsinhaber weder ein kollektivvertraglicher Bestandschutz noch betriebliche Pensionszusagen, so kommt ein Widerspruchsrecht nicht in Frage. Dazu meint allerdings der OGH, dass der Widerspruch auch aus anderen gleichgewichtigen Gründen zulässig sei (OGH 22.2.2011, 8 Ob A 41/10 b). Jedenfalls setzt der Widerspruch eine Änderung der Arbeitsbedingungen voraus (OGH 9 Ob A 73/07 m) bzw. gibt es kein allgemeines Widerspruchrecht (OGH 22.2.2011, 8 Ob A 41/10 b). Zum Widerspruchsrecht von BR-Mitgliedern siehe im Folgenden. Begünstigten Behinderten (siehe 54.) steht kein allgemeines Widerspruchsrecht zu. Der Bestandschutz geht auf den neuen Betriebsinhaber über (OGH 26.11.2012, 9 Ob A 72/12 x).

Die Nichtübernahme des kollektivvertraglichen Bestandschutzes bzw. der betrieblichen Pensionszusagen kann durch ausdrückliche Ablehnung oder durch Nichtäußerung innerhalb einer vom AN gesetzten angemessenen Frist erklärt werden.

Ablehnung der Übernahme der betrieblichen Pensionszusagen durch den Betriebsübernehmer

§ 5 AVRAG räumt dem Betriebserwerber, der kein Gesamtrechtsnachfolger ist, das Recht ein, durch rechtzeitigen Vorbehalt die Übernahme einer auf Einzelvereinbarung beruhenden betrieblichen Pensionszusage abzulehnen. Bei diesen Pensionszusagen kann es sich um alle drei Arten der in § 2 BPG geregelten Leistungszusagen handeln, also um direkte Leistungszusagen, Pensionskassenzusagen und Zusagen auf Leistung von Versicherungsprämien. In der Lehre wird außerdem die Auffassung vertreten, dass der § 5 AVRAG analog auch für auf einseitiger Zusage beruhende Pensionsverpflichtungen anzuwenden ist (*Köck*, ecolex 1993, 547 ff.).

Nichtübernahme des kollektivvertraglichen Bestandschutzes

Im Fall des kollektivvertraglichen Bestandschutzes ist eine Nichtübernahme wohl nur dann möglich, wenn der bisherige KV (der den Bestandschutz vorsieht) nicht mehr zur Anwendung kommt, weil der Erwerber einem anderen KV unterliegt (der einen solchen Bestandschutz nicht vorsieht). Wenn das Unternehmen des Veräußerers im Zusammenhang mit dem Betriebsübergang nicht mehr weiter besteht, ist der Bestandschutz ebenfalls zu übernehmen (§ 4 Abs. 2 AVRAG).

Das Widerspruchsrecht bei Nichtübernahme des kollektivvertraglichen Bestandschutzes besteht daher in jenen Fällen, wo kein Weitergeltungstatbestand gegeben ist bzw. der bisherige Bestandschutz verloren geht und der Erwerber diesen Bestandschutz dem übernommenen AN freiwillig nicht gewähren will.

Zum Begriff „Bestandschutz"

Der Begriff „Bestandschutz" ist weder im Gesetz noch in den Materialien definiert. In einem weiteren Sinne könnte man darunter auch Schriftlichkeitsgebote, verlängerte Kündigungsfristen, etc. verstehen. In der Lehre (*Köck*, a.a.O.) wird zutreffenderweise davon ausgegangen, dass eine erhebliche Beschränkung des Kündigungsrechts vorliegen muss (etwa durch Bindung an bestimmte Kündigungsgründe oder an ein Disziplinarerkenntnis).

Ausübung des Widerspruchsrechts

Für die Ausübung des Widerspruchsrechts räumt das Gesetz (§ 3 Abs. 4 AVRAG) dem AN eine Frist von einem Monat ein. Die Frist beginnt mit der Ablehnung der Übernahme der betreffenden Verpflichtung durch den Erwerber oder im Fall der Nichtäußerung des Erwerbers zum Zeitpunkt des Betriebsüberganges mit Ablauf einer vom AN zu setzenden angemessenen Nachfrist zur Äußerung.

Den Veräußerer oder Erwerber trifft eine Informationspflicht zum Zeitpunkt, Grund, den Folgen des Betriebsübergangs und den hinsichtlich der AN in Aussicht genommenen Maßnahmen (§ 3a AVRAG). Beachtet der AG diese Pflicht, so sichert er damit den Beginn der Laufes der Widerspruchsfrist.

Rechtsfolgen des Widerspruchs

§ 3 Abs. 4 AVRAG sieht ausdrücklich vor, dass im Fall der Ausübung des Widerspruchsrechts das Arbeitsverhältnis zum Veräußerer des Betriebes unverändert aufrecht bleibt. Daher findet vorerst kein Vertragsübergang statt. Das Arbeitsverhältnis verbleibt vorerst beim Veräußerer. Der AN muss daher beim Veräußerer Arbeitsleistungen erbringen und ihm gegenüber alle Verpflichtungen aus dem Arbeitsverhältnis erfüllen. Wurde der Betrieb des Veräußerers zur Gänze verkauft bzw. stillgelegt, ist strittig, ob diese Bestimmung überhaupt anzuwenden ist. Dagegen spricht, dass diesfalls der Veräußerer eine unzumutbare Belastung tragen müsste (**Entgeltfortzahlung nach § 1155 ABGB** ohne jegliche Möglichkeit, Arbeitsleistungen entgegenzunehmen).

Jedenfalls sollte der Veräußerer, der seinen Betrieb stilllegt, aus Gründen der Vorsicht den widersprechenden AN unverzüglich kündigen, da eine solche betriebsbedingte Kündigung jedenfalls als zulässig anzusehen ist.

Ausspruch der begünstigten Kündigung durch den AN

Falls durch den nach Betriebsübergang anzuwendenden anderen KV oder anzuwendende andere Betriebsvereinbarungen die Arbeitsbedingungen wesentlich verschlechtert werden, so kann der AN das übergegangene Arbeitsverhältnis unter Einhaltung der gesetzlichen oder kollektivvertraglichen Kündigungsfristen durch eine begünstigte Kündigung beenden (§ 3 Abs. 5 AVRAG). Der Erwerber des Betriebes hat dem AN jede auf Grund des Betriebsüberganges erfolgte Änderung der Arbeitsbedingungen unverzüglich mitzuteilen (§ 3 Abs. 3 AVRAG). Bestehen Unsicherheiten, ob die Änderung der Arbeitsbedingungen als wesentliche Verschlechterung anzusehen ist, so kann der AN innerhalb eines Monats ab Kenntnis der Änderungen eine Klage auf Feststellung der wesentlichen Verschlechterung einbringen.

Die begünstigte Selbstkündigung ist innerhalb eines Monats ab dem Zeitpunkt auszusprechen, ab dem der AN die wesentliche Verschlechterung erkannte oder erkennen musste.

Eine einzelvertragliche Zusage der Weiteranwendung der bisherigen KV-Bestimmungen verhindert eine wesentliche Verschlechterung und schließt damit das begünstigte Selbstkündigungsrecht aus (OGH 22.2.2011, 8 Ob A 41/10 b).

Falls auf Grund der vorgenannten Feststellungsklage durch rechtskräftiges Urteil eine Verschlechterung festgestellt wird, so kann die Selbstkündigung innerhalb eines Monats ab Eintritt der Rechtskraft des Urteils erfolgen.

Begünstigung der Selbstkündigung

Die begünstigte Kündigung durch den AN stellt den AN rechtlich so, wie wenn er durch den AG gekündigt worden wäre. Der AN hat daher insbesondere einen Anspruch auf **Abfertigung**, falls das Arbeitsverhältnis wenigstens drei Jahre gedauert hat. Falls die einmonatige Frist ungenützt verstreicht oder keine wesentliche Verschlechterung der Arbeitsbedingungen vorliegt, so kann der AN nur eine nicht begünstigte Selbstkündigung („normale" Kündigung) erklären.

Zum Begriff der „wesentlichen Verschlechterung der Arbeitsbedingungen"

Dieser Begriff wird vom Gesetz nicht definiert. Wesentliche Arbeitsbedingungen können wohl in der Regel nur solche sein, die sich auf die Arbeitspflicht bzw. die Normalarbeitszeit und den Entgeltanspruch beziehen. Nebenbestimmungen, wie kürzere Verfallsfristen, kürzere Kündigungsfristen bei Kündigung durch den AG, können nicht als wesentliche Verschlechterung gesehen werden.

Widerspruchsrecht von Mitgliedern des BR

Den Mitgliedern des BR wird von der Judikatur eine Art generelles Widerspruchsrecht aus Gründen des Mandatschutzes zugebilligt (OGH 8 Ob A 105/97 t = ARD 4871/16/97).

36.2.5 Betriebsübergang und betriebliche Pensionszusagen

Falls die betriebliche Pensionszusage auf Einzelvereinbarung beruht, wird sie Inhalt des Arbeitsvertrages zwischen AN und Erwerber, wenn der Erwerber Gesamtrechtsnachfolger ist. Ist der Übernehmer kein Gesamtrechtsnachfolger, so kann er durch rechtzeitigen (im Zuge der Übernahmsverhandlungen oder innerhalb der vom AN zu setzenden angemessenen Frist) Vorbehalt die Ablehnung der Übernahme der Pensionszusage erklären (§ 5 AVRAG).

Bei Ablehnung sowie auch Wegfall von Pensionszusagen, die auf KV oder Betriebsvereinbarungen beruhen, hat der AN gegen den Veräußerer Anspruch auf Abfindung der bisher erworbenen Anwartschaften (Unverfallbarkeitsbetrag – § 5 Abs. 2 AVRAG).

Zum Widerspruchsrecht des AN bei Nichtübernahme betrieblicher Pensionszusagen siehe 36.2.4.

36.3 Haftung bei Betriebsübergang

Sofern andere gesetzliche Regelungen oder Gläubigerschutzbestimmungen für den AN nichts Günstigeres bestimmen, haften für Verpflichtungen aus einem Arbeitsverhältnis zum Veräußerer, die vor dem Zeitpunkt des Übergangs (siehe 36.1.5) begründet wurden, der Veräußerer und der Erwerber zur ungeteilten Hand, wobei hinsichtlich der Haftung des Erwerbers § 1409 ABGB anzuwenden ist. Dies gilt insbesondere für Leistungen aus betrieblichen Pensionszusagen des Veräußerers, die im Zeitpunkt des Betriebsüberganges bereits erbracht werden.

Für Abfertigungsansprüche, die nach dem Betriebsübergang bestehen, haftet der Veräußerer 5 Jahre nach dem Betriebsübergang und nur mit jenem Betrag, der dem fiktiven Abfertigungsanspruch im Zeitpunkt des Betriebsübergangs entspricht. Für Ansprüche auf eine Betriebspension aus einem Leistungsfall nach dem Betriebsübergang haftet der Veräußerer fünf Jahre nach dem Betriebsübergang und nur mit jenem Betrag, der den im Zeitpunkt des Betriebsüberganges bestehenden Pensionsanwartschaften entspricht (§ 6 AVRAG). Sofern zum Zeitpunkt des Betriebsüberganges gesetzliche Rückstellungen mit der zu bildenden Wertpapierdeckung oder gleichwertige Sicherungsmittel auf den Erwerber übertragen werden, haftet der Veräußerer nur für eine allfällige Differenz zwischen dem Wert der übertragenen Sicherungsmittel und dem Wert der fiktiven Ansprüche jeweils zum Zeitpunkt des Betriebsüberganges. Diese Haftung endet ein Jahr nach dem Betriebsübergang. Der Veräußerer hat die betroffenen AN von der Übertragung der Sicherungsmittel zu informieren. Der Erwerber hat die vom Veräußerer übertragene Wertpapierdeckung oder die Sicherungsmittel zumindest fünf Jahre in seinem Vermögen zu halten. Die Wertpapierdeckung oder die Sicherungsmittel dürfen während dieses Zeitraums nur zur Befriedigung von Abfertigungs- oder Betriebspensionansprüchen der AN vermindert werden. Die übertragene Wertpapierdeckung darf während dieses Zeitraums auf die Verpflichtung des Erwerbers nach § 14 Abs. 5 oder 7 EStG nicht angerechnet werden (§ 6 AVRAG).

Nach der bis zum 30.6.2002 gegebenen Rechtslage haftete der Veräußerer im Falle eines Betriebsüberganges zeitlich unbeschränkt für Abfertigungsbeträge und Betriebspensionen mit jenem Betrag, der dem fiktiven Abfertigungsanspruch bzw der bestehenden Pensionsanwartschaft im Zeitpunkt des Betriebsüberganges entsprach. Die neue Rechtslage (befristete Haftung) gilt für Betriebsübergänge ab 1.7.2002. Für Betriebsübergänge vor dem 1.7.2002 ist die neue Rechtslage mit der Maßgabe anzuwenden, dass die Fünf-Jahres-Frist mit 1.7.2002 zu laufen beginnt (§ 19 Abs. 1 Z 12 AVRAG, OGH 8 Ob A 214/02 g).

Vor In-Kraft-Treten des AVRAG wurde in der Regel eine Dreiparteieneinigung (Veräußerer, Erwerber und Gläubiger) getroffen, welche den Veräußerer von der Haftung befreit hat. Der § 1409 ABGB lässt abweichende Vereinbarungen zu. Hingegen können die Rechte, die dem AN nach dem AVRAG im Zusammenhang mit Betriebsübergängen zustehen, durch den Arbeitsvertrag oder Normen der kollektiven Rechtsgestaltung weder aufgehoben noch beschränkt werden (§ 8 AVRAG).

Der Veräußerer haftet demnach zwingend gemeinsam mit dem Erwerber für die noch zu seiner Zeit erworbenen Abfertigungs- und betrieblichen Pensionsansprüche, obwohl er im Zeitpunkt der künftigen Fälligkeit dieser Ansprüche nicht mehr über das betriebliche Substrat verfügt. Davon sind insbesondere natürliche Personen und Gesellschaften mit persönlich haftenden Gesellschaftern betroffen. Die Haftung ist auf fünf Jahre beschränkt.

Kommt es nach dem Betriebsübergang in einem Konkursverfahren über das Vermögen des Veräußerers zu einem Zwangsausgleich, so haftet er mit der Zwangsausgleichsquote (OGH 9 Ob A 71/03m = ARD 5537/3/2004).

Ebenso haftet der Betriebsveräußerer auch dann für Sonderzahlungen im aliquoten Ausmaß (bezogen auf den Zeitpunkt des Betriebsübergangs), wenn diese erst nach dem Zeitpunkt des Betriebsübergangs fällig geworden sind (OLG Wien 10 Ra 120/97 h = ARD 4863/17/97).

Auch bei der Haftung des Betriebsveräußerers für Provisionen ist nicht auf deren Fälligkeit abzustellen, sondern auf deren Begründung bzw. deren Entstehen. Der bisherige AG haftet für Verpflichtungen, die nach dem Zeitpunkt des Übergangs fällig werden, nur in dem Umfang, der dem im Zeitpunkt des Übergangs abgelaufenen Teil ihres Bemessungszeitraumes entspricht (OLG Wien 7 Ra 299/97 k = ARD 4974/29/98).

Weiters haftet der Veräußerer für die Ersatzleistung bis zum Veräußerungszeitpunkt, obwohl die Ersatzleistung erst bei späterer Beendigung des Arbeitsverhältnisses fällig wird (OGH 8 Ob A 17/04x = ARD 5537/1/2004).

Einschlägige Judikatur

- *Der Betriebserwerber tritt in alle Rechte und Pflichten der zur Zeit des Übergangs aufrechten Arbeitsverhältnisse ein. Die Beschränkung der Haftung des § 6 AVRAG auf Schulden, die der Erwerber kannte oder kennen musste, kann sich daher nur auf Verpflichtungen aus nicht mehr bestehenden Arbeitsverhältnissen, insbesondere Leistungen aus betrieblichen Pensionszusagen, beziehen (OGH 9 Ob A 213/99 k = ARD 5107/3/2000).*

Im Bereich der Sozialversicherung haftet der Betriebserwerber, dem der Betrieb übereignet wurde, für jene Beiträge, die sein Vorgänger zu zahlen gehabt hätte. Dies unbeschadet der fortdauernden Haftung des Vorgängers sowie der Haftung des Betriebsnachfolgers nach § 1409 ABGB unter Bedachtnahme auf § 1409a ABGB und der Haftung des Erwerbers nach § 38 UGB für die Zeit von höchstens zwölf Monaten vom Tag des Erwerbes zurückgerechnet. Im Fall einer Anfrage beim Versicherungsträger haftet er jedoch nur mit dem Betrag, der ihm als Rückstand ausgewiesen worden ist (§ 67 Abs. 4 ASVG – zum Begriff des Betriebsübergangs im Sozialversicherungsrecht siehe z.B. VwGH 9.9.2009, 2007/08/0039 = ARD 6024/10/2010).

(Betriebsübergang und ArbVG siehe *Rauch* in *Feuchtinger/Wolf*, Betriebsübertragungen kompakt, SWK-Spezial, 22 ff.).

36.3.1 Regressanspruch des Erwerbers

Die Regelung der Haftung im § 6 AVRAG ermöglicht dem AN die von der Haftung erfassten arbeitsrechtlichen Ansprüche auch gegenüber dem bisherigen Betriebsinhaber geltend zu machen. Es wird also der Haftungsfonds zu Gunsten der AN erweitert. Die Haftungsbestimmungen klären jedoch nicht die Frage, inwieweit etwa der Erwerber, der Ansprüche des AN, die noch aus der Zeit vor der Betriebsübergabe stammen, befriedigt, einen Regressanspruch gegen den Betriebsveräußerer erheben kann.

Zur Regressfrage enthält das AVRAG keine Regelung. Zu diesem Thema wäre grundsätzlich eine vertragliche Vereinbarung möglich. In vielen Fällen fehlt jedoch eine vertragliche Regelung.

In einer jüngeren Entscheidung vertritt der OGH die Auffassung (OGH 5 Ob 114/03 f = ARD 5478/2/2004), dass aus den Haftungsregelungen und den bereicherungsrechtlichen Bestimmungen zu schließen ist, dass (mangels vertraglicher Regelung) der Regress danach zu bestimmen ist, welchen Nutzen der Betriebsveräußerer als AG aus den Leistungen des AN gezogen hat und welche Entgeltbestandteile diesen Nutzen abgelten sollen. Der Grad des Nutzens wird dabei vereinfachend mit dem jeweiligen Anteil an der Dienstdauer gleichgesetzt. Für die Abfertigung bedeutet dies etwa, dass der alte Betriebsinhaber für jenen Betrag regresspflichtig wird, welcher der Abfertigungsanwartschaft im Zeitpunkt des Betriebsübergangs entspricht (sofern die Beschäftigungsdauer beim alten Betriebsinhaber mindestens drei Jahre erreicht hat). Kündigt demnach der neue

Betriebsinhaber einen AN und zahlt die komplette Abfertigung, so hat er einen Regressanspruch bezüglich der Abfertigungsanwartschaft, die im Zeitpunkt des Betriebsübergangs erreicht wurde.

Beispiel:
Nach einem dreijährigen Arbeitsverhältnis (welches nicht dem BMSVG unterliegt) kommt es zu einem Wechsel des Betriebsinhabers. Nachdem das Arbeitsverhältnis insgesamt sieben Jahre gedauert hat, kündigt der neue Betriebsinhaber und zahlt eine Abfertigung von drei Monatsentgelten. Der neue Betriebsinhaber zahlt somit eine Abfertigung für die komplette Dienstzeit (Dienstzeit beim alten und beim neuen Betriebsinhaber). Der neue Betriebsinhaber hat nun die Möglichkeit, vom alten Betriebsinhaber einen Regress in der Höhe des fiktiven Abfertigungsanspruchs zum Zeitpunkt des Betriebsübergangs zu verlangen. Daher ist der alte Betriebsinhaber im Ausmaß von zwei Monatsentgelten (Abfertigungsanspruch nach drei Jahren) regresspflichtig.

Bezüglich anderer Ansprüche, wie Sonderzahlungen oder unverbrauchter Urlaub, Zeitguthaben, Provisionen, ist ebenso auf den Zeitpunkt des Übergangs bzw. den Nutzen, den der alte Betriebsinhaber als AG aus den Leistungen bezogen hat, abzustellen (siehe auch *Rauch*, Regress bei Betriebsübergang, ASoK 2004, 119 ff., OGH 25.6.2009, 2 Ob 16/09 f).

Die Solidarhaftung des Erwerbers und des Veräußerers für Ansprüche, die vor dem Betriebsübergang begründet wurden, schließt auch Ansprüche mit ein, die in der Zeit eines früheren Betriebsinhabers begründet wurden. Damit unterliegen diese Ansprüche aber auch dem Regressanspruch des Erwerbers gegen den Veräußerer als Mitschuldner, wenn er die Ansprüche der AN erfüllt (OGH 1.4.2009, 9 Ob A 79/08 w).

Eine Klage auf den Abfertigungsanspruch gegen eine vermögenslose und gelöschte, aber regressberechtigte Gesellschaft ist unzulässig. Die Klage ist daher gegen den Betriebserwerber zu richten (OGH 8 Ob A 47/04 a).

36.4 Ansprüche der in Österreich tätigen AN gegen ausländische AG ohne Sitz in Österreich

Die im Folgenden (36.4.1) erörterten Bestimmungen des LSD-BG gelten für ausländische AG, die AN nach Österreich entsenden oder überlassen (zur grenzüberschreitenden Überlassung siehe 35.6), soweit nicht ausdrücklich eine Ausnahme vorgesehen ist (§ 1 Abs 4 LSD-BG – zB § 17 über die Zusammenarbeit und Amtshilfe im EWR). Insbesondere die Entgeltvorschriften sind auch auf inländische AG anzuwenden.

Einschlägige Judikatur
- Ist eine kollektivvertragliche Regelung zulässigerweise dispositiv gestaltet, können nicht nur österreichische AG eine davon abweichende Regelung treffen, sondern auch ausländische AG (OGH 20.10.2004, 8 Ob A 88/04 f).

- *Ein in Österreich tätiger AN hat Anspruch auf das österreichische kollektivvertragliche Mindestentgelt, auch wenn der ausländische AG über keine Niederlassung in Österreich verfügt. Die Vereinbarung des deutschen Arbeitsrechts ändert an diesem Ergebnis nichts, weil zwingende Mindestnormen des Rechts der gewöhnlichen Verrichtung der Arbeit nach Art. 6 Abs 2 EVÜ zu beachten sind (OGH 12.7.2006, 9 Ob A 103/05 w).*

36.4.1 Lohn- und Sozialdumping-Bekämpfung

Mit den Bestimmungen gegen Lohn- und Sozialdumping, welche mit 1.5.2011 in Kraft getreten sind, sollte eine Rechtsgrundlage für geeignete Maßnahmen gegen Lohn- und Sozialdumping geschaffen werden, weil am 1.5.2011 der österreichische Arbeitsmarkt für Staatsbürger der „EU-8-Staaten" (siehe 18.18) geöffnet wurde. Zunächst wurden neue Bestimmungen in das AVRAG und in das AÜG eingefügt. Mit 1.1.2015 sind wesentliche Erweiterungen in Kraft getreten. Damit sollte bewirkt werden, dass durch verwaltungsstrafrechtliche Regelungen insbesondere die Einhaltung der österreichischen kollektivvertraglichen Mindestentgeltvorgaben gesichert wird.

Schon bisher haben die AN die Möglichkeit, Differenzen zum KV-Mindestentgelt einzuklagen bzw. kann die zuständige GKK Beiträge für das zustehende Entgelt nachfordern (siehe 31.6). Seit dem Inkrafttreten der Bestimmungen gegen Lohn- und Sozialdumping besteht die weitere Möglichkeit, eine Anzeige bei der Bezirksverwaltungsbehörde einzubringen. Gedacht war diese zusätzliche verwaltungsstrafrechtliche Ebene für ausländische AG, die mit ihren AN in Österreich Aufträge ausführen bzw. für die grenzüberschreitende Arbeitskräfteüberlassung (siehe 35.6). Es zeigt sich aber, dass die Bestimmungen gegen Lohn- und Sozialdumping (entgegen den eigentlichen Intentionen) zunehmend auf österreichische AG angewendet werden (ohne dass es dabei um Entsendungen oder grenzüberschreitende Arbeitskräfteüberlassung geht).

Als Auslegungsbehelf wurde seitens des BMASK im Mai 2015 ein Erlass (LSDB-Richtlinien 2015) veröffentlicht (*Rath*, Die LSDB-Richtlinien 2015, ASoK 2015, 202 ff.). Für unverändert vom AVRAG oder vom AÜG in das spätere LSD-BG übernommene Bestimmungen können die Richtlinien weiterhin als Auslegungsbehelf herangezogen werden.

LSD-BG 2017

Mit 1.1.2017 ist ein eigenes Gesetz zum Lohnschutz in Kraft getreten (LSD-BG). Neben der Schaffung eines formal neuen Gesetzes wurden inhaltliche Neuerungen zum Lohn- und Sozialdumping in das Gesetz aufgenommen.

Entsendung

Das LSD-BG ist anzuwenden, wenn ausländische AG ihre AN zur Verrichtung von Arbeitsleistungen nach Österreich entsenden oder überlassen. Der Begriff der „Entsendung" erfasst alle Tätigkeiten, die im Auftrag eines ausländischen AG in Österreich ausgeführt werden, mit der Ausnahme bestimmter Tätigkeiten, die das

LSD-BG ausdrücklich ausnimmt (§ 1 Abs. 5 Z 1 bis 9). Es handelt sich dabei um folgende Arbeiten von geringem Umfang und kurzer Dauer:

1. Geschäftliche Besprechungen ohne Erbringung von weiteren Dienstleistungen oder
2. Teilnahme an Seminaren ohne Erbringung von weiteren Dienstleistungen oder
3. Messen und messeähnliche Veranstaltungen oder
4. Besuch von und Teilnahme an Kongressen oder
5. kulturelle Veranstaltungen, die im Rahmen einer Tournee stattfinden, bei welcher der Veranstaltung (den Veranstaltungen) in Österreich lediglich eine untergeordnete Bedeutung zukommt (zukommen), soweit der AN seine Arbeitsleistung zumindest für einen Großteil der Tournee zu erbringen hat, oder
6. Teilnahme und Abwicklung von internationalen Wettkampfveranstaltungen (internationale Meisterschaften) i.S.d. § 3 Z 6 des Bundes-Sportförderungsgesetzes 2013 (ausgenommen Vorbereitungs- und Abschlussarbeiten sowie Verabreichung von Speisen und Ausschank von Getränken im Rahmen der Veranstaltung) oder
7. Tätigkeit als mobiler AN in der grenzüberschreitenden Güter- und Personenbeförderung, sofern die Arbeitsleistung im Rahmen des Transitverkehrs erbracht wird und nicht der gewöhnliche Arbeitsort in Österreich liegt (siehe auch im Folgenden), oder
8. Tätigkeit als AN in international aktiven Konzernen oder Unternehmen, sofern die monatliche Bruttoentlohnung durchschnittlich mindestens 125 % des 30-fachen der täglichen ASVG-Höchstbeitragsgrundlage beträgt oder
9. Tätigkeit in internationalen Aus-, Weiterbildungs- oder Forschungsprogrammen an Universitäten, Pädagogischen Hochschulen oder Fachhochschulen.

Die Ausnahme von der behördlichen Lohnkontrolle gilt auch dann, wenn ein aus einem EU- bzw. EWR-Staat entsandter AN eine der im Ausnahmekatalog angeführten Arbeiten im Rahmen eines grenzüberschreitenden Dienstleistungsvertrages erbringt.

Auf Grund des sehr weiten Entsendungsbegriffs des österreichischen LSD-BG sind im Verkehrsbereich auch folgende Konstellationen erfasst:

- Kabotage (Beladung und Entladung erfolgen in Österreich),
- Zielverkehr nach Österreich (Beladung außerhalb von Österreich, Entladung in Österreich) und
- Quellverkehr von Österreich durch nicht österreichische Unternehmen (Beladung in Österreich, Entladung außerhalb von Österreich).

Auch unregelmäßige oder einmalige Transporte sind Entsendungen. Eine Entsendung liegt nicht vor, wenn der Verkäufer oder Eigentümer selbst die Güter durch seine eigenen AN mit seinen eigenen Fahrzeugen nach Österreich befördert oder

der Käufer die Güter durch seine eigenen AN mit einem eigenen Fahrzeug aus Österreich abholt (PV-info 3/2017, 22).

Ausnahme für Konzerne

Das LSD-BG ist nicht anzuwenden auf eine vorübergehende konzerninterne Entsendung einer besonderen Fachkraft nach Österreich (§ 1 Abs. 6 LSD-BG). Nach den Materialien sind besondere Fachkräfte Personen, die über die für die Tätigkeitsbereiche, die Verfahren oder die Verwaltung der aufnehmenden Konzernunternehmung unerlässlichen Spezialkenntnisse verfügen. Die konzerninterne Entsendung ist vorübergehend, wenn die Konzernentsendung insgesamt zwei Monate je Kalenderjahr nicht übersteigt.

Weiters müssen die Einsätze konzernintern zum Zweck der Forschung und Entwicklung, der Abhaltung von Ausbildungen durch die besondere Fachkraft, der Planung der Projektarbeit oder zum Zweck des Erfahrungsaustausches, der Betriebsberatung, des Controlling oder der Mitarbeit im Bereich von für mehrere Länder zuständigen Konzernabteilungen mit zentraler Steuerungs- und Planungsfunktion erfolgen.

Falls diese Ausnahme zutrifft, könnte aber eine Überlassung vorliegen (dies ist nach § 4 AÜG zu prüfen – siehe 35.1) und diesfalls sind insbesondere die §§ 3 Abs. 4, 4, und 6 LSD-BG und das AÜG anzuwenden.

Einhaltung österreichischer Entgeltvorgaben

Die Strafbarkeit eines AG bezieht sich auf die Bezahlung eines unterkollektivvertraglichen Grundlohns (bzw. eines Grundlohns, welcher durch ein Gesetz oder eine VO vorgegeben ist) und wurde in der Folge (ab 1.1.2015) auf das nach dem KV (oder allenfalls einer VO bzw. einem Gesetz) zustehende Entgelt (ausgenommen Leistungen nach § 49 Abs. 3 ASVG wie etwa Kilometergeld, Reisediäten, Abgangsentschädigungen, Beiträge nach dem BMSVG oder Betriebspensionsgesetz) erweitert (§ 3 LSD-BG).

Bei Unterentlohnungen, die durchgehend mehrere Lohnzahlungszeiträume umfassen, liegt eine einzige Verwaltungsübertretung vor (§ 29 Abs. 1 LSD-BG). Im Übrigen wird bei der Strafbarkeit auf die Fälligkeit abgestellt (bei einer Überstundenpauschale ist daher auf das Ende des Beobachtungszeitraums und somit im Regelfall auf ein Jahr abzustellen).

Bei Sonderzahlungen liegt eine Verwaltungsübertretung nur dann vor, wenn die vollständigen Sonderzahlungen nicht bis Ende des jeweiligen Kalenderjahres bezahlt werden (§ 29 Abs. 1 LSD-BG).

Für die Beurteilung der Unterentlohnung sind Überzahlungen nach dem Arbeitsvertrag oder einer BV (auf die kollektivvertraglichen Mindestansprüche bzw. die Mindestansprüche nach einem Gesetz oder einer VO) anrechenbar. Aufwandersätze und Sachbezüge dürfen, soweit der KV nicht anderes vorsieht, bei der Bestimmung des kollektivvertraglichen Entgelts nicht berücksichtigt werden, weil § 3 LSD-BG ausschließlich auf das Entgelt abstellt.

Daraus ergibt sich, dass eine Unterzahlung der durch BV oder Arbeitsvertrag zustehenden Entgeltbestandteile nicht geprüft wird (der Entgeltbegriff nach § 3 LSD-BG ist somit enger als der allgemeine arbeitsrechtliche Entgeltbegriff). Letztlich kommt es nur darauf an, dass der AN jenes Entgelt erhält, welches sich aus Gesetz, VO oder KV ergibt, daher steht die Widmung (abgesehen von Aufwandsentschädigungen) nicht im Vordergrund (*Wiesinger*, Die neue Mindestentgeltkontrolle, 50, LSDB-Richtlinien, Rz 41). Gewährt also der AG freiwillig ein Entgelt, so ist diese Zahlung auf das Mindestentgelt anzurechnen.

Gilt für den entsandten AN ausländisches SV-Recht, ist im Krankheitsfall Entgeltfortzahlung nach dem Recht des Entsendestaates zu leisten (LSDB-Richtlinien, Rz 18).

Montageprivileg

Das Montageprivileg (keine entgeltmäßige Gleichstellung der nach Österreich entsandten AN) ist nach § 3 Abs. 5 LSD-BG auf Anlagen eingeschränkt, die durch den Lieferanten als AG oder durch einen mit diesem in einem Konzern (nach § 115 AktG und § 115 GmbHG) verbundenen AG im Ausland gefertigt wurden, wobei die Montagearbeiten durch AN der vorgenannten AG erfolgen müssen und die Arbeiten nicht länger als drei Monate dauern dürfen. In diesem Rahmen sind Montagearbeiten, die Inbetriebnahme und damit verbundene Schulungen sowie Reparatur- und Servicearbeiten an diesen Anlagen vom Montageprivileg erfasst, wenn diese Tätigkeiten von inländischen AN nicht erbracht werden können.

Die Anwendung des österreichischen Urlaubsanspruchs gilt nicht für einen entsandten AN, der in Österreich mit insgesamt nicht länger als acht Kalendertage dauernden Montagearbeiten beschäftigt wird (§ 4 Abs. 3 LSD-BG).

Haftungsbestimmungen

Der Auftraggeber als Unternehmer haftet für die Entgeltansprüche der aus dem Ausland entsandten AN als Bürge und Zahler (§ 1357 ABGB, § 8 Abs. 1 LSD-BG) und daher als ungeteilter Mitschuldner für die ganze Mitschuld.

Der Generalunternehmer, der einen Auftrag oder einen Teil des Auftrags in gesetzwidriger Weise (insbesondere entgegen den Bestimmungen des Bundesvergabegesetzes) weitergibt, haftet als Bürge und Zahler (§ 10 Abs. 1 LSD-BG) für die aus dem Inlandseinsatz zustehenden Entgeltansprüche. Die Haftung gilt ebenso für Subunternehmer, die Aufträge (bzw. Teile von Aufträgen) in gesetzwidriger Weise weiter geben.

Die neue Auftraggeberhaftung im Baubereich

Für Bauarbeiten ist nunmehr eine Haftung des Auftraggebers als Bürge und Zahler für Mindestentgeltansprüche von entsandten und grenzüberschreitend überlassenen Bauarbeiten seines unmittelbaren Auftragnehmers vorgesehen, soweit solche Ansprüche weder verfallen noch verjährt sind (§ 9 LSD-BG). Diese Haftung erfasst auch private und öffentliche Auftraggeber (nicht nur Unternehmer).

Die von der Haftung erfassten Bauarbeiten sind in § 3 Abs. 6 LSD-BG definiert (insbesondere Bauarbeiten, die der Errichtung, der Instandsetzung, der Instandhaltung, dem Umbau oder dem Abriss von Bauwerken dienen, wobei auch Wartung und Instandhaltung wie Maler- und Reinigungsarbeiten sowie Sanierungen und Installationen von Kraftwerken erfasst sind).

Die Haftung erstreckt sich auch auf die vom Auftragnehmer an die BUAK zu entrichtenden Zuschläge (§ 9 Abs. 10 LSD-BG).

Für Erstauftraggeber ist die Haftung beschränkt. Erstauftraggeber ist jener Auftraggeber, der selbst nicht Auftragnehmer der beauftragten Bauarbeiten ist. Ein Erstauftraggeber in diesem Sinn ist somit ein „Häuslbauer". Der Erstauftraggeber haftet nur dann, wenn er vor der Beauftragung von der Nichtzahlung des Entgelts wusste oder dies auf Grund offensichtlicher Hinweise ernsthaft für möglich halten musste und sich damit abgefunden hat (§ 9 Abs. 1 LSD-BG).

Die Auftraggeberhaftung setzt weiters voraus, dass der AN die BUAK spätestens acht Wochen nach der Fälligkeit des Entgelts über die Nichtzahlung des Entgelts unter Angabe des ausstehenden konkreten Betrages (der weder verfallen noch verjährt ist) und des Lohnzahlungszeitraums und die BUAK den Auftraggeber (nach Beendigung entsprechender Erhebungen) schriftlich darüber unter Angabe eines konkreten Betrags informiert (§ 9 Abs. 2 LSD-BG).

Für die Dauer der Haftung kommt dem Auftraggeber ein Zurückbehaltungsrecht bezüglich des ausstehenden Werklohns zu (§ 9 Abs. 4 LSD-BG).

Die Auftraggeber treffen Auskunftspflichten über die von ihnen beauftragten Unternehmen gegenüber der BUAK (§ 9 Abs. 6 LSD-BG).

Anwendung des österreichischen Urlaubsrechts

Entsandte und grenzüberschreitend überlassene AN haben für die Dauer der Entsendung oder Überlassung zwingend Anspruch auf bezahlten Urlaub nach § 2 UrlG (siehe 27.2), wenn das Urlaubsausmaß nach dem auf das Arbeitsverhältnis anzuwendenden Recht geringer ist (§ 4 Abs. 2 LSD-BG, Ausnahme bei Montagearbeiten bis acht Tage und bei Anwendung der §§ 33d bis 33i BUAG – § 4 Abs. 3 und 5 LSD-BG).

Einhaltung der Arbeitszeit und der Arbeitsruhe

Für entsandte AN gelten unbeschadet des anzuwendenden Rechts zwingend die Höchstarbeits- und Mindestruhezeiten einschließlich der kollektivvertraglich festgelegten Arbeitszeit- und Arbeitsruheregelungen, die am Arbeitsort für vergleichbare AN von vergleichbaren AG gelten (§ 5 LSD-BG).

Meldepflichten

Die Entsendung und Überlassung von AN aus dem EWR und der Schweiz ist zu melden. Die Meldung hat für jede Entsendung oder Überlassung gesondert zu erfolgen. Die Meldung ist vom ausländischen AG vorzunehmen (dies gilt auch bei grenzüberschreitender Überlassung – § 19 Abs. 1 LSD-BG).

Die Entsendung oder Überlassung ist vor der jeweiligen Arbeitsaufnahme an die Zentrale Koordinationsstelle des BMF für die Kontrolle der illegalen Beschäftigung (ZKO) zu melden.

Die Meldung hat automationsunterstützt über die elektronischen Formulare des BMF zu erfolgen. Für mobile AN im Transportbereich ist die Meldung ab der Einreise in das Bundesgebiet (wie auch die Lohnunterlagen) vom AN bereitzuhalten (und daher vom AG dem AN auszuhändigen) oder elektronisch zur Verfügung zu stellen (§ 19 Abs. 2 LSD-BG, zur Meldung bei grenzüberschreitender Überlassung siehe § 19 Abs. 4 LSD-BG).

Bei wiederholten Entsendungen oder Überlassungen in Bezug auf einen inländischen Auftraggeber oder Beschäftiger sind Meldungsvereinfachungen für einen Zeitraum von jeweils bis zu drei Monaten vorgesehen (Rahmenmeldungen nach § 19 Abs. 5 LSD-BG).

Erfasst der grenzüberschreitende Einsatz des AN die Erfüllung von gleichartigen Dienstleistungsverträgen, die mit mehreren Auftraggebern geschlossen wurden, so können in einer Sammelmeldung alle Auftraggeber angeführt werden, sofern die Dienstleistungsverträge in engem örtlichen und zeitlichen Zusammenhang erfüllt werden (Sammelmeldung nach § 19 Abs. 6 LSD-BG).

Bereithaltung von Melde- und SV-Unterlagen

AG mit Sitz in einem anderen EU-/EWR-Staat (als Österreich) oder in der Schweiz haben die Melde- und SV-Unterlagen grundsätzlich immer am Arbeits- bzw. Einsatzort im Inland während des Entsendezeitraums bereitzuhalten (oder diese den Kontrollbehörden unmittelbar vor Ort oder im Zeitpunkt der Erhebung in elektronischer Form zugänglich zu machen).

Der AG ist berechtigt (sofern er zum Zeitpunkt der Erhebung durch Nachweise in deutscher Sprache belegen kann, dass ihm die Erwirkung der Ausstellung dieser Dokumente durch den zuständigen ausländischen SV-Träger vor der Entsendung nicht möglich war), gleichwertige Unterlagen in deutscher Sprache bereitzuhalten (Antrag auf Ausstellung des E 101 oder A 1 und Bestätigung des zuständigen SV-Trägers, dass der AN für die Dauer der Entsendung der ausländischen SV unterliegt). Für mobile AN im Transportbereich sind die erforderlichen Unterlagen bereits ab der Einreise in das Bundesgebiet im Fahrzeug bereitzuhalten oder in elektronischer Form zugänglich zu machen.

Abweichend von diesen Bestimmungen (ausgenommen im Falle mobiler AN im Transportbereich) können nach § 21 Abs. 2 LSD-BG die Melde- und SV-Unterlagen im Inland bereitgehalten werden bei:

- der in der Entsendemeldung genannten Ansprechperson,
- einer im Inland eingetragenen Zweigniederlassung, an welcher der ausländische AG seine Tätigkeit nicht nur gelegentlich ausübt,
- einer inländischen selbständigen Tochtergesellschaft oder der inländischen Muttergesellschaft eines Konzerns nach § 15 AktG oder des § 115 GmbHG und
- einem im Inland niedergelassenen berufsmäßigen Parteienvertreter (z.B. Steuerberater, Rechtsanwalt, Bilanzbuchhalter).

Dies setzt aber voraus, dass die jeweilige vorgenannte Person oder Stelle in der Entsende- bzw. Überlassungsmeldung (ZKO 4 bzw. ZKO 3) angeführt ist.

§ 21 Abs. 3 LSD-BG sieht vor, dass der Beschäftiger für jede überlassene Arbeitskraft die in dieser Bestimmung angeführten Melde- und SV-Unterlagen am Arbeits- bzw. Einsatzort im Inland bereitzuhalten hat oder diese den Abgabebehörden oder der BUAK unmittelbar vor Ort und im Zeitpunkt der Erhebung in elektronischer Form zugänglich macht. Abgesehen davon ist jedoch auch zur Bereithaltung der Lohnunterlagen der vorher dargestellte § 21 Abs. 2 LSD-BG bei grenzüberschreitender Überlassung anwendbar.

Bereithaltung der Lohnunterlagen

Vom AG (bzw. vom inländischen Beschäftiger bei grenzüberschreitender Überlassung) sind die Lohnunterlagen in deutscher Sprache am Arbeitsort bereitzuhalten oder in elektronischer Form bei einer Kontrolle zugänglich zu machen. Die Lohnunterlagen werden wie folgt in § 22 Abs. 1 LSD-BG aufgezählt:

- Arbeitsvertrag oder Dienstzettel,
- Lohnzettel,
- Lohnzahlungsnachweise oder Banküberweisungsbelege,
- Lohnaufzeichnungen,
- Arbeitszeitaufzeichnungen und
- Unterlagen betreffend die Lohneinstufung (zur Überprüfung des während der Entsendung zustehenden Entgelts).

Ausschließlich der Arbeitsvertrag kann auch in englischer Sprache aufliegen.

Die Lohnunterlagen können vor Ort im Zuge der Kontrolle den Kontrollorganen auch in elektronischer Form zugänglich gemacht werden.

Die Bestimmungen (nach § 21 Abs. 2 LSD-BG) über die Bereithaltung der Unterlagen in einer Zweigniederlassung, beim Parteienvertreter etc. sind sinngemäß (ebenso wie bei der Bereithaltung von Melde- und SV-Unterlagen) anzuwenden.

Bei mobilen AN (Transportbereich) sind die Lohnunterlagen ab der Einreise in das Bundesgebiet im Fahrzeug bereitzuhalten (oder in elektronischer Form zugänglich zu machen). Abweichend davon können – sofern dies in der Meldung angeführt ist – die Lohnunterlagen bei einer inländischen Zweigniederlassung oder Konzerntochter bereitgehalten werden (§ 22 Abs. 1 letzter Satz LSD-BG).

Ansprechperson

Die in der ZKO-Meldung zu nennende Ansprechperson, die aus dem Kreis der nach Österreich entsandten AN stammen oder eine in Österreich niedergelassene, zur berufsmäßigen Parteienvertretung befugte Person sein muss, hat die nach den Bestimmungen des LSD-BG erforderlichen Unterlagen bereitzuhalten bzw. als Empfänger Dokumente entgegenzunehmen und Auskünfte zu erteilen (§ 23 LSD-BG).

Verantwortliche Beauftragte

Für die Einhaltung von Verwaltungsvorschriften hat der AG die Möglichkeit, verantwortliche Beauftragte zu bestellen (siehe auch 33.8), die an seiner Stelle verwaltungsstrafrechtlich verantwortlich sind. Wurde ein verantwortlicher Beauftragter rechtswirksam bestellt und der zuständigen Behörde gemeldet, so ist dieser für die Einhaltung der Verwaltungsstrafbestimmungen für einen in der Bestellungsvereinbarung konkret vereinbarten (und abzugrenzenden) Bereich zuständig und strafbar, wenn gegen die entsprechenden Regelungen verstoßen wurde. Die näheren Bestimmungen, vor allem die Voraussetzungen, unter denen die Bestellung wirksam ist, sind in § 9 VStG geregelt.

Nach § 24 LSD-BG wird die Bestellung von verantwortlichen Beauftragten für die Einhaltung des LSD-BG erst rechtswirksam, nachdem

- bei der ZKO durch den AG i.S.d. §§ 3 Abs. 2, 8 Abs. 1 oder 19 Abs. 1 LSD-BG (ausländischer AG, Auftraggeber als Unternehmer, Überlasser mit Sitz in der EU/im EWR oder der Schweiz i.S.d. vorgenannten Bestimmungen), durch einen Beschäftiger (bei Überlassung aus der EU/dem EWR oder der Schweiz) oder durch Überlasser mit Sitz im Ausland, oder

- beim zuständigen Träger der Krankenversicherung durch den AG oder dem Beschäftiger mit einem Sitz im Inland

eine schriftliche Mitteilung über die Bestellung als verantwortlicher Beauftragter samt einem Nachweis der Zustimmung des Bestellten eingelangt ist (das gilt nicht bei der Bestellung von verantwortlichen Beauftragten auf Verlangen der Behörde nach § 9 Abs. 2 VStG).

Ein Widerruf der Bestellung des verantwortlichen Beauftragten ist unverzüglich der Behörde zu melden, bei der die Mitteilung der Bestellung erfolgt ist (§ 24 Abs. 2 LSD-BG). Für Verstöße gegen die Meldepflichten bei verantwortlichen Beauftragten ist ein eigener Verwaltungsstraftatbestand vorgesehen (§ 30 LSD-BG).

Erhebungen zur Kontrolle des Entgelts

Die Finanzpolizei ist berechtigt, Erhebungen durchzuführen, ob ein nicht dem ASVG unterliegender AN das nach Gesetz, VO oder KV in Österreich zustehende Entgelt (unter Beachtung der entsprechenden kollektivvertraglichen Einstufungskriterien) erhält bzw. die sonstigen Vorgaben des LSD-BG eingehalten werden (für Sachverhalte bis 31.12.2014 kann die Einbeziehung der Zuschläge nach dem KV bzw. einer VO oder dem Gesetz nicht geprüft werden).

Im Zuge ihrer Erhebungen kann die Finanzpolizei insbesondere Arbeitsstätten betreten, dort angetroffene Personen befragen und in Unterlagen Einblick nehmen sowie von diesen Abschriften anfertigen (§ 12 Abs. 1 LSD-BG).

Die Finanzpolizei übermittelt die Ergebnisse ihrer Erhebungen an das Kompetenzzentrum Lohn- und Sozialdumpingbekämpfung (LSDB), welches bei der WGKK eingerichtet ist. Dieses kann die Finanzpolizei um die Durchführung weiterer Erhebungen ersuchen oder gleich eine Anzeige bei der zuständigen Bezirksverwaltungsbehörde einbringen (§ 12 Abs. 2 LSD-BG).

Stellt das Kompetenzzentrum LSDB fest, dass der AG dem AN die Differenz zwischen dem tatsächlich geleisteten und dem nach den österreichischen Rechtsvorschriften gebührenden Entgelt binnen einer vom Kompetenzzentrum LSDB festgesetzten Frist nachweislich leistet und die Unterschreitung des zu bezahlenden Entgelt gering ist oder das Verschulden des AG (oder des verantwortlichen Beauftragten) leichte Fahrlässigkeit nicht übersteigt (zur leichten Fahrlässigkeit und zur Bagatellgrenze siehe im Folgenden), so hat es von einer Anzeige an die zuständige Bezirksverwaltungsbehörde abzusehen. Ebenso ist von einer Anzeige abzusehen, wenn der AG dem AN das gebührende Mindestentgelt bereits vor der Mitteilung durch das Kompetenzzentrum LSDB nachweislich leistet und die übrigen Voraussetzungen vorliegen (geringe Unterschreitung und leichte Fahrlässigkeit – § 13 Abs. 6 LSD-BG).

Die Kontrollen bezüglich der dem ASVG unterliegenden AN werden u.a. von den GKK wahrgenommen, denen ebenfalls entsprechende Einsicht- und Vorlagerechte zukommen (§ 14 LSD-BG).

Abgesehen davon ist auch mit Anzeigen (z.B. AK und ÖGB) zu rechnen.

Verjährung, Straftatbestand der Unterentlohnung

Die Frist für die Verfolgungsverjährung (§ 31 Abs. 1 VStG) beträgt drei Jahre ab der Fälligkeit des Entgelts (§ 29 Abs. 4 LSD-BG). Bei Unterentlohnungen, die durchgehend mehrere Lohnzahlungszeiträume umfassen, beginnt die Frist für die Verfolgungsverjährung ab der Fälligkeit des Entgelts für den letzten Lohnzahlungszeitraum der Unterentlohnung (§ 29 Abs. 4 LSD-BG). Die Strafbarkeitsverjährung beträgt fünf Jahre (§ 29 Abs. 4 LSD-BG). Bei Sonderzahlungen beginnen die Verfolgungs- und Strafbarkeitsverjährung ab dem Ende des jeweiligen Kalenderjahres zu laufen (§ 29 Abs. 4 LSD-BG). Die Verjährungsfrist wird auf ein Jahr (Verfolgungsverjährung) bzw. auf drei Jahre (Strafbarkeitsverjährung) verkürzt, wenn der AG die Differenz nachzahlt (§ 29 Abs. 5 LSD-BG).

Die Strafbarkeit ist nicht gegeben, wenn der AG vor einer behördlichen Erhebung der zuständigen Einrichtung die Differenz zwischen dem tatsächlichen und dem dem AN zustehenden Entgelt nachweislich leistet (§ 29 Abs. 2 LSD-BG – tätige Reue). Die tätige Reue liegt auch dann vor, wenn die Nachzahlung nach einer Aufforderung durch eine Interessenvertretung erfolgt (LSDB-Richtlinien 2015, Rz 55).

Weiters ist von einer Bestrafung abzusehen, wenn lediglich leichte Fahrlässigkeit vorliegt oder die Überschreitung als gering anzusehen ist und die Differenz bezahlt wird (§ 29 Abs. 3 LSD-BG). Sind diese Voraussetzungen gegeben, so kann die Strafbarkeit auch entfallen, wenn der Verstoß nicht erstmalig war (LSDB-Richtlinien 2015, Rz 51).

Leichte Fahrlässigkeit liegt vor, wenn der Fehler gelegentlich auch einem sorgfältigen Menschen unterläuft. Dabei ist überdies zu berücksichtigen, dass die Entgeltabrechnung komplex und fehleranfällig sein kann.

Die Bestrafung setzt weiters grundsätzlich die Vorwerfbarkeit voraus. Diese liegt vor, wenn der Täter im Bewusstsein handelt, dass die Tat gegen die Rechtsordnung verstößt.

Im Zusammenhang mit den Ausführungen zum Vorliegen eines nicht vorwerfbaren Irrtums halten die Materialien fest, dass dies auch „für Beratungen von AN durch deren überbetriebliche gesetzliche Interessenvertretung sowie für die Ergebnisse dieser Beratungen wie z.B. Vergleiche" gelten soll (ErlRV 1111 BlgNr 25. GP, 22). D.h., wenn eine Einigung zwischen der Firma und der AK abgeschlossen wird und die vereinbarte Nachzahlung erfolgt, so ist keine Strafbarkeit gegeben.

Überwiegen die Milderungsgründe die Erschwerungsgründe beträchtlich, so kann die Mindeststrafe unterschritten werden (§ 20 VStG). Dazu müssen sowohl der Unrechtsgehalt wie auch die Folgen gering sein (VwGH 3.6.2004, 2002/09/0181).

Rechtsirrtum

Auf einen Rechtsirrtum kann sich der Täter dann nicht berufen, wenn er sich mit den einschlägigen Vorschriften nicht bekannt gemacht hat, obwohl er auf Grund seines Berufes, seiner Beschäftigung oder sonst nach den Umständen dazu verpflichtet gewesen wäre. In diesem Sinn haben sich etwa AG u.a. mit den Vorschriften zum AN-Schutz vertraut zu machen. Kommt der Täter diesen Erkundigungspflichten nach, so handelt er nicht schuldhaft. Angesprochen ist hier in erster Linie die Einholung von Auskünften kompetenter Stellen, näheren – auf vollständigen Sachverhaltsgrundlagen basierenden – Auskünften von in der Sache zuständigen Behörden, aber auch solche anderer kompetenter Institutionen wie z.B. die Träger der Krankenversicherung oder die Kammern. Nicht hinreichend sind grundsätzlich Auskünfte unzuständiger Behörden bzw. berufsmäßiger Parteienvertreter. Als nicht vorwerfbar erachtet der VwGH die Rechtsunkenntnis ferner, wenn der Beschuldigte sein Verhalten an der höchstgerichtlichen Rechtsprechung oder (wenn eine solche fehlt) an der Vollzugspraxis der Behörden orientiert (*Wessely* in *Raschauer/Wessely*, Kommentar zum VStG, § 5 Rz 18 ff.).

10%ige Bagatellgrenze?

Wie bereits ausgeführt, ist von einer Bestrafung abzusehen, wenn die Unterschreitung des maßgeblichen Entgelts gering ist und die Differenz auf das zustehende Entgelt innerhalb einer von der Behörde gesetzten Frist nachgezahlt wird.

Im eingangs erwähnten Erlass (LSD-Richtlinien 2015) wird eine Unterschreitung des Entgelts von höchstens 10 % als „gering" eingestuft (Rz 52). Demnach wäre bei Unterschreitungen bis 10 % und Nachzahlung mangels Strafbarkeit keine Strafanzeige einzubringen.

Ein Erlass bindet aber nicht den VwGH und dieser hat in zwei Entscheidungen verdeutlicht, dass er offenbar auch in diesem Bereich eine restriktive Sicht zum Nachteil der AG einnimmt. So wurde etwa entschieden, dass bei einer Unterentlohnung über 17 Monate von 1,1 % nicht mehr von einer „geringen" Unterschreitung ausgegangen werden kann (VwGH 23.9.2014, RO 2014/11/0083, 23.10.2014, RO 2014/11/0071). Ebenso wurde im Jahre 2015 ausgeführt, dass eine Unterschreitung von 5 % nicht gering sei (VwGH 10.6.2015, 2013/11/0121).

Vorläufige Sicherheitsleistung und Zahlungsstopp

Wenn die Strafverfolgung unmöglich oder wesentlich erschwert ist (also vor allem gegenüber ausländischen AG), sind die Abgabenbehörden ermächtigt, eine vorläufige Sicherheit bis zum Maximum der angedrohten Strafe einzuheben (§ 33 LSD-BG).

Weiters können die Kontrollbehörden sofort und direkt dem (österreichischen) Auftraggeber (bei einer Überlassung dem Beschäftiger) schriftlich einen Zahlungsstopp auftragen (§ 34 LSD-BG). D.h. die Zahlungen an den Auftraggeber sind bis zum Höchstausmaß der möglichen Strafe einzustellen. Die vorläufige Sicherheit bzw. der Zahlungsstopp sind auch bei einem Verstoß gegen Melde- und Bereithaltepflichten bei einer Überlassung zulässig.

Verwaltungsstrafevidenz und Vergabe von öffentlichen Aufträgen

Das Kompetenzzentrum LSDB hat eine Evidenz über rechtskräftige Bescheide und Erkenntnisse im Verwaltungsstrafverfahren nach den §§ 26 (Verstöße gegen Melde- und Bereithaltepflichten), 27 (Vereitelungshandlungen bei der Lohnkontrolle), 28 (Nichtbereithalten der Lohnunterlagen), 29 Abs. 1 (Unterentlohnung), 31 (Untersagung der Dienstleistung) und 34 (Zahlungsstopp, Sicherheitsleistung) zu führen (§ 35 Abs. 1 LSD-BG). Das Kompetenzzentrum LSDB hat Daten eines Strafverfahrens fünf Jahre nach Eintritt der Rechtskraft des jeweiligen Bescheides oder Erkenntnisses zu löschen (nach drei Jahren bei Verfahren nach § 31 LSD-BG – § 35 Abs. 3 LSD-BG).

Das Kompetenzzentrum LSDB hat im § 35 Abs. 4 LSD-BG genannten Stellen (z.B. Bezirksverwaltungsbehörde, Landesverwaltungsgerichte, BUAK, GKK) Auskünfte zu erteilen. Auskunftspflichten bestehen auch gegenüber öffentlichen Auftraggebern oder Sektorenauftraggebern (§ 35 Abs. 5 LSD-BG).

Der Auftraggeber hat Unternehmen von der Teilnahme am Vergabeverfahren auszuschließen, wenn u.a. im Rahmen der beruflichen Tätigkeit eine schwere Verfehlung gegen arbeits- und sozialrechtliche Bestimmungen vorliegt (§ 68 Abs. 1 Bundesvergabegesetz).

Zur Prüfung der Frage, ob die genannten Verfehlungen vorliegen, ist u.a. eine Auskunft aus der Verwaltungsstrafevidenz des Kompetenzzentrums LSDB zu allfälligen rechtskräftigen (und nicht nach § 35 Abs. 3 LSD-BG getilgten) Verwaltungsstrafen nach den vorgenannten Bestimmungen zur Lohn- und Sozialdumpingbekämpfung einzuholen (§ 71 Abs. 2 Bundesvergabegesetz).

Bei mehr als zwei Vergehen innerhalb von zwölf Monaten sind diese Anbieter bei öffentlichen Ausschreibungen grundsätzlich ausgeschlossen (zur Verwaltungsstrafevidenz nach dem AuslBG siehe 18.15).

Information des AN

Die zuständige GKK hat den AN über eine sein Arbeitsverhältnis betreffende Anzeige bezüglich Unterentlohnung zu informieren (§ 14 Abs. 3 LSD-BG). Diese Information wird in der Praxis zur Folge haben, dass der AN prüfen lassen wird, ob von ihm Nachzahlungen begehrt werden können.

Keine Anwendbarkeit des LSD-BG auf Privatpersonen

Ausgehend vom Sinn der Bestimmungen zum Lohn- und Sozialdumping (Wahrung der Wettbewerbsfähigkeit von Unternehmen), der sich auf die betriebliche Ebene bezieht, geht das LVwG Niederösterreich (30.9.2014, LVwG-BN-13-0116, ARD 6448/7/2015, *Rauch*, Arbeitsrecht 2016, 27 f.) zu Recht davon aus, dass die Strafbestimmung des § 7i Abs. 3 AVRAG (i.d.F. BGBl. I 2011/24 – Vorenthaltung des Grundlohns) nicht auf Privatpersonen anwendbar ist. Die mit 1.1.2015 und 1.1.2017 in Kraft getretenen Änderungen zu den Bestimmungen zum Lohn- und Sozialdumping ändern m.E. nichts an diesem zutreffenden Ergebnis.

36.5 Bildungskarenz und andere Freistellungsformen gemäß AVRAG

Wenn das Arbeitsverhältnis sechs Monate gedauert hat, kann zwischen AN und AG eine Bildungskarenz gegen Entfall des Entgelts für die Dauer von mindestens zwei Monaten bis zu einem Jahr vereinbart werden. Eine neuerliche Bildungskarenz kann frühestens vier Jahre ab dem Antritt der letzten Bildungskarenz vereinbart werden (§ 11 Abs. 1 AVRAG).

Bei der Berechnung der Betriebszugehörigkeitsdauer wird die Zeit der Bildungskarenz nicht mitberücksichtigt. Arbeitsrechtliche Ansprüche, die von der Dauer der Betriebszugehörigkeit des AN abhängig sind, wie etwa auf Entgeltfortzahlung bei Krankenstand, Urlaub, Dauer der Kündigungsfrist und Abfertigung, sind daher ohne Berücksichtigung der Zeit der Bildungsfreistellung zu ermitteln.

Ebenso steht für die Dauer der Bildungsfreistellung kein Sonderzahlungsanspruch zu. Fällt daher in den Berechnungszeitraum teilweise eine Bildungskarenz, so kann eine entsprechende Kürzung der Sonderzahlungen vorgenommen werden. Da der Gesetzgeber von „sonstigen, insbesondere einmaligen Bezügen" spricht, können neben den Sonderzahlungen auch andere einmalige Bezüge von dieser Regelung (§ 11 Abs. 2 AVRAG) erfasst sein (Leistungsprämien, Tantiemen, Bilanzremunerationen etc.).

Auch bezüglich des Urlaubsanspruches kann eine entsprechende Kürzung vorgenommen werden, soferne in das Urlaubsjahr Bildungskarenz fällt.

Wird das Arbeitsverhältnis während einer Bildungskarenz beendet, ist bei der Berechnung einer **Abfertigung** oder einer **Ersatzleistung** das für den letzten Monat vor Antritt der Bildungskarenz gebührende Entgelt zu Grunde zu legen.

Ein einklagbarer Anspruch auf Bildungskarenz besteht nicht. Dies ergibt sich schon aus der Formulierung nach § 11 Abs. 1 AVRAG, wonach die Bildungskarenz zwischen dem AN und dem AG vereinbart werden kann. Gegenteilige Meinungen übersehen offenkundig, dass ein Gesetz primär nach seinem Wortsinn auszulegen ist (§ 6 ABGB).

Bei Anwartschaftserfüllung und nachgewiesener Teilnahme an einer geeigneten Weiterbildungsmaßnahme erhält der karenzierte AN ein **Weiterbildungsgeld** gemäß § 26 AlVG. Der Antrag auf Weiterbildungsgeld ist bei dem nach dem Wohnsitz zuständigen AMS zu stellen. Die Höhe des Weiterbildungsgeldes entspricht dem fiktiven Arbeitslosengeld (Details siehe *Ercher/Saurugger*, Neuerungen zur Bildungskarenz, ASoK 2008, 11 ff.). Das Weiterbildungsgeld kann auch von freien AN (auf die das AVRAG nicht anwendbar ist) bezogen werden (VfGH 4.3.2011, B 340/10). Ein Nebenverdienst ist während des Bezugs von Weiterbildungsgeld nur bis zur Geringfügigkeitsgrenze (siehe 14.8.2.1) zulässig.

Bildungskarenz und einvernehmliche Auflösung des Arbeitsverhältnisses

Es ist zulässig zu vereinbaren, dass das Arbeitsverhältnis mit dem Ende der Bildungskarenz einvernehmlich aufgelöst wird, weil dies nicht den Intentionen der Bildungskarenz widerspricht (OGH 25.2.2016, 9 Ob A 9/16 p, *Rauch*, Arbeitsrecht 2017, 93 f.).

Bildungsteilzeit

Die (im § 11a AVRG geregelte) Bildungsteilzeit soll Weiterbildung auch neben einer Teilzeitbeschäftigung ermöglichen.

Die Vereinbarung der Bildungsteilzeit setzt voraus, dass das Arbeitsverhältnis bereits ununterbrochen sechs Monate gedauert hat. Die Bildungsteilzeit muss schriftlich vereinbart werden und hat neben dem Beginn und der Dauer der Bildungsteilzeit auch das Ausmaß und die Lage der Arbeitszeit zu enthalten. Die Bildungsteilzeit darf vier Monate nicht unter- und zwei Jahre nicht überschreiten. Die Arbeitszeit muss um mindestens ¼ und darf höchstens um die Hälfte der bisherigen Normalarbeitszeit reduziert werden. Die wöchentliche Arbeitszeit während der Bildungsteilzeit darf zehn Stunden nicht unterschreiten.

Die betrieblichen Interessen und die Interessen des AN müssen in der Vereinbarung berücksichtigt werden. Falls ein BR vorhanden ist, ist dieser auf Verlangen des AN den Verhandlungen beizuziehen. Der AG kann jedoch nicht gezwungen werden, eine solche Vereinbarung abzuschließen.

Eine neuerliche Bildungsteilzeit kann frühestens nach dem Ablauf von vier Jahren ab dem Antritt der letzten Bildungsteilzeit (Rahmenfrist) vereinbart werden. Die Bildungsteilzeit kann auch in Teilen vereinbart werden, wobei ein Teil mindestens vier Monate dauern muss und die Gesamtdauer der einzelnen Teile innerhalb der Rahmenfrist zwei Jahre nicht überschreiten darf.

Berechnungsbasis für die Abfertigung alt und die Urlaubsersatzleistung ist das letzte Monatsentgelt vor Antritt der Bildungsteilzeit. Sonderzahlungen sind entsprechend zu aliquotieren (§ 11a Abs. 4 AVRAG).

AN, die eine solche Bildungsteilzeit konsumieren, erhalten für deren Dauer ein Bildungsteilzeitgeld vom AMS. Das Bildungsteilzeitgeld beträgt für jede volle Arbeitsstunde, um welche die wöchentliche Normalarbeitszeit verringert wird, € 0,76 täglich, d.h. beispielsweise bei einer Arbeitszeitreduktion von 19 Wochenstunden knapp € 440,– im Monat. Voraussetzung ist die Teilnahme an einer Weiterbildungsmaßnahme im Ausmaß von mindestens zehn Wochenstunden (§ 26a AlVG).

Die gleichzeitige Vereinbarung einer Bildungskarenz und einer einvernehmlichen Auflösung zum Ende der Bildungskarenz ist zulässig (OLG Wien 18.11.2014, 9 Ra 86/14 d, ARD 6488/8/2016, *Rauch*, Arbeitsrecht 2016, 86).

Pflegekarenz (§ 14c AVRAG) und Pflegeteilzeit (§ 14d AVRAG)

Die Pflegekarenz bzw. Pflegeteilzeit, die mit 1.1.2014 in Kraft treten soll, soll pflegende und betreuende AN unterstützen. Zur Vermeidung unzumutbarer Härten für den AG kann aber die Pflegekarenz bzw. Pflegeteilzeit vom AN nicht einseitig angetreten werden, sondern bedarf jedenfalls der Zustimmung des AG.

Im Einzelnen ist Folgendes vorgesehen:

Wenn das Arbeitsverhältnis mindestens 3 Monate ununterbrochen gedauert hat, kann zwischen AG und AN eine Pflegekarenz oder eine Pflegeteilzeit für 1 bis 3 Monate schriftlich vereinbart werden (unter Angabe von Beginn, Dauer, Ausmaß und Lage der Arbeitszeit im Fall der Pflegeteilzeit).

Die Pflegekarenz bzw. Pflegeteilzeit kann nur zur Pflege und bzw. oder Betreuung von nahen Angehörigen vereinbart werden, denen zum Zeitpunkt des Antritts der Pflegekarenz bzw. Pflegeteilzeit Pflegegeld ab der Pflegestufe 3 mit Bescheid zuerkannt wurde. Für die Pflege bzw. Betreuung von nachweislich demenziell erkrankten oder minderjährigen nahen Angehörigen genügt die Zuerkennung von Pflegegeld der Stufe 1. Nahe Angehörige sind der Ehepartner und dessen Kinder, die Eltern, Großeltern, Adoptiv- und Pflegeeltern, Kinder, Enkelkinder, Stiefkinder, Adoptiv- und Pflegekinder, Lebensgefährten und deren Kinder, eingetragene Partner und deren Kinder sowie Geschwister, Schwiegereltern und Schwiegerkinder.

Für ein und dieselbe zu pflegende Person kann die Pflegekarenz bzw. Pflegeteilzeit nur einmal vereinbart werden. Eine neuerliche Vereinbarung wäre nur dann zulässig, wenn eine wesentliche Verschlechterung des Gesundheitszustandes der zu pflegenden oder betreuenden Person eintritt, wobei die Erhöhung des Pflegegeldes um mindestens eine Stufe erforderlich ist und spätestens zum Antritt der neuerlichen Pflegekarenz bzw. Pflegeteilzeit durch Bescheid zuerkannt sein muss.

Bei Pflegeteilzeit muss die wöchentliche Normalarbeitszeit mindestens 10 Stunden betragen. Eine nachträgliche Änderung des Ausmaßes der ursprünglichen Pflegeteilzeit ist unzulässig. Auch die Absprache eines Stufenplans (z.B. erster Monat 10 Stunden pro Woche und zweiter Monat 20 Stunden pro Woche) ist nicht gestattet.

Eine Kündigung, die (nach der Auffassung des AN) wegen einer beabsichtigten oder tatsächlich beanspruchten Pflegekarenz oder Pflegeteilzeit erfolgt sein soll, kann vom AN mittels Klage angefochten werden (Motivkündigungsschutz). Anstelle der Fortsetzung des Arbeitsverhältnisses kann der AN, der das verpönte Kündigungsmotiv behauptet, bis zum Ende der Kündigungsfrist eine Kündigungsentschädigung auf der Grundlage des Entgelts der ursprünglichen Normalarbeitszeit begehren.

Für den Fall der Auflösung des Arbeitsverhältnisses während der Pflegekarenz oder Pflegeteilzeit soll sich diese nicht mindernd auf die Berechnung der Ansprüche für die Abfertigung alt sowie der Ersatzleistung auswirken (die Berechnung dieser Ansprüche hat daher auf der Grundlage des für den letzten Monat vor Antritt der Pflegekarenz bzw. Pflegeteilzeit gebührenden Entgelts zu erfolgen). Auch im BMSVG wird normiert, dass der AN für die Zeiten der Pflegekarenz einen Abfertigungsanspruch erwirbt (die Beitragsleistung erfolgt durch den Bund nach § 7 Abs. 6b BMSVG) bzw. ist bei Pflegeteilzeit der Beitrag des AG auf der Grundlage der Arbeitszeit vor der Herabsetzung der Normalarbeitszeit zu bemessen (§ 6 Abs. 4 BMSVG).

Für die Dauer der Pflegekarenz bzw. Pflegeteilzeit gebührt ein Pflegekarenzgeld, wenn der AN im laufenden Arbeitsverhältnis vollversichert tätig war (§ 21c BPGG). Die Höhe des Pflegegeldes richtet sich nach dem Arbeitslosengeld.

Eine Abgrenzung zur bereits bestehenden Betreuungsfreistellung nach § 14 Abs. 2 Z 2 AVRAG (siehe im Folgenden) wird weder im Gesetz noch in den Erläuternden Bemerkungen angesprochen. Möglicherweise überblickt der Gesetzgeber die zahlreichen von ihm geschaffenen Freistellungsformen nicht mehr.

Freistellung gegen Entfall des Arbeitsentgeltes (§ 12 AVRAG)

Eine Freistellung gegen Entfall des Arbeitsentgeltes für die Dauer von mindestens sechs Monaten bis zu einem Jahr, für die eine Förderung aus Mitteln der Arbeitslosenversicherung oder des AMS in Anspruch genommen wird, ist zwischen AG und AN zu vereinbaren. Im Übrigen gelten die Bestimmungen des § 11 Abs. 2 bis 4 AVRAG, daher ist auf die Ausführung zur Bildungskarenz zu verweisen.

Bei dieser Freistellung besteht ebenso wie bei der Bildungskarenz zu Gunsten des karenzierten AN ein Anspruch auf ein Weiterbildungsgeld nach den §§ 26, 26a AlVG zu, wenn der AG einen Arbeitslosen als Ersatzarbeitskraft einstellt, der zuvor Arbeitslosengeld oder Notstandshilfe bezogen hat, und dieser Arbeitslose nicht nur geringfügig beschäftigt wird.

Solidaritätsprämien (§ 13 AVRAG)

Die Bedingungen für eine Herabsetzung der Normalarbeitszeit für Betriebe oder Betriebsteile unter gleichzeitiger Einstellung von Ersatzarbeitskräften durch den AG können in einem KV oder, falls ein KV keine Regelung trifft oder nicht zur Anwendung kommt, in einer Betriebsvereinbarung festgelegt werden. Im Rahmen dieses Modells soll für den Bereich des frei gewordenen Arbeitsvolumens eine bzw. mehrere Ersatzarbeitskräfte, die bisher Arbeitslosengeld oder Notstandshilfe bezogen haben, eingestellt werden. Eine Ersatzarbeitskraft könnte auch ein Lehrling aus einer überbetrieblichen Ausbildungseinrichtung sein. Dieses Modell erfordert daher, dass zwei oder mehrere AN mit der Summe der Arbeitszeit, auf die sie verzichtet haben, die Aufnahme einer Ersatzarbeitskraft ermöglichen. Förderungen sind nach § 37a AMSG möglich.

Auch dieses Modell ist nur auf Grundlage einer Vereinbarung zwischen AN und AG durchführbar. Zunächst sollten jedoch die Möglichkeiten einer Förderung mit dem AMS abgeklärt werden.

Herabsetzung der Normalarbeitszeit für ältere AN (§ 14 AVRAG)

Dem AN, der die sozialversicherungsrechtlichen Voraussetzungen für die Inanspruchnahme einer Gleitpension (§ 253c ASVG) erfüllt, ist in Betrieben mit mehr als zehn Beschäftigten auf sein Verlangen die Herabsetzung der Normalarbeitszeit auf ein im § 253c ASVG genanntes Ausmaß zu gewähren (§ 14 Abs. 1 AVRAG). Da die Gleitpension im Zuge der Pensionsreform 2004 entfallen ist, ist m.E. der § 14 Abs. 1 AVRAG nicht mehr anwendbar.

Weiters kann zwischen dem AG und dem AN,

- der das 50. Lebensjahr vollendet hat, oder
- mit nicht nur vorübergehenden Betreuungspflichten von nahen Angehörigen im Sinne der Bestimmungen über die Pflegefreistellung (§ 16 Abs. 1 letzter Satz UrlG; siehe 28.), die sich aus der familiären Beistandspflicht ergeben, auch wenn kein gemeinsamer Haushalt gegeben ist,

die Herabsetzung der Normalarbeitszeit vereinbart werden (§ 14 Abs. 2 Z 2 AVRAG).

Frühestens zwei Monate, längstens jedoch vier Monate nach Wegfall einer solchen Betreuungspflicht kann der AN die Rückkehr zu seiner ursprünglichen Normalarbeitszeit verlangen (§ 14 Abs. 2 Z 3 AVRAG).

Hat die Herabsetzung der Normalarbeitszeit zum Zeitpunkt der Beendigung des Arbeitsverhältnisses weniger als zwei Jahre gedauert, so ist bei der Berechnung der Abfertigung die frühere Arbeitszeit des AN vor dem In-Kraft-Treten der Vereinbarung zu Grunde zu legen. Hat die Herabsetzung der Normalarbeitszeit zum Zeitpunkt der Auflösung des Arbeitsverhältnisses hingegen länger als zwei Jahre gedauert, so ist bei der Berechnung der Abfertigung vom Durchschnitt der während der für die Abfertigung maßgeblichen Dienstjahre geleisteten Arbeitszeit auszugehen (§ 14 Abs. 2 Z 4 AVRAG).

Nach Auffassung des OGH kann diese Regelung auch bei Pflichten zur Betreuung von Kleinkindern angewendet werden. Wenn etwa eine AN eine Teilzeitvereinbarung zur Betreuung ihres Kindes trifft und die Voraussetzungen für die Elternteilzeit nicht erfüllt sind (siehe 25.6.10), so kann sie nach § 14 Abs. 4 AVRAG die begünstigte Berechnung der Abfertigung alt beanspruchen (OGH 12.7.2006, 9 Ob A 38/06 p, 12.7.2006, 9 Ob A 60/06 y, ZAS 2007, 126 f mit Kommentar *Rauch*).

Die Wiedereingliederungsteilzeit

Die Bestimmungen zur Wiedereingliederungsteilzeit (§ 13a AVRAG) soll Menschen in einem aufrechten Arbeitsverhältnis, die für einen längeren Zeitraum erkrankt sind, durch ein arbeits- und sozialversicherungsrechtliches Modell die Möglichkeit bieten, schrittweise in das Erwerbsleben zurückzukehren.

Ausgehend von einer zunächst reduzierten Arbeitszeit sollen erkrankte AN – auch begleitend durch ein Case Management (§ 1 Arbeit-und-Gesundheit-Gesetz – AGG) und auf Basis eines individuellen Wiedereingliederungsplanes – behutsam und schrittweise wieder vollständig an ihre Arbeitsfähigkeit vor dem längeren Krankenstand herangeführt werden.

Nach einem mindestens sechswöchigen ununterbrochenen Krankenstand sollen AG und AN (unter Einbindung von fit2work) die Möglichkeit haben, eine Wiedereingliederungsteilzeit für die Dauer von bis zu maximal sechs Monaten zu vereinbaren. Eine einmalige einvernehmliche Verlängerung um drei Monate ist möglich. Diese Vereinbarung ist für beide Arbeitsvertragsparteien freiwillig und daher kann der AG die allenfalls von einem AN gewünschte Wiedereingliederungsteilzeit ohne Begründung ablehnen (zum Motivkündigungsschutz siehe im Folgenden). Für die Dauer der Wiedereingliederung erhält der AN neben dem entsprechend der Arbeitszeitreduktion aliquot zustehenden Entgelt aus der Teilzeitbeschäftigung ein Wiedereingliederungsgeld aus Mitteln der Krankenversicherung.

AN können nach einem Krankenstand, der seit mindestens sechs Wochen durchgehend andauert, mit dem AG eine schriftliche Herabsetzung der wöchentlichen Normalarbeitszeit um mindestens 1/4 und höchstens die Hälfte vereinbaren, sofern das Arbeitsverhältnis mindestens drei Monate gedauert hat (§ 13a Abs. 1 AVRAG).

Die wöchentliche Normalarbeitszeit darf zwölf Stunden nicht unterschreiten und das Teilzeitentgelt muss über der monatlichen Geringfügigkeitsgrenze liegen.

Die erwähnte Reduktion der Arbeitszeit um 25 bis 50 % bezieht sich auf die Gesamtdauer der Wiedereingliederungsteilzeit. Es ist daher möglich, die Wiedereingliederungsteilzeit zunächst im Ausmaß von weniger als 50 % zu beginnen, wenn die Arbeitszeitreduktion während der gesamten Wiedereingliederungsteilzeit im Durchschnitt zwischen 50 und 75 % beträgt (wie bereits angesprochen jedoch mindestens zwölf Stunden und über der Geringfügigkeitsgrenze, § 13a Abs. 1 AVRAG).

Der AN muss ab Beginn der Wiedereingliederungsteilzeit arbeitsfähig sein und eine diesbezügliche Bestätigung vorlegen. Weiters müssen AG und AN über die Wiedereingliederungsteilzeit beraten worden sein und einen Wiedereingliederungsplan vereinbart haben (§ 13a Abs. 1 Z 1 AVRAG, § 1 Abs. 2 AGG).

Während der Wiedereingliederungsteilzeit darf der AG weder Mehrarbeit noch eine Änderung der vereinbarten Lage der Arbeitszeit anordnen (§ 13a Abs. 3 AVRAG). Nachträgliche einvernehmliche Änderungen der Teilzeitbeschäftigung zwischen AG und AN dürfen höchstens zweimal erfolgen (§ 13a Abs. 4 AVRAG). Während der Wiedereingliederungsteilzeit hat der AN Anspruch auf das der reduzierten Arbeitszeit entsprechende aliquote Entgelt.

Wird die wöchentliche Normalarbeitszeit während der Wiedereingliederungsteilzeit abweichend von der grundsätzlich in § 13a Abs. 1 AVRAG vorgesehenen zeitlichen Lagerung festgelegt (z.B. zu Beginn geringere wöchentliche Arbeitszeit, in weiterer Folge höheres wöchentliches Stundenausmaß), ist das Entgelt gleichmäßig, bezogen auf die Gesamtdauer der Wiedereingliederungsteilzeit im durchschnittlich vereinbarten Arbeitszeitausmaß, zu leisten. Eine Rückforderung dieses Entgelts auf Grund einer vorzeitigen Beendigung der Wiedereingliederungsteilzeit ist nicht zulässig (§ 13a Abs. 6 AVRAG). Daher ist dem AG von einem solchen

Stufenmodell abzuraten (dies insbesondere auch deswegen, weil für die Kündigung des AN oder einen vorzeitigen Austritt aus gesundheitlichen Gründen keine Ausnahme vorgesehen ist).

Wiedereingliederungsplan und Wiedereingliederungsgeld

Für die Wiedereingliederungsteilzeit ist im Rahmen des fit2work-Case-Management ein Wiedereingliederungsplan zu erstellen (§ 13a Abs. 1 Z. 2 AVRAG, § 1 Abs. 2, 2. Satz AGG). Dieser ist vom chef- und kontrollärztlichen Dienst der zuständigen GKK zu bewilligen. Die Bewilligung darf nur erteilt werden, wenn die Wiedereingliederungsteilzeit medizinisch zweckmäßig ist (§ 143d Abs. 1 ASVG). Eine ausdrückliche Zustimmung durch fit2work ist nicht erforderlich.

Der Wiedereingliederungsplan hat Beginn, Dauer, Ausmaß und Lage der Teilzeitbeschäftigung zu umfassen, wobei für die Verteilung der Arbeitszeit geringe Abweichungen von der Vereinbarung möglich sind (weitere Details siehe § 13a Abs. 2 AVRAG).

Die Beratung durch fit2work kann entfallen, wenn AN und AG sowie ein Arbeitsmediziner oder das Arbeitsmedizinische Zentrum der Wiedereingliederungsvereinbarung nachweislich zustimmen.

Für die Dauer der Wiedereingliederungsteilzeit steht dem AN ein Wiedereingliederungsgeld in der Höhe des erhöhten Krankengelds (§ 141 Abs. 2 ASVG – 60 % der Bemessungsgrundlage) zu, wobei die Arbeitszeitreduktion aliquot zu berücksichtigen ist (§ 143d Abs. 3 ASVG). Ist also eine wöchentliche Normalarbeitszeit von 50 % – im Vergleich zur bisherigen Normalarbeitszeit – vereinbart, so gebühren 50 % des errechneten Wiedereingliederungsgeldes; bei einer wöchentlichen Normalarbeitszeit von 75 % gebühren 25 % des Wiedereingliederungsgeldes usw. Wird die Vereinbarung über die wöchentliche Normalarbeitszeit während der Wiedereingliederungsteilzeit abgeändert, ist die Höhe des gebührenden Wiedereingliederungsgeldes entsprechend anzupassen.

Ein neuerlicher Anspruch auf Wiedereingliederungsgeld kann erst nach dem Ablauf von 18 Monaten ab dem Ende der Wiedereingliederungsteilzeit entstehen (§ 143d Abs. 5 ASVG).

Tritt während der Wiedereingliederungsteilzeit ein Versicherungsfall der Arbeitsunfähigkeit infolge Krankheit ein, gebührt das Wiedereingliederungsgeld in unveränderter Höhe weiter, solange ein Anspruch auf Weiterleistung von 50 % der vollen Geld- und Sachbezüge besteht. Danach gebührt das Wiedereingliederungsgeld in Höhe des erhöhten Krankengeldes (§ 143d Abs. 4 ASVG).

Entziehen von Wiedereingliederungsgeld

Das Wiedereingliederungsgeld ist dem AN zu entziehen, wenn er die in der Wiedereingliederungsvereinbarung festgelegte Arbeitszeit in einem dem Zweck der

Wiedereingliederungsteilzeit widersprechenden Ausmaß überschreitet. Dies ist auf der Grundlage des Wiedereingliederungsplans zu prüfen.

Weiters ist die Leistung zu entziehen, wenn dem AN während der Wiedereingliederungsteilzeit Rehabilitationsgeld oder eine Eigenpension aus der gesetzlichen Pensionsversicherung zuerkannt wird (§ 99 Abs. 1a ASVG).

Anrechnung von Zeiten der Wiedereingliederung

Durch eine Wiedereingliederungsteilzeit tritt kein Entfall anrechenbarer Zeiten bei der Inanspruchnahme folgender Leistungen ein:

- Bemessungsgrundlage für die Abfertigung neu, welche sich anhand des vor der Wiedereingliederungsteilzeit zustehenden Entgelt bemisst (§ 6 Abs. 4 BMS-VG – der AG hat also 1,53 % des vollen Entgelts weiter abzuführen);
- Zeiträume des Bezugs von Wiedereingliederungsgeld bleiben bei der Bemessung des Arbeitslosengelds außer Betracht und verringern daher nicht dessen Bemessungsgrundlage (§ 21 Abs. 2a AlVG);
- für einen späteren Bezug von Bildungsteilzeitgeld werden Zeiträume der Wiedereingliederung wie die bisherige Normalarbeitszeit gewertet (§ 26a Abs. 6 AlVG);
- für die Inanspruchnahme von Altersteilzeit oder eine Teilpension wirkt sich die Wiedereingliederungsteilzeit nicht negativ aus (§ 27 Abs. 2, 2a AlVG).

Arbeitsrechtliche Anmerkungen

Bei Inanspruchnahme der Wiedereingliederungsteilzeit muss der AN arbeitsfähig sein. Da sich die Arbeitsfähigkeit auf die Einsetzbarkeit für die bisherigen arbeitsvertraglichen Aufgaben bezieht, ist im Rahmen der Wiedereingliederungsteilzeit keine Einschränkung des Tätigkeitsbereiches, sondern ausschließlich der Anzahl der Arbeitsstunden der bisherigen wöchentlichen Arbeitszeit vorgesehen. Es geht also nicht darum, dass der AN mit einer reduzierten Stundenanzahl und mit einem eingeschränkten Aufgabenbereich die Arbeit wieder aufnimmt. Aus der Erklärung des Arztes, dass der AN arbeitsfähig ist, ergibt sich, dass die volle Einsetzbarkeit des AN gewährleistet ist. Es handelt sich also nicht um eine Teilarbeitsfähigkeit.

Motivkündigungsschutz

Falls nun eine Kündigung ausgesprochen wird, weil der AN beabsichtigt eine dieser Freistellungsformen in Anspruch zu nehmen oder eine solche in Anspruch genommen hat, so kann die Kündigung bei Gericht angefochten werden (§ 15 Abs. 1 AVRAG; siehe 41.8.3).

Hospiz-Karenz (§§ 14a ff AVRAG)

siehe 41.7.5.

36.6 Sonstige Regelungen im AVRAG

In sehr unsystematischer Weise enthält das AVRAG diverse Regelungen zu unterschiedlichsten Bereichen. Hervorzuheben sind:

- Zur Pflicht des AG, einen Dienstzettel auszustellen oder einen schriftlichen Arbeitsvertrag abzuschließen: siehe 12. und 13. (§ 2 AVRAG).
- Zum Nichteinbezug von Vorteilen aus Mitarbeiterbeteiligungen in die Bemessungsgrundlage für Entgeltfortzahlungsansprüche und Beendigungsansprüche: siehe 20.11 und 29.5 (§ 2 a AVRAG).
- Zum Motivkündigungsschutz von AN, die bei ernster und unmittelbarer Gefahr den Gefahrenbereich verlassen bzw. geeignete Abwehrmaßnahmen ergreifen und deswegen nach § 8 AVRAG gekündigt oder entlassen werden: siehe 41.8.3.
- Zum Motivkündigungsschutz von Sicherheitsvertrauenspersonen und AN, die als Arbeitsmediziner oder als deren Fach- oder Hilfspersonal nach § 9 AVRAG beschäftigt sind: siehe 41.8.3.
- Zur Einführung und Verwendung von Kontrollmaßnahmen und technischen Systemen, welche die Menschenwürde nach § 10 ArbVG (§ 96 Abs. 1 Z 3 ArbVG) berühren: siehe 53 – „Betriebsvereinbarungen über zustimmungspflichtige Maßnahmen".
- Zur Hospiz-Karenz (§§ 14a ff. AVRAG) siehe 41.7.5.
- Zur Kündigungsanfechtung in Kleinstbetrieben (§ 15 Abs. 3–6 AVRAG) siehe 40.2.

Kapitel IV

37. Einseitige Willenserklärungen (Kündigung, Entlassung, vorzeitiger Austritt)

37.1 Zugang einseitiger Willenserklärungen

Arbeitsverhältnisse werden durch einseitige Willenserklärungen (Kündigung, Entlassung, vorzeitiger Austritt) oder durch eine Vereinbarung (einvernehmliche Lösung) aufgelöst. Einseitige Willenserklärungen entfalten ihre Rechtswirkungen, wenn sie dem anderen Vertragsteil zugehen (**empfangsbedürftige Willenserklärung**). Mit dem Zugang einer Kündigungserklärung beginnt daher die Kündigungsfrist zu laufen. Bei nicht fristgebundenen empfangsbedürftigen Willenserklärungen (wie dem vorzeitigen Austritt bzw. der Entlassung) wird das Arbeitsverhältnis mit dem Zugang sofort beendet.

Die bloße Abmeldung von der GKK kann ein Arbeitsverhältnis nicht beenden (OGH 9 Ob A 84/91 w, 9 Ob A 198/01 h – siehe auch 32.).

Wird eine einseitige Willenserklärung mündlich ausgesprochen, so gilt sie als sofort zugegangen. Falls die Übermittlung der einseitigen Willenserklärung durch einen eingeschriebenen Brief erfolgt, so treten die Rechtswirkungen erst dann ein, wenn beim Erklärungsempfänger der Zugang erfolgt ist oder die einseitige Willenserklärung zumindest in den Machtbereich des Erklärungsempfängers gelangt ist. Wesentlich ist daher nicht das Datum des Poststempels, sondern das Datum der Zustellung.

Da der Zugang der Erklärung maßgebend ist, sind insofern verschiedene missbräuchliche Manipulationsmöglichkeiten gegeben (z.B. Wohnsitzwechsel ohne Bekanntgabe an den AG, keine Abholung hinterlegter Poststücke, planmäßige Abwesenheiten vom Wohnsitz).

Im Folgenden werden jene Grundsätze dargestellt, die die Judikatur zur Einengung missbräuchlicher Manipulationen entwickelt hat. Diese Grundsätze beruhen auf der Auffassung, dass niemand aus seinem eigenen rechtswidrigen Verhalten Vorteile ziehen können soll (OLG Wien 153/04 z = ARD 5600/3/2005).

Als zugegangen ist eine Erklärung anzusehen, wenn sie derart in den Machtbereich des (richtigen) Adressaten gelangt ist, dass er sich unter normalen Umständen von ihrem Inhalt Kenntnis verschaffen kann. Es ist nicht erforderlich, dass sich der Empfänger wirklich Kenntnis verschafft, weil es sonst in seinem Belieben stünde, das Wirksamwerden einer Erklärung zu verhindern (SZ 57/181 = JBl 1986; OGH 9 Ob 259/88 und 8 Ob A 254/94).

Falls nun der AN, der über eine bevorstehende Kündigung bzw. Entlassung bereits informiert ist, Maßnahmen ergreift, um die Zustellung zu verhindern bzw. zu verzögern, so gilt das entsprechende Schreiben als trotzdem zugegangen. Eine unerwartete Abwesenheit oder das Unterlassen der Abholung eines Poststücks beim zuständigen Postamt ist daher auf Grund der von der Rechtsprechung vorgesehenen **Zugangsfiktion** nicht geeignet, eine Verzögerung der Auflösung zu bewirken (OGH 9 Ob A 8/96, 9 Ob A 106/97 x, 9 Ob A 124/97 v, 9 Ob A 114/99 a).

Darüber hinaus hat der AN einen **Wohnsitzwechsel** dem AG unverzüglich zu melden. Falls die Zustellung einseitiger Willenserklärungen an der Unterlassung dieser Meldung scheitern sollte, so ist ebenfalls von der Fiktion eines erfolgten Zugangs auszugehen (OGH 4 Ob 25/84, 9 Ob A 78/97 d).

Bei Abwesenheit des AN von seinem Wohnort kommt es für den wirksamen Zugang von Lösungserklärungen des AG in die persönliche Sphäre des AN darauf an, ob der AG von dieser Abwesenheit wusste oder eine solche annehmen musste. Konnte der AG jedoch ohne Zweifel davon ausgehen, dass sich der AN regelmäßig an seinem Wohnsitz aufhält, regelmäßig den Briefkasten entleert und somit das Kündigungsschreiben rechtzeitig erhält, und war er nicht in Kenntnis davon, dass der AN in diesen Tagen krankheitsbedingt das Bett hüten musste, fällt ihm der Umstand, dass der AN tatsächlich erst einige Tage später das Kündigungsschreiben beim Postamt behoben hat, nicht zur Last (OGH 9 Ob A 73/95). In diesem Fall galt daher die Kündigung mit dem Beginn der Abholungsmöglichkeit beim Postamt als zugestellt.

Andererseits geht die Judikatur jedoch davon aus, dass im Fall eines **Spitalsaufenthaltes** (oder auch etwa einer behördlichen Anhaltung) der Anstaltsleitung die Funktion eines „verlängerten Armes der Post" zukommt. Eine einseitige Willenserklärung gilt daher noch nicht mit der Übergabe von der Post an die Anstaltsleitung als zugestellt. Erst wenn die Übergabe an den Patienten erfolgt (oder eine Deponierung auf dem Nachtkästchen bzw. in einem hierfür bestimmten Postfach), kann von einer Zustellung ausgegangen werden. Vor diesem Zeitpunkt hat der Empfänger keine Möglichkeit, in irgendeiner Form auf das Schicksal der Postzustellung Einfluss zu nehmen (OGH 9 Ob A 55/95).

Es wird daher empfohlen in jenen Fällen, wo dem AG bekannt ist, dass sich der AN im Spital oder etwa in einem **Gefängnis** befindet, möglichst eine Kündigung bzw. eine Entlassung sowohl an die zuletzt bekannt gegebene Adresse des Wohnsitzes wie auch an das Spital bzw. das Gefängnis eingeschrieben zu übermitteln (oder allenfalls die Kündigung oder Entlassung anlässlich eines Besuches vor Zeugen persönlich auszusprechen).

Zur Kündigung während des Urlaubs siehe 41.1.3.

Einschlägige Judikatur

- *In Lehre und Rechtsprechung ist anerkannt, dass dann, wenn der Empfänger den Zugang einer Erklärung absichtlich bzw. wider Treu und Glauben verhindert (z.B. indem er sich der Zustellung entzieht), der Zugang der Erklärung zu fingieren und sie in jenem Zeitpunkt als wirksam anzusehen ist, in dem sie dem Empfänger unter gewöhnlichen Umständen zugegangen wäre (Arb 8.198; OGH 9 Ob A 8/96). Auf eben diesem Grund-*

37. Einseitige Willenserklärungen (Kündigung, Entlassung, vorzeitiger Austritt)

satz beruhen auch jene Entscheidungen, in denen der (rechtzeitige) Zugang von Erklärungen mit der Begründung fingiert wurde, der Empfänger habe die Zugangserschwerung oder -vereitelung deshalb zu vertreten, weil er Maßnahmen unterlassen habe, zu deren Vornahme er nach dem Inhalt des im Einzelfall gegebenen Rechtsverhältnisses verpflichtet gewesen wäre (OGH 4 Ob 25/84), nach denen der AN, der seinen Wohnsitzwechsel dem AG nicht gemeldet hatte, eine an die letzte bekannt gegebene Adresse gerichtete Kündigungs-(Entlassungs-)erklärung gegen sich gelten lassen muss (OGH 9 Ob A 78/97 d).

- *Die Zugangsfiktion setzt voraus, dass das rechtzeitige Zugehen der Kündigungserklärung des AG vom AN wider Treu und Glauben verhindert wird. Die Verpflichtung für die Möglichkeit des Zugangs von rechtsgeschäftlichen Erklärungen vorzusorgen, ist umso stärker zu gewichten, je eher mit der Möglichkeit des Einlangens solcher Erklärungen zu rechnen ist. Der AN darf nicht durch ein den üblichen Gepflogenheiten widersprechendes Verhalten den Zugang der Kündigung verhindern (OGH 9 Ob A 106/97 x, 9 Ob A 114/99 a).*

- *Ist ein AN der Aufforderung, „in das Büro zu kommen", wider Treu und Glauben absichtlich nicht nachgekommen, gilt die Kündigung des AG dem AN in dem Zeitpunkt als zugegangen, in dem er die Aufforderung zur Kenntnis genommen hat, wenn sich der AN absichtlich der Empfangnahme einer Auflösungserklärung entzogen hat (OLG Wien 10 Ra 120/00 s = ARD 5184/14/2001).*

- *Hätte ein AN erstmals um 8 Uhr in der Früh eines Tages die Möglichkeit gehabt, das Schreiben des AG beim Hinterlegungspostamt abzuholen und hat er sich stattdessen bereits um 5 Uhr dieses Tages auf eine Auslandsreise begeben, hat er dadurch zwar eine positive Kenntnis des Inhalts des Schreibens verhindert, den Zugang jedoch nicht ungeschehen machen können (OGH 9 Ob A 144/02 w).*

37.2 Auslegung einseitiger Willenserklärungen

Eine Auflösungserklärung ist so zu beurteilen, wie sie der Empfänger nach ihrem Wortlaut und dem Geschäftszweck bei objektiver Betrachtungsweise verstehen konnte; auf eine davon abweichende subjektive Auffassung des Erklärenden kommt es nicht an. Ob eine Erklärung eines AN oder eines AG als Beendigungserklärung aufzufassen bzw. welcher Erklärungswert ihr beizumessen ist, kann immer nur anhand der Umstände des jeweiligen Einzelfalles beurteilt werden.

Hat beispielsweise ein AN bereits an den Vortagen mehrfach – offenbar aus Unmut über aufgetragene Arbeiten – erklärt, das Arbeitsverhältnis beenden zu wollen, und ist er dennoch am nächsten Tag wieder zur Arbeit erschienen, so konnte der AG eine neuerliche Beendigungserklärung nicht als endgültige Auflösungserklärung verstehen (OGH 8 Ob A 61/04 k = ARD 5632/8/2005).

Insbesondere können bloße Ankündigungen nicht bereits als Auflösungserklärungen ausgelegt werden; so kann etwa die Äußerung „Wenn sich hier nicht bald etwas ändert, kündige ich" nicht als Kündigung, sondern als bloße (rechtlich bedeutungslose) Ankündigung, in der Zukunft (möglicherweise) eine Kündigung auszusprechen, verstanden werden. Es muss zweifelsfrei und bestimmt erkennbar sein, dass mit einer bestimmten Erklärung das Arbeitsverhältnis beendet werden soll (OGH

9 Ob A 220/00 v = infas 2/2001, A 13 – zur Entlassungserklärung siehe 42.1, zur Erklärung des vorzeitigen Austritts 44. und 44.4).

Gibt der AN eine unklare mündliche Erklärung ab, so sollte er vom AG veranlasst werden, eine schriftliche Erklärung vorzulegen, die zu prüfen wäre, ob sie als zweifelsfreie Beendigungserklärung verstanden werden kann.

37.3 Formvorschriften bei einseitigen Willenserklärungen

Als privatrechtliche Willenserklärung ist eine Auflösungserklärung an keine bestimmte Form gebunden. Sie kann deshalb mündlich, schriftlich oder schlüssig (§ 863 ABGB) erfolgen. Eine schlüssige Auflösungserklärung kann nur dann angenommen werden, wenn ein Verhalten absolut zweifelsfrei als Beendigungserklärung zu verstehen ist (z.B. wenn der AN seine Arbeitspapiere per sofort verlangt und die Schlüssel für das Geschäftslokal zurückgibt – siehe 32. und 44.4). Das bloße Fernbleiben des AN vom Arbeitsplatz kann keinesfalls als schlüssige Auflösungserklärung gedeutet werden, weil das Fernbleiben nicht ohne jeden Zweifel den Beendigungswillen belegt (zu schlüssigen Kündigungserklärungen siehe auch 41.).

Bei der Auflösung von Lehrverhältnissen sind auch bei volljährigen Lehrlingen Formvorschriften zu beachten (siehe 52.). Formvorschriften (Schriftform), insbesondere für Kündigungserklärungen, können in KV enthalten sein.

38. Zeitliche Aspekte bei der Beendigung des Arbeitsverhältnisses
38.1 Anrechenbare Zeiten für den Abfertigungsanspruch

Falls ein AN mit Beginn des Jahres die Arbeit aufnehmen soll, so kann der 2.1. (falls dieser ein Arbeitstag ist) als Beginn des Arbeitsverhältnisses im Arbeitsvertrag vorgesehen werden, da der 1.1. ein arbeitsfreier Feiertag ist (§ 7 Abs. 2 ARG).

Dies bewirkt, dass für den Feiertag kein Entgelt zu bezahlen ist und der spätere Beginn beim Abfertigungsanspruch (Abfertigung alt) zu berücksichtigen ist. Bei der für den Abfertigungsanspruch maßgeblichen Zeit ist nämlich zu beachten, dass der 1.1. als Beginn des Arbeitsverhältnisses zur Folge hat, dass bis zum 31.12. desselben Jahres ein volles Arbeitsjahr zurückgelegt wird. Wird das Arbeitsverhältnis zum 31.12. des dritten Arbeitsjahres vom AG gekündigt, so ist bereits ein Abfertigungsanspruch (alt) entstanden (dies betrifft jene Arbeitsverhältnisse, die spätestens am 31.12.2002 begonnen haben – OGH 9 Ob A 268/97, 9 Ob A 9/98).

Dazu ein Beispiel:

Als Arbeitsbeginn wird der 1.1.2000 vereinbart, die Kündigung wird vom AG zum 31.12.2010 ausgesprochen. Es ist von einem zehnjährigen Arbeitsverhältnis und daher von einem Abfertigungsanspruch im Ausmaß von vier Monatsentgelten auszugehen. Der AG hätte daher (wenn die Zahlung einer Abfertigung von vier statt drei Monatsentgelten vermieden werden soll) zu einem früheren Termin kündigen müssen.

38.2 Erreichung eines neuen Arbeitsjahres während der Kündigungsfrist

Falls der AG sich entschließt, einen AN in der nächsten Zeit zu kündigen, so sind bezüglich des Ausspruchs der Kündigung gewisse zeitliche Aspekte zu beachten. Wird die Kündigung ausgesprochen und erreicht der AN während der Kündigungsfrist ein neues Arbeitsjahr, so bewirkt dies einen „Abfertigungssprung" (fünf Dienstjahre – drei Monatsentgelte, zehn Dienstjahre – vier Monatsentgelte etc.) – sofern das Arbeitsverhältnis nicht der Abfertigung neu unterliegt (siehe 45.6).

In Betrieben mit BR ist weiters zu berücksichtigen, dass vor Ausspruch der Kündigung der BR zu verständigen ist und die Kündigung erst nach dem Ablauf von einer Woche ab der Verständigung des BR-Vorsitzenden oder dessen Stellvertreters ausgesprochen werden darf (siehe 41.1.1).

Wenn Eile geboten ist, kann die Kündigung auch durch einen bevollmächtigten AN oder telefonisch erfolgen. Zu beachten ist jedoch, dass die Beweisbarkeit des Zeitpunkts des Kündigungsausspruchs gesichert werden sollte (siehe 41.).

Es ist daher zu empfehlen, nach dem Entschluss, ein Arbeitsverhältnis zu beenden, möglichst rasch zu prüfen, ob wegen der baldigen Erreichung eines neuen Arbeitsjahres der Ausspruch der Kündigung unverzüglich zu erfolgen hat, oder etwa auch längere Gespräche wegen einer einvernehmlichen Lösung geführt werden können.

39. Pensionierung und „automatische" Beendigung des Arbeitsverhältnisses

Zur Kündigung einer Frau zum Regelpensionsalter und Diskriminierung nach dem Geschlecht siehe 39.2.

Zur Sozialwidrigkeit einer Kündigung wegen Pensionierung siehe 41.8.4.1.

Wie schon zuvor erwähnt, kann das Arbeitsverhältnis durch eine Erklärung (Kündigung, Entlassung und vorzeitiger Austritt) oder eine Einigung zwischen AG und AN beendet werden (einvernehmliche Auflösung).

Eine „automatische" Beendigung des Arbeitsverhältnisses kommt nur in bestimmten Ausnahmefällen in Frage: etwa beim Tod des AN oder in bestimmten Fällen bei **Lehrverhältnissen** (z.B. Ablegung der Lehrabschlussprüfung – siehe 52. Beendigung des Lehrvertrages). Weiters endet ein Arbeitsverhältnis eines Arbeiters, wenn der Gewerbebetrieb endgültig eingestellt und dies den Arbeitern eindeutig zur Kenntnis gebracht wurde (OGH 9 Ob A 56/97 v). In diesem Fall ist jedoch der AG verpflichtet, den Arbeiter für den Entgang der Kündigungsfrist schadlos zu halten (§ 83 Abs. 2 GewO 1859).

Bei der Umwandlung eines Arbeitsvertrages in einen anderen Vertragstyp (z.B. Vorstandsvertrag – siehe 17.) tritt (entsprechend § 1377 ABGB) eine Beendigung ein (OGH 8 Ob A 92/01 i, 8 Ob A 47/05 b). Koppelungsklauseln, bei denen mit dem Widerruf der Bestellung zum Vorstand automatisch auch der Anstellungsvertrag erlischt, sind nur ausnahmsweise als sittenwidrig anzusehen (OGH 3 Ob 251/07 v) und somit grundsätzlich rechtswirksam.

Die Pensionierung des AN beendet jedoch nicht das Arbeitsverhältnis. Falls also ein AN etwa bekannt gibt, dass er beabsichtigt, mit Ende des Jahres in „Pension" zu gehen, so hat diese Mitteilung keinerlei arbeitsrechtliche Folgen (falls sie nicht bereits als AN-Kündigung zu werten ist; siehe dazu im Folgenden). Insbesondere ist der AG nicht verpflichtet, irgendwelche Schritte einzuleiten. Die Bekanntgabe der Absicht, einen **Pensionsantrag** zu stellen, bedeutet, dass der AN voraussichtlich ab einem bestimmten Zeitpunkt die Arbeit einstellen will. Wenn aber der AN die Arbeit nicht mehr fortsetzen will, so ist es seine Angelegenheit, entsprechende arbeitsrechtliche Schritte zu setzen. Der AN müsste daher etwa eine einvernehmliche Lösung des Arbeitsverhältnisses mit dem AG abschließen oder eine Kündigung aussprechen, um nach Ablauf der Kündigungsfrist die Pension anzutreten. Kommt es weder zu einer einvernehmlichen Lösung noch zu einer Kündigung und hat lediglich der AN eindeutig erklärt, dass er „in Pension geht" und daher die Arbeit ab einem bestimmten Zeitpunkt einstellen wird, so wird diese Erklärung als Kündigung des AN anzusehen sein (zur Versetzung in den Ruhestand – siehe 39.1).

Hinsichtlich der Art der Beendigung des Arbeitsverhältnisses ist jedoch unbedingt zu beachten, dass die verschiedenen Beendigungsarten erhebliche Unterschiede bezüglich der Ansprüche des AN (insbesondere Abfertigungsanspruch) bewirken. Unter bestimmten Voraussetzungen erhält der AN auch dann eine **Abfertigung**, wenn er wegen seiner bevorstehenden Pensionierung oder Erreichung einer bestimmten Altersgrenze selber kündigt. Dies ist der Fall, wenn das Arbeitsverhältnis mindestens zehn Jahre gedauert hat (§ 23a AngG; siehe 45.),

- und der AN die Altersgrenze von 65 (Männer) oder 60 (Frauen) bereits überschritten hat (diesfalls ist keine Pensionierung für den Abfertigungsanspruch erforderlich),
- oder die Kündigung vom AN
  - wegen Inanspruchnahme der vorzeitigen Alterspension bei langer Versicherungsdauer aus einer gesetzlichen Pensionsversicherung oder
  - wegen Inanspruchnahme einer Gleitpension aus einer gesetzlichen Pensionsversicherung ausgesprochen wird.

Falls jedoch der AN wegen geminderter Arbeitsfähigkeit pensioniert wird (Pension aus einem Versicherungsfall der geminderten Arbeitsfähigkeit oder vorzeitige Alterspension wegen geminderter Arbeitsfähigkeit), so hat er auch dann einen Abfertigungsanspruch, wenn das von ihm durch AN-Kündigung beendete Arbeitsverhältnis mindestens drei Jahre gedauert hat (also ist in diesen Fällen für den Abfertigungsanspruch keine zehnjährige Mindestdauer des Arbeitsverhältnisses erforderlich).

39. Pensionierung und „automatische" Beendigung des Arbeitsverhältnisses

39.1 Gesuch des AN um Kündigung des AG

Der Umstand, dass der Abfertigungsanspruch (Abfertigung alt) bei Selbstkündigung in wichtigen Fällen (wie etwa bei Pensionierung wegen langer Versicherungsdauer) die zehnjährige Dauer des Arbeitsverhältnisses voraussetzt, führt dazu, dass in der Praxis der AN oftmals keine Abfertigung zu erhalten hat, wenn er anlässlich der bevorstehenden Pensionierung kündigt.

In Kenntnis dieser Rechtslage wird oftmals der AG vom AN ersucht (nachdem der AN eine Rechtsberatung in Anspruch genommen hat), das Arbeitsverhältnis durch AG-Kündigung oder durch einvernehmliche Lösung zu beenden.

Dazu ein Beispiel:
Ein AN ist seit acht Jahren bei seinem AG beschäftigt und gibt bekannt, dass er mit Beginn des folgenden Kalenderjahres „wahrscheinlich in Pension gehe", da er „genug Monate" habe. Daraus ergibt sich, dass die zehnjährige Dauer des Arbeitsverhältnisses für den Anspruch auf Abfertigung bei Selbstkündigung wegen Inanspruchnahme der vorzeitigen Alterspension bei langer Versicherungsdauer nicht vorliegt. Nach dieser Bekanntgabe bittet der AN den AG, er möge ihn zum Ende des Jahres kündigen. Der AG nimmt diesen Vorschlag an und kündigt. Der AN hat daher einen Abfertigungsanspruch im Ausmaß von drei Monatsentgelten. Hätte der AG die Kündigung verweigert, so hätte der AN selbst kündigen müssen und keinen Abfertigungsanspruch gehabt.

Der AG sollte daher auch bei der Pensionierung des AN das Gesuch, er möge eine Kündigung aussprechen oder das Arbeitsverhältnis einvernehmlich lösen, zunächst im Hinblick auf die Rechtslage entsprechend prüfen.

Auch dann, wenn auf Grund der Dauer des Arbeitsverhältnisses, jedenfalls auch bei Selbstkündigung des AN, ein Abfertigungsanspruch gegeben ist, erweist sich die AG-Kündigung oder die einvernehmliche Lösung auf Grund der **Fälligkeitsbestimmungen** als Nachteil. Die **Abfertigung bei Selbstkündigung** des AN (in den vorerwähnten Fällen) kann ab dem auf das Ende des Arbeitsverhältnisses folgenden Monatsersten in gleichen monatlichen Teilbeträgen bezahlt werden, wobei eine Rate zumindest ein halbes Monatsentgelt betragen muss. In allen anderen Fällen wird die Abfertigung im Ausmaß von drei Monatsentgelten mit dem Ende des Arbeitsverhältnisses fällig. Der Rest kann vom vierten Monat ab der Auflösung des Arbeitsverhältnisses in monatlichen im Voraus zahlbaren Teilbeträgen (jeweils mindestens ein Monatsentgelt) bezahlt werden (siehe 45.3).

Weiters sollte der AG bedenken, dass eine von ihm ausgesprochene (in einem KV, einer Betriebsvereinbarung oder einem Arbeitsvertrag vorgesehene) einseitige **„Versetzung in den Ruhestand"** in der Regel als Kündigung des AG zu qualifizieren ist (OGH 8 Ob A 279/94, 9 Ob A 110/95, 9 Ob A 106/97 x, 9 Ob A 94/01 s = ARD 5294/11/2002). Wird eine solche Erklärung kurz vor dem Antritt der Pension abgegeben, so wird außerdem von einer fristwidrigen AG-Kündigung und daher von einem Anspruch auf Kündigungsentschädigung auszugehen sein. Falls es sich um ein Mitglied des BR handelt, wäre überdies die Zustimmung des Gerichts zur Kündigung des AG erforderlich (OGH 9 Ob A 94/01 s).

Wird eine AN im Alter von 61 Jahren vom AG „in den Ruhestand versetzt", so liegt eine wegen Sozialwidrigkeit anfechtbare Kündigung vor (siehe 41.8.4). Beträgt der Pensionsbezug 53% des letzten Aktivbezugs, so führt die Einkommensminderung um 47% zur Sozialwidrigkeit der Kündigung (OGH 9 Ob A 61/07 x).

Einschlägige Judikatur

- *Hat ein AN gegenüber dem AG erklärt, zu einem konkret angeführten Zeitpunkt in Pension gehen zu wollen, hat er damit deutlich zum Ausdruck gebracht, das Arbeitsverhältnis zu diesem Termin beenden zu wollen. Da es bezüglich Kündigungen keine Formvorschriften gibt, ist die Tatsache, dass der AN die Kündigung nicht schriftlich erklärt hat, bedeutungslos. Allein ausschlaggebend ist, dass Willensübereinstimmung zwischen den Parteien des Arbeitsverhältnisses darüber vorgelegen ist, dass der AN zu dem genannten Zeitpunkt in Pension gehen und somit das Arbeitsverhältnis mit dem Tag vor Pensionsantritt beendet wird. Da der AG dem AN ausdrücklich erklärt hat, dass dieser das Arbeitsverhältnis selbst kündigen muss, verbietet sich die Annahme einer einvernehmlichen Auflösung des Arbeitsverhältnisses und es liegt eine Kündigung des Arbeitsverhältnisses durch den AN vor (ASG Wien, 4 Cga 175/99 d = ARD 5169/2/2000).*

39.2 Beendigung des Arbeitsverhältnisses einer Frau wegen Pensionierung und Diskriminierung nach dem Geschlecht

Nach dem Bundesverfassungsgesetz über unterschiedliche Altersgrenzen von männlichen und weiblichen Sozialversicherten vom 29.12.1992 (BGBl. 1992/832) ist ab 1.1.2019 für weibliche Versicherte die Altersgrenze für die vorzeitige Alterspension jährlich bis 2028 mit 1. Jänner um je sechs Monate zu erhöhen. Für die Regelpension gilt Folgendes:

Beginnend mit 1.1.2024 ist für weibliche Versicherte die Altersgrenze für die Alterspension jährlich bis 2033 mit 1.1. um sechs Monate zu erhöhen.

Nach der derzeitigen Rechtslage sieht der § 253 Abs. 1 ASVG vor, dass die Versicherten nach Vollendung des Regelpensionsalters, das 65 für Männer und das 60 Jahre für Frauen beträgt, Anspruch auf Alterspension haben, wenn die Wartezeit nach § 236 ASVG erfüllt ist.

Im Fall einer AG-Kündigung zum möglichen Pensionsantritt ist Folgendes zu beachten:

Das Erreichen des Regelpensionsalters schließt die Sozialwidrigkeit nicht generell aus. Bewirkt ein Pensionsantritt im Anschluss an die angefochtene Kündigung, dass erhebliche Verluste bei der Höhe der Pension eintreten, so ist trotz des möglichen Pensionsantritts eine Sozialwidrigkeit anzunehmen (siehe 41.8.4.1).

Unabhängig davon kann mittels Anfechtung nach dem GlBG (siehe 4.) die Frage aufgeworfen werden, ob die Kündigung einer Frau zum Regelpensionsalter eine

Diskriminierung nach dem Geschlecht darstellt. Mit einem diesbezüglichen österreichischen Fall hatte sich der EuGH zu beschäftigen:

Eine bei der PVA tätige Ärztin wurde entsprechend den kollektivvertraglichen Bestimmungen in den Ruhestand versetzt, weil sie das Regelpensionsalter erreicht hat. Daraufhin hat sie die Kündigung angefochten. Der OGH hat die entscheidenden Fragen dem EuGH zur Vorabentscheidung vorgelegt (EuGH 18.11.2010, C-356/09, *PVA gg. Kleist*). Der EuGH hat unter anderem darauf verwiesen, dass eine allgemeine Kündigungspolitik, wonach eine AN nur aus dem Grund gekündigt wird, weil sie das Alter erreicht oder überschritten hat, indem sie Anspruch auf eine Altersrente erwirbt und dieses Alter nach den nationalen Rechtsvorschriften für Männer und Frauen unterschiedlich ist, eine verbotene Diskriminierung auf Grund des Geschlechts darstellt (Verstoß gegen die Richtlinie 76/207/EWG). Weiters ist dazu festzustellen, dass eine unmittelbare Diskriminierung vorliegt, wenn eine Person auf Grund ihres Geschlechts in einer vergleichbaren Situation eine weniger günstige Behandlung als eine andere Person erfährt, erfahren hat oder erfahren würde. In einem weiteren Fall wurde das Arbeitsverhältnis zum 60. Geburtstag befristet und soll auch dies nach der Meinung des EuGH eine Diskriminierung darstellen (EuGH 12.9.2013, C-614/11 *Kuso*, PV-Info 11/2013, 23).

Zu klären war weiters, ob sich ein Rechtfertigungsgrund aus den Zielen des Gesetzgebers, die mit dem unterschiedlichen Pensionsalter für Männer und Frauen erzielt werden sollen, ergeben. Der österreichische Gesetzgeber hat mit dieser Differenzierung einen Ausgleich für die gesellschaftliche, familiäre und ökonomische Benachteiligung von Frauen bezweckt. Dazu wurde festgehalten, dass es sich (wie bereits ausgeführt) um eine unmittelbare Diskriminierung handelt und nur mittelbare Schlechterstellungen der Einstufung als unzulässige Diskriminierungen entgehen können, wenn sie durch ein rechtmäßiges Ziel sachlich gerechtfertigt und die Mittel zur Erreichung dieses Ziels angemessen und erforderlich sind. Demnach verstößt die Kündigung einer Frau, die mit dem Erreichen des Regelpensionsalters bzw. einen sich daraus ergebenden Anspruch auf eine Alterspension begründet wird, gegen das Gleichbehandlungsrecht und ergibt sich daraus die Rechtsunwirksamkeit dieser Kündigung.

Für die österreichische Praxis bedeutet dies, dass Kündigungen, die mit dem Anspruch auf eine Alterspension einer Frau begründet werden, die das 60. Lebensjahr vollendet hat (aber noch nicht 65 ist), erfolgreich nach dem GlBG angefochten werden können (OGH 28.2.2011, 9 Ob A 124/10 s). Damit können Frauen, die das Regelpensionsalter erreicht haben, einen Doppelbezug von Aktivgehalt und ASVG-Pension zwischen 60 und 65 lukrieren, während Männer diese Möglichkeit erst nach der Vollendung des 65. Lebensjahres haben.

Auf die Frage der Sozialwidrigkeit einer Kündigung hat die gegenständliche Entscheidung des EuGH m.E. keine Auswirkungen. Wird die Kündigung einer Frau, die das 60. Lebensjahr vollendet hat, wegen Sozialwidrigkeit angefochten, so ist diese Frage nach der bisherigen Judikatur zu entscheiden (siehe 41.8.4.1 – *Rauch*, Arbeitsrecht 2011, 57 f.).

Eine einvernehmliche Auflösung mit einer Frau vor dem vollendeten 65. Lebensjahr stellt keine Diskriminierung dar, wenn weder eine auf Frauen bezogene Einsparungspolitik noch eine Druckausübung festzustellen ist (OGH 29.8.2011, 9 Ob A 63/11 x).

40. Einschränkungen des Kündigungsrechts des AG

40.1 Überblick zum besonderen Kündigungsschutz

Auf folgende AN ist ein besonderer Kündigungsschutz anzuwenden:

- Schwangere und Mütter, auf die das MSchG, sowie Väter, auf die der Kündigungsschutz des VKG anzuwenden ist, weil sie Karenzurlaub oder Elternteilzeit in Anspruch nehmen;
- Präsenz- und Zivildiener, die dem Kündigungsschutz des APSG unterliegen;
- Mitglieder des BR (sowie auch Wahlvorstände und andere), Jugendvertrauensräte und Behindertenvertrauenspersonen, die den Bestandsschutz des ArbVG genießen,
- begünstigte Behinderte nach § 2 BEinstG und
- AN, die Hospiz-Karenz in Anspruch nehmen.

Die genannten AN dürfen nur mit Zustimmung des Arbeitsgerichtes gekündigt werden. Behinderte dürfen nur mit Zustimmung des Behindertenausschusses beim jeweils zuständigen BSA gekündigt werden.

Weiters ist zu beachten, dass die Kündigung eines Lehrlings nach dem BAG nicht möglich ist und die Kündigung auf Grund eines Betriebsüberganges im Sinne des § 3 AVRAG nach Auffassung der Rechtsprechung (OGH 8 Ob A 91/97 h, 9 Ob A 240/98 d etc.) rechtsunwirksam ist (siehe 36.2.3).

Weitere Einschränkungen ergeben sich aus dem so genannten **Frühwarnsystem** (§ 45a AMFG) bei Kündigung von mindestens 5 AN innerhalb von 30 Tagen (siehe 41.3).

Zu den Details siehe 41.7 ff.

Einschlägige Judikatur

- *Nach völlig einhelliger Rechtsprechung hat der AN im Falle einer unwirksamen Auflösung des Arbeitsverhältnisses wegen eines bestehenden besonderen Kündigungs- und Entlassungsschutzes ein **Wahlrecht**: Er kann die Unwirksamkeit der Auflösung geltend machen, kann aber auch die unwirksame Beendigung gegen sich gelten lassen und die für diesen Fall gebührende Kündigungsentschädigung verlangen (OGH 9 Ob A 139/01 h, so auch OGH 9 Ob A 40/92 = ARD 4374/8/92, 8 Ob A 297/99 f = ARD 5125/3/2000).*

40.2 Überblick zum allgemeinen Kündigungsschutz

Der AN kann die Kündigung anfechten, falls diese auf einem verpönten Motiv beruht (§ 105 Abs. 3 Z 1 ArbVG, § 9 Abs. 2 AVRAG, GlBG – siehe 4.). In Betrieben mit BR kann die Anfechtung, die im Wege einer Klage zu erfolgen hat, auch auf Wunsch des AN durch den BR vorgenommen werden. Dies erfordert weiters, dass der BR der beabsichtigten Kündigung (von der er fünf Arbeitstage vor dem Ausspruch zu verständigen ist) widersprochen hat.

Ein verpöntes Motiv liegt insbesondere dann vor, wenn die Kündigung auf Grund des Engagements des AN für die Gewerkschaft oder für die Wahl eines BR (bzw. seiner Mitwirkung an der Wahl) oder seiner Tätigkeit als Sicherheitsvertrauensperson etc. erfolgt. Ein verpöntes Motiv für eine Kündigung liegt auch dann vor, wenn der AN offenbar nicht unberechtigte Ansprüche geltend macht, die der AG in Frage stellt. Falls nun der AN eine Kündigung wegen eines von ihm behaupteten verpönten Motivs anficht, so muss er im Zuge des Gerichtsverfahrens dieses Motiv glaubhaft machen. Falls der AG ein anderes (nicht verpöntes) Motiv glaubhaft macht, sind beide Motive danach abzuwägen, welches die größere Wahrscheinlichkeit hat (§ 105 Abs. 5 ArbVG, zu den Details siehe 41.8.3).

Die Kündigung eines älteren AN ist grundsätzlich zulässig und daher ist die „Kündigungsfreiheit" insofern nicht eingeschränkt. Falls der AN meint, die Kündigung durch den AG sei sozialwidrig, so kann er (innerhalb einer Woche ab Ausspruch der Kündigung) eine **Kündigungsanfechtungsklage** beim Arbeitsgericht einbringen. Die **Sozialwidrigkeit** (i.S. des § 105 Abs. 3 Z 2 ArbVG) liegt vor, wenn wesentliche Interessen des AN beeinträchtigt werden (zu den Details siehe 41.8. ff.).

Allgemeiner Kündigungsschutz in nicht betriebsratspflichtigen Betrieben

Der schon bisher bestehende allgemeine Kündigungs- und Entlassungsschutz nach § 105 bzw. § 106 ArbVG (Anfechtung wegen Sozialwidrigkeit) wurde durch das ARÄG 2000 auch auf jene Betriebe ausgedehnt, bei denen ein BR nicht eingerichtet werden kann, weil der Betrieb weniger als fünf AN beschäftigt. Diese zusätzliche Kündigungsanfechtung nach § 15 Abs. 3 bis 6 AVRAG im Bereich der Kleinstbetriebe soll sich allerdings nur auf ältere AN beziehen. Auf Grund einer Festlegung von bestimmten Jahrgängen wird die Bestimmung im Laufe der Zeit an Bedeutung verlieren.

Demnach gilt der Kündigungs- und Entlassungsschutz in nicht betriebsratspflichtigen Betrieben für männliche AN der Jahrgänge von 1935 bis 1942 und für weibliche AN der Jahrgänge 1940 bis 1947. Der arbeitsverfassungsrechtliche **Motivkündigungsschutz** entfällt jedoch bei AN dieser Betriebe. Ebenso wie nach den §§ 105 ff. ArbVG setzt die Anfechtung im Kleinstbetrieb eine mindestens sechsmonatige Betriebszugehörigkeit voraus und muss innerhalb einer Woche ab Zugang der Kündigungserklärung erfolgen.

Der Kündigungsschutz in Kleinstbetrieben ist nicht anwendbar, wenn der AN das Regelpensionsalter erreicht und eine Alterspension bezieht (OGH 9 Ob A 156/07 t).

Sittenwidrige Kündigung

Soweit die vorgenannten gesetzlichen Regelungen zum allgemeinen und besonderen Kündigungsschutz eingreifen, ist bei einer Kündigung im Fall gravierender Verletzungen rechtlich geschützter Interessen und Lebensbereiche eine Berufung auf Sittenwidrigkeit nach § 879 ABGB möglich (OGH 11.8.1993, 9 Ob A 200/93 22.12.1997, 8 Ob A 262/97 f 19.9.2002, 8 Ob A 25/02 p 27.8.2013, 9 Ob A 100/13 s 27.9.2013, 9 Ob A 54/13 a). Die Sittenwidrigkeit einer Kündigung erfordert dabei, dass ein gänzlich unsachlicher und insbesondere aus Gründen des Personenschutzes zu missbilligender Beweggrund für die Kündigung ausschlaggebend war, welcher einem gesetzlichen Motivtatbestand gleichzuhalten ist (OGH 15.11.2001, 8 Ob A 123/01 y zur ebenso möglichen Anfechtung einer Entlassung wegen Sittenwidrigkeit siehe OGH 26.8.2014, 9 Ob A 83/14 t).

Da die hier relevanten Motive nunmehr im Regelfall von den im GlBG und BEinstG genannten verpönten Motiven (siehe 4.) umfasst werden, hat die Anfechtungsmöglichkeit wegen Sittenwidrigkeit nur noch dann eine Bedeutung, wenn ein verpöntes Motiv nach diesen Bestimmungen nicht vorliegt, aber von einer Sittenwidrigkeit i.S.d zuvor angesprochenen Judikatur auszugehen ist, wobei insbesondere zu prüfen sein wird, ob das in der Klage (die auf die Feststellung der Nichtigkeit der Kündigung zu richten ist) genannte Motiv einem gesetzlichen Motiv gleichzuhalten ist.

Im Fall einer Kündigungsanfechtung wegen eines (gesetzlich genannten) verpönten Motivs (insbesondere nach § 105 ArbVG sowie nach dem GlBG) hat der klagende AN das von ihm behauptete Motiv glaubhaft zu machen (siehe 41.8.3 sowie z.B. § 105 Abs 5 ArbVG und § 26 Abs 2 GlBG). Es ist also keine Beweisführung geboten und ergibt sich eine wesentliche Erleichterung für den klagenden AN, weil es bei der Glaubhaftmachung genügt, dass das behauptete verpönte Kündigungsmotiv wahrscheinlich ist (bzw wahrscheinlicher als vom AG vorgebrachte sachliche Kündigungsgründe). Diese gesetzliche Vorgabe hat den Hintergrund, dass ein inneres Motiv eines AG praktisch nur sehr schwer beweisbar ist (iS der erforderlichen Freiheit von jeglichem Zweifel). Wird hingegen eine Kündigung wegen Sittenwidrigkeit nach § 879 ABGB angefochten, so sind die Bestimmungen zur Glaubhaftmachung nicht anwendbar und hat der AN das behauptete sittenwidrige Kündigungsmotiv des AG zu beweisen. Da aber ein inneres Motiv des kündigenden AG nur schwer beweisbar ist, ist die Ausgangslage eines AN, der sich auf die Sittenwidrigkeit einer Kündigung berufen will, als schwierig einzustufen (falls die sittenwidrigen Gründe nicht schriftlich ausgeführt oder vor Zeugen geäußert wurden).

In der Praxis wird manchmal wegen Versäumung der 14-tägigen Anfechtungsfrist versucht auf die Sittenwidrigkeit „auszuweichen". Tatsächlich gibt es für die Sittenwidrigkeitsanfechtung nach § 879 ABGB keine Regelung zur Frist. Jedenfalls ist m.E. aber von einer Aufgriffsobliegenheit des AN auszugehen (siehe 36.2.3). Diese wird hier eng auszulegen sein, weil deutliche Abweichungen von der Frist für Kündigungsanfechtungen nach § 105 Abs 3 ArbVG oder etwa § 12 Abs 7 GlBG nicht nachvollziehbar wären.

Die unrichtige Qualifizierung einer Kündigung als sittenwidrig nach § 879 ABGB schließt die Prüfung wegen eines verpönten Motivs nicht aus, wenn die Klage nicht ausschließlich auf die Sittenwidrigkeit beschränkt ist (OGH 25.11.2014, 8 Ob A 53/14 y), wobei das Motiv innerhalb der Anfechtungsfrist gerichtlich geltend zu machen ist (siehe 41.8.2).

41. Kündigung

Zur Kündigung des Angestellten zum 15. und Monatsletzten sowie zur Verlängerung der Kündigungsfrist siehe 14.5.

Zur Kündigung und Altersteilzeit siehe 14.8.2.2.7.

41.1 AG- und AN-Kündigung

Die Kündigung ist eine einseitige Willenserklärung einer der Vertragsparteien, die dem anderen Teil gegenüber in der Absicht abgegeben wird, die Beendigung des Arbeitsverhältnisses zu einem bestimmten Zeitpunkt herbeizuführen.

Eine mündliche Kündigungserklärung (auch telefonisch) ist als rechtswirksam anzusehen, falls nicht ausdrücklich die Schriftlichkeit vorgesehen ist (z.B. § 4 Abs. 1 KV für das grafische Gewerbe – Mantelvertrag für Arbeiter – OLG Wien 9 Ra 111/04 s = ARD 5545/5/2004, siehe zur Schriftform 2.). Bei Hausbesorgern nach § 2 Z 1 Hausbesorgergesetz mit Anspruch auf eine Dienstwohnung ist eine gerichtliche Kündigung nach § 22 dieses Gesetzes vorgesehen (siehe auch OGH 27.7.2011, 9 Ob A 89/11 w).

Die Kündigung ist durch gesetzliche oder kollektivvertragliche Fristen und Termine zeitlich bestimmt (Details siehe 41.1.5). Ausnahmsweise sehen einzelne Arbeiter-KV eine **„entfristete" Kündigung** vor (Ausschluss jedweder Kündigungsfrist). Die Zulässigkeit einer derartigen kollektivvertraglichen Regelung wurde jüngst vom OGH bestätigt (siehe 41.1.5).

Unter **„Kündigungsfrist"** versteht man Mindestzeiträume, die zwischen dem Zugang der Kündigung und dem Ende des Arbeitsverhältnisses liegen (Details siehe 41.1.5). Die Kündigung muss dem anderen Vertragsteil zugehen (**empfangsbedürftige Willenserklärung**) und bedarf daher lediglich der Empfangnahme, nicht aber der Befürwortung (zu den Rechtsfolgen der böswilligen Verhinderung des Zugangs einseitiger Willenserklärungen siehe 37.).

Der Widerspruch gegen die Kündigung („Ich akzeptiere die Kündigung nicht") hat auf die Wirkung der Kündigung keinen Einfluss.

Unter **„Kündigungstermin"** versteht man den Zeitpunkt, an dem die Kündigungsfrist endet, also den Zeitpunkt der Beendigung des Arbeitsverhältnisses (z.B. Ende der „Arbeitswoche" – siehe 41.1.5., jedes Kalendervierteljahr). Die Kündigung kann völlig formlos mündlich (auch telefonisch) oder schriftlich (auch durch Telegramm) vorgenommen werden, es sei denn, dass die Schriftform (etwa im anzuwendenden KV) vorgesehen ist. Aus Beweisgründen ist jedoch die Schriftform immer zu empfehlen. Dabei sollte man sich auf einer einbehaltenen Ausfertigung des Kündigungsschreibens die Übernahme und den Tag der Übernahme bestätigen lassen. Eine Begründung der Kündigung ist nicht erforderlich (im Fall einer Kündigungsanfechtung insbesondere gemäß § 105 ff. ArbVG durch den BR oder den AN muss im Zuge des arbeitsgerichtlichen Verfahrens eine Begründung der Kündigung erfolgen). Eine Begründung und die Zustimmung des Arbeitsgerichtes bzw. des Behindertenausschusses ist außerdem bezüglich der besonders geschützten AN nach dem MSchG, APSG, ArbVG und BEinstG erforderlich (siehe 40.1).

Aus dem Kündigungsschreiben muss erkennbar sein, dass das Arbeitsverhältnis unter Wahrung der Kündigungsfrist beendet werden soll. Mit der Mitteilung eines Gesellschafterbeschlusses, sich von einem AN zu trennen, wird beispielsweise noch keine Kündigung ausgesprochen, weil damit lediglich die Absicht zum Ausdruck gebracht wird (OGH 9 Ob A 220/00 v = ARD 5246/11/2001).

Eine Äußerung einer Arbeitsvertragspartei muss völlig eindeutig als Auflösungserklärung erkennbar sein, damit ihr die auflösende Wirkung zukommt (OLG Wien 7 Ra 5/06 s = ARD 5720/1/2006).

Das Kündigungsschreiben könnte etwa wie folgt formuliert werden:

Muster einer Kündigungserklärung des AG

Hiermit wird das mit Ihnen abgeschlossene Arbeitsverhältnis gekündigt.

Übernommen am:

..

(Unterschrift des gekündigten AN)

Im Kündigungsschreiben muss weder die Kündigungsfrist noch der Kündigungstermin angeführt werden (OGH 12.8.1999, 8 Ob A 184/99 p, 29.3.2001, 8 Ob S 291/00 b). Soll etwa rasch gekündigt werden und bestehen Unsicherheiten über die Kündigungsfrist, so ist es daher ratsam, sämtliche diesbezüglichen Angaben zu unterlassen. Bestehen jedoch keinerlei Unklarheiten, so kann das obige Kündigungsschreiben durch folgenden Satz ergänzt werden:

„*Der letzte Tag des Arbeitsverhältnisses ist daher der ....*"

Die ausgesprochene Kündigung kann einseitig (also ohne Zustimmung des anderen Vertragspartners) nur unverzüglich nach ihrem **Ausspruch** (zu diesem Begriff siehe 41.1.1) zurückgezogen werden (Arb 8.904). Eine einvernehmliche Änderung in eine andere Beendigungsart ist aber zulässig (OGH 27.8.2009, 8 Ob A 42/09 y).

Kündigungen können auch durch vom AG hierzu bevollmächtigte Personen ausgesprochen werden. Eine von einer nicht bevollmächtigten Person im Namen des AG ausgesprochene Beendigungserklärung kann nachträglich i.S. des § 1016 ABGB genehmigt werden (OGH 1 Ob 191/02 y, OLG Wien 21.8.2009, 9 Ra 39/09 k = ARD 6032/9/2010). Eine solche Genehmigung kann auch schlüssig erfolgen (OGH 9 Ob A 111/01 s). Andererseits wurde aber auch die Auffassung vertreten, dass einer nachträglichen Sanierung der Grundsatz entgegensteht, dass der AN unmittelbar beurteilen können soll, ob die Auflösungserklärung rechtswirksam ist (OGH 8 Ob A 209/02 x, 8 Ob A 25/05 t = ARD 5609/10/2005). Es sollte daher im Zweifelsfall die Vollmacht vor dem Ausspruch der Kündigung schriftlich erteilt und dem gekündigten AN vorgelegt werden. Ebenso wurde aber auch entschieden, dass die Form der Bevollmächtigung gegenüber dem gekündigten AN nicht hervortreten muss (OGH 9 Ob A 64/06 m = ARD 5706/5/2006). M.E. ist darauf abzustellen, ob der AN aufgrund des Auftretens der die Auflösung aussprechenden Person darauf vertrauen durfte, dass der Erklärende im eigenen Namen als AG bzw. als Vertreter für einen bestimmten AG aufgetreten ist (siehe auch 15.3).

Kündigt ein AN mündlich, ist es ratsam, sich die Kündigung zur Beweissicherung schriftlich bestätigen zu lassen oder, falls dies nicht möglich sein sollte, die ausgesprochene Kündigung in einem an den AN gerichteten eingeschriebenen Schreiben entsprechend festzuhalten.

Muster für die Bestätigung einer ausgesprochenen Kündigung

Wir haben Ihre am ………………………… mündlich ausgesprochene Kündigung zur Kenntnis genommen. Ihr Arbeitsverhältnis endet daher am …………………………

Ein solches Schreiben kann im Streitfall wenigstens den Beweis der vom AN ausgesprochenen Kündigung erleichtern.

Kündigungen müssen zunächst nicht begründet werden (siehe 4., 42.1.2 – OGH 9 Ob A 2/04s).

Im Falle eines befristeten Arbeitsverhältnisses ist eine Kündigung an sich nicht möglich. Bei längeren Befristungen kann jedoch eine Kündigungsmöglichkeit vereinbart werden (siehe 14.4).

Kündigungen können auch durch schlüssige Handlungen ausgesprochen werden (Arb 9.142, OGH 9 Ob A 98/00 d, 8 Ob A 162/02 k = ecolex 2003, 265 f. – siehe auch 37.2).

Werden etwa dem AN die Papiere (insbesondere die Arbeitsbescheinigung und die Abmeldung) ohne Erläuterung übermittelt, so ist dies als auflösende Erklärungshandlung zu sehen und dem AN steht die Kündigungsentschädigung zu (ASG Wien 13 Cga 142/99 t = ARD 5246/19/2001).

Solange die Organstellung als unternehmensrechtlicher Geschäftsführer nicht beendet ist, obliegt die Auflösung des Anstellungsvertrages des Geschäftsführers der Generalversammlung als zuständiges Organ (OGH 11.5.2010, 9 Ob A 71/09 w). Wenn alle Gesellschafter zustimmen, bedarf es keiner besonderen Förmlichkeiten (OGH 15.7.2011, 8 Ob A 49/11 f).

Ohne Vorliegen wenigstens einer schlüssigen Kündigungserklärung kann nur in seltenen Ausnahmefällen eine Kündigung angenommen werden. Wird etwa eine GmbH durch den Tod des Alleingesellschafter-Geschäftsführers faktisch völlig handlungsunfähig, ist ein – hier anschließend ein Jahr untätiger – AN hinsichtlich seiner Entgeltansprüche und Fortdauer der Pflichtversicherung im Ergebnis so zu stellen, als hätte die Gesellschaft das Arbeitsverhältnis am Todestag durch Kündigung beendet (VwGH 99/08/0054 = ARD 5404/6/2003).

Bei der Umwandlung eines Arbeitsvertrages in einen anderen Vertragstypus (§ 1377 ABGB) tritt eine Beendigung des Arbeitsverhältnisses ein (OGH 8 Ob A 92/01 i = ARD 5274/50/2002, OGH 8 Ob A 47/05 b).

Einschlägige Judikatur

- *Bei der Dauer der Kündigungsfrist nach dem KV für Arbeiter im holz- und kunststoffverarbeitenden Gewerbe ist das Lehrverhältnis nicht zu berücksichtigen (OGH 9 Ob A 72/87).*
- *Bei der fristwidrigen Kündigung eines AN trifft den AG keine Aufklärungspflicht (OGH 8 Ob A 2134/96 y).*
- *Kündigt der Gemeinschuldner und geht die Kündigung nach Konkurseröffnung zu, so ist die Kündigung rechtsunwirksam (Anmerkung: sie hätte durch den Masseverwalter erfolgen müssen; OGH 9 Ob A 292/97 z = infas 3/98, A 66).*
- *Auch bei der Wahl einer längeren als der gebotenen Kündigungsfrist muss der vorgeschriebene Kündigungstermin eingehalten werden (OGH 8 Ob A 57/99 m).*
- *Kündigt der AN das Arbeitsverhältnis unter Eindruck der Ankündigung des AG, ihn zu entlassen, kommt es entscheidend darauf an, ob für den AG zum Zeitpunkt der Androhung der Entlassung plausible und objektiv ausreichende Gründe für die Entlassung vorlagen. Ist dies zu bejahen, so liegt kein sittenwidriger Druck vor (OGH 8 Ob A 2/99, 9 Ob A 205/99 h = ARD 4934/17/98).*
- *Kündigt der AG einen AN ohne Nennung eines konkreten Kündigungstermines, so gilt der nächstmögliche Termin als vereinbart. Verbleibt der AN nach diesem Zeitpunkt jedoch weiter im Unternehmen, so ist der AN dafür beweispflichtig, dass es nach der Kündigung zu einer Änderung der Beendigungsart (einvernehmliche Lösung) gekommen ist (OGH 8 Ob A 184/99 p = ARD 5086/21/99).*

41.1.1 Verständigung des BR

Allgemeines

In Betrieben mit einem BR hat der AG eine Woche vor dem Ausspruch der Kündigung den BR zu verständigen (§ 105 Abs. 1 ArbVG). Die Bedeutung dieses Verständigungsverfahrens liegt vor allem darin, dass eine Kündigung, die ohne vorherige Abwicklung eines gesetzmäßigen Verständigungsverfahrens ausgesprochen wird, rechtsunwirksam ist. Die Kündigung ist „ausgesprochen" (§ 105 Abs. 2 ArbVG), wenn sie zur Post gegeben wird (OGH 7.7.1981, 4 Ob 68/81, ARD 3396/11/82). „Ausgesprochen" ist eine Kündigung also erst dann, wenn sie der Kündigende aus seinem Herrschaftsbereich entlässt, also etwa einem Boten mit dem Auftrag übergibt, das Schreiben zu überbringen, oder das Schreiben dem Gekündigten selbst ausfolgt (OGH 13.10.1994, 8 Ob A 299/94).

Die Verständigung ist nur dann nicht erforderlich, wenn der Beschäftigte kein AN i.S.d. § 36 ArbVG ist (siehe 53.). Sie ist an keine Form gebunden und kann mündlich oder schriftlich erfolgen. Die Worte „Kündigung" oder „Verständigung" müssen nicht vorkommen, sie muss aber eindeutig, bestimmt, verständlich und aktuell sein (OGH 24.1.2001, 9 Ob A 12/01 g; zur Auslegung siehe OGH 7.2.2008, 9 Ob A 150/07 k). Die Frist beginnt an dem Tag zu laufen, an dem die Verständigung erfolgt ist, und endet mit dem Ablauf desjenigen Tages, der nach seiner Benennung dem Tag entspricht, an dem die Frist begonnen hat (§ 65 Abs. 2 BRGO).

Der AG hat die Verständigung an den Vorsitzenden des BR bzw. bei dessen Verhinderung an seinen Stellvertreter zu richten (§ 71 ArbVG).

Wird etwa der Vorsitzende des BR vom AG am Donnerstag verständigt, dass ein bestimmter AN gekündigt werden soll, so läuft die Frist des BR zur Abgabe einer Stellungnahme am folgenden Donnerstag um 24.00 Uhr ab. Erfolgt eine Stellungnahme, so kann der AG unmittelbar nach Zugang dieser Stellungnahme kündigen. Gibt der BR keine Erklärung ab, so kann (nach dem vorerwähnten Beispiel) am folgenden Freitag das Arbeitsverhältnis vom AG gekündigt werden (Tage des Postenlaufs werden in die Frist nicht eingerechnet – § 65 Abs. 5 BRGO).

Kein Ablauf der Frist am Samstag, Sonntag, gesetzlichen Feiertag oder Karfreitag

Nach § 169 ArbVG gelten für die Berechnung und den Lauf der im ArbVG festgesetzten Fristen die Bestimmungen der §§ 32 und 33 AVG. Demnach kann eine Frist nicht an einem Samstag, Sonntag, gesetzlichen Feiertag oder am Karfreitag enden (§ 33 Abs. 2 AVG, § 65 Abs. 4 BRGO). Ist der betreffende Werktag ein Samstag, so endet die Frist am folgenden Montag (wenn dieser kein gesetzlicher Feiertag ist). Die gesetzlichen Feiertage sind im § 7 ARG bzw. in § 1 FeiertRG aufgezählt (siehe 30.6). Bestimmte Tage, die nach einem KV oder durch eine BV oder durch Arbeitsverträge als arbeitsfreie Tage festgelegt werden, haben keine Auswirkungen auf den Ablauf einer nach Wochen berechneten Frist.

Beispiele:
Der Vorsitzende des BR wird am Mittwoch, dem 9.3.2011 von einer beabsichtigten Kündigung eines bestimmten AN verständigt. Die Frist läuft am Mittwoch, dem 16.3.2011 um 24.00 Uhr ab, wenn der BR keine Stellungnahme abgegeben hat. Die Kündigung kann daher am Donnerstag, dem 17.3.2011 ausgesprochen werden.

Der Vorsitzende des BR wird vom AG am Freitag vor der Karwoche von einer geplanten Kündigung in Kenntnis gesetzt. Der BR gibt keine Erklärung ab. Die einwöchige Frist kann weder am Karfreitag, noch am folgenden Wochenende noch am Ostermontag ablaufen. Sie endet am Dienstag nach Ostern um 24.00 Uhr. Die Kündigung kann daher frühestens am Mittwoch nach Ostern ausgesprochen werden.

Erklärung des BR, welche die Frist im Verständigungsverfahren verkürzt

Im Gesetz (§ 105 Abs. 3 und 4 ArbVG) sind die ausdrückliche Zustimmung sowie der ausdrückliche Widerspruch vorgesehen. Erfolgt eine Stellungnahme des BR, so kann die Kündigung ausgesprochen werden. Die volle Verständigungsfrist muss nur dann abgewartet werden, wenn der BR keine Stellungnahme abgibt (schlichter Widerspruch).

Die Stellungnahme des BR kann mündlich oder schriftlich erfolgen. Sie muss jedoch klar zum Ausdruck bringen, ob widersprochen oder zugestimmt wird (OGH 24.1.2001, 9 Ob A 12/01 g). Worte, wie „Widerspruch" bzw. „Zustimmung" sind dabei nicht erforderlich. Stellungnahmen, die keinen klaren Erklärungsinhalt enthalten, sind dem Stillschweigen (bezüglich der unterschiedlichen Rechtsfolgen der Zustimmung bzw. des Widerspruchs durch den BR) gleichzusetzen (OGH 30.8.2001, 8 Ob A 177/01 i, 29.7.2015, 9 Ob A 56/15 y, *Rauch*, Arbeitsrecht 2016, 76 f.). Die Mitteilung des BR, dass „keinerlei Einwände gegen die Kündigung bestehen", enthält einen nachvollziehbaren Erklärungsinhalt und wurde vom OGH dementsprechend als Zustimmung betrachtet (OGH 10.7.1996, 9 Ob A 2139/96 s, Arb 11.533).

Kann eine Stellungnahme des BR weder als Widerspruch noch als Zustimmung angesehen werden, so kann sie die Rechtsfolgen einer Zustimmung bzw. eines Widerspruchs nicht auslösen. Sie hat aber die Rechtswirkung, dass nicht bis zum Ablauf der einwöchigen Frist abgewartet werden muss. Dies gilt etwa für die Mitteilung des BR, dass er „nichts unternehmen werde" (OGH 14.2.2001, 9 Ob A 19/01 m) oder die Erklärung des BR, dass „keine Stellungnahme" abgegeben werde (OGH 29.11.2013, 8 Ob A 80/13 t). Der Inhalt der Erklärung ist für die Verkürzung der Frist unerheblich, da § 105 Abs. 2 ArbVG hierfür lediglich „eine Stellungnahme" verlangt. Daher ist auch die Mitteilung des BR, dass der BR mit der beabsichtigten Kündigung prinzipiell einverstanden sei, jedoch die Kündigung einer anderen Person bevorzugen würde, als fristverkürzende Stellungnahme anzusehen (OGH 15.9.2004, 9 Ob A 8/04 y – die aber weder als Widerspruch noch als Zustimmung zur beabsichtigten Kündigung eingestuft werden kann). Im Zweifelsfall wird es aber ratsam sein, die Frist von einer Woche abzuwarten.

Adressat der Verständigung

Eine rechtswirksame Verständigung setzt voraus, dass die Mitteilung an den zuständigen BR gerichtet wird. Sind getrennte BR für Arbeiter und Angestellte errichtet, so ist die Verständigung an den BR zu richten, zu dessen Gruppe der zu kündigende AN gehört (OGH 27.5.1986, 4 Ob 51/85, Arb 10.525). Bei Vertragsangestellten ist die Zuständigkeit des Angestellten-BR nur dann gegeben, wenn die Anwendung des AngG, des Angestellten-KV, der auf den Betrieb anzuwenden ist, zuzüglich einer Einstufung in die Gehaltsordnung dieses KV mit dem AG unwiderruflich vereinbart wurde (§ 41 Abs. 3 ArbVG – siehe 10.3).

Besteht für eine Gruppe eines Betriebes kein BR, so gehen die Kompetenzen nicht auf den BR der anderen Gruppe über. Diesfalls gibt es keine Verständigungspflicht. Gibt es beispielsweise in einem Bauunternehmen nur einen Arbeiter-BR, so kann die Kündigung eines Angestellten ohne vorherige Verständigung eines BR ausgesprochen werden.

Die Verständigung von der beabsichtigten Kündigung hat im Fall der Überlassung beim BR des Überlasserbetriebes zu erfolgen (zur Überlassung siehe 35.). Eine subsidiäre Pflicht zur Verständigung des BR des Beschäftigerbetriebes besteht auch dann nicht, wenn beim Überlasserbetrieb kein BR besteht (OGH 15.7.1987, 9 Ob A 63/87, 13.2.1991, 9 Ob A 22/91, Arb 10.908).

Wird der AN in mehreren Betrieben eines Unternehmens beschäftigt, so ist der BR des Betriebes zuständig, in dem der AN überwiegend beschäftigt wird. Im Fall einer rechtsunwirksamen Versetzung ist der bisherige Betrieb maßgeblich und daher dessen BR zu verständigen (*Strasser/Jabornegg*, ArbVG³, 1999, § 105 Anm. 10).

Innerhalb des zuständigen BR hat die Verständigung an den Vorsitzenden oder bei dessen Verhinderung an seinen Stellvertreter zu erfolgen (OGH 8.7.1992, 9 Ob A 131/92).

Wird die Verständigung einem beliebigen Mitglied des BR mitgeteilt, so wird sie nur dann wirksam, wenn sie dem Vorsitzenden des zuständigen BR tatsächlich zukommt. Das Risiko trägt der AG (OLG Wien 14.5.2004, 7 Ra 43/04 a, ARD 5534/8/2004).

Zustimmung (Sperrrecht) oder Widerspruch des BR

Falls der BR der beabsichtigten Kündigung zustimmen will, so bedarf dies eines Beschlusses mit einer 2/3-Mehrheit. Sollte der Vorsitzende des BR dem AG mitteilen, dass der BR der beabsichtigten Kündigung zustimmt, obwohl der erforderliche Beschluss nicht vorliegt, so kann der AG dennoch von einer rechtswirksamen Zustimmung ausgehen, sofern ihm nicht auffallen musste, dass der notwendige Beschluss nicht vorliegen kann (wobei dies auch für andere BR-Beschlüsse gilt, *Rauch*, Arbeitsrecht 2017, 70 f.). Das Fehlen des Beschlusses muss ihm dann auffallen, wenn die Zustimmung durch den Vorsitzenden des BR sofort im Anschluss an die Verständigung erfolgt. Da der Beschluss eine gewisse Zeit erfordert, kann dieser bei einer spontanen Zustimmung nicht vorliegen und dies muss dem AG auffallen (OGH 24.1.2001, 9 Ob A 12/01 g; 22.10.2010, 9 Ob A 100/10 m). Wenn der BR 2 Stunden nach der Verständigung mitteilt, dass „keine Stellungnahme" abgegeben werde, so kann der AG von einer rechtswirksamen Erklärung ausgehen (OGH 29.11.2013, 8 Ob A 80/13 t). Dies ergibt sich aus der Möglichkeit der schriftlichen oder telefonischen Beschlussfassung (§ 68 Abs 4 ArbVG, § 14 Abs 7a BRGO).

Falls der BR innerhalb der Frist von einer Woche eine Zustimmung zur beabsichtigten Kündigung mitteilt, so sperrt dies die Anfechtung durch den AN wegen Sozialwidrigkeit (nicht jedoch wegen eines verpönten Kündigungsmotivs). Hier ist jedoch zu beachten, dass die Zustimmung des BR eindeutig zum Ausdruck gebracht werden muss (OGH 15.9.1999, 9 Ob A 148/99 a). Eine bloße Kenntnisnahme einer beabsichtigten Kündigung durch den BR kann nicht als Zustimmung betrachtet werden.

Der BR kann sein Sperrrecht auch im Fall einer Eventualkündigung (siehe 41.5) ausüben (OGH 27.11.2012, 8 Ob A 63/12 s).

Falls der BR im Zuge des Verständigungsverfahrens der beabsichtigten Kündigung ausdrücklich widerspricht, so liegen die Voraussetzungen für einen Sozialvergleich vor (zum Sozialvergleich siehe 41.8.4.4).

Verständigungsverfahren auf Vorrat?

Zwischen dem durchgeführten Verständigungsverfahren und dem Ausspruch der Kündigung muss ein zeitlicher und sachlicher Zusammenhang stehen. Fehlt dieser Zusammenhang, so ist eine etwa zwei Monate nach dem durchgeführten Verständigungsverfahren ausgesprochene Kündigung rechtsunwirksam, weil vor dieser Kündigung eine neue Verständigung des BR hätte vorgenommen werden müssen. Ein Zeitraum von drei (OGH 10.7.1984, 4 Ob 83/84) oder vier (OGH 14.5.1985, 4 Ob 54/85) Wochen erfüllt noch den erforderlichen zeitlichen und sachlichen Zusammenhang. Diese Voraussetzung liegt hingegen nicht mehr vor, wenn sechs Wochen (OGH 29.3.1995, 9 Ob A 237/94) verstrichen sind und der AG sich bietende Kündigungstermine ungenützt lässt.

Fehler beim Verständigungsverfahren

Ein unterlassenes oder fehlerhaftes Verständigungsverfahren (z.B. Kündigung trotz Schweigens des BR bereits nach fünf Tagen) führt zur Rechtsunwirksamkeit der Kündigung. Der AG wird daher (damit das Arbeitsverhältnis rechtswirksam beendet wird) eine neuerliche Verständigung vornehmen müssen und eine Kündigung nach dem Ablauf der Frist bzw. nach einer Stellungnahme aussprechen müssen. Denkbar ist aber auch, dass etwa eine mündliche Verständigung erfolgt ist, die in der Folge bestritten wird und deren Beweisbarkeit zweifelhaft ist. In einem solchen Fall könnte der AG eine Eventualkündigung (Vorsichtskündigung) aussprechen. Dabei handelt es sich um eine weitere Kündigung, die unter dem Vorbehalt steht, dass sie nur dann beachtlich ist, falls davon auszugehen ist, dass die erste Kündigung rechtsunwirksam ist (Details, Beispiel und Muster siehe 41.5).

Um die Verständigung bzw. deren Zeitpunkt beweisen zu können, ist eine schriftliche Verständigung zu empfehlen. Die Verständigung könnte wie folgt formuliert werden:

Muster für eine Verständigung des BR

An den (die)

Vorsitzende(n) des Arbeiter-/Angestellten-BR

Den gesetzlichen Bestimmungen (§ 105 ArbVG) entsprechend teilen wir mit, dass wir beabsichtigen, Herrn/Frau ...., zu kündigen.

......................, am ....

Geschäftsleitung

Übernommen am: ....

..

BR-Vorsitzender

Stimmt der BR der Kündigung zu, so könnte auch dies schriftlich erfolgen, damit leicht beweisbar ist, dass die Anfechtung der Kündigung wegen Sozialwidrigkeit als gesperrt anzusehen ist.

Muster für eine Zustimmung des BR zur beabsichtigten Kündigung

An die Geschäftsleitung

Wir stimmen hiermit der beabsichtigten Kündigung von Herrn/Frau ...., die uns am .... von der Geschäftsleitung bekannt gegeben wurde, ausdrücklich zu.

.............., am ....   *Betriebsrat*

....

(Unterschrift des BR-Vorsitzenden)

Weitere Details siehe *Rauch*, Verständigung des BR vor einer beabsichtigten Kündigung unter Berücksichtigung der jüngsten Neuerungen, ASoK 2011, 146 ff.

Einschlägige Judikatur

- Die Kündigung darf erst nach dem Ablauf der 5-Tage-Frist des § 105 ArbVG (jetzt eine Woche) ausgesprochen werden; eine diesem Grundsatz widersprechende Kündigung ist auch dann rechtsunwirksam, wenn sie dem betroffenen AN erst nach Ablauf der fünftägigen Frist (jetzt eine Woche) zugeht. Ausgesprochen ist die Kündigung – selbst wenn nach internen Verwaltungsvorschriften des AG für diesen Rechtsakt Schriftlichkeit erforderlich ist – nicht schon dann, wenn die Kündigungserklärung vom Kündigenden zu Papier gebracht ist, sondern erst dann, wenn sie der Kündigende aus seinem Herrschaftsbereich entlässt, also etwa zur Post gibt oder einen Boten mit dem Auftrag übergibt, das Schreiben zu überbringen oder das Schreiben dem Gekündigten selbst ausfolgt (OGH 13.10.1994, 8 Ob A 299/94, siehe auch OGH 7.7.1981, 4 Ob 59/81, Arb 9.998).
- Die nach § 105 Abs. 1 ArbVG vorgeschriebene Verständigung des BR von der beabsichtigten Kündigung ist an keine besondere Form gebunden. Sie kann schriftlich oder auch mündlich erfolgen. Insbesondere muss auch das Wort „Verständigung" oder „Kündigung" nicht gebraucht werden. Die Verständigung muss nur eindeutig bestimmt und verständlich sein. Nicht ausreichend ist, wenn die Mitglieder des BR gerüchteweise von einer „im Raum stehenden" Kündigung erfahren (OGH 24.1.2001, 9 Ob A 12/01 g; 22.10.2010, 9 Ob A 100/10 m; 22.8.2012, 9 Ob A 81/12 w).

41.1.2 Kündigung durch den AG während eines Krankenstandes

Grundsätzlich kann auch während eines Krankenstandes ein Arbeitsverhältnis vom AG gekündigt werden. Wird der AN während einer Arbeitsverhinderung durch Krankheit, Unglücksfall, Berufskrankheit oder Arbeitsunfall gekündigt, behält er seinen Anspruch auf Fortzahlung des Krankenentgelts für die gesetzlich vorgesehene Dauer (§ 9 AngG und § 5 EFZG). Das Arbeitsverhältnis endet zwar mit dem Kündigungstermin, der Anspruch auf Krankenentgeltzahlung durch den AG endet jedoch erst mit der Ausschöpfung des gesetzlichen Anspruchs oder mit dem bereits zuvor erfolgenden Wiedereintritt der Arbeitsfähigkeit des gekündigten AN. Allfällige Ansprüche wie eine Vergütung für den unverbrauchten Urlaub sowie eine Abfertigung alt sind mit dem Ende des Arbeitsverhältnisses abzurechnen. Der Krankenstand kann daher insbesondere das Arbeitsverhältnis nicht verlängern (OGH 22.12.2010, 9 Ob A 123/10 v). Eine Verpflichtung zur Weitergewährung eines günstigeren Krankenentgelts nach dem KV über das Ende des Arbeitsverhältnisses kann aus § 9 AngG und aus § 5 EFZG nicht abgeleitet werden (OGH 26.2.2015, 8 Ob A 6/15 p).

In der Lehre wird überwiegend die Auffassung vertreten, dass die Sonderzahlungen mit dem Krankenentgelt fortzuzahlen sind (andere Meinung z.B. *Rauch*, Kommentar zum EFZG, Anm 6.1 zu § 5).

Eine Entgeltfortzahlungspflicht des AG über das Ende des Arbeitsverhältnisses hinaus besteht demgemäß, wenn während des Krankenstands

- der AG eine Kündigung ausspricht oder
- der AN ohne wichtigen Grund vorzeitig entlassen wird oder
- der AN aus Verschulden des AG vorzeitig austritt oder
- der AG das Lehrverhältnis außerordentlich auflöst (§ 17a Abs. 8 BAG – siehe 42.4.2.4).

Daraus ergibt sich, dass bei Eintritt einer Arbeitsunfähigkeit nach Ausspruch der Kündigung durch den AG keine Entgeltfortzahlungspflicht des AG über das Ende des Arbeitsverhältnisses hinaus gegeben ist.

Bei berechtigter Entlassung während eines Krankenstands, auch wenn diese unverschuldet ist (siehe 42.5), endet die Entgeltfortzahlung mit Zugang der Entlassungserklärung (OGH 8 Ob A 46/08 k).

Bei Beendigung des Arbeitsverhältnisses im Krankenstand während der Probezeit besteht kein Anspruch auf Fortzahlung des Entgelts (siehe 14.2.4 sowie *Rauch*, Auflösung des Arbeitsverhältnisses während eines Krankenstands, ASoK 2003, 410 ff.).

Einvernehmliche Auflösungen während des Krankenstands sind grundsätzlich zulässig und können nicht vorab als unzulässige Gesetzesumgehung gedeutet werden (VwGH 2006/08/0325, 2007/08/0040 – Details siehe 43.).

In der Praxis kommt es immer wieder vor, dass sich AN nach der Kündigung durch den AG einen rückdatierten Krankenstand bescheinigen lassen, damit für den Tag des Ausspruchs der Kündigung ein Krankenstand behauptet werden kann. Die Entgeltfortzahlung über das Ende des Arbeitsverhältnisses kommt m.E. in diesen Fällen (abgesehen von der Frage des nachzuweisenden Missbrauchs – siehe 20.14) nicht in Frage, weil die Anwendbarkeit der §§ 5 EFZG und 9 Abs. 1 AngG die Kündigung während einer „Arbeitsverhinderung" (§ 5 EFZG) bzw. „Dienstverhinderung" (§ 9 Abs. 1 AngG) voraussetzt. Eine solche kann jedenfalls dann nicht gegeben sein, wenn der Kündigungsausspruch während der Arbeitszeit am Arbeitsplatz des AN erfolgt. Überdies sollen die §§ 5 EFZG bzw. 9 Abs. 1 AngG verhindern, dass sich der AG von der Pflicht zur Entgeltfortzahlung dadurch entzieht, dass er während einer Dienstverhinderung eine Kündigung ausspricht (OGH 9 Ob A 396/97 v – siehe einschlägige Judikatur im Anschluss). Erfolgt jedoch der Ausspruch der Kündigung, wenn keine Dienstverhinderung erkennbar ist (bzw. sogar auf Grund der aktuellen arbeitsvertraglichen Tätigkeit des AN auszuschließen ist), so kann den AG nicht der Vorwurf treffen, dass er sich von einer Pflicht zur Fortzahlung des Krankenentgelts befreien wollte. Eine gegenteilige Entscheidung des OLG Wien (8 Ra 37/03 z = Personalverrechnung für die Praxis, 1/2003, 22) ist insofern völlig verfehlt (oder beruht allenfalls auf den Besonderheiten des Einzelfalls). Derzeit liegt jedoch keine diesbezügliche Judikatur des OGH vor und es ist daher m.E. in den Fällen, wo die Kündigung persönlich mitgeteilt wird und keinerlei Anzeichen für eine Arbeitsunfähigkeit sprechen, nicht von einer Entgeltfortzahlungspflicht über das Ende des Arbeitsverhältnisses hinausgehend auszugehen.

Ereignet sich nach dem Kündigungsausspruch innerhalb des schon zeitlich absehbaren ersten Krankenstands ein neuerlicher Krankheitsfall, der in keinem unmittelbaren Zusammenhang mit der Ersterkrankung steht, endet die Entgeltfortzahlung mit dem Ende der Ersterkrankung (OGH 8 Ob A 13/04 a = ARD 5526/ 3/2004; siehe auch *Rauch*, Kündigungsentschädigung und Krankenstand, ASoK 12/2006, 463 ff.).

Wird ein Arbeiter während eines Krankenstands gekündigt und beginnt nach dem Ende des Arbeitsverhältnisses ein (fiktives) neues Arbeitsjahr und befindet sich der gekündigte ehemalige Arbeiter noch immer im selben Krankenstand, so ist ab dem Beginn des fiktiven Arbeitsjahres kein neuer Krankenentgeltanspruch gegeben (OGH 22.10.2010, 9 Ob A 36/10 z – siehe auch *Rauch*, Arbeitsrecht 2011, 33).

Keine Fortzahlung eines kollektivvertraglichen Krankenentgelts

Die Pflicht zur Fortzahlung des Krankenentgelts nach einer AG-Kündigung bezieht sich nur auf die gesetzlichen Krankenentgeltansprüche, da der § 9 Abs. 1 AngG und der § 5 EFZG die über die Kündigungsfrist hinausgehenden Entgeltfortzahlungspflichten des AG nur für die nach „diesem Bundesgesetz vorgesehene Dauer" vorsehen. Demnach ist ein Krankenentgeltanspruch, der keine gesetzliche Grundlage hat, sondern auf einem KV beruht (zu Überhängen nach KV – siehe 20.16.1), nach der Auflösung des Arbeitsverhältnisses nicht zu bezahlen (OGH 26.2.2015, 8 Ob A 6/15 p; *Rauch*, Arbeitsrecht 2016, 37 f.).

Vorlagepflicht nach Ende des Arbeitsverhältnisses?

Nach der Rechtsprechung endet die Pflicht zur Vorlage der Krankenstandsbestätigung mit der Auflösung des Arbeitsverhältnisses (OGH 29.9.2010, 9 Ob A 89/ 10 v). Die Anzeige der Verhinderung dient im aufrechten Arbeitsverhältnis der unverzüglichen Information des AG über den Ausfall des AN. Der AN muss dem AG Dienstverhinderungen umgehend mitteilen und glaubhaft darlegen, um ihm die Möglichkeit rechtzeitiger Disposition zu geben, aber auch, um dem AG die Möglichkeit zur Abwägung zu verschaffen, ob das Fernbleiben des AN sachlich gerechtfertigt ist bzw. war (OGH 13.9.2001, 8 Ob A 214/01 f). Dieses besondere Informationsbedürfnis, zu dessen Schutz die Sanktion des Entfalls des Entgelts (siehe 20.6) dient, endet aber mit dem Arbeitsverhältnis (OGH 25.11.2016, 8 Ob A 56/16 t).

Der OGH beantwortet aber nicht die Frage, wie der AG einen Krankenstand abrechnen soll, wenn ihm nach dem Ende des Arbeitsverhältnisses keine Krankenstandsbestätigung mit dem Endtermin des Krankenstands vorgelegt wird. Auszugehen ist m.E. davon, dass eine späte (also nicht unverzügliche) Vorlage einer Krankenstandsbestätigung nach einer Auflösung des Arbeitsverhältnisses nicht den Entfall des Krankenentgelts bewirkt. Wird aber überhaupt keine Krankenstandsbestätigung vorgelegt, so kann keine Zahlungspflicht des AG entstehen. Falls eine Krankenstandsbestätigung ohne Endtermin vorgelegt werden sollte, so kann m.E. nur bis zum Ausstellungsdatum der letzten dem AG übermittelten Krankenstandsbestätigung eine Zahlungspflicht des AG entstehen.

Einschlägige Judikatur

- *Die Regelungen der §§ 2 EFZG und 1162b ABGB sollen verhindern, dass sich der AG von der Pflicht zur Entgeltfortzahlung an den AN dadurch befreit, dass er während der Dienstverhinderung das Arbeitsverhältnis durch Kündigung oder Entlassung löst. Eine Kündigung kann zwar während der Erkrankung rechtswirksam ausgesprochen werden, das dem AN gebührende Entgelt kann hierdurch aber nicht geschmälert werden. Anders ist es jedoch, wenn eine Kündigung bereits vor der Erkrankung ausgesprochen wurde und die Dienstverhinderung erst während der Kündigungsfrist eintritt. Ist die Kündigung dem AN vor der Dienstverhinderung zugegangen, endet der Entgeltfortzahlungsanspruch des AN mit dem Ende des Arbeitsverhältnisses, auch wenn die Fristen des § 2 EFZG noch nicht ausgeschöpft sind. Entscheidend ist nämlich, ob die Erklärung, welche die Beendigung des Arbeitsverhältnisses zur Folge hat, während oder vor der Dienstverhinderung abgegeben worden ist (OGH 28.1.1998, 9 Ob A 396/97 v, 27.5.2004, 8 Ob A 13/04 a).*

41.1.3 Kündigung während des Urlaubes

Grundsätzlich ist auch die Kündigung durch den AG während eines Urlaubs des AN zulässig. Auf Grund der dabei auftretenden Zustellungsprobleme (der AN ist nicht verpflichtet, dem AG seine Urlaubsanschrift zu melden; zum Zugang einseitiger Willenserklärungen siehe 37.) ist es ratsam, bei der zeitlichen Einteilung beabsichtigter Kündigungen bestehende Urlaubsvereinbarungen zu berücksichtigen bzw. Kündigungen während des Urlaubs zu vermeiden. Kann eine Kündigung wegen urlaubsbedingter Abwesenheit nicht zugestellt werden, so ist der Zugang mit dem Zeitpunkt anzusetzen, zu dem das Kündigungsschreiben tatsächlich zugegangen ist (OGH 3.9.2010, 9 Ob A 73/10 s).

Einschlägige Judikatur

- *Wird eine Kündigung während des Urlaubs ausgesprochen und liegt die Kündigungsfrist innerhalb des Urlaubs, ist die Kündigung zeitwidrig. Der AN hat das Recht, den Urlaub zur ungestörten Erholung und zur beliebigen Gestaltung der Freizeit zu verwenden. Auf Grund der den AG treffenden Fürsorgepflicht ist alles zu unterlassen, was den Urlaubszweck beeinträchtigen könnte. Da der AN zur Erhaltung seiner Existenz auf einen Arbeitsplatz angewiesen ist, ist er gezwungen, den Urlaub anstatt zur Muße zur Arbeitssuche zu verwenden. Dies ist dem Erholungszweck abträglich (OGH 9 Ob A 16/88, die hier gegenständliche Kündigungsfrist beträgt eine Woche).*

- *Eine schriftliche Kündigungserklärung gilt zu jenem Zeitpunkt als zugegangen, zu dem sich der AN unter normalen Umständen erstmals von ihrem Inhalt Kenntnis verschaffen kann. War er daher beim erstmaligen Zustellversuch nicht zu Hause und kehrte er an diesem Tag auch nicht mehr an seinen Wohnort zurück, sondern trat unmittelbar von seinem Arbeitsplatz aus seinen Urlaub und daran anschließend eine Dienstreise an, ist die Zustellung erst mit der Behebung des Schreibens am ersten Werktag nach der Rückkehr von der Dienstreise als bewirkt anzusehen (OGH 9 Ob A 147/03p = ARD 5526/7/2004).*

41.1.4 Freizeit während der Kündigungsfrist

Im Fall der Kündigung durch den AG ist wöchentlich eine bezahlte Freizeit im Ausmaß von 1/5 der regelmäßigen wöchentlichen Arbeitszeit zu gewähren, sofern dies vom AN ausdrücklich verlangt wird (§§ 22 AngG und 1160 ABGB). Dieser Anspruch besteht nicht bei Kündigung durch den AG, wenn der AN einen Anspruch auf eine **Pension** aus der gesetzlichen Pensionsversicherung hat (ausgenommen Gleitpension nach § 253c ASVG), sofern eine Bescheinigung über die vorläufige Krankenversicherung vom Pensionsversicherungsträger ausgestellt wurde (§ 10 Abs. 7 ASVG).

Die Freizeit steht nicht für eine (im Einzelfall) längere freiwillig eingeräumte Kündigungsfrist zu (also nur die Kündigungsfrist nach Gesetz, KV oder Arbeitsvertrag). Eine angefangene Woche der gesetzlichen Kündigungsfrist ist als volle Woche zu betrachten (OGH 13.9.2012, 8 Ob A 28/12 v).

Abweichende Regelungen, die den AN besser stellen, können im anzuwendenden KV enthalten sein (z.B. Freizeit während der Kündigungsfrist auch bei Kündigung durch den AN).

Vor dem Inkrafttreten des ARÄG 2000 stand die Freizeit auch bei Selbstkündigung zu. Zu dieser älteren Rechtslage hat der OGH die Auffassung vertreten, dass der Anspruch auch bei befristeten Arbeitsverhältnissen zusteht (OGH 9 Ob A 604/92). Zum Arbeiter-KV für die Metallindustrie, der ebenso einen Freizeitanspruch bei Selbstkündigung einräumt, wurde ebenfalls diese Auffassung vertreten (OGH 9 Ob A 148/07 s).

Der Zeitpunkt der Inanspruchnahme ist zwischen dem AN und dem AG zu vereinbaren. Ein vom AN mit dem Hinweis auf die besondere Dringlichkeit verlangter Tag kann nur bei zwingenden betrieblichen Interessen vom AG abgelehnt werden. Bei Nichtgewährung der verlangten Freizeit steht ein Ersatzanspruch in Geld zu (der lohnsteuerpflichtig, aber beitragsfrei nach § 49 Abs. 3 Z 7 ASVG ist – OGH 18.10.2006, 9 Ob A 131/05 p).

Der Freizeitanspruch soll die Suche nach einem neuen Arbeitsplatz ermöglichen. Seit 1.8.1993 fehlt jedoch im Gesetz die ausdrückliche Zweckwidmung der Freizeit während der Kündigungsfrist zur Postensuche. Daher ist die Freizeit auf Verlangen des AN jedenfalls auch dann zu gewähren, wenn der AN keinen neuen Posten sucht.

Die einseitige Inanspruchnahme der Freizeit ist grundsätzlich ein **Entlassungsgrund**. Dabei ist jedoch das besondere Interesse des AN am Auffinden eines neuen Arbeitsplatzes bzw. der Existenzgründung zu berücksichtigen. Ein Entlassungsgrund wird daher im konkreten Einzelfall nur dann gegeben sein, wenn das Fernbleiben nicht mit dringender **Postensuche** begründet werden kann.

Wird eine Urlaubsvereinbarung für mehrere Wochen abgeschlossen, so kann der AN nicht nach Abschluss der Urlaubsvereinbarung für jene Wochen, für die eine

Urlaubsvereinbarung vorliegt, Freizeit während der Kündigungsfrist begehren (OGH 13.9.2012, 8 Ob A 28/12 v).

Einschlägige Judikatur

- *Bei Vorliegen besonderer Umstände (nur mehr drei halbe Arbeitstage zwischen Genesung und Ende der Kündigungsfrist) kann der Vorwurf, vor der Inanspruchnahme der Freizeit zur Postensuche nicht rechtzeitig das Einvernehmen mit dem AG hergestellt zu haben, eine Entlassung nicht rechtfertigen (Arb 8.329).*
- *Falls der AG der Inanspruchnahme von Arbeitssuchtagen nicht zustimmt, vermag dies eine Entlassung nicht zu rechtfertigen, wenn der AN annehmen konnte, dass der AG bei Kenntnis der Sachlage seine Einwilligung erteilt hätte. Zu einer solchen Annahme ist der AN berechtigt, nachdem er bereits einzelne in einer Liste angeführte Arbeitssuchtage mit zumindest faktischer Genehmigung des AG in Anspruch genommen hatte und der AG auf die Frage, wie das mit den weiteren Arbeitssuchtagen sei, erklärte, „das gehe jetzt so weiter" (Arb 9.905).*
- *Für Postensuchtage muss ein Verlangen des AN in entsprechend deutlicher Form vorliegen, damit der Naturalanspruch auf Dienstfreistellung gegenüber dem AG effektuiert wird. Ist das Nichtverlangen nicht in der Sphäre des AG, sondern des AN selbst gelegen, hat er dies selbst zu vertreten (OLG Innsbruck, 15 Ra 178/96).*
- *Für den Zeitraum, für den Kündigungsentschädigung zu bezahlen ist, besteht kein Anspruch auf Abgeltung von Postensuchfreizeit (OGH 8 Ob A 174/00 x = ARD 5190/1/ 2001 – siehe 42.7.5.2).*

41.1.5 Details zur Kündigungsfrist und Folgen der Nichteinhaltung

Zwischen dem Ausspruch der Kündigung und dem **Kündigungstermin** (z.B. Quartal oder das Ende der Lohnwoche nach manchen Arbeiter-KV) muss die komplette Kündigungsfrist bei einer ordnungsgemäßen Kündigung ablaufen können (siehe 41.1).

Im Arbeitsrecht bestehen zahlreiche verschiedene **Kündigungsfristen**. Im Einzelfall ist die Kündigungsfrist dem jeweils anzuwendenden Gesetz (z.B. § 20 AngG, § 77 GewO 1859, §§ 1159 bis 1159c ABGB, im Konkursfall § 25 KO) sowie dem KV und allenfalls dem Arbeitsvertrag zu entnehmen. Welche der dort vorgesehenen Kündigungsfristen anzuwenden ist, hängt meistens von folgenden Kriterien ab:

a) wer kündigt (AN oder AG),

b) Status des AN (Angestellter oder Arbeiter – Lehrverhältnisse können nicht gekündigt werden),

c) Dauer der Betriebszugehörigkeit.

Kündigungsfrist bei Arbeitern

Bei Arbeitern sind die Kündigungsfristen meistens im anzuwendenden KV geregelt. Falls der KV keine Kündigungsbestimmungen enthält oder kein KV anwendbar ist und keine spezielle gesetzliche Regelung vorliegt (z.B. § 18 Hausbesorgergesetz), ist nach § 77 GewO 1859 eine 14-tägige Kündigungsfrist bei Kündigung durch den AG sowie durch den AN (ohne bestimmten Termin) einzuhalten. Bei

Behinderten hat die Kündigungsfrist im Fall der Kündigung durch den AG mindestens vier Wochen zu dauern (§ 8 Abs. 1 BEinstG), sofern diese nach Zustimmung des Behindertenausschusses zulässig ist (siehe 41.7.1).

Da der § 77 GewO 1859 nicht zwingend ist, kann der KV auch eine kürzere Kündigungsfrist vorsehen (OGH 7.7.2004, 9 Ob A 25/04 y, ARD 5519/1/2004). Einige KV haben davon Gebrauch gemacht und sehen beispielsweise keine Kündigungsfrist vor (entfristete Kündigung – z.B. KV für Denkmal-, Fassaden- und Gebäudereiniger für das 1. Arbeitsjahr). Nach der Auffassung des OGH kann auf Grund des Fehlens einer Kündigungsfrist kein Unterschied zwischen der außerordentlichen und der ordentlichen Beendigung des Arbeitsverhältnisses bestehen. Diese Auffassung führt zu dem Ergebnis, dass die aliquoten Sonderzahlungen und die Ersatzleistung auch bei einem ungerechtfertigten vorzeitigen Austritt des AN, aber auch bei einer gerechtfertigten und verschuldeten Entlassung zustehen (OGH 8 Ob A 181/97 v = infas 1/98, A 21). Dies führt zu äußerst unbefriedigenden Ergebnissen (keinerlei Sanktionsfolgen bei einer Entlassung trotz etwa schwer wiegendem strafbaren Verhalten im Dienst), ist aber derzeit als aktuelle Rechtsprechung zu beachten.

Zur Frage, ob die Dauer des Lehrverhältnisses auf die für die Länge der Kündigungsfrist maßgebliche Gesamtdauer des Arbeitsverhältnisses anzurechnen ist, geht die Rechtsprechung davon aus, dass die Formulierung der jeweiligen kollektivvertraglichen Bestimmung über die Kündigung genau zu prüfen ist. Ergeben sich keine Anhaltspunkte, dass das Lehrverhältnis eingerechnet werden soll, weil nur das Arbeitsverhältnis im engeren Sinne in der gegenständlichen kollektivvertraglichen Bestimmung angesprochen wird, so kann keine Einrechnung der Dauer des Lehrverhältnisses auf die Gesamtdauer des Arbeitsverhältnisses erfolgen (OGH 9 Ob A 72/87 zu § 16 des KV für das holz- und kunststoffverarbeitende Gewerbe; das gegenteilige Ergebnis für den KV für Arbeiter im eisen- und metallverarbeitenden Gewerbe wird mit dem dort verwendeten Begriff „Betriebszugehörigkeit" begründet – OGH 8 Ob S 10/07 i).

Ob bei der Kündigung eines Arbeiters ein Kündigungstermin einzuhalten ist, ergibt sich aus der jeweils anzuwendenden Kündigungsregelung. Falls ein KV auf das „Ende der Lohnwoche" verweist, so ist das Wochenende ebenso als Teil der Lohnwoche anzusehen (OGH 8 Ob A 57/99 m). Dies könnte etwa bei einem **Abfertigungsanspruch** relevant sein (Vollendung eines Arbeitsjahres am Wochenende).

Unter dem „Ende der Arbeitswoche" ist hingegen der im Betrieb übliche letzte Arbeitstag der Woche zu verstehen (OGH 8 Ob A 31/04 y – zum KV für das holz- und kunststoffverarbeitende Gewerbe).

Kündigungsfrist bei Angestellten

Zum Kündigungstermin bei Angestellten siehe 14.5.

Für Angestellte sind die Kündigungsfristen im § 20 AngG geregelt. Auch hier sind abweichende (insbesondere vertragliche) Regelungen zu beachten. Die Dauer der

Kündigungsfristen richtet sich nach der Dienstzeit am Tag, an dem der Ausspruch der Kündigung spätestens möglich ist (OGH 21.9.1982, 4 Ob 99/82, Arb 10.184). Beträgt die vereinbarte oder tatsächlich geleistete Arbeitszeit des Angestellten bezogen auf den Monat weniger als 1/5 des 4,3fachen der durch Gesetz oder KV vorgesehenen wöchentlichen Normalarbeitszeit, so ist der § 20 AngG nicht anzuwenden (wenn etwa in der betreffenden Branche die 40-Stunden-Woche gilt, ist wie folgt zu rechnen: 40 × 4,33 : 5 = 34,4 Stunden; d.h. wenn der Angestellte im Monat weniger als 34,4 Stunden arbeitet, ist im Fall der Kündigung der § 20 AngG nicht anzuwenden). Anstelle des § 20 AngG sind in diesen Fällen die Bestimmungen der §§ 1159 und 1159a bis c ABGB heranzuziehen. Demnach wird meist nach § 1159b ABGB eine 14-tägige Kündigungsfrist oder, falls der zu kündigende AN Arbeiten höherer Art ausübt, eine Kündigungsfrist von mindestens vier Wochen einzuhalten sein.

Die Kündigungsfrist beginnt erst nach dem Tag zu laufen, an dem die Kündigung mündlich ausgesprochen oder zugestellt wurde (zum Zugang einseitiger Willenserklärungen siehe 35.). Für die Dauer der Kündigungsfrist sind nur die im Angestelltenverhältnis beim selben AG zurückgelegten Zeiten maßgeblich (OGH 29.3.2001, 8 Ob S 291/00 b).

Fehlt eine Arbeitszeitvereinbarung, so wird auf den normalen Arbeitsbedarf im Zeitpunkt des Vertragsabschlusses abgestellt. In der Folge wird auch der Durchschnitt des geleisteten Arbeitsausmaßes zur Klärung der Arbeitszeitgrenze herangezogen (OGH 24.10.2011, 8 Ob S 5/11 k; *Rauch*, PV-Info 2/12, 20).

Geht der AG beim Ausspruch der Kündigung von einer falschen Kündigungsfrist aus, so ist der AN nicht aus der **Treuepflicht** gebunden, den AG darüber aufzuklären (OGH 15.10.1974, 4 Ob 60/74, Arb 9.259). Umgekehrt besteht auch eine solche Verpflichtung des AG nicht, falls der AN zeitwidrig kündigt (OGH 8 Ob A 2134/96 y).

Einvernehmliche Kürzung der Kündigungsfrist

Kollektivvertragliche Kündigungsfristen sowie die Kündigungsfristen des AngG sind zwingend und können daher im Arbeitsvertrag keine abweichenden Vereinbarungen getroffen werden. Jedoch kann nach Ausspruch der Kündigung durch den AN oder den AG vereinbart werden, dass eine kürzere als die gesetzlich bzw. kollektivvertraglich vorgesehene Kündigungsfrist eingehalten wird (OLG Wien 10 Ra/03v = ARD 5519/2/2004 bestätigt durch OGH 8 Ob A 62/04 g, 8 Ob A 42/06 v). Dies sollte schriftlich festgehalten werden. Insbesondere falls bei der Kündigung durch den AN die Kündigungsfrist einvernehmlich gekürzt werden soll, empfiehlt es sich, dies exakt schriftlich festzuhalten. Andernfalls könnte die Auflösung des Arbeitsverhältnisses in eine einvernehmliche Lösung umgedeutet werden. Dies hätte (bei Anwendbarkeit des Systems Abfertigung alt) einen **Abfertigungsanspruch** gegen den AG zur Folge. Außerdem müsste der AG die Auflösungsabgabe (siehe 41.4) entrichten.

> ***Muster für die Vereinbarung einer kürzeren Kündigungsfrist***
>
> *Es wird einvernehmlich festgehalten, dass Frau/Herr .... am .... mündlich (mittels Schreiben vom ...., uns zugestellt am ....) gekündigt hat. Das Arbeitsverhältnis würde daher nach den gesetzlichen (oder kollektivvertraglichen) Bestimmungen am .... enden. Auf ausdrücklichen Wunsch des AN vereinbaren hiermit der AN und der AG, dass das Arbeitsverhältnis bereits am .... endet. Die Kündigungsfrist wird daher einvernehmlich verkürzt. AN und AG sind somit ausdrücklich damit einverstanden, dass das Arbeitsverhältnis bereits am .... endet.*
>
> ....
> *Unterschrift des AN*   *Unterschrift des AG*
> ...., am ....

Eine im ausschließlichen Interesse des AG liegende vertragliche Verkürzung der Kündigungsfrist verstößt gegen zwingendes Recht und ist daher rechtsunwirksam (ASG Wien 15 Cga 88/99 s = ARD 5203/3/2001).

Gewarnt wird vor einer Verlängerung der Kündigungsfrist nach einer AN-Kündigung, da die Rechtsprechung (Arb 8150, OGH 9 Ob A 63/89 = ARD 4078/11/89) in diesen Fällen bereits mehrfach von einer einvernehmlichen Lösung des Arbeitsverhältnisses und damit einem Abfertigungsanspruch ausgegangen ist (gegen den AG, wenn das System Abfertigung alt auf das Arbeitsverhältnis anzuwenden ist).

Eine Vereinbarung, die als bloße Verschiebung des Endtermins anzusehen ist, kann jedoch nicht als Umwandlung der AN-Kündigung in eine einvernehmliche Auflösung angesehen werden (OGH 29.8.2011, 9 Ob A 97/11 x).

Ausspruch der Kündigung mit irrtümlich zu kurzer Kündigungsfrist (zeitwidrige Kündigung):

Kündigt der AG mit zu kurzer Frist, so endet das Arbeitsverhältnis zum vorgesehenen Zeitpunkt, es besteht ein Anspruch auf Fortzahlung des Entgelts bis zu jenem Zeitpunkt, zu dem das Arbeitsverhältnis geendet hätte, wenn der AG ordnungsgemäß gekündigt hätte (**Kündigungsentschädigung** nach § 1162 ABGB bzw. § 29 AngG; OGH 3.3.2010, 9 Ob A 1/106). Der AN ist jedoch nicht verpflichtet, wieder die Arbeit aufzunehmen, da das Arbeitsverhältnis bereits beendet ist. Die Kündigungsentschädigung wird jedoch mit der vorzeitigen Beendigung des Arbeitsverhältnisses (bis zu drei Monatsentgelten) fällig. Hätte der AN im Falle einer ordnungsgemäßen Kündigung keinen Entgeltanspruch gehabt (etwa weil auf Grund eines lang andauernden Krankenstandes kein Anspruch auf Entgeltfortzahlung mehr besteht), so ist auch im Fall der zeitwidrigen Kündigung kein Anspruch auf Kündigungsentschädigung gegeben. Der AN ist nach der Rechtsprechung nicht verpflichtet, den AG über die zu kurze Kündigungsfrist aufzuklären (siehe dazu im Folgenden, Näheres zur Kündigungsentschädigung unter 42.7.6.2).

Wenn der Gekündigte zweifelsfrei erkennen konnte, dass sein Vertragspartner tatsächlich unter Einhaltung der gesetzlichen Bestimmungen kündigen wollte und die Nennung eines verfehlten Kündigungstermins oder einer verkürzten Kündigungsfrist somit Folge einer unrichtigen Wissenserklärung ist, kann eine Wirkung erst zum nächstzulässigen Kündigungstermin angenommen werden (OGH 3.3.2010, 9 Ob A 1/10 b).

Kündigt der AN mit zu kurzer Frist oder ohne Einhaltung einer Frist, so wird zumeist von einem **ungerechtfertigten vorzeitigen Austritt** auszugehen sein (siehe 44.4). Kein ungerechtfertigter vorzeitiger Austritt liegt vor, wenn der AG mit der verkürzten Frist einverstanden war. Ist daher der AG mit der verkürzten Frist nicht einverstanden, so sollte er Äußerungen unterlassen, die in einem allfälligen arbeitsgerichtlichen Verfahren als Zustimmung des AG zu einer Kündigung des AN mit verkürzter Frist ausgelegt werden können („wenn es sein muss, so gehen Sie halt"). Da der OGH (15.10.1974, 4 Ob 60/74, Arb 9.259) davon ausgeht, dass der AN den AG über die zu kurze Kündigungsfrist nicht aufklären muss, ist auch umgekehrt nicht von einer Aufklärungspflicht des AG auszugehen (OGH 8 Ob A 2134/96 y). Vorsichtshalber sollte jedoch zumindest das fehlende Einverständnis mit dem vorzeitigen Verlassen des Betriebes entsprechend zum Ausdruck gebracht werden.

Falls sich der AG und der AN nach dem Ausspruch einer zeitwidrigen Kündigung einigen, dass das Arbeitsverhältnis bis zum zutreffenden Ende (entsprechend den gesetzlichen bzw. kollektivvertraglichen Bestimmungen über die einzuhaltende Kündigungsfrist und den zu beachtenden Kündigungstermin) fortgesetzt wird, so besteht kein Anspruch auf eine Kündigungsentschädigung (OGH 8 Ob A 155/97 w).

Wird irrtümlich ein falscher Kündigungstermin angegeben und ist dieser Irrtum erkennbar und wird überdies der Irrtum (vor dem falschen Termin) aufgeklärt, so hat die Mitteilung eines falschen Termins keine Rechtsfolgen (OGH 9 Ob A 115/01 d = infas/2002, A 28).

Einschlägige Judikatur

- *Bei Vorliegen eines Entlassungsgrundes kann statt der Entlassung auch eine Kündigung mit einer verkürzten Kündigungsfrist ausgesprochen werden (Arb 6.391, 7.255 – empfohlen wird jedoch, bei Vorliegen von Entlassungsgründen stets eine Entlassungserklärung auszusprechen).*
- *Im Fall einer Kündigung mit einer kürzeren als der gesetzlichen oder vertragsmäßigen Frist ist die Regelung des § 29 AngG (Kündigungsentschädigung) analog anzuwenden (Arb 8.669).*
- *Die zeitwidrige Kündigung löst das Arbeitsverhältnis zum verfehlten Kündigungstermin auf. Aus dem bloßen Stillschweigen des AN zu einem verfehlten Kündigungstermin kann mangels Vorliegen der Voraussetzungen des § 863 ABGB keineswegs schon der zwin-*

gende Schluss gezogen werden, er sei mit dem verfehlten Termin oder gar mit der Kündigung einverstanden. Der AN ist nicht zu einem Widerspruch gegen eine rechtswidrige Kündigung verpflichtet und darf auch grundsätzlich darauf vertrauen, dass Erklärungsinhalt und Erklärungswille übereinstimmen. Auch die Treuepflicht des AN verpflichtet diesen nicht zur Aufklärung seines AG über die Zeitwidrigkeit der Kündigung (Arb 9.259).

- *Wenn der AG erklärt, das Arbeitsverhältnis sofort aufzulösen, so ist der AN mit Zugang dieser Willenserklärung zu weiteren Arbeitsleistungen nicht mehr verpflichtet. Der AG kann die bereits eingetretenen Folgen seines Verhaltens nicht mehr durch die Aufforderung an den AN, die Arbeit wieder aufzunehmen, rückgängig machen (Arb 9.473).*

41.1.6 Handlungsunfähigkeit des AN

41.1.6.1 Altersgrenzen

Personen, die das 14. Lebensjahr vollendet haben (mündige Minderjährige), sind **beschränkt geschäftsfähig**, können jedoch selbständig einen Arbeitsvertrag kündigen bzw. auflösen (sowie auch selbst einen Arbeitsvertrag abschließen). Ausgenommen hiervon sind auf Provisionsbasis beruhende Versicherungsvermittlungsverträge. Für den Abschluss dieser Verträge benötigt daher der mündige Minderjährige die Zustimmung des gesetzlichen Vertreters (OGH 8 Ob A 68/04i = ARD 5535/1/2004).

Unabhängig davon ergeben sich jedoch aus dem KJBG (siehe 30.9) bestimmte Einschränkungen bei der **Beschäftigung Minderjähriger**. Demnach können Personen, die das 15. Lebensjahr noch nicht vollendet haben (oder ihre Schulpflicht später beenden), nur in wenigen Ausnahmefällen beschäftigt werden.

Das BAG sieht vor, dass im Fall der Minderjährigkeit (seit 1.7.2001 bis zum vollendeten 18. Lebensjahr) der Lehrvertrag vom gesetzlichen Vertreter (die Eltern bzw. der Vormund), dem **Lehrling** und dem Lehrberechtigten zu unterfertigen ist (siehe 52.). Dies gilt auch für die einseitige Auflösung des Lehrverhältnisses durch den Lehrling (vorzeitiger Austritt und Beendigung während der Probezeit), die schriftlich zu erfolgen hat und vom gesetzlichen Vertreter und vom Lehrling zu unterschreiben ist. Fehlt die Schriftform oder die Mitunterfertigung durch den gesetzlichen Vertreter (trotz Minderjährigkeit des Lehrlings), so ist von der Rechtsunwirksamkeit des Rechtsgeschäftes auszugehen, falls der Mangel in absehbarer Zeit (so genannte „**Aufgriffsobliegenheit**" – siehe 29.5), beanstandet wird (z.B. Klage auf Feststellung des aufrechten Bestandes des Arbeitsverhältnisses bei mangelhafter Auflösungserklärung).

Dazu ein Beispiel:
Ein AG schließt mit einem 16-jährigen AN einen Arbeitsvertrag ab. Während der vereinbarten Probezeit von einem Monat löst der AN das Arbeitsverhältnis durch mündliche Erklärung auf. Seine Eltern wirken bei diesen Rechtsgeschäften nicht mit. In diesem Fall ist weder der Arbeitsvertrag noch die Auflösungserklärung mit einem Mangel behaftet, weil der beschränkt geschäftsfähige AN Arbeitsverträge ohne Geneh-

migung des gesetzlichen Vertreters abschließen und auflösen kann (anders wäre dies bei einem minderjährigen Lehrling, weil hier Schriftlichkeit und Mitunterfertigung durch die Eltern geboten ist; bei Volljährigkeit des Lehrlings entfällt zwar die Mitunterfertigung durch die Eltern, aber die Schriftform ist jedenfalls erforderlich).

41.1.6.2 Einschränkungen der Handlungsfähigkeit bei Volljährigen

In der Praxis kommt es immer wieder vor, dass ein AN eine Erklärung abgibt, die nachteilige Rechtsfolgen für ihn herbeiführt. In der Folge wird erklärt, der AN sei durch ein psychisches Leiden nicht in der Lage gewesen, seine Vernunft zu gebrauchen, daher könne die Erklärung keine Rechtswirkungen entfalten.

Dazu ein Beispiel:
Eine Ladnerin in einer Bäckerei erklärte (nachdem das Arbeitsverhältnis bereits fünf Jahre gedauert hatte), dass sie nicht mehr arbeiten wolle. Der AG klärte sie daraufhin über die einzuhaltende Kündigungsfrist und die Rechtsfolgen ihrer Missachtung auf (obwohl er hierzu nicht verpflichtet wäre). Die AN stellte dennoch die Arbeit ein und verließ ihren Arbeitsplatz. Das Arbeitsverhältnis wurde daraufhin auf Grund eines ungerechtfertigten vorzeitigen Austritts (insbesondere ohne Abfertigung und ohne Vergütung des Resturlaubs aus dem letzten Arbeitsjahr) abgerechnet. In der Folge ging dem Bäckermeister eine Klage auf Feststellung des aufrechten Arbeitsverhältnisses zu. Behauptet wurde in der Klagsschrift, die AN sei zum Zeitpunkt ihrer Erklärung, das Arbeitsverhältnis sofort zu beenden, unfähig gewesen, die Bedeutung ihrer Erklärung zu erkennen, da sie an Depressionen und Angstzuständen litt. Daraus ergäbe sich aus rechtlicher Sicht eine Handlungsunfähigkeit und damit die Rechtsunwirksamkeit der Auflösungserklärung. Daher sei das Arbeitsverhältnis aufrecht. Zum Beweis wurde eine kurze handschriftliche Bestätigung eines psychischen Leidens durch einen behandelnden Arzt an das Gericht übermittelt.

Zu diesem Fall (bei dem der Autor als Vertreter des AG tätig war) ist zunächst anzumerken, dass eine kurze Mitteilung eines behandelnden Arztes (die dem AN eine Geschäftsunfähigkeit bescheinigt) nicht als ausreichende und objektivierte Grundlage für die Klärung der Frage der Handlungsfähigkeit angesehen werden kann.

Überdies zeigt die ständige Rechtsprechung des OGH, dass die (letztlich nicht von einem Arzt zu klärende) Rechtsfrage der Handlungsfähigkeit einer detaillierten Analyse bedarf und nicht jede Einschränkung des Gebrauchs der Vernunft zum Verlust der Handlungsfähigkeit führt. So entschied der OGH mehrfach, dass auch bei eingeschränkter Diskretions- und Dispositionsfähigkeit nicht von einer Beschränkung der Handlungsfähigkeit ausgegangen werden kann, sofern der Geisteszustand noch demjenigen eines mündigen Minderjährigen (vollendetes 14. bis vollendetes 18. Lebensjahr) entspricht (OGH 8 Ob A 223/95 und 8 Ob A 285/97).

In Fällen wie dem zuvor dargestellten Fall ist die Einholung eines Sachverständigengutachtens erforderlich, da schriftlichen Mitteilungen privater Ärzte kein entsprechender Beweiswert zukommen kann bzw. solche Äußerungen die erforderliche Objektivität nicht gewährleisten. Von entscheidender Bedeutung wäre daher schließlich in der Folge das Ergebnis des eingeholten Sachverständigengutachtens.

Jedenfalls ist die fehlende Zurechnungsfähigkeit vom AN zu beweisen (OGH 8 Ob A 207/02 b).

Zusammenfassend ist daher festzuhalten, dass rechtserhebliche Erklärungen mit einem Hinweis auf eine Gemütsaufregung bzw. einen angegriffenen psychischen Zustand nicht ohne weiteres „beseitigt" werden können. Zu beachten ist aber auch, dass dies ebenso für AG gilt (etwa bei einer unbedachten Entlassungserklärung im Zuge eines Wutausbruches).

41.1.7 Teilkündigung

Eine Kündigung eines Teils der Rechte und Pflichten aus dem Arbeitsverhältnis ist nur in Ausnahmefällen zulässig. Es muss sich dabei um eine bestimmte Arbeitsleistung handeln, die im Rahmen eines bestehenden Arbeitsverhältnisses zusätzlich vereinbart wird und eine gewisse Eigenständigkeit aufweist sowie gesondert entlohnt wird (Arb 10.038, OGH 9 Ob A 98/98 x). So wurde etwa eine Entsendungsvereinbarung, die auf einer einem eigenen rechtlichen Schicksal zugänglichen Zusatzvereinbarung beruhte, als gesondert kündbar angesehen (OGH 9 Ob A 164/88). Die Rechtsprechung vertritt weiters die Auffassung, dass für die Teilkündigung das Verständigungsverfahren nach § 105 ArbVG (siehe 41.1.1) und die Kündigungsfrist einzuhalten sind (OGH 9 Ob A 119/05 y, 9 Ob 5 b).

41.2 Verschlechterungsvereinbarung und Änderungskündigung

In der Praxis kommt es öfters vor, dass auf Grund einer Verschlechterung der Wirtschaftslage die betriebliche Notwendigkeit besteht, eine Änderung der Arbeits- und Entgeltbedingungen herbeiführen zu müssen, wobei solche so genannten „Verschlechterungsvereinbarungen" von der Judikatur unter gewissen Voraussetzungen anerkannt werden (jedenfalls gibt es kein allgemeines „Verschlechterungsverbot" – OGH 9 Ob A 232/99 d = ARD 5079/5/99, 9 Ob A 58/03 z). Da es immer wieder vorkommt, dass solche Vereinbarungen ohne Beachtung der von der Rechtsprechung ausgearbeiteten engen Grenzen abgeschlossen werden, soll im Folgenden ein Überblick zu diesen Schranken geboten werden.

Noch nicht fällige Ansprüche im aufrechten Arbeitsverhältnis

Falls das Arbeitsverhältnis noch aufrecht ist, kann der AN nicht rechtswirksam auf Ansprüche oder Teile von Ansprüchen verzichten. Die Rechtsprechung nimmt an, dass der AN bei aufrechtem Arbeitsverhältnis auf Grund der wirtschaftlichen Abhängigkeit vom AG unter einem erheblichen Druck steht (**„Drucktheorie"**) und daher bei Abgabe einer **Verzichtserklärung** nicht frei sein kann. Diese Drucktheorie ist allerdings nur auf bereits fällig gewordene Ansprüche anzuwenden (Arb 9.188, 9.314, 9.999; OGH 9 Ob A 168/93, 9 Ob A 111/95, 9 Ob A 89/98 y u.a.). Zulässig wäre daher ein Verzicht (bzw. eine Verschlechterung) auf noch nicht fällige Ansprüche auf Grund einer Vereinbarung zwischen AG und AN (Verschlechterungsvereinbarung). Die Verschlechterung darf sich jedoch nicht auf zwingende Mindestansprüche beziehen (siehe im Folgenden).

Beispiel:
Im Jänner 2004 ist die Vereinbarung einer Verschlechterung des monatlichen Gehalts von € 2.900,– brutto auf € 2.500,– brutto ab Februar 2004 zulässig, weil diese Teil-Ansprüche (€ 400,– pro Monat ab 2/2004) noch nicht fällig sind. Es darf jedoch ein kollektivvertragliches Mindestentgelt nicht unterschritten werden.

Beendetes Arbeitsverhältnis

Bei oder nach der Auflösung eines Arbeitsverhältnisses ist der Verzicht auf bereits entstandene Ansprüche zulässig, weil die Drucksituation (Gefahr des Verlustes des Arbeitsplatzes) nicht mehr gegeben ist. Die Rechtsprechung geht davon aus, dass eine „wirtschaftliche Beendigung" des Arbeitsverhältnisses ausreicht (beispielsweise eine einvernehmliche Auflösung mit gütlicher Einigung über offene Ansprüche und Dienstfreistellung bis zum formellen Ende – OGH 19.4.1966, 4 Ob 21/66, Arb 8.222, OGH 27.3.2002, 9 Ob A 301/01 g). Andererseits wurde aber ein Druck angenommen, wenn das Arbeitsverhältnis bereits einvernehmliche beendet und die Endabrechnung übergeben wurde und die AN noch vor der Auszahlung auf „weitere Ansprüche" verzichtet hat (OGH 4.3.2013, 8 Ob A 10/13 y). Der Druck soll hier darauf beruhen, dass die Endabrechnungsbeträge noch nicht ausbezahlt waren.

Im Übrigen kann der Verzicht auf die Ausstellung eines Dienstzeugnisses ebenso rechtswirksam erfolgen (OGH 29.6.2005, 9 Ob A 10/05 v). Auch auf die Abfertigung kann der ehemalige AN rechtswirksam verzichten (OLG Wien 15.9.2005, 10 Ra 69/05 y, ARD 5688/4/2006).

Nach § 20 Hausgehilfen- und Hausangestelltengesetz ist eine während oder innerhalb von einer Woche nach Auflösung des Arbeitsverhältnisses vom Hausgehilfen bzw. vom Hausangestellten abgegebene Erklärung über Entgeltansprüche rechtsunwirksam (siehe auch *Rauch*, Vergleich und Verzicht bei arbeitsrechtlichen Ansprüchen, ASoK 10/06, 369 ff.).

Zwingende Mindestansprüche

Die wichtigsten arbeitsrechtlichen Ansprüche sind dadurch gekennzeichnet, dass sie dem AN „zwingend" zustehen (siehe 14.1). Da das Gehalt nur bis zu einer bestimmten Höhe (**kollektivvertragliches Mindestentgelt**) zwingend zusteht, ist insoweit eine Verschlechterung zulässig (siehe auch das zuvor dargestellte Beispiel).

Verschlechterungsvereinbarungen können sich daher vor allem auf freiwillige Leistungen (nicht im KV vorgesehene Zahlungen und Prämien) und Gehaltsteile, die über dem kollektivvertraglichen Mindestentgelt liegen, beziehen. Bei freiwilligen Leistungen genügt nur dann ein bloßer einseitiger Widerruf des AG, wenn ein Widerrufsvorbehalt ausdrücklich vereinbart oder (in regelmäßigen Abständen) wiederholt mitgeteilt wurde (siehe 14.15).

Gleichbehandlungsgebot

Wird eine Verschlechterungsvereinbarung mit der Mehrzahl der AN abgeschlossen und eine Minderheit, der kein Verschlechterungsangebot unterbreitet wurde, erhält (ohne sachlichen Grund) etwa weiterhin ein 15. Gehalt, so liegt ein Verstoß gegen das Gleichbehandlungsgebot vor. Es wäre aber auch unzulässig, für Verschlechterungen nur bestimmte Gruppen von AN heranzuziehen (z.B. die Teilzeitbeschäftigten). Eine Ausnahme von BR-Mitgliedern von allgemeinen Schlechterstellungen ist ebenso unzulässig, da BR-Mitglieder nicht besser wie die restliche Belegschaft zu behandeln sind (OGH 8 Ob A 266/97 v = ecolex 1998, 938).

List und Zwang

Die Verschlechterungsvereinbarung darf nicht durch Drohungen mit rechtswidrigen Maßnahmen oder etwa durch eine falsche Darstellung über die wirtschaftliche Situation des Betriebes bewirkt werden. In beiden Fällen wäre die Verschlechterungsvereinbarung sittenwidrig (§ 879 ABGB).

Versetzung

Falls die Verschlechterungsvereinbarung eine Versetzung des AN (§ 101 ArbVG; siehe 29.) zum Gegenstand hat und im Betrieb ein BR eingerichtet ist, so ist neben der Vereinbarung mit dem AN auch die Zustimmung des BR erforderlich, wenn die verschlechternde Versetzung voraussichtlich mindestens 13 Wochen dauert.

Im Übrigen sind die Befugnisse des BR im Bereich von Entgeltregelungen wegen des Vorranges des KV sehr gering (OGH 8 Ob A 35/98 z).

Änderungskündigung

Falls der AN das Verschlechterungsangebot des AG ablehnt und daher eine Verschlechterungsvereinbarung nicht zustande kommen kann, so kann der AG eine Änderungskündigung aussprechen. Dies ist auch dann zulässig, wenn vor Ausspruch der Kündigung noch kein Einigungsversuch vorgenommen bzw. keine Verschlechterung angeboten wurde (siehe dazu im Folgenden).

Die Änderungskündigung ist eine Kündigung des AG, die mit dem Angebot einer bestimmten Kürzung der Ansprüche des AN verbunden wird. Falls der AN das Angebot annimmt, gilt die Kündigung als nicht ausgesprochen. Das Arbeitsverhältnis wird daher unter den geänderten Bedingungen fortgesetzt. Wird jedoch das Angebot nicht angenommen, so ist das Arbeitsverhältnis nach Ablauf der Kündigungsfrist beendet.

Die Änderungskündigung ist daher ein zulässiges Druckmittel zum Abschluss einer Verschlechterungsvereinbarung. Sie kann daher nicht als **Motivkündigung** angefochten werden (z.B. OGH 17.12.2013, 8 Ob A 37/13 v – siehe 41.8.3). Die Änderungskündigung kann jedoch (wie jede Kündigung) wegen **Sozialwidrigkeit** angefochten werden (OGH 9 Ob A 142/97 s; OGH 8 Ob A 80/99 v; zur sozialwidrigen Kündigung siehe 41.8.4) und gilt der besondere Kündigungsschutz (z.B. für einen begünstigten Behinderten – VwGH 2005/11/0088 = ARD 5903/4/2008). Eine Änderungskündigung ist nicht betriebsbedingt, wenn die Gehaltsreduktion nur bei einem AN vorgenommen werden soll (OGH 9 Ob A 199/01 g – zum besonderen Kündigungsschutz siehe 40.2). Entscheidend ist, ob dem AN die Annahme des Angebots zumutbar ist. Dies ist nicht der Fall, wenn erhebliche soziale Nachteile entstehen, die über die übliche Interessenbeeinträchtigung bei einer Kündigung hinausgehen (OGH 22.4.2010, 8 Ob A 23/10 f; 25.10.2011, 9 Ob A 15/11 p; 25.11.2011, 9 Ob A 84/11 k).

Die Behauptungs- und Beweislast für die Unzumutbarkeit der Annahme des Verschlechterungsangebotes obliegt dem AN (OGH 25.8.2014, 8 Ob A 51/14 d).

Der AG kann zunächst eine Kürzung arbeitsrechtlicher Ansprüche anbieten und bei Scheitern der angestrebten Verschlechterungsvereinbarung eine Änderungskündigung aussprechen. Es ist dem AG aber auch gestattet, sofort eine Änderungskündigung auszusprechen. Die Änderungskündigung ist also auch dann zulässig, wenn vor Ausspruch der Änderungskündigung die angestrebte Kürzung noch gar nicht angeboten oder erörtert wurde. Das Verschlechterungsangebot bessert jedenfalls die Prozessposition des AG im Verfahren wegen einer Kündigungsanfechtung wegen Sozialwidrigkeit, da der AG damit klarstellt, dass er vor der Beendigung des Arbeitsverhältnisses andere Wege zur Einsparung von Personalkosten beschreiten wollte bzw. der AN mangels Kompromissbereitschaft seinen Arbeitsplatz verloren hat.

Verschlechterungsvereinbarung

Es wird hiermit vereinbart, dass der monatliche Ist-Bruttolohn/monatliche Ist-Bruttogehalt von Frau/Herrn .... ab .... von € ...... auf € ...... herabgesetzt wird.

.............................., am ....

Ausdrücklich einverstanden: Unterschrift des AG

...

Unterschrift des AN

Änderungskündigung

Wir teilen Ihnen mit, dass wir Ihr Arbeitsverhältnis hiermit unter Einhaltung der vorgesehenen Frist zum .... (letzter Tag des Arbeitsverhältnisses) aufkündigen.

Sollten Sie sich mit der Herabsetzung Ihres monatlichen Ist-Bruttolohnes/ monatlichen Ist-Bruttogehaltes von € .... auf € .... ab .... einverstanden erklären, gilt die Kündigung als nicht ausgesprochen.

Ihr Einverständnis haben Sie uns schriftlich bis zum .... mitzuteilen.

............................, am ....

Unterschrift des AG

Einschlägige Judikatur

- Ein Verzicht des AN auf den den kollektivvertraglichen Mindestlohn übersteigenden Teil des Entgelts ist wirksam, es sei denn, dass er unter wirtschaftlichem Druck abgeschlossen wurde und deshalb nach § 870 ABGB ungültig ist. Ein die Gültigkeit von Verzichtserklärungen in Frage stellender wirtschaftlicher Druck ist nicht gegeben, wenn dem AN, der gekündigt werden könnte, freigestellt wird, gegen das ihm kollektivvertraglich zustehende, gegenüber dem bisher vereinbarten jedoch geringeren Entgelt weiterhin im Dienste zu verbleiben oder unter Wahrung seiner vollen Rechte auf Abfertigung etc. auszuscheiden (OGH 4 Ob 81/58).

- Für die Berechnung der SV-Beiträge ist nicht nur der tatsächlich gezahlte Lohn maßgebend, sondern, wenn er den tatsächlich gezahlten Lohn übersteigt, der Lohn, aus dessen Zahlung bei Fälligkeit des Beitrages ein Rechtsanspruch bestanden hat. Eine die zwingende Wirkung einer KV-Bestimmung über die Ist-Lohnerhöhung zeitlich undifferenziert ausschließende einzelvertragliche Vereinbarung ist daher ungültig. Eine so genannte Verschlechterungsvereinbarung, die die Herabsetzung des Lohnes außerhalb des kollektivvertraglichen Mindestlohnbereiches betrifft, die nach einer zum 1. Jänner durchgeführten kollektivvertraglichen Ist-Lohnerhöhung am darauf folgenden 1. Februar mit Wirkung vom 1. Februar vereinbart worden ist, ist jedoch zulässig. Einer einvernehmlichen Lohnherabsetzung durch eine Verschlechterungsvereinbarung nach der durch einen KV bewirkten Ist-Lohnerhöhung in Form der schillingmäßigen Aufrechterhaltung der an einem bestimmten Stichtag bestehenden Überzahlung stehen, sofern die Lohnherabsetzung im überkollektivvertraglichen Lohnbereich verbleibt, nicht jedenfalls zwingende Normen des Arbeitsrechts entgegen, sodass der nachträglich durch Verschlechterungsvereinbarung um die Ist-Lohnerhöhung reduzierte überkollektivvertragliche Lohn zur Beitragsbemessung heranzuziehen ist (VwGH 87/08/0121).

- Die einzige Möglichkeit, die Verschlechterung der Entgeltbedingungen rechtlich zulässig vorzunehmen, ist neben einer einvernehmlichen Vertragsänderung die Änderungskündigung (OGH 8 Ob A 35/98 z).

- Kündigungen dürfen nicht unter Bedingungen ausgesprochen werden. Dies ist nur dann zulässig, wenn der Eintritt der Bedingung vom Verhalten des AN abhängt, weil es sich *um eine Willensbedingung handelt und daher für den AN keine Ungewissheit eintritt (OGH 8 Ob A 7/04v = ARD 5499/8/2004).*

- *Die Vereinbarung der Rücknahme einer Entlassung bei gleichzeitiger Selbstkündigung des AN 2 Tage nach der Entlassung ist zulässig und liegt kein sittenwidriger Druck vor (OGH 9 Ob A 67/06 i = ARD 5733/9/2006).*

41.3 Frühwarnsystem

Dazu sieht das AMFG vor:

„45a. (1) Die Arbeitgeber haben die nach dem Standort des Betriebes zuständige regionale Geschäftsstelle des AMS durch schriftliche Anzeige zu verständigen, wenn sie beabsichtigen, Arbeitsverhältnisse

1. von mindestens 5 Arbeitnehmern in Betrieben mit in der Regel mehr als 20 und weniger als 100 Beschäftigten oder
2. von mindestens 5 v.H. der Arbeitnehmer in Betrieben mit 100 bis 600 Beschäftigten oder
3. von mindestens 30 Arbeitnehmern in Betrieben mit in der Regel mehr als 600 Beschäftigten oder
4. von mindestens 5 Arbeitnehmern, die das 50. Lebensjahr vollendet haben,

innerhalb eines Zeitraumes von 30 Tagen aufzulösen.

(2) Die Anzeige gemäß Abs. 1 ist mindestens 30 Tage vor der ersten Erklärung der Auflösung eines Arbeitsverhältnisses zu erstatten. (…)

(…)

(5) Kündigungen, die eine Auflösung von Arbeitsverhältnissen im Sinne des Abs. 1 bezwecken, sind rechtsunwirksam, wenn sie

1. vor Einlangen der in Abs. 1 genannten Anzeige bei der regionalen Geschäftsstelle des Arbeitsmarktservice oder
2. nach Einlangen der Anzeige bei der regionalen Geschäftsstelle des Arbeitsmarktservice innerhalb der gemäß Abs. 2 festgesetzten Frist ohne Zustimmung der Landesgeschäftsstelle gemäß Abs. 8 ausgesprochen werden.

Immer wieder kommt es vor, dass AN im Zuge eines betriebswirtschaftlich unvermeidlichen Personalabbaus ohne Beachtung des im § 45a AMFG normierten Verfahrens gekündigt werden. Dies hat zur Folge, dass alle Kündigungen rechtsunwirksam sind. Daraus ergibt sich, dass die rechtsunwirksam gekündigten AN durch Feststellungsklage den Fortbestand der Arbeitsverhältnisse erwirken können. Bleibt der rechtsunwirksam gekündigte AN durch längere Zeit untätig, so ist zu prüfen, ob das Verhalten des AN als stillschweigendes Einverständnis mit der Beendigung bzw. als Verzicht auf die Geltendmachung anzusehen ist (OGH 9 Ob A 322/99 i; siehe auch zur Aufgriffsobliegenheit bei einer Versetzung unter 29.5).

Weiters wird in diesem Zusammenhang oft übersehen, dass bei Vorhandensein eines zuständigen BR auch das Verständigungsverfahren nach § 105 Abs. 1 ArbVG für jede Kündigung durchzuführen ist (siehe 41.1.1). Dabei kann die Verständigung des BR über die beabsichtigten Kündigungen auch während des Laufes der

30-Tage-Frist zwischen der Verständigung des AMS und der ersten Auflösungserklärung erfolgen (ASG Wien 18 Cga 177/97 y = ARD 4968/1/98).

Ermittlung des Beschäftigtenstandes

Zum Stand der regelmäßig Beschäftigten im Sinne des § 45a AMFG zählen alle AN, einschließlich Lehrlinge und leitende Angestellte. Präsenz- bzw. Zivildiener und Karenzurlauber sind allerdings nur einmal zu berücksichtigen, d.h. die als Ersatz eingestellten AN sind nicht zu zählen (Durchführungserlass zu § 45a AMFG). Auch geringfügig Beschäftigte unterliegen den gesetzlichen Bestimmungen zum Kündigungsfrühwarnsystem (OGH 9 Ob A 2287/96 f). Für die Ermittlung des regelmäßigen Beschäftigtenstandes ist nach dem vorerwähnten Durchführungserlass der Durchschnitt der Beschäftigtenzahlen zu den letzten drei der Anzeige vorangegangenen Monatsenden heranzuziehen (pro Betrieb i.S.d. § 34 ArbVG – siehe 53.).

Saisonbetriebe

Saisonbetriebe sind von der **Anzeigepflicht** nicht ausgenommen. Für Saisonbetriebe besteht allerdings keine Anzeigepflicht, wenn Arbeitsverhältnisse von über 50-jährigen AN nach Saisonende beendet werden sollen (§ 45a Abs. 2 letzter Satz AMFG).

Von der Anzeigepflicht erfasste Auflösungen von Arbeitsverhältnissen

Der § 45a AMFG soll nur vom AG veranlasste Auflösungen von Arbeitsverhältnissen erfassen. Daher sind Kündigungen von AN nicht zu berücksichtigen. Einzubeziehen sind jedoch vom AG ausgehende **einvernehmliche Auflösungen** (OGH 8 Ob A 258/95, 9 Ob A 336/99 y = ARD 5127/14/2000). Demnach sind auch ungerechtfertigte Entlassungen sowie ein gerechtfertigter vorzeitiger Austritt aus Verschulden des AG vom Frühwarnsystem erfasst bzw. haben der Ablauf von befristeten Arbeitsverhältnissen, Lösungen von Arbeitsverhältnissen während der Probezeit und gerechtfertigte Entlassungen außer Betracht zu bleiben.

Für die Feststellung, ob eine anzeigepflichtige Auflösung von Arbeitsverhältnissen „innerhalb eines Zeitraumes von 30 Tagen" vorliegt, ist der jeweilige Zeitpunkt des beabsichtigten Ausspruchs der Kündigung (bzw. der Zeitpunkt des Abschlusses der einvernehmlichen Lösung) heranzuziehen.

Sukzessive Kündigungen

Beschäftigt der Betrieb mehr als 20 und weniger als 100 AN, so können alle 30 Tage vier Auflösungen vorgenommen werden (ohne Anzeige). Ein AG, der alle Arbeitsverhältnisse beenden will, kann nach erfolgter Anzeige nicht innerhalb der Sperrfrist zunächst vier AN kündigen und dann nach 30 Tagen die übrigen AN. Nach erfolgter Anzeige ist der Kündigungsvorgang bezüglich des Frühwarnsystems als Einheit zu sehen (OGH 8.7.1998, 9 Ob A 146/98 f).

Vorzeitige Kündigungen

Nach § 45a Abs. 8 AMFG kann der AG wichtige wirtschaftliche Gründe für den Ausspruch von **Massenkündigungen** vor Ablauf der 30-tägigen Frist geltend machen. Dabei ist auch zu berücksichtigen, ob dem AG die fristgerechte Anzeige der beabsichtigten Kündigungen möglich oder zumutbar ist. Über diesen Antrag auf **vorzeitige Kündigungen** entscheidet die Landesgeschäftsstelle des AMS.

Inhalt der Anzeige

Die Anzeige an die regionale Geschäftsstelle des AMS hat Angaben über die Gründe für die beabsichtigte Auflösung der Arbeitsverhältnisse und den Zeitraum, in dem diese vorgenommen werden soll, die Zahl und die Verwendung der regelmäßig beschäftigten AN, die Zahl und die Verwendung der von der beabsichtigten Auflösung der Arbeitsverhältnisse voraussichtlich betroffenen AN, das Alter, das Geschlecht, die Qualifikationen und die Beschäftigungsdauer der voraussichtlich betroffenen AN, weitere für die Auswahl der betroffenen AN maßgebliche Kriterien sowie die flankierenden sozialen Maßnahmen zu enthalten (insbesondere **Sozialplan**). Falls ein BR eingerichtet ist, so ist dieser über die geplante Auflösung von Arbeitsverhältnissen, die eine Meldepflicht nach dem Frühwarnsystem auslöst, in Kenntnis zu setzen (§ 109 Abs. 1 Z 1 a ArbVG). Diese Konsultation des BR ist gegenüber dem AMS im Zuge der Anzeige nachzuweisen (schriftliche Bestätigung des BR).

Eine Durchschrift der Anzeige ist vom AG gleichzeitig dem BR zu übermitteln. Besteht kein BR, ist die Durchschrift der Anzeige gleichzeitig an die voraussichtlich betroffenen AN weiterzuleiten (§ 45a Abs 4 AMFG).

Diese generelle **Informationspflicht gegenüber dem BR** kann jedoch nicht die Verständigungspflicht nach § 105 Abs. 1 ArbVG ersetzen. D.h. das Verständigungsverfahren ist gesondert durchzuführen. Generelle Widersprüche des BR gegen eine „Kündigungsliste" vor Einleitung des Verständigungsverfahrens nach § 105 Abs. 1 ArbVG sind nicht als Widerspruch gegen die beabsichtigte Kündigung anzusehen (ARD 5042/1/99).

Einschlägige Judikatur

- *Die Bestimmung des § 45a Abs. 5 AMFG über die Rechtsunwirksamkeit einer vor Fristablauf und ohne Zustimmung ausgesprochenen Kündigung lässt für Auslegungsversuche in der Richtung einer früheren Kenntnis der gekündigten AN von der wirtschaftlichen Notwendigkeit der Kündigung oder eines für den gekündigten AN damit nicht verbundenen Nachteils keinen Raum. Der rechtsunwirksam gekündigte AN muss nicht auf die Fortsetzung des Arbeitsverhältnisses bestehen, sondern kann sich auf die Ersatzansprüche nach § 29 AngG beschränken (OGH 4 Ob 79/82).*
- *Zusammenfassend kann ein AG, der alle Arbeitsverhältnisse beenden will, nach erfolgter Anzeige beim AMS nicht innerhalb der temporären Sperrfrist vorweg zunächst vier AN kündigen und dann nach 30 Tagen die übrigen AN. Nach erfolgter Bekanntgabe der*

Absicht nach § 45a Abs. 1 AMFG ist der Kündigungsvorgang (einschließlich der einvernehmlich aufgelösten Arbeitsverhältnisse) im Hinblick auf die in Abs. 5 leg. cit. normierte Folge der Unwirksamkeit als Einheit anzusehen (OGH 9 Ob A 146/98 f = ARD 4969/22/98).

- Wird ein AN erst eineinhalb Jahre nach einer unwirksamen Kündigung (wegen Nichteinhaltung der Anzeigepflicht nach § 45a AMFG) hinsichtlich der Rechtswirksamkeit aktiv und bekundet er erst in der diesbezüglichen Klage seine Arbeitsbereitschaft, ist vom Erlöschen seines Fortsetzungsanspruchs auszugehen (OGH 9 Ob A 322/99 i = ARD 5127/12/2000).

41.4 Auflösungsabgabe

Bei Freisetzung älterer AN musste der AG einen Malus entrichten, wenn der AN das 50. Lebensjahr vollendet bzw. überschritten hatte und mindestens zehn Jahre betriebszugehörig war. Der Malus wurde mit 1.9.2009 abgeschafft.

Seit 2013 ist jedoch eine Auflösungsabgabe bei jeder Beendigung eines Arbeitsverhältnisses (Ausnahmen siehe im Folgenden) von derzeit (2016) € 121,- zu entrichten, die alle arbeitslosenversicherungspflichtigen Arbeitsverhältnisse oder freie Arbeitsverhältnisse betrifft, die nach dem 31.12.2012 beendet wurden bzw. werden (§§ 2 b und 10 Abs. 45 AMPFG). Die Abgabe wird jährlich mit der Aufwertungszahl (§ 108 Abs. 2 ASVG) erhöht. Die Auflösungsabgabe ist nicht zu entrichten, wenn

- das Arbeitsverhältnis (freie Arbeitsverhältnis) auf längstens sechs Monate befristet war,
- die Auflösung des Arbeitsverhältnisses während des Probemonats erfolgt,
- der AN (freie AN) gekündigt hat,
- der AN (freie AN) ohne wichtigen Grund vorzeitig ausgetreten ist,
- der AN aus gesundheitlichen Gründen einen vorzeitigen Austritt erklärt,
- im Zeitpunkt der Auflösung des Arbeitsverhältnisses (freien Arbeitsverhältnisses) ein Anspruch auf eine Invaliditäts- oder Berufsunfähigkeitspension besteht,
- bei einvernehmlicher Auflösung des Arbeitsverhältnisses (freien Arbeitsverhältnisses) das Regelpensionsalter vollendet hat und die Anspruchsvoraussetzungen für eine Alterspension erfüllt,
- bei einvernehmlicher Auflösung des Arbeitsverhältnisses die Voraussetzungen für die Inanspruchnahme eines Sonderruhegeldes (Artikel X NSchG) erfüllt,
- der AN gerechtfertigt entlassen wurde oder für den AG ein wichtiger Grund zur vorzeitigen Auflösung des freien Arbeitsverhältnisses vorlag,
- ein Lehrverhältnis aufgelöst wird,
- ein verpflichtendes Ferial- oder Berufspraktikum beendet wird,
- das Arbeitsverhältnis (freie Arbeitsverhältnis) nach § 25 IO aufgelöst wird,
- innerhalb eines Konzerns im unmittelbaren Anschluss an das beendete Arbeitsverhältnis ein neues Arbeitsverhältnis begründet wird oder

- das Arbeitsverhältnis (freie Arbeitsverhältnis) durch den Tod des AN (freien AN) endet.

Die Auflösungsabgabe ist unaufgefordert an die zuständige GKK abzuführen, die auch die Prüfung der Einhaltung der Abgabepflicht durchführen kann (§ 2b Abs. 4 und 5 AMPFG). 50 % der aus dieser Abgabe erzielten Einnahmen sind für Unternehmensförderungen für die Beschäftigung älterer AN zu verwenden.

Die NÖGKK hat zu Auslegungsfragen in NÖDIS Nr 10/Oktober 2012 (www.noedis.at) ihre Rechtsauffassung wie folgt dargelegt:

- Besteht für einen AN aus Altersgründen keine Arbeitslosenversicherungspflicht mehr (§ 1 Abs. 2 lit. e AlVG), so fällt bei der Auflösung des Arbeitsverhältnisses die Abgabe nicht an.
- Ein bloßer „Statuswechsel" (z.B. Übernahme einer überlassenen Arbeitskraft durch den Beschäftiger, Beendigung des Arbeitsverhältnisses bei gleichzeitiger Begründung eines freien Arbeitsverhältnisses) führt nicht zur Zahlungspflicht.
- Wird für die Dauer der Behaltezeit (§ 18 BAG) ein befristetes Arbeitsverhältnis vereinbart (siehe 14.4), so fällt keine Auflösungsabgabe an.
- Ein vorzeitiger Austritt wegen der Geburt eines Kindes (§§ 15r Z 1 bis 4 MSchG, 9a VKG, 23a Abs. 3 und 4 AngG – siehe 25.5) bewirkt nicht die Verpflichtung zur Entrichtung der Auflösungsabgabe.

Ebenso wie die NÖGKK hat das BMASK zu Zweifelsfragen seine Rechtsmeinung kundgetan (BMASK – 434.001/0343-VI/AMR/1/2012). Demnach ist Folgendes zu beachten:

- Bei Arbeitsverhältnissen, die auf längstens sechs Monate befristet sind, fällt bei deren Ende keine Auflösungsabgabe an. Die Form der Auflösung (Zeitablauf, einvernehmliche Lösung oder eine zulässige AG-Kündigung auf Grund einer arbeitsvertraglichen Regelung) spielt dabei keine Rolle. Der Gesetzestext verlangt für die Anwendung dieser Ausnahme (§ 2b Abs. 2 Z 1 AMPFG) keine bestimmte Form der Auflösung.
- Bei Arbeitsverhältnissen mit (regelmäßig) schwankenden Einkommen, die abwechselnd über bzw. unter der Geringfügigkeitsgrenze versichert werden, kann die Auflösungsabgabe erst bei Auflösung des Arbeitsverhältnisses anfallen (wenn keine Ausnahme gegeben ist).
- Bei unbefristeten Arbeitsverhältnissen ohne (regelmäßig) schwankendes Einkommen, die von einem Vollversicherten in ein geringfügiges entlohntes Arbeitsverhältnis umgewandelt werden, fällt die Auflösungsabgabe bereits bei der Umstellung (Änderungsmeldung) an. Wird später das geringfügig entlohnte Arbeitsverhältnis beendet, ist keine Auflösungsabgabe mehr zu leisten.

ME kann die Umstellung, die arbeitsrechtlich lediglich die Konsequenz einer Änderung des Arbeitsvertrages darstellt, kein Grund für die Entrichtung der Auflösungsabgabe für das weiterhin bestehende Arbeitsverhältnis sein – Details siehe *Rauch*, Jüngste Entwicklung zur Auflösungsabgabe, ASoK 2013, 10.

Bei aufeinanderfolgenden Befristungen, die arbeitsrechtlich zulässig sind, ist vorerst keine Auflösungsabgabe zu leisten. Eine Auflösungsabgabe fällt erst am Ende der aufeinanderfolgenden befristeten Arbeitsverhältnisse an, wenn nach deren Zusammenrechnung die Grenze von sechs Monaten überschritten wird.

Bei Kündigungs- und Entlassungsanfechtungen wegen Sozialwidrigkeit (§§ 105 und 106 ArbVG) bzw. wegen eines verpönten Motivs (u.a. § 105 Abs. 3 ArbVG) ist zunächst die Abgabe zu bezahlen und kann die Vergütung der geleisteten Abgabe begehrt werden, wenn das Arbeitsverhältnis fortgesetzt wird. Wird hingegen die Feststellung des aufrechten Arbeitsverhältnisses vom AN begehrt (etwa von einer rechtsunwirksam gekündigten schwangeren AN), so ist die Auflösungsabgabe vorläufig nicht zu bezahlen (§ 2b Abs. 5 AMPFG).

Ist eine Auflösung eines Arbeitsverhältnisses durch den AG eine zwingende Folge der Stilllegung von Betrieben oder Betriebsteilen wegen einer Naturkatastrophe (Hochwasser, Lawinen, Feuer- oder Sturmschäden), so ist keine Auflösungsabgabe zu entrichten. Naturkatastrophen stammen weder aus der Sphäre des AG noch der des AN. Insofern kann die Ursache der Auflösung eines Arbeitsverhältnisses, weil der Betrieb wegen der Naturkatastrophe nicht (bzw. zumindest nicht im gleichen Umfang) fortgeführt werden kann, nicht dem AG angelastet werden (BMASK – 434.001/0198-VI/B/1/2013 v. 6.6.2013).

Ausnahmeregelung für die Bauwirtschaft

Bei Auflösung eines arbeitslosenversicherungspflichtigen Arbeitsverhältnisses hat der AG keine Auflösungsabgabe zu leisten, wenn der Betrieb bezüglich des betroffenen AN gemäß § 2 BUAG dem Sachbereich der Urlaubsregelung unterliegt und die für diesen AN festgesetzten Zuschläge entrichtet hat. Die BUAK hat als Ersatz für die dadurch entgangenen Abgaben jeweils pauschal Abgeltungen an die zweckgebundene Gebarung Arbeitsmarktpolitik zu leisten.

Damit wurde die Befreiung der Bauwirtschaft von der Auflösungsabgabe, die zunächst bis 30.6.2013 befristet war, ins Dauerrecht überführt.

Zum möglichen Bonus-Malus-Modell ab 1.1.2018 siehe *Rauch*, Arbeitsrecht 2016, 25.

41.5 Eventualkündigung

Manchmal erscheint es zweifelhaft, ob eine bereits vorgenommene Auflösung des Arbeitsverhältnisses als rechtswirksam anzusehen ist. Etwa wenn vom AN bestritten wird, dass eine einvernehmliche Lösung abgeschlossen wurde und es fragwürdig erscheint, ob der Abschluss der einvernehmlichen Lösung bewiesen werden kann, weil diese mündlich erfolgt ist.

Ein konkreter Fall könnte sich wie folgt darstellen:

Der AG teilt dem BR-Vorsitzenden am 3.11.2016 telefonisch mit, dass er beabsichtige, einen bestimmten AN (ein Angestellter, der seit einem Jahr betriebszugehörig ist) zu kündigen. Am 11.11.2016, nach Ablauf der einwöchigen Verständigungsfrist nach § 105 Abs. 1 ArbVG (siehe 41.1.1), wird die Kündigung unter Einhaltung der Kündigungsfrist von sechs Wochen zum nächsten Quartal (und damit zum 31.12.2016) ausgesprochen.

Am 15.11.2016 erhält der AG ein Schreiben eines Rechtsvertreters des AN, in welchem mitgeteilt wird, dass die Kündigung wegen Nichteinhaltung des Verständigungsverfahrens rechtsunwirksam sei und daher der AN die Arbeit auch nach dem 31.12.2016 fortsetzen werde. Auf Grund der bloß mündlichen Verständigung ist es zweifelhaft, ob der Beweis eines ordnungsgemäßen Verständigungsverfahrens gelingen kann. In der Praxis hat sich dabei gezeigt, dass (wahrscheinlich unter externer Einflussnahme) eine mündliche Verständigung immer wieder bestritten wird. Daher wäre es ratsam, das Verständigungsverfahren schriftlich durchzuführen (siehe Muster zu 41.1.1) und neuerlich zu kündigen (Ausspruch der Kündigung zum 31.3.2017). Da der AG dabei seine ursprüngliche Rechtsposition nicht aufgeben soll (Rechtswirksamkeit der ersten Kündigung), muss im Schreiben darauf hingewiesen werden, dass die zweite Kündigung (Eventualkündigung) nur dann beachtlich ist, falls (aus welchen Gründen immer) davon auszugehen ist, dass die erste Kündigung rechtsunwirksam ist.

Grundsätzlich ist insbesondere in jenen Fällen, wo der AN ein aufrechtes Arbeitsverhältnis bzw. eine rechtsunwirksame Auflösung des Arbeitsverhältnisses behauptet und nicht mehr tätig ist, primär eine möglichst rasche Beendigung anzustreben, weil ein fortlaufendes Arbeitsverhältnis ebenso fortlaufende Entgeltansprüche (nach § 1155 ABGB; siehe 31.8) zur Folge hat, denen jedoch keine entsprechenden Arbeitsleistungen gegenüberstehen.

Wurde eine Kündigung oder Entlassung etwa wegen Sozialwidrigkeit oder wegen eines verpönten Motivs angefochten (siehe 41.8.3 und 41.8.4), so ist ebenfalls eine neuerliche Kündigung durch den AG möglich (und stellt für sich genommen keine Motivkündigung dar – OGH 27.11.2012, 8 Ob A 63/12 s). Dies kann jedenfalls nur dann sinnvoll sein, wenn neue sachliche Gründe für eine Kündigung vorliegen (etwa wenn im Laufe des Verfahrens auf Grund aktueller Rationalisierungsmaßnahmen der Arbeitsplatz des AN aufgelassen wurde).

Auch hier muss die neuerliche Kündigung so formuliert werden, dass sie nicht zu einer Einschränkung der Rechtsposition des AG (bezüglich der Aufrechterhaltung der ersten Auflösungserklärung) führt bzw. als Zugeständnis der Rechtsunwirksamkeit der ersten Kündigung interpretiert werden kann. Die weitere Kündigung bzw. Eventualkündigung ist demnach als reine Vorsichtsmaßnahme zu deklarieren (siehe Muster im Folgenden). Auch bei der Eventualkündigung muss das Verständigungsverfahren nach § 105 Abs. 1 ArbVG in Betrieben mit BR durchgeführt werden (und ist auch die Ausübung des Sperrrechts des BR denkbar – OGH

27.11.2012, 8 Ob A 63/12 s). Mit einer Anfechtung auch der Eventualkündigung und damit einem weiteren arbeitsgerichtlichen Verfahren (neben der Anfechtung der ersten Kündigung) ist allerdings zu rechnen. Auch hier hat der AN die zweiwöchige Anfechtungsfrist zu beachten (OGH 13.10.2004, 9 Ob A 89/04 k – siehe 41.8.2). Falls dies nicht erfolgt, ist das Arbeitsverhältnis jedenfalls spätestens zum Termin der Eventualkündigung als rechtswirksam aufgelöst anzusehen. Damit wäre gesichert, dass Entgeltansprüche über den Kündigungstermin der Eventualkündigung hinaus nicht möglich sind (siehe auch *Rauch*, Kündigungsanfechtung und Eventualkündigung, ASoK 2013, 218 ff.).

Die Zulässigkeit von Eventualkündigungen wurde vom OGH wiederholt bestätigt (OGH 23.4.2003, 9 Ob A 253/02 z, 13.2.2003, 8 Ob A 4/03 a, 13.10.2004, 9 Ob A 89/04 k; siehe auch *Rauch*, Die Eventualauflösung eines Arbeitsverhältnisses, ASoK 2003, 333 ff.; *Rauch*, Die Eventualkündigung, ARD 5499/9/2004). Ebenso ist eine Eventualentlassung zulässig (OGH 27.6.1978, 4 Ob 21/78, Arb 9.707, OGH 24.6.2004, 8 Ob A 59/04 s).

Wird eine Eventualkündigung für den Fall ausgesprochen, dass die Anfechtung der ersten Kündigung erfolgreich sein sollte, so ist dieses Motiv für die Eventualkündigung kein verpöntes Motiv nach § 105 Abs. 3 Z 1 lit. i ArbVG (Geltendmachung von Rechten – OGH 27.11.2012, 8 Ob A 63/12 s). Zum Sperrrecht des BR siehe 41.1.1 und 41.8.1, zur Motivkündigung 41.8.3. Auch eine mehrfache Eventualentlassung ist nicht zwingend sittenwidrig (OGH 27.11.2012, 8 Ob A 37/12 t).

Muster für eine Eventualkündigung

Wir haben das mit Ihnen abgeschlossene Arbeitsverhältnis am .... rechtswirksam zum .... gekündigt. Im Verfahren Aktenzahl .... beim .... (Bezeichnung des Gerichtes) haben Sie diese Kündigung wegen Nichteinhaltung des Verständigungsverfahrens nach § 105 Abs. 1 ArbVG angefochten. Da die Kündigung (wie schon im Verfahren dargelegt) nach einem ordnungsgemäß durchgeführten Verständigungsverfahren ausgesprochen wurde, kann von einer rechtsunwirksamen Kündigung keine Rede sein. Da jedoch nicht mit absoluter Sicherheit ausgeschlossen werden kann, dass sich das Gericht Ihrem Standpunkt anschließt, sehen wir uns aus Gründen der Vorsicht gezwungen, nunmehr hiermit ausdrücklich eine Eventualkündigung zum .... auszusprechen. Wie schon zum Ausdruck gebracht, kann die Eventualkündigung jedoch nur dann eine Bedeutung erlangen, wenn (wider Erwarten und entgegen unserem entsprechend belegten Standpunkt) die (erste) Kündigung zum .... für rechtsunwirksam erklärt wird.

Einschlägige Judikatur

- *Von einer konkludenten Rücknahme der wirksam ausgesprochenen ersten Kündigung kann nicht gesprochen werden, weil dem Geschäftsführer, der mit dem Ausspruch der ersten Kündigung dienstfrei gestellt war, klar sein musste, dass die zweite Kündigung eine Reaktion auf seine Einwände gegen die vorangegangene Kündigung war. Es ist daher nicht davon auszugehen, dass er – ohne „vernünftigen Grund daran zu zweifeln" (§ 863 ABGB) – die zweite Kündigung (Eventualkündigung) der GmbH als Erklärung der Rücknahme der vor ihr wirksam erklärten ersten Kündigung auffassen konnte (OGH 9 Ob A 36/98 d = ARD 4960/24/98).*

41.6 Aussetzung und Wiedereinstellungszusage

Unter Aussetzung wird die in der Regel saisonbedingte Unterbrechung eines Arbeitsverhältnisses für mehrere Monate verstanden (etwa wenn ein bei einer Gärtnerei beschäftigter Arbeiter ab Mitte November die Arbeit einstellt und Arbeitslosengeld bezieht und im März die Arbeit beim bisherigen AG fortsetzt). Bei der Beendigung teilt der AG in diesen Fällen seinen AN mit, sie könnten zu einem bestimmten Zeitpunkt im Frühjahr die Arbeit wieder aufnehmen (Wiedereinstellungszusage).

Aus arbeitsrechtlicher Sicht ergibt sich bei der Aussetzung primär die Frage, ob das Arbeitsverhältnis im Herbst aufgelöst und schließlich in der Folge ein neues Arbeitsverhältnis begründet wurde, oder ob von einer **Karenzierung** auszugehen ist. Im Fall der Karenzierung ist die Zeit der Nichtbeschäftigung als unbezahlter Urlaub anzusehen. Das Arbeitsverhältnis wird daher bei der Karenzierung nicht unterbrochen. Es ruhen die wechselseitigen Hauptpflichten aus dem Arbeitsverhältnis (Entgeltpflicht und Arbeitspflicht). Eine Endabrechnung ist nicht durchzuführen.

Zu dieser Problematik sind nur insofern gesetzliche Regelungen vorhanden, als das AlVG zum Arbeitslosengeldbezug während der Zeit einer Aussetzung Bestimmungen enthält, die auch arbeitsrechtliche Fragen berühren.

Der § 9 Abs. 1 (1. Halbsatz) sowie die Abs. 4 bis 6 lauten wie folgt:

§ 9. (1) Arbeitswillig ist, wer bereit ist,

– eine durch die regionale Geschäftsstelle vermittelte zumutbare Beschäftigung anzunehmen (…)

(4) Zumutbar ist eine von der regionalen Geschäftsstelle vermittelte Beschäftigung auch dann, wenn eine Wiedereinstellungszusage von einem früheren Arbeitgeber erteilt wurde oder sich die arbeitslose Person schon zur Aufnahme einer Beschäftigung in Zukunft verpflichtet hat (Einstellungsvereinbarung).

(5) Die arbeitslose Person ist zum Ersatz eines allfälligen Schadens der aus der Nichterfüllung der Einstellungsvereinbarung wegen Antritt einer anderen Beschäftigung entstanden ist, nicht verpflichtet. Sie soll jedoch dem früheren Arbeitgeber ihr Abstandnehmen vom Wiederantritt der Beschäftigung vor dem Wiederantrittstermin bekanntgeben. Ansprüche aus einem früheren Arbeitsverhältnis, auf die die arbeitslose Person anläßlich der

Beendigung nur wegen der erteilten Wiedereinstellungszusage oder nur wegen der geschlossenen Wiedereinstellungsvereinbarung verzichtet hat, leben wieder auf, wenn die arbeitslose Person dem früheren Arbeitgeber ihr Abstandnehmen vom Wiederantritt der Beschäftigung vor dem Wiederantrittstermin bekannt gibt.

(6) Wenn in Folge eines Wiedereinstellungsvertrages oder einer Wiedereinstellungszusage Ansprüche aus dem beendeten Arbeitsverhältnis nicht oder nicht zur Gänze erfüllt worden sind, so werden diese spätestens zu jenem Zeitpunkt fällig, zu dem die arbeitslose Person ihre Beschäftigung gemäß dem Wiedereinstellungsvertrag (Wiedereinstellungszusage) hätte aufnehmen müssen, sofern durch Gesetz nicht anderes bestimmt ist. Verjährungs- und Verfallsfristen verlängern sich um den Zeitraum zwischen Beendigung des Arbeitsverhältnisses und dem vereinbarten Zeitpunkt der Wiederaufnahme der Beschäftigung.

Falls im Einzelfall von einer Karenzierung auszugehen ist, hat dies zur Folge, dass für alle Ansprüche (Abfertigung, Urlaub etc.) von einem einheitlichen Arbeitsverhältnis auszugehen ist. Vorteilhaft wäre daher für den AG, wenn von einer Unterbrechung bzw. von getrennten Arbeitsverhältnissen auszugehen wäre. Um dies sicherzustellen, müsste der AG alle beendigungsabhängigen Ansprüche (Ersatzleistung, aliquote Sonderzahlungen; zur Abfertigung siehe im Folgenden) anlässlich der Auflösung des Arbeitsverhältnisses abrechnen und auch die Arbeitspapiere wie bei einer Beendigung des Arbeitsverhältnisses ausstellen (insbesondere Abmeldung von der GKK mit datierten Angaben zur Beendigung des Arbeitsverhältnisses sowie Arbeitsbescheinigung mit eben solchen Angaben und Meldung der Beendigung der Beschäftigung an das AMS bei Ausländern nach § 6 Abs. 5 AuslBG; siehe 18.3). Diesfalls kann die einseitige Zusage der Wiedereinstellung oder auch eine Wiedereinstellungsvereinbarung nicht zur Annahme einer Karenzierung führen. Die Wiedereinstellungszusage setzt nämlich voraus, dass zunächst eine Auflösung des Arbeitsverhältnisses vorgenommen wurde (OGH 9 Ob A 11/99 d).

Da eine Verpflichtung zum Ersatz eines Schadens aus der Nichterfüllung einer Wiedereinstellungsvereinbarung durch den AN gesetzlich ausgeschlossen ist (§ 9 Abs. 5 AlVG), hat die Nichteinhaltung der Vereinbarung oder der Nichtantritt der Arbeit nach einer Zusage lediglich die Folge, dass allenfalls noch offene Ansprüche aus dem beendeten Arbeitsverhältnis fällig werden (§ 9 Abs. 6 AlVG – OGH 8 Ob S 20/06 h = ARD 5816/7/2007, OGH 8 Ob A 22/08 f, 27.2.2012, 9 Ob A 62/11 z). Dies betrifft eine allenfalls gestundete Abfertigung. Aus der Formulierung des § 9 Abs. 5 AlVG ergibt sich, dass die **Stundung der Abfertigung** der Annahme der Beendigung des Arbeitsverhältnisses nicht entgegensteht (Arb 11.746; OGH 9 Ob A 249/99 d = ARD 5106/13/2000; OGH 8 Ob S 106/01 y). In jenen Fällen, in denen eine derartige Stundungsvereinbarung angestrebt wird, ist es üblich, die Stundungsvereinbarung mit einer einvernehmlichen Lösung und einer Wiedereinstellungsvereinbarung zu verbinden.

Aus der Judikatur des OGH ist jedoch abzuleiten, dass die Nichtabrechnung weiterer beendigungsabhängiger Ansprüche zur Annahme einer bloßen Karenzierung führen würde. Zur Vermeidung der bloßen Karenzierung müssten daher (wie schon erwähnt) alle Ansprüche abgerechnet werden und es könnte nur allenfalls die Abfertigung auf Basis einer Stundungsvereinbarung vorläufig nicht ausbezahlt werden. Zu beachten sind aber insbesondere auch kollektivvertragliche Zusammenrechnungsregeln (in einigen Arbeiter-KV insbesondere für typische „Saisonbranchen").

Die neuere Judikatur, welche die Voraussetzungen für die Annahme einer Unterbrechung eher gelockert hat, hat im Wesentlichen die im Folgenden dargestellten Richtlinien vorgegeben.

Die Frage, ob eine Karenzierung oder Unterbrechung vorliegt, ist aus dem nach den §§ 914 ff. ABGB zu ermittelnden Inhalt der zwischen den Arbeitsvertragsparteien abgeschlossenen Vereinbarung zu beurteilen (OGH 9 Ob A 222/97 f, 9 Ob A 147/98 b, 9 Ob A 82/00 z = ARD 5151/34/00; 8 Ob S 106/01 y), wobei die wahre Parteienabsicht zu erforschen ist. Dabei entspricht es der ständigen Rechtsprechung des OGH, dass der AG, der das Arbeitsverhältnis mit dem AN anlässlich einer Unterbrechung mit der Auszahlung der aliquoten Sonderzahlungen und der Vergütung für den nicht konsumierten Urlaub abgewickelt hat, seinen Willen, das Arbeitsverhältnis nicht bloß auszusetzen, sondern jeweils zu beenden, hinreichend deutlich zum Ausdruck bringt (OGH 9 Ob A 222/97 f – ähnlich 8 Ob A 39/03 y = ARD 5450/6/2003). Die Vereinbarung einer Karenzierung oder Beendigung ist auch dann wirksam, wenn sie mit den Erklärungen des AG gegenüber dem SV-Träger und der Arbeitsmarktverwaltung in einem Widerspruch steht (OGH 9 Ob A 2006/96 g). Aus unrichtigen bzw. widersprüchlichen oder rechtsirrtümlichen Angaben etwa in der Arbeitsbescheinigung oder der Abmeldung beim SV-Träger können daher keine gegenteiligen Schlüsse gezogen werden, wenn etwa eindeutig eine **Unterbrechung** bzw. Auflösung des Arbeitsverhältnisses zwischen den Arbeitsvertragsparteien vereinbart wurde. Im Zweifel ist von einer Unterbrechung auszugehen (OGH 8 Ob A 96/98 w). Die bloße Wiedereinstellungszusage bewirkt keineswegs automatisch eine Karenzierung bis zur Wiedereinstellung (OGH 9 Ob A 105/95, 9 Ob A 9/02 t = ARD 5346/33/2002). Der Hinweis des AG an den AN, dass er sich arbeitslos melden könne, spricht für eine Unterbrechung bzw gegen eine Karenzierung (OGH 8 Ob A 39/03 y = ARD 5450/6/2003, OGH 8 Ob A 91/04 x und Einschlägige Judikatur im Folgenden sowie *Rauch*, Unterbrechung von Arbeitsverhältnissen und Wiedereinstellungsvereinbarung, ASoK 2004, 195 ff.).

Im Fall eines Betriebsüberganges nach § 3 AVRAG übernimmt der Erwerber die Wiedereinstellungszusage (OGH 8 Ob S 6/05 y – siehe 36.1.2).

Abfertigungsanspruch bei wiederholten Unterbrechungen

Liegen für die „Winterpause" jeweils Karenzierungen vor, so handelt es sich um ein durchgehendes Arbeitsverhältnis und ist die Abfertigungsfrage erst zu lösen, wenn es zu einer Auflösung des Arbeitsverhältnisses kommt, die nicht als Karenzierung anzusehen ist. Kommt es zu mehreren Unterbrechungen (jeweils mit anschließender Wiedereinstellung), so ist jeweils anlässlich der Auflösung des Arbeitsverhältnisses zu prüfen, ob ein Abfertigungsanspruch gegeben ist oder nicht bzw ob eine Wiedereinstellung mit Stundung der Abfertigung alt anzunehmen ist.

Auf Arbeitsverhältnisse, die ab 1.1.2003 begonnen haben, ist das BMSVG (Abfertigung neu – siehe 45.6) anzuwenden. Dies gilt dann nicht, wenn eine Wiedereinstellung mit Anrechnung der Vordienstzeiten zugesagt wurde (§ 46 Abs. 3 Z 1 BMSVG – siehe 45.6.2).

Auch nach mehreren Unterbrechungen entsteht kein Anspruch auf eine Abfertigung (OGH 27.3.2002, 9 Ob A 231/01 p, ARD 5316/4/2002), und zwar auch dann nicht, wenn es sich um regelmäßige Unterbrechungen im Winter handelt (OGH 26.1.2010, 9 Ob A 13/09 s), wenn für das jeweilige Arbeitsverhältnis die Voraussetzungen nicht vorliegen. Handelt es sich um eine kurze Unterbrechung (z.B. zehn Kalendertage) und ist von einer sachlichen Zusammengehörigkeit der beiden Arbeitsverhältnisse auszugehen, so ist ein einheitliches Arbeitsverhältnis anzunehmen und fehlt die für den Abfertigungsanspruch erforderliche Auflösung des Arbeitsverhältnisses (siehe 45.1).

Einige KV sehen vor, dass für alle dienstzeitabhängigen Ansprüche Dienstzeiten in Betrieben des gleichen Unternehmens zusammenzurechnen sind, wenn sie nicht länger als z.B. 90 Tage unterbrochen waren (so Abschnitt V des KV für Arbeiter im eisen- und metallverarbeitenden Gewerbe).

Zur Aneinanderreihung befristeter Arbeitsverhältnisse siehe 14.3.

Einschlägige Judikatur

- *Wird der AN „stempeln" geschickt, so setzt dies Arbeitslosigkeit im Sinne des § 12 AlVG voraus, und wird ihm eine Wiedereinstellungszusage erteilt, so ist nicht Karenzierung, sondern Beendigung des Arbeitsverhältnisses anzunehmen. Wenn die Parteien im Rahmen der ihnen gebotenen Gestaltungsmöglichkeiten anstelle eines echten Aussetzungsvertrages den Weg der Beendigung des Dienstverhältnisses zu Saisonende gewählt haben, steht dies einem Abfertigungsanspruch auf Grund der Beendigung des letzten Dienstverhältnisses jedenfalls entgegen, weil § 23 Abs. 1 AngG den gestaffelten Abfertigungsanspruch von der ununterbrochenen Dauer des Arbeitsverhältnisses abhängig macht (SZ 62/46), eine solche im Ausmaß von zumindest drei Jahren aber nicht vorliegt (OGH 9 Ob A 216/97 y).*

- *Es entspricht der ständigen Rechtsprechung des OGH, dass der AG, der die Arbeitsverhältnisse mit dem AN anlässlich jeder saisonalen Unterbrechung durch Auszahlung der aliquoten Sonderzahlungen und der Urlaubsabfindung abgewickelt hat, seinen Willen, die Arbeitsverhältnisse nicht bloß auszusetzen, sondern jeweils zu beenden, hinreichend deutlich zum Ausdruck bringt. Überdies hat der OGH in 9 Ob A 105/95 darauf hingewiesen, dass – falls die Erforschung des Parteiwillens keinen eindeutigen Sinn ergibt – die Abmeldung und das „Stempeln-Schicken" ebenfalls auf eine Unterbrechung des Arbeitsverhältnisses hindeuten (OGH 9 Ob A 222/97 f).*

- *Unter Aussetzung ist im Zweifel unter der Voraussetzung einer redlichen Vorgangsweise der Parteien eine Unterbrechung des Arbeitsverhältnisses zu verstehen. Die Zusammenrechnung von durch Aussetzung unterbrochenen Zeiten eines Arbeitsverhältnisses als ununterbrochen bewirkt nicht, dass auch Zeiten der Unterbrechung zu Zeiten eines Beschäftigungsverhältnisses werden (OGH 8 Ob A 96/98 w = ARD 4951/96/98).*
- *Die Nichtauszahlung einer Abfertigung spricht nicht eindeutig für eine Karenzierung (OGH 8 Ob A 58/98 g).*
- *Eine Karenzierung ist mit einer Wiedereinstellungszusage oder einer Wiedereinstellungsvereinbarung nicht in Einklang zu bringen, weil jede Wiedereinstellung zwangsläufig eine vorherige Beendigung des Arbeitsverhältnisses voraussetzt (OGH 9 Ob A 11/99 d).*
- *Wenn das Dienstfahrzeug und das darin befindliche Werkzeug in der Verwahrung des AN bleiben und die Abrechnung der Sonderzahlungen unterbleibt, so spricht dies dafür, dass eine echte Aussetzungsvereinbarung vorliegt (OGH 9 Ob A 155/99 f).*
- *Ob eine Kündigung oder eine Unterbrechungs- oder „echte" Karenzierungsvereinbarung vorliegt, lässt sich regelmäßig nur an den Begleitumständen des Einzelfalls beurteilen, wobei nicht am buchstäblichen Sinn der Äußerungen gehaftet werden kann, sondern die Absicht der Parteien zu erforschen ist (OGH 9 Ob A 82/00 z).*
- *Aus der Abmeldung von der GKK und der Absicht, einem saisonal beschäftigten AN den Bezug von Arbeitslosengeld zu ermöglichen, ist auf eine Unterbrechung und nicht auf eine Karenzierung zu schließen. Auch nach mehreren Unterbrechungen entsteht kein Anspruch auf eine Abfertigung (OGH 9 Ob A 231/01 p = ARD 5316/ 4/2002).*

41.7 Der besondere Kündigungsschutz

Eine Klage auf gerichtliche Zustimmung zur Kündigung oder Entlassung im Rahmen des besonderen Kündigungs- oder Entlassungsschutzes ist bei einem AN mit Wohnsitz in Tschechien (oder einem anderen EU-Mitgliedsstaat) beim ausländischen Gericht, welches nach dem Wohnsitz zuständig ist, einzubringen (OGH 25.6.2015, 8 Ob A 41/15 k).

41.7.1 Kündigungsschutz eines Behinderten

Ein Überblick zu den begünstigten Behinderten ist unter 54. zu finden.

Zum Motivkündigungsschutz eines Behinderten i.S.d. § 3 BEinstG siehe 41.8.3 und 4.

Zur Ausgleichstaxe siehe 6.

Den Status eines begünstigten Behinderten kann eine Person auf Grund eines Antrags an das BSA (seit 1.6.2014: „Sozialministeriumservice") erlangen, wobei zunächst die Staatsbürgerschaft bzw. der rechtliche Status zu prüfen ist. Begünstigte Behinderte sind österreichische Staatsbürger, denen ein Grad der Behinderung von mindestens 50 % zuerkannt wurde. Österreichischen Staatsbürgern sind Schweizer und deren Familienangehörige sowie Staatsbürger von Vertragsparteien des Abkommens über den EWR (siehe 18.1) mit ebenso mindestens 50%iger Behinderung gleichgestellt. Entsprechendes gilt u.a. für Asylberechtigte und Personen, die über einen Aufenthaltstitel „Daueraufenthalt – EG" oder „Daueraufenthalt – Familienangehöriger" verfügen (Details siehe § 2 Abs. 1 Z 1 bis 4 BEinstG).

Bei Vorliegen der gesetzlichen Voraussetzungen ist auch einem türkischen Staatsangehörigen aus europarechtlichen Gründen der Behindertenstatus zu gewähren (VwGH 2006/11/0039, ARD 5970/2/2009 – siehe auch 18.1 Sonderbestimmungen für Türken).

Bezieht der Behinderte eine Geldleistung wegen dauernder Erwerbsunfähigkeit, so verliert er den Status des begünstigten Behinderten (§ 2 Abs. 2 lit. c BEinstG – VwGH 2003/11/0242 = ARD 5510/2/2004).

Der Zuspruch eines Behinderungsgrades von 50% durch eine deutsche Behörde führt nicht automatisch zum Status eines begünstigten Behinderten nach österreichischem Recht. Dies erfordert vielmehr einen Bescheid des österreichischen BSA (OGH 5.4.2013, 8 Ob A 50/12 d).

Will ein begünstigter Behinderter diesen Status aufgeben, so ist einem solchen Antrag stattzugeben (entgegen der Auffassung der 1. Instanz [BSA] gibt es keine „Zwangsbehinderten"; VwGH 30.9.2011, 2009/11/009; *Rauch*, Arbeitsrecht 2012, 51 f.). Bei einer entsprechenden Besserung des Gesundheitszustandes ist eine Aberkennung des Status des begünstigten Behinderten auszusprechen. Die Möglichkeit einer künftigen Verschlechterung hindert die Aberkennung nicht (VwGH 20.11.2012, 2011/11/0118).

Seit der Novelle BGBl. I 2010/111 gilt ab 1.1.2011 für den Kündigungsschutz Folgendes:

Die Bestimmungen über den besonderen Kündigungsschutz (§ 8 Abs. 2 bis 4 BEinstG) finden keine Anwendung, wenn das Arbeitsverhältnis zum Zeitpunkt des Ausspruches der Kündigung noch nicht länger als vier Jahre bestanden hat, es sei denn, die Feststellung der Begünstigteneigenschaft erfolgt innerhalb dieses Zeitraumes, wobei während der ersten sechs Monate nur die Feststellung der Begünstigteneigenschaft infolge eines Arbeitsunfalles diese Rechtsfolge auslöst, oder es erfolgt ein Arbeitsplatzwechsel innerhalb eines Konzerns (§ 8 Abs. 6 lit. b BEinstG). Demnach tritt der Kündigungsschutz erst nach vier Jahren ab dem Beginn des Arbeitsverhältnisses ein, wenn der Behindertenstatus bereits bei Eintritt des AN vorliegt und das Arbeitsverhältnis frühestens mit 1.1.2011 begonnen hat. Wird die Behinderteneigenschaft erst nach dem Beginn des Arbeitsverhältnisses, aber vor dem Ablauf der ersten vier Jahre durch einen Bescheid des SMS festgestellt, so beginnt der Kündigungsschutz mit dem Zuspruch der mindestens 50%igen Behinderung (wobei dies für die ersten sechs Monate des Arbeitsverhältnisses nur für die beiden vorgenannten Ausnahmen gilt – OGH 26.11.2013, 9 Ob A 96/13 b, *Rauch*, Arbeitsrecht 2015, 20 ff.).

Beispiele:

Der AG stellt nach dem 1.1.2011 einen AN, der bereits vor der Einstellung den Status eines begünstigten Behinderten hat, ein. In den ersten vier Jahren hat dieser behinderte AN keinen besonderen Kündigungsschutz.

Der AG stellt am 1.6.2011 einen AN ein, der keine Behinderung aufweist. Im 8. Monat des Arbeitsverhältnisses erleidet er eine schwere Krankheit und es wird die Stellung als begünstigter Behinderter festgestellt. Mit dieser Feststellung tritt der besondere Kündigungsschutz ein.

Der AG stellt am 1.10.2011 einen AN ein, der keine Behinderung aufweist. Im 3. Monat erleidet der AN einen schweren Arbeitsunfall und wird der Behindertenstatus festgestellt. Mit der Feststellung tritt der besondere Kündigungsschutz ein.

Die vierjährige Befreiung vom Kündigungsschutz ist also nur bei der Einstellung eines bereits begünstigten Behinderten gegeben.

Abgesehen davon tritt der für einen Behinderten geltende Kündigungsschutz mit dem Tag des Einlangens des Antrages auf Feststellung der Zugehörigkeit zum Kreis der begünstigten Personen beim örtlich zuständigen SMS ein, wenn mit diesem Tag der Behindertenstatus zugesprochen (§ 14 Abs. 2 BEinstG) wird. Dies soll auch dann gelten, wenn der Antrag an dem Tag gestellt wird, an dem dem AN die Kündigung zugeht (OGH 9 Ob A 61/06 w = ARD 5810/4/2007).

Der Schutz wird hingegen bereits mit dem Ersten des Monats, in dem der Antrag eingelangt ist, wirksam, wenn der Antrag unverzüglich nach dem Eintritt der Behinderung gestellt wurde (etwa sofort nach einem Unfall – § 14 Abs. 2 BEinstG) und dem Antrag in der Folge stattgegeben wird.

Der Zeitpunkt der Entscheidung über den Antrag oder der Meldung an den AG ist unerheblich.

Wird der Bescheid, der die Behinderteneigenschaft feststellt, erst nach dem Ablauf der Kündigungsfrist zugestellt, so kann er dennoch die Unwirksamkeit der AG-Kündigung bewirken, sofern die Kündigung nach der Wirksamkeit des Bescheids zugegangen ist (OGH 9 Ob A 82/03 d, 8 Ob A 77/06 s = ARD 5738/9/2007).

Beispiel:

Der 2009 eingetretene AN erfährt im Juni 2011, dass er in absehbarer Zeit gekündigt werden soll. Daraufhin beantragt er am 15.6.2011 die Feststellung des Behindertenstatus beim örtlich zuständigen BSA. Am 20.6.2011 wird die Kündigung zum 29.6.2011 ausgesprochen. Am 11.7.2011 wird dem AN der Bescheid des BSA, der eine Behinderung von 50 % ab 15.6.2011 feststellt, zugestellt.

Der AN leitet den Bescheid unverzüglich an den AG weiter und erklärt sich arbeitsbereit.

In dieser Situation muss dem AG empfohlen werden, den AN zum sofortigen Arbeitsantritt aufzufordern.

Ab Zustellung des Feststellungsbescheids ist der AN verpflichtet, den Behindertenstatus dem AG zu melden (OGH 9 Ob A 240/02 p, 9 Ob A 48/06 a, 9 Ob A 46/07 s). Hätte der AG bei rechtzeitiger Meldung der Erwerbsminderung keine Lohnsummensteuer für das Entgelt des AN entrichten müssen, kann sich daraus eine Ersatzpflicht des behinderten AN ergeben (OGH 9 Ob A 64, 65/87 = ARD 3938/ 11/87). In der Entscheidung 9 Ob A 46/07 s hat der OGH die Auffassung vertreten, dass die Mitteilungspflicht des behinderten AN eine bloße „Obliegenheit" sei, die keine Schadenersatzpflichten auslösen könne.

Jedenfalls kann die Unterlassung der Meldung der Behinderteneigenschaft an den AG nicht den Entfall des Kündigungsschutzes bewirken. Wird dem AG jedoch erst nach Ausspruch einer Kündigung mitgeteilt, dass bereits seit längerer Zeit die Stellung als Behinderter gegeben ist, so kann dieser die nachträgliche Zustimmung zur bereits ausgesprochenen Kündigung beantragen (siehe 41.7.2.3). Ein Anspruch auf Fortzahlung des Entgelts nach § 1155 ABGB (siehe 31.8) nach der rechtsunwirksamen AG-Kündigung ist erst dann gegeben, wenn die Meldung der Behinderteneigenschaft und der Arbeitsbereitschaft erfolgt (OGH 8 Ob A 41/97 f, 8 Ob A 154/02 k – siehe 41.7.1.4; siehe auch *Rauch*, Verschweigen der Behinderteneigenschaft und zustimmungsfreie Kündigung eines Behinderten, ASoK 3/2007, 94 ff.).

Das Verschweigen der Behinderteneigenschaft ist kein Entlassungsgrund (OGH 9 Ob A 240/02 p = ARD 5429/6/2003).

Einschlägige Judikatur

- *Ein AN hat vor der – wenngleich möglicherweise rückwirkenden – Feststellung seiner Behinderteneigenschaft gegenüber dem AG keinen Anspruch auf die Anerkennung seines aufrechten Dienstverhältnisses und damit im Ergebnis auf die Unwirksamkeit seiner Kündigung. Dies ist erst dann der Fall, wenn der Bescheid des BSA die Behinderteneigenschaft festgestellt hat (OLG Wien 9 Ra 143/99 m = ARD 5080/28/99).*

- *Der Kündigungsschutz nach dem BEinstG entsteht auch dann rückwirkend (frühestens) ab dem 1. eines Monats, in dem der Antrag gestellt wurde, wenn der rechtsfeststellende Bescheid erst nach Ablauf der Kündigungsfrist zugestellt wurde. Jede nach dem Zeitpunkt dieses – wenn auch erst im Nachhinein eingetretenen – Wirksamwerdens ausgesprochene Kündigung bedarf daher der Zustimmung des Behindertenausschusses (VwGH 94/08/0032 = ARD 5174/11/2000; so auch OGH 4 Ob 21/84, 14 Ob 196/86 = ARD 3854/21/87).*

- *Ist einem AN die Kündigung vor Feststellung seiner Zugehörigkeit zum Kreis der begünstigten Behinderten zugegangen, kommt ihm der besondere Kündigungsschutz nach § 8 Abs. 2 BEinstG nicht zugute und er kann ohne Zustimmung des BSA rechtswirksam gekündigt werden. Ob der AN rein medizinisch gesehen schon zu einem früheren Zeitpunkt einen entsprechenden Grad der Behinderung aufgewiesen hat (erforderlich sind – wie im vorliegenden Fall auch gegeben – mindestens 50 % für die Eigenschaft als „begünstigter Behinderter"), ist unerheblich, weil es auf den formellen Feststellungszeitpunkt ankommt. Auch die soziale Betroffenheit des AN durch die Kündigung ist bei der vorliegenden Feststellungsklage (Klage auf Feststellung des auf-*

rechten Bestandes des Dienstverhältnisses) unerheblich (ASG Wien 18 Cga 81/99 h = ARD 5112/5/2000).

41.7.1.1 Besondere Kündigungsfrist und zustimmungsfreie Kündigung eines Behinderten

Das Arbeitsverhältnis eines begünstigten Behinderten darf vom AG nur unter Einhaltung einer Kündigungsfrist von vier Wochen gekündigt werden, sofern nicht ohnedies eine längere Kündigungsfrist einzuhalten ist (§ 8 Abs. 1 BEinstG). Da der AG bei Angestellten eine Kündigungsfrist von mindestens sechs Wochen zu beachten hat, kann diese Bestimmung nur bei Arbeitern mit Behindertenstatus relevant sein, sofern sich aus dem KV eine kürzere Kündigungsfrist als vier Wochen ergibt. Falls kein KV anwendbar ist, ist bei der Kündigung des Arbeiters nach § 77 GewO 1859 eine Kündigungsfrist von 14 Tagen einzuhalten (siehe 9.1). Sollte also in Branchen, auf die kein KV anzuwenden ist, ein behinderter Arbeiter gekündigt werden, so müsste nach § 8 Abs. 1 BEinstG eine Kündigungsfrist von vier Wochen beachtet werden. Diese Kündigungsfrist ist auch dann zu berücksichtigen, wenn der AG nichts von der Behinderung gewusst hat (OGH 9 Ob A 30/06 m).

Während der Probezeit kann auch das Arbeitsverhältnis eines behinderten AN jederzeit beendet werden (§ 8 Abs. 1 BEinstG – zum Motivschutz siehe 14.2.4).

Zum Beginn des besonderen Kündigungsschutzes siehe 41.7.1.

Einschlägige Judikatur

- *Die Beendigung eines Arbeitsverhältnisses mit einem Behinderten während der Probezeit wegen mangelnder Stresstoleranz ist nicht sittenwidrig (OLG Wien 10 Ra 1/99 m = ARD 5020/9/99).*

41.7.1.2 Vorherige Zustimmung des Behindertenausschusses zur beabsichtigten Kündigung

Die Kündigung eines begünstigten Behinderten darf vom AG erst dann ausgesprochen werden, wenn der Behindertenausschuss nach Anhörung des BR zugestimmt hat. Dem AN kommt in diesem Verfahren Parteistellung zu. Eine Kündigung ohne vorherige Zustimmung des Behindertenausschusses ist rechtsunwirksam, wenn dieser nicht in besonderen Ausnahmefällen nachträglich (siehe 41.7.1.3) die Zustimmung erteilt (zum Antrag bzw. Gang des Verfahrens siehe 41.7.1.4).

Das BEinstG zählt beispielhaft diejenigen Gründe auf, bei deren Vorliegen jedenfalls eine Zustimmung zur beabsichtigten Kündigung zu erteilen ist. Demnach ist die vom AG beantragte Zustimmung zu erteilen, wenn

- der Tätigkeitsbereich des begünstigten Behinderten entfällt und der AG nachweist, dass der begünstigte Behinderte trotz seiner Zustimmung an einem anderen geeigneten Arbeitsplatz ohne erheblichen Schaden nicht weiterbeschäftigt werden kann;

- der begünstigte Behinderte unfähig wird, die im Arbeitsvertrag vereinbarte Arbeit zu leisten, sofern in absehbarer Zeit eine Wiederherstellung der Arbeitsfähigkeit nicht zu erwarten ist und der AG nachweist, dass der begünstigte Behinderte trotz seiner Zustimmung an einem anderen geeigneten Arbeitsplatz ohne erheblichen Schaden nicht weiterbeschäftigt werden kann;
- der begünstigte Behinderte die ihm auf Grund des Arbeitsverhältnisses obliegenden Pflichten beharrlich verletzt und der Weiterbeschäftigung Gründe der Arbeitsdisziplin entgegenstehen (wobei die hier erforderlichen vergeblichen Ermahnungen nicht duch Mediationsversuche und laufende Gespräche ersetzt werden können – VwGH 26.6.2012, 2011/11/0148).

Diese Kündigungsgründe, die im § 8 Abs. 4 BEinstG lit. a bis c genannt sind, entsprechen den Kündigungsgründen beim Mitglied des BR (bzw. bei Ersatzmitgliedern und anderen nach dem § 120 Abs. 4 ArbVG kündigungsgeschützten AN; siehe 41.7.4).

Dass die Aufzählung der Kündigungsgründe beispielhaft ist, wurde vom VwGH bestätigt (VwGH 2005, 2004, 11/0034 = ARD 5652/2/2006).

Die gesetzliche Regelung wurde insofern der bisherigen Judikatur des VwGH angeglichen, als dieser die Auffassung vertreten hat, dass der Kündigungsschutz eines Behinderten nach dem Willen des Gesetzgebers jedenfalls nicht weiter gehen soll als bei einem BR-Mitglied (z.B. VwGH 94/08/0220 = ARD 4735/15/96; VwGH 96/08/0002 = ARD 4843/27/97).

Der Kündigungsschutz steht dem Abschluss eines befristeten Dienstverhältnisses mit einem behinderten AN nicht entgegen. Die Zustimmung des Behindertenausschusses ist nur dann erforderlich, wenn das Arbeitsverhältnis durch Kündigung gelöst wird (OLG Wien 10 Ra 19/96 d = ARD 4791/10/96).

Der besondere Kündigungsschutz des § 8 BEinstG gilt auch für jene behinderten AN, die bei AG beschäftigt sind, die nicht der **Einstellungspflicht** des § 1 BEinstG (in der Regel ab 25 AN) unterliegen (VwGH 93/09/0346).

Im Fall einer Kündigung eines behinderten AN ohne Vorliegen der erforderlichen Zustimmung des Behindertenausschusses kann der behinderte AN im Rahmen des ihm zustehenden **Wahlrechts** sich dafür entscheiden, statt auf einem Kündigungsschutz zu bestehen, jene Ansprüche geltend zu machen, welche einem AN aus einer Kündigung erfließen (OGH 9 Ob A 394/97 z = infas 1998, A 74; OGH 9 Ob A 5/00 a, 26.5.2010, 9 Ob A 111/09 b). An die einmal im Rahmen seines Wahlrechts getroffene Entscheidung ist der behinderte AN gebunden (OGH 8 Ob A 82/02 w = ARD 5376/4/2003). Das Wahlrecht wird aus dem Grundsatz abgeleitet, dass ein AN nicht gezwungen werden soll, ein durch eine Auflösungserklärung belastetes Arbeitsverhältnis fortzusetzen (z.B. OGH 9 Ob A 5/05 h).

Wird ein behinderter AN, der seine Behinderteneigenschaft zunächst verschwiegen hat, vom AG gekündigt und begehrt er unter Hinweis auf seinen Status als Behinderter eine Kündigungsentschädigung auf Basis einer sechsmonatigen Kündigungsfrist, so kann ihm entgegengehalten werden, dass er zunächst eine Fortsetzung des Arbeitsverhältnisses hätte begehren müssen. Er kann somit lediglich die Ansprüche begehren, die sich aus der Kündigung (allgemein – ohne privilegierte Kündigungsentschädigung) ergeben (OGH 9 Ob A 82/03 d; Details siehe *Rauch*, Rechtsfolgen der Unterlassung der Meldung der Behinderteneigenschaft, ASoK 2004, 265 ff.).

Der behinderte AN genießt lediglich Kündigungsschutz. Daher ist im Fall einer Entlassung eine Zustimmung des Behindertenausschusses oder des Gerichtes nicht erforderlich. Da die im Gesetz genannten Kündigungsgründe der Arbeitsunfähigkeit und der beharrlichen Pflichtenvernachlässigung auch Entlassungsgründe darstellen, ist bei Vorliegen dieser Tatbestände auch der Ausspruch einer Entlassung denkbar (siehe 42. ff.).

Der erhöhte Kündigungsschutz bedeutet nicht, dass Behinderte praktisch unkündbar sind (VwGH 2005/2004/11/0034 = ARD 5652/2/2006).

Einschlägige Judikatur

- *Bei kündigungsgeschützten Arbeitsverhältnissen ist eine Kündigung des Arbeitsverhältnisses zufolge bloßen Arbeitsmangels nicht möglich. Daher darf in diesen Fällen das Weisungsrecht des AG betreffend die Verwendung des AN nicht zu eng umgrenzt werden. Im Zweifel darf der AG davon ausgehen, dass die arbeitsvertragliche Verpflichtung des AN alles umfasst, was ein mit den übernommenen Aufgaben Betrauter nach der Verkehrssitte gewöhnlich auch sonst zu leisten bereit ist (Arb 8.451, 8.480; OGH 9 Ob A 192/93).*

- *Die zur Entscheidung berufenen Verwaltungsbehörden dürfen nicht die Zweckmäßigkeit einer unternehmerischen Entscheidung überprüfen, die zum Wegfall des Arbeitsplatzes eines behinderten AN führt bzw. bei Veränderung des Arbeitsplatzes den Einsatz des behinderten AN für diese Arbeit nicht mehr zulässt, sofern nicht diese unternehmerische Entscheidung ausschließlich zum Zweck der Benachteiligung des begünstigten Behinderten getroffen worden sein sollte. Die Behörden haben aber – um die gebotene, umfassende Abwägung nicht nur der objektiven betrieblichen Interessen des AG, sondern auch und vor allem der unter dem Gesichtspunkt der sozialen Schutzbedürftigkeit des begünstigten Behinderten bestehenden Interessen an der Aufrechterhaltung eines Arbeitsverhältnisses vornehmen zu können – festzustellen, ob in dem Betrieb, in dem der behinderte AN beschäftigt ist, noch andere Arbeitsplätze vorhanden sind, auf denen er unter Berücksichtigung seiner eingeschränkten Leistungsfähigkeit tätig werden könnte (VwGH 96/08/0002 = ARD 4843/27/97).*

- *Die Kündigung eines Behinderten kann gerechtfertigt sein, wenn die Einschränkung seiner Arbeitsfähigkeit keine entsprechende Verwendung mehr zulässt. Kann ein AN 60 bis 70 % der in seinem Aufgabenbereich fallenden Aufgaben nicht mehr ausführen, steht das Auflösungsinteresse des AG (Kündigungsrechtfertigungsgründe) dem Bestandinteresse des AN entgegen. Der Zweck des BEinstG ist darin gelegen, die Nachteile der Behinderten auf dem allgemeinen Arbeitsmarkt auszugleichen; das Gesetz bezweckt nicht, die zu schützenden Behinderten praktisch unkündbar zu machen (OGH 8 Ob A 99/97 k = ARD 4851/26/97).*

- *Die Kündigung eines Behinderten ohne Zustimmung des Behindertenausschusses ist auch dann unwirksam, wenn sie unter Verzicht des Rechts auf Entlassung (in diesem Fall wegen dauernder Arbeitsunfähigkeit) ausgesprochen wurde (OGH 9 Ob A 122/ 99 b = ARD 5112/2/2000, so auch OGH 29.4.2015, 9 Ob A 27/15 h, Rauch, Arbeitsrecht 2016, 87).*

41.7.1.3 Nachträgliche Zustimmung des Behindertenausschusses zur ausgesprochenen Kündigung

Falls der besondere Kündigungsschutz eines begünstigten Behinderten bereits eingetreten ist (siehe 41.7.1), so darf nach § 8 Abs. 2 BEinstG vom AG erst dann eine Kündigung ausgesprochen werden, wenn der Behindertenausschuss vor dem Ausspruch der Kündigung rechtskräftig (OGH 4 Ob 103/83 = ARD 3651/8/84) zugestimmt hat. In Ausnahmefällen ist jedoch auch die **nachträgliche Zustimmung** zur Kündigung zulässig.

Laut ausdrücklicher gesetzlicher Bestimmung liegt eine solche Ausnahme vor, wenn dem AG zum Zeitpunkt des Ausspruchs der Kündigung nicht bekannt war und auch nicht bekannt sein musste, dass der AN ein begünstigter Behinderter ist. Die ausnahmsweise nachträgliche Zustimmung zur Kündigung ist nicht möglich, wenn die Behinderung auf einem Arbeitsunfall beruht (§ 8 Abs. 2 BEinstG).

Eine Ausnahme für eine nachträgliche Zustimmung zur Kündigung liegt weiters dann vor, wenn ganz außerordentliche Umstände gegeben sind, die knapp an der Grenze des Kündigungsschutzes überhaupt liegen und die dadurch gekennzeichnet sind, dass dem AG die vorherige Einholung einer behördlichen Zustimmung nicht zugemutet werden kann.

Laut VwGH-Judikatur kann im Zuge der anzustellenden Interessenabwägung bei einer Betriebseinschränkung bzw. Betriebsstilllegung (VwGH 90/09/0095 = VwSlg NF 13385 A) dem AG wohl nicht zugemutet werden, seine Leistungen aus dem Arbeitsverhältnis (Entgelt) weiter zu erbringen, obwohl keine Einsatzmöglichkeit bezüglich des behinderten AN besteht. Dieser Grundsatz ist weiters sogar auch dann anzuwenden, wenn die Schließung aus Verschulden des AG behördlich angeordnet worden ist, weil die gegenteilige Auffassung jedenfalls eine „Überziehung des Gedankens des Behindertenschutzes" bedeuten würde. Die Tatsache einer **Betriebsstilllegung** (siehe zum Begriff „Betriebsstilllegung" 41.7.3.1) ist grundsätzlich verschuldensneutral zu sehen. Diese Rechtsauffassung ergibt sich weiters daraus, dass die Judikatur des VwGH den schon erwähnten Standpunkt vertritt, dass unter Bedachtnahme auf § 8 Abs. 3 BEinstG, der in diesem Gesetz normierte Kündigungsschutz nach dem Willen des Gesetzgebers jedenfalls nicht weiter gehen soll als im Fall eines BR-Mitglieds. Nach § 120 Abs. 3 ArbVG erlischt der Kündigungs- und Entlassungsschutz des BR-Mitglieds mit der Betriebsstilllegung. Würde man im Fall der Betriebsstilllegung die nachträgliche Zustimmung nicht zulassen, so wäre der Behinderte im Fall der Betriebsstilllegung wesentlich besser gestellt als ein BR-Mitglied. Eine solche Besserstellung widerspricht dem Willen des Gesetzgebers und der ständigen Judikatur des VwGH, da der besondere Beendigungsschutz des Behinderten grundsätzlich schwächer sein soll (wohl auch, um AG nicht allzu stark vor der Einstellung Behinderter abzuschrecken) als der Beendigungsschutz eines BR-Mitglieds, der überdies den Schutz vor der Entlassung mitumfasst.

Zunächst ist zu prüfen, ob die Voraussetzungen für eine künftige Kündigung vorliegen. Nur wenn dies zutrifft, ist weiters zu erheben, ob die nachträgliche Zustimmung zur schon ausgesprochenen Kündigung erteilt werden kann (VwGH 16.12.2013, 2013/11/0111).

Einschlägige Judikatur

- *Der besondere Kündigungsschutz ist von der Kenntnis des AG über die Behinderteneigenschaft des AN unabhängig und kommt dem Behinderten unabhängig davon, ob der AG „einstellungspflichtig" ist oder nicht, zu (OGH 12.7.1951, 4 Ob 70/51, Arb 5.286).*
- *Handelt es sich bei der Schließung einer Betriebsstätte nicht um eine bloße Betriebseinschränkung, sondern um die endgültige Stilllegung eines Betriebes, ist die Kündigung eines Behinderten auch bei nachträglicher Zustimmung des Behindertenausschusses zulässig (VwGH 97/08/0438 = ARD 5010/3/99).*

41.7.1.4 Gang des Verfahrens

1. Instanz (Behindertenausschuss)

Falls der AG das Arbeitsverhältnis eines begünstigten Behinderten, der bereits Kündigungsschutz genießt (siehe 41.7.1), kündigen will und ein Kündigungsgrund i.S.d. § 8 Abs. 4 lit. a bis c BEinstG oder ein ähnlich schwerwiegender Kündigungsgrund gegeben ist, so müsste ein Antrag beim zuständigen SMS auf Zustimmung zur beabsichtigten Kündigung eingebracht werden. Vor Einbringung des Antrages ist der BR und die Behindertenvertrauensperson zu verständigen, die innerhalb einer Woche hierzu Stellung nehmen können (§ 12 Abs. 1 BEinstG).

Sollten ausnahmsweise die Voraussetzungen für eine nachträgliche Zustimmung gegeben sein, so könnte zunächst die Kündigung ausgesprochen werden und wäre in unmittelbarem Anschluss an den Ausspruch die Zustimmung zur nachträglichen Kündigung zu beantragen.

Im Antrag sind die Gründe für die beabsichtigte oder bereits ausgesprochene Kündigung zu erläutern und Beweismittel (insbesondere Urkunden und Zeugen) anzubieten. Eine anwaltliche Vertretung ist keinesfalls erforderlich, eine Vertretung durch eine geeignete mit dem Arbeitsrecht vertraute Person jedoch empfehlenswert. Im Verfahren vor dem SMS werden im Zuge einer oder mehrerer Verhandlungen die Urkunden erläutert, Zeugen und Parteien (der Behinderte hat im Verfahren die Stellung einer Partei) angehört und nach der letzten Verhandlung die aufgenommenen Protokolle an den Behindertenausschuss zur Entscheidung weitergeleitet.

2. Instanz (BVwG)

Wird der Antrag abgewiesen, so kann der AG innerhalb von 6 Wochen ab Zugang der Entscheidung (§ 19 Abs 1 BEinstG) eine Beschwerde beim BVwG einbringen. Wird dem Antrag stattgegeben, so kann der behinderte AN innerhalb von 6 Wochen eine Beschwerde beim BVwG erheben. Zur Einhaltung der Frist genügt es, wenn die Beschwerde am letzten Tag der Frist zur Post gegeben wird. Fällt der letzte Tag der Frist auf einen Samstag, Sonntag, den Karfreitag oder einen gesetzlichen Feiertag (siehe 30.6), dann endet die Frist mit Ablauf des nächsten Werktages (§ 33 Abs 2 AVG). Erwächst die vom Behindertenausschuss erteilte Zustimmung zur Kündigung des behinderten AN in Rechtskraft, so kann die Kündigung ausgesprochen werden.

Vor Eintritt der Rechtskraft kann nicht rechtswirksam gekündigt werden (OGH 23.10.1984, 4 Ob 103/83).

Außerordentliches Rechtsmittel an den VwGH bzw den VfGH

Gegen die Entscheidung des BVwG ist ein Rechtsmittel an den VwGH sowie allenfalls eine Beschwerde an den VfGH möglich. Der VwGH entscheidet als letzte Instanz über Revisionen, die gegen Erkenntnisse des BVwG wegen Rechtswidrigkeit erhoben werden (Anwaltszwang). Das BVwG entscheidet, ob eine ordentliche Revision an den VwGH zulässig ist. Wird dies verneint, so ist nur eine außerordentliche Revision an den VwGH möglich.

Sollte der AN mit seinem (letztlich erfolglosen) Rechtsmittel eine aufschiebende Wirkung beantragt haben und wurde diesem Antrag stattgegeben, so ist fraglich, welche Rechtsfolgen dies für eine bereits vor Zuerkennung der aufschiebenden Wirkung ausgesprochene Kündigung hat. Dazu hat der OGH ausgesprochen, dass die der Beschwerde an den VfGH zuerkannte aufschiebende Wirkung die bereits eingetretenen Rechtswirkungen des Ausspruchs der Kündigung nicht mehr rückgängig machen können (OGH 25.1.2006, 9 Ob A 88/05 i). Eine Entscheidung zur (damals eingebrachten) Beschwerde an den VwGH, die mit einem Antrag auf aufschiebende Wirkung verbunden wurde, liegt ebenso vor (OGH 22.12.2010, 9 Ob A 42/10 g). Daher ist dem AG zu empfehlen, sofort nach Zugang einer Entscheidung des BVwG, mit der die Kündigung des begünstigten Behinderten bewilligt wird, die Kündigung auszusprechen. ME ist davon auszugehen, dass die Ersetzung der Berufungskommission durch das BVwG mit 1.1.2014 an dieser Judikatur inhaltlich nichts ändert.

Keine nachträgliche Zustimmung zur bereits ausgesprochenen Kündigung

Falls die nachträgliche Zustimmung zur bereits ausgesprochenen Kündigung nicht erteilt wird, sollte der Behinderte zum unverzüglichen Wiederantritt der Arbeit aufgefordert werden. Soweit keine Anrechnung möglich ist und der behinderte AN arbeitsbereit war, wird für die Zwischenzeit (ab Einstellung der Arbeit wegen Ablauf der Kündigungsfrist bis zum Wiederantritt der Arbeit) ein Entgeltanspruch nach § 1155 ABGB gegeben sein (siehe 31.8), sofern dem AG die Behinderteneigenschaft bekannt war (OGH 8 Ob A 41/97 f = ARD 4875/25/97, 8 Ob A 154/02 k). Der Entgeltanspruch nach § 1155 ABGB kann daher (bei Vorliegen der übrigen Voraussetzungen) erst dann wirksam werden, wenn der Behindertenstatus dem AG gemeldet wurde, sofern die Behinderteneigenschaft dem AG nicht bekannt sein musste.

41.7.2 Kündigungsschutz von Präsenz- und Zivildienern

Durch das APSG werden bestimmte Dienste (§ 3 APSG) im öffentlichen Interesse (ordentlicher und außerordentlicher Präsenzdienst nach § 27 WG und Ausbildungsdienst gemäß den §§ 37 bis 38 b WG sowie ordentlicher und außerordentlicher Zivildienst nach § 6 a Zivildienstgesetz) in bestimmter Weise arbeitsrechtlich geschützt (insbesondere in Form eines Kündigungs- und Entlassungsschutzes).

Ausländische Dienste können nur dann dem Schutz des APSG unterliegen, wenn es sich um einen von einem EU-Bürger abzulegenden Dienst handelt, der den im § 3 APSG taxativ genannten Diensten entspricht (Näheres siehe dazu *Rauch*, ecolex 2001, 57 f., OGH 9 Ob A 56/00 a).

Während des Präsenz- bzw. Zivildienstes bleibt das Arbeitsverhältnis aufrecht. Die wechselseitigen Pflichten (insbesondere die Arbeitspflicht und die Entgeltpflicht) ruhen. Der Anspruch auf Urlaub und auf Sonderzahlungen wird entsprechend gekürzt. D.h. für die Zeiten des Präsenz- bzw. Zivildienstes stehen keine Sonderzahlungen und kein Urlaub zu. Falls der Präsenz- bzw. Zivildienst 30 Tage nicht übersteigt, erfolgt jedoch keine Kürzung des Urlaubs.

Weiters sind nach § 8 APSG Zeiten geschützter Dienste auf Ansprüche, die sich nach der Dauer der Dienstzeit richten, anzurechnen (insbesondere gilt dies für die Abfertigung). Nach der Judikatur (OGH 9 Ob A 294/99 x = infas 3/2000 und 9 Ob A 320/98 v = infas 4/99) ist der Präsenz- bzw. Zivildienst bei der Einstufung anzurechnen, obwohl während dieser Zeit keine tatsächliche Praxis im Beruf ausgeübt wird (weitere Details zur Anrechnung siehe 25.7).

Wird der Einberufungsbefehl widerrufen, so entfällt der Kündigungs- und Entlassungsschutz (OGH 18.11.1987, 9 Ob A 140/87, ARD 3985/8/88).

41.7.2.1 Meldepflicht und Bestandschutz

Wird dem AN eine **Einberufung** bzw. ein **Zuweisungsbescheid** übermittelt oder wird eine Einberufung oder Zuweisung allgemein bekannt gemacht, so hat er unverzüglich eine entsprechende Mitteilung an den AG vorzunehmen (§ 5 APSG). Falls der AN seiner Meldepflicht nicht unverzüglich, sondern erst später nachkommt, so beginnt der Kündigungs- und Entlassungsschutz mit diesem späteren Zeitpunkt.

Sollte der AN jedoch nach Zugang des Einberufungsbefehls (Zuweisungsbescheids) gekündigt werden und hat er die Meldung noch nicht durchgeführt, so kann er den Schutz nur dann erwerben, wenn er die Meldung binnen drei Arbeitstagen nachholt, sofern noch nicht mehr als 14 Tage seit dem Zugang des Einberufungsbefehls (Zuweisungsbescheids) abgelaufen sind. D.h. falls 14 Tage seit dem Zugang des Einberufungsbefehls (Zuweisungsbescheids) vergangen sind und der AN die Mitteilung ohne Hinderungsgrund unterlassen hat, so ist der Kündigungs- und Entlassungsschutz bei einer ab dem 15. Tag ausgesprochenen Kündigung oder Entlassung nicht mehr gegeben.

Zum Ende des Kündigungs- und Entlassungsschutzes bestimmt der § 13 APSG Folgendes:

(1) Der Kündigungs- und Entlassungsschutz endet:
1. bei einem Präsenz- oder Ausbildungs- oder Zivildienst, der kürzer als zwei Monate dauert, nach einem Zeitraum im Ausmaß der halben Dauer dieses Präsenz- oder Ausbildungs- oder Zivildienstes nach dessen Beendigung;
2. bei einem Präsenzdienst als Zeitsoldat gemäß § 23 WG 2001, der ununterbrochen länger als 4 Jahre dauert, nach 4 Jahren ab dessen Antritt;
3. bei einem Ausbildungsdienst, der erst nach vollständiger Leistung des Grundwehrdienstes angetreten wird, einen Monat nach Beendigung des Ausbildungsdienstes, spätestens jedoch einen Monat nach Ablauf des zwölften Monats des Ausbildungsdienstes;
4. in allen übrigen Fällen einen Monat nach Beendigung des Präsenz- oder Ausbildungs- oder Zivildienstes.

(2) Ergeben sich bei Berechnung der Frist gemäß Abs. 1 Z 1 Teile von Tagen, so sind diese auf ganze Tage aufzurunden.

Der Kündigungs- und Entlassungsschutz entfällt mit der **Stilllegung des Betriebes** (§ 12 Abs. 3 APSG). Der Begriff der Betriebsstilllegung ist eng auszulegen. Eine Betriebsstilllegung liegt vor, wenn beispielsweise sämtliche Geschäftskontakte beendet, alle Geschäfte abgewickelt wurden und der Gewerbeschein zurückgelegt wurde (siehe 41.7.3.1 und einschlägige Judikatur zu 41.7.3.2).

Beim Wiederantritt des Dienstes nach dem Ende des Präsenz- bzw. Zivildienstes ist zu beachten, dass dieser nicht sofort, sondern erst innerhalb von sechs Werktagen zu erfolgen hat (§ 7 APSG). Für die Zeit zwischen dem Ende des Präsenz- bzw. Zivildienstes und der Wiederaufnahme besteht mangels Rechtsgrundlage kein Entgeltanspruch (OLG Wien 9 Ra 72/03 d = ARD 5452/7/2003).

Einschlägige Judikatur
- *Aus § 105 Abs. 3 lit. h ArbVG ergibt sich eindeutig, dass § 12 APSG, der den Kündigungsschutz erst von der Zustellung des Einberufungsbefehls an gewährt, nicht analog auch auf den Fall der Zustellung eines so genannten „**Bereitstellungsscheines**" im Sinne des § 35 Abs. 1 WG auszudehnen ist, mit dem einem AN mitgeteilt wird, dass er für einen bestimmten Einberufungstermin vorgesehen ist und ihm der Einberufungsbefehl*

noch zeitgerecht zugestellt wird. Eine Kündigung, die wegen der bevorstehenden Einberufung des AN zum Präsenzdienst ausgesprochen wird, kann als unzulässige Motivkündigung angefochten werden. Durch die Zustellung des so genannten „Bereitstellungsscheines" wird ein AN nicht bereits unkündbar; er hätte nur eine – hier nicht erfolgte – Kündigung seines AG als unzulässige Motivkündigung bekämpfen können (OGH 8 Ob S 5/96 = ARD 4760/29/96).

- *Befindet sich ein AN noch im Kündigungs- und Entlassungsschutz nach seinem ordentlichen Präsenzdienst und wird er innerhalb dieser Schutzfrist neuerlich zum Präsenzdienst (Funktionsdienst) für vier Tage einberufen, hemmen diese vier Tage den Ablauf des Kündigungs- und Entlassungsschutzes um diesen Zeitraum, die Frist wird also verlängert (§ 6 Abs. 1 Z 3 APSG). Der durch diesen Funktionsdienst wiederum ausgelöste Kündigungs- und Entlassungsschutz von zwei Tagen (§ 13 Abs. 1 Z 1 APSG) hemmt jedoch nicht den bereits laufenden Kündigungs- und Entlassungsschutz; die beiden Fristen laufen also parallel (OLG Wien 7 Ra 174/99 f = ARD 5089/32/2000).*

41.7.2.2 Kündigung mit gerichtlicher Zustimmung

Eine Kündigung oder Entlassung ist während dieses Schutzes nur mit vorhergehender Zustimmung des Gerichtes möglich. Eine nachträgliche Zustimmung ist im Gesetz nicht vorgesehen. Falls im Betrieb ein BR errichtet ist, müsste dieser gleichzeitig mit der Klagseinbringung verständigt werden. Kommt der AG dieser **Verständigungspflicht** nicht nach, wäre eine allfällige ausgesprochene Kündigung trotz Zustimmung des Gerichtes rechtsunwirksam. Das Gericht hat daher auch die Verständigung des BR im Verfahren zu prüfen.

Die Kündigung oder Entlassung ist schließlich unverzüglich nach dem klagsstattgebenden Urteil auszusprechen. Die Rechtskraft des Urteils muss nicht abgewartet werden (§ 61 Abs. 1 Z 1 ASGG). In Betrieben mit BR ist jedoch zunächst das Verständigungsverfahren nach § 105 ArbVG durchzuführen (siehe 41.1.1).

Das durch Klage des AG angerufene Gericht kann der Klage auf Zustimmung zur Kündigung oder Entlassung nur dann stattgeben, wenn einer der vom Gesetz genannten Gründe nachweislich vorliegt.

Der § 14 APSG nennt folgende Gründe:

(1) Das Gericht darf die Zustimmung zur Kündigung nur erteilen, wenn
1. der Arbeitgeber den Arbeitnehmer
    a) wegen der bevorstehenden Stilllegung des Betriebes oder
    b) wegen der bevorstehenden oder schon durchgeführten Einschränkung des Betriebes oder
    c) wegen der bevorstehenden oder schon durchgeführten Stillegung einer Betriebsabteilung

    trotz dessen Verlangen an einen anderen Arbeitsplatz im Betrieb oder in einem anderen Betrieb des Unternehmens nicht ohne erheblichen Schaden weiterbeschäftigen kann, oder

2. der Arbeitnehmer auf Grund einer Erkrankung oder eines Unglücksfalles unfähig wird, die vereinbarte Arbeit zu leisten, sofern eine Wiederherstellung seiner Arbeitsfähigkeit nicht zu erwarten ist und dem Arbeitgeber die Weiterbeschäftigung oder die Erbringung einer anderen Arbeitsleistung durch den Arbeitnehmer, zu deren Verrichtung sich dieser bereit erklärt hat, nicht zugemutet werden kann, oder
3. sich der Arbeitnehmer in der Tagsatzung zur mündlichen Streitverhandlung nach Rechtsbelehrung durch den Vorsitzenden über den Kündigungsschutz nach diesem Bundesgesetz mit der Kündigung einverstanden erklärt.

Wurde einem AG die Zustimmung zu einer Kündigung wegen **Betriebsstilllegung** oder -einschränkung oder Stilllegung einzelner Betriebsabteilungen erteilt und nimmt der AG während der Zeit des Kündigungs- und Entlassungsschutzes die Geschäftstätigkeit wieder auf, so besteht für ihn die Verpflichtung, den dem Kündigungsschutz des APSG unterliegenden AN hiervon binnen 14 Tagen zu verständigen. Der AN hat sodann binnen weiterer 14 Tage das Recht, vom AG die Fortsetzung seines Arbeitsverhältnisses zu verlangen (§ 14 Abs. 2 APSG).

41.7.2.3 Zur Bekanntgabe eines ausländischen nicht geschützten Militärdienstes

Falls ein ausländischer AN mitteilt, dass er einen längeren Militärdienst in seinem Heimatstaat (der kein EU-Staat ist) ableisten muss und daher bis auf Weiteres nicht mehr zur Arbeit erscheinen wird, so wird diese Erklärung als Kündigung zu verstehen sein (OLG Wien 9 Ra 211/99 m, OGH 9 Ob A 98/00 b). Folgt diese Erklärung jedoch so spät, dass zwischen ihrem Ausspruch und dem letzten Arbeitstag die Frist für die Kündigung durch den AN nicht mehr ablaufen kann, so wird zu prüfen sein, ob ein ungerechtfertigter vorzeitiger Austritt vorliegt. Zur Beweissicherung sollte eine Kopie des **Einberufungsbefehles** einbehalten und das Datum des Ausspruchs sowie der Inhalt der Erklärung schriftlich festgehalten werden. Falls der AG eine Zustimmung äußert, könnte dies als einvernehmliche Lösung ausgelegt werden. Sollte das Arbeitsverhältnis bereits drei Jahre gedauert haben, bewirkt die einvernehmliche Lösung einen Abfertigungsanspruch. Die verbindliche Zusage einer **Wiedereinstellung** könnte wiederum als Karenzierungsvereinbarung ausgelegt werden. Dies hätte zur Folge, dass bei Fortsetzung des Arbeitsverhältnisses bei allen Ansprüchen die Vordienstzeiten zu berücksichtigen wären. Es ist daher zu empfehlen, die Beendigung des Arbeitsverhältnisses auf der Basis der Erklärung des AN durch Abrechnung aller beendigungsabhängigen Ansprüche (etwa Sonderzahlungen, Ersatzleistung, restliches Gehalt) und Ausstellung entsprechender Papiere (Hinweis auf die Auflösung des Arbeitsverhältnisses auf dem Formular für die Abmeldung von der zuständigen GKK und der Arbeitsbescheinigung) sicherzustellen (siehe auch *Rauch*, Zur Anwendbarkeit des APSG auf ausländische AN, ecolex 2001, 57 ff.).

41.7.3 Kündigungsschutz nach MSchG und VKG

Zum Kündigungs- und Entlassungsschutz bei Elternteilzeit siehe 25.6.8.

Zur Befristung siehe 14.3.1.

Zur Kündigungsanfechtungsmöglichkeit durch freie AN siehe 25.9.

41.7.3.1 Beginn und Ende des Kündigungsschutzes

Der **Kündigungsschutz nach dem MSchG** beginnt mit der Empfängnis (Vereinigung von Ei- und Samenzelle – OGH 9 Ob A 23/95), sofern die Schwangerschaft gemeldet und nachgewiesen wird. AN sind verpflichtet, den Eintritt einer Schwangerschaft dem AG mitzuteilen, doch verlieren sie im Fall der Verletzung dieser Meldepflicht lediglich ihren Verwendungsschutz (siehe 25.2 f.). Der Entfall des Kündigungs- und Entlassungsschutzes tritt bei einem Verstoß gegen die Meldepflicht aber nur in seltenen Ausnahmefällen ein (§ 10 Abs. 2 MSchG). Die AN kann nämlich

- solange eine Kündigung vom AG noch nicht ausgesprochen wurde, die **Mitteilung von der Schwangerschaft** jederzeit nachholen und damit den Schutz herbeiführen;
- sobald eine Kündigung ausgesprochen ist, innerhalb von fünf Arbeitstagen die Mitteilung unter Vorlage einer ärztlichen Bestätigung nachholen (dabei gelten nur solche Tage als Arbeitstage, an denen auch die Schwangere zu arbeiten gehabt hätte – OGH 9 Ob A 114/92, 9 Ob A 2226/96 k);
- falls bereits mehr als fünf Arbeitstage seit Ausspruch der Kündigung verstrichen sind, die Mitteilung auch später nachholen, wenn sie an der rechtzeitigen Mitteilung unverschuldet gehindert war.

Ein derartiger **Verhinderungsgrund** ist insbesondere auch die Unkenntnis von der Schwangerschaft. Daher kann die Meldung der Schwangerschaft auch längere Zeit nach einer Kündigung die Unwirksamkeit dieser Kündigung bewirken. Die Meldung muss jedoch unmittelbar nach Wegfall des Hinderungsgrundes erfolgen. Die Absendung der schriftlichen Mitteilung von der Schwangerschaft erst am dritten Tag nach der gynäkologischen Bestätigung ist nicht „unmittelbar" i.S.d. § 10 Abs. 2 MSchG. Am zweiten Tag hat jedenfalls die Postaufgabe zu erfolgen (OGH 8 Ob A 106/02 z = ARD 5356/39/2002 und 5449/7/2003).

Falls jedoch die AN nach Ausspruch der Kündigung durch den AG mehr als fünf Arbeitstage verstreichen lässt (ohne dass ein Hinderungsgrund vorliegt), so verliert sie ihren Kündigungsschutz. Erfolgt die Vorlage der ärztlichen Bestätigung über die Schwangerschaft nicht unmittelbar nach Wegfall des unverschuldeten Hinderungsgrundes, ist eine drei Monate nach Einwendung der Schwangerschaft erfolgte Nachweisung jedenfalls verspätet (OGH 9 Ob A 303/98 v = ARD 5004/15/99). Ein Krankenstand im Anschluss an die ärztliche Feststellung der Schwangerschaft ist im Allgemeinen ein Hinderungsgrund, nach dessen Wegfall die Meldung sofort nachzuholen ist (OGH 8 Ob A 45/05 h).

Die Bekanntgabe der Schwangerschaft erfordert zwei Schritte: Die Information des AG und die Bestätigung durch den Arzt. Die beiden Schritte müssen zeitlich eng, jedoch nicht gleichzeitig gesetzt werden (OGH 8 Ob A 106/02 z = ecolex 2002, 828, *Rauch*, Arbeitsrecht 2015, 55 f.).

Der Kündigungs- und Entlassungsschutz entfällt im Fall der dauernden Betriebsstilllegung (§ 10 Abs. 3 MSchG). Eine **dauernde Betriebsstilllegung** lässt sich nur anhand konkreter Maßnahmen objektivieren. Diese sind beispielsweise die Auflösung der Arbeitsverhältnisse, die Zurücklegung der Gewerbeberechtigung, die Veräußerung der sachlichen Betriebsmittel, der Abverkauf der Produkte und der Verkauf der Rohstoffe, der Abbruch der Beziehungen zu Kunden und Lieferanten, also die Liquidierung der Betriebsmittel. In der Regel werden mehrere dieser Maßnahmen mit der Einstellungsabsicht zusammentreffen müssen, um den Tatbestand der dauernden Betriebsstilllegung zu erfüllen. Es ist dabei auf die tatsächliche Betriebseinstellung abzustellen (OGH 11.2.1998, 9 Ob A 408/97 h – siehe auch Einschlägige Judikatur zu 41.7.3.2). Wird eine Filiale geschlossen, die kein Betrieb i.S.d. § 34 ArbVG ist (siehe 53. – Betriebsbegriff), liegt lediglich eine Betriebseinschränkung und keine Betriebsstilllegung vor. Daher ist die gerichtliche Zustimmung vor der Kündigung der AN erforderlich (OGH 8 Ob S 25/04 s).

Wird weder ein **Karenzurlaub** noch eine Teilzeitbeschäftigung in Anspruch genommen, so endet der Kündigungs- und Entlassungsschutz vier Monate nach der Geburt. Im Fall der Inanspruchnahme eines Karenzurlaubs oder einer **Teilzeitbeschäftigung** endet der Bestandschutz vier Wochen nach Ende des Karenzurlaubs oder der Teilzeitbeschäftigung nach dem MSchG bzw. VKG. Bei Konsumation von Karenzurlaub bzw Teilzeitbeschäftigung von Vater und Mutter endet der Bestandschutz vier Wochen nach Ende der jeweiligen Teilzeitbeschäftigung bzw nach Ende des jeweiligen Karenzurlaubs. Bei Teilzeitbeschäftigung (i.S.d. §§ 15h ff. MSchG bzw 8 ff. VKG) besteht der Bestandschutz bis längstens vier Wochen nach dem vierten Geburtstag (siehe 25.6.8). Bei Teilzeitbeschäftigung über den vierten Geburtstag hinaus besteht ein Motivkündigungsschutz. D.h. eine Kündigung wegen Inanspruchnahme der Elternteilzeit könnte vom AN angefochten werden (siehe 41.8.3). Zur zustimmungsfreien Kündigung bei weiterer Erwerbstätigkeit siehe 25.6.8. Der **Kündigungs- und Entlassungsschutz für den Vater** beginnt mit der Bekanntgabe der Teilzeitbeschäftigung, wobei er frühestens vier Monate vor Antritt der Teilzeitbeschäftigung (nicht jedoch vor der Geburt des Kindes) beginnen kann (§ 8f VKG – siehe 25.6).

Ende des Kündigungsschutzes bedeutet, dass die Kündigung jedenfalls erst nach Ablauf der Frist ausgesprochen werden darf (z.B. OGH 9 Ob A 25/06 a = ARD 5706/2/2006).

Der Kündigungsschutz bezieht sich nicht auf eine Kündigung des AN (OGH 24.9.1963, 4 Ob 88/63, Arb 7.810).

Fehlgeburt

Im Fall einer Fehlgeburt ist ein Kündigungs- und Entlassungsschutz bis 4 Wochen nach einer Fehlgeburt vorgesehen (§§ 10 Abs. 1a, 12 Abs. 1 MSchG). Auf Verlangen des AG hat die AN eine ärztliche Bescheinigung über die Fehlgeburt vorzulegen (zum Begriff „Fehlgeburt" siehe 25.2).

Der Kündigungs- und Entlassungsschutz beginnt mit der Fehlgeburt zu laufen und endet 4 Wochen danach, unabhängig davon, ob und wann die Meldung erfolgt. Falls keine Meldung vorgenommen wird, so wird der uninformierte AG ohnedies von einem fortlaufenden Kündigungs- und Entlassungsschutz nach dem MSchG ausgehen.

Zu möglichen Ansprüchen nach dem GlBG (siehe 4.) hat der OGH (27.2.2014, 8 Ob A 81/13 i) festgehalten, dass eine Kündigung wegen der Annahme, eine AN würde bald schwanger werden, eine unmittelbare Diskriminierung darstellt. Die AN muss aber zum von ihr angenommenen Diskriminierungstatbestand im Kündigungsanfechtungsverfahren ein konkretes Vorbringen erstatten, warum die Diskriminierung vorliegen soll und in der Folge dieses Vorbringen glaubhaft machen (zu ähnlich gelagerten Fällen siehe OGH 29.1.2015, 9 Ob A 144/14 p; 20.3.2015, 9 Ob A 124/14 x). Die bloße Tatsache, dass z.B. in der 6. Woche nach der Fehlgeburt der AG eine Kündigung ausspricht, stellt nicht jedenfalls eine Diskriminierung dar (siehe auch *Rauch*, Arbeitsrecht 2016, 70 ff.).

Einschlägige Judikatur

- *Die mit der um den 6.5.1992 stattgefundenen Vereinigung der Ei- und Samenzelle begründete Schwangerschaft der Klägerin bewirkte sohin nach rechtzeitiger Bekanntgabe der Schwangerschaft die Unwirksamkeit der am 11.5.1992 ausgesprochenen Kündigung (OGH 9 Ob A 23/95).*
- *Wird das Arbeitsverhältnis einer schwangeren AN wegen Betriebsstilllegung ohne Zustimmung des Gerichtes aufgelöst, ist im Einzelfall auch dann zu prüfen, ob der Betrieb im Zeitpunkt der Kündigung faktisch eingestellt gewesen ist, wenn zu diesem Zeitpunkt die Gewerbeberechtigung bereits zurückgelegt worden ist (OGH 9 Ob A 2309/96 s = ARD 4880/6/97).*
- *Tritt eine werdende Mutter nach einem Krankenstand ihren Dienst unentschuldigt nicht mehr an und lassen die Nebenumstände berechtigt auf einen schlüssigen Austritt schließen, sieht das MSchG keinen dem Kündigungs- bzw. Entlassungsschutz analogen Austrittsschutz vor (OLG Linz 11 Ra 58/95 = ARD 4788/32/96).*
- *Wird der Betrieb eines Unternehmens in Österreich unter Aufrechterhaltung des gesellschaftlichen Mantels als Rechtsträger ausländischer Zweigniederlassungen stillgelegt, ist der Kündigungsgrund der Betriebsstilllegung für BR-Mitglieder bzw. im Mutterschutz befindlichen AN dennoch erfüllt (ASG Wien 30 Cga 276/96 v = ARD 4835/22/97).*
- *Auch wenn eine AN gegen ihre Kündigung ihre Schwangerschaft einwendet, verliert sie ihren Kündigungsschutz, wenn sie den ärztlichen Nachweis nicht unmittelbar nach Wegfall des Hindernisses, diesen Nachweis beizubringen, dem AG vorlegt (OGH 9 Ob A 303/98 v = ARD 5004/15/99).*

- *Geht eine AN während ihres Karenzurlaubs eine Teilzeitbeschäftigung bei einem anderen AG ein, genießt sie bei diesem ungeachtet ihres (aliquoten) Karenzurlaubsgeldanspruchs keinen Kündigungsschutz (OLG Wien 8 Ra 304/98 d = ARD 5004/16/99).*
- *Eine erst mehr als sechs Wochen nach dem Ausspruch der Kündigung erfolgte Bekanntgabe der Schwangerschaft ist nicht mehr rechtzeitig, wenn die AN ihre Schwangerschaft bereits vermutet, aber den Arztbesuch trotz deutlicher Anzeichen einer Schwangerschaft hinausgeschoben hat (OGH 9 Ob A 82/98 v = ARD 4965/1/98).*
- *Dass die Klägerin nach der definitiven Kenntniserlangung von der Schwangerschaft am 21.12.1998 zwischen 10 und 11 Uhr dem AG die Schwangerschaft erst am 22.12.1998 vor 10 Uhr und 50 Minuten bekannt gab und nachwies, hatte nicht den Verlust des Kündigungsschutzes zur Folge. Die Bekanntgabe ist nach § 10 Abs. 2 MSchG rechtzeitig, wenn sie unmittelbar nach Wegfall des Hinderungsgrundes nachgeholt wird. Was unter unmittelbar zu verstehen ist, lässt sich § 10 Abs. 2 MSchG nicht entnehmen. Nach dem Sinn und Zweck dieser Bestimmung soll der Eingriff in die Dispositionsmöglichkeit des AG durch die andauernde Aufrechterhaltung des Schwebezustandes hinsichtlich der Wirksamkeit der Kündigung nicht in unzumutbarer Weise aufrechterhalten werden. Die Bekanntgabe hat daher ohne unnötigen Aufschub (unverzüglich bzw. sofort) nachgeholt zu werden (Arb 10.895). Es muss ein enger zeitlicher Konnex zwischen der positiven Kenntniserlangung der Schwangerschaft und der Bekanntgabe derselben an den AG bestehen, ohne dass die Anforderungen überspitzt werden dürfen. Das bedeutet, dass die Bekanntgabe an dem der Kenntniserlangung folgenden Tag die Verpflichtung zur unverzüglichen Bekanntgabe nicht verletzt hat (OGH 9 Ob A 269/00 z).*
- *Bei einer In-vitro-Fertilisation liegt noch keine Schwangerschaft vor, wenn die befruchtete Eizelle noch nicht in die Gebärmutter eingepflanzt wurde. Der Kündigungsschutz kommt also diesfalls noch nicht zur Anwendung (EuGH C 506/06, Mayr = ARD 5849/2/2008).*

41.7.3.2 Gerichtliche Zustimmung zur Kündigung nach dem MSchG und VKG

Der § 10 MSchG sowie der § 7 VKG (früher EKUG) sehen für jene Personen, die dem Anwendungsbereich dieser Gesetze unterliegen, den schon erwähnten Kündigungs- und Entlassungsschutz vor (bezüglich einvernehmlicher Lösungen sind Formvorschriften vorgesehen, siehe 43.1).

Eine Kündigung ist ausschließlich nach vorheriger Zustimmung des Gerichtes möglich. Um eine solche Zustimmung zu erreichen, muss eine Klage auf Zustimmung zur beabsichtigten Kündigung eingebracht werden. In Betrieben mit BR ist gleichzeitig mit der Einbringung der Klage dem BR hierüber Mitteilung zu machen (§ 10 Abs. 3 MSchG). Falls dies verabsäumt wurde, ist die Klage schon deswegen zurückzuweisen.

Ist kein BR vorhanden oder wurde der BR mit Klagseinbringung verständigt, so kann die Zustimmung des Gerichtes durch ein klagsstattgebendes Urteil nur aus folgenden Gründen ausgesprochen werden:

- wegen der bevorstehenden Einschränkung oder **Stilllegung des Betriebes**,

- im Falle eines Karenzurlaubes oder einer Teilzeitbeschäftigung kann das Gericht ab dem 2. Lebensjahr des Kindes die Zustimmung auch geben,
  1. wegen Umständen, die in der Person des AN gelegen sind und die betrieblichen Interessen nachteilig berühren oder
  2. wenn betriebliche Erfordernisse vorliegen, die einer Weiterbeschäftigung des AN entgegenstehen. Die unter 1. und 2. genannten Zustimmungsgründe entsprechen jenen Gründen, die der AG nach § 105 Abs. 3 Z 2 ArbVG zur Rechtfertigung einer an sich sozialwidrigen Kündigung einwenden kann (siehe daher zu diesen Rechtfertigungsgründen Näheres beim allgemeinen Kündigungsschutz; 41.8.4 ff.).

Die erweiterten Zustimmungsgründe ab dem zweiten Lebensjahr des Kindes müssen im Zeitpunkt des Schlusses der mündlichen Streitverhandlung vorliegen (OGH 8 Ob A 408/97 a = ARD 4923/5/98). Eine Klage, die sich auf die zusätzlichen Zustimmungsgründe für das zweite Lebensjahr des Kindes stützt, kann daher noch im ersten Lebensjahr des Kindes eingebracht werden.

Eine entgegen den Bestimmungen des MSchG und VKG vorgenommene Kündigung ist rechtsunwirksam. Daraus ergibt sich, dass der Bestand des Arbeitsverhältnisses durch eine solche rechtsunwirksame Kündigung in keiner Weise berührt wird. In diesen Fällen ist der davon betroffene AN berechtigt, bei Gericht eine Klage auf Feststellung des aufrechten Bestands des Arbeitsverhältnisses (**Feststellungsklage**) einzubringen.

Ist die Betriebsstilllegung bereits erfolgt, so kann die Kündigung auch ohne vorherige Zustimmung des Gerichts ausgesprochen werden.

Zur (nicht bewilligten) Kündigung eines Busfahrers in Elternteilzeit, der ein rosafarbenes Haarband nicht ablegt, siehe 14.20.

Einschlägige Judikatur

- *Die Kündigung eines schwangeren weiblichen BR-Mitglieds ist nur rechtswirksam, wenn sie sowohl die Voraussetzungen des MSchG wie auch die des § 121 Abs. 1 ArbVG erfüllt (EA Leoben Mu 37/84).*
- *Der in den Kündigungsschutzbestimmungen des APSG, ArbVG, VKG und MSchG anzutreffende Begriff der Betriebsstilllegung hat durch das AVRAG einen Funktionswandel bzw. eine Ergänzung dahin gehend erfahren, dass eine Betriebsstilllegung nur dann vorliegt, wenn auch kein Betriebsübergang gegeben ist. Der Wechsel des Betriebsinhabers allein ist noch keine Betriebsstilllegung (OGH 13.6.1996, 8 Ob A 2100/96 y, 16.10.2003, 8 Ob S 7/03 t, 24.3.2017, 9 Ob A 123/16 b).*
- *Der Begriff der Betriebsstilllegung ist nach objektiven Kriterien zu beurteilen; eine solche Stilllegung liegt nur dann vor, wenn die betriebliche Organisationseinheit als solche nicht mehr fortbesteht (VwGH 81/01/0307, siehe auch OGH 9 Ob A 408/97 h = infas 498, A 89).*

- *Im Falle einer Veräußerung eines Unternehmens im Konkurs, die zur Weiterführung des unverändert fortbestehenden Betriebs durch den Erwerber führt, gehen die Arbeitsverhältnisse der BR ex lege auf den Erwerber über (OGH 8 Ob A 7/05 w).*
- *Klagt der AG auf Zustimmung zur Kündigung, weil er die AN (die Elternteilzeit konsumiert) zu den festgelegten Zeiten nicht einsetzen kann, so ist die Zustimmung zu verweigern, wenn dem AG noch die Möglichkeit offensteht, nach § 15 k Abs 5 MSchG ein Verfahren vor dem ASG zur Festlegung einer Änderung der Teilzeitbeschäftigung einzuleiten (OGH 22.8.2012, 9 Ob A 91/12 s).*

41.7.4 Kündigungsschutz nach dem ArbVG

41.7.4.1 Geschützter Personenkreis

Der besondere Kündigungsschutz nach dem ArbVG (§§ 120 ff.) besteht darin, dass die geschützten AN nur nach vorheriger Zustimmung des Gerichtes gekündigt werden können (ebenso ist ein Entlassungsschutz vorgesehen, siehe 42.7.3).

Folgende Personen unterliegen dem besonderen Kündigungsschutz des ArbVG:

a) **Mitglieder des BR**

Der Kündigungsschutz dieser AN beginnt im Zeitpunkt der Annahme der Wahl (vorher genießen sie einen Kündigungsschutz etwa als **Wahlwerber**) und endet drei Monate nach Erlöschen der Mitgliedschaft zum BR. Im Fall der dauernden Einstellung des Betriebes endet der Bestandschutz mit Ablauf der Tätigkeitsdauer des BR (§ 120 Abs. 3 ArbVG), die wiederum mit der Einstellung des Betriebes eintritt (§ 62 Z 1 ArbVG). Diesfalls ist also die Frist von 3 Monaten („Abkühlungsfrist") nicht einzuhalten.

b) **Ersatzmitglieder des BR**, falls sie tatsächlich die Funktion eines BR-Mitglieds ausüben

Über die Zeit der tatsächlichen Mandatsausübung hinaus unterliegen sie dem besonderen Kündigungsschutz für die Dauer von drei Monaten, falls zwei Voraussetzungen vorliegen:

- Die Dauer der Vertretung muss wenigstens zwei Wochen gedauert haben,
- der Betriebsinhaber muss vom Beginn und dem Ende der Vertretung ohne unnötigen Aufschub informiert worden sein.

Bei der tatsächlichen Mandatsausübung kann ein Ersatzmitglied nur dann vorgereihte Ersatzmitglieder überspringen, wenn übersprungene Ersatzmitglieder konkret im Anlassfall auf die Ausübung der BR-Funktion verzichten. Der BR-Vorsitzende kann durch eine diesen Grundsätzen nicht entsprechende Mitteilung an die Geschäftsleitung über ein eingesprungenes Ersatzmitglied keinen Kündigungsschutz für dieses bewirken (OGH 3.8.2005, 9 Ob A 59/05 z = ARD 5652/6/2006).

c) **Mitglieder des Wahlvorstandes**

Der Kündigungsschutz dieser Personen beginnt mit der Bestellung, die in einer Betriebsversammlung erfolgt und endet mit dem Ablauf der Frist für die Anfechtung der Betriebsratswahl (die Betriebsratswahl kann nach § 59 Abs. 1 ArbVG binnen Monatsfrist vom Tag der Mitteilung des Wahlergebnisses an beim Gericht angefochten werden).

d) **Wahlwerber**

Der Kündigungsschutz der Wahlwerber beginnt mit dem Zeitpunkt, in dem ihre Absicht, auf einem Wahlvorschlag zu kandidieren, offenkundig wird. Eine derartige Absicht wird offenkundig, wenn der AN sich mit anderen AN des Betriebes wegen der Aufstellung einer Wählerliste bespricht oder sich um Unterschriften für die Unterstützung seiner Kandidatur bewirbt.

Der Kündigungsschutz der Wahlwerber geht, falls sie gewählt werden sollten und die Wahl annehmen, in den Kündigungsschutz des BR über. Falls sie jedoch nicht gewählt werden, gibt es zwei mögliche Endzeitpunkte:

- Falls ein Wahlwerber zumindest auf einem Wahlvorschlag aufscheint, endet der Kündigungsschutz mit dem bereits zuvor dargestellten Ende der Anfechtungsfrist für die BR-Wahl.
- Falls der Wahlwerber jedoch nicht auf einem Wahlvorschlag aufscheint, sondern sich etwa nur um die Aufnahme in einen solchen bemüht hat bzw. Unterstützungsunterschriften für einen Wahlvorschlag gesammelt hat (siehe § 55 Abs. 4 ArbVG), aber nicht genügend Unterstützungsunterschriften erhalten konnte, so endet der Kündigungsschutz bereits mit dem Ende der Einbringungsfrist für die Wahlvorschläge (§ 120 Abs. 4 Z 2 ArbVG).

e) **Mitglieder des Jugendvertrauensrates**

Für Mitglieder sowie Ersatzmitglieder eines Jugendvertrauensrates bzw. Mitglieder des Wahlvorstandes oder Wahlwerber für Wahlen zum Jugendvertrauensrat besteht ein analoger Kündigungs- und Entlassungsschutz (§ 130 ArbVG).

f) **Behindertenvertrauenspersonen**

Behindertenvertrauenspersonen sind in jenen Betrieben zu wählen, die mindestens 5 Behinderte beschäftigen (§ 22a Abs. 1 BEinstG). Behindertenvertrauenspersonen genießen den Kündigungs- und Entlassungsschutz nach dem ArbVG. Stimmt das Gericht der Auflösung zu, so ist die Zustimmung des Behindertenausschusses (siehe 41.7.1.2) nicht erforderlich (§ 8 Abs. 6 lit. a BEinstG, OGH 29.11.2016, 9 Ob A 127/16 s). Stellvertretern der Behindertenvertrauenspersonen kommt ein Kündigungs- und Entlassungsschutz zu, der dem Bestandschutz der Ersatzmitglieder des BR entspricht (§ 22a Abs. 10 BEinstG). Bei einer Beschäftigung von mindestens 15 begünstigten Behinderten sind für jede Behindertenvertrauensperson 2 Stellvertreter zu wählen (§ 22a Abs. 1 BEinstG).

Einschlägige Judikatur

- *Der Kündigungs- und Entlassungsschutz für Wahlwerber gemäß § 120 Abs. 4 Z 2 ArbVG steht ohne Unterscheidung zu, ob sie als Wahlwerber für die Funktion eines Mitglieds oder Ersatzmitglieds des BR auftraten. Die Unterscheidung zwischen Mitgliedern und Ersatzmitgliedern hängt nämlich vom Ausgang der Wahl ab, was jedoch im Zeitpunkt der Wahl ungewiss ist (OGH 8 Ob A 254, 255/95).*
- *Die Verständigung des Betriebsinhabers von der Vertretung eines BR-Mitglieds durch ein BR-Ersatzmitglied ist nur Voraussetzung für den nachwirkenden, also nach der Vertretung wirksamen, Kündigungsschutz des BR-Ersatzmitgliedes. Während der aktiven Vertretung besteht jedenfalls Kündigungsschutz (OLG Wien 9 Ra 238/99 g = ARD 5105/7/2000, bestätigt durch OGH 9 Ob A 3/00 g = ARD 5154/6/2000).*

41.7.4.2 Gründe für die Zustimmung zur Kündigung

Der § 121 ArbVG sieht vor, dass das Gericht auf Grund einer Klage des AG die **Zustimmung zur Kündigung** einer vom Schutz des ArbVG erfassten Person erteilen kann, falls einer der folgenden Gründe gegeben ist:

- wenn der Betriebsinhaber im Falle einer dauernden Einstellung oder Einschränkung des Betriebes oder der Stilllegung einzelner Betriebsabteilungen den Nachweis erbringt, dass er das betroffene BR-Mitglied trotz dessen Verlangen an einen anderen Arbeitsplatz im Betrieb oder in einem anderen Betrieb des Unternehmens ohne erheblichen Schaden nicht weiter beschäftigen kann (falls eine gänzliche Betriebsstilllegung bereits erfolgt ist, kann die Kündigung ohne gerichtliche Zustimmung erfolgen – § 120 Abs. 3 ArbVG; siehe auch OGH 9 Ob A 141/01 b);
- das BR-Mitglied unfähig wird, die im Arbeitsvertrag vereinbarte Arbeit zu leisten, sofern in absehbarer Zeit eine Wiederherstellung seiner Arbeitsfähigkeit nicht zu erwarten ist und dem Betriebsinhaber die Weiterbeschäftigung oder die Erbringung einer anderen Arbeitsleistung durch das BR-Mitglied, zu deren Verrichtung sich dieses bereit erklärt hat, nicht zugemutet werden kann;
- das BR-Mitglied die ihm auf Grund des Arbeitsverhältnisses obliegenden Pflichten beharrlich verletzt und dem Betriebsinhaber die Weiterbeschäftigung aus Gründen der Arbeitsdisziplin nicht zugemutet werden kann.

Diese (taxativ aufgezählten – OGH 9 Ob A 64/03 g) Kündigungsgründe entsprechen auch jenen, die der § 8 BEinstG für die Zustimmung des Behindertenausschusses zur Kündigung eines Behinderten vorsieht (siehe 41.7.1). Falls jedoch der Betrieb bereits stillgelegt ist, so kann das BR-Mitglied auch ohne gerichtliche Zustimmung gekündigt werden.

Die **beharrliche Pflichtenvernachlässigung** setzt in der Regel mehrfache Verwarnungen oder zumindest „eine Abmahnung" voraus (OGH 27.2.2012, 9 Ob A 121/11 a). Stützt sich der Kündigungsgrund der beharrlichen Pflichtenvernachlässigung auf ein Verhalten des BR-Mitgliedes, das von diesem in Ausübung des

Mandats gesetzt wurde und unter Abwägung aller Umstände entschuldbar war, so ist die Klage auf Zustimmung zur Kündigung abzuweisen (§ 120 Abs. 1 ArbVG, **Mandatsschutzklausel** – siehe auch 42.7.3). Fehler einer Personalreferentin bei einzelnen An- und Abmeldungen sind kein Kündigungsgrund, wenn nicht anzunehmen ist, dass sie nicht gewillt ist, ihre dienstlichen Aufgaben ordnungsgemäß wahrzunehmen (OGH 26.8.2014, 9 Ob A 69/14 h, *Rauch*, Arbeitsrecht 2016, 79 f.).

Die Klage ist unverzüglich nach Eintritt des Kündigungsgrundes (ebenso bei Entlassungsgründen) einzubringen (Arb 10.785; OGH 9 Ob A 2059/96 a, 8 Ob A 240/98 x). Falls ein Vorfall zu einer Verwarnung geführt hat, kann er nicht mehr als Kündigungsgrund herangezogen werden (Arb 6808 und 9558).

Die Klage kann auch auf die Zustimmung zur Entlassung und hilfsweise bzw. in eventu auf die Zustimmung zur Kündigung gerichtet werden (VwGH 22.5.1970, 1589/69, Arb 8.766, OGH 31.8.1994, 8 Ob A 204/94, 27.2.2012, 9 Ob A 121/11 a).

Sobald der AG die Zustimmung zur Kündigung oder Entlassung des BR in Form eines Urteils zugestellt erhält, kann die Kündigung (bzw. Entlassung) ausgesprochen werden, weil gemäß § 61 Abs. 1 Z 5 ASGG die rechtzeitige Berufung gegen das Urteil der 1. Instanz nicht den Eintritt der Rechtsgestaltungswirkung hemmt (OGH 20.9.1994, 9 Ob A 166/94). Es sollte daher unmittelbar nach Zugang eines Urteils, welches der Klage des AG auf Zustimmung zur Kündigung (bzw. Entlassung) stattgibt, die Kündigung (bzw. Entlassung) ausgesprochen werden. Die Rechtskraft des Urteils ist demnach nicht abzuwarten. Im Fall der Zustimmung zur Kündigung ist nicht das Verständigungsverfahren nach § 105 ArbVG durchzuführen (siehe 41.1.1 – OGH 13.1.1987, 14 Ob 209/86, 29.1.2013, 9 Ob A 149/12 w).

41.7.5 Kündigungsschutz nach dem AVRAG (Hospiz-Karenz)

Nach § 14a AVRAG kann der AN schriftlich zum Zweck der **Sterbebegleitung** eines nahen Angehörigen (mit dem er nicht im gemeinsamen Haushalt leben muss) Folgendes verlangen:

- Herabsetzung der Normalarbeitszeit
- Änderung der Lage der Normalarbeitszeit oder
- Freistellung bei Entfall des Entgelts.

Eine solche Maßnahme kann für einen bestimmten, drei Monate nicht übersteigenden Zeitraum begehrt werden. Der AN kann weiters eine Verlängerung verlangen, wobei jedoch insgesamt sechs Monate nicht überschritten werden dürfen.

Nach § 14b AVRAG können diese befristeten Änderungen auch zur **Begleitung eines schwerst erkrankten im gemeinsamen Haushalt lebenden Kindes** (Wahl- oder Pflegekindes) beantragt werden (diesfalls bis fünf Monate sowie bei Verlängerung maximal insgesamt neun Monate sowie nochmals für maximal zweimal für jeweils höchstens neun Monate bei einer medizinisch notwendigen Therapie für das schwerst erkrankte Kind – § 14 b AVRAG, *Rauch*, Arbeitsrecht 2017, 19 f.).

Zum Begriff der „nahen Angehörigen"

Unter „nahen Angehörigen" sind der Ehegatte oder der eingetragene Partner und Personen zu verstehen, die mit dem AN in gerader Linie verwandt sind (Großeltern, Eltern einschließlich Wahl- und Pflegeeltern, Kinder, Enkel etc.), ferner Wahl- und Pflegekinder sowie leibliche Kinder des anderen Ehegatten oder Lebensgefährten, die Person, mit der der AN in Lebensgemeinschaft lebt und Verwandte in der Seitenlinie des 2. Grades (Geschwister). Für Kinder seines eingetragenen Partners hat der AN nur insoweit einen Anspruch als kein Elternteil aus wichtigen wirtschaftlichen oder persönlichen Gründen für die Pflege oder Betreuung zur Verfügung steht (§ 14a Abs. 8 AVRAG).

Bescheinigung

Der AN hat den Grund für die Maßnahme und deren Verlängerung als auch das Verwandtschaftsverhältnis glaubhaft zu machen. Auf Verlangen des AG ist eine schriftliche Bescheinigung über das Verwandtschaftsverhältnis vorzulegen. Das Gesetz äußert sich jedoch nicht näher zu der Frage, wie ein voraussichtlich in ca. drei Monaten eintretender Tod (bzw. die Notwendigkeit der Sterbebegleitung) glaubhaft gemacht werden soll. Es wird in der Praxis wahrscheinlich nur die Vorlage von Befunden über schwer wiegende Erkrankungen möglich sein.

Bekanntgabe

Der AN kann die befristete Maßnahme frühestens fünf Arbeitstage, die Verlängerung frühestens zehn Arbeitstage nach der schriftlichen **Bekanntgabe** vornehmen. Die Maßnahme wird wirksam, sofern nicht der AG binnen fünf Arbeitstagen – bei einer Verlängerung binnen zehn Arbeitstagen – ab Zugang der schriftlichen Bekanntgabe Klage gegen die Wirksamkeit der Maßnahme sowie deren Verlängerung beim zuständigen ASG erhebt. Der AN kann dennoch die Maßnahme beginnen, es sei denn, dies wird vom ASG auf Grund einer vom AG beantragten **einstweiligen Verfügung** untersagt.

Falls die Voraussetzungen der Sterbebegleitung entfallen (im Fall des Todes der begleiteten Person), ist dies dem AG unverzüglich bekannt zu geben. Der AN kann die Rückkehr zur ursprünglichen Arbeitszeit nach zwei Wochen nach dem Wegfall der Voraussetzungen der Maßnahme verlangen. Ebenso kann der AG die Rückkehr des AN zur ursprünglichen Arbeitszeit begehren, sofern nicht berechtigte Interessen des AN dem entgegenstehen.

Auswirkungen auf Urlaub, Sonderzahlungen etc.

Für den Fall einer gänzlichen Freistellung gegen Entfall des Entgelts tritt eine entsprechende Kürzung des Urlaubsanspruches sowie der Sonderzahlungen ein (ebenso wie bei einer Karenz nach MSchG oder VKG – siehe 25.5). Falls das Arbeitsverhältnis während der Inanspruchnahme einer Maßnahme beendet wird, so ist der Berechnung der Abfertigung die frühere Arbeitszeit vor Beginn der Sterbebegleitung zu Grunde zu legen. Sollte die Beendigung während einer Freistellung von der Arbeitsleistung erfolgen, so ist bei der Berechnung der Ersatzleistung (§ 10 UrlG) das für den letzten Monat vor Antritt der Freistellung von der Arbeitsleistung gebührende Entgelt zu Grunde zu legen.

Versicherungsschutz- und Sozialleistungen

Im Zuge der Neueinführung der Pflegekarenz und Pflegeteilzeit (ARÄG 2013 – siehe 36.5) ist auch für die Hospiz-Karenz ein Anspruch auf ein Pflegekarenzgeld vorgesehen (§ 21c Abs. 3 BPGG). Falls auf Grund der Familienhospizkarenz eine finanzielle Notsituation eintritt, kann nach § 38j Familienlastenausgleichsgesetz ein Härteausgleich gewährt werden.

Kündigungs- und Entlassungsschutz

Der AN kann ab Bekanntgabe einer der zuvor dargestellten Maßnahmen und bis zum Ablauf von 4 Wochen nach deren Ende rechtswirksam weder gekündigt noch entlassen werden. Abweichend davon kann eine Kündigung oder Entlassung rechtswirksam ausgesprochen werden, wenn vorher die Zustimmung des zuständigen ASG eingeholt wurde. Daraus ergibt sich, dass auch in diesen Fällen die Möglichkeit besteht, eine **Klage auf Zustimmung zur Kündigung bzw. zur Entlassung** einzubringen. Im Gegensatz zu anderen Fällen des besonderen Bestandschutzes nennt jedoch das AVRAG keine einzelnen Gründe für die Zustimmung zur Kündigung bzw. Entlassung, sondern verweist lediglich darauf, dass das Gericht über die Zustimmung zur Kündigung unter Berücksichtigung der betrieblichen Erfordernisse und der Interessen des AN zu entscheiden hat.

Der Kündigungs- und Entlassungsschutz gilt sowohl für die Sterbebegleitung wie auch für die Begleitung schwerst erkrankter Kinder.

41.8 Allgemeiner Kündigungsschutz

41.8.1 Ausnahmen vom allgemeinen Kündigungsschutz

Der allgemeine betriebsverfassungsrechtliche Kündigungsschutz (§§ 105, 107 und 130 Abs. 4 ArbVG) erstreckt sich grundsätzlich auf alle AN. Ausgenommen sind (siehe auch 41.8.4.6):

a) Jene AN, die in einem Betrieb beschäftigt sind, dem weniger als fünf stimmberechtigte AN (aktives Stimmrecht bei BR-Wahlen, welches unter anderem das vollendete 18. Lebensjahr voraussetzt) angehören, sind vom allgemeinen Kündigungsschutz des ArbVG ausgeschlossen (§ 107 ArbVG), genießen jedoch, soweit sie bestimmten Jahrgängen angehören, einen allgemeinen Kündigungsschutz bezüglich sozialwidriger Kündigungen nach § 15 Abs. 3 bis 6 AVRAG (siehe 40.2).

b) Jene AN, die nicht AN im Sinne des § 36 ArbVG sind (dies betrifft insbesondere Organmitglieder bei juristischen Personen, wenn das betreffende Organ zur Vertretung der juristischen Person nach außen befugt ist, sowie **leitende Angestellte** [siehe 30.1], denen maßgebender Einfluss auf die Führung des Betriebes zukommt, Ferialpraktikanten sowie freie AN und bestimmte andere Personen, die nicht auf Grund eines Arbeitsverhältnisses tätig sind).

c) Jene AN, für die der besondere Kündigungsschutz anzuwenden ist (Mitglieder des BR, Ersatzmitglieder, Wahlwerber etc., AN unter Mutterschutz, Präsenz- und Zivildiener sowie Behinderte; siehe 40.1 sowie 41.7).

d) Jene AN, zu deren beabsichtigter Kündigung der BR im Zuge des Verständigungsverfahrens nach § 105 ArbVG (siehe 41.1.1) eine Zustimmung ausgesprochen hat (**Sperrrecht des BR** nach § 105 Abs. 6 ArbVG). Das Sperrrecht bezieht sich jedoch nur auf die Anfechtung einer Kündigung wegen Sozialwidrigkeit (siehe 41.8.4). Ausgenommen vom Sperrrecht ist daher die Kündigungsanfechtung wegen eines verpönten Motivs (§ 105 Abs. 3 Z 1 ArbVG). Beruht die Sperre auf einer sittenwidrigen Absprache zwischen AG und BR, so liegt kein rechtswirksamer Zustimmungsbeschluss des BR vor (OGH 8 Ob A 58/07 y = ARD 5860/4/2008 – Details siehe *Rauch*, Das Sperrrecht des BR, ASoK 2011, 215 ff.).

e) AN, die in Betrieben nach § 33 Abs. 2 ArbVG tätig sind (insbesondere private Haushalte).

f) AN, die noch nicht sechs Monate betriebszugehörig sind, bezüglich des Schutzes vor sozialwidrigen Kündigungen (§ 105 Abs. 3 Z 2 ArbVG, § 15 Abs. 3 AVRAG; dabei muss es sich um sechs Monate als AN i.S.d. § 36 ArbVG handeln – OLG Linz 26.1.2011, 12 Ra 102/10 x = ARD 6147/5/2011).

g) AN, die in den gesetzlich angeführten Betriebsarten tätig sind (§§ 132 ff. ArbVG) wie etwa Tendenzeinrichtungen anerkannter Kirchen oder Religionsgesellschaften (z.B. die islamische religionspädagogische Akademie – OGH 9 Ob A 156/08 v).

Für den außerhalb des ArbVG vorgesehenen Kündigungsschutz (siehe 41.8.3) gelten die arbeitsverfassungsrechtlichen Ausnahmetatbestände nicht.

41.8.2 Anfechtungsfrist, Anfechtungsklage und Endabrechnung des Arbeitsverhältnisses

Nach Durchführung des Verständigungsverfahrens (siehe 41.1.1) wird die Kündigung ausgesprochen und der AG hat den BR vom Ausspruch der Kündigung zu verständigen. Der BR kann auf Verlangen des AN binnen einer Woche nach Verständigung vom Ausspruch der Kündigung diese beim Gericht anfechten, wenn er der geplanten Kündigung im Zuge des Verständigungsverfahrens ausdrücklich und fristgerecht widersprochen hat (§ 105 Abs. 4 ArbVG). Kommt der BR dem Verlangen des AN nicht nach, so kann dieser innerhalb von 2 Wochen nach Ablauf der für den BR geltenden Frist die Kündigung selbst mittels Klage anfechten (OGH 9 Ob A 191/01 f, eine verfrühte Klage ist zulässig – OGH 11.5.2010, 9 Ob A 26/10 d). Dabei ist es ohne Bedeutung, aus welchen Gründen der BR die Anfechtung unterlassen hat (OGH 8 Ob A 216/00 y = infas 4/2001, A 49). Im Übrigen sind für die Berechnung der Frist die §§ 32 und 33 AVG anzuwenden (§ 169 ArbVG). Fällt demnach das Ende der Frist auf einen Samstag, Sonn- oder Feiertag oder den Karfreitag, so ist der nächste Werktag der letzte Tag der Frist (§ 33 Abs 2 AVG). Der Tag des Zugangs der Kündigung ist in die Frist nicht einzurechnen (§ 32 Abs 1 AVG).

In Betrieben, in denen BR zu errichten sind, aber nicht bestehen, kann der gekündigte AN binnen zwei Wochen ab Zugang der Kündigung diese mittels Klage anfechten (§ 107 ArbVG). Falls dem AN die rechtzeitige Anfechtung einer Kündigung durch ein unvorhersehbares und unabwendbares Ereignis verwehrt war, so beginnt die Frist erst ab Wegfall des Hindernisses zu laufen (Wiedereinsetzung in den vorigen Stand gemäß § 146 ZPO – OGH 8 Ob A 2045/96 k = ARD 4798/39/96). Dies wäre etwa dann der Fall, wenn der AN auf Grund einer Krankheit bettlägrig ist. Hat der AN in den ersten beiden Wochen nach Zugang der Kündigung nichts unternommen, obwohl ihm dies möglich gewesen wäre, so liegt ein grob fahrlässiges Verhalten vor, welches die Wiedereinsetzung ausschließt (OLG Wien 8 Ra 21/09 f = ARD 6020/4/2010).

Die zweiwöchige Frist gilt auch für die Bekanntgabe der Anfechtungsgründe, da diese nicht „nachgeschoben" werden können (OGH 14.11.1996, 8 Ob A 2308/96 m, 27.5.2014, 9 Ob A 41/14 s). Wird etwa die Kündigung wegen Sozialwidrigkeit angefochten, so kann nicht nach Ablauf der Anfechtungsfrist zusätzlich ein verpöntes Motiv behauptet bzw. „nachgeschoben" werden. Die Frist gilt ebenso für die Anfechtung einer Eventualkündigung (siehe 41.5), die während eines laufenden Kündigungsanfechtungsverfahrens ausgesprochen wird (OLG Wien 15.5.2004, 7 Ra 60/04a = ARD 5543/4/2004 – bestätigt durch OGH 13.10.2004, 9 Ob A 89/04 h).

Der AG hat wiederum nach der Auffassung der Judikatur die Rechtfertigungsgründe (persönliche und betriebliche Gründe siehe 41.8.4.2 und 41.8.4.3) ebenso rasch geltend zu machen (OGH 4.6.2003, 9 Ob A 70/03 i, OLG Wien 17.3.2015, 10 Ra 12/15f, ARD 6463/7/2015).

Die Kündigungsanfechtungsfrist wird einer prozessualen Frist gleichgehalten (OGH 9 Ob A 349/98 h, 8 Ob A 216/00 y, 26.1.2010, 9 Ob A 134/09 k). Es reicht daher, wenn die Anfechtungsklage am letzten Tag der Frist zur Post gegeben wird (Datum des Poststempels). Dies gilt auch dann, wenn die Klage beim örtlich unzuständigen Gericht eingebracht wird (§ 105 Abs. 4 und 4a ArbVG – siehe auch *Rauch*, Fristen für die Anfechtung von Kündigungen, ASoK 2009, 318 ff.).

Zum Kostenersatzanspruch siehe 41.8.4.6 sowie § 58 Abs. 1 ASGG.

Endabrechnung trotz Anfechtungsklage

Die Anfechtungsklage hat auf die Kündigung zunächst keinen Einfluss. Der AN ist daher mit allen beendigungsabhängigen Ansprüchen abzurechnen (z.B. Abfertigung und Ersatzleistung). Im Fall der rechtskräftigen Abweisung der Klage ist die Kündigung endgültig als rechtswirksam anzusehen. Wird der Klage stattgegeben, so ist der AN verpflichtet, die Arbeit wieder anzutreten, sofern kein Rechtsmittel eingebracht wird. Steht vor Ablauf der Frist von vier Wochen ab Zustellung des Urteils bereits fest, dass kein Rechtsmittel erhoben wird, so könnte der AN aufgefordert werden, unverzüglich die Arbeit wieder anzutreten. Mit Zustellung des der Klage stattgebenden Urteils ist der AG verpflichtet, das rückständige Entgelt gemäß § 1155 ABGB nachzuzahlen. Ein anderweitiger Verdienst ist anzurechnen (siehe 31.8). Ein vom AN bezogenes Arbeitslosengeld ist an das AMS zurückzuzahlen. Die Nachzahlungspflicht ist auch dann gegeben, wenn gegen das erstinstanzliche Urteil vom AG eine Berufung eingebracht wird (§ 61 Abs. 2 ASGG). Obsiegt jedoch letztlich der AG, hat der AN das ausbezahlte rückständige Entgelt an den AG zurückzuzahlen (OGH 10.4.2003, 8 Ob A 200/02 y, 28.11.2007, 9 Ob A 67/07 d), weil damit geklärt ist, dass die Kündigung als rechtswirksam anzusehen ist (siehe auch das Beispiel unter 31.8). Eine endgültige Verbindlichkeitswirkung liegt somit erst mit der Rechtskraft eines der Klage stattgebenden Urteils vor (OGH 29.9.2015, 8 Ob S 10/15 a).

Die Anfechtungsklage setzt eine rechtswirksame Kündigung voraus. Meint der AN, dass die Kündigung rechtsunwirksam ist (z.B. weil er Mitglied des BR ist und die gerichtliche Zustimmung fehlt), so muss eine Feststellungsklage (auf Feststellung des aufrechten Bestandes des Arbeitsverhältnisses) erhoben werden (OGH 29.6.2011, 8 Ob A 45/11 t). Wird eine Kündigung wegen Sozialwidrigkeit angefochten und klagt der AN in einem weiteren Verfahren auf Auszahlung der Abfertigung (Leistungsklage), so ist das Verfahren zur Leistungsklage nicht bis zur rechtskräftigen Entscheidung über die Anfechtungsklage zu unterbrechen (OLG Wien 8.7.2014, 7 Ra 41/14 x, ARD 6435/12/2015).

Ein in Österreich tätiger AN eines deutschen Betriebes ohne Niederlassung in Österreich ist aus europarechtlichen Gründen berechtigt, seine Kündigung nach § 105 ArbVG wegen Sozialwidrigkeit vor dem ASG des Ortes anzufechten, an dem er gewöhnlich seine Arbeit verrichtet hat (OGH 2.6.2009, 9 Ob A 144/08 d).

41.8.3 Motivkündigung

Der § 105 Abs. 3 ArbVG sieht Folgendes vor:

(3) Die Kündigung kann beim Gericht angefochten werden, wenn
1. die Kündigung
   a) wegen des Beitritts oder der Mitgliedschaft des Arbeitnehmers zu Gewerkschaften;
   b) wegen seiner Tätigkeit in Gewerkschaften;
   c) wegen Einberufung der Betriebsversammlung durch den Arbeitnehmer;
   d) wegen seiner Tätigkeit als Mitglied des Wahlvorstandes, einer Wahlkommission oder als Wahlzeuge;
   e) wegen seiner Bewerbung um eine Mitgliedschaft zum Betriebsrat oder wegen seiner früheren Tätigkeit im Betriebsrat;

f) wegen seiner Tätigkeit als Mitglied der Schlichtungsstelle;
g) wegen seiner Tätigkeit als Sicherheitsvertrauensperson, Sicherheitsfachkraft oder Arbeitsmediziner oder als Fach- oder Hilfspersonal von Sicherheitsfachkräften oder Arbeitsmedizinern;
h) wegen der bevorstehenden Einberufung des Arbeitnehmers zum Präsenz- oder Ausbildungsdienst oder Zuweisung zum Zivildienst (§ 12 Arbeitsplatzsicherungsgesetz 1991, BGBl. Nr. 683);
i) wegen der offenbar nicht unberechtigten Geltendmachung vom Arbeitgeber in Frage gestellter Ansprüche aus dem Arbeitsverhältnis durch den Arbeitnehmer;
j) wegen seiner Tätigkeit als Sprecher gemäß § 177 Abs. 1,

erfolgt ist, (…)

Weiters sehen folgende Bestimmungen einen Motivkündigungsschutz vor:

- Nach § 130 Abs. 4 ArbVG ist eine Kündigung wegen eines verpönten Motivs anfechtbar, wenn sie auf Grund von Aktivitäten des AN im Zusammenhang mit dem Jugendvertrauensrat erfolgt.

- AN, die bei ernster und unmittelbarer Gefahr für Leben und Gesundheit den Gefahrenbereich verlassen oder wenn sie entsprechende Abwehrmaßnahmen ergreifen, dürfen deswegen nicht benachteiligt werden. Falls ein AN deswegen gekündigt oder entlassen wird, so kann er diese Kündigung oder Entlassung nach § 8 AVRAG anfechten.

- Nach § 9 Abs. 2 AVRAG ist eine Anfechtungsmöglichkeit wegen eines verpönten Motivs zu Gunsten von Sicherheitsvertrauenspersonen (siehe 33.7), Sicherheitsfachkräften und Arbeitsmedizinern (siehe 33.4) vorgesehen, soweit nicht ohnedies der Motivkündigungsschutz nach § 105 Abs. 3 Z 1 lit. g ArbVG anwendbar ist. Nach § 9 Abs. 3 AVRAG ist vor jeder Kündigung einer Sicherheitsvertrauensperson die zuständige gesetzliche Interessenvertretung der AN (AK) nachweislich zu verständigen. Ist keine rechtzeitige Verständigung der Interessenvertretung erfolgt, so verlängert sich die Frist für die Anfechtung der Kündigung für die Sicherheitsvertrauensperson um den Zeitraum der verspäteten Verständigung, längstens jedoch auf ein Monat ab Zugang der Kündigung.

- Der § 15 Abs. 1 AVRAG sieht vor, dass eine Kündigung, die wegen einer beabsichtigten oder tatsächlich in Anspruch genommenen Maßnahme nach den §§ 11 bis 14 AVRAG (Bildungskarenz, Freistellung gegen Entfall des Arbeitsentgelts, Solidaritätsprämienmodell, Herabsetzung der Normalarbeitszeit, Wiedereingliederungsteilzeit – siehe 36.5) ausgesprochen wird, wegen eines verpönten Motivs angefochten werden kann (falls nicht bereits ein besonderer Kündigungsschutz besteht).

- Die §§ 12 Abs. 7, 26 Abs. 7 und 51 Abs. 7 GlBG sehen vor, dass ein Arbeitsverhältnis, welches vom AG wegen eines Diskriminierungstatbestandes i.S.d. GlBG (siehe 4.) oder wegen der offenbar nicht unberechtigten Geltendmachung von Ansprüchen nach dem GlbG gekündigt wurde, wegen eines verpönten Motivs angefochten werden kann.

- Der § 7f BEinstG sieht vor, dass im Fall der Kündigung oder Entlassung des Arbeitsverhältnisses mit einem Behinderten i.S.d. § 3 BEinstG durch den AG nach ergebnisloser Durchführung des Schlichtungsverfahrens (§ 7 k BEinstG) diese mittels Klage angefochten werden kann (siehe 4.).

- Falls ein Rechtsanspruch auf Elternteilzeit besteht (nach 3-jähriger Betriebszugehörigkeit in Betrieben mit mehr als 20 AN – siehe 25.6), besteht nach dem Ende des besonderen Kündigungsschutzes (siehe 41.7.3) und daher ab der 5. Woche nach der Vollendung des 4. Lebensjahres des Kindes ein Motivkündigungsschutz für die weitere Dauer der Elternteilzeit. Wird daher das Arbeitsverhältnis vom AG wegen der Inanspruchnahme der Elternteilzeit gekündigt, so ist die Kündigung wegen eines verpönten Motivs nach § 15n Abs. 2 MSchG bzw § 8f Abs. 2 VKG anfechtbar.

- Freie AN, die wegen einer Schwangerschaft oder einem Beschäftigungsverbot gekündigt werden, können die Kündigung bis 4 Monate nach der Geburt anfechten (§ 10 Abs. 8 MSchG – siehe 25.9).

- Bauarbeiter, deren Arbeitsverhältnis wegen der Inanspruchnahme von Überbrückungsgeld gekündigt wird, können die Kündigung anfechten (§ 13q Abs. 1 BUAG). Mit dem tatsächlichen Beginn des Überbrückungsgeldbezuges tritt nach den näheren Bestimmungen gemäß § 13q Abs. 2 BUAG die Auflösung des Arbeitsverhältnisses ein.

Das verpönte Motiv muss für die Kündigung ein wesentlicher (und nicht notwendigerweise der ausschließliche) Kündigungsgrund gewesen sein (OGH 21.4.2004, 9 Ob A 44/04 t, 30.4.2012, 9 Ob A 32/12 i). Es liegt typischerweise vor, wenn der AN einen konkreten Anspruch geltend macht und daraufhin gekündigt wird (Vergeltungskündigung – OGH 26.2.2015, 8 Ob A 59/14 f; *Rauch*, Arbeitsrecht 2016, 83 f.) oder die Kündigung nach der Geltendmachung des Anspruchs auf Unterlassung einseitiger Eingriffe in die Rechte des AN erfolgt (OGH 27.11.2012, 8 Ob A 63/12 s).

Der AN, der die Kündigung nach § 105 Abs. 3 ArbVG anficht, muss die behaupteten verpönten Motive nicht nachweisen, sondern lediglich glaubhaft machen (§ 105 Abs. 5 ArbVG). Der AG seinerseits hat die Möglichkeit, ein nicht verpöntes Motiv für die Kündigung (Rationalisierungsmaßnahmen, persönliche Gründe wie Unverträglichkeit, Unfreundlichkeit, grobe Leistungsmängel – siehe 41.8.4.2 und 41.8.4.3) glaubhaft zu machen. Im Rahmen der Glaubhaftmachung (§ 274 ZPO) ist lediglich die Überzeugung von der Wahrscheinlichkeit einer Tatsache hervorzurufen. Spricht eine höhere Wahrscheinlichkeit für das vom AG glaubhaft gemachte Motiv, so ist die Klage abzuweisen (OGH 22.12.2010, 9 Ob A 27/10 a; 26.2.2015, 8 Ob A 59/14 f). Es geht also um eine „überwiegende" Wahrscheinlichkeit (beim Beweis ist eine „hohe" Wahrscheinlichkeit erforderlich – OGH

29.1.2015, 9 Ob A 144/14 p). Maßgeblich ist, dass das sachliche Motiv für die Kündigung ausschlaggebend war (OGH 26.2.2015, 8 Ob A 59/14 f).

Zeitlicher Zusammenhang zwischen Motiv und Kündigung

Für den AG empfiehlt es sich, bei einer Kündigung jeden Anschein eines verpönten Motivs möglichst zu vermeiden. Dies etwa im Hinblick auf den Zeitpunkt der Kündigung. Bringt beispielsweise der AN bei aufrechtem Arbeitsverhältnis eine Klage gegen den AG ein (oder mahnt er offene Ansprüche ein), und spricht der AG sofort nach dem Einlangen der Klage bzw. einer Forderung die Kündigung aus, so ist der Schluss naheliegend, dass die Kündigung wegen der Geltendmachung arbeitsrechtlicher Ansprüche erfolgt ist (§ 105 Abs. 2 Z 1 lit. i ArbVG). Wird die Kündigung hingegen einige Monate nach Zugang einer schriftlichen Forderung ausgesprochen, so wird es einfacher sein, sachliche Gründe glaubhaft zu machen. Die Rechtsprechung hat dazu die Auffassung vertreten, dass es eine faktische Schranke des Motivkündigungsschutzes gibt, weil bei einem weit zurückliegenden Anlass dem AN die Glaubhaftmachung des Zusammenhangs zwischen dem verpönten Anlass und der Kündigung schwer gelingen wird (OGH 26.2.1998, 8 Ob 62/98 w; 2.6.1999, 9 Ob A 118/99 i).

Geltendmachung eines Anspruchs (§ 105 Abs. 3 Z 1 lit. i ArbVG)

Eine Unmutsäußerung oder eine Kritik über die Säumigkeit der Geschäftsleitung ist keine Geltendmachung eines Anspruchs (konkretes Fordern eines bestimmten ausständigen Anspruchs) und kann daher nicht die Grundlage einer Anfechtung wegen eines verpönten Motivs nach § 105 Abs. 3 Z 1 lit. i ArbVG sein (OGH 16.3.1994, 9 Ob A 27/94, ARD 4558/54/94). Ein solches Motiv liegt auch dann nicht vor, wenn ein Urlaubswunsch nicht genehmigt wird, weil kein Recht auf einen Urlaub zu einer bestimmten Zeit besteht (OGH 26.11.2012, 9 Ob A 103/12 f). Es ist also erforderlich, dass sich der AN erkennbar auf eine Rechtsposition beruft (OGH 26.2.2015, 8 Ob A 59/14 f; *Rauch*, Arbeitsrecht 2016, 83 f.). Zur Kündigung kurz vor einem „Abfertigungssprung" und wegen Krankenständen siehe im Folgenden.

Änderungskündigung und verpöntes Motiv

Die Ablehnung eines Verschlechterungsangebotes durch den AN und die darauf ausgesprochene Änderungskündigung (siehe 41.2) erfüllt nicht den Tatbestand des § 105 Abs. 3 Z 1 lit. i ArbVG, und zwar auch dann nicht, wenn für die vom AG angestrebte Änderung der Arbeitsbedingungen keine zwingenden betrieblichen Interessen vorliegen. Durch das Änderungsangebot wird die aktuelle Berechtigung des AN nicht in Frage gestellt (OGH 21.12.2011, 9 Ob A64/11 v; 27.5.2014, 9 Ob A 41/14 s), weil bezüglich Berechtigung erst dann eine Änderung eintritt, wenn der AN dieser Änderung zustimmt. Unzulässig ist jedoch ein Änderungsangebot als Reaktion auf die Geltendmachung berechtigter Ansprüche. Die nach Ablehnung des Angebots vom AG ausgesprochene Kündigung ist rechtsunwirksam (OGH 12.6.2003, 8 Ob A 40/03 w).

Zulässig ist hingegen die Ankündigung des AG, er werde von seinem Kündigungsrecht Gebrauch machen, falls es zu keiner einvernehmlichen Auflösung kommt, weil der AG jederzeit ohne Begründung kündigen kann (OGH 28.11.2007, 9 Ob A 157/07 i).

„Abfertigungssprung" im System Abfertigung alt

Die AG-Kündigung kurz vor einem „Abfertigungssprung" kann keinen Motivkündigungstatbestand nach § 105 Abs. 3 Z 1 lit. i ArbVG darstellen, weil das in (naher) Zukunft mögliche Erreichen einer höheren Abfertigungsstufe eine Anwartschaft und kein Anspruch ist (siehe zuvor auch Abschnitt „Geltendmachung eines Anspruchs"). Abgesehen davon wird diese Anwartschaft in der Regel vom AN nicht geltend gemacht und vom AG nicht in Frage gestellt (Details siehe *Rauch*, PV-info 5/2014, 13 f.). Weiters ist hierzu anzumerken, dass der OGH bereits entschieden hat, dass die Kündigung eines unzufriedenen Mitarbeiters noch vor Erreichen eines „Definitivums" kein verpöntes Motiv nach der vorgenannten Bestimmung ist (OGH 8.7.1992, 9 Ob A 118/92, wobei hier bewusst zur Vermeidung des „Definitivums" eine vorherige Kündigung ausgesprochen wurde).

Krankenstand und Kündigungsmotiv

Kündigungen während eines Krankenstands sind grundsätzlich zulässig (siehe 41.1.2). Die Kündigung wegen eines Krankenstands (oder mehrerer Krankenstände) kann eine AG-Kündigung rechtfertigen bzw. einen persönlichen Kündigungsgrund darstellen (siehe 41.8.4.2) und könnte nur allenfalls bei einer Kündigung nach geltend gemachten Ansprüchen (z.B. auf Krankenentgelt), die vom AG in Frage gestellt wurden, als verpöntes Kündigungsmotiv nach § 105 Abs. 3 Z 1 lit. i ArbVG angesehen werden. Der bloße Umstand, dass ein AG einen AN auf Grund eines Krankenstands kündigt, reicht ohne die tatbestandmäßige Voraussetzung von „vom AG in Frage gestellter Ansprüche" nicht für eine unzulässige Motivkündigung nach der vorgenannten Bestimmung (OGH 21.12.2011, 9 Ob A 64/11 v) aus. Eine Kündigung eines Behinderten nach § 2 oder § 3 BEinstG wegen befürchteter künftiger Krankenstände kann nach § 7f BEinstG angefochten werden (siehe 4. sowie *Rauch*, Kündigung wegen und während Krankenständen, ASoK 2015, 16 ff.).

Einschlägige Judikatur

- *Das bloße Vorliegen eines Entlassungsgrundes führt nicht automatisch zum Ausschluss der Anfechtung der vom AG ausgesprochenen Kündigung (OGH 20.1.1999, 9 Ob A 294/98 w).*
- *Macht der AN glaubhaft, dass die Kündigung bzw. Entlassung auf ein verpöntes Motiv zurückzuführen ist, dann ist der Anfechtungsklage stattzugeben, sofern nicht der AG glaubhaft macht, dass ein anderes nicht verpöntes Motiv mit höherer Wahrscheinlichkeit ausschlaggebend war. Der Motivkündigungsschutz ist schon dann gerechtfertigt, wenn die Erfüllung der entsprechenden Tatbestände nach den konkreten Umständen des Einzelfalles glaubwürdig ist. Ein strenger Nachweis in einer jeden Zweifel ausschließenden Form ist vom Gesetz nicht gefordert (OGH 23.12.1998, 9 Ob A 285/98 x).*

- *§ 105 Abs. 3 Z 1 lit. i ArbVG schützt die arbeitsrechtliche Stellung des AN (OGH 29.8.2002, 8 Ob A 180/02 g). Umfasst ist dabei nicht nur die Geltendmachung von Geldansprüchen, sondern auch andere vom AG in Frage gestellte Ansprüche (OGH 28.8.2003, 8 Ob A 68/03 p).*
- *Da kein Anspruch auf eine Teilzeitbeschäftigung besteht, kann die nach einem gescheiterten Einigungsversuch wegen einer Teilzeit ausgesprochene Kündigung keine verpönte Kündigung nach § 105 Abs. 3 Z 1 lit. i ArbVG sein (ASG Wien 12.1.2007, 16 Cga 224/05 k, ARD 5802/1/2007).*
- *Eine gescheiterte Disziplinarmaßnahme als Anlass für eine Kündigung ist kein verpöntes Motiv nach § 105 Abs. 3 Z 1 lit. i ArbVG (OGH 18.10.2006, 9 Ob A 107/06 k, ARD 5782/11/2007).*

41.8.4 Sozialwidrige Kündigung

41.8.4.1 Zum Begriff der „Sozialwidrigkeit"

Die Kündigung durch den AG ist sozial ungerechtfertigt, wenn sie eine wesentliche finanzielle Schlechterstellung und damit eine fühlbare, ins Gewicht fallende Verschlechterung der wirtschaftlichen Lage des AN zur Folge hat, ohne dass aber schon eine soziale Notlage oder eine Existenzgefährdung eintreten müsste (z.B. OGH 29.1.2013, 9 Ob A 148/12 y). Ein solcher wesentlicher Nachteil wäre etwa eine zu erwartende längere Arbeitslosigkeit, wenn insbesondere auf Grund des Lebensalters des AN nicht damit gerechnet werden kann, dass er in absehbarer Zeit einen neuen Arbeitsplatz erlangt (rund sechs bis acht Monate ab Ende des Arbeitsverhältnisses – OGH 8 Ob A 62/08 p, 9 Ob A 58/06 d). Das Tatbestandsmerkmal der wesentlichen Interessenbeeinträchtigung hat die Funktion, den Kündigungsschutz nur jenen AN zu gewähren, die auf ihren Arbeitsplatz angewiesen sind (OGH 23.1.2015, 9 Ob A 133/14 w). Es sind dabei nur die wesentlichen Lebenshaltungskosten und nicht etwa Luxusausgaben (siehe im Folgenden) zu berücksichtigen (OGH 1.4.2009, 9 Ob A 30/09 s). Ist zu erwarten, dass der AN in angemessener Frist nach der Kündigung seines bisherigen Arbeitsverhältnisses einen Arbeitsplatz mit einem weit über dem Durchschnitt liegenden Einkommen erlangen wird, ist eine Beeinträchtigung wesentlicher Interessen auch bei einem erheblichen Einkommensverlust nicht anzunehmen (OGH 9 Ob A 297/93 = ARD 4542/17/94, OGH 9 Ob A 8/05 z). Die Prognose über die Chancen des AN am Arbeitsmarkt bedarf in der Regel der Beiziehung eines berufskundigen Sachverständigen (OLG Wien 9 Ra 104/04m = ARD 5543/9/2004).

Bei der Frage der Sozialwidrigkeit sind auch Fragen der Unterhaltspflichten, die der AN zu erfüllen hat, die Einkünfte des Ehegatten (Arb 10755; OGH 9 Ob A 174/01 f, 8 Ob A 41/09 a) bzw. Lebensgefährten, die Möglichkeit der fruchtbringenden Veranlagung einer Abfertigung, der Anfall einer angesparten Lebensversicherung und eine Betriebspension zu berücksichtigen (OGH 9 Ob A 197/00 m). Ebenso ist ein Vermögen relevant, aus dem laufende Einkünfte bezogen werden können (OGH 9 Ob A 40/01 z).

Da jüngere AN in der Regel die Möglichkeit haben, einen neuen Arbeitsplatz (ohne erhebliche Einkommensverluste) zu finden, und daher die Anfechtung eher geringere Chancen hat, werden Kündigungsanfechtungen meistens von älteren AN vorgenommen. Der § 105 ArbVG selbst kennt jedoch keine Altersgrenze für Kündigungsanfechtungen. Die vorgenannte Bestimmung sieht jedoch vor, dass bei älteren AN sowohl bei der Prüfung, ob eine Kündigung sozial ungerechtfertigt ist, der Umstand einer langjährigen ununterbrochenen Betriebszugehörigkeit sowie die wegen des höheren Lebensalters zu erwartenden Schwierigkeiten bei der Wiedereingliederung in den Arbeitsprozess besonders zu berücksichtigen sind (§ 105 Abs. 3b ArbVG). Dies gilt jedoch nicht im Fall einer Kündigung von AN, die über 50 und noch nicht zwei Jahre betriebszugehörig sind (siehe 41.8.4.5). Bei der Kündigungsanfechtung nach § 15 Abs. 3 bis 6 AVRAG (**Kündigungsanfechtungen in Kleinstbetrieben** mit weniger als fünf AN wegen Sozialwidrigkeit; siehe 40.2) kann jedoch die Anfechtungsklage nur von AN, die bestimmten Jahrgängen angehören, eingebracht werden.

Einkommensverluste

Wenn der gekündigte AN gute Aussichten hat, einen neuen Arbeitsplatz zu finden, so ist zu prüfen, inwieweit der AN Einkommensverluste hinnehmen muss. Falls mit erheblichen finanziellen Einbußen zu rechnen ist, so ist die Kündigung des bisherigen Arbeitsverhältnisses voraussichtlich sozialwidrig, obwohl der AN einen neuen Arbeitsvertrag abschließen könnte.

Dazu hat die Judikatur ua festgehalten, dass im Laufe eines Arbeitslebens jeder AN prinzipiell Einkommensschwankungen zu erwarten hat (OGH 8.11.2000, 9 Ob A 197/00 m). Weiters wurde ein Einkommensverlust von 10 % ausdrücklich als „geringfügig" bezeichnet und darauf hingewiesen, dass eine solche Einbuße unerheblich sei, weil Einkommensminderungen dieser Größenordnung auch schon durch gesetzliche Maßnahmen bei aufrechtem Arbeitsverhältnis hinzunehmen waren (OLG Wien 26.5.1997, 10 Ra 368/96 b, ARD 4880/37/97).

Abgesehen davon kann aber nicht nur auf starre Prozentsätze abgestellt werden (z.B. OGH 19.12.2001, 9 Ob A 174/01 f). In einer Durchschnittsbetrachtung deuten jedoch erst Verdiensteinbußen von 20 % oder mehr auf gewichtige soziale Nachteile hin (OGH 29.10.2013, 9 Ob A 125/13 t). Bei einem höheren Einkommen führt eine Einbuße von 40 % nicht jedenfalls zur Sozialwidrigkeit der AG-Kündigung. So etwa bewirkt eine Brutto-Einkommensreduktion von 40 % nicht die Sozialwidrigkeit der Kündigung, wenn dem klagenden AN eine Bruttopension von € 8.000, (14 x jährlich) verbleibt (OGH 30.9.2005, 9 Ob A 8/05 z, ähnlich OGH 22.8.2012, 9 Ob A 54/12 z). Zur näheren Prüfung ist insbesondere eine Gegenüberstellung der normalen Lebenshaltungskosten (exklusive Luxusaufwendungen – siehe im Folgenden) mit den laufenden Einkünften, die nach der Kündigung erzielt werden können, vorzunehmen (wobei auch Erträge aus Vermögen zu berücksichtigen sind – siehe im Folgenden).

Prognostizierte Dauer der Arbeitslosigkeit

Im Hinblick auf die – unter Berücksichtigung der gesamten wirtschaftlichen und sozialen Verhältnisse – zumutbare Dauer der Arbeitslosigkeit wurde nach der Rechtsprechung des OGH eine zu erwartende Arbeitslosigkeit in der Dauer von etwa neun, zehn oder zwölf Monaten als Beeinträchtigung wesentlicher AN-Interessen qualifiziert (zB OGH 14.10.2008, 8 Ob A 62/08 p), bei prognostizierten sechs bis acht Monaten (OGH 16.6.1999, 9 Ob A 145/99 k) oder sechs bis zwölf Monaten und zu erwartendem Fix-Einkommen etwa in der bisherigen Größenordnung (OGH 11.8.2006, 8 Ob A 58/06 d) jedoch ebenso verneint wie bei innerhalb von neun bis zwölf Monaten ab Ausspruch der Kündigung erwartbarer, ungefähr gleich dotierter Vollzeitbeschäftigung (OGH 4.8.2009, 9 Ob A 93/08 d – dort bei gleichzeitigen Landwirtschaftseinkünften und 14 Monatsgehältern Abfertigung).

Entfernung vom Wohnsitz

Eine wesentliche Interessenbeeinträchtigung ist zu verneinen, wenn der gekündigte AN innerhalb von 6 bis 8 Monaten einen seiner Ausbildung adäquaten Arbeitsplatz in 41 bis maximal 65 km Entfernung von seinem Wohnsitz erhalten hätte können, bei dem seine Einkommenseinbußen höchstens rund 5 % netto betragen hätten (OGH 30.7.2015, 8 Ob A 32/15 m).

Schwankende Einkünfte

Hatte der AN vor dem Ende des Arbeitsverhältnisses Einkommensschwankungen, so ist ein Durchschnitt zu bilden und sind bezüglich des Durchschnittswertes die Chancen am Arbeitsmarkt vom berufskundigen Sachverständigen zu bewerten (OGH 30.7.2015, 8 Ob A 46/15 w; *Rauch*, Arbeitsrecht 2016, 82 f.).

Luxusaufwendungen

Wie schon erwähnt, hat das gesetzliche Tatbestandsmerkmal der wesentlichen Interessenbeeinträchtigung die Funktion, den Kündigungsschutz nur jenen AN zu gewähren, die auf ihren Arbeitsplatz angewiesen sind. Dabei sind nur die wesentlichen Lebenshaltungskosten und nicht etwa Luxusausgaben zu berücksichtigen (OGH 19.12.2001, 9 Ob A 244/01 z). Der allgemeine Kündigungsschutz hat nicht die Aufgabe den Luxusaufwand zu erhalten. Ist also die Fortsetzung des Arbeitsverhältnisses und damit der weitere Bezug des bisherigen Arbeitsentgelts nur zur Finanzierung von Luxusaufwand erforderlich, so ist die Klage auf Erklärung der Unwirksamkeit der Kündigung abzuweisen. Bei AN mit höheren Einkommen ist zwar zu erwarten, dass auch Bedürfnisse befriedigt werden, die über die Grundbedürfnisse hinausgehen, und daher nicht alles, was über eine sparsame Lebensführung hinausgeht, bereits unter Luxus fällt. ZB ist aber die Investition in ein ausschließlich als Wertanlage angeschafftes Haus als „Luxusaufwendung" zu qualifizieren (OGH 1.4.2009, 9 Ob A 30/09 s). Andererseits sind Kosten für einen Zweitwohnsitz noch nicht als „Luxusausgaben" anzusehen, wenn der AN über ein entsprechend höheres Einkommen verfügt hat (OGH 19.12.2001, 9 Ob A 244/01 z).

ME wird aber von Luxusausgaben zu sprechen sein, wenn der Zweitwohnsitz auf Grund seiner Ausstattung, Größe, Lage oder etwa Entfernung überdurchschnittliche Kosten verursacht.

Erträge aus Vermögen und Möglichkeit der selbständigen Tätigkeit

Bei Prüfung der Interessenbeeinträchtigung sind alle sozialen Umstände zueinander in Beziehung zu setzen. Der AN ist vor allem auf ein laufendes Einkommen zur Aufrechterhaltung seiner Existenz und seiner Sorgeberechtigten angewiesen. Daher ist der AN nicht verhalten, zu Gunsten des AG den Vermögensstamm zur Vermeidung von finanziellen Einbußen anzugreifen, sondern es ist auf diesen nur insoweit Bezug zu nehmen, als er Erträge und damit laufendes Einkommen bringt (OGH 26.7.2012, 8 Ob A 38/12 i).

In der Judikatur haben etwa Einkünfte aus einer Landwirtschaft (OGH 4.8.2009, 9 Ob A 93/08 d) oder Mieteinnahmen des gekündigten AN (OGH 1.4.2009, 9 Ob A 30/09 s) zur Abweisung der jeweiligen Kündigungsanfechtungsklage geführt.

Weiters ist bei der Beurteilung der Schwere der Interessenbeeinträchtigung zu beachten, dass bei Berufen, die häufig auch selbständig ausgeübt werden, auch Möglichkeiten der selbständigen Berufsausübung einzubeziehen sind (OGH 20.9.2000, 9 Ob A 179/00 i, wie z.B, bei einem Sprachtraining, das häufig auf freiberuflicher Basis erfolgt – OGH 10.4.2003, 8 Ob A 204/02 m).

Soweit überblickbar, hat sich die Judikatur noch nicht mit der Frage befasst, ob auch Vermögenserträge, die nicht erzielt wurden, aber leicht hätten erzielt werden können, zu berücksichtigen sind. In einem Fall wurden Zinseinkünfte aus der Veranlagung der Abfertigung in die Überlegungen einbezogen (OGH 22.8.2012, 9 Ob A 54/12 z). ME ist diese Frage zu bejahen, weil nichts gegen den Einbezug von leicht erzielbaren Einkünften spricht.

Erreichen des Pensionsalters

Das Erreichen des Regelpensionsalters (derzeit 60/65) schließt die Sozialwidrigkeit nicht generell aus (OGH 22.8.2012, 9 Ob A 54/12 z, 26.1.2017, 9 Ob A 13/16 a). Es ist ein Ziel des österreichischen Arbeitsrechts, dass jene AN gekündigt werden, für die dies die geringste soziale Härte darstellt. Das Abstellen auf einen Pensionsanspruch ist daher grundsätzlich gerechtfertigt (OGH 25.6.2013, 9 Ob A 113/12 a). Bewirkt aber ein Pensionsantritt im Anschluss an die angefochtene Kündigung, dass die Höchstpension nicht erreicht wird, und tritt dadurch eine überdurchschnittliche Einkommensverminderung ein, so ist trotz des möglichen Pensionsantritts eine Sozialwidrigkeit gegeben (OGH 20.10.2004, 8 Ob A 53/04 h). Diese kann sich auch aus der Einkommensminderung bis zum Erreichen des Regelpensionsalters ergeben (OGH 10.4.2008, 9 Ob A 61/07 x, ARD 5883/1/2008 – siehe auch 39.1). Dabei ist ein strenger Prüfungsmaßstab anzulegen (OGH 4.11.2010, 8 Ob A 74/10 f). Zur Pensionierung – siehe 39.

Konkretisierungszeitpunkt, Prognose

Insgesamt kann jedoch nur beschränkt von starren Grenzen ausgegangen werden, weil stets die gesamte finanzielle, gesundheitliche und familiäre Situation des gekündigten AN eingehend zu prüfen ist. Auszugehen ist dabei von einer vom Zeitpunkt der Beendigung des Arbeitsverhältnisses (Konkretisierungszeitpunkt) ausgehenden Prognose über die nach diesem Zeitpunkt aller Voraussicht nach wirksam werdenden Folgen der Kündigung für die wesentlichen Interessen des AN (OGH 29.3.2004, 8 Ob A 4/04 b 4.11.2010, 8 Ob A 59/10 z). Die wesentliche Interessenbeeinträchtigung ist vom AN zu beweisen (z.B. OGH 29.5.2013, 9 Ob A 49/13 s). Bei hoch qualifizierten Tätigkeiten, für die erfahrungsgemäß nur eine verhältnismäßig geringe Anzahl an Stellen zur Verfügung steht, ist die Arbeitsmarktprüfung nicht auf die bisher tatsächlich ausgeübte Beschäftigung zu beschränken, sondern auf solche Tätigkeiten, die der Ausbildung und den Fertigkeiten des AN entsprechen, zu erweitern (OGH 4.11.2010, 8 Ob A 59/10 z).

Der Konkretisierungszeitpunkt ist auch für die Beurteilung, ob die Kündigung betriebsbedingt ist, maßgeblich (OGH 22.5.2003, 9 Ob A 25/03 i).

Findet der AN im Zuge des Verfahrens einen neuen Arbeitsplatz, so ist dies eine zu beachtende nachträgliche Änderung der Umstände (OGH 26.7.2012, 8 Ob A 38/12 i).

Zum Begriff der „sozialwidrigen Kündigung" – siehe auch *Rauch*, ASoK 2014, 202 ff.

Einschlägige Judikatur

- *Eine Verdiensteinbuße von 20 % und mehr deutet hingegen auf gewichtige soziale Nachteile hin. Bei Beurteilung der Interessenbeeinträchtigung ist auf den Zeitpunkt der durch die angefochtene Kündigung herbeigeführten Beendigung des Arbeitsverhältnisses abzustellen. Provisionskürzungen durch Storni, Abfertigung und Urlaubsentschädigung sind bei der Feststellung, ob durch eine Kündigung eine wesentliche finanzielle Schlechterstellung erfolgt, und bei der Berechnung des maßgebenden Durchschnittseinkommens nicht zu berücksichtigen (OGH 9 Ob A 261/98 t = ARD 5001/13/99).*

- *Trotz bestehender Pensionsberechtigung können durch die mit einer Kündigung verbundenen Einkommenseinbußen wesentliche, Sozialwidrigkeit bewirkende Interessen des AN berührt werden, wenn er zwar die Voraussetzungen für eine vorzeitige Alterspension wegen langer Versicherungsdauer erfüllt, aber noch nicht den höchstmöglichen Prozentsatz aus der Alterspension erreicht hat (OLG Wien 9 Ra 291/99 a = ARD 5115/8/2000).*

- *Der Kläger war bei der beklagten Partei fast 30 Jahre beschäftigt und kann in seinem Alter von 54 Jahren (im Konkretisierungszeitpunkt) nur überaus schwer einen neuen gleichwertigen Arbeitsplatz erlangen bzw. er müsste einen erheblichen, das heißt unzumutbaren Abstrich von seinem Einkommen hinnehmen. Berücksichtigt man, dass der Posten des Klägers nicht etwa weggefallen ist, sondern trotz seines Gegenanbotes, mit einer nicht unerheblichen Gehaltsverminderung zur Senkung der Personalkosten beizutragen, im Wege der Austauschkündigung mit einer neu aufgenommenen Arbeitskraft* besetzt wurde, dann ist dem Berufungsgericht darin beizupflichten, dass die Interessenabwägung jedenfalls zu Gunsten des Klägers ausschlägt, sofern man nicht überhaupt von einer Verletzung der sozialen Gestaltungspflicht durch die beklagte Partei ausgeht (OGH 8 Ob A 342/99 y).

- *Zur angeblichen Sozialwidrigkeit:* Es entspricht völlig gesicherter Rechtsprechung (RIS-Justiz RS 0051703, RS 0051741, RS 0051806), dass die gesamten wirtschaftlichen und sozialen Verhältnisse des AN einschließlich dessen Vermögen in die Untersuchung einzubeziehen sind, ob wesentliche Interessen des AN beeinträchtigt sind. Ebenso gesichert ist, dass der anfechtende Kläger für diese Umstände behauptungs- und beweispflichtig ist (RIS-Justiz RS 0051746). Wenngleich der AN regelmäßig nicht verhalten ist, den Vermögensstamm zur Vermeidung von finanziellen Einbußen anzugreifen (9 Ob A 261/98 t = infas 1999, 41 = ARD 5001/13/99), so ist, worauf die Vorinstanzen zutreffend verwiesen haben, nicht auszuschließen, dass die Klägerin, welche Auskünfte über ihr Vermögen verweigert und daher diesbezügliche Feststellungen verhindert hat, über ein solches Vermögen verfügt, aus welchem sie laufende Einkünfte erzielen kann. Der festgestellte Verlust ihres Einkommens aus unselbständiger Tätigkeit allein reicht daher für eine verlässliche Beurteilung, ob wesentliche Interessen des AN beeinträchtigt wurden (§ 105 Abs. 3 Z 2 ArbVG), nicht aus (OGH 9 Ob A 40/01 z).
- *Bei hohem Einkommensverlust durch eine auf die Kündigung folgende Pensionierung (hier 37 % des Nettoeinkommens) ist die Sozialwidrigkeit der Kündigung gegeben (OGH 9 Ob A 244/01 z = ecolex 2002, 369, ähnlich OGH 9 Ob A 61/07 x).*
- *Bei Berufen, die häufig auch selbständig ausgeübt werden, werden in die Beurteilung der Interessenbeeinträchtigung auch Möglichkeiten der selbständigen Berufsausübung einbezogen (Arb 12.040, OGH 8 Ob A 204/02 m).*
- *Der Umstand, dass bei der Prüfung der Sozialwidrigkeit einer Kündigung auch Pensionszusagen zu berücksichtigen sind, stellt keine mittelbare Diskriminierung älterer AN dar (OGH 8 Ob A 48/03 x = ARD 5459/1/2003).*

41.8.4.2 Persönliche Kündigungsgründe

Liegt nun eine Sozialwidrigkeit vor, so kann alleine deswegen noch nicht der Klage des gekündigten AN stattgegeben werden. Der AG hat nämlich die Möglichkeit, auf zwei Ausnahmetatbestände (**Betriebsbedingtheit** bzw. persönliche Gründe) zu verweisen. Sollte zumindest einer der Ausnahmetatbestände vorliegen und ist im Rahmen einer **Interessenabwägung** von einer stärkeren Beeinträchtigung der Interessen des AG auszugehen, so ist die Anfechtungsklage abzuweisen. Wenn also der Grundtatbestand der Sozialwidrigkeit gegeben ist und auch ein Ausnahmetatbestand vorliegt, hat eine Abwägung der wechselseitigen Interessen stattzufinden. Überwiegen die betrieblichen Interessen die wesentlichen Interessen des AN an der Aufrechterhaltung des Arbeitsverhältnisses, ist die Kündigung zulässig und damit rechtswirksam (OGH 9 Ob A 193/00 y). Das Vorliegen persönlicher oder betrieblicher Kündigungsgründe hebt somit die Sozialwidrigkeit nicht schlechthin auf, weil die Interessenabwägung letztlich zugunsten des AN ausschlagen kann (Arb 10771, OGH 8 Ob A 95/03 h).

Die persönlichen Kündigungsgründe können Gründe sein, die an sich bereits für eine Entlassung ausreichen würden. Ebenso sind jedoch auch andere disziplinäre

Verstöße als persönliche Kündigungsgründe denkbar, die für eine Entlassung möglicherweise nicht ausreichen (Unverträglichkeit, Arbeitsverweigerung und sonstige disziplinäre Probleme). Die persönlichen Kündigungsgründe müssen unverzüglich im Kündigungsanfechtungsverfahren geltend gemacht werden (Arb 11.992, OGH 9 Ob A 145/02 t, 8 Ob A 67/03 s). Eine Verwarnung ist nicht jedenfalls erforderlich (OGH 27.1.2016, 9 Ob A 74/15 w).

Es kommen auch solche Umstände in Betracht, die nicht auf einem Verschulden des AN beruhen (beispielsweise außerordentlich häufige bzw. lange Krankenstände, erhebliche Leistungsmängel oder auch fehlende Fachkenntnisse entgegen den Versprechungen anlässlich der Einstellung).

Die Judikatur nimmt etwa in der Person des AN gelegene Kündigungsgründe an, wenn der AN durch unkollegiales Verhalten Außendienstmitarbeiter gegeneinander aufbringt und dadurch ein gespanntes Betriebsklima herbeiführt, welches die betrieblichen Interessen des AG jedenfalls soweit nachteilig berührt, dass die betrieblichen Interessen gegenüber dem wesentlichen Interesse des AN an der Erhaltung seines Arbeitsplatzes überwiegen (OGH 8 Ob A 208, 209/95). Insbesondere in einem **Kleinbetrieb** kommt es auf die **Verträglichkeit** der dort beschäftigten AN an (OGH 8 Ob A 61/98 y). Auch mangelhaftes Fachwissen kann ein persönlicher Kündigungsgrund sein (OGH 8 Ob A 61/98 y = ARD 4998/ 11/99). Weiters ist ein unfreundliches bzw. „muffiges" Verhalten eines im Verkauf tätigen Mitarbeiters ein persönlicher Kündigungsgrund, wenn die Beschwerden überprüfbar, verifiziert und berechtigt sind (OGH 9 Ob A 347/97 p, 9 Ob A 151/03a). Auch die Unverträglichkeit gegenüber Mitarbeitern ist ein personenbezogener Kündigungsgrund, soweit dadurch die Leistungsfähigkeit oder die Ordnung des Betriebs gefährdet wird (OGH 9 Ob A 26/04w). Ein persönlicher Kündigungsgrund liegt auch vor, wenn ein U-Bahnfahrer von einem betrunkenen Fahrgast bespuckt wird und daraufhin zurückspuckt, weil der Fahrer in Stresssituationen besonnen reagieren muss (OLG Wien 7 Ra 101/08 m = ARD 5980/7/2009), ebenso, wenn eine AN fortwährend ihren Vorgesetzten in herabwürdigender und diskreditierender Weise kritisiert (OGH 24.3.2017, 9 Ob A 8/17 t). Dem für die Ausnahmetatbestände beweispflichtigen AG ist daher zu empfehlen, dass im Hinblick auf eine mögliche Kündigungsanfechtung die einzelnen Beschwerden, die gegen einen bestimmten AN vorgebracht werden, schriftlich festzuhalten (Inhalt und Zeitpunkt der Beschwerde sowie Vor- und Zuname des Beschwerdeführers und Namen der Person, die die Beschwerde entgegengenommen hat).

Eine in der Person des AN begründete Kündigung liegt wohl dann vor, wenn die betrieblichen Arbeitsabläufe durch die Unverträglichkeit des gekündigten AN mehrfach und nicht nur geringfügig beeinträchtigt wurden, oder der überwiegende Teil der hierfür in Frage kommenden Kollegen des gekündigten AN jede Zusammenarbeit ablehnt und hierfür konkrete und nachvollziehbare Gründe vorbringen. Im Gerichtsverfahren wird es jedoch unumgänglich sein, durch Zeugenaussagen von Kollegen die Unverträglichkeit entsprechend zu beweisen.

Ebenso können häufige Krankenstände einen in der Person des AN gelegenen Kündigungsgrund darstellen (z.B. OGH 31.1.2007, 8 Ob A 110/06 v). In der Entscheidung 8 Ob A 141/04 z = ARD 5581/9/2005) ist der OGH davon ausgegangen, dass Krankenstände als personenbezogener Kündigungsgrund anzusehen sind, wenn es insbesondere wegen der mangelnden Einsetzbarkeit der Arbeitskraft zu einem vertretungsweise nicht mehr bewältigbaren Leistungsausfall kommt, der den Betrieb beeinträchtigt. In einer weiteren Entscheidung wurden 126 Krankenstandstage als persönlicher Kündigungsgrund angesehen (OGH 9 Ob A 31/94). 126 Krankenstandstage (Arbeitstage) entsprechen ca. der Hälfte der Arbeitstage eines Kalenderjahres. Auch hier kann jedoch nicht von starren Grenzen ausgegangen werden, sondern sind die betrieblichen Auswirkungen der Krankenstände zu prüfen. In der Entscheidung OGH 9 Ob A 120/91 = DRdA 1992, 353 hat der OGH einen persönlichen Kündigungsgrund bei Krankenständen von 27 % der möglichen Arbeitszeit angenommen, wenn eine große Wahrscheinlichkeit gegeben ist, dass sich die Situation künftig nicht ändern wird. Entscheidend ist, ob ein verständiger und sorgfältiger AG davon ausgehen kann, dass Krankenstände in erhöhtem Ausmaß mit hoher Wahrscheinlichkeit auch in Zukunft zu erwarten sind (OGH 30.8.2011, 8 Ob A 53/11 v, 26.11.2015, 9 Ob A 116/15 x). Der Grund der Krankenstände ist dabei gegenstandslos, falls sie nicht auf ein Verhalten des AG zurückzuführen sind (VwGH 18.9.2012, 2011/11/01/0149). Eine Kündigung wegen langer Krankenstände ist jedenfalls kein Diskriminierungstatbestand – *Rauch*, Kündigung wegen langer Krankenstände, ASoK 2010, 10 ff. und ASoK 2015, 16 ff.).

Der AG ist nicht gezwungen, einen AN, der seine arbeitsvertraglich vereinbarte Tätigkeit aus gesundheitlichen Gründen nicht mehr ausüben kann, außerhalb der arbeitsvertraglichen Tätigkeit weiterzubeschäftigen (OGH 29.4.2014, 9 Ob A 165/13 z).

Mangelhafte Leistungen können nur dann als persönlicher Kündigungsgrund herangezogen werden, wenn sie nicht bereits jahrelang hingenommen wurden. Abgesehen davon liegt ein persönlicher Kündigungsgrund dann vor, wenn durch entsprechende Anleitung und Weisung vergeblich versucht wurde, eine einwandfreie Arbeitsleistung herbeizuführen (OGH 9 Ob A 347/97 p).

Ältere und im Betrieb lange beschäftigte AN haben nach der Judikatur Anspruch auf Schonung. Im § 105 Abs. 3b ArbVG wird ausdrücklich festgehalten, dass persönliche Kündigungsgründe, die ihre Ursache in einem höheren Lebensalter des AN haben, nur dann zur Rechtfertigung der Kündigung herangezogen werden können, wenn durch die Weiterbeschäftigung betriebliche Interessen erheblich nachteilig berührt werden. Der AG wird daher im Rahmen seiner **sozialen Gestaltungspflicht** versuchen müssen, diese AN auf einem ihren geminderten Kräften entsprechenden Arbeitsplatz einzusetzen (OGH 8 Ob A 172/98 x). Auszugehen ist wohl davon, dass ein persönlicher Kündigungsgrund dann vorliegt, wenn der gekündigte AN das Leistungsniveau von AN gleichen Alters, welche dieselbe Tätigkeit ausüben, deutlich verfehlt und ein gleichwertiger Ersatzarbeitsplatz nicht verfügbar ist oder eine Versetzung abgelehnt wird. Der AG ist zum Anbot neuer Arbeitsplätze verpflichtet, wenn diese der bisherigen Berufspraxis des AN entsprechen (OGH 8 Ob A 204/02 m, 8 Ob A 47/04 h, 9 Ob A 3/07 t). Die soziale Gestaltungspflicht bezieht sich dabei nur auf das jeweilige Unternehmen. Eine konzernweite soziale Gestaltungspflicht kann nur ausnahmsweise angenommen werden (OGH 29.6.2009, 9 Ob A 34/08 b). Bei anderen Arbeitsplätzen bedarf es einer Initiative des AN, den die Beweislast für seine Eignung trifft (OGH 9 Ob A 110/88, 8 Ob A 87/04 h).

Die Frage, ob ein geeigneter **Ersatzarbeitsplatz** für den gekündigten AN durch die Kündigung eines anderen AN hätte freigemacht werden müssen, ist im Rahmen eines **Sozialvergleichs** zu prüfen (siehe 41.8.4.4). Der Sozialvergleich ist jedoch nur dann durchzuführen, wenn der BR im Rahmen des **Verständigungsverfahrens** der beabsichtigten Kündigung ausdrücklich widersprochen hat (siehe 41.1.1). Falls es jedoch keinen Widerspruch des BR gegeben hat, oder kein BR im Betrieb vorhanden ist, kann die Frage des Ersatzarbeitsplatzes für den schonungsbedürftigen älteren AN nur insoweit von Bedeutung sein, als ein Ersatzarbeitsplatz ohne Kündigung eines anderen AN zur Verfügung steht und der AN bereit ist, die angebotene neue Arbeit zu verrichten. Im Zweifelsfall sollte daher ein entsprechendes Angebot vor einer Kündigung erfolgen. Im Fall einer Ablehnung des Angebotes ist es empfehlenswert, in Gegenwart von Zeugen nach den Gründen für die Ablehnung zu fragen und diese detailliert schriftlich festzuhalten. In der Praxis hat sich nämlich gezeigt, dass häufig unsachliche Gründe vorgebracht werden („Ich habe keine Lust, ich will sowieso nur in Pension gehen"), deren Nachweis die Prozessposition des AG stärkt.

Einschlägige Judikatur

- *Ein **angekündigter Krankenstand** ist ein persönlicher Kündigungsgrund (OGH 9 Ob A 190/98 a).*
- *Fehlleistungen, mangelndes Fachwissen und das Betriebsklima beeinflussende Unverträglichkeit eines angestellten Apothekers sind in seiner Person gelegene Kündigungsgründe, für deren Geltendmachung keine Ermahnung erforderlich ist (OGH 8 Ob A 61/98 y = ARD 4998/11/99).*
- *Ist durch einen Einkaufsleiter die funktionierende Zusammenarbeit durch dessen einseitige Interessenverfolgung für den Einkauf gefährdet, kann seine Kündigung, wenn er einer zumutbaren Änderung seines Tätigkeitsbereiches nicht zugestimmt hat, auch dann gerechtfertigt sein, wenn seine Lebensumstände dadurch gravierend beeinträchtigt werden, sofern nicht gerade seine Existenz gefährdet wird. Dies ergibt sich daraus, dass die Interessen des AG an einer funktionierenden Zusammenarbeit der Abteilungen, so auch der Abteilung Technik mit der Abteilung Einkauf gravierender als die Interessen des AN an der Erhaltung des Arbeitsplatzes sind, da davon Verlust oder Gewinn des ganzen Unternehmens abhängt (ASG Wien 33 Cga 45/98 y = ARD 5115/7/2000).*
- *Äußerungen eines AN gegenüber Kollegen, dass er sich unterbezahlt fühle und das Unternehmen von ihm deshalb auch keine volle Arbeitsleistung erhalten könne sowie dass er einen Hausarzt habe, der ihm bei Krankenständen entgegenkomme, sind geeignet,*

sich auf die Arbeitsmoral im Betrieb negativ auszuwirken. Auf Grund solcher Äußerungen ist zu befürchten, dass eine Beispielswirkung eintritt und auch andere AN in ihrer Arbeitsleistung nachlassen. Daher berechtigt das Vorliegen von Umständen, die in der Person des AN gelegen sind, den AG zu einer Beendigung des Arbeitsverhältnisses dann, wenn nicht überwiegende wesentliche Interessen des AN durch die Kündigung beeinträchtigt werden (OLG Wien 10 Ra 301/99 d = ARD 5140/41/2000).

- *Dass die uneinsichtige, rechthaberische und unnachgiebige Art des AN in einem Zusammenhang mit einer Krankheit steht, ist unerheblich, weil personenbezogene Kündigungsgründe nicht verschuldet sein müssen (OGH 9 Ob A 10/03 s, 8 Ob A 95/03h, so auch Arb 10.440).*

41.8.4.3 Betriebliche Kündigungsgründe

Falls nun eine Sozialwidrigkeit vorliegt und der Ausnahmetatbestand der persönlichen Kündigungsgründe nicht gegeben ist, so ist in der Folge zu prüfen, ob die vom AG vorgebrachten betrieblichen Erfordernisse der Weiterbeschäftigung des gekündigten AN entgegenstehen (§ 105 Abs. 3 Z 2 lit. b ArbVG). Sollte jedoch der AG im Verfahren keine betrieblichen Gründe für die Kündigung vorbringen, so hat das Gericht keine diesbezügliche Prüfung durchzuführen.

Betriebliche Gründe liegen vor allem dann vor, wenn Personalkosten reduziert bzw. **Rationalisierungsmaßnahmen** und Produktionsumstellungen durchgeführt werden müssen und daher der AN gekündigt werden muss. Von betrieblichen Kündigungsgründen wird jedoch nur dann ausgegangen, wenn der Arbeitsplatz des gekündigten AN nicht mehr nachbesetzt wird und auch eine anderweitige Weiterbeschäftigungsmöglichkeit im Betrieb nicht gegeben ist (z.B. OGH 9 Ob A 143/05 b, 11.2.2011, 9 Ob A 86/10 b; 20.1.2012, 8 Ob A 95/11 w). Jedenfalls kann eine Kündigung dann nicht betriebsbedingt sein, wenn ein gekündigter älterer AN durch einen jüngeren AN ersetzt wird, oder wenn der gekündigte AN in einem anderen Bereich hätte eingesetzt werden können.

Bei der Prüfung der einer Weiterbeschäftigung des AN entgegenstehenden Erfordernisse ist jedoch auf den betreffenden Betrieb (zum Betriebsbegriff siehe 53.) und nicht auf die Verhältnisse im Gesamtunternehmen abzustellen. Von diesem Grundsatz kann nur in besonders gelagerten Ausnahmefällen abgegangen werden (OGH 9 Ob A 236/94).

Der AG muss jedoch dem AN lediglich eine solche Ersatztätigkeit anbieten, die seiner bisherigen Berufspraxis entspricht (siehe 41.8.4.2). Falls der AN den angebotenen **Ersatzarbeitsplatz** ablehnt, ist von einem betriebsbedingten Kündigungsgrund auszugehen.

Eine Kündigung ist durch die betrieblichen Verhältnisse gerechtfertigt, wenn im gesamten Betrieb gerade für den betroffenen AN kein Bedarf mehr gegeben ist und dem AG auch durch keine andere soziale Maßnahme die Erhaltung des Arbeitsplatzes zumutbar ist. Bei Prüfung dieser Frage wird von den Gerichten ein strenger

Maßstab angelegt, wobei dies ganz besonders bei älteren und im Betrieb lange beschäftigten AN gilt (Arb 7559, OGH 8 Ob A 103/04 m).

Falls eine Rationalisierung auf Grund verminderter Aufgaben durch eine geringere Anzahl von AN angestrebt wird, so ist die Kündigung durch betriebliche Erfordernisse gerechtfertigt, wenn der Arbeitsplatz des gekündigten AN, der in anderen Bereichen nicht eingesetzt werden kann, weggefallen ist. Von einem Entfall eines Arbeitsplatzes kann jedoch nur dann ausgegangen werden, wenn eine **Nachbesetzung** nicht mehr erfolgt. Nähere Feststellungen zur Umsatzentwicklung und Entwicklung der Anzahl der AN sind diesfalls nicht mehr erforderlich (OGH 8 Ob A 86/98 z).

Hinsichtlich der wirtschaftlichen Führung hat der Betriebsinhaber weit gehende Freiheit, es trifft ihn daher durch die Bestimmungen des § 105 ArbVG keine wirtschaftliche, insbesondere keine produktionstechnische Gestaltungspflicht (OGH 9 Ob A 19/98 d). Die Zweckmäßigkeit und Richtigkeit der vom AG veranlassten betrieblichen Rationalisierungsmaßnahmen sind nicht vom Gericht zu überprüfen und bleiben daher dem wirtschaftlichen Ermessen des Betriebsinhabers vorbehalten (OGH 9 Ob A 289/99 m, 9 Ob A 80/99 v, 9 Ob A 199/01 g). Rationalisierungsmaßnahmen sind außerdem nicht erst dann gerechtfertigt, wenn anders eine Existenzbedrohung nicht mehr abgewendet werden könnte, sondern einem verantwortungsbewussten Unternehmer steht es schon im Vorfeld einer solchen Gefahr frei, einer betriebswirtschaftlichen Bedrohung des Unternehmens vorbeugend zu begegnen (OGH 8 Ob A 88/99 w). Auch hochrentable Unternehmen sind frei in ihrer Entscheidung, rentabilitätserhöhende Rationalisierungsmaßnahmen durchzuführen (OGH 9 Ob A 33/03 y). Die Maßnahmen und die Erforderlichkeit der Kündigung des AN müssen aber rational nachvollziehbar sein (OGH 8 Ob A 103/04 m).

Das Gericht kann jedoch prüfen, ob die mit der Notwendigkeit der Kostensenkung begründete Kündigung tatsächlich zu einer solchen Kostensenkung führt. Ist dies nicht der Fall, so ist die Kündigung sachlich unbegründet (OGH 9 Ob A 199/01 g).

Dass die Kündigung des AN wirtschaftliche Schwierigkeiten nicht beseitigt, stellt kein Hindernis für die Betriebsbedingtheit einer Kündigung dar. Es reicht, dass die Kündigung positive Auswirkungen auf die Wirtschaftslage des Unternehmens hat (OGH 16.12.2008, 8 Ob A 74/08 b, LE-AS 39.5.2. Nr. 12).

Letztlich hat jedoch das Gericht immer auf Grund einer **Interessenabwägung** festzustellen, ob dem AG die Weiterbeschäftigung eher zugemutet werden kann als dem AN die Kündigung (z.B. OGH 9 Ob A 348/97 k, 8 Ob A 88/99 w).

Einschlägige Judikatur

- *Eine Kündigung ist in den Betriebsverhältnissen begründet, wenn im gesamten Betrieb gerade für den betroffenen AN kein Bedarf besteht und daher die Kündigung notwendig ist. Die Verringerung der Personalkosten durch Reduktion des Beschäftigtenstandes ist im Allgemeinen ein geeignetes Mittel zur Bekämpfung eines schlechten Betriebsergebnisses und kann daher Kündigungen betrieblich begründen, wenn der konkrete Arbeitsplatz wegfällt (OGH 9 Ob A 14/95).*

- *Ist ein Arbeitsplatz infolge produktionstechnischer Rationalisierung weggefallen, kann die Kündigung des betroffenen AN nicht mit betrieblichen Erfordernissen begründet werden, die der Weiterbeschäftigung des AN entgegenstehen, wenn der AN nach entsprechender Einschulung auch der neuen Produktionstechnik gewachsen gewesen wäre (OGH 9 Ob A 19/98 d = ARD 4961/12/98).*

- *Der Wegfall des Auftrages eines Beschäftigerbetriebes allein stellt bei Arbeitskräfteüberlassung für den überlassenden AG noch keinen in den Betriebsverhältnissen gelegenen Kündigungsgrund dar, der eine Kündigung rechtfertigen könnte (OGH 9 Ob A 233/98 z = ARD 4983/6/98).*

- *Die Freiheit des Unternehmers auf die betrieblichen Erfordernisse zu reagieren, ist ein tragendes Element der Marktwirtschaft (OGH 9 Ob A 189/01 m = ARD 5356/5/2002).*

- *Fällt ein betriebswirtschaftlich überflüssig gewordener Arbeitsplatz weg und bestehen für den betroffenen AN keine anderen Weiterbeschäftigungsmöglichkeiten, so ist die Kündigung betriebsbedingt (OGH 9 Ob A 189/01 m = ARD 5356/6/2002).*

41.8.4.4 Sozialvergleich und soziale Gestaltungspflicht

Sozialvergleich

Falls der BR im Zuge des **Verständigungsverfahrens** nach § 105 Abs. 1 ArbVG (siehe 41.1.1) der beabsichtigten Kündigung ausdrücklich widerspricht, so liegen die Voraussetzungen für einen Sozialvergleich vor. Im Zuge des Sozialvergleichs ist zu prüfen, ob ein Vergleich sozialer Gesichtspunkte für den gekündigten AN eine größere soziale Härte ergibt als für andere AN des gleichen Betriebes und derselben Tätigkeitssparte. Im Rahmen dieses Vergleichs ist unter anderem die familiäre Situation, die Unterhaltspflichten, die Vermögenssituation etc. zu prüfen. Bei älteren AN sind hierbei weiters eine langjährige ununterbrochene Beschäftigung im Betrieb oder Unternehmen sowie die wegen des höheren Lebensalters gegebenen Schwierigkeiten bei der Wiedereingliederung in den Arbeitsprozess besonders zu berücksichtigen. Argumentiert der klagende AN mit dem Sozialvergleich, so muss er die Vergleichspersonen namhaft machen und die beurteilungsrelevanten Umstände bei jeder Vergleichsperson anführen (OGH 11.5.2010, 9 Ob A 69/09 a; *Rauch*, Arbeitsrecht 2011, 28).

Weniger qualifizierte AN sind in den Sozialvergleich nur dann einzubeziehen, wenn der gekündigte höher qualifizierte AN sowohl willens als auch fähig ist, eine minder qualifizierte Arbeit auszuführen und überdies bereit ist, auch entgeltmäßig in die arbeitsrechtliche Stellung der geringer qualifizierten Vergleichsperson einzutreten und daher auch einer vertraglichen Verringerung seines Arbeitsentgeltes zustimmt (OGH 24.10.1990, 9 Ob A 130/90).

Soziale Gestaltungspflicht

Bei jeder beabsichtigten Kündigung ist im Rahmen der **sozialen Gestaltungspflicht** zunächst zu prüfen, ob nicht der angestrebte Rationalisierungseffekt durch andere gelindere Maßnahmen erreicht werden kann. Solche anderen Maßnahmen könnten etwa eine **Verschlechterungsvereinbarung** (siehe 41.2), Umschulungs- und Weiterbildungsmaßnahmen, etc. sein. Der Begriff „soziale Gestaltungspflicht" wurde von der Judikatur entwickelt und ist insbesondere bei Kündigungen aus betrieblichen Gründen zu beachten (OGH 28.4.2015, 8 Ob A 30/15 t).

Dem AG ist daher vor der Kündigung insbesondere älterer AN zu empfehlen, zunächst andere Maßnahmen zur Erreichung von Rationalisierungseffekten bzw. **Personalkostenreduzierungen** auszuschöpfen. Falls der AN derartige Angebote mit unsachlichen Begründungen ablehnt, wird dies die Rechtsposition des AG in einem allfälligen Kündigungsanfechtungsverfahren wesentlich verbessern. Es ist daher ratsam, Angebote für Verschlechterungen, für die Zuweisung eines anderen geeigneten Arbeitsplatzes oder etwa Umschulungsmaßnahmen im Gegenwart von Zeugen auszusprechen, um allfällige unsachliche oder desinteressierte Reaktionen in einem künftigen Verfahren durch die Aussage der anwesend gewesenen Personen belegen zu können.

Zusammenfassend ist nun hervorzuheben, dass die soziale Gestaltungspflicht den AG nicht nur verpflichtet, die Einsetzbarkeit des AN am selben, sondern auch an anderen Arbeitsplätzen des Betriebes zu prüfen, wenn diese verfügbar sind. Ob es hingegen mit geringeren sozialen Folgen verbunden wäre, falls der AG andere AN kündigen würde, ist nur im Rahmen eines **Sozialvergleichs** zu prüfen.

Einschlägige Judikatur

- *Da für den Personalabbau die vom Erstgericht festgestellten objektiven Gründe maßgeblich waren, ist die Kündigung betrieblich gerechtfertigt. Insoweit kam der Beklagten als Betriebsinhaberin das freie Entscheidungsrecht darüber zu, welche Maßnahmen sie zweckmäßigerweise ergreift, um den betrieblichen Erfordernissen Rechnung zu tragen. Der Einwand des Revisionswerbers, das Vorliegen der betrieblichen Erfordernisse hätte im Wege einer sozialen Auswahl für jeden einzelnen verbliebenen AN geprüft werden müssen, ist in diesem Zusammenhang nicht stichhaltig und läuft auf den in diesem Verfahren nicht erhobenen Einwand eines Sozialvergleiches hinaus. Der Unterschied zwischen der sozialen Gestaltungspflicht des AG, die diesen verpflichtet zu prüfen, ob noch einschlägige Stellen im Betrieb vorhanden sind, die er dem Gekündigten anbieten muss und dem Sozialvergleich besteht eben darin, dass beim Sozialvergleich ein anderer AN gekündigt werden soll, während es bei der sozialen Gestaltungspflicht um die Besetzung eines verfügbaren Arbeitsplatzes geht (OGH 9 Ob A 151/90).*

- *Das „Nachschieben" des Anfechtungsgrundes, die Kündigung würde andere AN desselben Betriebes weniger hart treffen als den Kläger („Sozialvergleich" im Sinne des § 105 Abs. 3, 2. Unterabsatz ArbVG), drei Jahre nach der am 13.3.1995 überreichten Klage, nämlich erst in der Verhandlung vom 23.3.1998, und damit weit außerhalb der Anfechtungsfrist, ist dem Kläger verwehrt (Arb 11.568); auf die besondere Anleitungs- und Belehrungspflicht (§ 39 Abs. 2 Z 1 ASGG) kann sich der Kläger, der schon in der Klage qualifiziert vertreten war, nicht berufen (OGH 8 Ob A 88/99 w).*

- *Der Umstand, dass der AG einigen Mitarbeitern Lohnerhöhungen gewährte, die insgesamt maximal S 40,– pro Stunde betragen, kann schon deshalb keine Verletzung der sozialen Gestaltungspflicht darstellen, weil auf der Hand liegt, dass gerade bei Personalre-*

duktion die Motivation guter und verlässlicher verbleibender Mitarbeiter gesteigert werden soll, um eine möglichst hohe Produktivität zu erzielen. Wollte man den AG verpflichten, anstatt einzelnen verdienten Mitarbeitern geringfügige Lohnerhöhungen zu gewähren, einen teuren Mitarbeiter zu behalten, dessen Arbeitskapazität überdies nicht mehr (voll) ausgeschöpft werden könnte, würde dies einen unzulässigen Eingriff in unternehmerische Entscheidungen bedeuten (OLG Wien 8 Ra 117/00 k = ARD 5194/11/2001).

41.8.4.5 Kündigung von AN, die nach dem vollendeten 50. Lebensjahr eingestellt werden

Im Zuge der Neuregelungen für die Pensionsreform 2003 (Budgetbegleitgesetz) sollte AG die Einstellung älterer AN erleichtert werden. Der allgemeine Kündigungsschutz hat oftmals zur Folge, dass der AG, der ältere AN einstellt, fürchten muss, dass eine AG-Kündigung (nach sechs Monaten) erfolgreich wegen Sozialwidrigkeit angefochten werden könnte und daher die Auflösung des Arbeitsverhältnisses erheblich erschwert wäre. Dies hat sich in der Praxis als ein weiteres Einstellungshindernis zu Ungunsten älterer AN erwiesen. Daher sollte durch eine Lockerung der Kündigungsanfechtung wegen Sozialwidrigkeit AG der Entschluss zur Aufnahme älterer AN erleichtert werden.

Zur Verwirklichung dieses Anliegens hat der Gesetzgeber in § 105 Abs. 3b ArbVG ausdrücklich angeordnet, dass die besondere Rücksichtnahme auf ältere AN, die im Zeitpunkt ihrer Einstellung das 50. Lebensjahr vollendet haben, entfällt (für AN, die vor dem 30.6.2017 eingestellt wurden, gilt die Ausblendung der besonderen Berücksichtigung des höheren Alters nur bis zwei Jahre nach der Einstellung – § 264 Abs. 31 ArbVG). Die besondere Rücksichtnahme auf ältere AN besteht insbesondere darin, dass der Umstand einer vieljährigen ununterbrochenen Beschäftigungszeit und die wegen des höheren Lebensalters zu erwartenden Schwierigkeiten bei der Wiedereingliederung in den Arbeitsprozess besonders zu berücksichtigen sind.

Daher sind Schwierigkeiten bei der Wiedereingliederung in den Arbeitsmarkt für diesen Personenkreis (im Zuge des Anfechtungsverfahrens) nicht mehr besonders zu berücksichtigen (bzw. „auszublenden" – OGH 29.10.2013, 9 Ob A 125/13 t, OLG Linz 11.11.2015, 12 Ra 83/15 k, ARD 6484/9/2016). Da diese Frage in der Verfahrenspraxis meistens von entscheidender Bedeutung ist bzw. zuerst geprüft wird, kann ihr Entfall nur bedeuten, dass die AG-Kündigung der von dieser Regelung erfassten AN in der Regel wegen Sozialwidrigkeit nicht erfolgreich angefochten werden kann. Es wäre klarer gewesen, wenn dieser Kreis von AN von der Kündigungsanfechtung wegen Sozialwidrigkeit gänzlich ausgeschlossen worden wäre (wie etwa jene AN, die noch nicht sechs Monate betriebszugehörig sind – siehe auch *Rauch*, Neuerungen bei der Kündigungsanfechtung wegen Sozialwidrigkeit, ASoK 2004, 70 ff.). Da das wiederholt vom Gesetzgeber dargestellte Ziel dieser Maßnahmen die Förderung der Einstellung älterer AN ist, ist für eine einschränkende Auslegung des § 105 Abs. 3 b ArbVG kein Raum (Details siehe *Rauch*, Die neue Erweiterung der Einschränkung beim Kündigungsschutz älterer AN, ASoK 2017, 187 ff.).

41.8.4.6 Überblick zur Kündigungsanfechtung wegen Sozialwidrigkeit

Ausnahmen:

- Sperrrecht des BR (Zustimmung des BR zur beabsichtigten Kündigung)
- kein AN im Sinne des § 36 ArbVG (leitende Angestellte (OGH 13.9.2012, 8 Ob A 49/12 g) Scheinarbeitsverhältnisse [siehe 15.], familienhafte Mitarbeit – OGH 9 Ob A 351/97 a)
- Kleinstbetriebe (weniger als fünf AN): Kündigungsanfechtung nach AVRAG nur für bestimmte Jahrgänge (siehe 40.2)
- AN, auf die der besondere Kündigungsschutz anzuwenden ist
- AN, die noch nicht sechs Monate betriebszugehörig waren (§ 105 Abs. 3 Z 2 ArbVG, § 15 Abs. 3 AVRAG)
- Rechtsunwirksamkeit der Kündigung (z.B. mangels Durchführung des Verständigungsverfahrens – siehe 41.1.1)
- AN, die vom II. Teil des ArbVG nach § 33 Abs. 2 Z 1–5 ausgenommen sind (z.B. AN in Privathaushalten und land- und forstwirtschaftlichen Betrieben – OLG Wien 7 Ra 197/05 z = ARD 5692/8/2006)

Zu den Einschränkungen bei AN über 50 während den ersten beiden Jahren ihrer Betriebszugehörigkeit siehe 41.8.4.5.

Die Klage ist nach § 107 ArbVG binnen zwei Wochen nach Zugang der Kündigung einzubringen. Diese Frist (siehe 41.8.2) gilt auch für die Anfechtungsgründe, da diese nicht nachgeschoben werden können (OGH 14.11.1996, 8 Ob A 2308/96 m, 7.6.1999, 8 Ob A 88/99 w, 27.5.2014, 9 Ob A 41/14 s; *Rauch*, Fristen für die Anfechtung von Kündigungen, ASoK 2009, 318 ff.).

Hauptfrage:

Ist die Kündigung sozialwidrig?

Ja, wenn eine fühlbare ins Gewicht fallende Verschlechterung der wirtschaftlichen Lage des AN eintritt (Einkünfte des Partners, Unterhaltspflichten, Lebenshaltungskosten, Chancen zur Erlangung eines ähnlich dotierten Arbeitsplatzes etc. – siehe 41.8.4.1).

Den AN trifft für die Grundvoraussetzung der Anfechtung, die wesentliche Interessenbeeinträchtigung, eine Konkretisierungs-, Behauptungs- und Beweispflicht (OGH 19.9.2001, 9 Ob A 208/01 f).

Trotz Sozialwidrigkeit ist die Klage abzuweisen, wenn ein Ausnahmetatbestand vorliegt (Betriebsbedingtheit oder persönliche Gründe). Zunächst ist jedoch die Sozialwidrigkeit zu prüfen (OGH 8 Ob A 48/03 x). Ausnahmetatbestände sind:

- Betriebsbedingtheit:
  Rationalisierung, die zum Wegfall des Arbeitsplatzes führt; keine betriebliche Notwendigkeit, wenn der Arbeitsplatz des gekündigten AN nachbesetzt wird
- Persönliche Gründe:
  grobe Leistungsmängel, Unverträglichkeit, Krankenstände in sehr erheblichem Ausmaß etc.

Die Ausnahmetatbestände sind vom AG im Verfahren ohne ungebührliche Verzögerung vorzubringen (OGH 20.8.2008, 9 Ob A 109/08 g).

Das Arbeitsverhältnis gilt trotz der Einbringung der Anfechtungsklage (Rechtsgestaltungsklage – z.b. OGH 23.2.2005, 9 Ob A 15/05 d) vorläufig als beendet (OGH 19.5.1994, 8 Ob A 202/94). Der AG hat daher auf Basis der von ihm ausgesprochenen Kündigung alle Ansprüche abzurechnen. Im Fall des Obsiegens des AN sind die während des Verfahrens angelaufenen Ansprüche nach § **1155 ABGB** (Anrechnung von Entgelt aus einem allfälligen anderen Arbeitsverhältnis) nachzuzahlen (OGH 9 Ob A 283/99 d = ARD 5184/13/2001). Die bereits bezahlten beendigungsabhängigen Ansprüche (insbesondere die Abfertigung) können gegenverrechnet werden. Erst mit der Aufhebung der Kündigung durch ein Rechtsgestaltungsurteil, welches der Klage stattgibt, wird der Bestand des Arbeitsverhältnisses wiederhergestellt (OGH 8 Ob A 123/04 b, 24.6.2004, 8 Ob A 59/04 s).

Beispiel:

Ein AN wird am 27.4.2000 per 30.6.2000 gekündigt. Am 29.4.2000 ficht er die Kündigung mittels Klage an. Die Kündigung ist dennoch vorläufig rechtswirksam. Daher werden am 30.6.2000 alle beendigungsabhängigen Ansprüche ausbezahlt. Am 31. 5. 2001 wird der beklagten Firma ein Urteil zugestellt, welches der Klage stattgibt. Nach § 61 Abs. 1 Z 1 ASGG wird damit (bereits vor Eintritt der Rechtskraft) das rückständige Entgelt (vom 1.7.2000 bis 31.5.2001) fällig. Die beendigungsabhängigen Ansprüche können gegenverrechnet werden. Rechtsgrundlage für die Zahlung des rückständigen Entgelts ist der § 1155 ABGB (siehe 31.8). Daher muss sich der AN einen allfälligen durch anderweitige Verwendung erzielten Verdienst anrechnen lassen. Das rückständige Entgelt ist im Übrigen nach dem Ausfallsprinzip zu berechnen. Eine allenfalls von der beklagten Firma eingebrachte Berufung ändert nichts daran, dass das rückständige Entgelt sowie das laufend (ab Juni 2001) fällig werdende Entgelt auszubezahlen ist.

Grundsätzlich besteht in jeder Lage des Verfahrens die Möglichkeit, den AN zum sofortigen Wiederantritt der Arbeit aufzufordern. Damit erklärt aber der AG, dass er die Rechtsunwirksamkeit der Kündigung hinnimmt und von einem durchgehenden Arbeitsverhältnis auszugehen ist.

Weiters besteht auch die Möglichkeit, dass der AG eine weitere Kündigung ausspricht, um die Beendigung des Arbeitsverhältnisses sicherzustellen. Mit der Anfechtung der weiteren Kündigung ist zu rechnen. Daher ist eine neuerliche Kündigung nur dann zielführend, wenn neue betriebsbedingte oder persönliche

Umstände vorliegen, die die Rechtsposition des AG im Verfahren bezüglich der Anfechtung der zweiten Kündigung (**Eventualkündigung**; siehe 41.5) so weit stärken, dass ein Obsiegen wahrscheinlich ist.

Falls nun der AG gegen das für ihn negative Urteil eine Berufung einbringt und der Berufung Folge gegeben wird, so ist die angefochtene Kündigung als rechtswirksam anzusehen, sofern das Berufungsurteil rechtskräftig wird. Wird vom AN eine Revision an den OGH gerichtet, so entscheidet letztlich dieser, ob die Kündigung rechtswirksam oder rechtsunwirksam ist.

Im Beispiel hat der AG eine Berufung eingebracht und obsiegt. Der AN hat auf eine Revision an den OGH verzichtet. Da damit die Kündigung rechtswirksam ist, muss der AN das bereits ausbezahlte rückständige Entgelt an den AG wieder zurückzahlen. Die Auffassung, dass der AG nach dem erstinstanzlichen für ihn negativen Urteil den AN vorläufig weiterbeschäftigen muss und daher auch das Entgelt nicht zurückverlangen kann, wurde vom OGH verworfen (9 Ob A 283/ 99 d).

Die im Gerichtsverfahren über eine Kündigungsanfechtung obsiegende Partei hat nur im Verfahren vor dem OGH einen **Kostenersatzanspruch** (insbesondere Gerichtsgebühren und Anwaltskosten) gegen die unterliegende Partei (§ 58 Abs. 1 ASGG). In der 1. und 2. Instanz hat daher jede Partei ihre Kosten selbst zu tragen.

Die Bemessungsgrundlage für den Kostenersatzanspruch im Verfahren vor dem OGH richtet sich nach § 14 lit. a RATG (OGH 21.12.2000, 8 Ob A 151/00 i, 7.6.2001, 9 Ob A 141/01 b).

41.9 Kündigung und Insolvenz

Das Insolvenzverfahren kann entweder ein Sanierungsverfahren oder ein Konkursverfahren sein. Ein Sanierungsverfahren setzt voraus, dass bei der Eröffnung des Verfahrens ein Sanierungsplan vorliegt, der dem ehemaligen Zwangsausgleich entspricht. Wird den Gläubigern eine innerhalb von zwei Jahren zu zahlende Quote von wenigstens 30 % angeboten, kann der Schuldner die Eigenverwaltung unter Aufsicht eines Sanierungsverwalters behalten. Dies setzt unter anderem weiters voraus, dass der Schuldner einen Finanzplan vorlegt, der die Finanzierung des fortzuführenden Unternehmens für die nächsten 90 Tage festlegt. Ist im Sanierungsplan eine Quote von 20 % geregelt, so wird ein Sanierungsverfahren ohne Eigenverwaltung geführt. Es gibt also nach der IO ein Sanierungsverfahren mit Eigenverwaltung, ein Sanierungsverfahren ohne Eigenverwaltung und ein Konkursverfahren.

Während des Insolvenzverfahrens übt der Insolvenzverwalter die Rechte und Pflichten des AG aus (§ 25 Abs. 1 IO). Im Sanierungsverfahren mit Eigenverwaltung behält der Schuldner seine Stellung als AG. Die Kündigung von AN ist aber nur mit Genehmigung des Sanierungsverwalters möglich (§ 25 Abs. 1 Z 1c IO).

Der § 25 IO räumt dem AN im Fall der Eröffnung des Sanierungsverfahrens das Recht auf einen vorzeitigen Austritt ein. Ein solcher vorzeitiger Austritt kann in folgenden Fällen ausgesprochen werden:

1. im Fall eines Schuldenregulierungsverfahrens (Privatkonkurs des AG, wenn dieser ein Einzelunternehmer ist) oder
2. falls die Schließung des Unternehmens oder eines Unternehmensbereichs gerichtlich angeordnet, bewilligt oder festgestellt wurde oder
3. falls in der Berichtstagsatzung nicht die Fortführung des Unternehmens beschlossen wurde oder
4. im 4. Monat nach Eröffnung des Insolvenzverfahrens, wenn bis dahin keine Berichtstagsatzung stattgefunden hat und die Fortführung des Unternehmens nicht in der Insolvenzdatei bekannt gemacht wurde.

In den Fällen 1 bis 3 hat der AN beim vorzeitigen Austritt eine Frist von einem Monat nach Eröffnung des Schuldenregulierungsverfahrens, ab Anordnung, Bewilligung oder Feststellung der Schließung des Unternehmens oder ab der Berichtstagsatzung, zu beachten.

Falls sich die Schließung nur auf einen Unternehmensbereich bezieht, so steht das Austrittsrecht nur den in diesem Bereich beschäftigten AN zu. Nach Eröffnung des Insolvenzverfahrens ist ein Austritt unwirksam, wenn er nur darauf gestützt wird, dass dem AN das vor Eröffnung des Insolvenzverfahrens zustehende Entgelt ungebührlich geschmälert oder vorenthalten wurde (§ 25 Abs. 3 IO). Daher kann der AN vorzeitig austreten, wenn der Insolvenzverwalter das nach der Insolvenzeröffnung zustehende Entgelt ungebührlich schmälert bzw. vorenthält.

Der Insolvenzverwalter wiederum hat in den zuvor dargestellten Fällen das Recht, innerhalb der für den vorzeitigen Austritt geltenden Fristen (ein Monat in den Fällen 1 bis 3) eine Kündigung unter Einhaltung der gesetzlichen bzw. kollektivvertraglichen Kündigungsfrist zu erklären. Er muss jedoch nicht den jeweiligen Kündigungstermin (oder allfällige längere vertragliche Kündigungsfristen) einhalten. Daher kann etwa ein Angestellter zu jedem Termin und nicht nur zum Quartal oder zum 15. oder Monatsletzten gekündigt werden. Die gesetzlichen Kündigungsbeschränkungen (besonderer Kündigungsschutz nach MSchG, VKG, ArbVG, BEinstG etc.) sind jedoch auch vom Insolvenzverwalter zu beachten. Ist ein BR vorhanden, so ist das Verständigungsverfahren nach § 105 ArbVG einzuhalten.

In den Fällen des besonderen Kündigungsschutzes ist die Frist von einem Monat gewahrt, wenn die Klage bzw. der Antrag auf Zustimmung zur Kündigung durch den Insolvenzverwalter innerhalb dieser Frist eingebracht wurde. Dies gilt auch für die Anzeige nach § 45a AMFG (Frühwarnsystem). Diese Fristverlängerung gilt nicht in Sanierungsverfahren mit Eigenverwaltung.

Der Insolvenzverwalter hat die AN des Schuldners unverzüglich von der Eröffnung des Insolvenzverfahrens zu verständigen, wenn sie nicht bereits vom Insolvenzgericht verständigt worden sind oder die Eröffnung des Insolvenzverfahrens nicht allgemein bekannt ist (§ 78a IO).

Einschlägige Judikatur

Anmerkung: Die bisherige KO wurde mit 1.7.2010 in IO umbenannt. Entscheidungen aus der Zeit vor dem In-Kraft-Treten der IO verweisen daher auf die KO.

- *§ 25 Abs. 1 KO bindet den Masseverwalter bei der Ausübung des normierten „außerordentlichen" Kündigungsrechtes wohl an die gesetzliche – oder im KV vereinbarte kürzere Kündigungsfrist – sowie an die gesetzlichen Kündigungsbeschränkungen (nach dem ArbVG, dem MSchG, dem BEinstG, usw.), lässt aber die in verschiedenen gesetzlichen Bestimmungen (z.B. § 20 Abs. 2 Satz 1 AngG) vorgesehenen Kündigungstermine unerwähnt (OGH 4 Ob 88, 89/78).*
- *§ 25 KO bedeutet einen über die Austrittsgründe des AngG hinausgehenden weiteren Austrittsgrund des Angestellten (OGH 4 Ob 107/81).*
- *Die Eröffnung des Konkurses über das Vermögen des Lehrberechtigten beendet das Lehrverhältnis nicht ex lege. Sie ist aber für den Lehrling ein wichtiger Grund zum vorzeitigen Austritt nach § 25 KO und berechtigt ihn überdies, nach § 15 Abs. 4 lit. d BAG zur vorzeitigen Auflösung des Lehrverhältnisses, wenn der Lehrberechtigte durch die Konkurseröffnung tatsächlich unfähig wird, seine Verpflichtung aus dem Lehrvertrag zu erfüllen (OGH 4 Ob 31/83).*

42. Entlassung

42.1 Allgemeines zur Entlassung

Die Entlassung ist die sofortige bzw. fristlose Lösung des Arbeitsverhältnisses durch den AG bei Vorliegen eines wichtigen Grundes. Die Entlassung ist eine **empfangsbedürftige Willenserklärung**. Sie muss daher gegenüber dem AN unverzüglich nach dem entlassungsrelevanten Vorfall mündlich ausgesprochen oder in Schriftform zugestellt werden. Der Entlassungsgrund muss die Fortsetzung des Arbeitsverhältnisses für den AG unzumutbar machen (z.B. Arb 10.614; OGH 9 Ob A 219/92, 9 Ob A 13/96, 9 Ob A 319/00 b, 9 Ob A 155/00 k).

Die Entlassungserklärung als einseitige empfangsbedürftige Willenserklärung wird erst im Zeitpunkt des **Zuganges an den Erklärungsempfänger** wirksam. Zu diesem Zeitpunkt müssen der Entlassungsgrund und das Tatbestandsmerkmal der Unzumutbarkeit der Weiterbeschäftigung vorliegen (OGH 9 Ob A 116/01 a).

Der letzte Vorfall, der die Entlassung bewirkt hat, ist von entscheidender Bedeutung. Es ist jedoch auch das **Gesamtverhalten des AN** zu berücksichtigen (z.B. Arb 7.687; OGH 8 Ob A 294/94, 8 Ob A 159/98 k, 8 Ob A 207/02 b = ARD 5381/4/2003).

Die Entlassung kann auch bedingt sein (OGH 30.9.1992, 9 Ob A 218/92, 19.12.2013, 9 Ob A 158/13 w), wenn der Eintritt der Bedingung vom Willen des AN abhängt und kurzfristig möglich ist. Auch eine befristete vorzeitige Auflösung ist nicht jedenfalls ausgeschlossen (Arb 6.391, 7.255; OGH 4.6.1985, 4 Ob 12/84, OLG Wien 10 Ra 136/06 b = ARD 5781/12/2007).

Die irrtümliche Bezeichnung der Entlassung als Kündigung schadet dann nicht, wenn klar erkennbar ist, dass der AG eine vorzeitige Auflösung aus wichtigem Grund ausgesprochen hat (OGH 4.6.1985, 4 Ob 12/84). Wird mangels klarer Erkennbarkeit die Kündigung in eine Entlassung richtig gestellt, so muss dies rasch erfolgen (Arb 5498).

Auch die Aufforderung zum sofortigen Einstellen der Arbeit kann als Entlassung gewertet werden. Dies etwa, wenn diese Erklärung mit der Aufforderung, alle privaten Sachen mitzunehmen, verbunden wird. Fehlen jedoch gesetzliche Entlassungsgründe, so ist von einer ungerechtfertigten Entlassung auszugehen und hat der AG deren Folgen zu tragen. Die Äußerung „Schleicht's euch es Hund, dass ich euch nimmer seh', und ins Lohnsackl sch... ich euch eine!" wurde beispielsweise als Entlassungserklärung eingestuft (ASG Wien 2 Cr 511/82 = ARD 3594/22/84). Weiters ist die Rechtsprechung auch bei der Bezeichnung des AN als „Gauner" und der anschließenden Aufforderung zu „gehen" von einer Entlassung ausgegangen (OGH 9 Ob A 1/95 = ARD 4654/3/95).

Ebenso ist die Aufforderung eines Gastwirts an die von ihm beschäftigten Kellnerinnen, dass „sie sich schleichen" sollen, nachdem sie um Schutz vor Bedrohungen durch die Gäste ersucht haben, als Entlassungserklärung angesehen worden (ASG Wien 27 Cga 119/94 f, 27 Cga 120/94 b = ARD 4713/8/96).

Auch die Mitteilung an den AN per SMS, dass er „nicht mehr kommen" möge, ist als Entlassung zu werten (OLG Wien 7 Ra 16/04f = ARD 5528/3/2004).

Geht der AG davon aus, dass der AN **ungerechtfertigt ausgetreten** ist (etwa bei nachrichtenlosem Fernbleiben, siehe 32.) und teilt er dies dem AN mit (etwa auch durch die Übermittlung einer Abmeldung von der zuständigen GKK), so geht die Rechtsprechung auch in diesem Fall von einer Entlassung aus, die bei Vorliegen entsprechender Gründe gerechtfertigt sein kann (z.B. OLG Wien 10 Ra 284/98 f = ARD 5007/7/99).

Für das Vorliegen einer Entlassungserklärung ist maßgeblich ob klar und eindeutig für den AN zum Ausdruck kommt, dass der AG das bestehende Arbeitsverhältnis einseitig und mit sofortiger Wirkung auflösen will (OGH 9 Ob A 275/00 g, 8 Ob A 179/02 k). Oft werden Entlassungen (sowie Austrittserklärungen) im Gefolge von Spannungs- und Erregungszuständen abgegeben. Aber auch in diesen Fällen wird regelmäßig die Wirksamkeit angenommen (OGH 8 Ob A 179/02 k).

Empfohlen wird, die Entlassung eindeutig als solche zu deklarieren, sowie fristlos und unbedingt auszusprechen. Die Entlassung muss nicht anlässlich ihrer Erklärung begründet werden (siehe 42.1.2).

42. Entlassung

> ***Muster für eine Entlassung ohne Begründung***
>
> *Sehr geehrte(r) Frau/Herr ....!*
> *Das Arbeitsverhältnis wird hiermit durch Entlassung beendet.*
> *Mit freundlichen Grüßen*

Da stets eine mündliche oder schriftliche Entlassungserklärung des AG (empfangsbedürftige Willenserklärung) erforderlich ist, kann die bloße **Abmeldung des AN bei der GKK** das Arbeitsverhältnis nicht beenden, da die Abmeldung bloß eine Wissenserklärung ist, dass nach Auffassung des AG das Arbeitsverhältnis durch einen anderen Vorgang beendet worden sei (z.B. OGH 23.5.2001, 9 Ob A 84/01 w, OGH 25.1.2006, 9 Ob A 192/05 h). Einen abwesenden AN, der entlassen werden soll, muss daher ein (eingeschriebener) Brief mit einer Entlassungserklärung an die zuletzt von ihm bekannt gegebene Adresse zugesendet werden.

Zum Zugang empfangsbedürftiger Willenserklärungen siehe 37.

Eine Entlassung kann wegen ihrer Empfangsbedürftigkeit nicht rückwirkend ausgesprochen werden (OGH 14.5.1997, 9 Ob A 40/97 s). Falls zwischen dem letzten Arbeitstag des AN und dem Zugang der Entlassungserklärung Arbeitstage liegen an denen der AN ohne Rechtfertigungsgrund ferngeblieben ist, so ist für diese Tage keine Bezahlung zu gewähren. Die nachträgliche Annahme eines Urlaubskonsums könnte im Streitfall als Rechtfertigungsgrund für die Abwesenheit angesehen werden und sollte daher unterbleiben.

Der **Gleichbehandlungsgrundsatz** gilt für Entlassungen und Kündigungen nicht (OGH 9 Ob A 263/90, 9 Ob A 236/98 s, 8 Ob A 171/01 g).

Einschlägige Judikatur

- *Die in einem an den AN gerichteten Schreiben gegebene Begründung der Auflösung des Arbeitsverhältnisses lässt im Zusammenhalt mit der Erklärung, dass das Arbeitsverhältnis mit Eintreffen dieses Schreibens in der Wohnung des AN ende, und dass die Verwaltungsstelle des AG die Anweisung erhalten hatte, es sollte die Lohnabrechnung vorgenommen werden, keinen Zweifel aufkommen, dass die vorzeitige Auflösung des Arbeitsverhältnisses wegen Vorliegens von Entlassungsgründen vorgenommen wurde, auch wenn dieses Schreiben versehentlich als Kündigung bezeichnet wurde (Arb 9.907).*
- *Durch Abmeldung von der SV kann ein Arbeitsverhältnis nicht beendet werden. Der SV-Träger ist weder rechtsgeschäftlicher Stellvertreter des Erklärungsempfängers noch Bote rechtsgeschäftlicher Erklärungen im Arbeitsverhältnis. Die Abmeldung durch den AG hat daher nur die Bedeutung einer Wissenserklärung, das Arbeitsverhältnis sei seiner Ansicht nach durch einen anderen Vorgang beendet worden (OLG Wien 32 Ra 107/89 = ARD 4189/19/90; so auch OGH 9 Ob A 40/97 s = ARD 4889/7/97; 9 Ob A 84/01 w = ARD 5252/10/2001).*
- *Wesentliches Tatbestandsmerkmal sämtlicher Entlassungstatbestände ist die Unzumutbarkeit der Weiterbeschäftigung des AN (Arb 10.614; SZ 59/26; OGH 9 Ob A 13/96,*

*etc.). Dieses Tatbestandsmerkmal verlangt, dass dem AG infolge des im Übrigen tatbestandsmäßigen Verhaltens des AN die Fortsetzung des Arbeitsverhältnisses auch nur bis zum nächsten Kündigungstermin nicht zugemutet werden kann, sondern dass eine sofortige Abhilfe erforderlich ist. Die **Unzumutbarkeit der Weiterbeschäftigung** muss vom AG auch als solche betrachtet werden (OGH 9 Ob A 8/97 k). Dieses Tatbestandsmerkmal muss im Zeitpunkt der Entlassung vorgelegen sein, gleichgültig, ob die für sein Vorliegen und seine Beurteilung maßgebenden Umstände den Parteien damals bekannt waren oder nicht (OGH 9 Ob A 155/00 k).*

- *Der sodann die Entlassung unmittelbar auslösende Vorfall, bei welchem der AN mit einer betriebsfremden Frau zur Nachtzeit im Geschäftslokal des AG Geschlechtsverkehr hatte, stellt sich als eine Fortsetzung der die Interessen des AG nicht berücksichtigenden Grundhaltung des AN dar. Es muss hier nicht untersucht werden, ob der Vorfall für sich allein bei einem sonst tadellosen AN die Entlassung rechtfertigen könnte, da der AN eben als solcher nicht bezeichnet werden kann und sein Gesamtverhalten zweifelsohne geeignet war, das in ihn gesetzte Vertrauen des AG zu zerstören und eine Weiterbeschäftigung auch nur für den Zeitraum der Kündigungsfrist unzumutbar zu machen (OGH 8 Ob A 294/94).*

- *Es entspricht ständiger Rechtsprechung, dass gerade beim Entlassungsgrund der Vertrauensunwürdigkeit nicht nur der letzte zur Auflösung führende Vorfall, sondern das Gesamtverhalten des AN innerhalb eines längeren Zeitraums zu berücksichtigen ist (Arb 7.687). Bei der Beurteilung, ob für den AG vom Standpunkt vernünftigen kaufmännischen Ermessens die Befürchtung besteht, dass seine Belange durch den Angestellten gefährdet seien, ist nach ebenso gesicherter Rechtsprechung nicht das subjektive Empfinden des AG ausschlaggebend, sondern es muss ein objektiver Maßstab angelegt werden (Arb 8.416, 10.636, 11.282; OGH 8 Ob A 159/98 k).*

- *Die Revisionswerberin lässt nämlich unbeachtet, dass das Arbeitsverhältnis des Klägers nicht durch Entlassung, sondern durch AG-Kündigung beendet wurde. Kommt der (angebliche) Entlassungsgrund aber – wie im vorliegenden Fall – erst nach dem Ende der Kündigungsfrist hervor, dann kann dieser Umstand nicht als anspruchshindernd für die Abfertigung geltend gemacht werden. Nicht schon das Vorliegen eines Entlassungsgrundes führt zum Verlust des Abfertigungsanspruches, sondern nur die tatsächliche Beendigung des Arbeitsverhältnisses durch eine vom AN verschuldete Entlassung. Eine nochmalige Auflösung des nach Ablauf der Kündigungsfrist nicht mehr existenten Arbeitsverhältnisses durch eine rückwirkende Entlassungserklärung ist schon begrifflich ausgeschlossen (Arb 10.330). Da das Gesetz eindeutig nicht auf das Vorliegen eines Entlassungsgrundes, sondern auf die Art der Beendigung abstellt, kommt einem Umstand, der den AG bei Abgabe der entscheidenden Beendigungserklärung nicht zu dieser motiviert hat, keine rechtserhebliche Bedeutung zu (OGH 9 Ob A 222/00 p).*

42.1.1 Unverzüglichkeit, Dauertatbestand und Nachschieben von Entlassungsgründen

Sobald der Grund der Entlassung dem AG bekannt wird, hat dieser die Entlassung auszusprechen. Der Grundsatz, dass die Entlassung unverzüglich auszusprechen ist, beruht auf dem Gedanken, dass ein AG, der eine Verfehlung des AN nicht sofort mit einer Entlassung beantwortet, dessen Weiterbeschäftigung nicht als unzumutbar ansieht und auf die Ausübung des Entlassungsrechts verzichtet. Es kann aber nicht aus jeder Verzögerung auf den Verzicht des AG auf die Ausübung des Entlassungsrechts geschlossen werden. Vielmehr sind die Umstände des Einzelfalls zu prüfen (OGH 9 Ob A 333/00 m, 9 Ob A 30/03 g). Daher darf der Grundsatz der Unverzüglichkeit nicht überspannt werden und ist dem AG eine kurze Überlegungsfrist oder die zur Einholung einer Rechtsauskunft oder zur Durchführung notwendiger Erhebungen erforderliche Zeit jedenfalls einzuräumen (Arb 11.343; OGH 9 Ob A 160/98 i, 9 Ob A 351/98 b, 8 Ob A 8/99 f, 9 Ob A 80/08 t). Nur bei einem schuldhaften Zögern des AG wird das Entlassungsrecht verwirkt (OGH 9 Ob A 140/08 s). Der Entlassungsgrund ist dem AG erst dann bekannt geworden, sobald ihm alle für die Beurteilung des Vorliegens des Entlassungsgrundes wesentliche Einzelheiten der Handlung und der Person zur Kenntnis gelangt sind (OGH 8 Ob A 59/06 v = ARD 5742/5/2007). Ist erst mit dem Ergebnis der sofortig durchgeführten Erhebungen klar, ob der Sachverhalt die in Aussicht genommene Entlassung rechtfertigen werde, kann von einem ungerechtfertigten Zögern des AG mit der Entlassung nicht gesprochen werden (OGH 9 Ob A 247/99 k = ARD 5122/3/2000). Entdeckt der AG den entlassungsrelevanten Sachverhalt und spricht am folgenden Arbeitstag mehrmals mit dem (Arbeitsleistungen erbringenden) AN, um ihn schließlich am Abend zu entlassen, so ist die Entlassung verspätet (OGH 9 Ob A 65/03 d = ARD 5461/16/2003). Reagiert der AG nach der Information über sexuelle Belästigungen mit der Mitteilung, dass der AN von der betroffenen Kollegin entfernt werde und diese dienstrechtliche Konsequenzen verlangt habe, so ist die Entlassung noch rechtzeitig, wenn sie nach sechs Kalendertagen (inkl. Wochenende) erfolgt und der AG eine große Organisation ist (OGH 9 Ob A 161/08 d – ratsam wäre eine sofortige Dienstfreistellung gewesen – siehe dazu im Folgenden).

Allerdings ist der Kenntniserlangung durch den AG die Kenntnisnahme durch seinen Stellvertreter oder durch einen ganz oder teilweise mit Personalangelegenheiten befassten leitenden Angestellten gleichzuhalten, wenn dieser nicht unverzüglich vom Entlassungsgrund berichtet hat.

Der AG trägt also das Risiko, dass er von solchen Personen verspätet informiert wird und das die Verspätung einer Entlassung zur Folge hat, auch wenn sie unmittelbar nach der verspäteten Information ausgesprochen wurde (OGH 29.4.2014, 9 Ob A 43/14 k).

Bei der Beurteilung der Rechtzeitigkeit einer Entlassung durch eine juristische Person ist zu berücksichtigen, dass die Willensbildung umständlicher ist als bei einer natürlichen Person (OGH 8 Ob A 19/07 p = ARD 5858/8/2008).

Liegen sexuelle Übergriffe des AN im Zeitpunkt, in dem sie dem AG bekannt wurden (der daraufhin sofort eine Entlassung ausspricht), bereits mehr als sechs Monate zurück, nimmt ihnen dies nicht die Unzumutbarkeit der weiteren Beschäftigung (OGH 9 Ob A 64/04 h).

Mit der Entlassung eines im **Krankenstand** befindlichen AN kann daher zugewartet werden, wenn der durch einen Dritten dem AG bekannt gewordene Entlassungsgrund erst nach Rücksprache mit einem vom Entlassungsgrund direkt betroffenen Mitarbeiter nach dessen Rückkehr aus dem Krankenstand verifiziert werden kann (OLG Wien 32 Ra 156/93 = ARD 4568/25/94; OGH 9 Ob A 173/99 b = ARD 5052/4/99).

Ebenso hat die ohne Kontaktmöglichkeit zum AN (der im Verdacht steht, einen Entlassungsgrund verwirklicht zu haben) verstrichene Urlaubszeit bei der Betrachtung der Unverzüglichkeit außer Betracht zu bleiben, wenn der AG erst während des Urlaubs über die Verfehlungen informiert wurde bzw dem AN die Gelegenheit zu einer Stellungnahme gegeben werden sollte (OGH 9 Ob A 2279/96 d = ARD 4854/15/97; OLG Wien 10 Ra 147/99 g, OGH 8 Ob A 28/02 d = ARD 5382/5/2003).

Falls der AG nach dem Bekanntwerden des Entlassungsgrundes nicht sofort eine Entlassung ausspricht, sollte er zumindest unverzüglich Aktivitäten, die auf eine möglichst baldige Klärung des entlassungsrelevanten Sachverhaltes gerichtet sind, einleiten (z.B. Rücksprache mit einem Rechtsvertreter, Befragung des AN sowie anderer informierter Personen etc.).

Eine Informationsverzögerung ist dem AG jedenfalls nicht zuzurechnen, wenn ein Vorgesetzter bewusst dem AG einen entlassungsrelevanten Vorfall verheimlicht. Vielmehr bleibt die Unverzüglichkeit gewahrt, wenn der den Entlassungsgrund setzende AN weiß, dass der Vorgesetzte seine Mitteilungspflicht nicht nachkommt, sodass auch das Vertrauen des zu entlassenden AN nicht schützenswert ist (OGH 5.6. 2008, 9 Ob A 71/08 v; OLG Linz 23.11.2011, 12 Ra 86/11 w).

Bei Vorliegen eines Zwischenberichts eines Detektivs zum Fehlverhalten des AN muss nicht sofort die Entlassung ausgesprochen werden. Es kann der Endbericht abgewartet werden, auch wenn sich aus diesem keine entscheidenden Neuigkeiten ergeben (OGH 9 Ob A 351/98 b = ARD 5028/6/99).

Falls gegen den AN ein Strafverfahren geführt wird, so kann der AG bis zur Klärung der maßgebenden Tatumstände in diesem Verfahren zuwarten (OGH 16.12.2005, 9 Ob A 110/05 z, 16.6.2008, 8 Ob A 40/08 b, 27.11.2014, 9 Ob A 116/14 w). Werden in einem arbeitsgerichtlichen Verfahren dem AN gegenüber von dritter Seite Vorwürfe erhoben, so kann ebenfalls so lange zugewartet werden, bis die Vorwürfe durch das weitere Verfahren erhärtet sind (OGH 22.11.2000, 9 Ob A 229/00 t).

In diesem Zusammenhang wird im Fall längerer Erkundigungen, ob ein bestimmtes Verhalten des AN als Entlassungsgrund anzusehen ist, eine **Dienstfreistellung** empfohlen. Eine solche Maßnahme bis zur Klärung der tatsächlichen oder rechtlichen Lage hat nämlich zur Folge, dass aus dem Zeitablauf alleine nicht mehr auf einen Verzicht auf die Ausübung des Entlassungsrechts geschlossen werden kann. Da durch die vorgenommene Dienstfreistellung das Arbeitsverhältnis weiter aufrecht bleibt, trifft allerdings den AG nach **§ 1155 ABGB die Pflicht zur Entgeltzahlung** (siehe 31.8). Es empfiehlt sich daher, insbesondere bei voraussichtlich länger andauernden Dienstfreistellungen den jederzeitigen Widerruf vorzubehalten.

> **Muster für eine Dienstfreistellung**
>
> *Wir teilen Ihnen hiermit mit, dass Sie ab .... bei vollen Bezügen vom Dienst freigestellt sind. Diese Dienstfreistellung kann von uns jederzeit widerrufen werden.*

Durch die Dienstfreistellung des AN wird zum Ausdruck gebracht, dass die Lösung des Arbeitsverhältnisses in Frage kommt. Während der Dauer der Dienstfreistellung kann daher der AN nicht von einem stillschweigenden Verzicht des AG auf das Entlassungsrecht ausgehen. Nur wenn der Entlassungsgrund eindeutig zu Tage tritt, kann mit der Entlassung nicht zugewartet werden.

Ist die Dienstfreistellung nicht sofort möglich, so sollte sich der AG die Entlassung ausdrücklich vorbehalten. Diese Vorgangsweise hätte (nach Auffassung des OGH) bei einer Entlassung, die erst einen Tag nach der Information des AG über eine Beleidigung ausgesprochen wurde, die Rechtzeitigkeit gewahrt (OGH 8 Ob A 96/03 f = ARD 5518/7/2004).

Wenn der AG in Kenntnis des Entlassungstatbestandes keine Entlassung ausspricht, sondern eine Kündigungserklärung übermittelt oder sich mit einer Verwarnung begnügt, so wird darin regelmäßig ein Verzicht auf die Geltendmachung dieses Tatbestandes als Entlassungsgrund gegeben sein (OLG Wien 9 Ra 207/99 y = ARD 5109/14/2000. OLG Wien 9 Ra 135/03v = ARD 5518/8/2004).

Im Anbot auf eine einvernehmliche Auflösung des Arbeitsverhältnisses liegt kein Verzicht des AG auf eine Ausübung des Entlassungsrechts (OGH 8 Ob A 255/01 k = ARD 5323/39/2002, OGH 9 Ob A 9/06 s = ARD 5697/6/2006). Dies kann allenfalls dann angenommen werden, wenn der AG zu verstehen gibt, dass er jedenfalls auf sein Entlassungsrecht verzichtet (also auch bei Ablehnung des Angebots auf einvernehmliche Auflösung des Arbeitsverhältnisses).

Bei der Unterlassung der Arbeitsleistung oder etwa eigenmächtigem Urlaub handelt es sich um **Dauertatbestände**. Die Entlassung ist während des gesamten Zeitraumes, währenddessen das pflichtwidrige Verhalten besteht, möglich (Arb 7.170; OGH 4 Ob 115/94 = ARD 4607/23/94, OGH 8 Ob A 82/02 w). Die Verfristung tritt erst dann ein, wenn die Entlassung nicht unverzüglich nach der Beendigung des Dauertatbestandes ausgesprochen wird. Wenn etwa der unentschuldigt ferngebliebene AN wieder zum Dienst erscheint, ist die Entlassung verfristet, falls die Wiederaufnahme des Dienstes geduldet wird. Daher müsste die Entlassung anlässlich seines Wiedererscheinens ausgesprochen werden. Fehlt etwa noch die Zustimmung des Geschäftsführers, so sollte der AN bis zur möglichst raschen Klärung, ob eine Entlassung erfolgen soll, vom Dienst freigestellt werden (Arb 5.896, 8.037, 9.492; OGH 9 Ob A 126/93 – zur Begründung siehe 42.1.2).

Der AG kann sich auch auf solche Entlassungsgründe berufen, die er erst nach dem Ausspruch der Entlassung erfahren hat. Der Entlassungsgrund muss spätestens im Zeitpunkt der Entlassungserklärung gegeben sein und das Entlassungsrecht darf in Bezug auf diesen Grund (etwa durch Verzeihung) nicht untergegangen sein (Nachschieben von Entlassungsgründen – OGH 17.7.1987, 9 Ob A 17/87, Arb 10.649, OGH 23.1.2015, 8 Ob A 2/15 z, 25.2.2016, 9 Ob A 160/15 t, *Rauch*, Arbeitsrecht 2017, 52).

Der Ausspruch einer auf dem Postweg erklärten Entlassung erfolgt mit der Übergabe der schriftlichen Entlassung zur Post. Umstände, die sich danach ereignet haben, können daher zur Begründung einer Entlassung nicht herangezogen werden (OLG Wien 7 Ra 160/07 m = ARD 5895/11/2008).

Die Prüfung der Rechtzeitigkeit einer Entlassung in einem arbeitsgerichtlichen Verfahren setzt stets den vom AN zu erhebenden Einwand des Fehlens der Rechtzeitigkeit voraus. Die bloße Anführung der Daten sowie der Umstände zum Entlassungsgrund und des Ausspruchs der Entlassung genügen hierfür nicht (OGH 9 Ob A 156/99 b, 9 Ob A 15/01 y, 9 Ob A 29/05 p, 9 Ob A 80/08 t).

Einschlägige Judikatur

- *Bei der Beurteilung der Frage, ob der Ausspruch einer Entlassung als rechtzeitig anzusehen ist, muss vom Zeitpunkt des Bekanntwerdens des Entlassungsgrundes ausgegangen werden. Bei AG mit komplizierter Organisationsform ist das Bekanntwerden eines Entlassungsgrundes erst mit der Kenntnisnahme seitens der nach der Organisationsform zum Ausspruch von Entlassungen zuständigen Stelle als gegeben anzusehen; der Informationsfluss zu dieser Stelle muss aber jedenfalls raschestmöglich erfolgen (OGH 4 Ob 73/57).*

- *Das Entlassungsrecht des AG kann unter bestimmten Umständen auch unabhängig vom Willen des AG und von dessen Kenntnis vom Entlassungsgrund untergehen. Eine solche so genannte „Verwirkung" tritt ein, wenn der AG, weil er vom Entlassungsgrund keine Kenntnis hat, eine gewisse Zeit hindurch deshalb eine Entlassung nicht aussprechen konnte, der Entlassungsgrund aber inzwischen so viel an Bedeutung verloren hat, dass die Weiterbeschäftigung des AN für den AG nicht mehr unzumutbar ist, und der AN nach Treu und Glauben mit dem Ausspruch der Entlassung auch nicht mehr zu rechnen braucht (OGH 14 Ob 155/86).*

- *Solange die Dienstleistung pflichtwidrig unterlassen wird, ist die Entlassung jederzeit möglich. Eine Verfristung des Entlassungsgrundes tritt nur dann ein, wenn die Entlassung nach Beendigung des pflichtwidrigen Verhaltens nicht unverzüglich ausgesprochen wird. Den AG trifft auch keine Verpflichtung, in der Zeit, in der der AN der Arbeit unentschuldigt fernblieb, Erkundigungen darüber einzuholen, warum er nicht zur Arbeit erschien; solche Nachfragen wären auf das Recht zum Ausspruch der Entlassung bis zur Beendigung des pflichtwidrigen Verhaltens des AN unverzüglich nach dessen Beendigung ohne Einfluss geblieben (Arb 7.960, 8.458; OGH 9 Ob A 115/94).*

- *Spricht der AG (hier: Obmann des SV-Trägers) unmittelbar nach dem Vorliegen des auf Entlassung lautenden Disziplinarerkenntnisses die Entlassung des AN aus, wobei der AG davon ausgegangen ist, dass die Entlassung in dieser Form auch wirksam sei, und hält er überdies die bereits verfügte Suspendierung des AN aufrecht und ist er in einem Verfahren, in dem er die Feststellung der Unwirksamkeit dieser Maßnahme begehrt hat, erfolgreich geblieben, schadet es nicht, wenn bis zum formell gültigen Ausspruch der Entlassung zwei Jahre vergehen. Die Dienstenthebung ist nicht ohne jeglichen Belang. Eine Suspendierung des AN bis zur Klärung der tatsächlichen oder rechtlichen Lage hat in der Regel zur Folge, dass aus dem Zeitablauf allein nicht mehr auf einen Verzicht auf die Ausübung des Entlassungsrechtes geschlossen werden darf (OGH 9 Ob A 28/95 = ARD 4694/34/95).*

- *Wird ein AN vom AG im Zusammenhang mit dem Vorhalt diverser Pflichtverstöße aufgefordert, selbst zu kündigen, und wird dem AN mit seinem Einverständnis eine dreitägige, über das Wochenende laufende Überlegungsfrist eingeräumt, ist darin weder ein Verzicht des AG auf das Entlassungsrecht zu sehen noch ist die nach Ablauf der Frist ausgesprochene Entlassung verspätet. So wurde insbesondere schon ausgesprochen (OGH 4 Ob 143/85 = ARD 3772/20/86), dass die Entlassung auch dann noch rechtzeitig ist, wenn sie unmittelbar nach Ablehnung einer durch den AG angebotenen gütlichen Regelung ausgesprochen wird (OGH 9 Ob A 23/99 = ARD 5050/4/99).*

- *Spricht der AG eine Entlassung erst 6 Tage nach dem erstmaligen Vorliegen jener Gründe, die von ihm zur Entlassung herangezogen wurden, aus, ohne vorher die Entlassung dem AN zumindest in Aussicht zu stellen, sodass eine Dienstfreistellung nicht zur Klärung der tatsächlichen oder rechtlichen Voraussetzungen für einen Entlassungsausspruch erfolgte und daher vom AN auch nicht als vorläufige Maßnahme zur Vorbereitung einer Entlassung erkennbar war, ist im Zuwarten ein Verzicht auf das Entlassungsrecht zu sehen. Nur wenn dem AN erkennbar ist, dass sein Verhalten die schwer wiegenden Folgen einer Entlassung nach sich ziehen kann und nur noch Abklärungen der Sach- und Rechtslage erforderlich sind, kann aus dem Zeitablauf allein nicht auf einen Verzicht auf die Ausübung des Entlassungsrechts geschlossen werden (OGH 9 Ob A 185/00 x = ARD 5193/31/2001).*

- *Da der bloße Verdacht eine Entlassung noch nicht rechtfertigt (OGH 9 Ob A 14/98 v), hatte das Zuwarten bis zur Verdichtung des Entlassungsgrundes seine sachliche Rechtfertigung, sodass die Rechtsansicht des Berufungsgerichtes, dass das Zuwarten vom 27.6.1998 bis 29.6.1998, wobei dazwischen ein Wochenende lag, keine Verspätung des Entlassungsausspruches bewirkte, keine Fehlbeurteilung des Einzelfalles bildet (OGH 9 Ob A 239/00 p).*

- *Es ist zulässig, dass in einem österreichweit tätigen Unternehmen mit rund 4.000 Mitarbeitern nur eine einzige Person zur Entscheidung über eine Entlassung berechtigt ist. Allerdings kann der AG aus einer derartigen Organisationsstruktur nicht das Recht ableiten, mit einer beabsichtigten Entlassung aufgrund eines eindeutigen Entlassungsverhaltens längere Zeit zuzuwarten, ohne den betroffenen AN, dessen Arbeitsleistung während der gesamten Zeit angenommen wird, auf die Möglichkeit hinzuweisen, dass sein Verhalten zu einer Entlassung führen könne (OGH 9 Ob A 151/05 d).*

42.1.2 Begründung, Beweislast und Rücknahme einer Entlassung

Spricht der AG eine Entlassung aus, so ist er zunächst nicht verpflichtet, den Ausspruch der Entlassung zu begründen. Letztlich muss die Entlassung erst im Zuge eines allenfalls vom AN durch Klage eingeleiteten gerichtlichen Verfahrens begründet werden (OGH 26.5.2004, 9 Ob A 2/04 s, 30.9.2005, 9 Ob A 138/05 t). Es ist ratsam, zunächst die **Entlassung ohne Begründung** auszusprechen und in der Folge die im Gerichtsverfahren darzustellende Begründung (falls vom AN eine Klage eingebracht wird) mit dem Rechtsvertreter (der mit dem Arbeitsrecht entsprechend vertraut sein sollte) zu besprechen. Es besteht insbesondere keine Verpflichtung gegenüber Angestellten, der Arbeiterkammer oder der Gewerkschaft bzw. sonstigen Rechtsvertretern des AN, Erklärungen zur Entlassung abzugeben. Es ist dem AG weiters dringend zu empfehlen, keine schriftlichen Stellungnahmen zu verfassen und abzusenden, da dies einerseits Mühe verursacht und andererseits oft die rechtliche Position des AG verschlechtert bzw. der Gegenseite die Vorbereitung eines arbeitsgerichtlichen Verfahrens erleichtert. Falls eine außergerichtliche Lösung erwünscht ist und möglich erscheint, könnte der AG mit dem Führen derartiger Gespräche seinen Rechtsvertreter betrauen.

Oftmals erweist es sich als Vorteil, wenn der AN erstmals spontan im Zuge des arbeitsgerichtlichen Verfahrens mit dem Entlassungsgrund konfrontiert wird. Wenn etwa ein Detektivbericht zu einem dem Heilungsverlauf abträglichen Verhalten im **Krankenstand** vorliegt (z.B. Fußballspielen während eines Krankenstands), so kann eine Detailinformation vor einem arbeitsgerichtlichen Verfahren zu verschiedenen Manipulationen führen, welche die Prozessposition des AN entsprechend stärken.

Wurde im Entlassungsschreiben ein Grund angegeben, so hindert dies den AG nicht, weitere Gründe im Prozess vorzubringen, die aber bereits im Entlassungszeitpunkt vorgelegen sein müssen. Auch während des Verfahrens zurückgezogene Gründe können bis zum Schluss der mündlichen Verhandlung 1. Instanz wieder geltend gemacht werden (OLG Wien 24.9.2009, 7 Ra 22/09 w = ARD 6032/11/2010).

Der vom AG angegebene Entlassungsgrund wird in der Praxis meist vom AN bestritten, daher muss der AG die Richtigkeit seiner Begründung beweisen (z.B. OGH 9 Ob A 213/93, 9 Ob A 59/97 k). Wenn dies nicht gelingt, wird das Gericht zu Ungunsten des AG entscheiden. Der AG muss daher vor jeder Entlassung einerseits prüfen, ob die vorliegenden Gründe eine Entlassung rechtfertigen und falls diese Voraussetzung vorliegt, ob diese Gründe bewiesen (Zeugen, Urkunden etc.) werden können. Der bloße Verdacht des AG, dass ein entlassungsrelevantes Verhalten vom AN gesetzt wurde, ist keinesfalls ausreichend (z.B. OGH 9 Ob A 14/98 v, 9 Ob A 239/00 p).

Für das Vorliegen einer Entlassungserklärung ist der AN behauptungs- und beweispflichtig (z.B. OGH 9 Ob A 59/97 k, 8 Ob A 59/03 i).

Hat der AG die Entlassung erklärt, so kann diese Erklärung nur im Fall des Irrtums oder des unverzüglichen Widerrufs rechtswirksam einseitig rückgängig gemacht werden. Ein unverzüglicher Widerruf liegt etwa vor, wenn die im Zuge eines Streitgesprächs ausgesprochene Entlassung sofort wieder zurückgenommen wird. Falls der AG die Entlassung etwa erst am folgenden Tag widerrufen will, kann dies rechtswirksam nur mit Zustimmung des AN erfolgen. Verweigert der AN seine Zustimmung, so ist das Arbeitsverhältnis durch die Entlassung beendet worden (ausgenommen AN unter besonderem Entlassungsschutz sowie bei Entlassungsanfechtungen nach § 106 ArbVG; siehe 42.7 und 42.6) und hat das Gericht im Fall einer Klage des AN zu prüfen, ob ein Entlassungsgrund vorliegt. Widerspricht etwa der AN der ihm zugegangenen Entlassung und gibt er zu erkennen, dass er eine Fortsetzung des Arbeitsverhältnisses wünscht, dann ist ein Widerruf der Entlassung durch den AG im beiderseitigen Einverständnis rechtswirksam erfolgt (Arb 6.099, 6.866; OGH 9 Ob A 30/92). Falls der AN nicht etwa Ansprüche wegen ungerechtfertigter Entlassung geltend macht, sondern sich lediglich gegen die Entlassung wendet, so kann der AG nach dieser Erklärung die Entlassung rechtswirksam zurücknehmen (OGH 9 Ob A 110/91 = infas 1/92, A 16 = ARD 4378/7/92).

Die einvernehmliche Änderung einer Entlassung in eine andere Beendigungsart ist grundsätzlich zulässig (OGH 27.8.2009, 8 Ob A 42/09 y – siehe 42.1.6).

Einschlägige Judikatur

- *Es kann der AG – da er die Entlassungsgründe beim Ausspruch der Entlassung dem AN grundsätzlich nicht bekannt geben muss – im gerichtlichen Verfahren alle Entlassungsgründe geltend machen, sofern sie nur im Zeitpunkt der Vornahme der Entlassung bereits vorgelegen sind und das Entlassungsrecht nicht insoweit bereits untergegangen ist. Der an sich daher zulässigen nachträglichen Geltendmachung von Entlassungsgründen wird allerdings durch die Prozessordnung insofern eine Schranke gesetzt, als im Berufungsverfahren Neuerungen nur nach Maßgabe des § 63 ASGG zulässig sind (OGH 8 Ob A 403/97 s).*
- *Eine Begründungspflicht bei Kündigungen oder vorzeitigen Auflösungen schon im Zeitpunkt der Auflösungserklärung ist der österreichischen Rechtsordnung nicht zu entnehmen und würde dem „Nachschieben" von Kündigungs- oder Auflösungserklärungen entgegenstehen (OGH 9 Ob A 2/04 s).*
- *Liegt ein wichtiger Grund (hier: sexuelle Belästigung einer Reinigungskraft) zur Auflösung des Arbeitsverhältnisses bereits über ein halbes Jahr zurück, nachdem er dem AG bekannt wurde (der unverzüglich eine Auflösungserklärung abgab), so ist die Weiterbeschäftigung dem AG dennoch unzumutbar (OGH 9 Ob A 64/04 h = ARD 5552/ 20/2004).*

42.1.3 Entlassung von Angestellten in gehobener Stellung und Außendienstmitarbeitern

Die Judikatur geht davon aus, dass bei der Prüfung der Frage, ob ein Entlassungsgrund vorliegt, grundsätzlich an das Verhalten eines Angestellten in gehobener Stellung ein strengerer Maßstab anzulegen ist als an das eines mit untergeordneten Tätigkeiten betrauten AN (OGH 9 Ob A 129/03 s, 24.9.2015, 9 Ob A 89/15 a, *Rauch*, Arbeitsrecht 2017, 53). Für diesen strengeren Maßstab ist es also nicht unbedingt erforderlich, dass der AN als leitender Angestellter, dem ein maßgeblicher Einfluss auf das Unternehmen zukommt, anzusehen ist.

Ist der AN im nicht exakt überwachbaren Außendienst eingesetzt, so ist eine besondere Vertrauenswürdigkeit vorauszusetzen. Daher ist ihre Verletzung als entsprechend schwer wiegender anzusehen (OGH 27.8.1997, 9 Ob A 213/97 g, 28.8.2003, 8 Ob A 69/03 k, 29.5.2012, 9 Ob A 35/12 f). Liefert etwa ein Außendienstmitarbeiter Tagesberichte ab, in denen Kundenkontakte verzeichnet werden, die teils gar nicht, teils nicht in der verlangten Form persönlicher Besuche stattgefunden haben, so ist der Entlassungsgrund der Vertrauensunwürdigkeit gegeben (OLG Wien 9 Ra 22/07 g = ARD 5842/6/2008).

Es ist daher davon auszugehen, dass bei bestimmten Voraussetzungen, wie etwa einem besonders hohen Verdienst, weit reichenden Entscheidungsbefugnissen, fehlenden Überwachungsmöglichkeiten, einem besonderen in den AN gesetzten Vertrauen und dergleichen, die Entlassungsgründe entsprechend weit reichender anzusehen sind.

Andererseits bedingt jedoch der Entlassungsgrund der **Vertrauensunwürdigkeit** beim Angestellten nach § 27 Z 1 AngG, keine besondere Vertrauensstellung des AN (OGH 9 Ob A 219/99 t).

42.1.4 Verwarnung und Ankündigung von Pflichtverletzungen

Falls der AN ein Fehlverhalten zu verantworten hat, welches für eine Entlassung nicht ausreicht, so ist es ratsam, eine Verwarnung auszusprechen (siehe auch 34.3 – mit Muster). Abgesehen davon sieht das Gesetz in bestimmten Fällen ausdrücklich vor, dass vor dem Ausspruch einer Entlassung zu verwarnen ist. So regelt etwa der § 82 lit. c GewO 1859, dass eine Entlassung wegen Trunksucht nur dann zulässig ist, falls der Arbeiter wiederholt fruchtlos verwarnt wurde (siehe auch *Rauch*, Die Verwarnung im Entlassungsrecht, ASoK 2003, 221 ff.).

Ebenso regelt der § 15 Abs. 3 lit. c BAG, dass die Entlassung eines Lehrlings wegen Pflichtvernachlässigung wiederholte Ermahnungen voraussetzt. Unter wiederholten Verwarnungen sind mindestens zwei zu verstehen (OLG Wien 8 Ra 169/96 y = ARD 4832/14/97).

Ist auf Grund eines bestimmten Vorfalls eine Verwarnung oder eine Kündigung erfolgt, so kann auf Grund dieses Vorfalls eine Entlassung nicht mehr ausgesprochen werden. Die Entlassung würde daher einen neuerlichen Vorfall erfordern (OGH 24.1.2001, 9 Ob A 323/00 s, 15.11.2006, 9 Ob A 122/06 s, 29.9.2016, 9 Ob A 110/16 s).

Werden Abweichungen von den arbeitsrechtlichen Verpflichtungen regelmäßig geduldet, so stellen sie keinen Entlassungsgrund dar, falls der AN nicht darüber unterrichtet wurde, dass die betreffende Verpflichtung in Zukunft genau einzuhalten ist (Arb 10.379; OGH 30.11.1995, 8 Ob A 267/95).

Vereinzelte Ermahnungen bei regelmäßigen Verstößen sind nicht dem Ernst der Lage angepasst (OGH 9 Ob A 268/99 y = infas 3/2000, A 41 – 10 Ermahnungen bei 180 Verspätungen) und ist daher das an sich vertragswidrige Verhalten als geduldet und demnach die Entlassung als unbegründet anzusehen.

War aber der Pflichtenverstoß offensichtlich und für den AN bei gehöriger Sorgfalt leicht erkennbar, so bedurfte es schon deshalb keiner der Entlassung vorangehenden Ermahnung (Arb 11.281, 11.386; OGH 8 Ob A 92/99 h, 8 Ob A 109/00 p, 9 Ob A 163/01 p, 8 Ob A 69/03 k). Die Verwarnung hat demnach auch eine aufklärende Funktion und spielt daher insbesondere bei Angestellten in gehobener Position sowie bei langjährigen und erfahrenen AN eine entsprechend geringere Rolle. Bei **Lehrlingen** hingegen kommt der Ermahnung eine besondere Bedeutung zu.

Manche Entlassungstatbestände erfordern beharrliche Pflichtenverstöße (§ 82 lit. f GewO 1859 und § 27 Z 4 AngG). Die Beharrlichkeit im Sinne dieser gesetzlichen Bestimmungen erfordert in der Regel eine Ermahnung vor dem Entlassungsausspruch. Die Ermahnung kann nur dann unterbleiben, wenn die Weigerung die arbeitsrechtlichen Verpflichtungen zu erfüllen derart eindeutig und endgültig erfolgt, dass die Ermahnung als bloße Formalität sinnlos erscheinen müsste (Arb 10.222; OGH 9 Ob A 313/00 w, 9 Ob A 116/02 b = ARD 5418/8/2003), ferner, wenn bereits eine einmalige Dienstverfehlung derart schwerwiegend und krass ist, dass der AN auch ohne Ermahnung deren Charakter als gewichtige Pflichtenvernachlässigung erkennen kann (OGH 9 Ob A 34/95 – Entlassung eines alkoholisierten Buslenkers; OGH 28.3.2012, 8 Ob A 1/12 y).

Der **Verwarnung** kommt insbesondere auch bei der Entlassung wegen Verspätungen ein erhebliches Gewicht zu. Die Verspätung um einige Minuten, die zur verspäteten Öffnung des Geschäfts führt, kann, wenn sie trotz Ermahnung immer wieder vorkommt, nicht bagatellisiert werden und rechtfertigt als beharrliche Pflichtenverletzung die Entlassung (OLG Wien 10 Ra 118/95 = ARD 4761/7/96). Daraus ergibt sich aber, dass die gerade bei Verspätungen geforderte Mindestintensität des Anlassfalles bei vorausgehenden Ermahnungen im engen zeitlichen Zusammenhang mit dem Entlassungsvorfall, entsprechend niedriger anzusetzen ist.

Für die Verwarnung bestehen keine Formvorschriften. Sie könnte daher sowohl mündlich als auch schriftlich erfolgen. Der Schriftlichkeit ist auf Grund der erleichterten Beweisbarkeit unbedingt der Vorzug zu geben. Eine mündliche Verwarnung sollte jedenfalls in Anwesenheit vor Zeugen erfolgen. Da Zeugenaussagen immer mit Unsicherheiten behaftet sind, ist jedoch die schriftliche Verwarnung zu empfehlen. Es genügt dabei, dass der schriftlichen Erklärung die Bedeutung einer Verwarnung entnommen werden kann (Arb 10.113; OGH 9 Ob A 32/95, 9 Ob A 267/00 f). Um die Verwarnung deutlich von einer rechtlich unverbindlichen Unmutsäußerung abzugrenzen, sollte jedoch die Entlassung für neuerliche Vorfälle angedroht werden (Muster für eine Verwarnung wegen Alkohol am

Arbeitsplatz siehe 34.3). Jedenfalls muss die Verwarnung dem Ernst der Lage angepasst sein (OGH 4.12.2002, 9 Ob A 242/02 g).

Liegen bereits mehrere geeignete Verwarnungen vor, so darf nicht übersehen werden, dass der unmittelbare Anlass der Entlassung insofern von entscheidender Bedeutung ist, als er eine entsprechende Mindestintensität aufweisen muss (OGH 24.10.2012, 8 Ob A 64/12 p, 24.5.2016, 8 Ob A 38/16 w).

Eine wiederholte ungerechtfertigte Weigerung, eine Anordnung des AG zu befolgen, ist bereits eine Dienstpflichtverletzung. Dabei muss nicht abgewartet werden, ob der AN in der Folge die Weisung des AG tatsächlich missachtet (OGH 25.9.1991, 9 Ob A 192/91). Die bloße Ankündigung einer Pflichtverletzung ist nicht beharrlich (OGH 6.12.1995, 9 Ob A 164/95 – siehe auch Einschlägige Judikatur im Folgenden).

Eine schlichte Verwarnung ist auf eine mögliche künftige Kündigung oder Entlassung und nicht auf disziplinarrechtliche Folgen (§ 102 ArbVG) gerichtet. Bezüglich einer solchen Verwarnung besteht kein Feststellungsinteresse nach § 228 ZPO und daher ist die Klage auf Feststellung der Rechtsunwirksamkeit der schlichten Verwarnung unzulässig (OGH 26.11.2016, 9 Ob A 131/16 d).

Einschlägige Judikatur

- *Wurde dem AN wiederholt eine leicht verständliche Anordnung des AG zur Kenntnis gebracht und hat er bereits bei einer anderen Gelegenheit wieder eindeutig und beharrlich zu erkennen gegeben, dass er nicht gewillt ist, sich gerechtfertigten Anordnungen des AG zu unterwerfen, kann an der Nachhaltigkeit seiner Willenshaltung und an der Endgültigkeit seines Entschlusses und an der besonders schwer wiegenden Widersetzlichkeit kein Zweifel bestehen. In diesem Fall kann von einer bloßen Ankündigung der Nichtbefolgung einer ihm erteilten Weisung, die mangels Beharrlichkeit nicht tatbestandsmäßig wäre, nicht gesprochen werden (OGH 9 Ob A 164/95 = ARD 4748/5/96).*
- *Der Kläger ließ keinen Zweifel daran, dass er auch im Betrieb weiter so beten müsse, wie es seine Religion vorschreibe (Waschungen, Gebetsteppich und dergleichen). Die beklagte Partei musste daher in diesem Fall mit der Entlassung nicht so lange zuwarten, bis der Kläger, der sich noch im Urlaub befand, sein Vorhaben tatsächlich fortsetzte (OGH 9 Ob A 18/96).*
- *Die bloße Ankündigung einer Dienstverweigerung erfüllt in der Regel für sich allein mangels Beharrlichkeit noch nicht ohne weiteres den Entlassungsgrund des § 27 Z 4 AngG. Anders ist es dann, wenn – wie hier – nach den Umständen des Falles kein Zweifel daran besteht, dass der AN die Anordnungen des AG nicht einhalten und den Freizeitausgleich eigenmächtig in Anspruch nehmen werde. Der AG muss in solchen Fällen mit der Entlassung nicht so lange warten, bis der AN seine Ankündigung wahr macht (OGH 9 Ob A 181/95 = infas 4/96, A 84).*
- *Gibt ein Hilfsarbeiter zu wiederholten Ermahnungen wegen Dienstpflichtverletzungen Anlass, stellt das Überziehen einer Pause um zehn Minuten zwecks Erledigung eines Anrufs bei der Lebensgefährtin einen Entlassungsgrund dar (OGH 8 Ob A 193/97 h = ARD 4945/5/98).*

- *Vor dem Ausspruch der Entlassung muss der AN vom AG oder von dessen Vertreter in der Regel ermahnt oder wiederholt zur Erfüllung seiner Pflichten aufgefordert worden sein. Eine Ermahnung ist allerdings im Falle eines – vom AN in Kenntnis dieses Umstandes gesetzten – außergewöhnlich gewichtigen Pflichtenverstoßes entbehrlich (RIS-Justiz RS 0060669). Eine Ermahnung ist auch dann nicht erforderlich, wenn der AN die Bedeutung und das Gewicht seines pflichtwidrigen Verhaltens ohnehin genau kennt bzw. der Verstoß gegen seine Verpflichtungen offensichtlich und für ihn erkennbar ist. Ob dem AG die Weiterbeschäftigung (un)zumutbar ist, ist nach den Umständen des jeweiligen Einzelfalls zu beurteilen (OGH 9 Ob A 163/01 p).*

42.1.5 Außerdienstliches Verhalten als Entlassungsgrund

Grundsätzlich kann auch ein außerdienstliches Verhalten einen Entlassungsgrund darstellen. An das außerdienstliche Verhalten kann jedoch kein so strenger Maßstab angelegt werden, wie an das Verhalten im Dienst. Falls jedoch auf Grund des Gewichts einer Verfehlung der AG von einer Gefährdung betrieblicher Interessen ausgehen kann, sodass ihm die Weiterbeschäftigung des AN nicht zumutbar ist, so ist die Entlassung gerechtfertigt (OGH 9 Ob A 124/93 = ARD 4505/9/93; OGH 9 Ob A 15/95, 9 Ob A 115/98 x, 8 Ob A 13/03 z = ARD 5403/10/2003).

Es ist dabei der Zusammenhang des außerdienstlichen Verhaltens mit der dienstlichen Position und dem damit verbundenen Aufgabengebiet und der Auswirkung auf das Arbeitsverhältnis zu beachten (OGH 9 Ob A 156/95). So kann etwa eine außerdienstliche Ehrverletzung eine Entlassung nur dann rechtfertigen, wenn zwischen ihr und dem Arbeitsverhältnis ein unmittelbarer Zusammenhang besteht und die Ehrverletzung geeignet ist, sich auf das Arbeitsverhältnis oder auf den Betrieb auszuwirken (OGH 8 Ob A 303/95).

Ob das Verhalten in der einen oder anderen Richtung zu werten ist und die Unzumutbarkeit der Weiterbeschäftigung begründet, hängt immer von den Umständen den Einzelfalles ab (Arb 9.631, OGH 8 Ob A 195/97 b).

Gerade auch bei der Beurteilung der Vertrauenswürdigkeit des AN ist auch das nicht nur in unmittelbarem Zusammenhang mit dem Arbeitsverhältnis stehende Gesamtverhalten des AN innerhalb eines längeren Zeitraumes und nicht nur der letzte zur Auflösung führende Vorfall zu prüfen (OGH 8 Ob A 294/94, 9 Ob A 167/99 w = ARD 5104/8/2000).

Falls jedoch bei einer Ehrverletzung des AG durch den AN im privaten Umfeld der AN nicht damit rechnen musste, dass der mit einem Schimpfwort bezeichnete AG von der Äußerung etwas erfahren wird, liegt kein wichtiger Auflösungsgrund vor, weil die abwesende Person nicht verletzt wurde (OGH 9 Ob A 270/98 s = ARD 4999/6/99).

Eine außerdienstliche Straftat, die erhebliche Zweifel an der Achtung fremden Vermögens aufkommen lässt, rechtfertigt die Entlassung eines Hausdieners (Arbeiter) in einem Hotelbetrieb, der unmittelbaren Zugriff auf fremdes Vermögen hatte (OGH 20.12.2000, 9 Ob A 245/00 w).

Einschlägige Judikatur

- *Die AN äußerte sich, ohne dazu irgendeine Veranlassung zu haben, am 25.6.1993 gegenüber dem Stiefsohn des AG in Anwesenheit weiterer Personen sinngemäß dahin, dass dieser ein „Hurenbock" sei wie sein Vater (der AG), der „sich durch den ganzen 19. Bezirk pudert"; seine Schwester sei eine „Schlampe". Sie wollte mit diesem verbalen „Rundumschlag" unter Einbeziehung seiner Familie den Stiefsohn des AG treffen. Die AN war zwar „ziemlich betrunken", doch wurde eine schuldausschließende Alkoholisierung, für welche sie beweispflichtig gewesen wäre, nicht festgestellt. Insgesamt erweist sich das außerdienstliche Verhalten der AN als so schwer wiegend, dass es zwangsläufig Auswirkungen auf das Arbeitsverhältnis haben musste. Dem AG war eine Weiterbeschäftigung der AN, die ihn und seine Angehörigen derart schwer beleidigt hatte, nicht mehr zumutbar (OGH 9 Ob A 11/96 = infas 4/96, A 85).*

42.1.6 Selbstkündigung und einvernehmliche Lösung bei Vorliegen von Entlassungsgründen

In der Praxis kommt es immer wieder vor, dass dem AN bei Vorliegen eines Entlassungsgrundes die Möglichkeit zur Abwehr einer Entlassungserklärung eingeräumt wird, indem er selbst kündigt oder eine einvernehmliche Lösung abschließt (dies meist auch unter Verzicht auf einen allfälligen Abfertigungsanspruch).

In diesem Zusammenhang ist zu prüfen, ob der AN durch eine unzulässige Ausübung von Druck zur Selbstkündigung bzw. zum Abschluss einer einvernehmlichen Lösung veranlasst wurde. Eine Widerrechtlichkeit der Drohung mit einer Entlassung wäre nur dann gegeben, wenn durch die Aufforderung zu einer an sich erlaubten Handlung nicht die eigenen Interessen gewahrt werden, sondern in Wahrheit nur der andere Teil in seinen Interessen verletzt werden soll (Arb 9.644; OGH 8 Ob A 284/94, 8 Ob A 204/97 a). Der AG ist aber nicht verpflichtet, den AN über mögliche rechtliche Schwachstellen der Entlassung zu beraten (OGH 26.6.2014, 8 Ob A 26/14 b).

Es kommt daher entscheidend darauf an, ob im Zeitpunkt der Androhung einer Entlassung aus der Sicht des AG plausible und objektiv ausreichende Gründe für den Ausspruch der Entlassung gegeben waren. Lagen Anhaltspunkte von einigem Gewicht dafür vor, dass der AN durch sein Handeln einen Entlassungstatbestand verwirklicht habe, kann dem AG nicht das Recht abgesprochen werden, auf diesen plausiblen Umstand hinzuweisen (Arb 11.342; OGH 8 Ob A 204/97 a, 9 Ob A 180/98 f, 9 Ob A 236/98 s, 8 Ob A 48/05 z, 9 Ob A 158/08 p).

Dem AN sollte jedoch eine ausreichende Frist zur Überlegung seines weiteren Verhaltens eingeräumt werden. So kann davon ausgegangen werden, dass einem leitenden Angestellten nach einem in ruhiger Atmosphäre geführten längeren Gespräch, in dessen Verlauf die Möglichkeit zur Überlegung des weiteren Verhaltens eingeräumt wurde, ausreichend die Gelegenheit gegeben wurde, die Situation einigermaßen realistisch einzuschätzen (OGH 8 Ob A 204/97 a, 8 Ob A 2/99 y).

Vereinbarungen über die einvernehmliche Auflösung eines Arbeitsverhältnisses zur Vermeidung einer Entlassung werden häufig zur Risikovermeidung im Hinblick auf die bei einem oder beiden Teilen gegebene Unsicherheit über die Richtigkeit des eigenen Standpunkts geschlossen. Durch den Verzicht des AG auf die sofortige Entlassungserklärung kann dem AN vor allem eine „gesichtswahrende" Auflösungsart zu einem „unverdächtigen" Zeitpunkt (z.B. zum Monatsende) zugestanden werden und dem AG ein verkürzter Entgeltzeitraum (allenfalls auch ein **Abfertigungsverzicht** – siehe 43.) zukommen. Eine derartige aus Anlass der Beendigung des Arbeitsverhältnisses getroffene abschließende Regelung ist als Vergleich anzusehen, da die Vereinbarung auch zumindest noch ungewisse Rechte umfasst (Arb 9.862; OGH 9 Ob A 20/91, 9 Ob A 89/98 y, 9 Ob A 180/98 f). Ein derartiger Vergleich könnte im Rahmen des § 1385 ABGB nur wegen Arglist, Zwang oder Sittenwidrigkeit angefochten werden (OGH 9 Ob A 20/91). Die Behauptungs- und Beweispflicht für die Anfechtbarkeit eines Vergleichs trifft den AN (OGH 1 Ob 2012/96 f, 5 Ob 144/98 g).

Das Angebot einer einvernehmlichen Lösung bei Vorliegen eines Entlassungsgrunds und die Einräumung einer Überlegungsfrist kann nicht als Verzicht auf das Entlassungsrecht angesehen werden (ASG Wien 168/97 p = ARD 5013/7/99).

Einschlägige Judikatur

- *Im vorliegenden Fall bestanden für den AG in Hinblick auf die (wenn auch damals noch nicht rechtskräftige) erstinstanzliche Verurteilung wegen des Vergehens der üblen Nachrede nach § 111 StGB plausible Gründe, von seinem Recht, den AN zu entlassen, auszugehen, weil der AG zur vorzeitigen Auflösung des Arbeitsverhältnisses berechtigt ist, wenn sich der AN erhebliche Ehrverletzungen gegen Vorgesetzte oder Mitbedienstete zuschulden kommen lässt, und weil unter den Tatbestand der Ehrverletzung vor allem gegen die Ehre gerichtete Handlungen im Sinne des § 111 StGB fallen. Berücksichtigt man ferner, dass dem AN die Beiziehung seines Rechtsvertreters gestattet und eine Bedenkzeit von 2 Tagen eingeräumt wurde, lag daher in der mit dem Anbot auf einvernehmliche Auflösung des Arbeitsverhältnisses verbundenen Ankündigung, den AN entlassen zu wollen, keine rechtswidrige Drohung im Sinne des § 870 ABGB (OGH 9 Ob A 180/98 f = ARD 5015/6/99).*
- *Die Vereinbarung der Rücknahme der Entlassung unter gleichzeitiger Selbstkündigung ist als zulässiger Vergleich anzusehen (OGH 9 Ob A 67/06 i = ARD 5733/9/2006).*

42.1.7 Wiedereinstellung nach einer gerechtfertigten Entlassung

Falls der AN verhältnismäßig kurze Zeit nach der Beendigung eines Arbeitsverhältnisses durch eine Entlassung wieder eingestellt wird, so wird dies voraussichtlich die Folge haben, dass beide Arbeitsverhältnisse als eine Einheit zu betrachten sind. Dies bewirkt, dass im Hinblick auf die arbeitsrechtlichen Ansprüche eine Zusammenrechnung der Dienstzeiten (insbesondere in Bezug auf eine Abfertigung) zu erfolgen hat.

In einem diesbezüglichen Fall wurde ein Kraftfahrer entlassen, weil er die Durchführung einer ihm aufgetragenen Fahrt verweigert hatte. Nachdem er sich bei einem unmittelbaren Vorgesetzten „für die Vorgänge" entschuldigte, wurde er nach 16 Kalendertagen wieder als Kraftfahrer eingestellt. Das zweite Arbeitsverhältnis wurde zwei Jahre später durch den AG gekündigt. Dazu entschied der OGH (8 Ob A 202/97 g), dass die beiden Arbeitsverhältnisse bei der Ermittlung der zeitlichen Voraussetzungen für die Abfertigung zusammenzurechnen sind. Bei unmittelbarer Aufeinanderfolge der Arbeitsverhältnisse im Sinne des § 23 Abs. 1 Satz 3 AngG ist es unerheblich, aus welchen Gründen das vorangehende Arbeitsverhältnis beendet wurde. Auch bei Beendigung des vorhergehenden Arbeitsverhältnisses durch Entlassung sind beide Arbeitsverhältnisse zusammenzurechnen, weil durch den alsbaldigen Neuabschluss auch jene Situation bereinigt wird, in der der Gesetzgeber Abfertigungsansprüche versagt. Falls eine kollektivvertragliche Zusammenrechnungsregel anzuwenden ist und diese ausdrücklich jene Fälle ausnimmt, in denen das vor der letzten Unterbrechung liegende Arbeitsverhältnis durch eine verschuldete Entlassung geendet hat, so bezieht sich diese nur auf den über den gesetzlichen Abfertigungsanspruch hinausgehenden kollektivvertraglichen Abfertigungsanspruch und erlaubt daher keine Rückschlüsse auf die Auslegung der den gesetzlichen Anspruch betreffenden Grundlagen.

Auf Grund dieser aus sicherlich vielen guten Gründen bestreitbaren Auffassungen des OGH ist jedoch zu empfehlen, entlassene AN nicht mehr aufzunehmen. Nunmehr hat der OGH entschieden, dass eine Unterbrechung von zwei Arbeitsverhältnissen für 25 Tage bereits zu lange ist, um die beiden Arbeitsverhältnisse als ununterbrochen zu qualifizieren (OGH 9 Ob A 21/03 h = ecolex 2003, 612). Es sind jedoch auch allfällige kollektivvertragliche Zusammenrechnungsregeln zu beachten (siehe Aussetzung 41.6).

42.1.8 Mitverschulden an der Entlassung

Wenn beide Teile ein Verschulden an der vorzeitigen Lösung des Arbeitsverhältnisses trifft, so hat der Richter nach freiem Ermessen zu entscheiden, ob und in welcher Höhe ein Ersatz gebührt (Vorteilsausgleich oder Kulpakompensation nach den §§ 1162c ABGB und 32 AngG). Diese Regelung ist auch bei einem beiderseitigen Verschulden an einem vorzeitigen Austritt oder etwa an einem Rücktritt vom Arbeitsverhältnis anwendbar (aber auch hinsichtlich einer Konventionalstrafe – OGH 3.9.2010, 9 Ob A 141/09 i).

Nach der herrschenden Rechtsprechung setzt die Kulpakompensation voraus, dass ein schuldhaftes Verhalten des AG im Zusammenwirken mit einem ebenfalls schuldhaften Verhalten des AN für die vorzeitige Auflösung des Arbeitsverhältnisses ursächlich war (OGH 8 Ob A 76/01 m = infas 6/2001, A 91). Es muss daher das Verhalten der beiden Teile in einem Kausalzusammenhang stehen (Arb 9.181). War ein Verhalten für die vorzeitige Auflösung nicht ursächlich, dann kann außer Betracht bleiben, ob dieses Verhalten tatsächlich als schuldhaftes Verhalten anzusehen ist, weil bei fehlender Kausalität die Verschuldensfrage nicht mehr erheblich ist. Es muss also bei einer Teilung des Verschuldens ein beiderseitiges Verschulden an der Auflösung des Arbeitsverhältnisses gegeben sein (mitwirkendes Verschulden – OGH 4 Ob 103/72 = Arb 9.084). Ein Verschulden, welches nicht unmittelbar mit der Auflösung in einem Zusammenhang steht, kann daher bei der **Kulpakompensation** keine Rolle spielen.

Voraussetzung für die Annahme eines Mitverschuldens ist das Vorliegen eines entsprechenden Tatsachenvorbringens, nicht aber die ausdrückliche Einwendung des Mitverschuldens (OGH 9 Ob A 22, 23/89, 9 Ob A 39/91).

Die Aufgabe des Richters nach § 32 AngG bzw. § 1162c ABGB besteht nun darin, das Verschulden des einen Teils gegen das Verschulden des anderen Teils abzuwägen und danach die Ansprüche entsprechend zu mäßigen oder ganz zu beseitigen (OGH 3 Ob 137/77 = Arb 9.631). Es ist daher beispielsweise denkbar, dass den AG, der eine an sich nicht gerechtfertigte Entlassung ausspricht, keinerlei Verschulden trifft, sodass dem AN keine entlassungsabhängigen Ansprüche zuzusprechen sind (so im Ergebnis OGH 8 Ob A 2058/96 x).

In den Vorteilsausgleich sind auch die Abfertigung und die Vergütung für den Resturlaub einzubeziehen. Das Ausscheiden dieser Ansprüche würde nämlich dem Vorteilsausgleich weitgehend sein Anwendungsgebiet entziehen. Es kann aber dem Gesetzgeber nicht unterstellt werden, dass er nahezu funktionslose Regelungen schaffen wollte (OGH 8 Ob A 116/98 m, 8 Ob A 76/01 m = infas 6/ 2001, 91).

Die Mitverschuldensregel umfasst vielmehr sämtliche von der Art der Auflösung abhängigen Ansprüche, die auf Gesetz oder KV beruhen (OGH 28.5.2015, 9 Ob A 6/15 w).

In der Praxis spielt die Kulpakompensation besonders in jenen Fällen eine Rolle, bei denen es zu groben **Ehrenbeleidigungen** (siehe 42.2 zu Z 6) auf Grund vorangehender Provokationen gekommen ist. Dabei schließt die bloße Erregung ein Verschulden und damit auch ein Mitverschulden nicht aus (OGH 9 Ob A 305/99 i).

So etwa wurde ein Mitverschulden angenommen, weil der AN, welcher den Geschäftsführer mit Faustschlägen verletzt hat, zuvor vom Geschäftsführer beschimpft wurde (OGH 8 Ob A 202/95).

Eine zweite Fallgruppe des Mitverschuldens betrifft das grundlose Unterlassen der Mitteilung eines Rechtfertigungsgrundes für ein **Fernbleiben vom Arbeitsplatz** (zum nachrichtenlosen Fernbleiben von der Arbeit siehe auch Punkt 32.). Ein Mitverschulden eines AN an einer Entlassung, die wegen der unterlassenen Mitteilung des nachträglich vorgebrachten Rechtfertigungsgrundes ausgesprochen wurde, liegt dann vor, wenn der AG bei Kenntnis des Rechtfertigungsgrundes die Entlassung aller Voraussicht nach nicht ausgesprochen hätte (OGH 8 Ob A 2058/96 x, 9 Ob A 290/01 i, 9 Ob A 55/04 k, 8 Ob A 52/04 m = ARD 5587/4/2005, OGH 9 Ob A 128/06 y, 25.11.2011, 9 Ob A 26/11 f). Falls der AN aufgefordert wird, eine **Krankenstandsbestätigung** vorzulegen und die schuldhafte beharrliche Nichtbeachtung dieser Aufforderung zu einer Entlassung führt, so ist dieses Verhalten ebenfalls als Mitverschulden des AN an der Entlassung anzusehen (OGH 4 Ob 80/52 = Arb 5.455). Dementsprechend trifft den AN kein Mitverschulden, wenn er wegen einer Depression nicht in der Lage ist, dem AG den Grund seiner Absenz mitzuteilen (OGH 20.12.2011, 8 Ob A 87/11 v).

Erklärt etwa ein AN, es „zipfe" ihn an und er kündige, und verlässt anschließend ohne Einhaltung der Kündigungsfrist den Arbeitsplatz und teilt die anschließend erfolgte Krankschreibung dem AG nicht mit, so trifft ihn ein Mitverschulden an der (in Unkenntnis der Arbeitsunfähigkeit) ausgesprochenen Entlassung (OGH 8 Ob A 52/04 m).

Die Rechtsprechung neigt dazu (im Widerspruch zu den Zielsetzungen des Gesetzes) die Mitverschuldensregel sehr eng auszulegen (siehe *Rauch*, Die Rechtsprechung zur arbeitsrechtlichen Mitverschuldensregel, ASoK 2003, 162 ff.) So soll die Mitverschuldensregel weitgehend nur bei berechtigter vorzeitiger Auflösung zulässig sein (OGH 8 Ob A 17/04 i = ecolex 2004, 966 = ARD 5587/3/ 2005, anders OGH 9 Ob A 136/08 b).

Einschlägige Judikatur

- *Das schuldhafte Verhalten des Klägers (Faustschläge gegen den Geschäftsführer seines AG, die zu dessen Sturz und zu einer blutenden Wunde im Bereich seiner Lippen führten) bildet zweifelsohne einen gerechtfertigten Entlassungsgrund. Zu diesem Verhalten tritt aber ein in diesem Zusammenhang stehendes schuldhaftes Verhalten des Geschäftsführers seines AG, dass diesem zuzurechnen ist, hinzu, welches das schuldhafte Verhalten des klagenden AN in einem anderen, weniger schwer wiegendem Licht erscheinen, die Schuld aber bestehen lässt. Es kann hier dahingestellt bleiben, ob das unmittelbar vorangehende Verhalten des Geschäftsführers des AG (Festhalten des Klägers an Kopf und Ohren und Beschimpfungen wegen eines unzureichenden Arbeitsergebnisses) den Kläger zum sofortigen Austritt berechtigt hätte. Aber auch wenn man dies verneinte, schränkt das Verhalten des Geschäftsführers die Schuld des klagenden AN nicht unbeträchtlich ein. Die Schuld des AN ist allerdings erheblich größer als die des Geschäftsführers des AG, weil der AN mit seinen wuchtigen Faustschlägen eine angemessene Reaktion auf die Beschimpfungen und das „An-den-Ohren-Ziehen" bei weitem überschritten hat. Es ist daher eine Schuldteilung im Verhältnis 2 : 1 zu Lasten des AN angemessen (OGH 8 Ob A 202/95).*

- *Den AG trifft ein Verschulden an der Entlassung, wenn er sie ausgesprochen hat, ohne sich vorher Gewissheit zu verschaffen, ob der AN nicht infolge eines rechtmäßigen Hinderungsgrundes von der Arbeit ferngeblieben ist. Trifft den AG an der Nichtkenntnis des Rechtfertigungsgrundes kein oder ein zu vernachlässigendes geringes Verschulden, ist hingegen dem AN die Nichtbekanntgabe des Hinderungsgrundes als schwerer Verstoß gegen die Mitteilungspflicht vorzuwerfen, weil er seinen AG hievon hätte leicht in Kenntnis setzen können, kann die Verschuldensabwägung auch dazu führen, dass sich sein Mitverschulden einem Alleinverschulden nähert (OGH 8 Ob A 2058/96 x).*

42.1.9 Entlassung während der Kündigungsfrist

Die Entlassung kann auch ausgesprochen werden, wenn bereits zuvor vom AG oder vom AN die Kündigung ausgesprochen wurde. Ist das Arbeitsverhältnis wegen Ablauf der Kündigungsfrist bereits beendet, so ist eine **nachträgliche Entlassung** jedenfalls nicht mehr möglich. Falls der AG gekündigt hat und während der Kündigungsfrist eine ungerechtfertigte Entlassung ausspricht, so gebührt die Kündigungsentschädigung für die Dauer der Kündigungsfrist, die sich aus der ursprünglichen Kündigung ergibt (OGH 9 Ob A 88/93 = ARD 4509/ 5/93).

Wenn der AN selbst kündigt und der AG während der Kündigungsfrist eine Entlassung ausspricht, so gebührt (falls kein Entlassungsgrund vorliegt) die Kündigungsentschädigung (siehe 42.7.5.2) ebenfalls nur bis zum Ablauf der Kündigungsfrist, die sich aus der Kündigung des AN ergibt. Insbesondere ist jedoch in diesen Fällen zu beachten, dass bei Selbstkündigung des AN eine Abfertigung auch dann nicht gebührt, wenn bereits eine mindestens dreijährige Dienstzeit vorliegt. Wenn der AG aber während der Kündigungsfrist eine ungerechtfertigte Entlassung ausspricht, entsteht ein Anspruch auf Abfertigung (Arb 8.936). Daher sollte insbesondere vor einer Entlassung bei bereits erfolgter Selbstkündigung des AN der Rat eines mit dem Arbeitsrecht vertrauten Rechtsvertreters eingeholt werden.

42.2 Entlassung eines Angestellten

§ 27 AngG sieht Folgendes vor:

§ 27. Als ein wichtiger Grund, der den Dienstgeber zur vorzeitigen Entlassung berechtigt, ist insbesondere anzusehen:

1. Wenn der Angestellte im Dienste untreu ist, sich in seiner Tätigkeit ohne Wissen oder Willen des Dienstgebers von dritten Personen unberechtigt Vorteile zuwenden läßt, insbesondere entgegen der Bestimmung des § 13 eine Provision oder eine sonstige Belohnung annimmt, oder wenn er sich einer Handlung schuldig macht, die ihn des Vertrauens des Dienstgebers unwürdig erscheinen läßt;
2. wenn der Angestellte unfähig ist, die versprochenen oder die den Umständen nach angemessenen Dienste (§ 6) zu leisten;
3. wenn einer der im § 1 bezeichneten Angestellten ohne Einwilligung des Dienstgebers ein selbständiges kaufmännisches Unternehmen betreibt, oder im Geschäftszweige des Dienstgebers für eigene oder fremde Rechnung Handelsgeschäfte macht, oder wenn ein Angestellter den im § 7, Absatz 4, bezeichneten Verboten zuwiderhandelt;
4. wenn der Angestellte ohne einen rechtmäßigen Hinderungsgrund während einer den Umständen nach erheblichen Zeit die Dienstleistung unterläßt oder sich beharrlich weigert, seine Dienste zu leisten oder sich den durch den Gegenstand der Dienstleistung gerechtfertigten Anordnungen des Dienstgebers zu fügen, oder wenn er andere Bedienstete zum Ungehorsam gegen den Dienstgeber zu verleiten sucht;
5. wenn der Angestellte durch eine längere Freiheitsstrafe oder durch Abwesenheit während einer den Umständen nach erheblichen Zeit, ausgenommen wegen Krankheit oder Unglücksfalls, an der Verrichtung seiner Dienste gehindert ist;

6. wenn der Angestellte sich Tätlichkeiten, Verletzungen der Sittlichkeit oder erhebliche Ehrverletzungen gegen den Dienstgeber, dessen Stellvertreter, deren Angehörige oder gegen Mitbedienstete zuschulden kommen läßt.

Die im § 27 AngG enthaltene Aufzählung von Entlassungsgründen ist nicht erschöpfend. Daher können auch andere objektiv wichtige Gründe, die ebenso schwerwiegend wie die im Gesetz genannten Entlassungsgründe sind, eine Entlassung rechtfertigen.

Zu Z 1 – Untreue

Den AN trifft eine **Treuepflicht** gegenüber dem AG. Jeder Verstoß gegen die dienstlichen Interessen des AG ist als Verletzung dieser Treuepflicht anzusehen. Ein schwer wiegender und bewusster Verstoß (Arb 10.146) gegen diese Treuepflicht stellt einen Entlassungsgrund dar. Die Rechtsprechung hat beispielsweise die Verrichtung von „Pfuscharbeiten" bei Vertragspartnern des AG ohne dessen Zustimmung (Arb 8.725), die Verschaffung eines vermögenswerten Vorteils durch Benützung des Dienstwagens für eine Privatfahrt zu Lasten des AG in Ausnützung einer Vertrauensstellung (OGH 9 Ob A 49/88) oder die bewusste Abwerbung eines Arbeitskollegen für ein Konkurrenzunternehmen oder der Versuch einer solchen Abwerbung, soweit es sich nicht bloß um informative Gespräche handelt (OGH 9 Ob A 1/93), oder die Verrechnung von Reisekosten für nicht getätigte Dienstreisen (OLG Wien 8 Ra 149/07 a = ARD 5895/4/2008) als Untreue angesehen.

Vertrauensunwürdigkeit

Bei der Vertrauensunwürdigkeit kommt es darauf an, ob auf Grund des Verhaltens des AN vom Standpunkt vernünftigen dienstlichen und geschäftlichen Ermessens für den AG die objektiv gerechtfertigte Befürchtung besteht, dass seine Interessen und Belange durch den Angestellten gefährdet sind bzw dieser seine Pflichten nicht mehr getreulich erfüllen wird (OGH 9 Ob A 37/03 m). Das Verhalten muss dabei so schwer wiegend sein, dass dem AG die Fortsetzung des Arbeitsverhältnisses selbst während der Kündigungsfrist nicht mehr zugemutet werden kann. Fahrlässige Handlungen vermögen unter Umständen eine Vertrauensverwirkung zu rechtfertigen, doch darf nicht bloß ein Versehen von untergeordneter Bedeutung vorliegen. Dem AG gegenüber müssen solche Handlungen als unmoralisch, unehrlich, unaufrichtig oder unsittlich erscheinen (OLG Wien 7 Ra 145/98 i = ARD 4981/8/98).

Bei der Beurteilung, ob ein AN den Entlassungsgrund der Vertrauensunwürdigkeit gesetzt hat, ist nicht auf das subjektive Empfinden des AG abzustellen, sondern stets eine objektive Wertung des Verhaltens des Angestellten vorzunehmen (Arb 9.073, 10.640; OGH 8 Ob A 295/97 h).

Zur Verwirklichung des Entlassungstatbestandes der Vertrauensunwürdigkeit ist eine Schädigungsabsicht oder Eintritt eines Schadens nicht erforderlich (OGH 28.6.2016, 8 Ob A 41/16 m). Dabei kommt es darauf an, ob für den AG vom Standpunkt vernünftigen Ermessens die gerechtfertigte Befürchtung besteht, dass seine Interessen und Belange durch den Angestellten gefährdet sind. Diesbezüglich ist an das Verhalten des AN ein objektiver Maßstab anzulegen (Arb 10.212; OGH 9 Ob A 211/00 w).

Ein AN, der sich während eines langjährigen Arbeitsverhältnisses immer wohl verhalten hat, kann einen größeren Vertrauensvorschuss erwarten als ein AN, der sich bereits einer Verfehlung schuldig gemacht hat (OGH 9 Ob A 246/01v, 9 Ob A 129/03s = ecolex 2004, 388). Das Eintreten einer verschlossenen Garderobentür durch einen Flugbegleiter ist auch bei jahrzehntelanger und unbeanstandeter Dienstverrichtung ein Entlassungsgrund (OGH 30.7.2015, 8 Ob A 54/15 x).

Konkret begründet insbesondere das Vortäuschen von Arbeitsleistungen, um ein zusätzliches Entgelt zu erschleichen, eine Vertrauensunwürdigkeit (z.B. Erschwindeln von Diäten, Fälschen von Krankenstandsbestätigungen oder Arbeitszeitaufzeichnungen, absichtliches Verrechnen von überhöhtem Kilometergeld – OGH 9 Ob A 125/90, 8 Ob A 69/03 k, OGH 9 Ob A 23/06 g, 27.1.2016, 9 Ob A 148/15 b, Manipulationen von Protokollen und Verträgen – OGH 24.3.2014, 8 Ob A 57/13 k, Weitergabe heimlicher Tonbandaufzeichnungen – OGH 23.1.2015, 8 Ob A 65/14 p, Nutzung von Unternehmensdaten für eigene Zwecke – OGH 25.8.2015, 8 Ob A 58/15 k, 24.9.2015, 9 Ob A 89/15 a etc.). In diesen Fällen könnte allerdings auch der Entlassungsgrund des strafbaren Verhaltens vorliegen. Ferner begründet etwa auch der Verrat von Geschäfts- oder Betriebsgeheimnissen, ruf- und kreditschädigende Äußerungen sowie herabsetzende Bemerkungen über den AG eine Vertrauensunwürdigkeit des Angestellten (OGH 27.11.2014, 9 Ob A 111/14 k, 18.3.2016, 9 Ob A 12/16 d). Ebenso begründet das Vortäuschen einer Krankheit (EA Feldkirch 25.9.1986, Re 28/86, Arb 10.557) oder auch ein Verhalten, das geeignet ist, den Heilungsverlauf im Krankenstand zu verzögern (siehe 20.14), sowie die jahrelange Nichtmeldung einer verbotenen Nebentätigkeit (OGH 9 Ob A 218/98 v = ARD 5016/1/99 – siehe auch Z 3) oder die Druckausübung zur Durchsetzung von Gehaltserhöhungen mit dem (richtigen) Hinweis auf eine fehlende Gewerbeberechtigung (OLG Wien 8 Ra 177/03 p = ARD 5541/3/2004) und die Verfälschung eines Kundenfragebogens (OLG Wien 9 Ra 61/04 p = ARD 5558/7/2005) oder die Information von über 200 Kunden über den bevorstehenden Wechsel zu einem bestimmten anderen AG (OGH 29.9.2016, 9 Ob A 105/16 f) eine Entlassung. Weiters können für den Betrieb grob nachteilige Eigenmächtigkeiten, wie etwa die Sperre eines Computerprogramms oder die grobe Vernachlässigung der Betreuung der Kunden eine Vertrauensunwürdigkeit bewirken (OLG Wien, 17.2.2005, 10 Ra 152/04 b, ARD 5604/12/2005, OGH 26.2.2014, 9 Ob A 18/14 h).

Soweit durch eine vom AN gegenüber dem AG geäußerte Unwahrheit nur eine Verfehlung verschleiert werden soll, die für sich genommen keinen Entlassungsgrund bildet, liegt keine Vertrauensunwürdigkeit vor (OGH 9 Ob A 15/93 = ARD 4511/25/93, OLG Wien 7 Ra 41/05 h = ARD 5604/11/2005).

Im Fall strafrechtlich relevanter Verhaltensweisen des AG ist der AN berechtigt gegen den AG eine Strafanzeige zu erstatten. Dabei hat der AN in einer für den AG möglichst schonenden Form vorzugehen (OGH 9 Ob A 118/00 v, 8 Ob A 66/06 y = ARD 5792/2/2007). Anzeigen im guten Glauben sind rechtmäßig (OGH 24.6.2016, 9 Ob A 64/16 a). Eine Anzeige, die hingegen eine haltlose subjektive Anschuldigung darstellt, ist ein Entlassungsgrund (OGH 24.6.2015, 9 Ob A 43/15 m).

Die **Summierung geringfügiger Verstöße** kann den Tatbestand der Vertrauensunwürdigkeit erfüllen. Dies gilt für Fehlbeträge in der Kassa ebenso wie für unwahre Angaben (OGH 8 Ob A 2235/96 a = ARD 4799/14/96).

Beim Entlassungsgrund der Vertrauensunwürdigkeit kommt es nicht nur auf den letzten Vorfall, sondern auf das **Gesamtverhalten** des AN innerhalb eines längeren Zeitraums an (OGH 8 Ob A 228/95, 9 Ob A 129/99 g).

Die Vertrauensverwirkung kann auch auf Handlungen des Angestellten beruhen, die mit dem Arbeitsverhältnis in keinem unmittelbaren Zusammenhang stehen. Ein Vorgesetzter, der mit einem untergebenen Angestellten Suchtgift konsumiert, macht sich erpressbar, büßt an Autorität ein und fördert den Suchtgiftkonsum und ist daher vertrauensunwürdig (OGH 29.5.2012, 9 Ob A 35/12 f – zum außerdienstlichen Verhalten als Entlassungsgrund siehe 42.1.5).

Zu Z 2 – Arbeitsunfähigkeit

Eine dauernde Arbeitsunfähigkeit durch eine Krankheit bzw. einen Unfall rechtfertigt die Entlassung (OGH 13.10.1993, 9 Ob A 186/93, 27.3.2002, 9 Ob A 68/02 v, 2.9.2008, 8 Ob A 46/08 k). Ob der Entlassungsgrund der dauernden Arbeitsunfähigkeit wegen einer Krankheit oder eines Unfalls verwirklicht ist, hängt nicht nur von der Dauer der Arbeitsunfähigkeit ab, sondern vielmehr auch davon, ob der Entlassungsgrund im Zeitpunkt des Entlassungsausspruchs objektiv vorliegt. Dies ist nur dann der Fall, wenn am Entlassungstag eine Arbeitsunfähigkeit von so langer Dauer zu erwarten ist, dass die Fortsetzung des Arbeitsverhältnisses dem AG auch nur während der Kündigungsfrist nicht zugemutet werden kann (OGH 29.10.2014, 9 Ob A 92/14 s).

Da der Entlassungsgrund vom AN in diesem Fall nicht schuldhaft herbeigeführt wird, wird er bezüglich seiner Ansprüche wie bei einer AG-Kündigung behandelt. Die einzige Ausnahme besteht darin, dass keine Kündigungsfrist einzuhalten ist (zur unverschuldeten Entlassung siehe 42.5).

Eine Arbeitsunfähigkeit, die eine Entlassung rechtfertigt, kann aber auch durch mangelhafte Arbeitsleistungen bewirkt werden. Dies setzt jedoch voraus, dass der AN schlechthin unfähig ist, die mit ihm vereinbarten dienstlichen Pflichten zu erfüllen (OGH 4.5.1982, 4 Ob 50/81, Arb 10.108). Nicht jede mangelhafte Leistung oder Fehlleistung, sondern nur eine für den AG völlig wertlose Leistung berechtigt zur sofortigen Auflösung des Arbeitsverhältnisses (OGH 25.4.1990, 9 Ob A 93/90). Als ausreichend für den Entlassungsgrund wurde aber auch eine zumindest partielle, aber den Schwerpunkt der Verwendung bildende Unfähigkeit des AN angesehen. Im konkreten Fall hat sich die Unfähigkeit dadurch manifestiert, dass der

AN in fünf Wochen nicht einmal in der Lage war, schriftliche Vorschläge für die festlichen Abendmenüs zu Weihnachten und Silvester zu erstatten, und er konnte auch mündlich keine entsprechenden Vorschläge vorbringen. Dies, obwohl er im Einstellungsgespräch versicherte, den Anforderungen eines Küchenchefs für ein „Haubenlokal" genügen zu können, und der AG ausdrücklich darauf hinwies, dass es ihm darum gehe, die dem Restaurant schon seit fünf Jahren verliehene „Haube" zu verteidigen (OGH 28.6.1995, 9 Ob A 69/95).

Auch der Entlassungsgrund der Unfähigkeit muss unverzüglich geltend gemacht werden; doch schadet es nicht, wenn der AG zuwartet, um dem AN die Möglichkeit zu geben, seine Leistung zu verbessern (OGH 14.2.1956, 4 Ob 196/55, Arb 6.391).

Denkbar ist auch eine Entlassung wegen rechtlicher Arbeitsunfähigkeit. So kann etwa ein Bewachungsorgan wegen Wegfall der von der GewO geforderten Zuverlässigkeit nicht mehr eingesetzt werden. Daher ist der (diesfalls verschuldete) Entlassungsgrund der rechtlichen Arbeitsunfähigkeit gegeben (OGH 21.5.2003, 9 Ob A 1/03 t, 24.4.2013, 9 Ob A 41/13 i – zum Entfall der Beschäftigungsmöglichkeit eines Ausländers siehe 18.13, – zum Führerscheinentzug siehe 34.4).

Zu Z 3 – Konkurrenzverbot

Der Entlassungsgrund der Z 3 dient der Sicherung des Konkurrenzverbots des § 7 Abs. 1 AngG (siehe 14.10).

Der § 7 Abs. 1 AngG sieht vor, dass Angestellte ohne Bewilligung des AG weder ein selbständiges kaufmännisches Unternehmen betreiben noch in dem Geschäftszweige des AG für eigene oder fremde Rechnung Handelsgeschäfte machen dürfen.

Einerseits wird dieser Tatbestand demnach durch das Betreiben eines selbständigen kaufmännischen Unternehmens verwirklicht, wobei es gleichgültig ist, ob das Unternehmen im Verhältnis zum AG ein Konkurrenzunternehmen ist (Arb 10.833). Unter Betreiben eines Unternehmens ist die Führung mit aufrechtem Geschäftsbetrieb auf eigene Rechnung zu verstehen. Bloße Vorbereitungshandlungen zur Eröffnung eines eigenen Unternehmens (wie etwa Beratungen, Korrespondenz, Erkundigungen über die Finanzierung, Erwerb eines Gewerbescheins, Einkauf von Geräten etc.) stellen noch keinen Entlassungsgrund dar (Arb 10.833; OGH 9 Ob A 1/93). Die bloße Kapitalbeteiligung an einem Unternehmen verstößt noch nicht gegen das Konkurrenzverbot (Arb 10.940). Soferne jedoch bei Vorbereitungshandlungen oder einer kapitalmäßigen Beteiligung erschwerende Umstände vorliegen (etwa wenn die Arbeitskraft des Angestellten durch eine Mitwirkung an der Geschäftsführung erheblich in Anspruch genommen wird und dadurch Mängel bei der Erfüllung seines Arbeitsvertrages auftreten), so kann dennoch der Entlassungsgrund vorliegen, weil dieses Verbot die Erhaltung der Arbeitskraft des AN bezweckt (OGH 9 Ob A 217/00 b). Falls etwa Mitarbeiter des AG oder dessen Kunden abgeworben werden, so wird dies zur **Vertrauensunwürdigkeit** führen (OGH 9 Ob A 170/88).

Der Tatbestand der Z 3 wird auch durch den Abschluss von Handelsgeschäften verwirklicht. Unter Umständen genügt auch ein einziges Handelsgeschäft, soferne dies von entsprechender Bedeutung ist und daher dem AG die weitere Beschäftigung des AN unzumutbar macht. Auch der Versuch, ein konkurrenzierendes Handelsgeschäft durchzuführen, kann eine gerechtfertigte Entlassung begründen (Arb 7.560, 10.917). Durch bloße **Vorbereitungshandlungen** wird jedoch die Z 3 nicht verwirklicht.

Die jahrelange Nichtmeldung einer verbotenen Nebenbeschäftigung bewirkt hingegen eine Vertrauensunwürdigkeit nach § 27 Z 1 AngG (OGH 9 Ob A 218/98 v = ARD 5016/1/99, siehe auch OLG Wien 7 Ra 87/04x = ARD 5541/2/2004). Ebenso rechtfertigt das Verschweigen der Gründung eines Konkurrenzunternehmens durch einen leitenden Angestellten die Entlassung (OGH 23.1.2015, 8 Ob A 2/15 z).

Einschlägige Judikatur

- *Als Zweck des Verbotes des § 7 Abs. 1 AngG und damit der Grundlage des § 27 Z 3 1. Fall AngG wird das Ziel angesehen, dass der AN seine volle Arbeitskraft dem AG zur Verfügung stellt und uneingeschränkt die Betriebsinteressen vertritt. Der gewerberechtliche Geschäftsführer ist für die Einhaltung der gewerberechtlichen Bestimmungen verantwortlich; eine kaufmännische Verantwortung trifft ihn nicht. Ohne wirtschaftliche Beteiligung wirkt sich seine Tätigkeit auch nur über das vereinbarte Entgelt auf die eigene Vermögenssituation aus. Im Ergebnis handelt es sich dabei um eine im Regelfall entgeltlich ausgeübte Tätigkeit, die durchaus mit einer anderen Angestelltentätigkeit vergleichbar ist. Selbst eine vertragliche Beschränkung der Nebenbeschäftigungsmöglichkeiten vermag keine Erweiterung des Entlassungstatbestandes des § 27 Z 3 AngG zu bewirken. Daraus ergibt sich aber, dass eine gewerberechtliche Geschäftsführung allein nicht, wie dies bei § 27 Z 3 AngG der Fall ist, einen Entlassungsgrund bewirken kann, der ohne Prüfung der konkreten sich ergebenden Beeinträchtigungen der Interessen des AG zur Entlassung berechtigt (OLG Wien 9 Ra 164/95 = ARD 4763/37/96).*

Zu Z 4 – Pflichtwidriges Unterlassen der Arbeitsleistung, beharrliche Arbeitsverweigerung und Anstiftung zum Ungehorsam

Dieser Entlassungstatbestand erfasst pflichtwidriges und vorsätzliches oder fahrlässiges Nichteinhalten der Arbeitszeit in erheblichem Ausmaß, beharrliche Arbeitsverweigerungen sowie Missachtung von Weisungen und die Anstiftung zum Ungehorsam wie der Versuch einer solchen Verleitung von Mitbediensteten, die an Weisungen des AG gebunden sind.

Die eingangs erwähnte schuldhafte Nichteinhaltung der Arbeitszeit ist dann erheblich, wenn ihr nach der Dauer der versäumten Arbeitszeit, nach der Bedeutung der versäumten Arbeitstätigkeiten oder anderer betrieblicher Nachteile ein besonderes Gewicht beizumessen ist (Arb 10.270, 10.449, 10.521). Nicht die absolute Dauer der Arbeitsversäumnis ist entscheidend, sondern die Bedeutung der Arbeitsleistung des AN gerade während dieser Zeit (OGH 8 Ob A 220/02 i, 8 Ob A 37/04 f). Dabei ist stets auf die besonderen Umstände des konkreten Einzelfalls abzustellen

(Arb 10.649; OGH 9 Ob A 94/92 = Sozialpolitik und Arbeitsrecht Nr. 1/1993, 2130, OGH 8 Ob A 37/04 f). Auch ein eintägiges Fernbleiben ist kein Entlassungsgrund, wenn relevante betriebliche Nachteile nicht entstanden sind und der AG zudem bisherige gleichartige Vorfälle nicht beanstandet hat (OGH 8 Ob A 37/04 f = ARD 5587/5/2005).

Diese Kriterien werden auch bei **Verspätungen** bzw. vorzeitigem Verlassen des Arbeitsplatzes und dem unbefugten Einlegen von Pausen anzuwenden sein. In diesen Fällen kommt vor allem auch den vorangehenden Verwarnungen eine erhebliche Bedeutung zu. Der Anlassfall für die Entlassung muss eine entsprechende Mindestintensität, die mindestens einer Durchschnittsintensität der vorhergehenden Verfehlungen entsprechen soll, aufweisen (OLG Wien 8 Ra 146/00 z = ARD 5151/42/2000; OGH 9 Ob A 71/02 k = ARD 5389/4/2003, OLG Wien 10 Ra 109/03b = 5497/5/2004). Falls nach einer Verwarnung wegen einer 85-minütigen Verspätung die Entlassung wegen zwei weiteren Verspätungen um weniger als 15 Minuten ausgesprochen wird, so fehlt die nötige Mindestintensität des entlassungsrelevanten Vorfalls (OLG Wien 9 Ra 60/07 w = ARD 5858/6/2008).

Tritt eine Störung des Arbeitsablaufs durch die Abwesenheit des AN nicht ein, so müsste der AG darlegen, warum die Weiterbeschäftigung des entlassenen AN – objektiv gesehen – nicht mehr zumutbar ist (OGH 9 Ob A 94/92).

Ein Dienstversäumnis durch unbefugtes Verlassen der Arbeit auch nur in der Dauer von einer halben Stunde kann bereits erheblich und tatbestandsmäßig sein (OGH 9 Ob A 2163/96 w = ARD 4862/26/97 – ebenso eine Stunde: OGH 9 Ob A 61/87 = ARD 3954/14/98). Wie schon erwähnt, müsste sich die Erheblichkeit aus bestimmten Begleitumständen im konkreten Einzelfall ergeben, damit ein Entlassungstatbestand vorliegt (z.B. ein Anästhesist verlässt den Operationssaal für ein Privattelefonat und dies führt zum Tod des Patienten).

Liegt ein Rechtfertigungsgrund für die versäumte Arbeitszeit vor, so hat der AN diesen Rechtfertigungsgrund zu beweisen (Arb 9.672, 10.521; OGH 9 Ob A 32/89, 9 Ob A 212/00 t = ARD 5208/50/2001).

Eine Arbeitsverweigerung muss beharrlich sein, damit der Entlassungstatbestand verwirklicht ist. Die **Beharrlichkeit** ergibt sich aus der Nachhaltigkeit, Unnachgiebigkeit oder Hartnäckigkeit des in der Arbeitsverweigerung zum Ausdruck kommenden, auf die Verletzung der Pflichten gerichteten Willens des Angestellten. Daher muss sich die Arbeitsverweigerung entweder wiederholt ereignet haben oder derart schwer wiegend sein, dass sich daraus die Beharrlichkeit der Willenshaltung des AN ableiten lässt (Arb 10.118, 10.222; OGH 9 Ob A 34/95 = ARD 4693/17/95; OGH 9 Ob A 116/02 b, OLG Wien 7 Ra 8/04d = ARD 5552/14/2004). Wenn sich der AG auf wiederholte Arbeitsverweigerungen beruft, so setzt dies weiters voraus, dass der AN wiederholt verwarnt oder wiederholt zur Erfüllung seiner Pflichten aufgefordert wurde (OGH 9 Ob A 69/03 t, zur Verwarnung siehe auch 34.3 und 42.1.4).

Bei entsprechender Sorgfalt muss für den AN die Pflichtwidrigkeit seines Verhaltens erkennbar sein, damit es einen Entlassungsgrund darstellen kann (OGH 8 Ob A 88/05 g).

Das Direktionsrecht des AG bezieht sich nicht nur auf die Arbeit selbst, sondern auch auf das **Verhalten im Betrieb**. Daher wurden in der Rechtsprechung Verstöße gegen das (nicht schikanöse) Verbot, bestimmte Räume im Betrieb zu betreten (Arb 8.726) oder während der Arbeit Radio zu spielen (Arb 10.412) als Entlassungsgründe angesehen (OGH 8 Ob A 276/98 s).

Die bloße **Ankündigung einer Arbeitsverweigerung** ist mangels Beharrlichkeit in der Regel nicht tatbestandsmäßig. Anders ist es aber, wenn der AN nach den Umständen des Falles keinen Zweifel daran lässt, dass er die Arbeitszeit bzw. die Weisungen des AG nicht einhalten werde (Arb 9.691; OGH 9 Ob A 192/91, 9 Ob A 18/96 = Sozialpolitik und Arbeitsrecht Nr. 1/1997, 2375).

Die Weigerung, eine Weisung zu befolgen, kann nur dann ein Entlassungsgrund sein, wenn die Anordnung dem Gesetz, dem KV, einer Betriebsvereinbarung oder dem Arbeitsvertrag nicht widerspricht (OGH 9 Ob A 71/02 k, 8 Ob A 41/04 v = ARD 5563/17/2005).

Einschlägige Judikatur

Gebetsrituale während der Arbeitszeit

- *Es ist dem Kläger unbenommen, den Vorschriften seiner Religionsgesellschaft, auf eine bestimmte Art und Weise zu beten, nachzukommen. Nimmt er dazu jedoch Zeiten in Anspruch, in denen er arbeitsvertraglich zur Arbeitsleistung verpflichtet ist und verrichtet er seine aufwendigen Gebetsrituale in Gegenwart anderer nichtislamischer Mitarbeiter im Betrieb, kommt es zu einer Interessenkollision. Einerseits wird der betriebliche Arbeitsablauf gestört, wenn der Kläger etwa ohne Rücksicht auf Arbeitsaufträge am Freitag mittags ein Bethaus aufsucht, ohne dass die Möglichkeit einer Einarbeitung der versäumten Zeit besteht, und andererseits kommt es zur Störung seiner Mitarbeiter, denen die vom Kläger beanspruchten Grundrechte auf Glaubens- und Gewissensfreiheit ebenfalls zustehen. Insofern kommt der in § 8 ARG zum Ausdruck gebrachten gesetzgeberischen Wertung Beachtlichkeit zu, dass die zur Ausübung religiöser Pflichten erforderliche Freizeit zu gewähren ist, wenn die Freistellung von der Arbeit mit den Erfordernissen des Betriebes vereinbar ist (OGH 9 Ob A 18/96 = Sozialpolitik und Arbeitsrecht Nr. 1/1997, 2375).*

Rauchpausen

- *Bei Rauchpausen kommt nur dann der Entlassungstatbestand des unbefugten Verlassens der Arbeit in Frage, wenn die dadurch entstandenen Pausen eine den Umständen nach erhebliche Zeit andauern und Auswirkungen auf die übliche Arbeitsleistung hervorrufen. Da der menschlichen Leistungsfähigkeit Grenzen gesetzt sind, kann eine kurz andauernde Pause nach den Lebenserfahrungen durchaus dazu geeignet sein, das Leistungsvermögen zu regenerieren. Tägliche Rauchpausen von ca. 10 bis 15 Minuten stellen – wenn ein AN die Arbeit jeweils nur für ganz kurze Zeit unterbrochen hat, wobei er auf den Arbeitsablauf Bedacht nahm und über Aufforderung seines Vorar-*

beiters immer sofort zur Arbeit zurückkehrte – keinen Entlassungsgrund dar (ASG Wien 27 Cga 250/96 y = ARD 4999/9/99).

- *Kommt ein mit mehreren AN an einer Maschine eingesetzter AN trotz mehrmaliger nachdrücklicher Aufforderung, seine eigenmächtig angetretene Arbeitspause zu beenden und zur Arbeit zurückzukehren, dieser Weisung nicht nach, sondern teilt er vielmehr dem Geschäftsführer mit, erst seine Zigarette fertig zu rauchen, ist die Entlassung auch dann berechtigt, wenn für den AN subjektiv die Notwendigkeit einer Zigarettenpause der Notdurft gleichzusetzen ist (OLG Wien 8 Ra 53/00 y = ARD 5162/ 6/2000).*

Vorzeitiges Verlassen des Arbeitsplatzes

- *Verlässt ein mit Fertigstellungsarbeiten beauftragter Hilfsarbeiter für etwa 1,5 Stunden die Baustelle, um zu Hause den Gasherd abzudrehen, liegt auch dann kein pflichtwidriges, erhebliches und schuldhaftes Dienstversäumnis vor, wenn die Baustelle zu Mittag an den Bauherrn hätte übergeben werden sollen. Selbst wenn man die Bitte des AN an den Lehrling, den Geschäftsführer vom Grund seiner Abwesenheit von der Baustelle zu verständigen, und die tatsächliche Verständigung durch den Lehrling als Entschuldigung nicht ausreichen lässt, liegt jedenfalls kein erhebliches Arbeitsversäumnis vor, da ein solches nur dann anzunehmen ist, wenn ihm nach der Dauer der versäumten Arbeitszeit, nach Maßgabe der Dringlichkeit der zu verrichtenden Arbeit oder wegen des Ausmaßes des zufolge des Versäumnisses nicht erzielten Arbeitserfolges oder der sonstigen durch sie eingetretenen betrieblichen Nachteile besondere Bedeutung zukommt. Hat der AN jedoch im Wesentlichen alle Arbeiten auf der Baustelle vor seinem Verlassen fertiggestellt und war seine Abwesenheit auch nicht von unverhältnismäßiger Dauer, ist die Entlassung nicht gerechtfertigt (ASG Wien 34 Cga 142/00 a = ARD 5216/8/2001).*

Bekleidungsvorschriften

- *Die beharrliche Weigerung, einer individuellen Weisung des AG hinsichtlich der Einhaltung des auch von dessen Kundenkreis erwarteten Bekleidungsstils im Betrieb nachzukommen, stellt auch bei Duldung der bisherigen Bekleidung des AN einen Entlassungsgrund dar, gleich ob diese Duldung auf Entgegenkommen oder auf einer anderen Unternehmensphilosophie beruhte (OGH 11.2.1998, 8 Ob A 195/98 d; ARD 5019/2/99 – betrifft dicke Goldkette in einer Bank – zum rosa Haarband eines Busfahrers – siehe 14.20).*

Radiohören während der Arbeit

- *Im Rahmen eines Betriebes, dessen Gegenstand die Datenverarbeitung ist und in dem es daher zur klaglosen Bewältigung der Arbeit auch einer gewissen Konzentration der Angestellten bedarf, ist das vom AG verfügte allgemeine Verbot, während der Arbeit Radio zu spielen, durch den Gegenstand der Dienstleistung gerechtfertigt. Ein AN, der gegen dieses Verbot trotz Androhung der Entlassung bewusst zuwiderhandelt und auch gegenüber Arbeitskollegen erklärt, er denke nicht daran, sich an dieses Verbot zu halten, setzt den Entlassungsgrund des § 27 Z 4 dritter Fall AngG (OGH 4 Ob 23/85 = Arb 10.412).*

Herabsetzendes Verhalten gegenüber Kunden

- *Behandelt ein AN einen Kunden trotz Ermahnung in herablassender Art und meint er diesem gegenüber, dass er „sich brausen gehen solle", und dass er, „wenn ihm ein Kun-*

de dämlich kommt, diesem dämlich zurück komme", ist seine Entlassung gerechtfertigt. Die Auffassung, dass man Unmutsäußerungen und von einer gewissen Überlegenheit geprägte Bemerkungen, die von manchen Kunden als herabsetzend empfunden werden, nicht allzu streng beurteilen könne, widerspricht einer an den Bedürfnissen der Kunden orientierten Kundenbetreuung eines Dienstleistungsbetriebes, da nach allgemeiner Lebenserfahrung zahlreiche Kunden eine unfreundliche Betreuung zwar nicht zum Anlass einer Beschwerde, aber zum Anlass eines Wechsels zum nächsten Anbieter nehmen (OLG Wien 9 Ra 196/00 k = ARD 5252/17/2001).

Zu Z 5 – Arbeitsverhinderung durch Freiheitsstrafe oder Untersuchungshaft

Da es sich bei diesen Arbeitsverhinderungen um **Dauertatbestände** handelt, kann die Entlassung während der gesamten Dauer der Arbeitsverhinderung jederzeit vorgenommen werden (siehe 42.1.1). Die Unzumutbarkeit der Weiterbeschäftigung nimmt nämlich mit der Fortdauer der Verhinderung zu.

Falls sich der AG von einem gegen den AN geführten Strafverfahren hinsichtlich einer Entlassung weitere Hinweise erwartet, so muss der AG unmissverständlich zum Ausdruck bringen, dass er sich diese Aufschlüsse erwarte (falls der AG den AN nicht dienstfrei stellt [siehe 42.1.1] – OGH 13.3.2002, 9 Ob A 54/02 k).

Da die Arbeitsverhinderung durch eine Freiheitsstrafe nur dann ein Entlassungsgrund ist, wenn dadurch eine längere Arbeitsverhinderung eingetreten ist, müsste die Freiheitsstrafe mindestens 14 Tage überschreiten. Der Entlassungstatbestand wird auch dann verwirklicht, wenn die Freiheitsstrafe durch eine Verwaltungsbehörde verhängt wurde. Eine **Vertrauensunwürdigkeit** muss jedoch nicht durch die Freiheitsstrafe eingetreten sein. Falls jedoch das strafbare Verhalten die Weiterbeschäftigung des AN dem AG unzumutbar macht, kann die Entlassung auf eine Vertrauensunwürdigkeit gestützt werden.

Der Tatbestand der Z 5 kann auch durch eine Untersuchungshaft begründet werden, soferne diese eine Abwesenheit von der Arbeit während einer erheblichen Zeit herbeiführt. Als Untergrenze für die „erhebliche Zeit" sieht die Judikatur eine Dauer der Untersuchungshaft von 14 Tagen vor (OGH 31.8.1994, 8 Ob A 268/94).

Soll eine Entlassung auf ein Fernbleiben von der Arbeit wegen Untersuchungshaft gestützt werden, so ist es ratsam, 14 Tage abzuwarten und erst in der dritten Woche eine Entlassung auszusprechen. Falls nämlich eine auf Z 5 gestützte Entlassung etwa bereits in der ersten Woche der Abwesenheit ausgesprochen wird, so kann diese nur dann gerechtfertigt sein, wenn ein strafbares Verhalten, welches die Abwesenheit vom Arbeitsplatz verursacht hat, eine Vertrauensunwürdigkeit im Sinne der Z 1 bewirkt. Die vor einer 14-tägigen Untersuchungshaft ausgesprochene Entlassung wird auch nicht dadurch saniert, dass die Untersuchungshaft nach Ausspruch der Entlassung andauert und insgesamt 14 oder mehr Tage erreicht (OGH 31.8.1994, 8 Ob A 268/94, 13.6.2002, 8 Ob A 124/02 x).

Zur Vermeidung von Schwierigkeiten hinsichtlich der **Zustellung der Entlassungserklärung** sollte diese einerseits an die zuletzt mitgeteilte Wohnadresse und andererseits an die Strafanstalt eingeschrieben übermittelt werden.

Zum nachrichtenlosen Fernbleiben siehe 32.

Zu Z 6 – Tätlichkeiten, Verletzungen der Sittlichkeit und erhebliche Ehrverletzungen

Tätlichkeiten sind vorsätzliche Angriffe (z.B. Faustschläge, Ohrfeigen oder Reißen an den Haaren) gegen den AG, andere AN oder allenfalls dritte Personen, wobei eine Strafbarkeit dieser Handlungen nicht unbedingt erforderlich ist.

Eine Ehrverletzung ist dann erheblich, wenn sie in besonderem Maß beleidigend ist und ein mit einem normalen Ehrgefühl behafteter Mensch auf sie nicht anders als mit dem Abbruch der Beziehungen reagieren kann (OGH 4 Ob 124/63 = Arb 7.854). Die Äußerung oder Handlung muss objektiv geeignet sein, ehrverletzend zu wirken, und im konkreten Fall diese Wirkung gehabt haben, was der Reaktion des Betroffenen zu entnehmen ist (OGH 4 Ob 139/62 = Arb 7.681, OGH 8 Ob A 10/05 m). Ob nun ein konkretes Verhalten die Unzumutbarkeit der Weiterbeschäftigung begründet, hängt immer von den besonderen Umständen des Einzelfalles ab (OGH 9 Ob A 167/99 w = ARD 5104/8/2000). So werden etwa der Bildungsgrad der Partner des Arbeitsvertrages, die bisher üblichen Umgangsformen, die Ursachen der beleidigenden Äußerung etc. zu prüfen sein (OGH 9 Ob A 15/03 a). Erklärt etwa der AG zum AN, dem ein Karton Bonbons hinuntergefallen ist, er sei „zu blöd um Zuckerl zu tragen", so rechtfertigt die Reaktion des AN mit den Worten „geh scheißen" und „Arschloch" noch nicht eine Entlassung. Aufgrund der erlittenen Demütigung ist auch das aggressive Schimpfwort „Arschloch" nach Auffassung des OLG Wien verständlich (10 Ra 172/06 x, ARD 5792/3/2007).

Bezeichnet die AN einen Kollegen als „Arsch, der das Hackl ins Kreuz gehaut und keine Eier in der Hose hat", so ist dies auch dann ein Entlassungsgrund, wenn von einer sehr emotionalen Situation auszugehen ist (OLG Linz 1.6.2016, 12 Ra 43/16 d, *Rauch*, Arbeitsrecht 2017, 47 f.).

Der rauere Umgangston in einem Betrieb bzw. betriebsübliche Verhaltensweisen und Äußerungen sind ebenfalls bei der rechtlichen Wertung eines bestimmten Verhaltens zu beachten (Arb 7.854, 7.940). Eine Bemerkung wie „Alter, mach dir nicht ins Hemd" wird insbesondere bei lockerem Umgangston im Betrieb keinen Entlassungsgrund darstellen (OLG Wien 7 Ra 108/96 w = ARD 4799/18/96). Auch auf Baustellen sind trotz fallweise raueren Umgangstons grobe Beschimpfungen nicht generell zu tolerieren (OLG Wien 7 Ra 74/06 p = ARD 5761/10/2007). So etwa stellt die Ablehnung der Aufforderung des Vorgesetzten, über die Baustelle zu berichten, mit der Bemerkung „Das geht dich nichts an, du kleine Krot" eine grobe Ehrenbeleidigung dar (OGH 5.11.1997, 9 Ob A 249/97 a). Bekannte Schimpfworte, die allgemein als grob beleidigend angesehen werden, stellen in der Regel einen Entlassungsgrund dar. Beispielsweise gilt dies für Bezeichnungen wie etwa „Schwein" (OGH 9 Ob A 305/99), „blöde Kuh" (OGH 8 Ob A 116/98 m), „Idiot" (Arb 9.214), „Tschusch" (OGH 9 Ob A 173/99 b = ARD 5052/4/99), „Arschloch" (OGH 9 Ob A 2110/96 a = ARD 4814/1/97), „Riesenarschloch" (OGH 8 Ob A 220/00 m), „Lausbub" (Arb 3.596) und „sucker, you suckerman" (laut OGH 8 Ob A 83/05 x mit „Trottel, Gelackter, Koffer, Mistkerl, Dreckskerl, Gimpel" zu übersetzen) sowie „Drecksau, Dreckskerl und Drecksack" (OLG Linz 28.9.2011, 12 Ra 60/11 x, ARD 6192/5/2011). Die Bezeichnung als „Giraffe" wäre wohl noch keine grobe Ehrenbeleidigung, aber die zusätzlichen Bemerkungen, dass sie „lauter Falten im Gesicht" bekomme und „krank im Kopf" sei, bewirken den Entlassungstatbestand (OGH 9 Ob A 96/03f = ARD 5518/7/2004); ebenso das Götzzitat (so auch OGH 9 Ob A 100/98 s) und die Ergänzung „Geh scheißen". Die falsche Mitteilung, dass der Krankenschein noch nicht ausgestellt ist, rechtfertigt diese Äußerung eines Reinigungsarbeiters nicht (OLG Wien 10 Ra 109/04 d = ARD 5604/14/2005). Die Drohung „Wenn du nicht still bist, hau ich dir eine in die Goschn" ist ebenfalls als erhebliche Ehrverletzung zu werten (OLG Wien 9 Ra 74/05 a = ARD 5712/14/2006). Die Drohung, den AG und dessen Sohn „zusammenzuschlagen" ist eine grobe Ehrenbeleidigung (OGH 2.6.2009, 9 Ob A 51/09 d). Die Aufforderung eines Lehrlings an einen anderen Lehrling, er möge „die Goschn" halten, ist kein Entlassungsgrund, weil dies weder eine gefährliche Drohung (§ 15 Abs. 3 lit. b BAG) noch eine Beleidigung darstellt (weil damit kein charakterlicher Vorwurf verbunden ist – OLG Wien 7 Ra 106/06 v = ARD 5761/13/2007). Die Mitteilung „du nix Chef, du schlechter Mensch", stellt eine grobe Ehrverletzung dar, weil negative Charaktereigenschaften unterstellt werden und überdies die Autorität des Vorgesetzten in Frage gestellt wird (ASG Wien 11 Cga 210/08 v = ARD 5982/4/2009). Ebenso rechtfertigt die Äußerung „Sie haben keine Ahnung von der Gastronomie" zum Geschäftsführer eines Gastgewerbebetriebs die Entlassung, weil dessen Fach- und Führungskompetenz verneint wird (ASG Wien 29 Cga 134/08 z = ARD 5982/4/2009). Auch die Bezeichnung ausländischer AN als „Cevapcici" und „Rasnici" oder einer Gemeindebediensteten als „ein Nichts" (OGH 26.2.2016, 8 Ob A 96/15 y) stellt eine grobe Ehrenbeleidigung dar (OGH 22.2.2006, 9 Ob A 42/05 z). Bezeichnet ein Oberarzt den vorgesetzten Primar im dienstlichen Gespräch mit einer Turnusärztin als „Schlächter von Ulm", so ist dies eine grobe Ehrverletzung (OGH 25.10.2011, 9 Ob A 75/11 m).

Derbe Äußerungen als Reaktion auf eine neuerliche sexuelle Belästigung („Tschusch", „Sau") durch den beleidigten Kollegen sind noch entschuldbar und bilden keinen Entlassungsgrund (OLG Wien 7 Ra 335/02 i = ARD 5430/2/2003).

Zum Mitverschulden bei provozierten Beleidigungen siehe 42.1.8.

Zu außerdienstlichen Beleidigungen siehe 42.1.5.

Soweit nicht eine Tätlichkeit oder ein strafbares Verhalten vorliegt, kommen auch bestimmte Handlungen als erhebliche Ehrverletzung in Frage. Nach der Rechtsprechung ist etwa durch Fußtritte (OGH 8 Ob A 221/02 m), das Bespucken oder das Nachwerfen von Gegenständen eine erhebliche Ehrverletzung gegeben. Beim Nachwerfen von Gegenständen ist es unerheblich, ob jemand getroffen wird (OGH 26.2.1998, 8 Ob A 8/98 d).

Auch **sexuelle Belästigungen** (§ 6 Abs. 2 GlBG) können eine erhebliche Ehrverletzung darstellen (OGH 9 Ob A 163/01 p = ARD 5312/38/2002, OGH 9 Ob A 64/04 h sowie einschlägige Judikatur im Folgenden). Im Übrigen führt die sexuelle Belästigung i.S.d. § 6 GlBG zu Schadenersatzansprüchen nach § 12 Z 11 GlBG. Die Höhe des Anspruchs richtet sich etwa nach Dauer, Intensität, jugendlichem Alter des Opfers etc. In der Praxis wurden beispielsweise € 3.633,– (OGH 9 Ob A 119/02 v = ARD 5351/13/2003 und ARD 5356/36/2002) und € 4.360,– (OLG Wien 9 Ra 66/03 x = ARD 5447/14/2003) zugesprochen (siehe auch 4. und die einschlägige Judikatur im Anschluss). Die Bemerkung „Du schaust aus, wie wannst 14 Tag durchgschnackelt hättest", ist kein Entlassungsgrund, wenn es sich um eine einmalige Entgleisung handelt (OGH 29.9.2010, 9 Ob A 13/10 t). Auch „Zwickerbussis" sind eine sexuelle Belästigung, weil es dabei in aller Regel nicht um sexuelle Erregung oder Befriedigung, sondern um sexuell gefärbte Machtausübung geht (OLG Wien 24.10.2013, 9 Ra 68/13 f, ARD 6385/9/2013, *Rauch*, Arbeitsrecht 2015, 29 f.).

Fährt der Vorarbeiter einer hockend tätigen AN mit dem Fuß zwischen die Beine und drückt nach oben, so rechtfertigt dies (auch bei lockerem Umgangston) die Entlassung ohne Verwarnung (OGH 26.11.2015, 9 Ob A 132/15 z, *Rauch*, Arbeitsrecht 2017, 52). Die Bezeichnung einer AN als „aufgetackelte Polyestertussi" ist keine sexuelle Belästigung, könnte aber eine Ehrenbeleidigung sein (ASG Wien 15.10.1996, 24 Cga 170/95 k, ARD 4811/22/97).

Die erhebliche Alkoholisierung des schimpfenden AN kann diesen nicht entlasten, wenn er sich nach Beginn einer Auseinandersetzung weiter betrunken hat, weil er damit eine weitere Enthemmung im Zuge des Konflikts in Kauf genommen hat (OLG Wien 29.3.2009, 9 Ra 104/09 v = ARD 6032/7/2010).

Allgemein gehaltene ungebührliche Äußerungen sind nicht als erhebliche Ehrverletzung anzusehen. Beispielsweise ist die Anmerkung, dass das Personalauswahlverfahren eine „Farce" und ein „abgekartetes Spiel" sei, kein Entlassungsgrund (OGH 9 Ob A 238/98 k = ARD 5075/7/99). Auch die Äußerung „Du mit deiner Art ruinierst die Firma" ist als bloße Kritik, aber nicht als erhebliche Ehrverletzung anzusehen (Arb 11.632).

Zu Ehrenbeleidigungen siehe auch *Rauch*, Arbeitsrechtliche Folgen von Ehrenbeleidigungen, ASoK 2008, 19 ff.

Einschlägige Judikatur
Erhebliche Ehrverletzung

- *Die Entlassung eines Lehrlings wegen einer im privaten Umfeld erfolgten Ehrverletzung seines Lehrberechtigten („Hören Sie auf mit dem Arsch, ich bin froh, wenn ich ihn nicht sehe!"), die diesem zugetragen wurde, ist unberechtigt, weil der Lehrling nicht damit rechnete, dass der Lehrberechtigte von der Beleidigung erfahren und dadurch verletzt werde (OGH 9 Ob A 270/98 s = ARD 4999/6/99).*
- *Ob das Verbreiten des unwahren Gerüchts durch einen AN, zwischen dem AG und einer AN bestünde ein „Verhältnis", den Entlassungsgrund der erheblichen Ehrverletzung begründet, lässt sich nur anhand der konkreten Umstände des Einzelfalls beantworten (OGH 9 Ob A 174/98 y = ARD 4999/10/99).*

Sexuelle Belästigung

- *Sexuelle Belästigung ist ein der sexuellen Sphäre zugehöriges Verhalten, das die Würde der Person beeinträchtigt, für die Person unerwünscht, unangebracht oder anstößig ist und eine einschränkende oder demütigende Arbeitsumwelt für die betroffene Person schafft. Das Greifen auf das Knie als körperlicher Kontakt, unsittliche Reden, wie der unzweideutige Ausspruch „Ich hätte gerne einmal eine Rothaarige", usw. sind objektiv geeignet, verletzend zu wirken. Sexuelle Belästigung begründet eine schwer wiegende Disziplinlosigkeit, sodass für die Berechtigung der Entlassung wesentliche Tatbestandsmerkmale der Unzumutbarkeit erfüllt sind (OLG Wien 31 Ra 162/93 = ARD 4601/10/94).*
- *Das wiederholte, unerwünschte und absichtliche Berühren des Oberschenkels einer AN durch den Geschäftsführer erfüllt den Tatbestand der sexuellen Belästigung und verpflichtet den Geschäftsführer zu Schadenersatz, für den die GmbH als AG solidarisch haftet (ASG Wien 19 Cga 182/94 m = ARD 4803/1/96).*
- *Macht ein AG einer AN Komplimente über ihre schönen Augen, liegt darin keine der sexuellen Sphäre zugehörige Äußerung und kann dies den Umständen nach nicht unter § 2 Abs. 1 b Z 1 GlbG subsumiert werden. Einem Kompliment über schöne Augen kann kein beleidigender bzw. diskriminierender Aspekt abgewonnen werden. Der AN muss vielmehr auch „überzogener Sexismus" vorgeworfen werden, wenn sie diese Äußerung derartig verstehen will. Vom Geschäftsführer zugestandene, von der AN aber nicht beanstandete „Bussis" anlässlich Geburtstagen oder großen Feiertagen (z.B. Weihnachten) erfüllen ebenso wenig den Tatbestand des § 2 Abs. 1 b Z 1 GlbG. Dieses Verhalten ist vielmehr ein Ausdruck der in Österreich vielleicht nicht ganz üblichen südländischen Lebensart des Geschäftsführers und stellt keinen Angriff auf die sexuelle Sphäre der AN dar (ASG Wien 8 Cga 25/96 w = ARD 4803/3/96).*
- *In einem anderen Fall (OGH 9 Ob A 2217/96 m = ARD 4823/17/97) bejahte der OGH die Berechtigung eines AG zur Entlassung eines Stationsgehilfen, der eine Schwesternschülerin sexuell belästigt hat. Auch im vorliegenden Fall darf der AG das Verhalten des Lagerarbeiters (der ein Lehrmädchen mehrfach „begrapscht" hat), nachdem ihm die Vorfälle bekannt geworden waren, mit der sofortigen Beendigung des Arbeitsverhältnisses beantworten; zum einen um die Betroffene nicht der Gefahr weiterer Übergriffe auszusetzen, zum anderen aber auch um sich nicht dem Vorwurf auszusetzen, nicht für geeignete Abhilfe gesorgt zu haben (§ 2 Abs. 1 a Z 3 GlbG). Generell gilt, dass der AG dafür zu sorgen hat, dass die geschlechtliche Selbstbestimmung (§ 1328 ABGB; früher „Geschlechtsehre"), sexuelle Integrität und Intimsphäre der AN nicht gefährdet werden. Jugendliche (Lehrlinge) sind besonders schutzbedürftig (§ 23 KJBG, §§ 4 und 9 BAG). Beim Schutz minderjähriger AN liegt ein wesentlicher Anwendungsbereich des Verbots sexueller Belästigung. Dass die sexuellen Übergriffe des Lagerarbeiters bereits*

etwa ein Jahr zurücklagen, als sie dem AG bekannt wurden, nahm ihnen nicht die Unzumutbarkeit der weiteren Beschäftigung des AN, zumal unter Umständen schon eine einmalige schwer wiegende Handlung den Entlassungstatbestand erfüllen kann, hier aber der Lagerarbeiter sogar seine Angriffe monatelang fortgesetzt hatte (OGH 9 Ob A 292/99 b = ARD 5152/5/2000 – ähnlich auch OGH 9 Ob A 319/00 b = ecolex 2001, 622 = ARD 5232/8/2001).

- *Da bei Beurteilung des Vorliegens eines Entlassungsgrundes ein objektiver Maßstab anzulegen ist (9 Ob A 319/00 b), ist es nicht entscheidend, ob die vom Kläger sexuell belästigte AN die Entlassung des Klägers wollte. Wesentlich ist, dass für den AG die Unzumutbarkeit der Weiterbeschäftigung bestand (OGH 9 Ob A 15/01 y).*

- *Bei sexueller Belästigung geht es in aller Regel nicht um sexuelle Befriedigung, sondern um sexuell gefärbte Machtausübung. Die Verletzung kann auch durch Äußerungen erfolgen, die geeignet sind, die soziale Wertschätzung einer Person etwa durch Geringschätzung oder Verspottung herabzusetzen oder das Ehrgefühl zu verletzen (OGH 9 Ob A 143/03z).*

- *Das Angebot des AG an eine 22-jährige Angestellte, die erst seit einer Woche beschäftigt war, gemeinsam in einem Doppelzimmer zu übernachten, ist als sexuelle Belästigung anzusehen (OLG Wien 9 Ra 163/04 p = ARD 5608/8/2005).*

- *Das jahrelange Kitzeln und Stupsen der AN im Rippenbereich übersteigt die Toleranzgrenze, selbst wenn die Handlungen freundschaftlich und nicht sexuell motiviert waren. Da die Proteste der AN den Geschäftsführer nicht interessiert haben, ist auch das Tatbestandsmerkmal der Beeinträchtigung der Würde erfüllt (OLG Wien 8 Ra 147/06 f = ARD 5815/3/2007).*

- *Die einmalige verbale Entgleisung eines 56-jährigen AN gegenüber einem 19-jährigen Lehrmädchen mit den Worten „Du schaust aus, wie waunst 14 Tag durchgschnackslt hättst", womit dieser scherzhaft die zersauste Frisur kommentieren wollte, rechtfertigt noch nicht eine Entlassung (OGH 29.9.2010, 9 Ob A 13/10 t).*

Drohung

- *Die Äußerung, es werde etwas passieren, wenn der AN nicht sein Geld bekomme, stellt einen Entlassungsgrund dar, weil diese Äußerung bei Abwägung aller Umstände nur als Drohung mit bevorstehenden Tätlichkeiten gewertet werden kann. Eine bloße Unmutsäußerung durch den AN stellt ein solches Verhalten nicht dar (OLG Wien 32 Ra 3/92 = ARD 4371/7/92).*

42.3 Entlassung eines Arbeiters

§ 82 GewO 1859 bestimmt Folgendes:

§ 82. Vor Ablauf der ausdrücklich oder stillschweigend bedungenen Dauer des Arbeitsverhältnisses kann ein Hilfsarbeiter ohne Kündigung in folgenden Fällen sofort entlassen werden, wenn er:

a) bei Abschluß des Arbeitsvertrages den Gewerbeinhaber durch Vorzeigung falscher oder verfälschter Ausweiskarten oder Zeugnisse hintergangen oder ihn über das Bestehen eines anderen, den Hilfsarbeiter gleichzeitig verpflichtenden Arbeitsverhältnisses in einen Irrtum versetzt hat;

b) zu der mit ihm vereinbarten Arbeit unfähig befunden wird;

c) der Trunksucht verfällt und wiederholt fruchtlos verwarnt wurde;

d) sich eines Diebstahls, einer Veruntreuung oder einer sonstigen strafbaren Handlung schuldig macht, welche ihn des Vertrauens des Gewerbeinhabers unwürdig erscheinen läßt;
e) ein Geschäfts- oder Betriebsgeheimnis verrät oder ohne Einwilligung des Gewerbeinhabers ein der Verwendung beim Gewerbe abträgliches Nebengeschäft betreibt;
f) die Arbeit unbefugt verlassen hat oder beharrlich seine Pflichten vernachlässigt oder die übrigen Hilfsarbeiter oder die Hausgenossen zum Ungehorsam, zur Auflehnung gegen den Gewerbeinhaber, zu unordentlichem Lebenswandel oder zu unsittlichen oder gesetzwidrigen Handlungen zu verleiten sucht;
g) sich einer groben Ehrenbeleidigung, Körperverletzung oder gefährlichen Drohung gegen den Gewerbeinhaber oder dessen Hausgenossen, oder gegen die übrigen Hilfsarbeiter schuldig macht, oder ungeachtet vorausgegangener Verwarnung mit Feuer und Licht unvorsichtig umgeht;
h) mit einer abschreckenden Krankheit behaftet ist, oder durch eigenes Verschulden arbeitsunfähig wird;
i) durch länger als 14 Tage gefänglich angehalten wird.

Die im § 82 GewO 1859 enthaltene Aufzählung von Entlassungsgründen ist erschöpfend. Eine ausdehnende Anwendung auf nach Beschaffenheit und Bedeutung gleichartige Tatbestände ist zulässig (zB OGH 10.5.1983, 4 Ob 48/83, Arb 10.267). Der AG muss daher beachten, dass der Grund, welcher eine Entlassung rechtfertigen soll, einem der im § 82 lit. a bis i GewO 1859 genannten Gründen oder einem gleichwertigen Tatbestand entspricht.

Die bloße „**Vertrauensunwürdigkeit**" ist im § 82 GewO 1859 als Entlassungsgrund nicht genannt und kann daher die Entlassung eines Arbeiters nicht rechtfertigen. Sie stellt nur dann einen Entlassungsgrund dar, wenn sie durch ein strafbares Verhalten bewirkt wird (z.B. OGH 8 Ob A 22/06 b).

Die wesentlichen Unterschiede zum Entlassungsrecht der Angestellten liegen daher darin, dass beim Arbeiter die Entlassungsgründe im Gesetz taxativ genannt werden und die bloße Vertrauensunwürdigkeit eine Entlassung nicht begründen kann.

Zu lit. b – siehe 42.2 zu Z 2.

Zu lit. c – siehe 34.

Zu lit. d – Strafbare Handlung, die vertrauensunwürdig macht

Ein verwaltungsrechtlich **strafbares Verhalten** kann (je nach den Umständen des Einzelfalles) eine Entlassung nach lit. d begründen (OGH 8 Ob A 260/95 = ARD 4702/15/95; OGH 9 Ob A 66/95 = ARD 4688/17/95). So etwa können beharrliche Verstöße eines Kraftfahrers gegen kraftfahrrechtliche Bestimmungen eine Entlassung rechtfertigen (OGH 9 Ob A 76/95 = ARD 4711/25/96). Das dienstliche Lenken eines PKW in alkoholisiertem Zustand ist als strafbares Verhalten im Sinne des § 82 lit. d GewO 1859 anzusehen (OLG Innsbruck 15 Ra 18/96 a = ARD 4878/8/97 – siehe auch 34.4). Verrichtet etwa ein Arbeiter auf dem Betriebsgelände seine große Notdurft, so erfüllt dies den Verwaltungsstraftatbestand der Störung der öffentlichen Ordnung (§ 81 Abs. 1 Sicherheitspolizeigesetz) und berechtigt den AG zur Entlassung (OLG Wien 9 Ra 154/06 t = ARD 5842/3/2008). Ebenso eine Ehrenkränkung nach § 1 Z 3 des Wiener Landesgesetzes zum Schutze der persönlichen Ehre gegenüber des Ehegattin des Geschäftsführers (die in lit. g nicht erfasst ist – OGH 28.7.2010, 9 Ob A 58/10 k). Eine Verurteilung wegen eines strafbaren Verhaltens ist für die Begründung einer Entlassung nicht jedenfalls erforderlich (OGH 9 Ob A 14/98 v). Die Entlassung kann auch dann gerechtfertigt sein, wenn § 42 StGB (mangelnde Strafwürdigkeit der Tat) zur Anwendung kommt (Arb 11.604; OGH 9 Ob A 198/95; LG Wr. Neustadt 6 Cga 55/97 k = ARD 5010/19/99) oder ein Ermächtigungsdelikt vorliegt (OGH 4 Ob 118/85, 9 Ob A 202/88).

Auch der **Diebstahl** oder der bloße Versuch des Diebstahls von Gütern mit relativ geringem Wert ist als Entlassungsgrund anzusehen (OLG Wien 9 Ra 297/01 i = ARD 5341/36/2002). So etwa hat der OGH den Versuch, einen Striezel zu stehlen, trotz eines 15-jährigen untadeligen Arbeitsverhältnisses als Entlassungsgrund gewertet (OGH 9 Ob A 328/99 x = ARD 5196/ 12/2001). Ebenso wurde der Diebstahl von sechs Golatschen (OGH 9 Ob A 295/90), eines Rindslungenbratens (OGH 8 Ob A 52/04v = ARD 5481/7/2004), von Papierrollen (OGH 22.4.2010, 8 Ob A 25/10 z) sowie von zwei gefüllten Weckerln im Wert von € 3,– (OLG Wien 8 Ra 32/09 y = ARD 5986/1/2009) als Entlassungsgrund angesehen. Die Mitnahme von nahezu wertlosen Lebensmittelresten kann jedoch eine Entlassung nicht rechtfertigen (OGH 9 Ob A 368/93, 9 Ob A 73/08 p). Ebenso gilt dies für die Entnahme von Obst und Gemüse, welches zur Entsorgung vorgesehen ist (OGH 9 Ob A 73/08 p). Die Entwendung eines vorbereiteten Patientenessens durch eine AN trotz gegenteiliger Dienstanweisung begründet ebenfalls eine Entlassung (OGH 9 Ob A 256/00 p, 9 Ob A 227/00 y).

Auch die eigenmächtige Ingebrauchnahme eines firmeneigenen Fahrzeugs stellt ein strafbares Verhalten dar, welches eine Entlassung rechtfertigen kann (OGH 8 Ob A 32/03 y = ARD 5497/13/2004).

In all diesen Fällen ist eine **Strafanzeige** nicht erforderlich.

Falls jedoch ein strafgerichtliches Verfahren eingeleitet wurde und eine Einstellung des Verfahrens oder ein Freispruch erfolgt ist, so besteht keinerlei Bindung des Arbeitsgerichts an diese Entscheidung. Das Arbeitsgericht hat selbständig zu entscheiden, ob eine nach § 82 lit. d GewO 1859 relevante strafbare Handlung begangen worden ist (OLG Wien 9 Ra 297/01 i = ARD 5341/36/2002). Daher soll die Unterbrechung des arbeitsgerichtlichen Verfahrens wegen eines Strafverfahrens eine Ausnahme sein (OLG Wien 8 Ra 45/04 b = ARD 5541/10/2004).

Einschlägige Judikatur
- *Bei der Beurteilung der Tatbestandsmäßigkeit einer auf einen Diebstahl gegründeten Entlassung kommt es jedoch grundsätzlich nicht auf den Wert des Deliktobjektes an, da die Vertrauensunwürdigkeit als gegeben angesehen wird. Es müssen besondere Umstände vorliegen, die dem AG die Weiterbeschäftigung ausnahmsweise nicht unzumutbar machen (OGH 9 Ob A 368/93 = infas 4/94, A 100; OGH 9 Ob A 256/00 p, 9 Ob A 227/00 y).*

Zu lit. e – siehe auch 42.2 zu Z 3

Unter einem **Nebengeschäft** ist die tatsächliche Besorgung von Arbeiten durch einen AN außerhalb des Geschäftsbetriebes seines AG in der Absicht zu verstehen, sie wiederholt und in der Art zu verrichten, dass darauf Zeit und Mühe verwendet wird (Arb 10.267; OGH 9 Ob A 44/89, 9 Ob A 91/89 t). Zur Verwirklichung dieses Entlassungstatbestandes sind nachteilige Auswirkungen auf das vom AG betriebene Gewerbe – etwa durch Konkurrenzierung bei seinen Kunden (Arb 10.267) oder durch Beeinträchtigung der vollen Entfaltung der Leistungsfähigkeit des AN im Rahmen seines Arbeitsverhältnisses (Arb 9.517; OGH 9 Ob A 75/95, 8 Ob A 110/00 k) oder durch einen Interessenkonflikt (OGH 9 Ob A 7/06 d = ARD 5681/4/2006) erforderlich. Falls beispielsweise ein Kfz-Mechaniker, dessen AG eine Kfz-Werkstatt betreibt, über einen längeren Zeitraum für Bekannte und Verwandte „schwarz" Reparaturarbeiten durchführt und damit seinen AG konkurrenziert, so ist die Entlassung berechtigt (OGH 22.2.2011, 8 Ob A 47/10 k).

Ein generelles Konkurrenzverbot wie nach § 7 AngG kann für Arbeiter nicht angenommen werden (OGH 9 Ob A 64/07 p).

Ist der AN während der Kündigungsfrist dienstfrei gestellt, kommt seine Entlassung wegen der Einschränkung der Leistungsfähigkeit durch ein Nebengeschäft nicht in Frage. Hat er jedoch einem Kunden ein anderes Produkt als das seines AG angeboten, so ist aufgrund der Konkurrenzierung ein abträgliches Nebengeschäft anzunehmen (OGH 9 Ob A 184/07 k = ARD 5909/5/2008).

Unter **Geschäfts- und Betriebsgeheimnissen** sind nicht nur unlautere Geschäftspraktiken oder ein gesetzwidriges Verhalten, sondern generell Umstände zu verstehen, die nicht allgemein bekannt sind und an deren Geheimhaltung der AG ein objektiv berechtigtes Interesse hat. Dies ist etwa hinsichtlich des Vorliegens von Exekutionen und der angeblich drohenden Geschäftsschließung zu bejahen. Auch ist dem AG eine Weiterbeschäftigung während der Kündigungsfrist nicht zumutbar, wenn er mit weiteren Verletzungen des Geschäfts- und Betriebsgeheimnisses während der Kündigungsfrist rechnen muss (ASG Wien 22 Cga 159/99 h = ARD 5244/40/2001). Beim Verrat eines Betriebsgeheimnisses genügt fahrlässiges Verhalten (ASG Wien 192/99 y = ARD 5341/37/2002).

Einschlägige Judikatur

- *Unter einem Nebengeschäft ist die Verwertung der Arbeitskraft des AN außerhalb des Betriebes des AG zu verstehen. Dies bildet unter der Voraussetzung einen Entlassungsgrund, dass dadurch die Interessen des AG nachteilig berührt werden. Die Verrichtung vereinzelter Arbeiten neben der Tätigkeit für den AG kommt nur dann als Entlassungsgrund nach § 82 lit. e GewO 1859 in Frage, wenn der Arbeitsauftrag ohne das Einschreiten des AN dem AG zugekommen wäre (OLG Wien 34 Ra 119/93 = ARD 4529/17/94).*
- *Es ist klar ersichtlich, dass ein Lackierer, der neben seiner Vollbeschäftigung ein weiteres Arbeitsverhältnis als Lackierer im Ausmaß von 32 Wochenstunden eingeht und*

dabei im Wesentlichen Samstags- und Sonntagsarbeit im Ausmaß von 12 bzw. 10 Stunden leistet, damit ein Nebengeschäft eingeht, das geeignet ist, ihn an der Entfaltung seiner vollen Leistungsfähigkeit bei der Erfüllung seines Arbeitsvertrages zu hindern (OGH 9 Ob A 75/95 = ARD 4703/18/95).

Zu lit. f – siehe 42.2 zu Z 4

Für die Frage, was als unordentlicher Lebenswandel anzusehen ist, ist auf ein allgemeines objektives Verständnis dieses Begriffes abzustellen. Eine durch Erwerb, Besitz und Konsum von Drogen gekennzeichnete Lebensführung ist jedenfalls als „unordentlich" zu qualifizieren (OLG Wien 9 Ra 106/04 f = ARD 5587/9/2005).

Einschlägige Judikatur

- *Gehört es zur zentralen Aufgabe des AN, im Rahmen von Posttouren Briefe und Pakete sicher bei der Post abzugeben, hat er aber die Briefe und Pakete einfach vor der Post auf einem geparkten Pkw bzw vor diesem abgestellt und weder einen Postangestellten noch einen dort anwesenden Kollegen aufgefordert, die abgestellten Briefe und Pakete in die Halle zu bringen, dann ist durch dieses Verhalten ein Entlassungsgrund nach § 82 lit f GewO 1859 auch ohne vorhergehende Ermahnung erfüllt (OGH 28.3.2012, 8 Ob A 1/12 y).*

Zu lit. g – Ehrenbeleidigung, Körperverletzung, gefährliche Drohung und unvorsichtiger Umgang mit Feuer und Licht

Zu Ehrenbeleidigung und Tätlichkeiten siehe 42.2 Z 6.

Der unvorsichtige Umgang mit Feuer und Licht kann insofern extensiv ausgelegt werden, als auch ein unvorsichtiger Umgang etwa mit Strahlen, Bakterien, Giften etc. ebenso einen Entlassungsgrund darstellen kann.

Einschlägige Judikatur

- *Nicht unter den Begriff der groben Ehrenbeleidigung fällt es, wenn sich eine Partei im Zuge von wechselseitigen Auseinandersetzungen zu einer so genannten „Retorsionsbeleidigung" hinreißen lässt. Die Verwendung des Ausdruckes „Spaghettifresser" erfüllt dann, wenn man selbst vorher als „Neger" beschimpft wurde, nicht den Tatbestand der Ehrverletzung (ASG Wien 13 Cga 63/99 z = ARD 5196/53/2001).*

- *Auch wenn zwischen Reinigungsarbeiterinnen mitunter ein rauerer Umgangston herrscht, ist es nicht lebensnah, dass gegenüber Vorgesetzten die Verwendung grober Schimpfworte, wie „Hure", üblich ist und auch toleriert wird, weshalb eine derartige Bezeichnung der vorgesetzten Objektleiterin den Entlassungstatbestand des § 82 lit. g GewO 1859 erfüllt (ASG Wien 30 Cga 295/99 t = ARD 5196/54/2001).*

- *Eine besonders ordinäre Beleidigung (hier: „Der Chef soll dich ficken") der Vorarbeiterin durch eine AN als Reaktion auf eine Ermahnung, die die besonders geschützte sexuelle Sphäre der Beleidigten massiv tangiert, wird als besonders peinlich empfunden und ist daher geeignet, in ganz erheblicher Weise als besonders ehrverletzend zu wirken (OLG Wien 8 Ra 175/00 i = ARD 5196/52/2001).*

Zu lit. i – Anhaltung im Gefängnis

Siehe auch 42.2 Z 5.

Zu diesem Entlassungstatbestand ist hervorzuheben, dass die Entlassung frühestens am 15. Tag der gefänglichen Anhaltung ausgesprochen werden darf (OGH 11.11.2004, 8 Ob A 55/04 b). Im Fall eines schnelleren Entlassungsausspruchs müsste nachgewiesen werden, dass das strafbare Verhalten den Arbeiter vertrauensunwürdig gemacht hat. Da aus Gründen des Datenschutzes nähere Informationen über das strafbare Verhalten oftmals schwer zu erhalten sind, ist es jedoch insbesondere in Zweifelsfällen ratsam, bis zum 15. Tag zuzuwarten und erst dann die Entlassung auszusprechen. Die Entlassung ist nämlich auch dann unberechtigt, wenn sie vor dem 15. Tag ausgesprochen wird und die Haft in der Folge länger als 14 Tage dauert (OGH 11.11.2004, 8 Ob A 55/04 b). Zur Vermeidung von Diskussionen hinsichtlich der Zustellung der Entlassungserklärung ist es empfehlenswert, diese einerseits an die zuletzt bekannt gegebene Wohnadresse sowie andererseits an die Strafanstalt eingeschrieben zu senden (siehe auch 37.1).

42.4 Vorzeitige Auflösung des Lehrverhältnisses durch den Lehrberechtigten

42.4.1 Die Auflösung nach § 15 Abs. 3 BAG (Entlassung)

§ 15 Abs. 3 BAG sieht Folgendes vor:

(3) Gründe, die den Lehrberechtigten zur vorzeitigen Auflösung des Lehrverhältnisses berechtigen, liegen vor, wenn

a) der Lehrling sich eines Diebstahls, einer Veruntreuung oder einer sonstigen strafbaren Handlung schuldig macht, die ihn des Vertrauens des Lehrberechtigten unwürdig macht oder der Lehrling länger als einen Monat in Haft, ausgenommen Untersuchungshaft, gehalten wird;

b) der Lehrling den Lehrberechtigten, dessen Betriebs- oder Haushaltsangehörige tätlich oder erheblich wörtlich beleidigt oder gefährlich bedroht hat, oder der Lehrling die Betriebsangehörigen zur Nichtbefolgung von betrieblichen Anordnungen, zu unordentlichen Lebenswandel oder zu unsittlichen oder gesetzwidrigen Handlungen zu verleiten sucht;

c) der Lehrling trotz wiederholten Ermahnungen die ihm auf Grund dieses Bundesgesetzes, des Schulpflichtgesetzes, BGBl. Nr. 242/1962, oder des Lehrvertrages obliegende Pflichten verletzt oder vernachlässigt;

d) der Lehrling ein Geschäfts- oder Betriebsgeheimnis anderen Personen verrät oder es ohne Zustimmung des Lehrberechtigten verwertet oder einen seiner Ausbildung abträglichen Nebenerwerb betreibt oder ohne Einwilligung des Lehrberechtigten Arbeiten seines Lehrberufes für Dritte verrichtet und dafür ein Entgelt verlangt;

e) der Lehrling seinen Lehrplatz unbefugt verläßt;

f) der Lehrling unfähig wird, den Lehrberuf zu erlernen, sofern innerhalb der vereinbarten Lehrzeit die Wiedererlangung dieser Fähigkeit nicht zu erwarten ist; oder

g) der Lehrling einer vereinbarten Ausbildung im Rahmen eines Ausbildungsverbundes infolge erheblicher Pflichtverletzung nicht nachkommt.

42. Entlassung

Die Auflösung des Lehrverhältnisses bedarf zur Rechtswirksamkeit der **Schriftform** (siehe 2.). Daher ist zunächst ein Entlassungsschreiben an den Lehrling zu richten (zur Zustellung siehe 37.1). Der Lehrberechtigte hat weiters die **Eltern des minderjährigen Lehrlings** (bis zur Vollendung des 18. Lebensjahres) von der ausgesprochenen Auflösung des Lehrverhältnisses zu verständigen. Wird jedoch eine schriftliche Entlassungserklärung nur an die Eltern des (minderjährigen oder volljährigen) Lehrlings gerichtet, so bewirkt dies keine rechtswirksame Auflösung des Lehrverhältnisses (OGH 9 Ob A 53/03i). Weiters ist der **Lehrlingsstelle** und der **Berufsschule** die Auflösung des Lehrverhältnisses zur Kenntnis zu bringen. Die im § 15 Abs. 3 BAG enthaltene Aufzählung von Gründen zur vorzeitigen Auflösung des Lehrverhältnisses durch den Lehrberechtigten ist erschöpfend. Auch Verfehlungen, die in der Berufsschule vorfallen, können eine Auflösung des Lehrvertrages begründen (OGH 8 Ob A 27/03 h = ARD 5454/15/2003, da die **Unterrichtszeit in der Berufsschule** eine bezahlte Arbeitszeit darstellt (§ 10 Abs. 4 ff. KJBG). Insbesondere bei unentschuldigten Fehlzeiten in der Berufsschule empfiehlt es sich, schriftliche Bestätigungen der Schule beizuschaffen. Schlechte Noten oder fehlende Begabung für den Lehrberuf sind kein Entlassungsgrund. Der Ausschluss aus der Berufsschule allein berechtigt den AG noch nicht zur vorzeitigen Auflösung des Lehrverhältnisses. Vielmehr ist zu prüfen, ob das den Ausschluss verursachende Verhalten die Fortsetzung des Lehrverhältnisses unzumutbar macht (OLG Wien 7 Ra 80/08 y = ARD 5978/5/2009).

Insbesondere beim Lehrling ist es ratsam, vor der Entlassung **Verwarnungen** auszusprechen, da die Verwarnung eine aufklärende Funktion hat und bei einem Lehrling diese Aufklärung von besonderer Bedeutung ist. Es kann jedoch nicht generell davon ausgegangen werden, dass erstmalige Verfehlungen nicht zur Entlassung eines Lehrlings berechtigen (OGH 9 Ob A 74/04 d).

Eine unbegründete Entlassung des Lehrlings beendet das Lehrverhältnis nicht (Arb 5.851, 6.598, 9.344, 9.896). Der Lehrling kann die Fortsetzung des Lehrverhältnisses mittels **Feststellungsklage** begehren (dies gilt auch für jene AN, die einem besonderen Kündigungs- oder Entlassungsschutz unterliegen). Auf diesen Bestandschutz kann jedoch der Lehrling bzw. der besonders geschützte AN ausdrücklich oder schlüssig verzichten (OGH 14.9.1982, 4 Ob 99/81, 22.9.2010, 8 Ob A 63/09 m, 24.4.2013, 9 Ob A 7/13 i).

Die Forderung nach der Auszahlung eines Schadenersatzes nach § 1162 b ABGB (Kündigungsentschädigung) wird von der Rechtsprechung als Verzicht auf den Bestandschutz angesehen. Es besteht eine Bindung an das einmal ausgeübte **Wahlrecht** (OGH 8 Ob A 177/00 p). Es ist daher im weiteren Verfahren diesfalls davon auszugehen, dass das Lehrverhältnis beendet ist und daher der Lehrling die Fortsetzung des Lehrverhältnisses nicht mehr verlangen kann (siehe auch 42.7.6.1).

Zu lit. a – Strafbares Verhalten

Die Entlassung eines Lehrlings kann auch dann gerechtfertigt sein, wenn das Strafverfahren eingestellt wurde (OGH 9 Ob A 91/94). Die Entlassung wegen geringfügiger Verletzung eines Mitschülers durch einen Lehrling ist bei hoher grundsätzlicher Gewaltbereitschaft des Lehrlings als gerechtfertigt anzusehen (OGH 8 Ob A 27/03 h = ARD 5454/15/2003). Auch die Beteiligung eines Lehrlings als Aufpasser bei einem versuchten Einbruchsdiebstahl ist als Entlassungsgrund anzusehen (OGH 9 Ob A 91/94).

Zu lit. c – beharrliche Pflichtenvernachlässigung

Der Entlassungsgrund der Pflichtverletzung kann bei Lehrlingen auch durch mehrere zum Teil gravierende Fehler und Nachlässigkeiten trotz wiederholter Verwarnungen gegeben sein (OGH 8 Ob A 54/07 k). Zur Pflichtenverletzung trotz wiederholter Ermahnungen siehe auch 42.2 zu Z 4.

Zu lit. f – Unfähigkeit, den Lehrberuf zu erlernen

Die Unfähigkeit, den Lehrberuf zu erlernen, ist nicht auf Fälle einer bloß durch Krankheit oder Unfall herbeigeführten Unfähigkeit oder auf eine bloße Arbeitsbehinderung beschränkt. Die Unfähigkeit muss sich, aus welchen Gründen immer, auf die Erlernung des Lehrberufes und damit auf die Erreichung des Ausbildungszweckes erstrecken. Voraussetzung in zeitlicher Hinsicht ist es, dass eine Wiedererlangung dieser Fähigkeit innerhalb der vereinbarten Lehrzeit nicht zu erwarten ist. Unter dem Begriff der „vereinbarten Lehrzeit" ist nicht die um die Dauer der Arbeitsunfähigkeit verlängerte Lehrzeit zu verstehen. Die Auffassung, der Lehrling müsse „für immer" nicht mehr in der Lage sein, den Lehrberuf zu erlernen, steht mit dem Gesetz in einem Widerspruch (OGH 4 Ob 5/83 = Arb 10.216). Die Unfähigkeit, den Lehrberuf zu erlernen, kann erst bei einer Mindestabwesenheit von vier Monaten gegeben sein (OGH 9 Ob A 23/05 f = ARD 5712/6/2006, OLG Wien 9 Ra 33/06 y = ARD 5735/4/2006).

Auch bei der Entlassung eines Lehrlings ist stets zu prüfen, ob dem Lehrberechtigten die weitere Beschäftigung unzumutbar ist (OGH 8 Ob A 32/03 v, 9 Ob A 74/04 d).

Einschlägige Judikatur

- *Da eine unbegründete Entlassung das Lehrverhältnis nicht beendet, kann der Lehrling in einem solchen Fall die Fortführung des Lehrverhältnisses begehren. Eine rechtsunwirksam ausgesprochene Entlassung kann auch in den Fällen eines besonderen Kündigungs- und Entlassungsschutzes die Auflösung des Arbeitsverhältnisses bewirken, wenn die Rechtsunwirksamkeit der Entlassungserklärung von dem anspruchsberechtigten AN nicht geltend gemacht wird, dieser vielmehr der rechtsunwirksamen Entlassung – ausdrücklich oder schlüssig (§ 863 ABGB) – zustimmt, damit auf den allein zu seinen Gunsten normierten Bestandschutz des Arbeitsverhältnisses verzichtet und stattdessen die Ansprüche nach § 1162b ABGB, § 29 AngG oder § 84 GewO 1859 geltend macht. Diese Grundsätze gelten auch bei ungerechtfertigter Auflösung eines Lehrverhältnisses (Arb 9.896; OGH 8 Ob A 233/95).*

- *Eine bloß mündliche Auflösung durch den Lehrberechtigten ist rechtsunwirksam, wird jedoch die schriftliche Erklärung in längstens vier bis fünf Tagen nachgeholt, so ist noch keine Verfristung eingetreten (Arb 10.445; OGH 9 Ob A 190/94).*

- *Eine mit Formmängeln behaftete Auflösung eines Lehrverhältnisses wird durch die Erhebung von Schadenersatzansprüchen nach § 1162b ABGB rechtswirksam (OLG Wien 10 Ra 113/99 g = ARD 5069/2/99).*

- *Trotz Rechtsunwirksamkeit der mündlichen Entlassungserklärung ist aber auch die materielle Berechtigung der Entlassung zu prüfen, weil ein Lehrling im Fall einer gerechtfertigten Entlassung auch bei Fehlen einer schriftlichen Auflösungserklärung keinen Anspruch auf Schadenersatz nach § 1162b ABGB hat (ASG Wien 33 Cga 147/99 z = ARD 5184/11/2001).*

- *Gerade bei den noch jugendlichen Lehrlingen ist es erforderlich, dass ihnen der Ernst der Situation in Bezug auf das Lehrverhältnis entsprechend deutlich vor Augen geführt wird und sie aufgrund der wiederholten Ermahnungen erkennen können, dass eine weitere Pflichtenvernachlässigung Konsequenzen haben werde, doch kann daraus keineswegs der generelle Schluss gezogen werden, dass erstmalige Verfehlungen nicht zur Entlassung eines Lehrlings berechtigen (OGH 9 Ob A 74/04 d).*

42.4.2 Die außerordentliche Auflösung von Lehrverhältnissen

Der mit 28.6.2008 in Kraft getretene § 15a BAG sieht eine außerordentliche Auflösung des Lehrverhältnisses unter Einhaltung einer Frist von einem Monat zum Ablauf des letzten Tages des 12. Monats der Lehrzeit und zum Ablauf des letzten Tages des 24. Monats der Lehrzeit vor (wenn die Lehrzeit mit 3, 3,5 oder 4 Jahren festgelegt ist). Die außerordentliche Auflösung kann vom Lehrling oder vom Lehrberechtigten erklärt werden.

Wechselt der Lehrling den Lehrberechtigten, so richtet sich die Berechnung der Frist nach der gesamten zurückgelegten Lehrzeit und nicht nach der individuellen Lehrzeit beim zweiten (bzw. letzten) Lehrberechtigten (OGH 24.9.2015, 9 Ob A 38/15 a; *Rauch*, Arbeitsrecht 2016, 66 f., andere Auffassung *Rauch*, Auflösungszeitpunkte bei der außerordentlichen Auflösung eines Lehrverhältnisses, ASoK 2015, 63 ff.).

42.4.2.1 Voraussetzungen einer rechtswirksamen außerordentlichen Auflösung

Mitteilung der beabsichtigten außerordentlichen Auflösung und der geplanten Aufnahme eines Mediationsverfahrens (§ 15a Abs. 3 BAG)

Die Rechtswirksamkeit der außerordentlichen Auflösung setzt voraus, dass der Lehrberechtigte die beabsichtigte außerordentliche Auflösung und die geplante Aufnahme eines Mediationsverfahrens spätestens am Ende des 9. bzw. 21. Lehrmonats dem Lehrling und der Lehrlingsstelle sowie (wenn im Betrieb vorhanden) dem BR und dem Jugendvertrauensrat mitteilt. Ein Schriftformerfordernis dieser Mitteilung ist in § 15a Abs. 3 BAG nicht ausdrücklich vorgesehen. Im Hinblick auf die Beweisbarkeit der Erfüllung der umfangreichen Formerfordernisse ist es jedoch zu empfehlen, sämtliche Verfahrensschritte bzw. erforderlichen Erklärungen und Meldungen unbedingt schriftlich vorzunehmen (wobei teilweise die Schriftlichkeit ausdrücklich im Gesetz angeordnet wird) und bei Minderjährigkeit auch eine Mitteilung an die Eltern zu richten.

Die Meldung hat den Vor- und Zunamen des Lehrlings, seine Adresse, seinen Lehrberuf sowie den Beginn und das Ende seiner Lehrzeit zu enthalten.

Die Rechtswirksamkeit der außerordentlichen Auflösung durch den Lehrberechtigten setzt weiters voraus, dass vor der Auflösung ein Mediationsverfahren durchgeführt und beendet wurde (siehe im Folgenden).

Mediationsverfahren

Ablehnung des Mediators durch den Lehrling (§ 15a Abs. 3 BAG)

Ein Mediationsverfahren vor einer rechtswirksamen außerordentlichen Auflösung ist dann nicht erforderlich, wenn der Lehrling die Teilnahme am Mediationsverfahren schriftlich ablehnt. Die Ablehnung kann vom Lehrling binnen 14 Tagen schriftlich widerrufen werden. Erfolgt ein solcher Widerruf, so ist zunächst vom Lehrberechtigten ein Mediator auszuwählen. Durch den Widerruf verkürzt sich das Mediationsverfahren um den entsprechenden Zeitraum (ErlRV 505 BlgNR 23. GP).

Auswahl des Mediators und Finanzierung des Mediationsverfahrens (§ 15a Abs. 5 BAG)

Der Lehrberechtigte hat zunächst eine in die Liste nach § 8 Zivilrechts-Mediations-Gesetz eingetragene Person auszuwählen und dem Lehrling vorzuschlagen. Der Lehrling kann die genannte Person unverzüglich ablehnen. Erfolgt eine Ablehnung, so hat der Lehrberechtigte zwei weitere in die Liste eingetragene Mediatoren vorzuschlagen, von denen der Lehrling unverzüglich eine Person auszuwählen hat. Unterlässt der Lehrling eine Auswahl, so gilt der erste Vorschlag als angenommen. Dies ist auch dann anzunehmen, wenn der Lehrling die ihm bekannt gegebene Person erst nach mehreren Tagen (und somit nicht unverzüglich) ablehnt.

Die „Unverzüglichkeit" wird so zu verstehen sein, dass die notwendige Zeit zur Einholung einer Auskunft zur Verfügung stehen muss. Dem Lehrling hat daher die notwendige Zeit zur Rücksprache (soweit vorhanden) mit dem BR, dem Jugendvertrauensrat oder seiner Interessenvertretung zur Verfügung zu stehen. Hierfür wird im Regelfall ein Tag als ausreichend anzusehen sein.

Die Kosten des Mediationsverfahrens hat der Lehrberechtigte zur Gänze zu tragen.

Auftrag an den ausgewählten Mediator und Abwicklung des Mediationsverfahrens (§ 15a Abs. 5 BAG)

Der Lehrberechtigte hat den Mediator spätestens am Ende des 10. bzw. des 22. Lehrmonats zu beauftragen. In die Mediation sind der Lehrberechtigte, der Lehrling, bei dessen Minderjährigkeit auch der gesetzliche Vertreter und auf Verlangen des Lehrlings eine Person seines Vertrauens einzubeziehen. Zweck der Mediation ist es, die Problemlage zu erörtern, ob und unter welchen Voraussetzungen eine Fortsetzung des Lehrverhältnisses möglich ist.

Der § 15a Abs 5 BAG sieht vor, dass der Lehrberechtigte selbst am Mediationsverfahren teilnimmt. Im § 15a Abs. 6 BAG ist hingegen ein Mediationsgespräch erwähnt, an dem der Lehrberechtigte oder in seiner Vertretung eine mit der Ausbildung des Lehrlings betraute Person teilnehmen kann (siehe im Folgenden). Demnach ist die persönliche Teilnahme des Lehrberechtigten nicht erforderlich.

Beendigung des Mediationsverfahrens (§ 15a Abs. 6 BAG)

Das Mediationsverfahren ist beendet, wenn ein Ergebnis erzielt wurde. Als Ergebnis gilt die Bereitschaft des Lehrberechtigten zur Fortsetzung des Lehrverhältnisses oder die Erklärung des Lehrlings, nicht weiter auf der Fortsetzung des Lehrverhältnisses zu bestehen. Das Mediationsverfahren ist auch beendet, wenn der Mediator die Mediation für beendet erklärt. Das Mediationsverfahren endet jedenfalls mit Beginn des 5. Werktages vor Ablauf des 11. bzw 23. Lehrmonats, sofern zumindest ein Mediationsgespräch unter Beteiligung des Lehrberechtigten oder in dessen Vertretung einer mit der Ausbildung des Lehrlings betrauten Person stattgefunden hat.

Damit wird sichergestellt, dass auch bei Fernbleiben des Lehrlings oder der gesetzlichen Vertreter bzw. seiner Vertrauensperson bei Mediationsterminen dennoch eine Beendigung des Mediationsverfahrens möglich ist. Wenn daher wenigstens ein Mediationsgespräch mit dem Lehrberechtigten oder einer mit der Ausbildung betrauten Person durchgeführt wurde, kann der Mediator die Mediation für beendet erklären (etwa weil der Lehrling einem Mediationstermin unentschuldigt ferngeblieben ist) oder tritt das Ende des Mediationsverfahrens mit Beginn des 5. Werktages vor Ablauf des 11. oder 23. Lehrmonats ein.

Das Gesetz enthält keine Regelungen darüber, unter welchen Voraussetzungen der Mediator das Mediationsverfahren für beendet erklären kann. Es muss lediglich ein Mediationsgespräch mit dem Lehrberechtigten oder dem Ausbilder durchgeführt worden sein.

42.4.2.2 Mitteilungspflichten nach der außerordentlichen Auflösung (§ 15a Abs. 7 BAG) und Vermittlung eines neuen Ausbildungsplatzes (§ 38e AMSG)

Im Fall der Auflösung hat der Lehrberechtigte der Lehrlingsstelle die Erklärung der außerordentlichen Auflösung des Lehrverhältnisses unverzüglich mitzuteilen. Die Lehrlingsstelle hat die regionale Geschäftsstelle des AMS von der Erklärung der außerordentlichen Auflösung eines Lehrverhältnisses unverzüglich in Kenntnis zu setzen, um einen reibungslosen Ausbildungsübertritt zu gewährleisten.

Die regionale Geschäftsstelle des AMS hat anschließend dem Lehrling einen Ausbildungsplatz binnen drei Monaten zu vermitteln, sofern der Lehrling die Fortsetzung seiner Ausbildung anstrebt. Ein solcher Ausbildungsplatz kann eine neue Lehrstelle bei einem Lehrberechtigten oder ein Ausbildungsplatz im Rahmen einer überbetrieblichen Lehrausbildung oder eine Ausbildung durch eine sonstige Maßnahme sein (§ 38e AMSG).

42.4.2.3 Zum rechtlichen Charakter der außerordentlichen Auflösung
Auflösungsart sui generis

Arbeitsverhältnisse werden durch einseitige Willenserklärungen (Kündigung, Entlassung, vorzeitiger Austritt) oder durch eine Vereinbarung (einvernehmliche Lösung) aufgelöst. Einseitige Willenserklärungen entfalten ihre Rechtswirkungen, wenn sie dem anderen Vertragsteil zugehen (empfangsbedürftige Willenserklärung). Mit dem Zugang einer Kündigungserklärung beginnt daher die Kündigungsfrist zu laufen. Bei nicht fristgebundenen empfangsbedürftigen Willenserklärungen (wie dem vorzeitigen Austritt bzw. der Entlassung) wird das Arbeitsverhältnis mit dem Zugang sofort beendet.

Die außerordentliche Auflösung eines Lehrverhältnisses nach § 15a BAG ist eine solche einseitige Willenserklärung, die an eine Frist von einem Monat gebunden ist. Mit Zugang der Erklärung beginnt der Lauf der Frist. Dementsprechend ist auch die bisherige Rechtsprechung bezüglich der Zugangsfiktion anzuwenden. Falls demnach eine Zustellung nicht möglich ist, weil die neue Adresse nicht gemeldet wurde oder die Erklärung nicht beim Postamt abgeholt wird (obwohl dies leicht möglich wäre), so gilt die Auflösungserklärung dennoch als zugegangen (siehe 37.1). Die außerordentliche Auflösung ist jedoch keine Kündigung, sondern eine Auflösungsart sui generis. Dies wird sowohl durch die Voraussetzungen der Rechtswirksamkeit (Mitteilungspflichten, Mediationsverfahren) sowie die Bezeichnung als außerordentliche Auflösung im Gesetz verdeutlicht. Weiters wird die Geltung des besonderen Kündigungsschutzes nach bestimmten gesetzlichen Regelungen (MSchG, VKG, APSG, ArbVG, BEinstG – siehe im Folgenden) ausdrücklich angeordnet, weil mangels einer solchen Anordnung dieser Kündigungsschutz nicht anwendbar wäre.

Außerordentliche Auflösung und Kündigungsentschädigung bzw. Schadenersatz nach § 1162b ABGB

Durch die Bindung der außerordentlichen Auflösung an eine Frist und an einen Termin, ihren rechtlichen Charakter als einseitige und empfangsbedürftige Willenserklärung, das Fehlen gesetzlicher Gründe für die Auflösung, die weitreichende Anwendbarkeit des Kündigungsschutzes, das Erfordernis einer Mitteilung an den BR als Voraussetzung der Rechtswirksamkeit und der Anwendbarkeit der Regeln über die Kündigung während des Krankenstands (siehe 42.4.2.4) kann von einer weitgehenden Annäherung an die Kündigung gesprochen werden. Da damit dem Lehrberechtigten eine einseitige und fristgebundene Auflösung zu früheren Zeitpunkten als zum Ende der Behaltezeit ermöglicht wird, hat diese Neuerung auch entsprechende Auswirkungen auf die Dauer der Kündigungsentschädigung, wenn die unberechtigte Auflösung des Lehrverhältnisses (bzw. der berechtigte vorzeitige Austritt) vor dem Ende des zweiten Lehrjahres erfolgt und der Lehrling eine Kündigungsentschädigung (Schadenersatz nach § 1162b ABGB – siehe 42.7.6.2) verlangt (weitere Details siehe *Rauch*, Außerordentliche Auflösung von Lehrverhältnissen und Kündigungsentschädigung, ASoK 1/2009, 23 ff.; zur Kündigungsentschädigung siehe 42.7.6.2).

Kein Verständigungsverfahren und keine Kündigungsanfechtung bzw. kein allgemeiner Kündigungsschutz

Aus dem rechtlichen Charakter der außerordentlichen Auflösung ergibt sich, dass eine Kündigungsanfechtung wegen Sozialwidrigkeit oder eines verpönten Motives nicht in Frage kommt (§§ 105 ArbVG, 13, 27 und 52 GlbG etc.), wobei jedoch bei Vorliegen eines Diskriminierungstatbestandes von einer Sittenwidrigkeit der Auflösungserklärung auszugehen sein wird (siehe 40.2). Ebenso ist ein Verständigungsverfahren nach § 105 Abs. 1 ArbVG (siehe 41.1.1) nicht erforderlich, weil sich diese Bestimmung nur auf die Mitteilung beabsichtigter Kündigungen bezieht. Eine Information des BR erfolgt ohnedies auf Grund der Meldepflicht nach § 15a Abs. 3 BAG (siehe 52.1.1.1).

Anwendbarkeit des besonderen Kündigungsschutzes nach MSchG, VKG, APSG, BEinstG und ArbVG (§ 15a Abs. 8 BAG)

Auf Grund einer ausdrücklichen Anordnung ist auf die außerordentliche Auflösung durch den Lehrberechtigten der besondere Kündigungsschutz nach dem MSchG, VKG, BEinstG und APSG und für Mitglieder des Jugendvertrauensrates und des BR nach dem ArbVG anzuwenden. Aus der ausdrücklichen Beschränkung auf Mitglieder des BR und des Jugendvertrauensrates im § 15a Abs. 8 BAG ergibt sich, dass der Kündigungsschutz des ArbVG für Ersatzmitglieder, Mitglieder des Wahlvorstandes und Wahlwerber nach § 120 Abs. 4 ArbVG anscheinend nicht gelten soll.

42.4.2.4 Außerordentliche Auflösung während eines Krankenstands (§ 17a Abs. 8 BAG)

Wird das Lehrverhältnis während einer Arbeitsverhinderung wegen Erkrankung, Unfall, Arbeitsunfall oder Berufskrankheit durch den Lehrberechtigten gemäß § 15a BAG aufgelöst, so besteht ein Anspruch auf Fortzahlung des Entgelts für die im § 17a Abs. 1 und Abs. 4 BAG vorgesehene Dauer, wenngleich das Lehrverhältnis vorher endet.

Diese Regelung entspricht dem § 5 EFZG bzw. dem § 9 AngG (siehe 41.1.2).

Weiters ergibt sich aus dieser Bestimmung, dass ein Krankenstand während des für das Mediationsverfahren zur Verfügung stehenden Zeitraums die Beendigung des Mediationsverfahrens und die rechtswirksame außerordentliche Auflösung nicht ausschließt.

42.4.2.5 Außerordentliche Auflösung durch den Lehrling

Die außerordentliche Auflösung kann ohne Mitteilungspflichten und Mediationsverfahren auch vom Lehrling (unter Einhaltung der einmonatigen Frist) erklärt werden. Voraussichtlich wird die außerordentliche Auflösung durch den Lehrling keine wesentliche Bedeutung erlangen, weil schon derzeit die Möglichkeit besteht, dass der Lehrling nach § 15 Abs. 4 lit g BAG einen vorzeitigen Austritt wegen Aufgabe des Lehrberufs erklärt. Dieser Austrittsgrund beruht nach Auffassung des OGH darauf, dass der Gesetzgeber den Lehrling nicht gegen seinen Willen für die gesamte Dauer des Lehrverhältnisses binden wollte und ihm damit (ebenso wie bei einer Kündigung) eine auf einem freien, nicht näher zu begründenden Willensentschluss beruhende Lösungsmöglichkeit eingeräumt hat (OGH 9 Ob A 287/93). Da somit für den Lehrling eine nicht frist- und termingebundene Lösungsmöglichkeit bereits besteht, bei der lediglich auf die Aufgabe des Lehrberufs zu verweisen ist, wird die außerordentliche Auflösung durch den Lehrling eher selten erklärt.

Muster zur Meldung der Mediation
(bis Ende des 9. oder 21. Monats – an Lehrling)

Lehrling

(Kopie an die Eltern bei Minderjährigkeit des Lehrlings)

Lehrberuf

Vor- und Zuname

Adresse

Sehr geehrte(r) Frau/Herr ....,

wir beabsichtigen, das mit Ihnen/Ihrer/Ihrem Tochter/Sohn (Frau/Herrn ...., Adresse: .... Lehrberuf: ....) abgeschlossene Lehrverhältnis nach § 15a BAG außerordentlich aufzulösen. Das Lehrverhältnis hat am .... begonnen und ist am Lehrvertrag der .... als letzter Tag des Lehrverhältnisses eingetragen. Entsprechend den gesetzlichen Bestimmungen planen wir zunächst ein Mediationsverfahren aufzunehmen. Als Mediator(in) schlagen wir nach § 15a Abs. 5 BAG Frau/Herrn .... vor und bitten Sie um Ihre Stellungnahme.

Freundliche Grüße

> **Muster zur Meldung der Mediation an den BR und den Jugendvertrauensrat (an den/die Vorsitzende/-n richten!)**
>
> *Sehr geehrte Damen und Herren, sehr geehrte(r) Frau/Herr Vorsitzende(r),*
>
> *wir beabsichtigen, das Lehrverhältnis, welches wir mit Frau/Herrn ……………… (Vor- und Zuname, Adresse, Lehrberuf, Lehrzeitbeginn und laut Lehrvertrag vorgesehenes Ende der Lehrzeit) abgeschlossen haben, nach § 15a BAG außerordentlich aufzulösen. Entsprechend den gesetzlichen Bestimmungen planen wir zunächst ein Mediationsverfahren aufzunehmen.*
>
> *Freundliche Grüße*

> **Muster zur Erklärung einer außerordentlichen Auflösung des Lehrverhältnisses**
>
> *an Frau/Herrn …………………(Lehrling)*
> *(Kopie an die Eltern bei Minderjährigkeit)*
>
> *Sehr geehrte(r) Frau/Herr ……………,*
>
> *wir erklären hiermit die außerordentliche Auflösung des Lehrverhältnisses nach § 15a BAG. Letzter Tag des Lehrverhältnisses ist daher der ………………**
>
> *Freundliche Grüße*

* Ende des 12. bzw. 24 Monats der Lehrzeit unter Einhaltung einer Frist von einem Monat – siehe 42.4.2.

42.5 Verschuldete und unverschuldete Entlassung

Im Fall des Eintritts einer dauernden Arbeitsunfähigkeit des AN (§§ 27 Z 2 AngG, 82 lit. b GewO 1859) oder einer abschreckenden Krankheit des Arbeiters (§ 82 lit. h GewO 1859) ist der AG zum Ausspruch einer Entlassung berechtigt (z.B. OGH 29.10.2014, 9 Ob A 92/14 s – siehe 42.2 zu Z 2). Da in diesem Fall den AN in der Regel kein Verschulden trifft, spricht man von einer unverschuldeten Entlassung.

Wird ein AN wegen wiederholter **Alkoholisierung** im Dienst entlassen, so kann der AN darauf verweisen, dass die Alkoholisierungen auf einer Alkoholkrankheit beruhen und daher kein Verschulden vorliegt (siehe auch 34.2). Falls der AN eine Alkoholkrankheit behauptet, so hat er diese auch zu beweisen.

Im Fall einer unverschuldeten Entlassung geht ein Anspruch auf eine Abfertigung nicht verloren. Die Arbeiter-KV sehen außerdem in der Regel vor, dass dem AN bei unverschuldeter Entlassung (im Gegensatz zur verschuldeten Entlassung) die anteiligen Sonderzahlungen zustehen.

Der Unterschied zwischen einer unverschuldeten Entlassung und einer Kündigung des AG besteht daher im Wesentlichen darin, dass eine Kündigungszeit nicht einzuhalten ist.

Bei Eintritt einer Arbeitsunfähigkeit muss, ebenso wie bei anderen Entlassungsgründen, die Entlassung unverzüglich ausgesprochen werden, sobald dem AG die dauerhafte Arbeitsunfähigkeit bekannt wird (OGH 14.2.1956, 4 Ob 196/55, Arb 6.391).

Einschlägige Judikatur

- *Es besteht ein Unterschied darin, ob sich ein AN schuldhaft im Dienst alkoholisiert oder ob sein pathologischer Alkoholmissbrauch bereits einen solchen Grad einer zwanghaften und unbeherrschbaren Krankheit erreicht hat, dass ihn ein neuerlicher Rückfall nicht mehr als Verschulden angerechnet werden kann (OGH 14 Ob A 75/87).*

- *Nach § 23 Abs. 7 AngG verliert ein entlassener AN seinen Abfertigungsanspruch nur dann, wenn ihn ein Verschulden an der vorzeitigen Entlassung trifft. Ein solches Verschulden des Klägers kann nicht entgegen der Ansicht des Berufungsgerichtes schon in den beiden Vorfällen (mehrmals betrunken während der Arbeitszeit angetroffen, Verrichtung der Notdurft auf der Straße im alkoholisierten Zustand) zum Ausdruck kommen. Alkoholabhängigkeit ist eine Krankheit im medizinischen Sinn und rechtlich wie eine Krankheit zu behandeln. Wenn trotz der gerechtfertigten Entlassung kein Schuldvorwurf gegen den Kläger gegeben war, steht ihm die Abfertigung zu (OGH 9 Ob A 177/88).*

- *Eine Arbeiterin, die mehrfach wegen Diebstahls vorbestraft ist und an **Kleptomanie** leidet, kann wegen der Gelegenheit zu unbefugtem Zugriff auf Sachen Dritter in einem Gebäudereinigungsunternehmen nicht mehr als Reinigungskraft oder als Verantwortliche für Reinigungskräfte eingesetzt werden. Dies gilt auch dann, wenn sie bisher ihrem AG oder seinen Kunden gegenüber keine Diebstähle begangen hat. Während bei Schuldfähigkeit die Entlassung wegen Diebstahls nach § 82 lit. d GewO 1859 berechtigt ist, ist bei mangelnder Schuldfähigkeit der Entlassungsgrund des § 82 lit. b GewO 1859 (Arbeitsunfähigkeit), der ein Verschulden nicht voraussetzt, verwirklicht. In diesem Fall steht jedoch ein Abfertigungsanspruch zu, weil sie kein Verschulden an der vorzeitigen Entlassung trifft. Die Unterlassung der Information des AG über ihre Vorstrafen hat keine Bedeutung, weil eine allenfalls hierdurch verursachte Vertrauensverwirkung bei Arbeitern keinen Entlassungsgrund bildet (OGH 9 Ob A 355/93 = ARD 4555/14/94).*

42.6 Allgemeiner Entlassungsschutz

Den allgemeinen Entlassungsschutz regelt der § 106 ArbVG wie folgt:

(1) Der Betriebsinhaber hat den Betriebsrat von jeder Entlassung eines Arbeitnehmers unverzüglich zu verständigen und innerhalb von drei Arbeitstagen nach erfolgter Verständigung auf Verlangen des Betriebsrates mit diesem die Entlassung zu beraten.

(2) Die Entlassung kann beim Gericht angefochten werden, wenn ein Anfechtungsgrund im Sinne des § 105 Abs. 3 vorliegt und der betreffende Arbeitnehmer keinen Entlassungsgrund gesetzt hat. Die Entlassung kann nicht angefochten werden, wenn ein Anfechtungsgrund im Sinne des § 105 Abs. 3 Z 2 vorliegt und der Betriebsrat der Entlassung innerhalb der in Abs. 1 genannten Frist ausdrücklich zugestimmt hat. § 105 Abs. 4 bis 7 ist sinngemäß anzuwenden.

Da Kündigungen nach § 105 ArbVG anfechtbar sind (siehe 41.8), wird eine Umgehung des allgemeinen Kündigungsschutzes durch Ausspruch einer (ungerechtfertigten) Entlassung durch die Möglichkeit der Anfechtung von Entlassungen nach § 106 ArbVG verhindert. Daher sind Entlassungen ebenso wie Kündigungen wegen Sozialwidrigkeit oder einem verpönten Motiv mittels Klage binnen 14 Tagen anfechtbar. Der entlassene AN hat somit nach dem Ausspruch einer Entlassung durch den AG zwei Möglichkeiten:

1. Anfechtung der Entlassung nach § 106 ArbVG mittels Rechtsgestaltungsklage (die rechtswirksame Entlassung soll in eine rechtsunwirksame Entlassung vom Gericht umgestaltet werden) wegen Sozialwidrigkeit oder einem verpönten Motiv (mit dem Ziel, dass das Gericht die Rechtsunwirksamkeit der Entlassung mittels Urteil ausspricht) und der AN die Arbeit wieder antritt (wobei der AG für die Zeit zwischen der Entlassung und dem Wiederantritt der Arbeit nach § 1155 ABGB das Entgelt nach dem Ausfallsprinzip unter Anrechnung eines allfälligen Verdienstes nachzuzahlen hat – siehe 31.8). Die Entlassungsanfechtung ist auch bei einem befristeten Arbeitsverhältnis möglich (OGH 21.4.2004, 9 Ob A 31/04 f; 28.11.2007, 9 Ob A 156/07 t). Bei der Prüfung der Sozialwidrigkeit bzw. eines verpönten Motivs ist wie im Fall einer Kündigungsanfechtung (siehe 41.8) vorzugehen (OGH 30.11.1994, 9 Ob A 228/94, Arb 11.340; OGH 19.9.2001, 9 Ob A 208/01 f).

2. Einbringung einer Leistungsklage, mit der die Abrechnung des Arbeitsverhältnisses auf der Basis einer unberechtigten Entlassung angestrebt wird (der AN klagt daher in diesen Fällen insbesondere die von ihm berechnete Kündigungsentschädigung ein – siehe 42.).

Ergänzend ist noch zu erwähnen, dass eine Entlassung auch wegen Sittenwidrigkeit (§ 879 ABGB) angefochten werden kann (siehe 40.2).

Verständigung, Sperrrecht

Falls die Frist zur Verständigung des BR nicht eingehalten wird, so bewirkt dies nicht die Rechtsunwirksamkeit der Entlassung (OGH 25.1.1966, 4 Ob 144/65, Arb

8.187, im Gegensatz zur unterlassenen Verständigung vor dem Ausspruch einer Kündigung – siehe 41.1.1).

Die Zustimmung des BR sperrt die Anfechtung der Entlassung wegen Sozialwidrigkeit (auch hier analog zu den Regelungen zum allgemeinen Kündigungsschutz). Wird daher die fristgerechte Verständigung des BR von der Entlassung nicht vorgenommen, so kann dieser auch nicht das Sperrrecht ausüben (das Sperrrecht bezieht sich auch bei der Entlassung nicht auf die Motivanfechtung).

Anfechtungsfrist

Der BR (welcher der Entlassung widersprochen hat) kann auf Verlangen des AN die Entlassung innerhalb von zwei Wochen nach der Verständigung beim Gericht anfechten. Im Übrigen ist die Anfechtung durch den BR bzw. den AN selbst (§ 107 ArbVG) analog wie bei der Kündigungsanfechtung geregelt. Die dreitägige Stellungnahmefrist nach § 106 Abs. 1 ArbVG ist in die Anfechtungsfrist einzurechnen (VwGH 24.11.1982, 82/01/0220, ZAS 1985, 233). Die Anfechtungsfrist läuft ab dem Zugang der Entlassung (EA Wiener Neustadt 16.9.1981, Re 36/78, Arb 10.036). Wird die Entlassung zunächst mündlich und anschließend schriftlich ausgesprochen, so bewirkt schon die mündliche Entlassung die Auflösung des Arbeitsverhältnisses. Die Anfechtungsfrist läuft daher ab dem mündlichen Ausspruch der Entlassung (OGH 30.9.2005, 9 Ob A 138/05 t).

Klagsabweisung, wenn Anfechtungsgründe fehlen

In seiner Entscheidung vom 13.10.2004, 9 Ob A 104/04 s hat der OGH klargestellt, dass die in manchen vorherigen Entscheidungen verwendete Formulierung, es sei „zunächst" zu prüfen, ob ein Entlassungsgrund vorliege (z.B. OGH 21.5.2003, 9 Ob A 1/03 t), in dieser Allgemeinheit nicht mehr aufrechterhalten werde. Vielmehr könne eine Entlassung bei Gericht (erfolgreich) angefochten werden, wenn ein Anfechtungsgrund nach § 105 Abs. 3 ArbVG vorliege und der betreffende AN keinen Entlassungsgrund gesetzt habe. Die genannten Voraussetzungen für das Obsiegen des klagenden AN müssten somit kumulativ vorliegen. Bereits das Fehlen einer der beiden Voraussetzungen führe zur Klagsabweisung. Hauptfrage in einem derartigen Anfechtungsprozess sei somit, ob das Arbeitsverhältnis durch die Entlassungserklärung aufgelöst worden oder aber – wegen der Rückwirkung einer erfolgreichen Anfechtung – als fortbestehend anzusehen sei.

Stehe somit in einem Entlassungsanfechtungsverfahren fest, dass der vom AN ins Treffen geführte Anfechtungsgrund nicht vorliegt, sei die Klage abzuweisen, ohne dass es erforderlich wäre, auf die zweite für einen Klageerfolg notwendige Voraussetzung, nämlich das Fehlen von Entlassungsgründen einzugehen.

Dabei ist es aus verfahrensökonomischen Gründen den Arbeitsgerichten freigestellt, jene der beiden Voraussetzungen zuerst zu prüfen, deren Vorliegen weniger wahrscheinlich ist. Wird demnach eine Entlassung angefochten und hat der vorgebrachte Anfechtungsgrund offenbar eine geringe Substanz, so kann das Gericht nur diesen prüfen und bei dessen Nichtvorliegen die Klage abweisen. Der AN kann diesfalls bezüglich finanzieller Ansprüche aus der Entlassung (Kündigungsentschädigung etc.) eine Leistungsklage einbringen (weitere Details siehe *Rauch*, Prüfung der Voraussetzungen bei einer Entlassungsanfechtung, ASoK 2017, 29 ff.).

42.7 Besonderer Entlassungsschutz

42.7.1 Allgemeines und fehlender Entlassungsschutz bei Behinderten

Jenen AN, denen ein besonderer Kündigungsschutz zusteht (AN, die dem MSchG oder VKG unterliegen, Präsenz- und Zivildiener, Betriebs-, Jugendvertrauens- und Behindertenvertrauensräte), steht auch ein Entlassungsschutz zu. Der Entlassungsschutz ist hinsichtlich seines Beginns und seines Endes analog wie der Kündigungsschutz geregelt. Demnach können AN mit **besonderem Entlassungsschutz** nur nach einer arbeitsgerichtlichen Zustimmung entlassen werden. Die Zustimmung muss vor dem Ausspruch der Entlassung mittels Klage eingeholt werden. Die Klage ist unmittelbar nach dem entlassungsrelevanten Vorfall einzubringen. Nur in wenigen ausdrücklich geregelten Fällen kann die **Zustimmung zur Entlassung** auch nach dem Ausspruch eingeholt werden.

Die Entlassung eines behinderten AN erfordert keine Zustimmung des Behindertenausschusses und beendet daher das Arbeitsverhältnis. Behinderte AN genießen demnach nur Kündigungsschutz (z.B. OGH 28.9.2007, 9 Ob A 50/07 d).

Bei der Entlassung eines behinderten AN sind somit die allgemeinen Bestimmungen des Entlassungsrechts anzuwenden. Zu prüfen ist, ob der Behinderte nur deshalb einen Entlassungsgrund verwirklicht hat, weil er aufgrund seiner Behinderung nicht in der Lage war, sein Fehlverhalten zu erkennen (OGH 26.2.2015, 8 Ob A 13/15 f). Eine Besonderheit ist weiters insofern gegeben, als im Fall einer ungerechtfertigten Entlassung der Behinderte im Klagsweg die Feststellung des aufrechten Bestandes des Arbeitsverhältnisses erreichen kann. Damit soll die Umgehung des Kündigungsschutzes durch Entlassungen verhindert werden. Wäre nämlich die Möglichkeit der **Feststellungsklage** nicht gegeben, so könnte der AG mittels einer ungerechtfertigten Entlassung den **Kündigungsschutz** umgehen. Der behinderte AN hat dabei aber insofern ein **Wahlrecht** (siehe 42.4 und 42.7.6.1), als er auf die Feststellung des aufrechten Bestandes des Arbeitsverhältnisses verzichten und Leistungsansprüche geltend machen kann (insbesondere Abfertigung und Kündigungsentschädigung). Hat sich der Behinderte für Ersatzansprüche aus einer ungerechtfertigten Entlassung entschieden, so ist er daran gebunden und kann seine Wahl nicht auf Fortsetzung des Arbeitsverhältnisses abändern (OGH 26.4.2001, 8 Ob A 177/00 p). Begehrt der Behinderte die Feststellung des aufrechten Bestandes des Arbeitsverhältnisses und erklärt er sich arbeitsbereit, so kann er für die Zeit nach dem Kündigungstermin einen Anspruch auf **Fortzahlung des Entgelts nach § 1155 ABGB** erheben, falls er die Behinderteneigenschaft nicht verschwiegen hat (OGH 11.5.2005, 9 Ob A 56/05 h). Nach der Rechtsprechung kann der Behinderte eine Kündigungsentschädigung für den Zeitraum von 6 Monaten verlangen (OGH

16.2.2000, 9 Ob A 5/00 a), wenn er zuvor vergeblich die Fortsetzung des Arbeitsverhältnisses begehrt hat (OGH 22.10.2003, 9 Ob A 82/03 d – siehe 42.7.6.2).

Eine ungerechtfertigte Entlassung kann jedoch als Kündigung gewertet werden. Zu einer ungerechtfertigten Entlassung eines behinderten AN, die als Kündigung zu werten ist, kann der Behindertenausschuss eine Zustimmung erteilen (VwGH 21.9.1999, 95/08/0210, ARD 5101/18/2000). In einem solchen Fall ist jedoch nur eine **nachträgliche Zustimmung zur Kündigung** möglich. Daher müssen besonders außergewöhnliche Umstände vorliegen (siehe 41.7.1.3); beispielsweise dann, wenn die Entlassung zwar ungerechtfertigt war, aber der begünstigte Behinderte dennoch erhebliche Unkorrektheiten verschuldet hat oder im Zeitpunkt des Ausspruchs der Entlassung die Behinderteneigenschaft nicht bekannt war (VwGH 19.2.1986, 85/09/0215, ARD 3853/10/87).

Falls das Arbeitsverhältnis eines behinderten AN vom AG aufgelöst wird und der Behinderte meint, dass diese Auflösung gesetzwidrig sei, so hat er das Feststellungsbegehren rasch geltend zu machen. Sollte bis zur Erhebung der Klage eine längere Zeit verstreichen, so ist diese schon deswegen abzuweisen (**Aufgriffsobliegenheit** – z.B. OGH 19.6.2006, 8 Ob A 48/06 a – siehe 36.2.3).

Seit der Novelle BGBl. I 1999/17 enthält das BEinstG im § 8 Abs. 4 eine demonstrative Aufzählung von Kündigungsgründen, die den Gründen für die Kündigung eines BR-Mitglieds (§ 121 Z 1 bis 3 ArbVG – siehe 41.7.4.1) angeglichen sind. Die dort genannten Kündigungsgründe der Arbeitsunfähigkeit und der beharrlichen Pflichtenvernachlässigung sind auch Entlassungsgründe nach dem allgemeinen Entlassungsrecht der Arbeiter, Angestellten und Lehrlinge. Daher ist bei Vorliegen dieser Gründe auch eine Entlassung zulässig (Details siehe *Rauch*, Die Entlassung eines behinderten Arbeitnehmers, ASoK 2000, 242 ff. und *Rauch*, Nochmals zur Entlassung eines behinderten Arbeitnehmers, ASoK 2001, 25 ff., gegenteilige Meinung *Risak*, Das Verhältnis zwischen den Kündigungs- und Entlassungsgründen begünstigter Behinderter nach BEinstG, ASoK 2001, 19 ff.).

Im Fall 9 Ob A 64/00 b hat der OGH am 26.4.2000 und somit nach In-Kraft-Treten der neuen Rechtslage entschieden, dass im Fall einer Entlassung eines behinderten Kellners wegen beharrlicher Pflichtenvernachlässigung (wiederholte Unfreundlichkeiten gegenüber den Gästen) der Ausspruch einer Entlassung zulässig war.

In der Rechtssache 9 Ob A 256/00 p vom 8.11.2000 hat der OGH ausdrücklich hervorgehoben, dass eine „Einschränkung der gesetzlichen Entlassungsgründe beim Behinderten nicht stattfindet". Grundsätzlich sind die allgemeinen Entlassungsbestimmungen anzuwenden (OGH 28.9.2007, 9 Ob A 46/07 s). Es sei lediglich zu berücksichtigen, dass auf einen behinderten AN allenfalls dann ein anderer Beurteilungsmaßstab (im Rahmen der gesetzlichen Entlassungsgründe) anzuwenden sei, wenn der Behinderte auf Grund seiner Behinderung die Arbeitsleistung nicht in dem Ausmaß erbringen könne wie ein voll einsatzfähiger AN und dies im jeweils konkreten Fall bei der Entlassung eine Rolle spiele.

In der Rechtssache OGH 27.3.2002, 9 Ob A 68/02 v hat der OGH festgehalten, dass auch die Entlassung eines Behinderten wegen Arbeitsunfähigkeit zulässig sei, wobei allerdings der AG nachzuweisen habe, dass der Behinderte trotz Zustimmung an einem anderen Arbeitsplatz nicht eingesetzt werden könne. Auszugehen sei dabei von einer mindestens 6 Monate andauernden Krankheit, wobei es die „Obliegenheit des AG" sein soll, sich entsprechend zu informieren. Einen partiell arbeitsunfähigen behinderten AN kann der AG demnach nur dann entlassen, wenn er keine zumutbare Möglichkeit hat, dem AN eine andere Arbeit zuzuweisen, oder wenn der AN ein entsprechendes Angebot des AG ablehnt (OGH 17.4.2002, 9 Ob A 79/02 d, so auch 8 Ob A 111/03 m vom 16.7.2004).

Jüngst hat der OGH entschieden (OGH 21.2.2013, 9 Ob A 127/12 k), dass u.a. aus dem Schutzzweck des BEinstG im Allgemeinen und dem Diskriminierungsschutz begünstigter Behinderter im Besonderen folge, dass das allgemeine Entlassungsrecht bei Vorliegen der Dienstunfähigkeit eines begünstigten Behinderten auf jene Fälle zu reduzieren sei, in denen der begünstigte Behinderte nicht nur trotz seiner Zustimmung an einem anderen geeigneten Arbeitsplatz ohne erheblichen Schaden nicht weiterbeschäftigt werden kann (§ 8 Abs. 4 lit. b BEinstG), sondern der begünstigte Behinderte auf Grund seiner mangelnden Leistungsfähigkeit, egal ob diese aus der Behinderung resultiert oder nicht, überhaupt am allgemeinen Arbeitsmarkt nicht mehr arbeitsfähig sei. In diesen Fällen sei dem AG – nicht zuletzt auch unter Berücksichtigung der zu erwartenden Dauer des rechtskräftigen Abschlusses des nach § 8 Abs. 2 BEinstG eingeleiteten Zustimmungsverfahrens beim Behindertenausschuss – die Aufrechterhaltung des Arbeitsverhältnisses des dauernd dienstunfähigen begünstigten Behinderten bis zum Ende der Kündigungsfrist auch nicht zumutbar. Auch bei näherer Betrachtung dieser Entscheidung bleibt allerdings rätselhaft, warum sich diese Lösung aus dem BEinstG bzw. dem Entlassungsrecht ergeben soll.

42.7.2 Präsenz- und Zivildiener

Die **Entlassung eines Präsenz- oder Zivildieners**, der dem Kündigungs- und Entlassungsschutz des APSG unterliegt (siehe 41.7.2), ist nur dann rechtswirksam, wenn vor ihrem Ausspruch die *Zustimmung des Gerichts* eingeholt wurde. Die Zustimmung ist dann nicht erforderlich, wenn der Betrieb stillgelegt wurde und eine Weiterbeschäftigung des AN in einem anderen Betrieb des Unternehmens nicht möglich ist (§ 12 Abs. 3 APSG). In Betrieben, in denen ein BR eingerichtet ist, hat der AG gleichzeitig mit der Einbringung der Klage den BR zu verständigen, widrigenfalls die Klage abzuweisen ist (§ 12 Abs. 4 und 5 APSG). Die Klage ist ehebaldigst nach dem entlassungsrelevanten Vorfall einzubringen.

Die Kündigung oder Entlassung ist nur zulässig, wenn sie unverzüglich nach der Entscheidung des Gerichts ausgesprochen wird (§ 12 Abs. 6 APSG). Die Rechtskraft des Urteils muss nicht abgewartet werden (§ 61 ASGG). Der AG hat daher unverzüglich nach Zugang eines zustimmenden erstinstanzlichen Urteils die Entlassung (oder die Kündigung) auszusprechen.

Hinsichtlich der Dauer des Entlassungsschutzes, die der Dauer des Kündigungsschutzes angepasst ist, siehe 41.7.3.1.

Zur Erteilung der Zustimmung zur Entlassung sieht das APSG Folgendes vor:

§ 15. Das Gericht darf die Zustimmung zur Entlassung nur erteilen, wenn der Arbeitnehmer
1. den Arbeitgeber absichtlich über Umstände, die für den Vertragsabschluß oder den Vollzug des in Aussicht genommenen Arbeitsverhältnisses wesentlich sind, in Irrtum versetzt hat,
2. die Arbeitspflicht schuldhaft gröblich verletzt, insbesondere wenn er ohne einen rechtmäßigen Hinderungsgrund während einer den Umständen nach erheblichen Zeit die Arbeitsleistung unterläßt,
3. im Dienst untreu ist oder sich in seiner Tätigkeit ohne Wissen des Arbeitgebers von dritten Personen unberechtigt Vorteile zuwenden läßt,
4. ein Geschäfts- oder Betriebsgeheimnis verrät oder ohne Einwilligung des Arbeitgebers ein der Verwendung im Betrieb abträgliches Nebengeschäft betreibt,
5. sich Tätlichkeiten oder erhebliche Ehrverletzungen gegen den Arbeitgeber, dessen im Betrieb tätige oder anwesende Familienangehörige oder Arbeitnehmer des Betriebs zuschulden kommen läßt,
6. sich einer gerichtlich strafbaren Handlung, die nur vorsätzlich begangen werden kann und mit einer mehr als einjährigen Freiheitsstrafe bedroht ist, oder mit Bereicherungsvorsatz einer anderen gerichtlich strafbaren Handlung schuldig macht.

§ 7 Abs. 1 APSG sieht vor, dass der AN die Arbeit innerhalb von 6 Werktagen nach seiner Entlassung aus dem Präsenz- oder Ausbildungsdienst (**Ausbildungsdienst für Frauen**) oder **Zivildienst** anzutreten hat. Falls der AN aus seinem Verschulden diese Frist nicht einhält, so stellt dies einen Entlassungsgrund nach § 15 Z 2 APSG dar. Über Verlangen hat der AN dem AG Einsicht in die Bescheinigung über die Entlassung aus dem Wehr- bzw. Zivildienst zu geben. In den Fällen des unentschuldigten Fernbleibens nach dem Ende des geschützten Dienstes ist es jedoch empfehlenswert, das Ende des Schutzes abzuwarten und dann eine Entlassung nach den allgemeinen Bestimmungen und daher ohne Zustimmung des Gerichtes auszusprechen. Da es sich beim unentschuldigten Fernbleiben um einen Dauertatbestand handelt (siehe 42.1.1), kann nicht von der Verfristung des Entlassungsrechts des AG ausgegangen werden. Gibt der AN schon vor Ablauf des Schutzes ohne weitere Begründung bekannt, dass er nicht mehr zu erscheinen gedenke, so wird von einem ungerechtfertigten vorzeitigen Austritt auszugehen sein.

Erscheint jedoch der AN zum Dienst, nachdem er bereits in erheblicher Dauer unentschuldigt abwesend gewesen ist, und kann anlässlich seines Wiedererscheinens keinen Rechtfertigungsgrund vorbringen bzw. belegen, so müsste er von der Arbeit suspendiert werden und unverzüglich nach Klärung des Umstands, dass kein Rechtfertigungsgrund vorliegt, eine Klage auf Zustimmung zur Entlassung eingebracht werden. Da die Entlassung jedoch erst nach dem Ausspruch der Zustimmung durch das Arbeitsgericht zulässig ist, müsste für die Zwischenzeit nach **§ 1155 ABGB das Entgelt fortgezahlt** werden. Das APSG kennt keine nachträgliche Zustimmung, daher kann die Entlassung erst ausgesprochen werden, wenn eine rechtskräftige Zustimmung vorliegt. In anderen Fällen des Bestandsschutzes ist jedoch eine nachträgliche Zustimmung möglich (wegen strafbarem Verhalten, Tätlichkeiten und groben Ehrverletzungen nach ArbVG, MSchG und VKG). Liegt ein solcher Fall vor, so wird auch nach APSG die Weiterbeschäftigung unzumutbar sein. Für diese Fälle wird in der Lehre die Auffassung vertreten, dass eine teleologische Reduktion des § 15 Z 5 und 6 APSG erforderlich wäre, sodass auch bei Präsenz- und Zivildienern eine **nachträgliche Zustimmung zur Entlassung** ausreichend ist (*Gruber*, ZAS 1993, 36 f.; *Klein-Knöfler*, APlSG, 92 f.; so auch OLG Wien 8 Ra 58/08 w = ARD 5947/6/2009).

Sollte die nachträgliche Zustimmung nicht möglich sein, ist jedoch davon auszugehen, dass der AN weiter beschäftigt werden kann während der Dauer des Verfahrens und dennoch die Zustimmung zur Entlassung zu erteilen ist.

Es ist daher in diesem Fall die Dienstfreistellung nach dem Entlassungsvorfall (siehe 42.1.1) nicht unbedingt erforderlich.

42.7.3 Entlassungsschutz nach dem ArbVG

Zum Beginn und Ende des Bestandsschutzes nach dem ArbVG siehe 41.7.4.

Zum nach dem ArbVG geschützten Personenkreis siehe 41.7.4.1.

§ 122 ArbVG regelt den Entlassungsschutz wie folgt:

(1) Das Gericht darf unter Bedachtnahme auf die Bestimmungen des § 120 einer Entlassung nur zustimmen, wenn das Betriebsratsmitglied

1. absichtlich den Betriebsinhaber über Umstände, die für den Vertragsabschluß oder den Vollzug des in Aussicht genommenen Arbeitsverhältnisses wesentlich sind, in Irrtum versetzt hat;
2. sich einer mit Vorsatz begangenen, mit mehr als einjähriger Freiheitsstrafe bedrohten oder einer mit Bereicherungsvorsatz begangenen gerichtlich strafbaren Handlung schuldig machte, sofern die Verfolgung von Amts wegen oder auf Antrag des Betriebsinhabers zu erfolgen hat;
3. im Dienste untreu ist, oder sich in seiner Tätigkeit ohne Wissen des Betriebsinhabers von dritten Personen unberechtigt Vorteile zuwenden läßt;
4. ein Geschäfts- oder Betriebsgeheimnis verrät oder ohne Einwilligung des Betriebsinhabers ein der Verwendung im Betrieb abträgliches Nebengeschäft betreibt;
5. sich Tätlichkeiten oder erhebliche Ehrverletzungen gegen den Betriebsinhaber, dessen im Betrieb tätige oder anwesende Familienangehörige oder Arbeitnehmer des Betriebes zuschulden kommen läßt, sofern durch dieses Verhalten eine sinnvolle Zusammenarbeit zwischen Betriebsratsmitglied und Betriebsinhaber nicht mehr zu erwarten ist.

(2) Das Gericht darf der Entlassung nicht zustimmen, wenn nach den besonderen Umständen des Falles dem Betriebsinhaber die Weiterbeschäftigung des Betriebsratsmitglieds zumutbar ist.

(3) In den Fällen des Abs. 1 Z 2 und 5 kann die Entlassung des Betriebsratsmitglieds gegen nachträgliche Einholung der Zustimmung des Gerichts ausgesprochen werden. Weist das Gericht die Klage auf Zustimmung zur Entlassung ab, so ist sie rechtsunwirksam.

Die Entlassungsgründe sind im Gesetz taxativ aufgezählt (OGH 9 Ob A 64/03 g). Eine Klage auf Zustimmung zur Entlassung eines Mitglieds des BR kann daher nur auf einen der gesetzlich angeführten Gründe gestützt werden.

Nach § 120 Abs. 1 ist beim Entlassungsschutz ebenso wie beim Kündigungsschutz des BR die so genannte „**Mandatsschutzklausel**" zu beachten. Sie ist jedoch nur bei bestimmten Entlassungsgründen relevant (Untreue im Dienst, Verrat eines Geschäfts- oder Betriebsgeheimnisses sowie Tätlichkeiten oder erhebliche Ehrverletzungen). Demnach unterliegt eine mit den vorgenannten Gründen beantragte Zustimmung zur Entlassung einer besonderen Prüfung, falls das Mitglied des BR das entlassungsrelevante Verhalten in Ausübung seines Betriebsratsmandats gesetzt hat. Dabei genügt es, wenn das Mitglied des BR der Meinung sein konnte, dass er im Rahmen seines Mandates tätig gewesen sei (OGH 9 Ob A 47/97 w = ASoK 1997, 289, OGH 27.5.2015, 8 Ob A 17/15 f, *Rauch*, Arbeitsrecht 2016, 78 f.).

Liegt etwa eine grobe Ehrverletzung vor und ist diese gerade noch entschuldbar, z.B. durch eine emotionale Ausnahmesituation, so greift die Mandatsschutzklausel und ist die Klage auf Zustimmung zur Entlassung abzuweisen (OGH 9 Ob A 77/07 z = ARD 5871/2/2008).

Entlassungsgründe sind ebenso wie Kündigungsgründe ohne unnötigen Aufschub, das heißt in einem solchen zeitlichen Verhältnis geltend zu machen, dass die Kündigung oder Entlassung noch als Wirkung der zu ihrer Rechtfertigung herangezogenen Begebenheit zu erkennen ist. Wird die Klage neun Tage nach der Entlassung eingebracht, so wäre diese bereits wegen Verspätung abzuweisen (Arb 9.107); drei Tage nach Ausspruch der Entlassung sind noch nicht als verspätet anzusehen (Arb 9.613). Die Entlassung wegen eines **strafbaren Verhaltens** erfordert auch hier keine strafgerichtliche Verurteilung (Arb 10.389, OLG Wien 7 Ra 188/04 z = ARD 5609/5/2005).

Wird die Zustimmung zur Entlassung eingeklagt, so kann für den Fall der Abweisung ein Eventualantrag auf Zustimmung zur Kündigung eingebracht werden (siehe z.B. OGH 31.8.1994, 8 Ob A 204/94).

Falls die Zustimmung zur noch auszusprechenden Entlassung erteilt wurde (oder zur noch auszusprechenden Kündigung), ist diese unverzüglich nach Zugang des Urteils an den AG auszusprechen (OGH 13.7.1964, 4 Ob 59/64). Die Rechtskraft des Urteils muss nach § 61 Abs. 1 Z 5 ASGG nicht abgewartet werden (OGH 9 Ob A 166/94). Falls jedoch der AG die Rechtskraft abwarten will, so ist unmittelbar nach Eintritt der Rechtskraft bzw. nach Zugang der Entscheidung, mit der die Rechtskraft eintritt, die Beendigungserklärung abzugeben (OGH 22.10.2007, 9 Ob A 102/06 z).

Eine gegen **nachträgliche Zustimmung** ausgesprochene Entlassung eines BR-Mitgliedes ist schwebend unwirksam (beendet daher das Arbeitsverhältnis nicht; OGH 22.2.1995, 9 Ob A 25/95) und hat weder ein Erlöschen der Mitgliedschaft zum BR zur Folge noch bewirkt sie, dass das (nicht freigestellte) BR-Mitglied nicht mehr zur Arbeitsleistung verpflichtet wäre. Es besteht daher auch nach Ausspruch der Entlassung bis zur Erteilung der gerichtlichen Zustimmung ein Entgeltanspruch des BR-Mitgliedes (OLG Wien 28.4.2015, 7 Ra 27/15 i, ARD 6459/6/2015).

Nur dann, wenn der AG das BR-Mitglied auch von seiner Arbeitsleistung suspendiert, sich die Rückzahlung des von ihm während der Dauer des gerichtlichen Verfahrens gezahlten Arbeitsentgelts vorbehalten hat und die nachträgliche Zustimmung erteilt wird, ist das BR-Mitglied infolge der Rückwirkung dieser Entscheidung und des dadurch eingetretenen Wegfalls des Rechtsgrundes der Leistung (§ 1435 ABGB) zur Rückzahlung verpflichtet (OGH 5.11.1997, 9 Ob A 148/97 y, OLG Wien 7 Ra 18/05 a = ARD 5609/6/2005).

Es wird daher empfohlen, im Fall einer **Dienstfreistellung** im Anschluss an den Ausspruch einer Entlassung (die wie erwähnt das Arbeitsverhältnis nicht beendet) nach § 122 Abs. 1 Z 2 oder Z 5 ArbVG den Vorbehalt einer Rückzahlung der fortlaufenden Entgeltansprüche auszusprechen.

Muster für eine Dienstfreistellung mit Rückzahlungsvorbehalt nach einer Entlassung nach § 122 Abs. 1 Z 2 oder Z 5 Arb VG

Sehr geehrte(r) Frau/Herr ....!

Unter Bezugnahme auf die Entlassungserklärung vom .... werden sie hiermit mit sofortiger Wirkung bei vollen Bezügen dienstfrei gestellt. Die Dienstfreistellung kann jederzeit widerrufen werden. Falls auf Grund unserer Klage auf nachträgliche Zustimmung zur Entlassung eines Mitglieds des BR eine rechtskräftige Zustimmung gerichtlich erteilt wird, werden wir sämtliche für die Dauer der Dienstfreistellung an Sie bezahlten Arbeitsentgelte zurückverlangen. Sämtliche Bezüge ab .... stehen somit unter einem ausdrücklichen Rückforderungsvorbehalt.

Einschlägige Judikatur

- *Seit 1990 hatten sich verbale Ausfälle des Mitglieds des BR sowohl gegen Organe des Unternehmens als auch gegenüber Mitarbeitern gehäuft. Der Bogen dieser Ausfälle spannte sich von Beschimpfungen („Arschlöcher", „Vollidioten") über Verspottungen („Hypnotiseure", „Motiveure", „Astrologen"), Vorwürfe mangelnder Qualifikation oder des Intrigantentums gegenüber Vorgesetzten oder Mitarbeitern bis hin zu schlechtem Benehmen. Der OGH hat hierzu erwogen: Zu Recht beruft sich das Mitglied des*

*BR auf die **Mandatsschutzklausel** des § 120 Abs. 1 ArbVG. Das Gericht hat eine besondere Interessenabwägung vorzunehmen. Dabei und bei der Feststellung der Zumutbarkeit der Weiterbeschäftigung ist darauf Bedacht zu nehmen, dass die objektiv rechtswidrige Handlung des Mitglieds des BR bei Erfüllung der Aufgaben des BR vorgekommen ist. Konnte das BR-Mitglied der Meinung sein, dass eine befugte Mandatsausübung vorliegt, ist die Mandatsschutzklausel auch dann anzuwenden, wenn objektiv gesehen eine Kompetenzüberschreitung vorliegt, also das Mitglied des BR beispielsweise in Angelegenheiten interveniert, in denen gar keine Interessenvertretungsaufgabe durch das Gesetz vorgesehen ist. Die Zustimmung zur Entlassung des BR-Mitglieds war sohin nicht zu erteilen (OGH 9 Ob A 47/97 w = ASoK 1997, 289).*

- *Die Vorgangsweise des AN, der BR-Vorsitzender-Stellvertreter ist, durch übertriebene Darstellung von Krankheitssymptomen eine Krankschreibung zu erreichen, um dadurch die Freistellung für einen sonst während der Dienstzeit nicht möglichen Kursbesuch zu erlangen, stellt sich schon im Hinblick auf die vom Mitglied des BR ausgehende Vorbildfunktion als grober Verstoß gegen die Interessen des AG dar und ist hinsichtlich der Wirkung des Vertrauensverlustes durch den AG jenen Fällen vergleichbar, in denen eine Krankheit vorgetäuscht wurde oder ärztliche Bescheinigungen, auf die der AG vertrauen durfte, erst nachträglich auf Grund übertriebener Schilderung der Beschwerden ausgestellt wurden (OGH 9 Ob A 10/97, zur Vorbildfunktion siehe auch 9 Ob A 297/98 z).*

- *Da das Dienstverhältnis des BR-Mitglieds bis zur Erteilung der nachträglichen Zustimmung durch das Gericht schwebend aufrecht ist, hat das BR-Mitglied – unabhängig davon, wie das Verfahren auf nachträgliche Zustimmung des Gerichtes zur Entlassung ausgeht – Anspruch auf das ihm gebührende Arbeitsentgelt, auch wenn es auf Grund seiner Dienstfreistellung derzeit zur Erbringung seiner Arbeitsleistung nicht verpflichtet ist (OLG Wien 7 Ra 238/99 t = ARD 5128/11/2000; ASG Wien 21 Cga 36/00 t, 37/00 i = ARD 5224/11/2001).*

- *Beschwert sich ein AN über nicht abgegoltene Überstunden und fordert ihn daraufhin das BR-Mitglied auf, Übelkeiten vorzutäuschen, um den fahrplanmäßigen Busbetrieb zu stören, so rechtfertigt dies die Entlassung. Die Mandatsschutzklausel ist nicht anzuwenden, weil der Vorschlag des BR-Mitglieds unsachlich ist bzw. nur den AG schädigt (OGH 25.5.2016, 9 Ob A 147/15 f, Rauch, Arbeitsrecht 2017, 51).*

42.7.4 Entlassungsschutz nach dem MSchG und dem VKG

§ 12 MSchG lautet:

(1) Dienstnehmerinnen können während der Schwangerschaft und bis zum Ablauf von vier Monaten nach der Entbindung rechtswirksam nur nach **vorheriger Zustimmung** des Gerichts entlassen werden. Ebenso darf eine Entlassung bis zum Ablauf von vier Wochen nach einer erfolgten Fehlgeburt nur nach vorheriger Zustimmung des Gerichts erfolgen.

(2) Das Gericht darf die Zustimmung zur Entlassung nur erteilen, wenn die Dienstnehmerin

1. die ihr auf Grund des Arbeitsverhältnisses obliegenden Pflichten schuldhaft gröblich verletzt, insbesondere wenn sie ohne einen rechtmäßigen Hinderungsgrund während einer den Umständen nach erheblichen Zeit die Arbeitsleistung unterläßt;
2. im Dienst untreu ist oder sich in ihrer Tätigkeit ohne Wissen des Dienstgebers von dritten Personen unberechtigt Vorteile zuwenden läßt;
3. ein Geschäfts- oder Betriebsgeheimnis verrät oder ohne Einwilligung des Dienstgebers ein der Verwendung im Betrieb (Haushalt) abträgliches Nebengeschäft betreibt;

4. sich Tätlichkeiten oder erhebliche Ehrverletzungen gegen den Dienstgeber, dessen im Betrieb (Haushalt) tätige oder anwesende Familienangehörige oder Dienstnehmer des Betriebes (Haushalts) zuschulden kommen läßt;

5. sich einer gerichtlich strafbaren Handlung, die nur vorsätzlich begangen werden kann und mit einer mehr als einjährigen Freiheitsstrafe bedroht ist, oder einer mit Bereicherungsvorsatz begangenen gerichtlich strafbaren Handlung schuldig macht.

(3) In den Fällen des Abs. 2 Z 1 und 4 ist der durch die Schwangerschaft bzw. durch die Entbindung der Dienstnehmerin bedingte **außerordentliche Gemütszustand** zu berücksichtigen.

(4) In den Fällen des Abs. 2 Z 4 und 5 kann die Entlassung der Dienstnehmerin gegen **nachträgliche Einholung der Zustimmung des Gerichts** ausgesprochen werden. Weist das Gericht die Klage auf Zustimmung zur Entlassung ab, so ist die Entlassung rechtsunwirksam.

Die §§ 7 und 8 f VKG enthalten entsprechende Regelungen für den Vater, der einen Karenzurlaub bzw. eine Teilzeitbeschäftigung im Sinne des VKG in Anspruch nimmt. Der Abs. 3 des § 7 VKG sieht daher vor, dass die Entlassung nur nach Zustimmung des Gerichts ausgesprochen werden kann, wobei im Übrigen der § 12 Abs. 2 und 4 MSchG anzuwenden ist (siehe 25.6).

Ähnlich wie bei Mitgliedern des BR kann in diesen Fällen in zwei Fällen die Zustimmung des Gerichtes auch nachträglich eingeholt werden, und zwar

- bei Tätlichkeiten oder erheblichen **Ehrverletzungen** sowie
- im Fall bestimmter gerichtlich **strafbarer Handlungen**.

In zwei Fällen ist auch der durch die Schwangerschaft oder Entbindung bedingte außerordentliche Gemütszustand der AN zu berücksichtigen, und zwar bei

- beharrlicher Pflichtenvernachlässigung bzw. unentschuldigtem Fernbleiben,
- Tätlichkeiten oder erheblichen Ehrverletzungen.

Im Übrigen ist auch hier ebenso wie beim besonderen Entlassungsschutz der Präsenz- und Zivildiener sowie der Mitglieder des BR davon auszugehen, dass die Klage auf Zustimmung zur Entlassung unverzüglich nach der Verwirklichung des Entlassungstatbestands einzubringen ist (OGH 18.5.1999, 8 Ob A 78/99 z). Der Ausspruch der Entlassung hat ebenfalls unmittelbar nach Zugang des arbeitsgerichtlichen Urteils zu erfolgen, welches dem AG die Zustimmung zur Entlassung erteilt (OGH 9 Ob A 102/06 z = ARD 5830/4/2008). Die Rechtskraft dieses der Klage des AG stattgebenden Urteils muss nicht abgewartet werden (§ 61 Abs. 1 ASGG). Vielmehr hat die Entlassung unmittelbar nach Zugang des der Klage des AG stattgebenden Urteils zu erfolgen.

Nach der älteren Judikatur war der Entlassungsschutz nach dem MSchG auch ohne die Kenntnis einer Schwangerschaft bzw. einer Entbindung durch den AG wirksam. Es hat die objektive Tatsache der Schwangerschaft oder Entbindung für das Bestehen des Entlassungsschutzes ausgereicht (Arb 8.680, 9.193, 10.264). Nach der nunmehr aktuellen jüngeren Judikatur bleibt der in Unkenntnis ihrer Schwangerschaft entlassenen AN ihr Entlassungsschutz nur dann gewahrt, wenn sie ihre Mitteilungspflicht über das Bestehen der Schwangerschaft analog zur Kündigungsregelung (§ 10 Abs. 2 MSchG) binnen fünf Tagen nach Ausspruch der Entlassung oder unmittelbar nach Wegfall des Hindernisses (Unkenntnis der Schwangerschaft) erfüllt (OGH 8 Ob A 2003/96 h = ARD 4785/37/96).

Der Beginn und das Ende des Entlassungsschutzes ist analog dem Kündigungsschutz geregelt (siehe 41.7.3.1).

Die im Gesetz genannten Entlassungsgründe sind erschöpfend aufgezählt. Im Fall einer rechtsunwirksamen Entlassung können auch Ansprüche auf Kündigungsentschädigung nach § 29 AngG (§ 1162 b ABGB bei Arbeitern und Lehrlingen) erhoben werden (z.B. OGH 9 Ob A 5/05 h – Wahlrecht). Die Kündigungsentschädigung ist auf der Grundlage des gesamten geschützten Zeitraumes zu berechnen (OGH 8 Ob A 233/95 – siehe 42.7.6.2).

Zum vorsätzlichen Verschweigen einer bereits bei Beginn des Arbeitsverhältnisses bestehenden Schwangerschaft siehe die folgende einschlägige Judikatur.

Zum Kündigungs- und Entlassungsschutz bei Fehlgeburt siehe 41.7.3.1.

Einschlägige Judikatur

- *Kommt es beim Tragen schwerer Tabletts mit Getränken durch eine schwangere Kellnerin zu Belastungen, die den durch § 4 Abs. 2 Z 1 MSchG gezogenen Grenzen sehr nahe kommen, kann es der AN, die sich dabei für überfordert hält, nicht zur Last gelegt werden, wenn sie das Tragen der Tabletts ablehnt, zumal nach § 12 Abs. 2 MSchG im Fall des Abs. 1 Z 1 der durch die Schwangerschaft bedingte außerordentliche Gemütszustand zu berücksichtigen ist (OLG Wien 34 Ra 70/92 = ARD 4452/5/93).*
- *Das Verschweigen einer bestehenden Schwangerschaft bei Dienstantritt bildet nach der ständigen Judikatur des OGH keinen Entlassungsgrund (OGH 4 Ob 57/68 = ARD 2121/21/68), selbst wenn die Aufnahmewerberin ausdrücklich danach gefragt wurde und sie bereits mit der Möglichkeit einer Schwangerschaft gerechnet hat (OGH 4 Ob 138/62 = ARD 1550/6/63). Die Begründung lautet stets dahin gehend, dass die Entlassungstatbestände in § 12 MSchG erschöpfend aufgezählt sind und dieses Gesetz den Tatbestand der Vertrauensunwürdigkeit nicht kennt (OGH 4 Ob 44/83 = ARD 3552/7/83). Es ist somit davon auszugehen, dass dieses Verhalten auch nicht als Betrug im Sinne des § 146 StGB zu qualifizieren ist (ASG Wien 14 Cga 203/97 t = ARD 4953/41/98).*

42.7.5 Entlassungsschutz nach dem AVRAG (Hospiz-Karenz)

Zu den Voraussetzungen der Inanspruchnahme einer Hospiz-Karenz oder einer Begleitung von schwerst erkrankten Kindern siehe 41.7.5.

Falls die gesetzlichen Vorgaben für die Inanspruchnahme einer Sterbebegleitung bzw. der Begleitung schwerst erkrankter Kinder eingehalten werden, so hat der AN einen **Entlassungsschutz** (§ 15a AVRAG). Auf Grund einer Klage des AG kann jedoch das zuständige ASG eine Zustimmung zur Entlassung aussprechen. Das

AVRAG führt jedoch keine Gründe an, die zur Zustimmung zur Entlassung führen. Es ist daher wohl von den allgemeinen Entlassungsgründen (insbesondere § 27 AngG und § 82 GewO 1859 – siehe 42.2 und 42.3) auszugehen.

42.7.6 Folgen einer ungerechtfertigten Entlassung

42.7.6.1 Allgemeines

Meint der AN, dass er ungerechtfertigt entlassen worden sei, so hat er folgende Möglichkeiten (Wahlrecht – z.B. OGH 22.9.2010, 8 Ob A 64/09 m):

a) Bei besonderem Entlassungsschutz (siehe 42.7):
- Klage auf Feststellung des aufrechten Bestandes des Arbeitsverhältnisses
- Leistungsklage

b) Bei Fehlen eines besonderen Entlassungsschutzes (siehe 42.6):
- Anfechtung der Entlassung nach § 106 ArbVG
- Leistungsklage

Im Fall der **Leistungsklage** (Klage insbesondere auf Abfertigung und Kündigungsentschädigung) ist davon auszugehen, dass das Arbeitsverhältnis durch die Entlassung beendet wurde. Das **Wahlrecht** kann nur einmal ausgeübt werden. Wurde etwa eine Abfertigung begehrt, so kann nicht mehr anschließend eine Anfechtungsklage, sondern nur mehr eine Leistungsklage erhoben werden (und umgekehrt OGH 24.4.2013, 9 Ob A 7/13 i – siehe 42.4), wobei eine einvernehmliche Änderung aber zulässig wäre (OGH 29.1.2014, 9 Ob A 146/13 f).

Wird einer **Feststellungsklage** bzw. einer **Anfechtungsklage** stattgegeben, so ist ebenso wie bei einer Feststellungsklage eines AN mit besonderem Kündigungsschutz bzw. wie bei einer Kündigungsanfechtung das Entgelt für die Zeit ab der rechtsunwirksamen Auflösungserklärung nachzuzahlen (§ 1155 ABGB; siehe 31.8). Ein anderweitiger Verdienst ist anzurechnen.

Nachzahlungen des AG, die in Form einer Einmalzahlung erfolgen, bewirken in der Regel einen Nachteil für den AN bezüglich der Lohnsteuer (Lohnsteuerschaden). Ein Schadenersatzanspruch setzt jedoch ein schuldhaftes Verhalten des AG voraus. Eine Prozessführung ist nur dann schuldhaft, wenn sie wider besseres Wissen erfolgt und der AG die Aussichtslosigkeit hätte erkennen können. Wurde also aufgrund einer unvertretbaren Rechtsauffassung die Entlassung ausgesprochen und auf der Grundlage dieser nicht vertretbaren Rechtsmeinung vom AG ein Prozess geführt, so ist er schadenersatzpflichtig (OGH 9 Ob A 106/04 k; OLG Wien 9 Ra 32/08 d; *Rauch*, Arbeitsrecht 2011, 48).

42.7.6.2 Kündigungsentschädigung

Ein ungerechtfertigt entlassener AN, der eine Leistungsklage einbringt, hat Anspruch auf eine Kündigungsentschädigung (weitere Anwendungsfälle neben der ungerechtfertigten Entlassung siehe am Ende dieses Beitrags). Das heißt, der AN hat jenes Entgelt zu erhalten, welches ihm für den Zeitraum gebührt hätte, der bei Kündigung durch den AG als Kündigungsfrist einzuhalten gewesen wäre (**fiktive Kündigungszeit**, OGH 9 Ob A 163/00 m = ARD 5330/16/2002) bzw. bei befristeten Arbeitsverhältnissen noch nicht abgelaufen ist (§§ 29 AngG, 1162b ABGB, 84 GewO 1859), wobei im Zweifel ein Jahresschnitt heranzuziehen ist (OGH 25.2.2016, 9 Ob A 3/16 f). Eine drei Monatsentgelte nicht übersteigende Kündigungsentschädigung wird mit dem Ablauf des Tages fällig, an dem das Arbeitsverhältnis beendet wird. Ein allfälliger Rest (im Falle einer über drei Monate hinausgehenden Kündigungszeit) kann erst bei Fälligkeit des jeweiligen Entgeltes begehrt werden (OGH 8 Ob A 204/01 k = infas 2/02, A 35, OGH 9 Ob A 97/05 p). Weiters muss sich der AN bei einer drei Monatsentgelte übersteigenden Kündigungsentschädigung das anrechnen lassen, was er sich infolge des Unterbleibens der Dienstleistung erspart oder durch anderweitige Verwendung erworben oder zu erwerben absichtlich versäumt hat.

Von einem absichtlichen Versäumen eines Verdienstes ist nur dann auszugehen, wenn der AN bei Vorhandensein reeller Chancen keine Anstrengung unternimmt, sich eine Ersatzbeschäftigung zu verschaffen, die ihm nach Treu und Glauben zumutbar ist. Der AN muss eine ihm nicht zumutbare Arbeit nicht annehmen und auch keine außergewöhnlichen Anstrengungen unternehmen, um einen Arbeitsplatz zu bekommen (infas 4/95, A 78, OGH 9 Ob A 231, 232/94, 9 Ob A 135/03 y). Die Behauptungs- und Beweislast dafür, dass sich der AN auf seine Ansprüche bestimmte Beträge anrechnen lassen muss, trifft den AG. Der AG muss daher beweisen, dass der AN eine sich ihm bietende zumutbare Verdienstmöglichkeit absichtlich, dh zur Vermeidung der Anrechnung ausgeschlagen oder es in der gleichen Absicht unterlassen hat, sich um einen anderen Verdienst zu bemühen (OGH 9 Ob A 101/97 m, 9 Ob A 135/03 y). Die Einrechnungsvorschrift findet keine Anwendung auf den Bezug des Arbeitslosengeldes, weil bei einem Anspruch auf Kündigungsentschädigung die Leistung aus der Arbeitslosenversicherung grundsätzlich ruht (OLG Wien 34 Ra 91/93 = ARD 4537/6/94) oder zurückzuzahlen ist (OLG Wien 24.9.2014, 9 Ra 79/13 y, ARD 6436/8/2015). Ist ein Lehrling nicht verpflichtet, die vom AMS bezogene Aus- und Weiterbildungsbeihilfe zurückzuzahlen, so ist sie auf die Kündigungsentschädigung anzurechnen (OGH 25.11.2014, 8 Ob A 42/14 f).

Während der ersten drei Monate ist somit (bei rascher Erlangung eines neuen Arbeitsplatzes) ein **Doppelbezug** möglich:

1. Kündigungsentschädigung vom ehemaligen AG und

2. Entgelt von einem neuen AG.

Nach Auffassung des OGH ist der Doppelbezug nicht verfassungswidrig (OGH 8 Ob A 89/01 y). Ein Doppelbezug von Kündigungsentschädigung und Arbeitslosengeld ist jedoch nicht möglich. Das Arbeitslosengeld ist zurückzuzahlen (siehe 50.).

Auf die als Teil der Kündigungsentschädigung geltend zu machende Vergütung des verbliebenen Resturlaubs aus einem erst während der fiktiven Kündigungszeit beginnenden Urlaubsjahr muss sich der AN einen für dieselbe Zeit gegen den neuen AG gebührenden Naturalanspruch anrechnen lassen (OGH 9 Ob S 3/91 = ARD 4261/16/91; 9 Ob A 138/93, 8 Ob S 250/98 t; OLG Wien 10 Ra 12/01 k).

Wird ein AN während der Kündigungsfrist unberechtigt entlassen, so steht ihm die Kündigungsentschädigung nur bis zu dem Tag zu, an dem das Arbeitsverhältnis durch die Kündigung (des AN oder des AG) geendet hätte (OGH 9 Ob A 88/93 = ARD 4509/5/93).

Beispiel:
Ein in einem unbefristeten Arbeitsverhältnis im 3. Dienstjahr befindlicher Angestellter wird am 30.8. ungerechtfertigt entlassen. Unter der Annahme, dass eine Kündigungsmöglichkeit zum 15. oder Letzten des Monats nicht vereinbart wurde, könnte der AG frühestens zum 31.12. kündigen (Kündigungsfrist zwei Monate zum Quartal nach zwei Dienstjahren gemäß § 20 Abs. 2 AngG). Daher steht eine Kündigungsentschädigung bis 31.12. zu. Unter der Annahme, dass der AN etwa ab 1.9. bereits wieder berufstätig war, muss er sich ab dem 4. Monat der Kündigungsentschädigung das anrechnen lassen, was er durch diese Tätigkeit ab dem 1.12. erworben hat. Das Arbeitsverhältnis hat jedoch am 30.8. (Zugang der Entlassungserklärung) geendet und daher kann der AG trotz seiner Pflicht zur fortlaufenden Entgeltzahlung keine weiteren Arbeitsleistungen beanspruchen. Im konkreten Beispiel erhält der AN für die Zeit vom 1.9. bis 30.11. sowohl vom bisherigen AG als auch vom neuen AG ein Arbeitsentgelt.

Präklusivfrist

Falls während der fiktiven Kündigungszeit (im Beispiel die Zeit vom 31.8. bis 31.12.) ein (zusätzlicher) Urlaubsanspruch oder ein Abfertigungsanspruch entsteht bzw. ein „Abfertigungssprung" (z.B. Vollendung des 5. Arbeitsjahres) eintritt, so ist der Anspruch auf die Vergütung des Resturlaubs, auf Abfertigung bzw. auf den zusätzlichen Teil der Abfertigung ein Teil der Kündigungsentschädigung und unterliegt daher der Einrechnung sowie der Präklusivfrist (OGH 9 Ob A 229/93 = ARD 4497/8/93, OGH 9 Ob A 33/95). Ansprüche auf Entgeltfortzahlung wegen unberechtigter Entlassung während eines Krankenstands unterliegen ebenso der Präklusivfrist (OGH 9 Ob A 13/07 p). Unter der sechsmonatigen **Präklusivfrist** (§ 34 AngG, § 1162d ABGB) versteht man, dass Ansprüche auf Kündigungsentschädigung bei sonstigem Ausschluss grundsätzlich binnen sechs Monaten ab ihrer Fälligkeit (Arb 4516) mittels Klage geltend gemacht werden müssen (z.B. bei einer Entlassung ab dem Tag nach dem Zugang der Entlassungserklärung). Wird eine Kündigungsentschädigung verspätet eingeklagt, so ist von der beklagten Partei auf diesen Umstand hinzuweisen, weil das Gericht die Präklusivfrist nicht von Amts wegen wahrzunehmen hat. Abgesehen von der Klagseinbringung kann diese Frist weder gehemmt noch unterbrochen werden (OLG Wien 7 Ra 199/04 t = ARD

5586/1/2005). Im Fall einer erfolglosen Entlassungsanfechtung (siehe 42.6) läuft die Präklusivfrist während des Anfechtungsverfahrens nicht ab (OGH 30.5.2012, 8 Ob A 21/12 i). Ist eine kollektivvertragliche Verfallsregelung günstiger als die sechsmonatige Präklusivfrist, so findet die kollektivvertragliche Verfallsregelung Anwendung. Wenn daher etwa der AN innerhalb einer dreimonatigen Verfallsfrist eine Kündigungsentschädigung begehrt und diese nicht innerhalb von sechs Monaten einklagt, so ist die kollektivvertragliche Verfallsnorm anzuwenden, falls diese bei rechtzeitiger Geltendmachung auf die gesetzliche Verjährung verweist (OGH 29.6.2005, 9 Ob A 63/05 p, 4.5.2006, 9 Ob A 141/05 h). Somit hat der AN bei derartigen kollektivvertraglichen Verfallsregelungen und rechtzeitiger Geltendmachung die Möglichkeit, innerhalb der 3-jährigen Verjährungsfrist die Kündigungsentschädigung einzuklagen. Eine Verkürzung der 6-monatigen Frist durch eine einzelvertragliche Verfallsregelung ist nicht möglich (OGH 28.10.2013, 8 Ob A 11/13 w, 24.3.2014, 8 Ob A 54/13 v, *Rauch*, Arbeitsrecht 2015, 32).

Durch Vergleichsverhandlungen wird der Ablauf der Präklusivfrist gehemmt (OGH 26.2.2015, 8 Ob A 8/15 g).

Postensuche

Für den Zeitraum, für den Kündigungsentschädigung zu bezahlen ist, besteht kein Anspruch auf Abgeltung von Postensuchfreizeit (OGH 23.10.2000, 8 Ob A 174/00 x).

Fiktiver weiterer Verlauf des Arbeitsverhältnisses

Hat der AN in dem Zeitraum, der von der ungerechtfertigten Entlassung bis zur ordnungsgemäßen Beendigung des Arbeitsverhältnisses verstrichen wäre, aus besonderen Gründen (etwa wegen Ablauf des Anspruchs auf Krankenentgelt gegen den AG) überhaupt keine Entgeltansprüche mehr, so kann ihm auch keine Kündigungsentschädigung gebühren (OGH 29.9.1981, 4 Ob 107/81, Arb 10.041, 11.8.1993, 9 Ob A 177/93). Es ist daher stets davon auszugehen, welche Ansprüche der AN gehabt hätte, wenn das Arbeitsverhältnis während der fiktiven Kündigungszeit noch aufrecht gewesen wäre. Die Berechnung der Kündigungsentschädigung richtet sich daher nach dem Ausfallsprinzip (OGH 20.9.2000, 9 Ob A 163/00 m). Tritt während der fiktiven Kündigungszeit ein Ereignis ein, welches ein fortlaufendes Arbeitsverhältnis aufgelöst hätte, so beendet dieses Ereignis den Anspruch auf Kündigungsentschädigung (z.B. Tod des AN – OGH 13.7.2006, 8 Ob S 8/06 v 25.5.2013, 8 Ob A 26/13 a – sowie bei Lehrverhältnissen Ereignisse i.S.d. § 14 BAG; siehe Punkt 4. im folgenden Text).

Bei einer Entgelterhöhung während der fiktiven Kündigungszeit ist die Urlaubsersatzleistung bis zur Auflösung des Arbeitsverhältnisses nach dem bisherigen Entgelt und die Abfertigung alt sowie die Urlaubsersatzleistung für die während der fiktiven Kündigungszeit entstandenen Urlaubstage, nach dem erhöhten Entgelt zu berechnen (OGH 30.8.2013, 8 Ob S 5/13 p, *Rauch*, PV-info 12/2013, 15 f).

Für die Fälle des besonderen Bestandschutzes sieht die Rechtsprechung folgendes Ausmaß der Kündigungsentschädigung vor (wenn der AN sein Wahlrecht so ausübt, dass er die Kündigung bzw. Entlassung rechtswirksam werden lässt):

1. **BR-Mitglieder:**

    Da diese nach der jüngeren Judikatur keine Privilegierung genießen, ist hier jeweils von jener fiktiven Kündigungsfrist auszugehen, die auch für AN ohne besonderen Bestandschutz anzuwenden wäre (OGH 9 Ob S 8/91 = RdW 1991, 294 = ARD 4297/7/91; OGH 9 Ob A 59/94 = ARD 4571/28/94, OGH 9 Ob A 394/97 z = ARD 4967/19/98, OLG Wien 9 Ra 62/05 m = ARD 5625/5/2005).

2. **Mutterschutz, Präsenz- und Zivildienst:**

    In diesen Fällen sind die Ersatzansprüche auf der Grundlage des geschützten Zeitraumes zuzüglich der Kündigungszeit zu berechnen (OGH 9 Ob S 13/92 = RdW 1993, 154; OGH 8 Ob A 233/95 = ARD 4701/29/95, OGH 9 Ob A 5/05 h = ARD 5639/12/2005, OGH 8 Ob S 15/07 z). Dies gilt auch dann, wenn die geschützte AN einen vorzeitigen Austritt erklärt und eine vorherige Meldung der Schwangerschaft nicht erfolgt ist, weil diese der AN noch nicht bekannt war (OGH 23.2.2009, 8 Ob S 9/08 v).

3. **Behinderte:**

    Bei Behinderten (denen der Kündigungsschutz nach den ersten sechs Monaten des Arbeitsverhältnisses bereits zusteht – 41.7.1.1) ist die Kündigungsentschädigung auf der Basis von sechs Monaten zu berechnen, falls nicht ausnahmsweise eine längere Kündigungsfrist anzuwenden wäre (OGH, ecolex 1993, 261; OGH 9 Ob A 146/97 d = ARD 4910/8/98, OGH 9 Ob A 97/05 p). Jedoch ist die Geltendmachung einer sechsmonatigen Kündigungsentschädigung durch einen Behinderten nach einem berechtigten vorzeitigen Austritt, wenn er seinem AG die ihm bekannte Behinderteneigenschaft nicht gemeldet hat, unzulässig (OLG Wien 10 Ra 353/01 g = ARD 5309/43/2002 – siehe auch 42.7.1). Wird ein behinderter AN, der seinen Behindertenstatus nicht gemeldet hat, vom AG gekündigt und begehrt er unter Hinweis auf seine Behinderteneigenschaft eine Kündigungsentschädigung auf Basis einer sechsmonatigen Kündigungsfrist, so kann ihm entgegengehalten werden, dass er zunächst (entsprechend der Funktion des Kündigungsschutzes) eine Fortsetzung des Arbeitsverhältnisses hätte begehren müssen. Er kann somit lediglich die Ansprüche begehren, die sich aus der Kündigung (ohne privilegierte Kündigungsentschädigung) ergeben (OGH 9 Ob A 82/03 d – Details und Fallkonstellationen – siehe *Rauch*, Rechtsfolgen der Unterlassung der Meldung der Behinderteneigenschaft, ASoK 2004, 265 ff.).

    Falls dem Behinderten der Kündigungsschutz (mangels sechsmonatiger Betriebszugehörigkeit) noch nicht zukommt, richtet sich der Anspruch auf Kündigungsentschädigung nach der Kündigungsfrist nach dem AngG oder bei Arbeitern nach dem KV bzw. der 4-wöchigen Kündigungsfrist nach § 8 Abs. 1 BEinStG (OGH 9 Ob A 30/06 m = ARD 5706/1/2006).

Die Kündigungsentschädigung für sechs Monate gilt auch bei einer unberechtigten Entlassung in Unkenntnis des Behindertenstatus (OGH 9 Ob A 46/07 s).

4. **Lehrlinge:**

Bei Lehrlingen ist die restliche Lehrzeit sowie auch die fiktive anschließende Behaltezeit heranzuziehen (OGH 9 Ob S 13/91 = ecolex 1991, 872 = ARD 4316/18/91). Dies gilt auch im Fall einer Konkurseröffnung, weil der Konkurs das Lehrverhältnis nicht beendet. Ob und wann der AG gekündigt hätte, ist nicht zu prüfen, da kein Anspruch auf eine unbefristete Weiterverwendung besteht (OGH 23.3.2010, 8 Ob S 4/10 m).

Weiters ist jedoch auch eine allfällige nachfolgende („fiktive") **Ex-lege-Beendigung** (§ 14 BAG – etwa bei Zurücklegung des Gewerbescheines und unverzüglicher Verständigung des Lehrlings – siehe 52.) bei der Bemessung der Kündigungsentschädigung zu berücksichtigen (OGH 16.12.1992, 9 Ob A 297/92, RdW 1993, 285, OGH 30.8.2013, 8 Ob S 9/13 a).

M.E. bewirkt die Möglichkeit einer außerordentlichen Auflösung des Lehrverhältnisses (§ 15a BAG – siehe 42.4.2) zum Ende des ersten oder zweiten Lehrjahres eine entsprechende Verkürzung des Anspruchs auf Kündigungsentschädigung (bzw. Schadenersatz nach § 1162b ABGB – siehe 42.4.2.3).

5. **Frühwarnsystem (siehe 41.3)**

Bei einer nach § 45a AMFG unwirksamen Kündigung stellt die Berechnung auf die nach Ablauf der Sperrfrist des § 45a AMFG mögliche Kündigung ab (OGH 9 Ob A 55/07 i = ARD 5808/3/2007).

6. **Betriebsübergangsbedingte Kündigung (siehe 36.2.3)**

Der AN kann eine betriebsübergangsbedingte Kündigung gegen sich gelten lassen (Wahlrecht). Wurden Frist und Termin laut KV bzw. Gesetz eingehalten, so kommt ein darüber hinausgehender Anspruch auf Kündigungsentschädigung nicht in Frage (OGH 9 Ob A 55/07 i).

Weitere Anwendungsfälle der Kündigungsentschädigung (neben der ungerechtfertigten Entlassung):

- **gerechtfertigter, vom AG verschuldeter Austritt des AN** (siehe 44.5), sofern der Austrittsgrund auf einem Verschulden des AG beruht. Dies ergibt sich daraus, dass der Anspruch auf Kündigungsentschädigung als Schadenersatzanspruch zu werten ist (Arb 10.177; OGH 8 Ob A 217/97 p);
- **zeitwidrige Kündigung** (siehe 41.1.5);
- Kündigung eines befristeten Arbeitsverhältnisses, obwohl keine Kündigungsmöglichkeit vereinbart wurde (siehe 14.3).

Einschlägige Judikatur

- *Das Krankenentgelt während der fiktiven Kündigungsfrist ist eine Kündigungsentschädigung und unterliegt daher der sechsmonatigen Ausschlussfrist (OGH 9 Ob A 396/97 v).*
- *Falls sich die Parteien des Arbeitsvertrages zur Fortführung des Arbeitsverhältnisses über den falschen Kündigungstermin hinaus einigen, besteht kein Anspruch auf eine Kündigungsentschädigung (OGH 8 Ob A 155/97 w).*
- *Erleidet der unberechtigt entlassene AN durch eine einmalige Nachzahlung vorenthaltender Bezüge einen Steuerschaden, so ist der AG ersatzpflichtig (OGH 9 Ob A 106/04 k = ARD 5606/6/2005).*
- *Der AG hat auch für die dem AN gebührende Kündigungsentschädigung den Zuschlag nach § 21 BUAG zu entrichten. Dieser Zuschlag ist an die Kasse und nicht den AN zu bezahlen. Die Kasse (BUAK) hat daher den Zeitraum der Kündigungsentschädigung als anwartschaftsbegründende Zeit für Ansprüche des Bauarbeiters auf Urlaubsentgelt und Abfertigung alt zu berücksichtigen (OGH 9 Ob A 55/06 p = ARD 5703/3/2006).*

43. Einvernehmliche Beendigung eines Arbeitsverhältnisses

Arbeitsverhältnisse werden meistens durch eine einseitige Erklärung beendet (Kündigung, Entlassung und vorzeitiger Austritt). In manchen Fällen kommt es zu einer Einigung zwischen dem AG und dem AN, dass das Arbeitsverhältnis an einem bestimmten Tag enden soll (einvernehmliche Lösung).

Die einvernehmliche Lösung ist weder an eine Frist noch an einen bestimmten Termin gebunden. Es könnte also beispielsweise am 5.7.2004 rechtswirksam vereinbart werden, dass das Arbeitsverhältnis am 5.7.2004 endet. Eine rückwirkende einvernehmliche Auflösung ist nicht möglich.

Die einvernehmliche Lösung ist nach dem Gesetz nur in Ausnahmefällen (siehe 43.1) an eine Schriftform gebunden. Es wäre daher auch eine mündliche Absprache zwischen dem AG und dem AN als rechtswirksame einvernehmliche Lösung anzusehen, soferne der AG und der AN eine Willenseinigung darüber erzielen, das Arbeitsverhältnis im gegenseitigen Einvernehmen aufzulösen (OGH 8 Ob A 40/98 k).

Aus Gründen der Beweisbarkeit wird jedoch auch in jenen Fällen, in denen eine Formvorschrift nicht beachtet werden muss (siehe 43.1), die Schriftlichkeit dringend empfohlen. Die Unterschrift des AN unter einer Vereinbarung über die einvernehmliche Auflösung gilt als voller Beweis dafür, dass der AN diese Vereinbarung abgeschlossen hat (OGH 8 Ob A 18/08 t).

> **Muster für eine einvernehmliche Lösung**
>
> *Das Arbeitsverhältnis zwischen Firma .... und Frau/Herrn .... wird hiermit einvernehmlich per .... (letzter Tag des Arbeitsverhältnisses) beendet.*
>
> ....
> *Geschäftsleitung*   *AN*

Abfertigungsanspruch (Abfertigung alt)

Im Fall der einvernehmlichen Lösung eines Arbeitsverhältnisses steht ein **Abfertigungsanspruch** grundsätzlich zu (falls das Arbeitsverhältnis mindestens drei Jahre gedauert und vor dem 1.1.2003 begonnen hat). Falls die Initiative zur einvernehmlichen Lösung ausschließlich vom AN ausgeht und sie in dessen ausschließlichem Interesse liegt, kann ein Abfertigungsanspruch bei entsprechender Vereinbarung verneint werden. Für den AG empfiehlt es sich in einem solchen Fall, der einvernehmlichen Lösung nur unter der Bedingung, dass der AN auf seine Abfertigung schriftlich im Rahmen der Vereinbarung über die einvernehmliche Lösung verzichtet, zuzustimmen und in der schriftlichen einvernehmlichen Lösung festzuhalten, dass die Beendigung des Arbeitsverhältnisses auf ausdrücklichen Wunsch des AN erfolgt ist (es könnte aber auch vom AN verlangt werden, er möge schriftlich beim AG die einvernehmliche Lösung beantragen). Grundsätzlich ist der Verzicht des AN auf seine zwingenden Ansprüche bei aufrechtem Arbeitsverhältnis unzulässig, da in diesen Fällen die Rechtsprechung von einem wirtschaftlichen Druck ausgeht, der die freie Abgabe einer Verzichtserklärung verhindert (**„Drucktheorie"**). Der Verzicht ist jedoch nach Wegfall dieses Drucks, also bei oder nach Beendigung eines Arbeitsverhältnisses, zulässig (die wirtschaftliche Beendigung etwa durch Abrechnung und Übernahme der Arbeitspapiere ist ausreichend – OGH 9 Ob A 82/00 z – Details siehe 41.2).

Der AN, der im Zuge einer von ihm gewünschten einvernehmlichen Lösung, bei der eine längere Frist bis zur Beendigung des Arbeitsverhältnisses einzuhalten war, auf die Abfertigung (bei aufrechtem Arbeitsverhältnis) verzichtet hat, könnte nun behaupten, er habe bei aufrechtem Arbeitsverhältnis unter wirtschaftlichem Druck sein Einverständnis zum Verzicht erklärt. Der vorsichtige AG wird daher zur Vermeidung jedes Risikos bei einem Wunsch des AN auf einvernehmliche Lösung auf einer Kündigung durch den AN bestehen, um nicht im Nachhinein trotz Verzicht mit einer Abfertigungsforderung überrascht zu werden. Sollte der AG dennoch eine einvernehmliche Auflösung mit einer Abfertigungsreduktion vereinbaren, so wird er im Streitfall belegen müssen, dass damit eine Bereinigung der für den AN unklaren und unbefriedigenden Situation herbeigeführt werden sollte (Vergleich, OGH 28.2.2011, 9 Ob A 126/10 k, siehe auch 46.).

43. Einvernehmliche Beendigung eines Arbeitsverhältnisses

Zur einvernehmlichen Lösung bei Vorliegen eines Entlassungsgrundes siehe 42.1.6.

Falls eine einvernehmliche Lösung anstelle einer Kündigung des AN lediglich die vierwöchige Sperre des Arbeitslosengeldes wegen Selbstkündigung (§ 11 AlVG) vermeiden soll, so stellt die einvernehmliche Lösung ein rechtsunwirksames Scheingeschäft dar und ist daher von einer Beendigung des Arbeitsverhältnisses durch AN-Kündigung auszugehen (OLG Wien 10 Ra 36/99 h = ARD 5050/3/99 – siehe auch *Rauch*, Einvernehmliche Lösung und Abfertigungsverzicht, ASoK 2002, 178ff.).

Im Fall einer Kündigung durch den AN kann (ebenso wie bei einer Kündigung durch den AG) einvernehmlich die gesetzliche oder kollektivvertragliche Kündigungsfrist verkürzt werden. Das Arbeitsverhältnis endet somit durch **Kündigung (mit verkürzter Kündigungsfrist)** und nicht durch eine einvernehmliche Lösung (so auch OGH 24.9.2012, 9 Ob A 98/12 w). Diese Vereinbarung sollte präzise schriftlich festgehalten werden, damit nicht nachträglich behauptet werden kann, dass das Arbeitsverhältnis durch einvernehmliche Lösung beendet worden und ein Abfertigungsanspruch (bei Anwendbarkeit der Abfertigung alt) gegeben sei (siehe dazu das Muster unter 41.1.5) bzw. die Pflicht zur Abfuhr der Auflösungsabgabe entsteht (siehe 41.4).

Einvernehmliche Lösung in Betrieben mit BR

In einem Betrieb mit BR kann der AN vor der Vereinbarung einer einvernehmlichen Lösung des Arbeitsverhältnisses vom Betriebsinhaber verlangen, ihm Zeit zur Beratung mit dem BR zu gewähren. Dafür ist dem AN nach § 104a ArbVG ein Zeitraum von zwei Arbeitstagen einzuräumen. Der vom AN geäußerte Wunsch nach einer Bedenkzeit kann die 2-tägige Vereinbarungssperre nicht auslösen (OGH 29.1.2015, 9 Ob A 137/14 h). Erst nach Ablauf dieser Zeit kann die einvernehmliche Lösung rechtswirksam vereinbart werden. Falls wegen Nichteinhaltung dieser Bestimmung die Rechtsunwirksamkeit der einvernehmlichen Lösung vom AN eingewendet wird, so hat dies innerhalb einer Woche schriftlich zu erfolgen. Die Einbringung einer Klage beim Arbeits- und Sozialgericht müsste innerhalb von drei Monaten nach Ablauf der einwöchigen Frist erfolgen.

Der AN muss vom AG nicht über das Beratungsrecht belehrt werden. Dieses Recht steht dem AN nur auf sein ausdrückliches Verlangen zu (OGH 9 Ob A 157/07 i = ARD 5860/3/2008).

Einvernehmliche Beendigung während eines Krankenstands

Die einvernehmliche Auflösung während eines Krankenstands ist grundsätzlich zulässig. Sie kann nicht vorab als Missbrauch angesehen werden (VwGH 23.1.2008, 2006/08/0325; 14.4.2010, 2007/08/0040). Vielmehr ist auf Grund des konkreten Einzelfalls zu prüfen, ob ein Missbrauch vorliegt. Ein solcher ist dann gegeben, wenn das Arbeitsverhältnis etwa nur für die Dauer der Arbeitsunfähigkeit unterbrochen wird, um die Last der Zahlung während eines Krankenstands auf die zuständige GKK zu übertragen und im Anschluss an die Wiedererlangung der Arbeitsfähigkeit das Arbeitsverhältnis fortzusetzen (VwGH 14.4.2010, 2007/08/0327).

Wird beispielsweise im Krankenstand ein Arbeitsverhältnis einvernehmlich aufgelöst und nach dem Krankenstand nicht mehr fortgesetzt (oder erst nach längerer Zeit ohne Benachteiligungsabsicht gegenüber dem Sozialversicherungsträger fortgesetzt), so ist von einer rechtswirksamen einvernehmlichen Auflösung auszugehen.

Umwandlung in eine andere Beendigungsart

Den Parteien des Arbeitsvertrages steht es frei, eine Beendigungsart einvernehmlich in eine andere umzuwandeln. Ob und inwieweit eine solche Umwandlung auch mehrmals erfolgen kann, ist im Rahmen der allgemeinen Grenzen der Zulässigkeit und Wirksamkeit von Vereinbarungen zu beurteilen (OGH 27.8.2009, 8 Ob A 42/09 y).

Einschlägige Judikatur

- *Die einvernehmliche Auflösung eines Arbeitsverhältnisses ist ein zweiseitiges nicht formgebundenes Rechtsgeschäft. Es besteht darin, dass AG und AN Willenseinigung darüber erzielen, das Arbeitsverhältnis im gegenseitigen Einvernehmen aufzulösen. Solange über wesentliche Vertragsbestimmungen zwischen den Parteien keine Einigkeit besteht, ist der Auflösungsvertrag nicht zustande gekommen (Arb 9.930; OGH 9 Ob A 295/93, 8 Ob A 40/98 k).*
- *Die Verwendung untechnischer Begriffe („einvernehmliche Kündigung") ist nicht von Bedeutung, wenn der Sinngehalt der Erklärung allen Beteiligten festgestelltermaßen klar war (OLG Wien 9 Ra 100/07 b = ARD 5849/6/2008).*

43.1 Formvorschriften bei der einvernehmlichen Lösung

Von der Formfreiheit der einvernehmlichen Lösung gibt es einige wichtige Ausnahmen, um den AN vor übereilten Dispositionen zu schützen (OGH 9 Ob A 57/04d):

Präsenz- und Zivildiener

§ 16 APSG sieht vor, dass eine einvernehmliche Lösung eines Arbeitsverhältnisses mit einem unter den Kündigungsschutz des zitierten Gesetzes fallenden AN nur dann rechtswirksam vereinbart werden kann, wenn sie schriftlich abgeschlossen wird und der Vereinbarung eine **Bescheinigung des Arbeitsgerichtes oder einer AK** beigeschlossen wird, aus der hervorgeht, dass der AN über den Kündigungs- und Entlassungsschutz nach dem APSG belehrt wurde.

AN, die dem Bestandschutz des MSchG oder des VKG unterliegen

Eine einvernehmliche Beendigung eines Arbeitsverhältnisses mit einem AN, der dem Bestandschutz der vorgenannten Gesetze unterliegt, ist nur dann rechtswirksam, wenn sie schriftlich vereinbart wurde. Bei minderjährigen AN (vor Vollendung des 18. Lebensjahres) muss zu dieser Vereinbarung überdies eine Bescheinigung eines Arbeitsgerichtes oder einer AK eingeholt werden, aus der hervorgeht, dass der AN über den Bestandschutz belehrt wurde (§ 10 Abs. 7 MSchG und § 6 Abs. 4 VKG).

Dem Schriftlichkeitsgebot wird nur dann entsprochen, wenn der auf die einvernehmliche Lösung gerichtete übereinstimmende Parteiwillen aus dem (den) Schriftstück(en) ausreichend erkennbar ist (OGH 9 Ob A 57/04 d = ARD 5525/3/2004).

Eine einvernehmliche Beendigung des Arbeitsverhältnisses bei Unkenntnis der AN von ihrer Schwangerschaft ist rechtsunwirksam, wenn die AN sofort nach der Kenntniserlangung die Schwangerschaft bekannt gibt und die Bestätigung übermittelt. Das Arbeitsverhältnis verlängert sich bis zum generellen oder individuellen Beschäftigungsverbot entsprechend § 10a MSchG (OGH 23.11.2006, 8 Ob A 76/06 v, 29.9.2014, 8 Ob A 52/14 a).

Lehrlinge

Auch bei der einvernehmlichen Auflösung eines Lehrverhältnisses ist die zuvor beschriebene Bescheinigung erforderlich. Bei Lehrlingen ist ebenso wie bei Präsenz- und Zivildienern die Bescheinigung auch dann einzuholen, wenn die Volljährigkeit bereits gegeben ist. Bei Lehrlingen, die minderjährig sind, ist weiters die **Unterfertigung** der schriftlichen einvernehmlichen Lösung **durch die Eltern** (bzw. den Vormund) erforderlich (§ 15 Abs. 1 und 5 BAG).

Bei **Behinderten und BR**, die ebenfalls Bestandschutz genießen, sind keine Formvorschriften bei der einvernehmlichen Lösung vorgesehen. Daher könnte sowohl mit einem Behinderten wie auch mit einem Mitglied des BR das Arbeitsverhältnis jederzeit durch eine mündliche einvernehmliche Lösung beendet werden (OGH 9 Ob A 54/03 m). Aus Gründen der Beweisbarkeit wäre jedoch insbesondere in diesen Fällen eine schriftliche einvernehmliche Lösung geboten.

Falls eine Belehrung für die einvernehmliche Lösung erforderlich ist, muss der AN zunächst (also vor der Unterfertigung der einvernehmlichen Lösung) ersucht werden, das Arbeitsgericht aufzusuchen und anschließend dem AG eine Kopie der Bescheinigung auszuhändigen. Der AG muss stets über eine Ausfertigung der einvernehmlichen Lösung sowie der beizuschließenden Bescheinigung über die Belehrung verfügen, um die Erfüllung der Voraussetzungen der Rechtswirksamkeit der einvernehmlichen Lösung nachweisen zu können.

Die Belehrung muss bei der Vereinbarung der Auflösung des Arbeitsverhältnisses bereits erfolgt sein (OGH 9 Ob A 20/06 s = ARD 5704/4/2006).

Immer wieder kommt es nämlich vor, dass der AN zunächst in den Betriebsräumlichkeiten die einvernehmliche Lösung unterfertigt und verspricht, in der Folge das Formular über die Belehrung in der Firma vorzulegen und schließlich wird dieses Versprechen nicht eingehalten. In diesen Fällen bleibt das Arbeitsverhältnis aufrecht und werden Entlassungsmöglichkeiten zu prüfen sein, da der AN bei aufrechtem Arbeitsverhältnis am Arbeitsplatz zu erscheinen hat.

In einem Fall hat der OGH die Auffassung vertreten, dass die schriftliche Belehrung nicht unbedingt für die Rechtswirksamkeit der einvernehmlichen Lösung erforderlich ist. Im konkreten Fall hat der AN dem Personalleiter erklärt, er sei bereits mündlich von der AK belehrt worden und hat gleichzeitig die Vorlage der schriftlichen Bestätigung zugesagt und dies schließlich unterlassen (OGH 8 Ob A 213/96 = ARD 4756/7/96; siehe einschlägige Judikatur im Anschluss).

Einschlägige Judikatur

- *Tritt ein Präsenzdiener, nachdem sein Arbeitsverhältnis einvernehmlich – wegen Unterlassung einer entsprechenden Beratung durch die AK allerdings zunächst unwirksam – aufgelöst worden ist, seinen Dienst nicht wieder an, sondern klagt er ausgehend von einer einvernehmlichen Auflösung eine Abfertigung ein, kann er nicht mehr die Unwirksamkeit der einvernehmlichen Auflösung geltend machen, weil Formvorschriften verletzt worden seien. Hat der AN dem Personalleiter gegenüber angegeben, von der AK hinsichtlich der Formvorschriften bei einvernehmlicher Auflösung des Arbeitsverhältnisses von Präsenzdienern während der Zeit ihres Kündigungsschutzes belehrt worden zu sein, und hat er zugesagt, die schriftliche Erklärung beizubringen, kann es hinsichtlich der Beendigungswirkung der einvernehmlichen Auflösung keine Zweifel unter dem Gesichtspunkt der Formvorschrift geben. Wenn sich nachträglich die Erwartungen des AN hinsichtlich der Abfertigung nicht erfüllen, handelt es sich dabei um einen unbeachtlichen Rechtsfolgeirrtum (OGH 8 Ob A 213/96 = ARD 4756/7/96).*
- *Auch bei einem Rechtsgeschäft, das nach dem Gesetz der Schriftform bedarf, ist der Parteiwille mit Hilfe der allgemeinen Auslegungsregeln zu ergründen (OGH 9 Ob A 57/04 d).*
- *Wird den AN in einer Betriebsversammlung die triste finanzielle Lage des Unternehmens dargestellt und unterfertigen sie daraufhin ein ihnen vorgelegtes Anbot zum vorzeitigen Austritt, ist von einer einvernehmlichen Auflösung des Arbeitsverhältnisses auszugehen (OGH 9 Ob A 82/08 m).*

44. Austritt

Zum ungerechtfertigten vorzeitigen Austritt siehe 44.4.

Der **vorzeitige Austritt des AN** bewirkt die fristlose bzw. sofortige Beendigung des Arbeitsverhältnisses. Der AN muss den vorzeitigen Austritt mündlich (z.B. auch durch die Aufforderung an den AG die Papiere herzurichten – Arb 8.283), schriftlich oder schlüssig (z.B. Antritt einer anderen Arbeit – Arb 8.341 oder Einpacken der persönlichen Sachen, Schlüsselrückgabe und Einstellung der Arbeitsleistungen – OGH 9 Ob A 32/09 k) erklären. Eine **schlüssige Austrittserklärung** kann nur dann angenommen werden, wenn das Verhalten des AN unter Berücksichtigung aller Umstände des konkreten Falles keinen vernünftigen Grund übrig lässt, an seiner auf vorzeitige Auflösung des Arbeitsverhältnisses gerichteten Absicht zu zweifeln (Arb 7.098, 8.341, 10.489 – zum ungerechtfertigten Austritt siehe 44.4).

Das bloße unbegründete Fernbleiben ist keine schlüssige Austrittserklärung – siehe 32.

Beendet der AN das Arbeitsverhältnis, ohne die Kündigungsfrist einzuhalten, so hat die Beendigung des Arbeitsverhältnisses die Wirkung eines vorzeitigen Austritts. Das Wesen eines Austritts ist darin gelegen, dass seine bloße Erklärung gegenüber dem AG bzw. sein tatsächlicher Vollzug die Beendigung des bestehenden Arbeitsverhältnisses herbeiführt. Dies gilt auch dann, wenn kein gesetzlicher Austrittsgrund vorliegt. Ob der AG bereit ist, den erklärten Austritt hinzunehmen oder nicht, ist unerheblich. Der Austritt beendet jedenfalls das Arbeitsverhältnis. Eine Rücknahme des Austritts ist nur dann rechtsverbindlich, wenn der AG zustimmt.

Wesentlich für die Endabrechnung ist die Frage, ob ein gesetzlicher Austrittsgrund gegeben ist bzw. ob der AN den behaupteten Austrittsgrund nachweisen kann. Die Behauptungs- und Beweislast in Bezug auf einen Austrittsgrund trifft nämlich den AN (OGH 9 Ob A 32/98 s, 9 Ob A 6/03 b).

Im Übrigen gelten die wesentlichen Grundsätze der Entlassung analog für den Austritt (siehe 42. ff.).

Insbesondere muss im Zeitpunkt des Austritts die **Unzumutbarkeit der Aufrechterhaltung des Arbeitsverhältnisses** gegeben sein (OGH 26.7.2016, 9 Ob A 111/15 m) und daher die sofortige Vertragsauflösung als Abhilfe erforderlich sein (Arb 10.614, OGH 9 Ob A 96/05 s). Spätere Entwicklungen nach dem Austrittszeitpunkt sind nicht maßgeblich (daher ist ein Konkurs nach der Austrittserklärung nicht unmittelbar von Bedeutung – OGH 26.8.2009, 9 Ob A 87/08 x).

Austrittsgründe können auch nachgeschoben werden (OGH 9 Ob A 90/99 i, 9 Ob A 25/08 d; zum Nachschieben siehe 42.1.1 vorletzter Absatz).

Durch bestimmte Austrittsgründe kann auch ein rechtswidriger **Dauertatbestand** entstehen, der den AN so lange zum Austritt berechtigt, als das rechtswidrige Verhalten des AG andauert (z.B. Vorenthalten des Entgelts – OGH 10 Ob S 288/97 v, 9 Ob A 181/98 b). Ein Austritt ist jedenfalls dann verfristet, wenn der AN 6 Tage verstreichen lässt um eine Rechtsauskunft einzuholen, obwohl in der näheren Umgebung 200 Rechtsanwälte ansässig sind (OGH 9 Ob A 22/03 f). Bei rechtswidrigen Dauerzuständen ist ein jederzeitiger Austritt möglich (z.B. Einsatzzeiten, die – trotz Protest des AN – dem AZG widersprechen; OGH 8 Ob A 25/08 t).

Die gesetzlichen **Mitverschuldensregelungen** (siehe 42.1.8) sind ebenso auf den Austritt anwendbar (Arb 7.952; OGH 8 Ob A 116/98 m).

Falls ein AN kündigt, aber dabei gesetzliche Gründe für einen vorzeitigen Austritt geltend macht, so verliert er seinen Abfertigungsanspruch nicht (OGH 5.11.2003, 9 Ob A 85/03 w, 26.7.2016, 9 Ob A 111/15 m).

„Mobbing" kann einen Austritt rechtfertigen. Es ist jeweils im Einzelfall zu prüfen, ob das als „Mobbing" bezeichnete Verhalten einen bestimmten gesetzlichen Austrittsgrund darstellt (OGH 8 Ob A 187/97 a, 8 Ob A 136/02 k, 9 Ob A 94/05 x). Sind die wegen angeblichen „Mobbings" behaupteten Beeinträchtigungen (wie etwa Schlafstörungen) nicht behandlungsbedürftig oder wenigstens ärztlich diagnostizierbar, so liegt keine ersatzfähige Gesundheitsschädigung (i.S.d. Schadenersatzes nach § 1325 ABGB) vor (OLG Wien 10 Ra 88/05 t, ARD 5711/8/2006 – siehe auch *Rauch*, Mobbing aus arbeitsrechtlicher Sicht, ASoK 2002, 332 ff. und ASoK 2007, 373 ff.).

Dass für eine durch Mobbing hervorgerufene psychische Erkrankung grundsätzlich ein Schadenersatzanspruch zusteht, wurde auch schon vom OGH bestätigt (OGH 28.6.2011, 9 Ob A 132/10 t – im konkreten Fall wurden € 5.900,- zugesprochen). Der AG muss im Rahmen seiner Fürsorgepflicht geeignete Abhilfemaßnahmen treffen, wobei er in der Wahl der Mittel grundsätzlich frei ist (OGH 26.11.2012, 9 Ob A 131/11 x, 24.5.2016, 8 Ob A 94/15 d).

Weiters können bei Mobbing Diskriminierungs- und Belästigungstatbestände des GlBG erfüllt sein (Belästigung nach den §§ 7, 21 etc. – siehe auch 4.). Mit diesen Bestimmungen sollen bestimmte „Mobbingformen" bekämpft werden (OGH 8 Ob A 59/08 x). Bei Mobbingvorwürfen muss der AG geeignete Abhilfemaßnahmen ergreifen (z.B. Gespräche, Supervision). Welche Maßnahmen geeignet sind, hängt vom Einzelfall ab (OGH 24.5.2016, 8 Ob A 94/15 d, *Rauch* Arbeitsrecht 2017, 37 f.).

Eine „Mobbing-Betriebsvereinbarung" kann der BR nicht über die Schlichtungsstelle erzwingen (siehe 53. „Betriebsvereinbarung nach § 97 ArbVG" – VfGH 4.3.2011, B 1338/10, ARD 6169/4/2011; *Rauch*, Ist eine „Mobbing-Betriebsvereinbarung" erzwingbar?, ASoK 2012, 7 ff).

Zum vorzeitigen Austritt von Arbeitern, Angestellten und Lehrlingen wegen Eröffnung des Konkursverfahrens siehe 41.9.

Zum vorzeitigen Austritt bei Arbeitskräfteüberlassung siehe *Rauch*, Vorzeitiger Austritt bei Arbeitskräfteüberlassung, ASoK 2005, 187 ff.

Zum vorzeitigen Austritt von ausbildungspflichtigen Jugendlichen siehe 30.9.

Einschlägige Judikatur

- *Bei Vorliegen eines wichtigen Austrittsgrundes kann die Lösung auch unter Setzung einer Frist, innerhalb der der AN seinen Urlaub konsumiert, vorgenommen werden, wenn aus dem Inhalt der Erklärung des AN klar erkennbar ist, dass er einen wichtigen Lösungsgrund beansprucht (Arb 8.381).*
- *Eine Austrittserklärung muss den AG als Erklärungsempfänger zweifelsfrei erkennen lassen, dass der AN damit das Arbeitsverhältnis ohne Einhaltung einer Kündigungsfrist vorzeitig auflöst. Dies ist nicht der Fall, wenn ein AN während der Kündigungsfrist seinen Urlaub verbraucht und in dieser Zeit ein neues Arbeitsverhältnis eingeht. Der Austritt wird erst in dem Zeitpunkt wirksam, in dem die Willenserklärung des AN dem AG als Erklärungsempfänger zugekommen ist (Arb 9.517).*
- *Weigert sich ein AN, sich an den ihm zugewiesenen Arbeitsort zu begeben und Pläne (seine Arbeit) in Empfang zu nehmen und bleibt trotzig im Büro stehen, beendet er, wenn er dann den Betrieb verlässt, schlüssig sein Arbeitsverhältnis. Das bloße Verlassen des Betriebes allein ist zwar noch nicht ausreichend, um auf eine schlüssige Willenserklä-*

rung, das Arbeitsverhältnis durch vorzeitigen Austritt zu beenden, zu schließen, ist jedoch diesem Verhalten eine Auseinandersetzung und die Weigerung des AN, eine aufgetragene Arbeit durchzuführen, vorangegangen, erhält das Verhalten des AN die spezifische Bedeutung einer Willenserklärung. Die Abmeldung von der SV hingegen ist eine Wissens- und keine Willenserklärung und löst das Arbeitsverhältnis nicht auf (OLG Wien 34 Ra 27/90 = ARD 4280/17/91).

- *Mit einem Schreiben eines AG an einen krankgemeldeten AN, das wörtlich lautet: „Bis heute wurde kein schriftlicher Krankheitsnachweis erbracht. Wie Sie wissen, ist dieser spätestens drei Tage nach der Arbeitsverhinderung vorzulegen. Ihr letzter Arbeitstag war der ... Wir betrachten daher Ihr Arbeitsverhältnis als fristlos von Ihrer Seite aus gekündigt", wird dem AN sinngemäß eine schwere Pflichtverletzung angelastet, deren Konsequenz die vorzeitige Auflösung des Arbeitsverhältnisses ist. Der Gesamtinhalt des Schreibens in Verbindung mit einer zugleich erfolgten Abmeldung von der GKK bringt die Willenserklärung des AG zum Ausdruck, eine sofortige Beendigung des Arbeitsverhältnisses herbeizuführen. Nicht der AN, sondern der AG will das Arbeitsverhältnis nicht mehr fortsetzen. Daran kann auch der letzte Satz des Schreibens, dass die „fristlose Kündigung" dem AN unterstellt werde, zufolge der offenkundigen und beiden Vertragspartnern bekannten diesbezüglichen Unrichtigkeit nichts ändern. Der AN darf daher den Inhalt des Schreibens im Hinblick auf die beiden Vertragspartnern bekannten Umstände insgesamt als Entlassung auffassen (OGH 9 Ob A 28/92 = ARD 4358/13/92).*

- *Das irrige Unterstellen eines unberechtigten vorzeitigen Austritts ist als Entlassung zu werten (OLG Wien 10 Ra 283/98 f = ARD 5007/7/99).*

- *Ist der Hausbesorger aus der Hausbesorgerdienstwohnung ausgezogen, hat er seinen Dienstposten verlassen und somit das Hausbesorgerdienstverhältnis durch unberechtigten vorzeitigen Austritt beendet (ASG Wien 4 Cga 33/00 a = ARD 5269/14/2001).*

44.1 Vorzeitiger Austritt des Angestellten

Der § 26 AngG enthält eine beispielsweise Aufzählung von Austrittsgründen (weitere Austrittsgründe sind im § 23a Abs. 3 und 4 AngG [siehe 45.] und im § 25 IO [siehe 41.9] vorgesehen):

§ 26. Als ein wichtiger Grund, der den Angestellten zum vorzeitigen Austritt berechtigt, ist insbesondere anzusehen:

1. Wenn der Angestellte zur Fortsetzung seiner Dienstleistung unfähig wird oder diese ohne Schaden für seine Gesundheit oder Sittlichkeit nicht fortsetzen kann;
2. wenn der Dienstgeber das dem Angestellten zukommende Entgelt ungebührlich schmälert oder vorenthält, ihn bei Naturalbezügen durch Gewährung ungesunder oder unzureichender Kost oder ungesunder Wohnung benachteiligt oder andere wesentliche Vertragsbestimmungen verletzt;
3. wenn der Dienstgeber den ihm zum Schutz des Lebens, der Gesundheit oder der Sittlichkeit des Angestellten gesetzlich obliegenden Verpflichtungen nachzukommen verweigert;
4. wenn der Dienstgeber sich Tätlichkeiten, Verletzungen der Sittlichkeit oder erhebliche Ehrverletzungen gegen den Angestellten oder dessen Angehörige zuschulden kommen läßt oder es verweigert, den Angestellten gegen solche Handlungen eines Mitbediensteten oder eines Angehörigen des Dienstgebers zu schützen.

Zu Z 1 – Gesundheitsgefährdung

Der AN ist berechtigt vorzeitig auszutreten, wenn er die Arbeit ohne erweislichen Schaden für seine Gesundheit nicht fortsetzen kann. Dabei genügt es, dass durch die Fortsetzung der Arbeit ein gesundheitlicher Schaden befürchtet werden muss (OGH 13.7.1982, 4 Ob 68/82, Arb 10.144, 25.6.2003, 9 Ob A 31/03 d). Für das Vorliegen dieses Austrittsgrunds muss kein kausaler Zusammenhang zwischen der Arbeitsleistung und der Dienstunfähigkeit bestehen; dieser wird nur für die Berechtigung des Austrittsgrunds der Gesundheitsgefährdung gemäß § 26 Z 1 2. Fall AngG gefordert (OGH 23.11.2010, 8 Ob A 78/10 v 29.4.2014, 9 Ob A 22/14 x). Wesentlich ist, dass die Bedrohung der Gesundheit des AN schon im Zeitpunkt der Austrittserklärung besteht. Die bloße Befürchtung, eine solche Bedrohung könnte in Zukunft eintreten ist kein Austrittsgrund (OGH 19.12.2001, 9 Ob A 297/01 v, 25.6.2003, 9 Ob A 31/03 d). Kann auch nicht nachgewiesen werden, dass die Arbeitsunfähigkeit bzw die Gesundheitsgefährdung von Dauer ist, so ist der Austritt nicht berechtigt (OGH 2.3.2007, 9 Ob A 23/07 h). Eine psychische Belastungssituation auf dem Arbeitsplatz (hier: gescheiterte Beziehung zum AG) kann einen vorzeitigen Austritt rechtfertigen (OGH 23.11.2010, 8 Ob A 78/10 v).

Wenn dem AG nicht bereits bekannt ist, dass die weitere Tätigkeit des AN auf seinem bisherigen Arbeitsplatz die Gesundheit des AN gefährdet, ist der AN verpflichtet, den AG vor Geltendmachung seines Austrittsrechtes konkret diesbezüglich aufzuklären (OGH 22.8.2012, 9 Ob A 55/12 x, 17.12.2012, 9 Ob A 58/12 p). Der AG sollte nach einer solchen Mitteilung des AN diesem einen **Ersatzarbeitsplatz** bzw. eine andere Beschäftigung, die die Gesundheit des AN nicht beeinträchtigt, anbieten. Der angebotene Ersatzarbeitsplatz sollte eine Beschäftigung im Rahmen des Arbeitsvertrages (ohne Entgeltschmälerung bzw. einer sonstigen Verschlechterung der Arbeitsbedingungen) ermöglichen. Wird etwa einer Friseurin (Arbeiterin) die Tätigkeit einer Rezeptionistin (Angestelltentätigkeit) angeboten, so ist von einem adäquaten Ersatzarbeitsplatz auszugehen (OGH 8 Ob A 2048/96 a = ARD 4787/14/96). Entspricht der Ersatzarbeitsplatz nach Auffassung des AN nicht dem Arbeitsvertrag, so hat der AN vor dem Austritt diese Rechtsmeinung dem AG mitzuteilen (OGH 8 Ob A 85/06 t = ARD 5759/1/2007). Verletzt der AN seine allgemeine Aufklärungspflicht zur Gesundheitsgefährdung oder nimmt er den Ersatzarbeitsplatz ohne sachlichen Grund nicht an, so ist der Austritt des AN ungerechtfertigt (OGH 8 Ob A 291/95 = ARD 4747/30/96), es sei denn, eine Verweisung auf einen anderen Arbeitsplatz kommt nicht in Betracht (OGH 21.4.2016, 9 Ob A 43/16 p). Der AN muss jedoch den Ersatzarbeitsplatz nicht von sich aus verlangen (OGH 9 Ob A 89/95, 9 Ob A 194/95). Die Verpflichtung zur Information entfällt aber, wenn die Verweisung des AN auf einen anderen Arbeitsplatz nicht möglich ist, weil leichtere Arbeitsbereiche nicht vorhanden sind (OGH 9 Ob A 28/08 w). Kündigt der AN und beruft er sich während der Kündigungsfrist auf den Austrittsgrund der Gesundheitsgefährdung, so liegt ein gerechtfertigter vorzeitiger

Austritt vor, wenn es dem AG innerhalb der verbleibenden Kündigungsfrist noch möglich wäre, dem AN einen geeigneten Ersatzarbeitsplatz anzubieten, er dies aber nicht tut (OGH 5.11.2003, 9 Ob A 85/03 w, 15.12.2015, 8 Ob A 87/15 z).

Die Gesundheitsgefährdung, die zum Austritt berechtigt, muss dauerhaft sein. Zur Abgrenzung zwischen einer vorübergehenden Gesundheitsbeeinträchtigung und einem für einen Austritt erforderlichen Dauerzustand kann die Dauer des Krankenentgeltanspruches nach § 139 Abs. 2 ASVG (26 Wochen) als annähernde Richtlinie herangezogen werden (OGH 8 Ob A 69/04 m; 23.3.2010, 8 Ob A 16/10 a, 21.12.2010, 8 Ob A 88/10 i). Die Gesundheitsgefährdung muss weiters direkt durch die Tätigkeit am Arbeitsplatz bewirkt sein. Eine Gesundheitsgefährdung etwa durch einen mühsamen Weg vom Wohn- zum Arbeitsort ist kein Austrittsgrund (OGH 4 Ob 2/84). Es genügt jedoch, dass durch die Arbeit ein gesundheitlicher Schaden befürchtet werden muss (Arb 9.376, 10.144; OGH 8 Ob A 278/89 k). So muss etwa bei einem Austritt wegen einer psychischen Belastungssituation am Arbeitsplatz die medizinische Prognose ergeben, dass die diagnostizierte psychische Belastungsreaktion auch bei Vornahme einer Psychotherapie nicht innerhalb von sechs Monaten geheilt werden könnte bzw. bei einer Wiederaufnahme der Arbeit eine Verschlechterung des psychischen Zustands eintreten würde (OGH 11.5.2010, 9 Ob A 130/09 x). Der Nachweis der dauernden Gesundheitsgefährdung obliegt dem AN. Kündigt der AN das Arbeitsverhältnis mit dem Hinweis auf bestimmte gesundheitliche Gründe, so empfiehlt es sich jedenfalls, einen entsprechenden Ersatzarbeitsplatz während der Kündigungsfrist anzubieten. Wird in diesem Fall trotz einer dauerhaften Gesundheitsgefährdung keine andere geeignete Tätigkeit angeboten, so ist die Kündigung des AN bezüglich der Abfertigung wie ein gerechtfertigter vorzeitiger Austritt zu behandeln (OGH 9 Ob A 93/88, 9 Ob A 194/95, 8 Ob A 69/04 m = ecolex 2004, 966, OGH 9 Ob A 162/05 x = ARD 5682/3/2006).

Tritt der AN wegen einer Gesundheitsgefährdung gerechtfertigt aus, so steht ihm keine Kündigungsentschädigung zu (siehe 42.7.6.2), weil kein Verschulden des AG gegeben ist (Arb 10.177, OGH 8 Ob A 217/97 p).

Einschlägige Judikatur

- *Wenn ein AN die zuletzt ausgeübte Tätigkeit eines Servicetechnikers ohne Schaden für seine Gesundheit nicht mehr verrichten kann und die Tätigkeit eines Kundenberaters innerhalb seiner arbeitsvertraglichen Verpflichtungen liegt, ist die Beantwortung der Frage entscheidend, ob er die letztgenannte Tätigkeit, die ihm vom AG als Ersatz angeboten worden war, auf Grund seines Leidenszustandes zu verrichten in der Lage ist (OGH 4 Ob 68/82).*
- *Hat der AN den AG selbst oder eine hierfür zuständige Person aufgeklärt, so braucht er weiter nicht mehr tätig werden. Er kann vielmehr darauf vertrauen und auch abwarten, ob seinem Ansinnen auf Erleichterung der Arbeit Rechnung getragen wird oder nicht (OLG Innsbruck 5 Ra 209/91).*

- *Das Anbot einer anderen leichteren Beschäftigung hat im Fall einer mit Gesundheitsgefährdung begründeten Kündigung zwar keinen Einfluss auf die Kündigung durch den AN als einseitige empfangsbedürftige, aber nicht annahmebedürftige Willenserklärung, das Arbeitsverhältnis nach Fristablauf aufzulösen, wohl aber darauf, ob der AN einen wichtigen, den Abfertigungsanspruch auslösenden Beendigungsgrund für sich in Anspruch nehmen kann (OGH 9 Ob A 75/92 = ARD 4381/5/92).*
- *Der Hinweis des AN, dass er so nicht mehr arbeiten könne, weil er „etwas mit dem Kreuz" habe, ist so allgemein und unsubstantiiert, dass es nicht jedenfalls erforderlich ist, unverzüglich Abhilfe zu schaffen (OGH 9 Ob A 75/92).*
- *Aus dem bloßen Schweigen des AG während der krankheitsbedingten Abwesenheit des AN hat dieser nicht ohne weiters den Schluss ziehen können, der AG wolle keine Abhilfe schaffen; dass ein Ersatzarbeitsplatz hätte gefunden werden können, hat der AN in seiner Mitteilung selbst eingeräumt. Die Frage nach einer anderen Arbeit hat sich letztlich erst am Antrittstag nach dem Krankenstand gestellt, da der AN vorher keinerlei Arbeiten hätte verrichten können. Durch den sofortigen Austritt schon bei Arbeitsantritt hat der AN die Möglichkeit vereitelt, ihm einen Ersatzarbeitsplatz anzubieten, zumal dem AG zuzubilligen ist, vor der Zuweisung zu einer anderen Tätigkeit zumindest ein Gespräch zu führen. Mangels aktuellen Anlasses ist der Austritt somit ungerechtfertigt erfolgt (OGH 9 Ob A 203/93).*
- *Beruht die gesundheitliche Beeinträchtigung des AN auf Anomalien, deren ärztliche Sanierung zumutbar ist, so liegt kein Austrittsgrund vor (OGH 9 Ob A 271/93).*
- *Gibt ein in seiner bisherigen Tätigkeit gesundheitsgefährdeter AN durch seine von vornherein ablehnende Haltung dem AG gar keine ernst gemeinte Möglichkeit, ihm einen dienstvertragskonformen Arbeitsplatz zuzuweisen, erfolgt sein vorzeitiger Austritt unberechtigt (OGH 9 Ob A 79/94).*
- *Der Austrittsgrund der Gesundheitsgefährdung muss zum Zeitpunkt der Erklärung des Austritts vorhanden sein und in absehbarer Zeit darf eine Wiederherstellung der Arbeitsfähigkeit nicht erwartet werden können. Den AN trifft eine Verpflichtung, den AG über seine gesundheitlichen Probleme aufzuklären sowie dem AG auch die Möglichkeit einzuräumen, ihm eine andere, innerhalb seiner dienstvertraglichen Verpflichtung liegende Arbeitstätigkeit anzubieten, die ihm grundsätzlich zumutbar ist (LG Innsbruck 44 Cga 81/94 m = ARD 4785/40/96).*
- *Wird ein geeigneter Ersatzarbeitsplatz angeboten, so ist der Austritt ungerechtfertigt, wenn die erleichterte Arbeit nicht wenigstens versucht wird (OGH 8 Ob A 84/00 m).*
- *Ein negatives Arbeitsklima kann einen vorzeitigen Austritt rechtfertigen, wenn die psychische Belastungssituation Krankheitswert erreicht und zu einer relevanten Gesundheitsgefährdung führt (OGH 23.11.2010, 8 Ob A 78/10 v; 25.1.2011, 8 Ob A 82/10 g).*

Zu Z 2 – Entgeltschmälerung und andere wesentliche Vertragsverletzungen

Wird der Lohn trotz Fälligkeit nicht bezahlt (zur Fälligkeit des Entgelts siehe 31.2), so ist nach der jüngeren Rechtsprechung der AN berechtigt, seine **Arbeitsleistung** zurückzuhalten, bis der AG seiner Zahlungspflicht entspricht (OGH 9 Ob A 6/94; ASG Wien 19 Cga 29/98 t = ARD 5080/23/99). Insbesondere berechtigt jedoch ein „ungebührliches" Schmälern oder Vorenthalten des Entgelts den AN zum vorzeitigen Austritt.

Unter „Schmälerung" versteht man die einseitige rechtswidrige Herabsetzung des dem Angestellten zustehenden Entgelts, wobei es gleichgültig ist, ob dies durch Verletzung eines Gesetzes, eines KV oder eines Arbeitsvertrages geschieht (Arb 6.193, 10.471). Allerdings berechtigt nicht jede, sondern nur eine wesentliche Vertragsverletzung, die dem Angestellten die Fortsetzung des Arbeitsverhältnisses unzumutbar macht, zum vorzeitigen Austritt (Arb 7.644, 7.838, 9.897; OGH 9 Ob A 300/92, 8 Ob A 74/97 h, 9 Ob A 87/08 x). Eine einmalige kurzfristige Verzögerung der Entgeltzahlung ist in der Regel nicht als ungebührliche Entgeltschmälerung zu werten, wenn der AN annehmen kann, er werde das ihm gebührende Entgelt erhalten (Arb 10.477; OGH 9 Ob A 300/92, 9 Ob A 86/93). Im Übrigen ist es aber gleichgültig, ob das Entgelt in Benachteiligungsabsicht, aus Nachlässigkeit oder Unvermögen des AG geschmälert oder zurückgehalten wird (Arb 8.297, 9.956, 10.147, 10.471). Das ungebührliche Vorenthalten des Entgelts ist jedenfalls dann erfüllt, wenn der AG wusste oder infolge der ihm obliegenden Sorgfaltspflicht hätte wissen müssen, dass seine Vorgangsweise unrechtmäßig ist (Arb 9.082, 10.471). Durch eine bloß objektive Rechtswidrigkeit, die insbesondere dann vorliegt, wenn über das Bestehen eines Anspruches verschiedene Rechtsmeinungen vertreten werden können und daher der Ausgang eines hierüber zu führenden Rechtsstreites nicht absehbar ist, wird der Tatbestand des § 26 Z 2 AngG nicht erfüllt (Arb 10.471; OGH 9 Ob A 146/00 t, 9 Ob A 16/01 w, 9 Ob A 169/02 x, 9 Ob A 37/08 v). Auch die bloße Ankündigung einer Entgeltschmälerung kann den Austritt nicht rechtfertigen (OLG Wien 7 Ra 187/04 b = ARD 5588/7/2005). Ebenso kann ein überhöhter Abzug zum Vorteil der betreibenden Partei im Rahmen einer Lohnpfändung einen Austritt nicht begründen (siehe 19.4).

Wird durch die Schmälerung des Entgelts ein rechtswidriger **Dauerzustand** geschaffen und damit der Austrittsgrund nach § 26 Z 2 AngG immer wieder von neuem verwirklicht, so muss der AG jederzeit mit dem vorzeitigen Austritt des AN rechnen (OLG Wien 10 Ra 94/00 t = ARD 5269/18/2001, OGH 8 Ob A 24/03 t = ARD 5453/7/2003). Mit der Duldung der Säumnis verliert der AN sein Austrittsrecht nicht (Arb 10.535; OGH 9 Ob A 181/98 b). Allerdings darf der AN, der Zahlungsrückstände ausdrücklich oder stillschweigend durch längere Zeit geduldet hat, diesen Umstand nicht zum Anlass eines plötzlichen Austritts nehmen, also ohne vorherige Ankündigung und damit für den AG nicht erkennbar, die Fortsetzung des Arbeitsverhältnisses verweigern. Vielmehr muss der AN in einem solchen Fall den AG vorher unter Setzung einer, wenn auch kurzen, Nachfrist zur Zahlung des Rückstandes auffordern und der gesetzliche Austrittsgrund liegt erst nach dem ergebnislosen Verstreichen der Frist vor (z.B. Arb 10.218; OGH 9 Ob A 135/01 w, 8 Ob A 60/08 v, 28.5.2015, 9 Ob A 34/15 p). Die Frist muss nur so lange sein, dass der AG die erforderlichen Dispositionen treffen kann (Arb 10.605). Im Fall einer zu kurzen Nachfrist muss der AG die positive Erledigung ankündigen und den AN um eine entsprechende Erstreckung der Nachfrist ersuchen (OGH 9 Ob A 202/93, 9 Ob A 181/98 b). Eine Nachfrist von einem Tag ist zu kurz (OLG Wien 8 Ra 128/97 w = ARD 4862/29/97), falls nicht bereits zahlreiche Zahlungsverzögerungen vorgekommen sind (OGH 9 Ob A 181/98 b = ARD 5020/12/99, OLG Wien 8 Ra 182/04 z = ARD 5588/8/2005). Der Austrittsgrund liegt nur dann vor, wenn der AG mit der Zahlung des Arbeitsentgelts in Verzug ist (OGH 9 Ob A 6/03 b). Die Nichtzahlung von Zinsen begründet kein Austrittsrecht (OGH 9 Ob A 3/05 g = ARD 5618/7/2005). Die **Mahnung** wegen des Entgeltrückstands kann nicht durch eine bloße Unmutsäußerung ersetzt werden (OLG Wien 9 Ra 22/97 i = ARD 4862/28/97).

Die Zahlung ist rechtzeitig, wenn der entsprechende Betrag am Fälligkeitstag für den AN verfügbar ist. Bei bargeldloser Überweisung muss daher der Betrag am Fälligkeitstag dem Konto des AN gutgeschrieben sein (OGH 9 Ob A 1025, 1026/93, 8 Ob A 24/03 t = ARD 5453/7/2003; siehe 31.3). Endet die vom AN gesetzte Nachfrist an einem Sonntag, so verlängert sie sich nicht bis zum Ablauf des nächstfolgenden Werktages (entgegen § 903 ABGB – OGH 21.12.2015, 9 Ob A 149/15 z).

Erfolgt die Nachzahlung innerhalb der Frist, fehlt jedoch ein Teilbetrag, so liegt der Austrittstatbestand ebenfalls vor. Wird etwa wiederholt eine pünktliche Gehaltszahlung urgiert und erfolgt die Zahlung ohne die fällige Prämie, so ist der anschließende Austritt gerechtfertigt (OGH 9 Ob A 41/01 x).

Zur Insolvenzrechtsreform 2010 siehe 41.9 (die Rechtsprechung vor dieser Reform ist noch weitgehend anwendbar).

Die Nichtzahlung von ausschließlich vor der Konkurseröffnung vom Gemeinschuldner (früherer AG) verursachter Lohnrückstände durch den Masseverwalter verwirklicht nicht den Austrittsgrund des § 26 Z 2 AngG, weil der Masseverwalter an die KO gebunden ist und nach dieser nicht berechtigt ist, die aus der Zeit vor der Konkurseröffnung stammenden Forderungen der AN sofort und vollständig zu bezahlen (OGH 8 Ob A 298/98 a, 9 Ob A 132/01 d, 9 Ob A 53/02 p). Mittlerweile hat die Rechtsprechung diesen Grundsatz dahin gehend ausgedehnt (OGH 9 Ob A 189/99 f), dass auch der Ausgleichsschuldner ohne Verletzung des **Gleichbehandlungsgrundsatzes** (§ 46 Abs. 3 AO) nicht in der Lage ist, Lohnrückstände aus der Zeit vor der Ausgleichseröffnung zu begleichen, weil diese Forderungen nicht bevorrechtet seien und die Zahlung solcher Schulden nicht zum gewöhnlichen Unternehmensbetrieb gehörten (§ 8 Abs. 2 AO).

Die Ankündigung des AG, wegen Zahlungsunfähigkeit den Konkursantrag zu stellen und die Zahlungen einzustellen, berechtigt den AN noch nicht zum vorzeitigen Austritt. Der AG verhält sich diesfalls vielmehr gesetzeskonform. Der AN kann somit vor Eintritt der Fälligkeit der Zahlungen noch nicht austreten (OGH 9 Ob A 227/01 z = ARD 5342/10/2002). Es ist allein auf den Zeitpunkt der Austrittserklärung und nicht auf spätere Entwicklungen abzustellen (OGH 26.8.2009, 9 Ob A 87/08 x).

Einschlägige Judikatur

- *Richtig ist, dass der OGH in seiner Entscheidung 4 Ob 66/52 ein Austrittsrecht des AN verneint hat, „wenn am Fälligkeitstag das Entgelt nicht ausgezahlt werden kann und dies zum ersten Mal geschieht". Es darf aber der Leitsatz der oben angeführten Entscheidung keinesfalls verallgemeinert und über den konkreten Anlassfall hinaus dahin verstanden werden, dass ein einmaliger Verzug des AG bei der Auszahlung des Arbeitsentgeltes niemals einen wichtigen Grund zur vorzeitigen Auflösung des Arbeitsverhältnisses bilden könnte; auch hier ist vielmehr immer auf Grund der Umstände des Einzelfalles zu beurteilen, ob der – wenngleich erstmalige – Verzug des AG ein „ungebührliches Schmälern oder Vorenthalten" des Arbeitsentgeltes bedeutet, welches den AN zur sofortigen Auflösung des Arbeitsverhältnisses berechtigt (OGH 4 Ob 77, 78/82).*

- *Der Umstand, dass während der von der AN gesetzten Nachfrist die geringfügige Entgeltdifferenz, die weder der rechtlichen Zuordnung der Forderung noch der Höhe nach im Mahnschreiben konkretisiert war, nicht bezahlt wurde, rechtfertigt den vorzeitigen Austritt nicht (OGH 9 Ob A 223/91).*

- *Hat der AG alles Nötige zur Ausführung einer Gehaltszahlung getan, ist der Irrtum des Geldinstitutes, bei dem der AN sein Girokonto hat, dem AN zuzurechnen; dieser Fall ist nicht anders zu beurteilen, als hätte der Machthaber (Bank) des AN eine empfangene Zahlung verzögert oder veruntreut. Erweckt ein Umstand (Fehler der Bank) den Anschein, der AG hätte fällige Zahlungen noch nicht geleistet, berechtigt dies noch nicht zum Austritt (OGH 9 Ob A 184/91).*

- *Für die Rechtzeitigkeit bargeldloser Überweisungen ist die Gutschrift auf dem dem AG bekannt gegebenen Konto des AN maßgeblich. Der AG hat daher die bei Kreditinstituten übliche Bearbeitungsdauer zu beachten (OGH 3 Ob 86/84, 9 Ob A 1025, 1026/93).*

- *Wenn der Urlaubszuschuss stets erst im Juli ausbezahlt wurde, so rechtfertigt ein früherer kollektivvertraglicher Fälligkeitszeitpunkt den Austritt nicht, weil der AN die spätere Zahlung jahrelang ohne Urgenz hingenommen hat (OGH 8 Ob A 291/94 = ARD 4629/11/95).*

- *Bei der Vorenthaltung des Entgelts handelt es sich um einen Dauertatbestand, der den AN so lange zum Austritt berechtigt, als das rechtswidrige Verhalten des AG andauert. Es steht ihm dabei auch frei, den Austritt zu einem in Zukunft liegenden Zeitraum zu erklären; er nimmt damit nur in Kauf, dass dann, wenn zwischenzeitig das Entgelt nachgezahlt wird, die Voraussetzungen für den vorzeitigen Austritt nicht mehr vorliegen (OGH 10 Ob S 288/97 v).*

- *Soweit der AG wegen eines Ausgleichs nicht berechtigt ist einen Entgeltanspruch zu befriedigen, kann der AN nicht wegen dieses Rückstandes vorzeitig austreten (OGH 9 Ob A 189/99 = ecolex 5/2000, 157).*

- *Der Abzug einer monatlichen „Betriebsratsumlage" von S 40,– zur Anschaffung einer Kleidung für den Privatgebrauch der AN stellt auch dann ohne Nachfristsetzung keinen Grund für einen vorzeitigen Austritt dar, wenn sie ohne gesetzliche Deckung erfolgt. Es fehlt an einem wichtigen Grund zum vorzeitigen Austritt und jedenfalls ist kein Schädigungsvorsatz des AG gegeben (OGH 9 Ob A 240/99 f = ARD 5143/1/2000).*

- *Die fällige Zahlungspflicht kann durch einseitig gesetzte Bedingungen des AG (hier: Zahlung erst nach Schlüsselübergabe und Bekanntgabe eines PC-Passwortes durch den AN) nicht abbedungen oder aufgeschoben werden, da die Entgeltzahlungsbestimmungen des § 15 AngG zwingender Natur sind (OGH 9 Ob A 152/00 v = ARD 5269/ 16/2001).*

- *Macht der AN unmissverständlich klar, dass der AG in Zukunft nicht damit rechnen könne, dass das Vorenthalten des Entgelts „tatenlos" hingenommen werde, durfte der AG nicht mit einer weiteren Stundung rechnen. Es muss auch nicht Monat für Monat nach einer jeweils wiederholten Säumnis jedes Gehalt neu eingemahnt werden (OGH 9 Ob A 301/00 f = ARD 5321/29/2002).*

- *Hat sich ein AN im Arbeitsvertrag zu Arbeitszeiten verpflichtet, die dem AZG widersprechen, so ist er erst dann zum vorzeitigen Austritt berechtigt, wenn er zuvor den AG um Abhilfe ersucht. Erst wenn ihm diese verweigert wird, ist er zum Austritt berechtigt (OGH 24.11.2010, 9 Ob A 113/10 y).*

Zu Z 3 – Verstoß des AG gegen seine Fürsorgepflicht

Falls der AG schwer wiegend gegen arbeitnehmerschutzrechtliche Verpflichtungen verstößt, so kann dies im Einzelfall einen Austritt des AN rechtfertigen. Wenn etwa eine gesetzwidrige Arbeitszeiteinteilung auf ausdrücklichen Wunsch des AN erfolgt ist, so rechtfertigt dies den Austritt nicht (Arb 9.863). Wird hingegen ein AN zur verbotenen Sonntagsarbeit eingeteilt und erscheint er nicht zur Arbeit, sondern erklärt seinen vorzeitigen Austritt, so ist dieser als gerechtfertigt anzusehen, auch wenn der AN gegen die Einteilung vorerst keine Einwendungen erhoben hat (Arb 6.927). Auch die regelmäßige Einteilung zur verbotenen Überstundenarbeit rechtfertigt den Austritt. Aus dem Stillschweigen des AN zur Anordnung der gesetzwidrigen **Überstunden** kann nicht dessen Einverständnis abgeleitet werden (OGH 9 Ob A 7/95).

Zu Z 4 – Tätlichkeiten und Ehrverletzungen

Zu den Begriffen Tätlichkeiten, erhebliche Ehrverletzungen und Verletzungen der Sittlichkeit ist auf die Rechtsprechung zur Entlassung zu verweisen (siehe 42.2 und 42.3).

Falls die austrittsrelevanten Beleidigungen, Tätlichkeiten oder Verletzungen der Sittlichkeit von anderen Mitarbeitern oder Angehörigen des AG ausgehen, so muss der AN zunächst den AG um Schutz ersuchen. Als AG ist hier der Geschäftsinhaber und bei juristischen Personen das vertretungsbefugte Organ bzw. ein Stellvertreter mit selbständiger Unternehmer- und insbesondere AG-Funktion anzusehen, nicht jedoch ein weisungsberechtigter Büroleiter (Arb 9.764; OLG Wien 9 Ra 340/ 01 p = ARD 5320/47/2002, bestätigt durch OGH 9 Ob A 124/02 d). Wird ein Zusteller von Kollegen als „Dieb" verspottet, so hat der AG ausreichend für Abhilfe gesorgt, wenn er erklärt, dass gegenüber niemand ein Diebstahlsvorwurf erhoben werde (OLG Wien 10 Ra 116/05 k = ARD 5721/ 10/2006).

Die Äußerung des AG gegenüber einer Angestellten „Hure, pack die Sachen und verschwinde" stellt eine erhebliche Ehrverletzung und zusätzlich eine sexuelle Belästigung dar (§ 6 GlBG – siehe 4., OLG Wien 25.5.2016, 10 Ra 28/16 k, ARD 6517/6/2016).

Sonstige Austrittsgründe

Wie schon am Anfang dieses Punktes erörtert, enthält der § 26 AngG eine beispielsweise Aufzählung der Austrittsgründe. Es kommen daher auch solche Rechtsverstöße des AG als **Austrittsgründe** in Frage, denen dasselbe Gewicht wie den im § 26 Z 2 bis 4 AngG genannten Austrittsgründen zukommt. So etwa begründet der durch die Nichtanmeldung des AN bei der GKK bewirkte Vertrauensbruch den vorzeitigen Austritt (OLG Wien 8 Ra 130/00 x = ARD 5186/ 26/2001).

Das Schreien des Geschäftsführers und das gleichzeitige Schlagen mit den Fäusten auf den Tisch zeigt das Fehlen der dem AN geschuldeten Achtung und berechtigt den AN zum Austritt, auch wenn es die Eigenart des Geschäftsführers ist, Angestellte anzuschreien (OGH 9 Ob A 332/00 i = ecolex 2001, 621).

Jedenfalls berechtigen nur schwerwiegende Arbeitsvertragsverletzungen zum Austritt (OGH 8 Ob A 64/03 z, 9 Ob A 96/05 s = ARD 5685/7/2006).

44.2 Vorzeitiger Austritt des Arbeiters

Die GewO 1859 enthält eine erschöpfende Aufzählung der Austrittsgründe. Im Einzelnen sieht der § 82a GewO 1859 vor:

§ 82a. Vor Ablauf der vertragsmäßigen Zeit und ohne Kündigung kann ein Hilfsarbeiter die Arbeit verlassen:

a) wenn er ohne erweislichen Schaden für seine Gesundheit die Arbeit nicht fortsetzen kann;

b) wenn der Gewerbeinhaber sich einer tätlichen Mißhandlung oder einer groben Ehrenbeleidigung gegen ihn oder dessen Angehörige schuldig macht;

c) wenn der Gewerbeinhaber oder dessen Angehörige den Hilfsarbeiter zu unsittlichen oder gesetzwidrigen Handlungen zu verleiten suchen;

d) wenn der Gewerbeinhaber ihm die bedungenen Bezüge ungebührlich vorenthält oder andere wesentliche Vertragsbestimmungen verletzt;

e) wenn der Gewerbeinhaber außerstande ist oder sich weigert, dem Hilfsarbeiter Verdienst zu geben.

Da inhaltlich eine weitgehende Ähnlichkeit mit dem § 26 AngG gegeben ist, wird zu den näheren Details auf 44.1 verwiesen.

Die Anweisung eines AG an einen bei ihm beschäftigten LKW-Fahrer er möge künftig mit zwei Tachoscheiben fahren, um gegenüber der Behörde Fahrzeitüberschreitungen zu verschleiern, verwirklicht den Austrittsgrund der Verleitung zu gesetzwidrigem Verhalten (OLG Wien 7 Ra 156/07 y = ARD 5868/7/2008 – siehe auch 44.1 zu Z 3).

44.3 Vorzeitiger Austritt des Lehrlings

Der vorzeitige Austritt des Lehrlings muss (ebenso wie eine Entlassung, eine Beendigung während der Probezeit, eine außerordentliche Auflösung – § 15a BAG, siehe 42.9.2 – und eine einvernehmliche Lösung) **schriftlich** erfolgen und bedarf überdies bei minderjährigen Lehrlingen der **Zustimmung des gesetzlichen Vertreters** (zum BAG siehe 52.). Daher muss die Austrittserklärung vom Lehrling und vom gesetzlichen Vertreter unterfertigt werden. Fehlt etwa die Unterschrift des Lehrlings, so liegt kein rechtswirksamer vorzeitiger Austritt vor (OGH 8 Ob A 63/09 m; auch wenn der Lehrling minderjährig ist – OGH 3.9.2010, 9 Ob A 146/09 z).

Wird ein mündlich erklärter Austritt vom Lehrberechtigten zunächst akzeptiert, so ist das Nachholen der schriftlichen Austrittserklärung ca. 5,5 Wochen nach der mündlichen Erklärung noch als rechtzeitig anzusehen (OGH 19.12.2014, 8 Ob A 64/14 s, *Rauch*, Arbeitsrecht 2016, 68 f.).

§ 15 Abs. 4 lit. a bis h BAG enthält eine erschöpfende Aufzählung der Austrittsgründe.

Auf Grund der Besonderheiten des Lehrverhältnisses, bei dem der Ausbildungszweck im Vordergrund steht, unterscheiden sich die Austrittsgründe beim Lehrling in einigen Punkten von den Austrittsgründen beim Arbeiter bzw. beim Angestellten. Insbesondere kann ein Lehrling etwa dann austreten, wenn seine Ausbildung nicht entsprechend durchgeführt wird (z.B. OGH 28.5.2015, 9 Ob A 50/15 s auch bei erfolgreich abgelegter Lehrabschlussprüfung – OGH 8 Ob A 67/08 y –; zur Heranziehung eines Lehrlings zu berufsfremden Tätigkeiten siehe OGH 8 Ob A 280/95 = ARD 4711/29/96, wonach ein Kfz-Mechanikerlehrling zum Autopolieren herangezogen werden darf, falls dies nicht übermäßig erfolgt). In der Praxis spielt der Austritt des Lehrlings wegen **Aufgabe des Lehrberufs** eine wichtige Rolle. In diesem Fall (ebenso wie beim Austritt aus gesundheitlichen Gründen) hat der AG keinen Schadenersatz (Kündigungsentschädigung – siehe 42.7.6.2) zu bezahlen, weil ihm kein Verschulden vorgeworfen werden kann. Wird der Entschluss, den Lehrberuf zu wechseln, kurz nach der Austrittserklärung wieder geändert, so bleibt die Austrittserklärung dennoch rechtswirksam. Es handelt sich um eine auf einem freien, nicht näher zu begründenden Willensentschluss beruhende Auflösungsmöglichkeit (ebenso wie eine Kündigung – OGH 26.1.1994, 9 Ob A 287/93).

Es kommt immer wieder vor, dass ein Lehrling eine schriftliche „Kündigung" (eine Kündigung des Lehrverhältnisses ist nicht möglich) erklärt und anschließend die Arbeit einstellt. Falls eine solche Kündigung oder auch ein Austritt erklärt wird, ohne dass einer der im § 15 Abs. 4 lit. a bis h BAG genannten Gründe angegeben wird, so ist m.E. von einem ungerechtfertigten Austritt auszugehen und auf dieser Grundlage das Lehrverhältnis abzurechnen. Der Lehrling kann jedoch einen Austrittsgrund „nachschieben", der einen gerechtfertigten Austritt bewirken kann (zum analog zu betrachtenden „Nachschieben von Entlassungsgründen" – siehe 42.1.1).

Zu beachten ist aber, dass der OGH die Rechtsauffassung vertreten hat, dass kein Austritt vorliegt, wenn kein gesetzlicher Austrittsgrund gegeben ist (OGH 9 Ob A 153/08 b). Der Lehrling wäre daher bei Fehlen eines Austrittsgrundes zum Dienstantritt aufzufordern und zu entlassen, wenn er der Aufforderung ohne Rechtfertigungsgrund keine Folge leistet.

44.4 Der ungerechtfertigte vorzeitige Austritt

In der Praxis kommt es immer wieder vor, dass im Fall eines nachrichtenlosen Fernbleibens des AN seitens des AG ein ungerechtfertigter Austritt angenommen wird (Details siehe 32.).

Da der ungerechtfertigte Austritt eine dem AG gegenüber abgegebene Willenserklärung voraussetzt, die zweifelsfrei erkennen lässt, dass der AN die Kündigungsfrist nicht einhalten wollte, reicht das bloße **Fernbleiben** in der Regel für die Annahme eines ungerechtfertigten Austritts nicht aus (z.B. OGH 8 Ob A 9/04 p, 9 Ob A 60/05 i = ARD 5685/8/2006). Das Fernbleiben bzw Verlassen des Arbeitsplatzes ohne Rechtfertigungsgrund wird in vielen Fällen vielmehr als Entlassungsgrund anzusehen sein (OGH 9 Ob A 181/01 k = ARD 5321/30/2002). Es müssten (für die Annahme des Austritts) zum Fernbleiben weitere Kriterien hinzutreten, wie z.B. die an den AG gerichtete Aufforderung, die Arbeitspapiere auszuhändigen (Arbeitsgericht Wien 29.8.1966, 3 Cr 617/66, Arb 8.283), der Antritt eines neuen Arbeitsverhältnisses, die Mitteilung des AN, kein Interesse an der Fortsetzung des Arbeitsverhältnisses zu haben oder etwa auch die Rückgabe aller Arbeitsunterlagen bzw. der Schlüssel zu Betriebsräumlichkeiten, die Rückgabe des Diensthandys und die Mitnahme privater am Arbeitsplatz deponierter Gegenstände. Verlässt etwa ein Koch nach einem heftigen Streit mit seinem AG, der in wechselseitigem Anschreien gipfelte, mitten während der mittäglichen Stoßzeit und unter Mitnahme fast aller persönlichen Gegenstände seinen Arbeitsplatz und kündigt er an, die AK aufzusuchen, lässt dies bei objektiver Betrachtung jedenfalls dann nur den Schluss zu, dass der AN das Arbeitsverhältnis (durch vorzeitigen Austritt) beenden will, wenn kein sonstiger Grund für das Weggehen erkennbar ist (z.B. Krankheit – OLG Wien 7 Ra 90/08 v = ARD 5945/5/2009).

Falls nicht zweifelsfrei die Kriterien zur Annahme eines ungerechtfertigten vorzeitigen Austritts vorliegen, sollte geprüft werden, ob ein Grund für eine Entlassung gegeben ist und gegebenenfalls eine Entlassung ausgesprochen werden.

Jedenfalls ist der AG nicht verpflichtet, den AN, der die Kündigungsfrist nicht einhalten will, auf die nachteiligen Rechtsfolgen hinzuweisen (OGH 8 Ob A 2134/96 y; siehe auch 41.1.5).

Von einem ungerechtfertigten Austritt ist weiters dann auszugehen, wenn der AN zwar bei seinem Austritt auf einen gesetzlichen Austrittsgrund verweist, dieser jedoch nicht vorliegt (etwa wenn das Entgelt rechtzeitig überwiesen wurde oder die behauptete gesundheitliche Beeinträchtigung nicht gegeben ist).

Wird vom AG in irriger Weise ein ungerechtfertigter vorzeitiger Austritt unterstellt, so ist dies als Entlassung zu werten, sofern dem AN eine Erklärung zugeht (Mitteilung des angeblichen Austritts, Abmeldung von der GKK etc. – OGH 12.2.1992, 9 Ob A 28/92, OLG Wien 12.3.2004, 8 Ra 28/04 b, ARD 5545/11/2004, OLG Wien 18.3.2014, 10 Ra 101/13 s, ARD 6402/10/2014).

Der unberechtigte vorzeitige Austritt beruht auf dem Vorwurf, dass der AN die Kündigungsfrist nicht eingehalten hat. Sieht der KV keine Kündigungsfrist vor, so ist die unbegründete sofortige Auflösung durch den AN als Kündigung zu betrachten (siehe 41.1.5).

Zur zeitwidrigen Kündigung siehe 41.1.5.

Einschlägige Judikatur

- *Das – irrige – Unterstellen eines unberechtigten vorzeitigen Austritts lässt jedenfalls einen AG-seitigen Beendigungswillen deutlich erkennen. Diese Beendigung ist als Entlassung zu werten, die berechtigt oder unberechtigt sein kann. Hat ein AN, der es abgelehnt hat, an bestimmten, vom AG vorgeschlagenen Einsatzorten zu arbeiten, ohne berechtigten Hinderungsgrund trotz ausdrücklicher Aufforderung durch den AG die Arbeit nicht aufgenommen, liegt der Entlassungsgrund der Arbeitsverweigerung vor (OLG Wien 10 Ra 283/98 f = ARD 5007/7/99, OLG Wien 8 Ra 28/04 b = ARD 5545/ 14/2005, siehe auch OGH 9 Ob A 67/05 a = ARD 5617/6/2005, OGH 9 Ob A 80/09 v).*

- *Ein stillschweigender Austritt kann insbesondere im Fernbleiben vom alten Arbeitsplatz und im Antritt eines neuen Arbeitsverhältnisses liegen (Arb 8.341; OGH 9 Ob A 186/94).*

- *Bezieht sich der AG im Schreiben an den unentschuldigt abwesenden AN hinsichtlich seiner Annahme eines ungerechtfertigten vorzeitigen Austrittes implizit auch auf den Entlassungsgrund des unentschuldigten Fernbleibens vom Dienst, muss sich das Gericht, das den konkludenten vorzeitigen Austritt des AN verneint, auch mit dem Vorliegen einer konkludenten Entlassung auseinander setzen (OLG Wien 10 Ra 67/95 = ARD 4702/2/95; ähnlich auch OGH 9 Ob A 28/92 = ARD 4358/13/92).*

- *Eine schlüssige Austrittserklärung liegt nicht vor, wenn das Verhalten des AN verschiedene Deutungen zulässt, z.B. auch ein unentschuldigtes Fernbleiben. Das bloße Fernbleiben vom Arbeitsplatz rechtfertigt für sich allein noch nicht den Schluss, dass der AN vorzeitig ausgetreten ist (OGH 8 Ob A 20/03 d).*

- *Es besteht kein Zweifel, dass das Verhalten eines AN (Hinwerfen des Schlüsselbundes) im Zusammenhang mit der Äußerung, er wolle nicht mehr arbeiten und komme auch nicht mehr, nur als eine auf die sofortige Beendigung des Arbeitsverhältnisses gerichtete Erklärung verstanden werden kann. Die Austrittserklärung ist eine empfangsbedürftige Willenserklärung. Nach Zugang beim AG ist auch eine einseitige Rücknahme der Erklärung durch den AN nicht mehr möglich. Dem der Austrittserklärung nachfolgenden Verhalten des AN (Vorzeigen einer Krankenstandsbestätigung etc.) kommt daher rechtlich keine Bedeutung zu, weil es bereits nach Beendigung des Arbeitsverhältnisses gesetzt wurde. Auch dem Umstand, dass der rechtsunkundige AG das Verhalten des AN in einem nachfolgenden Schreiben als „Kündigung" bezeichnet, kommt für die rechtliche Qualifikation des Verhaltens des AN keine Bedeutung zu (ASG Wien 17 Cga 223/01 i).*

- *Erklärt ein AN, der die Erfüllung eines Auftrags des AG ablehnt, dass er „gehe" und kommt er kurz darauf in das Zimmer des AG zurück und legt das Diensthandy und die*

Firmenschlüssel auf den Tisch, lässt dies keinen Zweifel an der Ernstlichkeit seiner Austrittserklärung zu (OLG Wien 9 Ra 127/03t = ARD 5517/6/2004).
- *Liegt weder eine Kündigung des AG noch eine Entlassungserklärung vor und kann auch nicht von einem schlüssigen vorzeitigen Austritt des (mehrere Wochen unentschuldigt und unerreichbar ferngebliebenen) AN ausgegangen werden, so ist das Arbeitsverhältnis aufrecht (OLG Wien 7 Ra 143/08 p = ARD 5945/6/2009, zur hier vom AG nicht eingehaltenen empfohlenen Vorgangsweise siehe 32.).*

44.5 Rechtsfolgen eines gerechtfertigten sowie eines ungerechtfertigten vorzeitigen Austritts

Im Fall eines gerechtfertigten Austritts hat der AN Anspruch auf **Kündigungsentschädigung** (ausgenommen Austritt wegen Gesundheitsgefährdung; Details zur Kündigungsentschädigung siehe 42.7.6.2), Ersatzleistung für den noch nicht verbrauchten Urlaub, die Abfertigung (wenn die gesetzliche Mindestdauer des Arbeitsverhältnisses vorliegt) und anteilige Sonderzahlungen.

Im Fall eines ungerechtfertigten Austritts hat der AN keinen Anspruch auf eine **Ersatzleistung** (für Resturlaub aus „alten", d.h. bereits abgelaufenen Urlaubsjahren, besteht ein Anspruch auf die volle Vergütung des Resturlaubs). Weiters ist auch dann kein Anspruch auf eine **Abfertigung** gegeben, wenn das Arbeitsverhältnis drei Jahre oder länger gedauert hat. Arbeiterkollektivverträge sehen überdies meistens den Entfall der anteiligen Sonderzahlungen vor. Es ist daher ratsam, vor der Abrechnung des ungerechtfertigt ausgetretenen AN die entsprechenden kollektivvertraglichen Bestimmungen zu studieren.

Zur Konventionalstrafe wegen ungerechtfertigten vorzeitigen Austritts siehe 14.11.

44.6 Austritt von AN mit besonderem Bestandschutz

Bezüglich des vorzeitigen Austritts der besonders geschützten AN sehen die jeweiligen gesetzlichen Bestimmungen (MSchG, VKG, ArbVG, BEinstG und APSG) keine besonderen Regelungen vor. AN mit besonderem Bestandschutz können daher ebenso wie ein AN, der lediglich den allgemeinen Bestandschutz genießt, jederzeit einen vorzeitigen Austritt erklären, dieser Austritt bewirkt die Beendigung des Arbeitsverhältnisses.

Nach § 23a Abs. 3, 4 und 4a AngG steht der Mutter nach mindestens fünfjähriger Dauer eines Arbeitsverhältnisses im Fall des Austritts nach der Geburt eines lebenden Kindes innerhalb der Schutzfrist bzw. bei Inspruchnahme eines Karenzurlaubes spätestens drei Monate vor Ende des Karenzurlaubs die halbe Abfertigung zu (höchstens drei Monatsentgelte). Dies gilt auch bei der Inspruchnahme von Karenzurlaub durch den Vater sowie bei Adoption oder Übernahme eines Kindes, welches das 2. Lebensjahr noch nicht vollendet hat, in unentgeltliche Pflege.

Falls die Karenz weniger als drei Monate dauert (Minimum zwei Monate – siehe 25.5), so ist der Austritt spätestens zwei Monate vor dem Ende der Karenz zu erklären.

Falls der AG einen schlüssigen ungerechtfertigten Austritt des besonders geschützten AN annimmt und dieser bestreitet jemals eine Austrittserklärung abgeben zu haben, so hat der AN mit besonderem Bestandschutz die Möglichkeit, eine **Klage auf Feststellung des aufrechten Arbeitsverhältnisses** einzubringen. Obsiegt der AN in diesem Verfahren, so ist das Arbeitsverhältnis weiterhin aufrecht, für die Zeit ab der Annahme des ungerechtfertigten Austrittes bis zum Abschluss des gerichtlichen Verfahrens besteht der volle **Entgeltanspruch nach § 1155 ABGB** (obwohl während dieser Zeit keine Arbeitsleistungen erfolgen, zu den Details siehe 31.8).

Für den im Prozess unterliegenden AG, der kein weiteres Rechtsmittel ergreifen kann oder will, ist es ratsam, den AN nach Zustellung des für den AG negativen Urteils schriftlich zum unverzüglichen Wiederantritt der Arbeit aufzufordern. Falls der besonders geschützte AN im Rahmen seines **Wahlrechts** auf seinen Schutz verzichtet, kann er eine Kündigungsentschädigung begehren (Näheres siehe 42.7.6.2).

45. Abfertigung

Der Anspruch auf eine Abfertigung (§§ 23 und 23a AngG, § 2 ArbAbfG) setzt einerseits voraus, dass das Arbeitsverhältnis mindestens drei Jahre gedauert hat und andererseits in folgender Weise beendet wurde:

- Kündigung durch den AG,
- ungerechtfertigte oder unverschuldete Entlassung,
- berechtigter vorzeitiger Austritt des AN,
- Austritt infolge Mutterschafts- bzw. Vaterschaftskarenz (halbe Abfertigung – siehe 25.5 und 44.6),
- Kündigung des AN während einer Teilzeitbeschäftigung gemäß § 15c MSchG oder § 8 VKG nach mindestens fünfjährigem Arbeitsverhältnis (halbe Abfertigung und höchstens drei Monatsentgelte, siehe 44.6),
- einvernehmliche Auflösung (soferne der AN nicht rechtswirksam auf die Abfertigung verzichtet hat, siehe 43),
- Kündigung durch den AN, wenn ein wichtiger Grund zum vorzeitigen Austritt vorlag (Arb 11.777, siehe 44),
- Kündigung durch den AN, wenn das Arbeitsverhältnis mindestens zehn Jahre ununterbrochen gedauert hat und der männliche AN das 65. Lebensjahr oder der weibliche AN das 60. Lebensjahr vollendet hat, oder wegen Inanspruchnahme der **vorzeitigen Alterspension** bei langer Versicherungsdauer aus einer gesetzlichen Pensionsversicherung und wegen Inanspruchnahme der Korridorpension (§ 4 Abs. 2 APG) oder der Schwerarbeitspension (§ 4 Abs. 3 APG, siehe auch 39.),

- Kündigung durch den AN wegen Inanspruchnahme einer **Pension aus einem Versicherungsfall der geminderten Arbeitsfähigkeit** aus einer gesetzlichen Pensionsversicherung,
- Kündigung durch den AN bei wesentlicher Verschlechterung der Arbeitsbedingungen im Zuge eines Betriebsüberganges (§ 3 Abs. 5 AVRAG, siehe 36.2.3 – Begünstigung der Selbstkündigung),
- Tod des AN, wenn gesetzliche Erben vorhanden sind, zu deren Erhaltung der AN verpflichtet war (halbe Abfertigung, siehe 45.5),
- Ablauf eines befristeten Arbeitsverhältnisses.
- Kündigung durch den AN, wenn das Arbeitsverhältnis mindestens 10 Jahre gedauert hat und wegen Feststellung einer voraussichtlich mindestens 6 Monate andauernden Berufsunfähigkeit oder Invalidität durch den Versicherungsträger (§ 367 Abs. 4 ASVG) oder im Fall der Arbeitsverhinderung (§ 8 Abs. 1 und 2 AngG oder § 2 EFZG) nach Ende des Anspruchs auf Entgeltfortzahlung und nach Beendigung des Krankengeldanspruchs (§ 138 ASVG) während eines anhängigen Leistungsstreitverfahrens gemäß § 354 ASVG über Berufsunfähigkeit (§ 273 ASVG) oder Invalidität (§ 255 ASVG) gekündigt wird.

Bei den Pensionierungsfällen hat der AN die Antragstellung sowie die Aufrechterhaltung des Antrags zum Zeitpunkt des rechtlichen Endes des Arbeitsverhältnisses nachzuweisen (OGH 9 Ob A 142/98 t = ARD 4987/12/98, OGH 9 Ob A 66/06 f = ARD 5733/8/2006).

Demnach gebührt trotz mindestens dreijähriger Dauer des Arbeitsverhältnisses keine Abfertigung, wenn der AN kündigt (und keiner der oben genannten Ausnahmefälle vorliegt), wenn er ungerechtfertigt vorzeitig austritt, wenn er eine begründete Entlassung verschuldet hat oder wenn der AN verstirbt und keine unterhaltsberechtigten Erben vorhanden sind. Die Behauptungs- und Beweislast für den Untergang des Abfertigungsanspruches trifft den AG (OGH 8 Ob A 161/01 m). Wird der AN gekündigt und setzt er während der Kündigungsfrist einen Entlassungsgrund, so entfällt die Abfertigung nicht, wenn die Entlassung nicht vor dem Ende des Arbeitsverhältnisses zugeht (OGH 8 Ob A 49/03 y = ARD 5494/9/2004). Ein AN, der zwar selbst kündigt, dann aber während der Kündigungsfrist vom AG ohne wichtigen Grund entlassen wird, hat Anspruch auf die Abfertigung (OLG Wien 10 Ra 63/06 t = ARD 5756/6/2007).

Nach den Bestimmungen des ArbAbfG steht den Arbeitern die Abfertigung nach den §§ 23 und 23 a AngG ebenso wie den Angestellten zu (Sonderregelungen gelten u.a. für **Bauarbeiter** nach dem Bauarbeiter-Urlaubs- und Abfertigungsgesetz und für **Heimarbeiter** nach dem Heimarbeitsgesetz). Bei Arbeitern muss der AG weiters allfällige kollektivvertragliche Zusammenrechnungsregelungen für unterbrochene Dienstzeiten beachten.

Das Ausmaß der Abfertigung beträgt je nach Dauer des Arbeitsverhältnisses nach:

3-jähriger Dienstzeit	2 Monatsentgelte
5-jähriger Dienstzeit	3 Monatsentgelte
10-jähriger Dienstzeit	4 Monatsentgelte
15-jähriger Dienstzeit	6 Monatsentgelte
20-jähriger Dienstzeit	9 Monatsentgelte
25-jähriger Dienstzeit	12 Monatsentgelte

45.1 Anrechnungsbestimmungen

- Zeiten des Präsenz-, Ausbildungs- bzw. Zivildienstes sind für die Bemessung der Abfertigung voll zu berücksichtigen (§ 8 APSG) (siehe 25.8).
- Zeiten des Wehrdienstes als Zeitsoldat sind bis zu zwölf Monaten anzurechnen.
- Zeiten der Karenz nach dem MSchG bzw. VKG sind nicht zu berücksichtigen (siehe 25.5 – in manchen KV ist jedoch eine Anrechnung vorgesehen). Die Zeit des Wochenschutzes (siehe 25.2) ist anzurechnen (OGH 9 Ob A 199/00 f). Zeiten einer gesonderten Beschäftigung während der Karenz sind nicht anzurechnen (siehe 25.5).
- Zeiten einer vertraglichen Karenzierung sind anzurechnen, soweit nicht eine besondere Vereinbarung dazu getroffen wurde (OGH 9 Ob A 178/01 v, 8 Ob A 47/05 b, OLG Wien 10 Ra 85/07 d = ARD 5894/4/2008 – siehe 25.7).
- Zeiten eines Lehrverhältnisses sind nur dann anzurechnen, wenn das Arbeitsverhältnis einschließlich der Lehrzeit mindestens sieben Jahre ununterbrochen gedauert hat; **Lehrzeiten** alleine können keinen Abfertigungsanspruch begründen; liegen diese sieben Jahre nicht vor, so unterbleibt die Anrechnung der Lehrzeit. Es kann sich aber ein Abfertigungsanspruch ergeben, wenn eine dreijährige Betriebszugehörigkeit als Arbeiter oder als Angestellter vorliegt (Beispiel: Lehrzeitbeginn 6.9.2000, Behaltezeit ab 6.9.2003, einvernehmliche Lösung zum 30.9.2006, Betriebszugehörigkeit als Arbeiter über drei Jahre, Abfertigungsanspruch gegeben).
- Vordienstzeiten, die bei einem anderen AG zugebracht wurden, sind nur zu beachten, wenn eine entsprechende Vereinbarung oder ein Betriebsübergang nach § 3 AVRAG vorliegt (OGH 9 Ob A 155/03 i = ARD 5497/7/2004).
- Beim selben AG erworbene Dienstzeiten sind nicht zu berücksichtigen, wenn mangels gegenteiliger Vereinbarung das vorangegangene Arbeitsverhältnis vollständig abgerechnet wurde (Sonderzahlungen, Abfertigung, Ersatzleistung etc.) und wenigstens 25 Tage (OGH 9 Ob A 21/03h = ecolex 2003, 612) unterbrochen war (soferne nicht kollektivvertragliche Zusammenrechnungsregelungen anzurechnen sind; siehe dazu auch im Folgenden).

Ein dem Arbeitsverhältnis unmittelbar vorausgehendes **Heimarbeitsverhältnis** ist bei den „Zeiten des Dienstverhältnisses" i.S. des § 23 Abs. 1 AngG nicht anzurechnen. Der Begriff „Zeiten des Dienstverhältnisses" ist eng auszulegen (OGH 8 Ob A 92/01 i).

Stand eine AN für ein Jahr in einem Arbeitsverhältnis für einen anderen AG, weil der Stellenplan bereits ausgeschöpft war und war sie weiterhin für den bisherigen AG tätig, so ist die Unterbrechungszeit von einem Jahr dennoch nicht für die Abfertigung alt anzurechnen, weil keine Schutznorm, sondern die Beschränkung der Personalausgaben umgangen wurde und die klagende AN nicht darlegen konnte, woraus sich ein einheitlicher Arbeitsvertrag ergeben könnte (OGH 19.12.2016, 9 Ob A 31/16 y).

Bei Dienstzeiten, die bei verschiedenen Konzernunternehmen verbracht wurden, handelt es sich nicht um solche beim selben AG. Die Anrechnung von Vordienstzeiten bedarf auch innerhalb eines Konzerns einer entsprechenden Vereinbarung. Die Annahme getrennter Arbeitsverhältnisse bei verschiedenen Konzernunternehmen erfordert zunächst ordnungsgemäße Endabrechnungen und nachvollziehbare Beendigungen der vorangegangenen Arbeitsverhältnisse mit anderen Konzernunternehmen (OGH 9 Ob A 25/05 z, 9 Ob A 26/05 x = ARD 5639/9/2005).

Ist auf ein Arbeitsverhältnis teilweise ausländisches Recht anzuwenden, so sind die ausländischen Zeiten bei der Abfertigung nur dann zu berücksichtigen, wenn das jeweilige Recht einen Abfertigungsanspruch vorsieht (OGH 9 Ob A 195/02 w = ARD 5371/2/2003 – siehe *Rauch*, Jüngere Judikatur zur Abfertigung, ASoK 2003, 1 ff.).

Wird eine von einem Überlasser in Liechtenstein beschäftigte AN in Österreich tätig, so lässt allein dieser Umstand nicht den zwingenden Schluss zu, dass sie ausschließlich oder überwiegend für eine Tätigkeit in Österreich aufgenommen wurde. Diese Voraussetzung wäre aber für die Anwendbarkeit des österreichischen Abfertigungsrechts erforderlich (OGH 9 Ob A 113/03 p, 9 Ob A 158/07 m = ARD 5443/3/2008).

Nicht zu berücksichtigen ist die Zeit einer **geringfügigen Beschäftigung** im Sinne des § 5 Abs. 2 lit. a bis c ASVG nach § 15e Abs. 1 MSchG (Mutter im Karenzurlaub) oder nach § 7b Abs. 1 VKG (Vater im Karenzurlaub; Details siehe 25.5). Nunmehr kann neben dem karenzierten Arbeitsverhältnis für höchstens 13 Wochen pro Kalenderjahr eine Beschäftigung über der Geringfügigkeitsgrenze (siehe 14.8.2.1) vereinbart werden (§ 15e Abs. 2 MSchG, § 7b Abs. 1 VKG). Diese Zeit ist ebenfalls bei der Abfertigung nicht zu berücksichtigen (siehe 25.5 – Beschäftigung während der Karenz).

Bei der Anrechnung von Dienstzeiten für die Berechnung der Abfertigung ist zu beachten, dass die Vereinbarung des 1.1. eines Jahres als Arbeitsbeginn zu dem Ergebnis führt, dass bis zum 31.12. ein volles Arbeitsjahr im Sinne des § 23 AngG zurückgelegt wird (Näheres und ein Beispiel siehe 38.1).

Falls ein Arbeitsverhältnis durch Kündigung des AN oder verschuldete gerechtfertigte Entlassung beendet wird und der AG nach einer verhältnismäßig kurzen Frist ein neues Arbeitsverhältnis mit demselben AN abschließt, so sind die Zeiten des ersten Arbeitsverhältnisses bei der Berechnung einer Abfertigung nach Auflösung des zweiten Arbeitsverhältnisses zu berücksichtigen. Nach Auffassung der Rechtsprechung schadet es für die Anrechnung der Zeiten des ersten Arbeitsverhältnisses nicht, wenn eine verhältnismäßig kurze Frist zwischen dem Ende des einen und dem Beginn des nächsten Arbeitsverhältnisses liegt, wenn zugleich die Umstände auf eine **sachliche Zusammengehörigkeit der beiden Arbeitsverhältnisse** deuten (OGH 9 Ob A 268/00 b = infas 3/2001, A 32 = ARD 5230/7/2001). Der Judikatur kann jedoch nicht klar entnommen werden, wie lange der Unterbrechungszeitraum dauern muss, damit der AG mit Sicherheit davon ausgehen kann, dass die Dienstzeiten des ersten Arbeitsverhältnisses bei der Abfertigung nicht zu berücksichtigen sind. Die Judikatur hat dazu konkret festgehalten, dass Unterbrechungen zweier Arbeitsverhältnisse im Umfang von elf Tagen bzw. von 19 Tagen zur Bejahung einer unmittelbaren Aufeinanderfolge von Arbeitsverhältnissen führen. Bei der Unterbrechung von elf Tagen wurde der Umstand, dass das erste Arbeitsverhältnis durch gerechtfertigte Entlassung beendet wurde, nicht als Hindernis für die komplette Anrechnung der Dauer des ersten Arbeitsverhältnisses angesehen (OGH 9 Ob A 262/97 p = ARD 4883/11/97). Weiters hat der OGH entschieden, dass eine Unterbrechung von 25 Tagen zu lange ist, um die beiden Arbeitsverhältnisse als ununterbrochen zu qualifizieren (OGH 9 Ob A 21/03 h = ecolex 2003, 612). Auch eine Unterbrechung von 16 Tagen nach einer berechtigten Entlassung und der Abschluss eines neuen Arbeitsverhältnisses unter für der AN deutlich ungünstigeren Bedingungen wurde abfertigungsrechtlich als neues Dienstverhältnis gewertet (OGH 22.3.2011, 8 Ob A 5/11 k). Bei mehrmaligen saisonalen Unterbrechungen von 2–3 Wochen wurde hingegen ein einheitliches Arbeitsverhältnis angenommen (OGH 29.9.2016, 9 Ob A 114/16 d).

Zu saisonbedingten Unterbrechungen (z.B. Gärtner) siehe auch 41.6.

Falls jedoch der AG für einen Teil der Dienstzeit bereits eine Abfertigung bezahlt hat, so kann diese Dienstzeit bei der späteren Berechnung einer Abfertigung nicht mehr berücksichtigt werden. Nach der Rechtsprechung sind bereits abgefertigte Zeiten und die hierfür gezahlte Abfertigung auch dann, wenn das neue Arbeitsverhältnis mit demselben AG unmittelbar anschließt, für das Entstehen und die Höhe eines allfälligen weiteren Abfertigungsanspruches nicht zu berücksichtigen. Nach Art. VII Abs. 3 ArbAbfG sind Dienstzeiten im Sinne des § 23 Abs. 1, 3. Satz AngG für die Abfertigung nicht zu berücksichtigen, wenn der Angestellte für diese Zeiten bereits eine Abfertigung erhalten hat. Nach der neueren Judikatur besteht kein sachlicher Grund dafür, diese gesetzliche Regelung nicht auch auf andere ähnliche Fälle analog anzuwenden. Die **Konsumationsklausel** ist jedoch nur auf jene Zeiten zu beziehen, die für die seinerzeitige Abfertigung auch rechtlich notwendig waren (OGH 9 Ob S 8/91, 9 Ob S 9/91, 8 Ob S 24/04 v).

Einschlägige Judikatur

- *Der § 17 des KV für das holz- und kunststoffverarbeitende Gewerbe bietet nur eine Grundlage dafür, unter welchen Voraussetzungen unterbrochene Dienstzeiten für den Erwerb eines kollektivvertraglichen Abfertigungsanspruchs zusammenzurechnen sind. Eine Anordnung, nicht länger als 120 Tage unterbrochene Arbeitsverhältnisse auch für die Bemessung der gesetzlichen Abfertigung zu berücksichtigen, ist dieser Regelung nicht zu entnehmen (OGH 8 Ob A 307, 308/94).*
- *Zeitlich lückenlos aneinander anschließende Arbeitsverhältnisse sind ohne Rücksicht auf die Art ihrer jeweiligen Beendigung für den Erwerb der Anwartschaft auf eine Abfertigung und für die Höhe dieses Anspruches stets zusammenzurechnen. Wird die Beschäftigung eines AN beim selben AG mit einer einzigen Ausnahme nur zur Zeit alljährlicher Betriebsferien in der Dauer von zwei bis drei Wochen unterbrochen, so sind die einzelnen Arbeitsverhältnisse zu einer Einheit zusammenzufassen und eine ununterbrochene Dauer des Arbeitsverhältnisses anzunehmen (OGH 23.10.1984, 4 Ob 123/83, Arb 10.383).*
- *Ein Arbeitsverhältnis gilt für den gesetzlichen Abfertigungsanspruch auch dann als unterbrochen, wenn es zwischen einer gerechtfertigten Entlassung und der Wiedereinstellung des AN nur kurzzeitig nicht aufrecht gewesen ist und der KV für den kollektivvertraglichen Abfertigungsanspruch eine Zusammenrechnung von durch Entlassung beendeten Dienstzeiten verbietet (OGH 9 Ob A 262/97 p = ARD 4883/11/97).*
- *Ein freies Arbeitsverhältnis neben einer vereinbarten Karenz bewirkt keine Unterbrechung des Arbeitsverhältnisses (OGH 22.10.2010, 9 Ob A 29/10 w).*

45.2 Berechnung der Abfertigung

Grundlage für die Berechnung des Abfertigungsanspruches ist das für den letzten Monat gebührende Entgelt (Aktualitätsprinzip – Arb 9.321, 9.899, 11.554). Der arbeitsrechtliche Entgeltbegriff ist weit auszulegen. Er umfasst jede Leistung, die der AN vom AG dafür bekommt, dass er ihm seine Arbeitskraft zur Verfügung stellt. Die Bezeichnung oder steuer- bzw sozialrechtliche Beurteilung ist nicht entscheidend (OGH 9 Ob A 57/00y, 9 Ob A 220/02x, 9 Ob A 101/03y). Im Detail ist darunter das monatliche Gehalt zuzüglich des entsprechenden Anteils an Sonderzahlungen (1/12 Urlaubszuschuss und 1/12 Weihnachtsremuneration) sowie zuzüglich des auf Grund regelmäßig geleisteter Überstunden durchschnittlich im Monat gewährten Überstundenentgeltes sowie weiters zuzüglich durchschnittlicher monatlicher Zulagen (die keine Aufwandsentschädigungen sind, wie etwa Spesenersatz, Diäten etc.) zu verstehen. **Überstunden** sind nur insoweit zu berücksichtigen, als sie das Entgelt regelmäßig erhöhen (auch wenn sie verfallen sind – OLG Wien 9 Ra 361/98 v, ARD 5034/11/99, OGH 30.11.1994, 9 Ob A 203/94). Durch Zeitausgleich konsumierte Überstunden sowie eine einmalige Abrechnung restlicher (durch Zeitausgleich nicht konsumierter) Überstunden sind bei der Berechnung der Abfertigung nicht zu berücksichtigen (OGH 8 Ob S 3/94 = ARD 4573/25/94; ASG Wien 3 Cga 242/99 z = ARD 5230/6/2001). Ebenso sind durchschnittliche Provisionen heranzuziehen, wenn bis zum Ende des Arbeitsverhältnisses ein arbeitsvertraglicher Provisionsanspruch gegeben war oder Folgeprovisionen (nach § 6 KV für Angestellte des Außendienstes der Versicherungsunternehmen) erst nach dem Ende des Arbeitsverhältnisses zustehen (OGH 9 Ob A 91/02 a = ARD 5346/37/2002). Falls etwa durch eine zulässige vertragliche Vereinbarung ein Entgeltbestandteil vor dem Ende des Arbeitsverhältnisses entfallen ist, so ist dieser Entgeltbestandteil bei der Berechnung der Abfertigung nicht zu berücksichtigen (OGH 29.4.2014, 9 Ob A 8/14 p). Für die Ermittlung des Durchschnitts sind die letzten zwölf Monate des Arbeitsverhältnisses heranzuziehen (OGH 14.4.1999, 9 Ob A 20/99 b, 9 Ob A 59/06 a, 29.4.2014, 9 Ob A 8/14 p). Das letzte Entgelt ist für die Berechnung der Abfertigung auch dann heranzuziehen, wenn eine kollektivvertragliche Erhöhung des Gehaltes erst zwei Wochen vor Ablauf der Kündigungsfrist erfolgt ist (OLG Wien 10 Ra 110/02 y = ARD 5346/38/2002).

Bei krankheitsbedingter Entgeltminderung bei der Beendigung des Arbeitsverhältnisses gebührt die Abfertigung vom letzten vollen Entgelt (OGH 9 Ob A 79/04 i = ARD 5583/5/2005).

Das für den letzten Monat gebührende Entgelt ist auch dann als Berechnungsbasis heranzuziehen, wenn das monatliche Entgelt, etwa wegen einer Umstellung von Voll- auf Teilzeit reduziert wurde (und umgekehrt – falls keine kollektivvertragliche Aliquotierungsregel anzuwenden ist oder Teilzeit i.S. des MSchG bzw. VKG vorliegt; – siehe 25.6, eine Altersteilzeitvereinbarung – siehe 14.8.2.2 zu beachten ist, die Sonderregelungen bei Herabsetzung der Normalarbeitszeit nach § 14 Abs. 4 AVRAG anzuwenden sind, oder etwa eine Halbierung der Berechnungsgrundlage zu erfolgen hat – siehe 45.5 und 25.5). Der Grundsatz, dass das letzte Entgelt für die Berechnung heranzuziehen ist, gilt bei einer Entgeltreduktion nur dann, wenn die Reduzierung auf Dauer beabsichtigt ist und keine Umgehungsstrategie vorliegt (OGH 9 Ob A 6/05 f = ARD 5631/4/2005). Arbeitet hingegen eine AN von Mai bis August 20 Stunden pro Woche und die restlichen acht Monate 38,5 Wochenstunden, so ist die vorübergehende Teilzeitbeschäftigung in der Form zu berücksichtigen, dass das monatliche Durchschnittsentgelt während eines Beobachtungszeitraums von 12 heranzuziehen ist (OGH 9 Ob A 79/07 v).

Das Abstellen auf das letzte Entgelt ist keine Diskriminierung von Teilzeitbeschäftigten (OGH 26.11.2012, 9 Ob A 95/12 d).

Falls eine Abfertigung ausbezahlt werden soll, ohne dass das Arbeitsverhältnis zumindest formal beendet wurde, so kann die **abgabenrechtliche Begünstigung** (fester Steuersatz von 6 %, Befreiung von SV-Beträgen nach § 49 Abs. 3 Z 7 ASVG) nicht gewährt werden. Die steuerliche Begünstigung ist im Zuge einer Reduzierung der Arbeitszeit dann möglich, wenn das Vollzeitarbeitsverhältnis formal beendet wird (Abrechnung aller Ansprüche und Abmeldung von der GKK) und anschließend ein neues Arbeitsverhältnis mit einer wesentlich verminderten Entlohnung (Reduktion der Bezüge um mindestens 25 %) begonnen wird. Falls jedoch innerhalb von zwölf Monaten ab der Beendigung des ersten Arbeitsverhältnisses eine Erhöhung der Bezüge ohne entsprechende gravierende wirtschaftliche Gründe erfolgt, dann entfällt wiederum die Begünstigung (Details siehe *Winzer*, SWK 13/2000, 540, UFS Feldkirch RV/0184 – F/04 = ARD 5702/13/2006).

Neben den schon erwähnten Überstundenentgelten, **Provisionen** und sonstigen Zulagen, die keine Aufwandsentschädigungen sind, sind nach der Judikatur noch folgende Leistungen des AG bei der Berechnung der Abfertigung als **Entgeltbestandteile** zu berücksichtigen:

- **freiwillige Prämien** (falls sie nicht vor dem Ende des Arbeitsverhältnisses rechtswirksam widerrufen werden – OGH 9 Ob A 94/94 = ARD 4605/31/94 – oder vereinbart wird, dass die freiwillige Leistung nicht in die Abfertigungsberechnung einfließt – OGH 8 Ob A 115/04 a),
- vom AG bezahlte **Zusatzversicherung** (OGH 30.11.1994, 9 Ob A 203/94 = ARD 4636/8/95),
- **PKW mit Privatnutzungsrecht**, wobei die amtlichen Sachbezugswerte als Orientierungshilfe dienen (OGH 29.10.1993, 9 Ob A 220/93, Arb 11.120), in jüngerer Zeit wurde vom Monatsdurchschnitt der privaten Nutzung des letzten Jahres vor dem Entzug des Dienstwagens ausgegangen. Es ist demnach für die Bewertung des ehemaligen Privatnutzungsrechts am firmeneigenen PKW (mangels abweichender Vereinbarung oder abweichender betrieblicher Übung) das amtliche Kilometergeld heranzuziehen, welches sich aus den im Jahr vor dem Entzug durchschnittlich privat gefahrenen Kilometern ergibt (OGH 29.11.2016, 9 Ob A 25/16 s, *Rauch*, Abgeltung der entgangenen privaten Nutzung eines Dienstwagens, PV-info 5/2017, 20 f.).
- sonstige Naturalbezüge wie eine Dienstwohnung (auch wenn sie von einem Tochterunternehmen zur Verfügung gestellt wird – OGH 29.8.1990, 9 Ob A 204/30), wobei in diesen Fällen bezüglich der Höhe nur dann der Sachwert anzunehmen ist, wenn er nicht erheblich vom wahren Wert der Naturalleistung abweicht (ist dies der Fall, so kommt es darauf an, was sich der AN durch die Naturalleistung erspart hat – OGH 9 Ob A 68/07 a),
- ein Jahresbonus, der dem AN im letzten Dienstjahr gebührt, wobei es nicht auf den im letzten Jahr bezahlten Betrag ankommt (wenn dieser nicht dem Anspruch für das letzte Jahr entspricht – OGH 27.7.2011, 9 Ob 22/11 t – siehe auch einschlägige Judikatur im Anschluss) und
- eine Leistung des AG, die auch eine außerdienstliche Nutzung zulässt, ist kein Aufwandersatz, sondern Entgelt (z.B. Bekleidungspauschale, wenn die damit angeschaffte Bekleidung auch privat verwendet werden kann – OLG Wien 7 Ra 115/06 = ARD 5737/10/2007).
- Diensterfindungsvergütungen (§ 8 PatG), die regelmäßig geleistet wurden, wobei sich dies nur auf die bis Ende des Arbeitsverhältnisses anfallenden Vergütungen bezieht (OGH 29.8.2011, 9 Ob A 96/11 z).

Folgende Leistungen sind für die Berechnung der Abfertigung nicht relevant:

- Jubiläumsgeld, weil es sich nicht um regelmäßige wiederkehrende Bezüge handelt (Arb 9.942, OGH 8 Ob A 10/02 g),
- **Trinkgeld** ohne vertragliche Grundlage (OLG Wien 31 Ra 99/94 = ARD 4605/ 31/94; OGH 9 Ob A 249/94 = ARD 4647/20/95),
- durch Zeitausgleich konsumierte **Überstunden** (OGH 8 Ob S 3/94 = Sozialpolitik und Arbeitsrecht, 2/95, 2262),
- Vorteile aus **Beteiligungen am Unternehmen des AG** oder mit diesem verbundenen Konzernunternehmen und Optionen auf den Erwerb von Aktien des AG (§ 2a AVRAG),
- eine einmalige Gesamterfolgsprämie, auch wenn sie in Einzelleistungen zerlegt wird, weil die im Abfertigungsrecht erforderliche Regelmäßigkeit fehlt (OGH 9 Ob A 125/01 z = infas 1/2002, A 5),
- Aufwandersatz (Diäten, KM-Geld etc.), jedoch nur bis zum tatsächlichen Aufwand (der überhöhte Anteil ist somit anzurechnendes Entgelt, OGH 9 Ob A 54/90, 9 Ob A 57/00 y, 9 Ob A 220/02x–6, 8 Ob A 30/06 d = ARD 5710/ 3/2006), ebenso steuerfreie Essensgutscheine – OGH 28.2.2011, 9 Ob A 121/10 z),
- Entgeltansprüche, die erst nach Ende des Arbeitsverhältnisses entstehen oder fällig werden (OGH 9 Ob 59/06 a = ARD 5756/5/2007),
- freiwillige Pensionskassenbeiträge (OGH 22.12.2010, 9 Ob A 3/10 x), auch wenn diese statt einer Gehaltserhöhung bezahlt wurden (OGH 26.5.2011, 9 Ob A 45/11 z),
- Leistungen Dritter (wie ein Gehaltsbestandteil, den die „ungarische Schwestergesellschaft" bezahlt (OGH 22.7.2010, 8 Ob A 2/10 t).
- eine einmalige Überstundenabgeltung, auch wenn diese in mehreren Teilleistungen erfolgt, wenn von der Übereinkunft, Überstunden in Zeitausgleich zu konsumieren, nicht abgegangen wird (OGH 29.1.2013, 9 Ob A 124/12 v, wobei bei mehreren Zahlungen aber auch ein schlüssiges Abgehen vom ursprünglich vereinbarten Zeitausgleich vorliegen kann – OGH 28.6.2016, 8 Ob A 64/15 t, *Rauch*, Arbeitsrecht 2017, 44 ff.).

Einschlägige Judikatur

- *Bei der Berechnung der Abfertigung sind die im Durchschnitt des letzten Arbeitsjahres bezogenen Provisionen einzubeziehen, sofern dem AN auch für seine Dienstleistungen im letzten Monat Provisionsansprüche zustehen (Arb 7.918).*
- *Ist ein zwar nicht in gleicher monatlicher Höhe, aber durch Jahre regelmäßig bezogenes Überstundenentgelt, bedingt durch tief greifende wirtschaftliche Ursachen auf Seiten des AG seit einiger Zeit weggefallen und damit eine dauernde Einkommensänderung eingetreten, so ist dieses geänderte Einkommen als letztes monatliches Einkommen bei der Berechnung der Abfertigung zu Grunde zu legen (Arb 9.899).*
- *Unter Entgelt, das für die Berechnung der Abfertigung zu berücksichtigen ist, kann die erst in Zukunft – also nach Entstehen des Abfertigungsanspruches – unter bestimmten*

Voraussetzungen zufließende Betriebspension nicht verstanden werden, zumal Betriebspension und Abfertigung der Versorgung des AN nach Beendigung des Arbeitsverhältnisses dienen und damit eine ähnliche Funktion erfüllen (OGH 9 Ob A 198/87).

- *Für die Berechnung der Abfertigung ist ein über die Jahresdauer hinausgehender Berechnungszeitraum nicht heranzuziehen (OGH 13.10.1994, 8 Ob A 277/94).*
- *Es ist ständige Rechtsprechung, dass unter dem „für den letzten Monat gebührenden Entgelt" der Durchschnittsverdienst zu verstehen ist, der sich aus den mit einer gewissen Regelmäßigkeit wiederkehrenden Bezügen ergibt. Zu diesem Durchschnittsverdienst gehören auch regelmäßig geleistete Überstunden (Arb 11.294; OGH 9 Ob A 257/89, 8 Ob S 3/94, 9 Ob A 100/95). Für den Zeitraum, der durch die Abfertigung gedeckt wird, soll der zuletzt bezogene Durchschnittsverdienst gesichert und damit eine gewisse Kontinuität des zuletzt bezogenen Verdienstes gewährleistet werden (Arb 10.831, 11.294; OGH 8 Ob S 3/94). Bei schwankenden Überstundenleistungen ist ein Durchschnitt zu errechnen, wobei die Rechtsprechung als Beobachtungszeitraum den eines Jahres als sachgerecht angesehen hat (Arb 10.831, 11.294; OGH 9 Ob A 100/95). Die Abfertigung darf den Durchschnittsverdienst weder übersteigen noch hinter ihm zurückbleiben (OGH 9 Ob A 20/99 b).*
- *Für die Berechnung der Abfertigung eines Provisionsbeziehers sind nicht die im letzten Arbeitsjahr des AN an ihn ausbezahlten Provisionen heranzuziehen, sondern nur jene Provisionen, die der AN im letzten Jahr tatsächlich erworben hat, weil nicht auf Zufälligkeiten in der Reihenfolge der Auszahlung abzustellen ist (OLG Wien 7 Ra 160/99 x = ARD 5117/6/2000).*

    Anmerkung: In den Entscheidungen 9 Ob A 59/06 a vom 27.9.2006 und 8 Ob A 22/10 h vom 21.12.2010 hat der OGH hinsichtlich Erfolgsprämien, Bilanzgeldern und ähnlichen Zahlungen die Auffassung vertreten, es komme darauf an, was im letzten Jahr und nicht für das letzte bezahlt worden sei (Höfle, ASoK 2007, 129 ff.). Dies wurde revidiert in der Entscheidung OGH 27.7.2011, 9 Ob A 22/11 t. Demnach ist es maßgeblich, was für die letzten zwölf Monate zusteht, und nicht, was für diesen Zeitraum abgerechnet wurde.
- *Die Abfertigung beträgt gemäß § 23 Abs. 1 AngG ein Vielfaches des dem Angestellten für den letzten Monat des Arbeitsverhältnisses gebührenden Entgelts. Der Entgeltbegriff des AngG ist ein umfassender; er umfasst neben dem eigentlichen Gehalt auch die übrigen zusätzlichen Zahlungen, insbesondere auch Sonderzahlungen (z.B. Arb 7.375, Arb 9.866, Arb 11.847). Eine davon abweichende Vereinbarung ist hinsichtlich des gesetzlichen Abfertigungsanspruches nicht wirksam, weil die Rechte, die den AN auf Grund des § 23 AngG zustehen, durch Arbeitsvertrag weder aufgehoben noch beschränkt werden können (§ 40 AngG; Arb 11.847). Das Abfertigungsrecht ist somit einseitig zwingendes Recht (OGH 9 Ob A 224/00 g).*
- *Auch im Konzern kann für die Berechnung der Abfertigung nicht jenes Entgelt maßgeblich sein, das der AN zuletzt bei einer anderen Gesellschaft verdient hat, gegen die sich der Abfertigungsanspruch nicht richtet (OGH 9 Ob A 14/07 k = ARD 5772/6/2007).*

45.3 Fälligkeit der Abfertigung

Die Abfertigung wird bis zum Betrag des dreifachen Monatsentgelts mit der Auflösung des Arbeitsverhältnisses fällig. Ein darüber hinausgehender Teil der Abfertigung ist ab dem 4. Monat nach dem Ende des Arbeitsverhältnisses in monatlichen, im Voraus zahlbaren Teilbeträgen abzustatten (§ 23 Abs. 4 AngG).

Eine besondere Fälligkeitsregel für die Bezahlung der Abfertigung kann bei Kündigung des AN wegen Inanspruchnahme einer Pension oder Vollendung des 65. bzw. 60. Lebensjahres angewendet werden. Die Abfertigung kann in diesem Fall in monatlichen Raten abgestattet werden, wobei eine Rate die Hälfte eines Monatsentgeltes nicht unterschreiten darf (§ 23a Abs. 2 AngG). Die erste Rate ist mit dem auf das Ende des Arbeitsverhältnisses folgenden Monatsersten zu bezahlen.

Die Berechtigung des AG, die vorstehenden gesetzlichen Möglichkeiten zur ratenweisen Zahlung seiner Abfertigungsverpflichtungen in Anspruch zu nehmen, ist jedenfalls nicht von einer Zustimmung des AN abhängig.

AG und AN können bei oder nach Beendigung des Arbeitsverhältnisses (zur Drucktheorie siehe 41.2) auch eine für den AG günstigere Fälligkeitsregelung treffen (ASG Wien 20 Cga 170/02v = ARD 5459/5/2003).

45.4 Abfertigung bei Auflösung des Unternehmens

§ 23 Abs. 2 AngG bestimmt:

„Im Falle der Auflösung eines Unternehmens entfällt die Verpflichtung zur Gewährung einer Abfertigung ganz oder teilweise dann, wenn sich die persönliche Wirtschaftslage des Dienstgebers derart verschlechtert hat, daß ihm die Erfüllung dieser Verpflichtung zum Teil oder zur Gänze billigerweise nicht zugemutet werden kann."

Diese Bestimmung ist sehr eng auszulegen und kann nicht auf ähnliche Fälle analog angewendet werden. Die Anwendung des § 23 Abs. 2 AngG setzt nach der Rechtsprechung voraus, dass die Arbeitsverhältnisse infolge der Auflösung des Unternehmens (Beendigung seiner wirtschaftlichen und rechtlichen Existenz) beendet werden. Wenn die Arbeitsverhältnisse bereits beendet sind und daher Ansprüche auf Abfertigungen bestehen und die Auflösung des Unternehmens erst in weiterer Folge eintritt, so kommt der Entfall der Abfertigung nicht in Frage. Demnach muss die Auflösung des Unternehmens zur Zeit der Beendigung der Arbeitsverhältnisse bereits eingetreten sein (OGH 17.2.1987, 14 Ob 2/87, Arb 10.607, OGH 14.4.1999, 9 Ob A 346/98 t).

Die gesetzliche Möglichkeit des Entfalls der Abfertigung soll verhindern, dass natürliche Personen nach Auflösung ihres Unternehmens auf Grund von Abfertigungsansprüchen ein Konkursverfahren einleiten müssen. Diese Bestimmung ist daher auf Kapitalgesellschaften, Vereine, Genossenschaften und die Ges.m.b.H. & Co KG nicht anwendbar (OGH 20.9.1983, 4 Ob 64/83, Arb 10.297).

Weiters muss der AG konkrete Tatsachen behaupten und beweisen, aus denen abgeleitet werden kann, dass sich seine persönliche Wirtschaftslage derart verschlechtert hat, dass ihm die Erfüllung der Abfertigungsansprüche unzumutbar ist. Die Unzumutbarkeit liegt vor, wenn die finanzielle Belastung mit Abfertigungsansprüchen die Vernichtung oder schwerste Gefährdung der wirtschaftlichen Existenz des AG zur Folge hätte (KG Wr. Neustadt 20.1.1983, 4 Cg 13/82, Arb 10.163).

In diesen Fällen wird die Abfertigung vom Insolvenz-Ausfallgeld-Fonds bezahlt (§ 1 a IESG).

Zur Beendigung der Arbeitsverhältnisse bei Einstellung des Gewerbebetriebes siehe 39.

Einschlägige Judikatur

- *Um den Entfall der Verpflichtung des AG zur Leistung einer Abfertigung zu begründen, muss die Unternehmensauflösung einer Beendigung der wirtschaftlichen und rechtlichen Existenz des Unternehmens gleichkommen, doch darf die Liquidierung des Unternehmens kurzfristig über das Beschäftigungsende hinaus andauern. Die Unternehmensauflösung muss aber eine endgültige sein. Die persönliche Wirtschaftslage des AG muss (nach einer Interessenabwägung zur Situation des AN) derart prekär sein, dass die Last der Abfertigung für den AG einer massiven Existenzbedrohung, der Vernichtung seiner Lebensgrundlagen gleichkommt; dies wird zu unterstellen sein, wenn der AG durch die Abfertigungsforderung in den Konkurs geführt wird (LG Innsbruck 46 Cga 183/94 = ARD 4731/6/96 = Arb 11.267; ähnlich auch OGH 14 Ob A 2-4/87 = ARD 3871/17/87 und ASG Wien 7 Cga 36/02 t = ARD 5450/9/2003).*

45.5 Abfertigung bei Tod des AN

Wenn das Arbeitsverhältnis durch den Tod des AN aufgelöst wird, so beträgt die Abfertigung nur die Hälfte des im § 23 Abs. 1 AngG vorgesehenen Betrages und gebührt nur den gesetzlichen Erben, zu deren Erhaltung der AN gesetzlich verpflichtet war (§ 23 Abs. 6 AngG, § 2 Abs. 1 ArbAbfG).

Demnach können die Erben des verstorbenen AN keinen Abfertigungsanspruch geltend machen, wenn sie nicht einen **gesetzlichen Unterhaltsanspruch** im Todeszeitpunkt hatten. Abfertigungsberechtigt werden daher in der Regel noch nicht selbsterhaltungsfähige Kinder und eventuell der Ehegatte oder der eingetragene Partner sein.

War ein Kind bereits selbsterhaltungsfähig durch die Ausübung einer Erwerbstätigkeit, so lebt die Unterhaltspflicht der Eltern nicht wieder auf, wenn das Kind das Arbeitsverhältnis freiwillig auflöst (OLG Wien 14.10.2008, 10 Ra 50/08 h, ARD 5974/5/2009). Bezieht der selbsterhaltungsfähige Sohn im Zeitpunkt des Todes seines Vaters eine Notstandshilfe, so sind die notwendigen Lebensbedürfnisse gesichert und es ist kein Anspruch auf die Todfallsabfertigung gegeben (OGH 25.5.2016, 9 Ob A 15/16 w, *Rauch*, Arbeitsrecht 2017, 45 f.).

Der Ehegatte ist nach der familienrechtlichen Judikatur im Wesentlichen dann gesetzlich unterhaltsberechtigt, wenn er kein Einkommen bezieht bzw. das von ihm erzielte Einkommen höchstens 40 % des Gesamteinkommens des Ehepaares umfasst. Die nicht in den Nachlass fallende Abfertigung wird nach Köpfen aufgeteilt (sind z.B. vier unterhaltsberechtigte Erben vorhanden, so erhält jeder ¼). Da meist zweifelhaft ist, ob überhaupt unterhaltsberechtigte Erben existieren oder an wen ausgezahlt werden soll, ist es ratsam, eine Anfrage an das Verlassenschaftsgericht

(Bezirksgericht, in dessen Sprengel der verstorbene AN seinen Wohnsitz hatte) zu richten. Falls der AG zur Vermeidung einer möglichen Klage rasch eine Zahlung vornehmen will, so sollte er mit dem Zahlungsempfänger eine Rückzahlungsverpflichtung vereinbaren oder sich zumindest einen Rückzahlungsanspruch schriftlich vorbehalten. Weiters könnte im Zweifelsfall auch eine gerichtliche Hinterlegung der halben Abfertigung erwogen werden.

Falls demnach der AN etwa im Verlauf eines bereits 30 Jahre andauernden Arbeitsverhältnisses verstirbt und im Todeszeitpunkt keine unterhaltsberechtigten Erben vorhanden waren, so ist der AG nach § 23 Abs. 6 AngG zur Auszahlung einer Abfertigung nicht verpflichtet.

Die Fälligkeitsregelung (siehe 45.3) gilt bei der Abfertigung im Todesfall unverändert. Die Zahlung hat daher auch hier in ganzen Monatsentgelten (und nicht in halben Monatsentgelten) zu erfolgen (Arb 7.309, 7.491).

Der Anspruch der gesetzlichen Erben besteht auch dann, wenn der AN selbst gekündigt hat und schließlich vor Ablauf der Kündigungsfrist gestorben ist, weil das Arbeitsverhältnis diesfalls durch den Tod und nicht die AN-Kündigung beendet wurde (OGH 4 Ob A 82/61 = ARD 1423/9/61).

45.6 Abfertigung NEU

45.6.1 Erfasste Personen (§ 1 BMSVG)

Die Abfertigung „Neu" wurde zunächst im Bundesgesetz über die betriebliche Mitarbeitervorsorge (BMVG) geregelt. Mit 1.1.2008 wurden freie AN und Selbständige in den Anwendungsbereich des Gesetzes einbezogen (siehe im Folgenden). Daher wurde das Gesetz in „Betriebliches Mitarbeiter- und Selbständigenvorsorgegesetz – BMSVG) umbenannt. Die Bezeichnung der Mitarbeitervorsorgekasse (BV-Kasse) wurde in „Betriebliche Vorsorgekasse" (BV-Kasse) geändert.

Erfasst sind vom neuen BMSVG Arbeiter, Angestellte (§ 1 Abs. 1 AngG), Lehrlinge (§ 1 BAG) sowie Hausbesorger, Journalisten und Schauspieler sowie alle AN im Sinne des Arbeitsrechts (und somit auch geringfügig Beschäftigte).

Nicht erfasst sind daher Werkvertragnehmer, Volontäre und echte Ferialpraktikanten (zum Begriff des „Arbeitsverhältnisses" – siehe 15.1).

Mit 1.1.2008 wurden auch freie AN in das BMSVG einbezogen. Konkret erfasst der § 1 Abs. 1 a BMSVG freie AN nach § 4 Abs. 4 ASVG, freie Arbeitsverhältnisse von geringfügig beschäftigten Personen sowie freie Arbeitsverhältnisse von Vorstandsmitgliedern nach § 4 Abs. 1 Z 6 ASVG, die auf einem privatrechtlichen Vertrag beruhen. Nur jene Bestimmungen des BMSVG, die direkt auf arbeitsrechtliche Regelungsinhalte abstellen, die nicht für freie AN gelten, sind von der Anwendung auf diese Personen ausgenommen (z.B. § 6 Abs. 4 BMSVG).

Selbständige, die nach dem GSVG in der Krankenversicherung pflichtversichert sind, sind seit 1.1.2008 verpflichtend in die Selbständigenvorsorge einbezogen. Für Personen, die in der Pensionsversicherung nach dem GSVG, dem BSVG, dem FSVG oder dem NVG pflichtversichert sind (insbesondere Ärzte, Zahnärzte, Apotheker, Notare, Landwirte) sowie Rechtsanwälte und Ziviltechniker wurde eine Selbständigenvorsorge in Form eines „Opting-in-Modells" geschaffen (neuer 5. Teil des BMSVG). Die Möglichkeit für freiberuflich Selbständige und Land- und Forstwirte, sich für eine Beitragsleistung in eine BV-Kasse analog zu den einschlägigen Regelungen für AN zu verpflichten, besteht grundsätzlich bis 31.12.2008. Bei Beginn der Pflichtversicherung oder Berufsausübung nach dem 31.12.2007 besteht diese Möglichkeit zum „Opting-in" für ein Jahr nach dem erstmaligen Beginn der Pflichtversicherung bzw. Berufsausübung.

45.6.2 Zu den bisherigen Arbeitsverhältnissen (§ 46 Abs. 3 BMSVG)

Für Arbeitsverhältnisse, die bis inklusive 31.12.2002 abgeschlossen wurden, gilt weiterhin das bisherige Abfertigungsrecht (insbesondere §§ 23 und 23a AngG sowie ArbAbfG, welche nach Art. 3 und 4 BMSVG für Arbeitsverhältnisse ab 1.1.2003 außer Kraft treten). Es kann jedoch ein Übertritt vereinbart werden (zu den Details – siehe 45.6.8.).

Zur Frage, ob zwischen dem jeweiligen AG und AN ab 1.1.2003 ein neues Arbeitsverhältnis begonnen wurde, ist (wie im Folgenden dargestellt) primär (aber nicht ausschließlich – siehe zum Wechsel im Konzern und zur Wiedereinstellungszusage) auf eine formale Beendigung des Arbeitsverhältnisses und einen neu abgeschlossenen Arbeitsvertrag ab 1.1.2003 abzustellen.

Ruhendes Arbeitsverhältnis

Ein Ruhen eines Arbeitsverhältnisses, welches bis 31.12.2002 begonnen hat, wegen Präsenz-, Ausbildungs- oder Zivildienst sowie auf Grund einer Karenz nach dem MSchG oder VKG führt bei Wiederaufnahme der Arbeit ab 2.1.2003 nicht zur Anwendbarkeit des BMSVG (z.B. Eintritt des AN am 2.1.2001, Präsenzdienst vom 1.10.2002 bis 31.5.2003, Wiederaufnahme der Arbeit am 1.6.2003 – anzuwenden ist das alte Abfertigungsrecht, da kein neues Arbeitsverhältnis begonnen wurde).

Wechsel des AG wegen Betriebsübergang

Im Falle eines Betriebsüberganges im Sinne des § 3 AVRAG geht der Arbeitsvertrag automatisch auf den Erwerber des Betriebs- bzw. Betriebsteiles über. Ein solcher Übergang des bis zum 31.12.2002 abgeschlossenen Arbeitsvertrages ab dem 1.1.2003 führt daher nicht zur Anwendung des BMSVG.

Wechsel innerhalb eines Konzerns (§ 46 Abs. 3 Z 2 BMSVG)

Der Wechsel innerhalb eines Konzerns gilt auch (bei bis 31.12.2002 in den Konzern eingetretenen AN) ohne volle Übernahme des Arbeitsvertrages bei nach dem

31.12.2002 erfolgender Fortsetzung nicht als neues Arbeitsverhältnis, wenn dem AN die Vordienstzeiten angerechnet werden („Konzernversetzungen") und die Neubegründung des Arbeitsverhältnisses mit einer anderen Konzerngesellschaft unmittelbar auf das bisherige Arbeitsverhältnis folgt.

Ein Konzern liegt vor, wenn rechtlich selbständige Unternehmen zu wirtschaftlichen Zwecken unter einheitlicher Leitung zusammengefasst werden oder wenn ein rechtlich selbständiges Unternehmen auf Grund von Beteiligungen oder sonst unmittelbar oder mittelbar unter dem herrschenden Einfluss eines anderen Unternehmens steht.

Wiedereinstellungszusagen (§ 46 Abs. 3 Z 1 BMSVG)

Zur Aussetzung und Wiedereinstellungszusage siehe 41.6.

Tritt der AN ab dem 1.1.2003 bei seinem bisherigen AG wieder ein und wurde ihm anlässlich der Beendigung des letzten Arbeitsverhältnisses die Wiedereinstellung mit Anrechnung der Vordienstzeiten zugesagt, oder ist eine Anrechnung auf Grund kollektivvertraglicher Bestimmungen vorzunehmen, so gilt weiterhin das alte Abfertigungsrecht.

Das neue Abfertigungsrecht kommt daher zur Anwendung, wenn das vorherige Arbeitsverhältnis zur Gänze abgerechnet (insbesondere Ersatzleistung, Abfertigung, aliquote Sonderzahlung) und daher nicht als karenziert angesehen werden kann und eine Vordienstzeitenanrechnung weder zugesagt noch auf Grund kollektivvertraglicher Bestimmungen vorzunehmen ist.

Beispiel:

Ein Arbeitsverhältnis mit einem Gartenarbeiter wird zum 5.11. durch AG-Kündigung beendet. Es werden sämtliche Ansprüche abgerechnet und die beendigungsrelevanten Papiere ausgestellt. Eine Anrechnung von Vordienstzeiten für einen Abfertigungsanspruch wird nicht zugesagt. Am 1.4. des Folgejahres wird der Gartenarbeiter wieder eingestellt. Auf das neue Arbeitsverhältnis kommt das BMSVG zur Anwendung, weil weder eine Vordienstzeitenanrechnung zugesagt wurde noch eine kollektivvertragliche Vordienstzeitenanrechnung (auf Grund der Dauer der Unterbrechung) anzuwenden ist. Sollte jedoch eine kollektivvertragliche Vordienstzeitenanrechnung vorzunehmen sein, so verbleibt der Gartenarbeiter im alten System.

Nach Prüfung der Rechtslage sollte in diesen Fällen ausdrücklich im Arbeitsvertrag festgehalten werden, dass das BMSVG bzw. das alte Abfertigungsrecht auf das Arbeitsverhältnis zur Anwendung kommt.

Das alte Abfertigungsrecht ist weiters dann anzuwenden, wenn ein unterbrochenes Arbeitsverhältnis fortgesetzt wurde und durch eine am 1.7.2002 anwendbare kollektivvertragliche Bestimmung die Anrechnung von Vordienstzeiten für die Abfertigung alt vorgesehen ist (§ 46 Abs. 3 Z 3 BMSVG).

Liegt keiner der 3 Fälle des § 46 Abs. 3 Z 3 BMSVG vor, so unterliegt ein nach dem 31.12.2002 abgeschlossenes Arbeitsverhältnis der Abfertigung neu (auch wenn das neue Arbeitsverhältnis im Anschluss an das alte einschließlich Abfertigung alt abgerechnete Arbeitsverhältnis beginnt – OGH 29.5.2012, 9 Ob A 17/12 h).

Übertritt in ein privatrechtliches Arbeitsverhältnis

Tritt ein Beamter in ein privatrechtliches Arbeitsverhältnis über, so kommt auf das privatrechtliche Arbeitsverhältnis das BMSVG zur Anwendung. Dies ergibt sich schon daraus, dass aus dem öffentlich-rechtlichen Arbeitsverhältnis keinerlei Abfertigungsansprüche zustehen (OGH 8 Ob A 33/06 w = ARD 5710/ 2/2006).

45.6.3 Beitragsrecht (§§ 6 und 7 BMSVG)

Beginn der Beitragspflicht beim Ersteintritt (§ 6 BMSVG)

Der erste Monat des Arbeitsverhältnisses ist beim Ersteintritt jedenfalls beitragsfrei. Endet das Arbeitsverhältnis vor oder mit Ende des ersten Monats, so fallen keine Beiträge an. Dauert das Arbeitsverhältnis länger als einen Monat, so beginnt die Beitragspflicht ab dem zweiten Monat (für freie AN, deren Arbeitsverhältnis vor dem 1.1.2008 begonnen hat, ist kein beitragsfreier Monat vorgesehen). Diese Regelung ist unabhängig von der Dauer der Probezeit. Diese kann etwa bei Arbeitern nach einzelnen KV kürzer sein. Bei Lehrlingen sieht der § 15 Abs. 1 BAG eine Probezeit von drei Monaten vor. Dies ändert nichts daran, dass auch bei Lehrlingen lediglich der erste Monat des Lehrverhältnisses beitragsfrei ist.

Der beitragsfreie Monat ist wie folgt zu berechnen:

Beispiel 1:

Beginn des Arbeitsverhältnisses: 1.3.2003

Ende des Arbeitsverhältnisses: 31.3.2003

beitragsfrei (Dauer des Arbeitsverhältnisses genau ein Monat)

Beispiel 2:

Beginn des Arbeitsverhältnisses: 14.1.2003

Ende des Arbeitsverhältnisses: 13.2.2003

beitragsfrei (Dauer des Arbeitsverhältnisses genau ein Monat)

Beispiel 3:

Beginn des Arbeitsverhältnisses: 14.1.2003

Ende des Arbeitsverhältnisses: 15.2.2003

Beiträge ab 14.2.2003 – erster Tag nach dem vollendeten ersten Monat.

Beginn der Beitragspflicht bei wiederholten Eintritten beim selben AG

Wenn innerhalb eines Zeitraums von zwölf Monaten ab dem Ende eines Arbeitsverhältnisses mit demselben AG erneut ein Arbeitsverhältnis geschlossen wird, beginnt die Beitragspflicht bereits mit dem ersten Tag dieses Nachfolgearbeitsverhältnisses und zwar unabhängig von der Dauer des ersten Arbeitsverhältnisses und jener des Nachfolgearbeitsverhältnisses (OGH 25.5.2016, 9 Ob A 30/16 a zur Auslegung des § 6 Abs. 1 BMSVG). Auch wenn demnach das erste Arbeitsverhältnis nur wenige Tage dauert, beginnt die Beitragspflicht jedenfalls mit dem zweiten Arbeitsverhältnis beim selben AG.

Dauer der Beitragspflicht

Die Beitragspflicht dauert bis zum Ende der Pflicht zur Zahlung von Entgelten aus dem Arbeitsverhältnis. Sie endet daher bei Auflösung des Arbeitsverhältnisses mit der Zahlung der beendigungsabhängigen Ansprüche (z.B. Ersatzleistung für den restlichen Urlaub, aliquote Sonderzahlungen, aber auch Kündigungsentschädigung oder Entgeltfortzahlung nach § 5 EFZG).

Ebenso endet die Beitragspflicht, wenn die Pflicht zur Zahlung des Arbeitsentgelts vorübergehend ruht (z.B. unbezahlter Urlaub), sofern hier nicht eine Ausnahme gegeben ist (Präsenz- oder Ausbildungs- oder Zivildienst, Anspruch auf Wochen- oder Krankengeld – siehe dazu im Folgenden).

Entgeltfreie Zeiträume und Beitragspflicht

Präsenz-, Ausbildungs- oder Zivildienst

Bei wegen Präsenz-, Ausbildungs- oder Zivildienst aufrechtem (bzw. ruhendem) Arbeitsverhältnis hat der AG Beiträge in der Höhe von 1,53 % der fiktiven Bemessungsgrundlage in der Höhe der Grundvariante des Kinderbetreuungsgeldes (€ 14,53 pro Tag bzw. € 435,9 für 30 Tage – siehe 25.7) zu entrichten. Bei Ablauf eines befristeten Arbeitsverhältnisses während des Präsenzdienstes endet die Beitragspflicht. Die Beitragspflicht gilt nicht für einen Wehrdienst als Zeitsoldat für den zwölf Monate übersteigenden Teil.

Zeiten des Krankengeldbezuges

Solange der AG das volle Krankenentgelt fortzahlt, bildet dieses die Bemessungsgrundlage für den BMSVG-Beitrag. Hat sich die Entgeltfortzahlungspflicht bereits auf 50 % reduziert, so hat der vollversicherte AN einen Anspruch auf Krankengeld von der zuständigen GKK (§§ 138 ff. ASVG). Während der Zeit des halben Entgeltanspruchs gegen den AG sind die BMSVG-Beiträge in voller Höhe weiter abzuführen. Erhält der AN nur noch Krankengeld von der GKK, so sind die Beiträge auf der Grundlage des halben Entgeltanspruchs (fiktive Bemessungsgrundlage nach § 7 Abs. 3 BMSVG) zu entrichten. Sonderzahlungen sind bei der Ermittlung der fiktiven Bemessungsgrundlage nicht einzubeziehen.

Erhält der AN volles Krankengeld nach ASVG und zusätzlich vom AG eine Entgeltfortzahlung etwa in der Höhe von 25 %, so ist 1,53 % des halben Krankenentgelts zu bezahlen.

Zeiten des Bezuges von Wochengeld

Für die Dauer eines Anspruchs auf Wochengeld (§§ 162 ff. ASVG) hat der AG (bei weiterhin aufrechtem Arbeitsverhältnis) 1,53 % eines Monatsentgelts (fiktive Bemessungsgrundlage) abzuführen. Die fiktive Bemessungsgrundlage ist aus dem Durchschnitt des in den letzten drei Kalendermonaten vor dem Versicherungsfall der Mutterschaft (§ 120 Abs. 1 Z 3 ASVG – im Regelfall mit dem Beginn der achten Woche vor der voraussichtlichen Entbindung) gebührenden Entgelts (einschließlich anteiliger Sonderzahlungen, es sei denn, diese sind für die Dauer des Wochengeldbezuges vom AG fortzuzahlen) zu ermitteln. Tritt der Anspruch auf Wochengeld etwa unmittelbar nach einer Karenz ein und ist daher kein dreimonatiger Entgeltanspruch gegeben, so ist das volle Entgelt des Kalendermonats vor dem vorhergehenden Beschäftigungsverbot heranzuziehen (Details siehe § 7 Abs. 4 BMSVG).

Zeiten des Bezugs von Kinderbetreuungsgeld

Für Zeiten des Bezugs von Kinderbetreuungsgeld (siehe 25.7) hat der AN Anspruch auf eine Beitragsleistung durch den Familienlastenausgleichsfonds in der Höhe von 1,53 % des Kinderbetreuungsgeldes. Der Anspruch auf Beitragszahlungen durch den Familienlastenausgleichsfonds gebührt auch ehemaligen AN, soweit diese (abgesehen vom Geschlecht) die Anspruchsvoraussetzungen für Wochengeld nach § 162 ASVG (fiktiv) erfüllt haben.

Erhält der AN während des Bezugs von Kinderbetreuungsgeld ein Arbeitsentgelt (z.B. auf Grund einer geringfügigen Beschäftigung während der Karenz oder wegen kürzerer Dauer der Karenz als des Bezuges von Kinderbetreuungsgeld), so hat einerseits der AG von diesem Entgelt Beiträge abzuführen und andererseits der Familienlastenausgleichsfonds 1,53 % des Kinderbetreuungsgeldes zu bezahlen.

Bildungs- und Hospizkarenz

Für die Dauer einer Bildungskarenz (§ 11 AVRAG – siehe 36.5), einer Freistellung gegen Entfall des Entgelts oder einer Herabsetzung der Normalarbeitszeit für eine Sterbebegleitung eines nahen Angehörigen bzw. für eine Betreuung eines schwerst behinderten Kindes (§§ 14a und 14b AVRAG – siehe 41.7.5) hat der AN einen Anspruch auf Beitragsleistungen durch den Familienlastenausgleichsfonds in der Höhe von 1,53 % des fiktiven Kinderbetreuungsgeldes.

Altersteilzeit und andere arbeitsmarktpolitische Maßnahmen

Für die Dauer der Inanspruchnahme der Altersteilzeit (§ 27 AlVG – siehe 14.8.2.2) sowie der Teilpension, des Solidaritätsprämienmodells (§ 13 AVRAG), einer Kurzarbeit (§ 27 Abs. 1 lit. b AMFG) oder einer Wiedereingliederungsteilzeit (§ 13a AVRAG – siehe 36.5) ist als Bemessungsgrundlage für den Beitrag des AG das monatliche Entgelt auf der Grundlage der Arbeitszeit vor der Herabsetzung der Normalarbeitszeit heranzuziehen (§ 6 Abs. 4 BMSVG).

Höhe und Bemessungsgrundlage der vom AG abzuführenden Beiträge

Die Höhe des Beitrages beträgt 1,53 %. Die Bemessungsgrundlage für die Ermittlung des Beitrages ist

- das monatliche Entgelt des AN einschließlich der Sonderzahlungen,
- bei geringfügig Beschäftigten (siehe 14.8.2.1) kann der AG anstelle des Kalendermonats das Kalenderjahr als Beitragszeitraum wählen (§ 6 Abs. 2 a BMSVG – bei jährlicher Zahlungsweise sind 2,5 % Zinsen von den Beiträgen zusätzlich abzuführen, die dem Veranlagungsertrag zuzurechnen sind),
- bei Altersteilzeit, beim Solidaritätsprämienmodell und bei der Kurzarbeit das vor der Herabsetzung der Normalarbeitszeit gebührende Entgelt,
- während eines Präsenz-, Ausbildungs- oder Zivildienstes (Wehrdienst als Zeitsoldat bis maximal zwölf Monate) das fiktive Kinderbetreuungsgeld,
- während entgeltfreien Krankenständen mit einem Anspruch auf Krankengeld nach dem ASVG die Hälfte des letzten monatlichen Bruttoentgelts und
- während eines Anspruchs auf Wochengeld nach dem ASVG das für den Monat vor dem Eintritt des Versicherungsfalles gebührende Bruttoentgelt.

In weiteren Fällen entgeltfreier Zeiten bei aufrechtem Arbeitsverhältnis trifft die Beitragspflicht nicht den AG (siehe zuvor).

Zum hier wesentlichen Begriff des „Entgelts" verweist der § 6 Abs. 5 BMSVG auf den Entgeltbegriff des § 49 ASVG. Demnach sind jene Bezugsteile als beitragspflichtiges Entgelt zu sehen, die auch der sozialversicherungsrechtlichen Beitragspflicht unterliegen. Daher gehören auch Sachbezüge in die Bemessungsgrundlage. Demgemäß ist von all jenen Leistungen des AG ein Beitrag nach dem BMSVG abzuführen, von denen auch ein Sozialversicherungsbeitrag zu entrichten ist. Daraus ergibt sich weiters, dass jene Zahlungen des AG, die nicht der Beitragspflicht nach dem ASVG unterliegen, auch nach dem BMSVG beitragsfrei sind. Insbesondere sind daher Vergütungen des AG an den AN, durch welche die durch dienstliche Verrichtungen für den AG veranlassten Aufwendungen des AN abgegolten werden (Auslagenersatz), beitragsfrei (§ 49 Abs. 3 Z 1 ASVG). Ein solcher Auslagenersatz sind etwa das Kilometergeld und die Entfernungszulage (Trennungsgeld, Außerhauszulage etc.).

Keine Bedeutung hat jedoch für die Beitragspflicht nach dem BMSVG die sozialversicherungsrechtliche Geringfügigkeitsgrenze (siehe 14.8.2.1) sowie die Höchstbemessungsgrundlage.

Beispiel:

Ein AN verdient monatlich € 200,– brutto. Er ist somit ein geringfügig Beschäftigter (§ 5 Abs. 2 ASVG) und unterliegt nicht der sozialversicherungsrechtlichen Beitragspflicht. Es besteht lediglich die Unfallversicherungspflicht. Da die Geringfügigkeitsgrenze bei den Beiträgen zur Mitarbeitervorsorgekasse gegenstandslos ist, sind die BMSVG-Beiträge abzuführen (1,53 % von € 200,– monatlich sowie von den Sonderzahlungen).

Berechnung und Abfuhr der Beiträge (§ 6 BMSVG)

Die Berechnung der Beiträge hat durch den AG zu erfolgen. Die Beiträge nach dem BMSVG werden gemeinsam mit den Sozialversicherungsbeiträgen an die zuständige GKK bezahlt. Diese hat die Beiträge nach dem BMSVG an die vom AG gemeldete BV-Kasse jeweils am 10. des zweitfolgenden Monats nach deren Fälligkeit abzuführen. Dies unabhängig davon, ob der AG die Beiträge auch ordnungsgemäß geleistet hat und daher gegebenenfalls auch vorzufinanzieren (§ 27 Z 8 BMSVG). Sind vom AG noch Beiträge für bereits vergangene Beitragszeiträume samt Verzugszinsen aus einem bereits beendeten Arbeitsverhältnis auf Grund eines rechtskräftigen Gerichtsurteils oder eines gerichtlichen Vergleichs zu leisten, so sind diese Beiträge samt Verzugszinsen als Abfertigung direkt an den AN zu bezahlen (§ 6 Abs. 3 BMVG). Laut BMWA hat eine Direktauszahlung dann zu erfolgen, wenn die BV-Beiträge vom AN auch tatsächlich im Zusammenhang mit noch anderen offenen Entgeltansprüchen eingeklagt und vom Gericht zugesprochen wurden. Wesentlich ist also, dass der AG nach Beendigung eines Arbeitsverhältnisses BV-Beiträge aufgrund eines rechtskräftigen Urteils (oder gerichtlichen Vergleichs) zu leisten hat (siehe DGservice NÖ GKK 4/2008 = ARD 5937/6/2009, OGH 29.1.2013, 9 Ob A 26/12 g).

Bei Gerichtsurteilen gilt diese Bestimmung dann, wenn der Abschluss der mündlichen Verhandlung erster Instanz nach dem 31.12.2007 erfolgte, bei Vergleichen dann, wenn die Verhandlung, die zum Abschluss des gerichtlichen Vergleichs führte, nach dem 31.12.2007 stattfand (unabhängig von der schriftlichen Ausfertigung).

Die zuständige GKK hat auch die Beitragsprüfungen durchzuführen. Insbesondere hinsichtlich Fälligkeit, Verzugszinsen, Eintreibung der Beiträge, Verjährung der Beitragspflicht und der Rückforderung ungebührlich entrichteter Beiträge sind die sozialversicherungsrechtlichen Bestimmungen (§§ 58 ff. ASVG) anzuwenden. Die Verzugszinsen sind mit 3 % über der von der Oesterreichischen Nationalbank verlautbarten Sekundärmarktrendite festgelegt (§ 59 ASVG).

Erhöhung des Beitragssatzes oder der Bemessungsgrundlage

Das BMSVG sieht keine Erhöhung des Beitragssatzes von 1,53 % oder der Bemessungsgrundlage durch einen KV vor. Mangels gesetzlicher Regelung können KV lediglich jene Inhalte regeln, die als typische Inhalte eines Arbeitsvertrages anzusehen sind (§ 2 Abs. 2 ArbVG). Die Erhöhung des gesetzlich festgelegten Beitragssatzes bzw. der ebenfalls gesetzlich geregelten Bemessungsgrundlage können nicht als typischer Inhalt eines Einzelvertrages angesehen werden.

Durch eine einzelvertragliche Vereinbarung wäre jedoch eine Erhöhung des Beitragssatzes oder der Bemessungsgrundlage möglich. Da diesfalls der erhöhte Teil bzw. der Differenzbetrag zum gesetzlichen Beitrag von 1,53 % als Vorteil aus dem Arbeitsverhältnis lohnsteuer- und dienstgeberbeitragspflichtig wäre, ist von derartigen Vereinbarungen abzuraten (abgesehen davon halten die GKK jede Erhöhung für unzulässig – NÖDIS Nr. 2/Februar 2012, ARD 6219/7/2012).

Rückforderung irrtümlich bezahlter Beiträge

Auf zu Unrecht entrichtete Beträge kommt § 69 ASVG zur Anwendung (§ 6 Abs. 2 BMSVG). Irrtümlich bezahlte Beiträge können nicht vom AN verlangt werden, wenn die BV-Kasse an den AN keine Leistung erbracht hat (OGH 24.6.2015, 9 Ob A 64/15 z, 29.7.2015, 9 Ob A 65/15 x).

45.6.4 Die Betriebliche Vorsorgekasse (BV-Kasse – §§ 18 ff. BMSVG)

Organisation, Aufsicht, Veranlagung etc.

Die BV-Kasse hat Abfertigungsbeiträge zu veranlagen. Für das BV-Kassengeschäft ist eine Konzession nach dem Bankwesengesetz erforderlich. Die BV-Kasse muss als Aktiengesellschaft oder als Ges.m.b.H. organisiert sein.

Die BV-Kassen unterliegen gesetzlichen Vorgaben bezüglich ihrer Veranlagungspolitik (z.B. dürfen höchstens 40 % in Aktien veranlagt werden) und der Mindesteigenmittel. Der Bundesminister für Finanzen nimmt sein Aufsichtsrecht durch einen für längstens fünf Jahre bestellten Staatskommissär wahr (§ 42 BMSVG). Die BV-Kasse hat einen Aufsichtsrat einzurichten, dessen Zusammensetzung das Gesetz näher regelt (§ 21 BMSVG).

Konto und Information des AN (§ 25 BMSVG)

Die BV-Kasse hat für jeden vom BMSVG erfassten AN ein Konto zu führen. Das Konto muss alle wesentlichen Daten enthalten und dient der Berechnung des Abfertigungsanspruches. Die Anwartschaftsberechtigten sind jährlich zum Bilanzstichtag sowie nach Beendigung eines Arbeitsverhältnisses, für das Beiträge geleistet wurden, über folgende Umstände zu informieren:

- die zum letzten Bilanzstichtag erworbene Abfertigungsanwartschaft,
- die im Geschäftsjahr vom AG geleisteten Beiträge,
- die vom Anwartschaftsberechtigten zu tragenden Barauslagen und Verwaltungskosten,
- die zugewiesenen Veranlagungsergebnisse,
- die insgesamt erworbene Abfertigungsanwartschaft zum Bilanzstichtag bzw. zum Stichtag der Erstellung des Kontoauszuges und
- Grundzüge der Veranlagungspolitik sowie die zum Abschlussstichtag gehaltenen Veranlagungen.

Verwaltungskosten (§ 26 BMSVG)

Die BV-Kassen sind berechtigt, von den eingenommenen Abfertigungsbeiträgen Verwaltungskosten abzuziehen. Die Verwaltungskosten müssen prozentmäßig für sämtliche Beitragszahler einer BV-Kasse gleich sein. Die Verwaltungskosten sind in einer Bandbreite von 1 % bis 3,5 % der Beiträge festzusetzen (bei Übertragung von Altabfertigungen maximal 1,5 % des Übertragungsbetrages bzw. maximal € 500,–).

Für die Veranlagung des Vermögens sind die BV-Kassen berechtigt,

- Barauslagen wie Depotgebühren, Bankspesen, usw. weiter zu verrechnen, sofern diese im Beitrittsvertrag (Vertrag zwischen dem AG und der BV-Kasse – siehe 45.6.6.) genannt sind und
- von den Veranlagungserträgen eine Vergütung von maximal 1 % pro Geschäftsjahr des veranlagten Vermögens (ab 1.1.2005 0,8 %) einzubehalten.

Es ist daher zwischen den Verwaltungskosten nach § 26 Abs. 1 BMSVG und der Vergütung für die Vermögensverwaltung nach § 26 Abs. 3 Z 2 BMSVG zu unterscheiden.

Die BV-Kasse darf für die Auszahlung bzw. Übertragung der Abfertigung auf eine andere BV-Kasse keine Verwaltungskosten einheben.

Die jeweilige GKK kann für die Einhebung und Weiterleitung der Beiträge von der BV-Kasse einen Kostenbeitrag verlangen, der 0,3 % der eingehobenen Beiträge nicht übersteigen darf. Die BV-Kasse kann diesen Kostenbeitrag als Barauslage weiter verrechnen.

45.6.5 Auswahl der BV-Kasse (§§ 9 und 10 BMSVG)

Betrieb mit BR

In Betrieben mit BR hat die Auswahl der BV-Kasse durch eine schriftliche Betriebsvereinbarung (§ 97 Abs. 1 Z 1b ArbVG) zu erfolgen. Daher darf der AG den Beitrittsvertrag mit der BV-Kasse (siehe 45.6.6.) erst nach Abschluss der Betriebsvereinbarung unterfertigen. Die Betriebsvereinbarung hat lediglich die Auswahl einer bestimmten BV-Kasse zu regeln. In Unternehmen mit Zentralbetriebsrat ist der Zentralbetriebsrat zum Abschluss der Betriebsvereinbarung befugt (§ 113 Abs. 4 Z 6 ArbVG). Eine Einbeziehung der Gewerkschaft ist nicht vorgesehen. In eingliedrigen Unternehmen ist der Gruppenbetriebsrat bzw. der gemeinsame BR oder der Betriebsausschuss zum Abschluss der Betriebsvereinbarung zuständig. Falls ein Zentralbetriebsrat eingerichtet sein müsste, aber nicht gewählt wurde, so ist das im Folgenden dargestellte Verfahren anzuwenden.

In der Praxis wird zunächst der AG dem BR (zwecks Einleitung von Verhandlungen) eine bestimmte BV-Kasse nennen. Da für alle ab 1.1.2003 neu abgeschlossenen Arbeitsverhältnisse geklärt sein muss, an welche BV-Kasse die Beiträge von der zuständigen GKK weiterzuleiten sind, muss ein rechtzeitiger Abschluss des Auswahlverfahrens angestrebt werden. Falls das Auswahlverfahren bis zum Beginn der Beitragspflicht nicht abgeschlossen ist, sind dennoch die Abfertigungsbeiträge an die zuständige GKK abzuführen, die sie nach § 446 ASVG zu veranlagen hat (mündelsichere inländische Wertpapiere etc.). Falls eine Einigung nicht zustande kommt, entscheidet auf Antrag des AG oder des BR die Schlichtungsstelle (§§ 144 ff. ArbVG). Beiträge aus Nachzahlungen nach dem Ende des Arbeitsverhältnisses sind an die BV-Kasse des bisherigen AG von der zuständigen GKK weiterzuleiten (zum Zuweisungsverfahren, falls überhaupt keine Auswahl erfolgt, siehe im Folgenden).

AN, die von keinem BR vertreten sind (§ 10 BMSVG)

Für „AN, die von keinem BR vertreten sind" (§ 10 Abs. 1 BMSVG) gilt das Verfahren nach § 10 BMSVG. Auf Grund der gesetzlichen Regelungen wird dieses Verfahren in folgenden Fällen anzuwenden sein:

- Betriebe ohne BR,
- jene AN-Gruppe, für die kein BR besteht in Betrieben, die (nach dem ArbVG) einen Arbeiter- und einen Angestellten-BR haben müssten (mindestens je fünf Arbeiter und fünf Angestellte), aber nur für eine Gruppe ein BR besteht (der kein gemeinsamer BR ist),
- Unternehmen, bei denen ein Zentral-BR eingerichtet sein müsste, aber nicht vorhanden ist (in Unternehmen, die mehrere Betriebe umfassen, die eine wirtschaftliche Einheit bilden und vom Unternehmen zentral verwaltet werden, haben die BR-Mitglieder einen Zentral-BR zu wählen – § 40 Abs. 4 ArbVG; siehe 53.) und
- leitende Angestellte (§ 36 Abs. 2 Z 3 ArbVG) auch in Betrieben mit BR, da für diese das ArbVG und damit die Betriebsvereinbarung nicht anzuwenden sind.

Soweit nun für verschiedene AN-Gruppen (etwa die leitenden AN und die übrigen AN) verschiedene Auswahlverfahren anzuwenden sind, ist möglichst der Grundsatz „ein AG – eine BV-Kasse" zu berücksichtigen (siehe im Folgenden).

Ist nun das Verfahren nach § 10 BMSVG durchzuführen, so hat zunächst der AG allen Mitarbeitern schriftlich binnen einer Woche mitzuteilen, welche BV-Kasse er auswählen will. Zur schriftlichen Information der Mitarbeiter enthält das BMSVG keine näheren Regelungen. Fraglich ist, ob ein Aushang an einer allgemein zugänglichen Stelle (z.B. Aufenthaltsraum) genügt. Eine bessere rechtliche Absicherung würde ein von allen AN unterschriebenes Rundschreiben bieten. Aus dem § 10 des BMSVG könnte auch abgeleitet werden, dass etwa eine schriftliche Information aller vom Arbeitsplatz abwesenden AN erfolgen muss (z.B. Karenz-, Präsenzdienst, Krankenstand etc.).

Wenn nun 1/3 der AN binnen zwei Wochen gegen die beabsichtigte Auswahl schriftlich Einwände erhebt, muss der AG eine andere BV-Kasse vorschlagen. Auf Verlangen derjenigen AN, die Einwände erhoben haben, ist eine kollektivvertragsfähige freiwillige Interessenvertretung der AN (zuständige Gewerkschaft) zu den weiteren Beratungen über den Vorschlag des AG beizuziehen. Wird trotz Einbeziehung dieser Institution keine Einigung erzielt, so hat die Schlichtungsstelle (siehe zuvor) auf Antrag eines der beiden Streitteile über die Auswahl der BV-Kasse zu entscheiden. Für die Dauer des Auswahlverfahrens können die Beiträge mit schuldbefreiender Wirkung an die zuständige GKK abgeführt werden.

Eine Kasse pro AG

Bei der Auswahl der BV-Kasse (sowohl durch den AG wie auch durch die Schlichtungsstelle) ist der Grundsatz „eine BV-Kasse pro AG" zu beachten, der in den EB (Erläuternden Bemerkungen) festgehalten wird. Bei Betriebs-(teil-)übergängen im Sinne des § 3 AVRAG können sich Ausnahmen zu diesem Grundsatz ergeben. Eine besondere Regelung zum Thema „Betriebsübergang und BV-Kasse" enthält das BMSVG nicht. Ebenso können sich etwa auch Ausnahmen bei Betrieben, die dem BUAG unterliegen, ergeben (siehe im Folgenden).

In Zweifelsfällen bzw. bei Interpretationsfragen ist aber stets von dem Grundsatz der möglichst einheitlichen BV-Kasse auszugehen.

Das Gesetz enthält bezüglich der Verletzung der Auswahlregelungen keine ausdrücklichen Sanktionen. Es kann jedoch nicht gänzlich ausgeschlossen werden, dass AN im Fall von Misserfolgen bei der Veranlagung gegen den AG schadenersatzrechtlich vorgehen.

BV-Kasse für die Bauwirtschaft (Art. 11 BMSVG – §§ 33a ff. BUAG)

Alle AG, die dem BUAG unterliegen, sind verpflichtet, für ihre (ab 1.1.2003 eintretenden) Bauarbeiter im Sinne des § 1 BUAG der BV-Kasse beizutreten, die von der Urlaubs- und Abfertigungskasse zu errichten und zu betreiben ist und in deren Alleineigentum steht. Bezüglich den Angestellten der Baubetriebe besteht keine Verpflichtung, der BV-Kasse des Baubereichs beizutreten. Diese BV-Kasse können auch andere AG oder etwa Baubetriebe für die Angestellten auswählen.

Anstelle des Beitrittsvertrages (siehe im Folgenden) tritt eine Information über die Grundsätze der Veranlagungspolitik, die Höhe der Verwaltungskosten, die Meldepflichten gegenüber der BV-Kasse sowie eine allfällige Zinsgarantie.

Im Bereich des BUAG besteht schon bisher ein Kassensystem, das nach dem Umlagesystem funktioniert. D.h., die Einzahlungen werden nicht dem einzelnen Bauarbeiter gutgeschrieben, sondern sind für laufende Abfertigungszahlungen zu verwenden. In den dem BUAG unterliegenden Betrieben (siehe § 2 Abs. 2 BUAG) wurden schon bisher keine Abfertigungsrückstellungen gebildet.

Zuweisungsverfahren bei Nichtdurchführung der Auswahl

Das BMSVG sieht keine Sanktion vor, wenn der AG bei der Auswahl untätig bleibt, die Schlichtungsstelle nicht angerufen wird und die Beiträge an die zuständige GKK abgeführt werden, die sie vorläufig wie Sozialversicherungsbeiträge zu veranlagen hat. Für den Fall der Untätigkeit wurde ein Zuweisungsverfahren eingeführt (§§ 10, 27a BMSVG). Hat der AG nicht binnen sechs Monaten ab Beginn des Arbeitsverhältnisses des ersten AN, für den BMSVG-Beiträge abzuführen sind, mit einer BV-Kasse einen Beitrittsvertrag abgeschlossen, so ist ein Zuweisungsverfahren vom HVSVT einzuleiten. Im Rahmen des Verfahrens wird der AG zunächst aufgefordert, binnen drei Monaten eine BV-Kasse auszuwählen. Tut er dies nicht, so wird ihm eine BV-Kasse zugewiesen.

Angabe der ausgewählten BV-Kasse im Arbeitsvertrag oder Dienstzettel (Art. 2 BMSVG – § 2 Abs. 2 Z 13 AVRAG)

Im § 2 Abs. 2 AVRAG wird in zwölf Punkten der Mindestinhalt eines Arbeitsvertrages oder Dienstzettels geregelt (siehe 12. und 13.). Diesen zwölf Punkten wurde ein weiterer Punkt hinzugefügt. Demnach ist weiters (für Arbeitsverhältnisse, die ab 1.1.2003 beginnen) im Arbeitsvertrag bzw. im Dienstzettel anzugeben, welche BV-Kasse gewählt wurde (Name und Anschrift) bzw. für AN, die dem BUAG unterliegen, Name und Anschrift der Bauarbeiter-Urlaubs- und Abfertigungskasse (siehe Anhang – Musterformulierungen).

45.6.6 Der Beitrittsvertrag (§§ 11 ff. BMSVG)

Vorgeschriebener Inhalt des Beitrittsvertrages

Der AG hat mit der ausgewählten BV-Kasse einen Beitrittsvertrag abzuschließen. Dieser hat insbesondere Folgendes zu enthalten:

a) die ausgewählte BV-Kasse;

b) Grundsätze der Veranlagungspolitik;

c) die näheren Voraussetzungen für die Kündigung des Beitrittsvertrages;

d) die Höhe der Verwaltungskosten;

e) die Meldepflichten des AG gegenüber der BV-Kasse;

f) eine allfällige Zinsgarantie gemäß § 24 Abs. 2 BMSVG;

g) alle Dienstgeberkontonummern des beitretenden AG;

h) Art und Berechnungsweise der Barauslagen, welche die BV-Kasse nach § 26 Abs. 3 Z 1 BMSVG verrechnen darf.

Kontrahierungszwang

Falls die ausgewählte BV-Kasse den AG ablehnt, kann dieser schriftlich auf der Annahme seines gesetzeskonformen Angebots zum Abschluss eines Beitrittsvertrages bestehen. Das schriftliche Angebot hat die BV-Kasse anzunehmen (Kontrahierungszwang). Dabei hat sie die gleichen Bedingungen wie für ihre sonst üblicherweise mit den anderen AG abgeschlossenen Beitrittsverträge zu gewähren (insbesondere die gleichen Verwaltungskosten). Ist diese durch Kontrahierungszwang herangezogene BV-Kasse der Auffassung, dass die Verwaltungskosten und/oder sonstigen Vertragsbedingungen aus kaufmännischen Gründen bei diesem AG nicht angemessen sind, so kann sie die Angemessenheit der Verwaltungskosten bzw. sonstigen Vertragsbedingungen beim örtlich zuständigen ASG überprüfen lassen. Der Gerichtshof hat im Einzelfall die Verwaltungskosten auf einen von der BV-

Kasse nachzuweisenden angemessenen Prozentsatz und/oder angemessene Vertragsbedingungen festzusetzen. Die Differenz zwischen den vom Gerichtshof festgesetzten höheren Verwaltungskosten zu den Verwaltungskosten der BV-Kasse (die in den Veranlagungsbestimmungen nach § 29 BMSVG festgesetzt sind) hat der AG zu tragen. Der Antrag der BV-Kasse auf Festsetzung erhöhter Verwaltungskosten und/oder Änderung sonstiger Vertragsbedingungen ist damit zu begründen, dass der AG Zahlungen nicht oder verspätet leistet bzw. sonstige Vertragsbedingungen nicht einhält. Es liegt daher beim AG, die Einbringung (bzw. Stattgebung) derartiger Anträge zu vermeiden. Falls jedoch auf Grund der Nichteinhaltung von Vertragsbestimmungen durch den AG vom Gerichtshof höhere Verwaltungskosten festgesetzt werden, so hat die Differenz zu den in den Veranlagungsbestimmungen der BV-Kasse festgelegten Verwaltungskosten der AG zu tragen (und nicht die AN, die auf das vertragskonforme Verhalten des AG keinen Einfluss haben).

Lösung des Beitrittsvertrages und Wechsel der BV-Kasse (§ 12 BMSVG)

Eine Kündigung des Beitrittsvertrages durch den AG oder die BV-Kasse oder die einvernehmliche Lösung des Vertrages ist nur dann rechtswirksam, wenn die Übertragung der Abfertigungsanwartschaften auf eine andere BV-Kasse sichergestellt ist. Die Benennung der übernehmenden BV-Kasse hat bereits im Kündigungsschreiben zu erfolgen. Daher ist bereits vor Ausspruch der Kündigung (bzw. vor Abschluss der einvernehmlichen Auflösung des Beitrittsvertrages) das Auswahlverfahren für die neue BV-Kasse durchzuführen. Die Auflösung des Vertrages kann nur für alle vom Vertrag erfassten Anwartschaftsberechtigten gemeinsam erfolgen. Sie darf weiters nur zum Bilanzstichtag der BV-Kasse durchgeführt werden. Die Kündigungsfrist beträgt sechs Monate (bei Zuweisung einer BV-Kasse nach § 27a BMSVG beträgt die Kündigungsfrist drei Monate – siehe 45.6.5). Die einvernehmliche Lösung muss mindestens drei Monate vor dem nächsten Bilanzstichtag der BV-Kasse erfolgen, damit die übernehmende BV-Kasse ausreichend Zeit hat, die entsprechenden Vorkehrungen für den Vermögenstransfer und die zukünftige Veranlagung zu treffen. Die Übertragung der Abfertigungsanwartschaften auf die neue BV-Kasse hat binnen fünf Werktagen nach Ende des zweiten Monats nach dem Bilanzstichtag der BV-Kasse zu erfolgen.

45.6.7 Leistungsrecht (§§ 14 ff. BMSVG)

Anspruch auf Abfertigung und Auszahlungs- bzw. Verfügungszeitpunkt

Der anwartschaftsberechtigte AN hat bei Beendigung des Arbeitsverhältnisses gegen die BV-Kasse einen Anspruch auf eine Abfertigung. Im Gegensatz zum bisherigen Abfertigungsrecht steht bei jeder Form der Auflösung eines Arbeitsverhältnisses ein Anspruch auf eine Abfertigung zu (soferne für das Arbeitsverhältnis Beiträge nach dem BMSVG zu entrichten waren). Bei anspruchsvernichtenden Umständen (wie beispielsweise AN-Kündigung, gerechtfertigte verschuldete Entlassung, ungerechtfertigter vorzeitiger Austritt, das Arbeitsverhältnis dauert kürzer als drei Jahre), bei denen nach dem bisherigen Abfertigungsrecht keine Abfertigung vom AG zu bezahlen war, kann nach dem BMSVG die Auszahlung nicht erfolgen. Das BMSVG kennt keine abfertigungsvernichtenden Tatbestände. Eingezahlte Beiträge sind daher an den jeweiligen AN spätestens anlässlich der Pensionierung (oder fünf Jahre nach dem Ausscheiden aus dem letzten Arbeitsverhältnis) zu zahlen (zur Frage, wann die Auszahlung zu erfolgen hat und welche anderen Verfügungsmöglichkeiten für den Anwartschaftsberechtigten bestehen, siehe im Folgenden).

Beim dreijährigen Beitragszeitraum ist auch die Beitragszeit für eine Ersatzleistung für nicht konsumierten Urlaub einzubeziehen (§ 14 Abs. 2 Z 4 BMSVG).

Entfall bzw. Anspruch auf Auszahlung

Der Anspruch auf Auszahlung der Abfertigung besteht nicht bei Beendigung des Arbeitsverhältnisses infolge:

a) Kündigung durch den AN, ausgenommen bei Kündigung während einer Teilzeitbeschäftigung nach dem MSchG bzw. dem VKG,
b) verschuldeter und gerechtfertigter Entlassung,
c) unberechtigtem vorzeitigen Austritt oder
d) sofern noch keine 3 Einzahlungsjahre seit der ersten Beitragszahlung oder der letztmaligen Auszahlung einer Abfertigung vergangen sind.

Die Beitragszeiten sind zusammenzurechnen, unabhängig davon, ob sie bei einem oder mehreren AG zurückgelegt worden sind. Beitragszeiten aus zum Zeitpunkt der Geltendmachung des Anspruches weiterhin aufrechten Arbeitsverhältnissen sind nicht einzurechnen.

Voraussetzung für die Auszahlung einer Abfertigung ist demnach ein dreijähriger Beitragszeitraum, für den alle Beitragszeiten zu berücksichtigen sind und eine abfertigungsunschädliche Beendigung des Arbeitsverhältnisses (insbesondere AG-Kündigung, einvernehmliche Auflösung, gerechtfertigter Austritt, ungerechtfertigte oder unverschuldete Entlassung – siehe 45). Dabei können nur solche Beitragszeiten herangezogen werden, die aus Arbeitsverhältnissen stammen, die zum Zeitpunkt der Geltendmachung des Anspruches bereits beendet sind. Der dreijährige Beitragszeitraum kann sich aus einer beliebigen Anzahl von Arbeitsverhältnissen zusammensetzen. Wenn beispielsweise aus vier Arbeitsverhältnissen 3,5 Jahre an Beitragszeiten entstanden sind und das letzte Arbeitsverhältnis durch einvernehmliche Lösung beendet wird, so entsteht ein Auszahlungsanspruch gegen die BV-Kassen, an die die Beiträge aus den vier Arbeitsverhältnissen von der GKK weitergeleitet wurden.

Der anwartschaftsberechtigte AN hat nun unter folgenden Voraussetzungen einen Anspruch auf Auszahlung der Abfertigung:

a) das Arbeitsverhältnis wird nach Beitragszeiten von insgesamt drei Jahren in einer der vorgenannten Formen, die ein Auszahlungsrecht begründen, beendet (siehe auch OGH 25.5.2016, 9 Ob A 30/16 a) oder

b) das Arbeitsverhältnis wird nach Vollendung des Anfallsalters für die vorzeitige Alterspension aus der gesetzlichen Pensionsversicherung aufgelöst (§ 14 Abs. 4 Z 1 BMSVG) nach Vollendung des 62. Lebensjahres (Korridorpension nach § 4 Abs. 2 APG), wenn dieses Anfallsalter zum Zeitpunkt der Beendigung des Arbeitsverhältnisses niedriger ist als das Anfallsalter für die vorzeitige Alterspension aus der gesetzlichen Pensionsversicherung oder

c) bei Beendigung des Arbeitsverhältnisses und Inanspruchnahme einer Alterspension nach § 4 Abs. 3 APG (§ 14 Abs. 4 Z 1a BMSVG) oder

d) wenn der AN seit mindestens fünf Jahren in keinem Arbeitsverhältnis mehr steht, auf Grund dessen Beiträge nach dem BMSVG zu bezahlen sind (§ 14 Abs. 4 Z 2 BMSVG).

Abfertigung bei Tod des anwartschaftsberechtigten AN (§ 14 Abs. 5 BMSVG)

Nach der bisherigen Regelung gebührt im Todesfall nach einem mindestens dreijährigen Arbeitsverhältnis die halbe Abfertigung, soferne gesetzliche Unterhaltspflichten beim AN vorliegen (§ 23 Abs. 6 AngG). Nunmehr gebührt nach dem BMSVG die ungekürzte Abfertigung (jedenfalls auch bei Fehlen von Unterhaltspflichten) den unterhaltsberechtigten Erben. Fehlen solche Direkterben, so fällt die Abfertigung in den Nachlass.

Höhe und Fälligkeit der Abfertigung (§§ 15 und 16 BMSVG)

Die Höhe der Abfertigung ergibt sich aus den vom AG eingezahlten Beiträgen (zuzüglich allfälliger Übertragungsbeträge) abzüglich der Verwaltungskosten zuzüglich der Veranlagungserträge. Maßgeblich ist die Abfertigungsanwartschaft zum Ende jenes Monats, in dem der Anwartschaftsberechtigte die Abfertigung schriftlich geltend gemacht hat. Im Falle einer Auszahlung oder Übertragung auf eine andere BV-Kasse, an ein Versicherungsunternehmen oder einen Pensionsinvestmentfonds (zu den Verfügungsmöglichkeiten siehe im Folgenden), ist auch die Kapitalgarantie sowie eine allfällige Zinsgarantie zu berücksichtigen.

Die Abfertigung ist binnen 5 Werktagen nach Ende des zweiten Monats nach Geltendmachung zur Zahlung fällig. Die Zweimonatsfrist beginnt frühestens mit der Beendigung des Arbeitsverhältnisses.

Für Misserfolge bei der Veranlagung haftet der AG nicht, sofern er das Auswahlverfahren gesetzmäßig durchgeführt hat.

Eine Reduzierung der Abfertigung auf 50 % bei einem vorzeitigen Austritt aus Anlass der Vater- bzw. Mutterschaft (§ 23 Abs. 3 bis 5 AngG) ist bei den dem BMSVG unterliegenden Arbeitsverhältnissen nicht mehr möglich (Artikel 8 und 9 BMSVG – §§ 15k MSchG, 9a VKG). Tritt daher etwa eine Mutter nach einem fünfjährigen Arbeitsverhältnis bis spätestens drei Monate vor Ende der Karenz aus, so hat sie einen Anspruch auf die volle Abfertigung.

Kapitalgarantie und freiwillige Zinsgarantie (§ 24 BMSVG)

Der anwartschaftsberechtigte AN hat einen garantierten Mindestanspruch (bei Übertragung auf eine neue BV-Kasse, Auszahlung, Überweisung der Abfertigung an eine Versicherung oder zum Erwerb von Anteilen an einem Pensionsinvestmentfonds oder an eine Pensionskasse) auf die Summe aller der BV-Kasse zugeflossenen Beiträge zuzüglich einer allenfalls übertragenen Altabfertigungsanwartschaft, sowie der allenfalls aus einer anderen BV-Kasse übertragenen Abfertigungsanwartschaft.

Die BV-Kasse kann eine Zinsgarantie gewähren. Der Garantiezinssatz muss für alle AN gleich sein und darf nur für ein folgendes Geschäftsjahr geändert werden.

Verfügungsmöglichkeiten (§§ 14 Abs. 6, 17 BMSVG)

Nach Beendigung des Arbeitsverhältnisses hat der AN bei Vorliegen der Voraussetzungen für die Auszahlung der Abfertigung (siehe zuvor) der BV-Kasse die gewünschte Verfügung schriftlich bekannt zu geben. Wurde für den AN an mehrere BV-Kassen abgeführt, weil er den AG gewechselt hat, so genügt es, wenn der AN die Verfügung der letzten BV-Kasse mitteilt, und diese auch damit beauftragt, Ansprüche gegen BV-Kassen aus früheren Arbeitsverhältnissen geltend zu machen und die Auszahlung oder sonstige Verfügung zu veranlassen.

Das BMSVG räumt dem AN folgende Verfügungsmöglichkeiten ein:

a) Auszahlung der Abfertigung als Kapitalbetrag,

b) den gesamten Abfertigungsbetrag weiterhin in der BV-Kasse zu veranlagen,

c) die Übertragung des gesamten Abfertigungsbetrages in die BV-Kasse des neuen AG zu verlangen und

d) die Überweisung der Abfertigung an ein Versicherungsunternehmen als Einmalprämie für eine Pensionszusatzversicherung oder an ein Kreditinstitut zwecks Erwerb von Pensionsinvestmentfondsanteilen oder an eine Pensionskasse (zu den Details – siehe § 17 Abs. 1 Z 4 BMSVG) zu verlangen.

Gibt der anwartschaftsberechtigte AN die Erklärung über die Verwendung der Abfertigung nicht binnen sechs Monaten nach Beendigung des Arbeitsverhältnisses ab, so ist die Abfertigung weiter zu veranlagen. Falls der anwartschaftsberechtigte AN binnen zwei Monaten nach Auflösung des Arbeitsverhältnisses infolge Inanspruchnahme einer Pension aus der gesetzlichen Pensionsversicherung keine Erklärung über die Verwendung des Abfertigungsbetrages abgibt, so ist die Abfertigung als Kapitalbetrag auszuzahlen.

Die Abtretung oder Verpfändung von Abfertigungsanwartschaften ist rechtsunwirksam, soweit der anwartschaftsberechtigte AN darüber nicht als Abfertigungsanspruch verfügen kann (§ 8 BMSVG).

Gutgläubiger Verbrauch bei Überbezug

Hat eine betriebliche Vorsorgekasse einem AN eine überhöhte Abfertigung ausbezahlt, so kann sich der AN auf gutgläubigen Verbrauch (siehe 23.1) berufen (OGH 26.11.2012, 9 Ob A 120/12 f).

45.6.8 Übertritt in das neue Abfertigungsrecht (§ 47 BMSVG)

Keine Erzwingbarkeit und allgemeine Voraussetzungen

Bei Arbeitsverhältnissen, die vor dem 1.1.2003 begonnen haben, besteht ab 1.1.2003 die Möglichkeit, einen Übertritt in das neue Abfertigungsrecht zu vereinbaren. Das Gesetz sieht jedoch keine Erzwingbarkeit des Übertritts vor. Der AG kann daher mit seiner Ablehnung einer Übertrittsvereinbarung den Übertritt verhindern.

Falls jedoch der AN und der AG einen Übertritt wünschen, so sind jedenfalls folgende Voraussetzungen zu beachten:

- schriftliche Einzelvereinbarung zwischen AG und AN (ein mündlicher oder schlüssiger Übertritt wäre jedenfalls rechtsunwirksam) und
- kein Übertrittsstichtag vor dem 1.1.2003.

Bei der Übertrittsvereinbarung sollten dem AG keine Fehler unterlaufen, sonst ist das alte Abfertigungsrecht weiterhin anzuwenden und kann daher der AN bei der Beendigung des Arbeitsverhältnisses (beispielsweise durch eine AG-Kündigung) eine Abfertigung (etwa nach § 23 AngG) verlangen.

Im Rahmen einer freiwilligen Betriebsvereinbarung können allgemeine Bedingungen für Übertritte (z.B. Höchst- und Mindestgrenzen der Übertragungsbeträge) festgelegt werden (Art. 10 BMSVG – § 97 Abs. 1 Z 26 ArbVG). Falls eine solche Betriebsvereinbarung abgeschlossen wird, ist dennoch für jeden einzelnen Übertritt eines AN eine schriftliche Einzelvereinbarung abzuschließen (keine Ausnahmefälle vorgesehen).

In einzelnen KV sind Sonderregelungen zum Übertritt enthalten (z.B. Überlegungsfrist, Rücktrittsmöglichkeiten etc.), die bei Übertrittsvereinbarungen im jeweiligen Anwendungsbereich zu beachten sind. Muster werden Ihnen von den BV-Kassen und der zuständigen WK zur Verfügung gestellt (siehe auch 45.6.13).

Eine bereits vor dem 1.1.2003 zwischen AG und AN abgeschlossene Übertrittsvereinbarung ist wirksam, wenn der Beginn der Geltung des BMSVG frühestens mit diesem Tag festgelegt wurde (OGH 8 Ob A 31/08 d).

Arglist

Der AG kann eine Übertrittsvereinbarung wegen Arglist anfechten, wenn der AN über seine schon zu diesem Zeitpunkt bestehende Absicht, das Arbeitsverhältnis kurz nach dem Abschluss der Vereinbarung zu kündigen, den AG getäuscht hat (OGH 27.9.2013, 9 Ob A 83/13 s).

Aufklärungspflicht des AG?

Hat der AN die Übertrittsklausel gelesen, sein Einverständnis erklärt und keine Fragen gestellt (und danach unterschrieben), so liegt eine rechtswirksame Übertrittsvereinbarung vor. In einem solchen Fall ist keine Aufklärungspflicht des AG gegeben (OGH 18.3.2016, 9 Ob A 10/16 k, *Rauch*, Arbeitsrecht 2017, 42 f.).

Übertrittsvereinbarungen aus dem Jahr 2002

Das BMSVG ist mit 1.7.2002 in Kraft getreten und hat den Übergang zum neuen System ab 1.1.2003 festgelegt. Übertrittsvereinbarungen aus der Zeit vom 1.7. bis 31.12.2002 sind daher rechtswirksam (OGH 18.3.2016, 9 Ob A 10/16 k, *Rauch*, Arbeitsrecht 2017, 43 f.).

Übertrittsvarianten

Teilübertritt („Einfrieren")

Bei dieser Form des Übertritts wird ein Übertrittsstichtag in der Einzelvereinbarung festgelegt, ab dem das BMSVG anzuwenden ist. Ab dem Übertrittsstichtag sind daher vom AG die Beiträge zu entrichten. Für die Zeit vor dem Übertrittsstichtag ist das bisherige Abfertigungsrecht anzuwenden. Ob daher eine Abfertigung aus dem alten Abfertigungsrecht gebührt, hängt von der Art der Beendigung des Arbeitsverhältnisses ab. Wird das Arbeitsverhältnis etwa nach zehnjähriger Dauer durch AG-Kündigung beendet und hat der AN bis zum Übertrittsstichtag im bisherigen Abfertigungsrecht sechs Jahre zurückgelegt, so gebührt ihm aus dem alten Abfertigungssystem eine Abfertigung in der Höhe von drei Monatsentgelten und für die weiteren vier Jahre ein Abfertigungsanspruch auch nach BMSVG.

Der Anspruch aus dem alten Abfertigungsrecht wird demnach „eingefroren". Für die Berechnung der Abfertigung aus dem alten System ist jedoch das für den letzten Monat des Arbeitsverhältnisses gebührende Entgelt heranzuziehen (§ 47 Abs. 2 letzter Satz BMSVG). Eine Reduzierung dieser Ansprüche aus dem alten Abfertigungsrecht ist im Rahmen der Vereinbarung nach dem BMSVG für den Teilübertritt nicht vorgesehen.

Erfolgt der Teilübertritt noch vor Erreichen von drei Dienstjahren, kann aus der Abfertigung alt kein Anspruch entstehen.

Insbesondere bei Vereinbarungen, die für den AN deutliche Nachteile beinhalten, sollte jedoch beachtet werden, dass der AN keinen sittenwidrigen Druck behaupten kann (etwa durch Einräumung einer Überlegungszeit etc.). Es ist jedoch jedenfalls zu berücksichtigen, dass der AN durch den Übertritt den gänzlichen Entfall eines Abfertigungsanspruchs (wie dies im bisherigen Abfertigungsrecht möglich ist) verhindert.

Ein Übertritt ist auch nach einem 25-jährigen Arbeitsverhältnis möglich. Da nach 25 Arbeitsjahren nach dem bisherigen Abfertigungsrecht die maximale Abfertigung erreicht ist, ist der Übertritt nur für den AN von Vorteil, der aus den Beiträgen nach dem BMSVG einen weiteren Abfertigungsanspruch erreichen kann. Ein solcher Übertritt führt jedoch zur Möglichkeit, den AN einen Vorteil einzuräumen und dabei zusätzliche Kosten aus Abgaben zu vermeiden, die mit einer freiwilligen Entgelterhöhung verbunden wären.

Soweit die Bestimmungen des bisherigen Abfertigungsrechts für den Anspruch auf eine Abfertigung das Erfordernis einer mindestens zehnjährigen ununterbrochenen Dienstzeit vorsehen (z.B. Abfertigung bei Selbstkündigung anlässlich einer Alterspension), sind auch Dienstzeiten nach dem Übertritt anzurechnen. Wenn also etwa ein AN sechs Jahre nach Beginn des Arbeitsverhältnisses eine Übertrittsvereinbarung (Teilübertritt) abschließt und nach zwölf Jahren eine Kündigung ausspricht, weil er die Alterspension antritt, so gilt die zehnjährige Dienstzeit für den Anspruch auf eine Abfertigung nach dem alten Abfertigungsrecht als überschritten.

Beispiele zum Teilübertritt:

Beispiel 1:

Beginn des Arbeitsverhältnisses:	2.1.1997
Übertrittsstichtag:	1.3.2003
Auflösung des Arbeitsverhältnisses durch AG-Kündigung zum	31.12.2003

Abfertigung alt daher für die Zeit vom 2.1.1997 bis 28.2.2003 in der Höhe von drei Monatsentgelten (AG-Kündigung nach über fünf Jahren); Abfertigung neu für die Zeit vom 1.3.2003 bis 31.12.2003 ohne Auszahlungsanspruch.

Beispiel 2:

Beginn des Arbeitsverhältnisses:	2.1.1997
Übertrittsstichtag:	1.3.2003
Auflösung des Arbeitsverhältnisses durch AN-Kündigung zum	31.12.2003

Entfall der Abfertigung alt, da eine abfertigungsschädliche Beendigung des Arbeitsverhältnisses vorgenommen wurde; Abfertigung neu für die Zeit vom 1.3.2003 bis 31.12.2003 ohne Auszahlung.

Beispiel 3:

Beginn des Arbeitsverhältnisses:	2.2.1996
Übertrittsstichtag:	1.4.2003
Auflösung des Arbeitsverhältnisses durch einvernehmliche Lösung zum	30.6.2006

Abfertigung alt für die Zeit vom 2.2.1996 bis 31.3.2003 in der Höhe von drei Monatsentgelten (einvernehmliche Lösung nach über fünf Jahren); Abfertigung neu für die Zeit vom 1.4.2003 bis 30.6.2006 mit Auszahlungsanspruch.

Beispiel 4:

Beginn des Arbeitsverhältnisses:	2.2.1996
Übertrittsstichtag:	1.4.2003
Auflösung des Arbeitsverhältnisses durch Kündigung des AN zum	31.12.2006 wegen Antritt der Alterspension

Abfertigung alt für die Zeit vom 2.2.1996 bis 31.3.2003 in der Höhe von drei Monatsentgelten (Selbstkündigung wegen Pensionsantritt, wobei für die zehnjährige Mindestdienstzeit etwa nach § 23a Abs. 1 AngG die gesamte Dienstzeit nach § 47 Abs. 7 BMSVG zu berücksichtigen ist); Abfertigung neu für die Zeit vom 1.4.2003 bis 31.12.2006 mit Auszahlungsanspruch nach § 14 Abs. 4 Z 1 BMSVG.

Vollübertritt bzw. Übertragung der Anwartschaft aus dem alten Abfertigungsrecht (§ 47 Abs. 3 BMSVG)

Beim Vollübertritt werden die Anwartschaften aus dem alten Abfertigungsrecht in Form eines Übertragungsbetrages auf die BV-Kasse übertragen. Die Höhe des Übertragungsbetrages ist frei vereinbar. Das Gesetz sieht keine Untergrenze vor. Bedenklich im Hinblick auf die Sittenwidrigkeit der Vereinbarung wird jedoch die Unterschreitung der Hälfte der fiktiven Abfertigung aus dem alten Abfertigungsrecht sein. Abgesehen davon ist die vom Gesetz ermöglichte Kürzung schon im Hinblick darauf, dass es bei der Abfertigung neu keine anspruchsvernichtenden Tatbestände mehr gibt, als gerechtfertigt anzusehen.

Neben der Festlegung des Übertragungsbetrages wird ein Übertrittsstichtag in der schriftlichen Übertrittsvereinbarung festgelegt. Ab dem Übertrittsstichtag werden die Beiträge in die BV-Kasse einbezahlt.

Die Überweisung des vereinbarten Übertragungsbetrages an die BV-Kasse hat ab dem Zeitpunkt der Übertragung binnen längstens fünf Jahren zu erfolgen. Dabei ist jährlich 1/5 zuzüglich der Rechnungszinsen von 6 % des jährlichen Übertragungsbetrages an die BV-Kasse zu überweisen.

Falls der AG einen Vollübertritt mit einem deutlich gekürzten Übertragungsbetrag mit dem AN vereinbart und im Anschluss eine Kündigung ausspricht, um nur eine gekürzte Abfertigung in die BV-Kasse einzahlen zu müssen, so wird die Übertrittsvereinbarung als sittenwidrig anzusehen sein.

Ebenso wird eine sittenwidrige Übertrittsvereinbarung vorliegen, wenn ein Vollübertritt auf Grund eines Angebots des AN abgeschlossen wird und der AN anschließend kündigt. Im Zweifelsfall sollte sich der AG das Angebot des AN schriftlich vorlegen lassen.

Die AN-Seite strebt zur Abwehr bedenklicher Vorgangsweisen der AG die Vereinbarung kollektivvertraglicher Schutzfristen an. In einzelnen Branchen sind daher auch solche kollektivvertraglichen Bestimmungen zu beachten.

45.6.9 Bestehende, für den AN günstigere Abfertigungsregelungen (§ 48 Abs. 2 BMSVG)

Im Zeitpunkt des In-Kraft-Tretens des BMSVG bestehende kollektivvertragliche oder einzelvertragliche Regelungen, die Abfertigungsansprüche über dem gesetzlichen Ausmaß vorsehen, bleiben durch das BMSVG unberührt. Daher gelten derartige Regelungen für die Abfertigungsansprüche nach dem bisherigen Abfertigungsrecht weiterhin.

Für Arbeitsverhältnisse, die ab 1.1.2003 abgeschlossen werden und daher dem BMSVG unterliegen, gelten jedoch derartige Regelungen nur dann, wenn sie eine Besserstellung nach dem Ausmaß (Überhang, also z.B. ein zusätzliches Monatsentgelt zum gesetzlichen Anspruch) festlegen. Demnach treten für diese Arbeitsverhältnisse jene für die AN günstigeren Bestimmungen außer Kraft, die keine echten Ausmaßbesserstellungen enthalten (z.B. Anrechnung der Karenzzeit nach dem MSchG bzw. VKG für die abfertigungsrelevante Dienstzeit). Dieses Außer-Kraft-Treten gilt auch für Arbeitsverhältnisse mit einer rechtswirksamen Übertrittsvereinbarung (ab dem Zeitpunkt des Übertritts und soweit sie keinen echten Abfertigungsüberhang vorsehen).

AN, deren Arbeitsverhältnis bereits dem BMSVG unterliegt, behalten somit eine Besserstellung durch eine direkte Erhöhung des Abfertigungsausmaßes.

Falls bei einer Übertrittsvereinbarung der das gesetzliche Ausmaß übersteigende Anspruch ausdrücklich berücksichtigt wird (etwa durch Festlegung eines Übertragungsbetrages hierfür), tritt die Überhangsregelung außer Kraft. Bei Beendigung von Arbeitsverhältnissen, in denen eine Übertrittsvereinbarung abgeschlossen wurde, gebührt ein solcher Überhang nur in jenem Anteil, der über das zum Übertrittszeitpunkt zu berücksichtigende Ausmaß hinausgeht.

In der Praxis wird daher der AG den kollektivvertraglichen oder einzelvertraglichen (der auch auf betriebliche Übung beruhen kann) Überhang dem anspruchsberechtigten AN direkt auszahlen müssen. Der AN könnte daher neben der Zahlung der BV-Kasse eine Zahlung des AG (Auszahlung des Überhanges) erhalten. In den Fällen einer Übertrittsvereinbarung und des Bestehens eines einzel- oder kollektivvertraglichen Abfertigungsüberhanges wird es ratsam sein, eine ausdrückliche Regelung zum Überhang zu treffen. Bei Bestehen einzelvertraglicher Besserstellungen (durch Übung oder ausdrückliche Regelung) können diese etwa für ab 1.1.2003 neu aufgenommene AN ausgeschlossen werden. Dies müsste durch ausdrückliche Festlegung in arbeitsvertraglichen Vereinbarungen erfolgen, da die Rechtsprechung auch bei neu abgeschlossenen Arbeitsverträgen eine diesbezügliche Regelung („erhöhte Ausdrücklichkeit" – OGH 8 Ob A 2162/96 s; siehe 14.15.2) verlangt.

> **Muster für den Ausschluss eines einzelvertraglichen Abfertigungsüberhanges**
>
> Für AN unseres Betriebes wurde bisher folgende Besserstellung zur gesetzlichen Abfertigungsregelung vorgesehen: ………………………
> Für ab 1.1.2003 neu abgeschlossene Arbeitsverhältnisse kann diese Besserstellung nicht mehr gewährt werden. Es wird daher bezüglich des Abfertigungsanspruches ausdrücklich vereinbart, dass nur die Regelungen des BMSVG anzuwenden sind.

45.6.10 Rechtsstreit um die Abfertigung (§ 50 Abs. 1 Z 7 ASGG)

Auf der Grundlage des alten Abfertigungsrechts kommt es nach wie vor zu Rechtsstreitigkeiten zwischen dem AG und dem AN wegen der Frage des Abfertigungsanspruchs.

Einige dieser Rechtsstreitigkeiten beruhen darauf, dass AN, die eine Anwartschaft auf eine Abfertigung alt haben, die von ihnen gewünschte Auflösung des Arbeitsverhältnisses nicht vornehmen, weil sie den Entfall der Abfertigung durch Selbstkündigung vermeiden wollen. Stattdessen versucht der jeweilige AN, der das Arbeitsverhältnis auflösen will, den AG zur Beendigung des Arbeitsverhältnisses in einer abfertigungsunschädlichen Form zu bewegen. Ein Angebot des AN an den AG auf Abschluss einer einvernehmlichen Lösung wäre zu diesem Zweck ein zulässiger Weg. In etlichen anderen Fällen versuchen jedoch auflösungswillige AN den AG zu einer Kündigung zu bewegen, um auf diese Weise einen Abfertigungsanspruch zu erreichen. Dies kann etwa durch langsames Arbeiten, wiederholte lange Krankenstände etc. geschehen. Dabei wird darauf geachtet, dass kein Entlassungsgrund entsteht, weil im Fall der gerechtfertigten Entlassung durch den AG der Abfertigungsanspruch entfallen würde. In einigen dieser Fälle reagieren die solchermaßen provozierten AG mit einer Entlassungserklärung, die zu einer Klage des AN gegen den AG auf Auszahlung der Abfertigung führt.

AN, deren Arbeitsverhältnisse dem BMSVG unterliegen, können bei Verweigerung der Auszahlung einer Abfertigung lediglich die zuständige BV-Kasse klagen. Ein derartiger Rechtsstreit ist nach § 50 Abs. 1 Z 7 ASGG eine Arbeitsrechtssache, auf die das ASGG anzuwenden ist. Die Höhe der eingeklagten Abfertigung neu wird auf Basis der letzten Kontonachricht zu ermitteln sein bzw. räumen die BV-Kassen dem berechtigten AN einen laufenden Zugang zu seinem Abfertigungskonto über das Internet ein.

45.6.11 Steuerrechtliche Regelungen

Die wichtigsten abgabenrechtlichen Regelungen zur Abfertigung neu sehen Folgendes vor:

- Beiträge (sowie auch Übertragungsbeträge bei Vollübertritt) sind vom AG als Betriebsausgaben absetzbar;
- Beiträge, die 1,53 % der gesetzlichen Bemessungsgrundlage nicht übersteigen (zur Erhöhung von Beiträgen – siehe 45.6.3), sind frei von Lohnnebenkosten (insbesondere keine Sozialversicherungsbeiträge);
- die Beiträge führen auch beim AN keine Lohnsteuerpflicht herbei (ebenso Übertragungen an eine BV-Kasse), sind also kein abgabenpflichtiger Vorteil aus dem Arbeitsverhältnis;
- die ausgezahlte Abfertigung unterliegt weiterhin dem festen Lohnsteuersatz von 6 % (hiervon sind Abfertigungen, die in Rentenform zwecks Altersvorsorge regelmäßig ausbezahlt werden, ausgenommen, weil eine gänzliche Steuerfreiheit vorgesehen ist).

45.6.12 Hinweise für die betriebliche Praxis

Werden von einem AG erstmals AN beschäftigt, so ist bezüglich Abfertigung neu Folgendes zu beachten:

Es ist zunächst eine konzessionierte BV-Kasse auszuwählen (siehe 45.6.5). Dabei sind die Grundsätze des Auswahlverfahrens zu beachten (siehe 45.6.5). Sollten die AN die vom AG vorgeschlagene BV-Kasse ablehnen, so ist eine langwierige Auseinandersetzung mit den AN nicht lohnend, da der AG stets (unabhängig von der gewählten BV-Kasse) 1,53 % vom Bruttoentgelt der AN abzuführen hat. Die bestehenden Unterschiede zwischen den BV-Kassen, wie etwa verschiedene Grundsätze der Veranlagungspolitik oder die Höhe der Verwaltungskosten, Barauslagen etc., treffen ausschließlich die AN. Zu den bisherigen Erfahrungen ist festzuhalten, dass in diesem Bereich kaum Konflikte auftreten.

Im Arbeitsvertrag ist ein Hinweis auf die ausgewählte BV-Kasse vorzunehmen (siehe 13.).

Übertrittsvereinbarungen mit AN in der Abfertigung alt (siehe 45.6.8) werden unter anderem dann überlegenswert sein, wenn der Betrieb durch das System Abfertigung alt wiederholt erheblich belastet wurde und daher insbesondere ein gänzlicher Ausstieg aus der Abfertigung alt durch Vollübertritte mit reduziertem Übertragungsbetrag lukrativ sein könnte.

Kapitel IV

Muster zur Abfertigung Neu

> *Information für alle AN über die Auswahl einer BV-Kasse*
>
> *Nach dem BMSVG hat der AG für alle AN, deren Arbeitsverhältnis ab 1.1.2003 beginnt (oder die eine Übertrittsvereinbarung abschließen), einen monatlichen Beitrag in der Höhe von 1,53 % des Bruttoentgelts an die für diese AN zuständige GKK zur Weiterleitung an eine BV-Kasse zu überweisen.*
>
> *Die Geschäftsleitung informiert Sie daher, dass vorgesehen ist, die zuvor beschriebenen Beiträge an die*
>
> *............................ (Bezeichnung und Adresse der BV-Kasse)*
>
> *weiterleiten zu lassen.*
>
> *Falls binnen zwei Wochen ab Erteilung dieser Information gegen diese beabsichtigte Auswahl nicht mindestens 1/3 der AN schriftlich Einwände erhebt, gilt die zuvor bezeichnete BV-Kasse als rechtswirksam ausgewählt*
>
> *................, am ....*
>
> *AG*

45.6.13 Informationsmöglichkeiten zur Abfertigung „Neu"

Internet: http://wko.at/vorsorgekassen

http://buak.at

http://www.sozialversicherung.at
(Informationen zum Versicherungs-, Melde- und Beitragsbereich)

45.6.14 Liste der BV-Kassen

BAWAG Allianz Vorsorgekasse AG
Tel.: 01/878 07-88750
Internet: www.bawag-allianz-vk.at

APK-Vorsorgekasse AG
Tel.: 01/502 75 50
Internet: www.apk-vk.at

BONUS Vorsorgekassen AG
Tel.: 01/994 99 74-0
Internet: www.bonusvorsorge.at

BUAK Betriebliche Vorsorgekasse GesmbH
Tel.: 057/95 79-3000
Internet: www.buak-vk.at

Niederösterreichische Vorsorgekasse AG
Tel.: 02742/905 55-7100
Internet: www.noevk.at

Valida Plus AG
Tel.: 08/10 53 00 99
Internet: www.valida.at

Siemens Mitarbeitervorsorgekasse AG
Tel.: 05/17 07-34245
Internet: www.siemens.at/mvk

VBV-Vorsorgekasse AG
Tel.: 01/217 01-8500
Internet: www.vbv.co.at

VICTORIA VOLKSBANKEN Vorsorgekasse AG
Tel.: 01/313 41-0
Internet: www.vvmvk.at, www.bav.victoria.at

46. Verzicht und Vergleich

Grundsätzlich ist ein vom AN bei aufrechtem Bestand eines Arbeitsverhältnisses erklärter Verzicht auf bereits erworbene Ansprüche nach der herrschenden Rechtsprechung unwirksam (siehe dazu 41.2), weil die Rechtsprechung davon ausgeht, dass der AN während des Bestandes seines Arbeitsverhältnisses den Verlust seines Arbeitsplatzes befürchten muss und daher unter einem „wirtschaftlichen Druck" steht (weitere Details siehe *Rauch*, Vergleich und Verzicht bei arbeitsrechtlichen Ansprüchen, ASoK 10/06, 369 ff.). Nur Verzichtserklärungen, die nach Beendigung eines Arbeitsverhältnisses abgegeben werden, können rechtswirksam sein. Es ist allerdings empfehlenswert, den ehemaligen AN über die Bedeutung dieser Erklärung in die Richtung hin aufzuklären, dass es dadurch zu einer endgültigen Bereinigung aller (gegenseitigen) Forderungen aus dem Arbeitsverhältnis kommt, um einen wirksamen Verzichtswillen dokumentiert zu erhalten. Verzichtet der AN auf Rechtsansprüche und ist ein objektiver Grund (wie etwa der Vergleich strittiger Ansprüche) hierfür nicht erkennbar, so wird von einem rechtsunwirksamen Verzicht auszugehen sein. Eine nicht näher erörterte **„Lohnbefriedigungserklärung"** sieht die Rechtsprechung jedenfalls nicht als rechtswirksam an (OGH 9 Ob A 206/89 = ARD 4189/22/90, OLG Wien 9 Ra 139/07 p = ARD 5915/2/2008).

Falls daher der AN auf einer Ausfertigung seiner Endabrechnung unterfertigt, dass er auf alle weiteren Ansprüche verzichte, so wird dies in der Regel nicht rechtswirksam sein. Um aus einer „Lohnbefriedigungserklärung" einen Verzicht des AN ableiten zu können, bedarf es besonderer Umstände, die bei sorgfältiger Prüfung aller Details des Falles keinen Grund daran zu zweifeln offen lassen, dass der AN damit auf einzelne oder alle Ansprüche aus dem Arbeitsverhältnis verzichten wollte (OGH 4 Ob 15/82). Derartige besondere Umstände könnten etwa die Streitbereinigung im Wege eines Vergleichs sein.

Unterfertigt der AN eine Verzichtserklärung, bevor er die Endabrechnung erhalten hat, so ist die Verzichtserklärung rechtsunwirksam, weil der AN die Endabrechnung nicht prüfen konnte (OGH 29.3.2016, 8 Ob A 11/16 z).

Bisweilen ist es zur Vermeidung einer arbeitsgerichtlichen Auseinandersetzung, insbesondere wenn dies im beiderseitigen Interesse der (ehemaligen) Vertragspartner liegt, zweckmäßig, strittige oder zweifelhafte Sachverhalte durch beiderseitiges Einlenken mit streitbereinigender Wirkung einvernehmlich zu klären. Eine aus Anlass der Beendigung des Arbeitsverhältnisses getroffene abschließende Regelung ist als Vergleich anzusehen, weil eine solche Vereinbarung im Regelfall auch zumindest noch ungewisse Rechte umfasst. Der (ehemalige) AN kann auch über an sich unverzichtbare Ansprüche rechtswirksam einen Vergleich mit dem AG abschließen (OGH 9 Ob A 2035/96 x, 9 Ob A 2038/96 p = ARD 4770/8/96; OGH 9 Ob A 16/00 v), wobei es zur Prüfung der Wirksamkeit des Vergleiches im Sinne des Günstigkeitsprinzips nicht darauf ankommt, die vertragliche Regelung mit der gesetzlichen zu vergleichen. Es geht vielmehr darum, ob die Einbuße bestimmter Rechtsstellungen durch andere Vorteile, vor allem auch durch die Klärung einer ungeklärten Sach- und Rechtslage, aufgewogen wird und daher nicht davon ausgegangen werden kann, dass der AN übervorteilt wurde (OGH 9 Ob A 142/99 v = ARD 5080/26/99). Unter diesen Voraussetzungen kann auch bei einem aufrechten Arbeitsverhältnis über an sich unverzichtbare Ansprüche ein rechtswirksamer Vergleich abgeschlossen werden (z.B. OGH 23.2.2010, 8 Ob A 7/10 b).

Ein Vergleich kann wegen eines **Irrtums** bezüglich der von beiden Parteien als feststehend angenommenen Vergleichsgrundlage angefochten werden (Arb 9.209; OGH 9 Ob A 306/98 k = ARD 5028/19/99; 9 Ob A 137/00 p, 8 Ob A 88/01 a). Bei Nichterfüllung des Vergleichs kann die Gegenseite den Rücktritt erklären (OGH 8 Ob A 151/99 k).

Arglist beim Vergleich ist bereits gegeben, wenn ein Teil über entscheidende Tatsachen Gewissheit hat und dies dem anderen verheimlicht oder seine Aufklärungspflicht verletzt (OGH 9 Ob A 221/99 m).

Widerruf

Bei einem Vergleich kann auch vereinbart werden, dass ein **Widerruf** des Vergleichs bis zu einem bestimmten Zeitpunkt bzw. innerhalb einer bestimmten Frist durch eine Partei oder beide Parteien erfolgen kann. Die Postaufgabe eines Widerrufs am letzten Tag der Frist genügt nicht für die Wahrung der Frist (soferne dies nicht bereits aus der Formulierung der Widerrufsklausel hervorgeht). Der Widerruf müsste daher dem Gericht oder der Gegenseite innerhalb der Frist zugehen (OGH

9 Ob A 23/96 = ARD 4913/33/98 = Arb 11.494). Eine fehlende Unterschrift auf dem rechtzeitig eingebrachten Widerruf kann auch nach Ablauf der Widerrufsfrist nachgetragen werden (OGH 6 Ob 157/07 i). Daher ist auch ein rechtzeitiger Widerruf per Telefax fristwahrend, wenn der Originalschriftsatz erst nach Ablauf der Widerrufsfrist bei Gericht einlangt (OGH 1 Ob 178/02 m).

Bereinigungswirkung

Grundsätzlich ist von einer umfassenden Bereinigungswirkung eines Vergleichs auszugehen. Dies gilt auch dann, wenn in den Vergleich keine derartige Regelung („Generalklausel") aufgenommen wurde (OGH 9 Ob A 138/02 p, OLG Wien 7 Ra 37/05 w = ARD 5611/8/2005). Davon sind etwa auch steuerliche Nachteile, aber auch Vorteile aus einer geänderten Besteuerung erfasst (OGH 8 Ob A 66/03 v). Die Bereinigungswirkung eines Vergleichs umfasst auch den Anspruch auf Ausstellung eines Dienstzeugnisses (OGH 9 Ob A 10/05 v = ecolex 2005, 857) sowie all jene Ansprüche, an welche die Parteien im Zeitpunkt des Vergleichsabschlusses zwar nicht gedacht haben, an die sie aber hätten denken können (OGH 9 Ob A 34/05 y; 11.5.2010, 9 Ob A 33/10 h). Zur Vermeidung von Unklarheiten sollte jedoch eine Generalklausel in den Vergleich aufgenommen werden (z.B. „Mit diesem Vergleich sind sämtliche wechselseitigen Ansprüche bereinigt und verglichen").

Nicht erfasst von der Bereinigungswirkung eines Vergleichs sind aber Ansprüche aus einer Firmenpension, wenn diese erst nach dem Vergleichsanspruch entstehen (OGH 29.1.2013, 9 Ob A 92/12 p).

Der AG sollte jedoch dabei bedenken, dass von der Bereinigungswirkung auch Ansprüche erfasst sind, die er gegen den AN hat. Wird etwa eine einvernehmliche Auflösung mit einer Generalklausel abgeschlossen, wonach alle wechselseitigen Ansprüche bereinigt sind, so ist dies als Vergleich anzusehen, der alle Ansprüche betrifft, an die die Vertragsteile denken konnten. Dies betrifft auch die Rückzahlung eines vom AG gewährten Gehaltsvorschusses. Da dieser im konkreten Fall im Vergleich von der Bereinigungswirkung nicht ausgenommen, sondern gar nicht erwähnt wurde, war der AG nicht berechtigt den Gehaltsvorschuss von der Endabrechnung abzuziehen (OLG Wien 10 Ra 118/08 h = ARD 5938/5/2009). Ebenso betrifft dies Ansprüche des AG aus einer Konkurrenzklausel (OGH 26.4.2011, 8 Ob A 93/10 z).

Widmung der Vergleichssumme

Verpflichtet sich der AG im Rahmen eines Vergleichs zur Zahlung einer freiwilligen Abgangsentschädigung, obwohl im Verfahren andere Ansprüche (wie z.B. Überstundenentgelt) eingeklagt wurden, so ist die Widmung der Vergleichssumme als Falschbezeichnung rechtlich unerheblich und führt die Beitragspflicht der Vergleichssumme zu einer Verlängerung der Pflichtversicherung (VwGH 2000/08/

0045 = ARD 5417/11/2003, VwGH 2006/08/0229 = ARD 5996/2/2009). Wird hingegen einem BR-Mitglied im Rahmen eines gerichtlichen Vergleichs als Gegenleistung für die sofortige Auflösung des Arbeitsverhältnisses eine freiwillige Abfertigung zugesichert, so stellt dies eine beitragsfreie Abgangsentschädigung dar (§ 49 Abs. 3 Z 7 ASVG – VwGH 16.11.2005, 2005/08/0048). Ebenso ist eine freiwillige Abfertigung beitragsfrei, wenn die Zahlung aufgrund eines gerichtlichen Vergleichs erfolgt, damit der AN von der Fortsetzung eines Kündigungsanfechtungsverfahrens absieht (VwGH 2006/08/0274 = ARD 6011/10/2009). Es ist daher auch nicht von einer Verlängerung der Pflichtversicherung auszugehen (VwGH 11.12.2013, 2013/08/0167).

Werden neben einer Abfertigung alt andere Beträge gefordert und ist der verglichene Betrag geringer wie die Abfertigung alt, so kann die gesamte Vergleichssumme als „Abfertigung alt" gewidmet werden (VwGH 27.1.2016, 2013/13/0001).

Lohnsteuer

Bei der Berechnung der Lohnsteuer vom verglichenen Betrag ist § 67 Abs. 8 EStG zu beachten.

Verjährung

Verjährungsfristen werden durch Vergleichsverhandlungen gehemmt (OGH 26.2.2015, 8 Ob A 8/15 g).

Weitere Details siehe *Rauch*, Vergleich und Verzicht bei arbeitsrechtlichen Ansprüchen, ASoK 2006, 369 ff.

Einschlägige Judikatur

- *„Lohnbefriedigungserklärungen" sind in der Regel nur Wissenserklärungen und begründen keinen rechtswirksamen Verzicht. Ein AN kann während des aufrechten Arbeitsverhältnisses auch durch die nur Überstunden erwähnende Erklärung, entgeltbefriedigt zu sein, nicht wirksam auf unabdingbare Ansprüche nach § 9 Abs. 5 ARG verzichten (OGH 9 Ob A 206/89 = ARD 4189/22/90).*

- *Das Erstgericht wird im fortzusetzenden Verfahren zu klären haben, ob der klagende AN tatsächlich wegen der geltend gemachten Verfehlungen entlassen wurde und ob er daraufhin das vom beklagten AG behauptete Angebot auf Umwandlung der Entlassung in eine einvernehmliche Auflösung des Arbeitsverhältnisses unter Verzicht auf Abfertigung gemacht hat. Kam es daraufhin zu einer Bereinigung strittiger oder zweifelhafter Tatumstände durch beiderseitiges Nachgeben im Rahmen eines Vergleiches, ist es entgegen der Ansicht des Berufungsgerichtes unerheblich, ob die vorzeitige Entlassung zu Recht ausgesprochen worden ist; diese Frage ist auf Grund der Bereinigungswirkung des Vergleichs nicht mehr zu prüfen (OGH 9 Ob A 315/90).*

- *Die widerspruchslose Entgegennahme und Unterfertigung eines Übernahmescheins kann angesichts seiner verkehrsüblichen Funktion nicht als Einverständnis des Übernehmers mit dessen über die Empfangsbestätigung hinausgehenden Inhalt gedeutet werden (OGH 9 Ob A 81/04h = ecolex 2005, 60 f.).*

- *Wird ein verglichener Betrag nicht als Nettobetrag bezeichnet, so hat der AN zu beweisen, dass eine Nettovereinbarung abgeschlossen wurde (OLG Innsbruck 13 Ra 54/04 w = ARD 5580/5/2005).*

47. Verfall

Zur arbeitsvertraglichen Vereinbarung einer Verfallsfrist siehe 14.7.

Es kommt immer wieder vor, dass im aufrechten Arbeitsverhältnis stehende sowie auch aus dem Arbeitsverhältnis ausgeschiedene AN Ansprüche aus dem Arbeitsverhältnis verspätet geltend machen. Wenn nun der (ehemalige) AG die häufig in KV (und manchmal in Arbeitsverträgen; siehe 14.7) anzutreffenden Verfallsbestimmungen unberücksichtigt lässt, leistet er eine Zahlung, zu der er nicht verpflichtet gewesen wäre (zum Verfall des Überstundenentgelts siehe 14.9.5). Es empfiehlt sich daher, den anzuwendenden KV und den Arbeitsvertrag zu Rate zu ziehen, ob dort derartige Verfallsbestimmungen zu finden sind und wenn ja, sich auf diese bei entsprechender Ausgangslage zu berufen. Im arbeitsgerichtlichen Verfahren sind kollektivvertragliche Verfallsfristen nur auf entsprechende Einwendung der Parteien zu beachten. Das Gericht prüft daher nicht von sich aus, ob ein Anspruch verspätet geltend gemacht wurde (OGH 9 Ob A 195/89, 9 Ob A 180/90) – dies gilt ebenso für die gesetzliche Verjährungsfrist – OGH 8 Ob A 106/03a.

Soweit kollektiv- oder einzelvertragliche Verfallsbestimmungen nicht zur Anwendung kommen und arbeitsrechtliche Gesetze keine Verfallsfristen vorsehen, beträgt nach § 1486 Z 5 ABGB die Verjährungsfrist für Forderungen des AN auf Entgelt und Auslagenersatz sowie für Rückforderungen des AG von Vorschüssen drei Jahre. Dies gilt auch für die **Verjährung** zwingender Ansprüche wie beispielsweise der Abfertigung oder der Ersatzleistung (Arb 8.255, OGH 8 Ob A 279/95, 8 Ob A 5/05 a = ARD 5603/6/2005). Die allgemeine Verjährungsfrist von 30 Jahren (§§ 1478 f ABGB) kommt im Arbeitsrecht nur ausnahmsweise zur Anwendung (z.B. für den Anspruch auf Ausstellung eines Dienstzeugnisses). Der § 1486 Z 5 ABGB ist jedoch insofern nachgiebig, als eine im KV oder in einem Arbeitsvertrag vereinbarte Verfallsklausel nicht gegen eine zwingende gesetzliche Bestimmung verstößt (Arb 10.578; OGH 9 Ob A 180/90), Verfallsklauseln können daher sowohl rechtswirksam im KV wie auch (mangels entgegenstehender kollektivvertraglicher Regelungen) im Arbeitsvertrag (z.B. OGH 24.4.2012, 8 Ob A 86/11 x, 26.2.2014, 9 Ob A 1/14 h) vereinbart werden (siehe14.7).

Der Lauf der gesetzlichen Verjährungsfrist beginnt, wenn der Geltendmachung des Anspruchs kein rechtliches Hindernis entgegensteht und damit die objektive Möglichkeit zu klagen gegeben ist (§ 1478 Satz 2 ABGB – OGH 8 Ob A 105/03 d, 9 Ob A 102/03 w). Vor Verwirklichung des anspruchsbegründenden Sachverhalts und Eintritt der Fälligkeit kann eine Verjährungsfrist jedenfalls nicht in Gang gesetzt werden (OGH 22.11.2011, 8 Ob A 76/11 a). Ein Anerkenntnis des AG (wenn auch nur deklarativ) führt aber zur Unterbrechung der Verjährungsfrist (OGH

9 Ob A 114/03 k). Der Lauf einzelvertraglicher oder kollektivvertraglicher Verfallsfristen kann durch mündliche oder schriftliche Geltendmachung (je nach Textierung der Verfallsklausel) gehemmt werden. Die Geltendmachung ist ein für den Erklärungsempfänger zumindest erkennbares ernstliches Fordern einer Leistung (i.S. einer wenigstens aus den Umständen zu erschließenden Willenserklärung). Die Möglichkeit für den AG, Arbeitszeitaufzeichnungen einzusehen, ist keine Geltendmachung (OGH 29.1.2014, 9 Ob A 166/13 x – siehe auch Abschnitt „Verfall von Überstundenentgelt" im Folgenden). Auch der Anschluss als Privatbeteiligter in einem Strafverfahren (§ 67 Abs. 2 StPO) ist keine Geltendmachung (OGH 28.10.2016, 9 Ob A 103/16 m). Legt sich der AN auf einen exakten Betrag fest, so kann sich der AG auf die angesprochene Höhe des Anspruchs einstellen, so dass eine Erhöhung der Forderung nach Ablauf der Verfallsfrist mit dem Einwand des Verfalls entgegengetreten werden kann (OGH 9 Ob A 63/05 p).

Nimmt der AG falscherweise an, dass kein Arbeitsverhältnis, sondern ein Werkvertrag vorliegt, so steht dies dem Verfallseinwand nicht entgegen, weil der AN die rechtliche Einschätzung selbständig vornehmen kann (OGH 25.10.2011, 9 Ob A 114/11 x, 17.12.2012, 9 Ob A 100/12 i). Dies gilt auch bei der unzutreffenden Annahme eines freien Arbeitsvertrages – siehe 17.3.

Bei **Überlassung von Arbeitskräften** im Sinne des AÜG wäre eine einzelvertragliche Verkürzung von Verfalls- oder Verjährungsbestimmungen generell unwirksam (§ 11 Abs. 2 Z 5 AÜG).

Die KV-Parteien können nur für einen Arbeitsvertrag typische Ansprüche regeln; daher können Verfallsklauseln auch nur solche Ansprüche erfassen. Auch bei einer sehr weiten Formulierung einer Verfallsklausel in einem KV können daher von der Verfallsklausel nur solche Ansprüche erfasst werden, die für ein Arbeitsverhältnis typisch sind. Nach Auffassung der Rechtsprechung sind daher auch von generellen Verfallsklauseln folgende Ansprüche nicht erfasst:

- **Rückgabeansprüche** (insbesondere bei zu viel ausgezahltem Arbeitsentgelt, etwa auch wegen eines zu geringen Lohnsteuerabzugs – OGH 20.10.1981, 4 Ob 108/81, 7.11.2002, 8 Ob A 176/02 v, 19.12.2013, 9 Ob A 151/13 s),
- **AN-Beiträge zur Betriebspension** (OGH 8 Ob A 352/98 z = ARD 5049/9/99),
- **Forderungen des AG für Materialbezug und Maschinenbenützung** (OGH 4 Ob 108/81, 9 Ob A 157/97 x, 9 Ob A 352/98 z),
- **Darlehensforderungen** (OGH 9 Ob A 162/99 k, OLG Linz 30.8.2012, 11 Ra 63/12 g, ARD 6277/4/2012) und
- **Ersatz der Detektivkosten** (OGH 9 Ob A 31/08 m).

Eine Verfallsklausel kann auch zwingende sowie gesetzliche Ansprüche (z.B. Abfertigung und Ersatzleistung) erfassen. Ausschlaggebend ist die Formulierung der Verfallsbestimmung (OGH 8 Ob A 279/95, 9 Ob A 215/01 k, 9 Ob A 10/07 x –

die gegenteilige Auffassung in OGH 9 Ob A 813/04 a kann damit als hinfällig angesehen werden).

Falls der AG gegen einen AN einen Anspruch auf Schadenersatz erheben will, so ist zu beachten, dass dieser Anspruch dem kollektivvertraglichen Verfall (sofern sich die Verfallsklausel nicht auf konkrete Ansprüche beschränkt und den Schadenersatz nicht erwähnt) unterliegt, wenn der **Schadenersatzanspruch** mit dem Arbeitsverhältnis in einem typischen Zusammenhang steht (OGH 9 Ob A 70/91, 9 Ob A 84/91, 9 Ob A 163/97 d). Bei einem Verstoß gegen die Fürsorgepflicht des AG (z.B. falsche Information zu den Anspruchsgrundlagen) läuft die Verjährungsfrist erst ab Kenntnis des Schadens (OGH 29.10.2009, 9 Ob A 20/09 v).

Erfasst eine Verfallsregel „Ansprüche des Dienstnehmers", so sind damit alle Verdienstansprüche, also auch Tages- und Nächtigungsgelder, gemeint (OGH 9 Ob A 85/06 z = ARD 5723/8/2006 – zum KV Güterbeförderungswege, OGH 9 Ob A 86/08 z – zum Schadenersatz wegen Mobbing).

Scheint ein Entgeltanspruch in der Lohnabrechnung des AG auf und wird der Betrag nicht überwiesen, so bedarf es keiner außergerichtlichen Geltendmachung dieses Anspruchs um einen Verfall zu verhindern, weil der Anspruch nicht strittig ist (OGH 8 Ob A 34/07 v = ARD 5814/7/2007). Verfallsfristen dienen der raschen Klärung strittiger Ansprüche. Wurde der Anspruch zugestanden, so tritt der Verfall nicht ein (OGH 8 Ob A 34/07 v). Erhält der KV eine Verfallsbestimmung zu „Gehaltsansprüchen", so wird auch das Entgelt für Rufbereitschaft von der kollektivvertraglichen Verfallsklausel erfasst (OLG Wien 9 Ra 116/08 g = ARD 5937/3/2009).

Zur Einschränkung der Anwendbarkeit von Verfallsbestimmungen ab 1.1.2008 bei fehlenden Arbeitszeitaufzeichnungen siehe 30.10.

Sittenwidrigkeit von Verfallsbestimmungen

Zu kurze Verfallsfristen werden von der Rechtsprechung als sittenwidrig angesehen. Eine Verfallsfrist ist dann sittenwidrig kurz, wenn durch die unangemessene Kürze der Ausschlussfrist die Geltendmachung von Ansprüchen ohne sachlichen Grund übermäßig erschwert wird. Eine Verfallsfrist von drei Monaten wird jedoch als ausreichend angesehen, um alle zur Geltendmachung der Ansprüche zweckdienlichen Schritte zu überlegen und fehlende Unterlagen zu beschaffen. Eine Verfallsfrist von drei Monaten ist daher nicht sittenwidrig (OGH 9 Ob A 9/94, 9 Ob A 166/00 b, 24.11.2010, 9 Ob A 19/10 z), wohl aber eine Ausschlussfrist von sechs Wochen (OGH 9 Ob A 210/211/92 = ARD 4438/19/93, OGH 9 Ob A 59/02 a, 8 Ob A 42/03 i = ecolex 2004, 388). Die sechswöchige Frist ist jedoch bezüglich der Ausstellung eines Dienstzeugnisses zulässig, da der AN weder Rechtsauskünfte einholen noch Unterlagen beschaffen muss (OGH 9 Ob A 159/02 a = ARD 5396/1/2003).

Sittenwidrigkeit der Verjährungseinrede

Die Verjährungseinrede verstößt nach der Rechtsprechung dann gegen Treu und Glauben, wenn die Fristversäumnis des Gläubigers auf ein Verhalten seines Gegners zurückzuführen ist. Dazu zählt nicht nur ein aktives Vorgehen des Schuldners dahin, dass er den Gläubiger geradezu davon abhält, der Verjährung durch Einklagung vorzubeugen. Vielmehr verstößt auch ein Verhalten des Schuldners gegen die guten Sitten, auf Grund dessen der Gläubiger nach objektiven Maßstäben der Auffassung sein konnte, sein Anspruch werde ohne Rechtsstreit befriedigt (OGH 25.11.2016, 8 Ob A 71/16 y).

Ordnungsgemäße Lohnabrechnung

Eine Verfallsfrist ist nur dann anwendbar, wenn der AG eine ordnungsgemäße Lohnabrechnung führt und dem AN monatlich Lohnabrechnungen übermittelt, sodass dieser einen entsprechenden Überblick zu den ausgezahlten Nettobeträgen hat (bzw. diese entsprechenden Bruttobeträgen zuordnen kann – OGH 8 Ob A 227/00 s, 9 Ob A 92/01 x, 9 Ob A 111/06 y, 15.12.2015, 8 Ob A 85/15 f). Eine ordnungsgemäße Lohnabrechnung liegt vor, wenn aus ihr der Auszahlungsbetrag und dessen Zweckwidmung sowie die Abzüge so einwandfrei erkennbar sind, dass dem AN darüber Klarheit verschafft wird, welche Leistungen der AG berücksichtigt hat (OGH 9 Ob A 215/01 k, 9 Ob A 4/03 h – zu § 78 Abs. 5 EStG siehe 31.1).

Verletzung der Kundmachungspflicht

Die Verletzung der Verpflichtung des § 15 ArbVG, den KV im Betrieb aufzulegen und in einer Kundmachung darauf hinzuweisen, führt jedoch nicht zur Unanwendbarkeit einer Verfallsbestimmung (OGH 14 Ob 167/168/86 = Sozialpolitik und Arbeitsrecht, 6/87, 1714). Abgesehen davon besteht kein allgemeiner Grundsatz, dass immer dann, wenn ein Vertragspartner eines Arbeitsvertrages seine ihm nach dem KV obliegenden Verpflichtungen verletzt, er die Nichtanwendbarkeit ihn begünstigender Regelungen des KV zu tragen hätte (OGH 9 Ob A 27/96 = ARD 4831/ 31/96, OGH 9 Ob A 86/08 z). Der AG kann sich nur dann nicht auf den Verfall berufen, wenn er die Geltendmachung der Ansprüche treuwidrig erschwert oder verhindert (OGH 9 Ob A 300/01 k) oder anerkannt hat (OGH 9 Ob A 114/03k).

Weiters hat der OGH die Auffassung vertreten, dass bei einem behaupteten ausständigen Entgelt für einzelne Arbeitstage diese Arbeitstage innerhalb der Verfallsfrist zu benennen sind, widrigenfalls die Verfallsfrist nicht gehemmt wird (OGH 9 Ob A 130/06 t).

Verfall bei fehlenden Arbeitszeitaufzeichnungen

Falls Arbeitszeitaufzeichnungen fehlen und die Feststellung der tatsächlich geleisteten Arbeitszeit unmöglich oder unzumutbar ist, werden Verfallsfristen gehemmt (§ 26 Abs. 8 AZG). Stellt das Gericht fest, dass Mehrarbeit geleistet, aber nicht abgegolten wurde, und kann ihr Ausmaß mangels Aufzeichnungen nur nach § 273 Abs. 1 ZPO geschätzt werden, so können kollektivvertragliche oder einzelvertragliche Verfallsregelungen nicht zur Anwendung kommen. Die Bestimmung ist nur auf solche Verfallsfristen anzuwenden, die ab 1.1.2008 zu laufen beginnen würden (§ 33 AZG).

Konkretisierungsgebot

Für die rechtzeitige Geltendmachung genügt es nicht, „alle noch offenen Ansprüche" aus dem Arbeitsverhältnis innerhalb der Verfallsfrist zu begehren. Innerhalb der Verfallsfrist müssen die Ansprüche so weit konkretisiert werden, dass der AG erkennen kann, welche Ansprüche gemeint sind (OGH 4 Ob 117/80; OLG Linz 11 Ra 31/96 z = ZAS, Jud 3/97, OGH 9 Ob A 166/00b, 9 Ob A 153/03w). Das Konkretisierungsgebot wird allerdings nicht sehr eng ausgelegt, so wäre etwa der Verweis auf „offene Umsatzprozente" bereits als ausreichend konkret anzusehen (OGH 9 Ob A 106/ 98 y = ARD 4962/18/98).

Die Geltendmachung der „Entgeltfortzahlung infolge Krankheit in halber Höhe" für einen bestimmten Zeitraum kann nicht als Geltendmachung eines Entgeltfortzahlungsanspruchs in voller Höhe wegen eines Arbeitsunfalls für denselben Zeitraum angesehen werden (OGH 24.4.2013, 9 Ob A 34/13 k).

Verfall von Überstundenentgelt

Zur Nachforderung von Überstundenentgelt siehe 14.9.8.

Beim Überstundenentgelt hat der Verfall insofern eine besondere Bedeutung, als insbesondere in Angestellten-KV oftmals Verfallsbestimmungen enthalten sind, die sich nur auf das Überstundenentgelt beziehen (z.B. § 5 Abs. 10 des KV für Angestellte des Gewerbes). Diese Verfallsbestimmungen sind schon deswegen sachgerecht, weil es nach längerer Zeit kaum mehr feststellbar ist, ob an einem bestimmten Tag Überstunden in einem bestimmten Ausmaß geleistet wurden oder nicht.

Um den Verfall des Überstundenentgelts zu verhindern, muss der AN die Zahlung des Überstundenentgelts unter der Bezeichnung der Zahl und der zeitlichen Lagerung der Überstunden begehren (OGH 9 Ob A 188/95 = ARD 4723/30/96, OGH 9 Ob A 163/05 v). Zeitaufzeichnungen, die lediglich Kontrollzwecken dienen, sind keine Geltendmachung, weil die Geltendmachung ein ernstliches Fordern der Leistung (bzw des Überstundenentgelts) voraussetzt (OGH 9 Ob A 149/93), ebenso Tageslisten für eine Nachkalkulation (OGH 9 Ob A 300/01 k) oder eine Reisekostenabrechnung (OLG Wien 9 Ra 36/03 k = ARD 5508/4/ 2004, OGH 9 Ob A 163/05 v), sowie Kilometergeldabrechnungen (OGH 9 Ob A 153/03 w) und die Übergabe von Tachographenscheiben (OGH 27.2.2012, 9 Ob A 13/12 w). Liegt nun eine Geltendmachung von Überstundenentgelt im vorgenannten Sinn nicht vor, so tritt auch keine Hemmung der Verfallsfrist ein.

Oftmals wird in der Praxis vereinbart, dass die immer wieder zu leistenden Überstunden laufend durch Zeitausgleich abgebaut werden sollen. Dabei wird in der Regel keine konkrete Vereinbarung abgeschlossen, innerhalb welcher Zeit oder ab welcher Höhe des Überstundenguthabens der Zeitausgleich in Anspruch zu nehmen ist. AG und AN lassen es vielmehr dabei bewenden, dass für den AN (durch gelegentlichen Zeitausgleich bzw gelegentliche Leistung von Mehrarbeit) ein schwankendes Überstundenguthaben besteht.

Die bisherige Judikatur ging davon aus, dass in diesen Fällen das Überstundenentgelt (wie bei einer Kontokorrentabrede) nicht fällig wird. Die Verjährung begann daher erst dann zu laufen, wenn der AN sein Zeitausgleichsguthaben vereinbarungsgemäß hätte verbrauchen müssen oder wenn feststand, dass die von AN und AG bisher erwartete künftige Verrechnung nicht mehr möglich war (wie insbesondere bei der Beendigung des Arbeitsverhältnisses). Für die nicht durch Zeitausgleich verbrauchten Überstunden hat daher nach der bisherigen Rechtsprechung in diesen Fällen der Lauf der Verfallsfrist regelmäßig erst mit dem Ende des Arbeitsverhältnisses begonnen.

Nach § 19f Abs. 2 AZG kann der AN binnen sechs Monaten und einer vierwöchigen Vorankündigungsfrist nach der Leistung von Überstunden den Zeitausgleich einseitig antreten oder die Auszahlung des Überstundenentgelts verlangen. Daraus ergibt sich ein Fälligkeitszeitpunkt für die Abrechnung des Überstundenentgelts auch in den Fällen, wo lediglich allgemein ein Zeitausgleich für laufend geleistete Überstunden vorgesehen ist, wenn der AN die Auszahlung des Überstundenentgelts verlangt. Ab diesem Fälligkeitszeitpunkt beginnt auch eine anwendbare Verfallsfrist zu laufen (OGH 9 Ob A 114/03 k = ARD 5508/3/2004, OGH 8 Ob S 7/07 y = ARD 5832/3/2008, siehe auch *Rauch*, Verfall von Überstundenentgelt, ASoK 10/2004, 352 ff. – die diesen Fällen zu Grunde liegende Rechtslage hat ein wesentlich komplizierteres Verfahren nach dem damaligen § 19f Abs. 2 AZG vorgesehen und wurde mit der am 1.1.2008 in Kraft getretenen Fassung des § 19f Abs. 2 AZG vereinfacht, jedoch ändert dies m.E. nichts an den grundsätzlichen Vorgaben dieser Entscheidung des OGH, wonach bei Fälligkeit eines Überstundenentgelts die Verfallsfrist zu laufen beginnt).

Wird die Auszahlung des Entgelts vom AN nicht verlangt (§ 19f Abs. 3 AZG), so tritt die Fälligkeit der Auszahlung des Arbeitszeitguthabens (und damit der Beginn des Laufes der Verfallsfrist) erst mit dem Ende des Arbeitsverhältnisses (wegen endgültiger Unmöglichkeit des Naturalausgleichs) ein (OGH 29.4.2013, 8 Ob A 53/12 w).

Somit tritt spätestens mit dem Ende des Arbeitsverhältnisses die Fälligkeit des Überstundenentgelts ein und beginnt daher eine Verfallsfrist jedenfalls mit diesem Zeitpunkt zu laufen.

Einzelvertragliche Verfallsfrist

Ob eine kollektivvertragliche oder einzelvertragliche Verfallsfrist anzuwenden ist, hängt letztlich von ihrer Formulierung ab (OGH 17.2.2005, 8 Ob A 35/04 m). Jedenfalls kann die einzelvertragliche Verfallsfrist Bestimmungen der zwingenden kollektivvertraglichen Verfallsfrist nicht verkürzen (siehe auch 14.7 und Muster 1 im Anhang).

Gesetzliche Fallfristen

- Die Kündigungsentschädigung ist innerhalb von sechs Monaten gerichtlich geltend zu machen (Präklusivfrist nach den §§ 34 AngG, 1162d ABGB). Die

Frist ist nicht vom Gericht zu berücksichtigen und daher vom AG im arbeitsgerichtlichen Verfahren einzuwenden (Arb 8.900). Ist eine kollektivvertragliche Verfallsfrist für den AN günstiger, so kann diese anwendbar sein (Details siehe 42.7.6.2). Durch eine einzelvertragliche Verfallsfrist kann die Präklusivfrist nicht verkürzt werden (OGH 28.10.2013, 8 Ob A 11/13 w).

- Nach § 4 Abs. 5 UrlG verjährt der Urlaubsanspruch zwei Jahre nach Ende des Urlaubsjahres, in dem er entstanden ist.
- Schadenersatzansprüche nach dem GlBG wegen Verletzungen des Gleichbehandlungsgebotes sind innerhalb der Fristen nach den §§ 15 und 29 GlBG gerichtlich geltend zu machen.
- Schadenersatzansprüche des AG gegen den AN nach dem DHG, die auf leichter Fahrlässigkeit beruhen, müssen binnen sechs Monaten ab Kenntnis des Schadens und des Schädigers gerichtlich geltend gemacht werden (§ 6 DHG).

Zum Verfall des Überstundenentgelts siehe auch 14.9.5.

Verfall und Verjährung

Mit dem Verfall geht der jeweilige Anspruch unter. Das verfallene Recht kann nicht mehr eingeklagt werden. Da mit dem Verfall die Schuld untergeht, kann eine dennoch erfolgte Zahlung zurückverlangt werden.

Verjährte Ansprüche können ebenfalls nicht mehr eingeklagt werden. Die Schuld bleibt jedoch bestehen. Erfolgt also eine Zahlung – trotz Ablauf der Verjährungsfrist, so kann der verjährte Betrag nicht zurückverlangt werden.

Änderung einer Verfalls- oder Verjährungsfrist

Wird die Dauer einer gesetzlichen oder kollektivvertraglichen Verjährungs- oder Verfallsfrist verlängert oder verkürzt, so ist die vor dem Inkrafttreten der neuen Bestimmung geltende Frist weiter anzuwenden (OGH 26.11.2015, 9 Ob A 138/15 g).

Einschlägige Judikatur

- *Wird eine Klage auf Anfechtung einer Entlassung eingebracht, tritt eine Unterbrechung der Verjährung (des Verfalls) der Ansprüche aus der Beendigung des Arbeitsverhältnisses ein. Damit die Unterbrechungswirkung jedoch aufrecht bleibt, ist es erforderlich, dass das Verfahren gehörig fortgesetzt wird (OLG Wien 7 Ra 167/99 a = ARD 5244/38/2001).*
- *Eine Feststellungsklage unterbricht die Verjährung nur hinsichtlich des geltend gemachten Rechtsverhältnisses und der daraus abgeleiteten Ansprüche (OGH 8 Ob A 105/03 d = ARD 5522/9/2004).*
- *Die Bestimmung des § 1495 ABGB, wonach der Beginn und der Lauf der Verjährungsfrist für Ansprüche zwischen Ehegatten gehemmt sind, solange die Ehe aufrecht ist, gilt nicht analog auch für arbeitsrechtliche Ansprüche einer AN gegen die AG-GmbH, deren alleiniger Geschäftsführer der (mittlerweile geschiedene) Ehegatte der AN war. Dabei handelt es sich nämlich nicht um Forderungen zwischen Ehegatten, sondern um solche gegenüber der GmbH (OGH 8 Ob A 76/08 x).*

48. Ausstellung eines Dienstzeugnisses

Rechtsanspruch auf Ausstellung eines Dienstzeugnisses

Bei Beendigung des Arbeitsverhältnisses hat der AN einen Anspruch auf Ausstellung eines Dienstzeugnisses (§§ 39 AngG – Angestellte, 1163 ABGB – Arbeiter, 16 BAG – Lehrlinge), wenn er dies verlangt (ausgenommen Lehrlinge, deren Anspruch nicht an ein Verlangen gebunden ist). Die Formulierung des Dienstzeugnisses ist Sache des AG (z.B. OGH 8.3.2001, 8 Ob A 217/00 w). Es kann nicht davon ausgegangen werden, dass es eine normierte einheitliche „Zeugnissprache" gibt (OGH 9 Ob A 185/99 t = ecolex 2000, 142). Im Zweifelsfall ist es empfehlenswert, ein Dienstzeugnis auszustellen, welches lediglich den **Mindestinhalt** enthält (siehe Muster im Folgenden).

Vermittlung eines richtigen und klaren Bildes über die Arbeitsleistung

Das Dienstzeugnis hat die Dauer und die Art der Arbeitsleistung zu bescheinigen und muss vollständig, objektiv richtig und wahr sein (Arb 8.597; OGH 8 Ob A 217/00 w = ARD 5236/2/2001). Die Ausstellung eines den tatsächlichen Arbeitsleistungen des AN nicht entsprechenden „Gefälligkeitszeugnisses" würde beispielsweise gegen die Wahrheitspflicht des AG verstoßen (OGH 9 Ob A 185/99 t = ecolex 2000, 142). Weiters hat das Zeugnis die Art der Beschäftigung in der üblichen Weise zu bezeichnen und sie unter Umständen auch näher zu beschreiben, wenn dies für das Fortkommen des AN von Bedeutung sein kann (OGH 29.4.1958, 4 Ob 45/58, Arb 6.868). Dabei ist die Art der Arbeitsleistung so anzugeben, dass derjenige, der das Zeugnis liest, sich ein klares Bild über die erbrachten Arbeitsleistungen machen kann. Eine allgemeine Berufsbezeichnung genügt nicht, wenn die Art der Arbeitsleistung damit nicht hinreichend umschrieben wird (beispielsweise reicht „Arbeiter" nicht, wohl aber „Maler", „Isolierer" etc. – ARD 5622/9/2005). In einem **Lehrzeugnis** müsste allerdings der Hinweis auf den Lehrberuf ausreichend sein. Ebenso ist wohl davon auszugehen, dass bei einfachen Tätigkeiten, die mit einem bestimmten Begriff umschrieben werden können, die Angabe dieses Begriffes die rechtlichen Voraussetzungen erfüllt (z.B. „Fensterputzer"). Das Dienstzeugnis soll Einblick in die Tätigkeit des AN ermöglichen, weshalb meistens (insbesondere bei qualifizierteren Tätigkeiten) eine gewisse Präzisierung der Arbeitsleistung erforderlich ist. Dies hat jedenfalls dann zu geschehen, wenn dies für das Fortkommen des AN von Bedeutung sein kann (OLG Wien 8 Ra 154/98 w). Neben der Wahrheitspflicht ist das Vollständigkeitsprinzip zu beachten. Dies hat bei der Durchführung verschiedenartiger Arbeiten durch den AN auch eine zeitliche Dimension. Bei so genannten „Parallelverrichtungen" (Betreuung verschiedener Arbeitsbereiche durch den AN) ist insbesondere auf den jeweiligen Zeitaufwand der einzelnen Arbeitsbereiche in Relation zur Gesamtarbeitszeit abzustellen und darauf zu achten, dass die Reihung dieser Arbeitsbereiche ihrer objektiven Bedeutung entspricht. Falls nämlich eine willkürliche Reihung vorgenommen wird, könnte beim unbefangenen Zeugnisleser ein für das Fortkommen des AN nachteiliger Eindruck erweckt werden (OLG Wien 8 Ra 154/98 w).

Verbot negativer Anmerkungen

Jede negative Anmerkung über den AN bzw. seine Arbeitsleistungen ist im Dienstzeugnis unzulässig. Dies gilt auch für solche Anmerkungen, die bei einer näheren Betrachtung für das Fortkommen des AN als nachteilig anzusehen sind (z.B. „er war stets um Pünktlichkeit bemüht", „sie hat versucht, den Anforderungen zu entsprechen", weil damit zum Ausdruck gebracht werden soll, dass der AN unpünktlich war bzw. den Anforderungen nicht entsprochen hat). Auch der Hinweis auf die „korrekte Einhaltung von Dienstzeiten" wurde von der Rechtsprechung als unzulässige nachteilige Anmerkung angesehen, weil aus der korrekten Einhaltung von Dienstzeiten auch auf eine mangelnde Bereitschaft zur Erbringung allfälliger Mehrarbeit geschlossen werden kann (ASG Wien 13 Cga 65/00 y = ARD 5236/7/2001).

Kein Anspruch auf rechtliche Beurteilungen

Der AN hat keinen Anspruch auf eine rechtliche Beurteilung der Tätigkeit. Eine Aussage über die Zuerkennung der Angestellteneigenschaft oder die Unterstellung unter einen bestimmten KV oder eine bestimmte **Einstufung** im Entlohnungsschema wären rechtliche Qualifikationen, welche das Dienstzeugnis nicht enthalten muss (Arb 6.868, 8.597). Es sind lediglich tatsächlich erbrachte Tätigkeiten, die Gegenstand des Arbeitsverhältnisses waren, anzugeben. Nach Auffassung der Rechtsprechung nähert sich etwa der Begriff der „selbständigen Vermittlung von Immobilien" zu sehr einer rechtlichen Beurteilung und ist daher nicht in das Zeugnis aufzunehmen (OLG Wien 8 Ra 154/98 w).

Kein Anspruch des AN auf positive Werturteile und Erschwernisverbot

Der AN hat lediglich einen Anspruch auf ein Dienstzeugnis, welches die Dauer des Arbeitsverhältnisses und die Art der von ihm erbrachten Arbeitsleistungen enthält (einfaches Zeugnis – z.B. OGH 8.3.2001, 8 Ob A 217/00 w). Daher besteht kein Anspruch auf Werturteile zu den erbrachten Arbeitsleistungen (qualifiziertes Zeugnis – OGH 29.9.1999, 9 Ob A 185/99 t). Werden aber Werturteile in das Dienstzeugnis aufgenommen, so dürfen diese nicht negativ sein bzw den Anschein eines negativen Werturteils erwecken und damit das Fortkommen des AN erschweren. Soll etwa auf die Zufriedenheit des AG im Zeugnistext verwiesen werden, so darf dies nur in der Form der „vollsten Zufriedenheit" geschehen (OGH 17.12.2008, 9 Ob A 164/08 w).

Nicht gestattet sind weiters Bemerkungen über Krankenstände oder darüber, dass das Arbeitsverhältnis wegen Kränklichkeit des AN aufgelöst wurde oder der Hinweis darauf, dass der AN seine gewerkschaftliche Zugehörigkeit und die daraus erfließenden Rechte und Pflichten äußerst ernst nimmt. Angaben über die Ursache der Auflösung des Arbeitsverhältnisses insbesondere der Hinweis auf eine gerechtfertigte Entlassung (OGH 24.2.1993, 9 Ob A 27/93) sowie etwa über geringe Rentabilität der Arbeitsleistung sind zu unterlassen. Das Dienstzeugnis darf also zusammenfassend keine Angaben enthalten, die objektiv geeignet sind, dem AN die Erlangung eines neuen Arbeitsplatzes zu erschweren (Erschwernisverbot – OGH 8.3.2001, 8 Ob A 217/00 w).

In der Praxis hat sich gezeigt, dass Zeugnisse, die an sich positiv gemeint waren, geradezu in schikanöser Weise beanstandet werden. In solchen Fällen wird auf Grund der eher restriktiven Judikatur im Zweifel zu empfehlen sein (zur Vermeidung aufwändiger Rechtsstreitigkeiten), ein neues Dienstzeugnis ohne Wertungen auszustellen (siehe auch im Folgenden unter „Holschuld").

Keine Hinweise auf die Beendigungsart

Die Art der Lösung des Arbeitsverhältnisses (z.B. „AN-Kündigung") darf im Dienstzeugnis nur dann angegeben (oder auch nur angedeutet) werden, wenn der AN dies ausdrücklich verlangt (OLG Wien 26.11.2009, 10 Ra 85/09 g = ARD 6036/5/2010). Zu empfehlen ist, dass der AN aufgefordert wird, seinen Formulierungswunsch der Geschäftsleitung schriftlich mitzuteilen.

Mängelfreiheit

Fehlt im Dienstzeugnis die Adresse des AN, wird es nicht als Arbeits- oder Dienstzeugnis tituliert und weist es Rechtschreibfehler auf, so zeigt dies eine mangelnde Wertschätzung des AN, die zum Anspruch auf Ausstellung eines gesetzmäßigen Dienstzeugnisses führt (OLG Wien 7 Ra 129/04 y = ARD 5586/4/2005). Es besteht aber kein Anspruch auf ein absolut fehlerfreies Zeugnis. Das Fehlen eines Punktes und uneinheitliche Zeilenabstände hat der AN hinzunehmen (OGH 27.2.2012, 9 Ob A 11/12 a) – ebenso das Fehlen des Prädikats „war" (OGH 20.1.2012, 8 Ob A 7/12 f).

Holschuld

Das verlangte Dienstzeugnis kann zur Abholung im Betrieb bereitgehalten werden, da kein Rechtsanspruch auf Zusendung des Zeugnisses besteht (Holschuld – OLG Wien 3.8.1994, 32 Ra 94/94 = ARD 4591/20/94). Falls nun dem AN das von ihm verlangte Dienstzeugnis nicht zugesendet werden soll, so ist es empfehlenswert, mitzuteilen, dass das Dienstzeugnis während der Bürostunden im Betrieb jederzeit abgeholt werden kann. Weiters ist es ratsam, den AN anlässlich der Abholung eine Übernahmebestätigung unterfertigen zu lassen.

Nur dann, wenn der AG mit der Erfüllung der Zeugnispflicht in Verzug gerät, entsteht eine Schickschuld, sodass er das Dienstzeugnis an den AN zu senden hat (OLG Wien 17.3.2015, 10 Ra 6/15 y, ARD 6457/12/2015).

Muster für eine Übernahmebestätigung

Frau/Herr .... bestätigt hiermit, am .... in den Büroräumlichkeiten der Firma .... in ....
ein gesetzmäßig textiertes Dienstzeugnis übernommen zu haben.

....
(Unterschrift)

Verlangt der AN ein neues Dienstzeugnis wegen Mängel des bereits ausgestellten Zeugnisses, so kann meines Erachtens der AG zunächst die Rückstellung des bereits übergebenen Zeugnisses fordern, da dem AN lediglich ein Zeugnis auszustellen ist. Weiters sollte vom AN ein konkreter Textvorschlag verlangt werden, um eine rasche Lösung des Konflikts zu erzielen.

Vergebührung

Seit 1.1.2002 sind alle Dienstzeugnisse gebührenfrei. Dies gilt auch für Dienstzeugnisse, die ab 2002 ausgestellt werden und sich auf ein Arbeitsverhältnis beziehen, welches vor dem 1.1.2002 geendet hat.

Lehrzeugnis

Lehrzeugnisse sind auch dann auszustellen, wenn es der Lehrling nicht verlangt. Ein nach Beginn der Behaltezeit ausgestelltes Zeugnis ist kein Lehrzeugnis, sondern ein Dienstzeugnis im Sinne der §§ 39 AngG bzw. 1163 ABGB.

Muster für ein Dienstzeugnis, welches den gesetzlichen Mindestanforderungen entspricht

Herr/Frau .... (Vor- und Nachname, Geburtsdatum, Adresse) war vom .... bis .... als .... bei uns beschäftigt.

Sein/Ihr Aufgabengebiet umfasste: ....

....

....
Unterschrift, Angabe der Firmenbezeichnung
(soferne nicht bereits im Briefkopf enthalten)

Klagbarkeit des Anspruchs auf Ausstellung eines Dienstzeugnisses

Falls der AG trotz Verlangen das Dienstzeugnis nicht ausstellt, so kann eine Klage auf Ausstellung des Dienstzeugnisses eingebracht werden. Kommt letztlich der ehemalige AG trotz rechtskräftiger Verurteilung der Verpflichtung zur Ausstellung des Dienstzeugnisses in der ihm aufgetragenen Form nicht freiwillig nach, ist das Urteil gemäß § 354 EO durch Geldstrafen und Haft zu vollstrecken (OGH 8 Ob A 217/00 w). Der Anspruch auf Ausstellung eines Dienstzeugnisses verjährt nach 30 Jahren. Eine entsprechend formulierte kollektivvertragliche oder einzelvertragliche Verfallsfrist erfasst auch den Anspruch auf Ausstellung eines Dienstzeugnisses (siehe 47.). Nach Ende des Arbeitsverhältnisses kann der AN rechtswirksam auf die Ausstellung eines Dienstzeugnisses verzichten (OGH 9 Ob A 10/05 v = ARD 5622/6/2005).

Ausstellungsdatum

Entsprechend dem allgemeinen Grundsatz der Zeugniswahrheit ist bei Ausstellung eines Dienstzeugnisses das Datum des tatsächlichen Ausstellungstages anzuführen. Vor- und Rückdatierungen sind grundsätzlich unzulässig (OGH 25.11.2011, 9 Ob A 127/11 h, 27.2.2012, 9 Ob A 11/12 a, 19.12.2013, 9 Ob A 163/13 f). Eine Ausnahme von diesem Grundsatz bildet allerdings der Fall, dass ein bereits erteiltes Zeugnis vom AG inhaltlich geändert oder nachträglich berichtigt wird. Ist die Änderung bzw Berichtigung nicht vom AN zu vertreten, so ist das berichtigte Dienstzeugnis auf das ursprüngliche Ausstellungsdatum rückzudatieren (OGH 19.12.2013, 9 Ob A 163/13 f).

Schadenersatz bei verspäteter Ausstellung

Wird ein Dienstzeugnis erheblich verspätet ausgestellt, so besteht ein Schadenersatzanspruch des AN, wenn er mangels Dienstzeugnis keine neue Stelle findet. Diesfalls hat der AG zu beweisen, dass die verspätete Ausstellung des Dienstzeugnisses im konkreten Fall keinen Einfluss auf die Arbeitsplatzchancen hatte (OGH 22.7.2010, 8 Ob A 20/10 i).

Informelle Auskünfte über ehemalige AN

Hinsichtlich der Frage der Zulässigkeit informeller Auskunftserteilung durch Mitarbeiter eines AG über frühere Mitarbeiter an deren potenzielle neue AG ist von einem Nachwirken der Fürsorgepflicht des AG auszugehen: Die Interessen auch des ausgeschiedenen AN dürfen durch die verbreiteten Informationen nicht unzumutbar beeinträchtigt werden (OGH 9 Ob A 104/07 w).

Einschlägige Judikatur

- *Die Angabe einer Verwendungsgruppe bzw. des Verwendungsgruppenjahres spricht, indem sie eine Einstufung des Betreffenden vornimmt, über Fähigkeiten des AN ab. Klagbar ist aber nur die Ausstellung eines Zeugnisses über Art und Dauer der Dienstleistungen, nicht über die Fähigkeiten des AN (OGH 4 Ob 27/55).*
- *Das Begehren des AN auf die Bezeichnung „Geschäftsführer" ist eine rechtliche Qualifikation und daher unstatthaft (Arb 8.597).*
- *Eine einmalige Tätigkeit während eines mehrjährigen Arbeitsverhältnisses kann im Hinblick auf die Gesamtdauer des Arbeitsverhältnisses die Aufnahme dieser Tätigkeit in das Dienstzeugnis nicht rechtfertigen. Die zutreffende Bezeichnung „technischer Sachbearbeiter" stellt gegenüber der vom AN gewünschten Bezeichnung „Sachbearbeiter" lediglich eine Präzisierung dar und erschwert sohin sein berufliches Fortkommen in keiner Weise. Es besteht auch kein Rechtsanspruch des AN auf Aufnahme von Sätzen wie: „Er hat seine Arbeiten zur vollen Zufriedenheit erledigt", oder „Ich wünsche ihm das Beste für seinen weiteren Lebensweg" (OGH 9 Ob A 32, 1002/92).*
- *Der Hinweis im Dienstzeugnis, dass das Arbeitsverhältnis durch Austritt beendet worden ist, verstößt gegen die gesetzliche Beschränkung des notwendigen Inhaltes des Dienstzeugnisses auf Angaben zur Art und Dauer des Arbeitsverhältnisses. Die Angabe über die Art der Beendigung des Arbeitsverhältnisses (Entlassung wegen Ermöglichung*

einer Betriebsbesichtigung) gehört nicht zu diesen Angaben und hat daher zu entfallen (OGH 9 Ob A 27/28/93 = ARD 4464/18/93).

- *Die Klagsführung wegen geringfügiger Abweichungen vom in einem Vergleich festgelegten Text eines Dienstzeugnisses, die weder den Inhalt des Vergleichs in seinem sprachlichen Ausdruck verschlechtern noch den Eindruck eines mit Rechtschreibfehlern behafteten Zeugnisses vermitteln, ist schikanös. Sittenwidrige Rechtsausübung ist nur scheinbare Rechtsausübung, in Wirklichkeit aber Rechtsüberschreitung (OLG Wien 9 Ra 269/98 i = ARD 5004/38/99).*

- *Ein Dienstzeugnis hat bloß Tatsachen zu bestätigen und keine rechtliche Qualifikation der Tätigkeit zu enthalten. Es besteht daher kein Anspruch darauf, als „angestellter" Versicherungsvertreter und Wirtschaftsberater bezeichnet zu werden, weil die Bezeichnung „angestellt" bereits eine eindeutige rechtliche Wertung enthält, ohne jedoch etwas Zusätzliches über den Inhalt der Tätigkeit auszusagen (OLG Wien 10 Ra 105/99 f = ARD 5048/7/99).*

- *Die bloße Verbesserung einer nicht verständlichen oder unzureichenden Formulierung eines Dienstzeugnisses auf der gleichen Urkunde läuft dem Erschwernisverbot bei der Ausstellung eines Dienstzeugnisses zuwider und verpflichtet den AG bei sonstiger Verhängung von Geld- und Haftstrafen zur Ausstellung eines den gesetzlichen Erfordernissen entsprechenden und neu zu vergebührenden Dienstzeugnisses auf einer neuen Urkunde (OGH 8 Ob A 217/00 w = ARD 5236/2/2001).*

- *Einem AN ist auf Verlangen ein einfaches Dienstzeugnis auszustellen, das neben der Dauer der Dienstleistung auch eine Umschreibung der konkret ausgeübten Tätigkeit zu enthalten hat. Dadurch soll ein Einblick in den tatsächlichen Aufgabenkreis des AN ermöglicht werden, weshalb eine Beschreibung mit dem Wort „Sekretärin" nicht ausreichend ist (ASG Wien 22 Cga 45/00 y = ARD 5236/5/2001).*

- *Die Behauptungs- und Beweislast zur Verletzung der Wahrheitspflicht in dem vom Anwalt des AN verfassten Dienstzeugnis trifft den AG (OGH 4.3.2013, 8 Ob A 9/13 a).*

49. Arbeitsbescheinigung und Lohnzettel

Arbeitsbescheinigung

Der AG ist verpflichtet, eine Arbeitsbescheinigung auszustellen (§ 46 Abs. 4 AlVG). Die Ausstellung ist aber dann nicht vorzunehmen, wenn der AN mittels elektronischer Datenfernübertragung (ELDA) abgemeldet wird. Die Arbeitsbescheinigung kann nicht gerichtlich eingeklagt werden (OGH 28.8.2003, 8 Ob A 74/03 w). Es können jedoch Verwaltungsstrafbestimmungen angewendet werden (§ 71 Abs. 1 AlVG). Diese können auch dann angewendet werden, wenn der AG vom AMS angeforderte Auskünfte, die zur Durchführung des AlVG erforderlich sind, nicht erteilt (§ 69 Abs. 2 AlVG).

Zur Legalzession nach § 16 Abs. 2 AlVG siehe 50.

Lohnzettel

Auf Verlangen des AN (oder in den Fällen des § 84 Abs. 1 Z 3 EStG) hat der AG dem AN einen Lohnzettel nach dem amtlichen Vordruck (L 16) auszustellen.

Kommt der AG dieser Verpflichtung nicht nach, so kann die Ausstellung des Lohnzettels nicht im Klagsweg erzwungen werden. Lohnzettel sind von der Abgabenbehörde im Zuge eines vom AN eingeleiteten Verfahrens einzuholen, wenn der AG die Ausstellung unterlässt (OGH 8 Ob A 110/04 s).

50. Über das Verhalten bei arbeitsrechtlichen Konflikten
50.1 Konflikte mit einzelnen AN

In der Praxis kommt es immer wieder zu Meinungsverschiedenheiten zwischen AG und AN in arbeitsrechtlichen Fragen. Falls sich solche Konflikte nicht rasch beilegen lassen, ist es empfehlenswert, sich bereits im Anfangsstadium einen Überblick über die rechtliche Situation zu verschaffen, da es immer wieder durch unbedachte Äußerungen und Stellungnahmen gegenüber dem AN oder dessen Rechtsvertretern zu einer erheblichen Verschlechterung der Rechtsposition des AG kommt. Ein rechtzeitiger Überblick über die rechtliche Situation führt zur Vermeidung solcher Fehler und wird daher zur Ersparnis von Zeit und Geld führen.

In diesem Zusammenhang ist auch nochmals darauf hinzuweisen, dass keine gesetzliche Verpflichtung besteht, einem Rechtsvertreter eines (ehemaligen) AN Stellungnahmen zu übermitteln (siehe 42.1.2). Ebenso ist es auch nicht erforderlich, bestimmte Unterlagen (wie etwa Urlaubsaufzeichnungen, Wochenberichte etc.) an einen Rechtsvertreter zu übermitteln. Falls eine rasche außergerichtliche Lösung angestrebt wird, kann es im Einzelfall jedoch sinnvoll sein, eine in rechtlicher Hinsicht überprüfte Stellungnahme und allenfalls einzelne Unterlagen an die Gegenseite zu übermitteln. Grundsätzlich sollte jedoch mit der Weitergabe von Informationen eher vorsichtig umgegangen werden. Dies unter anderem auch deswegen, weil die rasche Bekanntgabe aller Details der Gegenseite eine umfassende Vorbereitung auf ein künftiges Gerichtsverfahren ermöglicht. Es sei auch nochmals erwähnt, dass entgegen einer weit verbreiteten Meinung etwa bei einer Entlassung die Entlassungsgründe nicht bereits in der Entlassungserklärung angegeben werden müssen. Die Gründe müssen vielmehr nach der Rechtsprechung erst im Bestreitungsfall im Prozess dargelegt und nachgewiesen werden (siehe 42.1.2).

Enthält der Arbeitsvertrag oder der KV (z.B. im Bereich Gastgewerbe) eine Schlichtungsklausel (die ausreichend bestimmt ist), so kann eine Klage bei Gericht erst dann eingebracht werden, wenn das vereinbarte Schlichtungsverfahren abgewickelt wurde (OGH 25.11.2011, 9 Ob A 88/11 y). Die Entscheidung der Schlichtungsstelle muss im zumutbaren zeitlichen Umfang erfolgen (OGH 8 Ob A 28/08 p).

Falls sich nun eine Klage nicht vermeiden lässt, sollte Folgendes beachtet werden:

Einspruch bzw. rasche Information eines Rechtsvertreters

Der überwiegende Teil der Klagen sind so genannte „**Mahnklagen**". Das Gericht erlässt zunächst einen so genannten „**Zahlungsbefehl**". Demnach ist der beklagte

AG verpflichtet, den vom klagenden AN begehrten Gesamtbetrag samt Zinsen und Kosten zu bezahlen. Gegen diesen Zahlungsbefehl kann binnen vier Wochen ab Zustellung der Klage ein **Einspruch** eingebracht werden. Sobald der Einspruch erhoben wird, tritt der Zahlungsbefehl außer Kraft und es wird eine Ladung für einen Verhandlungstermin übermittelt.

Falls nun die in der Mahnklage behaupteten Ansprüche zur Gänze oder teilweise bekämpft werden sollen, so ist es unbedingt erforderlich, innerhalb der Frist von 4 Wochen den Einspruch einzubringen. Im Fall der Versäumung der Einspruchsfrist erwächst der Zahlungsbefehl in Rechtskraft. Dies bewirkt, dass die im Zahlungsbefehl angeführten Ansprüche zur Gänze inklusive Zinsen und Kosten abzurechnen sind. Nur in besonders gelagerten Einzelfällen (eventuell bei Versäumung der Einspruchsfrist wegen Betriebsurlaubs) ist eine so genannte **„Wiedereinsetzung in den vorigen Stand"** möglich. Da dies zu einem eigenen aufwendigen Verfahren zur Prüfung der Wiedereinsetzungsgründe führt und diesen Anträgen oftmals nicht stattgegeben wird, sollte die vierwöchige Einspruchsfrist unbedingt eingehalten werden. Soferne im Anschluss an eine Konfliktsituation eine Betriebssperre erfolgt, sollten daher entsprechende organisatorische Maßnahmen getroffen werden, dass jedenfalls rechtzeitig ein Einspruch erfolgen kann. Dieser ist entweder firmenmäßig oder vom Rechtsvertreter der Firma zu unterfertigen. Es ist daher ratsam, rasch mit einem mit dem Arbeitsrecht vertrauten Parteienvertreter (zur Vertretung siehe im Folgenden) in Kontakt zu treten, damit dieser einen Einspruch fristgerecht an das Gericht übermitteln kann. Der Einspruch hat den Inhalt der Klagebeantwortung zu enthalten (§ 248 Abs. 1 ZPO). Da die Begründung des Einspruches und die Auswahl der (im Einspruch zu nennenden) Beweismittel für den Ausgang des Verfahrens von wesentlicher Bedeutung ist, ist von der Formulierung des Einspruchs durch oberflächlich informierte bzw. dem Arbeitsrecht fern stehenden Personen abzuraten. Ein unbegründeter Einspruch verhindert jedenfalls die Rechtskraft. Etwa kann bei zeitlicher Knappheit ebenso ein unbegründeter Einspruch an das Arbeitsgericht eingeschrieben übermittelt oder direkt in der Einlaufstelle abgegeben werden (bei mehreren beklagten Parteien muss jede dieser Parteien einen Einspruch erheben oder der Einspruch im Namen aller Parteien erfolgen).

Der Zahlungsbefehl gilt auch dann als ordnungsgemäß zugestellt, wenn er vom Postboten einer „schwarz" beschäftigten Reinigungskraft überreicht wird (Ersatzzustellung – OGH 15.9.2010, 2 Ob 118/10 g).

In seltenen Ausnahmefällen ist auch eine Wiederaufnahmeklage gegen einen rechtskräftigen Zahlungsbefehl denkbar (wenn etwa neue Unterlagen verfügbar sind – OGH 25.10.2011, 9 Ob 52/11 d).

Vertretung

Nach § 40 ASGG kann sich der AG in arbeitsrechtlichen Streitigkeiten vor den Gerichten 1. und 2. Instanz durch qualifizierte Personen vertreten lassen. Qualifizierte Personen sind Rechtsanwälte sowie Funktionäre und AN einer gesetzlichen

Interessenvertretung oder freiwilligen kollektivvertragsfähigen Berufsvereinigung. In der Praxis hat sich die Vertretung von AG, die Mitglied einer Wirtschaftskammer sind, durch Angestellte dieser Organisation bewährt, da diese Angestellten auf das Arbeits- und Sozialrecht spezialisiert sind.

Vor den Gerichten 1. Instanz kann sich ein AG auch durch einen seiner AN oder einen Prokuristen, auch wenn dieser kein AN ist, oder durch ein Mitglied des geschäftsführenden Organs vor Gericht vertreten lassen. Darüber hinaus ist eine Vertretung des AG auch durch jede andere geeignete Person zulässig, soferne diese Eignung vom Gericht beschlussmäßig festgestellt wird. Vor dem OGH können jedoch nur Rechtsanwälte vertreten. Die Erteilung einer Vollmacht kann auch formfrei erfolgen (OGH 8 Ob A 43/03m, 8 Ob A 18/04m).

Die Weigerung der AK, einem ihrer Mitglieder Rechtsschutz zu gewähren, kann (auch nach Ausschöpfung des kammerinternen Instanzenzuges) im ordentlichen Rechtsweg nicht überprüft werden (OGH 22.12.2011, 2 Ob 68/11 f).

Da immer wieder Details der Abrechnungen bzw. zur Höhe der behaupteten Ansprüche und teilweise komplizierte Rechtsfragen detailliert zu erörtern sind, sollten bei der Auswahl des Rechtsvertreters dessen Kenntnisse des Arbeitsrechts besonders berücksichtigt werden. Werden bestimmte Einwände (vom qualifiziert vertretenen AG – § 63 Abs. 1 ASGG) in der 1. Instanz unterlassen, weil deren Bedeutung nicht erkannt wird, so kann das entsprechende Vorbringen in der 2. Instanz im Regelfall nicht mehr nachgeholt werden (zivilprozessrechtliches Neuerungsverbot – § 482 ZPO, OGH 8 Ob A 14/02 w). Beispielsweise hat das Gericht nicht von sich aus zu prüfen, ob etwa eine Verfallsfrist anwendbar ist (siehe 47.). Kollektivvertragliche Normen sind von Amts wegen zu ermitteln (§ 43 Abs. 3 ASGG), wenn sich eine Partei darauf beruft und daher ein entsprechendes Vorbringen in der 1. Instanz erfolgt (OGH 8 Ob A 24/03 t). Aussagen von Parteien oder Zeugen können ein entsprechendes Vorbringen nicht ersetzen (OGH 8 Ob A 38/04b, 9 Ob A 79/04 g, ebenso Verweise auf Urkunden – OGH 9 Ob A 94/05 x, 8 Ob A 18/06 i). Weiters ist die vom Prozessgegner behauptete Höhe von Ansprüchen nachzurechnen und bei Unrichtigkeit detailliert (möglichst mit Darlegung der anzuwendenden arbeitsrechtlichen Berechnungsbestimmungen) zu bestreiten. Wird die Höhe der begehrten Ansprüche lediglich pauschal bzw unsubstantiiert bestritten, so geht das Gericht von der Richtigkeit der behaupteten Höhe aus (OGH 9 Ob A 7/03z, 9 Ob A 155/03 i). Kann der Kläger die Höhe der von ihm eingeklagten Forderung nicht begründen bzw. nicht aufschlüsseln, so ist die Klage abzuweisen. Der Verweis auf ein einzuholendes Sachverständigengutachten reicht nicht (OGH 8 Ob A 18/06 i). Fehlende Arbeitsrechtskenntnisse des Rechtsvertreters des AG können daher entscheidende Prozessnachteile bewirken!

Werden erkennbar aussichtslose Ablehnungs- und Delegierungsanträge gestellt (um das Verfahren zu verschleppen), so haftet der Antragsteller für die durch die Verzögerung dem Prozessgegner entstehenden Schäden (OGH 22.12.2011, 1 Ob

227/11 f). Werden Prozesse durch verweigerte Auskünfte hervorgerufen, so kann dies (trotz Obsiegen im Prozess) eine Kostenersatzpflicht desjenigen bewirken, der die Auskunft nicht erteilt hat (OGH 29.9.2014, 8 Ob A 52/14 a).

Lohnpfändung

Falls bei der zuletzt durchgeführten Abrechnung für den klagenden AN noch offene Lohnpfändungen bestanden haben, sollte der AG dies seinem Vertreter mitteilen. Weiters wäre die jeweilige Aktenzahl des Exekutionsverfahrens, das jeweils zuständige Exekutionsgericht, die offene Forderung sowie die Rangordnung mitzuteilen (bzw. Kopien der **Exekutionsbewilligungen** vorzulegen). Im Verfahren hat dann der Rechtsvertreter auf die Lohnpfändungen hinzuweisen. Falls nun ein gänzlicher oder teilweiser Zuspruch eingeklagter Ansprüche erfolgt, so kann sich dies nur auf den unpfändbaren Teil dieser Ansprüche beziehen. Falls jedoch mangels Information des Rechtsvertreters auf die Lohnpfändungen nicht hingewiesen wird, muss der mittels Urteil zugesprochene Betrag (ohne Abzug des pfändbaren Teils) an den Kläger bezahlt werden. In diesen Fällen besteht daher die Gefahr, dass der AG den pfändbaren Teil des zugesprochenen Betrages nochmals an den (erstrangigen) betreibenden Gläubiger bezahlen muss und diesen Betrag auch nicht vom AN rückfordern kann, weil nach Auffassung der Rechtsprechung dieser Rückforderung das rechtskräftige Urteil entgegensteht (siehe auch 19.13).

Legalzession nach § 16 Abs. 2 AlVG

In vielen Fällen hat der klagende AN nach Ende des Arbeitsverhältnisses ein Arbeitslosengeld erhalten und begehrt für die Zeit nach dem Ende des Arbeitsverhältnisses eine Kündigungsentschädigung sowie eine Ersatzleistung für den verbliebenen Resturlaub.

Falls nun dem klagenden AN für die Zeit nach dem Ende des Arbeitsverhältnisses eine **Kündigungsentschädigung** und/oder eine **Ersatzleistung** für den offenen Resturlaub zugesprochen wird, so würde er für diese Zeit eine doppelte Zahlung beziehen (nämlich einerseits das Arbeitslosengeld und andererseits die Kündigungsentschädigung und/oder Ersatzleistung). Um einen solchen **Doppelbezug** zu vermeiden, wird das Arbeitslosengeld für jene Zeit, für die eine Kündigungsentschädigung bzw. Ersatzleistung gefordert wird und daher zugesprochen werden könnte, als Vorschuss gewährt.

Sollte nun auf Grund eines rechtskräftigen Urteils oder eines Vergleiches eine Kündigungsentschädigung bzw. eine Ersatzleistung zu bezahlen sein, so muss vom AG von der Kündigungsentschädigung bzw. der Ersatzleistung der Vorschuss abgezogen und an das AMS überwiesen werden, falls der AG im Zuge des Verfahrens oder davor von der Gewährung des Vorschusses durch das AMS verständigt wurde. Die Verständigung erfolgt durch ein Formular, welches dem AG vom AMS übermittelt wird. Dieses Formular sollte der AG unbedingt seinem Rechtsvertreter vorlegen.

Falls dies nämlich nicht geschieht, besteht die Gefahr, dass der Abzug des Vorschusses irrtümlich unterlassen wird und der Vorschuss auf Grund einer Vorschreibung direkt vom AG an das AMS bezahlt werden muss.

Falls die Verständigung erfolgt und die eingeklagte Kündigungsentschädigung bzw. Ersatzleistung zur Gänze oder teilweise bezahlt werden muss, so hat dies mittels eines Formulars der AG dem AMS mitzuteilen, damit dieses in der Folge die konkrete Höhe des vorzunehmenden Abzuges dem AG bekannt gibt. Nach dieser Bekanntgabe kann die Abrechnung der zugesprochenen Kündigungsentschädigung bzw. Ersatzleistung vorgenommen werden. Von den zugesprochenen Bruttobeträgen der Kündigungsentschädigung bzw. Ersatzleistung sind dann die SV-Beiträge, die Lohnsteuer sowie der vom AMS bekannt gegebene Vorschuss abzuziehen. Es ist daher davon abzuraten, einen **Vergleich** über Nettobeträge zu schließen, weil in diesem Fall der Abzug zu Gunsten des AMS (ebenso wie die SV-Beiträge und die Lohnsteuer) zur Gänze vom AG zu tragen ist.

Der AG ist nicht verpflichtet, den AN von der Zahlung an das AMS zu verständigen. Die Lohnabrechnung hat nach § 78 Abs. 5 EStG (siehe 31.1) diesen Abzug nicht auszuweisen (OLG Wien 10 Ra 5/04k = ARD 5538/18/2004).

Einschlägige Judikatur

- *Wird der AG von der Gewährung des Vorschusses verständigt, so geht der Anspruch des Arbeitslosen auf die fällige Kündigungsentschädigung für denselben Zeitraum auf den Bund zu Gunsten der Arbeitslosenversicherung in der Höhe des als Arbeitslosengeld gewährten Vorschusses über und ist vom AG unbeschadet von Übertragungen, Verpfändungen oder Pfändung der Kündigungsentschädigung vorrangig zu befriedigen. Das Recht auf gerichtliche Durchsetzung dieses Anspruches verbleibt jedoch beim AN. Mit dieser Regelung soll dem Doppelbezug von Arbeitslosengeld einerseits und Kündigungsentschädigung andererseits entgegengewirkt, auf den Arbeitslosen aber kein Druck zur Geltendmachung der Ansprüche auf Kündigungsentschädigung ausgeübt werden (OGH 8 Ob S 244/00 s).*

50.2 Protestversammlungen und Streik

Protestversammlungen

In einer Betriebsversammlung (siehe 53.) sind die im Gesetz (§ 42 ArbVG) genannten Angelegenheiten wahrzunehmen (z.B. Beschlussfassung über die Betriebsratsumlagen). Wird nun eine Versammlung einberufen, die anderen Zwecken dient (z.B. um gegen Reformvorhaben der Regierung zu protestieren), so handelt es sich nicht um eine Betriebsversammlung im Sinne der §§ 41 ff. ArbVG.

Eine solche Versammlung von AN ist als einseitige kurzfristige Arbeitsniederlegung ohne Rechtsgrundlage anzusehen. Für derartige Kurzstreiks besteht kein Entgeltanspruch (Arb 10.837). Der AG kann daher das Monatsentgelt entsprechend kürzen.

Streik

Ein Streik ist eine gemeinsame Arbeitsniederlegung mehrerer AN, wobei ein bestimmtes Ziel angestrebt wird (siehe auch *Dungl*, Handbuch des österreichischen Arbeitsrechts, 528 ff.).

Nach österreichischem Recht ist der Streik nicht gesetzlich geregelt. Nur in einzelnen gesetzlichen Bestimmungen werden unterschiedliche Fragen im Zusammenhang mit einem Streik behandelt, wobei dieser weder verboten noch begünstigt wird. Beispielsweise sieht der § 10 AuslBG vor, dass für die Beschäftigung auf Arbeitsplätzen in einem von Streik oder Aussperrung betroffenen Betrieb Beschäftigungsbewilligungen nicht erteilt werden. Nach § 9 AÜG ist die Überlassung von Arbeitskräften in Betriebe, die vom Streik oder Aussperrung betroffen sind, verboten. Der § 11 Abs. 1 AMFG schließt die Vermittlung in einen von Streik oder Aussperrung betroffenen Betrieb aus. Der § 9 Abs. 4 AlVG sieht vor, dass einem Arbeitslosen eine Beschäftigung in einem von Streik oder Aussperrung betroffenen Betrieb nicht zumutbar ist. Nach § 13 AlVG gebührt für die Dauer eines Streiks oder einer Aussperrung kein Arbeitslosengeld.

Aus diesen Bestimmungen zu Spezialfragen im Zusammenhang mit Streiks kann abgeleitet werden, dass Streiks in der österreichischen Rechtsordnung nur geduldet werden.

Entlassung wegen Streik

Am 1.12.2009 ist die Charta der Grundrechte der EU (GRC) in Kraft getreten. Art. 28 GRC gewährt ein Grundrecht auf Streik, woraus sich im Regelfall ergeben wird, dass ein Streik keinen Entlassungsgrund darstellt (siehe dazu *Kohlbacher*, Grundrecht auf Streik – Rechtsgrundlagen und Rechtsfolgen, ecolex 2015, 690 ff.).

Falls der AG vor Beginn des Streiks seine Lohnzahlungspflicht verletzt hat, so gewährt die Rechtsprechung den betroffenen AN das Zurückhalten der Arbeitsleistung (OGH 25.5.1994, 9 Ob A 6/94; 29.5.2012, 9 Ob A 39/11 t).

Die Rechtsprechung ist vor dem Inkrafttreten der GRC davon ausgegangen, dass der Streik einen Verstoß gegen vertragliche Pflichten darstellt (abgesehen vom vorgenannten Zurückhaltungsrecht). Daher wurde die Auffassung vertreten, dass bei erheblicher Dauer der Arbeitsniederlegung eine Entlassung wegen „Verlassen des Arbeitsplatzes" (§ 82 lit. f GewO 1859) bzw. „Unterlassung der Dienstleistung" (§ 27 Z 4 AngG) in Frage käme (OGH 19.12.2005, 8 Ob A 23/05 y).

Entgelt während eines Streiks

Der Entgeltanspruch setzt Arbeitsleistungen oder eine Rechtsgrundlage für ein leistungsfreies Entgelt voraus (wie z.B. Urlaubsentgelt nach § 6 UrlG oder Pflegefreistellung nach § 16 UrlG). Für die Dauer eines Streiks fehlt eine gesetzliche Grundlage für den Anspruch des AN auf Entgeltfortzahlung durch den AG, daher hat der AN keinen Anspruch auf ein Entgelt.

Zu einem anderen Ergebnis könnte man allenfalls dann gelangen, wenn AN durch Streikposten am Betreten des Betriebes gehindert oder zum Verlassen der Arbeitsstelle gezwungen werden. Falls derartige Verhinderungen im Rahmen eines Generalstreiks bzw. eines umfassenden Streiks eintreten, so sind sie der neutralen Sphäre zuzuordnen und daher besteht keine Entgeltfortzahlungspflicht des AG (siehe 24.1).

Die Frage, ob ein derartiger Zwang zur Unterlassung der Arbeitsleistung im Rahmen eines Streiks, welcher kein umfassendes Ereignis ist, zu einem Entgeltanspruch nach § 1155 ABGB führt, weil der AN arbeitsbereit und die Verhinderung der AG-Sphäre zuzuordnen ist (siehe 31.8), hat der OGH bejaht, wobei eine ausdrückliche Erklärung der Arbeitsbereitschaft erforderlich ist. Der AG hat jedoch die Möglichkeit, um Ansprüche nach § 1155 ABGB zu vermeiden, die Annahme der Dienste abzulehnen (OGH 8 Ob A 23/05 y = ARD 5655/6/2006, OGH 9 Ob A 40/05 f, 9 Ob A 71/05 i).

Für politische Streiks (siehe dazu im Folgenden) wird dies jedenfalls zu verneinen sein. Für den entgangenen Verdienst des arbeitsbereiten AN haften die Organisatoren der Streiks (bzw. der Streikposten) im Rahmen des Schadenersatzrechts.

Schadenersatz bei Streikschäden

Für Schäden aus einem Streik haften die Organisatoren nach allgemeinen schadenersatzrechtlichen Grundsätzen. Die Rechtsprechung hat in diesem Zusammenhang die Haftung des ÖGB für seine vertretungsbefugten Organe bejaht (OGH 8 Ob 344/65 – „Bananenprozess" und Arb 7.916).

Der Schadenersatz setzt insbesondere die Rechtswidrigkeit des schädigenden Verhaltens voraus. Ob Streiks rechtswidrig sind, ist umstritten. In der Lehre wird teilweise die Auffassung vertreten, dass jedenfalls politische Streiks als rechtswidrig anzusehen seien. Politische Streiks richten sich an ein staatliches Organ (z.B. die Regierung) und sind darauf gerichtet, dass das politische Organ ein bestimmtes Verhalten setzt oder unterlässt (z.B. Rücknahme einer angekündigten Änderung eines Gesetzes). Mit dem politischen Streik soll ein Ziel erreicht werden, welches nicht Gegenstand kollektivvertraglicher oder individualarbeitsrechtlicher Vereinbarungen zwischen den bestreikten AG und den streikenden AN ist.

Streiks gegen pensionsrechtliche oder steuerrechtliche Reformen sind daher beispielsweise politische Streiks, wobei das Ziel des politischen Streiks vom bestreikten AG nicht beeinflusst werden kann.

Zusammenfassend ist daher davon auszugehen, dass Schadenersatzansprüche gegen die Organisatoren von Streiks grundsätzlich durchsetzbar sind. Da eine aktuelle und umfassende Judikatur fehlt, ist jedoch eine genaue Prüfung des Einzelfalls im Hinblick auf die Prozesschancen dringend geboten.

Zur Friedenspflicht des BR siehe 53. – Interessenausgleich und Friedenspflicht.

51. Verzugszinsen bei arbeitsrechtlichen Ansprüchen

Höhe der Verzugszinsen

Nach § 49a ASGG betragen die gesetzlichen Zinsen für Forderungen im Zusammenhang mit einem Arbeitsverhältnis 9,2% pro Jahr über dem am Tag nach dem Eintritt der Fälligkeit geltenden Basiszinssatz der OeNB. Der Basiszinssatz kann dem Internet unter http://www.oenb.at/isaweb/report.do?report=2.1 entnommen werden. Für Forderungen, die vor dem 16.3.2013 entstanden sind, ist der vorherige Zinssatz von 8% jährlich über dem Basiszinssatz anzuwenden (§ 98 Abs. 28 ASGG).

Der § 49a ASGG sieht weiters vor, dass der Zinssatz des ABGB in der Höhe von 4% (§ 1000 Abs. 1 ABGB) anzuwenden ist, wenn die Verzögerung der Zahlung auf einer vertretbaren Rechtsansicht des Schuldners beruht. Grundlage sind hierbei der vom Gericht festgestellte Sachverhalt und die daraus ableitbare rechtliche Beurteilung. Daher ist der vom Schuldner subjektiv angenommene Sachverhalt nicht relevant (OGH 8 Ob A 141/98 p = ARD 4997/29/99; OLG Wien 10 Ra 270/99 w = ARD 5101/ 9/2000).

Bei der Frage der Vertretbarkeit der Rechtsansicht des Schuldners ist von durchschnittlichen arbeitsrechtlichen Kenntnissen einer juristisch nicht gebildeten Person auszugehen. Bei schwierigen Rechtsfragen ist jedoch zu berücksichtigen, dass dem Schuldner die Einholung einer Rechtsauskunft bei seiner gesetzlichen Interessenvertretung in der Regel möglich und zumutbar sein muss. Sollten mehrere Forderungen erhoben werden, kann die Vertretbarkeit auch nur bezüglich eines Teils der Forderungen gegeben sein. Eine vertretbare Rechtsansicht ist insbesondere dann anzunehmen, wenn der Schuldner zu einer Rechtsfrage, zu der noch keine Judikatur vorliegt, eine nachvollziehbare Rechtsauffassung vertritt (OGH 9 Ob A 80/97 y). Diese kann auch darauf beruhen, dass bei einer ungerechtfertigten Entlassung das Verhalten des AN als Grenzfall anzusehen ist (OGH 9 Ob A 158/02 d, 9 Ob A 114/04 d; 19.11.2009, 8 Ob A 10/09 t).

Der Zinssatz erstreckt sich nicht auf AN-ähnliche Personen (OGH 24.3.2010, 9 Ob A 49/09 k).

Berechnung vom Nettobetrag

Entgegen einer weit verbreiteten Praxis sind die Zinsen nicht vom zugesprochenen Bruttobetrag zu berechnen. Die Berechnung der Zinsen vom Bruttobetrag führt nämlich dazu, dass die im Bruttobetrag enthaltenen öffentlichen Abgaben zu Gunsten des AN verzinst werden. Die Berechnung der Zinsen hat daher vom Nettobetrag auszugehen (OGH 8 Ob A 217/97 p, 9 Ob A 5/07 m).

Versteuerung der Verzugszinsen

Die Verzugszinsen unterliegen weiters der Versteuerung. Dabei hat die Versteuerung in der gleichen Weise zu erfolgen wie jener Bezugsteil, aus dessen verspäteter Zahlung der Anspruch auf Verzugszinsen entsteht (VwGH 94/13/0030 = ARD 4634/26/95). Für den Abzug von SV-Beiträgen von Verzugszinsen findet sich jedoch keine Rechtsgrundlage.

Verzugszinsen bei der Abrechnung von Zahlungsbefehlen

In der Praxis ist weiters zu beachten, dass in den von den Gerichten den beklagten Parteien (meistens dem AG) zugestellten Zahlungsbefehlen die Zinsen ausgerechnet und daher ein entsprechender absoluter Betrag bekannt gegeben wird. In der Regel ist diese Berechnung insofern verfehlt, als sie vom eingeklagten Bruttobetrag (Nettobeträge werden nur ausnahmsweise eingeklagt) ausgeht. Falls daher im Einzelfall die im Zahlungsbefehl angeführten Bruttobeträge abgerechnet werden sollen, so müsste der Zinsenanspruch (ausgehend von den Nettobeträgen) neu berechnet werden, um eine überhöhte Zahlung zu vermeiden.

Mangels anders lautender Vereinbarung sind (allenfalls zustehende) Zinseszinsen vom Tage der Klagsbehändigung (Übernahme der Klage) zu bezahlen (OGH 9 Ob A 143/02 y).

Kapitel V

52. Überblick zum BAG

Zum „Schnuppern" vor Beginn eines Arbeits- bzw. Lehrverhältnisses siehe 3. Zur Probezeit der Lehrlinge siehe 14.2.3.

Anzeigepflichten des Lehrberechtigten

Der Lehrberechtigte hat der zuständigen Lehrlingsstelle (eingerichtet bei der Wirtschaftskammer des jeweiligen Bundeslandes) ohne unnötigen Aufschub, spätestens jedoch binnen 4 Wochen, Folgendes anzuzeigen (§ 9 Abs. 9 BAG):

- Unterbrechungen des Lehrverhältnisses, die über 4 Monate im jeweiligen Lehrjahr hinausgehen (§ 13 Abs. 3 BAG – siehe dazu im Folgenden unter „Nichtanrechnung von Verhinderungszeiten auf die Dauer der Lehrzeit");
- eine „automatische" Beendigung des Lehrverhältnisses (siehe im Folgenden unter „Beendigung des Lehrvertrages");
- eine vorzeitige Auflösung des Lehrverhältnisses nach § 15 BAG (Probezeit siehe 14.2.3, einvernehmliche Lösung siehe 43.1, Entlassung siehe 42.4, vorzeitiger Austritt siehe 44.3, wegen Konkurseröffnung siehe 41.9) und
- die Betrauung und der Wechsel des Ausbildners, sofern jedoch ein Ausbildungsleiter betraut wurde, dessen Betrauung und Wechsel.

Abschluss des Lehrvertrages

Der Lehrvertrag ist schriftlich abzuschließen (§ 12 BAG). Der Abschluss bedarf weiters der Zustimmung des gesetzlichen Vertreters, falls der Lehrling minderjährig ist (bis zur Vollendung des 18. Lebensjahres siehe 41.1.6.1). Der Lehrvertrag ist (ebenso wie jeder Arbeitsvertrag) gebührenfrei (§ 12 Abs. 6 BAG).

Der Lehrberechtigte hat binnen drei Wochen nach Beginn des Lehrverhältnisses den Lehrvertrag bei der zuständigen Lehrlingsstelle zur **Eintragung** anzumelden und dieser Anmeldung vier Ausfertigungen des Lehrvertrages anzuschließen (§ 20 BAG). Die Lehrlingsstelle hat binnen sechs Wochen den Lehrvertrag einzutragen oder die Eintragung mit Bescheid zu verweigern, wenn einer der gesetzlich genannten Ablehnungsgründe (z.B. der Lehrling hat die allgemeine Schulpflicht noch nicht erfüllt) vorliegt.

Wird ein Lehrvertrag nicht eingetragen und vom AG aufgelöst, so sind die Ansprüche auf Basis der Lehrlingsentschädigung zu berechnen, wenn der Lehrling bis zur Auflösung typische Lehrlingstätigkeiten verrichtet hat (OLG Wien 9 Ra 171/06 t = ARD 5809/3/2007). Entsprechendes gilt auch bei nichtigen Lehrverträgen (OGH 8 Ob A 216/02 a = ARD 5392/3/2003) und der faktischen Verwendung als Lehrling (OGH 21.12.2011, 9 Ob A 27/11 b).

Falls der Lehrvertrag die im § 2 Abs. 2 AVRAG vorgesehenen Angaben enthält, wird damit den Verpflichtungen dieser Bestimmung entsprochen, daher ist kein Dienstzettel auszustellen (siehe auch 12.).

Nichtanrechnung von Verhinderungszeiten auf die Dauer der Lehrzeit

Falls der Lehrling in einem durchgehenden Zeitraum von über vier Monaten (unabhängig vom Lehrjahr) aus in seiner Person gelegenen Gründen verhindert ist, den Lehrberuf zu erlernen, so ist die 4 Monate übersteigende Zeit nicht auf die für den Lehrberuf festgesetzte Lehrzeit anzurechnen. Das Gleiche gilt, wenn die Dauer mehrerer solcher Verhinderungen in einem Lehrjahr insgesamt vier Monate übersteigt (§ 13 Abs. 3 BAG).

In der Praxis könnten nun anzeigepflichtige, vier Monate übersteigende Verhinderungszeiten etwa durch folgende Gründe eintreten:

- **Präsenz- oder Zivildienst,**
- **Schutzfrist und Karenzurlaub** nach MSchG oder VKG und
- ein vier Monate überschreitender Krankenstand bzw. mehrere **Krankenstände**, die insgesamt mehr als vier Monate innerhalb eines Lehrjahres andauern.

Tritt nun eine Verhinderung von über 4 Monaten ein, so ist binnen vier Wochen nach dem Ende der Verhinderungszeit eine **Anzeige an die Lehrlingsstelle** zu erstatten (§ 13 Abs. 3 BAG). Damit der Lehrling seine Lehrzeit erfüllen kann, verlängert sich der Lehrvertrag um die Verhinderungszeit, die für die Erfüllung der Lehrzeit nicht angerechnet wurde, sofern der Lehrling bzw. sein gesetzlicher Vertreter dies verlangt. Wenn etwa bei einer dreijährigen Lehrzeit der Lehrling im 3. Lehrjahr sechs Monate im Krankenstand war, so ist das Lehrverhältnis auf Verlangen des Lehrlings bzw. seines gesetzlichen Vertreters um zwei Monate zu verlängern, wobei der Lehrberechtigte die Verlängerung des Lehrvertrages anzubieten hat (**Kontrahierungszwang**; OGH 4 Ob 106/80).

Beendigung des Lehrvertrages

Das Lehrverhältnis endet mit Ablauf der im Lehrvertrag vorgesehenen Dauer der Lehrzeit (meistens 3 Jahre).

„Automatisch", also ohne Erklärung, endet das Lehrverhältnis (§ 14 Abs. 2 BAG, siehe auch 39.), wenn

- der Lehrling stirbt,
- der Lehrberechtigte stirbt und kein Ausbildner vorhanden ist, es sei denn, dass er ohne unnötigen Aufschub bestellt wird,
- die Eintragung des Lehrvertrages rechtskräftig verweigert oder die Löschung der Eintragung des Lehrvertrages rechtskräftig verfügt wurde,
- der Lehrberechtigte nicht mehr zur Ausübung der Tätigkeit befugt ist (durch Zurücklegung oder Entziehung der Gewerbeberechtigung, etwa auch durch

Zurücklegung des Fortbetriebsrechts der Insolvenzmasse durch den Insolvenzverwalter – OGH 30.8.2013, 8 Ob S 9/13 a), in deren Rahmen der Lehrling ausgebildet wird oder der Lehrberechtigte auf Grund des § 4 BAG von der Ausbildung von Lehrlingen ausgeschlossen ist oder die juristische Person untergeht und damit die Gewerbeberechtigung endet (§ 11 Abs. 1 GewO – OGH 15.4.2004, 8 Ob A 26/04 p) und der Lehrling vom Lehrberechtigten über die Auflösung des Lehrverhältnisses unverzüglich informiert wird (§ 14 Abs. 4 BAG),

- der Lehrling die Lehrabschlussprüfung erfolgreich ablegt, wobei die Endigung des Lehrverhältnisses mit Ablauf der Woche, in der die Prüfung abgelegt wird, eintritt, und
- wenn das Asylverfahren des Lehrlings mit einem negativen Bescheid beendet wurde.

Die automatische Auflösung kann keinen Anspruch auf Kündigungsentschädigung bewirken (z.B. OGH 17.6.1986, 4 Ob 69/85, Arb 10.534 – siehe auch 42.7.6.2 – 4. Lehrlinge), wobei dies aber nicht gilt, wenn der Lehrling vom Verlust der Gewerbeberechtigung nicht unverzüglich informiert wird (§ 14 Abs. 4 BAG).

Einschlägige Judikatur

- *Weder die Eröffnung des Konkurses über das Vermögen des Lehrberechtigten noch die tatsächliche Einstellung seines Betriebes beenden das Lehrverhältnis kraft Gesetzes. Erst die Entziehung der Gewerbeberechtigung führt zum Eintritt der Voraussetzungen des § 14 Abs. 2 lit. d BAG, nämlich dass der Lehrberechtigte nicht mehr zur Ausübung der Tätigkeit befugt ist, in deren Rahmen der Lehrling ausgebildet wird. Damit endet das Lehrverhältnis kraft Gesetzes, ohne einer Willenserklärung des Lehrberechtigten oder des Lehrlings zu bedürfen. Bis zu dieser rechtlichen Beendigung des Lehrverhältnisses kann der Lehrling aus einem wichtigen Grund, also im Konkurs auch (unter Wahrung der Frist von einem Monat vom Tag der Konkurseröffnung an) nach § 25 Abs. 1 KO austreten (OGH 9 Ob A 297/92 = ARD 4439/3/93, ähnlich OGH 8 Ob S 2/05 k = ARD 5625/4/2005 sowie OGH 22.11.2011, 8 Ob S 3/11 s).*
- *Die rechtskräftig ausgesprochene Verweigerung der Eintragung des Lehrvertrages bewirkt gemäß § 879 Abs. 1 ABGB dessen Nichtigkeit und beendet damit das Lehrverhältnis rückwirkend. Der Lehrling hat dann einen bereicherungsrechtlichen Anspruch auf ein der tatsächlichen Verwendung – hier als Lehrling – entsprechendes Entgelt (OGH 8 Ob A 216/02 a = ARD 5392/3/2003), jedoch kein Anspruch auf Schadenersatz nach § 1162d ABGB (OLG Wien 10 Ra 93/06 d = ARD 5783/6/2007).*
- *Der Liquidationsbeschluss der Generalversammlung einer GmbH führt nicht zum Untergang einer GmbH und auch nicht zum Verlust der Gewerbeberechtigung. Daher endet das Lehrverhältnis nicht automatisch (OLG Wien 7 Ra 142/03 h = ARD 5531/4/2004 und OGH 8 Ob A 26/04 p = ARD 5531/4/2004).*

Zur Auflösung während der Probezeit siehe 14.2.3.

Zur vorzeitigen Auflösung des Lehrverhältnisses durch den Lehrberechtigten nach § 15 Abs. 3 BAG siehe 42.4.1.

Zur außerordentlichen Auflösung nach § 15a BAG siehe 42.4.2.

Zum vorzeitigen Austritt des Lehrlings siehe 44.3.

Zur einvernehmlichen Lösung des Lehrverhältnisses siehe 43.1.

Zu den Formvorschriften bei der Auflösung eines Lehrverhältnisses siehe neben den zuvor erwähnten Fundstellen auch 2. sowie *Rauch*, Formvorschriften bei der Auflösung eines Lehrverhältnisses, ASoK 2007, 336 ff.

Zur Anrechnung der Lehrzeit bei der Abfertigung siehe 45.1.

Zur Höhe der Lehrlingsentschädigung bei Fehlen kollektivvertraglicher Regelungen siehe 9.1.

In den Fällen der verkürzten Lehrzeit (etwa aufgrund einer Matura) ist die Kürzung bei Einreihung in die kollektivvertraglichen Lohntabellen zu berücksichtigen (Beispiel: drei Jahre bzw. sechs Monate Lehrzeit verkürzt auf 24 Monate wegen Matura. – Ein Lehrjahr i.S. des KV hat daher diesfalls acht Monate – OGH 9 Ob A 79/02 m = ARD 5347/6/2002).

Zur Leistung von Überstunden durch Lehrlinge siehe 30.4 und 30.9.

Krankenstand

Siehe dazu 20.17.

Wird ein Arbeitsverhältnis nach der Beendigung des Lehrvertrages fortgesetzt, so beginnt (nach der allerdings bestreitbaren Auffassung des HVSVT = ARD 4185/5/90) der Entgeltfortzahlungsanspruch des Arbeiters nach § 2 EFZG mit dem Zeitpunkt des Übertritts in das Arbeitsverhältnis als Arbeiter. Der erste Tag des Arbeitsverhältnisses als Arbeiter gilt für die Berechnung des Anspruches als erster Tag des Arbeitsjahres, wobei sich im Übrigen das Arbeitsjahr nicht verschiebt. Dies gilt daher auch dann, wenn die Lehrzeit keine vollen Jahre (z.B. 3,5 Jahre) gedauert hat.

Falls jedoch der Lehrling nach der Beendigung des Lehrverhältnisses vom AG als Angestellter weiter beschäftigt wird, so beginnt der Entgeltfortzahlungsanspruch auf Grund eines Krankenstands nach § 8 Abs. 1 AngG mit dem Zeitpunkt des Übertritts in das Arbeitsverhältnis als Angestellter. Der erste Krankenstand als Angestellter ist daher als Ersterkrankung (siehe 20.15) anzusehen.

Behaltezeit

Der Lehrberechtigte ist nach § 18 BAG verpflichtet, den Lehrling drei Monate im erlernten Beruf weiter zu verwenden.

Hat der Lehrling bei dem Lehrberechtigten (bei dem er das Lehrverhältnis beendet) die für den Lehrberuf festgesetzte Lehrzeit bis zur Hälfte zurückgelegt, so trifft diesen Lehrberechtigten die Behaltepflicht nur im halben Ausmaß. Hat hingegen der Lehrling bei dem Lehrberechtigten, bei dem er die Lehrzeit beendet, mehr als die Hälfte der Lehrzeit absolviert, so hat dieser Lehrberechtigte die volle Behaltezeit zu erfüllen.

Die Behaltezeit dient der Vertiefung der erlernten Erkenntnisse. Daher kann der AN in der Behaltezeit nicht zur Besorgung berufsfremder Tätigkeiten herangezogen werden (OGH 8 Ob A 108/98 k = ARD 4951/40/98).

Es ist empfehlenswert, für die Dauer der Behaltezeit ein befristetes Arbeitsverhältnis zu vereinbaren (Details und Muster siehe 14.4).

Falls keine Befristung vereinbart wurde und der AG das Arbeitsverhältnis zum erstmöglichen Zeitpunkt beenden will, so ist es zulässig, noch während der Behaltezeit zu kündigen, sodass die Kündigungsfrist in die Behaltezeit fällt. Es muss lediglich die komplette Behaltezeit erfüllt werden (OGH 9 Ob A 187/94 = ARD 4616/3/95).

Beispiel:
Die Behaltezeit nach § 18 BAG endet am 31.12.2001. Die Kündigung des AG soll zum erstmöglichen Zeitpunkt erfolgen. Die Kündigungsfrist (Arbeiter) beträgt nach dem anzuwendenden KV eine Woche, wobei die Kündigung zum Ende der Arbeitswoche zu erfolgen hat. Eine Kündigung zum 28.12.2001 (Freitag) wäre unzulässig, da am letzten Tag des Arbeitsverhältnisses (28.12.2001) die Behaltezeit noch nicht zur Gänze abgelaufen ist. Es ist daher die Kündigung zum 4.1.2002 (Freitag) zulässig. Wäre ein befristetes Arbeitsverhältnis vereinbart worden, so hätte das Arbeitsverhältnis ohne Kündigung zum 31.12.2001 geendet.

Falls die Behaltepflicht aus wirtschaftlichen Gründen nicht erfüllt werden kann, muss bei der Wirtschaftskammer des jeweiligen Bundeslandes (Landeswirtschaftskammer) ein Antrag auf **Erlassung der Weiterverwendungspflicht** oder die **Bewilligung zur Kündigung** eingebracht werden. Diesem Antrag kann die Landeswirtschaftskammer nur dann stattgeben, wenn dies von der zuständigen AK binnen 14 Tagen befürwortet wird. In der Regel lehnt jedoch die AK eine Zustimmung ab. In diesen Fällen entscheidet schließlich die Bezirksverwaltungsbehörde (§ 18 Abs. 3 BAG). Es ist zu empfehlen, im Fall einer absehbaren **Betriebsstilllegung** möglichst rasch den Antrag auf Erlassung der Behaltepflicht bei der zuständigen Landeswirtschaftskammer einzubringen.

Der AG ist nur während des Lehrverhältnisses verpflichtet den Lehrling mit Entgeltanspruch für den Schulbesuch freizustellen (§ 9 Abs. 5 und 6 BAG). Besucht der AN während der Behaltezeit die Berufsschule, so ist ihm die dafür erforderliche Freizeit zu gewähren, wobei aber für die entfallene Arbeitszeit kein Entgeltanspruch besteht (OGH 3.9.2010, 9 Ob A 146/09 z, *Rauch* Arbeitsrecht 2012, 37 f).

Verzicht auf die Behaltezeit

Der Lehrling kann erklären, dass er auf die Einhaltung der Behaltezeit verzichtet. Der AG hat jedoch zunächst die Ableistung der Behaltezeit anzubieten (OGH 23.3.2010, 8 Ob S 4/10 m). Verzichtet der Lehrling, so endet das Lehrverhältnis mit dem Ablauf der Lehrzeit oder mit dem Ablauf der Woche, in der die Lehrabschlussprüfung erfolgreich abgelegt wurde (§ 14 Abs 2 lit e BAG).

Einschlägige Judikatur

- *Ein gänzlicher Entfall der Verpflichtung zur Weiterverwendung nach Ende der Lehrzeit tritt nur bei der Befreiung von der Weiterbeschäftigung (§ 18 Abs. 3 erster Fall BAG) ein. Eine vorzeitige Beendigung der Behaltepflicht kommt – vom Fall der Entlassung abgesehen – nur durch ordnungsgemäße Kündigung des betreffenden Arbeitsverhältnisses in Betracht. Diese Kündigung ist – gerade wegen der Behaltepflicht – nur unter ganz bestimmten Voraussetzungen und nach Einholung einer besonderen Bewilligung zulässig und wirksam. Verwendet also der Lehrberechtigte den Lehrling nach Beendigung der Lehrzeit im Rahmen eines unbefristeten Arbeitsverhältnisses, so kann er, wenn er aus wirtschaftlichen Gründen nicht mehr in der Lage ist, den Lehrling während der gesamten Behaltezeit weiterzubeschäftigen, die Bewilligung zur Kündigung einholen und dann zum nächstmöglichen Termin kündigen (OGH 9 Ob A 114/88).*
- *Bei Stilllegung des Betriebes entfällt die Weiterverwendungsverpflichtung des Lehrberechtigten erst dann, wenn ihm diese gemäß § 18 Abs. 3 BAG erlassen wurde. Bei Unmöglichkeit der Weiterverwendung im erlernten Beruf infolge Betriebsstilllegung ist ein vorzeitiger Austritt des Lehrlings wegen ihrer Verweigerung nicht gerechtfertigt; es können lediglich Ansprüche nach § 1155 ABGB vorliegen (OGH 9 Ob A 190/92 = RdW 1993/4, 116 f. = ARD 4422/52/92).*

Lehrlingsentschädigung

Zur Höhe der Lehrlingsentschädigung bei Fehlen kollektivvertraglicher Regelungen siehe 9.1.

In den Fällen der verkürzten Lehrzeit (etwa auf Grund einer Matura) ist die Kürzung bei der Einreihung in die kollektivvertraglichen Lohntabellen zu berücksichtigen. Wenn nun für das 1., 2. und 3. Lehrjahr im KV je ein unterschiedlicher Entschädigungssatz vorgesehen ist und die Lehrzeit drei Jahre dauert, aber auf Grund der vom Lehrling abgelegten Matura eine Verkürzung um ein Jahr zu gewähren ist, so sind die (für die Höhe der Lehrlingsentschädigung) maßgeblichen kollektivvertraglichen Lehrjahre jeweils in der Dauer von acht Monaten anzusetzen (OGH 9 Ob A 79/02 m = ARD 5347/6/2002 – zum KV für das Friseurgewerbe).

Zutrittsrecht von AK-Vertretern

§ 5 AKG ermächtigt die AK zur Überwachung der Einhaltung arbeitsrechtlicher, sozialversicherungsrechtlicher und arbeitnehmerschutzrechtlicher Vorschriften, die Besichtigung von Arbeitsstätten aller Art bei den Arbeitsinspektoraten und sonstigen zuständigen Behörden zu beantragen und daran sowie an polizeilichen Tatbestandsaufnahmen anlässlich von Betriebsbesichtigungen teilzunehmen. Weiters sind sie berufen, mit dem Betriebsinhaber über die Abstellung gesetzwidriger Zustände zu verhandeln.

Zum Schutz von Lehrlingen können die AK Lehrlings- und Jugendschutzstellen einrichten, welche die Arbeits- und Wohnverhältnisse von Lehrlingen überprüfen und die Abstellung gesetzwidriger Zustände bei der zuständigen Behörde beantragen. Diese Kompetenzbestimmung des § 5 AKG ist jedoch keine Grundlage für die Ableitung eines Zutrittsrechts von AK-Vertretern zum Betrieb, es besteht hier keine Duldungspflicht des Betriebsinhabers (*Adametz/Ruggenthaler*, Zutrittsrechte Betriebsfremder, 19 f.; *Rauch*, Zutrittsrechte externer Arbeitnehmervertreter, ASoK 2009, 166 ff.).

Förderungen bei Ausbildung von Lehrlingen

Die Ausbildung von Lehrlingen wird in vielfältiger Form gefördert. Lehrbetriebe erhalten insbesondere für jeden Lehrling eine Basisförderung, die beispielsweise im 1. Lehrjahr drei Lehrlingsentschädigungen umfasst. Weiters werden positive Ausbildungsergebnisse gefördert. Förderungen sind bei der Lehrlingsstelle der WK des jeweiligen Bundeslandes zu beantragen (Details: www.lehre-foerderung.at). Die Frist für die Antragstellung endet drei Monate nach Ablauf des jeweiligen Lehrjahres bzw. des förderbaren Ereignisses. In bestimmten Fällen ist das jeweilige AMS (z.B. Lehrlinge mit Lernschwächen) zuständig (www.ams.at).

Berufsschulbesuch während der Behaltezeit

Während des Lehrverhältnisses ist der Lehrberechtigte zur Freistellung des Lehrlings zum Besuch der Berufsschule verpflichtet (§ 9 Abs. 5 und 6 BAG). Die Unterrichtszeit ist auf die wöchentliche Arbeitszeit einzurechnen (§ 11 Abs. 4 bis 8 KJBG – siehe 30.9). Mit dem Beginn der Behaltepflicht endet die Freistellungspflicht für die Berufsschule. Falls der ehemalige Lehrling während der Behaltepflicht weiterhin die Berufsschule besuchen will (weil die Ausbildung noch nicht abgeschlossen ist), so ist eine Regelung mit dem AG abzuschließen. Eine Teilzeitvereinbarung zwecks Berufsschulbesuch ist insofern problematisch, als für die Behaltezeit eine Vollzeitbeschäftigung vorgesehen ist. Eine Urlaubsvereinbarung ist denkbar, wobei in diesem Fall allerdings der Erholungszweck nicht erfüllt wird. M.E. sollte dies jedoch keine Rolle spielen, weil es grundsätzlich Angelegenheit des AN ist, wie er sich während seines Urlaubs beschäftigt. Denkbar wäre etwa auch ein Zeitausgleich.

Jüngst hat sich der OGH zu diesem Thema geäußert und festgehalten, dass der AG zur Freistellung verpflichtet sei, wobei aber der AN keinen Entgeltanspruch habe (OGH 3.9.2010, 9 Ob A 146/09 z; *Rauch*, Arbeitsrecht 2012, 37 f.). Jedenfalls ist bei fehlender Absprache das Fernbleiben des AN, um die Berufsschule zu besuchen, kein Entlassungsgrund. Demnach ist also die Freistellung für die Berufsschule bei Entfall des Entgelts eine durch die Judikatur des OGH abgesicherte Vorgangsweise.

Lehrlinge und Pflicht zur Beschäftigung behinderter AN siehe 54.

53. Überblick zur Betriebsverfassung

Zum absolut zwingenden Charakter des ArbVG siehe 14.

Pflicht zur Errichtung eines BR

In Betrieben, in denen mindestens fünf aktiv wahlberechtigte AN beschäftigt werden, ist ein BR einzurichten. Vom passiven Wahlrecht ausgeschlossene Familienangehörige (siehe im Folgenden) bleiben außer Ansatz (§ 40 Abs. 1 ArbVG). **Aktiv wahlberechtigt** sind alle AN ohne Unterschied der Staatsbürgerschaft, die am Tag der Betriebs-(Gruppen-)versammlung zur Wahl des Wahlvorstandes, bei Teilversammlungen am Tag der letzten Teilversammlung, das 18. Lebensjahr vollendet haben und an diesem Tag und am Tag der Wahl im Rahmen des Betriebes beschäftigt sind (§ 49 Abs. 1 ArbVG, § 6 Abs. 1 BR-WO).

Die Einrichtung eines BR ist ausschließlich Angelegenheit der Belegschaft (zur Errichtung getrennter Arbeiter- und Angestellten-BR siehe im Folgenden). Es bleibt der Belegschaft auch in großen Betrieben unbenommen, keinen BR einzurichten. Es besteht für das Unterlassen der Wahl eines BR keine Sanktionsmöglichkeit. In der Praxis gibt es in etlichen größeren Betrieben keinen BR. Dies dürfte mit den Erfahrungen einiger Mitarbeiter mit ineffizienten BR-Mitgliedern, die primär persönliche Interessen verfolgen, zusammenhängen.

Der BR wird für fünf Jahre gewählt (§ 61 Abs. 1 ArbVG).

Betriebsbegriff

Die Wahl eines BR setzt voraus, dass ein eigener Betrieb im Sinne des § 34 ArbVG vorliegt. Als Betrieb gilt jede Arbeitsstätte, die eine organisatorische Einheit bildet, innerhalb der eine physische oder juristische Person oder eine Personengemeinschaft mit technischen oder immateriellen Mitteln die Erzielung bestimmter Arbeitsergebnisse fortgesetzt verfolgt, ohne Rücksicht darauf, ob Erwerbsabsicht besteht oder nicht.

Ein Betrieb ist daher durch folgende Elemente gekennzeichnet:

- Betriebsinhaber,
- Betriebsmittel,
- die Beschäftigten und
- der Umstand, dass eine Tätigkeit vorliegt, die fortgesetzt verfolgt wird oder die auf Dauer gerichtet ist (Arb 10.016).

Ein Betrieb ist eine geschlossene Einheit, die für sich allein bestehen könnte. Es ist daher ein gewisses Mindestmaß an Selbständigkeit, besonders in technischer Hinsicht, eine wenn auch beschränkte Abgeschlossenheit des Ergebnisses des Arbeitsvorganges oder die Unabhängigkeit von anderen Betriebsvorgängen erforderlich (Arb 7.466, 9.319, 9.453, 10.525, OGH 9 Ob A 79/03 p = ARD 5514/9/ 2004).

Bilden einzelne Arbeitsstätten eines Unternehmens keinen Betrieb, so sind sie in ihrer Gesamtheit ein Betrieb. Für betriebsverfassungsrechtliche Streitigkeiten, die nur eine Arbeitsstätte betreffen, ist das Gericht zuständig, in dessen Sprengel die Arbeitsstätte liegt (OGH 4.8.2009, 9 Ob A 155/08 x).

Nach § 35 ArbVG kann eine räumlich vom Hauptbetrieb weit entfernte Arbeitsstätte, in der ständig mehr als 50 AN beschäftigt sind, einem selbständigen Betrieb mittels Klage gleichgestellt werden, wenn sie räumlich vom Hauptbetrieb weit entfernt ist und hinsichtlich der Organisation einem Betrieb nahe kommt.

Einschlägige Judikatur
- *Für den Standort Bruck in seiner Gesamtheit treffen die Voraussetzungen für einen Betrieb im Sinne des § 34 ArbVG jedenfalls nicht zu, weil an diesem Standort eine Fülle der verschiedenartigsten Funktionen angesiedelt sind, die mit jeweils völlig unterschiedlicher Selbständigkeit ausgestattet sind und keinen einheitlichen und abgeschlossenen Betriebszweck verfolgen, sondern – in unterschiedlicher Abhängigkeit von der Zentrale – unterschiedliche Aufgabenstellungen verfolgen. Demgemäß kann für den Standort in seiner Gesamtheit weder von einer einheitlichen Organisation noch von einem einheitlichen Betriebszweck gesprochen werden (OGH 8 Ob A 276/97).*

AN im Sinne des ArbVG

AN sind alle im Rahmen eines Betriebes beschäftigten Personen einschließlich der Lehrlinge und Heimarbeiter ohne Unterschied des Alters (§ 36 ArbVG).

Nicht als AN in diesem Sinne gelten unter anderem:
- in Betrieben einer juristischen Person die Mitglieder des Organs, das zur gesetzlichen Vertretung der juristischen Person berufen ist (im Fall der völligen Unselbständigkeit und Bedeutungslosigkeit der GmbH im Konzern kann die AN-Eigenschaft der Geschäftsführer dieser GmbH nach Meinung des OGH gegeben sein – OGH 22.2.2006, 9 Ob A 49/05 d, 24.7.2013, 9 Ob A 79/13 b);
- **leitende Angestellte**, denen maßgebender Einfluss auf die Führung des Betriebes zusteht;
- Personen, die zu Schulungs- und Ausbildungszwecken kurzfristig beschäftigt werden (**Volontäre** – § 8 Abs. 1 Z 3 lit. c ASVG);
- freie AN.

Zum Begriff des leitenden Angestellten siehe 30.1.

Überlassene AN gelten dann als AN i.S. des § 36 ArbVG, die dem Beschäftigerbetrieb zuzurechnen sind, wenn die Überlassung für längere Zeit erfolgt. Die Verständigung von der beabsichtigten Kündigung (siehe 41.1.1) hat jedoch beim BR des Überlasserbetriebes zu erfolgen. Eine subsidiäre Pflicht zur Verständigung des BR des Beschäftigerbetriebes besteht auch dann nicht, wenn beim Überlasserbetrieb kein BR existiert (OGH 9 Ob A 63/87, 9 Ob A 22/91 = Arb 10.908).

Der BR kann keinerlei Agenden bezüglich Personen wahrnehmen, die keine AN im arbeitsverfassungsrechtlichen Sinn sind. Insbesondere ist keine **Kündigungsanfechtung** (§ 105 ArbVG) und kein **Einblick in den Personalakt** möglich.

Titel- und Rangbezeichnungen sind für die Stellung als leitender Angestellter unerheblich. Auch die Erteilung der Prokura bewirkt nicht die Stellung als leitender Angestellter, soferne nicht die entsprechenden Befugnisse gegeben sind.

Im Gegensatz zum Begriff des leitenden Angestellten im AZG, „dem maßgebliche Führungsaufgaben selbstverantwortlich übertragen sind", ist ein leitender Angestellter nach § 36 Abs. 2 lit. 3 ArbVG ein solcher, „dem maßgeblicher Einfluss auf die Führung des Betriebes zusteht". Der Gesetzgeber hat im AZG diesen Begriff bewusst weiter gefasst als im ArbVG (OGH 9 Ob A 193/01 z = ARD 5299/22/2002 – Details siehe 30.1).

Im ArbVG steht vor allem der Einfluss auf den Abschluss und die Auflösung von Arbeitsverhältnissen im Vordergrund (OGH 9 Ob A 99/03d).

Errichtung getrennter Arbeiter- und Angestellten-BR

Wenn sowohl die Gruppe der Arbeiter wie auch die Gruppe der Angestellten mindestens je fünf AN umfasst, sind getrennte BR zu errichten. Auf Grund der gesetzlichen Bestimmungen (§ 40 ArbVG) ist jedoch im Einzelfall ein gemeinsamer BR zu errichten, wenn

- nur eine Gruppe weniger als fünf AN umfasst (z.B. sieben Angestellte und ein Arbeiter), oder
- beide Gruppen jeweils weniger als fünf, zusammen jedoch mindestens fünf AN umfassen (z.B. drei Arbeiter und vier Angestellte).

Freiwillig kann ein **gemeinsamer BR** jederzeit errichtet werden, wenn sich sowohl die Gruppe der Arbeiter wie die der Angestellten in geheimer Abstimmung jeweils mit 2/3-Mehrheit dafür ausspricht (§ 49 Abs. 2 ArbVG).

Ein Arbeiter-BR kann seine Aufgaben ausschließlich bezüglich der Arbeiter und ein Angestellten-BR ausschließlich bezüglich der Angestellten wahrnehmen. Sind getrennte BR errichtet, so finden in der Regel getrennte **Gruppenversammlungen der Arbeiter bzw. der Angestellten** statt.

BR-Wahl (§§ 50 ff. ArbVG)

Den AG trifft diesbezüglich lediglich die Pflicht, dem **Wahlvorstand** die zur Durchführung der Wahl erforderlichen Verzeichnisse der AN rechtzeitig zur Verfügung zu stellen (siehe auch *Rauch*, Arbeitgeberpflichten und BR-Wahl = ARD 5514/10/2004).

In der Praxis werden den an der Wahl eines BR interessierten AN von der zuständigen Gewerkschaft Unterlagen zur Durchführung der Wahl überreicht.

Zu beachten wäre, dass diejenigen AN, welche die Wahl organisieren bzw. in die Wege leiten, einen **Motivkündigungsschutz** (siehe 41.8.3) genießen. Sobald ein AN als Wahlwerber auftritt, steht er unter dem besonderen Bestandschutz (siehe 41.7.4).

Betriebsversammlung

Soll nun eine BR-Wahl abgehalten werden, so ist zunächst eine Betriebsversammlung durchzuführen. Wenn es dem Betriebsinhaber unter Berücksichtigung der betrieblichen Verhältnisse zumutbar ist, können Betriebsversammlungen während der Arbeitszeit abgehalten werden. Wird die Versammlung während der Arbeitszeit abgehalten, so haben die AN für den erforderlichen Zeitraum einen Anspruch auf Arbeitsfreistellung. In dieser Betriebsversammlung wird der Wahlvorstand (drei Personen ausgenommen beim vereinfachten Wahlverfahren nach § 58 ArbVG) gewählt.

Im Übrigen ist der Zeitpunkt der Betriebsversammlung spätestens zwei Wochen vor dem Stattfinden vom Einberufer im Betrieb auszuhängen (§ 11 Abs. 1 BR-WO).

Die Betriebsversammlung kann im Betrieb oder außerhalb desselben stattfinden. Findet die Versammlung innerhalb des Betriebes statt, hat der Betriebsinhaber nach Tunlichkeit die erforderlichen Räumlichkeiten zur Verfügung zu stellen (§ 47 Abs. 2 ArbVG).

Der Betriebsinhaber oder sein Stellvertreter kann auf Einladung der Einberufer an der Betriebsversammlung teilnehmen (§ 48 ArbVG). Die AK und die Gewerkschaft sind berechtigt, Vertreter zur Betriebsversammlung zu entsenden. Die Regelungen bezüglich der Betriebsversammlung sind ebenso auf die Gruppenversammlungen der Arbeiter bzw. der Angestellten bei getrennten BR anzuwenden.

Stimmberechtigt in der Betriebsversammlung ist jeder betriebszugehörige AN ohne Unterschied der Staatsbürgerschaft, sofern er das 18. Lebensjahr vollendet hat. Die Beschlussfassung erfolgt mit einfacher Mehrheit und in offener Abstimmung (Erheben einer Hand). Lediglich Beschlüsse über

- die Enthebung des BR oder
- eines BR-Mitgliedes sowie
- über die Bildung eines gemeinsamen BR

erfordern eine **qualifizierte Mehrheit** und die jeweilige Abstimmung muss geheim erfolgen. Eine qualifizierte Mehrheit bedeutet hier, dass für das Zustandekommen des jeweiligen Beschlusses 2/3 der abgegebenen Stimmen erforderlich sind. Beschlüsse über die Bildung eines gemeinsamen BR bedürfen hingegen der Mehrheit von 2/3 der für die Wahl des jeweiligen Gruppen-BR aktiv Wahlberechtigten.

Für die Beschlussfähigkeit der Betriebsversammlung ist die Anwesenheit von mindestens der Hälfte der stimmberechtigten AN erforderlich. Ist bei Beginn der Betriebsversammlung weniger als die Hälfte der stimmberechtigten AN anwesend, so ist eine halbe Stunde zuzuwarten. Nach Ablauf dieser Zeit ist die Betriebsversammlung (mit Ausnahme insbesondere der Abstimmung über einen gemeinsamen BR, die Betriebsratsumlage, die Enthebung des BR oder des Wahlvorstandes) ohne Rücksicht auf die Zahl der anwesenden AN beschlussfähig (§ 49 Abs. 3 ArbVG).

Die Vorsitzführung obliegt dem Vorsitzenden des BR, falls ein solcher noch nicht eingerichtet ist, dem Einberufer der Betriebsversammlung.

Zur Protestversammlung siehe 50.2.

Passives Wahlrecht (§ 53 ArbVG)

Zum aktiven Wahlrecht siehe am Beginn dieses Überblicks unter „Errichtung eines BR".

Wählbar sind alle AN (unabhängig von der Staatsangehörigkeit), die

- am Tag der Ausschreibung der Wahl das 18. Lebensjahr vollendet haben und
- seit mindestens sechs Monaten im Rahmen des Betriebes oder des Unternehmens, dem der Betrieb angehört, beschäftigt sind.

Bei getrennten Wahlen sind auch Angehörige der anderen AN-Gruppe wählbar.

Nicht wählbar sind:

- der Ehegatte oder eingetragene Partner des Betriebsinhabers und Personen, die mit dem Betriebsinhaber bis zum zweiten Grad verwandt oder verschwägert sind oder zu ihm im Verhältnis von Wahl- oder Pflegekind, Wahl- oder Pflegeeltern sowie Mündel oder Vormund stehen (siehe auch § 8 Abs. 3 BR-WO);
- in Betrieben einer juristischen Person die Ehegatten oder eingetragenen Partner von Mitgliedern des Organs, das zur gesetzlichen Vertretung der juristischen Person berufen ist, sowie Personen, die mit Mitgliedern eines solchen Vertretungsorgans im ersten Grad verwandt oder verschwägert sind;
- Heimarbeiter.

Unter bestimmten Voraussetzungen sind auch Vorstandsmitglieder und Angestellte einer zuständigen freiwilligen Berufsvereinigung der AN wählbar. In neu errichteten Betrieben und Saisonbetrieben sind auch AN wählbar, die noch nicht sechs Monate im Betrieb oder Unternehmen beschäftigt sind (§ 53 ArbVG).

Werden Beamte und Vertragsbedienstete einem betriebsratspflichtigen Betrieb zugeteilt, so haben sie das aktive und das passive Wahlrecht (OGH 9 Ob A 121/05 t = ARD 5720/3/2006).

Durchführung der Wahl und Ermittlung des Ergebnisses

Die Durchführung der Wahl und die Ermittlung des Wahlergebnisses obliegt dem Wahlvorstand.

Die Wahl hat auf der Grundlage des freien, gleichen und geheimen Wahlrechtes zu erfolgen (§ 4 BR-WO). Detaillierte Regelungen zum Wahlablauf finden sich in den §§ 4 ff. BR-WO.

AN, die wegen Urlaubs, Karenzurlaubs, Leistung des Präsenz- oder Ausbildungs- oder Zivildienstes oder Krankheit oder sonstige wichtige persönliche Gründe an der persönlichen Stimmabgabe verhindert sind, haben die Möglichkeit der **Briefwahl** (§ 56 Abs. 3 ArbVG).

Das Wahlergebnis ist im Betrieb kundzumachen und unter anderem dem Betriebsinhaber mitzuteilen (§ 57 ArbVG).

Anfechtung und Nichtigkeit der Wahl

Wenn wesentliche Bestimmungen des Wahlverfahrens und leitende Grundsätze des Wahlrechts verletzt wurden und hierdurch das Wahlergebnis beeinflusst werden konnte, so kann die Wahl binnen einem Monat ab Mitteilung des Ergebnisses mittels Klage angefochten werden (§ 59 ArbVG). Anfechtungsberechtigt sind jeder Wahlberechtigte und jede wahlwerbende Gruppe sowie der Betriebsinhaber.

Der Betriebsinhaber kann innerhalb der einmonatigen Frist ab Mitteilung des Wahlergebnisses die Wahl nur dann anfechten,

- wenn statt eines gemeinsamen BR getrennte BR für Arbeiter und Angestellte gewählt werden (oder umgekehrt), sofern nicht entsprechende Beschlüsse der beiden Gruppenversammlungen vorliegen (Anfechtbarkeit wegen der Art der Wahl), oder
- wenn zu viele BR-Mitglieder gewählt werden (Anfechtbarkeit wegen des Umfanges der Wahl) oder
- wenn in einer Arbeitsstätte gewählt wurde, die kein Betrieb (§ 34 ArbVG) ist.

Eine unvollständige Wählerliste stellt eine Verletzung einer wesentlichen Bestimmung des Wahlverfahrens dar, die ein Anfechtungsrecht nur einzelnen Wahlberechtigten und den wahlwerbenden Gruppen, nicht jedoch dem Betriebsinhaber einräumt (ASG Wien 11 Cga 81/94).

Mit dem Urteil, welches der Anfechtungsklage nach § 59 ArbVG stattgibt, wird die Wahl für ungültig erklärt. Die bis zu diesem Zeitpunkt vom BR gesetzten Handlungen bleiben jedoch rechtswirksam. Die Belegschaft kann nun einen neuen BR wählen. Während der Dauer des Anfechtungsverfahrens kann ein neuer BR nicht gewählt werden (OGH 9 Ob A 2187/96 = ARD 4810/24/97).

Wird eine anfechtbare Wahl innerhalb der einmonatigen Frist nicht angefochten, so wird sie gültig, auch wenn wesentliche Bestimmungen des Wahlverfahrens verletzt wurden und hierdurch das Wahlergebnis beeinflusst wurde.

Die über die Anfechtbarkeit (relative Nichtigkeit) im Sinne des § 59 ArbVG hinausgehende absolute Nichtigkeit der Wahl kann bei Vorliegen eines rechtlichen Interesses jederzeit auch durch **Klage auf Feststellung** beim Gericht geltend gemacht werden. Ein solches rechtliches Interesse wird insbesondere auch beim Betriebsinhaber gegeben sein. Die Nichtigkeit der Wahl wird durch derart massive Verletzungen der Grundsätze des Wahlverfahrens verursacht, dass von einer gleichen, unmittelbaren und geheimen Wahl im üblichen Sinn nicht mehr gesprochen werden kann.

Fehlt einem als gewählt angegebenen BR-Mitglied die Wählbarkeit, so begründet dies keine Nichtigkeit der Wahl, sondern kann eine Mandatsaberkennungsklage eingebracht werden (§ 64 Abs. 4 ArbVG, OGH 24.11.2010, 9 Ob A 47/10 t).

Die Nichtigkeit einer BR-Wahl liegt insbesondere vor:

- wenn ohne Wahlvorschläge gewählt wurde,
- wenn der BR durch offene Abstimmung oder Beifall bestellt wurde,
- wenn nicht alle stimmberechtigten AN von der Einberufung der Betriebsversammlung, in der die Wahl beschlossen wurde, Kenntnis erlangen konnten.

Mit einem der Klage auf Feststellung der Nichtigkeit der BR-Wahl nach § 60 ArbVG stattgebenden Urteil ist davon auszugehen, dass der BR nie bestand und daher auch keine rechtswirksamen Handlungen setzen konnte (OGH 9 Ob A 2187/96 = ARD 4810/24/97).

Tätigkeitsdauer des BR

Die Tätigkeitsdauer des BR beträgt fünf Jahre. Sie beginnt mit dem Tag der **Konstituierung des BR** (Wahl der Organe des BR insbesondere des Vorsitzenden nach der BR-Wahl) oder mit Ablauf der Tätigkeitsdauer des früheren BR, wenn die Konstituierung vor diesem Zeitpunkt erfolgt ist (§ 61 ArbVG).

Vor Ablauf der fünfjährigen Tätigkeitsperiode endet die Tätigkeitsdauer des BR insbesondere wenn,

- der Betrieb dauernd eingestellt wird;
- der BR dauernd funktionsunfähig wird, insbesondere wenn die Zahl der Mitglieder unter die Hälfte der im § 50 Abs. 1 ArbVG festgesetzten Mitgliederzahl fällt (nach der Rechtsprechung werden BR mit zwei Mitgliedern bei Absinken der Mitgliederzahl auf eine Person beschluss- und damit funktionsunfähig; OGH 9 Ob A 60/94);
- die **Betriebsversammlung (Gruppenversammlung)** die Enthebung des BR beschließt;
- der BR seinen Rücktritt beschließt (§ 62 ArbVG).
- Das Herabsinken der Anzahl der AN unter 5 bewirkt nicht die vorzeitige Beendigung der Tätigkeitsdauer (OGH 9 Ob A 90/05 h = ARD 5706/3/2006).

Ersatzmitglieder

Der BR-Vorsitzende hat unmittelbar nach der konstituierenden Sitzung dem Betriebsinhaber unter anderem die Reihenfolge der Ersatzmitglieder mitzuteilen (§ 11 BR-GO).

Das Ersatzmitglied tritt im Falle des Erlöschens der Mitgliedschaft oder der Verhinderung eines BR-Mitglieds an dessen Stelle. Ersatzmitglieder sind die auf einem Wahlvorschlag den gewählten Mitgliedern des BR folgenden Wahlwerber. Die Reihenfolge des Nachrückens der Ersatzmitglieder wird durch die Reihung auf dem Wahlvorschlag bestimmt. Verzichtet ein Ersatzmitglied oder verzichten mehrere Ersatzmitglieder zugleich zu Gunsten eines nachgereihten Ersatzmitgliedes auf das Nachrücken, so bleiben sie weiterhin als Ersatzmitglieder in der ursprünglichen Reihung. Eine solche Verzichtserklärung ist dem BR-Vorsitzenden schriftlich bekannt zu geben. Sie kann nicht widerrufen werden (§ 12 Abs. 2 BR-GO).

Zum Kündigungs- und Entlassungsschutz der Ersatzmitglieder des BR siehe 41.7.4.1.

Einschlägige Judikatur
- *Der Tausch der Funktionen eines BR-Mitgliedes mit der eines Ersatzmitgliedes ist unzulässig, sodass der mit dem Wunsch bzw. der Meinung verbundene Rücktritt des BR-Mitgliedes, das Ersatzmitglied werde dadurch zum BR-Mitglied, nur das Nachrücken des ersten Ersatzmitgliedes bewirkt (OGH 9 Ob A 3/00 g = ARD 5154/6/2000).*

Rechtsstellung des BR

Dem BR kommt keine eigene Rechtspersönlichkeit zu. Er vertritt die Belegschaft, die der materielle Träger der betriebsverfassungsrechtlichen Befugnisse ist. Er ist nicht der gesetzliche Vertreter der Belegschaft oder einzelner AN in Bezug auf deren privatrechtliche Ansprüche. Dem BR kommt keine Rechtsfähigkeit zu, die für den BR- bzw. ZBR-Fonds ausdrücklich vorgesehen ist (§§ 74 und 86 ArbVG). Der BR ist auch kein Betroffener i.S.d. Datenschutzgesetzes (OLG Wien 10 Ra 164/04 t = ARD 5579/2/2005).

Rechtsstellung der Mitglieder des BR

Ehrenamt

Das BR-Mitglied darf aus seinem Mandat keinen Vorteil ziehen. Es dürfen ihm daher für die BR-Tätigkeit als solche keine wie immer gearteten materiellen Vorteile zugewendet werden (OGH 9 Ob A 227/91 = Arb 11.005). Die Gewährung einer Zulage für die Ausübung der Tätigkeit als BR wäre daher rechtswidrig (OGH 29.10.2014, 9 Ob A 89/14 z). Falls dennoch solche Vereinbarungen getroffen werden oder eine entsprechende faktische Übung vorliegt, handelt es sich um unzulässige Regelungen, die keine Verpflichtungswirkung haben können, weil sie gegen absolut zwingende gesetzliche Bestimmungen verstoßen. Derartige Mehrleistungen kann der Betriebsinhaber jederzeit auf das gesetzliche Maß herabsetzen. Bisherige rechtswidrige Zusatzleistungen können jedoch nicht mehr zurückverlangt werden. Es widerspricht etwa den absolut zwingenden Bestimmungen des ArbVG, wenn etwa einem BR-Mitglied die zur Erfüllung seiner Obliegenheiten zu gewährende Freizeit günstiger vergütet wird als seine Arbeitszeit (OGH 9 Ob A 133/91 = Arb 10.951, Details siehe *Rauch*, BR ist ein Ehrenamt, ASoK 2001, 313 ff.).

Interessenausgleich und Friedenspflicht

Der BR hat zum Wohl der AN und des Betriebes einen Interessenausgleich herbeizuführen (§ 39 ArbVG). Sowohl dem AG als auch dem BR ist daher die Kampfführung gegeneinander untersagt. Daraus ergibt sich das Verbot von Kampfmaßnahmen durch den BR. So etwa ist es verboten, dass der BR Flugzettel mit rufschädigendem Inhalt (i.S. des § 1330 Abs. 2 ABGB) verbreitet (OGH 9 Ob A 125/03b = ARD 5472/5/2004).

Recht auf Freistellung von der Arbeit

Amtsfreistellung

Das ArbVG sieht zwei Freistellungsformen für Mitglieder des BR vor, nämlich die **Amtsfreistellung** (§§ 116 und 117 ArbVG) und die **Bildungsfreistellung** (§§ 118 und 119 ArbVG, 33 und 34 BR-GO). Während der Amtsfreistellung nimmt der BR seine Aufgaben für die Belegschaft wahr. Die BR-Agenden sind tunlichst ohne Störung des Betriebes und daher – soweit möglich – außerhalb der Arbeitszeit wahrzunehmen (§ 39 Abs. 3 ArbVG). Soweit die Aufgaben des BR während der Arbeitszeit wahrgenommen werden müssen, hat der Betriebsinhaber die entfallene Arbeitszeit nach dem **Ausfallprinzip** zu entlohnen. Den Mitgliedern des BR ist daher jenes Entgelt zu bezahlen, wie wenn sie uneingeschränkt gearbeitet hätten. Je nach Größe des Betriebes sind (ab 150 AN) ein oder mehrere BR-Mitglieder auf Grund eines schriftlichen an den Betriebsinhaber gerichteten Antrages (§ 32 Abs. 2 BR-GO) des BR zur Erfüllung von BR-Aufgaben zur Gänze freizustellen (§ 117 ArbVG). Ein freigestelltes BR-Mitglied kann auf Beschluss des BR jederzeit abberufen und durch ein anderes Mitglied ersetzt werden (§ 32 Abs. 1 BR-GO). Nach Auffassung des OGH besteht auch während der gänzlichen Freistellung ein voller Urlaubsanspruch (OGH 14 Ob 76/86, 8 Ob A 20/08 m, *Rauch*, Amtsfreistellung eines BR-Mitglieds, ASoK 2009, 206 ff.). Vereinbarungen über die Freistellung weiterer BR-Mitglieder (über § 117 ArbVG hinausgehend) sind rechtsunwirksam (weil die Normen des ArbVG absolut zwingend sind). Nicht nach dem Gesetz freigestellte BR-Mitglieder können daher zum Arbeitsantritt aufgefordert werden (OGH 19.3.2013, 9 Ob A 133/12 t).

Ein nicht gänzlich freigestelltes Mitglied des BR, welches für einen bestimmten Anlass eine Amtsfreistellung begehrt, hat dies dem AG mitzuteilen. Dabei ist dem AG wenigstens in groben Umrissen der Grund der Arbeitszeitversäumnis bekannt zu geben. Auch ist dem AG die voraussichtliche Dauer der erforderlichen Arbeitsversäumnis anzugeben. Die Information soll den AG in die Lage versetzen, festzustellen, ob die Voraussetzungen für die Freizeitgewährung gegeben sind (OGH 25.5.1994, 9 Ob A 72/94, Arb 11.200). Dabei kann vom AG auch angeordnet werden, dass die Mitteilung der gewünschten Amtsfreistellung schriftlich (in einem hierfür vom AG zur Verfügung gestellten Formular) erfolgt (OGH 10.7.1991, 9 Ob A 133/91, Arb 10.951).

> **Muster zur Bekanntgabe einer Amtsfreistellung**
>
> Das Mitglied des BR Frau/Herr .... benötigt am .... voraussichtlich in der Zeit von .... bis .... eine Amtsfreistellung nach § 116 ArbVG.
>
> Grund für diese Amtsfreistellung: ....
> *(Angabe des Grundes zumindest so weit, dass die Erforderlichkeitsprüfung dem AG ermöglicht wird)*
>
> .... am ....
>   Mitglied des BR

Bildungsfreistellung

Jedes Mitglied des BR hat Anspruch auf Freistellung von der Arbeitsleistung zur Teilnahme an Schulungs- und Bildungsveranstaltungen bis zum Höchstausmaß von drei Wochen innerhalb einer Funktionsperiode unter Fortzahlung des Entgelts nach dem Ausfallsprinzip (Bildungsfreistellung). Die Schulungs- und Bildungsveranstaltungen müssen von kollektivvertragsfähigen Körperschaften der AN oder der AG veranstaltet oder von diesen übereinstimmend als geeignet anerkannt werden und vornehmlich die Vermittlung von Kenntnissen zum Gegenstand haben, die der Ausübung der Funktion als Mitglied des BR dienen. Hierzu zählen auch Veranstaltungen, die neben der Vermittlung solcher Kenntnisse zur Erweiterung der Ausbildung der BR-Mitglieder durch Einführung in die Rechts-, Gesellschafts- und Wirtschaftsordnung oder durch die Vermittlung von Kenntnissen und Fertigkeiten in der Gesetzeshandhabung, Rhetorik und dergleichen beitragen (§ 33 Abs. 1 BR-GO).

In Betrieben, in denen dauernd weniger als 20 AN beschäftigt sind, haben BR-Mitglieder, die Bildungsfreistellung konsumieren, keinen Anspruch auf Entgeltfortzahlung. In Ausnahmefällen bei Vorliegen eines Interesses an einer besonderen Ausbildung kann die Bildungsfreistellung bis zu fünf Wochen ausgedehnt werden.

In Betrieben mit mehr als 200 AN ist neben der Bildungsfreistellung für drei bzw. fünf Wochen auf Antrag des BR ein weiteres Mitglied des BR für die Teilnahme an Schulungs- und Bildungsveranstaltungen bis zum Höchstausmaß eines Jahres gegen Entfall des Entgeltes von der Arbeitsleistung freizustellen (**erweiterte Bildungsfreistellung** nach § 119 ArbVG). Während der Zeit der erweiterten Bildungsfreistellung ist kein Anspruch auf Sonderzahlungen gegeben. Der Urlaub gebührt in vollem Ausmaß, das Urlaubsentgelt jedoch in dem Ausmaß, das dem um die Dauer einer Bildungsfreistellung verkürzten Dienstjahr entspricht. Soweit sich Ansprüche eines AN nach der Dauer der Dienstzeit richten, sind die Zeiten einer erweiterten Bildungsfreistellung, während der das Arbeitsverhältnis weiterhin bestanden hat, auf die Dauer der Dienstzeit anzurechnen (§ 119 Abs. 2 bis 4 ArbVG).

Der BR hat den Betriebsinhaber ohne unnötigen Aufschub, spätestens aber vier Wochen vor der beabsichtigten Freistellung (kleine oder erweiterte Bildungsfreistellung) in Kenntnis zu setzen. Kommt eine Einigung über den Zeitpunkt der Freistellung zwischen dem BR und dem Betriebsinhaber nicht zustande, so kann eine Klärung im Wege einer Klage erfolgen (§§ 33 Abs. 5 bis 7 und 34 BR-GO).

BR-Mitglieder, die in der laufenden Funktionsperiode bereits eine erweiterte Bildungsfreistellung konsumiert haben, haben während dieser Funktionsperiode keinen Anspruch auf eine **kleine Bildungsfreistellung** (§ 118 Abs. 5 ArbVG).

In Betrieben, in denen getrennte BR der Arbeiter und der Angestellten zu wählen sind, gelten die maßgeblichen Zahlen für die gänzliche Freistellung einzelner BR-Mitglieder bzw. für die erweiterte Bildungsfreistellung jeweils für die betreffende AN-Gruppe. Daher kann beispielsweise die gänzliche Freistellung von der Arbeit eines Mitglieds des Arbeiter-BR nur dann erfolgen, wenn dem Betrieb mindestens 150 Arbeiter angehören.

Benachteiligungsverbot

BR-Mitglieder dürfen wegen ihrer Tätigkeit nicht benachteiligt werden (insbesondere bezüglich Entgelt und Aufstiegsmöglichkeiten – § 115 Abs. 3 ArbVG z.B. OLG Wien 10 Ra 74/07 m = ARD 5871/5/2008 etwa wenn durch die Tätigkeit im BR die Voraussetzungen für eine Vorrückung entfallen sollen).

Hausverbot

Ein begründetes Hausverbot für BR-Mitglieder ist zulässig, wenn dadurch keine Behinderung der BR-Tätigkeit eintritt. Ist also das Betreten des Betriebes zur Erfüllung der Aufgabe als Mitglied des BR erforderlich, so gilt insoweit das Hausverbot nicht (OLG Wien 8 Ra 116/07 y = ARD 5871/6/2008, OGH 29.11.2016, 9 Ob A 59/16 k).

Beistellung von Sacherfordernissen

Dem BR und dem Wahlvorstand sind zur ordnungsgemäßen Erfüllung ihrer Aufgaben Räumlichkeiten, Kanzlei- und Geschäftserfordernisse in einem der Größe des Betriebes und den Bedürfnissen des BR bzw des Wahlvorstandes angemessenen Ausmaß vom Betriebsinhaber zur Verfügung zu stellen (§ 72 ArbVG). Dies umfasst allenfalls Faxgeräte, Telefon, PC und etwa Schreibkräfte bei entsprechender Betriebsgröße, soweit dies zur ordnungsgemäßen Erfüllung der Aufgaben unerlässlich ist, wobei jedoch auch die Leistungsfähigkeit des Betriebes zu beachten ist (ZAS 1988, 175). Die Bedürfnisse des BR sind von diesem nachzuweisen (OGH 8 Ob A 92/04v, SZ 64/99 = ZAS 1992/16, 131, OGH 9 Ob A 89/07 i = ARD 5907/2/2008).

Werden dem BR vom AG ohne Rechtfertigung Sacherfordernisse entzogen, so kann er auf Rückstellung klagen (OGH 29.11.2016, 9 Ob A 95/16 k).

BR-Fonds

Zur Deckung der Kosten des BR und der Konzernvertretung sowie zur Errichtung und Erhaltung von Wohlfahrtseinrichtungen und zur Durchführung von Wohlfahrtsmaßnahmen zu Gunsten der Arbeitnehmerschaft und der ehemaligen AN des Betriebes kann die **Betriebsversammlung (Gruppenversammlung)** auf Antrag des BR die Einhebung einer **BR-Umlage** beschließen. Sie darf höchstens 1/2 % des monatlichen Bruttoarbeitsentgeltes betragen.

Die BR-Umlage ist in den §§ 73 ff. ArbVG sowie in der BR-Fonds-Verordnung (BRF-VO) geregelt.

Die Umlage ist vom Betriebsinhaber beim AN vom Entgelt abzuziehen und an den BR-Fonds abzuführen.

Die Einhebung und Höhe der BR-Umlage beschließt auf Antrag des BR die Betriebsversammlung (Gruppenversammlung). Die Beschlussfassung erfordert die Anwesenheit von mindestens der Hälfte der stimmberechtigten AN.

Die Eingänge aus der BR-Umlage bilden den mit Rechtspersönlichkeit ausgestatteten BR-Fonds. Die Verwaltung des BR-Fonds obliegt dem BR. Der BR-Fonds wird vom Vorsitzenden des BR vertreten. Für Schäden aus der unrechtmäßigen Verwendung von Mitteln aus dem BR-Fonds haften alle Mitglieder des BR (OGH 8 Ob A 22/02 x = ARD 5411/10/2003).

Es besteht auch die Möglichkeit der Einhebung einer Zentral-BR-Umlage und der Bildung eines Zentral-BR-Fonds (§§ 38 ff. BRF-VO).

Zentral-BR

Umfasst ein Unternehmen mindestens zwei Betriebe, die eine wirtschaftliche Einheit bilden und vom Unternehmen zentral verwaltet werden, ist ein Zentral-BR zu wählen. Die Mitglieder des Zentral-BR sind von der Gesamtheit der Mitglieder der im Unternehmen errichteten BR (Betriebsräte-Versammlung) aus ihrer Mitte zu wählen.

Die BR-Versammlung ist mindestens einmal in jedem Kalenderjahr vom Zentral-BR einzuberufen (§ 78 Abs. 1 ArbVG).

Bei Erstellung der Wahlvorschläge für die Zentral-BR-Wahl soll auf eine angemessene Vertretung der weiblichen und männlichen AN, der Gruppen der Arbeiter und Angestellten und der einzelnen Betriebe des Unternehmens im Zentral-BR Bedacht genommen werden (§ 81 Abs. 3 ArbVG).

Die Tätigkeitsdauer des Zentral-BR beträgt fünf Jahre. Dem Zentral-BR sind die erforderlichen Sacherfordernisse vom Betriebsinhaber zur Verfügung zu stellen. Es kann eine Zentral-BR-Umlage beschlossen werden. Sie darf höchstens 10 % der BR-Umlage betragen (§ 85 Abs. 1 ArbVG). Der AG hat die Zentral-BR-Umlage von der einbehaltenen BR-Umlage in Abzug zu bringen und unmittelbar an den Zentral-BR-Fonds abzuführen (§ 85 Abs. 3 ArbVG).

Konzernvertretung

In einem Konzern im Sinne des § 15 des Aktiengesetzes oder des § 115 des GmbH-Gesetzes, in dem in mehr als einem Unternehmen BR bestehen, kann eine Konzernvertretung zur Vertretung der gemeinsamen Interessen der in diesem Konzern beschäftigten AN errichtet werden. Die Konzernvertretung wird mit Zustimmung von mindestens 2/3 der Zentral-BR errichtet, die zusammen mehr als die Hälfte der im Konzern beschäftigten AN repräsentieren.

Die Konzernvertretung wird von den einzelnen Zentral-BR durch Delegierte beschickt. Eine Wahl, die mit einer BR-Wahl vergleichbar wäre, findet nicht statt. Die Konzernvertretung wird vom Vorsitzenden nach außen vertreten. Die Errichtung der Konzernvertretung, die Konstituierung, die Zusammensetzung und allfällige Änderungen der Zusammensetzung, die Geschäftsordnung sowie allfällige Änderungen der Tätigkeitsdauer (die in der Regel fünf Jahre dauert), sind jedem im Konzern bestehenden Unternehmen schriftlich zur Kenntnis zu bringen (§ 88d Abs. 8 ArbVG).

In großen Unternehmen mit einer zentralen Leitung in Österreich, die mindestens 1.000 AN in den Mitgliedstaaten des EWR beschäftigen, können europäische BR eingerichtet werden (§§ 171 ff. ArbVG).

Wird ein Unternehmen in der Rechtsform der Europäischen Gesellschaft (SE – Societas Europaea) organisiert und ist der Sitz in Österreich, so kann ein SE-BR gegründet werden (§§ 208 ff. ArbVG).

Befugnisse des BR

Überwachungsrechte

Der BR hat das Recht, die Einhaltung der die AN des Betriebes betreffenden Rechtsvorschriften zu überwachen. Insbesondere stehen ihm folgende Überwachungsrechte zu:

- Der BR kann in die vom Betrieb geführten Aufzeichnungen über die Bezüge der AN und die zur Berechnung dieser Bezüge erforderlichen Unterlagen Einsicht nehmen, sie überprüfen und die Auszahlung kontrollieren. Dies gilt auch für alle anderen die AN betreffenden Aufzeichnungen, deren Führung durch Rechtsvorschriften vorgesehen ist (es besteht jedoch kein Recht des BR auf einen direkten elektronischen Zugriff auf das Personalverrechnungssystem – OGH 4.6.2003, 9 Ob A 3/03 m = ARD 5434/4/2003).

- Der BR hat die Einhaltung der für den Betrieb geltenden KV, der Betriebsvereinbarungen und sonstiger arbeitsrechtlicher Vereinbarungen zu überwachen.

- Der BR hat die Durchführung und Einhaltung der Vorschriften über den AN-Schutz, über die SV, über eine allfällige betriebliche Altersversorgung sowie über die Berufsausbildung zu überwachen.

Informationspflichten des Betriebsinhabers

Der Betriebsinhaber ist verpflichtet, dem BR über alle Angelegenheiten, welche die wirtschaftlichen, sozialen, gesundheitlichen oder kulturellen Interessen der AN des Betriebes berühren, Auskunft zu erteilen.

So etwa hat der Betriebsinhaber dem BR Mitteilung zu machen, welche Arten von personenbezogenen AN-Daten wer automationsunterstützt aufzeichnet und welche Verarbeitungen und Übermittlungen er vorsieht. Dem BR ist auf Verlangen die Überprüfung der Grundlagen für die Verarbeitung und Übermittlung zu ermöglichen. Sofern nicht aus den Rechtsvorschriften ein unbeschränktes Einsichtsrecht des BR abzuleiten ist, ist zur Einsicht in die Daten einzelner AN deren Zustimmung erforderlich (§ 91 ArbVG).

Der Betriebsinhaber hat den BR von jedem **Arbeitsunfall** (siehe 22.) unverzüglich in Kenntnis zu setzen (§ 89 Z 3 ArbVG).

In bestimmten Fällen kann der BR nach § 160 ArbVG einen Strafantrag stellen, wenn der AG gegen seine Informationspflichten verstößt.

Beratungen

Der Betriebsinhaber ist verpflichtet, mit dem BR mindestens vierteljährlich und auf Verlangen des BR monatlich gemeinsame Beratungen über laufende Angelegenheiten abzuhalten und den BR dabei über wichtige Angelegenheiten zu informieren. Dem BR sind auf Verlangen die zur Beratung erforderlichen Unterlagen auszuhändigen (§ 92 Abs. 1 ArbVG).

Der Betriebsinhaber hat weiters den BR in allen Angelegenheiten des AN-Schutzes rechtzeitig anzuhören und mit ihm darüber zu beraten. Der Betriebsinhaber ist insbesondere verpflichtet,

- den BR bei der Planung und Einführung neuer Technologien zu den Auswirkungen auf die AN zu hören,
- den BR bei der Auswahl der persönlichen Schutzausrüstung zu beteiligen,
- den BR bei der Ermittlung und Beurteilung der Gefahren und der Festlegung der Maßnahmen (zur Evaluierung siehe 33.3) sowie bei der Planung und Organisation der Unterweisung zu beteiligen (zur Unterweisung nach § 14 ASchG siehe 33.5.2),
- den BR über Auflagen, Vorschreibungen und Bewilligungen auf dem Gebiet des AN-Schutzes zu informieren.

Zugang zu Unterlagen

Der Betriebsinhaber ist weiters verpflichtet, dem BR bestimmte Unterlagen zugänglich zu machen. Dies betrifft insbesondere

- die Sicherheits- und Gesundheitsschutzdokumente sowie die Aufzeichnungen und Berichte über Arbeitsunfälle,

- die Unterlagen betreffend die Erkenntnisse auf dem Gebiet der Arbeitsgestaltung,
- die Unterlagen über die Ergebnisse von Messungen und Untersuchungen betreffend gefährliche Arbeitsstoffe und Lärm sowie die Ergebnisse sonstiger Messungen und Untersuchungen, die mit dem AN-Schutz im Zusammenhang stehen und
- die Aufzeichnungen betreffend Arbeitsstoffe und Lärm (§ 92a ArbVG).

Sonstige Mitwirkungsbefugnisse

Weiters hat der Betriebsinhaber mit dem BR über die beabsichtigte Bestellung oder Abberufung von Sicherheitsfachkräften, Arbeitsmedizinern sowie von Personen zu beraten, die für die erste Hilfe, die Brandbekämpfung und Evakuierung zuständig sind, außer wenn die beabsichtigte Maßnahme im Arbeitsschutzausschuss (siehe 33.7) behandelt wird.

Der BR hat weiters Mitwirkungsbefugnisse bei der betrieblichen Frauenförderung (§ 92b ArbVG), der Errichtung und Verwaltung von Wohlfahrtseinrichtungen (§ 93 ArbVG) und in Angelegenheiten der betrieblichen Berufsausbildung und Schulung (§ 94 ArbVG).

Der BR ist nicht berechtigt, individuelle Ansprüche des AN mittels Klage geltend zu machen. Dazu steht ihm nur das Feststellungsverfahren nach § 54 ASGG offen (OGH 15.12.2009, 9 Ob A 112/09 z).

Betriebsvereinbarungen

Betriebsvereinbarungen sind schriftliche Vereinbarungen, die vom Betriebsinhaber einerseits und dem BR andererseits in Angelegenheiten abgeschlossen werden, deren Regelung durch Gesetz oder KV der Betriebsvereinbarung vorbehalten sind (§ 29 ArbVG).

Sind keine BR errichtet, so kann eine Betriebsvereinbarung im Sinne des ArbVG nicht abgeschlossen werden. Wird eine Betriebsvereinbarung (Disziplinarordnung) von einem unzuständigen Belegschaftsorgan abgeschlossen, so ist sie rechtsunwirksam, auch wenn sich der AN auf ein Disziplinarverfahren nach dieser Disziplinarordnung einlässt (OGH 27.7.2011, 9 Ob A 13/11 v). Eine vom ZBR abgeschlossene Betriebsvereinbarung ist selbst dann wirksam, wenn ein ausdrücklicher Beschluss auf Übertragung der Befugnis zum Abschluss der Betriebsvereinbarung an den ZBR nicht festgestellt werden kann, aber der AG davon ausging, mit dem zuständigen Organ abzuschließen (OGH 24.9.2012, 9 Ob A 108/11 i). Hat der AG keinen Grund, an der Akzeptanz der Kompetenzübertragung durch den ZBR an die Konzernvertretung zu zweifeln, so ist die Betriebsvereinbarung rechtswirksam (OGH 28.10.2015, 9 Ob A 114/15 b). Eine Kompetenzübertragung kann jederzeit widerrufen werden (§ 114 Abs. 1 ArbVG, OGH 16.12.2016, 8 Ob A 15/16 p).

Die mündliche Vereinbarung einer Verlängerung einer befristeten Betriebsvereinbarung ist rechtsunwirksam (OGH 9 Ob A 68/05 y = ARD 5673/6/2006 – siehe auch „Unechte Betriebsvereinbarungen" im Folgenden). Die Rückwirkung einer Betriebsvereinbarung ist nicht grundsätzlich ausgeschlossen, muss sich jedoch auf noch nicht ausgeschiedene AN beschränken (OGH 8 Ob A 137/02 h, 9 Ob A 187/05 y). Die Betriebsvereinbarung ist auf AG-Seite von einem vertretungsbefugten Organ zu unterfertigen. Fehlt eine wenigstens schlüssige Bevollmächtigung eines Betriebsleiters, so ist die vom Betriebsleiter unterschriebene Betriebsvereinbarung nicht rechtswirksam (OGH 9 Ob A 80/06 i = ARD 5826/1/2007).

Die Betriebsvereinbarung kann gegenüber den AN nur dann Wirksamkeit erlangen, wenn sie ordnungsgemäß im Betrieb kundgemacht wurde (§ 30 Abs. 1 ArbVG). Das bloße Auflegen der Betriebsvereinbarung im Personalbüro oder der Hinweis auf die Betriebsvereinbarung bei Sitzungen oder Feiern ist keine ordnungsgemäße Kundmachung (OGH 9 Ob A 168/07 g). Auch Änderungen sind kundzumachen, wobei die Veröffentlichung im betriebsinternen Computernetz ausreichend ist (OGH 29.1.2013, 9 Ob A 153/12 h).

Es gibt folgende Arten von Betriebsvereinbarungen:

Betriebsvereinbarungen über zustimmungspflichtige Maßnahmen (§ 96 ArbVG)

Solche Maßnahmen können nur dann rechtswirksam verwirklicht werden, wenn der BR in Form einer Betriebsvereinbarung zugestimmt hat (in Betrieben ohne BR nach § 10 AVRAG mit Zustimmung der betroffenen AN). Verweigert der BR die Zustimmung, können daher derartige Maßnahmen nicht umgesetzt werden. Die fehlende Zustimmung des BR kann auch nicht durch die Entscheidung einer Behörde ersetzt werden.

Folgende Maßnahmen sind zustimmungspflichtig:

- die Einführung einer betrieblichen **Disziplinarordnung**;
- die Einführung von **Personalfragebögen**, sofern in diesen nicht bloß die allgemeinen Angaben zur Person und Angaben über die fachlichen Voraussetzungen für die beabsichtigte Verwendung des AN enthalten sind (siehe 6. – anonyme Betriebsklimaanalysen sind zustimmungsfrei – OGH 9 Ob A 114/04 m = ARD 5595/3/2005, ebenso Personalbeurteilungsbögen für konkrete Stellen – OGH 9 Ob A 95/08 y);
- die Einführung von **Kontrollmaßnahmen** und technischen Systemen zur Kontrolle der AN, sofern diese Maßnahmen (Systeme) die Menschenwürde berühren (siehe auch § 10 AVRAG – bezüglich Betrieben ohne BR, *Rauch*, Grenzen der Kontrollmaßnahmen, ASoK 2010, 102 ff.);
- insoweit eine Regelung durch KV oder Satzung nicht besteht, die Einführung und die Regelung von **Akkordlöhnen** bzw. akkordähnlichen und sonstigen leistungsbezogenen Prämien und Entgelten, die auf Arbeitsbewertungsverfah-

ren oder ähnlichen Entgeltfindungsmethoden beruhen, sowie der maßgeblichen Grundsätze für die Ermittlung und Berechnung dieser Löhne bzw. Entgelte.

Betriebsvereinbarungen in diesen Angelegenheiten können, soweit sie keine Vorschriften über ihre Geltungsdauer enthalten, von jedem der Vertragspartner jederzeit ohne Einhaltung einer Frist schriftlich gekündigt werden.

Einschlägige Judikatur

- *Ein elektronisches Telefonkontrollsystem, das die Nummern der angerufenen Teilnehmer systematisch und vollständig den jeweiligen Nebenstellen zugeordnet erfasst, berührt selbst dann die Menschenwürde, wenn durch Betätigen einer Taste am Telefonapparat hinsichtlich der dann besonders gekennzeichneten Gespräche die Endziffern der jeweiligen Rufnummer im System unterdrückt werden (OGH 8 Ob A 288/01 p).*
- *Die Kontrolle der Arbeitszeit der Mitarbeiter mittels personenbezogener biometrischer Daten (Fingerscanning) berührt die Menschenwürde und bedarf daher der Zustimmung des BR (OGH 9 Ob A 109/06 d = ARD 5754/1/2007).*
- *Stellt der AG einen kostenlosen Parkplatz zur Verfügung, so ist er in der Wahl des Zufahrtsystems auch dann frei, wenn er aufgrund einer kollektivvertraglichen Bestimmung den Parkplatz gewähren muss. Die Umstellung auf eine personenbezogene Parkkarte ist weder ein Kontrollsystem noch ein Personaldatensystem (§ 96a Abs. 1 Z 1 und Z 3 ArbVG), dessen Einführung die Zustimmung des BR erfordert (OLG Wien 15.5.2009, 9 Ra 34/09 z = ARD 6034/5/2010).*

Betriebsvereinbarungen über Maßnahmen, denen der BR oder die Schlichtungsstelle zustimmen muss

Diese im § 96 a ArbVG und im § 97 Abs. 1 Z 1 bis 6 und 6a ArbVG (§ 97 Abs. 2 ArbVG) geregelte Gruppe von Betriebsvereinbarungen ist dadurch gekennzeichnet, dass die Zustimmung des BR durch eine Zustimmung der **Schlichtungsstelle** ersetzt werden kann. Die Schlichtungsstelle ist auf Antrag eines der Streitteile am Sitz des mit Arbeits- und Sozialrechtssachen in erster Instanz befassten Gerichtshofes, in dessen Sprengel der Betrieb liegt, zu errichten (§§ 144 ff. ArbVG).

U.a. bei folgenden Maßnahmen ist nun die Zustimmung des BR durch eine Entscheidung der Schlichtungsstelle ersetzbar:

- Die Einführung von Systemen zur automationsunterstützten Ermittlung, Verarbeitung und Übermittlung von **personenbezogenen Daten des AN**, die über die Ermittlung von allgemeinen Angaben zur Person und fachlichen Voraussetzungen hinausgehen. Eine Zustimmung ist nicht erforderlich, soweit die tatsächliche oder vorgesehene Verwendung dieser Daten über die Erfüllung von Verpflichtungen nicht hinausgeht, die sich aus Gesetz, KV oder Arbeitsvertrag ergeben (soweit der BR einen Unterlassungsanspruch durchsetzen will, weil keine Betriebsvereinbarung abgeschlossen wurde, muss er eine konkrete Gefahr behaupten und bescheinigen – OGH 9 Ob A 1/06 z = ARD 5726/7/2006).
- Die Einführung von Systemen zur **Beurteilung von AN** des Betriebes, sofern mit diesen Daten erhoben werden, die nicht durch die betriebliche Verwendung gerechtfertigt sind.

Wenn etwa die persönliche, berufliche und soziale Kompetenz von AN zwecks Besetzung von Stellen in Beurteilungsbögen von Vorgesetzten erfasst wird, so ist dies mitbestimmungsfrei, wenn die Bögen lediglich für die Besetzung der konkreten Stellen verwendet werden (OGH 9 Ob A 95/08 y).

Falls die fehlende Zustimmung des BR zu einer solchen Maßnahme durch eine Entscheidung der Schlichtungsstelle ersetzt wird, so kann die auf diese Weise zu Stande gekommene Betriebsvereinbarung nicht aufgekündigt werden. Sie kann vielmehr nur einvernehmlich oder durch neuerliche Anrufung der Schlichtungsstelle beendet oder abgeändert werden (§ 32 ArbVG).

Betriebsvereinbarungen nach § 97 ArbVG

Diese Bestimmung erfasst die restlichen Bereiche, die Gegenstand einer Betriebsvereinbarung sein können. Insgesamt zählt der § 97 Abs. 1 ArbVG 29 verschiedene Themen auf. Bei 7 dieser Themen kann im Fall einer Nichteinigung von jedem der beiden Streitteile (also Betriebsinhaber oder BR) die Schlichtungsstelle angerufen werden (insoweit eine Regelung durch KV oder Satzung nicht vorliegt).

In der Praxis sind insbesondere die in § 97 Abs. 1 Z 4 ArbVG genannten Maßnahmen zur Verhinderung, Beseitigung oder Milderung der Folgen einer Betriebsänderung (Einschränkung oder Stilllegung des Betriebs, Massenkündigungen, Verlegung des Betriebes, Zusammenschluss mit anderen Betrieben, erhebliche Rationalisierungsmaßnahmen, Änderungen des Betriebszwecks – siehe § 109 Abs. 1 Z 1–6 ArbVG), sofern diese wesentliche Nachteile für alle oder für erhebliche Teile der Arbeitnehmerschaft mit sich bringen (**Sozialplan**), von Bedeutung. In der Regel legt in diesen Fällen der BR dem Betriebsinhaber einen konkreten Vorschlag bezüglich zusätzlicher Zahlungen an die von den Änderungen betroffenen AN vor. Falls in den Verhandlungen schließlich eine Einigung erzielt wird, kann in der Folge die schriftliche Betriebsvereinbarung abgeschlossen werden. Sollte jedoch eine Einigung nicht gelingen, so hat der BR die Möglichkeit, die Schlichtungsstelle anzurufen. Diese hat zu prüfen, ob die Voraussetzungen für einen Sozialplan vorliegen.

In Betrieben, in denen dauernd weniger als 20 AN beschäftigt werden, sind die Bestimmungen über den Sozialplan nicht anzuwenden (§ 97 Abs. 3 ArbVG).

Unter wesentlichen Nachteilen für die AN im Sinne der arbeitsverfassungsrechtlichen Bestimmungen zum Sozialplan können nur solche Nachteile verstanden werden, die nicht mit jeder Kündigung verbunden sind und welche die soziale Situation des AN erheblich beeinträchtigen. So etwa durch längere Zeit drohende Arbeitslosigkeit, eine wesentliche Verschlechterung der Arbeitsbedingungen, eine Verschlechterung der Einkommenssituation, die zu einer Änderung der Lebensführung zwingt, der Entfall von Zulagen, ein Abfall des Sozialprestiges und anderes mehr. Der Sozialplan soll somit sozialwidrige Folgen einer Betriebsänderung mildern. Beim Begriff der Sozialwidrigkeit ist von einer Anlehnung an die Judikatur zur sozialwidrigen Kündigung im Sinne des § 105 ArbVG auszugehen (siehe 41.8.4.1). Der abgeschlossene Sozialplan ist nach seinem objektiven Inhalt (wie ein Gesetz nach den §§ 6 und 7 ABGB) auszulegen. Der Wille der Vertragsparteien ist nicht maßgeblich (OGH 9 Ob A 257/01 m).

Der Verzicht auf das Recht der Kündigungsanfechtung (§ 105 ArbVG – siehe 41.8.1) in einem Sozialplan für die vom Sozialplan erfassten AN ist schon aufgrund des absolut zwingenden Charakters des ArbVG rechtsunwirksam (OLG Wien 9 Ra 10/03 m = ARD 5417/1/2003). Daher sollte der Sozialplan an einvernehmliche Auflösungen der einbezogenen Arbeitverhältnisse gebunden werden.

Falls ein Sozialplan aufgrund einer bevorstehenden Betriebsstilllegung abgeschlossen wird, so kann sich der AG nicht auf den Wegfall der Geschäftsgrundlage berufen, wenn in der Folge der Betrieb fortgeführt wird. Der AG hätte die Betriebsstilllegung zur Bedingung des Sozialplanes machen müssen (OGH 8 Ob A 72/03 a).

Der Anspruch auf eine freiwillige Abfertigung kann in einem Sozialplan von einer über Angebot des AG abgeschlossenen einvernehmlichen Lösung abhängig gemacht werden (OGH 29.3.2004, 8 Ob A 77/03 m, ähnlich OGH 26.11.2012, 9 Ob A 129/12 d).

Der Sozialplan als BV ist eine kollektive Rechtsquelle und kann keine Einzelfallregelungen enthalten. Daher kann ein Sozialplan keine individuellen Vereinbarungen für namentlich genannte AN regeln (OLG Wien 25.11.2016, 9 Ra 113/16 b, ARD 6538/7/2017).

Auslandsmitarbeiter können nur dann in einen Sozialplan einbezogen werden, wenn sie noch als dem Betrieb zugehörig anzusehen sind (OGH 2.6.2009, 9 Ob A 54/09 w). Weitere Details siehe *Rauch*, Der Sozialplan, ASoK 2010, 45 ff.

Nach § 97 Abs. 1 Z 10 ArbVG können **Grundsätze betreffend den Verbrauch des Erholungsurlaubes** in einer Betriebsvereinbarung geregelt werden. Nach dem Ausschussbericht zu dieser Regelung bleiben auch im Falle einer Betriebsvereinbarung betreffend Verbrauch des Erholungsurlaubes die Rechte des einzelnen AN auf individuelle Urlaubsvereinbarungen unberührt. Es ist daher auch im Falle eines Betriebsurlaubs die Zustimmung des einzelnen AN erforderlich. Diese kann auch schlüssig erfolgen. Die Betriebsvereinbarung zum Urlaub kann daher lediglich allgemeine Regelungen (z.B. Vorrang bei der Urlaubseinteilung für AN mit schulpflichtigen Kindern) enthalten (Details siehe 27.11).

Eine ablösende Betriebsvereinbarung kann gegenüber aktiver AN im Vergleich zur früher geltenden Betriebsvereinbarung grundsätzlich eine Verschlechterung des Entgelts und der Pensionsanwartschaften wirksam vornehmen, sofern dies dem Sachlichkeitsgebot und der Verhältnismäßigkeit genügt (OGH 8 Ob A 20/99 w, 9 Ob A 106/00 d, 9 Ob A 57/05 f).

Unechte Betriebsvereinbarungen

Gegenstand einer Betriebsvereinbarung kann nur ein solcher Inhalt sein, der durch ein Gesetz oder einen KV zum zulässigen Inhalt einer Betriebsvereinbarung erklärt wurde. In der Praxis kommt es jedoch immer wieder vor, dass Betriebsvereinbarungen zu solchen Themen abgeschlossen werden, für die das Gesetz den Abschluss einer Betriebsvereinbarung nicht vorsieht. Eine solche „Betriebsvereinbarung" über unzulässige Regelungsgegenstände ist nach dem ArbVG rechtsunwirksam (unechte oder freie Betriebsvereinbarungen).

Falls nun eine derartige rechtsunwirksame Betriebsvereinbarung abgeschlossen wird, so kann sie in Bezug auf einzelne Arbeitsverhältnisse Rechtswirkungen entfalten, wenn es auf Grund dieser Vereinbarung zu regelmäßigen Übungen kommt. Durch die regelmäßige Übung entsteht ein gewohnheitsrechtlicher Anspruch zu Gunsten des einzelnen AN (OGH 29.1.2014, 9 Ob A 150/13 v, siehe auch 14.15).

> *Beispiel:*
> Eine „Betriebsvereinbarung" sieht vor, dass die AN ein 15. Gehalt erhalten, welches mit dem Gehalt für Dezember ausbezahlt wird. Ein solches zusätzliches Gehalt gehört nicht zu jenen Angelegenheiten, die durch Betriebsvereinbarung geregelt werden können. Daher ist keine Betriebsvereinbarung mit arbeitsverfassungsrechtlicher Wirkung gegeben (OGH 9 Ob A 101/89, 9 Ob A 107/94).

Durch die wiederholte vorbehaltlose Auszahlung eines solchen 15. Gehaltes entsteht ein **gewohnheitsrechtlicher Anspruch** der begünstigten AN. Ein Widerruf dieser Begünstigung ist daher nicht möglich (siehe 14.15).

Eine Kündigung der Betriebsvereinbarung nach § 32 Abs. 1 ArbVG ist ebenfalls nicht möglich, da eine Betriebsvereinbarung im Sinne des § 29 ArbVG nicht vorliegt. Der Anspruch auf das 15. Gehalt ist somit Inhalt des Einzelarbeitsvertrages der begünstigten AN geworden und kann nur im Wege einer **Verschlechterungsvereinbarung** aufgehoben werden. Wird jedoch der Abschluss einer Verschlechterungsvereinbarung von den AN abgelehnt, so könnte allenfalls mit einer **Änderungskündigung** vorgegangen werden (siehe 41.2).

Ist aber in der unechten BV eine Kündigungsklausel geregelt, so wird diese ebenfalls Inhalt der Einzelarbeitsverträge und ermöglicht die Kündigung der gewohnheitsrechtlich entstandenen Ansprüche (OGH 29.1.2014, 9 Ob A 150/13 v).

Einschlägige Judikatur

- *Vereinbarungen zwischen dem BR und dem Betriebsinhaber über unzulässige Regelungsgegenstände (unzulässige Betriebsvereinbarungen) haben nicht die speziellen Rechtswirkungen der Betriebsvereinbarungen (insbesondere keine Normwirkung und keine zwingende Wirkung); auch andere einschlägige Bestimmungen betreffend Betriebsvereinbarungen (z.B. über die Beendigung) können auf solche Vereinbarungen nicht angewendet werden. Auf Grund schlüssiger Unterwerfung der AN und der getroffenen Vereinbarungen erfolgt eine Ergänzung der Einzelarbeitsverträge. Die auf diese Weise in Einzelarbeitsverträge aufgenommenen Regelungen unterliegen nicht der erhöhten Be-*

standsgarantie einer Betriebsvereinbarung. Diese Regelungen können nur durch einvernehmliche Änderung des Arbeitsvertrages geändert werden (OGH 9 Ob A 131/88).

- *Da sowohl die Geschäftsführung als auch die AN die Unverbindlichkeit der Absprache als Betriebsvereinbarung kannten, konnte diese lediglich im Wege eines schlüssig angenommenen Anbotes in die Arbeitsverträge eingehen, wobei die AN dieses Anbot auch zu den Bedingungen zu akzeptieren hatten, die der AG erkennbar dafür aufgestellt hatte. Insofern blieb auch der beiden „vertragsschließenden" Parteien eingeräumte ausdrückliche Widerrufsvorbehalt (Kündigungsmöglichkeit) beachtlich (OGH 9 Ob A 186/95).*
- *Die Vereinbarung einer Anwesenheitsprämie in einer Betriebsvereinbarung umgeht zwingende gesetzliche Bestimmungen und ist daher nichtig (OGH 8 Ob S 13/00 w = ARD 5229/21/2001).*

Mitwirkung des BR in personellen Angelegenheiten

Der Betriebsinhaber hat den BR über den künftigen Bedarf an AN und die im Zusammenhang damit in Aussicht genommenen personellen Maßnahmen rechtzeitig zu unterrichten (§ 98 ArbVG).

Sobald dem Betriebsinhaber die Zahl der aufzunehmenden AN, deren geplante Verwendung und die in Aussicht genommenen Arbeitsplätze bekannt sind, hat er den BR jener Gruppe, welcher die Einzustellenden angehören würden, darüber zu informieren.

Jede erfolgte Einstellung eines AN ist dem BR unverzüglich mitzuteilen. Die Mitteilung hat Angaben über die vorgesehene Verwendung und Einstufung des AN, den Lohn oder das Gehalt sowie eine allfällige vereinbarte Probezeit oder Befristung des Arbeitsverhältnisses zu enthalten (§ 99 Abs. 4 ArbVG).

Der BR ist vor der beabsichtigten Aufnahme der Beschäftigung von **überlassenen Arbeitskräften** zu informieren. Auf Verlangen ist ihm mitzuteilen, welche Vereinbarungen hinsichtlich des zeitlichen Arbeitseinsatzes der überlassenen Arbeitskräfte und hinsichtlich der Vergütung für die Überlassung mit dem Überlasser getroffen wurden.

Der BR kann auch speziell zu diesen personalpolitischen Maßnahmen Beratungen verlangen.

Zur Mitwirkung bei Versetzungen nach § 101 ArbVG siehe 29.

Der BR hat an der Aufrechterhaltung der Disziplin im Betrieb mitzuwirken. Die Verhängung von **Disziplinarmaßnahmen** im Einzelfall ist nur dann zulässig, wenn sie in einem KV oder in einer Betriebsvereinbarung vorgesehen ist. Überdies kann eine Disziplinarmaßnahme nur mit Zustimmung des BR verhängt werden, sofern darüber nicht eine mit Zustimmung des BR eingerichtete Stelle entscheidet (§ 102 ArbVG). Eine Geldbuße durch Abzug vom Gehalt kann vom AN mittels Leistungsklage (Unterlassung des Gehaltsabzugs) oder Feststellungsklage (Feststellung, dass die verhängte Ordnungsstrafe rechtsunwirksam ist) bekämpft werden (OGH 9 Ob A 35/08 z).

Der arbeitsverfassungsrechtlichen Bestimmung über die Verhängung von Disziplinarmaßnahmen liegt ein besonderer, vom allgemeinen Arbeitsrecht abweichender Begriff der Disziplinarmaßnahme zu Grunde, welcher Versetzungen, Kündigungen oder Entlassungen von AN auch dann nicht umfasst, wenn es sich dabei im Einzelfall um disziplinäre Maßnahmen handelt (OGH 29.10.2015, 8 Ob A 74/15 p – ebenso auf Kündigungen oder Entlassungen ausgerichtete „schlichte" Verwarnungen, OGH 29.11.2016, 9 Ob A 131/16 d – siehe auch 42.1.4). Da die für diese Fälle getroffenen speziellen Vorschriften des ArbVG (§§ 101, 105 bis 107) eine Beschränkung des im § 102 vorgesehenen Mitwirkungsrechtes des BR bedeuten, ist eine Anwendung der letztgenannten Bestimmung auf disziplinäre Versetzungen, Kündigungen oder Entlassungen ausgeschlossen. **Dienstfreistellungen** sind verfahrensrechtliche Schritte und keine Disziplinarmaßnahmen (OGH 8 Ob A 262/94 = Arb 11.208).

Die beabsichtigte Vergabe einer Werkwohnung an einen AN hat der Betriebsinhaber dem BR ehestmöglich mitzuteilen und über Verlangen des BR mit diesem zu beraten (§ 103 ArbVG).

Der Betriebsinhaber hat die beabsichtigte Beförderung eines AN dem BR ehestmöglich mitzuteilen und über Verlangen des BR mit diesem zu beraten (§ 104 ArbVG).

Zur Mitwirkung des BR bei einvernehmlichen Lösungen siehe 43.

Zur Anfechtung von Kündigungen siehe 41.8.ff.

Zur Anfechtung von Entlassungen siehe 42.6.

Mitwirkung des BR in wirtschaftlichen Angelegenheiten

Der Betriebsinhaber hat den BR über die wirtschaftliche Lage einschließlich der finanziellen Lage des Betriebes sowie über deren voraussichtliche Entwicklung, den Auftragsstand und andere wesentliche betriebswirtschaftliche Details zu informieren. Auf Verlangen des BR ist mit ihm über diese Informationen zu beraten (108 Abs. 1 ArbVG).

Der Betriebsinhaber hat den BR von der schriftlichen **Anzeige gemäß § 45a AMFG** an das zuständige AMS unverzüglich in Kenntnis zu setzen (siehe 41.3).

In Konzernen hat der Betriebsinhaber den BR auch über alle geplanten und in Durchführung begriffenen Maßnahmen seitens des herrschenden Unternehmens bzw. gegenüber den abhängigen Unternehmen, soferne es sich um Betriebsänderungen oder ähnlich wichtige Angelegenheiten handelt, die erhebliche Auswirkungen auf die AN haben, auf Verlangen des BR Aufschluss zu geben und mit ihm darüber zu beraten (§ 108 Abs. 2 und 2a ArbVG).

In Handelsbetrieben, Banken und Versicherungsunternehmen, in denen dauernd mindestens 30 AN beschäftigt sind, in sonstigen Betrieben, in denen dauernd mindestens 70 AN beschäftigt sind, sowie in Industrie- und Bergbaubetrieben hat der Betriebsinhaber dem BR jährlich, spätestens einen Monat nach der Erstellung eine

Abschrift des Jahresabschlusses und des Anhangs mit Ausnahme der Angaben des § 239 Abs. 1 Z 2 bis 4 UGB (dies betrifft insbesondere die Bezüge von Vorstands- und Aufsichtsratsmitgliedern) für das vergangene Geschäftsjahr zu übermitteln. Geschieht dies nicht innerhalb von sechs Monaten nach dem Ende des Geschäftsjahres, so ist dem BR durch Vorlage eines Zwischenabschlusses oder anderer geeigneter Unterlagen vorläufig Aufschluss über die wirtschaftliche und finanzielle Lage des Betriebes zu geben. Dem BR sind die erforderlichen Erläuterungen und Aufklärungen zu erteilen. Ist im Konzern ein Konzernabschluss zu erstellen, so ist der Konzernabschluss samt Konzernanhang einschließlich der erforderlichen Erläuterungen und Aufklärungen spätestens einen Monat nach der Erstellung dem BR zu übermitteln (§ 108 Abs. 3 und 4 ArbVG).

Die Nichteinhaltung dieser Verpflichtungen steht unter Strafsanktion. Dies gilt auch für die **Geheimhaltungspflicht des BR** (§ 160 ArbVG).

Mitwirkung bei Betriebsänderungen

Der Betriebsinhaber ist verpflichtet, den BR von geplanten Betriebsänderungen ehestmöglich, jedenfalls aber so rechtzeitig vor der Betriebsänderung in Kenntnis zu setzen, dass eine Beratung über deren Gestaltung noch durchgeführt werden kann. Als Betriebsänderungen gelten insbesondere:

- die Einschränkung oder **Stilllegung** des ganzen Betriebes oder von Betriebsteilen;
- die Auflösung von Arbeitsverhältnissen, die eine Meldepflicht nach § 45a Abs. 1 Z 1 bis 3 AMFG (**Frühwarnsystem** siehe 41.3) auslöst;
- die Verlegung des ganzen Betriebes oder von Betriebsteilen;
- der Zusammenschluss mit anderen Betrieben;
- Änderungen des Betriebszwecks, der Betriebsanlagen, der Arbeits- und Betriebsorganisation sowie der Filialorganisation;
- die Einführung neuer Arbeitsmethoden;
- die Einführung von Rationalisierungs- und Automatisierungsmaßnahmen von erheblicher Bedeutung;
- Änderungen der Rechtsform oder der Eigentumsverhältnisse an den Betrieb (§ 109 Abs. 1 ArbVG).

Im Fall der Auflösung von Arbeitsverhältnissen, die das Frühwarnsystem auslöst, hat die Information des BR jedenfalls die Gründe für die Maßnahme, die Zahl und die Verwendung der voraussichtlich betroffenen AN sowie der regelmäßig beschäftigten AN und die Qualifikation und Beschäftigungsdauer der betroffenen AN sowie die Kriterien für die Auswahl der von der vorgesehenen Auflösung von Arbeitsverhältnissen betroffenen AN, den Zeitraum, in dem die geplante Maßnahme verwirklicht werden soll (diese Informationen haben schriftlich an den BR zu ergehen) und allfällige zur Vermeidung nachteiliger Folgen für die betroffenen AN geplante Begleitmaßnahmen.

Die Informations- und Beratungspflicht trifft den Betriebsinhaber auch dann, wenn die geplante Maßnahme von einem herrschenden Unternehmen veranlasst wird. Der BR kann der Beratung Sachverständige beiziehen.

Bringt eine Betriebsänderung wesentliche Nachteile für alle oder erhebliche Teile der Arbeitnehmerschaft mit sich, so können in Betrieben, in denen dauernd mindestens 20 AN beschäftigt sind, **Sozialpläne** abgeschlossen werden (Betriebsvereinbarung im Sinne des § 97 Abs. 1 Z 4 ArbVG).

Mitwirkung im Aufsichtsrat

In Unternehmen, die in der Rechtsform einer Aktiengesellschaft (GmbH mit Aufsichtsrat etc. – § 110 Abs. 5 ArbVG) geführt werden, entsendet der Zentral-BR oder, sofern nur ein Betrieb besteht, der BR aus dem Kreise der BR-Mitglieder, denen das aktive Wahlrecht zum BR zusteht, für je zwei nach dem AktG oder der Satzung bestellte Aufsichtsratsmitglieder einen AN-Vertreter in den Aufsichtsrat. Ist die Zahl der nach dem AktG oder der Satzung bestellten Aufsichtsratsmitglieder eine ungerade, so ist ein weiteres Mitglied des BR zu entsenden (§ 110 Abs. 1 ArbVG).

Die Mitglieder des BR, die im Aufsichtsrat tätig sind, üben ihre Aufsichtsratsfunktion ehrenamtlich aus. Sie haben lediglich Anspruch auf Ersatz der angemessenen Barauslagen (§ 110 Abs. 3 ArbVG). Das ergibt sich schon daraus, dass das Mandat des BR ein **Ehrenamt** ist (§ 115 Abs. 1 ArbVG – siehe auch Rechtsstellung der Mitglieder des BR).

Ein Beschluss des Aufsichtsrates über die Bestellung und Abberufung von Mitgliedern des **Vorstandes** bedarf, abgesehen von den allgemeinen Beschlusserfordernissen des AktG, zu seiner Wirksamkeit der Zustimmung der Mehrheit der nach dem AktG oder der Satzung bestellten Mitglieder. Das Gleiche gilt für die Wahl des Aufsichtsratsvorsitzenden und seines 1. Stellvertreters. Daraus ergibt sich, dass gegen die Mehrheit der bestellten (nicht der anwesenden oder abstimmenden) Kapitalvertreter kein Beschluss durch ihr Überstimmen seitens einer Minderheit der Kapitalvertreter zusammen mit den AN-Vertretern wirksam werden kann (*Dungl*, Handbuch des österreichischen Arbeitsrechts, 7. EL 377).

Im Übrigen haben die AN-Vertreter im Aufsichtsrat gleiche Rechte und Pflichten wie nach dem AktG oder der Satzung bestellte Aufsichtsratsmitglieder.

Die Details sind im § 110 ArbVG sowie in der Aufsichtsrats-VO geregelt.

Einspruch gegen die Wirtschaftsführung

In Betrieben, in denen dauernd mehr als 200 AN beschäftigt sind, kann der BR gegen Betriebsänderungen oder gegen andere wirtschaftliche Maßnahmen, sofern sie wesentliche Nachteile für die AN mit sich bringen, binnen drei Tagen ab Kenntnisnahme beim Betriebsinhaber Einspruch erheben. Diese Bestimmung gilt auch für Unternehmen, bei denen die Zahl der im Unternehmen beschäftigten AN dauernd mehr als 400 beträgt und von der wirtschaftlichen Maßnahme mehr als 200 AN betroffen sind. Kommt innerhalb bestimmter Fristen (Details siehe § 111 Abs. 2 und 3 ArbVG) eine Einigung zwischen dem Betriebsinhaber und dem BR nicht zustande, so hat eine von den zuständigen kollektivvertragsfähigen Körperschaften der AG und AN paritätisch besetzte Schlichtungskommission Schlichtungsverhandlungen einzuleiten. Die Schlichtungskommission kann zur Beilegung der Streitigkeit einen Schiedsspruch nur fällen, wenn die beiden Streitteile vorher die schriftliche Erklärung abgeben, dass sie sich dem Schiedsspruch unterwerfen. Schiedssprüche sowie vor der Schlichtungskommission abgeschlossene schriftliche Vereinbarungen gelten als Betriebsvereinbarungen.

Nach den näheren Bestimmungen des § 112 ArbVG kann in diesen Fällen auch die staatliche Wirtschaftskommission angerufen werden.

Zum Kündigungs- und Entlassungsschutz nach dem ArbVG siehe 41.7.4 sowie 42.7.3.

Jugendvertretung

In den §§ 123 ff. ArbVG ist die Einrichtung einer Jugendvertretung geregelt. Jugendliche AN im Sinne des ArbVG sind AN, die das 18. Lebensjahr noch nicht vollendet haben (§ 123 Abs. 3 ArbVG), sowie Lehrlinge, die das 21. Lebensjahr noch nicht vollendet haben.

In jedem Betrieb, in dem dauernd mindestens fünf jugendliche AN beschäftigt werden, ist ein Jugendvertrauensrat zu wählen. In den Jugendvertrauensrat sind alle AN wählbar, die am Tag der Wahlausschreibung das 23. Lebensjahr noch nicht vollendet haben und am Tag der Wahl seit mindestens sechs Monaten im Betrieb beschäftigt sind.

Im Übrigen sind die Wahl des Jugendvertrauensrates, die Rechtsstellung seiner Mitglieder, der Kündigungs- und Entlassungsschutz etc. analog den Bestimmungen des BR geregelt.

Die Tätigkeitsdauer des Jugendvertrauensrats beträgt zwei Jahre (§ 126 Abs. 1 ArbVG). Die Funktion als Jugendvertrauensrat (ebenso als Wahlwerber oder Mitglied des Wahlvorstands) hemmt den Ablauf der Behaltefrist nach § 18 BAG (siehe 52. bzw § 130 Abs. 2 ArbVG).

Behindertenvertrauensrat

Falls in einem Betrieb dauernd wenigstens fünf Behinderte beschäftigt sind, ist von den Behinderten (tunlichst mit der BR-Wahl) ein Behindertenvertrauensrat zu wählen (§ 22a BEinstG). Die Wahl der Behindertenvertrauenspersonen sowie deren Rechtsstellung etc. sind analog den Bestimmungen des BR geregelt. Diesem steht auch ein Freistellungsanspruch nach den §§ 116 und 117 ArbVG (siehe 52.) zu (OGH 24.7.2013, 9 Ob A 42/13 m).

54. Begünstigte Behinderte

Zur Vorschreibung der Ausgleichstaxe durch das SMS siehe 6.
Zum Diskriminierungs- und Belästigungsschutz für Behinderte siehe 4.
Zum Kündigungsschutz eines Behinderten siehe 41.7.1.
Zum fehlenden Entlassungsschutz siehe 42.7.1.
Zur Kündigungsentschädigung Behinderter siehe 42.7.6.2.
Die BSA wurden mit 1.6.2014 auf „Sozialministeriumservice" (SMS) umbenannt.

54.1 Ausgleichstaxe

Alle AG, die im Bundesgebiet 25 oder mehr AN beschäftigen, sind verpflichtet, auf je 25 AN mindestens einen begünstigten Behinderten einzustellen (§ 1 Abs. 1 BEinstG). Wenn die Beschäftigungspflicht nicht erfüllt ist, so ist für jede einzelne behinderte Person, die zu beschäftigen wäre, eine Ausgleichstaxe zu entrichten, die alljährlich für das abgelaufene Kalenderjahr mittels Bescheides vorzuschreiben ist und mit dem für den Bereich des ASVG festgesetzten Anpassungsfaktor jährlich erhöht wird (§ 9 Abs. 1 und 2 BEinstG). Seit 2011 gilt eine Staffelungsregelung, die für größere Unternehmen eine höhere Ausgleichstaxe vorsieht (für 2016 für AG mit 25 bis 99 AN monatlich € 251,–, für AG mit 100 bis 399 AN monatlich € 352,– – sowie für AG mit 400 oder mehr AN monatlich € 374,–).

Der Einwand, dass aufgrund der Eigenart des Betriebes (z.B. Überlassung von Sportlern) Behinderte nicht beschäftigt werden können, ist gegenstandslos (VwGH 2.4.2014, 2011/11/0010, zu Kraftfahrern siehe VwGH 16.6.2014, 2013/11/0149, *Rauch*, Arbeitsrecht 2015, 22 f.).

54.1.1 Zum Begriff des AG i.S.d. BEinstG

Die Beschäftigungspflicht ist für jeden AG gegeben, welcher 25 oder mehr AN beschäftigt (§ 1 Abs. 1 BEinstG). Demnach ist unabhängig von Betrieben (§ 34 ArbVG – siehe 53.) oder Arbeitsstätten (§ 35 ArbVG) auf alle AN eines AG abzustellen. Betreibt also ein AG mehrere Betriebe und Arbeitsstätten in Österreich, so ist für die Berechnung der zu beschäftigenden begünstigten Behinderten die Anzahl aller AN iSd § 4 BEinstG (siehe 54.1.2) zu ermitteln, die vom AG im österreichischen Bundesgebiet insgesamt beschäftigt werden (§ 4 Abs. 2 BEinstG).

Für die AG-Eigenschaft ist das Arbeitsrecht und nicht das ASVG maßgebend. Der Begriff „AG" im arbeitsrechtlichen Sinn ist gesetzlich nicht definiert (siehe 15.3). § 51 ASGG verweist lediglich darauf, dass AG und AN alle Personen sind, die zueinander in einem privat- oder öffentlich-rechtlichen Arbeitsverhältnis, in einem Lehr- oder sonstigen Ausbildungsverhältnis stehen oder gestanden sind. Im Zweifelsfall ist es etwa in einem Konzern entscheidend, welche Gesellschaft bei der Abwicklung des Arbeitsverhältnisses die wesentlichen AG-Pflichten wahrgenommen hat (OGH 11.11.2004, 8 Ob A 114/04 d).

Letztlich ist die Gesamtzahl der vom AG in Österreich beschäftigen AN iSd BEinstG (siehe 54.1.2) durch 25 zu dividieren, um die Pflichtzahl (Zahl der zu beschäftigenden begünstigten Behinderten) festzustellen.

Ausgenommen von der Beschäftigungspflicht sind gemäß § 1 Abs. 1 BEinstG bestimmte internationale Organisationen (wie z.B. die Welt-Fremdenverkehrsorganisation). Diese Ausnahme gilt aber nicht für ausländische Botschaften (OGH 21.11.1990, 9 Ob A 244/90).

54.1.2 Zum Begriff des AN i.S.d. BEinstG

Persönliche und wirtschaftliche Abhängigkeit

Da sich die Pflichtzahl aus der Gesamtzahl der von einem AG in Österreich beschäftigten AN ergibt, ist weiters zu klären, welche Personen als AN iSd BEinstG einem AG zuzuordnen sind. Nach § 4 Abs. 1 lit. a BEinstG sind „Dienstnehmer" i.S.d. Berechnung der Pflichtzahl solche Personen, die in einem Verhältnis persönlicher und wirtschaftlicher Abhängigkeit gegen Entgelt beschäftigt werden (ausgenommen Lehrlinge). Dabei wird die wirtschaftliche Abhängigkeit auch bei Teilzeitbeschäftigten angenommen (siehe im Folgenden).

Die Frage, ob AN-Eigenschaft i.S.d. BEinstG gegeben ist, kann nicht ausschließlich nach den Anmeldungen bei der zuständigen GKK als AN beurteilt werden. Vielmehr müssen die Voraussetzungen des § 4 Abs. 1 BEinstG geprüft werden. Als AN nach dem BEinstG sind nämlich ausschließlich solche Personen anzusehen, die unter eines der in § 4 Abs. 1 BEinstG taxativ genannten Kriterien fallen. Grundsätzlich müssen zwar bei einer Annahme der AN-Eigenschaft i.S.d. § 4 Abs. 1 lit. a BEinstG nicht sämtliche Voraussetzungen für ein persönliches und wirtschaftliches Abhängigkeitsverhältnis gegeben sein, es genügt vielmehr ein Überwiegen der dafür entsprechenden Merkmale z.B. gegenüber den Merkmalen einer selbständigen Ausübung der Erwerbstätigkeit (z.B. VwGH 23.1.1975, 738/74, maßgeblich für die persönliche Abhängigkeit sind in insbesondere die Bindung an Weisungen, Vorgaben zur Arbeitszeit, zum Arbeitsort, die vom AG zur Verfügung gestellten Arbeitsmittel und die fehlende Vertretungsmöglichkeit, da auch § 4 Abs. 2 ASVG auf die wirtschaftliche und persönliche Abhängigkeit abstellt, kann auch auf die diesbezügliche Judikatur verwiesen werden – z.B. VwGH 16.3.2011, 2008/08/0153, siehe auch 17.)

Es reicht sohin nicht, die von der zuständigen GKK auf dem Dienstnehmerkonto angeführten Personen der Berechnung der Ausgleichstaxe zu Grunde zu legen. Diese sind nur dann in die Berechnung einzubeziehen, wenn sie in persönlicher und wirtschaftlicher Abhängigkeit beschäftigt sind.

So ist etwa bei einem geschäftsführenden Gesellschafter zu prüfen, ob nach dem Gesamtbild der konkret zu beurteilenden Beschäftigung des jeweiligen Gesellschafters seine Bestimmungsfreiheit durch diese Beschäftigung insbesondere infolge seiner Bindung an Ordnungsvorschriften über den Arbeitsort, die Arbeitszeit und das arbeitsbezogene Verhalten weitgehend ausgeschaltet oder – wie bei anderen Formen einer Beschäftigung – nur beschränkt ist (VwGH 30.9.2011, 2007/11/0218).

Teilzeitbeschäftigte

Die Rechtsprechung sieht für den Begriff des AN i.S.d. BEinstG die Höhe des Entgelts als gegenstandslos an. Daher ist ein geringfügig beschäftigter AN ebenso wie ein im Rahmen eines Vollzeit-Arbeitsverhältnisses tätiger AN jeweils als ein AN nach § 4 Abs. 1 lit. a BEinstG, der bei Beschäftigungspflicht zu berücksichtigen ist, anzusehen (z.B. VwGH 6.5.1997, 97/08/0123). Eine verhältnismäßige Berücksichtigung teilzeitbeschäftiger AN ist daher unzulässig, wobei sich daraus keine Schlechterstellung von Teilzeitbeschäftigten ergibt (VwGH 21.2.2012, 2010/11/0109). Dagegen seien auch keine verfassungsrechtlichen Bedenken zu hegen, weil die Kopfzahl nicht unsachlich erscheine, da auch bei der Einstellpflicht begünstigter Behinderter lediglich die Kopfzahl der eingestellten begünstigten Behinderten zu berücksichtigen sei (VwGH 25.8.1998, 98/11/0052, 30.4.2014, 2013/11/0220).

Die Kopfzahl wurde weiters insbesondere damit begründet, dass die durch die Ausgleichstaxe abzugeltenden Probleme, die andere AG durch eine Beschäftigung von Behinderten auf sich nehmen, nicht so sehr von der wöchentlichen Beschäftigungsdauer eines Behinderten, sondern von der Tatsache der Beschäftigung an sich abhängen würden, wie z.B. häufigere krankheitsbedingte Absenzen eines Behinderten. Es sei daher durchaus sachgerecht, wenn die Berechnung der Pflichtzahl (bzw. letztlich die Berechnung der Ausgleichstaxe für die Nichtbeschäftigung von Behinderten) nach der Anzahl von AN erfolge und nicht nach dem jeweiligen Ausmaß des Arbeitsverhältnisses (VwGH 6.5.1997, 97/08/0123). Ebenso sind fallweise Beschäftigte zu berücksichtigen (BVwG 24.2.2015, G 303 2009344-1, ARD 6470/10/2015, *Rauch*, Arbeitsrecht 2016, 86 f.).

Überlassene AN schließen den Arbeitsvertrag mit dem Überlasser ab und sind daher diesem und nicht dem Beschäftiger, an den sie (auf Grund eines Werkvertrages zwischen dem Überlasser und dem Beschäftiger) überlassen werden, zuzurechnen (zur Arbeitskräfteüberlassung siehe 35.).

54.1.3 Ausnahmen von der Einrechnung in die Pflichtzahl

Lehrlinge

Nach § 4 Abs. 1 lit. a BEinstG sind Lehrlinge (siehe 52.) nicht in die Pflichtzahl einzurechnen. Aus dieser Ausnahmebestimmung ergibt sich, dass die Einstellung eines oder mehrerer Lehrlinge (iSd § 1 BAG) für die Beschäftigungspflicht gegenstandslos ist. Wenn beispielsweise ein AG, der im Bundesgebiet 24 AN i.S.d. § 4 BEinstG (und keinen begünstigten Behinderten) beschäftigt, einen Lehrling (oder mehrere Lehrlinge) einstellt, so führt dies nicht zu einer Beschäftigungspflicht und es kann daher weiterhin diesem AG keine Ausgleichstaxe vorgeschrieben werden (zur Erfüllung der Beschäftigungspflicht durch die Einstellung eines behinderten Lehrlings siehe im Folgenden).

AN ohne Entgeltanspruch

Da eine AN, die Wochengeld bezieht, keinen Entgeltanspruch gegen den AG hat, sind für diesen Zeitraum die Kriterien der wirtschaftlichen und persönlichen Abhängigkeit nicht erfüllt (VwGH 1.3.1988, 87/09/0158). Dies gilt auch bei alleinigem Krankengeldbezug (VwGH 18.10.1990, 90/09/0075). Dementsprechend ist dies wohl auch bei Präsenz-, Ausbildungs- oder Zivildienst nach § 3 APSG oder einer Karenz (etwa nach § 15 MSchG, § 2 VKG oder § 11 AVRAG) anzunehmen.

Freie AN (siehe 17.)

Freie AN sind nicht im Verhältnis persönlicher und wirtschaftlicher Abhängigkeit tätig und sind daher keine AN nach § 4 Abs. 1 lit. a BEinstG. Abgesehen davon sind auf einen freien Arbeitsvertrag grundsätzlich nur jene arbeitsrechtlichen Normen anwendbar, die nicht vom persönlichen Abhängigkeitsverhältnis des AN ausgehen (OGH 29.10.2008, 9 Ob A 133/08 m – siehe 17.). Daher ist das BEinstG auf freie AN nicht anzuwenden.

54.1.4 Erfüllung der Beschäftigungspflicht

Allgemeines

Wurde die für den jeweiligen AG anzuwendende Pflichtzahl festgestellt (siehe am Beginn dieses Kapitels), so ist weiters zu ermitteln, inwieweit die sich aus der Pflichtzahl ergebende Beschäftigungspflicht erfüllt wird.

Beschäftigt z.B. ein AG im Bundesgebiet 58 AN i.S.d. § 4 BEinstG, so ergibt sich daraus die Pflicht, zwei begünstigte Behinderte (oder einen Behinderten mit Doppelanrechnung – siehe im Folgenden) zu beschäftigen. Wird diese Beschäftigungspflicht nicht oder nicht zur Gänze erfüllt, so ist dem AG eine Ausgleichstaxe vorzuschreiben (§ 9 Abs. 1 BEinstG – zur Höhe der Ausgleichstaxe siehe die Ausführungen am Beginn dieses Kapitels sowie § 9 Abs. 2 BEinstG).

Anrechnung der beschäftigten begünstigten Behinderten

Auf die Beschäftigungspflicht sind vom AG beschäftigte und nach § 7 BEinstG entlohnte begünstigte Behinderte mit einem in Österreich zuerkannten Grad der Behinderung von mindestens 50 % anzurechnen. Österreichern oder EWR-Staatsbürgern oder Flüchtlingen, denen Asyl gewährt worden ist (solange sie zum Aufenthalt im Bundesgebiet berechtigt sind), kann der Status begünstigter Behinderter vom SMS gewährt werden. Dies gilt weiters für Behinderte, mit deren Heimatstaaten entsprechende Vereinbarungen getroffen wurden (§ 2 Abs. 4 BEinstG: dies betrifft z.B. Russland, Mazedonien, Kroatien, die Maghreb-Staaten und die Türkei – VwGH 14.5.2009, 2006/11/0039). Staatsbürger dieser Staaten können aber nur dann als begünstigte Behinderte angesehen werden, wenn ihnen im Inland der Behindertenstatus zuerkannt wurde (OGH 5.4.2013, 8 Ob A 50/12 d; *Rauch*, Arbeitsrecht 2014,

64 f.). Als Nachweis für die Behinderteneigenschaft gilt der Bescheid, mit dem der Grad der Behinderung mit mindestens 50 % festgestellt wird (§ 14 Abs. 1 BEinstG). Ein Behindertenpass nach § 40 Bundesbehindertengesetz kann diesen Nachweis nicht ersetzen (VwGH 14.12.2015, 2013/11/0034; *Rauch*, Arbeitsrecht 2013, 79 f.).

Lehrlinge sind bei der Pflichtzahl nicht anzurechnen (siehe 54.1.3). Wird jedoch ein behinderter Lehrling beschäftigt, so ist dies bei der Beschäftigungspflicht zu berücksichtigen (zur Doppelanrechnung von Lehrlingen siehe im Folgenden).

Weiters ist der AG selbst einzurechnen, wenn er ein begünstigter Behinderter i.S.d. § 2 BEinstG ist (§ 5 Abs. 1 BEinstG).

Doppelanrechnung

Bestimmte beschäftigte begünstigte Behinderte werden auf die Pflichtzahl mit dem Doppelten ihrer Zahl angerechnet (§ 5 Abs. 2 BEinstG). Dies betrifft Blinde, Personen vor Vollendung des 19. Lebensjahres (darüber hinaus für die Dauer eines Ausbildungsverhältnisses), Personen nach Vollendung des 50. Lebensjahres, wenn (und solange) der Grad der Behinderung mindestens 70 % beträgt, und nach Vollendung des 55. Lebensjahres (auch bei einem Grad der Behinderung ab 50 %) sowie Behinderte, die überwiegend auf den Gebrauch eines Rollstuhls angewiesen sind.

Entlohnung nach § 7 BEinstG

Der AG erfüllt seine Beschäftigungspflicht, wenn er die erforderliche Zahl von begünstigten Behinderten „einstellt" (§ 1 Abs. 1 BEinstG). Weiters ist der begünstigte Behinderte nach § 7 BEinstG zu entlohnen (§ 5 Abs 1 BEinstG). Dies ist dann der Fall, wenn dem Behinderten im Arbeitsvertrag der gleiche Entgeltanspruch gesichert wird wie einem nicht behinderten AN (Diskriminierungsverbot nach § 7 BEinstG). Wird also gegen das Diskriminierungsverbot verstoßen, so kann keine Anrechnung der betroffenen eingestellten begünstigten Behinderten erfolgen.

Damit bleibt aber die Frage offen, ob eine Anrechnung auch dann möglich ist, wenn der AG den begünstigten Behinderten nicht entlohnt, weil kein Entgeltanspruch zusteht (z.B. langer Krankenstand oder Karenz). Hierzu hat die Rechtsprechung die Auffassung vertreten, dass der Wegfall des Entgeltanspruchs des begünstigten Behinderten aus Gründen, die in seiner Sphäre liegen, die Anrechenbarkeit dieses beschäftigten Behinderten auf die Pflichtzahl unberührt lasse (z.B. VwGH 18.10.1990, 90/09/0075, 22.11.1990, 90/09/0090, 17.1.1991, 90/09/0164). Es genüge, dass dem Behinderten im Arbeitsvertrag der gleiche Entgeltanspruch zugesichert sei wie einem nicht behinderten AN (OGH 27.8.2013, 9 Ob A 107/13 w). Dies gelte sowohl für die Dauer des ausschließlichen Krankengeldbezugs wie auch einer Karenzierung nach § 15 MSchG (VwGH 28.6.2011, 2009/11/0223). ME ist auch ein unbezahlter Urlaub, der ausschließlich auf Wunsch des behinderten AN gewährt wird (und somit seiner Sphäre zuzurechnen ist), nicht schädlich bei der Anrechnung auf die Beschäftigungspflicht. Weiters ist es bei gesetzlicher Karenz bzw. Absenz vom Arbeitsplatz auch nicht relevant, ob ein Kinderbetreuungsgeld oder ein Weiterbildungsgeld (im

Fall der Karenzierung nach § 11 AVRAG) gewährt wird bzw. der Krankengeldbezug nach § 139 ASVG ausgeschöpft ist (weil die Zurechenbarkeit zur Sphäre des AN und die Einhaltung des Diskriminierungsverbotes maßgeblich ist). Die Anrechenbarkeit kann überdies nicht etwa davon abhängig gemacht werden, dass der AN die entsprechenden Anträge ordnungsgemäß einbringt sowie die sonstigen Voraussetzungen für öffentliche Leistungen einhält (z.B. Zuverdienstgrenze beim Kinderbetreuungsgeld), worauf der AG auch keinen Einfluss hat (und regelmäßig dazu über keine Informationen verfügt).

Anders wurde jüngst vom VwGH die Rechtslage gesehen, wenn ein begünstigter Behinderter eine befristete Berufsunfähigkeitspension bezieht und daraufhin das Arbeitsverhältnis einvernehmlich für die Dauer des Pensionsbezuges karenziert wird. Dies sei einer Erkrankung, welche die weitere Dienstleistungserbringung aus in der Sphäre des AN gelegenen Gründen verhindere und letztlich zum Bezug von Krankengeld führe, nicht gleichzuhalten (VwGH 24.5.2011, 2008/11/0012 – dazu kritisch *Rauch*, Pflichtzahl und Erfüllung der Beschäftigungspflicht nach dem BEinstG, ASoK 2012, 104 ff.).

Ist die mittels Bescheid vorgeschriebene Ausgleichstaxe überhöht, so sollte der AG einen Einspruch gegen den Bescheid erheben (siehe auch 31.6).

Anhang – Musterformulierungen

Die folgenden Musterformulierungen sollen dem AG als Behelf bei der Abfassung von arbeitsrechtlichen Vereinbarungen, Erklärungen, Klagen und Anträgen dienen.

Zu beachten ist allerdings, dass die gerade im Arbeitsrecht für jeden Vertragstyp bestehende Vielzahl von Vereinbarungsmöglichkeiten es nur selten zulässt, Muster zu schaffen, die ohne weiteres für jeden Einzelfall geeignet sind. Insbesondere sind die Bestimmungen der KV vor Abschluss der entsprechenden Einzelvereinbarungen zu beachten.

Die Musterformulierungen sind daher vielfach nur in abgeänderter und ergänzter Form auf den Einzelfall anwendbar bzw. können daher nur als Beispiel bzw. Vorbild und Anleitung dienen.

Zahlreiche kürzere Musterformulierungen sind bereits in den Text dieses Werkes integriert, meist ist auch für das nähere Verständnis das Studium des entsprechenden Kapitels erforderlich.

Zur besseren Übersichtlichkeit sind lediglich die längeren Musterformulierungen in einem gesonderten Anhang wiedergegeben. Auch bei diesen Musterformulierungen wird jedoch ratsam sein, die entsprechenden Ausführungen des jeweiligen Kapitels näher zu studieren. Insbesondere wird zum Arbeitsvertrag auf die Ausführungen unter 14. verwiesen.

Da ich grundsätzlich empfehle, keine Dienstzettel auszustellen, sondern Arbeitsverträge abzuschließen (siehe 12.), sind in diesem Anhang keine Muster für Dienstzettel enthalten.

Musterverzeichnis zum Anhang

1. Arbeitsvertrag für Angestellte
2. Arbeitsvertrag für Arbeiter
3. Arbeitsvertrag für Arbeiter (kein KV anwendbar)
4. Arbeitsvertrag eines gewerberechtlichen Geschäftsführers
5. Arbeitsvertrag eines unternehmensrechtlichen Geschäftsführers (ohne beherrschenden Einfluss)
6. Arbeitsvertrag für fallweise Beschäftigte
7. Vereinbarung über die Verwendung eines firmeneigenen Fahrzeugs
7a. Vertrag über die Verwendung eines firmeneigenen Handys
8. Vertrag über ein Ferialpraktikum
9. Freier Dienstvertrag
10. Werkvertrag – Auftragnehmer mit Gewerbeschein

11. Werkvertrag – Auftragnehmer ist „neuer Selbständiger"
12. Aussetzungsvereinbarung
13. Ausbildungskostenrückersatzvereinbarung
14. Vereinbarung zur Altersteilzeit
15. Grundvereinbarung nach AÜG für Arbeiter
16. Grundvereinbarung nach AÜG für Angestellte
17. Überlassungsmitteilung nach § 12 AÜG
18. Anerkenntnisvereinbarung zum DHG
19. Gleitzeitvereinbarung
20. Klage auf Zustimmung zur Kündigung eines AN (APSG-Kündigungsschutz)
21. Klage auf Zustimmung zur Kündigung einer AN (MSchG-Kündigungsschutz)
22. Klage auf Zustimmung zur Kündigung eines BR
23. Antrag auf Zustimmung zur Kündigung eines begünstigten Behinderten
24. Berufung gegen ein Straferkenntnis einer Verwaltungsbehörde

Muster 1

Arbeitsvertrag für Angestellte

(siehe insbesondere Kapitel 14.)

1. Anstellung

Zwischen Frau/Herrn (AN) .... wohnhaft in ...., geb. am ...., Staatsbürgerschaft .... und der Firma (AG) .... wird ab .... ein Arbeitsverhältnis .... abgeschlossen.

Der 1. Monat des Arbeitsverhältnisses gilt als Probemonat. Es kann daher das Arbeitsverhältnis in der Zeit von .... bis .... von beiden Vertragsparteien jederzeit ohne Angabe von Gründen gelöst werden.

Wird das Arbeitsverhältnis über die Probezeit hinaus fortgesetzt, gilt es auf unbestimmte/bestimmte*) Zeit bis .... fortgesetzt.

Das hiermit befristete Arbeitsverhältnis kann nach Punkt 9 vorzeitig gekündigt werden.*)

2. KV/Betriebsvereinbarungen**)

Für das Arbeitsverhältnis sind der KV für Angestellte ...., sowie alle zwischen der Geschäftsleitung und dem BR abgeschlossenen Betriebsvereinbarungen in der jeweils geltenden Fassung anzuwenden.

Der KV und die Betriebsvereinbarungen liegen im .... zur Einsichtnahme auf.

3. Verwendung und Arbeitsort

Der AN wird vornehmlich zur Verrichtung folgender Arbeiten aufgenommen:

....

(Aufzählung der wesentlichsten Tätigkeiten des AN)

---

*) Nichtzutreffendes bitte streichen; die Vereinbarung der vorzeitigen Kündigung eines befristeten Arbeitsverhältnisses wird erst ab einer Mindestdauer der Befristung von wenigstens über fünf Monaten rechtswirksam sein.

**) Eine Betriebsvereinbarung wird zwischen der Geschäftsleitung und dem BR abgeschlossen. In Betrieben ohne BR kann daher der Hinweis auf die Betriebsvereinbarungen gestrichen werden.

Dem AG ist es jedoch vorbehalten, den AN im Bedarfsfalle auch zu anderen Arbeitsleistungen vorübergehend oder dauernd heranzuziehen, wobei der AN auch bei länger dauernder Ausübung einer bestimmten Tätigkeit (Verwendung) auf den Einwand einer allenfalls dadurch erfolgten stillschweigenden Vertragsänderung verzichtet. Weiters ist der AG berechtigt, den AN (in zumutbarem Rahmen) an einem anderen Dienstort (auch in einem anderen Bundesland) gegen Ersatz der allfälligen unzumutbaren Mehraufwendungen vorübergehend oder dauernd zu verwenden.

Der gewöhnliche Arbeitsort ist .... (erforderlichenfalls Hinweis auf wechselnde Arbeitsorte). Dem AG bleibt die vorübergehende oder dauernde Zuweisung eines anderen Arbeitsortes vorbehalten.

4. Einstufung

Nach den Einstufungsregelungen des KV für Angestellte ....
wird der AN wie folgt eingestuft: ....

Der AN hat bisher .... dieser Verwendungsgruppe/Gruppe/Tätigkeitsfamilie*) entsprechende Vordienstjahre aufzuweisen.

Der Angestellte erklärt ausdrücklich, dass er in Ansehung der in Punkt 3. angegebenen Verwendung und der bekannt gegebenen Verwendungsgruppe/Gruppe/Tätigkeitsfamilie*) und belegten in- und ausländischen Vordienstzeiten richtig eingereiht und entlohnt ist.

Festgehalten wird, dass die Anrechnung von Vordienstzeiten im Ausmaß von .... ausschließlich für die Einstufung in die Gehaltsordnung des anzuwendenden KV gilt. Für alle sonstigen Ansprüche aus dem Arbeitsverhältnis (Abfertigung, Kündigungsfristen etc.) werden keinerlei Vordienstzeiten angerechnet (ausgenommen nach § 3 UrlG).

Folgende Dienstzeugnisse und sonstige Belege wurden vom AN nach Belehrung über die Anrechnung von Vordienstzeiten bei der Einstufung dem AG vorgelegt:
....
....

5. Entgelt

Zwischen dem AG und dem AN wird ein monatliches Gehalt/Fixum in der Höhe von € .... brutto vereinbart. Dieses Gehalt ist jeweils im Nachhinein am Monatsende zu bezahlen. Der AN erklärt sich damit einverstanden, dass das gesamte Entgelt auf ein von ihm bezeichnetes Konto überwiesen wird.

Hinsichtlich der Sonderzahlungen (13. und 14. Gehalt) wird auf den anzuwendenden KV verwiesen.

---

*) Nichtzutreffende Bezeichnungen bzw. Nichtzutreffendes streichen.

6. Arbeitszeit

Die regelmäßige wöchentliche Arbeitszeit beträgt ausschließlich Pausen .... Stunden. Die tägliche Normalarbeitszeit von (z.B. Montag bis Freitag) beginnt um .... und endet um ....

Der AN erklärt sich einverstanden, eine einseitige zumutbare Arbeitszeitänderung im Rahmen des § 19c AZG zu akzeptieren.

7. Überstunden

Der AN verpflichtet sich, rechtzeitig angeordnete Über-(Mehr-)stunden zu leisten. Eine Überstundenleistung ohne vorherige Anordnung seitens des AG ist nur in außergewöhnlichen Fällen statthaft. Hievon ist dem AG unverzüglich Mitteilung zu machen.

Der AN hat dem AG alle geleisteten Überstunden spätestens .... nach Ablauf derjenigen Gehaltsperiode, in der sie geleistet wurden, schriftlich zu melden. Die Überstunden werden in die vom AG zu führenden Arbeitszeitaufzeichnungen aufgenommen, die dem AN mit Ablauf jeder Gehaltsperiode zur Bestätigung vorgelegt werden.

8. Urlaub

Das Urlaubsausmaß beträgt pro Arbeitsjahr .... Werktage/Arbeitstage.

9. Kündigung

Das Arbeitsverhältnis kann vom AG unter Einhaltung der gesetzlichen Kündigungsfrist jeweils mit Wirkung zum 15. oder Letzten eines Kalendermonats aufgekündigt werden (§ 20 Abs. 3 AngG).

Vom AN kann das Arbeitsverhältnis mit Wirkung zum Letzten eines Kalendermonates unter Einhaltung einer einmonatigen Kündigungsfrist gelöst werden (für teilzeitbeschäftigte Angestellte mit einer Teilzeitbeschäftigung unter 1/5 der Normalarbeitszeit beträgt die Kündigungsfrist grundsätzlich 14 Tage ohne Termin – siehe 41.1.5).*)

---

*) Der Punkt 9 wäre daher für diese Teilzeitbeschäftigten wie folgt zu formulieren: „Die Kündigungsfrist beträgt gemäß § 1159b ABGB für beide Vertragsparteien 14 Tage, wobei kein Kündigungstermin einzuhalten ist (§ 20 Abs. 1 AngG in Verbindung mit § 1159b ABGB)."

10. Verfall von Ansprüchen

Es wird vereinbart, dass sämtliche Ansprüche aus dem gegenständlichen Arbeitsverhältnis bei sonstigem Verfall spätestens am Ende des dritten Monats, von der Fälligkeit dieser Ansprüche an gerechnet, beim AG schriftlich geltend gemacht werden müssen. Soweit kollektivvertraglich oder gesetzlich zum Verfall bzw. zur Verjährung etwas anderes vorgesehen ist, kommt diese arbeitsvertragliche Verfallsregelung nicht zur Anwendung.**)

11. Konkurrenzklausel

Nach § 36 AngG wird eine Konkurrenzklausel vereinbart, wonach innerhalb eines Zeitraumes von einem Jahr nach Beendigung des Arbeitsverhältnisses Frau/Herrn .... keine wie immer geartete Tätigkeit bei einem Konkurrenzunternehmen des AG ausüben oder sich an einem solchen Unternehmen direkt oder indirekt beteiligen oder ein eigenes Unternehmen im Geschäftszweig des AG gründen darf.

Im Fall des Zuwiderhandelns verpflichtet sich der AN nach Maßgabe des § 37 AngG eine Konventionalstrafe in der Höhe von .... (z.B. 6 Nettomonatsentgelte) an den AG zu bezahlen.***)

12. Betriebliche Vorsorgekasse

Die Abfertigungsbeiträge nach § 6 Abs. 1 BMSVG für den AN werden an die .... -Kasse, ... (Adresse) weitergeleitet. Der AN erklärt sich mit der Abfuhr der Abfertigungsbeiträge an die ....- Kasse ausdrücklich einverstanden.

Gelesen, verstanden und ausdrücklich einverstanden.

....
(Unterschrift des AN)   (Unterschrift des AG)

.... am ....

**) Im Konfliktfall müsste bei nach Punkt 10 verspäteter Geltendmachung überprüft werden, ob im anzuwendenden KV für die strittigen Entgelte abweichende Verfallsfristen vorliegen oder allenfalls abweichende gesetzliche Regelungen zu beachten sind (siehe 14.7).

***) Die Konkurrenzklausel darf nicht zu einem Berufsverbot führen. Falls der AN auf Grund dieser Konkurrenzklausel für ein Jahr nur sehr eingeschränkte Möglichkeiten zur Berufsausübung hätte, müsste eine Einschränkung der Konkurrenzklausel vorgenommen werden, indem etwa auf namentlich genannte Konkurrenzunternehmen verwiesen oder örtlich eingeschränkt wird (...................... im Umkreis von 5 km einer unserer Filialen, ...) etc. (siehe 14.10). Die Konkurrenzklausel ist nicht rechtswirksam, wenn das monatliche Entgelt bei Ende des Arbeitsverhältnisses die in 14.10.1 angegebene Grenze nicht übersteigt.
Die Konventionalstrafe darf maximal 6 Nettomonatsentgelte betragen (siehe 14.10.4).

Zusatzpunkte:

Widerrufbares Überstundenpauschale:

Auf ausdrückliche Anordnung geleistete Überstunden werden durch eine Überstundenpauschale von monatlich € .... abgegolten. Der AG behält sich vor, die Überstundenpauschale zu widerrufen oder zu mindern bzw. auf Einzelverrechnung überzugehen.

Inklusivvereinbarung (All-in; siehe 14.9.7):

Auf Grund der in Punkt 4. dieses Arbeitsvertrages vorgenommenen Einstufung erhält der AN ein monatliches Bruttogehalt von € ....

Der AN erhält weiters einen Pauschalbetrag von € .... brutto. Sein monatliches Gesamtentgelt beträgt somit € .... (Bruttogehalt zuzüglich Pauschalbetrag). Der Pauschalbetrag deckt sämtliche Mehrleistungen ab (Mehr- und Überstunden).

(Siehe 14.9.7, entsprechend den betrieblichen Bedürfnissen wäre bei einer Inklusivvereinbarung der Punkt 7 anzupassen, wobei die Verpflichtung, Arbeitszeitaufzeichnungen zu führen, nur bei leitenden Angestellten entfällt).

Entfall des Überstundenpauschales/Pauschalbetrages bei Überstundenverbot:

Falls nach § 8 MSchG keine Überstunden geleistet werden dürfen, entfällt für die Dauer des Verbots der Anspruch auf das Überstundenpauschale/den Pauschalbetrag.

Betriebsurlaub:

Der AN erklärt sich einverstanden, seinen Gebührenurlaub während der Dauer der Betriebssperre (das ist in der Regel von .... bis ....) zu konsumieren (siehe 14.14).

Nebenbeschäftigung:

Während der Dauer des Arbeitsverhältnisses darf der AN ohne vorherige schriftliche Zustimmung des AG keine Nebenbeschäftigung, sowohl selbständiger wie auch unselbständiger Art, ausüben.

Krankenstand und Krankenentgelt:

Der AN nimmt zur Kenntnis, dass im Falle einer grob fahrlässigen oder vorsätzlichen Herbeiführung eines Krankenstands kein Anspruch auf ein Krankenentgelt besteht (§ 8 Abs. 1 AngG).

Der AG ist daher berechtigt, ein bereits ausbezahltes Krankenentgelt vom AN zurückzufordern, falls sich herausstellt, dass die Arbeitsunfähigkeit grob fahrlässig oder vorsätzlich bewirkt wurde *(aushängen oder in den Arbeitsvertrag aufnehmen; siehe 20.9)*.

Muster 1: Arbeitsvertrag für Angestellte

Jede Dienstverhinderung ist vom AN unverzüglich an Frau/Herrn/das Lohnbüro .... unter der Telefon(Fax)Nr. ....
Klappe .... zu melden bzw. ist das Tonband zu besprechen.
(Auch wenn diesem Punkt die Verpflichtung zur unverzüglichen Vorlage einer Krankenstandsbestätigung angefügt wird, muss diese dennoch in jedem konkreten Einzelfall gesondert verlangt werden; siehe 20.6).

Geheimhaltung:

Muster zur Verschwiegenheitsverpflichtung siehe 14.19

Internet und PC-Verwendung:

Muster zum Verbot der missbräuchlichen Nutzung des PC und des Zugangs zum Internet siehe 14.16

Telearbeit – siehe 14.17

Recht am eigenem Bild

Muster für die Zustimmung des AN zu einer möglichen künftigen Veröffentlichung seines Bildnisses siehe 14.18

Bekleidung – siehe 14.20

Zur Beachtung:

Für Arbeiterdienstverträge können die Punkte des Arbeitsvertrages für Angestellte – modifiziert und den für Arbeiter geltenden Regelungen angepasst – ebenfalls vereinbart werden.

Ich empfehle Ihnen jedoch, zunächst das folgende Muster zu studieren.

Muster 2

Arbeitsvertrag für Arbeiter

(für Arbeitsverhältnisse, auf die ein bestimmter KV anwendbar ist, siehe Kapitel 9.)

1. AG (Name und Anschrift):
   ....
   ....

2. AN:
   Frau/Herr ...., geb. am .... Anschrift:
   .... Telefon: .... Staatsbürgerschaft: ....

3. Anzuwenden ist auf dieses Arbeitsverhältnis der KV für ....
   In den KV kann der AN im .... Einblick nehmen.

4. Beginn des Arbeitsverhältnisses: ....
   Die Probezeit richtet sich nach dem KV / es wird eine Probezeit in der Dauer von .... vereinbart.
   Es wird ein befristetes*) Arbeitsverhältnis bis .... vereinbart, welches nach Punkt 5 von beiden Vertragspartnern vorzeitig gekündigt werden kann.

5. Kündigungsfrist und Kündigungstermin richten sich nach dem KV.

6. Gewöhnlicher Arbeits-(Einsatz-)ort, erforderlichenfalls Hinweis auf wechselnde Arbeits-(Einsatz-)orte:*) .... Dem AG bleibt die vorübergehende oder dauernde Zuweisung eines anderen Arbeitsortes vorbehalten.

7. Einstufung laut kollektivvertraglicher Lohnordnung: ....
   Der AN erklärt ausdrücklich, dass er im Hinblick auf die vorgesehene Verwendung (siehe 8.) richtig eingereiht ist. Der AG bestätigt, dass für die kollektivvertragliche Einstufung vom AN nach Belehrung über die Anrechnung von Vordienstzeiten bei der Einstufung folgende Zeugnisse vorgelegt wurden:
   ....

8. Vorgesehene Verwendung: ....
   ....
   Der AN erklärt sich mit Entsendungen zu Dienstreisen oder Montagen im Inland oder Ausland, insbesondere ins außereuropäische Ausland, einverstanden.*)
   Dem AG steht es frei, den AN auch mit anderen einschlägigen Tätigkeiten zu betrauen.

---

*) Nichtzutreffendes streichen; zur Entsendung ins Ausland siehe § 2 Abs. 3 AVRAG; die Vereinbarung einer Kündigungsmöglichkeit bei einem befristeten Arbeitsverhältnis wird erst ab einer Mindestdauer von wenigstens fünf Monaten rechtswirksam sein.

Muster 2: Arbeitsvertrag für Arbeiter

9. Lohn: ....
   Fälligkeit der Auszahlung:
   Monatlich im Nachhinein auf das vom AN zu bezeichnende Konto.
   Die Höhe, Berechnung und Fälligkeit der Sonderzahlungen sowie von Zulagen richtet sich nach dem KV.
   Der AN erklärt sich damit einverstanden, dass das gesamte Entgelt auf ein von ihm bezeichnetes Konto überwiesen wird.

10. Das Ausmaß des jährlichen Erholungsurlaubes richtet sich nach den Bestimmungen des Urlaubsgesetzes (und soweit anwendbar nach dem Nachtschwerarbeitsgesetz bzw. nach dem KV).**)

11. Die wöchentliche Normalarbeitszeit richtet sich nach dem KV und beträgt .... Stunden und ist auf die Arbeitstage wie folgt aufgeteilt: ....
    Bei Teilzeitbeschäftigung: Die wöchentliche Arbeitszeit beträgt .... Stunden und ist auf die angeführten Arbeitstage wie folgt aufgeteilt: ....*)
    Der AN verpflichtet sich, ausdrücklich angeordnete Mehr- und Überstunden zu leisten.

12. Betriebliche Vorsorgekasse
    Die Abfertigungsbeiträge nach § 6 Abs. 1 BMSVG für den AN werden an die ....-Kasse, ... (Adresse) weitergeleitet. Der AN erklärt sich mit der Abfuhr der Abfertigungsbeiträge an die ....-Kasse ausdrücklich einverstanden.

13. Weiters gelten nach Maßgabe ihres Geltungsbereiches die zwischen Betriebsinhaber und den jeweils zuständigen Organen der gesetzlichen AN-Vertretung auf Betriebs- bzw. Unternehmensebene abgeschlossenen Betriebsvereinbarungen im Sinne des Arbeitsverfassungsgesetzes.*)
    Diese sind in ....
    ....
    zur Einsichtnahme aufgelegt.

Wien, am ....

Der AN bestätigt den Empfang einer Ausfertigung des Arbeitsvertrages am .... und bestätigt weiters, dass er alle Punkte verstanden hat und ausdrücklich mit dem gesamten Vertragsinhalt einverstanden ist.

....
Unterschrift des AG   Unterschrift des AN

---

*) Nichtzutreffendes bitte streichen.
**) Beispielsweise sehen manche KV Zusatzurlaub für Behinderte vor.

Allfällige Zusatzpunkte:
(siehe auch die Zusatzpunkte beim Arbeitsvertrag für Angestellte)
Konkurrenzklausel
Formulierungsvorschlag:
„Weiters wird nach § 2 c AVRAG vereinbart, dass innerhalb eines Zeitraumes von einem Jahr nach Beendigung des gegenständlichen Arbeitsvertrages .... keine konkurrenzierende Tätigkeit bei den Firmen .... bzw. auf dem Gebiet .... geleistet werden darf. Bei Nichteinhaltung der Konkurrenzklausel hat Herr/Frau .... eine Konventionalstrafe in der Höhe von € .... zu entrichten."

Anmerkung: Die Konkurrenzklausel ist nicht rechtswirksam, wenn das monatliche Entgelt bei Ende des Arbeitsverhältnisses die in 14.10.1 angegebene Grenze nicht übersteigt.

Betriebsurlaub
Formulierungsvorschlag:
„Der AN erklärt sich einverstanden, Gebührenurlaub während der Dauer der Betriebssperre (das ist in der Regel von .... bis ....) zu konsumieren."

Widerrufbare Überstundenpauschale
Formulierungsvorschlag:
„Auf ausdrückliche Anordnung geleistete Überstunden werden durch ein Überstundenpauschale von monatlich € .... abgegolten. Der AG behält sich vor, das Überstundenpauschale zu widerrufen oder zu mindern bzw. auf Einzelverrechnung überzugehen."

Entfall des Überstundenpauschales bei Überstundenverbot:
Falls nach § 8 MSchG keine Überstunden geleistet werden dürfen, entfällt für die Dauer des Verbots der Anspruch auf das Überstundenpauschale.

Verfall von Ansprüchen (siehe auch 14.7)
Anmerkungen:
Beachten Sie bitte, dass eine Verfallsregelung im Arbeitsvertrag dann nicht möglich ist, wenn bereits im KV eine allgemeine Verfallsregelung vorhanden ist.
In folgenden Fällen ist eine Verfallsregelung im Dienstvertrag zulässig:
Fall 1: Der anzuwendende KV enthält keine Verfallsregelung.
Fall 2: Es ist kein KV anwendbar.
Fall 3: Eine Verfallsregelung im KV bezieht sich lediglich auf bestimmte Ansprüche (z.B. Anspruch auf Überstundenentgelt).

Im Fall 3. wäre die Vereinbarung einer dienstvertraglichen Verfallsregelung für alle nicht von der kollektivvertraglichen Verfallsklausel erfassten Ansprüche möglich.

Formulierungsvorschlag:

„Es wird vereinbart, dass sämtliche Ansprüche aus dem gegenständlichen Arbeitsverhältnis bei sonstigem Verfall spätestens am Ende des 3. Monats, von der Fälligkeit dieser Ansprüche an gerechnet, beim AG schriftlich geltend gemacht werden müssen. Soweit kollektivvertraglich oder gesetzlich zum Verfall oder zur Verjährung bestimmter Ansprüche des AN eine abweichende Regelung besteht, kommt diese arbeitsvertragliche Verfallsregelung nicht zur Anwendung."

Bekleidung/Uniform – siehe 14.20.

Muster 3

Arbeitsvertrag

für Arbeiter (falls auf das Arbeitsverhältnis kein KV zur Anwendung kommt)

1. AG (Name und Anschrift): ....
2. AN: ....
   Frau/Herr .... geb. am .... Anschrift: ....
   Telefon: .... Staatsbürgerschaft: ....
3. Auf dieses Arbeitsverhältnis kommt kein KV zur Anwendung.
4. Beginn des Arbeitsverhältnisses: ....
   Die Probezeit beträgt ....
   Das Arbeitsverhältnis ist bis .... befristet.*)
5. Die Kündigungsfrist richtet sich nach § 77 GewO 1859.**)
   (Im Fall einer längeren Befristung – mindestens 5 Monate – ist es ratsam, eine Kündigungsmöglichkeit zu vereinbaren: „Es wird vereinbart, dass das Arbeitsverhältnis von beiden Vertragsteilen nach § 77 GewO 1859 gekündigt werden kann.")
6. Gewöhnlicher Arbeits-(Einsatz-)ort, erforderlichenfalls Hinweis auf wechselnde Arbeits(Einsatz)orte*) ....
   Dem AG bleibt die vorübergehende oder dauernde Versetzung an einen anderen Arbeitsort vorbehalten.
7. Vorgesehene Verwendung: (Aufzählung der wesentlichsten Tätigkeiten des AN) ....
   Der AN erklärt sich mit Entsendungen zu Dienstreisen oder Montagen im Inland oder Ausland, insbesondere ins außereuropäische Ausland, einverstanden.*)
8. Lohn: € .... brutto pro Monat***)
   Fälligkeit der Auszahlung: ....
   (monatlich im Nachhinein auf das vom AN bezeichnete Konto).
   (Sollten Sonderzahlungen gewährt werden, wird auf die Musterformulierung unter 9.1 verwiesen).

---

*) Nichtzutreffendes streichen; zur Entsendung ins Ausland siehe § 2 Abs. 3 AVRAG.
**) Der § 77 GewO 1859 sieht eine Kündigungsfrist von 14 Tagen vor.
***) Da kein KV anzuwenden ist, ist der Monatslohn zwölfmal jährlich zu bezahlen, es ist (mangels gegenteiliger Vereinbarung) kein Anspruch auf Sonderzahlungen (13. und 14. Lohn) oder Zulagen (ausgenommen 50 % Überstundenzuschlag) gegeben. Sollen Sonderzahlungen vereinbart werden, empfehlen wir Ihnen unser diesbezügliches Muster (siehe 9.1) zu verwenden.

Muster 3: Arbeitsvertrag

9. Das Ausmaß des jährlichen Erholungsurlaubs richtet sich nach den Bestimmungen des UrlG und (soweit anwendbar) des NSchG.

10. Die wöchentliche Normalarbeitszeit richtet sich nach dem AZG und beträgt .... Stunden und ist auf die Arbeitstage wie folgt aufgeteilt: ....
Bei Teilzeitbeschäftigung: Die wöchentliche Arbeitszeit beträgt .... Stunden und ist auf die angeführten Arbeitstage wie folgt aufgeteilt: ....*)
Der AN verpflichtet sich, angeordnete Mehr-****) und Überstunden zu leisten.

11. Weiters gelten nach Maßgabe ihres Geltungsbereiches, die zwischen Betriebsinhaber und den jeweils zuständigen Organen der gesetzlichen AN-Vertretung auf Betriebs- bzw. Unternehmensebene abgeschlossenen Betriebsvereinbarungen im Sinne des ArbVG. Diese sind in .... zur Einsichtnahme aufgelegt.

12. Ist der AN zur Arbeitsleistung bereit und wird er durch Umstände, die auf Seiten des AG liegen und für die keine Ausfallvergütung sowie keine sonstige Entschädigung gewährt wird, daran gehindert, so behält er den Anspruch auf Fortzahlung des Entgeltes in der Höhe von 60 Prozent des ausfallenden Lohnes bis zur Höchstdauer von einer Woche im Einzelfall und insgesamt 30 Tagen innerhalb eines Kalenderjahres. Der AN ist verpflichtet, während dieser Zeit zumutbare Arbeiten zu leisten.

13. Es wird vereinbart, dass sämtliche Ansprüche aus dem gegenständlichen Arbeitsverhältnis bei sonstigem Verfall spätestens am Ende des dritten Monats, von der Fälligkeit dieser Ansprüche an gerechnet, beim AG schriftlich geltend gemacht werden müssen.

14. Betriebliche Vorsorgekasse:
Die Abfertigungsbeiträge nach § 6 Abs. 1 BMSVG für den AN werden an die ....-Kasse, ... (Adresse) weitergeleitet. Der AN erklärt sich mit der Abfuhr der Abfertigungsbeiträge an die ....-Kasse ausdrücklich einverstanden.

Wien, am ....   Gelesen, verstanden und ausdrücklich mit allen Punkten einverstanden.

....
Unterschrift des AG   Unterschrift des AN

****) Mehrstunden sind nur bei Teilzeitkräften relevant. Bei Vollzeitkräften bitte streichen.

Muster 4

Arbeitsvertrag eines gewerberechtlichen Geschäftsführers

Hier können die Muster 1 bis 3 verwendet werden (zum Arbeiter- oder Angestelltenstatus – siehe 10.), wobei für den gewerberechtlichen Geschäftsführer folgende Zusatzpunkte aufzunehmen sind:

1. Der AN besitzt den nach der GewO für einen gewerberechtlichen Geschäftsführer erforderlichen Befähigungsnachweis für die Ausübung des folgenden Gewerbes: ....

2. Der AN nimmt hiermit für die Dauer dieses Arbeitsverhältnisses die Bestellung zum gewerberechtlichen Geschäftsführer nach § 9 GewO der Firma .... an.

3. Der gewerberechtliche Geschäftsführer ist verpflichtet, die Einhaltung der gewerberechtlichen und preisrechtlichen Vorschriften sowie der fachlich einwandfreien Ausübung des Gewerbes zu überwachen. Im Falle einer Übertretung dieser Vorschriften ist er verpflichtet, den handelsrechtlichen Geschäftsführer schriftlich zu verständigen und zur Veranlassung der Einhaltung der gesetzlichen Vorschriften aufzufordern. Soweit das persönliche Einschreiten des gewerberechtlichen Geschäftsführers erforderlich ist, ist er verpflichtet, die notwendigen Tätigkeiten unverzüglich durchzuführen bzw. deren Durchführung zu veranlassen. Er ist weiters verpflichtet, behördliche Mitteilungen möglichst rasch an den handelsrechtlichen Geschäftsführer weiterzuleiten.

4. Der AN kann jederzeit vom AG ohne Angabe von Gründen als gewerberechtlicher Geschäftsführer abberufen werden.

5. Der AN ist berechtigt, die Funktion als gewerberechtlicher Geschäftsführer zurückzulegen, wenn über das Vermögen des AG das Konkursverfahren eröffnet wird oder trotz entsprechender Hinweise gewerberechtliche oder preisrechtliche Vorschriften beharrlich verletzt werden. Trotz Zurücklegung der Funktion als gewerberechtlicher Geschäftsführer bleibt das Arbeitsverhältnis in seinem Bestand unberührt. Die Zurücklegung der Funktion als gewerberechtlicher Geschäftsführer entgegen diesen vertraglichen Regelungen ist als Entlassungsgrund anzusehen.*)

6. Der AG verpflichtet sich, die Beendigung der Funktion des AN als gewerberechtlicher Geschäftsführer unverzüglich der zuständigen Gewerbebehörde anzuzeigen.

Anmerkung:
An die Stelle des Begriffes „handelsrechtlicher Geschäftsführer" tritt bei einer Einzelfirma der Begriff „AG" oder „Gewerbeinhaber".

---

*) Dieser Satz ist zu streichen, falls der gewerberechtliche Geschäftsführer Arbeiterstatus hat.

Muster 5
Arbeitsvertrag eines unternehmensrechtlichen Geschäftsführers ohne beherrschenden Einfluss auf die Gesellschaft

1. Dieser Vertrag wird abgeschlossen zwischen der .... GmbH .... (Gesellschaft) und Frau/Herrn .... (Geschäftsführer) .... Telefon: .... Staatsbürgerschaft: ....
2. Frau/Herr wird zum unternehmensrechtlichen Geschäftsführer der Gesellschaft bestellt.

    Der Geschäftsführer hat die Geschäfte der Gesellschaft unter Beachtung des Gesellschaftsvertrages sowie der gesetzlichen Regelungen des Gesellschaftsrechts und der Beschlüsse der Gesellschafter zu führen. Der Geschäftsführer hat die Gesellschaft nach außen zu vertreten.

    Die Geschäftsführungs- und Vertretungsbefugnis des Geschäftsführers unterliegt den Beschränkungen des Gesellschaftsrechts und des Gesellschaftsvertrages. Weiters ist vom Geschäftsführer bei folgenden wichtigen Geschäften und Vertretungshandlungen die Zustimmung der Gesellschafter einzuholen:

    ....
    ....
    ....

3. Das Vertragsverhältnis unterliegt dem AngG. Verwiesen wird insbesondere auf § 7 AngG (Konkurrenzverbot). Der Geschäftsführer hat die Stellung eines leitenden Angestellten. Er unterliegt daher insbesondere nicht dem AZG und ist kein AN im Sinne des ArbVG. Weiters kommt auf das Arbeitsverhältnis der KV für Angestellte .... zur Anwendung/kein KV zur Anwendung.*)

    Dieser liegt im .... zur Einsicht auf.

4. Der Geschäftsführer hat eine wöchentliche Arbeitszeit von .... Stunden und verpflichtet sich, die zur ordnungsgemäßen Erfüllung seiner Aufgaben notwendigen Überstunden zu leisten.

5. Der erste Monat des Arbeitsverhältnisses gilt als Probemonat. Es kann daher das Arbeitsverhältnis in der Zeit von .... bis .... von jeder der vertragschließenden Parteien jederzeit ohne Angabe von Gründen gelöst werden. Wird das Arbeitsverhältnis über die Probezeit hinaus fortgesetzt, gilt es auf unbestimmte/bestimmte**) Zeit bis .... fortgesetzt.

    Das hiermit befristete Arbeitsverhältnis kann nach Punkt 9. vorzeitig gekündigt werden.

---

*) Falls kein KV anzuwenden ist, entfallen der Punkt 6. sowie die Hinweise auf den KV in den Punkten 7. und 10.
**) Nichtzutreffendes streichen.

6. Einstufung:
   Im Sinne der Bestimmungen des KV für Angestellte ....
   wird der Geschäftsführer in die Verwendungsgruppe .... eingestuft. Der Geschäftsführer hat bisher .... dieser Verwendungsgruppe entsprechende Vordienstjahre aufzuweisen. Der Geschäftsführer erklärt ausdrücklich, dass er im Hinblick auf die von ihm vorgelegten Dienstzeugnisse und sonstigen Belege über Vordienstzeiten richtig eingestuft wurde und die Verwendungsgruppenjahre zutreffend berechnet wurden.
   Folgende Zeugnisse und sonstige Belege wurden für die Einstufung und die Berechnung der Verwendungsgruppenjahre vorgelegt:
   ....
   ....
   Die Vordienstzeiten sind ausschließlich für die Einstufung relevant. Für sonstige Ansprüche (etwa die Abfertigung) wird keine Vordienstzeitenanrechnung vereinbart.
7. Zwischen dem Geschäftsführer und der Gesellschaft wird ein monatliches Bruttogehalt in der Höhe von € .... vereinbart. Dieses Gehalt ist jeweils im Nachhinein am Monatsende zu bezahlen. Der Geschäftsführer erklärt sich damit einverstanden, dass das gesamte Entgelt auf ein von ihm bezeichnetes Konto überwiesen wird.
   Hinsichtlich der Sonderzahlungen (13. und 14. Gehalt) wird auf den anzuwendenden KV verwiesen.
   Mit diesem vereinbarten Entgelt sind alle Überstunden als abgegolten zu betrachten.
8. Das Arbeitsverhältnis kann von der Gesellschaft unter Einhaltung der gesetzlichen Kündigungsfrist jeweils mit Wirkung zum 15. oder Letzten eines Kalendermonats gekündigt werden (§ 20 Abs. 3 AngG). Vom Geschäftsführer kann das Arbeitsverhältnis mit Wirkung zum Letzten eines Kalendermonats unter Einhaltung einer einmonatigen Kündigungsfrist gelöst werden.
9. Das Urlaubsausmaß beträgt pro Arbeitsjahr .... Werktage/Arbeitstage.
10. Es wird vereinbart, dass sämtliche Ansprüche aus dem gegenständlichen Arbeitsverhältnis bei sonstigem Verfall spätestens am Ende des 3. Monats, von der Fälligkeit dieser Ansprüche an gerechnet, beim AG schriftlich geltend gemacht werden müssen.
    Für Reiseaufwandsentschädigungen gelten jedoch die Verfallsbestimmungen des anzuwendenden KV.**)
11. Nach § 36 AngG wird eine Konkurrenzklausel vereinbart, wonach innerhalb eines Zeitraumes von einem Jahr nach Beendigung des Arbeitsverhältnisses der Geschäftsführer keine wie immer geartete Tätigkeit bei einem Konkurrenz-

---

**) Siehe 14.7 und Anmerkungen zum Verfall bei Muster 2.

Muster 5: Arbeitsvertrag eines unternehmensrechtlichen Geschäftsführers

unternehmen der Gesellschaft ausüben oder sich an einem solchen Unternehmen direkt oder indirekt beteiligen oder ein eigenes Unternehmen im Geschäftszweig der Gesellschaft gründen darf.

Im Fall des Zuwiderhandelns verpflichtet sich der Geschäftsführer nach Maßgabe des § 37 AngG eine Konventionalstrafe in Höhe von € .... (z.B. eines Jahresbruttoentgeltes) an die Gesellschaft zu bezahlen.

12. Der Geschäftsführer ist zu strenger Dienstverschwiegenheit verpflichtet. Der Verrat von Geschäftsgeheimnissen an Außenstehende, insbesondere der Verrat von Bezugsquellen, Preisen, Kundennamen etc. berechtigt die Gesellschaft zur Entlassung wegen Vertrauensunwürdigkeit (§ 27 Z 1 AngG).

    Die Verschwiegenheitsverpflichtung gilt unabhängig davon auch nach der Beendigung dieses Arbeitsverhältnisses. Ein Zuwiderhandeln gegen diese Verschwiegenheitspflicht berechtigt die Gesellschaft zur Geltendmachung von Unterlassungs- und Schadenersatzansprüchen.

13. Betriebliche Vorsorgekasse

    Die Abfertigungsbeiträge nach § 6 Abs. 1 BMSVG für den AN werden an die ....-Kasse, ...(Adresse) weitergeleitet. Der AN erklärt sich mit der Abfuhr der Abfertigungsbeiträge an die ....-Kasse ausdrücklich einverstanden.

Allgemeine Anmerkungen zum Arbeitsvertrag des unternehmensrechtlichen Geschäftsführers:

Vorstandsmitglieder einer Aktiengesellschaft oder eines Vereins sind freie AN (siehe 17.; einschlägige Judikatur).

Gesellschafter/Geschäftsführer einer GmbH sind AN, die den arbeitsrechtlichen Bestimmungen (insbesondere dem AngG) unterliegen, falls ihnen auf Grund des Umfanges der Beteiligung und der vertraglich eingeräumten Rechte kein beherrschender Einfluss auf die Gesellschaft zukommt. Oftmals ist auch auf Geschäftsführer ohne beherrschenden Einfluss der entsprechende Angestellten-KV nicht anzuwenden. Dem meistens im § 1 des jeweiligen Angestellten-KV geregelten persönlichen Geltungsbereich kann entnommen werden, für welche Angestellten der jeweilige KV anzuwenden ist. Geschäftsführer werden in etlichen KV generell ausgenommen.

Das hier ausgeführte Muster bezieht sich auf einen unternehmensrechtlichen Geschäftsführer, der dem Arbeitsrecht unterliegt. Falls ein unternehmensrechtlicher Geschäftsführer nicht dem Arbeitsrecht unterliegt, müsste im Anstellungsvertrag des Geschäftsführers (soweit von den Vertragsparteien gewünscht) die Anwendbarkeit bestimmter arbeitsrechtlicher Vorschriften (etwa des AngG) gesondert vereinbart werden. In der Praxis werden in diesen Fällen meistens Begünstigungen gegenüber dem allgemeinen Arbeitsrecht vorgesehen (etwa erhöhte Abfertigung, zusätzlicher Urlaubsanspruch, Tantiemenregelungen, zusätzliche Versicherungen etc.).

Muster 6

Arbeitsvertrag für fallweise Beschäftigung

(siehe Kapitel 14.8.2.3)

1. AG:
2. AN: Staatsbürgerschaft: ....****)
3. KV: Einstufung
4. Arbeitsverhältnis   Datum:
                               Stunden(Anzahl):
                               Beginn:
                               Befristung bis .... ***)
                               Probezeit von .... bis .... ***)
5. Vorgesehene Verwendung und Einsatzgebiet:
6. Pauschalentgelt:
   Mit diesem Pauschalentgelt sind sämtliche Ansprüche auf aliquote Sonderzahlungen abgegolten.*) Die Bezüge werden auf ein vom AN dem AG bekannt zu gebendes Konto überwiesen.
7. Verfall:**)
   Es wird vereinbart, dass sämtliche Ansprüche aus dem gegenständlichen Arbeitsverhältnis bei sonstigem Verfall spätestens am Ende des dritten Monats, von der Fälligkeit dieser Ansprüche an gerechnet, beim AG schriftlich geltend gemacht werden müssen. Bei rechtzeitiger Geltendmachung bleibt die gesetzliche Verjährungsfrist gewahrt.

Wien, am ....   Gelesen, verstanden und ausdrücklich
                                        mit allen Punkten einverstanden.

....
Unterschrift des AG   Unterschrift des AN

---

*)   Siehe 31.10.
**)   Siehe Anmerkungen bei Muster 3 – für Veranstaltungsdienste, die dem KV für Arbeiter im Bewachungsgewerbe unterliegen, ist diese Vereinbarung nicht erforderlich (und nicht zulässig), da der KV eine Verfallsklausel regelt.
***) Nichtzutreffendes streichen.
      Derzeit ist strittig, ob bei fallweise Beschäftigten, die innerhalb von zwölf Monaten wiederholt beschäftigt werden, Beiträge nach BMSVG zu entrichten sind. Innerhalb des ersten Monats der wiederholten Beschäftigungen sind jedenfalls keine Beiträge zu bezahlen.
****) Auch fallweise Beschäftigte unterliegen dem AuslBG. Die Staatsbürgerschaft ist daher zu beachten (siehe 18.).

Muster 7

Vereinbarung über die Verwendung eines firmeneigenen Kfz

abgeschlossen zwischen Frau/Herrn (AN) ....
und Firma .... (AG)

1. Der AN übernimmt am .... das im Eigentum des AG befindliche Kfz mit dem polizeilichen Kennzeichen .... und einem Kilometerstand von .... Das Kfz wurde in unbeschädigtem Zustand (beschädigtem Zustand laut beiliegender Liste) an den AN übergeben. Mit Unterfertigung dieses Vertrages bestätigt der AN ausdrücklich, dass ihm das Kfz in unbeschädigtem und voll funktionsfähigem Zustand (beschädigtem Zustand laut beiliegender Liste) übergeben wurde.

    Erhält der AN vom AG ein anderes Kfz zugeteilt, so gilt diese Vereinbarung entsprechend.

2. Der AN ist im Besitz des Führerscheines der Klasse ...., ausgestellt am .... in .... von .... mit der Führerscheinnummer .... und unbefristeter Gültigkeit.

    Der AN ist verpflichtet, dem AG bei Aufforderung den Führerschein vorzulegen und der AG hat das Recht, den Führerschein zu kopieren.

3. Dem AN wird der guten Ordnung halber mitgeteilt, dass der AG besonderen Wert auf die Einhaltung der straßenverkehrsrechtlichen Regelungen legt. Allfällige Verwaltungsstrafen, die durch das Verhalten des AN im Straßenverkehr verhängt werden, sind ausschließlich vom AN zu bezahlen. Der AN erklärt sich mit dem Abzug von Geldstrafen vom nächsten fälligen Gehalt ausdrücklich einverstanden.

    Überdies ist bei der Verwendung des Kfz ein gänzliches Alkohol- und Suchtmittelverbot einzuhalten. Der AN verpflichtet sich, bei ärztlich angeordneter Einnahme von Medikamenten, die die Reaktionsgeschwindigkeit herabsetzen, einen Vorgesetzten über seine Fahruntauglichkeit zu informieren. Abgesehen davon ist der Vorgesetzte von jeder Fahrbeeinträchtigung zu verständigen. Der AN verpflichtet sich weiters, bei einer solchen Fahrbeeinträchtigung jede Benutzung des Kfz zu unterlassen.

    Im Fall des Entzugs der Fahrerlaubnis hat der AN jede weitere Verwendung des Kfz zu unterlassen und den Vorgesetzten sobald wie möglich zu verständigen sowie die Rückgabe des Kfz zu veranlassen.

4. Die Benutzung des Kfz für Reisen in das Ausland bzw. für private Zwecke ist ohne Genehmigung des AG unzulässig. Ebenso ist die Überlassung des Kfz an betriebsfremde Personen untersagt. Die Überlassung des Kfz an andere AN des AG bedarf der Bewilligung des Vorgesetzten.

5. Der AN verpflichtet sich, für die ordnungsgemäße Pflege, Wartung und Reinigung des Fahrzeuges zu sorgen. Dies umfasst insbesondere auch die Einhaltung der Serviceintervalle und die Einholung der Begutachtungsplakette nach § 57a StVO etc.
   Der AN verpflichtet sich ausdrücklich zu einem vorsichtigen und schonenden Umgang mit dem Kfz.
   Der AN verpflichtet sich weiters, vor der Rückgabe des Kfz ein allenfalls ausständiges Service und sämtliche erforderlichen Reinigungs-, Reparatur- und Wartungsarbeiten durchführen zu lassen. Die Rückgabe hat weiters in betanktem Zustand zu erfolgen.

6. Jegliche Veränderung des Erscheinungsbildes des Kfz (Anbringen von Aufklebern, Aufschriften, Lackierungen etc.) ist verboten.
   Im abgestellten Kfz dürfen keinerlei Gegenstände wie etwa Handys, Aktentaschen, Wertgegenstände etc. aufbewahrt werden.

7. Der AN hat das ihm ausgehändigte Fahrtenbuch täglich vollständig und leserlich zu führen. Das Fahrtenbuch ist jeweils am Monatsende bei Frau/Herrn .... abzugeben.
   Funktionsmängel und Schäden am Fahrzeug sind im Fahrtenbuch einzutragen und unverzüglich bei Frau/Herrn .... zu melden.
   Die Vornahme von Reinigungs- und Servicemaßnahmen ist ebenfalls im Fahrtenbuch zu vermerken.
   Die für die Durchführung dieser Arbeiten sowie das Tanken ausgestellten Rechnungen sind im Original so rasch wie möglich bei Frau/Herrn .... abzugeben.

8. Private Fahrten sind nur bei gesonderter Erlaubnis des AG zulässig. Falls diese Erlaubnis erteilt wird, sind Privatfahrten im Fahrtenbuch als solche gesondert auszuweisen. Die Kosten des Treibstoffes für Privatfahrten sind vom AN zu tragen. Die Bewilligung für private Fahrten kann jederzeit vom AG widerrufen werden ohne dass dem AN ein Geldersatz zu gewähren ist. Der AN nimmt zur Kenntnis, dass im Zuge der Lohnverrechnung ein Sachbezug für die private Nutzung des PKW zu berücksichtigen ist (Versteuerung des geldwerten Vorteils der privaten Nutzung des Kfz). Die Privatnutzung ist nur bis zu einer maximalen Kilometeranzahl von … pro Monat zulässig.

9. Der AN haftet für Schäden, die er schuldhaft (fahrlässig oder vorsätzlich) an dem Kfz verursacht.

10. Bei jedem Unfall (auch dann, wenn nur geringfügige Schäden verursacht wurden) muss mit dem anderen Lenker eine Schadensmeldung ausgefüllt werden.
    Falls Schäden etwa an parkenden Fahrzeugen, Verkehrszeichen, Zäunen, Häusern etc. verursacht werden, muss unverzüglich eine Anzeige beim nächsten Polizeiposten eingereicht werden.

Muster 7: Vereinbarung über die Verwendung eines firmeneigenen Kfz

Die Fortsetzung der Fahrt ohne Ausfüllen einer Schadensmeldung bzw. ohne Erstattung einer Anzeige ist als Fahrerflucht anzusehen. Fahrerflucht ist strafbar und kann eine Entlassung nach sich ziehen.

Jeder Unfall bzw. jeder Schadenseintritt ist dem Vorgesetzten sobald wie möglich zu melden. Dem Vorgesetzten ist dabei eine Durchschrift der Schadensmeldung bzw. der Anzeige zu überreichen bzw. zu übermitteln.

11. Bei Beendigung des Arbeitsverhältnisses ist der AN verpflichtet, dem AG das Fahrzeug unverzüglich zurückzugeben. Das Fahrzeug ist auch dann dem AG zu übergeben, wenn ein allenfalls eingeräumtes Privatnutzungsrecht im aufrechten Arbeitsverhältnis widerrufen wird (siehe 8.) oder erlischt. Das Recht auf private Nutzung erlischt jedenfalls bei Beginn einer Dienstfreistellung des AN sowie bei Beginn entgeltfreier Zeiten (z.B. Karenz nach MSchG oder VKG, lange Krankenstände, unbezahlter Urlaub, Bildungsfreistellung etc.). Die Übergabe des Fahrzeugs hat rechtzeitig vor dem Erlöschen des privaten Nutzungsrechts zu erfolgen.

................, am ....

....
Unterschrift des AN   Unterschrift des AG

Detailinformationen zum Dienst-Pkw: *Rauch*, Der Dienst-Pkw, ASoK 3/06, 93 ff.; *Rauch*, Private Nutzung firmeneigener Mobiltelefone und PKW, ASoK 2011, 175 ff.

Mit der vereinbarungsgemäßen Rückstellung des PKW (etwa bei Dienstfreistellung) entfällt das Entgelt für die Privatnutzung (auch wenn dies nicht gesondert vereinbart wurde – OLG Linz 18.1.2012, 12 Ra 1/12 x; OGH 18.8.1995, 8 Ob A 259/95).

Muster 7a

Vereinbarung über die Verwendung eines firmeneigenen Handys

Der AG (Firma ....) und der AN (Frau/Herr ....) schließen folgende Vereinbarung ab:

Dem AN wird vom AG ein Handy mit der Ruf-Nr.: .... zur Verfügung gestellt. Das firmeneigene Handy ist ausschließlich für dienstliche Zwecke zu benützen. Die Kosten allfälliger Privattelefonate sind vom AN zu übernehmen. Der AG ist berechtigt, jederzeit einen Rufdatenauszug des Handy-Betreibers zur Überprüfung der dienstlichen Verwendung einzuholen.

Falls aus den Rufdatenauszügen Privattelefonate bzw. private Verwendungen des Handys erkennbar sind, so erklärt sich der AN ausdrücklich damit einverstanden, dass die Kosten der privaten Telefonate bzw. sonstiger privater Verwendungen vom Entgelt des Folgemonats abgezogen werden.

Der AN ist nicht berechtigt, das Handy anderen Personen zur Verfügung zu stellen.

Für einen allfälligen Verlust bzw. eine Beschädigung haftet der AN nach den schadenersatzrechtlichen Bestimmungen.

......................, am ....

....
Unterschrift des AN

....
Unterschrift des AG

Muster für eine Vereinbarung zum Internet-Zugang des AN – siehe 14.16.

Anmerkung:

Eine pauschale Vergütung der Telefonkosten durch den AG unterliegt stets der Beitrags- und Lohnsteuerpflicht. Lassen sich die dienstlichen Gespräche „herausrechnen", so ist für den Ersatz dieser Kosten durch den AG Steuer- und Beitragsfreiheit gegeben (DG-Info NÖ GKK, NÖDIS 3/2008 = ARD 5855/7/2008).

Muster 8

Vertrag über ein Ferialpraktikum

(siehe Kapitel 14.8.2.4)

mit einem e c h t e n Ferialpraktikanten (Volontär), der nicht als AN im Betrieb beschäftigt wird.

Die Firma ....

....

stimmt zu, dass

Frau/Herr ...., wohnhaft in ....

geb. am ...., Staatsbürgerschaft ....*)

derzeit Schüler/Student der ....

(Schultypus)

in ....

Fachrichtung ....

gesetzlicher Vertreter**) ....

das gemäß den Ausbildungsvorschriften vorgeschriebene Praktikum in unserem Betrieb zur Vertiefung bzw. Anwendung der theoretischen Kenntnisse, also ausschließlich zu Lernzwecken, absolviert.

Das Praktikum dauert von .... bis .... und kann jederzeit von jedem der beiden Teile ohne Angabe von Gründen aufgelöst bzw. beendet werden.

Frau/Herr .... ist nicht in den Betrieb eingegliedert und an keine Arbeitszeiten oder Weisungen gebunden.

---

*) Falls der Praktikant dem AuslBG unterliegt, müsste spätestens 14 Tage vor Beginn der Tätigkeit eine Anzeige an das zuständige AMS gerichtet werden (§ 3 Abs. 5 AuslBG). Die Tätigkeit des ausländischen Praktikanten muss im Rahmen eines gesetzlichen Lehr- oder Studienganges an einer inländischen Bildungseinrichtung mit Öffentlichkeitsrecht vorgeschrieben sein.

**) Falls der Praktikant nicht volljährig ist (seit 1.7.2001 wird man mit dem vollendeten 18. Lebensjahr volljährig).

ENTSCHÄDIGUNG***)

Da kein Arbeitsverhältnis als Angestellter, Arbeiter oder Lehrling vorliegt, besteht auch kein Anspruch auf Gehalt, Lohn oder Lehrlingsentschädigung oder sonstiges kollektivvertragliches Entgelt.

Sonstige Vereinbarungen:

z.B. Die Firma zahlt nach Beendigung des Praktikums eine freiwillige Entschädigung von € .... brutto.

Firma	Praktikant(in)
Unterschrift:	Unterschrift: ....

........................., am ....

***) Zur Deckung des Aufwandes kann eine Entschädigung gewährt werden (sonstige Vereinbarung). Etwaige kollektivvertragliche Bestimmungen sind jedoch zu beachten. Zur Befreiung von der SV-Pflicht siehe 14.8.2.4.

Muster 9

Freier Dienstvertrag

Zwischen Frau/Herrn .... (freier AN) und der Firma .... (freier AG) wird nachstehender

FREIER DIENSTVERTRAG

abgeschlossen:

1. Der freie AN verpflichtet sich, für den freien AG ab .... nachfolgende Arbeitsleistungen im Ausmaß von .... durchschnittlich .... Stunden im Monat zu erbringen:

   ....
   ....

2. Der freie AN ist bei Erbringung der vereinbarten Arbeitsleistung weder an Weisungen noch an eine Arbeitszeit gebunden.*)

3. Der freie AN erbringt die vereinbarte Leistung unter Verwendung eigener Betriebsmittel (PKW, Telefon, EDV etc.). Die Kosten dieser Betriebsmittel hat er selbst zu tragen.**)

4. Der freie AN kann sich bei Erbringung der vereinbarten Arbeitsleistung jederzeit durch qualifizierte dritte Personen vertreten lassen. Im Vertretungsfalle hat er die Entlohnung dieser qualifizierten dritten Personen zu übernehmen.**)

5. Für die Erbringung der vereinbarten Leistung erhält der freie AN € .... brutto (pro Monat).

   Die Abrechnung erfolgt jeweils am ....

6. Beide Vertragspartner können diesen freien Dienstvertrag unter Einhaltung einer vierzehntägigen Kündigungsfrist auflösen. Falls das freie Dienstverhältnis schon 3 Monate gedauert hat, ist auf die Kündigung § 1159a oder § 1159b ABGB anzuwenden. Demnach beträgt die Kündigungsfrist 4 Wochen, falls die vertragsgegenständliche höhere Tätigkeit die Erwerbstätigkeit der freien AN hauptsächlich in Anspruch nimmt. Liegen diese Voraussetzungen nicht vor, so ist von einer 14-tägigen Kündigungsfrist auszugehen.

---

*) Falls die Arbeitsleistungen an einem frei gewählten Ort erbracht werden können, sollte ein diesbezüglicher Hinweis im Punkt 2. erfolgen („................ weder an Weisungen noch an eine Arbeitszeit oder einen vom freien AG vorgesehenen Arbeitsort gebunden").

**) Die Punkte 3. und 4. könnten allenfalls gestrichen werden. Im Zweifelsfall sollte jedoch eine arbeitsrechtliche Auskunft eingeholt werden, ob das Vertragsverhältnis trotz Streichung von einzelnen Punkten oder Aufnahme zusätzlicher Punkte noch als freier Dienstvertrag angesehen werden kann.

7. Der freie AN nimmt zur Kenntnis, dass dieses Vertragsverhältnis dem Arbeitsrecht nicht unterliegt und daher kein Anspruch auf Urlaub, Krankenentgelt, Sonderzahlungen etc. entsteht. Es kommt kein KV zur Anwendung.

8. Gemäß den gesetzlichen Bestimmungen (§§ 43 Abs. 2 und 58 Abs. 3 ASVG) betreffend die Auskunftspflicht freier AN gegenüber dem AG erklärt der freie AN, dass er

   - auf Grund ein und derselben Tätigkeit einer anderen Pflichtversicherung (insbesondere nach dem GSVG oder FSVG) unterliegt
   - auf Grund ein und derselben Tätigkeit keiner anderen Pflichtversicherung unterliegt.

   Falls bei Aufnahme der Tätigkeit als freier AN eine anderweitige Pflichtversicherung bestanden hat, so verpflichtet sich der freie AN, Umstände, die zum Wegfall dieser anderweitigen Pflichtversicherung führen (z.B. Zurücklegung, Ruhendmeldung der Gewerbeberechtigung) dem AG unverzüglich zu melden.

   Der freie AN wird ausdrücklich auf die Auskunftsverpflichtung gegenüber dem AG hingewiesen.

9. Es wird vereinbart, dass sämtliche Ansprüche aus dem gegenständlichen freien Dienstverhältnis bei sonstigem Verfall spätestens am Ende des dritten Monats, von der Fälligkeit dieser Ansprüche an gerechnet, bei der Firma schriftlich geltend gemacht werden müssen.*)

10. Änderungen dieses freien Dienstvertrages bedürfen der Schriftform.**)

11. Die Abfertigungsbeiträge nach § 6 Abs. 1 BMSVG werden an die .... -Kasse, ... (Adresse) bezahlt. Der AN erklärt sich mit der Abfuhr der Abfertigungsbeiträge an die ....-Kasse ausdrücklich einverstanden.***)

...., am ....

....
Unterschrift freier AN   Unterschrift AG

---

*) Zulässig nach OGH 9 Ob A 130/06 t, OGH 24.4.2012, 8 Ob A 86/11 x.
**) Anmerkung: Nach § 1164a ABGB besteht bei freien Arbeitsverhältnissen die Pflicht zur Ausstellung eines Dienstzettels oder zum Abschluss eines schriftlichen Arbeitsvertrages (siehe 13.1).
***) Anmerkung: Diese Bestimmung ist bei den vom BMSVG erfassten freien AN (siehe 45.6.1) ratsam.

Muster 10

Werkvertrag – Auftragnehmer mit Gewerbeschein

Zwischen Frau/Herrn .... (Auftragnehmer)
und der Firma (Auftraggeber) .... wird nachstehender

WERKVERTRAG

abgeschlossen:

1. Der Auftragnehmer verpflichtet sich, nachstehendes Werk herzustellen:

   ....

   ....

   ....

2. Der Auftragnehmer ist bei Herstellung des vereinbarten Werkes weisungsfrei, zeitlich ungebunden und an keinen bestimmten Arbeitsort gebunden.*)

3. Der Auftragnehmer verpflichtet sich für die Herstellung des vereinbarten Werkes eigene Betriebsmittel (PKW, Telefon, EDV etc.) zu verwenden. Die Kosten dieser Betriebsmittel hat der Auftragnehmer selbst zu tragen.

4. Der Auftragnehmer kann sich bei Herstellung des vereinbarten Werkes jederzeit durch qualifizierte dritte Personen vertreten lassen. Im Vertretungsfalle hat der Auftragnehmer die Entlohnung dieser qualifizierten dritten Personen zu übernehmen.

5. Nach Vollendung des vereinbarten Werkes erhält der Auftragnehmer ein Honorar von € .... Der Auftragnehmer verpflichtet sich, vor der Auszahlung des vereinbarten Honorars eine Honorarnote beim Auftraggeber vorzulegen.

---

*) Anmerkung: Falls Vorträge oder andere zeitlich oder örtlich gebundene Leistungen zu erbringen sind, sollte Punkt 2. wie folgt lauten: „Der Auftragnehmer ist bei Herstellung des Werkes weisungsfrei." Werden solche Leistungen wiederholt, insbesondere regelmäßig erbracht, so wäre zu prüfen, ob nicht ein freier Arbeitsvertrag oder allenfalls ein Arbeitsvertrag vorliegt. Falls weitere Streichungen oder Ergänzungen erforderlich sein sollten, empfehle ich eine arbeitsrechtliche Prüfung durchzuführen, ob das Vertragsverhältnis noch als Werkvertrag angesehen werden kann (siehe 16. und 17.).

6. Der Auftragnehmer nimmt zur Kenntnis, dass er selbst für die Abfuhr allfälliger Steuern und Sozialversicherungsbeiträge zuständig ist. Der Auftraggeber unterliegt keiner Meldepflicht.

7. Es wird vereinbart, dass sämtliche Ansprüche aus dem gegenständlichen Werkvertragsverhältnis bei sonstigem Verfall spätestens am Ende des dritten Monats, von der Fälligkeit dieser Ansprüche an gerechnet, beim Auftraggeber schriftlich geltend gemacht werden müssen.

8. Änderungen dieses Werkvertrages bedürfen der Schriftform.

.............., am ....

....
Unterschrift Auftragnehmer   Unterschrift Auftraggeber

Muster 11

Werkvertrag – Auftragnehmer ist „Neuer Selbständiger"

Zwischen Herrn/Frau .... (Auftragnehmer) und
der Firma (Auftraggeber) ....
wird nachstehender

WERKVERTRAG

abgeschlossen:

1. Der Auftragnehmer verpflichtet sich, nachstehendes Werk herzustellen:
   ....
   ....
   ....

2. Der Auftragnehmer ist bei Herstellung des vereinbarten Werkes weisungsfrei, zeitlich ungebunden und an keinen bestimmten Arbeitsort gebunden.*)

3. Der Auftragnehmer verpflichtet sich für die Herstellung des vereinbarten Werkes eigene Betriebsmittel (PKW, Telefon, EDV etc.) zu verwenden. Die Kosten dieser Betriebsmittel hat der Auftragnehmer selbst zu tragen.

4. Der Auftragnehmer kann sich bei Herstellung des vereinbarten Werkes jederzeit durch qualifizierte dritte Personen vertreten lassen. Im Vertretungsfalle hat der Auftragnehmer die Entlohnung dieser qualifizierten dritten Personen zu übernehmen.

5. Nach Vollendung des vereinbarten Werkes erhält der Auftragnehmer ein Honorar von € .... Der Auftragnehmer verpflichtet sich, vor der Auszahlung des vereinbarten Honorars eine Honorarnote beim Auftraggeber vorzulegen.

6. Der Auftragnehmer nimmt zur Kenntnis, dass er als neuer Selbständiger selbst für die Abfuhr allfälliger Steuern und Sozialversicherungsbeiträge zuständig ist. Er verpflichtet sich, binnen eines Monats bei der Sozialversicherungsanstalt der gewerblichen Wirtschaft seine Anmeldung vorzunehmen und diese Anmeldung dem Auftraggeber vorzulegen. Weiters verpflichtet sich der Auftragnehmer, vierteljährlich die Beitragsvorschreibungen der Sozialversicherungsanstalt der gewerblichen Wirtschaft zur Einsicht vorzulegen. Der Auftraggeber unterliegt keiner Meldepflicht.

Muster 11: Werkvertrag – Auftragnehmer ist „Neuer Selbständiger"

7. Es wird vereinbart, dass sämtliche Ansprüche aus dem gegenständlichen Werkvertragsverhältnis bei sonstigem Verfall spätestens am Ende des dritten Monats, von der Fälligkeit dieser Ansprüche an gerechnet, beim Auftraggeber schriftlich geltend gemacht werden müssen. Bei rechtzeitiger Geltendmachung bleibt die gesetzliche Verjährungsfrist gewahrt.

8. Änderungen dieses Werkvertrages bedürfen der Schriftform.

.... am ....

....
Unterschrift Auftragnehmer   Unterschrift Auftraggeber

---

*) Anmerkung: Falls zeitlich oder örtlich gebundene Leistungen zu erbringen sind, sollte Punkt 2. wie folgt lauten: „Der Auftragnehmer ist bei Herstellung des Werkes weisungsfrei." Werden solche Leistungen wiederholt, insbesondere regelmäßig erbracht, so wäre zu prüfen, ob nicht ein freier Dienstvertrag oder allenfalls ein Arbeitsvertrag vorliegt. Falls weitere Streichungen oder Ergänzungen erforderlich sein sollten, empfehle ich, eine arbeitsrechtliche Prüfung vorzunehmen, ob das Vertragsverhältnis noch als Werkvertrag angesehen werden kann.

Muster 12

Aussetzungsvereinbarung

(siehe Kapitel 41.6)

Vereinbarung

abgeschlossen zwischen

AG ....

AN (Name, Adresse) ....

....

1. **Zusicherung der Wiedereinstellung:**

    Das Arbeitsverhältnis wird einvernehmlich mit .... aufgelöst.*)

    (Das Arbeitsverhältnis wurde seitens des AG per .... (letzter Arbeitstag) gekündigt.)*)

    Dem AN wird die Wiedereinstellung bis längstens .... zugesagt, wobei für das neue Dienstverhältnis die bisherigen Bedingungen gelten.

2. **Aussetzung der Fälligkeit der Abfertigung:**

    Der anlässlich der Auflösung des Arbeitsverhältnisses entstandene Anspruch*) hinsichtlich der Abfertigung (Abfertigung alt), wird vom AN nicht fällig gestellt.

3. **Zusammenrechnung von Vordienstzeiten:****)

    a) Vordienstzeiten beim selben AG, die vor der Auflösung des Arbeitsverhältnisses liegen, werden für alle Ansprüche, die von der ununterbrochenen Dauer des Arbeitsverhältnisses abhängen (Abfertigung, Entgeltfortzahlung und Urlaubsausmaß), zusammengerechnet.

    b) Die Zeiten der Unterbrechung selbst werden bei Berechnung der Ansprüche, die sich nach der ununterbrochenen Dauer des Arbeitsverhältnisses richten (Abfertigung, Sonderzahlungen, Urlaub, Krankengeldzuschuss) nicht als Dienstzeiten gerechnet.

4. **Auszahlung beendigungsabhängiger Ansprüche (zur Abfertigung siehe 2.):**
Die Sonderzahlungen werden anteilig abgerechnet, der offene Urlaub von .... Arbeitstagen (Werktagen)*) wird zur Gänze vergütet.

...., am ....

....
(Unterschrift des AG)

Gelesen, verstanden und einverstanden:

....
(Unterschrift des AN)

---

*) Nichtzutreffendes streichen.
**) Eine derartige Regelung kann, aber muss nicht in die Aussetzungsvereinbarung aufgenommen werden. In typischen Saisonbranchen gibt es meistens kollektivvertragliche Zusammenrechnungsregeln, die zunächst gelesen werden sollten.

Muster 13

Ausbildungskostenrückersatzvereinbarung
(siehe Kapitel 14.6)

Zwischen der Firma .... und Frau/Herrn .... (AN) wird folgende Vereinbarung getroffen:

Die Firma ermöglicht es dem AN ...., seine Ausbildung zu erweitern/sich einer Spezialausbildung als .... zu unterziehen/an einem ....-Kurs teilzunehmen.

Der AN anerkennt ausdrücklich, dass diese Ausbildung einen auch außerhalb des Arbeitsverhältnisses wirtschaftlich verwertbaren Vorteil begründet.

Die Firma übernimmt die notwendigen Kosten der Ausbildung und der AN erhält während der Dauer seiner Ausbildung das laufende Gehalt weiter bezahlt.

Die Summe dieser beiden Positionen beträgt insgesamt € ....

Der AN verpflichtet sich, seine Arbeitskraft und die zusätzlich erworbenen Kenntnisse und Fähigkeiten nach Beendigung der Ausbildung dem Betrieb auf die Dauer von mindestens 4 Jahren (Bindungsdauer) zur Verfügung zu stellen, wobei entgeltlose Zeiten wie Präsenzdienst, Karenzurlaub nach MSchG oder VKG etc. nicht auf diese Dauer angerechnet werden.*)

Für den Fall, dass das Arbeitsverhältnis in einer anderen Form als durch Auflösung während der Probezeit, unbegründete Entlassung, begründeten vorzeitigen Austritt, unverschuldete Entlassung, Kündigung durch den AG, es sei denn, der AN hat durch schuldhaftes Verhalten dazu begründeten Anlass gegeben (§ 2d Abs. 4 AVRAG), aufgelöst wird (wie z.B. Kündigung durch den AN oder unbegründeter vorzeitiger Austritt), verpflichtet sich der AN (falls das Arbeitsverhältnis vor Ablauf der zuvor angeführten Bindungsdauer endet), die von der Firma getragenen gesamten Aufwendungen samt Lohn und Lohnnebenkosten für die Dauer der Ausbildung in Höhe von insgesamt € .... dieser zurückzuzahlen.

Die Aliquotierung des Rückzahlungsbetrages ist wie folgt vorzunehmen:

Für jeden im aufrechten Arbeitsverhältnis nach der Beendigung der Ausbildung zurückgelegten vollen Monat tritt eine Reduktion um 1/48 bei einer Bindungsdauer von vier Jahren (= 48 Monate) ein. Endet das Arbeitsverhältnis nach Ablauf der vereinbarten Bindungsdauer, so bestehen keinerlei Rückzahlungsansprüche des AG.

Der AN verpflichtet sich zum Ersatz allfälliger Kosten (z.B. Stornierungskosten) in voller Höhe, die dem AG dadurch entstehen, dass der AN die vorgesehene Ausbildung aus eigenem Verschulden nicht besucht.

...................., am ....

....
(Unterschrift des AG) (Unterschrift des AN)

---

*) Die Nichtanrechnung entgeltfreier Zeiten ist gut argumentierbar, aber durch Judikatur noch nicht abgesichert.

Muster 14

Vereinbarung zur Altersteilzeit

(siehe Kapitel 14.8.2.2)

Zusatzvereinbarung zum Arbeitsvertrag vom ....

Zweck dieser Zusatzvereinbarung ist es, die Arbeitszeit von Frau/Herrn .... (AN) einvernehmlich zu kürzen, wobei weiterhin die vollen Sozialversicherungsbeiträge sowie .... % des bisherigen Gehaltes bezahlt werden und der AG eine entsprechende Förderung nach § 27 Abs. 4 AlVG erhält. Die Vereinbarung erfolgt nach den Vorgaben des § 27 AlVG.

Der oben bezeichnete Arbeitsvertrag wird wie folgt geändert:

1. Die Vertragsparteien vereinbaren ausdrücklich, dass ab .... die wöchentliche Arbeitszeit (statt bisher .... Stunden) .... Stunden beträgt. Der AN erhält ab .... ein Gehalt von € .... brutto pro Monat zuzüglich Sonderzahlungen gemäß § .... des ....-KV. Der AG entrichtet weiterhin jene Sozialversicherungsbeiträge entsprechend der Beitragsgrundlage vor der Herabsetzung der Normalarbeitszeit.

2. Die Altersteilzeitvereinbarung wird nur unter der Voraussetzung gewährt, dass keine bescheidmäßige Ablehnung des Antrages auf Altersteilzeitgeld seitens des AMS erfolgt. Eine bescheidmäßige Einstellung des Altersteilzeitgeldes durch das AMS führt zum Wegfall des Lohnausgleiches. In diesen Fällen verliert die gegenständliche Vereinbarung mit Ablehnung/Einstellung ihre Gültigkeit und werden Gespräche über eine Neuregelung geführt.

3. Falls das Arbeitsverhältnis während der Laufzeit dieser Vereinbarung beendet wird und nach den §§ 23 und 23a AngG ein Abfertigungsanspruch besteht, so ist die Abfertigung auf der Grundlage der Arbeitszeit vor der Herabsetzung der Normalarbeitszeit (die durch diese Vereinbarung erfolgt ist), zu berechnen.

4. Im Fall der Beendigung des Arbeitsverhältnisses vor dem gänzlichen Konsum des Guthabens an Normalarbeitszeit durch Zeitausgleich ist bei Anwendbarkeit des § 19e Abs. 2 AZG der Lohnausgleich nicht in die Bemessungsgrundlage für die Berechnung des Zuschlags von 50 % einzubeziehen.

   Das Entgelt für ein allfälliges Zeitminus (Fehlstunden) darf vom AG mit den Ansprüchen des AN aufgerechnet werden.

5. Diese Vereinbarung ist auf .... Jahre*) befristet, sofern nicht zuvor Z 2 (über das Außer-Kraft-Treten) zur Anwendung kommt, oder das Arbeitsverhältnis beendet wird.

6. Mit dem Ablaufen der Altersteilzeit wird der eingangs bezeichnete Arbeitsvertrag einvernehmlich aufgelöst, falls es nicht zuvor zu einer Auflösung des Arbeitsvertrages kommt. Beide Vertragsteile sind berechtigt, eine Kündigung auszusprechen. Der AG kann jeweils zum 15. oder letzten eines Kalendermonats kündigen, wobei die gesetzliche Kündigungsfrist einzuhalten ist.**) Der Arbeitsvertrag wird auch dann einvernehmlich aufgelöst, wenn der Zeitpunkt des Erreichens der Anspruchsvoraussetzungen für eine Leistung aus der gesetzlichen Pensionsversicherung eintritt.

................., am ....

....
AN   AG

---

*) Zur Dauer der Altersteilzeit siehe 14.8.2.2.3.
**) Dieser Satz ist bei Arbeitern ersatzlos zu streichen.

Muster 15

Grundvereinbarung nach AÜG für Arbeiter

(siehe Kapitel 35.)

zwischen (Firma, Sitz) .... (Überlasser)
und

Frau/Herrn .... (Arbeitskraft), geboren am .... ,
Anschrift ....
Staatsbürgerschaft ....
Beschäftigungstitel: .... vom ....*)

1. Die Arbeitskraft verpflichtet sich, Arbeitsleistungen für einen Dritten (Beschäftiger) zu erbringen. Der Beschäftiger wird jeweils nach § 12 AÜG vom Überlasser bekannt gegeben. Die Auswahl und der Wechsel des Beschäftigers obliegt ausschließlich dem Überlasser. Die Arbeitskraft hat die Arbeitsleistungen nach den Weisungen des Überlassers und des Beschäftigers zu erbringen.

   Das Arbeitsverhältnis unterliegt dem BUAG und/oder dem Bauarbeiter-Schlechtwetter-Entschädigungsgesetz.*)

2. Das Vertragsverhältnis beginnt mit .... und wird auf unbestimmte Zeit / befristet bis ...., weil ....*) / abgeschlossen, wobei der erste Monat als Probezeit**) gilt. Während der Probezeit kann das Arbeitsverhältnis jederzeit aufgelöst werden. Im Fall des Wechsels des Beschäftigers werden der Arbeitskraft der neue Beschäftiger sowie die Arbeitsbedingungen bei diesem i.S. des § 12 Abs. 1 AÜG schriftlich mitgeteilt.

3. Auf das Arbeitsverhältnis ist der KV für das Gewerbe der Arbeitskräfteüberlassung anzuwenden. Hinsichtlich des Entgelts und der Arbeitszeit (§ 10 Abs. 1 und 3 AÜG) ist der KV des jeweiligen Beschäftigerbetriebs zu beachten.

4.1. Der monatliche Lohn richtet sich nach dem Abschnitt IX des vorgenannten KV. Auf Grund der vom AN vorgelegten Dienstzeugnisse und Arbeitsbestätigungen erfolgt die Einstufung in die Lohngruppe ... . Das Entgelt wird monatlich im Nachhinein auf das von der Arbeitskraft zu nennende Konto überwiesen. Für die Einstufung hat die Arbeitskraft folgende Zeugnisse und Arbeitsbestätigungen vorgelegt: ....
Diese Zeugnisse werden bei der jeweiligen Einstufung berücksichtigt.

4.2. Sonderzahlungen

Die Höhe und die Berechnung der Sonderzahlungen richtet sich nach den Abschnitten XVI und XVII des anzuwendenden KV.

5. Vorgesehene Verwendungen: ....

6. Die wöchentliche Normalarbeitszeit beträgt 38,5 Stunden. Während der Zeit der Überlassung gelten die arbeitszeitrechtlichen Regelungen des im Beschäftiger-Betrieb auf vergleichbare Arbeitnehmer anzuwendenden KV. Die Einteilung der Arbeitszeit obliegt dem Überlasser bzw. dem Beschäftiger. Eine Änderung der Arbeitszeiteinteilung wird vorbehalten. Auf Verlangen bzw. Anordnung sind Mehr- bzw. Überstunden in den gesetzlichen und kollektivvertraglichen Grenzen zu leisten.

Mehr- und Überstunden sind durch Zeitausgleich zu verbrauchen, der im Einzelfall mit dem AG abzusprechen ist.*)

7. Die Arbeitskraft ist verpflichtet, über ihre tatsächlich erbrachten Arbeitsstunden vollständige Aufzeichnungen mit allen Mehrarbeits-, Fehl- und Zeitausgleichstunden zu führen und diese zum Ende der Arbeitswoche bzw. zum Einsatzende bestätigen zu lassen und sofort an den Überlasser zu übersenden. Die Regelungen des AZG bzw. ARG sind einzuhalten.

8. Das Urlaubsausmaß richtet sich nach dem UrlG und beträgt daher ....

9. Die Kündigungsfrist richtet sich nach Abschnitt IV Z 3 des anzuwendenden KV.

10. Der örtliche Beschäftigungs- bzw. Überlassungsbereich erstreckt sich auf ....

11. Die Arbeitskraft ist verpflichtet, an Einschulungen und Unterweisungen betreffend Arbeitnehmerschutz und Sicherheitsbestimmungen beim Beschäftiger bzw. beim Überlasser teilzunehmen und die erworbenen Kenntnisse entsprechend zu beachten.

12. Sollten bei der Überlassung seitens des Beschäftigers die Arbeitnehmerschutzvorschriften missachtet werden oder Leben, Eigentum, Ehre bzw. persönliche Integrität und Würde sowie Gleichbehandlung der Arbeitskraft gefährdet sein, so hat der AN den Überlasser unverzüglich davon zu verständigen. Ebenso hat die Arbeitskraft ihrerseits die Arbeitnehmerschutzbestimmungen einzuhalten, insbesondere wird auf das Alkohol- und Suchtgiftverbot i.S. des § 15 Abs. 4 ASchG verwiesen.

13. Bei Krankheit oder sonstiger Dienstverhinderung hat die Arbeitskraft den Überlasser unverzüglich über den Grund (Krankheit / Arbeitsunfall / sonstige Dienstverhinderung) zu informieren und eine Bestätigung***) bzw. einen Nachweis nachzureichen. Bei Säumnis verliert die Arbeitskraft für den betreffenden Zeitraum ihren Entgeltanspruch.

14. Die Abfertigungsbeiträge nach § 6 Abs. 1 BMSVG werden vom Überlasser an die .... -Kasse, ... (Adresse) bezahlt. Die Arbeitskraft erklärt sich mit der Zahlung an diese Kasse einverstanden.

....
Überlasser   Arbeitskraft

ERKLÄRUNGEN:
*) Unzutreffendes streichen (die Befristung erfordert eine sachliche Rechtfertigung; ein Beschäftigungstitel ist nur für jene Ausländer erforderlich, die dem AuslBG unterliegen; siehe 18.1).
**) Siehe Abschnitt IV Z 1 des anzuwendenden KV sowie zulässig laut OGH Arb 10.979.
***) Trotz dieser Regelung muss die Arbeitskraft bei jedem Krankenstand gesondert und ausdrücklich aufgefordert werden, eine Krankenstandsbestätigung vorzulegen, weil die generelle Anordnung nicht die für den Verlust des Krankenentgeltanspruchs vorgesehene Anordnung im Einzelfall ersetzen kann (OGH 9 Ob A 122/99; siehe 20.6).

Beachten Sie bitte, dass nach § 11 Abs. 1 AÜG bestimmte Beschränkungen einzuhalten sind (bezüglich Befristungen, Teilzeit, Verfall etc.) sowie Ausländer, für die eine Beschäftigungsbewilligung erteilt wurde, nicht überlassen werden dürfen; siehe 35.3.

Es besteht keine rechtliche Verpflichtung den im Anhang zum KV für das Gewerbe der Arbeitskräfteüberlassung wiedergegebenen Dienstzettel zu verwenden. Insbesondere wird empfohlen ausschließlich Arbeitsverträge abzuschließen (siehe 12.).

Grundvereinbarung nach AÜG für Angestellte

(siehe Kapitel 35.)

zwischen (Firma, Sitz) .... (Überlasser)
und

Frau/Herrn .... (Arbeitskraft), geboren am .... ,
Anschrift ....
Staatsbürgerschaft ....

Beschäftigungstitel: .... vom ....*)

1. Die Arbeitskraft verpflichtet sich, Arbeitsleistungen für einen Dritten (Beschäftiger) zu erbringen. Der Beschäftiger wird jeweils nach § 12 AÜG vom Überlasser bekannt gegeben. Die Auswahl und der Wechsel des Beschäftigers obliegt ausschließlich dem Überlasser. Die Arbeitskraft hat die Arbeitsleistungen nach den Weisungen des Überlassers und des Beschäftigers zu erbringen.

2. Das Vertragsverhältnis beginnt mit .... und wird auf unbestimmte Zeit / befristet bis ...., weil ....*) / abgeschlossen, wobei der erste Monat als Probezeit**) gilt. Während der Probezeit kann das Arbeitsverhältnis jederzeit aufgelöst werden. Im Fall des Wechsels des Beschäftigers werden der Arbeitskraft der neue Beschäftiger sowie die Arbeitsbedingungen bei diesem i.S. des § 12 Abs. 1 AÜG schriftlich mitgeteilt.

3. Auf das Arbeitsverhältnis ist der KV für Angestellte des Gewerbes anzuwenden. Hinsichtlich des Entgelts und der Arbeitszeit (§ 10 Abs. 1 und 3 AÜG) ist der KV des jeweiligen Beschäftigerbetriebs zu beachten.

4. Der monatliche Lohn beträgt € .... brutto, mindestens je doch jeweils das im Beschäftigerbetrieb vergleichbaren Arbeitnehmern für vergleichbare Tätigkeiten zu zahlende kollektivvertragliche Entgelt. Das Entgelt wird monatlich im Nachhinein auf das von der Arbeitskraft zu nennende Konto überwiesen. Allfällige sonstige Entgeltbestandteile während der Überlassung richten sich nach dem anzuwendenden KV des Beschäftigers. Für die Einstufung hat die Arbeitskraft folgende Zeugnisse und Arbeitsbestätigungen vorgelegt:

    a)
    b)
    c)

    Diese Zeugnisse werden bei der jeweiligen nach dem Beschäftiger-KV vorzunehmenden Einstufung berücksichtigt.

Die Arbeitskraft hat einen Anspruch auf Sonderzahlungen nach Maßgabe der Bestimmungen des im Punkt 3. genannten KV.

5. Vorgesehene Verwendungen: ....

6. Die wöchentliche Normalarbeitszeit beträgt .... Stunden. Die Einteilung der Arbeitszeit obliegt dem Überlasser bzw. dem Beschäftiger. Eine Änderung der Arbeitszeiteinteilung wird vorbehalten. Auf Verlangen bzw. Anordnung sind Mehr- bzw. Überstunden in den gesetzlichen und kollektivvertraglichen Grenzen zu leisten.

7. Die Arbeitskraft ist verpflichtet, über ihre tatsächlich erbrachten Arbeitsstunden vollständige Aufzeichnungen mit allen Mehrarbeits-, Fehl- und Zeitausgleichsstunden zu führen und diese zum Ende der Arbeitswoche bzw. zum Einsatzende bestätigen zu lassen, und sofort an den Überlasser zu übersenden. Die Regelungen des AZG bzw. ARG sind einzuhalten.

8. Das Urlaubsausmaß richtet sich nach dem UrlG und beträgt daher ....

9. Die Kündigungsfrist richtet sich nach dem § 20 AngG. Das Arbeitsverhältnis kann vom Überlasser unter Einhaltung der gesetzlichen Kündigungsfrist jeweils mit Wirkung zum 15. oder Letzten eines Kalendermonats gekündigt werden.

10. Der örtliche Beschäftigungs- bzw. Überlassungsbereich erstreckt sich auf ....

11. Die Arbeitskraft ist verpflichtet, an Einschulungen und Unterweisungen betreffend Arbeitnehmerschutz und Sicherheitsbestimmungen beim Beschäftiger bzw. beim Überlasser teilzunehmen und die erworbenen Kenntnisse entsprechend zu beachten.

12. Sollten bei der Überlassung seitens des Beschäftigers die Arbeitnehmerschutzvorschriften missachtet werden oder Leben, Eigentum, Ehre bzw. bzw persönliche Integrität und Würde sowie Gleichbehandlung der Arbeitskraft gefährdet sein, so hat die Arbeitskraft den Überlasser unverzüglich davon zu verständigen. Ebenso hat die Arbeitskraft ihrerseits die Arbeitnehmerschutzbestimmungen einzuhalten, insbesondere wird auf das Alkohol- und Suchtgiftverbot i.S. des § 15 Abs. 4 ASchG verwiesen.

13. Bei Krankheit oder sonstiger Dienstverhinderung hat die Arbeitskraft den Überlasser unverzüglich über den Grund (Krankheit / Arbeitsunfall / sonstige Dienstverhinderung) zu informieren und eine Bestätigung***) bzw. einen Nachweis nachzureichen. Bei Säumnis verliert die Arbeitskraft für den betreffenden Zeitraum ihren Entgeltanspruch.

14. Die Abfertigungsbeiträge nach § 6 Abs. 1 BMSVG werden vom Überlasser an die .... -Kasse, ... (Adresse) bezahlt. Die Arbeitskraft erklärt sich mit der Zahlung an diese Kasse einverstanden.

............, am ....
                                                Arbeitskraft

....
Überlasser

ERKLÄRUNGEN:
*) Unzutreffendes streichen (die Befristung erfordert eine sachliche Rechtfertigung; ein Beschäftigungstitel ist nur für jene Ausländer erforderlich, die dem AuslBG unterliegen; siehe 18.1).
**) Zulässig laut OGH Arb 10.979 – siehe 35.
***) Trotz dieser Regelung muss die Arbeitskraft bei jedem Krankenstand gesondert und ausdrücklich aufgefordert werden, eine Krankenstandsbestätigung vorzulegen, weil die generelle Anordnung nicht die für den Verlust des Krankengeltanspruchs vorgesehene Anordnung im Einzelfall ersetzen kann (OGH 9 Ob A 122/99; siehe 20.6).

Beachten Sie bitte, dass nach § 11 Abs. 1 AÜG bestimmte Beschränkungen einzuhalten sind (bezüglich Befristungen, Teilzeit, Verfall etc.) sowie Ausländer, für die eine Beschäftigungsbewilligung erteilt wurde nicht überlassen werden dürfen; siehe 35.3.

Muster 17

Mitteilung zur Überlassung nach § 12 AÜG
(siehe Kapitel 35.)

Überlasser: ....

Arbeitskraft: ....

Grundvereinbarung vom: ....

Ab .... wird Frau/Herr .... auf Grund der vorgenannten Grundvereinbarung überlassen an:

Beschäftiger-Firma: ....

Arbeitsort: ....

Die Arbeitskraft ist zur Verrichtung auswärtiger Arbeiten verpflichtet.*)

Die Beschäftigung dauert voraussichtlich bis .... /ist vorläufig unbefristet vorgesehen.**)

Meldung im Beschäftigerbetrieb bei Frau/Herrn ....

am .... um .... Uhr.

Beim Beschäftiger ist folgende Arbeitszeit einzuhalten: ....

Verwendung: ....

Für diese Arbeiten kommt im Beschäftigerbetrieb zur Anwendung:

KV: ....

mit Einstufung: ....

Für die Dauer dieser Überlassung gebührt unter Berücksichtigung der Entgeltvereinbarung laut Grundvereinbarung:

....

+ allfällige Zulagen und Aufwandsentschädigungen: ....

...................., am ....

ausdrücklich einverstanden:

....
Überlasser   Arbeitskraft

---

*) Der Hinweis auf auswärtige Arbeiten kann bei Arbeiten für die Höhe des Entgelts von Bedeutung sein (Abschnitt IX Z 3 des KV für das Gewerbe der Arbeitskräfteüberlassung).

**) Nichtzutreffendes streichen.

Muster 18

Anerkenntnisvereinbarung zum DHG

(siehe Kapitel 26.1)

Zwischen dem AG .... und dem AN ....
wird folgende Vereinbarung abgeschlossen:

1. Der AN hat in zumindest grob fahrlässiger bzw. auffallend sorgloser Weise im Zuge seiner im Auftrag des AG verrichteten Tätigkeiten folgende Schäden verursacht:

   a) .... zu ersetzender Schaden   € ....*)
   b)   € ....

2. Der AN anerkennt ausdrücklich, dass die im Punkt 1. dieser Vereinbarung konkret genannten Schäden durch schwer wiegende Fehler seinerseits, die auf grobe Fahrlässigkeit bzw. auffallende Sorglosigkeit zurückzuführen sind, verursacht worden sind.

   Weiters anerkennt der AN, dass die schwer wiegenden Fehler ausschließlich im Zuge von Arbeiten verursacht wurden, die er in Erfüllung arbeitsvertraglicher Verpflichtungen erbracht hat und die seinem Ausbildungsstand bzw. seiner kollektivvertraglichen Einstufung entsprechen.

3. Die Leistung des Schadenersatzes erfolgt im Wege der Aufrechnung unter Beachtung des Existenzminimums im Sinne der EO gegen Entgeltansprüche des AN gegen den AG. Der AN ist mit der Aufrechnung ausdrücklich einverstanden. Soweit die Ersatzpflicht durch Aufrechnung nicht gedeckt werden kann, ist der Restbetrag auf ein vom AG zu nennendes Konto zu überweisen.

4. Zweck dieser Vereinbarung ist es, durch Willenserklärungen einen bestehenden Konflikt zu beseitigen.

................, am ....

Gelesen, verstanden, einverstanden
und frei von Druck gegengezeichnet

....
Unterschrift des AN   Unterschrift des AG

---

*) Falls zum Zeitpunkt des Abschlusses dieser Vereinbarung die Höhe des Schadens nicht feststeht, muss in der Anerkenntnisvereinbarung keine diesbezügliche Angabe enthalten sein.

Muster 19

Gleitzeitvereinbarung

ANHANG ZUM ARBEITSVERTRAG

von Frau/Herrn .... vom ....*)

In Ergänzung des Arbeitsvertrages wird folgende Vereinbarung geschlossen:

EINLEITUNG

Die gleitende Arbeitszeit bietet dem AN die Möglichkeit, innerhalb eines festgelegten Rahmens Beginn und Ende der persönlichen täglichen Arbeitszeit selbst zu bestimmen. Von dieser Möglichkeit kann nur unter Bedachtnahme auf die betrieblichen Erfordernisse Gebrauch gemacht werden.

§ 1 Zeitgrenzen und fiktive Normalarbeitszeit:

Die Kernzeit dauert an jedem Arbeitstag von 9.00 bis 14.00 Uhr. Während dieser Zeit muss – ausgenommen während der 30-minütigen Mittagspause – der AN anwesend sein.

Die Normalarbeitszeit des AN kann frühestens um 7.00 Uhr beginnen und endet um 19.00 Uhr (Gleitzeitspanne).

Der AN hat das Recht, innerhalb des Zeitraumes von 12.00 Uhr bis 14.00 Uhr die Mittagspause in der Dauer von 30 Minuten zu halten. Die Pause ist keine Arbeitszeit.

Innerhalb der Gleitzeitspanne hat der AN seine tägliche Normalarbeitszeit so einzuteilen, dass zehn Arbeitsstunden (30 Minuten Mittagspause unberücksichtigt) nicht überschritten werden.

Innerhalb eines Abrechnungszeitraumes von zwei Kalendermonaten (§ 2) soll die Arbeitszeit des AN (30 Minuten der Mittagspause nicht eingerechnet) jeweils jene Summe ergeben, die sich aus der Multiplikation einer 8-stündigen Arbeitszeit für jeden Arbeitstag (Montag bis Freitag mit Ausnahme der Feiertage) innerhalb dieses Monats ergibt. Überschreitungen der Soll-Arbeitszeit werden als positiver Gleitzeitsaldo, Unterschreitungen der Soll-Arbeitszeit als negativer Gleitzeitsaldo angesehen.

Falls der AN aus einem entgeltpflichtigen Grund während eines ganzen Arbeitstages abwesend ist (insbesondere Urlaub, Pflegefreistellung und Krankenstand), ist für diesen Tag eine Normalarbeitszeit in der Höhe von 8 Stunden anzurechnen.

---

*) Oder als Betriebsvereinbarung – siehe 30.2.2.

Ist ein AN aus entgeltpflichtigen Gründen teilweise oder zur Gänze an einem Arbeitstag abwesend, so gilt, wenn die Abwesenheit am Arbeitsbeginn erfolgt, als fiktiver, anzurechnender Beginn der Normalarbeitszeit 8.00 Uhr sowie als fiktives, anzurechnendes Ende der Normalarbeitszeit 16.30 Uhr.

§ 2 Abrechnungszeitraum:

Der Abrechnungszeitraum für den Vergleich zwischen der Soll-Arbeitszeit und der tatsächlich erbrachten Arbeitszeit sind jeweils zwei Kalendermonate. Nach jedem Abrechnungszeitraum soll sich für den AN keine größere Abweichung der tatsächlichen Arbeitszeit von der Soll-Arbeitszeit ergeben als zehn Stunden.

Ergibt sich ein höherer positiver Saldo als 20 Stunden oder ein höherer negativer Saldo als zehn Stunden, so hat der AN das Zustandekommen dieses Saldos in einem Gespräch mit dem zuständigen Vorgesetzten zu begründen. Bei nicht ausreichender Begründung kann in diesen Fällen der AG die Weisung erteilen, dass der betreffende AN ab dem nächsten Abrechnungszeitraum die Normalarbeitszeit von 8.00 bis 16.30 Uhr (mit 30-minütiger Mittagspause) einzuhalten hat.

Bezüglich eines negativen Gleitzeitsaldos von mehr als zehn Stunden hat der AN im vorgenannten Gespräch mit dem Vorgesetzten konkrete Vorschläge vorzulegen, wie er im nächsten Abrechnungszeitraum den negativen Saldo zur Gänze abbauen will.

Ergibt sich im Stadium der Beendigung des Arbeitsverhältnisses ein negativer Zeitsaldo, so ist ein Gehaltsabzug zulässig. Dies gilt auch bei Antritt des Präsenzdienstes oder eines Karenzurlaubs.

§ 3 Ausgleich des Gleitsaldos in der Kernzeit:

Einmal (oder zweimal etc.) im Abrechnungszeitraum von zwei Kalendermonaten hat der AN das Recht, die Kernzeit bis zum Ausmaß von 4,5 Arbeitsstunden (= entgeltpflichtige Kernzeit an einem Arbeitstag) zum Ausgleich eines positiven Zeitsaldos zu verwenden, wobei ein solcher Ausgleich mit dem zuständigen Vorgesetzten zu vereinbaren ist. Erscheint der AN an einem Arbeitstag zwecks Zeitausgleich nicht im Betrieb, so ist von seinem Zeitguthaben ein Abzug von acht Stunden (entsprechend der Normalarbeitszeit von 8.00 bis 16.30 Uhr) abzuziehen.

§ 4 Zeiterfassung:

Der AN hat eine Gleitzeitliste zu führen, in die für jeden Tag die tatsächlich geleistete Arbeitszeit einzutragen ist. Die Listen sind dem Vorgesetzten regelmäßig zur Abzeichnung vorzulegen. Falsche Eintragungen können zur Entlassung führen.

§ 5 Überstunden:

Die Leistung von Überstunden bedarf der vorherigen Genehmigung durch den Vorgesetzten.

Überstunden können nur dann entstehen, wenn an Arbeitstagen die tatsächlich erbrachte Arbeitszeit zehn Stunden überschreitet bzw. wenn die Dienstleistung an einem Samstag, Sonn- oder Feiertag erbracht wird. Arbeitsleistungen außerhalb der Gleitzeitspanne gelten ebenfalls als Überstunden.

.................., am ....

....
AN   AG

Zum Thema gleitende Arbeitszeit findet sich im Gesetz lediglich eine Bestimmung: § 4b AZG). Eine nähere Regelung bezüglich der Möglichkeit für Minusstunden Abzüge vorzunehmen bzw. Gutstunden, die über ein gewisses Ausmaß hinausgehen, zu streichen, fehlen derzeit jegliche Regelungen sowie auch Rechtsprechung. Es dürfte jedoch davon auszugehen sein, dass Kürzungen bzw. Abzüge bei aufrechtem Arbeitsverhältnis nicht zulässig sind (zu den Details siehe 30.2.2).

Muster 20

Klage auf Zustimmung zur Kündigung eines AN, der den Schutz des APSG genießt

An das

....

(Bezeichnung des zuständigen Gerichts
und Angabe der Adresse)

Klagende Partei:	Firma .... ,
	Garten- und Grünflächengestaltung
Anschrift:	....
Beklagte Partei:	....
Beruf:	Angestellter
Anschrift:	....

KLAGE

auf Zustimmung zur beabsichtigten Kündigung*

nach § 14 Abs. 1 Z 1 lit. b APSG

2-fach

1 HS

Beilagen

---

*) Eine Klage auf Zustimmung zur beabsichtigten Entlassung eines Präsenz- bzw Zivildieners (siehe 42.7.2) wäre weitgehend ähnlich zu formulieren.

Muster 20: Klage auf Zustimmung zur Kündigung eines AN unter Schutz des APSG

Ich betreibe das Gewerbe der Gartengestaltung. Daneben habe ich auf einem Verkaufsplatz Gartenpflanzen zum Verkauf angeboten.

Seit Mitte November habe ich den Betrieb eingeschränkt, indem ich den Verkaufsplatz zur Gänze stillgelegt habe.

Beweis: Einvernahme von Zeugen und der Partei (Angabe von Vor- und Zunamen der Zeugen sowie des unternehmensrechtlichen Geschäftsführers bzw. des Einzelunternehmers)

Urkunden (Bezeichnung dieser Urkunden, die der Klage in Kopie beizulegen sind oder bei der ersten Verhandlung dem Gericht vorgelegt werden)

Die beklagte Partei wurde am .... eingestellt und betreute den Verkaufsplatz. Beim Vorstellungsgespräch teilte der Beklagte mit, dass noch lange nicht mit einer Einberufung zu rechnen sei und wenn, dass er diese mit Inskriptionsbestätigungen verschieben könne. Am .... legte der Beklagte jedoch die Zuweisung zum Zivildienst ab .... fristgerecht vor.

Beweis: wie oben etc.

Die beklagte Partei kann auch nicht auf einem anderen Arbeitsplatz in der Firma beschäftigt werden, da für einen Einsatz in der Gartengestaltung der Führerschein und die nötige Berufserfahrung erforderlich sind, worüber die beklagte Partei jedoch nicht verfügt. So ist es auch nicht möglich, anstelle des Beklagten einen der beiden anderen noch beschäftigten AN zu kündigen. Ohne erheblichen Schaden für meinen Betrieb kann ich den Beklagten nicht weiter beschäftigen.

Beweis: wie oben

Einnahmen-/Ausgabenrechnung etc.

Ich stelle daher den

Antrag

auf Fällung des Urteiles, das Gericht möge mir gemäß § 14 Abs. 1 Z 1 lit. b APSG zur Kündigung des Arbeitsverhältnisses des Beklagten die Zustimmung erteilen.

................, am ....   Fa. ....

Klage auf Zustimmung zur Kündigung einer dem MSchG unterliegenden AN

An das

....

(Bezeichnung des zuständigen Gerichts
mit Angabe der Anschrift)

Klagende Partei:	Firma ....,
	Friseursalon
Anschrift:	....
Beklagte Partei:	....
Beruf:	Friseuse
Anschrift:	....

Streitwert nach § 16 Abs. 1 lit. a GGG: € 750,–

KLAGE

auf Zustimmung zur beabsichtigten Kündigung*

nach § 10 Abs. 3 MSchG

2-fach

1 HS

Beilagen

---

*) Eine Klage auf Zustimmung zur beabsichtigten Entlassung einer AN, die dem MSchG (VKG) unterliegt (siehe 42.7.4) könnte weitgehend ähnlich formuliert werden.

Muster 21: Klage auf Zustimmung zur Kündigung einer dem MSchG unterliegenden AN

Ich betreibe am Standort .... einen Frisiersalon und beschäftigte die Beklagte als einzige AN seit .... als Friseuse. Nunmehr befindet sie sich im 3. Monat ihrer Schwangerschaft.

Beweis: Einvernahme von Zeugen und der Partei (Angabe von Vor- und Zunamen sowie der Anschrift)

In letzter Zeit sind meine Geschäftseinnahmen stark rückläufig. Der Grund dafür liegt darin, dass ein anderer Friseur in unmittelbarer Nähe meines Geschäftes einen Salon eröffnet hat und ich seit dieser Zeit ständig an Kunden verliere.

Ich bin nunmehr gezwungen, meinen Betrieb einzuschränken, um wenigstens meinen Arbeitsplatz als Selbständige erhalten zu können. Ich bin in der Lage, die anfallenden Arbeiten ohne Schwierigkeiten alleine durchzuführen.

Beweis: Einvernahme von Zeugen und der Partei
Urkunden (Bezeichnung der Urkunden)

Da ich die Beklagte nicht ohne Schaden für den Betrieb weiterbeschäftigen kann, stelle ich den

Antrag

das Gericht möge mir gemäß § 10 Abs. 3 MSchG mittels Urteil die Zustimmung zur Kündigung des Arbeitsverhältnisses der Beklagten erteilen.

................, am .... Fa. ....

Muster 22

Klage auf Zustimmung zur Kündigung eines BR

An das

....

(Bezeichnung des zuständigen Gerichts
und Angabe der Anschrift)

Klagende Partei:	Firma ....
	Bauunternehmen
Anschrift:	....
Beklagte Partei:	....
Beruf:	Polier
Anschrift:	....

Streitwert nach § 16 Abs. 1 lit. a GGG: € 750,–

KLAGE

auf Zustimmung zur beabsichtigten Kündigung *
eines Mitglieds des BR
nach § 121 ArbVG

2-fach

1 HS

Beilagen

---

*) Eine Klage auf Zustimmung zur beabsichtigten Entlassung eines BR (siehe 42.7.3) könnte weitgehend ähnlich formuliert werden. Diese Klage kann auch in eventu auf die Zustimmung zur Kündigung gerichtet werden (siehe 41.7.4.2).

In meinem Betrieb ist Herr .... seit dem .... als
.... beschäftigt und wurde am .... zum Mitglied des BR
gewählt.
Der Beklagte wurde wiederholt während der Arbeitszeit in volltrunkenem Zustand angetroffen und ist deshalb bereits mehrmals schriftlich verwarnt worden, zuletzt am ....
Diese Verwarnungen blieben bisher fruchtlos.
Am .... trat der Beklagte seinen Urlaub im Ausmaß von 25 Arbeitstagen an und weigert sich nun trotz Aufforderung, seinen Dienst wieder anzutreten. Eine Begründung für dieses Verhalten hat der Beklagte nicht angegeben. Zum Zeitpunkt der Einbringung dieser Klage hatte der Beklagte den Urlaub bereits um 7 Kalendertage überschritten.
Diese eigenmächtige Verlängerung des vereinbarten Urlaubs und die beharrliche Weigerung den Dienst ordnungsgemäß wieder anzutreten, bildet neben dem Umstand, dass der Beklagte mehrmals während der Arbeitszeit alkoholisiert angetroffen wurde und die diesbezüglichen Ermahnungen fruchtlos blieben, ein Verhalten, welches die Fortsetzung des Arbeitsverhältnisses unzumutbar macht.

Beweis: Einvernahme von Zeugen und der Partei (Angabe von Vor- und Zunamen sowie der Anschriften)

             Urkunden (Kopien der schriftlichen Verwarnungen)

Auf Grund obiger Ausführungen stellen wir den

Antrag

das Gericht möge uns gemäß § 121 ArbVG die Zustimmung zur beabsichtigten Kündigung mittels Urteil erteilen.

................, am ....   Fa. ....

Muster 23

Antrag auf Zustimmung zur Kündigung eines geschützten Behinderten

An den

Behindertenausschuss beim

Sozialministeriumservice ....

(Bezeichnung des zuständigen Sozialministeriumservice und Angabe der Anschrift)

Antragsteller: Firma ....,

                         Unternehmensberater

Anschrift: ....

Antragsgegner: ....

Beruf: Jurist

Anschrift   ....

ANTRAG

auf Zustimmung zur Kündigung*

gemäß § 8 Abs. 2 BEinstG

2-fach

1 HS

Beilagen

---

*)   Die Entlassung eines Behinderten kann ohne Zustimmung erfolgen (siehe 42.7.1)

Muster 23: Antrag auf Zustimmung zur Kündigung eines geschützten Behinderten

Der Antragsgegner ist seit .... bei mir beschäftigt. Er ist nunmehr seit .... ununterbrochen im Krankenstand. Auf Grund der mir vorliegenden Informationen ist nicht absehbar, ob der Antragsgegner in absehbarer Zeit seine Arbeitsfähigkeit wiedererlangen wird.

Laut mir zugegangenen Informationen hat der Antragsgegner beim .... eine Klage auf Zuerkennung einer Berufsunfähigkeitspension eingebracht. Er hat somit im Zuge eines Gerichtsverfahrens vorgebracht, dass er dauerhaft arbeitsunfähig sei und es ist davon auszugehen, dass er auch diesbezügliche Befunde und Unterlagen dem Gericht vorgelegt hat. Da somit der Antragsgegner nach seinen eigenen Angaben seine Arbeitsfähigkeit nicht mehr erlangen wird, können auch wir nicht mehr mit Arbeitsleistungen des Antragsgegners für unser Unternehmen rechnen.

Daher ist uns nach § 8 Abs. 4 lit. b BEinstG die Zustimmung zur Kündigung des Antragsgegners zu erteilen.

Beweis: Einvernahme von Zeugen und der Partei (Angabe von Vor- und Zunamen sowie der Anschriften)

Urkunden (Bezeichnung der Urkunden)

Bei uns ist ein BR (ein Behindertenvertrauensrat) eingerichtet, der nach § 12 Abs. 1 BEinstG durch eine Mitteilung (an den/die Vorsitzende(n)) verständigt wurde. Innerhalb der Frist zur Stellungnahme ging uns keine Erklärung zu (ging uns die Erklärung zu, dass …)

Beweis: Verständigung des BR (des Behindertenvertrauensrats) vom … samt Übernahmebestätigung des/der Vorsitzenden

Daher stellen wir den

Antrag

uns gemäß § 8 Abs. 2 BEinstG die Zustimmung zur beabsichtigten Kündigung des Antragsgegners zu erteilen.

.............., am ....   Fa. ....

Berufung gegen ein Straferkenntnis einer Verwaltungsbehörde

Muster 24

Berufung gegen ein Straferkenntnis einer Verwaltungsbehörde

GZ.: ....

EINSCHREIBEN

An den Magistrat der ....
....
....
....

Berufungswerber:

      vertreten durch:

      Vollmacht erteilt

Berufungsgegner: Magistrat der ....
....
....
....

BERUFUNG
gegen das Straferkenntnis GZ: ....

1-fach
1 Rubrik
Beilagen
(1-fach)

Muster 24: Berufung gegen ein Straferkenntnis einer Verwaltungsbehörde

Mit dem umseitig bezeichneten Bescheid wurde über mich eine Verwaltungsstrafe in der Höhe von € .... nach den §§ 23 Abs. 1a und 30 KJBG i.V.m. § 2 Abs. 1b GlbG verhängt.

Gegen dieses Straferkenntnis erhebe ich innerhalb offener Frist nachstehende

Berufung

und begründe dies wie folgt:

Im gegenständlichen Strafbescheid wird mir vorgeworfen, ich hätte in meiner Funktion als Lehrberechtigter meine AN, Frau ...., mehrfach sexuell belästigt, indem ich sie in den Oberarm gezwickt und über eigene sexuelle Erlebnisse berichtet hätte.

Zum Zwicken in den Oberarm möchte ich anmerken, dass dies einerseits nie vorgefallen ist und andererseits ein solches Verhalten zweifellos eine entbehrliche Albernheit und eine Belästigung darstellt. Es handelt sich jedoch nicht um eine sexuelle Belästigung im Sinne des gesetzlichen Tatbestandes nach § 2 Abs. 1 b GlBG, da dieses Verhalten nicht der sexuellen Sphäre zugeordnet werden kann.

Ob eine Erzählung über eigene sexuelle Erlebnisse tatbestandsmäßig ist, kann erst geklärt werden, wenn klar ist, was konkret erzählt worden sein soll. Die Berufungsgegnerin hat die notwendige Konkretisierung und Präzisierung verabsäumt. Tatsächlich gab es keinerlei Erzählungen dieser Art.

Ich bin 47 Jahre alt, bilde seit 17 Jahren Lehrlinge aus, habe drei Kinder und stehe in aufrechter Ehe. Die absurden Vorwürfe kann ich nicht annähernd verstehen etc.

Beweis: ....

Derzeit habe ich 3 Unterhaltspflichten. Die Annahme der Berufungsgegnerin, dass keine Sorgepflichten zu beachten seien, ist daher falsch.

Diese betreffen: 1, ... geb. am ....
                   2, ... geb. am ....
                   3, ... geb. am ....

Beweis: Geburtsurkunden in Kopie, ...

Die weitere Annahme, dass „günstige Einkommens- und Vermögensverhältnisse" bei mir vorliegen, wird bestritten. 1999 wurde über mein Einzelunternehmen (für dessen Verbindlichkeiten ich auf Grund der Rechtsform persönlich hafte) der Konkurs eröffnet, der 2000 aufgehoben wurde, da der Zwangsausgleich eröffnet wurde. Derzeit bin ich bemüht, das Unternehmen zu konsolidieren und die Arbeitsplätze zu erhalten.

Selbst wenn man also davon ausgeht, dass ein strafbares Verhalten vorlag, so hätte schon im Sinne einer Verhältnismäßigkeit zwischen angeblichem Zwicken und Erzählen von Geschichten und der Zahlung von erheblichen Geldstrafen in einer wirtschaftlich schwierigen Lage, eine wesentlich geringere Strafe im hier gegenständlichen Verfahren verhängt werden müssen.

Ich stelle daher den

Antrag

meiner Berufung Folge zu geben und den angefochtenen Strafbescheid aufzuheben bzw. dahin gehend abzuändern, dass festgestellt wird, dass kein strafbares Verhalten vorliegt.

Für den Fall, dass der Strafbescheid nicht aufgehoben wird und nicht festgestellt wird, dass kein strafbares Verhalten vorliegt, stelle ich den

Antrag

dass der Strafbescheid durch erhebliche Herabsetzung der Höhe der Strafe (sowie des Kostenbeitrages) abgeändert wird.

........................, am ....   Fa. ....

Internetadressen zum Arbeits- und Sozialrecht

AMS
www.ams.at
(Informationen und Formulare, z.B. Antrag für Förderung einer Altersteilzeitvereinbarung, Frühwarnsystem)

AUVA, WKO und AK
www.eval.at, www.auva.org
(Informationen und Unterlagen zur Evaluierung)

BKA, Parlament
www.ris.bka.gv.at, www.parlinkom.at
(Bundesgesetzblätter, OGH- und VwGH-Entscheidungen, Regierungsvorlagen etc.)
www.ris.bka.gv.at/SVRecht/
(Kundmachungen der Sozialversicherung, z.B. zu Trinkgeldpauschalen)

Parlament
www.parlinkom.at
(Gesetzestexte, EB etc.)

Rechtsanwaltskammer
www.oerag.at
(Liste der Anwälte in Österreich etc.)

Republik Österreich
www.austria.gv.at, www.bmask.gv.at
(Links zu allen Ministerien etc.)

Sozialministeriumservice
www.sozialministeriumservice.gv.at
(Informationen zum BEinstG, Förderungen)

Sozialversicherungsträger
www.elda.at, www.DGService.at, www.sozialversicherung.at
(An- und Abmeldung von Arbeitsverhältnissen, SV-Recht etc.)

Wirtschaftskammern
www.wko.at
(arbeits- und sozialrechtliche Informationen, KV, Muster etc. mit PIN-Code für Mitglieder zugänglich; der jeweilige PIN-Code kann von jedem Mitglied bei der Hotline – 0800 221 223 – erfragt oder online bestellt werden)

KV sind insbesondere auf der jeweiligen Homepage der Landes- oder Bundesfachgruppe zu finden, z.B.:
www.metalltechnik.at – KV Metallgewerbe

Internetadressen zum AN-Schutz – siehe 33.12.

Stichwortverzeichnis

Abfertigung alt 554, 740 ff
- abgabenrechtliche Begünstigung 746
- Aktualitätsprinzip 745
- Anrechnungsbestimmungen 742 f
- bei Auflösung des Unternehmens 750 f
- bei Tod des AN 751 f
- Berechnung des Abfertigungsanspruches 745
- Fälligkeit der Abfertigung 749
- krankheitsbedingte Entgeltminderung 746
- Lehrzeit 742
- Raten 750
- saisonbedingte Unterbrechung 597
- Stundung der Abfertigung 598
- Vordienstzeiten 742
- Zusammengehörigkeit der beiden Arbeitsverhältnisse 744

Abfertigung neu 752 ff
- Auswahl der BV-Kasse 761
- Auszahlungs- bzw. Verfügungszeitpunkt 765 f
- Bauwirtschaft 763
- Beginn der Beitragspflicht 755
- bei Betriebsübergang 753
- bei Tod des anwartschaftsberechtigten AN 767
- Beiträge 755 ff
- Beitrittsvertrag 764
- Berechnung und Abfuhr der Beiträge (§ 6 BMSVG) 759
- Betriebliche Vorsorgekasse 760 ff
- entgeltfreie Zeiträume und Beitragspflicht 756
- Kapitalgarantie 768
- Kinderbetreuungsgeld 757
- kollektivvertraglicher oder einzelvertraglicher Überhang 773

- Präsenz-, Ausbildungs- oder Zivildienst 756
- ruhendes Arbeitsverhältnis 753
- Teilübertritt 770
- Übertritt in das neue Abfertigungsrecht 769 ff
- Übertrittsvarianten 770
- Verfügungsmöglichkeiten 768
- Verwaltungskosten 760
- Vollübertritt 772
- Wechsel der BV-Kasse 765
- Wechsel innerhalb eines Konzerns 753
- Wiedereinstellungszusage 754 f
- Wochengeld 757
- Zuweisungsverfahren 763

Abfertigungsrückstellungen 763
Abfertigungsverzicht 667
Abgabenbehörde 211
Abmeldung von der GKK 551
Abwerbung von AN 48
AG-Eigenschaft 166
AG-Haftungsprivileg 267
Akkordlohn 825
AK-Umlage 102
Aliquotierung der Sonderzahlungen 421
Alkohol 239, 264, 313, 453, 475 ff, 700
- am Arbeitsplatz 475 ff

Alkoholverbot 477
Alkomattest 479
All-in (siehe Inklusivvereinbarung)
Altersteilzeit 101 ff, 875 (Muster)
- Antrittsalter 106
- Blockmodell 106, 109
- Rückersatz 110

Amtsfreistellung (siehe Betriebsrat) 818
AN i.S.d. § 36 ArbVG 364, 811
Änderungskündigung 150, 584 f, 829

Stichwortverzeichnis

Anerkenntnis 315 f
Anerkenntnisvereinbarung 319, 884 (Muster)
Anfechtung von Auflösungen nach dem GlBG 37
Angekündigter Krankenstand 238, 641
Angestellte 56 ff, 73
– Ehren- oder Vertragsangestellter 60
– Übernahme in den Angestelltenstatus 61
– AN-Haftung 312 ff
Animierdame 192, 209
Ankündigung einer Arbeitsverweigerung 678
Anmeldung bei der zuständigen GKK 161, 167 ff
Anrechnung (siehe auch Vordienstzeiten)
– Karenzurlaub 310
– Präsenz-, Ausbildungs- bzw. Zivildienst 310
Anrechnungsvereinbarung 424
AN-Schutz 431 ff
Anspruchslohn 408
Anwesenheitsprämie 245
Anzeigepflicht 590
Arbeiter 56 ff, 74
Arbeiterkammer 456 (siehe auch AK-Umlage)
Arbeitsbereitschaft 385 ff
Arbeitsbescheinigung 793
Arbeitserlaubnis 287
Arbeitsinspektorat 280, 468 ff
Arbeitskräfteüberlassung 483 ff
– Ausländerbeschäftigung 199
– Austauschkündigung 495
– Betriebsübergang zwischen Arbeitskräfteüberlassern 505
– betriebsübliche Prämie 504
– Einmalzahlungen nach KV 504
– in deutscher Sprache 72

– Pensionszusage 489
– Wegzeitvergütung 504
– Wohlfahrtseinrichtung und -maßnahmen 488
Arbeitslosengeld 797 f
Arbeitsmediziner 449, 473
Arbeitsmedizinische Zentren 473
Arbeitsmittel-VO 466
Arbeitsort 135 f, 171, 359
Arbeitsraum 442
Arbeitsrechtlicher Konflikt 794
Arbeitsrechtskenntnisse 796
Arbeitsruhe 386 ff
Arbeitsschutzausschuss 457
Arbeitsstätte 431 f, 441
Arbeitsunfähigkeit 321
Arbeitsunfähigkeit (siehe Krankenstand)
Arbeitsunfall 229, 231, 252, 254, 259 ff, 265 f
Arbeitsverhältnis 160
Arbeitsvertrag 67 ff, 160, 168, 843 ff (Muster)
– freier ff 171
– in deutscher Sprache 72
Arbeitszeit 96 f, 171, 362 ff, 367
– Altersteilzeit 101 ff, 875 (Muster)
– Änderung der Arbeitszeit durch Weisung des AG 369
– Arbeitsbereitschaft 372
– Beginn der 373
– Einarbeiten 368
– gleitende Arbeitszeit 275, 369 f, 380, 885 (Muster)
– Vereinbarung der 96
– wöchentliche 96
Arglist 778
Arztbesuch 276
Arztbesuchsbestätigung 276
Aufenthaltsraum 436
Aufgabe des Lehrberufs 736
Aufgriffsobliegenheit 362, 521 ff, 582

Auflösung des Anstellungsvertrages des Geschäftsführers 566
Auflösungsabgabe 592 ff
Aufrechnungserklärung 317 f
Aufsaugungsvereinbarung 424
Aufseher im Betrieb 267
Aufwandsentschädigung 243, 748
Aufzeichnung 453
Au-pair-Kräfte 183
Ausbildung im internationalen Konzern 185
Ausbildungsdienst für Frauen 706
Ausbildungskostenrückersatz 92 ff
Ausfallsprinzip 243, 339, 389, 411, 415, 423
Ausgehzeit 247
Ausgleichstaxe 46
Ausgleichstaxe (siehe Behinderte)
Aushangpflicht 455 ff
Auskunftsverpflichtung des freien AN 174
Ausländerbeschäftigung 180 ff,
– AN-Ähnlichkeit 191
– Anzeigebestätigung 185
– Arbeitserlaubnis 199
– Asylwerber und Geduldete 186
– Aufenthaltstitel 188
– ausgenommene Ausländer 180
– ausländischer Militärdienst 611
– Ausnahmen nach der AuslBVO 183
– Befreiungsschein 200
– Beschäftigungsbewilligung 197 ff
– Beschäftigungsbewilligung als Betriebsentsandter 203
– Blaue Karte EU 196
– Daueraufenthalt EU 200
– Entsendebestätigung 203
– Entsendebewilligung 202
– EU-Erweiterung 212
– Freizügigkeitsberechtigte EWR-Staatsbürger 181

– Generalunternehmer 210
– Rotationsarbeitskräfte 186
– Sicherungsbescheinigung 201
– sonstige Schlüsselkräfte 195
– Studenten 183, 186 f
– Studienabsolventen 196
– subsidiär Schutzberechtigte 181, 186 f
– unbeschränkte Niederlassungsbewilligung 200
– verbotene Beschäftigung 204
– Verwaltungsstrafen 207
– vorläufige Berechtigung zur Beschäftigungsaufnahme 202
Ausländischer nicht geschützter Militärdienst 614
Auslegung einseitiger Willenserklärungen 553
– von Arbeitsverträgen (siehe Unklarheitenregel)
– von Kollektivverträgen 56
Aussetzung 597 ff
– Karenzierung 597
Austritt 724 ff
– Dauertatbestand 725
– der besonders geschützten AN 739
– des Angestellten 727 ff
– des Arbeiters 735 f
– des Lehrlings 736 f
– Rechtsfolgen 739 f
– ungerechtfertigter vorzeitiger 581, 737
– Unzumutbarkeit der Fortsetzung des Arbeitsverhältnisses 725
Austrittsgründe 727 ff
– Entgeltschmälerung 730
– Gesundheitsgefährdung 728 f
– sonstige 735
– Tätlichkeiten und Ehrverletzungen 734
– Verstoß des AG gegen seine Fürsorgepflicht 734

Stichwortverzeichnis

- wesentliche Vertragsverletzungen 730

Auswahl der BV-Kasse (siehe Abfertigung neu)
Auszahlung an Dritte 407
Außerdienstliche Straftat 665
Außerdienstliches Verhalten als Entlassungsgrund 665 f
Außerordentliche Auflösung von Lehrverhältnissen 693 ff, 718
Auto (siehe Dienstfahrzeug)
Automatische Beendigung 555, 804
AUVA 229, 451, 454, 467, 473

Bandscheibenvorfall 234
Bauarbeiter 741
Bauarbeiterschutzverordnung 466
Bauherr 461, 514
Baustelle 432, 438, 443, 461, 475
Baustellenkoordinator 461 f
Bedienungsfehler 314
Befreiungsschein 287
Befristung des Arbeitsvertrages 78 ff, 87
Befristung und Kündigungsmöglichkeit 87
- für die Dauer der Behaltezeit 89
- Kettenverträge und KAPOVAZ 83
- nach dem MSchG, GlBG und BEinstG 81
- sachliche Rechtfertigung 80 ff
Befugnisse des BR im Bereich von Entgeltregelungen 358
Begleitung eines schwerst erkrankten im gemeinsamen Haushalt lebenden Kindes 623
Begründungspflicht 42
Behaltezeit (siehe Lehrlinge)
Beharrliche Pflichtenvernachlässigung 622, 677, 692
Behinderte 38, 45, 601, 835 ff
- Ausgleichstaxe 46, 835 ff

- Beschäftigungspflicht 836
- Diskriminierungs- und Belästigungsschutz 38
- Doppelanrechnung 839
- Entlohnung nach § 7 BEinstG 839
- fehlender Entlassungsschutz bei Behinderten 703 f
- Kündigungsgründe 606
- Kündigungsschutz 39, 601 ff
- nachträgliche Zustimmung zur Kündigung 608
- unbekannte 46
- Unterlassung der Meldung der Behinderteneigenschaft 604

Behindertenausschuss 605
Behindertenvertrauensperson 621, 834
Behindertenvertrauensrat 834
Beitragspflicht 409
Beitragsprüfung 167
Bekleidungspauschale 747
Bekleidungsvorschriften 679
Bekleidungsvorschriften 156 ff, 679
Belästigung 35 f (siehe auch sexuelle Belästigung)
Belästigung von Behinderten 37
Bereicherungsrecht 270
Bereitschaftsraum 437
Bereitstellungsschein 612
Berufskrankheit 229, 252, 260
Berufsschule 691 (siehe auch Lehrling)
Berufsschulpflicht 395
Beschäftigung
- von Kindern (siehe auch Jugendliche) 395
Beschäftigungsbewilligung 287 (siehe Ausländerbeschäftigung)
Beschäftigungspflicht (siehe Behinderte)
Beschränkte Geschäftsfähigkeit 582
Besonderer Entlassungsschutz (siehe Entlassungsschutz)

Bestandschutz 79
Besuch eines Arztes 275
Beteiligungen am Unternehmen des AG 748
Betreuung des Kindes 293
Betriebliche Kündigungsgründe 642
Betriebliche Vorsorgekasse 760 ff
Betriebsbegriff (siehe Betriebsverfassung)
Betriebsnotstand 116, 378
Betriebsrat 810 ff
– Abschrift des Jahresabschlusses 832
– Amtsfreistellung 818
– Angestellten-BR 812 f
– Arbeiter-BR 812 f
– Beistellung von Sacherfordernissen 820
– Benachteiligungsverbot 820
– Bildungsfreistellung nach ArbVG 542 ff, 818
– BR-Fonds 821
– BR-Umlage 821
– Ehrenamt 817
– Einspruch gegen die Wirtschaftsführung 833
– Ersatzmitglieder 816
– Freistellung von der Arbeit 818
– Friedenspflicht 818
– gemeinsamer BR 812
– Interessenausgleich 818
– Kündigungsschutz (siehe Kündigungsschutz nach dem ArbVG)
– Mitwirkung im Aufsichtsrat 833
– Tätigkeitsperiode 816
Betriebsratsfonds 821
Betriebsratswahl 812 ff
– aktives Wahlrecht 810
– Anfechtung und Nichtigkeit der Wahl 815
– Briefwahl 815
– Ermittlung des Wahlergebnisses 814

– passives Wahlrecht 814 f
– Wahlvorstand 812
Betriebssperre 344 ff
Betriebsstilllegung 608, 612, 616 f, 807
Betriebsübergang 507 ff
– Anwendbarkeit des AVRAG 516
– Bestandschutz 518
– betriebliche Pensionszusage 523
– Eintrittsautomatik 508 ff, 522
– einvernehmliche Lösung 509
– Entgeltschutz 518
– Feststellungsklage 520
– freiwillige Leistungen 519
– Funktionsübergang 512
– Haftung bei 526
– Nichtübernahme des kollektivvertraglichen Bestandschutzes 524
– Regressanspruch des Erwerbers 528
– Selbstkündigung 523
– Teilbetriebsübergang 510 f
– Übergang im Konkurs 509
– Verschlechterungssperre 519
– Wechsel des KV 518
– Widerspruchsrecht 523 f
– wirtschaftliche Einheit 511
– Zeitpunkt des Betriebsübergangs 517
– Zusage der Weiteranwendung der bisherigen KV-Bestimmungen 525
– Zwangsverwaltung 511
Betriebsübergangsbedingte Kündigung 521
Betriebsübung (siehe Freiwillige Leistung)
Betriebsurlaub 137, 339, 344 ff, 415
Betriebsvereinbarungen 46, 824 ff
– Disziplinarordnung 825
– Kontrollmaßnahmen 825
– personenbezogene Daten des AN 826

Stichwortverzeichnis

- Sozialplan 827
- über die Arbeitskräfteüberlassung 498
- unechte 828

Betriebsverfassung 809 ff
- AN im Sinne des ArbVG 811
- Betriebsbegriff 810 f
- Betriebsversammlung 813, 816

Betriebsversammlung (siehe Betriebsverfassung)

Bildnisse von Personen 154
Bildschirmarbeit 459 f
Bildschirmbrillen 460
Bildungskarenz 343, 541 ff, 629
Bildungsteilzeit 543
Bonus 747
Bordellbetrieb 192
Botschaften 836
Brandschutzbeauftragte und Brandschutzeinrichtungen 440
Buchauszug 412
BV-Kassen 776

Darlehen 408
Datenmissbrauch 48
Daueraufenthalt – EU 200
Dauerzustand 731
Detektiv 248, 257 ff
- Kosten 257

Diebstahl 687
Diensterfindungsvergütungen 747
Dienstfahrzeug 319
- Privat-PKW 320
- Vereinbarung über die Verwendung eines firmeneigenen Kfz (Muster) 860

Dienstfreistellung 91, 345 ff, 656, 657, 709, 831
Dienstgeberabgabe 100
Dienstgeberhaftungsprivileg (siehe AG-Haftungsprivileg)
Diensthandy 151

Dienstleistungsscheck 100
Dienstnehmerhaftung (siehe Arbeitnehmerhaftung)
Dienstverhinderungsgründe
- in der Person gelegene 273 ff
- Umstände auf AG-Seite (siehe Entgeltfortzahlung nach § 1155 ABGB)
- wegen Krankheit (siehe Krankenstand)

Dienstwohnung 426, 747
Dienstzettel 66 ff, 90
Dienstzeugnis 788 ff
- Auskünfte über ehemalige AN 792
- Ausstellungsdatum 792
- Beendigungsart 790
- Einstufung 789
- Gefälligkeitszeugnis 788
- Holschuld 790
- Klagbarkeit 791
- Lehrzeugnis 788, 791
- Mindestinhalt 788, 791 (Muster)
- Rechtschreibfehler 790
- Übernahmebestätigung (Muster) 790
- Verbot negativer Anmerkungen 789
- Wahrheitspflicht 788
- Werturteil 789

Diskriminierung 31 ff, 76, 558
- Naheverhältnis 40
- Schadenersatzansprüche 35

Disziplinarmaßnahme 150, 830
Drittschuldnererklärung (siehe Lohnpfändung)
Drittschuldnerklage 217
Drucktheorie 584, 720
Duschen 434

Eheschließung 276
Ehrenbeleidigung 669, 681 ff, 711
Eignungsuntersuchungen 466
Einarbeiten 368 f
Einberufung 611

Einkommensberichte 41
Einseitige Änderung der Arbeitszeit 369
Einseitige Willenserklärung 551
Einspruch gegen den Bescheid der GKK 410
Einstufung nach dem KV 62 ff, 505
– nach Abschluss der Lehrzeit 65
Einvernehmliche Auflösung 719 ff
– Abfertigungsanspruch (Abfertigung alt) 720 f
– Bescheinigung des Arbeitsgerichtes oder einer AK 722
– Formvorschriften 722
– in Betrieben mit BR 721
– Umwandlung in eine andere Beendigungsart 722
– während des Krankenstands 573, 721
Einvernehmliche Lösung (siehe einvernehmliche Auflösung)
Elternteilzeit 292 ff, 630
– besonderes Auflösungsrecht bei Erwerbstätigkeit 303
– Einhaltung der Formvorschriften 306
– Elternteilzeit und Karenz 293
– Formvorschriften bei der Elternteilzeit 294
– Kündigungs- und Entlassungsschutz bei Elternteilzeit (siehe Kündigungs- und Entlassungsschutz)
– Meldung und Änderung der gemeldeten Dauer 294
– Rechtsanspruch auf Elternteilzeit 292 ff
– vereinbarte 293, 303 f
Entgeltähnliche Leistungen 147
Entgeltfortzahlung 228 ff
– bei Krankheit, Unglücksfällen und Kuraufenthalten 228 ff
– nach § 1155 ABGB 137, 413 ff, 524, 648, 656, 707, 740

Entgeltschmälerung (siehe Austrittsgründe)
Entgeltverschlechterung 357
Entlassung 651 ff
– außerdienstliches Verhalten als Entlassungsgrund 665 f
– Begründung 659 ff
– bei bereits erfolgter Selbstkündigung 671
– Beweislast 659
– Dauertatbestand 657
– Ehrenbeleidigungen 669, 681 ff, 771
– eines Angestellten 671 ff
– eines Arbeiters 685 ff
– eines Lehrlings 690 ff
– geschützter Arbeitnehmer (siehe Entlassungsschutz)
– irrtümliche Bezeichnung der Entlassung als Kündigung 652
– Mitverschulden 429, 668 ff, 725
– ohne Begründung 653, 660
– Nachschieben von Entlassungsgründen 654
– Rücknahme 659
– unverschuldete 700
– Unverzüglichkeit 655
– Unzumutbarkeit der Weiterbeschäftigung 654
– verschuldete 700
– von Angestellten in gehobener Stellung 661 ff
– von Außendienstmitarbeitern 661
– Wiedereinstellung nach einer gerechtfertigten Entlassung 667
Entlassung wegen rechtlicher Arbeitsunfähigkeit 206
Entlassungsanfechtung (siehe Entlassungsschutz, besonderer)
Entlassungsgründe 672 ff
– Arbeitsunfähigkeit 674
– beharrliche Pflichtvernachlässigung 676

- Ehrenbeleidigungen 669, 681 ff ,771
- sexuelle Belästigung 683 f
- strafbares Verhalten 686
- Unfähigkeit, den Lehrberuf zu erlernen 692
- Verspätungen 677
- Vertrauensunwürdigkeit 672 f

Entlassungsschutz 701 ff
- allgemeiner 701 ff
- besonderer 703 ff
- Entlassung eines Präsenz- oder Zivildieners 705
- fehlender Entlassungsschutz bei Behinderten 703
- nach dem ArbVG 707
- nach dem AVRAG (Hospiz-Karenz) 712
- nach dem MSchG und dem VKG 710 f

Entschuldbare Fehlleistung 312 ff
Entwicklungshelfer 328
Erfolgshaftung 320
Erfüllungsgehilfen (§ 1313a ABGB) 316
Ermahnung (siehe Verwarnung)
Errichtung getrennter Arbeiter- und Angestellten-BR 812
Ersatzanspruch des AG gegenüber Dritten 321
Ersatzarbeitsplatz 641 f, 728
Ersatzmitglieder des BR 620
Ersatzruhe 387
Erste Hilfe 438
Erste-Hilfe-Kasten 439, 464
Erstkrankenstand 250
Evaluierung 445
Eventualkündigung (siehe Kündigung)
Exekution 215 f
Existenzminimum (siehe Lohnpfändung)

Facharbeiter 65
Fallfristen 786

Fälligkeit des Arbeitsentgeltes 404
Fallweise Beschäftigte 112
Familiäre Beistandspflichten 275
Familienkreis 162
Faustschläge 681
Feiertagsentgelt 246, 389
Feiertagsruhe 386, 388 ff
Ferialpraktikant 113 ff, 184
Fernbleiben vom Arbeitsplatz 426 ff, 669, 737
Feststellungsklage 619
Feuerlöschmittel 440
Feuerwehr 440
Fiktive Kündigungszeit 714
Finanzpolizei 207
Folgekrankenstand 251
Folgepflicht bei Betriebsverlegung 359
Folgeuntersuchungen 466
Formvorschriften 27 ff, 305, 554, 691
Formvorschriften bei der einvernehmlichen Lösung 722
Fortbildung 94, 262
Freie AN 838
Freier Arbeitsvertrag 70
Freier Dienstleistungsverkehr 213
Freiheitsstrafe 680
Freiwillige Leistung 138 ff
- neu eintretende AN 144
Freiwillige Sozialleistungen 99
Freiwillige Karenz 310
Freizeitunfall 230
Fristen (siehe Verfall, Fallfristen, Verjährung, Kündigungsfrist, Verständigungsverfahren)
Frühwarnsystem 589 ff, 650, 832
Führerschein 479
Führerscheinentzug 480
Führerscheinprüfung 234
Führungsaufgaben 363
Fußballer 58, 182

Gastgewerbe 445
Gebetsrituale
– eines Moslems 275
– während der Arbeitszeit 678
Geburt eines weiteren Kindes 294
Gefahrenverhütung 463
Gefälligkeitsdienste 162, 182
Gefängnis 552, 690
Gehaltsvorschuss 239
Geheimhaltung 155 f
Geheimhaltungspflicht des BR 832
Gemeinschaftsveranstaltung 262
Gemütszustand
– außerordentlicher 711
Gendern 33, 72
Geräte für das Wärmen und Kühlen von Speisen und Getränken 436
Geringfügig Beschäftigte 99
Gesamtverhalten des AN 674
Geschäfts- und Betriebsgeheimnis 688
Geschäftsführer 177, 365, 566
– Einstufung des gewerberechtlichen Geschäftsführers 63
– gewerberechtlicher 161 ff
– unternehmensrechtlicher (Muster Arbeitsvertrag) 843
Geschworene 275
Gesundheitsgefährdung (siehe Austrittsgründe)
Gewerkschaft Bau-Holz 272
Gewohnheitsrecht auf Verspätungen 148
Gewohnheitsrechtlicher Anspruch (siehe Freiwillige Leistung)
Girokonto (siehe Überweisung auf das Girokonto)
GlBG-Hopping 43
Gleichbehandlung 31, 144, 149
Gleichbehandlungsanwältin 42
Gleichbehandlungsgrundsatz 43
Gleichbehandlungskommission 42
Gleitende Arbeitszeit (siehe Arbeitszeit)
Grobe Fahrlässigkeit 268, 312

Haftungsprivileg des AG 267
Handlungsunfähigkeit des AN 582
Haushalt 101, 170
Heimarbeiter 741, 814
Herabsetzung der Normalarbeitszeit für ältere AN 545
Höchstbeitragsgrundlage 102
Hochwasser 277
Hospiz-Karenz 343, 623 ff

Informationspflichten des Betriebsinhabers 823
Inklusivvereinbarung 122 ff, 382, 423
Insolvenzverfahren 649
Insolvenzverwalter 649, 805
Interessenabwägung 643
Internet 150
Irrtum 778
Irrtümliche Besserstellung 146
Irrtümliche Zahlung 270 ff
– Nachzahlung von Lohnsteuer 271 f
– Rückforderungsrecht des AG 272
– Rückforderungsvorbehalt 271
– Islamischer Gesichtsschleier 36

Jagdprüfung 275
Joint Ventures 184
Jubiläumsgeld 222, 748
Jugendliche 115, 368, 394 ff
Jugendvertrauensrat 621, 834

KAPOVAZ 83
Karenz 79, 129, 286 ff, 343
Karenzierung und Aussetzung 597 ff
Karenzverlängerung 309
Karfreitag 388, 567, 627
Kettenverträge (siehe Befristung und Kündigungsmöglichkeit)
Kilometergeld 54
Kinder 395 f
Kinderbetreuungsgeld 307
Kleiderkasten 437

Stichwortverzeichnis

Kleptomanie 700
Kollektivvertrag 49 ff, 364
– AG ohne KV 53
Konkurrenzklausel 126 ff, 257
Konkurrenzverbot 126 ff, 257, 675, 688
Konstituierung des BR 816
Kontrolle der Nutzung des Internets 152
Kontrollmaßnahmen 825
Kontrollsystem 266, 472
Konventionalstrafe 133 ff
Konzern 743
Konzernvertretung 822
Kopftuchverbot 36
Kostenlose Begehung 451
Kostensenkung 643
Krankenstand 230 ff, 258, 655
– am Feiertag 246
– angekündigter 238 f, 641
– Angestellten-Krankenstand 249 ff
– Anordnungen des Arztes 231
– Arbeiter-Krankenstand 254 f
– Arbeitsunfähigkeit 230
– ärztliche Schweigepflicht 238
– Ausgehzeiten 232
– Auskunftspflicht zu dienstlichen Angelegenheiten 232 f
– entgeltfreier 242
– Höhe der Entgeltfortzahlung 243
– Kontrollarzt 237
– Krankenstandsbestätigung 230, 235, 238 ff, 269, 427, 670
– Vorlagepflicht nach Ende des Arbeitsverhältnisses 574
– Kur- und Erholungsaufenthalt 234
– Kurzkrankenstand 248
– Lehrlings-Krankenstand 255 f
– Meldepflicht 235
– missbräuchlicher Krankenstand 247
– Rückforderung eines zu Unrecht bezogenen Krankenentgelts 240
– Schönheitsoperation 238

– Sonderzahlungen bei langem Krankenstand 242
– vorsätzlich oder grob fahrlässig herbeigeführte Krankheit 239
Krankenstandsbestätigung (siehe Krankenstand)
Kreuzschmerzen 233
Krisenmanagement ohne Jobabbau 399
Kulpakompensation 669
Kündigung 89 f, 563 ff, 566
– Änderungskündigung 586 f
– Ausdehnung der Kündigungsfrist 89
– Ausspruch der Kündigung 565
– Austauschkündigung (siehe Arbeitskräfteüberlassung)
– betriebliche Kündigungsgründe 642 f
– des Angestellten 578
– des Angestellten zum 15. oder Monatsletzten 89
– des Arbeiters 577
– durch den AG aus Anlass des Betriebsüberganges 509, 520 ff
– durch den AG während eines Krankenstandes 572
– durch den AG während eines Urlaubs 575
– einer Frau zum Regelpensionsalter 558
– eines AN über 50 646
– eines Behinderten (siehe Kündigungsschutz)
– eines BR-Mitglieds (siehe Kündigungsschutz nach dem ArbVG)
– einvernehmliche Kürzung der Kündigungsfrist 579
Eventualkündigung 594 f, 627, 649
– Freizeit während der Kündigungsfrist 576
– Gesuch des AN um Kündigung des AG 557

- Kündigungsfrist 563, 577 f
- Kündigungstermin 564, 577 f
- Pensionierung 636
- persönliche Kündigungsgründe 638 f
- Stellungnahme des BR 568
- Teilkündigung 584
- verkürzte Kündigungsfrist 579 f, 721
- verpöntes Motiv 627
- Verständigungsverfahren 90, 567 f, 571 (Muster)
- zeitwidrige 580
- Zugang der Erklärung 551 f

Kündigung und Insolvenz 649

Kündigungsanfechtung 626 ff
- Anfechtungsfrist 626 f
- Anfechtungsklage 626 f
- in Kleinstbetrieben 634, 561 f
- Kostenersatzanspruch 649
- wegen Diskriminierung 37 ff
- wegen Sittenwidrigkeit 562
- wegen Sozialwidrigkeit 633 ff, 647
- wegen verpöntem Motiv 549, 628 ff

Kündigungsentschädigung 425, 580, 696, 713 ff, 739, 786
- bei Behinderten 717 f
- bei betriebsübergangsbedingter Kündigung 718
- bei BR-Mitgliedern 717 f
- bei Lehrlingen 718
- bei Mutterschutz 717
- bei Präsenz- und Zivildienst 717
- Doppelbezug 714
- Präklusivfrist 715
- und Frühwarnsystem 718

Kündigungsfrist 577 f
- Ausdehnung 91
- bei Angestellten 578
- bei Arbeitern 577
- Verkürzung 579 f, 721

Kündigungsfrühwarnsystem (siehe Frühwarnsystem)

Kündigungsgründe 638 ff
- Betriebsbedingtheit 638, 642 ff
- Interessenabwägung 638, 643
- persönliche Gründe 638 f

Kündigungsliste 591

Kündigungsschutz 625 ff
- allgemeiner 561, 625
- bei Elternteilzeit 303
- bei Sittenwidrigkeit der Kündigung (siehe Sittenwidrige Kündigung)
- besonderer 601 ff
- des Vaters 616
- eines Behinderten 601 ff
- in nicht betriebsratspflichtigen Betrieben 561 f
- nach dem ArbVG 620
- nach dem AVRAG (Hospiz-Karenz) 623
- nach MSchG und VKG 614
- von Präsenz- und Zivildienern 611 ff

Künstler 201 f

Kur- und Erholungsaufenthalte (siehe Krankenstand)

Kurzarbeit 396
Kurzarbeitsunterstützung 396
Kurzpausen 371

Lebensgemeinschaft 162
Legalzession nach § 16 Abs. 2 AlVG 797
Lehrende 179
Lehrling 74, 378, 395, 420, 808 ff, 837
- Anzeigepflicht des Lehrberechtigten 803
- außerordentliche Auflösung von Lehrverhältnissen 693 ff, 718
- automatische Beendigung des Lehrverhältnisses 804
- Beendigung des Lehrvertrages 804
- Behaltezeit 89 (Muster), 806 ff
- Berufsschulbesuch während der Behaltezeit 809

Stichwortverzeichnis

- Entlassung 690 ff
- Lehrlingsstelle 691
- Lehrvertrag 803 f
- Lehrzeit und Lehrlingsentschädigung 808
- Lehrzeugnis (siehe Dienstzeugnis)
- Matura 808
- Unterbrechung des Lehrverhältnisses 803
- Verhinderungszeiten 804

Leichte Fahrlässigkeit 313
Leistungen Dritter 748
Leitender Angestellter 362 ff, 626, 811
List und Zwang 86
Lockspitzel 259
Lohn- und Gehaltszahlung 401
Lohn- und Sozialdumping 530 ff
Lohnabrechnung 402
Lohnbefriedigungserklärung 777, 780
Lohnpfändung 215 ff, 797
- Aufstellung über die noch offenen Beträge 227
- Drittschuldnererklärung 215 ff
- Exekutionstitel 215, 225 f
- Existenzminimum 216, 221 ff
- Existenzminimum-Tabellen 226
- Mitteilungspflichten im Lohnpfändungsverfahren 218
- Pfandrang 215
- Unterhaltsexekutionen 223
- Verpfändung 226
- Vormerkpflicht 224
- Vorschüsse und Nachzahlungen 224
- Zessionen 226

Lohnsteuer 271
Lohnsteuernachzahlung 272
Lohnwucher 54
Lohnzettel 793
Luxusaufwendung (siehe sozialwidrige Kündigung)

Mahnklagen 794
Mahnschreiben eines AN 405
Malus 592
Mandatsschutzklausel 623, 708, 710
Mankogeld 315
Massenkündigungen 591
Maturaschulen 327
Mediationsverfahren 694
Mehrarbeitszuschlag (siehe Teilzeit)
Mehrfachbeschäftigung 98
Mehrstunden 98, 378 ff
Meldung eines Arbeitsunfalles 270, 454
Minderer Grad des Versehen 318
Mindestlohntarif 54
Minusstunden 121
Mitverschulden (siehe Entlassung)
Mobbing 725 f
Motivkündigung (siehe Kündigungsanfechtung wegen verpöntem Motiv)
Musikanlage 321
Mutterschutz 279 ff
- Bescheinigung über die Schwangerschaft 279
- besondere Beschäftigungsverbote 283
- Entgeltanspruch nach § 14 MSchG 282
- Fehlgeburt 282
- Frühgeburt 281
- Geburtstermin 279
- Kaiserschnittentbindung 281
- Karenz 286
- Mehrlingsgeburten 281
- Meldefristen 287
- Meldung an das Arbeitsinspektorat 279
- Rauchen 285
- Ruhemöglichkeit 283
- Schutzfrist 280 ff
- Sonderzahlungen 288
- Stillzeit 285
- Urlaub 288
- Vorsorgeuntersuchung 283

Nachbesetzung 643
Nachgiebiges Recht 414
Nachrichtenloses Fernbleiben von der
    Arbeit 426
Nachtarbeit 390
Nachtarbeitsplätze 450
Nachtruhe 390
Nachtschwerarbeit 371
Nebengeschäft 688
Nichtraucherschutz
    (siehe Rauchpausen)
Normalarbeitszeit 367 f, 376
Notdurft 686

Oberkellner 59
Öffentliche Pflichten 275
Ohrfeigen 681
Onlinestellenmarkt 32
Österreichisches Normungsinstitut 474

Papa-Monat 308 f
Parkplatz 148, 313
Pause 371, 459 (siehe auch Rauchpausen)
PC 150
Pension 555 ff, 576, 741
Pensionskassenbeiträge 748
Pensionsschaden 66, 167
Pensionszusage 526
Personalabbau 399
Personalchef 367
Personalfragebogen 45, 825
Persönliche Kündigungsgründe
Pflege nach dem Hausbetreuungsgesetz 170
Pflegefreistellung 349 ff
Pflegekarenz 543
Pflegeperson 350
Pflegeteilzeit 543
PKW mit Privatnutzungsrecht 747
Planer 463
Planungskoordinator 463
Pool 84

Postensuche 576 f
Präsenz-, Ausbildungs- sowie Zivildienst 310, 705
Präventionszeit 449
Präventivdienste 449
Private Tätigkeiten am Arbeitsplatz 151
Privates Telefonat 151
Privatmassage 275
Probezeit 47, 73 ff, 280
Prokurist 62
Protestversammlungen (siehe Streik)
Provision 411 ff, 747
Psychische Fehlbeanspruchung 447

Qualifizierte Personen 795

Radio spielen 678
Rauchpausen 147, 372 f, 678
– Nichtraucherschutz 444 f
– Rauchverbot 445
– schwangere Nichtraucherinnen 285
– Tabakrauch 445
Rauchverbot (siehe Rauchpausen)
Rauer Umgangston 681
Raufhandel 239
Raumhöhe 442
Raumklima 443
Raumtemperatur 435 f
Recht 72
– nachgiebiges 72
– zwingendes 72 f
Recht am eigenen Bild 154
Rechtsauskunft bei der Gewerkschaft 275
Rechtsmissbrauch 347
Rechtsvertreter 796
Reinigungsunternehmen 432
Reisezeiten 371, 374 ff
Richterliche Mäßigung 134, 314 f
– bei AN-Haftung 312
Rollstuhl 839
Rot-Weiß-Rot-Karte (siehe Ausländerbeschäftigung)

Stichwortverzeichnis

Rücktritt vom Arbeitsvertrag 46
Rückverrechnung der Sonderzahlungen 419
Rufbereitschaft 385 ff
Ruhepause (siehe Pause)
Ruhestand (siehe Pension)

Saison 81, 87, 590
Sanitätsraum 440
Schäden am firmeneigenen und privaten PKW 319
Schadenersatzjäger 43
Scheinarbeitsverhältnis 159 ff
Schichtarbeit 371, 377
Schlichtungsstelle 826
Schlichtungsverfahren nach BEinstG 630
Schneechaos 277
Schnuppern 29
Schönheitsoperation (siehe Krankenstand)
Schriftform (siehe Formvorschriften)
Schubhaft 209
Schulpflicht 327
Schutzfrist und erweiterte Schutzfrist 281
Schwangerschaft 279 ff, 615
Schwarzarbeit 268
Schwarzgeld 167
Schwarzzahlung 402 f
Schweizer 181
Sehnenscheidenentzündung 234
Selbständige Erwerbstätigkeit 328
Selbsterhaltungsfähigkeit und Unterhaltsanspruch 224
Sexuelle Belästigung 35, 683 f
Sexuelle Dienstleistung 73
Sicherheits- und Gesundheitsschutzdokument 447, 475
Sicherheits- und Gesundheitsschutzplan 463
Sicherheitsfachkräfte 449, 474

Sicherheitsvertrauensperson 456 ff, 470, 629
Sittenwidrige Kündigung 562
Sittenwidrigkeit von Verfallsbestimmungen 783
Solidarhaftung des Erwerbers 529
Solidaritätsprämie 545
Sonderkontrolle 249
Sondervereinbarungen zum Entgelt 422
Sonderzahlungen 416 ff
– Branchen ohne Kollektivvertrag 55 (mit Muster)
Sonn- und Feiertagsruhe 386
Sorgfaltspflicht 312
Soziale Gestaltungspflicht 640, 644 f
Sozialeinrichtungen 433
Sozialplan 833
Sozialvergleich 641, 644 f
Sozialversicherungsbeiträge 411
Sozialwidrige Kündigung 633 ff
– betriebliche Kündigungsgründe 642 f
– Einkommensverlust 634
– Konkretisierungszeitpunkt 637
– Luxusaufwendung 635
– Pensionsalter 636
– persönliche Kündigungsgründe 638 f
Sperrrecht des BR 569 f, 626
Spitalsaufenthalt 552
Sponsion 275
Sportunfall 240, 264
Stellenausschreibung 32 ff
– Angabe des Mindestentgelts 33
Stempeln-Schicken 600
Sterbebegleitung 623
Sterbegeld 425 (siehe auch Tod des AN)
Strafanzeige 673, 687
Strafbares Verhalten 692, 708
Streik 798 ff
– Betriebsversammlung 798
– Entgelt während eines Streiks 799

914

- politischer Streik 800
- Protestversammlungen 798
- Schadenersatz bei Streikschäden 800
- Streikposten 800
Streitverkündigung 317
Studiengänge 327
Studienzeiten 327
Stundung 404
Subsidiär Schutzberechtigte 181,186 f
Suchtgift 475 f
Suchtmittel 453

Tabakrauch (siehe Rauchpausen)
Tägliche Ruhezeit 374
Teilbetriebsübergang 513
Teilübertritt (siehe Abfertigung neu)
Teilzeit 379 f
Teilzeit 98 ff, 379 ff
- befristete Teilzeit 400
- gemäß MSchG bzw. VKG 292
- Mehrarbeitszuschlag 378 ff
- und Sonderzahlungen 421
Teilzeitbeschäftigte 837
Telearbeit 153 ff
Telefon 150
Telefongesprächsregistrierung 151
Tod des AN 424, 751 f
Toilette 434
Toleranzgrenze 468
Trinkgeld 243, 748
Trinkwasser 433
Trunksucht 476
Türken 187 f, 602

Übergang (siehe Betriebsübergang)
Übernahmeschein 315
Übernahmevereinbarung 507
Überschreitung der angemessenen Verfahrensdauer 208
Überstunden 98, 115 ff, 368, 377 f, 734, 748

- Anordnung 116
- Anzeige 117
- Verfall 119, 126
Überstundenentgelt 120 ff, 125
Überstundenpauschale 118
Überstundenteiler 99
Überstundenzuschläge 99
Übertritt in das neue Abfertigungsrecht (siehe Abfertigung neu)
Überwachungsrechte 822
Überweisung auf das Girokonto 402
Umkleideraum 435, 444
Umsatzsteuer für Reparaturkosten 320
Unbezahlter Urlaub 343
Ungerechtfertigter vorzeitiger Austritt (siehe Austritt)
Unklarheitenregel 71
Unlauterer Wettbewerb 48, 131
Unterbrechung bzw. Auflösung des Arbeitsverhältnisses 599
Unterbrechungen im Winter 600
Unterhaltsanspruch 751
Unterhaltsberechtigte Erben 751
Unterhaltsexekution (siehe Lohnpfändung)
Unternehmermodell 450
Untersuchungshaft 680
Unterweisung 452
Untreue als Entlassungsgrund 672
Unverbindlichkeitsvorbehalt 138 ff
Urlaub 321 ff
- Anrechnungsbestimmungen 326
- Aufzeichnungspflicht 341
- Betriebsurlaub 137 f
- Dienstfreistellung 345
- eigenmächtige Urlaubsverlängerung 333
- einseitig angetretener 352
- Erkrankung während des Urlaubs 332
- Horten von Urlaubsansprüchen 331
- Kürzbarkeit des Urlaubsanspruches 343

- Urlaubsablöse 338 f
- Urlaubsantrag 342
- Urlaubsentgelt 334, 339 f
- Urlaubsjahr 329
- Urlaubsvereinbarung in Arbeitstagen 322 f
- Urlaubsverjährung 331
- Urlaubsvorgriff 334
- während der Kündigungsfrist 348

Väterkarenz 279 ff
Verantwortlich Beauftragte 211, 457 ff, 474 (Muster), 537 f
Verbandsklage 73
Verbotene Arbeiten nach dem MSchG 283
Vereinbarung 96
Vereinigung der Ei- und Samenzelle 617
Verfall 95, 361, 781 ff
- bei AN-Haftung 318
- bei fehlenden Arbeitszeitaufzeichnungen 784
- Konkretisierungsgebot 785
- nicht erfasste Ansprüche 782 f
- von Überstundenentgelt 785
Verfallsvereinbarung 95
Vergabe von öffentlichen Aufträgen 207, 540
Vergleich 667, 777 ff
- Abgangsentschädigung 779
- Generalklausel 779
- Lohnsteuer vom verglichenen Betrag 780
- umfassende Bereinigungswirkung 779
- Widerruf 778
Vergleich über Nettobeträge 798
Verhinderungsgründe (siehe Dienstverhinderungsgründe)

Verjährung 361, 781 ff
- des Urlaubsanspruchs 242, 332
- Verjährungsfrist 95, 781
Verkehrsunfall 267
Verlängerungsvereinbarung 91
Verpöntes Motiv 594 ff
Verschlechternde Versetzung 354
Verschlechterungsvereinbarung 150, 519, 584, 645, 829
Verschwiegenheit 155
Versehrtenrente 267
Versetzung 353 ff, 391, 569, 586
- in den Ruhestand 557
Versöhnungstag 388
Verspätungen (siehe Entlassungsgründe)
Verständigungsverfahren (siehe Kündigung)
Vertrauensunwürdigkeit (siehe Entlassungsgründe)
Vertretung im arbeitsrechtlichen Verfahren 795
Verwarnung 476, 478 (Muster), 662 f, 691
Verwendung 135
Verwendungsschutz 469
Verzeichnis der Jugendlichen 395
Verzicht 777 ff
Verzugszinsen 801
Vollübertritt (siehe Abfertigung neu)
Volontär 113, 184, 811
Vor- und Abschlussarbeiten 368
Vordienstzeiten 64, 86 f, 742
- Anrechnung 325
Vorrückung in kollektivvertraglichen Verwendungsgruppen 311
Vorsatz 312
Vorschuss 404, 408
Vorstandsmitglied 177, 365
Vorstellungskosten 44
Vorstrafen 46
Vorwegnahmevereinbarung 424
Vorzeitiger Austritt (siehe Austritt)

Wahlrecht
- bei BR-Wahl 812
- bei unberechtigter Auflösung 606, 691, 703, 713, 740
- zwischen aufrechten Arbeitsverhältnis und beendigungsabhängigen Ansprüchen 560, 712

Wahlvorstand 621
Wahlwerber 620 f
Waschanlage 435
Waschplatz 433
Waschraum 434
Wechsel des Einsatzortes 360
Wegunfall 261
Wegzeit 373
Weisungsunterworfenheit 172
Weiterbildungsgeld 542 f
Weiterverwendungspflicht (siehe Behaltezeit)
Werkvertrag 168 ff, 175, 782
- Umwandlung in einen Arbeitsvertrag 175 f
- „Werklohn" 176

Wertpapierdeckung 527
Widerrufsvorbehalt 138 ff
Widerspruch des BR gegen eine beabsichtigte Kündigung (siehe Sozialvergleich)
Wiedereingliederungsteilzeit 546 ff
Wiedereinsetzung in den vorigen Stand 627, 795
Wiedereinstellungszusage 597 ff, 754
Wirtschaftskammer 473
Wochenendruhe 386

Wochengeld 82, 175
Wochenruhe 387
Wohlfahrtseinrichtungen 147

Zahlungsbefehl 794
Zahntechniker 58
Zeitausgleich 120, 332 f, 380
Zeitwidrige Kündigung (siehe Kündigung)
Zentralbetriebsrat 821
Zentrale Koordinationsstelle beim BMF 535
Zentrale Verwaltungsstrafevidenz 207, 540
Zeugnis (siehe Dienstzeugnis)
Zinsen (siehe Verzugszinsen)
Zinseszinsen 802
Zivildienst (siehe Präsenz-, Ausbildungs- und Zivildienst)
Zugang des Einberufungsbefehls 612
Zugang einseitiger Willenserklärungen 551 ff
Zugangsfiktion 552
Zurechnungsfähigkeit 584
Zusatzurlaub 324
Zusatzversicherung 747
Zuschuss zum Krankenentgelt 228 ff
Zustimmung des gesetzlichen Vertreters 736
Zutrittsrecht von AK-Vertretern 808
Zuverdienstgrenze 307
Zuweisungsbescheid 611
Zwangsbehinderte 602
Zwingendes Recht 273